国家出版基金项目

国家社会科学基金一般项目“宋代通货膨胀研究”
（项目批准号：11BZS026）

国家出版基金项目
NATIONAL PUBLICATION FOUNDATION

两宋通货膨胀史

上册

俞晖
俞兆鹏 著

江西人民出版社
全国百佳出版社

图书在版编目（CIP）数据

两宋通货膨胀史：全2册 / 俞晖，俞兆鹏著．— 南昌：江西人民出版社，2020.5

ISBN 978-7-210-11689-9

Ⅰ．①两… Ⅱ．①俞… ②俞… Ⅲ．①通货膨胀—货币史—中国—宋代 Ⅳ．① F822.9

中国版本图书馆 CIP 数据核字 (2019) 第 233047 号

两宋通货膨胀史（全2册）

俞　晖　俞兆鹏　著

组　　稿：游道勤
责任编辑：李月华　李鉴和
书籍设计：章　雷
出　　版：江西人民出版社
发　　行：各地新华书店
地　　址：江西省南昌市三经路47号附1号
编辑部电话：0791-86898143
发行部电话：0791-86898815
邮　　编：330006
网　　址：www.jxpph.com
E-mail:270446326@qq.com
2020年5月第1版　　2020年5月第1次印刷
开　　本：1/16，710mm×1000mm
印　　张：68　字数：900千字
ISBN 978-7-210-11689-9
定　　价：218.00元
承 印 厂：长沙超峰印刷有限公司
赣版权登字—01—2019—691

目　录

上　册

绪 论

当前，在全球以商品生产和市场交易为发展经济主要模式的形势下，研究货币及其流通规律，无疑具有重大的学术价值和现实意义，而其中尤应以通货膨胀史为研究的核心课题。可是要做好这个课题，却是一件非常复杂和艰难的事情。这是因为货币是市场经济的焦点，货币的发行、流通和币值的升降，牵涉整个社会的经济、政治、军事、外交乃至文化的过去、现在和未来，研究者必须具备广博的知识，对人类社会发展的历史有全面而准确的理解。本书作者因限于才能和精力的不足，无法对中国通货膨胀史做全面而深入的研究，而只能截取其中的片段即两宋通货膨胀史，来进行初步的探索，奢望能从一斑而知全豹。

第一节 两宋通货膨胀史研究的理论基础

要研究通货膨胀史，首先得弄清楚什么是货币。货币，就其本质来说，它是一种特殊的商品，是各种商品的一般等价物，可以用来购买各种商品。货币之所以能成为各种商品的等价物，是出于在市场交易过程中约定俗成的一种持久而稳定的信用，所以货币是一种信用的象征或载体。货币的产生，并非是某个聪明人的发明，也不是由某个君主或权威人物凭主观意愿所规制，它由人们在商品交换过程中自发形成，货币“圣人创制说”或“国定论”都是错误的。在货币发展的初级阶段，常以某种畅销商品充当货币，后来逐渐演化成以金属铸钱作为货币。至宋太宗时，民间出现了世界上第一张可兑换的纸币——交子。不过，在交子流通后，金属货币依旧是法币中的主流货币，这是因为当时交子以铁钱作为发行准备金，人们可以随时以交子兑换为铁钱，且使用范围只限于四川，交子只不过是铁钱的代替品。然而，纸币既然已经出现，它至少体现了货币作为信用象征物的性质进一步加强。只有在不兑换纸币出现并广泛流通后，货币才完全成了一种商品交易时的信用象征物。而从当前货币发展的趋势看，它正在逐渐失去信用象征“物”的外在形式，计算机网上交易，只要敲击键盘就可以做成买卖，商品交换不再需要实体货币，全靠信用。这时，货币变成了一般等价物的虚拟符号，但是它作为信用象征的性质却更为突出。

然而不管货币的外在形式怎么变化，只要世上还存在商品买卖，货币作为一般等价物和信用象征的性质就不会改变。正因为在商品买卖过程中，货币起着交换媒介的作用和具有一般等价物的性质，它便具有价值尺度、流通手段、支付手段、贮藏手段和国际货币五种职能。其中价值尺度和流通手段是货币的基本职能，缺少这两种基本职能的东西，即使它能起到支付手段和贮藏手段的作用，也不能成为货币，如北宋时期的金银。至于国际货币的职能，一般是在外贸和外交支付中发挥作用，但并非所有货币都具有这种职能，这须由当时有关国家之间是否需要而定。如在两宋时期，尽管楮币、交子可以兑换成铁钱，但却未见有用交子充当国际货币的历史记载，当时外国商人需要的主要是铜钱，故两宋时期的铜钱曾经大量外流。

既然货币具有一般等价物和信用象征的性质，一旦原来一定量的货币再也买不到与原先一样数量的商品，也就是说货币贬了值，已不能在市场上履行等价交换的原则，它也就失去了信用，从而会引起货币流通的混乱、物价的暴涨和社会的动荡，以致破坏经济的发展。这种情况一般都是在发生通货膨胀时出现。所谓通货膨胀，是指投入流通领域的货币数量超过了市场商品交易的实际需要，随同出现的便是商品的供不应求。当物以稀为贵时，市场会自动地通过货币贬值和物价上涨，使货币和商品之间的交换关系达到新的平衡，于是人民生活就日益困苦。与之相反，一旦出现货币紧缩现象，也即人们手中缺乏货币，投入流通领域的货币数量不能满足市场商品交易的实际需要时，也即商品供过于求时，货币就会升值，物价就会下降，这将造成生产缺乏资金、工商业者亏本和社会经济萧条，也就是古人常说的“谷贱伤农”。

通货膨胀和通货紧缩都将不利于经济发展和人民生活，那么投入流通领域的货币数量应当保持在何等水平才算稳妥呢？根据马克思在《资本论·商品和货币》中的观点，货币流通的规律是：商品价格总额（商品价格水平 × 商品总量）/ 同名货币的流通次数（速度）= 执行流通手段的货币量。[①]19 世纪末美国著名经济学家西蒙·纽科姆也曾经提出过一个货币数量方程。这一方程式后来由美国另一位著名经济学家欧文·费雪做了进一步的发展和普及。这一货币数量方程为：MV = PT，即：名义货币量

① （德）马克思：《资本论》第一篇“商品和货币”第三章“货币或商品流通”，人民出版社 1975 年版，第 139 页。

× 流通速度（每一单位货币的平均周转次数）＝商品和服务交易的平均价格 × 商品和服务交易总量指数。[①] 美国人的这个货币数量方程，与马克思的货币流通规律公式相比，并无本质的区别。根据这两个公式，我们便可得出这样的看法：在商品总价格和货币流速不变的情况下，如果增加流通中的货币数量，便会发生通货膨胀现象，货币会贬值、物价会上涨；但在流通中货币数量不变的情况下，如果商品供应总量减少或货币流速加快（消费者抢购商品），同样会发生通货膨胀现象，货币也会贬值，物价也会上涨。反之，在商品总价格和货币流速不变的情况下，如果缩减流通中的货币数量，便会发生通货紧缩现象，货币会升值，物价会下降；但在流通中货币数量不变的情况下，如果商品供应量增加或货币流速放慢，也会发生通货紧缩现象，货币也会升值，物价也会下降。

综上所述，通货膨胀发生的主要原因为：或是货币发行太多，或是商品供应太少，或是两者同时出现。但这只是表面的原因，而其深层次的根本原因在于：或因消费过度而多发货币，或因生产衰退而缺乏商品，或两者同时出现，也即商品的供不应求。至于消费过度和生产衰退的总根源则可归结为统治者的腐败与无能。诺贝尔经济学奖得主、美国经济学家米尔顿·弗里德曼说："通货膨胀是在货币数量明显增加，而且增加的速度超过产量（指货物和服务的数量）的增加的时候发生的，每单位产量的货币数量增加得越快，通货膨胀率越高。"[②] 他又认为："战争与革命是大多数通货膨胀的前奏"，但不是"唯一的或主要的原因"，"原因是政府为什么

---

① （美）米尔顿·弗里德曼著、安佳译：《货币的祸害——货币史片断》，商务印书馆2008年版，第40页。

② 《货币的祸害——货币史片断》，第186页。

要借助于印刷机来为自己的活动筹资”；“只有政府自身，才能制造过度的货币增长，从而制造通货膨胀”；“政府增加开支的唯一其他途径，就是增加货币数量”；“自远古以来，当权者——无论是国王、皇帝，还是议会——都试图用增加货币数量的办法作为进行战争所需资源的手段，或是作为建立不朽功绩或达到其他目的的手段。他们经常受到这种诱惑，但每当他们真的这样做时，通货膨胀就会接踵而至”。[①] 同时他还指出：“物价上涨，需求缺乏弹性，通货膨胀与经济停滞同时发生”；“无论通货膨胀的近因是什么，通货膨胀都是一种疾病，一种危险的有时是致命的疾病，一种如果不及时治理，会毁掉整个社会的疾病”。[②]

如何治理通货膨胀？米尔顿·费里德曼说：“降低货币增长率是对付通货膨胀的唯一办法”；对付一般的通货膨胀，可用“逐渐而平稳地降低通货膨胀率”的方法，但对恶性通货膨胀，“只有休克疗法”。[③] 当然，他还提出过稳定物价的最好办法：“如果能够买到的货物和服务的数量——简而言之就是产量——能够与货币的数量以同样快的速度增加，那么，价格会趋于稳定。甚至于价格还有可能持续下跌，因为，人们的收入增多以后，都会希望以货币的形式保存更多的财产。”[④] 米尔顿·费里德曼的这一系列观点与马克思关于货币流通规律的基本精神完全一致。不过，要有效地遏制通货膨胀，只能靠清廉的政府去做，如果政府腐败，治理通货膨胀必然会失败。

---

① 《货币的祸害——货币史片断》，第 182、184、197、201 页。
② 《货币的祸害——货币史片断》，第 206、184 页。
③ 《货币的祸害——货币史片断》，第 205、214 页。
④ 《货币的祸害——货币史片断》，第 186 页。

以上所说的一系列观点，便是本书用来阐述和分析两宋通货膨胀史的理论基础。

第二节　两宋通货膨胀史的分期

中国历史上常有通货膨胀发生，两宋也不例外。两宋时期的通货膨胀呈波浪形向前发展，波峰时高时低，至南宋末期达到了最高潮，赵宋王朝也终于垮台。本书主要以截取各个波段的方法，来对两宋通货膨胀史进行分期。当然，在分期时还必须结合整部宋史的分期，加以综合考虑。不过，迄今为止，史学界对宋史的分期并无定论，这里我们只好自作主张。通过对两宋时期经济、政治、军事形势的全面考察，我们发现两宋通货膨胀史的分期可以和两宋史的分期合二为一，两宋通货膨胀史可说是整部宋史的一个缩影。这说明货币流通与经济、政治等形势之间有着极其密切的联系，在社会发展历史上具有十分重要的作用，从而也体现了两宋通货膨胀史研究在宋史研究中的重要性。本书把两宋通货膨胀史分为北宋前期、中期、后期、末期和南宋前期、中期、后期、晚期 8 个阶段，现将分期的理由及各期的主要特点阐述于下。

第一阶段为北宋前期，朝廷对通货膨胀采取防止措施，并获得了良好效果。宋朝建立之初，因承五代十国后期币制繁杂和货币流通混乱之弊，曾存在铜钱奇缺、劣币泛滥、铁钱贬值和交子失信等现象，从而呈现出了通胀预期。好在北宋前期的几个皇帝宋太祖、太宗、真宗相对较为明智，他们为了防止通货膨胀的发生，对币制进了整顿：增加铜钱产量，统一铸造法币，确定钱陌制度，规范钱币质量，严禁私铸劣币。同时，他们还为防止通货膨胀而采取了其他经济措施：大力发展生产和繁荣经济，紧缩财政开支和增加积累，减免人民赋役和救灾扶贫，禁止商业投机和调控物价。宋廷通过对货币发行和流通的控制和调节，并以大力发展经济来增加国家的财政积累和商品的有效供给，终于防止了通货膨胀的发生，从而造就了国家富裕、物价平稳、社会安定的大好局面。

第二阶段为北宋中期，统治者的过度消费引发了通货膨胀。在宋仁宗、英宗统治的北宋中期，由于北宋前期以来国家的富裕和社会的安定，统治者的私欲和享乐思想逐渐滋长，于是政治随之日益腐败。这一时期，因冗兵给养、冗官俸禄和宫廷冗费开支过大，加上天灾危害、赋役苛重和战争破坏，阻止了生产发展，终于使朝廷财政入不敷出，内藏库被掏空，常平仓无积蓄，国家和人民都陷入了贫困的境地。宋廷为了摆脱财政危机和增加收入，不惜推行通货膨胀政策：铸行虚值大钱，扩大铁钱特区，无本印发交子。推行通货膨胀政策引发了私钱泛滥、货币贬值、物价高涨、社会不安等不良后果，从而造成国内各族人民的反抗和西夏的入侵。宋仁宗为了稳定和巩固宋朝的统治，曾经实行“庆历新政”，企图通过整肃吏治和发展生产来达到富国强兵和遏止通货膨胀的目的。然而，庆历新政由于遭到守旧派既得利益者的激烈反对，加上仁宗因怀疑改革派会结成“朋党”使皇权旁落，于是取消改革，庆历新政终于失败。从此，“三冗”问题更趋严重，人民生活更加困苦，国家财政入不敷出，通货膨胀难以遏止，官僚政治愈加腐败，宋英宗统治时期这种状况依然未变，赵宋王朝的国势贫弱终成定局。

第三阶段为北宋后期，通货膨胀曾被遏止，但又反弹。这一阶段可说是改革派与反改革派相互争斗的时期，其间又可分为宋神宗熙丰变法、宋哲宗“元祐更化”和宋哲宗“绍述新政”三个小阶段。神宗为了改变宋朝积贫积弱的处境，达到“富国强兵”的目的，于熙宁年间颁布并推行了青苗法、农田水利法、免役法、方田均税法、均输法、市易法等新法，此外还实行裁军并营、保甲法、保马法和废并州县，节省冗费。这一系列理财新法有利于促进经济发展和节省财政开支，并为遏制通货膨胀创造了条件。同时宋廷还通过革新币制，稳定了金融秩序。元丰年间继续推行新法。熙丰变法的结果，使社会经济得到发展和国家财政状况有所改善，从而遏制了自宋仁宗以来的通货膨胀。但由于熙丰变法损害了守旧派的既得利益，曾经遭到他们强烈的反对。神宗去世后，年仅十岁的哲宗继位，改元元祐，以太皇太后高氏和司马光为首的守旧派上台执政，实行“元祐更化”，全面推翻了熙宁新法，施政回到了原来的老路。“元祐更化”的结果，使社会经济下滑，国家财政再陷困境，货币贬值，物价上涨，神宗时期已被遏止的通货膨胀重又反弹。太皇太后病死，绍圣、元符年间，哲宗亲政。为了继承神宗遗志，使国家得以振兴，哲宗决定“绍述新政”，重新推行熙宁新法。但由于绍圣改革派把主要精力用于打击报复元祐旧臣，推行新法不力，所谓“绍述新政”，并未能促进生产发展，也未能增加财政收入和减少财政支出，因而也就不能克服元祐年间的通货膨胀，货币继续贬值，物价居高不下。

第四阶段为北宋末期，因政治腐败导致了恶性通货膨胀。元符末年（1100），哲宗逝世，徽宗继位。徽宗原想调和绍圣改革派与元祐守旧派之间的矛盾，采取“持平用中”的治国方针。然而元祐党人不肯妥协，党争愈演愈烈。于是，徽宗决定一边倒，重用蔡京为宰相，继续“绍述新政”。蔡京本是个混入改革派的政治投机家和野心家，他在打倒了政敌之后，依藉徽宗的宠信，以“绍述新政”为幌子，专擅朝政。他诱劝徽宗过起了极端奢侈的享乐生活，并从中谋取私利，从而造成了官僚政治的高度腐败，“三冗”开支空前浩大，国家财政出现严重危机。宋廷为了应付庞大的财政支出，在加强对人民剥削的同时，竟不惜推行恶性通货膨胀政策：铸造当十、当五虚值大钱和夹锡钱等劣币，增铸铁钱并扩大其流通区域，滥发纸币和度牒等。推行通货膨胀政策造成了私钱泛滥、货币贬值、物价暴涨、社会动荡等严重恶果。苛重的剥削和恶性通货膨胀，激起了人民的反抗。宋徽宗为了稳定其统治，曾欲遏制通货膨胀的发展，但由于当时的封建统治者已极其腐败，他们无法紧缩货币，不能发展生产，更难使政治清明，治理通货膨胀失败。徽宗末期，金兵入侵，徽宗匆匆将帝位传给钦宗。钦宗同样是个昏君，朝政愈加腐败，当时社会分裂，士无斗志，他无力回天，北宋王朝终于被金兵灭亡。

第五阶段为南宋前期，纸币流通由膨胀渐趋平稳。这一阶段又可分为高宗前期和高宗中后期两个小阶段。高宗前期，由于金兵在灭亡北宋后继续南侵以及叛军、游寇的骚扰，生产遭到严重破坏。为了应付抗金军费和朝廷的其他各项财政开支，宋廷加强对人民的赋役剥削，同时又滥发纸币，结果造成了经济衰退和纸币膨胀，致使物价高涨，百姓生活痛苦。高宗中后期，随着宋金“绍兴和议”的签订，从此南宋社会进入了 20 年的和平安定时期，社会经济得以复苏，国家财政也有所改善。同时，宋廷还调整货币政策，增铸铜钱、铁钱和减发纸币，从而遏止了纸币的膨胀，使物价渐趋平稳。

第六阶段为南宋中期，货币流通大致平稳，未曾发生明显的通货膨胀。孝宗初期，因宋金“隆兴和议”的签订，双方维持了 30 多年的停战和平局面，南宋社会状况相对安定。这时，宋廷采取了一系列减免赋役和推动生产的政策措施，使社会经济有了一定发展，国家财政收支达到了大致平衡，这就为遏止通货膨胀准备了有利的物质条件。同时，宋廷还调整货币政策，继续实行铜禁和钱禁，在沿边地区改用铁钱，分区流通不同纸币，并竭力控制货币的发行量，提高铁钱以及纸币的法偿地位，从而有效地防止了通货膨胀，使南宋中期出现了货币较少贬值和物价基本稳定的良好局面。

第七阶段为南宋后期，曾被遏止的通货膨胀再次出现。在宁宗统治期间，外戚韩侂胄擅权，他曾发起排斥打击理学名臣的“庆元党禁”，削弱了朝廷内部的廉政势力，继而又发动对金作战的“开禧北伐”，耗尽了国家的资财。韩侂胄被杀后，权臣史弥远专政，实行所谓“嘉定更化”，使政治更加腐败。政治腐败和赋役苛重激起了民变，加上天灾战祸残害生灵，社会经济再趋衰退，国家财政重现危机。为了克服财政危机，宋廷在本钱不足的情况下滥发纸币，致使货币贬值，物价上涨。宋廷曾采取旨在稳定纸币币值的“称提”政策，但终因统治者不能在经济上开源节流和难以克服政治腐败，使通货膨胀未能得到有效的遏制。

第八阶段为南宋晚期，纸币发生空前的恶性膨胀。在理宗和度宗统治时期，由于政治的腐败和蒙元军队的南侵，加上赋役的苛重和天灾的危害，致使社会经济遭到破坏，国家财政入不敷出。为解决财政困难，宋廷曾无本滥发纸币，其数量多于前朝十倍乃至百倍，从而造成了纸币空前的恶性膨胀，严重贬值，物价飞涨，民不聊生。为阻止纸币贬值，宋廷继续实行“称提”政策，却仍因不能克服政治腐败和各种积重难返的社会弊病，不仅使“称提”纸币失败，而且使赵宋王朝最终走上了亡国之路。

第三节　两宋通货膨胀史发展的基本规律

通过对两宋通货膨胀发展过程的全面考察，我们不难发现，无论在通货膨胀或币值稳定时，还是在货币紧缩时，其中都体现着一条共同的规律，这就是上述马克思的货币流通规律。当违背货币流通规律时，就会发生通货膨胀或通货紧缩；在符合货币流通规律时，币值就能稳定。简而言之也就是：当货币流通量超过社会商品总价格时，就会发生通货膨胀；如货币流通量与社会商品总价格相适应或两者同步增长时，币值就能稳定；在货币流通量少于社会商品总价格时就会出现通货紧缩。至于通货是膨胀还是平衡，这又往往决定于当权决策者是英明还是腐败。两宋通货膨胀史中的无数事实充分证明了这一规律。

先看两宋各次通货膨胀的发生及其原因。

在赵宋王朝建立之初，由于当时全国尚未统一，五代十国时期繁杂的币制和货币流通的混乱状况仍然存在，对宋朝境内的金融秩序存在着严重的干扰。宋初，因铜钱奇缺，宋朝在平定十国后，只得仍然沿用十国旧钱，不仅原南汉的大钱和铅钱、南唐的大钱和铁钱可依旧在其境内使用，而且原后蜀和闽国的铁钱和劣币也可继续在当地流通。于是，在宋朝各州流通着各种铁、镴劣钱和南唐铸造的极其轻小的“唐国通宝”，同时在淮南还发现有人私铸劣币，甚至首都开封民间也流通着新铸小钱。为此，在宋初，一方面是劣币泛滥、铁钱贬值，另一方面又因统一战争的消耗，经济尚较萧条，以致货币流通的数量超过了商品交易的实际需要，从而出现了通胀预期。

在仁宗、英宗统治的北宋中期，由于冗兵给养、冗官俸禄和冗费糜烂的“三冗”开支过大，加上对西夏作战的消耗，使国家财政发生困难。为了增加收入以克服财政危机，宋廷便铸行虚值大钱、扩大铁钱流通区域、无本印发交子，同时加强对人民的赋税剥削。这样一来，一方面致使投入市场的货币数量大大增加，而另一方面又使百姓穷困，生产衰退，商品供应日益减少，也就意味着流通货币的总量超过了商品的总价格，从而引发了通货膨胀。而“三冗”过度消费的根源则在于统治者的腐败。

在哲宗“元祐更化”时期，因守旧派反对改革，废除了神宗时期的熙宁新法，造成了生产的衰退，而“三冗”消费却并未减少，货币流通量依然浩大，商品却供不应求，从而再次发生通货膨胀。这就又一次证明了货币流通量超过商品总价格会造成通货膨胀。而“元祐更化”之所以会导致通货膨胀，则与当权派思想的守旧落后有关。

在哲宗“绍述新政”时期，由于当权派热衷于宗派斗争，未能有效地复行熙宁新法，因而也就未能发展生产和增加财政收入，而同时“三冗”消费也未缩减，对西夏的战争消耗又极大，以致商品供不应求，货币继续贬值，物价居高不下，“元祐更化”以来的通货膨胀也就未能被遏制。哲宗“绍述新政”时期的这种货币经济状况，同样说明了货币流通量超过商品总价格是发生通货膨胀的主要原因。

到宋徽宗统治的北宋末期，政治空前腐败。对外战争和镇压人民起义的费用巨大。加上以徽宗和蔡京为首的统治集团倡导“丰亨豫大”，恣意享乐，迷信道教，用于淫祭滥祀和建造道教宫观以及皇宫苑囿的钱财几乎达到了天文数字。因此，当时朝廷的“三冗”消费超过了北宋的任何时期。为了应付财政开支，宋廷竭力铸行当十虚值大钱和夹锡钱等劣币，增铸铁钱，滥发纸币和度牒。这一切都大大地增加了货币的流通量。而同时，为了增加财政收入，宋廷对广大人民进行残酷剥削，贪官污吏又乘机向百姓敲诈勒索，加上金兵入侵的破坏，致使民不聊生，生产严重衰退。消费的增长，产品的减少，使商品的供求关系出现巨大反差，从而造成了通货的恶性膨胀。宋徽宗时期的这种状况，更是非常典型地证明了：流通货币总量大大超过社会商品总价格，是发生恶性通货膨胀的基本原因，而其总根源则在于封建君主专制制度下官僚政治的腐败。

同样，在高宗统治的南宋前期，由于金兵南侵和赋役苛重，使社会经济衰退，商品生产严重不足。又由于抗金军费的猛增和国家其他各项开支的难以减省，致使财政入不敷出。而当时因坑冶业衰落，铜钱铸造量骤减，宋廷为了解决财政困难，便大量印行关子、交子、钱引以及关外银会子等纸币和有价券。结果因纸币发行太多，超过了市场商品交易的实际需要，从而发生了通货膨胀。

在宁宗统治的南宋后期，由于奸臣擅权，政治腐败，剥削苛重，又多次发动对金战争，致使物资生产衰退，商品供应不足，财政开支激增，入不敷出。在这种商品已经供不应求的情况下，统治者不去大力发展生产并做到经济上的开源节流，而只是一味企图通过滥发纸币来解决财政危机，结果是投入流通领域的纸币超过了商品交易的实际需求，从而引发了通货膨胀。这就再次证明了统治者不发展生产而滥发纸币是通货膨胀产生的基本原因。

到了理宗、度宗等统治的南宋晚期，一方面由于蒙元军队侵宋战争的破坏，以及天灾与苛税的危害，致使生产衰退，商品供应严重不足；另一方面又因抗战军费的猛增和统治者奢侈生活开支的巨大，使国家财政进一步陷入困境。而宋廷为了增加财政收入的唯一办法，只是十倍百倍地滥发纸币，结果使流通领域中的纸币数量大大超过了全社会商品价格的总量，引发了纸币空前的恶性膨胀。这就又一次证明：商品有效供给的不足，也即对商品消费的需求远远超过了商品生产的能力，是造成恶性通货膨胀的基本原因。而其深层次的根源依旧是政治的腐败。

再看两宋几次遏制通货膨胀的成功及其原因。

北宋之初，虽然一度出现通胀预期，但很快就被遏止。这是因为宋廷不仅通过增铸铜钱、整顿币制和严禁私钱控制了劣币的泛滥，而且同时还以大力发展生产和节省财政开支来增加国家财富的积累和商品的有效供给，从而防止了通货膨胀的发生。宋初防止通货膨胀取得成功的实例，证明了只有当货币流通量与社会商品总价格相适应或两者同步增长时，币值才能稳定。

在北宋后期，经过宋神宗熙丰变法，也有效地遏制了自宋仁宗以来的通货膨胀。宋神宗时铸钱额达到宋代的最高峰，熙宁六年（1073）铸钱600万贯，元丰三年（1080）铸铜钱506万贯、铁钱88.9234万贯，还大量发行度牒、官告、公据等准通货，同时推行新法，青苗钱、免役钱等又征收现钱，因设置变法机构，官吏人数又比前增加，因此投入流通领域的货币总量十分浩大。虽然如此，但因熙丰变法有力地促进了经济的繁荣，农业普遍丰收，手工业特别是矿冶业空前发展，商品的有效供给大大增长，同时元丰库入藏了大量回笼的钱币作为国家的储备，解除铜禁和扩大对外贸易又使大量铜钱流向了国外，所以，神宗时期货币没有贬值，物价还有所下降，从而遏制了北宋中期以来的通货膨胀，由此也可见改革之重要性和必要性。熙丰变法有效地遏制通货膨胀的事实，又一次有力地证明了：货币流通量的大幅增加与通货膨胀并无必然联系，只要货币流通量能与商品供应量同步增长，就可保持币值的稳定和避免通货膨胀的发生。

南渡之后，虽因金军入侵导致社会经济萧条、军费消耗巨大、财政入不敷出，宋廷为应付危机，大量发行纸币，造成了通货膨胀。但到高宗中后期，因宋金“绍兴和议”后社会出现了20年和平安定局面，生产复苏，使商品供不应求的状况有所缓和。同时，宋廷调整货币政策，增铸铜钱、铁钱和减发纸币，使纸币膨胀得到了遏制，物价也渐趋稳定。这也就是说，商品的增加，纸币的减少，使商品供求关系取得了暂时的平衡，是当时遏制纸币膨胀成功的主要原因。但因高宗中后期乃至南宋中期，朝政的腐败并未根本改变，生产未能达到应有的发展水平，故当时商品供求关系的平衡和纸币膨胀的缓解，也就不可能得以长期的维持。

在孝宗、光宗统治的南宋中期，通货膨胀之所以能够有效地防止，其最主要的原因仍在于生产的发展使商品供应量增加，以及货币发行量的减少和各类货币法偿地位的提高。这也就表明了：商品供求关系的平衡，也即货币发行量与社会商品总价格之间的平衡，是防止通货膨胀的基本法则。而必须指出的是：在治国理政的各项策略中，尤其是为了防止通货膨胀，发展生产是硬道理，应将其放在首位予以考虑。不管货币发行多少，只要商品生产与货币流通量能同步增减，就不会发生通货膨胀或通货紧缩，就会使物价平稳和民生安定。

至于货币紧缩的金融危机，两宋时期基本上没有出现过。在宋初，被一些官员们经常提及的所谓“钱荒”，其实只是货币流通领域中作为法币的铜钱不够使用，并不等于全国商品的总价格超过了流通货币的总量。与当时商品的有效供应量相比，流通中的货币并不少，也未出现过商品供过于求的现象。当时就有人指出：出现“钱荒”并不是因为钱少，而是统治者用得太多。宋初虽然铜钱奇缺，但当时经过统一战争后，生产尚未恢复，经济萧条，能供应的商品更少。纵使宋初物价较贱，但农民手中无钱买东西，在他们看来物价仍然很高。也就是说，在宋初，铜钱虽少，而商品更少，所以并不存在通货紧缩的问题。恰恰相反，由于私钱和劣币的泛滥，还出现了通货膨胀预期的各种征兆。在神宗时期，铸钱量达到了宋代最高水平，却仍有人惊呼发生了"钱荒"。虽然当时推行新法，处处要用现钱，农民穷，手中无钱，但实际上流通中的货币并不少，朝廷除了每年铸造的大量铜、铁钱之外，还发行了大量度牒、官告、公据等准通货，而银的货币职能也有所增强，当时并无"钱荒"。神宗时，钱并不少，而是较多，故宋廷解除了钱禁，让大量铜钱流往国外，还大批回笼收藏于元丰库，使货币的流通量与商品总价格达到了基本平衡，既避免了货币紧缩，也克服了通货膨胀。宋神宗时期的这种情况，也同样证明了马克思关于货币流通规律理论的正确性。

第四节　两宋通货膨胀史研究的现状与困难

我们在撰写《两宋通货膨胀史》时，须要了解本课题研究的历史与现状，以便吸收前辈和当今学者的优秀成果，同时找出其中的不足之处，从而争取达到学术创新的目的。然而在这个过程中，我们却遇到了下列两大较难克服的困难，这虽然为我们提供了填补学术空白的契机，但在一定程度上也使我们这部《两宋通货膨胀史》存在了一定的局限性。

第一个困难，在前人撰写的两宋货币史论著中，大多缺乏或未涉及对两宋通货膨胀问题的讨论，这就减少了我们吸取和借鉴前人成果的机会。

钱币学在我国是一门古老的学科。近百年来，我国的钱币学研究，有过两次高潮：第一次是20世纪三四十年代，第二次是20世纪80年代。在这两次高潮期间，随着钱币集藏和研究的蜂起，都诞生了不少具有影响的钱币学著作。同时，由于19世纪末20世纪初，随着社会经济的发展和变革，我们开始学习、引进西方学者的研究方法和研究成果，结合中国实际，逐步建立起了货币金融史研究的体系，也诞生了一批有影响的论著。仅俞兆鹏《中国货币金融史论著索引（1900—1993年）》一书著录的有关论文以及其他研究资料，至少在两万篇以上，专著也有两千多部。其中"两宋的货币与金融"部分，有大小文章约1200篇，但几乎没有专著。直到1993年以后，才逐步出现了一些有关两宋货币史的著作。然而十分遗憾的是在如此众多的论著中，研究两宋通货膨胀史的论著却十分稀少。

先看几部主要的中国货币史。1954年初由上海群联出版社出版的彭信威著《中国货币史》是一部最权威的著作，笔者认为至今尚无人超越。此书虽然在第五章中介绍了两宋的货币制度、货币购买力、钱币研究、信用机关，但未曾对通货膨胀问题进行深入而系统的研究，只在"货币购买力"一节中对币值和物价有些不完全的记载和分析，对我们有一定的参考价值。1984年3月出版的石毓符著《中国货币金融史略》一书，只在第二章中谈到了宋代的铸币和纸币，总共不到4000字的篇幅，所说的也只是宋代的货币概况，极其简略，而且未曾涉及通货膨胀问题。1984年12月由人民出版社出版的萧清著《中国古代货币史》，其中第六章谈到了宋代的货币，其内容主要是介绍宋代的货币制度及货币流通，虽然也简单地提到了南宋纸币的通货膨胀问题，但未对其成因、后果和调控进行深入的理论分析；同时对宋代的"钱荒"与铜钱外流问题的论述不够准确。1986年6

月由上海人民出版社出版的千家驹、郭彦岗著《中国货币史纲要》，其内容侧重在币制介绍。虽然书中也写到了宋代的“关子、会子及其通货膨胀”，但未见有深入的理论探讨。此外，书中说“有宋一代……白银则成为公私通用的货币”（第 131 页），这一论断值得商榷，至少是说得不够准确。

这里我们必须提到两部宋代货币史的专著。一部是 2000 年 1 月由河北大学出版社出版的高聪明著《宋代货币与货币流通研究》。书中虽然谈到了币值和物价的变动，却不能从通货膨胀和通货紧缩的角度去分析币值和物价的变动。同时，对如何理解宋代的“钱荒”和宋代是否真的存在“钱荒”的问题，还可做进一步的探讨。另一部是 2003 年 9 月由社会科学文献出版社出版的汪圣铎著《两宋货币史》。此书将宋代的铸币管理和铜钱、铁钱、纸币、金银分篇进行介绍，其主要内容在于论述宋代的币制和各类货币的制造、发行、流通以及管理的历史，颇多真知灼见，其间虽然也涉及各类货币的币值和购买力，但并未有意从通货膨胀或通货紧缩的角度去分析和论述其发展规律，这也许是因为研究通货膨胀问题并非撰写货币史的主要任务，而是撰写经济史和金融史的任务。该书以较大篇幅论述了两宋的“钱荒”问题，认为“钱荒不是流通手段的缺乏，而是财政收支政策造成的一种失衡，本质上只是一种假象”（第 251 页），我们认为这是一种正确的看法。尽管如此，高聪明的《宋代货币与货币流通研究》和汪圣铎的《两宋货币史》这两部书，仍是具有很高研究水平和学术价值的专著，对宋代经济史和货币史的研究做出了重大贡献。

另外还必须提到两部重要的著作。一部是 1988 年 7 月由上海人民出版社出版的漆侠著《宋代经济史》。这是迄今为止最权威的一部两宋经济史，具有很高的学术价值和理论水平。此书虽设专章来论述宋代货币的发行、流通和物价波动的状况，并在谈到货币贬值和物价上涨时，已提到马克思主义的货币理论，但却浅尝辄止，未能从通货膨胀的角度去进一步深入分析物价升降的规律。另一部是 1995 年 7 月由中华书局出版的汪圣铎著《两宋财政史》。此书是深入系统研究宋代财政的开山之作，具有很高学术价值。书中虽设专章来谈宋代的“货币与财政”,可能是囿于该书主题的局限，作者仅就货币发行与财计出入关系方面进行了论述，其间也提到了货币贬值现象，却未曾进一步开展对通货膨胀问题的研讨。尽管漆侠的《宋代经济史》和汪圣铎的《两宋财政史》没有深入探讨通货膨胀问题，但此两书为我们研究两宋通货膨胀的经济和财政背景提供了大量史料线索，并对我们研究思路的形成有很大的启发和帮助。

在研究两宋通货膨胀史时必然要涉及当时的物价问题。2008 年 1 月齐鲁书社出版了黄冕堂的《中国历代物价问题考述》。书中涉及的物价范围颇广，其间虽著录了宋代的金银比价、粮价、丝布织品价……田价、工价、五金文具价、六畜及荤蔬油盐等各类食品价，但内容极为简略，所收集的史料不多。这是因为书中要写中国历代物价，工作量极大，不可能对有宋一代的物价进行全面深入的搜罗。2008 年人民出版社也出版了程民生的《宋代物价研究》，此书内容丰富，具有很大的参考价值，但史料搜罗仍有遗漏之处。

1993 年 10 月河南人民出版社出版了白秦川的《宋代货币史料汇编》，2004 年 6 月中华书局出版了汪圣铎的《两宋货币史料汇编》。这两部书对宋代货币史研究者的帮助极大。尤其是汪圣铎的《两宋货币史料汇编》几乎搜尽了现存古籍中的相关史料，为我们研究两宋通货膨胀史时搜集和核对史料提供了极大的方便，可说是功德无量。

但从总体而言，近百年来研究宋代通货膨胀史的专题论著极度稀少。据俞兆鹏编《中国货币金融史论著索引（1900—1993年）》的统计，专题研究宋代通货膨胀的论文只有3篇：全汉昇的《宋末的通货膨胀及其对物价的影响》（《历史语言研究所集刊》1946年4月第10本），吴剑华的《论宋代通货膨胀》（《安徽金融研究》1990年增刊2），俞兆鹏的《论宋徽宗时期的通货膨胀》（《中国钱币论文集》第二辑，中国金融出版社1992年2月出版）。有关宋代币值和物价的文章也只有30篇，大都是只谈某种钱币的币值和某种物品的价格的。直至2000年以后，虽然又出现了几篇研究宋代通货膨胀的论文，如《北宋前期对通货膨胀的防止及其效果》（《江西社会科学》2012年第11期）、《北宋中期由过度消费引发的通货膨胀》（《江西社会科学》2013年第9期）、《论北宋末期的恶性通货膨胀》（《南昌大学学报》2014年第4期）等，但这几篇论文都是由俞兆鹏和俞晖合作撰写，实际上就是2011年国家社科基金项目“宋代通货膨胀研究”之前期成果的删节本。

宋代有不少名人曾经发表过对于货币的见解。在1987年2月由人民出版社出版的萧清著《中国古代货币思想史》中，曾分别对李觏、王安石、沈括、张方平、周行己、杨万里、杨冠卿、辛弃疾、吕祖谦、叶适、袁燮、袁甫、陈耆卿、林駉、戴埴等人的货币思想进行了论述。俞兆鹏也曾发表过研究李觏、王安石、叶适、辛弃疾货币思想的论文。但上述这些宋代名人都没有发表过有关通货膨胀问题的专论。至于他们的货币思想中某些能与分析通货膨胀问题相牵连的内容，我们已在《两宋通货膨胀史》书稿的相应章节中加以引用。

研究两宋通货膨胀史，除了需要大量史料外，更需要有科学的理论来进行指导，以便得出较为正确的结论。我们曾经找来了几部近几年新出版的研究通货膨胀问题的专著，如：罗伯特·M.索洛、约翰·B.泰勒、本杰明·M.弗里德曼等著《通货膨胀、失业与货币政策》（中国人民大学出版社2004年2月版），陈岩等著《通货膨胀》（经济管理出版社2004年10月版），米尔顿·弗里德曼著《货币的祸害——货币史片段》（商务印书馆2008年版），刘元春等著《中国通货膨胀成因的研究》（中国人民大学出版社2008年11月版），R.J.鲍尔著《通货膨胀与货币理论》（华夏出版社2009年1月版），等等。但这些书论述的都是当今中国和外国的通货膨胀问题，其理论很难直接用来分析八九百年前宋代发生的通货膨胀问题。虽然当今与宋代的通货膨胀之间有些共同的东西，但毕竟古今异代，世事变迁，宋代与当今社会的生产关系和经济、政治制度以及货币结构和流通方式差别太大，无法类比。何况当前学术界对"通货膨胀"的定义还众说纷纭，并无定论，陈岩在其《通货膨胀》一书中认为"通货膨胀"可以允许多种范式的定义并存。为此，我们择善而从，选取了马克思《资本论·商品和货币》中有关货币流通规律的理论，同时吸收了《货币的祸害》一书中的某些观点，来作为我们研究两宋通货膨胀史的理论基础，并据此形成了《两宋通货膨胀史》的研究思路和基本框架，因为我们觉得用这一理论来分析各种货币金融现象，具有普遍适用的意义。

第二个困难，由于两宋通货膨胀史属于经济史范畴，因此在分析通货膨胀的成因、状况及其后果时，必须引用大量的经济统计数据来支撑我们的观点，从而使得出的结论具有强大的说服力，但是现存的史料残缺不全，使我们无法做到这一点，从而在一定程度上影响了书稿的质量。

我们认为，宋代通货膨胀形成的原因在于生产衰退和消费过度，即商品的供不应求。可是在现存的各种历史文献中，我们却找不到各地各类商品产量的完整而系统的年度统计数据，也凑不全国家财政开支的年度报表。又如，在谈到天灾和战争破坏生产力时，我们无法统计出完整而准确的人口伤亡数字和各项经济损失的折算数据。

我们认为，宋代通货膨胀发生的直接动因在于朝廷滥发货币，使流通的货币超过了商品交易的实际需要，也即在流通领域中的货币总数超过了全社会商品的总价格。可是在现存的各种史料中，我们找不到每年各类货币发行的准确数据，更无法统计出每年全国商品的总价格。

我们认为，宋代的通货膨胀造成了货币贬值和物价上涨。可是，在论述物价时，据现存的史料，我们无法凑全各个不同地区在不同时期和年份的各种商品价格的完整统计数据，因而我们也就无法计算出各个时期或每个年份准确的通货膨胀率。

我们认为，宋代通货膨胀给国家和人民造成了巨大的经济损失。可是，史书只记载了有关公私受损状况的抽象叙述，极少能说出国家财政因通货膨胀而所受的亏损数据，更不能统计出广大百姓财产损失的具体数据。

在两宋封建官僚政治体制下，一方面由于官吏的腐败怠惰，另一方面又由于当时缺乏科学的统计方法，根本不可能对各种经济数据做出系统而完整的统计。实际上，现存史书中记载的一些零碎的统计数字也不一定完全准确，其间常存在弄虚作假的情况，只不过是一些“断烂朝报”，要想获得两宋各个时期各种系统完整而准确的经济统计数据是不可能的。

在百般无奈的情况下，我们除了审慎地利用现有史书中有限的统计数据外，主要是通过各种具体的历史事实和历史迹象来判断宋代通货膨胀发展变化的总趋势，因为有些活生生的历史事实往往比生冷甚至虚假的数据更能说明问题。然而这样做,也许会削弱我们论证的说服力,从而造成《两宋通货膨胀史》的局限。为此，如果读者发现书中有不妥之处，敬请予以谅解和批评指正。

第一章

北宋前期对通货膨胀的防止及其效果

（960—1022）

后周恭帝显德七年（960），赵匡胤陈桥兵变，夺取了后周政权，建立了赵宋王朝，改元建隆，定都开封，史称北宋。在宋太祖、太宗、真宗统治的北宋前期（960—1022），因曾受五代十国货币制度的各种弊端的消极影响，一度存在货币流通混乱现象以及通货膨胀预期。为了防止通货膨胀的发生，宋廷在增铸铜钱和整顿币制的同时，还采取了其他多种相关的经济措施，终于防止了通货膨胀的发生。至宋太宗、真宗时期，已形成了国家富裕、物价平稳、社会安定的局面。

第一节　北宋初期货币流通的混乱及通胀预期

在北宋之初，五代十国时期的分裂割据局面尚未结束。虽然十国中的前蜀早被后唐灭亡，吴国已被南唐接替，楚国和闽国也被南唐吞并，但南方还存在南平、后蜀、南汉、南唐、吴越5个割据政权和楚国的残余势力，北方还有一个北汉政权。宋朝用了20年的时间，直到宋太宗太平兴国四年（979）灭亡北汉后，除了后晋石敬瑭割给契丹的幽、蓟16州仍被辽国占据外，可以说基本上统一了中国。由于五代十国的币制各有不同，而且在货币流通中又存在着众多弊端，因此在宋初的数十年之中，在五代十国币制的消极影响下，货币流通显得相当混乱，不利于当时社会经济的发展。

五代十国货币流通的弊端主要有：铜钱缺乏，各国大多存在民间销熔铜钱制作器皿、铜钱外流及私铸铅、锡劣币等现象；同时，各国官府也自铸大钱、铁钱、铅钱和锡钱，从而造成铜钱退藏、私钱猖獗、劣币泛滥的局面。如，楚曾铸“天策府宝”“乾封泉宝”铜、铁大钱和铅钱、锡钱。闽铸过“开通元宝”大铁钱和锡钱以及小平铅钱。南汉铸过“乾亨重宝”铅钱。后蜀广政十八年（955）时始铸“广政通宝”铁钱。南唐在显德六年（959）时始铸“永通泉货”当十大钱和“唐国通宝”当二钱，乾德二年（964）三月始行铁钱。尤其到了十国后期，因战争频繁，军费增加，政治腐败，府库枯竭，财政困难，不少国家便推行通货膨胀政策来向人民搜刮。铸行虚值大钱和铁、铅、锡等劣币的结果，就势必引起货币贬值和物价暴涨。如南唐“钱货益轻”①，“物价翔踊”②。五代十国币制繁杂、货币流通混乱等状况，给北宋初期货币流通和管理留下了很多麻烦。宋初货币流通的混乱局面主要表现在下列几个方面。

---

①［元］脱脱：《宋史》卷四百七十八《世家一·南唐李氏·韩熙载》，中华书局1985年点校本，第13866页。

②《宋史》卷二百七十六《樊知古传》，第9394页。

一、铜钱奇缺

北宋初建，百废待兴，五代十国以来铜钱奇缺的状况一时未能改变，从而引起了货币流通领域中的各种弊端和困难。

因为缺乏铜钱，宋朝平定十国后，只得仍沿用各国旧钱。如："自平广南（南汉）、江南（南唐），听权用旧钱，勿过本路之境"；"铁钱者，川陕（峡）、福州（闽国首都）承旧制用之"[①]，与铜钱兼行；"蜀平，听仍用铁钱"[②]。至宋太祖开宝三年（970），"始令雅州百丈县置监铸铁钱，禁铜钱入川"[③]。这也就是说，不仅原南汉的铜钱和铅钱、南唐的铜钱和铁钱可依旧在宋境内使用，而且原后蜀和闽的铁钱与铜钱也可继续在当地流通。当然，这只是权宜之计，乃不得已而为之。

南唐后主李煜承袭唐代饶州的永平监铸造铜钱，年产 6 万贯。北宋灭亡南唐后，继续在永平监铸造铜钱，虽增加冶匠，年产也不过 7 万贯，原因是铸钱原料铜及铅、锡供应不足。为了增加铸钱铜材，宋太宗曾于太平兴国五年（980）下诏，以每斤值铁钱 500 文的价格向川蜀少数民族购铜，"然卒难得铜"[④]。太平兴国八年（983），又"以福建少铜钱，令于建州铸大铁钱，与铜钱并行"[⑤]，欲借此提高铁钱币值，但不久即罢铸。

为了增加铸钱铜材，宋廷决定实行铜禁，对全国的铜加以控制。早在宋太祖开宝三年（970）就规定："民铸铜为佛像、浮图及人物之无用者禁之，

---

① [宋] 马端临：《文献通考》卷九《钱币二》，中华书局 2011 年点校本，第 232 页。
② 《宋史》卷一百八十《食货志下二 · 钱币》，第 4376 页。
③ [宋] 李焘：《续资治通鉴长编》（以后简称《长编》）卷十一，上海古籍出版社 1986 年影印本，第 99 页。
④ 《长编》卷二十三，宋太宗太平兴国七年八月，第 200 页。
⑤ 《文献通考》卷九《钱币考二》，第 232 页。

铜铁不得阑出蕃界及化外。”[①] 宋太宗太平兴国二年（977）二月壬辰，决定在升、鄂、饶等州置监大铸铜钱，“凡山之出铜者，悉禁民采，并取以给官铸”[②]。三月乙丑，“始颁铜禁于江南诸州”[③]。同年，又下诏：“除寺观先有道佛像、钟、磬、铙、钹、相轮、火珠、轮铎及人家常用镜鉴外，民间所蓄铜器悉送官，给钱偿之，敢有匿而不闻者论如律。”[④] 太宗雍熙初（984）再次下令：“京城居民蓄铜器者，限两月悉送官。”[⑤] 直至宋真宗天禧三年（1019）十月丁亥，还下诏禁止内地百姓将铜器卖给四川少数民族。[⑥] 尽管铜禁极严，宋初甚至曾规定“犯铜禁七斤以上并奏裁处死”[⑦]，但铜钱流通仍然不足，民间难得。到了宋真宗咸平三年（1000），宰相张齐贤还在慨叹：“今之所患，钱货未至多。”[⑧]

致使铜钱减少的重要原因之一是人们毁钱制器。因民间缺乏铜材制作日用器皿，故市场上的各种铜器价格就特别昂贵，于是就有人销熔铜钱改铸铜器以牟取暴利。如，在京城就有一些专门干各种违法勾当的恶少无赖，“私销铜钱为器用杂物”[⑨]，这就使本来就不够使用的铜钱显得更为稀少。于是，宋太宗在淳化二年（991）闰二月下诏严禁，犯者斩，隐匿不报者

① 《宋史》卷一百八十五《食货志下七·坑冶》，第 4524 页。
② 《长编》卷十八，第 150 页。
③ 《长编》卷十八，第 152 页。
④ ［清］徐松：《宋会要辑稿》食货三四之三一，中华书局 1957 年缩印本。
⑤ 《宋史》卷一百八十《食货志下二·钱币》，第 4378 页。
⑥ 《长编》卷九十四，第 834 页。
⑦ 《文献通考》卷九《钱币考二》，第 232 页。
⑧ ［宋］章如愚：《群书考索》后集卷六十《财用门·铜钱类》，《文渊阁四库全书》第 937 册，上海古籍出版社 1986 年至 1990 年影印本。
⑨ 《宋会要辑稿》刑法二之四。

同罪。可是，不管禁令有多严，在私有制社会里，凡是有利可图之事，总有人会冒着杀头的危险去干。如太宗至道二年（996），依旧存在毁铜钱铸铜器之事，“私铸铜器蠹坏钱货，建康、台、明、湖州犹甚”[①]。直至宋真宗天禧元年（1017）还有僧人在毁钱铸钟，他们“召人施见钱抛入所熔钟内一处铸造，销耗钱宝”[②]，宋廷下令表示要严惩铸匠和施舍铜钱的人。

在严禁毁铜钱改铸铜器的高压下，有人为了既可毁钱取铜，又能逃避法律的严惩，便伪称自己具有以药点铜为鍮石的特殊技能，公然招摇过市。所谓鍮石即黄铜矿或自然铜，人造鍮石是以炉甘石（亦称菱锌矿）与铜共炼而成的铜锌合金，可代替黄金涂饰器皿。景德四年（1007）十二月癸丑，宋真宗识破了这种诡计，明确指出：“民间无铜，皆熔钱为之，此术甚无谓也。”[③]并下诏禁止。但禁而不止，真宗大中祥符二年（1009），仍有“民间多熔钱点药以为鍮石销毁货币”[④]的现象存在。

不仅内地百姓在干毁铜钱铸铜器之事，西北少数民族人民也在干同样的事。太平兴国三年（978）二月甲申下诏：“西北边内属戎人，多赍货帛，于秦、阶州易换铜钱，出塞销铸为器，自今严禁之。”[⑤]另外，宋廷还发现西夏人也在销熔宋朝铜钱改铸为器。太平兴国八年（983）十一月壬申，盐铁使王明上奏：“沿边岁运铜钱五千贯于灵州市马。”“戎人得铜钱，悉销铸为器，郡国岁铸钱不能充其用，望罢去。自今以布帛、茶及它物

① 《宋会要辑稿》食货三四之三一。
② 《群书考索》后集卷六十《财用门·铜钱类》。
③ 《长编》卷六十七，第588页。
④ 《长编》卷七十一，宋真宗祥符二年四月壬寅，第622页。
⑤ 《长编》卷十九，第161页。

市马。”[①] 宋廷批准了王明的建议。

实行铜禁旨在能使国家垄断铜材用于铸钱，但它严重阻碍了铜器铸造业的发展，给人们生活带来了不便，违背了商品市场的客观规律。因此，铜禁效果不佳，自五代十国以来，一直屡禁不止。为了克服铜钱的奇缺，实行铜禁只是消极的办法，积极的办法只能是大力开发铜矿和增铸铜钱。

使得铜钱日益减少的另一原因是铜钱外流。所谓铜钱外流，是指宋人将铜钱从西北边境带往西夏、辽国等地或从东南沿海运到东南亚各国。对宋朝来说，铜钱本已紧缺，还源源输往国外，这无疑是雪上加霜，故不得不严令禁止。早在建隆三年（962），宋太祖就听说沿边州府有人从少数民族地区带铜钱出境，并熔铸为器，便下令："许人告捉，不以多少并给与告人充赏；其经历地分、干系兵校，并当重断；十贯以上处死。"[②] 不久宋太祖又下令："铜钱阑出江南、塞外及南蕃诸国，差定其法，至二贯者徒一年，五贯以上弃市，募告者赏之。"[③] 太祖开宝元年（968）九月壬午，宋廷发现沿边官府未能严格执行禁令，疏于检察，就重申禁令："自今五贯以下者抵罪，五贯以上其罪死。"[④] 开宝六年（973）三月癸未，再申禁令："禁铜钱不得入蕃界及越江海至化外。"[⑤] 宋太宗继位后，为了进一步防止铜钱外流和惩处渎职的官吏，于太平兴国三年（978）二月下诏："沿边诸郡关防守吏谨视蕃商，无许阑出铜钱，敢故纵者，自五百至五千，令有司差定其罪，著于令

① 《长编》卷二十四，第 213 页。
② 《群书考索》后集卷六十《财用门 • 铜钱类》。
③ 《宋史》卷一百八十《食货志下二 • 钱币》，第 4375 页。
④ 《长编》卷九，第 80 页。
⑤ 《长编》卷十四，第 114 页。

甲，有能告者第赏之。”[①] 同时，加强对带铜钱出境者的打击力度，宣布："边民商旅带铜钱出汉界处死。”[②] 至宋真宗大中祥符六年（1013），由于宋朝国内铜钱铸造量已大为增加，对带铜钱出界的刑罚有所减轻，但仍申明："禁广州蕃汉商将带铜钱过海。”[③] 禁止铜钱流向国外，必将严重阻碍对外贸易的发展，大大削弱了铜钱作为国际货币的职能，但宋朝在国内因铜钱奇缺而影响商品交流的特殊情况下，受具体历史条件的局限，不得已只能将发展外贸置于次要地位。

物以稀为贵，既然宋初铜钱奇缺，它在市场流通过程中必然会受到人们的格外珍视，并抬高其币值。在以金属货币为主流法币的中国古代，1000 文钱被称为 1 贯。也就是说，1 贯铜钱理应有实足 1000 文钱，百钱应有实足 100 文钱，称为“足陌”。可是，北宋开国之初，因铜钱奇缺，为提高其币值，便因袭后汉的钱陌制度，以 77 文钱充为百钱，但同时，却又命百姓“输官亦用八十或八十五”[④]。既然国家规定以 77 钱为百钱，为何民间向官方缴钱时却以 80 或 85 钱为百钱？这种在官私收付上采取双重标准的做法，显然是不公平的。不过，各地私人用钱并不严格遵守官方的钱陌制度，而是各随其俗，甚至有以 48 钱为百钱的。在真宗大中祥符三年（1010）八月间，据皇城司反映：京城贸易用钱，还有每百不满 74 或只有 70 者。[⑤] 由于全国各地经济发展状况的差异，民间采用不同的钱

① 《宋会要辑稿》兵二七之一。
② 《群书考索》后集卷六十《财用门·铜钱类》。
③ 《群书考索》后集卷六十《财用门·铜钱类》。
④ 《长编》卷十八，宋太宗太平兴国二年九月，第 157 页。
⑤ 《宋会要辑稿》食货三七之五。

陌标准本来就不足为奇。随着各地商品供求关系的不同，物价也必然会有高有低。然而，钱币的本质是一般等价物，它的主要职能是作为商品交换时的价值尺度和流通手段，如果全国缺少一种统一的钱陌制度，将给异地贸易计价造成一定的困难，从而对商品经济的发展产生不利的影响。

铜钱的缺乏，给社会民生带来的消极后果是极其严重的。铜钱因珍稀而升值，一旦缴纳租赋和商品买卖都使用铜钱，就会给平民百姓增加极大的经济负担。如，太平兴国六年（981），据江西转运副使张齐贤反映：其管内各州、军、县、镇的官地棚房钱，南唐时收取铁钱，而今改收铜钱，结果致使“市井萧条，民益困乏，禁锢科责，没其赀产，犹不能偿，至有雇妻卖子者”①。

既然铜钱是赵宋王朝的主流法币，因而国家财政收支都要使用铜钱。但铜钱很少，从而产生了许多问题。在财政收入方面，如开宝九年（976）十一月戊辰，当时农户输税须用铜钱，宋廷考虑到农民以农桑为业，手中无钱，“月输缗钱，营置良苦，令皆罢之”②。又如，后蜀时税收皆用铁钱，太平兴国四年（979）宋廷取消铜钱入川的禁令，允许两川人民杂用铜、铁钱，但却又规定“民输租及榷利，铁钱十纳铜钱一，时铜钱已竭，民甚苦之”③。也即每10文铁钱的税额要用1文铜钱来缴纳，老百姓没有钱，苦不堪言。于是，商人纷纷乘机带铜钱入川，以1文铜钱换14文铁钱的高价与川民交易。次年，虽然当时川峡铁钱10值铜钱1，而输租时10文铁钱却要缴2文铜钱，官府加重了对百姓的剥削。一些地方官乘人之危，以月俸所得

① 《长编》卷二十二，第193页。
② 《长编》卷十七，第146页。
③ 《宋史》卷一百八十《食货志下二·钱币》，第4376页。

铜钱卖给民众，获取暴利，并又规定百姓纳税时要缴三成铜钱。“民益以为苦，或发古冢、毁佛像器用，才得铜钱四五，坐罪者甚众。”[①] 有鉴于此，太平兴国七年（982），宋太宗只得下诏:“诸州输税依旧止纳铁钱。”[②] 同样，太平兴国八年（983）三月乙酉，据江西转运使张齐贤上奏：“臣闻江南旧以铁为币，今改用铜钱，民间难得，而官责课颇鞭挞，此最不便。”[③] 宋初铜钱缺乏的状况，一时未能改变，直到宋真宗咸平四年（1001），仍然是“江湖之壤，租赋之中，谷帛虽多，钱刀盖寡”[④]。自唐末五代以来，税收中货币的增多，本是商品经济发展的反映，而北宋初期又恢复到实物税，这是赋税制度的倒退，但这是宋廷为铜钱奇缺的形势所逼，乃不得已之举。

又因缺乏铜钱，宋初在财政开支方面也只得多用实物支付。如，北宋开国之初，官俸虽然微薄，但发放现钱。后因财政收入中铜钱太少，开宝九年（976）十一月戊辰，太宗将官俸改发实物。[⑤] 官员没有钱用，竟拿自己的官告做抵押去向富人借钱。朝廷担心官文书落入规利之家，便于太平兴国六年（981）十二月壬辰下达禁令：“诏中外官不得以告身及南曹历子质钱，违者官为取还，不给元钱。”[⑥] 又如，北宋在灭亡后蜀之后，曾于太祖乾德四年（966）一月丙子下诏：“西川幕职州县官料钱，先以他物充折

① 《宋史》卷一百八十《食货志下二·钱币》，第4376页；《群书考索》后集卷六十一《财用门·铁钱类》。

② 《群书考索》后集卷六十一《财用门·铁钱类》。

③ 《长编》卷二十四，第205页。

④ 《长编》卷五十，宋真宗咸平四年十一月己卯，第419页。

⑤ 《长编》卷十七，第146页。按：开宝九年十月，宋太祖死，太宗继位，十二月甲寅改元为太平兴国元年。

⑥ 《长编》卷二十二，第192页。

者，自今并给实钱。”[1] 所谓“给实钱”，在川峡官俸一律只给铁钱。起初，州县幕职官吏月俸每 1 文铜钱只折支铁钱 2 文，致使官员资用多乏。宋太宗至道三年（997）十月，才令 1 文铜钱增给铁钱 5 文。[2] 而当时川峡地区收税早已将铜钱 1 折铁钱 10 计算，入川商人甚至有将铜钱 1 折铁钱 14 的。为此，真宗咸平三年（1000）才又将川峡驻军将士和各类职官的薪俸改为铜钱 1 文折支铁钱 10 文。可见，铜钱的升值也即铁钱的贬值。

二、劣币泛滥

铜钱奇缺的直接后果便是催生私铸劣币的泛滥。

还在五代十国后期，尤其在南唐、南汉地区，因铜钱不足，公私劣币已经开始泛滥，当时中国尚未统一，这种发展趋势必然会通过商品贸易和货币流通波及北宋统治地区。

有关北宋初期劣币泛滥的现象，史不绝书。早在宋太祖建隆三年（962）各州已流通着铁镴劣钱。同时，南唐铸造的极为轻小的“唐国通宝”钱也流入了北宋境内，宋廷为此下达禁令，并特别下诏规定：凡出使去南唐的官员，不能将南唐的钱币带到长江以北宋朝境内。太祖乾德中，在曾属于南唐版图的北宋淮南道，发现又有人私铸劣币。至乾德五年（967），不仅各州流通着轻小恶钱及铁镴钱，甚至在北宋首都开封民间也流通着新铸小钱。这种小钱每 10 钱才重五钱半；极其薄者每 10 钱仅重二钱半，只有正常小平钱重量的四分之一。这无疑是对北宋货币经济的严重捣乱。不仅如

---

① 《长编》卷七，第 65 页。
② 《长编》卷四十二，第 341 页。

此，而且当时“都市之中，贾人作伪，或刮铜取铅，盗铸公行，或涂粉入药，诈伪规利。是致货泉日弊，偷薄萌生”①。即使在太祖开宝年间（968—976），北宋第一枚法币“宋通元宝”②钱铸行后，各州的轻小恶钱及铁镴劣币仍在流通，这不能不使宋廷提高警惕，故在灭亡南汉和南唐后，严禁这两国的旧币流出其原来的统治区。

太平兴国二年（977）九月，宋太宗再次下诏严禁江南私铸小钱，并规定每千钱必须及4斤半以上。可是，尽管宋廷多次严申禁令，江南私铸轻小劣钱仍未能禁断。太平兴国七年（982），据庐州官员奏：“部内钱多是江南私铸夹锡新钱。”③于是，宋廷于当年四月再次下诏，一方面指责“江南诸州私铸铅锡恶钱及轻小钱颇乱禁法”，另一方面减轻对铜钱重量的要求，重新规定：“自今公私所用，每千钱须重四斤。”④不久，江南转运使张齐贤考虑到铜钱不足、私钱难禁，为防止激化社会矛盾，便向朝廷建议允许盗铸之私钱折价行用。他的理由是：“小人虽加死法，亦盗铸不已，间或败遁，则啸聚林谷。臣询砂镴钱每一金，煤屑铅炭亦不减二分。但允许民间折三通用，既无厚利，自然不为也。”经过廷议，因大臣们“恐隳县官法，遂寝其议”。⑤至太平兴国九年（984），又有地方官上奏：“江南饶、

---

① 《宋会要辑稿》食货六七之一。

② 俞兆鹏：《“宋通元宝”钱名及铸造年代考》，见《史林杂俎——俞兆鹏史学文选之二》，江西教育出版社2009年版，第69页。

③ ［宋］吕祖谦：《历代制度详说》卷七《钱币·夹锡》，《文渊阁四库全书》第923册。

④ ［宋］佚名：《宋朝大诏令集》卷一百八十三《禁江南私铸铅锡恶钱诏》（太平兴国七年四月乙丑），《续修四库全书》第465册，上海古籍出版社1996—2003年版，第587页。

⑤ ［宋］释文莹：《玉壶野史》卷三，《文渊阁四库全书》第1037册。

信、洪等州，民多盗买官铜杂铅锡铸新钱，请禁之。”[①] 于是，宋廷重申禁令，并把每千铜钱的重量标准恢复到四斤半。至太宗端拱元年（988），又发现岭南民间私铸铜钱，与蛮人贸易，破坏禁法。

要想彻底禁绝私铸轻小劣钱真难！直到宋真宗咸平元年（998）八月，宋廷还在重申禁止新小私钱的法令。咸平四年（1001）又诏令“榷货务每月支俸钱”，“无得夹带私小鑞钱”。[②] 可见私小劣钱并未绝迹。

不仅国内的私铸劣币泛滥，还有外国劣币也通过外贸渠道流入中国境内。如，宋真宗天禧二年（1018）十一月癸未，秘书丞朱正臣上奏：“前通判广州，窃见蕃商多往广州贸市，赍到黎字及砂鑞钱至州，颇紊中国之法。”[③]

三、铁钱贬值

铜钱奇缺的另一后果是在某些地区用铁钱来替代铜钱，并形成了四川铁钱专用区。

宋太祖开宝八年（975）平定南唐时，因铜钱缺乏，听任江南地区仍用南唐铁钱。但因为当时南唐铁钱 10 仅值铜钱 1，江南民间不肯行用，江南转运使樊若水请废之。于是，宋太宗太平兴国二年（977）二月“罢南唐铁钱”；七月，“诏官收民间铁钱铸为农器，以给江北流民之归业者，于是江南铁钱尽矣”。[④]

---

① 《群书考索》后集卷六十《财用门·铜钱类》。

② 《宋会要辑稿》食货五五之二二。

③ 《长编》卷九十二，第 820 页。

④ 《长编》卷十八，第 150 页。［宋］陈均:《九朝编年备要》卷三,《文渊阁四库全书》第 328 册。［宋］王栐：《燕翼诒谋录》卷三，中华书局 1981 年版，第 24 页。

曾属于闽、后亡于南唐的福建各州，因宋朝废罢南唐铁钱，而民间又缺乏铜钱，福州“兼用铁钱，铁钱三直铜钱一”[①]。太平兴国八年（983）曾“令于建州铸大铁钱与铜钱并行”，“以‘太平通宝’为文”，但终因这种虚值大钱容易贬值，不受人们欢迎，不久即停罢。[②]“而官私所有铁钱十万贯，不出州境，每千钱与铜钱七百七十等，外邑邻两浙者亦不用”[③]，可见福建大铁钱欲与省陌铜钱等值行用。但到真宗景德二年（1005）福建铁钱与铜钱的比价也跌成10比1。[④]

宋太祖乾德二年（964），“蜀平，听仍用铁钱”[⑤]。后蜀孟昶广政十八年（955），因军费开支增加，开始铸造铁钱。当时每铁钱1000可换铜钱400，铁钱对铜钱的比价不低，在市场上的信用尚好，物价也不贵。北宋灭亡后蜀时，四川铁钱有限，铜钱还多于铁钱。乾德四年（966），成都知府吕余庆、转运使沈伦悉取铜钱上供，并增铸铁钱，以1100文铁钱低价换取民间1000文铜钱，还索取铜器和增铸铜钱收买金银，一起运往宋朝首都开封。沈伦等人的这种做法，使四川的铁钱增多，铜钱越来越少，结果引起了铁钱的贬值，“物价涨长，铁钱弥贱，至以千五百易铜钱一千”[⑥]。宋太祖开宝三年（970），诏雅州百丈县置监冶铸铁钱，四川只用铁钱，禁

---

① 《长编》卷二十四，宋太宗太平兴国八年十二月乙酉，第215页。

② 《长编》卷二十四，宋太宗太平兴国八年三月甲申，第205页。《群书考索》后集卷六十一《财用门·铁钱类》。

③ 《宋史》卷一百八十《食货志下二·钱币》，第4377页。

④ 《群书考索》后集卷六十一《财用门·铁钱类》。

⑤ 《宋史》卷一百八十《食货志下二·钱币》，第4376页。

⑥ ［明］曹学佺：《蜀中广记》卷六十七《方物·钱》，引自元费著《钱币谱》，《文渊阁四库全书》第592册。

铜钱入川。从此，四川的铜钱更少，铁钱愈多，“铁钱十乃值铜钱二”[①]，铁钱进一步贬值，甚至低于后蜀时的币值。但太平兴国二年（977）八月己卯，川峡地区一般尚能保持铁钱4值铜钱1的比价。[②]至太平兴国四年（979）因废除了铜钱入川的禁令，许四川杂用铜钱和铁钱，同时官府又“令民输租及榷利，铁钱十纳铜钱一。时铜钱已竭，民甚苦之。商贾争以铜钱入川界与民互市，铜钱一得铁钱十四”[③]。这时由于官府收税专要铜钱并提高铜钱对铁钱的比价，加上商人乘人之危恶意操作，四川铁钱大幅度贬值。太平兴国五年（980），当时一般市价川峡铁钱已贬到10值铜钱1，而官府却又要百姓“输租即十取二”[④]，也就是说原来百姓缴税“铁钱十纳铜钱一”，现在改为铁钱10缴铜钱2，这等于增加了一倍税额。于是“民益以为苦，或发古冢、毁佛像器用，才得铜钱四五，坐罪者甚众”[⑤]，有鉴于此，太平兴国七年（982）宋廷“遂令川峡输租榷利勿复征铜钱”[⑥]。

铁钱太贱，太平兴国七年（982）八月，宋廷接受西川转运使刘度的建议，规定铁钱400易铜钱100。铜、铁钱的这一比价，虽使铁钱币值低于后蜀时，毕竟已高于太平兴国五年（980）时，但还是遭到盐铁使王明的反对。王明说：“若此重铜钱而轻铁钱，则物价弥贵矣！望罢之。”[⑦]拖到太平兴国

① 《群书考索》后集卷六十一《财用门·铁钱类》。
② 《长编》卷十八，第156页。
③ 《宋史》卷一百八十《食货志下二·钱币》，第4376页。
④ 《宋史》卷一百八十《食货志下二·钱币》，第4376页。
⑤ 《宋史》卷一百八十《食货志下二·钱币》，第4376页。
⑥ 《宋史》卷一百八十《食货志下二·钱币》，第4376页。
⑦ 《长编》卷二十三，宋太宗太平兴国七年（982）八月，第200页。

九年（984），宋廷终于又废除了铁钱四百易铜钱一百的规定。①

铜钱的极端缺乏，使铁钱因膨胀而进一步贬值。太宗淳化二年（991），宗正少卿赵安易因见“铁钱甚贱，物腾民困”，在剑南东西川市场上，买罗1匹，要小铁钱2万，于是他向朝廷请求铸造以一当十大铁钱，结果因年铸量太少和遭人反对而停罢。在当时铁钱已经严重贬值的情况下，赵安易要求铸行虚值大铁钱，人为来提高铁钱的币值，只会加剧铁钱的膨胀，无疑是火上浇油，不会有好的效果。

淳化四年（993）二月，四川发生了王小波、李顺起义。次年秋天，宋军镇压了起义。战乱结束后，原来年产50万贯铁钱的益、邛、嘉、眉等州同时停铸，赵安易便重提铸行大铁钱之事，被朝廷拒绝。这时，宋廷认为：“两川以铜、铁钱兼行，铜钱一当铁钱十，民颇便之。”②淳化五年（994），“第令川峡仍以铜钱一当铁钱十”③。这表明宋廷已经接受了铁钱贬值的既成事实。虽然当时有些地方的铁钱币值有所回升，如据兵部郎中张咏反映，利州的“铜钱一换铁钱五，绵州铜钱一换铁钱六，益州铜钱一换铁钱八”④。但这只是局部地区的差异，并不能改变铁钱贬值的大趋势，铜钱1换铁钱10已成定局。

四、交子失信

北宋初期，铜钱稀少，铁钱笨重，民间买卖，很不方便。淳化二年（991），

---

① 《群书考索》后集卷六十一《财用门·铁钱类》。
② 《蜀中广记》卷六十七《方物·钱》，引自元费著《钱币谱》。
③ 《宋史》卷一百八十《食货志下二·钱币》，第4378页。
④ 《宋史》卷二百九十三《张咏传》，第9802页。

在四川买罗1匹需小铁钱2万。小铁钱每贯称重6斤8两[①],2万钱即20贯，重达130斤。蜀人嫌铁钱重，携带贸易十分困难，而商品经济的发展又需要大量的货币，于是他们受唐代“飞钱”与宋初“便钱”流通方式的启发，在民间自发流通一种称为“交子”的信用券。这是世界上最早产生的可兑换纸币。因它以楮树皮为原料的纸印造，故当时被称为“楮币”。

四川出现交子的时间大概在宋真宗初期。因王小波、李顺起义时，益、邛、嘉、眉州的铁钱停铸，故“民间钱少，私以交子为市”[②]。起初，交子铺发行交子时，“书填贯不限多少，收入人户见钱，便给交子，无远近行用，动及百万贯。街市交易，如将交子要取见钱，每贯落三十文为利。每岁丝蚕米麦将熟，又印交子一两番，捷如铸钱”[③]。可见，最早的四川交子无固定面值，发行量极大，顾客欲用交子去兑换现钱，每贯要付手续费30文作为交子铺的利润收入。不久，因交子在流通过程中出现了不少问题，宋真宗景德二年(1005),朝廷命知益州张咏加以整顿。张咏命富户16户主持，规定一交一缗，分界发行，以旧换新。后来，因有人伪造交子，引起许多诉讼事件。又因交子铺主发行准备金不足,交子不能兑现,“人户众来要钱，聚头取索关印，闭户不出，以至聚众争闹。官为差官拦约，每一贯多只得七八百,侵欺贫民”[④]。交子出现信用危机,真宗大中祥符末年(1016),知成都府事寇瑊到任后，即去“诱劝交子户王昌懿等，令收闭交子铺，封印单，更不书放。直到今年春方始交还人上钱了当。其余外县有交子户并皆

① ［宋］李攸：《宋朝事实》卷十五《财用》，《文渊阁四库全书》第608册。
② 《长编》卷五十九，宋真宗景德二年二月庚辰，第508页。
③ 《宋朝事实》卷十五《财用》。
④ 《宋朝事实》卷十五《财用》。

诉纳，将印单毁弃讫”，并令“今后民间更不得似日前置交子铺”。[①] 至此，四川交子发行暂告停罢。

五、通胀预期

综观北宋前期的货币经济，虽然并未形成大规模而持续的恶性通货膨胀，但从其初期铜钱奇缺、劣币泛滥、铁钱贬值、交子失信的种种迹象及其所引起的后果来看，当时已经出现了明显的通胀预期。

估测通货是否膨胀，不能光看社会流通货币总量的多少，而要看社会流通货币总量与社会商品（包括生产资料和生活资料）总价格之间是否平衡。如果生产率低下，商品供不应求，而社会流通货币的总量大大超过供应社会商品总价格，就会发生通货膨胀，货币就会贬值，物价就会上涨，消费者就会贫困，感到买不起东西。反之，如果生产过剩，社会商品总价格大大超过社会流通货币的总量，就会出现通货紧缩，货币就会升值，物价就会降低，生产者就会因缺乏资金周转而停产或因生产成本过高而亏本，从而会使人们减少收入而陷入贫困。总之，无论是通货膨胀，或是通货紧缩，都会给社会和人民带来祸害。

形成通货膨胀的因素很多，原因非常复杂，其牵涉面极广，涉及整个社会经济、政治、军事、外交乃至思想文化等各方面的发展现状，为此要给“通货膨胀”下一个确切的定义十分困难。传统的货币流通规律理论认为：一定时期内商品流通所需货币量，等于全部商品的价格总额除以单位货币的平均周转次数。当货币发行量激增而商品发生锐减时，也即出现严

---

① 《宋朝事实》卷十五《财用》。

重通货膨胀时，货币就会大幅度贬值，物价就会暴涨，也就会出现古人们所说的“钱轻物重”现象。

在以铜钱为主流法币的宋初，既然铜钱奇缺，按常理应当是“钱贵物轻”，物价很低，而为什么铜钱奇缺却与通货膨胀和物价高涨联系在一起？这可从几个方面来分析：一是铜钱少就会催生虚值劣币的泛滥，虚值劣币质量低下，如要与其他商品等价交换，必然要提高价格，形成“钱轻物重”现象；二是铜钱少就会用铁钱来补充，铁价低，售卖商品也必然要提高价格，同样会形成“钱轻物重”现象；三是铜钱少会影响生产发展和商品交流，一遇饥荒，粮价暴涨，这时社会上物少钱也少，百姓手中无钱买粮，就会出现物贵钱少的现象。如，宋真宗咸平三年（1000）三月，百姓因“难得现钱”，“自去年至今，民饿者十八九”，“沟渠中皆是死人”。[①]

私铸劣币的泛滥对推动通货膨胀的作用是十分明显的。因为那些私铸的轻小恶钱、铁镴钱、砂镴钱以及夹锡钱等，本是一种含铜量少、制作成本低、由贱金属铸造的伪劣恶钱，当它们冒充铜钱在市场上流通时，企图通过不等价交换来获取暴利，必然会遭到人们的拒绝，从而迅速贬值，并推动通货膨胀和物价飞涨。

至于铁钱贬值，其本身就是通货膨胀的具体表现，由此引起物价上涨的实例比比皆是。如北宋灭亡后蜀后，沈伦等为了掠走川峡地区的铜钱，就大量增铸铁钱，结果引起铁钱的不断贬值，致使人民的赋税负担加重，“物价弥贵”，“物腾民困”，买 1 匹罗需用 2 万铁钱。

在北宋前期，交子出现较晚。这本是一种创新的先进货币。但因经营

① 《长编》卷四十六，第 387 页。

管理不善，很快就出现信用危机。如，益州交子铺主因缺乏发行本钱，不能实现兑换承诺，致使交子贬值，一贯交子只能兑得七八百现钱，最后交子铺终于倒闭停业。这种无本大量发行交子、动及百万贯的做法，虽然持续时间不长，但已经显现出了一种纸币膨胀的预期。

第二节 宋廷为防止通货膨胀而整顿币制

北宋王朝初期，由于五代十国时期各国货币流通领域的多种弊端的继续存在，造成了铜钱奇缺、劣币泛滥、铁钱贬值、交子失信等货币经济现象，并出现了通货膨胀、物价上涨的发展趋势。一个国家要实现真正的统一，不仅要有全国一致的政治制度，而且还应有统一的货币金融制度。只有这样，才能有利于经济的发展和政权的巩固。为了克服货币流通领域中的各种弊端，防止通货膨胀的发生，将社会经济纳入正常的发展轨道，宋廷在增铸铜钱的同时，便着手制定各项货币制度，以整顿货币流通的秩序。

一、增加铜钱产量

北宋初期，尤其在太祖、太宗时期，由于铜钱奇缺，导致货币流通秩序的混乱，出现了物价上涨的趋势。按理说，货币紧缩，物价只会降低，不会上涨。但因在以铜钱为主流法币的宋初，铜钱供应的不足，必然会引起私铸劣币的泛滥和铁钱的贬值。当时，一切商品的买卖和经济交往，都以铜钱为价值尺度定价。在作为信用货币的不兑现纸币尚未出现之时，铁钱笨重，不便流通，金银又不适合充当一般零售商品交易的价值尺度和流通手段，铜钱就成了法币的最佳选择。当铜钱不能满足日益发展的商品经济的需求，并与铁钱以及私铸虚值劣币混合流通之时，在劣币驱逐良币规律的作用下，铜钱必然会退藏，从而引起法币短缺和物价上涨。一方面是物贵，另一方面是百姓手中钱少，生活就会贫困。北宋初期虽未出现持久的恶性通货膨胀，但因铜钱的不足、劣币的泛滥和铁钱的贬值，已经出现了通胀预期。因此，为了有效地整顿货币流通的秩序，北宋之初，增加铜钱产量就成为当务之急。

早在唐代肃宗乾元初(758),就在饶州建永平监铸钱[①]。南唐"因唐旧制，饶州置永平监铸钱,池州永宁监、建州永丰监,并岁铸钱"[②]。开宝八年(975),北宋灭亡南唐后，继续在饶州永平监铸铜钱。南唐在永平监岁铸铜钱仅6万贯，北宋承袭永平监，岁铸铜钱。虽增加冶铸匠人，年产量也只有7万贯。宋太祖开宝九年（976）七月，升州上报岁铸钱30万贯，朝廷乃命通判杜见素经度采铜。[③]

太平兴国二年（977），宋太宗接受江西转运使樊若水建议，于升、鄂、饶州产铜区置监大铸铜钱，并规定"见山之出铜者悉禁民采"，由于"铜钱既不渡江，益以新钱，民间钱益多，铁钱自当不用，悉铸为农器以给江北流民之归附者"。[④]太平兴国八年（983），江西转运使张齐贤因见民间难得铜钱，便寻访得前南唐承旨丁钊，向他了解到饶、信、虔等州产铜铅锡之所,调发各县丁男开采,并以饶州永平监唐"开通元宝"钱的质量为标准，

---

① 《群书考索》后集卷六十《财用门·铜钱类》。
② ［宋］薛居正：《旧五代史》卷一百四十六《食货志》，中华书局1976年点校本，第1949页。
③ ［宋］王应麟：《玉海》卷一百八十《食货·钱币》，《文渊阁四库全书》第948册。
④ 《群书考索》后集卷六十《财用门·铜钱类》。《宋会要辑稿》食货一一之四。

铸造铜钱，岁铸 30 万贯，次年即铸得铜钱 36 万贯。[①]宋太宗至道二年(996)十月，因饶州永平监铸钱原料铜、锡及薪炭等不足，依知州马亮的要求，分其工之半，另置池州永丰监，当年即增铸钱数十万贯。[②]

宋真宗咸平二年（999），宰相张齐贤上奏："今之所患，钱货未多。望择使臣往逐处相度，添价及招诱人户淘采铅锡，仍按行铜山易得薪炭处，置监铸钱。如此，二年间可得百五十万贯。"[③]于是朝廷即命虞部员外郎冯亮、内供奉白承睿往干其事。冯亮等巡视江南各地，于当年五月正式在江州置广宁监，在建州置丰国监，年铸额各为 20 万贯。[④]次年五月庚辰，冯亮等上奏："饶、池、江、建州岁铸钱百三十五万贯，铜铅皆有羡余。"[⑤]因此，宋廷任冯亮为江南转运副使兼都大提点江南、福建路铸钱事，以白承睿同提点。

饶州永平监、池州永丰监、江州广宁监、建州丰国监，是北宋初期铸造铜钱的四大钱监。至道末年（997）岁铸 80 万贯（当时尚无广宁监、丰国监）；咸平三年（1000）岁铸 135 万贯；景德末年（1007）岁铸 183 万贯；大中祥符后，因铜矿产量减少，天禧末年（1021）岁铸量减至 105 万贯。[⑥]另外，据大中祥符九年（1016）五月戊申发运使李溥奏：饶、池、江、杭

---

① 《长编》卷二十四，宋太宗太平兴国八年三月乙酉，第 205 页。[宋] 江绍虞：《宋朝事实类苑》卷二十一《官政治绩·诸监炉铸钱》，上海古籍出版社 1981 年版，第 246 页。

② 《长编》卷四十，宋太宗至道二年十月己未，第 329 页。《宋朝事实类苑》卷二十一《官政治绩·诸监炉铸钱》，第 246 页。

③ 《长编》卷四十七，宋真宗咸平三年五月，第 391 页。

④ [宋] 王禹偁：《小畜集》卷十七《江州广宁监记》，《文渊阁四库全书》第 1086 册。

⑤ 《长编》卷四十七，第 391 页。

⑥ 《长编》卷九十七，宋真宗天禧五年，第 870 页。

四监共铸钱 120 万贯。[①]

除饶、池、江、建四大钱监外，北宋初期还有其他几处铜钱监，杭州宝兴监在吴越国时即存在，宋朝承袭后，不久因铜锡供给不足而停废，太宗末年或真宗初年重建，至大中祥符九年（1016）还存在。京都钱监宋朝初年即存在，至景德三年（1006）十二月，才“废在京铸钱监，改为铸鍮务，掌造铜、铁、鍮石诸器及道具以供内外出鬻之用”[②]。升州钱监与鄂州钱监于太平兴国二年（977）建立，南安军也系旧有钱监，到天禧末年（1021）还存在，后并被废除。

从开宝八年（975）岁铸铜钱仅 7 万贯，至景德末年（1007）岁铸铜钱达 183 万贯，32 年间增产了 26.14 倍，北宋王朝大力增铸铜钱的目的已经达到。

但因北宋初期“铜钱行于天下，铁钱止于川峡”[③]，宋朝不仅大铸铜钱，还必须在四川铁钱专用区铸造铁钱，为此我们在这里附带谈一下铁钱铸造情况。早在开宝三年（970），宋太祖诏雅州百丈县置监冶铸铁钱，岁铸 9000 余贯，禁铜钱入两川。宋太宗时，益、邛、嘉、眉等州年铸铁钱 50 余万贯，淳化四年（993）王小波、李顺起义后停铸，民间钱少。景德二年（1005），宋真宗命知益州张咏与转运使黄观及益、利二州巡检谢涛同议，于嘉州、邛州铸“景德元宝”大铁钱，每贯重二十五斤八两，每钱当铜钱 1 或小铁钱 10。因景德大铁钱太重，使用不便，又常被人盗熔为器，故大中祥符七年（1014）改铸大铁钱为每贯重十二斤十两，此后长期未变。邛

① 《长编》卷八十七，第 767 页。
② 《长编》卷六十四，第 559 页。
③ 《长编》卷九十七，宋真宗天禧五年，第 870 页。

州惠民监创于咸平四年(1001)。益州监、嘉州丰远监创于景德二年(1005)。兴州济众监规模较小，创于景德三年（1006），年铸仅5.3万贯。至天禧五年（1021），益州监、眉州监已停废，尚有邛州惠民监、嘉州丰远监与兴州济众监铸造每贯重十二斤十两的大铁钱，岁铸总量21万余贯。[①]

北宋时，四川在正常情况下，每年铸50万贯小铁钱或20余万贯大铁钱。小铁钱每贯重5斤，大铁钱每贯重十二斤十两，只限在四川流通。

二、统一铸造法币

在中国历史上，一个新政权的建立，大都要铸造法定货币，简称法币。铸行法币，不仅为了统一币制，还代表着国家和政权，也是政府培养和强化民众国家认同意识的重要符号，宋朝也不例外。

（一）宋朝最早的法币是宋太祖开宝年间（968—976）铸造的“宋通元宝”钱。[②]宋代钱币的钱文中大多加入了年号，即所谓“年号钱”。其实年号钱早在南北朝时就已经产生，五代十国也有年号钱，为什么宋朝最早法币的钱文中却不见年号呢？据欧阳修说：“国家开宝所铸钱，文曰‘宋通元宝’，至宝元中，则曰‘皇宋通宝’。近世钱文皆著年号，惟此二钱不然者，以年号有‘宝’字，文不可重故也。”[③]宋通元宝钱“每贯重四斤九两”[④]，“体制厚广，轮郭分明”[⑤]，质量之精好大大超过了形制细薄的前蜀“乾德元宝”“天汉元宝”“光天元宝”“咸康元宝”以及后蜀的“广政通宝”等钱。

---

① 《长编》卷九十七，宋真宗天禧五年，第870页。

② 俞兆鹏：《“宋通元宝”钱名及铸造年代考》，见《史林杂俎》第69页。

③ ［宋］欧阳修：《归田录》卷一，中华书局1981年点校本，第5页。

④ ［宋］庄绰：《鸡肋编》卷中，中华书局1983年点校本，第79页。

⑤ ［宋］叶大庆：《考古质疑》卷三，《文渊阁四库全书》第853册。

宋通元宝有铜、铁小平钱二种，其钱文形制模仿唐朝的“开通元宝”钱和五代后汉的“汉通元宝”及后周的“周通元宝”钱。

（二）宋朝的年号钱始于宋太宗时。宋太宗即位，改年号为“太平兴国”（976—984），铸行“太平通宝”钱。但这还不是很规范的年号钱，因为钱文中只用了年号中的“太平”二字。庄绰在谈到宋朝铸造铜钱每贯用料增减情况时曾说：“庆历四年（1044），依太平料例，又减五两半，收净四斤八两。”① 可见太平通宝铜钱的重量，每贯应净重四斤十三两半。因此，马端临在《文献通考》中说：“仁宗以前，如太平钱最好。”② 太平通宝除铜、铁小平钱外，更有铜、铁大钱，背上有巨星，系太平兴国八年（983）铸于建州，至今存世极少。

（三）宋太宗“淳化元年（990）五月乙未改铸‘淳化元宝’”③，“太宗亲书‘淳化元宝’，作真、草、行三体，自后每改元，必更铸以年号元宝为文”④，这就是所谓御书钱。据记载：“太宗善草、隶、行、八分、篆、飞白六体，皆极其妙，而草书尤奇绝。”⑤ 淳化元宝有铜钱，又有大小铁钱。大铁钱系淳化二年（991）赵安易铸于川峡地区，但当年只铸了3000缗，即停铸。⑥

（四）宋太宗至道元年（995），又铸行“至道元宝”钱，钱文有真、行、草三体，仍由太宗皇帝手书。主要有小平铜钱，铁钱很少，而且未见大钱。⑦

---

① 《鸡肋编》卷中，第79页。
② 《文献通考》卷九《钱币二》，第257页。
③ 《玉海》卷一百八十《食货·钱币·淳化御书三体钱》。
④ 《文献通考》卷九《钱币二》，第231页。
⑤ 《宋朝事实类苑》卷三《祖宗圣训·真宗皇帝》，第29页。
⑥ 《玉海》卷一百八十《食货·钱币·淳化铸钱议》。
⑦ 孙仲汇等编著：《简明钱币辞典》，上海古籍出版社1991年版，第189页。

（五）宋真宗咸平元年（998），铸“咸平元宝”，有楷书小平铜钱及宽缘厚肉的大钱，铁钱少见。咸平元宝铜钱的质量可与宋通元宝、太平通宝钱媲美，咸平五年（1002）后其每贯钱净重达 5 斤。据庄绰说：“自开宝以来铸宋通、咸平、太平钱，最为精好。”①

（六）宋真宗景德元年（1004），铸“景德元宝”钱，钱文只有楷书一种，不成对钱。除小平铜钱外，另有大小铁钱。大铁钱是四川嘉、邛二州所铸，每贯重 25 斤 8 两。②

（七）宋真宗大中祥符元年（1008），铸“祥符元宝”和“祥符通宝”钱，钱文也只有楷书一种。祥符元宝另有宽缘厚肉的大钱。形制与咸平钱相同，并有大小铁钱多型。祥符元宝大铁钱铸于大中祥符七年（1014），每贯重 12 斤 10 两，以一当十。③大中祥符元年（1008）六月，真宗曾将新铸的御书“祥符元宝”钱赐给辅臣④，可见此钱质量值得夸耀。祥符通宝只有小平铜钱，钱文也为真宗御书。

（八）宋真宗天禧年间（1017—1021），铸“天禧通宝”钱，钱文为楷书，有铜、铁二种钱。此钱与宋初其他法币一样，质量甚佳。据马端临说：“宋朝则无时不鼓铸，以开元钱（指唐朝‘开通元宝’钱）为准，如太平、天禧又过于开元。”⑤宋人叶大庆在《考古质疑》卷三中也说：“盖我朝铸宋通钱，体制厚广，轮郭分明，自后如太平、淳化、至道、景德以至咸平、祥

---

① 《鸡肋编》卷中，第 79 页。
② 《文献通考》卷九《钱币二》，第 232 页。
③ 《群书考索》后集卷六十一《财用门·铁钱类》。
④ 《长编》卷六十九，宋真宗大中祥符元年六月壬辰，第 601 页。
⑤ 《文献通考》卷九《钱币二》，第 257 页。

符、天禧等钱，莫不皆然。”

三、确定钱陌制度

钱币以“文”为单位，即一枚钱称“一文”，千文钱称“一贯”或“一缗”。按常规，钱币在流通时，一贯钱理应实足有钱一千文，百钱应实足有钱一百文，称为“足陌”。但实际上，由于历代各地的钱币常因质量不一、轻重不同，民间交易用钱时，每贯钱的实际数量常有增减。如西汉时，贾谊曾对文帝说：“民用钱，郡国不同，或用轻钱百加若干，或用重钱平称不受。”[①] 这就是说，早在西汉时，民间交易，如使用轻钱每百钱须增加若干文，如使用重钱每百钱须减去若干文，方能流通，否则人们不愿。梁武帝时，曾使用铁钱，商人交易用钱各地标准不同：“岭以东，八十为百，名曰‘东钱’；江、郢以上，七十为百，名曰‘西钱’；京师以九十为百，名曰‘长钱’。大同元年（535），诏通用足陌，诏下而人不从，钱陌益少，至于末年，遂以三十五为百。”[②] 到唐代，在其国力兴盛时，曾“纯用足钱”。但至唐末哀帝天祐年间（904—907），因军阀混战，财政困难，国力衰颓，“始令以八十五为百”[③]。五代后唐天成年间（926—930），又减去五文钱，即以八十为百。后汉乾祐年间（948—950），王章任三司使掌管财政，再减去三文钱，即以七十七为百。

宋初，因袭五代后汉的钱陌制度，以七十七为百，但“其输官亦用

---

① 《群书考索》后集卷六十《财用门·铜钱类》。

② ［宋］洪迈：《容斋三笔》卷四《省钱百陌》，见《容斋随笔》本，吉林文史出版社 1994 年版，第 368 页。

③ 《容斋三笔》卷四《省钱百陌》，见《容斋随笔》本，第 368 页。

八十或八十五”[①]。如，宋太祖建隆二年（961）二月，“旧制：盗窃赃满绢三匹者，弃市。己丑，改为钱三千，陌八十”[②]，即当时规定官方用钱标准以八十文钱为一百。至于各地私人用钱并不完全执行以七十七为百的制度。“诸州私用，犹各随俗，至有以四十八钱为百者。”[③]为此，乾德五年（967）宋太祖下诏规定：“所在用七十七陌为贯，及四斤半以上。”[④]

虽然宋初继承了五代后汉七十七为百的用钱制度，称为“省陌”，乾德五年（967）又重申此制，但是直到宋太宗时，各地流通的钱币质量仍然十分混乱，尤其江南民间多行使新小钱。因此，太平兴国二年（977）九月丁酉，宋太宗再次下诏正式规定：“所在悉用七十七为百，每千钱必及四斤半以上。”[⑤]

众所周知，自古以来，各地商品市场的交易情况是相当复杂的，国家规定的政策法规也只能具有宏观的指导意义，问题总是会存在的。太平兴国二年（977）九月下诏后不久，民间用钱还有以千文为贯的。如，宋初江西也用铁钱，据宋人曾敏行记载：“玉司山玉梁观所藏经，卷尾有题字云：‘太平兴国三年太岁戊寅，新淦县扬名乡胡某使铁钱一百二十贯足陌，写经六十卷。’”[⑥]直到宋真宗时，民间交易用钱仍有不守“省陌”规定的，有的人以七十二文为百，称作“依除”。如，欧阳修《归田录》卷二记载：“用钱之法，自五代以来，以七十七为百，谓之‘省陌’。今市井交易，又克其五，

① 《长编》卷十八，宋太宗太平兴国二年九月，第157页。
② 《长编》卷二，宋太祖建隆二年二月，第15页。
③ 《长编》卷十八，宋太宗太平兴国二年九月，第157页。
④ 《文献通考》卷九《钱币二》，第232页。
⑤ 《长编》卷十八，宋太宗太平兴国二年九月，第157页。
⑥ ［宋］曾敏行：《独醒杂志》卷二，上海古籍出版社1986年点校本，第13页。

谓之‘依除’。咸平五年，陈恕知贡举，选士最精，所解七十二人，王沂公（曾）为第一，御试又落其半，而及第者三十八人，沂公又第一。故京师为语曰：‘南省解一百依除，殿前放五十省陌也。’”[①] 虽然如此，但总的说来，太平兴国二年（977）后，全国公私用钱大体上有了一个统一的规定，以七十七为百。据洪迈说：“自是以来，天下承用，公私出纳皆然，故名‘省钱’。”[②] 统一钱陌制度的确定，方便了商品的交易，对宋初经济的发展应当是有利的。

四、规范钱币质量

在流通金属货币的时代，用钱购买商品，严格说来，仍然是一种物物交换，即以具有使用价值的金属铸造的钱币来交换其他物品。而根据价值规律，作为特殊商品的钱币与其他商品必须等价交换。为此，钱币必须具有一般等价物的性质，在商品交换过程中起着价值尺度的作用。这就要求钱币的面值与其所含的实际金属质量相一致，否则就是虚值货币，就不是等价交换，违背价值规律，不利于商品经济的正常发展，将使市场陷入混乱之中。有鉴于此，宋初，在统一铸造法币和确定钱陌制度的同时，还出台了规范钱币质量的政策措施。

宋初，流通领域中的钱币质量曾经非常混乱。宋太祖时，各州多流通着轻小恶钱及铁镴（锡）钱。乾德五年（967），开封府曾上奏：“民间新小钱每十钱才重五钱半，其极小薄者重二钱半，侵紊法制，莫甚于此。”[③] 为了规范铜钱质量，宋初朝廷三令五申严禁流通各种劣币，并规范法币应

① 《归田录》卷二，第 36 页。
② 《容斋三笔》卷四《省钱百陌》，见《容斋随笔》本，第 368 页。
③ 《长编》卷八，宋太祖乾德五年十二月丙辰，第 76 页。

有质量。

宋太祖建隆三年（962），“禁诸州铁镴钱及江南所铸‘唐国通宝’钱，民间有者悉送官，所在设棘围受之。敢有隐藏，许人告，重置之法”①。

乾德五年（967）十二月丙辰，宋太祖又下诏：“诸州轻小恶钱及铁镴钱等限一月送官，限满不送者罪之有差。”②

宋太宗太平兴国二年（977）九月，下诏再申铜钱的重量标准，另外还提出了收购处理劣质小钱的具体办法：“所在悉用七十七为百，每千钱必及四斤半以上。”③“访闻民间多用新小钱，自今铜钱须及四斤半以上方得行用。其间有新小钱不及新定斤两者，限一月陈首纳官，据斤两给铜钱，限外犯者罪之有差。”④

宋太宗雍熙（984—987）初，又“令江南诸州官库所贮杂钱，每贯及四斤半者送阙下，不及者销毁。民间恶钱尚多，复申乾德之禁，稍峻其法”⑤。

宋初法定铜钱每贯重量为四斤半以上。以每斤 16 两、每两 10 钱折算，四斤半即 720 钱。每贯省陌为 770 文，如每贯仅重四斤半，每文重量则为 720 钱 ÷770 文 =0.935 钱 / 文。法定每贯应重四斤半以上，也即要求每文铜钱重达 1 钱左右。据《文献通考 · 钱币二》记载：“宋朝则无时不鼓铸，以开元钱为准。”唐代“开通元宝”铜钱的标准重量为每文 1 钱。太平通宝铜钱每贯省陌重四斤十三两半，折算成七百七十五钱，每文正好重 1 钱

① 《群书考索》后集卷六十《财用门 • 铜钱类》。
② 《长编》卷八，宋太祖乾德五年十二月丙辰，第 76 页。
③ 《长编》卷十八，宋太宗太平兴国二年九月，第 157 页。
④ 《群书考索》后集卷六十《财用门 • 铜钱类》。
⑤ 《宋史》卷一百八十《食货志下二 • 钱币》，第 4378 页。

多，已达到开通元宝钱的标准。而据庄绰《鸡肋编》卷中载：铸铜钱每贯用料，“自咸平五年，后来用铜铅锡五斤八两，除火耗，收净五斤”。又据李焘《续资治通鉴长编》记载：宋真宗天禧五年（1021），饶州永平监、池州永丰监、江州广宁监、建州丰国监所铸铜钱，每贯也“成重五斤”[①]。可见咸平元宝和天禧通宝铜钱的重量已远远超过了开通元宝钱。所以，马端临说:“太平、天禧钱又过于开元……国初惟要钱好，不计工费。”[②]宋初之所以不惜工本铸造良币，正如宋太宗所说：“钱刀之用，以通有无，轻重相权，泉流不匮。”[③]又如后来苏辙所说:“是时官铸大率无利，盖钱法本以均通有无，而不为利也。”[④]这就是说，只有名副其实的优质钱币，才有利于流通，促进商品的交换。

所谓铜钱的质量，除了重量外，还应包括其实际含铜量。为了进一步说明问题，让我们来看一下唐开通元宝钱和宋初铜钱铸造时的投料情况，并从中测算各钱的质量。

以盛唐天宝年间（742—756）各州铸造铜钱的投料情况看，当时“一炉用铜二万一千二百三十斤、白镴（锡）三千七百九十斤、黑锡（铅）五百四十斤，每炉铸钱三千三百贯”[⑤]。以此计算，每贯钱用料:(铜21230斤+锡3790斤+铅540斤）÷3300贯=7.75斤/贯。除去火耗约15%，

① 《长编》卷九十七，宋真宗天禧五年，第870页。
② 《文献通考》卷九《钱币二》，第257页。
③ ［宋］钱若水等撰：《太宗皇帝实录》卷三十一，太平兴国九年八月壬辰诏，《续修四库全书》第348册，上海古籍出版社1996年至2003年影印本。
④ ［宋］苏辙：《龙川略志》卷三《与王介甫论青苗盐法铸钱利害》，中华书局1982年校点本，第14页。
⑤ 《宋朝事实类苑》卷二十一《官政治绩·诸监铸炉钱》，第246页。

每贯钱净重：7.75斤 ×（1–0.15）=6.59斤。以每斤16两、每两10钱折算，每贯钱为：6.59斤 ×16两/斤 ×10钱/两=1054钱。唐钱每贯千文，则每文净重：1054钱 ÷1000文=1.054钱/文。可见唐开通钱每文约重1钱。再算含铜量，因不同金属火耗量不同，只能大概计算，则含铜量为：铜21230斤 ÷（铜21230斤+锡3790斤+铅540斤）=0.8306。可见唐开通钱实际含铜量在83%以上。

让我们再来看一下宋初官铸铜钱的投料情况。宋初铜钱重量有的超过唐钱，但有的却稍逊于唐钱。总的来说，宋初铜钱在重量方面有的超过唐钱，但含铜量大多不及唐钱，这我们可从下面所举的几个例子中看出来。

据《长编》记载：真宗天禧五年（1021），“凡铸铜钱有四监：饶州曰永平，池州曰永丰，江州曰永宁，建州曰丰国。每千钱用铜三斤十四两、铅一斤八两、锡八两，成重五斤。惟建州增铜五两，减铅如其数”[①]。从中可见，天禧钱每贯净重五斤，这里所谓“千钱”是指“省陌”，其重量明显超过唐开通钱。而其含铜量：铜62两 ÷（铜62两+铅24两+锡8两）=0.66。可见其含铜量66%远远低于唐开通钱。即使建州监所铸铜钱，其含铜量：铜67两 ÷（铜67两+铅19两+锡8两）=0.71，71%的含铜量也低于唐钱。

又如，宋太宗太平兴国八年（983），江西转运使张齐贤“访得江南承旨丁钊，历指饶、信、虔州山谷产铜、铅、锡之所，又求前代铸法，惟饶州永平监用唐开元钱料，坚实可久，由是定取其法，岁铸三十万贯，用铜

① 《长编》卷九十七，宋真宗天禧五年，第870页。

八十五万斤、铅三十六万斤、锡十六万斤”[①]。按上述数字计算，则每贯铜钱用料：（铜 85 万斤 + 铅 36 万斤 + 锡 16 万斤）÷30 万贯 =4.56 斤 / 贯。其重量少于唐开通钱。至于其含铜量：铜 85 万斤 ÷（铜 85 万斤 + 铅 36 万斤 + 锡 16 万斤）=0.62。其 62% 含铜量更低于唐开通钱。因此，李焘在《长编》中批评说：“然唐永平钱法，肉好周郭精妙，齐贤所铸，虽岁增数倍，而稍粗恶矣。”[②]其实早期太平钱也有可与唐钱媲美的，但张齐贤为追求铸量而降低了质量，这也说明了太平钱质量的不稳定。

再如，真宗大中祥符九年（1016）五月，李溥说：“饶、池、江、杭四州钱监，每岁共铸钱一百二十万贯，用铜四百五十三万斤。”[③]其每贯铜钱含铜：铜 453 万斤 ÷120 万贯 =3.78 斤 / 贯。再以每贯省陌 770 文计算，则其每文含铜:（3.78 斤 ×16 两 / 斤 ×10 钱 / 两）÷770 文 =0.77 钱 / 文。如估计每文钱重 1 钱，则其含铜量为 77%，也低于唐开通钱。

从总体上说，宋初铜钱质量较好，但稍逊于盛唐开通钱。盛唐年铸钱额为三十万贯，唐中后期一般年铸额仅为十几万贯，宋真宗景德末年（1007）铜钱年铸量达一百八十三万贯[④]，高出唐代数倍乃至十几倍。而在中国古代，铜矿开采量不可能在二三百年间发展数倍乃至十几倍，故铸钱用料稍减也是必然趋势。正因为铸钱币材不足，也由此而诱发出北宋初期纸币的产生。

以上说的是宋初铜钱的质量，至于铁钱也有重量标准。宋太祖时，因江南尚未统一，后蜀、南唐、闽等国的铁钱曾在宋初流通。开始时，铜、

---

① 《长编》卷二十四，宋太宗太平兴国八年三月乙酉，第 205 页。
② 《长编》卷二十四，宋太宗太平兴国八年三月乙酉，第 206 页。
③ 《长编》卷八十七，宋真宗大中祥符九年五月戊申，第 767 页。
④ 《长编》卷九十七，宋真宗天禧五年，第 870 页。

铁钱以一兑一等价使用，后来因铜钱少、铁价贱，铁钱逐渐贬值，铁钱十仅值铜钱一。宋太宗太平兴国二年（977），江南平定，朝廷下诏收民间铁钱铸为农具，分给江北归附的流民，于是江南铁钱尽。从此，铜钱流通全国，但川蜀、陕西依旧使用铁钱。因铁钱价贱，使用不便，淳化二年（991）太宗命赵安易往川峡路铸造御书当十大铁钱，因有人反对，不久即停铸。真宗景德二年（1005），又铸“景德元宝”大铁钱，每贯重二十五斤八两，一个大铁钱可值铜钱一或小铁钱十。由于大铁钱用铁太多，民间私熔25斤大铁钱改铸为日用铁器，可卖得二千小铁钱，获利在一倍以上，因此盗熔者众。于是大中祥符七年（1014）真宗接受知益州凌策的建议，减料改铸大铁钱，每贯重十二斤十两，仍以大铁钱一值铜钱一或小铁钱十。新铸大铁钱减料一半以上，从此，因钱轻行旅者携用方便，因铁少盗熔者无利可图而自然停息，大铁钱的重量标准也就暂时稳定了下来。

五、严禁私铸劣币

宋初，由于全国尚未统一，币制混乱，故民间私铸的劣币得以乘机流通，从而严重影响了商品的正常交易。使用钱币实质上是金属与其他商品的等价交换，因此，私钱必然是一种质量轻小并掺杂了超量贱金属的虚值货币，通过不等价交换来获取暴利。而私铸者潜藏于民间，流动性又大，很难查获。要根绝私钱，除了惩治私铸者外，更重要的一环是禁止私钱流通，并以足值的法币来代替私钱，在人民群众中树立起坚固的信用，使私钱在市场上无立足之地。宋朝开国之初即着手严禁私铸劣币，并陆续出台了有关的政策措施。

南唐是南方割据政权中较为强大的一个。虽然五代周世宗已取得南唐的淮南十四州，但在宋初，南唐政权仍盘踞在金陵，控制着广大的江淮地区。当时，在曾经属于南唐版图的淮南地区，民间利用两个政权对峙的混乱局势，大肆流通私铸劣币。针对这种情况，宋太祖于乾德四年（966）七月戊寅下令："禁淮南道私铸钱。"①

由于私铸劣币流通之猖獗，甚至在北宋首都开封府也流通着十文只重五钱半乃至二钱半的轻薄小钱，所以，宋太祖进一步加强了对私铸劣币的打击力度，于乾德五年（967）十二月丙辰下诏："诸州轻小恶钱及铁鑞钱等限一月悉送官，限满不送者罪之有差，敢私铸者弃市。"②

宋太祖开宝四年（971）攻取了南汉，八年（975）平定了南唐，九年（976）收降了吴越。至此，南方基本统一。宋廷虽已规定每贯铜钱须重四斤半以上，但私铸新小钱仍在江南广泛流通。于是，宋太宗太平兴国二年（977）下诏："禁江南诸州新小钱，私铸者弃市。"③ 同时，宋太宗也改善了禁私钱的办法。因查获私铸者不易，他便更多地从杜绝私钱流通方面着手，规定："其间有新小钱不及新定斤两者，限一月陈首纳官，据斤两给铜钱，限外犯者罪之有差。"④ 用行政命令严禁私钱和斩杀私铸者，这只是被动消极的做法。官府能用法定铜钱按实值购进私铸劣钱，既可杜绝私钱流通，又可少杀人和减轻蓄有私钱的百姓的损失，并使铸造私钱失去了意义。这当然是件好事，也说明宋廷的政策比前有了进步。

由于商品经济的发展，宋初铜钱供应不足，民间私铸铅锡劣钱一时又

① 《长编》卷七，第 66 页。
② 《长编》卷八，宋太祖乾德五年十二月丙辰，第 76 页。
③ 《宋史》卷四《太宗纪一》，第 57 页。
④ 《群书考索》后集卷六十《财用门·铜钱类》。

难以禁绝，太平兴国七年（982）四月，太宗再次下诏宣布铜钱质量标准，并适当降低了对铜钱重量的要求："江南民私铸铅锡及轻小钱，颇乱禁法。自今公私所用每千钱须及四斤，先蓄者悉送官。"①

要禁绝私钱真不容易！太平兴国九年（984），有关部门又上报："江西饶、信、洪等州，民多盗买官铜杂铅锡铸新镴钱，请禁之。"②于是，这年八月壬辰，宋廷下诏要求全国各地重申乾德五年（967）以来的禁令："自今两宫及诸道州府宜申明旧禁，不得杂用私铸细小及铁镴钱，仍每贯须重四斤半以上，其细杂钱限一月内并须送官。"③雍熙初，还规定：凡每贯铜钱重不及四斤半者，一律销毁。这次宋太宗重申乾德禁令之后，打击私钱的力度又有所加强。

宋廷加强了对江南私钱的禁令，但在遥远的岭南边疆地区，仍有多种私钱在西南少数民族中流通。太宗端拱元年（988），"内侍萧延皓使岭南还，以民间私铸三等钱来上，且言多与蛮人贸易，侵败禁法"。于是太宗下诏加强禁令："因诏察民私铸及销熔好钱作薄恶钱者，并弃市；辄以新恶钱与蛮人博易者，抵罪。"④

至道三年（997）三月，宋太宗驾崩，新皇帝宋真宗即位。次年改元为"咸平元年"（998）。真宗为了进一步阻断私铸劣币的流通，再次采取买进私铸劣币的办法："又申新小钱之禁，令官置场尽市之。"⑤

---

① 《长编》卷二十三，宋太宗太平兴国七年四月己丑，第197页。
② 《群书考索》后集卷六十《财用门·铜钱类》。
③ 《太宗皇帝实录》卷三十一，太平兴国九年八月壬辰诏。
④ 《宋史》卷一百八十《食货志下二·钱币》，第4378页。
⑤ 《宋史》卷一百八十《食货志下二·钱币》，第4379页。

只要有利可图，民间私铸劣币的行为是很难禁绝的。只有当官铸法币质量达到足值标准并能大量铸造，使私铸者无获利空隙，私铸劣币才会自动消失。宋真宗大力提高官铸铜钱的数量和质量，景德（1004—1007）中，铜钱年铸额高达130万贯，“咸平元宝”和“天禧通宝”铜钱每贯重量又达到了5斤，这时私铸劣币也就比以前相对有所减少。

经过宋太祖、太宗、真宗三朝整顿钱币质量之后，至真宗景德年间（1004—1007），宋朝货币金融领域中的所谓“祖宗之法”基本上确立，社会经济也逐渐走上了繁荣之路。据史载：“自景德以来，四方无事，百姓康乐，户口蕃庶，田野日辟。”[①] 从此，宋王朝进入了其全盛时期。

第三节　宋廷为防止通货膨胀而采取的其他经济措施

要有效地防止通货膨胀的发生，建立合理的货币制度和制定整顿货币流通秩序的规章制度固然重要，但这些行政手段属于社会上层建筑，不能解决根本问题，最重要的还必须遵守市场规律，从社会经济基础抓起。一般来说，一旦出现通胀预期，国家首先必须及早着手采取经济上的开源节流措施，同时为了减轻由通胀给人民群众带来的损失并增加他们的收入，还应救助贫困、调控物价和打击商人哄抬物价。按照现代的话来形容，即应当打出一套整治通货膨胀的经济“组合拳”。宋初统治者虽然不懂现代经济学理论，也不可能自觉掌握社会经济发展的客观规律，但他们根据当时货币金融形势的现状所采取的一系列经济举措，基本上符合上述要求，

① 《宋史》卷一百七十三《食货志上一·农田》，第4163页。

为有效地防止通货膨胀的发生创造了有利条件。

为了防止通货膨胀，宋廷在整顿币制的同时，采取了下列其他经济措施。

一、大力发展生产和繁荣经济

要防止通货膨胀的发生，最重要的必须避免商品的供不应求，尽力做到商品供求关系的平衡。而要实现商品的供必应求，便须有充足的物资作为保障，这就首先应当大力发展生产和繁荣经济。北宋前期朝廷在农业、手工业、商业方面曾经采取了相应的措施，并取得了良好的效果。

（一）农业

自唐末五代以来，虽然商品经济有所发展，但至北宋初期，中国基本上还是一个以自然经济为主的农业社会。因此，发展农业成为当时人们经济生活中的头等大事。宋初的统治者都非常重视农业，把稼穑农耕视作为政之本。宋太祖以为“欲厚生民而丰其食者，莫大于积谷而务农也”①。宋太宗也说“国家大事以足食为先”②，并曾“亲耕籍田，以劝农事”③。宋真宗同样认为：“务农宝谷，乃国家养民之道也。”④为此，朝廷要求各地州县长官都应努力劝农。景德三年（1006）明确规定诸路转运使、转运使副以及通判、知州并兼管内劝农使。

农业的第一要素是土地。自唐末五代十国以来，由于战争频繁，到处

---

① 《长编》卷四十，宋太宗至道二年七月庚申，第324页。
② 《长编》卷四十，宋太宗至道三年五月庚午，第332页。
③ 《宋史》卷一百七十三《食货志上一·农田》，第4158页。
④ 《长编》卷七十七，宋真宗大中祥符五年正月乙酉，第677页。

都存在着大量荒地，直到太宗至道二年（996），甚至“京畿周环二三州（《宋史·食货志上一·农田》，作二十三州，当以此为是），幅员数千里之地，垦者十才二三”[①]。为了开垦荒地，扩大种植面积，太祖早在乾德四年（966）闰八月就下诏：“所在长吏，告谕百姓有所广植桑枣、开垦荒田者，并只纳旧租，永不通检。”[②]到至道元年（995）六月，因农业稍有复苏，太宗才下诏改为：“募民请佃诸州旷土，便为永业，仍蠲三岁租，三年外输三分之一。”[③]但在当年十二月又下诏补充：“诸路州府各据本县所管人户分为等第，依原定桑枣株数，依时栽种……如将来增添桑土，所纳课税，并依原额，更不增加。”[④]除了垦荒外，宋廷还在河北沿边地区广置屯田、营田，以保障边防守军的粮饷供应。太宗淳化年间（990—994），曾在雄、莫、霸州及平戎、顺安等军，大兴水利，种植“七月熟”水稻，结果获得丰收，民赖其利。真宗咸平中，还在汝州、襄阳县、宜城县、襄州等地置屯田、营田，种植水稻。又在陕西原州、渭州置屯田，在保州、定州置屯田、营田。至“天禧末，诸州屯田总四千二百余顷”[⑤]。整个北宋前期，尽量扩展耕地的政策始终不变。直到天禧初年（1017）还令开封府告谕百姓，“京城四面禁围草地，许其耕牧”[⑥]。

① 《长编》卷四十，宋太宗至道二年七月庚申，第 324 页。
② 《宋会要辑稿》食货一之一六。
③ 《长编》卷三十八，宋太宗至道元年六月丁酉，第 315 页。《宋朝大诏令集》卷一百八十二《募民耕旷土诏（至道元年六月丁酉）》为“与免三年租税，二年外输税十之三”。
④ 《宋会要辑稿》食货一之一八。
⑤ 《宋史》卷一百七十六《食货志上四·屯田、营田》，第 4266 页。
⑥ 《宋史》卷一百七十三《食货志上一·农田》，第 4163 页。

有了地，必须有劳动力来耕种，除了原有的在家乡务农的农民以外，宋廷为了增加农业劳动力，就令各地官府大力招徕那些因战乱与重税而弃家逃亡的游民，劝他们回乡复业，开荒种地，并给予他们土地所有权和减免赋税的优待，使他们得以安居乐业。此外，太祖曾于乾德元年（963）十月癸未，令襄州索取被原楚国残余势力湖南行营诸军所掠生口，遣吏分送其家；同时，“放潭、邵州乡兵数千人归农”[①]。乾德三年（965）四月乙丑，又“放洋州义军八百人归农”[②]。为了控制农业人口流失，太祖开宝六年（973）四月，立“限度僧法”，规定“诸州僧不及百人者，每岁许度一人”[③]。为了使农民不游手好闲，尽力农耕，太平兴国中，宋廷曾一度设农师，“民有饮博怠于农务者，农师谨察之，白州县论罪，以警游惰”[④]。

在传统农业中，耕田主要用牛。宋代北方少牛，农民多向湘、广商人高价购买水牛。太宗淳化五年（994），宋、亳数州发生牛疫，牛死过半，官方借钱给农民去江、淮买牛。鉴于耕牛的严重不足，太子中允武允成献踏犁。踏犁全靠人力翻地，因用足力大于手，“比攫耕之功则倍”，“可代耕牛之功半”[⑤]。于是宋廷便命秘书丞、直史馆陈尧叟等依式制造分送其州农民使用。真宗景德二年（1005），朝廷又拿出踏犁式样，命河北转运使询问农民，如可用，则由官造发给，同时又令有司议买牛送往河北。[⑥]又因当时正处宋辽“澶渊之盟”后的和平时期，农民创制农具的热情甚高，

① 《长编》卷四，第40页。
② 《长编》卷六，第58页。
③ 《九朝编年备要》卷二。
④ 《宋史》卷一百七十三《食货志上一·农田》，第4158页。
⑤ 《宋会要辑稿》食货一之一六至一七。
⑥ 《宋史》卷一百七十三《食货志上一·农田》，第4161—4162页。

宋廷就取消了原来以防流入辽国的生熟铁渡河之禁，使北方农民易得打造农具的材料。真宗大中祥符七年（1014），各州发生牛疫，宋廷下诏“民买卖耕牛勿算，继令群牧司选医牛古方，颁之天下”①。为扶持农业，大中祥符六年（1013），真宗还免去了各路州军的农具税。②

除了农具有所创新之外，宋廷还十分重视粮种的供应和粮食新品种的引进。至道元年（995）三月丁未，时雨已降，正值春播季节，太宗担心“民无种则不能尽地利”，便下诏“以官仓粟数十万石贷京畿及内郡民为种”。③自古以来，江北种杂粮，江南专种水稻。端拱初（988），太宗下诏劝江南、两浙、荆湖、岭南、福建等南方诸州也种杂粮，“民乏粟、麦、黍、豆种者，于淮北州郡给之”；同时，也要求江北各州“就水广种秔稻，并免其租”。④宋真宗大中祥符五年（1012），江、淮、两浙稍旱，水稻歉收，宋真宗就派人去福建引进占城稻3万斛，分给3路为种子，选择地势较高的地方种植，还把种植方法雕版印刷“揭榜示民”。这种占城稻，穗长而无芒，颗粒较小，能抗旱，不择地而生，成熟早，是一种早稻良种。⑤从此，占城稻在江、淮、两浙落了户，后来在种植中又得到不断的改良和更新。此外，宋真宗时还引进了天竺菉豆。这种菉豆“子多而粒大”⑥，所以很快就被推广到了南北各地。

---

① 《宋史》卷一百七十三《食货志上一·农田》，第4162页。
② 《宋会要辑稿》食货一七之一六。
③ 《长编》卷三十七，第311页。
④ 《宋史》卷一百七十三《食货志上一·农田》，第4159页。
⑤ 《宋会要辑稿》食货一之一七至一八。《宋史》卷一百七十三《食货志上一·农田》，第4162页。
⑥ ［宋］释文莹：《湘山野录》卷下，《文渊阁四库全书》第1037册。

北宋前期，农田耕作方式也有创新，出现了圩田。宋太宗时，滕白有《观稻》诗云："周遭圩岸缭山城，一眼圩田翠不分。行到秋苗初熟处，翠茸锦上织黄云。"[①] 又据《宋会要辑稿》食货七之六所载：天禧二年（1018）十二月，都官员外郎张若谷言："宣州化城圩水陆地八百八十余顷，岁纳租米二万四千余硕。"这是宋代官书中有关圩田的最早记录。圩田是在濒江或湖中低洼地建成的，可捍风涛，拒江水之害。圩堤上种榆柳，圩堤下植芦苇，可巩固圩岸。圩堤开有若干闸门，旱时可引江水灌溉，涝时可将田中积水排去，能保旱涝丰收。由此又可见当时的水利事业已相当发达。

难能可贵的是，宋初人们已注意到环境的绿化和动物的保护，以维持自然生态的平衡。北宋朝廷在建立之初即很重视环境的绿化和农作物栽培的因地制宜。宋太祖建隆（960—963）以来，就重申后周显德三年（956）之令："课民种树，定民籍为五等，第一等种杂树百，每等减二十为差，桑枣半之。"同时严禁砍伐树木，"民伐桑枣为薪者罪之：剥桑三工以上者，为首者死，从者流三千里，不满三工者减死配役，从者徒三年"。并告谕"诸州各随风土所宜，量地广狭，土壤瘠埆不宜种艺者，不须责课"。[②] 此外，早在建隆二年（961）二月，太祖就"令民二月至九月，无得采捕虫鱼、弹射飞鸟，有司岁申明之"[③]。真宗天禧元年（1017）五月乙卯下诏：辽国每年来献猎鹰全部放飞。[④] 直至真宗天禧三年（1019）十月己亥，宋廷还

---

① 转引自漆侠《宋代经济史》上册第 92 页及该页注②，上海人民出版社 1988 年版。

② 《宋史》卷一百七十三《食货志上一·农田》，第 4158 页。

③ 《长编》卷二，第 15 页。

④ 《长编》卷八十九，第 795 页。

在下令“禁京师民卖杀鸟兽药”[1]。

（二）手工业

北宋前期的手工业虽然仍以农村副业为主，但随着商品经济的发展，已出现了不少脱离农村副业的独立手工作坊，它们除了为供应朝廷或官府需要而生产，更重要的是为出卖商品而生产。当时手工业的门类很多，现在只能择其主要的行业略谈其发展的情况。

纺织品是人们生活的必需品，也常常是赋税征收的对象，在手工业生产品中占有重要地位。宋以前已经有了脱离农业的纺织作坊，到宋代则出现了专门从事家庭纺织手工业的“机户”。据《文献通考·市籴考一》记载，宋太祖开宝三年（970），“旧济州有机户四十”，可见规模不小，这是有关宋代机户的最早一条史料。

早在宋初，已有很多地方能生产高质量的纺织品。如河北所产之绢品质优良，缝制的衣裳也很好，当时就有所谓“燕赵衣裳福”之美誉[2]。同时，江西“临川、上饶之民，以新智创作醒骨纱，用纯丝蕉骨相兼捻织，夏月衣之，轻凉适体”[3]，抚州的莲花纱和会稽寺院中所产的寺绫，也因具有同样特点而为士大夫所爱好。此外，亳州和扬州的丝织品也因轻而薄享有极高的身价，宋初张咏曾写诗称颂道：“维扬软縠如云英，亳郡轻纱若蝉翼。”[4]而婺州自北宋初年以来就是“婺罗”的著名产地。

宋初，在汴京和各个丝产地都设有各种官营作坊。如西京洛阳、真定府、

① 《长编》卷九十四，第 835 页。
② ［宋］陶穀：《清异录》卷上《人事门》，《文渊阁四库全书》第 1047 册。
③ 《清异录》卷下《衣服门》。
④ ［宋］张咏：《乖崖集》卷二《筵上赠小英》，《文渊阁四库全书》第 1085 册。

青州和益州、梓州都有场院，江宁府、润州、常州和潭州有织务，大名府织绉縠，湖州有织绫务，杭州有织室，都织造高级丝织品。官营丝织作坊中以汴京的绫锦院规模最大，曾有蜀工 600 人，在咸平元年（998）九月时有绫锦机 400 余张，[①] 专门生产锦、罗、绉、縠、绫、绢等丝织精品。

咸平二年（999），实行绸绢“和预买”制度。大中祥符九年（1016）正月壬申，发内藏 2000 万贯钱购买绸绢以济京东西路之乏，“时青、齐间绢直八百、绸六百，官给绢直一千、绸八百，民极以为便。自是绸绢之直日增，后数岁皆倍增于昔时”[②]，从而大大刺激了青、齐等地丝织业的发展。

岭南地区盛产苎麻，一年三获，是织布的好材料。苎麻和麻布以桂州、昭州产量为多[③]，“然布出之市，每端只售百钱，盖织者众而市者少故也”[④]。广西麻布的滞销和价格过低，致使地有遗利，民缺资本，严重影响了麻布的生产。广西转运使陈尧叟因见国家军需所急，便劝民广种苎麻，“许所织布赴官场以钱博市，每匹准钱百五十至二百，仍免其算税”[⑤]。由于解决了广西麻布的销路并提高了收购价格之后，从而促进了苎麻的种植和麻布的生产。至真宗咸平元年（998）七月，不到两年时间，广西转运使就收得麻布 37 万余匹。陈尧叟认为这样做能使“布帛上供，泉货下流，公私交济，其利甚博”[⑥]，有利于搞活经济。同时，成都府、邛、蜀、彭、汉诸

---

① 《长编》卷四十三，第 352 页。

② 《长编》卷八十六，第 760 页。

③ ［宋］李心传:《建炎以来朝野杂记》甲集卷十四《广西折布钱》,《文渊阁四库全书》第 608 册。

④ 《长编》卷四十三，宋真宗咸平元年七月壬戌，第 351 页。

⑤ 《宋会要辑稿》食货六四之一八。

⑥ 《长编》卷四十三，宋真宗咸平元年七月壬戌，第 351 页。

州和永康军的麻织业也蒸蒸日上。

在矿冶业方面，宋初十分重视金银铜铁铅锡等矿的开发和冶炼。当时“凡金、银、铜、铁、铅、锡监冶场务二百有一”①。由于宋廷的努力经营，到太宗至道末年(997)各种金属产量都已有大幅度增长。如至道二年(996)，据有关部门上报：“定州诸山多银矿，而凤州山铜矿复出，采炼大获，而皆良焉。”② 真宗咸平二年（999），又有河南转运使宋搏上奏：“大通监冶铁盈积，可供诸州数十年鼓铸，请权罢采取以纾民。”③ 宋廷特别重视铜钱的铸造。唐天宝时，每炉“计一工日可铸钱三百余”，而按宋朝之制“一工日千余”④，生产率提高了3倍多。由于宋朝铜钱的铸量，已由开宝八年(975)的7万贯、开宝九年（976）的30万贯、至道三年（997）的80万贯，增长到景德四年（1007）的183万贯，铜钱奇缺的局面已基本改观，便开始放慢铸造速度。景德四年（1007）四月下诏：“自今五月二日至八月一日铸钱止收半功，每岁量支钱以备医药。”⑤ 十二月又诏：“诸处钱监铸匠，每旬停作一日，愿作者听之。”⑥ 又于大中祥符二年（1009）四月癸丑派人去河东、江、浙、广南路银铜坑冶抚慰劳工；当年六月，“增饶、池二州铸钱监犒工匠缗钱、饶州岁十七万”⑦，池州三十万⑧。大中祥符五年（1012）

① 《宋史》卷一百八十五《食货志下七·坑冶》，第4523页。
② 《宋史》卷一百八十五《食货志下七·坑冶》，第4524页。
③ 《长编》卷四十四，宋真宗咸平二年四月丙寅，第362页。
④ 《宋朝事实类苑》卷二十一《诸监炉铸钱》，第246页。
⑤ 《长编》卷六十五，宋真宗景德四年四月己卯，第563页。
⑥ 《长编》卷六十七，宋真宗景德四年十二月戊申，第588页。
⑦ 《宋会要辑稿》食货一一之五为“七十万”。
⑧ 《长编》卷七十一，宋真宗大中祥符二年四月丙午，第627页。

又“诏增给诸州铸钱监匠率分钱”[①]。此外，于景德二年（1005）十二月，废除京铸钱监，改为铸鍮务，专造铜、铁、鍮石各类器具。

在制瓷业方面，突出的事件是宋真宗景德年间（1004—1007）将原属江南东路的昌南镇改名为景德镇，并在那里建立了御窑。昌南镇早在唐代就以制瓷出名，所产瓷器以当地藏量丰富的高岭土为原料，有“假玉器”之称。宋代景德镇瓷器，不仅仿定窑、钧窑、汝窑等国内名瓷，更有自己的特色，它推动了制瓷业的发展，在当时就已逐渐成为我国的制瓷中心。

宋初的伐木业和造船业也有较大发展。当时，秦陇、两浙、江东路皖南山区、江南西路和荆湖路，都是盛产木材的地区，宋朝官府为满足其对木材的需要，常派大批士卒前去伐木。太平兴国七年（982），宋廷在汴京设立的事材场，专门“度材朴斫，以给营缮”，是个准备各种木料的大型作坊，拥有1653个工匠。[②]木材除了用于建筑和制造各种器物外，大量用于造船。宋初造船业就已相当发达。据统计，仅各州每年所造用于漕运的船只，“至道末三千二百三十七艘，天禧末减四百二十一”[③]，尚有2816艘。

（三）商业

五代十国时期，苛捐杂税甚多。宋太祖为了防止各地官吏刁难商家乱收商税，就在开国当年即建隆元年（960）“首定商税则例，自后累朝守为家法”[④]。同年十二月，他又下诏规定：“所在毋得苛留旅人，非有当算之

---

① 《宋会要辑稿》食货一一之五。
② 漆侠：《宋代经济史》下册，上海人民出版社1988年版，第670页。
③ 《宋史》卷一百七十五《食货志上三·漕运》，第4252页。
④ 《文献通考》卷十四《征榷考一·征商》，第401页。

弊，勿搜其箧。”[①]商税则例的制定对规范商税项目、保护商人、发展商业有重要意义。随着商品经济的发展，大小商品种类的增多，宋太宗淳化二年（991）又下诏命诸路转运司修改商税则例：“以部内州、军商税名品参酌裁减，以利细民。”[②]淳化五年（994）五月进一步下诏：“自今除商旅货币外，其贩夫贩妇细碎交易并不得收其算。当算之物，令有司件析，颁行天下，揭于版榜，置官宇之壁以遵守焉。”[③]

常言道：若要富，先修路。如欲发展商业，首先必须有四通八达的交通运输线。宋初虽有多条陆路交通线，但运输大批量的商品主要还须依靠水路。宋太祖立朝后，欲将地方财权集中于中央，采取了强干弱枝政策。因此，为了每年将各地租税与上供的大批粮食及各种物资送到汴京，宋廷便首先疏浚广济河、汴河、惠民河，以通漕运。宋太宗非常重视漕运。淳化二年（991）汴水在浚仪决口，太宗亲自前去指挥堵塞。他说：“东京养兵数十万，居人百万，天下转漕仰给在此一渠水，朕安得不顾？”[④]而这水路交通网的畅通，也大大有利于其他商品的南北交流。从各地运往汴京的物资较多。太平兴国六年（981），通过汴河、黄河、惠民河、广济河从江淮运往汴京的粮食就有552万石之多。至宋真宗时，光是汴水的运输量即达到800万石。[⑤]

宋代的盐、茶、酒基本上实行国家专卖，所得利润丰厚，在财政收入

---

① 《九朝编年备要》卷一。
② 《宋会要辑稿》食货一七之一二。
③ 《宋会要辑稿》食货一七之一三。
④ 《长编》卷三十二，宋太宗淳化二年六月乙酉，第275页。
⑤ 漆侠：《宋代经济史》下册，第957页。

中占很大比重。从开宝以来，只有“河北盐听人贸易，官收其算”[①]。至于茶，宋初“天下茶皆禁，唯川峡、广南听民自买卖，禁其出境”[②]。但大中祥符五年（1012）四月，却改变了饶州以往集民为甲令就官场买茶的旧例，自今听从便收市。

北宋前期，城市商业发展迅速，其重要表现之一是各类商行的大量增加。至于当时商业的发展，及其在国民经济中的地位，我们可从其商税额的快速增长中看出来。如太宗至道中（995—997）商税收入为400万贯，占国家货币收入总额的18%，宋真宗天禧末（1021）商税收入1204万贯，占国家货币收入总额的45%。[③]

宋代前期的外贸也比唐代有所发展。北宋立朝后，即同契丹进行“缘边贸易”。太平兴国二年（977）又于镇、易、雄、霸、沧等州置榷场[④]，开始官方正式贸易。景德二年（1005），宋在雄、霸州和安肃军设置榷场，继而又在广信军置场，这就是所谓的河北四榷司。与西夏贸易，自景德四年（1007）于保安军置榷场，非官市者听与民交易，西夏入贡至汴京者，纵其为市。宋太祖开宝四年（971）还继承唐制仍在广州设市舶司，与东南亚等地海外各国进行贸易。宋太宗增设了杭州市舶司，真宗咸平二年（999）又设置了明州市舶司。外贸的日益繁荣，促进了中外物资交流。市舶税利成了宋王朝财政收入的主要来源，“东南之利，舶商居其一”[⑤]。

---

① 《宋史》卷一百八十一《食货志下三・盐上》，第4428页。
② 《宋史》卷一百八十三《食货志下五・茶上》，第4478页。
③ 漆侠：《宋代经济史》下册，第1009页。
④ 《文献通考》卷二十《市籴考一》，第588页。
⑤ 《宋史》卷一百八十六《食货志下八・互市舶法》，第4560页。

从上述粗略的介绍中，我们不难看出，经过宋初数十年农工商业的发展，至真宗时代，北宋经济已开始进入繁荣昌盛阶段。

二、紧缩财政开支和增加积累

北宋前期通过大力发展生产，社会财富有所增加，经济开始繁荣。但要使社会经济得到平衡而持续的发展，不引发通货膨胀，在国家对财富管理上，既要重视开源，又要注意节流，以防止过度消费。北宋前期的三个皇帝已充分意识到了这一点，他们在立朝伊始，就执行紧缩财政开支和增加积累的政策。

（一）紧缩财政开支

宋太祖、太宗和真宗，在处理朝政时都十分勤奋，在生活上更是非常节俭。虽然在平定了十国后，宋廷已积贮了相当多的财物，而“太祖、太宗因其蓄藏，守以恭俭简易”[①]，毫无奢侈享乐之心。尤其是宋太宗“孜孜庶务，或亲为裁决”[②]。他平时“常着华阳巾，布褐细绦，内服为絁绢，咸屡经浣濯，乘舆给用，无所增益”[③]，十分节俭。宋真宗也尽力提倡:“国家所谨,俭约为先。节用爱人,民欲自化。”[④]同时,他本人在“军政用度之外,未尝广费自奉”[⑤],同样廉洁奉公。皇帝的勤政廉洁反映了他们的治国思想,意义重大。

不过，对于一个国家来说，个人的节俭只是小事，严格控制财政开支

① 《宋史》卷一百七十九《食货志下一·会计》，第 4349 页。
② 《宋史》卷一百七十九《食货志下一·会计》，第 4349 页。
③ 《九朝编年备要》卷四，宋太宗淳化元年八月。
④ 《长编》卷四十四，宋真宗咸平元年十一月戊午，第 354 页。
⑤ 《长编》卷六十六，宋真宗景德四年九月，第 578 页。

才是头等大事。在北宋前期，财政开支主要用于三个方面：军队的给养与装备，官员的俸禄与赏赐，宫廷皇室的各项费用。为了避免出现冗兵、冗官和冗费现象，宋太祖、太宗、真宗三朝曾采取了相应的预防措施。

军费是宋代财政开支的大宗。宋初为了进行统一战争和北伐辽国，必须保有大量军力。如宋太宗时，“天下甲卒数十万众，战马数十万匹，并萃京师”[①]。太祖开宝年间（968—976），有禁军19.3万人、厢军18.5万人，共37.8万人；太宗至道年间（995—997），有禁军35.8万人、厢军30.8万人，共66.6万人；真宗天禧年间（1017—1021），有禁军43.2万人、厢军48万人，共91.2万人。[②]天禧四年（1020）时，全国人口仅2200多万，而有军人91.2万，国家负担显然太重，故《宋史·食货志下一·会计》中说：“宋聚兵京师，外州无留财，天下支用悉出三司，故其寖费多。”尤其是景德元年（1004）宋辽议和订立“澶渊之盟”后，战争已经停止，更不需要如此多的兵力。为此天禧二年（1018）三月宋廷开始裁军。当时，宰相向敏中对真宗说：“边境安妥而兵数未减，虑冗费之间，尤宣节省。”真宗答道：“今京师兵可议裁减，存其精锐。”向敏中等回奏：“军额渐多，农民转耗。近准诏已住招募，或斥疲老，则冗食渐少。”真宗进一步叮嘱：“卿等常宜讲求，务在经久也。”[③]

关于精简官员编制，早在宋太祖开宝三年（970）七月壬子就已经开始。当时太祖下诏：“吏员猥多，难以求其治，俸禄鲜薄，未可责其廉，与其

① 《宋史》卷九十三《河渠志三·汴河》，第2321页。

② 《宋史》卷一百八十七《兵志一·禁军上》，第4576页。《文献通考》卷一百五十二《兵考四》，第4558页。

③ 《长编》卷九十一，宋真宗天禧二年三月壬寅，第811页。

冗官而重费，不若省官而益俸。西川管内州县官宜以户口为率，差减其员。旧俸用增给五千。”同时，提出了具体的官员人数的配制办法。四天后，又下诏：“天下州县官宜依西川例省减员数。”[①]至真宗时继续裁减冗官，据咸平四年（1001）六月，太常寺丞直集贤院梅询汇报：“迩者朝廷遣使减省天下冗吏，今三司总括诸路计省十九万五千八百二人，惜费养民，足资治本。”[②]由此可见，被裁减冗吏人数不少。

北宋前期，冗费最多的一项是宫廷皇室的奢侈消费。宋太宗非常爱惜物资。如，他发现驻京军队中有破旧油衣、帘幕数万段，即令煮染成杂色，改制为旗帜数千面。他还调集废木材，选择其可用的打造什物数千件，实不可用者，送给窑务充当柴火。[③]宋初，崇尚节俭朴素，以金银为器服的人很少。“士大夫罕以侈靡相胜，故公卿以清节为高，而金银之价甚贱。”[④]尽管如此，宋太宗仍颁布服饰等级制度，规定“销金、泥金及珍珠装缀衣物，除命妇外，余人并禁”[⑤]。但随着社会经济的发展，咸平、景德以后，风俗开始变得侈靡，人们崇尚奢华，而且相互攀比。咸平二年（999）五月，真宗发现公卿士庶服用逾制，甚至有镕金或以珠翠装饰衣服的。于是他下令：禁臣庶泥金铺金之饰，犯者严惩，违禁之物赏给巡捉之人；冶金铺户如敢制造，同样逮捕法办，工具没收送官。[⑥]咸平五年（1002）十一月，再次申严销金衣物之禁。然而禁令无效，炼金为箔、镕金装饰衣服器物的

---

① 《长编》卷十一，第 95 页至 96 页。
② 《长编》卷四十九，宋真宗咸平四年六月癸卯，第 411 页。
③ 《宋史》卷一百七十九《食货志下一·会计》，第 4349 页。
④ 《燕翼诒谋录》卷二，第 14 页。
⑤ 《宋会要辑稿》舆服四之五。
⑥ 《宋会要辑稿》舆服四之五。《长编》卷四十四，第 363 页。

风气愈演愈烈。据三司调查每年所用之金不下 10 万两，浪费极大。为此真宗于大中祥符元年（1008）二月乙巳下诏："申明旧制，募告者赏之；自今乘舆服御涂金、绣金之类亦不须用。"[①] 同年五月，下诏"教节俭，戒奢侈"，并进一步将禁令矛头直指皇亲国戚，规定"自今宫禁、皇亲、臣僚应进奉物，勿以销金文绣为饰"[②]。大中祥符二年（1009）正月，再申镕金以饰器之禁；二月，宋廷得知温州有僧人以金银珠玉碾成粉末和泥塑造高达一丈的塔及佛像时，下令禁绝，违者重判其罪；六月，为了让皇亲国戚们带头遵守禁令，"禁皇亲募工造侈靡服物"；八月癸巳，禁令刚下不久，真宗自泰山封禅后回京，见昭宪皇后之侄女、后宫杜氏竟穿着销金衣服前来迎驾，真宗大怒，令她出家为道士[③]。大中祥符八年（1015）五月癸巳，真宗又重申："自宫禁迨臣庶之家，一切服玩皆不得以金为饰，严其科禁。"[④] 同时规定违禁物品种，规定凡先前必须用金饰的器物，以他物代替。同年八月，真宗问辅臣：咸平中银每两值 800 钱、金每两值 5000 钱，如今价钱涨了一倍多，这是什么原因？王旦告诉他有三个原因："国家承平岁久，兼并之民徭役不及，坐取厚利，京城资产百万至多，十万而上比比皆是，然则器皿之用、蓄藏之货何可胜复。此外，西蕃南海岁来贸易，有去无还。加之坑冶兴废有时。增价之由或恐由此。"[⑤] 金银生产有限，而消费外流无限，金银供不应求，其价怎能不贵？而这都是富贵人家的摆阔心理作怪。当时

---

① 《长编》卷六十八，第 593 页。
② 《长编》卷六十九，宋真宗大中祥符元年五月戊子，第 601 页。
③ 《长编》卷七十二，第 631 页。
④ 《长编》卷八十四，第 745 页。
⑤ 《长编》卷八十五，宋真宗大中祥符八年十一月己巳，第 755 页。

的金银是要用钱去买的，金银如此之贵，皇亲贵戚、公卿大臣大量浪费金银，消耗的无非是国家钱财！金银需求过多，必将推动通货膨胀。因此，真宗痛下决心，重申金禁，加强惩罚力度，规定“犯销金者斩”[①]，从此，无人再敢以金装饰衣物。由于违犯金禁之人减少，至天禧二年（1018）二月丁卯，便放宽惩罚，对犯人只处“徒三年决遣”[②]。

宋真宗不仅严禁滥耗金银，同时又反对一切浪费资财的奢侈行为。如大中祥符四年（1011）六月，他曾下诏规定：“宫院苑囿等，止用丹白装饰，不得用五彩。皇亲士庶之家，亦不得用春幡胜。除宣赐外，许用绫绢，不得用罗，诸般花用通草，不得用缣帛。”[③] 此外，真宗还能从小处着眼，倡导节约，反对浪费。如大中祥符三年（1010）四月，因连年粮食丰收，物价甚贱，他见小民不知珍惜，乱掷吃余之食品，便令开封府严禁。又如，大中祥符四年（1011）二月，他在陕西，见士兵在大雨中行军，让泥浆沾污军装，不知爱惜，认为军费出自民力，应对士兵加以训诫。

（二）增加积累

北宋前期，由于生产发展，财富有所增加。但是，战争特别是宋辽之间战争爆发的可能性和自然灾害突发的可能性同时存在。一旦发生战争和自然灾害，一方面物资需求将会猛增，而另一方面物资生产却会紧缩，这就会出现严重的物资供不应求现象，从而引发恶性通货膨胀。为防患于未然，国家平时必须注意有一定的财富积累，以便能及时应对天灾和战争给

---

① ［宋］韩琦：《韩魏公集》卷十《家传》，《丛书集成初编》本，中华书局 1985 年版。《长编》卷一百二十二，宋仁宗宝元元年五月甲寅，第 1100 页。

② 《长编》卷九十一，第 808 页。

③ 《燕翼诒谋录》卷二，第 18 页。

人民带来的祸害和防止社会的动荡。从宋太祖开始，北宋前期的几个皇帝对此已有了一定的准备。

宋太祖为了克服五代十国军阀割据时期财权分散的弊端，将全国财政权力集中于中央，这就为财富的集中储存和分配创造了条件。当然，财权的过分集中将不利于社会经济发展的灵活性，但在现代化规范市场经济机制尚未形成的宋代，适当将财权集中于朝廷还是有必要的。

早在汉代、隋代，就设置有常平仓、义仓。所谓常平仓，是用于在粮价昂贵时减价粜粮来平粮价的。所谓义仓是用来积谷备荒的。后周显德年间（954—960），曾置有惠民仓，平时贮谷，饥荒时减价出卖以惠民。宋初，因战乱惠民仓停废。乾德元年（963），宋太祖下诏命诸州于各县设置义仓，其具体做法是："岁输二税，石别收一斗，民饥欲贷充种食者，县具籍申州，州长吏即计口贷讫，然后奏闻。"[①] 乾德四年（966）因输送烦劳停罢。淳化三年（992），京畿粮食大丰收，宋太宗便派人于京城四门置场增价收购粮食，就近空仓贮存，名为"常平"仓，在荒年时就减价卖给饥民。咸平中（998—1003），因库部员外郎成肃请于福建增设惠民仓，真宗就要求各路都设惠民仓。于是，景德三年（1006），京东西、河北、河东、陕西、江南、淮南、两浙皆立常平仓，只有沿边州郡暂不设置。天禧四年（1020），荆湖、川峡、广南也增置常平仓。至此，"常平、惠民仓殆遍天下"[②]。惠民仓和常平仓确实发挥了良好作用。如，大中祥符四年（1011）十二月，京城谷贵，曾发惠民仓粟贱粜以济之。大中祥符五年（1012）正月，朝廷

---

① 《宋史》卷一百七十六《食货志上四·常平义仓》，第 4275 页。

② 《宋史》卷一百七十八《食货志上六·振恤》，第 4337 页。

令滑州出常平仓粟以赈贫乏；同年二月，又令定州出常平仓粟贱粜以惠民。天禧元年（1017）二月庚午诏："灾伤州军所粜常平仓谷，止收元籴价。"[①]常平仓不仅贮存粮食，甚至还贮存木炭以济贫民。如大中祥符五年（1012）十二月，因连日大雪严寒，京城炭价涨到每秤200钱，三司便出炭40万，以市价之半卖给穷人。然后，三司又常贮炭57万，以便遇炭贵时减价出卖。

总之，宋廷非常重视物资尤其是粮食的储备，以供不时之需。除常平仓外，官府还经常视积贮谷帛为大事。早在建隆初（960），河北连年丰收，朝廷即命置场增价收购粮食。开宝三年（970）太祖又令全国各州，凡丝、绵、绸、绢、麻布等物，应有足够二年支用的储备。宋太宗也谆谆劝民务农重谷，毋或妄费。[②]雍熙二年（985）七月，宋太宗明确地说："国家以百姓为本，百姓以食为命，故知储蓄最为急务。昨江南旱灾甚凶，遣使振贷，果有盗贼流亡之患，若非积聚，何以救之？"[③]故至道三年（997）五月，太宗命三司应乘此丰收之年，大力收购粮食，以实仓库。宋真宗同样重视积贮，如，大中祥符初，连年丰收，边储有备。大中祥符五年（1012）正月，他要求"自今诸路稔岁，宜以时积谷为凶年之备"。并说："务农宝谷，乃国家养民之道也！"[④]同年八月，他又在河东丰收之时，命三司趁机积谷聚于陕西及沿河州军，以备荒年。天禧元年（1017）五月，他见在京军马粮草充足，便自豪地说："大凡国用有备，乃得无患！"[⑤]虽然当时国家储

---

① 《长编》卷八十九，第786页。
② 《宋史》卷一百七十八《食货志上六·振恤》，第4337页。
③ 《长编》卷二十六，第227页。
④ 《长编》卷七十六，宋真宗大中祥符五年正月乙酉，第677页。
⑤ 《长编》卷八十九，宋真宗天禧元年五月辛酉，第796页。

备已大大超过北宋初期，但真宗仍于次年五月壬戌下诏告诫各地长官："民勤稼穑，家有储峙，所以备流行之灾。而末俗浇浮，罕务蓄积，岁或少歉，便至流亡，岂教导之方未笃也！今禾麦将登，令所在长吏躬亲勉谕，无使复然。"①

在各地常平仓和官库的积贮之外，北宋朝廷还有左藏库和内库的大量物资储备。北宋初，为了集中财权，凡全国各地的粟帛钱币等贡赋全部输送到朝廷的左藏库。宋太祖在平定南平、后蜀及楚国残余势力后，把各国的珍宝、金帛全部搜集到汴京。至乾德三年（965）三月，太祖见国库充满，便对左右说："军旅饥馑，当预为之备，不可临事厚敛于民。"②于是在讲武殿后别设内库，号"封桩库"，把各国金帛及年终财政开支积余的钱物全部藏入内库，同时下诏令"诸州支度经费外，凡金帛悉送阙下，毋或占留"③。太祖对近臣说："石晋割幽燕诸郡以归契丹，朕悯八州之民久陷夷虏。俟所蓄满五百万缗[《长编》卷十九太平兴国三年（978）十月记为'三五十万']，遣使北虏，以赎山后诸郡；如不我从，即散府财募战士以图攻取。"④此后，南汉、南唐相继被平定，宋廷内库积累越来越多。太平兴国三年（978）十月，宋太宗视察内库，惊讶地说：此金帛如山，用何能尽！于是，分左藏北库为内藏库，改讲武殿后库原封桩库为景福内库，属内藏库。太宗对左右说："此盖虑司计之臣不能节约，异时用度有阙，复赋率于民，朕不以此自供

---

① 《长编》卷九十二，第814页。
② 《长编》卷六，第58页。
③ 《宋史》卷一百七十九《食货志下一·会计》，第4347页。
④ ［宋］王辟之：《渑水燕谈录》卷一《帝德》，中华书局1981年版，第3页。又见［宋］欧阳修《归田录》佚文，第41页。

嗜好也。”[1] 宋真宗景德四年（1007），又以新衣库为内藏西库。大中祥符五年（1012），重修库屋，增广其地。正如太宗所说：宋代的内藏库虽为“天子之别藏”归皇帝掌管，但当国家有重大开支而左藏库无法应付时，则发内藏库财物予以补助或借贷。自乾德、开宝以来，凡军用、救灾、节庆赏赐以及有关部门经费不足者，必向内藏库借贷，待赋税收入有余时再偿还。如长年不能偿的，债务就被一笔勾销。淳化之后25年间，内藏库每年借出达100万，甚至有300万的。这也就是说，内藏库出借钱物主要在真宗时期，内藏库贷出的钱物大多用于购粮或应付财政亏空。如，咸平中，曾出内府计值钱188万贯、银30万两的绫、罗、绵、练，付河北转运司籴粟实边。景德四年（1007）八月，出内库钱50万贯收购菽麦。大中祥符元年（1008）二月，借内藏库钱30万贯给三司，又出银5万两给左藏库支用。大中祥符五年（1012）六月，三司借内藏库金2000两；同月又出内藏库钱百万贯资助三司的开支。大中祥符六年（1013），三司借内藏库钱20万。七年（1014）二月三司借内藏库钱50万贯。九月，三司借内藏银8000两。大中祥符九年（1016）七月，三司借内藏钱40万贯。大中祥符九年（1016）十一月，发内藏库钱20万贯代各州支付欠商人的飞钱。天禧元年（1017）正月，三司借内藏库钱50万贯。天禧二年（1018）共出内藏缗钱200万给三司，如：七月，三司借内藏库钱50万贯；十一月，澶、魏丰收，出内藏库钱20万贯采购粮草。天禧三年（1019）三月，借内藏库银13万两给三司；七月，又借内藏钱帛245万给三司；九月，借内藏金2700两用于三司开支。由此可见，内藏库财物实际上仍是国库财物，只是皇帝为了

① 《宋史》卷一百七十九《食货志下一·会计》，第4370页。

把财政支配权进一步掌握在自己手中而已，而这也正是赵宋王朝君主专制集权的具体表现之一。

三、减免人民赋役和救灾扶贫

苛重的赋役和频发的天灾人祸，必将造成人民的贫困，从而阻碍生产的发展和导致商品的短缺，其结果就是货币的贬值和物价的飞涨。为了防止通货膨胀的发生，北宋前期的统治者曾经采取了多种减免人民赋役和救灾扶贫的措施，以保证生产的持续和商品的供应。

（一）减免人民赋役

五代时期，赋税苛重，官吏作弊，税负不均，以致百姓失业，土地荒芜。北宋立朝以来，每以恤民为先务，不仅不随意增税，而且常革除无名苛细之敛。一遇自然灾害，更是缓征或减免各种赋役，几乎每年不断。太祖增派官去各地巡视，凡增收百姓租调的即得罪，多收民租者甚至会被判处死刑。建隆四年（963），还下诏禁止县吏厚敛、里胥贿赂州吏，因为这些钱财最终取之于民，会加重人民的痛苦。又规定：如果“民逋租逾限，取保归办，毋得禁系”[①]。太宗时还规定茶盐榷酤课额以开宝八年（975）为额，令监临官督察，如欺而多取，主秤、藏吏皆斩，监临也重置其罪，惩治不可谓不严。

有关宋太祖、太宗、真宗三朝缓征减免赋役的记载，史不绝书，尤其是事涉一州数县的具体事例，不胜枚举。今只列出减免赋役地域范围较广的实例于下，以便了解北宋前期减免人民赋役的大致情况。

---

① 《宋史》卷一百七十四《食货志上二·赋税条》，第4204页。

宋太祖建隆初（960），免除沧、德、棣、淄、齐、郓州39处干渡税钱。水涨时听民置渡，不收税。从此，类似这种交通税多被废除。至于其他五代十国时期留下来的橘园、鱼池、水库、社酒、莲藕、鹅鸭、螺蚌、柴薪、地铺、枯牛骨、溉田水利等税目，皆前后多次下诏废除。

建隆三年（962），停罢沿河州县民船粮食运输税。

建隆中，诏文武官、内诸司、台省、寺监、诸军诸使，不得占州县课役户，州县不得役道路居民为道夫。后又诏令诸州职官不得私占役户供课。

宋太祖乾德三年（965）灭亡后蜀，即免去后蜀人民上一年全部欠租及当年夏税之半，又免除各种无名科役及增收之赋调。同年，免城市坊郭居民半年屋税。

乾德四年（966），停罢后蜀剑南道米面之税。二月，免去西川各州当年夏税之半；七月，又免去当年秋税之半。

乾德五年（967）正月，免去西川各州人民夏税之半；七月，免去江陵等二十五州府三年欠租。

宋太祖开宝元年（968）五月，诏令各路运输上供钱帛的舟车全由官府提供，不许扰民。

开宝三年（970），下诏自今桂阳监岁输课银减三分之一。

开宝八年（975）十二月，免去京畿各县人民今年秋租十分之三。

宋太宗太平兴国三年（978），废除陈州蔡河上私设的民船税及民船运输税。

太平兴国四年（979），免去遭遇水灾的曹、郓、淄三州赋税。

太宗雍熙初（984），免除荆湖等路未成年人、老人和残疾人的身丁钱。

太宗淳化二年（991），下诏：自今民贩卖斛斗及买官盐出门并免收税。

废除川峡路各州征收船只靠岸的“到岸钱”。

宋太宗至道元年（995），严禁公吏豪民乱收江南溪渡税，所输年额钱5000以下者并免。

宋真宗咸平二年（999）闰三月，停罢无名之力役和不急的营缮。

咸平三年（1000）正月，停罢沿边13州榷酤。

咸平四年（1001）七月，令河北转运使差减劳民太甚的馈运徭役。

咸平五年（1002）五月，据屯田郎中判三司催欠司杨覃上奏，免除全国欠税共800万；十一月，真宗合祭天地于圜丘，大赦诸路所欠上年以前残税。

咸平六年（1003），广南西路廉、横、宾、白州民虽垦田而未纳税，真宗说“远方之民，宜省徭赋”①，即命停征赋役。

宋真宗景德二年（1005），下诏毋增酒税课，制置使不得兼领酒榷；十二月，命知杂御史王济与三司催欠司除放欠税。

景德三年（1006）正月，缓征京东、淮南遭受水灾州军的欠税；九月，令京城炭税场，抽税特减十之三。

景德四年（1007）五月，令河北沿河州军纲运以军士充役，勿差本地百姓。

宋真宗大中祥符元年（1008）四月，真宗去泰山封禅，免除兖州人民当年徭役及支移税赋；八月，停罢开封府界发民修路。

大中祥符二年（1009）七月，京东徐、济、淄、青、兖等七州水灾，悉免其租。

---

① 《宋史》卷一百二十七《食货志上二·赋税条》，第4205页。

大中祥符四年（1011），免除两浙、福建、荆湖、广南身丁钱45.04万贯；三月，停罢河北沿边非紧急之工役。

大中祥符五年（1012），免除饶、信州买铜场壤税钱；二月，缓征江南各州灾区的夏秋两税。

大中祥符七年（1014）八月，免除江南、两浙灾区人民当年的赋税及以前的欠税。

大中祥符八年（1015）正月，全免沿河、江淮、两浙水灾地区民田的赋税。

大中祥符九年（1016）九月，因各州蝗旱，停罢各种营造；十月，缓征和少收京东、淮南蝗旱灾区的赋税。

宋真宗天禧元年（1017）正月，真宗奉读“天书”，大赦天下，免灾伤州军所欠田赋及和籴；减荆湖南路盐价，免全国所欠盐税。五月，免除京东西、河北、陕西、江南、两浙遭受旱灾民户当年夏税。八月，免去各路卖牛税1年。九月，缓征京东西、陕西、河北受灾民户欠税。十二月，缓征开封府及各路受灾中等以下民户秋税。同月，知制诰盛度上奏：奉诏蠲放欠税743万，所释15500人。

天禧二年（1018）二月，诏河北民所至半渡勿收其算；四月，各处为制造上供物品而追集百姓工匠有妨农业者，并令权罢。

天禧五年（1021）正月，免除天禧四年（1020）所欠全部秋税；三月，免除京畿及京东西遭受水灾民田秋税之半；十月，免除开封府、京东西、淮南、两浙水灾州军民租。

（二）救灾扶贫

宋朝初期，特别注重社会救济，“凡振贫恤患之意，视前代尤为切至”[①]。其具体做法很多，如，凡地方上发生水旱灾荒，朝廷即命官府开仓发放救济粮，或由常平仓减价卖粮，或借给农民种子和口粮，救济对象不论主户、客户。当救济粮不足时，就调拨漕粮应付，或劝富民出钱出粮赈济，再不足，就出内藏库金帛购粮。同时还督促官吏捕杀蝗虫，派船筏和熟悉水性者拯救溺水灾民，安顿居住于公舍、寺观，设粥糜救济饥民，由官司收养老弱病残之人，赐医药治疗疫病，对不幸饿死或溺死者，官为葬祭，加赐其家属钱粮。更重要的是宽减饥民盗粮之罪，动员流民归乡复业。此外，又减免或缓征赋税、停罢妨民之力役，轻关市之征，免卖牛之税，除舟车之算，以减轻贫民的负担。

关于灾年常平仓贱价卖粮和朝廷多次减免人民赋役的事例，上文已有详述，此处不再重复。现将朝廷救灾扶贫的其他举措，择要列举于下：

宋太祖建隆元年（960）正月，朝廷派遣使者去各州赈贷；七月，澶州发生蝗灾，朝廷派遣使者督促官吏捕杀蝗虫。

建隆三年（962）正月，命淮南道官吏开仓发粮赈济饥民；十二月，蒲、晋、慈、隰、相、卫6州闹饥荒，下诏命当地开仓发粮赈饥。

宋太祖开宝元年（968）五月，赐江南米10万斛救济饥民。

开宝六年（973）二月，运京师米2万石赈济曹州饥民。

开宝七年（974）正月，派遣使者开仓发粮赈济扬、楚州饥民。

宋太宗太平兴国八年（983）六月，河南府伊、洛、瀍、谷水皆涨，

---

① 《宋史》卷一百七十八《食货志上六·振恤》，第4335页。

毁坏官寺民舍甚多，死者以万计，朝廷下诏悉加赈恤。

宋太宗端拱元年（988）二月，朝廷下诏：诸道民众有缺粮者，各地开仓赈济。

宋真宗景德元年（1004）九月，黄河于澶州横垅埽决口，朝廷命知制诰李宗谔致祭，并由官府派船拯救灾民，发粮赈饥。

景德二年（1005）正月，朝廷下诏，命淮南各州用上供军储物资赈济饥民；二月，京西襄、许、陈、蔡等州饥荒，开仓减价卖粮赈救；四月，令鄂州开仓发粮赈济饥民。

景德三年（1006）二月，朝廷下诏，命京东西、河南、河北赈济缺粮的客户；七月，朝廷赠广南圣惠药方，并每年给钱5万买药治疗病人。

景德四年（1007）五月，朝廷下诏停止店宅务增加房租；七月，减永安县民租赁官舍钱一半，永为定制。

宋真宗大中祥符二年（1009）六月，令磁州开仓发粟赈济灾民。

大中祥符三年（1010）四月，陕西民间发生疫病，朝廷派使者前去送药；六月，雄州连年遭灾，本州开仓贱价卖粮2万石赈救。

大中祥符五年（1012）十二月，令泗州出官米10万石赈济饥民。

大中祥符九年（1016），江淮乏食，有富民出私仓粮16万石，卖给饥民。

宋真宗天禧元年（1017）三月，衢、润二州缺粮，命转运使调粮2万石赈济，每家不过一斛，转运使张宝上奏：已给米每人每日3合；同月，怀、卫州饥民流入京城，命三司煮粥救济。四月，大名府、磁、相、澶州、通利军、越、睦、处州因上一年秋天遭灾，民多缺食，令转运司运米赈济；同月，命赵州开仓发粟1万石赈济饥民。五月，朝廷下诏：受灾流民所至之处，应倍加存恤，凡无住房者，许于寺院、公舍安置，勿令失所；因临江军新淦县知县张崇浚亲率县民减价卖粮救济饥民，朝廷下诏褒奖；以高邮军民荀怀玉为本军助教，因他出米麦 3000 斛救济饥民有功。六月，留真州等处转船仓及江浙上供米 220 余万斛于该地以济缺乏。八月，阳翟县僧人怀峤设粥救济饥民有功，赐予茶、帛。九月，朝廷下诏：河东有流民复业者，发粟赈济。同月朝廷还下诏：汴渠水湍急，覆船溺水者众多，令沿河巡检召集熟悉水性的人即时前去拯救，并许以物质奖赏；如溺水者贫困，给以官钱。

天禧二年（1018）正月，令大名府官员设粥救济饥民。又诏令各路灾伤州军设粥、贱卖官粮以惠贫民；二月，发绛州粟 10 万石赴白波出卖，以赈济京西饥民；三月，奖励陕西庆成军富民出谷 11900 石减价出售以赈饥民；闰四月，并州设粥救济饥民共计 30 余万人。

天禧四年（1020）二月，民有以粮储济众者加以奖励；因饥饿而持杖盗粮者减等论罪。三月，民愿出谷救济饥民者，奖给空名告敕。四月，知襄州夏竦劝部民出粟 800 余万石赈济饥民，朝廷下诏褒奖。

宋真宗乾兴元年（1022）二月，苏、湖、秀州水灾，诏出仓粟以贷饥民；又诏徐州赈济饥民。

以上减免或缓征赋役以及救灾扶贫的各项措施，惠及农业、手工业、商业等各个经济领域的广大民众，这无疑将减轻他们的经济负担或使他们免遭破产乃至死亡，有利于发挥他们的生产积极性，从而增加社会的商品供应量，有效地缓解了通货膨胀的预期。

四、禁止商业投机和调控物价

物价的涨落，固然是随着市场商品供求关系的变化而自发形成，但是其间也受投机商恶意操作和商品种类结构不平衡的影响。因此，为了遏制人为抬高物价和预防通货膨胀的发生，在现代化规范市场经济尚未出现的古代，尤其是在封建君主制度统治下的宋代，由国家用行政手段来干预和调控物价，既是必然的，也是必要的。

（一）禁止商业投机

为了实现买卖公平，防止商业欺诈，宋太祖在开国第一年建隆元年（960）八月即下诏“作新权衡以颁天下，禁私造”[①]。但是，到宋太宗时，仍存在量器省斗与地方用斗之差异。澶州通判王嗣宗曾上奏：“本州榷酤斗量，校以省斗不及七升。”[②] 虽已有新权衡，然而有令不行，守藏吏收受天下岁输之金帛，仍用太府寺的旧秤，轻重失准，加上吏人营私舞弊，使输纳者因欠负而破产者甚众。一遇守藏吏换人，计校争讼，动涉数载。于是，淳化三年（992）三月辛丑，由监内藏库刘承珪等推究本末，改造法制，“详定秤法，别为新法颁行之”，才使“中外咸以为便”。[③] 直至宋真宗时，才有全国统一的度量衡制度，大中祥符二年（1009）五月，令太府寺造 1 斤及 500 斤秤，以便民用，同时令商税院向太府寺请秤、升、尺出卖。

宋太祖、太宗、真宗特别反对官员利用职权，假公济私，违法经商，抬高物价，牟取暴利。如，宋初大功臣数十人，承袭五代藩镇之陋习，常利用去诸道出差回京之便，带回商品出卖，且一路免税，以增加财富，“务为奢僭”，太宗不能止绝。于是，宋太宗太平兴国二年（977）正月丙寅，

---

① 《长编》卷一，宋太祖建隆元年八月丙戌，第 9 页。
② 《宋史》卷二百八十七《王嗣宗传》，第 9647 页。
③ 《长编》卷三十三，第 282 页。

下诏严禁“中外臣僚自今不得因乘传出入赍轻货邀厚利，并不得令人于诸处回图与民争利，有不如诏者，州县长吏以名奏闻”[①]。然而，一些权贵们仍仗势违法经商。太平兴国五年（980）八月，有近臣和皇亲国戚派遣亲信人员去秦陇地区采购竹木，联成巨筏运往京师，所过关卡渡口，假称圣旨免税，到京后，又勾结三司、户部与开封府官员，悉以官卖名义，高价出售。宋太宗闻知此事，大怒，将当事人全部降官并各罚俸一年。又有判并州张永德在太原，曾“令亲吏贩茶规利，阑出徼外市羊”[②]，被人告发，受降官处分。真宗大中祥符二年（1009），驸马都尉柴宗庆派遣家僮去外州采购木炭入京，所过免税，至京出售，甚至还卖给杂买务取利。柴宗庆还从陕西购木材至京，指使其妻鲁国长公主向真宗请求免税。真宗虽然批评柴宗庆“不能治家，故纵其下，亦可丑也”，但结果也只能贷而不问。[③]可见，真宗对皇亲国戚手下留情，禁止官员违法经商并不彻底。

对于一般商人哄抬物价、谋取暴利的商业投机行为，宋廷也以行政和经济手段加以遏制。宋朝实行榷茶制，即实行茶叶专卖，其利润丰厚，为国家财政收入的主要来源之一。太平兴国二年（977）正月，官方向江南各州的种茶园户收购十分之八的茶叶，其余茶叶收税十分之一后发证听园户自卖。这时，商人便乘机低价收购，违法进行长途贩运，“旁缘为奸，逾江涉淮，颇紊国法”[④]。为禁止商人投机，转运使便提高向园户买茶的价

① 《长编》卷十八，第 148 页。
② 《宋史》卷二百五十五《张永德传》，第 8917 页。
③ 《长编》卷七十二，宋真宗大中祥符二年八月癸巳，第 631 页。《宋史》卷四百六十三《外戚传上・柴宗庆》，第 13556 页。
④ 《长编》卷十八，宋太宗太平兴国二年正月辛卯，第 150 页。

格，使园户不致吃亏。同年四月，剑南各州官卖盐每斤价 70 钱，有豪民与黠吏相互勾结，垄断食盐买卖，贱买于官，贵卖于民，每斤盐价高达数百钱，致使百姓无法承受。于是，宋廷将官盐售价由原每斤 70 钱增加至每斤 150 钱。这样一来，奸商猾吏无利可图，百姓也就可以吃到比豪民所卖之盐价格相对较低之盐。大中祥符元年（1008）正月，真宗发现京城金银价贵，询问权三司使丁谓，始知因回鹘商人将金银买走运至国外，造成京城金银因供给不足而涨价，于是，真宗下诏加以约束。大中祥符六年（1013）正月，杭、润等州每斗米价贵至 60 钱，这是因为当时淮泗一带农业歉收，行商投机贩卖，所以涨价，两浙转运使陈尧佐请求禁止。真宗可能考虑到不便禁止商人去灾区卖粮，就采取市场竞争的办法，下令开官仓贱卖粮食以济贫民。至天禧二年（1018）十二月，为了防止商人随意抬高物价，真宗开始实行物价申报制度：“诏三司、开封府指挥，自今令诸行铺人户，依先降条约，于旬假日齐集，定夺次旬诸般物色见卖价，状赴府、司，候入旬一日牒送杂买务。仍别写一本，具言诸行户某年月日分时估已于某年月日赴杂买务通下，取本务官吏于状前批凿收领月日送提举诸司库务司置簿押上点检府、司。如有违慢，许提举司勾干系人吏勘断。”①

此外，宋廷还严禁高利贷者残酷盘剥贫民。高利贷是一种通过货币出贷赢取暴利的商业行为。过高的利息和野蛮的逼债，常使贫民破产，从而严重阻碍了社会的安定和生产的发展。为此，太平兴国七年（982）六月，宋廷“令富民出息钱不得过倍称，违者没入之”②。端拱初（988），因近年

① 《宋会要辑稿》食货五五之一七。
② 《长编》卷二十三，宋太宗太平兴国七年六月丙子，第 198 页。

农业歉收，富人乘机向穷人发放高利贷。一旦庄稼稍有收成，富家就急切前来逼债，债户尚未缴纳官府的赋税，就已破产。因此，朝廷令州县官、里胥、乡老进行督察，富人取息不得超过一倍，债户不得未输国税而先偿私债，违者有罪。淳化四年（993），宋廷再次下诏规定高利贷者取息不能逾倍。但至真宗时，高利贷活动仍很猖獗。大中祥符初（1008），在广州，“盐户逋课，质其妻子于富室”[①]。大中祥符三年（1010），据河北转运使李士衡反映，河北路民间也存在穷人借豪民之钱出“倍称之息”的现象。大中祥符五年（1012），真宗先下诏禁止朝廷命官放高利贷取息，犯者勿偿。大理寺丞知考城县皮子良曾放高利贷17万给京师百姓，到官自首，经宪司审问，处以罚铜、罢官。大中祥符九年（1016），又有永兴军“豪民多贷钱贫民，重取其息，岁偿不逮，即平入田产”[②]。为此，真宗下诏“民负息钱者，无得逼取其庄土牛畜以偿”[③]。天禧二年（1018）四月，真宗因闻河北饥荒，贫民借豪家高利贷钱未能偿还者，即被债主“印券契取其桑土”[④]，乃再次下令禁止。从以上情况看来，可见宋廷的禁令不能完全杜绝高利贷者对贫民的残酷剥削，也只能对其起到一定的限制作用而已。

（二）调控物价

宋廷虽禁止官员违法经商和高利贷者谋取暴利，但屡禁不止，这说明市场的供求矛盾、人们的物质需要和发财欲望，是不能光靠行政命令或法律条文来约束的，更重要的还必须通过市场竞争的经济手段来解决。在这

---

① 《宋史》卷二百九十八《马亮传》，第9916页。
② 《长编》卷八十六，宋真宗大中祥符九年四月辛丑，第766页。
③ 《长编》卷八十八，宋真宗大中祥符九年九月甲辰，第776页。
④ 《长编》卷九十一，宋真宗天禧二年四月庚辰，第813页。

方面，宋廷也确实采取了不少调控物价的办法，使物价有升有降，符合市场实际情况，尤其是在灾荒期间廉价出卖官库和常平仓的粮食，以济贫民，在一定程度上缓和了市场的供求矛盾和减轻了穷人的生活压力。今将宋廷调控物价的举措择要列举于下。

宋太祖建隆元年（960）正月，河北粮食丰收，太祖恐谷贱伤农，命高价收购。

宋太祖乾德三年（965）正月，成都食盐价格高达每斤160钱，命减60钱，其他各州减三分之一，民缺食盐者给予救济。

宋太祖开宝二年（969），川峡承后蜀旧制，卖曲价重，宋廷下诏减价十分之二。

开宝六年（973）六月，蜀民缴纳两税皆以匹帛充折，后帛价愈来愈高，而官府收税仍以旧价折算，太祖怕百姓受损，下令各州以匹帛缴税按现行市价折算。

开宝七年（974）六月，减京城曲价，每斤限卖百钱。

开宝九年（976）七月，原先已令各州卖盐每斤60钱者减为50，40钱者减为30；这时颗盐价已每斤减至44钱，又命再减4钱。

宋太宗太平兴国四年（979）六月，江南西路各州蚕丝少而金价低，用以折税，绢估价低会伤民，金估价高则不利于官。于是，宋廷决定上等金由原每两价10千钱降为8千钱，上等绢由原每匹1千钱提高为1.3千钱。

太平兴国六年（981）二月，东京官卖曲每斤价高达200钱，诏减50。

太平兴国八年（983），荆湖地区官场卖盐每斤价高达64钱足，百姓要以三数斗稻价才能买1斤盐，宋廷下诏盐每斤减价10钱以利百姓。三月，因铸造铜钱缺乏原料，宋廷下诏：处州买铅锡每斤价 29 钱，增 6 钱；信州买铅每斤价 15 钱，增 5 钱；饶州买炭每秤价 10 钱，增 3 钱。

宋真宗咸平元年（998）七月，广西盛产苎麻布，但织者多而买者少，每端布销售价贱至百钱，为扶持织布业，宋廷下诏由官场收购麻布，每端价提高到 150 至 200 钱。

咸平四年（1001）正月，西川王均起义被镇压后，城中米斗值千钱，转运使马亮开官仓降价卖米，救活了许多人。

宋真宗景德二年（1005）二月，襄、许、陈、蔡等州民饥，开官仓减价卖粟赈救。十月，东京畿内和买刍藁价格本已高于市价，宋廷下诏再予增价。

景德四年（1007）十二月，原先朝廷每年赐予河东边防军白银，因当地无银，每两只折给钱 750，而其时市价已达千钱，故朝廷下诏每两银价以 1000 钱为限，免使戍卒吃亏。

宋真宗大中祥符二年（1009）二月，宋廷出常平仓粟麦于京城四面开 8 场减价出售，以平物价。四月，每斗又减价 5 钱。从四月至六月，共卖 9000 余斛。京城市场物价因此稍平。五月，宋廷下诏西京出官仓粟贱卖以惠贫民。八月，鍮石原是禁止民间自由买卖之物，故三司规定官府收购番商进口的鍮石每斤只给钱 200。宋廷考虑到鍮石是国内急需之物，便通知杭、明、广州市舶司，将鍮石进口价提高至每斤 500 钱。

大中祥符四年（1011）十二月，宋廷下诏，令江淮路出官仓粟赈贷及减价出售共 20 万石；同月，因京城谷贵，又诏发惠民仓粟贱卖以济贫民。

大中祥符五年（1012）正月，令河阳出官仓粟万斛减价出售以惠贫民；同月，又令滑州出常平仓粟贱卖以赈穷人。二月，令定州出常平仓粟贱卖以惠民。十一月，京师谷贵，宋廷下诏听商人自由卖粮，官司勿禁。因真宗考虑到在粮少价贵之时，如果官府增价收购商人的粮食，将使百姓更加买不到口粮。

大中祥符六年（1013）十二月，宋廷遣使去陕西军粮缺乏处，增价收购粮食，以供军饷。

大中祥符九年（1016）正月，京东西路缺乏绸绢，宋廷发内藏库钱2000万贯，令三司预购绸绢以增加供应。这时青、济间绢每匹市价800钱、绸600钱，官给绢值每匹1000钱、绸800钱，民极以为便。

宋真宗天禧元年（1017）正月，宋廷下诏规定：凡灾伤州军出卖常平仓谷只收原价，官仓每斗售价不得超过百钱。

天禧四年（1020）二月，淮南、江浙谷贵民饥，宋廷派官前去安抚，并发常平仓粟减价出卖赈济。四月，令京兆、凤翔减价卖粟，赈济秦、陇诸州流民。

上述宋廷所采取的各种调控物价的措施，估计那些只靠行政命令规定的物价，不一定会完全得以执行。但好在宋廷能利用市场竞争机制，将官库或常平仓的粮食和物资贱价出卖，这就有可能遏止私商的任意抬价，并避免货币的严重贬值，多少能缓解一些贫民的困难。

第四节　宋廷防止通货膨胀的积极效果

宋廷为预防通货膨胀所采取的各种措施是否产生了积极的效果？这必须根据北宋前期的实际情况，通过对当时国家是否富裕、物价是否稳定、社会是否安定三方面的考察，然后才可认定。大量事实证明，经过宋廷对货币制度的整顿和采取预防通货膨胀的其他经济措施之后，到宋太宗、真宗时期，已呈现出国家富裕、物价平稳和社会安定的局面。

一、国家富裕

要有效地预防通货膨胀的发生，国家必须富裕，有强大的经济实力作为后盾。具体地说：在北宋前期，要遏制劣币泛滥和铁钱贬值，必须拥有大量的铜钱；要实现市场商品供求关系的平衡，必须提供丰富的物质产品；要保证社会安定和百姓乐业，必须具备足以应付各种复杂局面的财政能力。北宋立朝之后，经过半个世纪的努力，终于达到了国家富裕的目的，为预防通货膨胀奠定了物质基础。这主要表现在下列三个方面。

（一）铜钱充足

宋初铜钱奇缺。宋太祖开宝八年（975）岁铸铜钱仅 7 万贯。由于宋廷千方百计大力增铸铜钱，至宋真宗景德四年（1007），仅饶、池、江、建四钱监的年铸量竟猛增到 183 万贯。大中祥符后，因铜料消耗甚多，铜钱铸量虽有减少，但至天禧五年（1021）铜钱铸量仍有 105 万贯。

至于铁钱，宋太祖下诏在雅州百丈县置监铸造时，年铸量仅 9000 余贯。宋太宗时，益、邛、嘉、眉等州年铸铁钱只有 50 余万贯。至宋真宗时，铸造每贯重十二斤十两以一当十的大铁钱，年产量也仅 21 万余贯，此后未见增加。在正常情况下，北宋时在四川每年只铸小铁钱 50 万贯或大铁钱 20 余万贯。由于北宋立朝后不久铁钱只限在四川流通，因此已不能冲击铜钱的正常流通秩序，可以略而不论。

随着铜钱大量的增铸和质量的提高，加上宋太宗改善了禁止私铸劣币的办法，至宋真宗时期私铸劣币也就比以前大大减少。

北宋前期，国家除了拥有全国各地每年新铸的铜钱，还有从赋税及其他多种渠道收入的大量钱币。据《宋史·食货志下一·会计》记载，宋太宗“至道末年（997），天下总入缗钱二千二百二十四万五千八百（贯）”。又据《长编》卷九十七记载，到宋真宗“天禧末（1021），上供惟钱帛增多”，“而天下总获钱二千六百五十三万余贯”。仅仅经过了24年，国家财政年收入中的钱币就增加了428.42万贯。除了国库收的钱币外，广泛流通于民间的钱币还不知有多少，其数量肯定要比国家收入的多得多，因为人们不可能将手中的钱大部分用于纳税，他们还必须用钱去经营自己的产业。

国家有了充足的钱币，就有可能动用现钱去应付各方面的财政开支，比直接用实物支付要方便得多。如，宋太祖时因铜钱奇缺，曾于开宝九年（976）十一月，官俸改发实物，官员手中无现钱可用，甚至用自己的官告做抵押去向富人借钱，从而造成很坏的政治影响。至真宗景德年间（1004—1007），铜钱年铸量达到了北宋前期的最高峰，于是官俸逐渐由发实物过渡到改发现钱。如景德三年（1006）五月癸丑，“诏国子监学官月俸并给见钱”[①]。同年五月丙辰又诏：“赤、畿知县已令择人，俸给宜优。自今南赤县，月支见钱二十五千、米麦共七斛。畿县七千户以上，朝官二十千、六斛，京官二十千、六斛；五千户以上，朝官二十千、五斛，京官十八千、四斛；三千户以上，朝官十八千、京官十五千，米麦四斛；三千户以下，京官钱十二千、米麦三斛。”[②]但这在当时还只是对京官的“特异之恩”，而且除了发钱还搭有粮食。到了景德四年（1007）九月壬申又进一步下诏：“自今

① 《长编》卷六十三，第543页。
② 《燕翼诒谋录》卷二，第13页。

文武官月俸应折支者，并给实钱，在京六分，在外四分，若愿给他物者听。”[①]这时，原发实物部分也逐渐折付现钱。大中祥符八年（1015）十二月庚寅，再诏三司：“文武百官月俸自来悉发现钱如旧。”[②]天禧二年（1018）正月庚子，“诏谏官月俸并给实钱”[③]。同时，军俸也逐渐改发现钱。大中祥符五年（1012）二月，真宗下诏，干脆宣布：“福州支诸军俸自今悉用铜钱，勿以铁钱参之。”[④]不仅官俸、军俸逐渐由发实物改发现钱，更重要的是，皇帝经常直接运用内藏库的钱，或数十万，或百万，借给主管国家财政的三司去应付各种支出。如，大中祥符五年（1012）六月，“出内藏库钱百万贯付三司以佐用度”[⑤]。天禧二年（1018），“又出内藏缗钱二百万给三司”[⑥]。而这许多钱都会投向市场，也正因为钱多粮多，宋廷才有魄力，经常减价出卖官库或常平仓的粮食去赈济贫民，以调控物价，打击投机商人。此外，朝廷向民间采购所需物资，也直接支付现钱，从而大大促进了商品的交易。如，大中祥符五年（1012）八月丁酉，“令杂买场市物并给现钱，先是以茶充直不便于民也”[⑦]。

（二）经济发展

要评价一个国家是否富裕，不能光看其拥有的货币数量，最主要的还是要看其物质生产的增长。如果货币很多，而可以作为商品的各类物质产品很少，就会引发通货膨胀。只有货币和生产同步增长，才能保证物价的

---

① 《长编》卷六十七，第 578 页。
② 《长编》卷八十五，第 757 页。
③ 《长编》卷九十一，第 807 页。
④ 《长编》卷七十七，第 679 页。
⑤ 《长编》卷七十八，第 684 面。
⑥ 《宋史》卷一百七十九《食货志下一·会计》，第 4370 页。
⑦ 《长编》卷七十八，第 687 页。

平稳。北宋前期，在法币大量增加的同时，农业、手工业确实也有很大发展，国内商业和外贸也相当繁荣。经济的迅速发展，使赵宋王朝日益富裕，从而为预防通货膨胀提供了可靠的物质保障。

但是，要精确地衡量北宋前期经济发展和国家富裕的程度，却十分困难。因为当时缺乏系统而可靠的经济统计数据，史书留给我们的资料也非常零碎。因此，我们只能依靠现有史书提供的一些有限的人口、土地的统计数字和通过当时宋朝的财政收入情况，从总体上来判断北宋前期经济发展的大致趋向。而史实证明，北宋前期的国家经济实力确比五代十国时期大有增强。

先看人口的增长。人是生产力的主体，对于推动经济发展具有重大意义。今将北宋前期人口增长情况列表于下：

表 1　北宋前期（976—1021）户口统计表

年代	户数	口数	户增长指数	口增长指数	每户口数	史料来源
太祖开宝九年（976）	3090504（注）	—	100	—	—	《宋会要辑稿》食货一一之二六。注：据《文献通考》卷十一《户口考二》统计，只有2566398户。
太宗至道二年（996）	3574257	—	116	—	—	《长编》卷四十，第330页。
太宗至道三年（997）	4132576	—	134	—	—	《宋会要辑稿》食货一一之二六。
真宗咸平六年（1003）	6864160	14278040	222	100	2	《长编》卷六十六，第572页。

续表

年代	户数	口数	户增长指数	口增长指数	每户口数	史料来源
真宗景德三年（1006）	7417570	16280254	240	114	2.2	《长编》卷六十六，第572页。
真宗大中祥符七年（1014）	9055729	21996965	293	154	2.3	《长编》卷八十五，第737页。
大中祥符八年（1015）	8422403	18881930	273	132	2.2	《长编》卷八十六，第760页。
真宗天禧三年（1019）	8545276	19471556	277	136	2.3	《长编》卷九十四，第837页。
真宗天禧四年（1020）	9716712	22717272	314	160	2.3	《长编》卷九十六，第860页。
真宗天禧五年（1021）	8677677	19930320	280	140	2.3	《宋会要辑稿》食货一一之二六，《文献通考》卷十一《户口考二》第297页。

以上户口统计表中有一个明显的疑点，即平均每户人口不到3人，这不符合常理，可见这样的户口统计并不准确。造成这种情况的原因主要是：宋朝按户籍收税，对能增加纳税户数的地方官予以奖励，当部分自耕农半自耕因破产逃亡、在自然灾害中全家死绝，或为躲避赋役以“诡名子户”和“诡名挟佃”方式隐入豪强兼并之家时，地方官不消减户数，照旧上报，从而造成了户去税存、户多口少的状况。《宋史·食货志上二·赋税》中评论这种情况时说：宋朝“田制不立，甽亩转易，丁口隐漏，兼并冒伪，未尝考按，故赋入之利视前代为薄”。但不管如何，北宋前期户口迅速增长的基本趋势，仍是不可否定的事实。

北宋前期在朝廷鼓励垦荒政策的号召下，农民生产积极性提高，耕地面积大幅度增加。现将《宋史・食货志上一・农田》[①] 所载北宋前期垦田数列表于下：

表 2　北宋前期垦田数量统计表

年代	垦田数（亩）	增长指数
宋太祖开宝九年（976）	295232060	100
宋太宗至道二年（996）	312525125	105
宋真宗天禧五年（1021）	524758432	178

由于土地所有者为逃避赋税而隐瞒土地，故上述数字也不可靠，它所登录的只是纳税的土地，实际垦田数必然更多。但仅就纳税垦田数看，至天禧五年（1021），垦田面积也已是开宝九年（976）的 1.78 倍了。

耕地面积和劳动人口增加以后，随之而来的便是粮食总产量的大幅度提高。宋代是农业社会，民以食为天，故粮食也就成为当时最重要的商品。北宋前期每年粮食总产量有多少？我们不得而知。但从运往首都开封的粮食数量和朝廷赋税所入之粮食数量中，大致可以估测到当时粮食产量之多及递增速度之快。如仅通过漕运送往开封的粮食："太平兴国六年，汴河岁运江淮米三百万石、菽一百万石，黄河粟五十万石、菽三十万石，惠民河粟四十万石、菽二十万石，广济河粟十二万石，凡五百五十万石，非水旱大蠲民租，未尝不及其数；至道初，汴河运米至五百八十石，自是京城积粟盈溢；大中祥符初，至七百万石"，至"天禧

① 《宋史》卷一百七十三《食货志上一・农田条》，第 4166 页。

续表

末，京城所积仓粟一千五百六十万石”。[①] 再看朝廷税收所入粮食：“至道末，岁收谷二千一百七十一万七千余硕”[②]，天禧末（1021）岁收“五谷二千九百八十三万余石”[③]。可见粮食增收十分明显。

纺织物也是人民生活最必需的重要商品，其增加速度之快，我们仅从各地上供给朝廷的主要纺织品数量上便可看出来。如，宋太宗至道末年（997），上供绢 170.8 万匹、丝 70.5 万两、绵 497 万两、布 110.6 万匹；至宋真宗天禧末年（1021），“上供惟钱帛增多”，上供绢 155.2 万余匹、丝 417.002 万余两、绵 1899.1 万两、布 305.7 万余匹。[④] 天禧末除绢的上供数比至道末稍减外，其他三种纺织品上供数量增加了 2 至 5 倍多，可见 24 年之间，其增产幅度之大。

至于金属产量大多也有一定提高。如，宋太宗至道二年（996），“定州诸山多银矿，而凤州山铜矿复出，采炼大获，而皆良焉”[⑤]。宋真宗咸平二年（999），“大通监冶铁盈积，可供诸州数十年鼓铸”[⑥]。但北宋前期各种金属的年产量未见史书有系统而详尽的记载，我们也只能从宋廷的矿产税收入的数量中来进行估测和比较，以了解其产量增加的大致趋势。

---

① 《文献通考》卷二十五《国用考三》，第 743 页。
② 《长编》卷四十二，第 348 页。
③ 《长编》卷九十七，第 869 页。
④ 《长编》卷九十七，第 869 页。
⑤ 《宋史》卷一百八十五《食货志下七·坑冶》，第 4524 页。
⑥ 《长编》卷四十五，宋真宗咸平二年四月丙寅，第 362 页。

表 3 各类矿产品税课量及增长指数[①]

矿产及增长指数＼年代	宋太宗至道末年（997）	宋真宗天禧末年（1021）
金（两）	—	14000
增长指数	—	100
银（两）	145000	883000
增长指数	100	608.9
铜（斤）	4122000	2675000
增长指数	100	64.8
铁（斤）	5748000	6293000
增长指数	100	109.5
铅（斤）	793000	447000
增长指数	100	56.4
锡（斤）	269000	291000
增长指数	100	108.2

至道末年（997）至天禧末年（1021），金、银、铁、锡税课量都有不同程度的增长，唯铜、铅税课量有所减少，这是因为宋廷大力增铸铜钱，至景德末年（1007）达到了年产 183 万贯的高峰，铜、铅原料消耗较多，

① 《文献通考》卷十八《征榷考五》，第 520 页。按：《长编》卷九十八（871 页）天禧五年载：至道末铜为 4120000 斤；天禧末金为 10000 两，银为 882000 两，锡为 191000 两。今从《文献通考》。

故此后铜钱年铸量也相应减少，但天禧末年（1021）岁铸量仍有105万贯。

再看茶、盐、酒产量增长的情况。我们也只能通过对其前后税课量的比较来判断。宋朝实行茶、盐、酒的专卖，其税课收入成为国家财政收入重要来源之一。“茶之为利甚博。”① 至道末（997）卖茶得钱285.29万余贯。天禧末（1021）增45万余贯。② 大中祥符五年（1012）茶课200万贯；六年至300万贯；七年又增90万贯；八年才160万贯。③ 但至天禧末年（1021）所收租税中，茶又比至道末（997）增117.8万余斤④。盐利也大为增加。“至道末，卖颗盐钱七十二万八千余贯，末盐一百六十三万余贯”⑤，共计盐息235.8万贯。而至景德年间（1004—1007），“收盐税课三百三十五万余贯”⑥，可见盐利大为增加。酒课收入更有大幅度提高，酒课收入之多由于酿酒之多，而酿酒之多又由于酿酒原料粮食之多。据《长编》卷九十七记载：“至道中，两京诸州收榷酒岁课铜钱一百二十一万四千余贯，铁钱一百五十六万五千余贯，京城卖曲钱四十八万贯；天禧末，榷课铜钱七百七十九万六千余贯，铁钱增一百三十五万四千余贯，卖曲钱增三十九万一千贯。”⑦

---

① 《宋史》卷一百八十三《食货志下五·茶上》，第4479页。
② 《宋史》卷一百八十三《食货志下五·茶上》，第4478页。
③ 《宋史》卷一百八十三《食货志下五·茶上》，第4481—4482页。
④ 《长编》卷九十七，宋真宗天禧五年，第869页。
⑤ 《长编》卷九十七，宋真宗天禧五年，第870页。按：《宋史》卷一百八十一《食货志下三·盐上》载卖末盐为“一百六十三万三千贯余”，第4427页。
⑥ 《长编》卷二百九，宋英宗治平四年闰三月丙午，1946页。[宋] 张方平:《乐全集》卷二十四《论国计事》，《文渊阁四库全书》，第1104册。
⑦ 《长编》卷九十七，宋真宗天禧五年，第871页。《文献通考》卷十七《征榷考四》，第486页。

除了上述粮食、纺织品、金属、茶、盐、酒的产量有较大增加外，其他农产品和手工业产品如竹木薪炭、瓷器、木船、纸张……也有不同程度的增多，此处不一一赘述。

随着农业、手工业生产的发展，商业与城市也随之更加繁荣。宋朝拥有大量漕船，至道末年（997）诸州每年造运船达到3237艘①。关市津渡税“至道中获钱四百万贯，天禧末增八百四万贯”②。也就是说，24年中商税增收了2倍多。这一切反映了当时商业交通的发达和商品流通的频繁及其规模扩大之迅速。同时，从商税岁入与全国货币岁入总额的比率来看：至道中，货币收入总额2224.58万贯，商税收入400万贯，占货币总收入的18%；天禧末，货币收入总额2653万贯，商税收入1204万贯，占货币总收入的45.5%。可见北宋前期商品经济已相当发达，在当时国民经济中占了重要地位。商业的发达带动了城市的繁荣。淳化二年（991），宋太宗曾说：“东京养兵数十万，居民百万。”③仅开封一城就有居民百万，如此大的城市在中国古代实为罕见。城市居民如此之多，为适应人们生活的需要，各种商店必然四处开张，官府收入的房租钱也就多，到宋真宗大中祥符七年（1014）八月，仅“店宅务每年纳课利十四万一百九十七贯送内藏库”④。

国内商业发展的同时，边疆贸易和对外贸易也日益活跃。宋初即与契丹开始“缘边贸易”，后因宋辽战争一度停止。景德中，宋廷置河北四榷司，

---

① 《宋史》卷一百七十五《食货志上三·漕运条》，第4252页。
② 《长编》卷九十七，第871页。
③ 《长编》卷三十二，宋太宗淳化二年六月乙酉，第275页。
④ 《长编》卷八十三，第731页。

恢复了宋辽贸易。宋廷将舶来品“香药二十万贯”，到河北与契丹人“博籴”[①]以换取粮食。民间商人也多到契丹走私“博籴斛米，收买皮裘”[②]和买马。宋与西夏也有边界贸易，主要是党项人以池盐向宋朝边民交易粮食。景德四年（1007）宋朝在保安军开设榷场作为宋、夏贸易之地，以缯帛、罗绮易驼马、牛羊、玉、毡毯、甘草，以香药、瓷、漆器、姜桂等物易蜜蜡、麝脐等。[③]至于北宋前期海外贸易进一步扩大的标志，是除了原有之广州、泉州市舶司外，又增设了杭州、明州市舶司。宋朝与东南亚和西亚各国展开贸易，太宗时，市舶司所收犀象、香药等舶货，“岁约获五十余万斤、条、株、颗”[④]，装满了府库。太平兴国二年（977）三月，太宗接受香药库使张逊的建议，大出官府香药宝货，增价卖给商人，“一岁中果得三十万贯，自是岁有增羡，卒至五十万贯”[⑤]。

（三）财政增收

北宋前期，由于宋廷大量增铸铜钱和大力发展生产，国家财政收入必然会相应增加。有关各项具体赋税或上供的收入，前文已涉及很多，此处不再重复。现在，我们要考察的是北宋前期财政总收支的情况，并从中估量国家应对灾荒和调节市场物价的经济实力。

其实，早在北宋立朝后不久，国家财力已经相当雄厚。太祖在平定南平、后蜀、南汉、南唐的过程中，曾将各国珍宝全部收入内府，致使库藏

---

① 《宋会要辑稿》食货三六之五。
② 《宋会要辑稿》食货三七之八。
③ 《宋史》卷一百三十九《食货志下八·互市舶法》，第4563页。
④ 《宋史》卷一百三十九《食货志下八·互市舶法》，第4559页。
⑤ 《长编》卷十八，第152页。《宋史》卷二百六十八《张逊传》，第9223页。

盈溢，故别设内库。国库财物如此之多，难怪太宗在继位不久视察左藏库时，会发出“此金帛如山，用何能尽”的惊叹。接着，太宗又平定了吴越、北汉，积储更加丰厚，便分左藏西库为内藏库，将太祖时的内库即封桩库改为景福内库，隶属于内藏库。咸平元年（998）真宗继位后，命三司汇报国库存贮物资的数量。盐铁使陈恕拖延不报，真宗派辅臣前去责问。陈恕说:“天子富于春秋，若知府库充羡，恐生侈心，故不敢进也。”[①]财富太多，会使人变得骄奢淫逸，有害治道，陈恕的担心有其一定道理。到景德四年（1007），财物越积越多，以新衣库为内藏西库；大中祥符五年（1012），重修库房并增广其地。天禧元年（1017），国库财物更多，尤其是供给军马的刍粮储备十分充足，正如宰相向敏中所说:“臣尝记国初军储止及三岁，以今方之，则仓廪丰实可知矣。”[②]据《宋史·兵志·廪给之制》载:“国初，大仓所储才支三、二岁。承平既久，岁漕江、淮粟六百万石，而缣帛、货贝、齿革百物之委不可胜用。其后军储充溢，常有余羡。”[③]

那么，北宋前期具体的财政收支情况究竟如何呢？要精确统计北宋前期财政收支情况十分困难，这有以下几个原因:第一，史书没有系统记载；第二，某些年份史书虽有记载，但其收支总数后面的计算单位常将不同价值的物品混合加在一起，有的称石缗匹两围，有的则称贯石匹斤，有的不标单位，因此两个所标单位不同的数据之间无法加以比较；第三，史书所统计之收支总数，其所包含的物品种类常不相同，有的较全，有的缺漏；第四，同一年份的同一收支总数，不同文献记载常不相同，使人不知所从，

① 《长编》卷四十三，宋真宗咸平元年十一月戊午，第354页。
② 《长编》卷八十九，宋真宗天禧元年五月辛酉，第796页。
③ 《宋史》卷一百九十四《兵志八·廪给之制条》，第4840页。

也无法考证清楚。为此，下面我们只能从总趋势来观察当时财政收支的增减情况，不可能说出精确而具体的数据。

表 4 北宋前期财政收支概况表

年度	岁入	岁出	两税收入	物品各类	单位	参考文献及说明
至道三年（997）	—	86950000	—	钱、金、银、绢、绸、絁、绵、丝线、布、粟、刍草	贯、石、匹、两、端、围	据《长编》卷九十七（第 869 页）、《群书考索》后集卷六十三《财用数目》所载本年岁支各项数字相加而成。
	—	—	70893000	谷、钱、帛、金、银、丝绵、藁薪	贯、石、匹、两、围	《宋史》卷一百二十七《食货志上·赋税》，第 4205 页。
	—	—	70563000	谷、钱、绢、绸、絁、丝线、绵、茶、刍茭、蒿、薪、炭、鹅翎杂翎、箭干、黄蜡	贯、石、匹、两、斤、围、束、秤、茎、只	据《长编》卷四十三（第 348 页）所载本年各项岁收数相加而成。原文说明："此皆逾十万数者，他不复记"，可见其数据少于实际收入。
咸平六年（1003）	60266020	—	—	不详	贯、石、匹、斤	据《长编》卷六十六（第 572 页）载，景德三年（1006）赋入总数为 63731229 贯石匹斤，此数比咸平六年（1003）计增 3465209。

续表

年度	岁入	岁出	两税收入	物品各类	单位	参考文献及说明
景德三年（1006）	63731229	—	—	不详	贯、石、匹、斤	《长编》卷六十六，第572页。
景德三年（1004—1007）	—	—	49169900	不详	不详	《宋史》卷一百七十四《食货志上·赋税》，第4209页。
	47211000	49748900	—	不详	贯、石、匹、两	杨国宜校注《包拯集校注》卷三《论冗官财用等》，黄山书社1999年版，第141页。不包括在京岁出入数。
	65603000	65153800	—	不详	贯、石、匹、两	《包拯集校注》卷三《论冗官财用等》。包括在京岁出入数。
大中祥符八年（1015）	73602769	—	—	钱、帛、粮、丝、绵、鞋、革、茶、盐、酒、金、银	不详	据《长编》卷八十六（第759页）所载各项岁入数据相加而成。
天禧五年（1021）	140298100	168044200		钱、金、银、丝、绵、绢、绸、布、盐、茶、五谷、炭、草等共二十项	不详	据《长编》卷九十七（第869页）所载各项收支数据相加而成，可能不完整。

续表

年度	岁入	岁出	两税收入	物品各类	单位	参考文献及说明
天禧五年（1021）	150850100	126775200	64530000	不详	不详	总收支据《宋史》卷一百七十九《食货志下·会计》（第4349页）所载。两税收入据《宋史》卷一百七十四《食货志上·赋税》（第4205页）所载。

如果我们从上表中选择其统计较为全面合理的几组财政收支数据来看，可见咸平六年（1003）至天禧五年（1021）财政总收入逐步有所增加，虽财政总支出也相应增加，虽然不同史书对某些年的财政收支数记载不一，也无法详考，而从总体上看收支大体平衡，甚至稍有积余。

宋真宗天禧年间（1017—1021）财政收入几乎超过景德年间（1004—1007）一倍以上，但支出也相应增加一倍以上。为什么开支会如此之大？因为真宗后期自然灾害较多，尤其是天禧元年（1017）那次大规模的蝗灾，灾区遍及京畿、京东、陕西、江淮、两浙、荆湖等路13州军，致使真宗因此而惊忧得病，故而救灾开支也就十分浩大。所幸自宋太祖以来历朝均有丰厚的财富积累，加上财政收入的大幅度增长，使宋廷有充足的财力来赈济灾民、开仓减价粜粮以及打击投机奸商和调控物价，从而防止了通货膨胀和货币贬值，使物价趋于总体平稳，社会得以安定。

二、物价平稳

通货膨胀的直接标志是物价上涨。货币发行量太多，超过市场商品买卖的实际需要，固然会引起通货膨胀和物价上涨；但有时在货币紧缺的情况下，物价也会显得很贵，这是因为百姓手中无钱，买不起东西，即使物价不高，在他们看来仍觉得很贵，即物贵钱少，物与钱俱重。但总的说来，物价昂贵的根本原因在于商品生产和有效供给的不足，北宋初期就曾经存在过这种情况。因此，防止通货膨胀和物价上涨的关键所在，应当是大力发展商品生产，以增加有效供给。

如何才能保持物价的平稳？只有当社会货币流通总量相当于社会商品总价格时，才能使市场供求关系平衡和物价稳定。然而，要使社会货币流通总量与社会商品总价格永远相互匹配，这只是人们的理想。历史和现实的大量事例表明，要使物价长远保持稳定不变是不可能的。随着经济发展和社会进步，为了扩大生产，为了满足国家事务增多和人民生活水平提高的需要，货币提前超量发行对促进生产是必要的，物价稍微上涨也是难免的。而这只是货币发行量和物价在市场供求关系变化形势下的正常波动而已，只要不是恶性通货膨胀，就不必惊慌。由于社会经济发展是波浪式地曲折向前推进的，要完全避免通货膨胀和物价上升是永远不可能的。但物价上涨对百姓来说总不是一件好事，在正常情况下，物价应当保持相对的总体平衡，必须大力防止通货的恶性膨胀，将物价上涨幅度控制在百姓能承受的范围之内。在物价上涨时，为了不使人民受损，国家必须采取增加人民收入和减轻其经济负担的办法来加以弥补。北宋前期的情况正是这样。

研究北宋前期的物价，困难较多，因为情况复杂。我们不能简单地从某种商品的具体价格来判断物价的涨落和通货是否膨胀。观察当时物价的高低变化，必须考虑到在不同时段、不同地区、不同季节、使用不同货币（如铜钱或铁钱）、不同度衡量的情况下，应采用不同的标准来进行相对的比较。只要我们能顾及上述复杂因素，加以认真分析，是能够看清物价升降的大致走向的。

北宋初期的物价是较低的，而且没有特大的波动。但在宋真宗以前，由于铜钱奇缺、劣币泛滥以及铁钱的贬值，物价一度出现了上涨趋势，已显示出通货膨胀预期。北宋前期虽然增铸了大量铜钱，但因生产也得了同步发展，故未见出现物价高涨现象，加上宋廷采取了整顿币制和其他一系列经济措施，终于防止了恶性通货膨胀的发生。

关于北宋前期的物价，史书缺乏系统而完整的记载。我们只能通过对当时人们几种日用品价格变化的考察来判断当时物价的发展趋势。从以下粮食、纺织品、草料、食盐以及金银价格的变化中，我们仍然可以清楚地看到：北宋前期的物价，基本上是由逐渐下降而达到总体平稳的。

（一）粮价

北宋前期的粮食价格，在丰收年较贱，在灾荒年或战乱时期就很贵，这都属于特殊情况。看北宋前期的粮价高低，应以平常年份的价格为衡量标准。太祖建隆元年（960），因河北丰收，故谷价很贱。[①] 开宝三年（970）秋，因粮食长途运输困难，京师粮价高达每斗 70 钱，后因解决了运输问题，粮价很快就下降了。[②] 太宗太平兴国四年（979）平河东，立和籴法，米斗仅 10 余钱，这是官府预购民间粮食的价格，显然偏低。[③] 太平兴国五年（980），荆湖地区连年丰收，斗稻约 20 文、斗米约 30 文。[④] 端拱二

① 《长编》卷一，宋太祖建隆元年正月，第 3 页。
② 《宋史》卷二百七十六《陈从信传》，第 9404 页。
③ 《宋朝事实类苑》卷十五《顾问奏对・司马温公》，第 184 页。
④ 据汪圣铎：《两宋货币史》第 433 页推算，社会科学文献出版社 2003 年版。

年（989），“都下粟麦至贱”，“斗直十钱”。[①] 真宗咸平三年（1000），江南、两浙旱，米价每升 65 钱[②]，这是因遭遇灾荒，米特贵，饿死了很多人。景德二年（1005）张咏知益州时，米斗 36 文。[③] 此后，物价长平，粮价有所下降。如，景德四年（1007）八月，因“今岁丰稔，菽麦甚贱”，“诸路皆言大稔，淮、蔡间麦斗十钱，粳米斛钱二百”。[④] 大中祥符元年（1008）正月，“襄、邓州粟斛钱三百，菽麦斗十钱”[⑤]；七月，“襄、许、荆南、夔、归、峡等州米斛钱三百，菽麦斗十二”[⑥]；九月，“京东西、河北、河东、江淮、两浙、荆湖、福建、广南路皆大稔，米斗钱七、八、十”[⑦]，这是一次全国性的大面积丰收；十月，自京师至泰山一带，“粟麦每斗不及十钱”[⑧]。大中祥符二年（1009）四月己亥，镇、定州“荞麦斗直百钱”[⑨]；九月，“京西、河东、陕西、江淮、荆湖路，镇、定、益、梓、邛、密等州言丰稔，京师粟斗钱三十”[⑩]。大中祥符三年（1010）八月癸酉，河中府“秋苗茂盛，谷价至贱”[⑪]；十二月癸酉，因“岁旱，京师近郡谷价翔贵”[⑫]。大中祥符四年

---

① 《长编》卷三十，宋太宗端拱二年四月，第 260 页。
② 《长编》卷四十六，宋真宗咸平三年三月，第 387 页。
③ ［宋］范镇：《东斋纪事》卷四，中华书局 1980 年点校本，第 34 页。
④ 《长编》卷六十六，宋真宗景德四年八月，第 575、578 页。
⑤ 《长编》卷六十八，第 592 页。
⑥ 《长编》卷六十九，第 603 页。
⑦ 《长编》卷七十，第 609 页。
⑧ 《长编》卷七十，宋真宗大中祥符元年十月丙午，第 610 页。
⑨ 《长编》卷七十一，第 622 页。
⑩ 《长编》卷七十二，第 634 页。
⑪ 《长编》卷七十四，第 654 页。
⑫ 《长编》卷七十四，第 659 页。

（1011）正月，代州“粟斗十余钱”[①]。大中祥符五年（1012）冬，“时河东丰稔，米斛百钱”[②]。大中祥符九年（1016）九月，河东粟豆斗值十九钱[③]。天禧元年（1017）二月，因灾荒谷贵，朝廷诏令各受灾州、军出卖常平仓谷，“只收元籴价，其省仓斗不得过百钱”[④]。而到天禧二年（1018）闰四月乙卯，灾情有所缓和，陈州仍“麦斗三十钱”[⑤]。综观北宋前期在正常年景下的粮价：自建隆元年（960）至景德二年（1005）粮价大致为米斗30至36钱，麦斗10钱；自景德四年（1007）至天禧元年（1017），粮价大致为米斗30钱，麦斗10钱或10钱以下。可见北宋前期的粮价是由高逐渐下降的，直到天禧元年（1017）因遭遇特大蝗灾，粮价上涨，但次年即又回落。

（二）绢价

北宋前期的绢价波动不大。太宗太平兴国二年（977），因江南西路蚕桑数少，上等绢旧价匹1000钱，官府估定为匹1300钱。[⑥]太平兴国五年（980），江浙、荆湖地区绢每匹1000钱。[⑦]真宗咸平三年（1000），因四川丝织品生产发达，绢每匹折税钱仅300钱，价格特低，官府剥削了老百姓。至景德二年（1005）张咏治蜀时，绢仍为每匹300文。[⑧]大中祥符

---

① 《长编》卷七十五，宋真宗大中祥符四年正月癸未，第661页。
② 《长编》卷七十九，宋真宗大中祥符五年十二月乙亥，第700页。
③ 《长编》卷八十八，第779页。
④ 《长编》卷八十九，宋真宗天禧元年二月庚午朔，第786页。
⑤ 《长编》卷九十一，第814页。
⑥ 《长编》卷十八，宋太宗太平兴国三年六月己未，第154页。《宋史》卷一百七十四《食货志上二·赋税》，第4204页。
⑦ 《宋会要辑稿》刑法三之二。
⑧ 《东斋纪事》卷四，第34页。

八年（1015）三司以稍高于市价回购并州军衣绢，“匹给钱千二百文”[①]，估计当时市价为1000文。大中祥符九年（1016）正月壬申，“青、齐间绢直八百、䌷六百，官给绢直一千、䌷八百”[②]。天禧元年（1017）因发生大蝗灾，为优抚士兵，“诏广南所给诸军衣绢每匹支千钱者，自今屯驻、驻泊禁军加三百，本城诸军加一百”[③]。估计当时市价也只1000钱。总之，北宋前期，除四川丝织品产地绢的官方折税价较低外，其他地区绢的市价始终稳定，一直维持在每匹千钱左右，未见有绢价高涨的迹象。

（三）草价

北宋前期的草价有逐渐下降之势。太平兴国四年（979）太宗平河东时，草每束8钱。[④]真宗大中祥符元年（1008）十月丙午，东京至泰山一带，刍藁价每围只3至5钱。[⑤]大中祥符二年（1009）四月己亥，镇、定州刍藁围值5钱。[⑥]大中祥符三年（1010）八月，河中刍每围降价至4钱。[⑦]

（四）盐价

食盐由于品类不同，等级众多，价格比较复杂，但总的说来，价格呈下降趋势。太祖乾德三年（965）正月，成都食盐市价每斤160钱，朝廷为减轻百姓负担，下令每斤减60，各州减三分之一。[⑧]开宝四年（971），

---

① 《长编》卷八十五，宋真宗大中祥符八年七月乙丑，第749页。
② 《长编》卷八十六，第760页。《宋会要辑稿》食货六四之三五。
③ 《长编》卷九十，宋真宗天禧元年八月癸巳，第801页。
④ 《宋朝事实类苑》卷十五《顾问奏对·司马温公》，第184页。
⑤ 《长编》卷七十，第610页。
⑥ 《长编》卷七十一，第622页。
⑦ 《长编》卷七十四，宋真宗大中祥符三年八月癸酉，第654页。
⑧ 《长编》卷六，宋太祖乾德三年正月丁酉，第55页。

荆湖诸州盐价每斤 60 文，广南诸州 40 文。[①] 开宝七年（974），诏成都府盐价每斤再减 10 文，即现卖 90 文。[②] 开宝九年（976）七月，朝廷规定各州卖盐每斤价 50 或 30 钱，颗盐 40 钱。[③] 太宗太平兴国二年（977）二月，每斤盐价：淮南诸州 40 文足，庐、舒、蕲、黄、和州及汉阳军 50 文，襄州等 14 处 50 文足，升、润、常、宣、池州与平南、江阴军 40 文，江、洪、筠、鄂、抚、饶、袁、台及建安军 50 文，歙、信、建、剑 50 文，虔、汀州 50 文。[④] 太平兴国二年（977）四月，“剑南诸州官粜盐斤为钱七十”，朝廷为阻止奸商勾结吏人低价套购官盐再以每斤数百钱之高价卖给民众，有意提高官盐价格每斤为 150 钱，使奸商无利可图。[⑤] 太平兴国八年（983），荆湖地区原来官盐每斤价 64 钱足，诏减 10 钱。[⑥] 太平兴国八年（983）二月，福建诸州官盐每斤只卖 25 钱。[⑦] 至道年间（995—997），颗盐分 3 等，每斤价 34 钱至 44 钱，末盐（海盐）分 31 等，每斤价 8 钱至 47 钱。[⑧] 景德元年（1004）九月，陕西永兴军及同、华、耀州解盐每斤价 44 钱。[⑨] 从以上各地盐价来看，北宋前期盐价大体在每斤 40 至 60 钱之间波动，价格升降

---

① 《宋会要辑稿》食货二三之一九。

② 《宋会要辑稿》食货二三之一九。

③ 《长编》卷十七，第 142 页。

④ 《宋会要辑稿》食货二三之二〇至二一。

⑤ 《长编》卷十八，宋太宗太平兴国二年四月辛卯，第 153 页。《宋史》卷一百八十三《食货志下五 · 盐下》，第 4472 页。

⑥ 《长编》卷二十四，宋太宗太平兴国八年，第 217 页注文。《宋史》卷二百六十七《李惟清传》，第 9216 页。

⑦ 《长编》卷二十四，宋太宗太平兴国八年三月甲申，第 205 页。

⑧ 《长编》卷九十七，宋真宗天禧五年，第 870 页。《宋史》卷一百八十一《食货志下三 · 盐上》，第 4414、4427 页。

⑨ 《宋会要辑稿》食货二三之二九。

幅度不算太大。

（五）金银价

北宋前期，金银虽非法定货币，无价值尺度和流通手段的职能，但它们可做支付手段和具有储藏功能，因而金银价格的涨落与法币的流通有着敏感的联系。太宗太平兴国之前，上等金每两估价值1万钱。太平兴国二年（977），宋廷怕以金折税，“金估多而伤官”，因此改金价为每两8000钱。① 真宗咸平中（998—1003），金每两价格降至5000钱。② 大中祥符元年（1008）后，随着社会经济的繁荣，宫廷权贵及富豪们的生活作风渐趋奢侈，多喜用黄金装饰衣物，从而引起金价猛涨，至大中祥符八年（1015）十一月己巳，金价比咸平中高出一倍，每两值1万钱以上。③ 白银价格的变化情况与黄金相似。太平兴国二年至景德四年（977—1007）间，白银市价一直维持在每两1000钱左右。④ 咸平中（998—1003），银价每两曾一度降至800钱。⑤ 到大中祥符八年（1015）十一月己巳，京城银贵，每两涨价一倍，高达1600钱。⑥ 总的说来，北宋前期的金银价格先降后涨，其涨价时间主要在宋真宗末期，而大部分时间金价在每两1万钱、银价在每两1000钱左右徘徊。

---

① 《长编》卷十八，宋太宗太平兴国二年六月己未，第154页。《宋史》卷一百七十四《食货志上二·赋税》，第4204页。

② 《长编》卷八十五，宋真宗大中祥符八年十一月己巳，第755页。《燕翼诒谋录》卷二。

③ 《长编》卷八十五，第755页。《燕翼诒谋录》卷二。

④ 《宋会要辑稿》刑法三之二。《长编》卷六十七，宋真宗景德四年十二月癸丑，第588页。

⑤ 《长编》卷八十五，宋真宗大中祥符八年十一月己巳，第755页。

⑥ 《长编》卷八十五，第755页。

综上所述，从宏观的角度看，北宋前期的物价，大体在低价位上波动。相对来说，建隆初（960）至景德初（1004），物价稍有上涨。由于宋朝货币制度的确立和对货币流通管理的加强，加上其他经济政策和措施的配合，自景德二年（1005）后至大中祥符末年（1016），物价有较大回落，并保持了物价的总体平稳。由此可见，北宋前期所采取的预防通货膨胀的一系列措施，起到了一定的积极作用。

三、社会安定

五代十国，实际上是唐末藩镇割据的继续。五代时期，由于政权不断更迭，战争不息，兵连祸结，加上契丹统治者的进扰侵掠，造成了中原经济残破的局面。直到后周时，经过周世宗柴荣的改革，进行了一些经济恢复工作，才使社会较为安定。十国中的南方各国，因受战祸较少，并利用其优于北方的社会和自然环境，曾使经济得到了一定发展。但是，这些小国的统治者，尤其在后期，政治上逐渐腐败，无不对劳动人民进行残酷的剥削，过着奢侈淫逸的生活。如，吴越“常重敛其民，以事奢僭”①。对于欠税者，施行杖罚，人不堪其苦。南唐则广置营田，夺民耕地，奴役农民，民甚苦之。闽殷的王延政和楚的马希范，苛敛更甚。据《资治通鉴》卷二百八十三记载：“殷（王延政在建州的国号）国小民贫，军旅不息，杨思恭以善聚敛得幸，增田亩山泽之税，至于鱼盐蔬果，无不倍征，国人谓之杨剥皮。”楚王马希范“每遣使者行田，专以增顷亩为功，民不胜租赋

---

① ［宋］欧阳修:《新五代史》卷六十七《吴越世家》，中华书局1974年点校本，第843页。

而逃”，各失其业。南汉刘晟甚至派遣巨舰“以兵入海，掠商人金帛”[①]。后蜀孟昶的部下官吏“多逾法度，务广第宅，夺人良田，发其坟墓”[②]。特别是五代十国后期，由于铜钱缺乏，战争频繁，政治腐败，开支浩大，各国统治者为了挽救财政危机，往往铸行虚值大钱、铁钱以及铅锡等劣币，从而引起了通货膨胀、钱币贬值、物价飞涨，人民受损。在这种情况下，南方各国人民，为了改变自己的恶劣处境，结束苦难的生活，便迫切要求减轻经济负担，消灭割据政权，实现国家的统一。

后周恭帝显德七年（960），赵匡胤夺取后周政权建立宋朝，但十国割据的局面尚未结束。直到太平兴国四年（979），宋太宗最后灭亡了北汉，才基本上统一了中国，但辽国和西夏对北宋的威胁依然存在，淳化四年（993）四川还爆发了王小波、李顺起义。因此，在宋太祖、宋太宗统治时期，宋辽之间的民族矛盾和国内的阶级矛盾仍未缓和。尤其在经济领域里，五代十国以来，货币制度和货币流通方面的各种弊端还在产生不良的影响。为了改变这种现状以巩固政权，使国家走上正常的发展道路，北宋王朝曾采取了一系列整顿货币流通秩序和发展经济的措施，来预防通货膨胀和改善人民生活，同时对辽和西夏进行了多次讨伐。到真宗景德元年（1004），由于宋朝采取“守内虚外”政策，与辽国订立了“澶渊之盟”的停战和约，从此宋朝北方州县的生产才有所恢复和发展，“牛育蕃息，牛羊被野，戴白之人，不识干戈”[③]。总之，北宋前期的统治者经过了数十年的努力，终

① 《新五代史》卷六十五《南汉世家》，第 816 页。
② 《新五代史》卷六十四《后蜀世家》，第 804 页。
③ ［宋］毕仲游:《西台集》卷十六《丞相文简公（毕士安）行状》，《文渊阁四库全书》第 1122 册。

于使社会逐渐得到了安定，国家也走上了富强之路。

北宋前期，社会和民生之所以能逐渐得到安定，这与宋太祖、太宗和真宗采取传统的儒家民本主义作为治国方针有很大的关系。赵宋立朝伊始，太祖就向臣下强调要“勤恤下民”[①]。乾德四年（966）正月，他又命诸道转运使：“如见三司行下公事，有不便于民者，许直具事状以闻，不得隐避。”[②]同年八月，他又对宰相赵普等说：“下愚之民，虽不分菽麦，如藩侯不为抚养，务行苛虐，朕决不容之！”[③]当时，他见五代以来，赋税不均，百姓失业，田多荒芜，便“恻然悯之”[④]。太宗继承了太祖的思想。太平兴国二年（977）正月，他对新科进士吕蒙正说：“到治所，事有不便于民者，疾置以闻。”[⑤]雍熙二年（985）七月，他更是明确提出：“国家以百姓为本，百姓以食为命，故知储蓄最为急务。”[⑥]真宗继续执行民本政策，倡导要“节用爱人”[⑦]，“益务行养民之政”[⑧]。北宋前期的最高统治者，不仅口头上倡导“民为邦本”的儒家民本主义，而且在决策与行政时付诸实践。他们重视农业，发展生产，轻徭薄赋，救灾扶贫，减刑赦罪，改革币制，调控物价，并有效地防止了通货膨胀，终于使国家富足，物价平稳，实现了社会安定。

所谓北宋前期逐渐实现了社会安定，主要表现在以下几个方面：

---

① 《长编》卷二，宋太祖建隆二年正月癸丑，第 14 页。
② 《长编》卷七，宋太祖乾德四年正月丙戌，第 63 页。
③ 《长编》卷七，宋太祖乾德四年八月辛丑，第 66 页。
④ 《长编》卷七，宋太祖乾德四年闰八月，第 68 页。
⑤ 《长编》卷十八，第 149 页。
⑥ 《长编》卷二十七，第 227 页。
⑦ 《长编》卷四十三，宋真宗咸平元年十一月戊午，第 354 页。
⑧ 《宋史》卷一百七十八《食货志上六・振恤》，第 4337 页。

第一，由于宋廷鼓励垦荒，规定所垦之田为农民永业，并免3年租税，从而使社会上产生了大批自耕农。这在一定程度上缓和了以往“富者有弥望之田，贫者无立锥之地，有力者无田可种，有田者无力可耕”[①]的贫富悬殊情况。在宋仁宗即位的乾兴元年（1022），就有人指出：“三千之邑，五等分算，中等以上可任差遣者千户。”[②]由此可见，在纳税的主户中，有三分之二是中下户，即自耕农或半自耕农，其在北宋前期户口中所占比重极大。农民有了土地，这就大大增强了他们的生产积极性。

第二，由于耕地扩大，人口增多，生产发展，产品也随之日益丰富，人民得以安居乐业。早在端拱元年（988）二月，太宗就对宰相说：“累年以来，百物丰阜，自京师达于四方，并无灾诊，五谷顺成……今郡县至广，生齿日众，每闻一方小有凶歉，即命赈给。”[③]次年（989）八月辛亥，赵普上疏说：“圣朝开国已三十年，国富兵强，近古无比。”[④]真宗时，“自景德以来，四方无事，百姓康乐，户口蕃庶，田野日辟”[⑤]，可见，人民生活安定。

第三，由于生产发展，商品有效供给增多，加上宋廷注重调控物价，打击商业投机，致使物价较低，人民负担减轻。到太宗时，已呈现“国用殷实”[⑥]的局面，至真宗大中祥符元年（1008）时，又出现了“物价至贱”[⑦]的现象。据《宋史·兵志·廪给之制》记载：北宋前期，“承平既久，岁

① 《长编》卷二十七，宋太宗雍熙三年七月甲午，第238页。
② 《宋会要辑稿》食货一之二〇。
③ 《长编》卷二十九，宋太宗端拱元年二月丙子，第248页。
④ 《长编》卷三十，第264页。
⑤ 《宋史》卷一百七十三《食货志上一·农田条》，第4163页。
⑥ 《宋史》卷一百七十三《食货志上一·序》，第4156页。
⑦ 《长编》卷七十，宋真宗大中祥符元年十月乙卯，第611页。

漕江、淮粟六百万石，而缣帛、货贝、齿革百物之委不可胜用。其后军储充溢，常有余羡”[1]。

第四，由于国内阶级矛盾的缓和，“澶渊之盟”后宋辽战争停息，整个社会一片安定繁荣。在真宗大中祥符元年（1008）十月时，“诸州进奉使、‘蛮夷’入贡及公私往来，昼夜相继。乡邑肃静，物价至贱。是时，京师至泰山，道路骈拥，绝无攘窃”[2]。至天禧二年（1018）三月，真宗对宰相们说：“近日边奏甚稀，疆陲肃静。频得雨泽，民亦安阜。”宰相向敏中等说:“天气均和，时雨浃洽，圣心恤下，轸求多方，麦熟不遥，寇盗亦绝。”[3]

第五，由于宋廷重视储备，常平仓设置遍及天下，粮食贮藏十分丰富，“惠民所积，不为无备”[4]，从而为赈饥救灾提供了物资保障。

以上事实表明，从宋太宗时起，赵宋王朝已经开始进入兴旺发达时期。

---

① 《宋史》卷一百九十四《兵志八·廪给之制条》，第4841页。
② 《长编》卷七十，宋真宗大中祥符元年十月乙卯，第611页。
③ 《长编》卷九十一，宋真宗天禧二年三月壬寅，第810页。
④ 《宋史》卷一百七十八《食货志上六·振恤》，第4337页。

第二章

北宋中期由过度消费而引发的通货膨胀

（1022—1067）

北宋前期一度出现过通货膨胀的预期，由于国家采取了整顿币制和相关的经济措施，注重发展生产和积贮财富，终于防止了通货膨胀的发生，实现了物价的总体平衡。到了宋仁宗、英宗统治的北宋中期（1022—1067），由于政治逐渐腐败，统治者消费过度和天灾人祸的双重作用，致使生产衰退和国家财政出现了危机。宋廷为摆脱财政困难，不惜采取通货膨胀政策，结果给社会造成了严重恶果。宋廷为革除弊政，曾经推行“庆历新政”，但因守旧派既得利益者的反对，新政终于失败，通货膨胀无从克服，宋朝国势贫弱成为定局。

第一节 “三冗”消费与天灾人祸造成财政危机

北宋中期，统治者过度消费以及天灾人祸对生产的破坏，使国家产生了财政危机。而商品的供不应求，则是引发通货膨胀的根本原因。

一、“三冗”消费

首先必须说明的是，宋代毕竟还是一个以自然经济为主的农业社会，农民钱少，基本上用于纳税，所谓“过度消费”，主要表现为统治阶级的奢侈浪费、恣意挥霍钱财，农民的生活消费对形成通货膨胀影响不大。北宋中期统治者的过度消费主要反映在冗兵给养、冗官俸禄和冗费靡烂三个方面，而这也正是造成国家财政危机最基本的原因。诚如李焘在《续资治通鉴长编》中所指出的:“自宋兴，而吴、蜀、江南、荆湖、南粤皆号富强，相续降附。太祖、太宗因其蓄藏，守以恭俭简易。方是时，天下生齿尚寡，而养兵未甚蕃，任官未甚冗，佛老之徒未甚炽，外无夷狄金缯之遗，百姓亦各安其生，不为巧伪放侈，故上下给足，府库盈溢。承平既久，户口岁增，兵籍益广，吏员益众，佛老夷狄耗蠹中国，县官之费数倍昔时，百姓亦稍纵侈，而上下始困于财矣。”①

（一）冗兵给养

根据宋朝兵制，军队分三种类型：一是禁军，系皇帝的卫兵，用于守京师，备征戍；二是厢军，为诸州之镇兵，常承担各种劳役；三是乡兵，选于户籍或应募，加以团结训练，成为地方上的守军。此外还有一种番兵，是仁宗中期为对西夏战争之需而设，由边疆地区少数民族人民组成，编制略同于乡兵。②

---

① 《长编》卷一百，宋仁宗天圣元年正月，第 887 页。

② 《宋史》卷一百八十七《兵志一·禁军上·序》，第 4569 页。

北宋前期，军队的人数虽逐渐有所增加，但到了北宋中期，尤其是仁宗宝元元年（1038）以后，因发生与西夏的战争，军队的规模空前扩张。今将北宋前期和中期的禁军和厢军人数变化情况列表于下：

表 1　北宋前期至中期禁军、厢军数量统计表

时间	总人数	禁军马步人数	厢军人数	参考文献
宋太祖开宝年间（968—976）	37.8 万人	19.3 万人	18.5 万人	《文献通考》卷一百五十二《兵考四》，第 4558 页。《宋史》卷一百八十七《兵志一》，第 4576 页。
宋太宗至道年间（995—997）	66.6 万人	35.8 万人	30.8 万人	
宋真宗天禧年间（1017—1021）	91.2 万人	43.2 万人	48 万人	
宋仁宗庆历年间（1041—1048）	125.9 万人	82.6 万人	43.3 万人	王铚：《中枢备检》，见［宋］王明清：《挥麈余话》卷一。
宋仁宗皇祐年间（1049—1053）	140 万人	—	—	《文献通考》卷一百五十二《兵考四》，第 4565 页。《宋史》卷一百八十七《兵志一》，第 4576 页。
宋英宗治平年间（1064—1067）	116.2 万人	66.3 万人	49.9 万人	

军队人数的大幅度增加，势必要增加军费的开支。北宋中期的军费占了国家财政收入的极大部分。仁宗宝元二年（1039）九月，太子中允直集贤院富弼说：“自来天下财富所入，十中八九赡军，军可谓多矣，财可谓耗矣！”[1]庆历以后，曾任三司使的张方平也指出：“约计天下财利出入之籍，知天下之所以困，本于兵。”[2]治平四年（1067），张方平又说：“略计中等禁军，

① 《长编》卷一百二十四，宋仁宗宝元二年九月，第 1122 页。
② 《乐全集》卷二十三《再上国计事》。

一卒岁给约五十千。”“庆历五年禁军之数，比景祐以前增置八百六十余指挥，四十余万人，是增岁费二千万缗也。”[1] 这种情况，不能不引起一些朝廷大臣的惊叹和忧虑。曾任三司使的蔡襄在论及嘉祐、治平间的财政状况时慨叹道:“今天下大患者在兵，禁军约七十万，厢军约五十万，积兵之多，仰天子衣食，五代而上、上至秦汉无有也！”“天下六分之物，五分养兵，一分给郊庙之奉、国家之费，国何得不穷？民何得不困？”[2] 为了更具体地说明军费在整个国家财政开支中所占的比重，蔡襄在《论兵十事》[3] 中列出了英宗治平元年（1064）财政主要项目的收支情况及军费在财政支出中所占的数量，今列表于下：

表 2　宋英宗治平元年（1064）军费支出情况表

收入项目	总收入	总支出	军费开支	军费占总支出的百分比	备注
钱	36822541 贯	33170631 贯	9941047 贯	30%	总支不包括南郊赏给支费。
绢帛	8745535 匹	7235641 匹	7422768 匹	102%	总支不包括南郊赏给支费及绫锦绮数。
粮	26943575 石	30472708 石	23170223 石	76%	—
草	29396113 束	29520469 束	24980464 束	84%	—

根据上述情况，蔡襄认为:“一岁所用，养兵之费常居六七，用无几矣！”

① 《乐全集》卷二十四《论国什事》。

② ［宋］蔡襄:《端明集》卷二十二《国论要目•强兵》，《文渊阁四库全书》第 1090 册。

③ 《端明集》卷二十二《国论要目 • 论兵十事》。

陈舜俞说："天下之户才千余万，以十户养一兵。"[①]

至宋神宗时，又有陈襄上奏："臣观治平二年天下所入财用大数，都约缗钱六千余万，养兵之费约五千万，乃是六分之财兵占其五。禁兵之数约七十万，一夫钱粮赐予岁不下五十千，则七十万人有三千五百万缗之费；厢军之数约五十万，一夫钱粮赐予岁不下三十千，则五十万人有一千五百万缗之费。则是厢、禁兵共费五千万矣，惟余一千万以备国家百用之费。"[②]

另外，三司使张方平曾在庆历七年（1047），对当时陕西军费的开支做了更具体的统计："勘会陕西用兵以来，内外所增置禁军八百六十余指挥，约四十有余万人，通人员长行用中等例，每人约料钱五百，月粮两石五斗，春冬衣绸绢六匹，绵一十二两，随衣钱三千计，每年共支料钱二百四十万缗，粮一千二百万石，准例六折，米计七百二十万石，绸绢二百四十万匹，绵四百八十万两，随衣钱一百二十万缗。每次南郊赏给六百万缗。内马军一百二十余指挥，若马数全足，计六万有余匹，每年支草一千五百一十二万束，料一百五十一万二千石。其系三路保捷、振武、宣毅、武卫、清边、蕃落等指挥，并本道土兵连营，仰给约二十余万人，比屯驻戍兵当四十万人，本道财赋支赡不足。"[③]

总之，军费开支在宋朝财政支出中所占比例极大，平时一般军费占岁出总额的一半以上，战争时期则高达十分之七八，甚至更多。所谓养兵经

---

① ［宋］陈舜俞：《都官集》卷七《说兵》，《文渊阁四库全书》第 1096 册。
② ［明］杨士奇、黄淮：《历代名臣奏议》卷二百二十，陈襄奏，《文渊阁四库全书》第 439 册。
③ 《长编》卷一百六十，宋仁宗庆历七年十二月庚午，1488 页。

费，也即供养禁军、厢军等常备军的支费。据宋仁宗时蔡襄、陈舜俞的估计，当时禁军一卒岁费约钱 50 贯。[①] 而据范仲淹、傅求等估计，戍守边疆的禁军支费一卒岁费约 70 至 100 贯。[②] 厢军一卒岁费约钱 30 贯[③] 至 37 贯[④]。除正规军外，数量相当庞大的乡兵、番兵、民兵等也需要一定的费用。如，“陕西缘边计一岁费缗钱七十千养一保捷兵（乡兵弓手）”[⑤]。又如，据庆历三年（1043）五月乙未韩琦、范仲淹奏，“今赡民兵一名，岁不下百贯”[⑥]，费用竟不低于禁军。

军士给养的结构非常复杂。主要的除了各级军官和士兵的军俸、口粮、服装外，还有各种补助，如招刺利物、郊祀赏赐、特支钱、岁暮御寒柴炭钱、银鞋钱、薪水钱、转军钱、军赏等。士兵的口粮一般是每人每日给二升。诸军衣装，天圣七年（1029）法寺裁定：“骑兵春冬衣各七事，步兵春衣七事、冬衣六事。”[⑦] 临近西夏边界的塞下天气特冷，陕西赐军士羊裘，一裘五羊皮，每一羊皮值钱五六贯，向百姓“督取严急，民甚苦之”[⑧]。如果说赐边防将士羊裘御寒是必要的话，那么宋军将帅为了显威摆阔，让随从士兵穿着极其鲜艳豪华的服装，则是一种浪费，也是统治者腐败的表现。张方平上奏说：“臣尝入朝，见诸军帅从卒一例新紫罗衫、红罗抱肚 、白绫裤、丝鞋、

---

① 《端明集》卷二十二《国论要目•论兵十事》。《都官集》卷一《利用》、卷七《说兵》。
② 《长编》卷一百十二，宋仁宗明道二年七月，第 1007 页。[宋] 司马光:《涑水记闻》卷四，《文渊阁四库全书》第 1036 册。
③ 《端明集》卷二十二《国论要目 • 论兵十事》。
④ 《历代名臣奏议》卷三十八，余君卿奏，《文渊阁四库全书》第 434 册。
⑤ 《长编》卷一百六十七，宋仁宗皇祐元年十二月壬戌，第 1539 页。
⑥ 《长编》卷一百四十一，第 1293 页。
⑦ 《宋史》卷一百九十四《兵志八 • 廪给之制条》，4842 页。
⑧ 《长篇》卷一百二十八，宋仁宗康定元年九月辛酉，第 1164 页。

戴青纱帽，拖长绅带，鲜华灿然。其服装少敝，固已耻于众也。一青纱帽市估千钱，至于衫裤，盖一卒之服，不啻万钱。今之上四军，请给比诸军为至厚，然月受千钱，正可买得一帽耳。”①

宋与西夏的战争开始后，有些特殊的赏钱赏格很高，如：宝元元年（1038）十二月丁丑，“诏有捕获元昊所遣刺探事者赏钱十万（百贯）”②；康定元年（1040）正月乙酉，又“募京城内外捕索元昊刺事人，获一名者赏钱三十万”③；同年六月戊申，又诏：“元昊刺事人今获一人者赏钱百万，补班行。”④宋朝的将贪兵骄，被纵容成风，嘉祐四年（1059）正月壬寅，赐在京诸军班特支钱，宋廷因怕诸军希赏失望闹事，竟一次用钱 15 万贯。⑤又每次南郊，赏给禁兵 600 万缗。⑥另外，宋廷还有一笔很重的经济负担。在宋代募兵制下，兵士及其家属往往共居于军营，就粮军士也可携带家属前往，为此，朝廷和官府为安顿军人及其家属，必须建造大批营房。天圣四年（1026）十月，开封府因大雨损坏诸军营房，宋廷派人“葺诸军营房一十三万九千余间”⑦。

在军士给养之外，武器、盔甲等装备，马匹的供应，后勤物资的运输，筑城防守等，都要耗费大量人力和物力，也应包括在军费开支之内。关于这一切我们无须详述，仅举几例可见宋朝中期军费负担之重。如，仁

① 《乐全集》卷十八《再对御札一道》。
② 《长编》卷一百二十二，第 1106 页。
③ 《长编》卷一百二十六，第 1138 页。
④ 《长编》卷一百二十七，第 1157 页。
⑤ 《长编》卷一百八十九，第 1736 页。
⑥ 《长编》卷一百六十一，宋仁宗庆历七年十二月庚午，第 1488 页。
⑦ 《长编》卷一百四，第 932 页。

宗时，陕西一带，弓弩的价格都很高，“弩一枝，钱一贯五百文足；弓一张，钱七八百文足”[①]。康定元年（1040）二月辛丑，曾出内军器库铠甲、弓弩一万九千给陕西诸军。[②]四月乙丑，又诏淮南、江浙州军造纸甲三万给陕西防城弓手。[③]庆历二年（1042）六月，赐河北义务兵弓弩箭材各一百万。[④]至于养马、买马开销更大。还在祥符、天圣间，牧马已至十余万匹[⑤]。天圣四年（1026）九月，王曾对仁宗说：“当今比五代马多数倍，计刍秣费岁不下数百万。”[⑥]明道二年（1033）七月，右司谏范仲淹说:“沿边市马，岁几百万缗。”[⑦]至和二年（1055），“陕西转运司以银十万两市马于秦川，岁以为常”。嘉祐五年（1060），据薛向说：“秦州券马至京师，给直并路费，一马计钱数万。”嘉祐八年（1063）据韩琦说，在秦州置马场，每年用钱十余万贯。宋初，每年买马只有5000多匹，天圣年间，蕃部省马达到34900多匹。嘉祐以前，原、渭、德顺3年买马至17100匹，秦州买券马每年15000匹。[⑧]还应注意的是牧马要占用大量民田，如“广平二监牧马共占邢、洺、赵三州民田万五千顷”[⑨]。“每牧马一匹，占草地

---

① ［宋］尹洙：《河南集》卷二十四《申乡兵弓手轮番教阅状》，《文渊阁四库全书》第1090册。

② 《长编》卷一百二十六，第1140页。

③ 《长编》卷一百二十七，第1150页。

④ 《长编》卷一百三十七，宋仁宗庆历二年六月甲寅，第1251页。

⑤ 《历代名臣奏议》卷二百四十二，丁度奏，《文渊阁四库全书》第439册。

⑥ 《长编》卷一百四，宋仁宗天圣四年九月丙申，第930页。

⑦ 《长编》卷一百十二，宋仁宗明道二年七月甲申，第1007页。

⑧ 《宋史》卷一百九十八《兵志十二·马政》第4935—4936页。

⑨ 《长编》卷一百六十六，宋仁宗皇祐元年三月丁巳，第1528页。

一百一十五亩”①。“治平末，牧地总五万五千（顷），河南六监三万二千，而河北六监则二万三千”②。关于后勤运输所用人数超过前线士兵，据沈括计算，如发兵10万，作战士兵只有7万，而运输军粮的民工却有30万。③因运输的民工沿途需要食用，运到前线的粮食所剩不多；而且长途运输，艰辛异常，人畜多死。此外，筑城守城的费用也很惊人，至和元年（1054）十一月，据秦凤路经略安抚司上奏：修筑秦州古渭寨完工，初筑城费钱100万贯，其后留兵戍守每年又要费钱10万贯。④

仁宗庆历年间（1041—1048）的军队人数之所以增至125.9万人，超过太祖时3倍多，这固然与契丹人威胁的存在以及宝元元年（1038）西夏军的入侵有关，但还有其他更重要的政治和经济原因。这些原因主要有以下几个方面。

首先，自从太祖开始，为了防止人民反抗和大臣篡夺政权，便以“守内虚外”作为治国方针之一，并成为此后宋朝历代皇帝的“祖宗家法”。太宗曾说：“外忧不过边事，皆可预防。惟奸邪无状，若为内患，深可惧也。”⑤为此，每当大灾之年，为避免饥民造反或流为“盗贼”，宋朝便招募大批饥民为兵，并将此作为一项传统国策。太祖说：“可以利百代者，唯养兵也。方凶年饥岁，有叛民而无叛兵；不幸乐岁而变生，则有叛兵而无

① 杨国宜：《包拯集校注》卷二《请将邢洺州牧马地给与人户依旧耕佃（一）》，黄山书社1999年版，第121页。

② 《宋史》卷一百九十八《兵志十二·马政》，第4937页。

③ ［宋］沈括：《梦溪笔谈》卷十一《官政一》，《文渊阁四库全书》第862册。

④ 《长编》卷一百七十七，宋仁宗至和元年十一月己巳，第1639页。

⑤ 《长编》卷三十二，宋太宗淳化二年八月丁亥，第277页。

叛民。”[1] 欧阳修也认为:“(灾民)不收为兵，则恐为盗。”[2] 后来，南宋人吴儆在《论募兵》中说得更加明确：“饥岁莫急于防民之盗，而防盗莫先于募民为兵。”“桀黠强悍之人既已衣食于县官，而驯制之，则饥民虽欲为盗，谁与之倡，是上可以足兵之用，下可以去民之盗，一举而两得之。”[3] 为此朝廷鼓励“吏招人多者有赏”[4]。如,庆历八年(1048)七月,河北水灾,朝廷令州县募饥民为兵。[5] 皇祐中，河北水灾，农民流入京东30余万，被安抚使富弼招募为兵。[6] 然而这些被招募为兵的饥民，因人数太多，未加拣汰，其中“羸疾老怯者又常过半”[7]，缺乏战斗力。

其次，宋朝设置厢兵，既作为地方军，又“大抵以供百役”[8]，即常被派遣去承担各类劳役，如筑城、制造武器、治河、修桥铺路、造船、运输、垦荒等，有时又作为官员的侍卫迎来送往。北宋中期，还开始把厢兵分成“教阅”和“不教阅”两部分。因此，大批厢兵常不参加军事训练，不能战斗。宋廷以为利用厢兵来服劳役，可以减少征用农民服役，以免影响生产和减少税源，但实际上因士兵们常受官员们的剥削和残虐，往往“贫不胜役，亡命为盗”[9]。

---

① [宋]晁说之《景迂生集》卷一《元符三年应诏封事》,《文渊阁四库全书》第1118册。
② [宋]欧阳修:《文忠集》卷五十九《原弊》,《文渊阁四库全书》第1103册。
③ [宋]吴儆:《竹洲集》卷二《论募兵》,《文渊阁四库全书》第1142册。
④ 《文忠集》卷五十九《原弊》。
⑤ 《宋史》卷十一《仁宗纪三》，第226页。
⑥ 《宋史》卷一百八十九《兵志三·厢兵条》，第4642页。
⑦ 《历代名臣奏议》卷二百二十，吕景初奏,《文渊阁四库全书》第439册。
⑧ [宋]陈傅良:《止斋集》卷十九《赴桂阳军拟奏事札子第三》,《文渊阁四库全书》第1150册。
⑨ 《宋会要辑稿》刑法二之十七至十八。

第三，宋朝贵族官僚的子弟或亲戚多在军中任职，他们参军的目的无非是为了升官发财，剥削士兵，谋取私利。为此，北宋中期的军官中有不少纨绔子弟[①]，常不守纪律、好逸恶劳，甚至还在军中养着妓女。贾昌朝曾向仁宗揭露这种情况说："近岁恩倖子弟饰厨传，沽名誉，不由勋效，坐取武爵者多矣。其志不过利转迁之速、俸赐之厚尔，御侮平患，何望于兹。"[②]又招募的厢军中有着各类手工匠人，如"陕西之兵，厢、禁军凡二十五万，其间老弱病患、伎巧占破数乃过半"[③]。而这许多"军士有手艺者，管兵之官每指挥抽占三分之一"[④]。同时，"故将相戚里及权近之家，多占六军等，耗县官衣粮，为私家仆隶，在京不啻数千人"[⑤]。仁宗时期，官员们或"选占善工，家为治具"，或"借役民兵，以资奸侵"。[⑥]各州文官武将还"多遣军卒入山伐薪烧炭"[⑦]。又如武将杨崇勋"役兵工作木偶戏人，涂以丹白，舟载鬻于京师"[⑧]。汾州知州任弁"额外占使兵士一百一十六人，令织造驼毛段子，及打三黄锁，诸般私下杂作"，"计二万三千六百余工，计庸纽赃绢一千六百余匹有零"。[⑨]北京官员私役军士劳作的范围很广，除伐薪烧炭、作木偶戏人、织造缎子等之外，还有刺绣、奏乐、种植蔬菜以及充当私人侍卫随从等。朝廷对官员们这种假公济私役使士兵谋利的行为

① 《长编》卷一百三十七，宋仁宗庆历二年六月乙未，第1252页。
② 《长编》卷一百三十八，宋仁宗庆历二年十月戊辰，第1266页。
③ 《长编》卷一百九十六，宋仁宗嘉祐七年二月癸卯，第1811页。
④ 《长编》卷一百三十二，宋仁宗庆历元年七月戊申，第1205页。
⑤ 《韩魏公集》卷十《家传》，第161页。
⑥ 《乐全集》卷十三《武备论·兵器》。
⑦ 《宋会要辑稿》刑法二之十七至十八。
⑧ 《宋史》卷二百九十《杨崇勋传》，第9714页。
⑨ 《包拯集校注》卷一《请追任弁官》，第35页。

虽屡加禁止,但效果不大。此外,官员们还常虐待士兵,克扣军饷,中饱私囊。

由于多招兵员对官员有利,加上朝廷又有奖赏多招兵员的命令,所以自宝元元年(1038)发生对西夏战争后,官员便乘机广泛募兵。即使在宋、夏议和停战10年之后,河北屯兵益众,每年籴军粮三四百万石,约支钱四五百万贯。[①] 直到至和年间(1054—1056),“财已匮而枢密院益兵不已”[②]。治平三年(1066),河北、陕西的边臣还在“奏请增兵”[③]。

北宋中期的军队人多而无用,故被称为“冗兵”。太祖在立朝之初正规军不到20万人,太宗时也不过40万人,由于“民政修治,军令严肃,将帅得人,士卒精练”[④],先后平定了十国时期的各国割据政权,统一了全国。而仁宗时期,虽有百万人以上的军队,却因军政腐败,招募太滥,兵缺训练,将骄士惰,不善战斗,外示雄壮,实则怯懦,在与西夏作战时,“大举即大败,小战辄小奔”[⑤]。如,庆历元年(1041)二月,西夏元昊侵渭州,好水川一战,宋军惨败,将佐军士死亡六千余人。[⑥]

其实,宋朝的许多大臣都知道“兵在精不在众”这个道理,同时也有不少正直敢言之士多次奏请朝廷裁减冗兵,整肃军纪,加强训练,以节省财政支出,但终因上层统治者那些既得利益者的抵制,他们的裁军建议未能实现。从此,冗兵问题在相当长时期内成为宋代社会的弊病,而这也正是形成宋朝国势贫弱的主要原因之一。

---

① 《长编》卷一百七十二,宋仁宗皇祐四年三月丁未,第1582页。
② 《宋史》卷一百七十九《食货志下一·会计》,第4353页。
③ 《长编》卷二百八,宋英宗治平三年五月乙丑,第1931页。
④ 《长编》卷二百三,宋英宗治平元年十一月乙亥,第1879页。
⑤ 《长编》卷一百六十三,宋仁宗庆历八年三月甲寅,第1502页。
⑥ 《宋史》卷十一《仁宗纪三》,第211页。

（二）冗官俸禄

宋代的冗官问题，其实在宋太宗时已产生。太宗为了网罗天下人才为己所用，广开科举之路，从此官员人数开始大量增加。还在端拱二年（989）正月，右拾遗直史馆王禹偁就对官冗吏猥的现象提出了批评。[①] 淳化二年（991）九月庚子，御史中丞王化基也对20年来官员人数增长过多以致“蠹国耗民”[②] 表示忧虑。真宗即位之初，刑部郎中知扬州王禹偁又上疏论及冗官问题，说太宗在位20年间，仅科举取士，十取其五，“登第亦近万人”[③]，入官未免太滥。真宗咸平二年（999）闰二月庚寅，京西转运副使朱台符又提到当时“官吏森罗于郡邑”，“廪禄之费耗、驿券之供给，何足胜数”[④] 的现状。至仁宗时期，冗官人数不仅未见缩减，反而更为激烈膨胀。宝元二年（1039）十一月，刑部员外郎宋祁向仁宗《上三冗三费疏》，认为“天下有定官无限员，一冗也”[⑤]。

北宋中期的冗官究竟有多少？据《文献通考》卷二十四《国用考二》记载：宝元以后，“宗室、吏员受禄者万五千四百四十三”。又据李心传《建炎以来朝野杂记》甲集卷十二记载，仁宗庆历中，京朝官与流内铨选人共有12700人。据皇祐元年（1049）十二月户部副使知谏院包拯说：“景德、祥符中，文武官员总九千七百八十五员。今内外官属总一万七千三百余员，其未受差遣京官使臣及守选人不在数内，较之先朝才四十余年，已逾一倍

---

① 《长编》卷三十，第258页。
② 《长编》卷三十二，第278页。
③ 《长编》卷四十二，宋太宗至道三年十二月甲寅，第346页。
④ 《长编》卷四十四，第361页。
⑤ 《长编》卷一百二十五，宋仁宗宝元二年十一月癸卯，第1127页。

多矣。”[①] 再据神宗元丰三年（1080）十一月壬子直龙图阁勾当三班院曾巩追述：“景德官一万余员；皇祐二万余员；治平兼幕职州县官三千三百余员，总二万四千员。”[②]《宋史·食货志下一·会计》说，治平中，“宗室、吏员视皇祐无虑增十分之三”。

再从京官增加的情况来看，也可以说明官员人数增加之多之快。太宗太平兴国初（976），文武朝官 200 人；至真宗咸平初 400 人；仁宗天圣元年（1023）超过 1000 人。[③] 据仁宗庆历八年（1048）三月翰林学士张方平统计：景祐中（1034—1038）三班院在院使臣约计 4000 余员，庆历八年（1048）时有 6500 余员；景祐中，学士院两省以上官 40 余员，庆历八年（1048）时达 60 余员；景祐中，京朝官不及 2000 员，至庆历八年（1048）大约三员守一缺，略计有 10000 余人。对此，张方平不禁为之担忧：“十年之间，所增官数如此，若更五七年后，其将奈何？”[④]

冗官冗吏之多，意味着官吏俸禄开支之大、国家财政负担之重。北宋时期，冗官俸禄仅次于冗兵给养，在财政支出中占很大比重。太祖时，为了应付统一战争的经费，设官选官都较严格，官俸也很低，开宝三年（970）还曾下诏裁减冗官。太宗、真宗时，官、吏逐渐增多，但咸平四年（1001）也曾减省过天下冗吏。仁宗时，又多次议论过减省冗官冗费问题，但仍未能遏制冗官现象。关于北宋中期冗官俸禄的总费用，史书缺乏全面而系统

① 《包拯集校注》卷三《论冗官财用等》，第 140 页。《长编》卷一百六十七，宋仁宗皇祐元年，第 1540 页。
② 《长编》卷三百十，第 2901 页。［宋］曾巩：《元丰类稿》卷三十《议经费》，《文渊阁四库全书》第 1098 册。
③ 《长编》卷一百十四，宋仁宗景祐元年二月乙未，第 1022 页。
④ 《长编》卷一百六十三，宋仁宗庆历八年三月甲寅，第 1499 页。

的记载，不过从局部地区或某些官员的待遇中，我们仍可窥见当时冗官俸禄支出之大。如，早在太宗淳化二年（991）九月，御史中丞王化基曾以自己在扬州当官时所见情况，向皇帝上《澄清略》说："臣于十年前任扬州职官时，见朝廷添置监临事务及朝官使臣等，有逾本州数倍，实恐天下诸州似此繁多，虑伤费用，兼长刑名。今以朝官诸色使臣及县令簿尉等所费，高卑相半，折而计之，一人月费不翅十千，以千人约之，岁计用十余万，更倍约之，万又过倍。此或皆是廉白之吏，止伤于公府之费尔。若或贪婪之吏布于天下，则兼更取于民间者，又数倍焉……如此，则得非蠹国耗民乎！"[①] 至仁宗时期，官俸有所增加，如明道二年（1033）十一月癸亥，宋廷曾下诏："宗室诸司使月增俸钱万，副使而下递增有差。"[②] 宝元二年（1039）八月，给皇子俸钱月 20 万，春服绫绢各 10 匹、紫罗 1 匹，冬服绫 10 匹、绵 50 两。治平元年（1064）六月，英宗又诏岁赐皇子颍王公使钱 3000 贯、颢 2000 贯、頵 1500 贯。总的说来，北宋中期官员的待遇较为优厚，除了俸禄、职钱、禄粟、傔人衣粮、厨料、薪炭诸物之外，还有增给、公用钱、给券、职田。如在神宗元丰改制以前，自宰臣以下官员俸禄共分 41 等，最高的是宰相、枢密使每月 300 千，春、冬服各绫 20 匹、绢 30 匹、冬绵 100 两，节度使 400 千；最低的是知县、主簿、县尉，按所管户数不同，自 22 千至 6 千依次递减。又如禄粟，自宰相以下分 18 等，最高的为每月 150 石，最低为 1 石。如以供给全国 2 万多名官员的钱物来估算，仅俸禄、禄粟两项，养官的财政开支就已经十分可观，何况还有其他各项供给。难

① 《长编》卷三十二，宋太宗淳化二年九月庚子，第 278 页。
② 《长编》卷一百十三，第 1013 页。

怪早在景祐元年（1034）二月，知制诰李淑就惊呼："今之兵食吏禄百倍于古！"[①] 其实，养官开支之大，问题不在于官员待遇太高，而是官员数量太多。除了高层官僚俸禄较厚外，中下层官员有时生活还很困难。自咸平以后，虽得官者众，但"士人家鲜不穷窘，男不得婚，女不得嫁，丧不得葬者，比比有之"[②]。国家财政之所以产生危机，正如欧阳修所说："今方彫残，公私困急，全由官吏冗滥者多。"[③]

北宋冗官为何如此之多？主要是入仕之门太多太宽，选官太滥。当时的入仕途径大致有科举、荫补、军功及归明归正、流外入官、献助与买官等几条。

宋朝皇帝为了防止军人篡权，长期实行重文抑武政策，因而对科举取士十分重视。太祖开宝以前，每年取进士不过30人、经学不过50人。自太宗太平兴国时起，始以廷试广收士子[④]，且无定数。仁宗虽对入选人数稍加限定，但每次仍取400人。此外，宋朝又设"特奏名"制度和所谓"恩榜"，使那些久试未中者得以破例授官；还有临时下旨举行的"制举"，录取一定人数。仁宗至和二年（1055），龙图阁直学士右谏议大夫李柬之批评说："唐制明经进士及第每岁不得过五十人，今三四年间放四五百人，校年累举不责词艺谓之'恩泽'者又四五百人……荒唐浅陋被恩命者不可胜数。诸科虽专记诵，责其义理一所不知……能晓事者十无一二，岁亦放五百余人。此所谓选举之路未

---

① 《长编》卷一百十四，宋仁宗景祐元年二月乙未，第1022页。
② ［宋］范仲淹：《范文正奏议》卷上《答手诏条陈十事》，《文渊阁四库全书》第427册。
③ 《长编》卷一百四十四，宋仁宗庆历三年九月癸巳，第1326页。
④ 《长编》卷一百十四，宋仁宗景祐元年二月乙未，第1023页。

精也。”①

宋朝的皇亲国戚和中高级官员都有享受荫补子弟及亲属当官的权利，又称为“恩荫”。荫补虽非始于宋代，但至仁宗时大有泛滥之势。荫补人数因官阶而有别，“多至一二十人，少不下五七人”②。至皇祐中，由于权贵奏荐子弟不加裁损，仅因乾元节或郊祀荫补得官者，“每三年为率，不减千余人”③。于是，到至和中（1055），“文武两班可任子者比之祖宗朝多逾数倍，遂使绮纨子弟充塞仕途，遭逢子孙皆在仕宦，稚儿外姻并霑簪笏之荣”④。为此，范仲淹曾批评：“恩倖多以内降除官，非太平之政。”⑤

在宋代，因作战军功而入仕的人很多，但其中“不由勋效，坐取武爵”的权贵子弟也不少。另外，还有些人是从敌方归顺宋朝而被封官赐爵的。

宋朝对于那些效力多年立有功劳而不入品的小吏，往往也提拔他们为入品的官员，称之流外入官。宋代中期，这种流外入官的人也占有一定数量。

宋朝在国家财政困难时，常用献助、卖官的办法来筹措资金。如发生灾荒时，宋廷就动员地方富豪出钱粮赈饥，授予一定官衔，即所谓“献助”入仕。御史中丞鱼周询曾对这种“卖官鬻爵，混杂仕流”⑥的做法表示不满。

宋朝官员的冗滥还有几个很重要的原因。如，阶官与职官的分立、寄禄官与职官的分立。也就是说，有级别的官员不一定担任实职，从而形

---

① 《长编》差一百八十一，宗仁宗至和二年九月辛巳，第 1672 页。
② 《长编》卷一百三十二，宋仁宗庆历元年五月壬戌，第 1195 页。
③ 《长编》卷一百六十九，宋仁宗皇祐二年八月己未，第 1551 页。
④ 《长编》卷一百八十一，宋仁宗至和二年九月辛巳，第 1672 页。
⑤ 《长编》卷一百九，宋仁宗天圣八年三月庚辰，第 974 页。《宋史》卷三百十四《范仲淹传》，第 10268 页。
⑥ 《长编》卷一百六十三，宋仁宗庆历八年三月甲寅，第 1502 页。

成官多职少的状况，出现了许多只享俸禄并无差遣的闲官。仁宗宝元二年（1039），刑部员外郎宋祁曾上疏："国家郡县素有定官，譬以十人为额，常以十二加之，即迁代罪谪，足以无乏。今则不然，一官未缺，十人起逐，纡珠满路，袭紫成林，州县之地不广于前，而官五倍于旧。"① 这种"局少员多"② 之事在英宗时期依然存在。为了多安排官职，宋廷还在各部门增设官司，以致机构重叠，冗官更多。如原已有崇文院、秘阁、龙图阁，又置昭文馆、集贤院，各补书吏；尚书省原有六官二十四司加以九寺，又增三司；礼部太常寺典礼乐，又置礼仪院、太常礼院；刑部、大理寺典刑法，又有审刑院。③ 同时，由于太祖时立下不杀士大夫的规矩，对于犯错误的官员，处罚较轻，即便犯了重罪被贬职或编管，仍不开除出官僚队伍，这也是宋朝官员只增不减的原因之一。庆历三年（1043）五月，谏官欧阳修指出："诸路转运使等，除有赃吏自败者临时举行外，亦别无按察官吏之术，致使年老病患或懦弱不才者或贪残害物者此等之人布在州县，并无黜陟，因循积弊，官滥者多，使天下州县不治者十有八九。"④

选官太滥，冗官太多，势必会降低官僚队伍的整体素质。北宋时期，文武官员中，不学无术的纨绔子弟、年老病患或懦弱不才之人、虐民害物的贪官污吏，无处不在，他们不仅耗费了大量国家资财，而且造成了人浮于事、政出多门、危害民众等官僚主义作风，严重地败坏了政治风气。而

① 《长编》卷一百二十五，宋仁宗宝元二年十一月癸卯，第 1127 页。[宋] 宋祁:《景文集》卷二十六《上三冗三费疏》，《文渊阁四库全书》第 1088 册。

② 《端明集》卷二十二《国论要目 · 去冗》。

③ 《长编》卷一百十二，宋仁宗明道二年七月，第 1008 页。

④ 《长编》卷一百四十一，第 1289 页。

这一切也正是宋朝长期以来积贫积弱的另一重要原因。

（三）冗费糜滥

北宋中期，除了冗兵给养和冗官俸禄外，冗费消耗则是国家财政中又一笔大宗支出。所谓“冗费”是指那些本来可以节省的开销，并非为维持国计民生必不可少的经费。还在宝元二年（1039），司封员外郎贾昌朝就已指出，仁宗时“都人士女燕安太平，忘衣食艰难之患，习尚奢侈，重伤民力。民所以困,国之储蓄所以不厚者,职此之由”[①]。当时的冗费范围很广，这里主要列出朝廷淫祭滥祀、大兴木土、宫廷靡费这几个方面。

1. 淫祭滥祀

宋朝皇帝搞祭祀活动名目繁多，主要的有祭祖先、祀南郊、飨明堂以及东封泰山、祀汾阳后土等。这些祭祀活动，早在宋真宗时就开始泛滥。景德元年（1004）的“澶渊之盟”，实际上是宋朝向辽国妥协的一次屈辱性和谈，表现了宋真宗的无能。真宗为了挽回面子，另树皇威以巩固统治，便制造天书屡降假象，借口上天眷顾，改元祥符，东封泰山，祀汾阳后土，在京行五岳奉册礼，去亳州拜谒太清宫，大搞祭祀活动，还在京师举行道释万人大会。据史书记载：“初自祥符天书既降，始建天庆、天祺、天贶、先天、降圣节及真宗诞节，本命三元，用道家法，内外为斋醮，京城之内外，一夕数处。”[②] 斋醮靡费甚众，浪费了大量钱财。据统计：东封费 830 余万，祀汾阳、上宝册又增 20 万。[③] 大中祥符九年（1016）十一月戊申，河西节

---

① 《长编》卷一百二十三，宋仁宗宝元二年五月癸卯，第 1113 页。
② 《长编》卷一百，宋仁宗天圣元年二月庚申，第 890 页。
③ 《长编》卷九十七，宋真宗天禧五年，第 870 页。

度使知许州石普建言：如停罢天下醮设，每年可节省钱 70 万贯。[①] 可是，天禧五年（1021），真宗仍“出内御衣二十八万事，计其直百五十万贯，令京师寺院设斋诵经”[②]。《宋史·真宗纪》评论真宗的这种作为说：“及澶渊既盟，封禅事作，祥瑞沓臻，天书屡降，导迎奠安，一国群臣如病狂然！”[③] 仁宗即位后，因迫于大臣们要求节省浮费的压力，虽对斋醮道场等祭祀规模已有所缩减，但仍“道场斋醮无日不有，或七日，或一月，或四十九日，各挟主名，未始暂停。至于蜡蔬膏面酒稻钱帛，百司供亿，不可赀计。而主者利于欺攘，奉行崇尚，峻于典法，皆以祝帝寿、奉先烈、祈民福为名，欲令臣下不得开说”[④]。

在各种祭祀活动的经费中，赏赐官吏和军民的开支占了大头。宋朝皇帝冬至日亲赴南郊祭拜天地称为“郊祀”，每三年举行一次。仁宗时，还有皇帝亲自主持的飨明堂。郊祀和飨明堂的支费也都很巨大。真宗景德中，郊祀费 700 余万，东封 830 余万[⑤]，其中“内外赏赉金、帛、缗钱总 601 万（两匹贯）”[⑥]。仁宗皇祐中，郊祀与飨明堂赏赉支费达 1200 余万两匹贯，治平中，增至 1332 万余两匹贯。[⑦]

由于宋朝皇帝大搞各种祭祀迷信活动，广设道场斋醮，就必须利用

---

① 《长编》卷八十八，第 782 页。
② 《长编》卷九十七，宋真宗天禧五年六月辛酉，第 865 页。
③ 《宋史》卷八《真宗纪三》，第 172 页。
④ 《长编》卷一百二十五，宋仁宗宝元二年十一月癸卯，第 1127 页。
⑤ 《长编》卷九十七，宋真宗天禧五年，第 870 页。
⑥ 《文献通考》卷二十四《国用考二》，第 700 页。
⑦ [宋] 方勺：《泊宅编》卷十，中华书局 1983 年点校本，第 57 页。《元丰类稿》卷三十《议经费札子》。《文献通考》卷二十四《国用考二》，第 700 页。

大量僧人和道士。于是出家人大量增加，甚至有不少亡命不逞之徒和游惰之人混入佛门，为非作歹。据记载，宋初“两京诸州僧尼六万七千四百三人”；真宗天禧五年（1021），全国僧道达 478101 人；仁宗庆历二年（1042），全国僧道为 416707 人。[①] 至于寺院的数量，“景德中天下二万五千寺，嘉祐间三万九千寺”[②]，“嘉祐、治平间计三万八千九百余所”[③]。僧道的供养需要耗费大量物资。张方平曾经指出：“今释老之游者，略举天下计之，及其僮隶服役之人，为口岂啻五十万。中人之食，通其薪樵盐菜之用，月廪谷一斛，岁得谷六百万斛；人衣布帛二端，岁得一百万端。”[④] 仁宗宝元二年（1039），刑部员外郎宋祁也指出：“京师寺观，或多设徒卒，或增置官司，衣粮所给三倍他处，帐幄谓之供养，田产谓之常住，不徭不役，坐蠹齐民，而又别设神祠，增修塔庙，皆云不费官帑，自募民财，此诚不逞罔上之尤者。”[⑤] 僧道们不仅不劳而食，还交结权贵，通过皇家赐予、信徒布施以及各种手段，兼并占有大量田产。僧道们可不缴赋税，从而减少了国家的财政收入。同时，出家为僧又可免劳役，于是“民避役者，或窜名浮图籍，号为出家，赵州至千余人”[⑥]。

2. 大兴木土

皇帝大搞迷信活动的同时，宋廷还大兴土木，修建各种道教宫观，先

---

① 《宋会要辑稿》道释一之一三至一四。
② ［宋］赵德麟：《侯鲭录》卷二，《文渊阁四库全书》第 1037 册。
③ ［宋］苏颂：《苏魏公文集》卷十七《奏乞今后不许特创寺院》，《文渊阁四库全书》第 1092 册。
④ 《乐全集》卷十五《原蠹》中。
⑤ 《长编》卷一百二十五，宋仁宗宝元二年十一月癸卯，第 1127 页。
⑥ 《宋史》卷一百七十七《食货志上五·役法上》，第 4296 页。

后建成玉清昭应宫、会真宫、泰山醴泉观、五岳（会灵）观、景灵宫、鸿庆宫、元符观、太极观、兖州景灵宫太极观、亳州明道宫天净宫、祥源观等，大者千区以上，小者数百区。其中以玉清昭应宫最为奢华，所费亿万，用金无数，穷极侈大，史无前例，致使“海内虚竭”。此外，真宗还令各路州军普遍建立天庆观，修治旧有宫观寺庙，命京师和全国各地频繁举行宗教仪式。宋仁宗即位后，继续大兴土木。天圣六年（1028）开始建造西太一宫及洪福院。可是，天不作美，天圣七年（1029）六月的一场大雨，雷电引发大火，焚毁了玉清昭应宫的3610楹宫室，只剩下了长生崇寿殿。皇太后痛哭流涕，为继承真宗遗志，意欲重建此宫，后因枢密副使范雍等大臣的竭力反对，才不复缮修。天圣八年（1030）三月庚辰，因修建太一宫及洪福等院需要材木9.4万余条，仁宗命三司去陕西采购，通判河中府范仲淹上言：“侈土木，破民产，非所以顺人心合天意也，宜罢修寺观。”[①]仁宗不听。仁宗不仅建道观，还修皇宫。然而，祸不单行，就在明道元年（1032）八月壬戌日文德殿修建竣工的当天夜晚，皇宫大内又发生火灾，延烧到崇德、长春、滋福、会庆、崇徽、天和、承明、延庆八殿，仁宗和皇太后逃往御花园中避火。九月间，为了修复被焚皇宫，皇太后和仁宗拿出自己阁中的金银器物，付左藏库换取缗钱二十万贯助修大内，这只是太后和皇帝的私财，三司当然还要从国库中提供经费。建造寺观劳民伤财，如明道年间，真州建长芦寺，仅供应役兵之粮即达4万斛，用于栋宇像塑金碧之钱30万贯。[②]庆历二年（1042）宋廷以河北大名府为北京，

① 《长编》卷一百九，第974页。

② 《长编》卷一百十二，宋仁宗明道二年七月，第1008页。

于是又出内藏库钱10万贯修北京行宫，仁宗命创修寝殿及角楼，其他殿宇及自京至德清军沿路行宫、馆驿、廨署也量加葺治。各种建筑工程消耗着大量木材，据庆历三年（1043）三司汇报，仅在京营缮每年就需用材木30万。建筑用材为何如此之多？原来有贪官污吏在其间营私舞弊。至和二年（1055），仁宗又下圣旨命三司重修庆基殿及奉先寺屋宇，翰林学士欧阳修乘机上奏，揭露了营建工程中的弊端。他说："近年政令乖错……惟务崇修寺庙，广兴土木，百役俱作，无一日暂停。方今民力困贫，国用窘急，小人……但欲广耗国财，务为己利，恣侵欺于官场，图酬奖之功劳，托名祖宗，张大事体。况诸处神御殿，为盖造之初，务极崇奉，栋宇坚固，莫不精严，虽数百年，未必损动。近年以来，不住修换。昨开先殿只因两柱损，遂换一十三柱……盖缘广张得工料，即多图酬奖恩泽……开先殿初因两条柱损，今所用材植物料共一万七千五百有零；睦亲宅、神御殿所用物料又八十四万七千；又有醴泉、福胜等处，功料不可悉数；此外，军营、库务合行修造者又百余处。使厚地不生他物，惟产木材，亦不能供此广费。"①

3. 宫廷靡费

北宋中期，皇室的生活非常奢侈豪华，宫廷的钱财开支十分巨大。还在仁宗景祐元年（1034），度支判官谢绛已经感到财政上难以支撑，他上奏说："迩来用物滋侈，赐予过制，禁中须索去年计为缗钱四十五万，自今春至四月已仅二十万。"②仁宗多次下诏说要"裁节费用"，而实际上，宫廷开支愈来愈大，消费水平不断升级，耗用钱物的数量达到惊人的地步。

① 《长编》卷一百八十，宋仁宗至和二年七月乙酉，第1666—1667页。
② 《长编》卷一百十四，宋仁宗景祐元年闰六月壬午，第1030页。

先说皇室人员的吃穿。北宋时，皇室御厨有勾当官 4 人，食手、兵校共 1069 人，后来“额管工匠、库院子等”又增为 1521 人。[①] 皇室服饰用的纺织品，“在京有绫锦院，西京、真定、青、益、梓州场院主织锦绮、鹿胎、透背，江宁府、润州有织罗务，梓州有绫绮场，亳州市绉纱，大名府织绉縠”[②]。皇室饮用的茶，有庆历年间福建进贡的龙、凤团茶，其中小片龙茶每斤值金 2 两。[③] 而参与消费的后宫人数很多。庆历三年（1043），据谏官孙甫说：“后宫之数，臣虽不知，但闻三司计，肉食者千余人，又下有贵职、有私身，当不啻数千人矣。臣近闻染院计置染绫罗甚急，以备宫中支用，言左藏库所织红罗去冬已绝，他物称此，则浮费可知也。”[④] 至嘉祐年间（1056—1063），后宫人数更多，“后宫嫔妃供进御”者“动以万计”，“给事房闼供洒扫”者“动累百计”，“服御非俭而靡丽之文盛”[⑤]。又“宫中贵姬至千数，歌舞饮酒，欢乐失节”[⑥]。如此多的人员吃用，嘉祐时，宫中每年所用椽烛竟达 13 万条，造酒用米 8 万石。[⑦] 不仅吃穿，后宫皇室成员、嫔妃及各类服务人员还享有俸禄。如嘉祐四年（1059），后宫有才人 10 人，“初进才人，加赐银五千两、金五百两”，仁宗说：“乡也月俸二万七千，今也二十万。”同知谏院范师道说：“一才人之俸，月直中户百家之赋，岁时赐予不在焉。”[⑧]

---

① 《宋会要辑稿》方域四之一至一〇。
② 《宋史》卷一百七十五《食货志上三・布帛条》，第 4231 页。
③ 《归田录》卷二，第 24 页。
④ 《长编》卷一百四十五，第 1344 页。
⑤ ［宋］吕中：《类编皇朝大事记讲义》卷十一《仁宗皇帝》二九《省财费崇节俭》，上海人民出版社 2014 年版，第 223 页。
⑥ ［宋］苏辙：《栾城应诏集》卷十二《御试制策》，《文渊阁四库全书》第 1112 册。
⑦ ［宋］江休复：《嘉祐杂志》，《文渊阁四库全书》第 1036 册。
⑧ 《长编》卷一百八十九，宋仁宗嘉祐四年六月丁卯，第 1745 页。

同时，凡遇皇帝的子女降生，照例也要花费大量钱财用于赏赐。如，庆历三年（1043）欧阳修上奏中言及张美人生皇女，“于左藏库取绫罗八千匹，染院工匠当上冻苦寒之际敲冰取水染练供应”[①]。司马光又说：“皇女初生，所散包子之类，费用不可胜记。”真宗时，公主“俸钱不过月五千”，而仁宗嘉祐时公主俸钱赐予“比于先朝何啻数十倍”。“富大之州终岁之积，输之京师，适足以供陛下一朝恩泽之赐。”[②]还在太宗、真宗时，曾多次下诏，严禁人们以镕金和珠翠为服饰，但仁宗时却有令不行。尤其是皇帝带头滥用金银珠宝，如，明道二年（1033）正月有司言：“近制皇帝定册法物金用二千七百七十八两，皇太后宝册法物用金二百八两、银一千七百六十七两。”[③]嘉祐四年（1059），仁宗为向世人夸示豪华，“多作金、银、犀、象、玉、石、琥珀、玳瑁、檀香等钱及铸金银为花果，赐予臣下，自宰相台谏皆受此赐”，知制诏刘敞认为这完全是“无益之费，无名之赏”[④]。

至于凡遇皇帝去世，又要大办丧事，花费大量人力物力。乾兴元年（1022）二月，真宗皇帝驾崩，仁宗继位。新皇登基，为笼络官民，巩固政权，照例要宣布大赦，百官进官一等，优赏诸军。仁宗明道二年（1033），出内藏库钱30万贯助修山陵。嘉祐八年（1063）三月，仁宗皇帝因心脏病突发而死，英宗继位，按惯例也宣布大赦、百官进官一等，优赏诸军，共费钱绢银1100万贯匹两；在京费400万。又依三司请求，出内藏钱150万贯、绸绢250万匹、银5万两用于助修山陵及赏赐。同时，调发诸路士

---

① 《文忠集》卷一百三《论美人张氏恩宠宜加裁损札子》。
② ［宋］司马光：《传家集》卷二十五《论财利疏》，《文渊阁四库全书》第1094册。
③ 《长编》卷一百十二，宋仁宗明道二年正月甲申，第998页。
④ 《长编》卷一百八十九，宋仁宗嘉祐四年四月壬辰，第1743页。

兵46780人奉修山陵，需要钱粮50万贯石，由陕西负责解决。英宗治平元年(1064)三月，又诏三司用内藏库钱30万贯修奉山陵。治平四年(1067)正月，英宗皇帝逝世，神宗继位。由于当时内外公私财用困难，神宗听取大臣们的进谏，虽缩减了对百官的赏赐和修建山陵的人力和经费，但仍出内藏库钱30万贯、差用役卒35000名及和雇石匠4000名助修山陵。不到4年时间，宋廷两办皇帝丧事，山陵所费浩大，神宗深忧“国库空虚，民力凋敝”①。

二、天灾人祸

北宋中期，一方面朝廷“三冗”开支浩大，而另一方面却天灾人祸频仍，严重阻碍了生产发展，造成了社会商品供应的不足。所谓天灾，即水、旱、风、火、虫、地震……自然灾害。所谓人祸是指赋役苛重和战争破坏。天灾与人祸相互作用，使国家出现财政危机，人民陷入困苦境地。

（一）天灾危重

北宋中期，自然灾害发生的次数较多，而且灾情颇重。现仅据《续资治通鉴长编》《宋史·五行志》和《宋史·仁宗纪》《宋史·英宗纪》的记载，将自仁宗天圣元年至英宗治平四年（1023—1067）这45年中发生的较大天灾综述于下：

1. 水灾

因久雨以致江河泛滥、山洪暴发或黄河决堤，造成大规模水灾共有49次。遭灾地区遍及畿内、河北、河东、京东西、淮南、江南东西、两浙、

---

① 《长编》卷二百九，宋英宗治平四年正月癸酉，第1940页。

陕西、湖北、两川各路及徐州、襄州、建州、剑州、邵武军、河南府、郑州、陈留、泰州、京山县、颍州、许州、汝州、滑州、秦州、江宁府、扬州、真州、润州、雄州、霸州、临潼、澶州、大名府、冠氏县、泗州、寿州、下蔡县、洪州、分宁县、越州、达州、镇定、鄜州、原武县、开封府、苏州、湖州、窦州、宿州、亳州、庆州、蔡州、唐州、濠州、楚州、庐州、杭州、宣州、鄂州、施州、渝州、光化军、陈州等地。尤其是黄河多次在滑州、澶州决口，淮水、汴水经常在泗州一带泛滥，使不少地方重复遭灾，灾情惨重。在各地水灾中，大量人口死亡，房屋被毁，田地被淹。如天圣四年（1026）福建建州、剑州、邵武军的那次水灾，毁坏房屋7900余区，溺死150人。天圣七年（1029）因久雨，"农田被灾者几十九"[①]。景祐元年（1034），洪州分宁县因山洪暴发，漂溺居民200余家，死亡370人。庆历八年（1048），"河北、京东西大水、大饥，人相食"[②]。又如，嘉祐元年（1056），开封府大雨成灾，大水冲垮了京城安上门，毁坏官私房屋数万区，城中系筏渡人。

2. 大雨、冰雹

规模较大的大雨共有28次、冰雹3次。遭灾地区有北京城、开封府和京东西、淮南、两浙、福建、河北、河东各路及虔州、吉州、杭州、建州、忻州、代州、卫州、深州、莫州等地。暴雨、雷电、冰雹来时，杀伤力都很大，雨后平地水高数尺，洪水横冲直撞，毁坏房屋、漂杀人畜不计其数。如，天圣四年（1026）六月，大雨雷电，平地水数尺，毁坏京城房屋，压

① 《长编》卷一百八，宋仁宗天圣七年六月丁未，第965页。
② 《文献通考》卷二十六《国用考四》，第769页。

死溺死数百人。治平二年（1065）八月，京师大雨，平地涌水，水流奔激，皇宫中的东殿侍班屋全被冲毁，宰相以下上朝者仅10数人，人畜多溺死，事后，仅官府为之埋葬而有名可查者即达1588人。

3. 旱灾

较大的旱灾共有38次。遭灾地区遍及淮南、江南、河北、两川、陕西各路及河中府、同州、华州、畿内、安州、梓州、益州、陕府、永兴军、耀州、开封府、恩州、冀州、夔州、郑州、滑州、蔡州、颍州、汝州、曹州、濮州、洺州、滋州、晋州、登州、庆成军等地。因天久不下雨而成旱灾，土地因缺水而废耕，人畜渴死，鸡犬不存，并相伴而发生蝗灾和流行疫病。如，天圣五年（1027）大旱，“百姓疫死，田谷焦槁，秋成绝望”[①]。明道元年（1032）的那次旱灾，遍及京东、淮南和整个江南，当时“南方大旱，种饷皆绝，人多流亡。因饥成疫气相传，死者十二三。官虽作粥糜以饲之，然得食即死，村聚墟里几为之空”[②]。庆历六年（1046），开封府久旱，民多渴死，官府在京城八厢开井390口。[③]

4. 蝗灾

较大蝗灾共14次。灾区遍布河北、河南、京东西、陕西、淮南、江南各地和畿内、开封府、同州、华州、京兆府、邢州、洺州、赵州、淄州、曹州、濮州、单州、建康府、许州、汝州、郑州。蝗虫啃食庄稼，顷刻而尽，厉害非常。而且蝗虫繁殖迅速，数量极大。景祐元年（1034），各路官府

---

① 《长编》卷一百五，宋仁宗天圣五年九月庚戌，第940页。
② 《长编》卷一百十二，宋仁宗明道二年三月庚子，第999页。
③ 《长编》卷一百五十八，宋仁宗庆历六年六月丙寅，第1463页。

募民灭蝗，掘得蝗种万余石[①]。庆历四年（1044），淮南旱蝗，京师飞蝗蔽天。

5. 地震

大地震和较大地震共20次。受灾地区有秦州、京师、忻州、代州、并州、荆南府、岳州、青州、登州、莱州、孟州、许州、秀州、漳州、泉州、建州、兴化军、邵武军、潮州、幽州、雄州、霸州等地。其中京师先后发生地震6次，忻州4次，代州、并州2次，其他地方也常余震不断，损失极其惨重。仅景祐四年（1037）忻、代、并3州的那次地震，就毁坏房屋和压死人畜众多：其中忻州压死19742人，伤5655人，牲畜死50000余头；代州死759人；并州死1890人。从此河东地震又连年不断，甚至一日四五震，民皆露宿，不敢入屋。[②]庆历六年（1046）京师发生地震时，天上还下着大雨冰雹，破坏性更大。嘉祐二年（1057），河北多次地震，仅幽州地震就压死数万人。[③]

6. 火灾

火灾有的由雷电等自然原因引起，但更多的是用火不慎等人为原因造成，故不能全部归于天灾。大火灾共21次。除了益州、温州火灾烧毁的是民舍外，其他19次大火烧毁的都是皇宫、佛道寺观及官府建筑。这些被焚毁的建筑依次有蕲州榷货务、宁寿观、玉清昭应观、皇宫大内、太平兴国寺、澶州横龙料物场、南京鸿庆宫神御殿、庆州草场及州城楼橹、上清宫、代州五台山寺、开宝寺灵感塔、燕王宫、洪福禅院、江宁府南唐遗存之宫室府寺、会灵观、祥元观、并州太宗神御殿、睦亲宫、广亲宫。这多次火灾中，损失最重的要算天圣七年（1029）六月由雷电引发的玉清昭

① 《宋史》卷六十二《五行志一下·水下》，第1356页。
② 《长编》卷一百二十，宋仁宗景祐四年十二月甲申，第1089页。
③ 《宋史》卷十二《仁宗纪四》，第241页。

应宫大火，共焚毁宫室3610楹，这座极尽奢华的宫殿，一夜烧尽，使皇太后难过得当众痛哭流涕。另外，景祐三年（1036）七月太平兴国寺的火灾也延烧开先殿及寺舍数百楹。宝元二年（1039）六月，益州火灾焚毁民居2000多区。嘉祐三年（1058）温州火灾烧毁房屋14000间，烧死50人。治平四年（1067）的睦亲宫火灾烧毁宫室900余间。这许多豪华宫殿都是北宋统治者搜刮民脂民膏建造起来的，一旦烧毁，有的又要重建，财政开支必将增加，浪费巨大。

7. 风灾、雪灾

狂风、大雪也是一种天灾，可能由于大风常伴随大雨冰雹而来，未能单独向朝廷上报，故史书记载不够全面而具体。据现有史料粗略统计，宋仁宗、英宗时的大风共有11次，大雪成灾的只有4次，所记大都只局限在京城附近及个别地方。如景祐元年（1034），常州上报无锡县大风发屋，朝廷“赐压死者家三口以上钱三千，不及者半之”①。皇祐四年（1052）七月，“大风起西方，拔木”②。至于雪灾的记述稍为具体。如，庆历四年（1044）正月，“京城积雪，民多冻馁”③。嘉祐四年（1059）正月，“自去年雨雪不止，民饥寒死道路甚众”。据知开封府欧阳修说，当时“有投井投河不死之人，皆称因为贫寒自求死所。今日有一妇女冻死，其夫寻亦自缢。窃惟里巷之中，失所之人何可胜数”④。

---

① 《长编》卷一百十四，宋仁宗景祐元年闰六月己巳，第1029页。
② 《长编》卷一百七十二，宋仁宗皇祐四年七月丁巳，第1590页。
③ 《长编》卷一百四十六，宋仁宗庆历四年正月庚午，第1345页。
④ 《长编》卷一百八十九，宋仁宗嘉祐四年正月丁酉，第1736页。

8. 饥荒

饥荒不是发生在一时一地的自然灾害，而是由于农民贫困无力改善生产条件，致使土地贫瘠、粮食歉收的普遍现象，其结果是生产停止，大批农民因饥饿而雇妻卖子，遗弃老幼，背井离乡，流亡外地。北宋中期，较大的饥荒共有 11 次。闹饥荒的地区有京东、淮南、江东、两浙、西川、夔州、河北路及晋州、绛州、陕州、解州、登州、莱州、益州、麟州、府州、延州、梓州、利州等地。发生饥荒时，陕西、河北、京西农民常渡河逃往外地；两川饥民则出剑门关，离开蜀地；益州农民多因杀耕牛而食犯法被发配关中；河北、京东民间常因粮食歉收而砍树拆屋变卖度日。在这种情况下，土地必将进一步荒芜。

北宋中期，天灾频繁，遍布全国。大江南北，黄河两岸，南逾两广，西至关中，无处无灾。人民苦难，罄竹难书。治平二年（1065）八月辛卯，司马光向英宗上疏，言及水灾之后百姓困苦之状："庐舍沉于深渊，浮苴栖于木末。老弱流离，捐瘠道路。妻儿之价，贱于犬豕。许、颍之间，亲戚相食，积尸成丘。既而历冬无雪，暖气如春，草木早荣，继以黑风，今夏厉疫大作，弥数千里，病者比屋，丧车交路。至秋幸而丰熟，百姓欣然，庶获苏息。未及收获，而暴雨大至，一昼之间，川泽皆溢。沟渠逆流，原隰五陵，悉为洪波，一苗半穗，荡无一遗。都城之内，道路乘桴，城阙摧圮。官府仓廪、军垒民居，覆没殆尽，死于压溺者，不可胜纪。耄耋之人，皆言耳目所纪，未尝亲睹。闻此乃旷古之极异，非常之大灾，陛下安得不侧身恐惧，思其所以致此之咎乎？"①

① 《长编》卷二百六，第 1904 页。

天灾固然非人力所能阻止，但七分天灾，三分人祸。诚如司马光所说，天灾危害之重，统治者难辞其咎！田况说："验致灾之由，其实役敛重而民愁，和气伤而沴作。"[①] 知谏院范镇说："蝗螨复生，亦由贪政之所感也。"[②] 除了赋役苛重致使农民贫困，是他们无力防灾抗灾的根本原因，水灾的形成，与水利官员的懈怠渎职、地主豪绅对环境的破坏，也有关系。如，嘉祐元年（1056）那次京城大水灾，为何一二日之内就能毁坏房屋万余间？大臣吕诲就此向仁宗提出质疑，认为这完全是管理水利的官员渎职之故。他说："今都城之内，沟渠遏塞。郊封之外，畎浍堙塞。水道决溢，蔡河断流。市无刍薪，人艰食用。此非水官之职耶！"吕诲认为天灾与人事有关，他提醒仁宗"不宜优游阔略以为无事，执政者终不归咎于有司，其必有以滋时政之深病误天下之大者，不可不察也"[③]。后经追查，原来是龙图阁直学士都水监韩贽不负责任，长期未修治都城内外沟洫，致使城内洪水不能及时排出，终成灾难。而从中又可看出仁宗漠视民生，对官员管理不严，施政无方。又如，睦州桐庐县，原有接连山江的古溪、沟渠，却被豪富之家施工填筑为耕地，使水灾时洪水无处排泄。京畿各路州县原有许多蓄水之陂泽，也被富豪们填为平地，广占耕作，致使大雨时，雨水无处积蓄，形成水患。对于富豪们此类违法行径，地方官为了增加税收，不仅不加问罪，反而与之勾结，百般包庇。[④] 再如，仁宗时黄河泛滥，变成两股分别入海，有人提议使黄河复归故道，却因故道土地肥沃又多被富豪占耕，因而他们

① 《长编》卷一百五十四，宋仁宗庆历五年正月丙戌，第 1429 页。
② 《长编》卷一百七十九，宋仁宗至和二年四月辛亥，第 1655 页。
③ 《长编》卷二百六，宋英宗治平二年九月丙子，第 1911 页。
④ 《宋会要辑稿》食货七之一五、一六、一八。

宁肯让黄河泛滥，也不愿解决复河问题。[①]

（二）赋役苛重

北宋中期人民的赋役负担本来就不轻，由于“三冗”费用的不断增加，尤其是宋夏战争的爆发，人民的赋役负担就变得更为沉重，这无疑会阻碍生产的发展，造成社会商品供应的短缺。

宋初，太祖、太宗为了缓和阶级矛盾和社会矛盾，巩固新建的赵宋王朝，强调要“轻徭薄赋”，除去了一些五代十国以来的苛捐杂税。但实际上，北宋不仅沿用了中唐以来的两税法，而且还保留了不少五代十国以来的杂税，尤其是南唐的横赋，号称“沿纳”，以为常赋，如农具钱、牛皮钱、盐钱、曲钱、鞋钱、脚钱、进际税、加耗等，致使“民困不能输”[②]。

宋代的两税，分夏、秋二季征收，故称两税。宋代赋税的种类有：公田之赋，即农民耕种官田的地租；民田之赋，即私田的土地税；城郭之赋，即宅税、地税之类；丁口之赋，即百姓岁输身丁钱米；杂变之赋，如牛皮、蚕盐之类等杂税。纳税一般有固定的地方，有时因官府需要移此输彼或移近输远，称为“支移”。收税本来都有固定的物品，因官府有各种需要，常按价折成钱或其他物品征收，叫作“折变”。此外，由于官府的需要，常向百姓预购粮食、布帛等，称为“和籴”“和买”。

宋初，两税立额，大致为亩税一斗。北宋前期，“大率中田亩收一石，输官一斗”[③]。当然，由于各地土质和地势的不同，田赋额也稍有差异。到北宋中期，官田之地租不断加重。如，营田的地租过去只收一二斗，仁宗

① ［宋］王珪：《华阳集》卷三十七《贾昌朝墓志铭》，《文渊阁四库全书》，第1093册。
② 《长编》卷五十一，宋真宗咸平五年四月戊子，第436页。
③ 《乐全集》卷十四《食货·税赋》。

庆历三年（1043）时，陕西兴置营田，将多年瘠薄无人肯佃的逃田强迫邻近农户分种，每亩收租数斗。租户贫穷不能及时缴租，州县官就派人前去催讨，“非理烦扰，使之重困”[①]。又如，庆历初，官员将其职田出租给佃户，预先差吏人“于所佃内拣地土肥沃、苗稼最盛之处，每亩制定分收一石至八九斗”地租，当时即使较肥沃的土地，亩产粮食也不过一石，“以此佃户供纳不易，多是倍备，或更催督紧急，便至逃窜，不能安居”[②]。嘉祐四年（1059）时，河北监牧地的地租也增到亩收粮 5 斗 3 升、绢 3 寸，另外每 10 亩还要收草 3 束。[③]

更可悲的是，由于赋税负担不均，常迫使贫苦农民弃地逃亡。因宋朝“不立田制”“不抑兼并”，土地私有制进一步发展，土地可以自由买卖，于是土地兼并盛行。至北宋中期，全国大部分土地已集中在官僚大地主手中，从而出现了“富者有弥望之田，贫者无卓锥之地”[④]的土地占有严重不均的现象。而宋代的品官形势户可以不纳税，地主富豪也多采取各种手段逃避赋税，并用“诡名户”的办法庇隐别人的土地，从中取利。于是官府便把这许多逃税分摊转嫁到第四、五等户身上。不少第四、五等农户因不堪重赋负担，纷纷逃亡，官府就把逃亡户的田赋均摊给未逃亡户。如仁宗时，鄂州为均田税，“以逃户诸税责邻人，或至无桑矣，而犹责其丝”[⑤]。据《文献通考·田赋考四》载：“至皇祐中，天下垦田视景德增四十一万七千余顷，

---

① 《长编》卷一百四十二，宋仁宗庆历三年七月辛巳，第 1300 页。

② 《宋会要辑稿》职官五八之八至九。

③ 《宋会要辑稿》兵二之二七。

④ 《长编》卷二十七，宋太宗雍熙三年七月甲午，第 238 页。

⑤ ［宋］王安石：《临川文集》卷九十五《勾希深墓志铭》，《文渊阁四库全书》第 1105 册。

而岁入九谷乃减七十一万八千余石，盖田赋不均，故其弊如此。”[①] 皇祐元年（1049）四月，右司谏钱彦远曾说：“唐开元户八百九十一余万而定垦田一千四百三十余万顷，今国家户七百三十余万而定垦田二百一十五万余顷（纳税田），其间逃废之田不下三十余万顷。”[②] 由于隐田逃税者之多，当时“二十而税一者有之，三十而税二者有之”，“而赋租所不加者十居其七”。[③] 地主逃避田赋，严重影响了国家的财税收入。官府与地主之间的这种矛盾，表面上看是收税与漏税的矛盾，其实质是国家与地主争夺对农民榨取权的矛盾。庆历三年（1043），因洺州肥乡县田赋不平，久不能治，宋廷曾派大理寺丞郭咨、秘书丞孙琳前去查田。郭咨等用千步方田法，量括出许多隐田，“除无地之租者四百家，正无租之地者百家，收逋租八十万，流民乃复”[④]。接着，郭咨、孙琳又往蔡州上蔡县括田，“得田二万六千九百三十余顷，均其赋于民”。后来，由于执政者的反对，括田均税工作戛然而止。

官府在征收两税时，还要额外向税户收取头子钱和“加耗”。所谓“头子钱”，早在宋太祖开宝六年（973）就下诏规定：“诸仓场受纳所收头子钱，一半纳官、一半公用，令监司与知州、通判同支使。”[⑤] 仁宗康定元年（1040）三月，“三司札子，除利、益、梓、夔四路外，余路自今头子钱并令纳官”[⑥]。至于“加耗”，或称“鼠雀耗”“斗面加耗”，是各路转运使为媚上取宠而设的税外加征，故称为“润官”。按“江西诸路州军体例，百姓纳米一石，

① 《文献通考》卷四《田赋考四》，第 99 页。
② 《长编》卷一百六十六，宋仁宗皇祐元年四月丁亥，第 1529 页。
③ 《文献通考》卷四《田赋考四》，第 98 页。
④ 《长编》卷一百四十四，宋仁宗庆历三年十月丁未，第 1330 页。
⑤ 《文献通考》卷四《田赋考四》，第 89 页。
⑥ 《文献通考》卷四《田赋考四》，第 90 页。

出剩一斗。往往有聚敛之臣，加耗之外，更要一斗”[①]。

“支移”是官府要税户把税物无偿输送到指定地点，以减少官府的运输费用，但却增加了百姓的实际赋税负担。自仁宗时期宋、夏开战以后，在陕西、河东、河北沿边地区，支移给人民带来了深重的苦难。如陕西百姓支移赋税到延州和保安军，远途往返，“比别路所贵三倍，比本处州县送纳所贵五倍”[②]。河东路百姓也为支移赋税搞得“贫弊劳扰”[③]。如不愿支移，就要增收地里脚钱，民户不堪负担[④]。直到战争结束时，地里脚钱仍一时未能取消。

“折变”，原本是为了满足官府多方面的需要，避免所收非所需，将税物折价改收其他物品的一种税法。后来，随着政治的腐败和财政状况的恶化，官府便采取高估税物本色、低估折变物价格的办法，使折变成为变相加税的手段。如，仁宗庆历中（1043—1044），江淮、两浙、荆湖等路州军，夏税一律折纳现钱，小麦每斗估价九十四文，而每斗实际价值不过二三十文，等于增税两倍以上。[⑤]同时，官府还反复纽折，不断增税。据监察御史包拯奏：陈州令夏税送纳现钱，“将大小麦每斗折见钱一百文、脚钱二十文、诸般头子仓耗又纳二十文，是每斗麦纳钱一百四十文。况见今市上小麦每斗实价五十文，乃是于灾伤年份二倍诛剥贫民”。又“兼将客户等蚕盐一斤，一例折作见钱一百文；又将此一百文纽做小麦二斗五升，

① 《长编》卷一百六十，宋仁宗庆历七年四月丁卯，第1478页。
② 《范文正奏议》卷下《奏乞免关中支移二税却于次边入中斛斗》。
③ 《文忠集》卷一百十五《乞免诸州一年支移札子》。
④ 《宋史》卷一百七十四《食货志上二·赋税》，第4207页。
⑤ 《包拯集校注》卷一《请免江淮两浙折变二》，第22页。

每斗亦令纳见钱一百四十文，计每斤土盐却纳三百五十文。况一郡五县数十万口，非常暴敛，小民重困，体实非便”[①]。

“和籴”，因宋朝需要大批军粮，就得向民间预购，也即所谓“稻苗未立而和籴”[②]。北宋前期，因官方定价还不是很低，百姓反感也不大。可是到了仁宗时期，尤其是宋、夏战争开始后，和买粮食的数量越来越大，而当时的物价已日益高涨，官府反而压低粮价强制向百姓“购粮”，于是“和籴”成了百姓的沉重负担。如河东 14 州、军，需“和籴”粮食 500 万石，下配给百姓，每石折价仅 300 文，而当时市价每石米已超过 1 贯，百姓大大吃亏。同时，这 300 文钱只给现钱 75 文，其余 225 文只折给仅值 37 文的茶钞，这茶钞又须到遥远的产茶区请领现茶。除河东外，京东西、河北、陕西、江淮、江西各路也有“和籴”。东南岁运上供米 500 万石，也多从各路州县“配籴”而来。据包拯说，江西“辖下州军和籴斛斗，多是抑配人户”[③]。甚至仁宗皇帝也说:“江淮连年荒歉，如闻发运转运司惟务诛剥，以敷额为能，虽名‘和籴’，实抑配尔！”[④]

“和买”,是指官府预购民间绸绢,即“桑叶未吐而和买”[⑤]。“和买”也是一种强买。天圣二年（1024）四月辛酉，知池州李虚己上奏 :“州县春初豫支钱和买绢,民或不欲者,强之则为扰。”[⑥] 天圣七年（1029）, 江都县只有 5000 户，而每年摊派和预买竟达 3000 匹之多，县主簿王琪上书请求

① 《包拯集校注》卷一《请免陈州添折见钱》，第 17 页。
② 《长编》卷一百，宋仁宗天圣元年正月，第 887 页。
③ 《包拯集校注》卷二《论江西和买绢》，第 103 页。
④ 《长编》卷一百七十一，宋仁宗皇祐三年十一月乙亥，第 1575 页。
⑤ 《长编》卷一百，宋仁宗天圣元年正月，第 887 页。
⑥ 《长编》卷一百二，第 903 页。

酌减。[1]北宋中期“和买”数量不断增加，景祐年间（1034—1038），天下预买绸绢190万匹，庆历六年（1046）至买300万匹。[2]嘉祐年间（1056—1063），仅两浙路共增50万匹[3]。“和买”绢一匹只费钱一贯二三百文，价格很低。宝元用兵后，“国用颇屈”，“改给盐七分、钱三分”[4]；在江西，不给钱，“多以米盐充折绢价，亏损下民”[5]。天圣年间，在成都府路还有一种预购麻布的“估布钱”制度。当时“布一匹三百文，依其价，春给钱，而秋令纳布”[6]。至嘉祐年间（1056—1063），“官布一匹只支与大（铁）钱三百至四百文，其布实直每一匹计大钱八百至一贯文，多是贴钱买纳”[7]；“富者至数百匹，贫者不下二三十匹，而贫富俱不憀矣”。[8]

北宋中期，官府对工商业的课税也很重。如，宋代实行榷盐制度，即盐由国家专卖，但有时也特放通商，只收税钱。两川是井盐产地，庆历年间（1041—1048），“盐井年深，咸源不发”，“而人户虚纳课利”[9]；有的“井源或发或微，而责课如旧”[10]。尤其是国家以贱买贵卖的方式剥削制盐亭户和食盐消费者。如仁宗时，籍并州、汾州民之有咸土者为铛户；除每年输盐于官作为课盐外，其余所产盐要全部卖给国家。国家以每斤6至8文钱

---

① 《群书考索》后集卷五十四《财赋・杂赋・和买预置》。
② 《乐全集》卷二十三《论国计出纳事》。
③ ［宋］郑獬：《郧溪集》卷十二《乞罢两浙路增和买状》，《文渊阁四库全书》第1097页。
④ 《建炎以来朝野杂记》甲集卷十四《东南折帛钱》。
⑤ 《包拯集校注》卷二《论江西和买绢》，第103页。
⑥ 《东斋纪事》卷三。
⑦ ［宋］赵抃：《清献集》卷一《乞减省益州路民间科买》，《文渊阁四库全书》第1094册。
⑧ 《东斋纪事》卷三。
⑨ 《长编》卷一百三十四，宋仁宗庆历元年十一月丙寅，第1223页。
⑩ 《长编》卷一百五十八，宋仁宗庆历六年五月戊子，第1461页。

的极低价格收购河东永利监铛户的盐,却以每斤36文的高价卖给消费者。[①]

宋朝官府还以科率（或称科配、科敷）方式剥削和掠夺人民。所谓“科率”，即官府将所需钱物或劳役责取于民，尤其是城市商人。仁宗时，据陕西经略安抚副使韩琦反映：“兴师以来，科敛万计，民已大困，配率不止……臣过邠、乾、泾、渭等州，所至人户经臣有状，称为不任科率，乞行减放。内潘原县郭下西绢行人十余家,每家配借钱七十贯文,哀诉求免。”[②]知开封府蔡襄也说：“内东门市行人物，有累年不偿价钱者。”[③]此外，官府向百姓收购木材，还要从卖主那儿收回扣钱。天圣年间（1023—1032），吉州永新、龙泉两县买造船枋木，每贯要克扣所谓“陌子钱”65文，“更依例克下‘头底钱’四文,共除去六十九文,是致商人亏本,少人兴贩”[④]。同时，税吏进行野蛮收税，常随意搜索行商家属，在丝织品上乱盖税章，污损商品。有一天，宫中“出罚罗一端，为印朱所渍者数重”[⑤]，连仁宗皇帝见了也觉得不像话，因而下诏禁止。总之，由于“诸路不胜其诛求”，以致“法制刓弊，商旅阻行”[⑥]。

北宋中期赋税之所以如此苛重,其根本原因在于“三冗”的开支过度,朝廷为了弥补财政亏空，就千方百计从百姓身上去刮取钱物。而贪官污吏为了讨好朝廷，以图升官，则是推动赋税苛重不断升级的另一重要因素。由于朝廷的鼓励和期盼,于是“内则省廷,外则转运司以至州县,勤劳供职,

① 《宋史》卷一百八十五《食货志下五・盐下》，第4469页。
② 《长编》卷一百三十一，宋仁宗庆历元年二月丙戌，第1185页。
③ 《长编》卷一百七十七，宋仁宗至和元年十一月癸亥，第1639页。
④ 《宋会要辑稿》食货五〇之三。
⑤ 《宋史》卷一百八十六《食货志下八・商税》，第4543页。
⑥ 《长编》卷一百六十八，宋仁宗皇祐二年六月丙子，第1548页。

严峻用刑，所急之须，无一不征”[①]。“下至果菜皆加税”[②]。官员们不做为民谋福的好事，“专以办财赋为职业，故郡县之政不修，独掊敛刻暴之令行，而民受其弊”[③]。为了给朝廷送去更多钱财，各路转运使又于常赋外，进贡“羡余”。所谓“羡余”，就是在法定税额之外向百姓搜括所得的钱物，“其无名敛率不可胜计”[④]。如荆湖南路转运使王逵，曾向湖南百姓搜刮得钱30万贯进为羡余，得到诏奖，“由是，它路竞为掊克，欲以市恩”[⑤]。习以成俗，朝廷财政主管部门三司甚至公然“责诸道羡余”[⑥]。此后，又有淮南转运使吕绍宁上“羡钱十万”[⑦]。各地官员苛征暴敛的结果，“凡百赋率至增数倍”[⑧]。为此，“贫弱之民，困于赋敛，岁伐桑枣，鬻而为薪”[⑨]。百姓为输税，“夫运而妻供，父子挽而荷，道路愁叹，井落空虚”[⑩]。更凄惨的是“天下之民皆厌赋役之烦，不聊其生，至有父子夫妇携手赴井而死者，其穷至矣”[⑪]。

北宋中期，老百姓所承担的徭役也很繁重。宋初，按财产多少，分户籍为九等。官户、形势户免役。徭役，又称职役或差役，由四等以上户担任。宋初的职役制度规定：“衙前以主官物，里长、户长、乡书手以课督赋税，耆长、弓手、壮丁以逐捕盗贼，承符、人力、手力、散从官以奔走

① 《长编》卷一百二十四，宋仁宗宝元二年九月，第1122页。
② 《文忠集》卷三十二，《王尧臣墓志铭》。
③ 《长编》卷一百八十六，宋仁宗嘉祐二年七月辛卯，第1712页。
④ 《长编》卷一百七十九，宋仁宗至和二年四月乙卯，第1655页。
⑤ 《长编》卷一百三十三，宋仁宗庆历元年八月壬午，第1208页。
⑥ 《长编》卷一百七十四，宋仁宗皇祐五年五月戊申，第1608页。
⑦ 《长编》卷一百四十，宋仁宗庆历三年四月庚申，第1286页。
⑧ 《长编》卷一百三十五，宋仁宗庆历二年四月戊寅，第1237页。
⑨ 《长编》卷一百四十三，宋仁宗庆历三年九月丁卯，第1315页。
⑩ 《长编》卷一百二十六，宋仁宗康定元年三月庚申，第1143页。
⑪ 《长编》卷一百五十，宋仁宗庆历四年六月丁未，第1387页。

驱使；在县曹司至押、录，在州曹司至孔目官，下至杂职、虞候、拣、挑等人，各以乡户等第差充。”[①] 差役中负担最重、风险最大的是衙前。衙前负责主管府库或运输官物，一旦官物失陷，要自费赔偿，往往因而破产。有时，衙前为输送七钱金子去京城内藏库，千里奔波，送到时又受库吏敲诈勒索，甚至逾年不得回家。衙前还被迫承包官府的铁冶，岁纳铁课，如相州利城军铁冶差衙前 2 人岁纳铁课 15 万斤。后因生产原料缺乏而亏损，无法输纳铁课，官府便增衙前 6 人，也相继破产。[②] 又如，“莱芜冶铁为民病，当役者率破产以偿”[③]。仁宗时实行榷盐制度，常强迫乡户衙前及民夫运输解盐，谓之“帖头”，水陆漕运，衙前常因官司从中侵剥或盐船沉溺而赔偿[④]。为此，知并州韩琦曾上奏说：“州县生民之苦，无重于里正、衙前。兵兴以来，残剥尤甚。至有孀母改嫁，亲族分居，或弃田与人，以免上等，或非命求死，以就单丁，规图百端，苟脱沟壑之患。”[⑤] 也有人为了避役出家去当和尚。荆湖南路转运使王逵乘人之危，骗民输钱免役，搜刮得缗钱 30 万贯上贡为“羡余”，而实际上民纳钱后服役如故。于是，又有三司使韩绛上奏：“害农之弊，无甚差役之法，重者衙前，多致破产，次则州役，亦须重费。向闻有京东父子二丁将为衙前，其父告其子云，‘吾当求死，使汝曹免冻馁’，自经而死。又闻江南有嫁其祖母及与母析居以避役者。此大逆人理，所不忍闻。又有鬻田产于官户，田归不役之家，而役併

① 《文献通考》卷十二《职役考一》，第 340 页。
② 《韩魏公集》卷十三《家传》。
③ 《宋史》卷二百八十五《梁适传》，第 9623 页。
④ 《长编》卷一百九，宋仁宗天圣八年十月壬辰，第 977 页。
⑤ 《文献通考》卷十二《职役考一》，第 343 页。

增于本等户。其余戕贼农民，未易遽数。”[①] 由于充当衙前危害极大，乡民们不敢再经营生产，唯恐多种一棵桑、多养 1 头牛、储 2 年粮、藏 10 匹帛，就会被邻里视作富户，推为衙前，更不用说去买田建屋了。因此，农村一片萧条。

职役之外，还有一种夫役，也即古代所谓的“身役”、力役，也可称为丁役、杂徭。它与职役不同，并无定规，是官府根据需要随时征调的民工，基本上由贫困的下等农户承担。夫役的项目很多，如治河或修建水利工程、修筑城寨、营建官舍寺观及造桥铺路、运送战争物资或当兵、充当水递铺夫、为官府制造手工业产品、为官僚私人服役、被地主雇用代役等。据《续资治通鉴长编》等书记载，仁宗天圣五年（1027）七月，宋廷曾发丁夫 38000 人、卒 21000 人、缗钱 50 万塞滑州决河。康定元年（1040）秋，派民工输送军装往沿边地区，秋冬之际，西北寒冷，道路艰难，以致士兵的冬装未能及时送到。庆历元年（1041）十月，河北转运司请调 21 州丁夫修筑各州城。同时，陕西调发随军粮草，征用了大量丁夫，民甚苦之。庆历二年（1042），“东、南盐地悉复禁榷，兵民辇运，不胜其苦，州郡骚然”[②]。至和二年（1055），为修治黄河，调集丁夫达 30 万之众。嘉祐三年（1058），以葛家岗新开河为永济河，凡役丁夫 63 万，9 个月而成。夫役十分辛苦，不少丁夫常在服役期间因劳累或寒饿而死于他乡。夫役使大批农村劳动力脱离生产，其对生产的消极影响不言而喻。

---

① 《文献通考》卷十二《职役考一》，第 345 页。
② 《宋史》卷一百八十一《食货志下三 • 盐上》，第 4417 页。

（三）战争破坏

北宋中期，除了天灾危害与赋役苛重之外，战争的损耗与破坏则是阻碍生产发展的另一个重要原因。战争破坏生产既发生在宋夏战争时期，又表现在宋朝统治者武装镇压各地人民反抗时的社会乱象中。

北宋自立朝以来，东北边境一直受到契丹人的威胁，西北边境则一直遭到西夏的侵扰。宋仁宗宝元元年（1038）十月，西夏王元昊正式称帝，国号大夏，并于次年对宋发动掠夺战争。为了加强边防和对夏进行作战，宋朝就要不断扩充军额和增加军费，加重人民的赋役负担，于是“凡百赋率至增数倍”①。如，仅益州，就在正税以外增收横赋钱绢40万贯匹。为了科配民间赶制兵器，官府急征暴敛，宋人陶弼在《兵器》诗中描写了这种情景：“朝廷急郡县，郡县急官吏。官吏无他术，下责蚩蚩辈。耕牛拔筋角，飞鸟秃翎翅；竿截会稽空，铁烹董山碎。供亿稍后期，鞭扑异他罪。”②同时，宋廷还向京畿、京东西、淮南、陕西路民间搜括战马，以供军用。宝元三年（1040）十二月，宋廷曾括开封府、京东西、河东路驴5万，供陕西前线军用。总之，“元昊扰边，陕西被苦，士马日济，刍粟顿加，缮治甲兵，修筑城垒，百役兴作，万倍艰难”③。但是，由于宋朝统治者巨大的“三冗”消费，国家财政已经十分困乏，尽管竭力向百姓搜刮，而接连4年对西夏战争的开支实在太大，“所以罄天地之所生，竭万民之膏血，而用不足也”④，

---

① 《长编》卷一百三十五，宋仁宗庆历三年四月戊寅，第1237页。
② ［宋］陶弼：《邕州小集》，《文渊阁四库全书》第1096册。
③ 《长编》卷一百二十四，宋仁宗宝元二年九月，第1122页。
④ 《长编》卷一百三十六，宋仁宗庆历二年五月甲寅，第1245页。

其结果只能使“国帑虚竭，民间十室九空”[①]。

直接使宋朝人民大量伤亡、土地荒芜、生产停滞的，则是西夏军的疯狂杀掠。康定元年（1040）正月，元昊进攻延州三川口之战，宋将刘平、石元孙兵败被俘。庆历元年（1041）二月，元昊寇渭州，宋将任福败于好水川，任福及将佐数百人战死，宋军6000余人阵亡。从此，“延州之境荡然一空。日者山外之民，杀掠奔溃，已亡大半，是渭州之境又渐空也”[②]。庆历元年（1041）十月，据知谏院张方平说：“今边事之费，岁课千万，用兵以来，系累杀戮不啻十万人。”[③]镇戎军、原州、渭州地方数百里，由于西夏军的寇掠，无复农作，大片经过西夏骑兵践踏过的土地，再也无人耕种。当地百姓，老弱者被杀害，青壮年都被掳走，即使将来他们能够回乡，也已家产荡尽，不能自耕。[④]庆历二年（1042）闰九月，元昊欲夺取关中，进攻镇戎军，宋将葛怀敏等率军迎敌，在定川砦被围战死，士卒9000余人牺牲。西夏军乘机大肆屠掠渭州及沿边一带，幅员六七百里之内，均遭严重破坏，泾原疮痍，陕西大震。元昊企图乘胜东进，在潘原为宋军所败，又闻范仲淹派兵来援，才被迫退回夏境。西夏军虽已退走，而陕西延边地区已变得满目疮痍。如“渭州瓦亭寨有师子、拦马、平泉三堡：师子堡虽城壁隳颓，其间甚有居民；昨拦马为贼攻破，城门劫荡，人户栅垒多已平毁，惟山城仓草场仅存；平泉亦尝经贼火，城中之人盖十去八九”[⑤]。庆历

---

① 《长编》卷一百五十，宋仁宗庆历四年六月丁未，第1387页。
② 《长编》卷一百三十二，宋仁宗庆历元年五月甲戌，第1198页。
③ 《长编》卷一百三十四，宋仁宗庆历元年十月壬寅，第1221页。
④ 《长编》卷一百三十四，宋仁宗庆历元年十一月乙卯，第1222页。
⑤ 《长编》卷一百三十九，宋仁宗庆历三年正月丙子，第1275页。

三年（1043），西夏因久战国内经济难以支撑和人民厌战，开始打算与宋议和停战。但元昊在庆历四年（1044）又在延州界上修筑城垒，强占宋朝国土，企图先得地而后求和。庆历二年（1042）九月，契丹见宋朝软弱可欺，便要求在"澶渊之盟"时确定的给契丹岁币绢 20 万匹、银 10 万两的基础上，每年再增给绢 10 万匹、银 10 万两，宋朝竟满足了契丹这种无理勒索。庆历三年（1043），西夏在契丹的斡旋下，开始向宋朝求和。宋廷软弱怕战，次年和议成功。宋朝答应"岁赐"西夏绢 13 万匹、银 5 万两、茶 2 万斤，另加各种庆节回赐共银 2.2 万两、绢帛等 2.3 万匹、茶 1 万斤。[①] 宋朝以向西夏支付"岁币"为代价，才换得了暂时的和平，却在巨大的军费开支外，又增加了一项沉重的经济负担。

宋夏虽然停战，而宋朝在宋辽接壤之代州、岢岚、宁化、火山四军地方禁民耕种，军粮全靠从辽国走私购入。这样做，不仅使宋军要仰食于敌方，而且荒芜了沿边大片土地，给辽国不断蚕食侵占宋朝国土有了可乘之机。

宋仁宗庆历八年（夏天授礼法延祚十一年，1048），元昊死，其遗腹子谅祚继位为夏国主。西夏侵宋野心未死，随着谅祚的长大成人，他一面向宋称臣，一面又不断发兵侵扰宋朝边区。"其熟户蕃部有违拒不从者，谅祚辄发兵马，公行杀掠。弓箭手有住在沿边者，谅祚皆逼逐使入界。"[②] 如宋英宗治平元年（1064）秋，"谅祚数出兵寇秦凤、泾原路熟户，扰边寨弓箭手，杀掠人畜以万计"[③]。治平三年（1066）九月，谅祚又率步骑数万围攻宋大顺城，入寇柔远寨，烧屈乞等三村，栅段木岭，后因中流矢受

---

① 《长编》卷一百五十二，宋仁宗庆历四年十月，第 1416 页。
② 《传家集》卷三十五《言西边上殿劄子》。
③ 《长编》卷二百二，第 1874 页。

伤而被迫退后。

除了宋夏战争给北宋人民的生命和财产造成了严重损失之外，北宋中期官府在对不断爆发的民变和兵变进行武力镇压的过程中，又杀害了大量平民百姓，从而破坏了农业生产。

由于北宋统治者对广大人民的“赋役不均，刑罚不当，科率无度，疲乏不恤”[①]，加上各种天灾和宋夏战争带给百姓的苦难，迫使各地人民纷纷起来反抗。据不完全统计，自宋仁宗天圣元年（1023）至宋英宗治平四年（1067），全国各地爆发的民变和兵变有48次之多。[②]其中主要的有仁宗天圣五年（1027）的汝、颍州民变，明道二年（1033）的京西民变，景祐二年（1035）的两河棲子社民变，宝元二年（1039）的广州民变，庆历二年（1042）的开封饥民民变，庆历三年（1043）的王伦兵变，庆历三年（1043）京西、陕西以张海、郭邈山、党君子为首的民变，庆历三年（1043）以光化军军吏邵兴为首的兵变，庆历三年至四年（1043—1044）江淮、两浙、荆湖、陕西、京东西、河北等地的兵变、民变，庆历三年至八年（1043—1048）湖南桂阳监的瑶民反宋起事，庆历四年至五年（1044—1045）以区希范为首的广西“宜州蛮”反宋起事，庆历七年至八年（1047—1048）的贝州王则兵变，皇祐元年（1049）的京东流民民变，嘉祐七年（1062）虔、汀州盐贩的反抗斗争，嘉祐七年（1062）韶州岑水场坑户的反抗斗争，宋英宗治平年间（1064—1067）开封府、曹、濮、澶、滑等州的民变。这正

① 《长编》卷一百四十一，宋仁宗庆历三年五月乙未，第1294页。

② 参考何竹淇编：《两宋农民战争史料汇编》上编第一分册，中华书局1976年版，第157—308页。

如欧阳修所说，当时人民群众的反抗斗争，“一年多如一年，一伙强如一伙”①。民变的基本群众是饥民和贫农，兵变也常有大批平民参加。他们起事后，大多要攻城邑、杀官吏、抢粮食、劫财物，个别规模较大的民变和兵变甚至还建立了政权。但他们并无新的政治理念，也乏长远的打算，只是一种因不堪忍受贫困和苦难而自发起来反抗官府的突发事件，故被官府视为“盗贼”。

任何性质的战争都难免会有人死伤，民居遭损毁，生产遭到破坏。但令人触目惊心的是宋朝统治者及其官军对参加民变和兵变群众进行了疯狂的屠杀。如，庆历中，湖南桂阳监瑶民聚众 5000 人反抗官府。知潭州刘沆派提刑杨畋前去镇压，“斩首万余级”②。造反者只有 5000 人，为何被杀者却如此之多？据谏官欧阳修说，因为“湖南捕贼者，杀一人头，赏钱十千，官军利赏，见平人尽杀，平人惊惧，尽起为盗”。“然首恶与本贼绝少，其余尽是枉遭杀戮。”③谏官余靖也说到“贼”为何越杀越多的原因：“自官吏举兵驱逐，而近山之民，皆杀之，其不杀而幸存者，又禁其耕。千里之民，皆失其业，若不归贼，将何所归？”④湖南官府以钱、绢购斩“蛮贼”首级，官军贪赏，在路上见人就杀，有一次竟杀死了无辜盐商 40 多人。有钱人为免被官军所杀，头插标识，却被造反者所杀。有钱人就逃入城中躲避，而无钱居民只得被迫参加造反。因官军以“尽杀为期”⑤，杨畋

① 《文忠集》卷一百《再论置兵御贼札子》。
② ［宋］曾巩：《隆平集》卷五《刘沆传》，《文渊阁四库全书》第 371 册。
③ 《文忠集》卷一百九《论湖南蛮贼可招不可杀札子》。
④ 《长编》卷一百四十七，宋仁宗庆历四年三月甲戌，第 1359 页。
⑤ 《长编》卷一百四十七，宋仁宗庆历四年三月甲戌，第 1359 页。

还“打杀九疑山外蛮人巢穴，夺其生理之具，本非作过之人，既失所居，遂怀怨恨，并散为盗”①。又如，宋朝官军为镇压广西区希范造反，大肆屠杀造反群众，甚至杀死了已经投降的600多人。最后俘区希范等首领十数人，剖腹挖取五脏，并剁成肉酱，送往各溪峒示众。②官军在这次镇压行动中，共斩首1494级③，剖腹56人④。再如，宋朝官府为镇压贝州王则兵变，也滥杀滥捕无辜群众。官军为邀功赏，对贝州来投降的军民，也多行杀戮。州县还“大索妖党，被系者，不可胜数”⑤。参加兵变群众大量被杀，仅被河北提刑田京派兵所杀者即数千人。⑥王则失败后，其余众也被“捕杀无遗”⑦。由于官军在镇压王则兵变时，恣意践踏破坏民田，致使农业无收，“人户流亡，十失八九”⑧。宋廷被迫免税，为吹嘘其皇恩浩大，乃于庆历八年（1048）改贝州为“恩州”。⑨

此外，广源州“蛮”（今僮族祖先）侬智高的反宋割据活动，也给社会经济造成了严重的破坏。宋仁宗皇祐四年（1052），广源州“蛮”首领侬智高率众5000人占据邕州，建“大南国”，自称仁惠皇帝。接着，侬智高又掠横、贵、龚、浔、藤、梧、封、康、端九州，围攻广州，破贺、昭、

---

① 《长编》卷一百五十三，宋仁宗庆历四年十一月壬午，第1422页。

② 《隆平集》卷二十《妖寇传·区希范传》。

③ ［清］谢启昆修：嘉庆《广西通志》卷二百十六《金石二》，孔延之《桂州瘗宜贼首级记》，《续修四库全书》第680册。

④ ［宋］赵与时：《宾退录》卷四，上海古籍出版社1983年校点本，第43页。

⑤ 《宋朝事实》卷十六《兵刑》。

⑥ 《郧溪集》卷十九《田公（京）行状》。

⑦ 《隆平集》卷二十《妖寇传·王则传》。

⑧ 《长编》卷一百七十九，宋仁宗至和二年三月，第1653页。

⑨ 《宋史》卷十一《仁宗纪三》，第224页。

宾三州。次年，宋枢密副使狄青大败侬智高军，收复邕州，侬智高逃亡大理。侬智高的军队烧杀抢掠，无恶不作，广州城外被劫一空，昭州数千逃到山谷避难的群众全被他们烧死。广南“民避贼多弃田远去”①。

三、财政危机

北宋中期，由于屡遭天灾危害和战争破坏，生产发展受到阻碍，国家财政收入的总数，与北宋前期真宗天禧五年（1021）相比，有所减少。尽管宋朝采取了苛重的赋役政策，加强了对人民的搜刮，而因为冗兵、冗官、冗费的开支过分浩大，其财政仍显得十分拮据，甚至入不敷出。内藏库的财物全被掏空。常平仓也缺乏积贮。最后终于出现了财政危机，使国家和人民都陷入了贫困的境地。

（一）财政入不敷出

真宗天禧五年（1021），其户数和垦田数达到了北宋前期的最高峰。可是，到了仁宗庆历（1041—1048）以后，户数虽有增加，而垦田数却大幅度减少。今将北宋前期与中期户数和垦田数的变化列表如下②：

表 3　北宋前期、中期人口及垦田数变化情况表

年　　代	户　　数	垦田亩数
宋太祖开宝九年（976）	3090504	295232060
宋太宗至道二年（996）	—	312525125

① 《传家集》卷七十九《户部侍郎周公（沆）神道碑（治平四年作）》。
② 《文献通考》卷十一《户口考二》，第 295—297 页。《文献通考》卷四《田赋考四》，第 96—98 页。《宋史》卷一百七十三《食货志上一·农田》第 4165 页载景德中户数为 722 万余户，垦田数为 186 万余顷；第 4166 页载，开宝末垦田数为 295232060 亩。

续表

年　代	户　数	垦田亩数
宋太宗至道三年（997）	4132576	—
宋真宗景德中（1004—1007）	7220000	186000000
宋真宗天禧五年（1021）	8677677	524758432
宋仁宗天圣七年（1029）	10162689	—
宋仁宗庆历八年（1048）	10723695	—
宋仁宗皇祐中（1049—1054）	—	228000000
宋仁宗嘉祐八年（1063）	12462317	—
宋英宗治平三年（1066）	12917221	440000000

表中的户数与垦田数只是登记在三司《会计录》中缴纳田赋的垦田数，全国实际垦田数远比《会计录》中的多。宋仁宗皇祐中垦田数锐减的原因，除了天灾和战争使大片农田荒废外，更重要的原因是地主富豪占有大量土地，为了逃避赋税而隐瞒了户口和耕地。其实这种情况早在真宗景德年间就已经严重存在，并长期成为朝廷十分头痛的问题。《宋史·食货上一·农田》载："承平寖久，势官富姓，占田无限，兼并伪冒，习以成俗，重禁莫能止焉。""天下垦田，景德中，丁谓著《会计录》云，总得一百八十六万余顷。以是岁七百二十二万余户[①]计之，是四户耕田一顷，繇是而知天下隐田多矣。"《文献通考·田赋考四》则说："皇祐、治平，三司皆有《会计录》，其间相去不及二十年，而垦田之数倍增。以治平视天禧则犹不及，而叙《治平录》者，以为此特计其赋租以知顷亩之数，而赋租所不加者十居其七……

① 《长编》卷六十六、《宋会要辑稿》食货六九之七八都作"七百四十一万七千五百七十户"，《玉海》卷一百八十五作"七百四十一万余户"。

盖祖宗重扰民，未尝穷按，故莫得其实，姑著其可见者如此。治平中，废田见于籍者犹四十八万余顷。”

北宋中期朝廷的赋税收入，除了两税外，还有盐、酒、茶、矾及香药、市舶收入，工商税，坑冶等官工商业及官田收入，科率、和籴、和预买绢、卖官鬻爵等收入。由于地主富豪隐瞒户口和耕地，使田赋收入大为减少，故两税收入在宋朝财政总收入中所占比率不大。宋廷为了弥补两税的流失，维持“三冗”的巨大开支，便增加苛捐杂税，加强对人民群众的搜刮。于是，“掊敛刻暴之令行”，“其无名敛率不可胜计”，“凡百赋率至增数倍”，民间“凡百所有，无一不征”。仁宗皇祐元年（1049），户部副使包拯在评论这种情况时说：“盖祖宗之世，所输之税，止纳本色。自后用度日广，所纳并从折变，重率暴敛，日甚一日，何穷之有！天下田土财用，比之曩时，虚耗渐以不逮，岂于今而能倍之乎？非天降地出，但诛求于民无纪极尔。输者已竭，取者不足，则大本安所固哉！”①

北宋中期，尽管官府通过横征暴敛搜刮民财，使财政年收入仍能保有一亿以上的数量，然而，终仁宗、英宗之世，财政年收入的总量仍未能超过真宗天禧五年（1021）的水平。同时，由于财政年支出的数量过于庞大，到仁宗皇祐元年（1049），收支相抵，已无积余，至英宗治平二年（1065），终于出现了入不敷出的财政危机。现将北宋中期国家财政收支变化情况列表于下：

① 《包拯集校注》卷三《论冗官财用等》，第141页。《长编》卷一百六十七，第1540页。

表 4　北宋中期国家财政收支情况表

年　代	岁　入	岁　出	参考文献及说明
宋真宗天禧五年（1021）	150850100	126775200	《宋史》卷一百七十四《食货志上二・赋税》，第 4205 页。《宋史》卷一百七十九《食货志上一・会计》，第 4349 页。 本年收支物品种类单位不明。
宋仁宗庆历八年（1048）	103596400 匹贯石两	89383700 匹贯石两	《包拯集校注》卷三《论冗官财用等》及注六，第 141、142 页。 本年收支物品种类不明。
宋仁宗皇祐元年（1049）	126251964	所出无余	《长编》卷一百七十二，宋仁宗皇祐四年正月，第 1579 页。 本年收支物品种类及单位不明，大致为金、币、丝、纩、薪、刍之类。
宋英宗治平元年（1064）	101905764 贯匹石束	100399449 贯匹石束	据《端明集》卷二十二《国论要目・论兵十事》所载钱、绢、细、粮、草各类财物收支相加而得之数。
宋英宗治平二年（1065）	116138405	120343174 另加非常出者 11521278，共计 131864452	《文献通考》卷二十四《国用考二》，第 700 页。 本年收支物品种类及单位不明。

宋仁宗前半期，虽然遭到天灾和战争的破坏，经济上有所损失，但尚能依赖北宋前期国库的大量积累维持其财政开支。到了庆历以后，祖宗的遗产已将用尽，而天灾仍不断发生，救灾赈饥和减免灾区赋税的经济压力依然存在，尤其是到了皇祐年间，禁军和厢军的人数由庆历年间的 125.9 万人增加到了 140 万人，官员人数也由庆历年间的 1.54 万多人增加到了 2 万多人，而纳税的垦田数却由天禧五年（1021）的 524.758432 万顷锐减

到了 228 万顷，这一增一减，对仁宗后期和英宗时期的财政来说，无疑是雪上加霜。本来，冗兵给养的开支早已占了财政总收入的六分之五，滥祭滥祀的费用占了财政总收入的六分之一，国库的钱财已无积余，冗官俸禄及其他各种开支要另想办法，而今冗兵、冗官的人数还在增加。现仅以冗兵给养为例，仅河北地区每年便需籴军粮三四百万石，支付现钱四五百万贯。① 难怪皇祐以后国家财政会入不敷出。超支部分要在财政拨支以外设法解决。但到哪里去想办法呢？国库空虚，"民储已竭"，虽"配者未已"，而百姓"老弱死于沟洫，少壮者聚为盗贼"②，不仅收不到税，还要免除他们的税。而英宗即位时，刚办完仁宗的丧事，又花费了大量钱财。英宗治平中，税收减少，宋廷以赦令除去逃亡户和死绝户的税额即达 1229.87 万，而且其中还不包括每年免除受天灾危害百姓的税额。

早在仁宗宝元二年（1039），"左藏无积年之镪，太仓无三岁之粟，南方冶铜匮而不发"③。又据司马光说，嘉祐七年（1062）时，"民既困矣，而仓廪府库又虚"④。宋朝已到了国贫民穷的境地。然而，赵宋王朝的统治总得维持下去，于是便进一步动用内藏库的历年积累，挪用各地常平仓的救灾钱粮。结果，内藏库被掏空，常平仓也没有了储备。

（二）内藏库被掏空

宋廷财政困难，三司经费不足，只得由内藏库拨付钱物来应付开支。

---

① 《长编》卷一百七十二，宋仁宗皇祐四年三月丁未，第 1582 页。

② 《包拯集校注》卷三《请济江淮饥民》，第 199 页。《长编》卷一百七十一，宋仁宗皇祐三年十一月乙亥，第 1576 页。

③ 《长编》卷一百二十五，宋仁宗宝元二年十一月癸卯，第 1127 页。

④ 《传家集》卷二十五《论财利疏》。

内藏库是宋初为集中财权于皇帝的产物。宋太祖初设内库，号封桩库，贮藏平定南平、后蜀、南汉、南唐各国所得之珍宝、金帛。宋太宗太平兴国三年（978）正式建立内藏库。内藏库的财物由皇帝亲自掌控支配。但内藏之钱物并非完全是皇帝私财，也常用于应付国家的紧急开支，即所谓“以待邦国非常之用”。内藏库与左藏库不同，“储于内藏者，以待非常之用；颁于左藏者，以供经常之费”①。故《宋史·食货志·会计》篇说：“凡货财不领于有司者，则有内藏库，盖天子之别藏也。”②宋太祖创封桩库时曾说：“军旅饥馑，当预为之备，不可临事厚敛于民。”③后来宋真宗也说内藏库“乃为计司备经费耳”④。

宋真宗大中祥符五年（1012），将内藏库分为金银、锦帛、珠宝香药、钱币四库。金银来自坑冶及榷卖的部分课税，锦帛由左藏库择优转入，珠宝香药为市舶司送来，钱币从铸钱监的岁铸额中提取。内藏库财物的支出主要用于皇室消费、赏赐、军费、恤灾、资助三司经费等方面。内藏库之外还有奉宸库，主要藏珍宝，也由皇帝亲自掌控。

内藏库年收入究竟有多少？史无完整而准确的记载。因为皇室有意保密，内藏库收支的详细数据，连当时的三司也弄不清楚。据李心传《建炎以来朝野杂记》甲集卷一七《内藏库》载：太宗时，内藏库“岁入不过钱百余万缗、银十余万两”。此处只记钱和银的收入。《宋史·食货志下一·会计》载：“盖内藏岁入金帛，皇祐中，二百六十五万七千一十一。治平

---

① 《宋史》卷一百六十五《职官志五・太府寺》，第 3907 页。

② 《宋史》卷一百七十九《食货志下一・会计》，第 4369 页。

③ 《长编》卷六，宋太祖乾德三年三月，第 58 页。

④ 《长编》卷六十七，宋真宗景德四年十月乙巳，第 581 页。

一百九十三万三千五百五十四。”[①] 此处只记金和帛。又据《宋史·食货志上三·漕运》载：治平二年（1065），“漕金帛缗钱入左藏、内藏库者，总其数一千一百七十三万”[②]。显然，这些记载未能全面反映内藏库每年的全部收入。近据有关专家的估测，认为神宗元丰改制前“内藏岁入出额约在五百万贯匹两上下”[③]。

北宋中期，因财政开支太大，三司掌握的钱财不足以应付，便经常靠向内藏库借支钱物来解决困难。现仅据《续资治通鉴长编》及《宋史·仁宗纪》的记载，将仁宗、英宗两朝内藏库的开支择要列举于下：

宋仁宗天圣六年（1028）六月，出内藏库缗钱 20 万，下京西转运使市籴军储。

天圣九年（1031）八月，出内藏库缗钱 50 万，河北市粮草。九月，出内藏库绢 60 万，下河北折籴军储。

明道二年（1033）五月，出内藏库缗钱 30 万，下三司助山陵。十二月，京东饥，出内藏库绢 20 万，下三司代京东路上供之数。

景祐元年（1034）正月，以淮南岁饥，出内藏库绢 20 万，下三司代其岁输。四月，出内藏库绢 30 万，下河北转运司市籴粮草。六月，出内藏库缗钱 60 万，于濒河州县置场籴麦。闰六月，内藏库岁受铸钱 100 余万缗，而岁给左藏库及三年一郊，岁出 90 万缗，所余无几。

景祐二年（1035）三月，出宜圣殿内库（康定元年并入奉宸库）真珠，付三司以助经费。六月，出内藏库绸绢 100 万，下河北转运司市军储。十

---

① 《宋史》卷一百七十九《食货志下一·会计》，第 4371 页。
② 《宋史》卷一百七十五《食货志上三·漕运条》，第 4253 页。
③ 汪圣铎：《两宋财政史》下册，中华书局 1995 年版，第 602 页。

月，出内藏库缗钱 70 万，下河北转运司市军储。

景祐四年（1037）正月，内藏库主管者言：自天禧三年（1019）十二月始，岁出缗钱 60 万以助三司；自明道二年（1033）至今，4 年之中，所借出内藏库钱帛凡 917.2 万有余。八月，出内藏库绢 30 万，下河北路市籴军储。

宝元元年（1038）九月，出内藏库锦绮绫罗 100 万，下陕西路市籴军储。

宝元二年（1039）九月，出内藏库银 4 万两，易粟赈益、梓、利、夔路饥民。十一月，出内库真珠，易缗钱 30 万，下三司籴边储。

康定元年（1040）二月，出内藏库缗钱 10 万，赐戍边禁兵之家；括市京畿、京东西、淮南、陕西路战马，出内库珠偿民马值；出内藏库缗钱 80 万，付陕西市籴军储。四月，出内藏库缗钱 10 万，下陕西给军需。十二月，出内藏库绢 100 万，下三司助边费。

庆历元年（1041）四月，出内藏库钱 30 万缗，赐边民被寇抄掠者。五月，出内藏库缗钱 100 万，助三司给陕西军费。

庆历二年（1042）六月，出内藏库银 100 万两、䌷绢各 100 匹，下三司以给边费。八月，出内藏库缗钱 10 万缗，修北京行宫。

庆历三年（1043）八月，出内藏库䌷绢 300 万匹，下三司以助经费。

庆历四年（1044）二月，出奉宸库银 3 万两，下陕西籴谷麦以济饥民。

庆历五年（1045）七月，出内藏库绢 20 万，市马于府州、岢岚军。

皇祐二年（1050）二月，出内藏库绢 50 万，下河北、陕西、河东路以备军赏。八月，出内藏库绢 100 万，下河北都转运司权易大名府路安抚司封桩钱市籴军储。闰十一月，河北频年水灾，出内藏库缗钱 40 万、䌷绢 60 万，下河北便籴粮草。

皇祐四年（1052）三月，出内藏库绢 10 万，下三司以助军费。七月，出内藏库钱 30 万缗、绢 10 万匹，下河北助籴军粮。

皇祐五年（1053）闰七月，出内藏库缗钱 10 万、䌷绢 20 万、绵 10 万，下河北助籴军储。

至和元年(1054)六月，出内藏库䌷绢 50 万、缗钱 30 万下河北助籴军储。

至和二年（1055）十月，出内藏库钱 100 万，下河北籴军储。十一月，出内藏库绢 30 万，下并州市籴军储。

嘉祐元年（1056）七月，出内藏库绢 20 万匹、银 10 万两，赈贷河北水灾州军。十月，出内藏库银 10 万两、绢 20 万匹、钱 10 万贯，下河北市籴军储。

嘉祐三年(1058)十月，出内藏库䌷绢 10 万匹，下河东转运使助籴军储。

嘉祐六年（1061）七月，出内藏库绢 20 万匹，下河□助籴军储。九月，出内藏库缗钱 100 万，助河北籴军储。

嘉祐七年（1062）十月，内藏库与三司共支缗钱 100 万，下诸路助籴常平仓。

嘉祐八年(1063)四月，出内藏库钱 150 万贯、䌷绢 250 万匹、银 5 万两，助修仁宗山陵及赏赉。

宋英宗治平元年（1064）三月，用内藏库钱 30 万贯，修奉仁宗山陵。

治平四年（1067）正月，出内藏库钱 30 万缗，助英宗山陵支费。

上面列出的数据，远非北宋中期内藏库的全部支出，其实际支出比这要大得多。皇帝三年一郊祀的费用基本上出于内藏库，仅仁宗皇祐中郊祀与飨明堂赏赉的费用即达 1200 余万两贯匹，治平中增至 1332 万两匹贯。虽然早在真宗天禧三年（1019）十二月规定：内藏库每年储缗钱 60 万以助三司，今后不许再借。实际上，此后不仅再借，而且愈借愈多。如，天圣以后，“三岁一赍军事，出钱百万缗，绸绢百万匹，银三十万两，锦绮、鹿胎、透背、绫罗纱縠合五十万匹，以佐三司”[①]。再如，仅明道二年（1033）至景祐中（1036）的4年之中，内藏库支助三司的钱帛就达917万。[②]从上列史料中可以看到：内藏库支出最多的是军储和边费，有一次即支出钱、绸、绢、银405万贯匹两的；再次是支助三司的经费，有一次就给绸绢300万匹的；而较少的是用于赈济饥民的，一般只给绢20万匹或银三四万两，最多的也不过绸绢60万匹、钱40万贯或银10万两，而且次数不多。总之，内藏库支出巨大，前后不可胜数。

按照规定，内藏库支助三司等有关部门的钱物算是借贷的，应当有借有还，但实际上三司所借甚多，久不能还，“诸路不胜其诛求，内帑亦烦于借助，法制刓弊”[③]，结果只好将欠账一笔勾销。英宗治平四年（1067）正月庚申，三司使韩绛、翰林学士承旨张方平曾上奏道：“方今至要，莫先财用。财用者，生民之命，为国之本，散之甚易，聚之甚难。财用不足，生民无以为本，国非其国也！祖宗平天下，收敛其金帛，纳之内帑诸库，其所以遗后世之业厚矣。自康定、庆历以来，发诸宿藏，以助兴发，百年之积，惟存空簿。”[④]这也就是说，内藏库已被掏空。

（三）常平仓无积储

常平仓是用来积谷备荒的，丰年时增价籴粮储存，饥荒时减价出卖或借贷以惠贫民，故有时又称惠民仓。北宋前期，太祖、太宗、真宗都很重

① 《宋史》卷一百七十九《食货志下一·会计》，第4370页。
② 《宋史》卷一百七十九《食货志下一·会计》，第4371页。
③ 《长编》卷一百六十八，宋仁宗皇祐二年六月丙子，第1548页。
④ 《长编》卷二百九，第1939页。

视常平仓的建设，天禧四年（1020）时常平仓遍布天下。

景德三年（1006）在各路设常平仓时，其钱粮来源主要是“计户口多寡，量留上供钱自二三千贯至一二万贯”。各州县1万户岁籴粮万石，户虽多，以籴5万石封顶。[①]到天禧年间，因自然灾害较多，常平仓所积之谷显然不足以应付赈济贫民。如天禧五年（1021），各路总籴数18.3万余斛，粜24.3万余斛，入不敷出。至仁宗明道二年（1033），因闹饥荒，民需贷粮，而同时朝廷的军费负担又很重，不能兼顾两头，民有流亡之患。于是宋廷下诏议恢复义仓，结果遭到兼并之家大地主的反对而未成。因按太祖乾德初于各州县设置义仓时的规定，义仓粮食的来源是“岁输二税，石别收一斗”。这样，占田多的地主出粮就多，中下户田少出粮也就少，而遇水旱灾荒，中下户可得到救济，兼并之家未必得济，所以他们对恢复义仓不感兴趣。为了筹粮救灾，宋廷只好卖官鬻爵，规定“兼并之家出粟数千石则补吏”[②]。景祐初（1034）京畿饥荒，朝廷下诏出常平粟贷中下户，每户一斛。但常平仓积谷不足，景祐三年（1036）淮南转运副使吴遵路上奏：本路丁口150万，而常平钱粟才40余万，岁饥不足以救恤，愿自经画增为200万。此后，常平仓开始稍有积蓄。这时，集贤校理王琪反对朝廷卖官筹粮，乃上奏请求复置义仓，他建议在缴纳夏秋两税时，五等以上户每2斗别输1升，遇水旱灾时则免输。朝廷命有司会议，结果因意见分歧，又不了了之。

真宗设立常平仓时，规定常平仓归司农寺主管，三司、转运司不得挪用常平仓钱粮。可是，自宝元二年（1039）宋夏开战后，边防军费骤增，而“财

① 《宋史》卷一百七十六《食货志上四·常平·义仓》，第4276页。
② 《宋史》卷一百七十六《食货志上四·常平·义仓》，第4277页。

不藏于国，又不在于民”[①]，“陕西用兵，调度日蹙”，“左藏无积年之镪，大仓无三岁之粟”[②]，朝廷见当时常平仓有积谷而兵食不足，便命司农寺出常平钱百万缗助三司给军费。宋廷自坏常平制度，久而久之，由于挪用过度，常平仓“蓄藏无几”[③]。

常平仓积贮也将掏空，于是庆历初（1041）王琪再次上奏请求复置义仓，仁宗接受了他的建议，命天下立义仓，只令上三等户输粟，但不久又停罢。接着，又有贾黯上奏要求立民社义仓以备凶灾，却依旧遭到各地官员的反对，其反对理由有四：立义仓使民在纳税之外两重供输；义仓贮粮会招来盗贼；已有常平仓足以赈济不必再立义仓；建造义仓恐烦扰民众。贾黯再上奏，认为反对者的这些言论皆是妄议，并逐一加以驳斥。他认为：立义仓是教民储积以备灾荒，不是为官方谋利，民必乐输；盗贼之起，本于贫困，若有义仓接济，谁愿犯法为盗，况且盗贼利在轻货不在粟麦，从未听说乡村富户贮粟数万石而有被劫掠者；常平仓粜谷是为了平准物价，其经费出自国库，而今国用颇乏，常平缺贮，不设义仓，常平不足以赈给；若说建筑义仓仓库会扰民，为何州县修邮传驿舍敛取于民就不算是扰民？尽管贾黯苦口婆心说了这么多，结果仍因来自官僚、地主反对派的阻力太大，立义仓之议成了泡影。

至庆历三年（1043），经过宋夏战争的消耗，宋朝财政更为困难，甚至“官中仓廪亦无积贮”[④]。这时，诸路常平仓虽归司农寺管辖，但因司农寺官小

---

① 《长编》卷一百二十三，宋仁宗宝元二年五月癸卯，第 1113 页。
② 《长编》卷一百二十五，宋仁宗宝元二年十一月癸卯，第 1127 页。
③ 《文献通考》卷二十一《市籴考二》，第 618 页。
④ 《长编》卷一百四十二，宋仁宗庆历三年七月，第 1297 页。

权轻，各路提刑官多不负责任，常平仓的本钱全被州府挪用，以致不能及时籴粮储蓄。因常平仓粟空虚，无所赈发，民委沟壑，安抚使徒有虚名，而无救恤之实[①]。庆历中，朝廷发京西常平粟赈济贫民，本来规定常平仓粜粮于民价格应低于市价，而那些聚敛之官为了邀功讨好朝廷，反而增价粜粟。这就使常平仓失去了平准粮价救济贫民的功能，变质成了剥削贫民的工具。仁宗虽曾下诏训诫，但并不能改变这种状况。皇祐三年(1051)，淮南、两浙体量安抚陈升之在上奏中还说道："灾伤州军乞粜常平仓粟，令于原价上量添十文、十五文，殊非恤民之意。"于是，仁宗又下诏，令常平仓出粜不能超过原价。但这又有何用？皇祐五年（1053），湖北歉收，发常平仓以济流民，而司农寺反向常平仓督取。常平仓空竭的状况长期未能改变，直至嘉祐七年（1062）仁宗仍在感叹："天下常平仓多所移用，而不足以支凶年。"[②]北宋中期，常平仓之所以一直处于困窘状态，其根本原因正如《文献通考·市籴考二》所说："常平之积不厚，亦以出多入少故也"[③]。

第二节　推行通货膨胀政策及其不良后果

北宋中期，由于冗兵给养、冗官俸禄和冗费糜烂的"三冗"开支过分浩大，加上天灾人祸使生产遭到破坏，终致北宋王朝财政入不敷出。虽然官府加重了对百姓的赋税征收，并常以高价将税物折收为钱币，但仍感到钱币不够使用，产生了所谓"钱荒"。为了摆脱财政危机，宋朝采取了通

① 《长编》卷一百五十一，宋仁宗庆历四年七月，第1402页。
② 《长编》卷一百九十七，宋仁宗嘉祐七年十月乙未，第1827页。
③ 《文献通考》卷二十一《市籴考二》，第618页。

货膨胀政策：铸行虚值大钱，扩大铁钱特区，无本印发交子。然而，这种违背货币流通规律的做法，无疑是饮鸩止渴，其结果引起了私钱泛滥，货币贬值，物价高涨，公私受害，使本已陷入困境的国家财政雪上加霜。

一、推行通货膨胀政策的具体举措

促使宋廷推行通货膨胀政策的直接原因是，作为法币的铜钱严重供不应求。但要增铸铜钱，却又缺乏原料。为了少用铜材而多造货币，宋廷便铸行虚值大钱，企图人为提高货币的价值，并扩大铁钱特区，无本印发交子，以增加货币供应的总量。

（一）官私皆缺铜钱

北宋前期，铜钱铸造量逐步增加。从开宝八年（975）岁铸铜钱仅7万贯，至景德末年（1007）岁铸铜钱高达183万贯。后来虽因铜材供应不足，铸量有所减少，但至天禧末年（1021），铜钱年铸量尚有105万贯。进入北宋中期，承前朝铜材之乏，天圣年间（1023—1032），铜钱年铸量又减至100多万贯。[①]后经多方设法，至皇祐中（1049—1053），仅从饶、池、江、建、韶五铸钱监岁入铜钱即达146.5662万贯。治平中（1064—1067），饶、池、江、建、韶、仪六州岁铸铜钱170万贯。[②]北宋中期铜钱的年铸量虽不及北宋前期景德末年的183万贯，但已超过至道末年（997）的80万贯和天禧末年（1021）的105万贯，更远远超过唐代开元盛世时的33.7万贯。“方开元盛时，岁之入缗才三十三万七千，不能当吾皇祐二十分之六。”[③]可

---

① 《梦溪笔谈》卷十二《官政二》。

② 《宋史》卷一百八十《食货志下二·钱币》，第4382页。

③ ［宋］刘敞：《龙云集》卷二十八《策问中·第九》，《文渊阁四库全书》第1119册。

见北宋中期铜钱的铸造量从总体上看并不逊于北宋前期。

既然北宋中期的铜钱铸造量并不太少，却为何会出现“钱荒”呢？其实，长期困扰宋朝的所谓“钱荒”并非铜钱的绝对铸量太少，而是因为宋朝官方用钱太多而感到铜钱相对的少。还在宋仁宗宝元二年(1039)十一月，天章阁待制同判礼院宋祁在上疏中就说道："今左藏无积年之镪，太仓无三岁之粟，南方冶铜匮而不发，承平如此已自彫困。何哉？良由取之既殚，用之无度，今朝廷大有三冗小有三费，以困天下之财。"[①] 康定元年（1040）五月，权三司使公事郑戬也提出疑问："今国家承平八十载，不用兵四十年，生齿之众，山泽之利当十倍其初，而近岁以来，天下货泉之数、公上输入之目反益减耗，支调微屈，其故何在？"[②] 郑戬虽提出了朝廷铜钱减收的情况，但他却归咎于官吏不尽职责，致使铜盐茶酒的课额比前一年少收了实钱数百万贯。其实，不是官吏不尽力收税，而是官府向百姓收钱太多，民间已无铜钱。当时，朝廷和地方官府都缺现钱。如庆历五年（1045）监察御史包拯因伴送契丹使者回国途经河北，见当地麦熟价贱，要求支借现钱及时收购，以实边备和宽国用，而“缘河北钱币有限，竟不能广有积聚以备将来”。次年，包拯出任京东转运使时又说：北边三路“逐处少得见钱”，恐难广购粮食。[③]

朝廷缺钱是因为“三冗”消费过度，而民间缺钱则是因为官府搜刮太多。早在宋仁宗景祐三年(1036)十月，就有人上封事说："诸路岁以缗钱输京师，

---

① 《长编》卷一百二十五，宋仁宗宝元二年十一月癸卯，第 1127 页。
② 《长编》卷一百二十七，第 1152 页。
③ 《长编》卷一百六十，宋仁宗庆历七年四月庚戌，第 1478 页。

致四方钱重而货轻。”[①] 庆历三年（1043）又有谏官欧阳修上奏：“今三司自为阙钱，累于东南划刷及谷帛回易，则南方库藏岂有剩钱！闾里编民必无藏镪。故淮甸近岁号为钱荒。”[②] 同年，谏官余靖也上奏说：“臣窃闻三司计度，预于淮南、江浙、荆湖等路今年夏秋税内折纳见钱四百万贯，传闻道路，不知信否？……累年之间，科率频并，当今天下钱货至少，江淮之地名为‘钱荒’，谓宜改制泉刀以救其弊。而乃令百姓尽委田野蚕丝之利一之于钱，必将倍弃其物以就所售。百货既轻，兆人嗷嗷，力屈财尽。”[③] 民间本已缺钱，而官府仍逼百姓用钱纳税，使他们苦不堪言，庆历四年（1044）监察御史包拯曾多次上书向宋仁宗反映这种情况。包拯说，三司要求将去年上供的600万石粮食中，小麦100万石、大豆15万石折成现钱缴纳。发运司恐豆麦价高，纳税户难得现钱。朝廷下圣旨令各路州军：如税户愿纳现钱者可按市价送纳，如税户只愿缴纳豆麦，亦听从便。而各处官吏不遵圣旨，仍令税户高价折纳现钱，不许送纳豆麦。税户只好低价出卖豆麦，“以致豆麦益贱，钱货难得，下等人户尤更不易”。包拯又说：“去年，江淮、两浙、荆湖等州军，诸处夏税一例折纳现钱，小麦每斗估价九十四文省。民间钱既窘迫，麦又无用，应急贱粜纳官，其直每斗不过二三十文。”包拯提醒仁宗：“民间钱货绝难出办，若不特赐宽恤，窃虑下等不济人户、以官钱窘迫，必致流亡。”[④] 同时，起居舍人田况也上言：“今江淮菽麦已登矣，

① 《长编》卷一百十七，第1059页。

② 《文忠集》卷九十九《论乞不受吕宁绍所进羡余钱札子》。

③ ［宋］赵汝愚编：《宋名臣奏议》卷一百四，余靖《上仁宗论两税新纳见钱》，《文渊阁四库全书》第431—432册。

④ 《包拯集校注》卷一《请免江淮两浙折变》一至三，第20—24页。

而官责民输钱，数斗之费，不供一斗之价，物遂大贱而伤农……累年以来，刻剥不已，民间泉货皆以匮竭。”[①] 直到皇祐五年（1053），各路转运使“高估夏秋诸物抑人户输见钱”[②] 的现象依旧存在。

北宋中期之所以出现“钱荒”，除了上述原因外，民间熔铜钱制作器皿或改铸私钱、铜钱因外贸而流向国外、铸造铜钱的原料不足、富人储藏铜钱不用等，也与铜钱的减少有一定关系。

民间销熔铜钱制作器皿或改铸私钱以牟利的情况，在北宋前期就已经存在。宋廷虽多次严令禁止，但直到北宋中期仍未能完全禁绝。当时的著名学者李觏曾经指出：铜钱铸造日益增多，为何社会上的铜钱反见减少？这是因为有人“或销法钱，殽杂他巧，以为恶钱”，有人熔毁法钱，铸造“铜像铜器容于寺观也”。[③] 为此，宋廷重申禁令，“天圣元年，应铜铸钱，差官监守，如以钱销熔，许人陈告”[④]。“自天圣以来，毁钱铸钟及为铜器，皆有禁。”[⑤] 景祐元年（1034）十月丙戌，宋廷还接受权度支判官李申的建议：“广南蕃舶多毁钱以铸铜器，请自今陈告者皆倍给赏钱，公人迁一资。”[⑥] 可是，禁令依旧未能杜绝销熔铜钱改铸器皿或私钱的现象。

为防止铜钱流往国外，宋太祖时早有禁令：“铜钱阑出江南、塞外及南番诸国，差定其法，至二贯者徒一年，五贯以上弃市，募告者赏之。”[⑦]

---

① 《长编》卷一百五十四，宋仁宗庆历五年正月丙戌，第 1429 页。
② 《长编》卷一百七十四，宋仁宗皇祐五年五月戊申，第 1608 页。
③ ［宋］李觏：《盱江集》卷十六《富国策第八》，《文渊阁四库全书》第 1095 册。
④ 《群书考索》后集卷六十《财用门·铜钱类》。
⑤ 《宋史》卷一百八十《食货志下二·钱币》，第 4380 页。
⑥ 《长编》卷一百十五，第 1038 页。
⑦ 《宋史》卷一百八十《食货志下二·钱币》，第 4375 页。

宋太宗太平兴国三年（978）的禁令更为严厉："关防守吏谨视蕃商无得阑出铜钱，故敢纵者罪之有差，边民商旅带铜钱出汉界处死。"[①]至北宋中期铜钱仍在外流。于是宋廷进一步加严禁令，"庆历初，阑出铜钱，视旧法第加其罪，钱千，为首者抵死"[②]。可是，随着宋代商品经济的发展和外贸的繁荣，铜钱流向国外势不可挡。直到皇祐三年（1051），仍存在"雄州、广信、安肃军榷场北客市易多私以铜钱出境"[③]的现象。嘉祐八年（1063）正月二十六日，据宰臣韩琦说，在蕃汉互市的古渭寨马场，每年仍有"缗钱十余万"，"荡然流入'虏'中"。[④]

自北宋前期以来，由于铜矿的不断开发，铜钱铸量的逐年增加，至北宋中期，铜产量日益减少。景祐四年（1037）九月丙寅，据三司反映："今池、饶、江三州钱监并缺铜铸钱。"[⑤]宝元二年（1039）十一癸卯，天章阁待制同判礼院宋祁也说"南方冶铜匮而不发"[⑥]。宋代南方主要铜产地产量的减少，无疑会使铜钱铸量难以持续增长。

物以稀为贵，尤其当铜钱缺少，铁钱和私铸劣币泛滥之时，在劣币驱逐良币规律的作用下，人们都不愿轻易使用铜钱与劣币进行不等价交换，而将铜钱储存起来，从而使大量铜钱退出了流通领域，加剧了"钱荒"现象。如，天圣八年（1030），就有"富室大家多藏镪不出，故民用盖蹙"[⑦]。仁宗时，

---

① 《群书考索》后集卷六十《财用门·铜钱类》。
② 《宋史》卷一百八十《食货志下二·钱币》，第4380页。
③ 《长编》卷一百七十一，宋仁宗皇祐三年十一月辛亥，第1575页。
④ 《宋会要辑稿》食货六七之一至二。
⑤ 《长编》卷一百二十，第1087年。
⑥ 《长编》卷一百二十五，第1127页。
⑦ 《长编》卷一百九，宋仁宗天圣八年十月，第977页。

驸马都尉柴宗庆“所积俸缗数屋，未尝使用”①。寺院僧道也“多聚泉货”②。康定元年（1040），当宋廷准备铸行虚值大钱时，即发生了民间“旧钱不出，新钱轻，粮刍增价”③的现象。

（二）铸行虚值大钱

北宋中期的统治者，为了弥补铜钱的不足，便降低法币的含铜量和铸造虚值大钱，企图人为提升法币的价值，通过增加流通货币面值的总量，以解决财政的困难。

宋真宗咸平元年（998）铸“咸平元宝”小平铜钱，质量已达到唐代“开通元宝”每文重1钱的标准。而据北宋人庄绰《鸡肋编》卷中记载：铸铜钱每贯用料，“自咸平五年后来用铜铅锡五斤八两，除火耗，收净五斤”④。至于当十大铁钱的质量标准，宋真宗大中祥符七年（1014）二月规定为每千钱重十二斤十两。⑤这一铸小平铜钱和当十大铁钱的用料标准，基本上持续到宋仁宗景祐初年（1034），当时“凡铸铜钱，用剂八十八两得钱千，重八十两十分。其剂，铜居六分，铅、锡居三分，皆有奇赢。铸大铁钱，用铁二百四十两得钱千，重百九十二两。此其大法也”⑥。

北宋中期的统治者，因感到铜钱不够用，而欲增铸铜钱又缺乏铜材，便开始动脑筋，企图通过铸造劣质假铜钱和虚值大钱来增加货币供应量。

宋仁宗景祐初年（1034），盐铁副使任布请铸以一当十的大钱。三司

① ［宋］吴曾：《能改斋漫录》卷二，《文渊阁四库全书》第850册。
② ［宋］夏竦：《文庄集》卷十五《抑仙释奏》，《文渊阁四库全书》第1087册。
③ 《长编》卷一百三十，宋仁宗康定元年十二月戊申，第1176页。
④ 《鸡肋编》卷中，第79页。
⑤ 《长编》卷八十二，第719页。
⑥ 《文献通考》卷九《钱币考二》，第233页。

度支判官工部郎中许申则建议铸铜铁合金钱。许申认为，如“以药化铜杂铸、轻重如铜钱法，而铜居三分，铁居六分，皆有奇赢，亦得钱千，费省而利厚”[①]。这也就是说，将原铸一贯小平铜钱的原料由“铜居六分，铅锡居三分”改为“铜居三分，铁居六分”，铁是贱金属，其价值远低于铜，加铁减铜可以降低铸钱成本，代替铜钱行用，可获大利。许申通过内都知阎文应向朝廷进言。朝廷命三司讨论任布和许申的建议，三司使程琳便召集官员商议。程琳认为：任布请用大钱是诱民盗铸，陷民于罪，不可行；许申想铸铜铁合金钱恐怕难以成功，但可以让他试一试。其实，作为财政大臣的程琳也为朝廷缺乏铜钱而着急，但他深知铸造铜铁合金钱虽在技术上可能会有困难，却可减省铸钱成本，因此他抱着侥幸心理，主张让许申去试铸。宋仁宗与程琳有着同样的心思，所以就下诏命许申先用其法在京师铸造一万贯。然而，根据科学原理，由于铅锡的熔点低，铸造铜钱掺入铅锡，铅锡熔液流速易与铜铸成合金，而铁与铜很难融合。尽管铸钱工人辛勤劳动了一个多月，结果才勉强完成了万贯钱的铸造任务。许申生性诡谲，他自知试铸失败，便请求调任他为江东转运使，再用其法去江州铸造。宋仁宗不知真相，乃于景祐二年（1035）正月，同意调任许申为江东转运使，命他去江州铸铜铁合金钱百万缗，并不得泄露其法。其实朝廷内外许多人对许申的做法都不以为然，只有宰相认为可行。当时有天章阁待制孙祖德公开出来反对，认为伪造铜钱本是非法行为，而今官府却自己干这种事，是教民欺也。孙祖德虽据理力争，结果仍被逐出朝廷，去当兖州知州。许申到江州后，即着手再铸铜铁合金钱，最终未能成功，次年十二月被调往湖南。

① 《长编》卷一百十六，宋仁宗景祐二年正月壬寅，第1042页。

宋仁宗宝元二年（1039），宋与西夏的战争正式爆发，陕西、河东的边防经费严重不足。屯田员外郎通判河中府皮仲容建议铸以一当十大钱以助边费。于是，康定元年（1040）十二月，宋廷调皮仲容知商州兼提点采铜铸铁钱事，并命三司等讨论皮仲容的建议。权三司使叶清臣接受皮仲容的建议，铸当十大钱。据三司盐铁判官任颛说，当时有人建议于陕西铸康定大钱，准备“坏五为一，以一当十”①。但后来，实际上又减料，“大约小铜钱三可铸当十大铜钱一”②。皮仲容即献议：采洛南县红崖山、虢州青水冶青铜，置阜民、朱阳二监以铸钱。当时即有翰林学士承旨丁度上奏反对铸大钱，他认为宋朝的法币大小轻重最为合适，铸大钱会引起民间盗铸，乃至严刑不能禁止，并使旧铜钱不出，粮食涨价，可是他的劝阻未能起到作用。庆历元年（1041）九月，因西夏元昊攻陷宋丰州，又有陕西都转运使张奎、知永兴军范雍请求铸大钱以助陕西军费，大钱一当小钱十，与小钱兼行。朝廷接受了他们的请求。现在我们所见存世宋代古钱中，有康定元年十二月二十八日铸的“庆历重宝”铜钱、庆历元年铸的“庆历重宝”铁钱，皆以一当十，钱文楷书，分旋读、直读二种，有的直读“庆历重宝”铜钱形制很小，大小与小平钱相似。③庆历二年（1042）十月，张奎调任河东都转运使④，又铸大铁钱于晋、泽二州，亦以一当十，以助关中军费。庆历四年（1044）四月，宋廷派右正言、知制诰欧阳修前去河东调查行使大小铁钱的利弊。据他统计：大铁钱自起铸至当前，河东共铸44800余

① 《宋史》卷三百三十《任颛传》，第10617页。
② 《长编》卷一百六十四，宋仁宗庆历八年六月丙申，第1511年。
③ 《简明钱币辞典》，第194页。
④ 《宋史》卷三百二十四《张奎传》，第10491页。

贯，其中晋州铸成大钱28800余贯，当288000余贯铜钱，泽州铸成大钱16000余贯省，当160000余贯铜钱。可见当十大铁钱与10个小铜钱等值使用。欧阳修认为河东铸行铁钱弊多利小，还提出了河东大小铁钱可废罢的五条理由。[①]于是，三司奏罢河东铸大铁钱。但陕西又采仪州竹尖岭黄铜，置博济监铸大钱，朝廷也下旨命江南铸大铜钱，全部运送到关中。此外，一些地方官因求钱心切，也一心想铸大钱。如庆历五年（1045），梓州路转运使崔辅、转运判官张固小，“欲于广安军鱼子铁山采矿炭，置监于合州以铸钱及销旧小钱铸减轻大钱”[②]，未经朝廷批准，他们就先命合州度地设监，结果二人受到降官处分。其实，大铁钱并未完全停铸，皇祐中，嘉、邛、兴州仍铸大铁钱27万缗。

宋廷除了铸造虚值大钱外，同时还减少了法定年号钱的用料。宋真宗咸平五年（1002），规定铸造小平铜钱一贯用铜铅锡五斤八两，除火耗，成品净重5斤。而宋仁宗景祐三年（1036），每贯用料减至五斤三两，成品净重四斤十三两，按此料例，铸281万贯铜钱，合减料87.8万余斤，这所减之料可再铸16.9万贯铜钱。庆历四年（1044），每贯又减料5两半，成品净重四斤八两。庆历七年（1047），建州钱轻怯粗弱，却仍依景祐三年（1036）料例，但五年后以锡不足，减锡添铅。直至宋英宗治平元年（1064），才又恢复咸平五年（1002）的用料标准。[③]再从现今存世的宋钱实物来看，至和钱比较轻小，制作也粗恶，而且还有大钱，嘉祐钱和治平钱也不如北宋前期各钱精整。北宋中期钱用料的减少，说明钱也存在着一定的虚值。

---

① 《文忠集》卷一百十五《乞罢铁钱札子》。
② 《长编》卷一百五十七，宋仁宗庆历五年十一月丙申，第1454页。
③ 《鸡肋编》卷中，第79页。

（三）扩大铁钱特区

五代十国时期，南唐、闽、后蜀等国曾经铸过铁钱。宋初平定南方诸国后，因铜钱奇缺，曾一度准许上述各地继续使用铁钱。后来随着江南地区的铜钱铸造量的不断增加，民间铜钱也愈来愈多，铁钱自当不用，宋太宗太平兴国二年（977）后，宋廷便将江南铁钱全部熔铸为农具和什物，分给江北流民之归附者。从此，铁钱就不再在原南唐统治地区流通。原闽国统治的福建地区，铁钱流通的时间稍长。太平兴国八年（983）三月，因民间缺乏铜钱，曾令建州铸大铁钱与铜钱并行，但不久即停铸大铁钱，福建原有的公私铁钱不许出境。直到宋仁宗天圣三年（1025），福州官庄田纳税，仍以“铜铁中半”[①]。庆历五年（1045），因泉州青阳等场铁大发，福建路转运按察使金部员外郎高易简不待朝廷批准，在泉州设铁钱务，欲移铜钱于内地，结果受到降职处分。[②]可见当时想在福建推行铁钱已成不法之事。至于川蜀地区，自古以产铁著称，后蜀时曾铸行铁钱。宋太祖乾德二年（964）灭亡后蜀后，听仍用铁钱。其实当时川蜀地区的铜钱远多于铁钱，由于成都府知府吕余庆和转运使沈伦疯狂掠夺铜钱上供，同时增铸铁钱换取民间铜钱收买金银送往京城，致使铜钱稀少。开宝三年（970），宋廷又诏雅州百丈县置监铸造铁钱，并禁铜钱入两川。太平兴国四年（979），虽又许铜钱入川，但不准铁钱出境，并令民用铜钱纳税。而当时铜钱已竭，百姓为了缴税，不惜犯法去盗掘古墓和熔毁佛像器用，所得铜钱仍极少。宋廷无奈，只得于太平兴国七年（982）下令川峡地区征税不再收铜钱，

---

① 《宋会要辑稿》食货一之一九、六三之一六。

② 《长编》卷一百五十六，宋仁宗庆历五年六月丙辰，第1444页。《宋史》卷一百八十《食货志下二·钱币》，第4380页。

只用铁钱。从此，四川成了宋代唯一始终行使铁钱的地区。

北宋的陕西，包括今天陕西省的大部分地区以及今甘肃、青海、宁夏、山西的部分地区，是与西夏接壤的边防要地。河东与辽国（契丹）接境，又与陕西相邻，也是国防重地。随着国防形势的吃紧，特别是宋仁宗宝元二年（1039）宋与西夏正式开战之后，前线军费大幅度增加。宋朝因“三冗”开支太大，财政已经发生困难。宋仁宗不得已，便于康定年间开始在陕西铸行大钱，随后又在陕西、河东铸行铁钱，于是陕西、河东皆成为铜铁钱兼行的特殊货币区。铁钱是种贱金属货币，不受百姓欢迎，容易贬值，故而被严格控制在四川地区流通，如今为了应付当前的时局，宋廷也就顾不得许多了。

陕西在仁宗康定年以前未曾行过铁钱。但景祐初，皇帝和三司使支持许申铸造铜铁合金钱百万贯，改法“铜居六分，铅锡居三分”为“铜居三分，铁居六分”，结果虽然失败，却已经透露出北宋中期的上层统治者想以铁钱代替铜钱和扩大铁钱流通地域的意图。宋夏战争爆发后，陕西边防经费不足。于是，康定元年（1040）春，陕西安抚使韩琦以“陕西产铁甚广，请铸钱兼用”①，开始公开提议在陕西铸行铁钱。庆历元年（1041）九月，即有陕西都转运使张奎、知永兴军范雍在请铸当十大铜钱的同时，又请“因晋州积铁铸小钱”②，以助关中军费。宋廷不仅令陕西铸行铁钱，又“命河东铸大铁钱”③。于是陕西开始行用铁钱。同年十一月壬子，宋廷又

① 《韩魏公集》卷十《家传》，第162页。
② 《文献通考》卷九《钱币考二》，第234页。
③ 《宋史》卷十一《仁宗纪三》，第212页。

“诏江、饶、池三州铸钱监铸铁钱三百万缗，以备陕西军费”[1]。给陕西铁钱300万缗，这数量可不小！庆历二年（1042）十月，张奎调任河东都转运使，又在晋、泽二州铸当十大铁钱，助关中军费。据庆历四年（1044）欧阳修的统计：晋泽二州“大铁钱自起铸至目下共铸到四万四千八百余贯，小铁钱自起铸至目下铸到一十一万七千七百余贯”；其中晋州小铁钱“铸成一十一万四千五百余贯”，泽州小铁钱“铸成四千余贯”，都与铜钱等值使用。[2]不久，“三司奏罢河东铸铁钱”，“而江、池、饶、虢州又铸小铁钱，悉辇致关中”。[3]陕西流通虚值大钱和铁钱，引起民间盗铸和物价飞涨，公私均受害。于是，庆历五年（1045）张奎又奏请在晋、泽、石三州及威胜军日铸小铁钱，独留用于河东，从此河东也流通铁钱，但与陕西一样，也引起了盗铸和货币贬值。庆历年间，除了四川铁钱区外，陕西与河东也成了铜、铁钱兼用的特殊货币区。同时，契丹也铸造铁钱，在沿边地区换取宋朝的铜钱。

北宋中期铁钱的总铸量一度超过北宋前期的天禧末年。天禧末(1021)，铸铁钱21万贯，而皇祐中（1049—1054），仅嘉、邛、兴三州即铸大铁钱27万贯。[4]

（四）无本印发交子

宋真宗初年四川交子的产生，曾对商品经济的发展起了一定积极作用。

---

① 《长编》，卷一百三十四，第1222页。
② 《文忠集》卷一百十五《乞罢铁钱札子》。
③ 《长编》卷一百六十四，宋仁宗庆历八年六月丙申，第1511页。《文献通考》卷九《钱币考二》记为“而江、池、饶、仪、虢州又铸小铁钱，悉辇致关中”，多了一个仪州。
④ 《宋史》卷一百八十《食货志下二·钱币》，第4382页。

后因民办交子铺经营不善，缺乏资金，以致不能兑现，引起争讼。大中祥符末，益州路转运使薛田建议设立官办交子来进行管理，未得答复。这时，知益州寇瑊要求废除交子，于是四川交子发行暂告停罢。宋仁宗天圣元年（1023），薛田替代寇瑊知益州，仁宗命他与转运使张若谷一同讨论发行交子的利弊。薛田、张若谷一致认为："废交子不复用，则贸易非便。但请官为置务，禁民私造。"[①] 仁宗又命梓州提刑王继明与薛田、张若谷同议，结果三人意见如前。于是，十一月戊午，仁宗诏从其请，始设益州交子务。

北宋交子的产生，是商品经济发展的必然结果，是市场贸易过程中自发出现的，并非某个聪明人事先的设计。有些史籍记载说交子为张咏所发明，显然是无稽之谈。交子的流通是货币制度的进步，但如果操作不当，它也可能成为引发通货膨胀的一个重要因素。

宋代的交子还处于兑换货币的阶段，尚非现代意义上的真正纸币。当时发行交子，必须准备实钱作为成本，以便随时应付交子持有者前来兑现。宋仁宗天圣元年（1023）十一月戊午奉旨成立官办益州交子务之后，从次年二月二十日开始正式发行交子。据《蜀中广记》卷六十七引费著《钱币谱》说："自二年二月为始，至三年二月终，凡为交子一百二十五万六千三百四十贯，其后每界视此为准。"交子分界发行，界满以新换旧，每界发行额为125.634万贯，以四川铁钱36万贯为准备金，占发行总额的28%强。至于几年为一界？文献记载有二年一界和三年一界两说。今据《群书考索》后集卷六十二引《宝训》载："一交一缗以二年一界而换之。"杨万里《诚斋集》卷一百二十九《陈琦墓志铭》载："至

① 《长编》卷一百一，宋仁宗天圣元年十一月，第899页。

天圣中，官始权之，再岁一易，谓之交界。”李心传《建炎以来朝野杂记》甲集卷一六《四川钱引》载：“天圣元年冬，始置官交子（十一月戊午），每四年二界。”魏了翁在《鹤山先生大全集》卷九《吴猎行状》中也说：“蜀之楮币旧号交子，随闰更易，曰兑界。”由此可见，交子发行为每两周年一界，因其头尾跨占三个年头，故有人误为三年一界。

四川官交子开始发行时，共有 1 贯至 10 贯 10 种面额。可能是由于宋夏战争爆发后为筹措军费所急需，从宝元二年（1039）开始改为只有 10 贯和 5 贯两种面额。“宝元二年以十分为率，其八分每道为钱十贯，其二分每道五贯。若一贯至四贯，六贯至九贯，更不书放。”[①] 这就是说，从此以后，在每界交子发行总额中，有 80% 的交子以 10 贯为面额，只有 20% 的交子以 5 贯为面额，显露出了交子由小面额纸币向大面额纸币发展的趋向，这无疑为大量发行纸币和引发通货膨胀准备了条件。

至庆历年间，原本只限于四川流通的交子，开始扩大到陕西使用。只要交子发行有充足的准备金，交子扩大到四川以外地区流通，并非一定是坏事。问题在于当时出现了无本发行的现象，使交子成了难以兑现的“空头支票”，从而失去了信用，为后来无本滥发纸币开了个坏头，成了触发通货膨胀的一个重要因素。

事情的起源是，天圣年间，因陕西沿边地区急需募商人入中粮草，却又无钱支付，便开始托益州交子务用交子代付。据天圣四年（1026）三月六日三司上言：“陕府西转运司勘会，辖下秦州所入纳粮草，取客稳便，指射赴永兴、凤翔、河中府及西川嘉、邛等州请领钱数。准益州转运使

① 《蜀中广记》卷六十七引费著《楮币谱》。

牒：‘近就益州置官交子务，书放交子行用，往诸处交易，甚为利济。’当司相度，辖下延、渭、环、庆州、镇戎军等五州军……依秦州例入纳粮草，于四川益州支给见钱或交子，取客稳便请领……又据益州转运司状：‘相度若依陕西转运司前项擘画事理，于益州支给见钱或交子，别无妨碍。’若益州阙钱，当司亦自于辖下有钱处州军支般，或支交子，经久委得稳当。”[①] 宋廷批准了三司的奏状。从这奏状中，我们只看到益州同意代陕西支付铁钱或交子给向陕西沿边地区入中粮草的商人，也就是借交子给陕西，但商人所得交子是否携入陕西或别处行用？不得而知。但据《长编》卷一百三十七所载，庆历二年（1042）六月丙戌，“以度支判官、刑部员外郎、秘阁校理范宗杰为直史馆、陕西河东京西制置解盐使兼管勾交子公事”，可见宋廷已有在陕西、河东行用交子的意向，否则何必派人前去“管勾交子公事”。又据《长编》卷一百六十记载，庆历七年（1047）二月己酉，“诏取益州交子三十万，于秦州募人入中粮草。时议者谓蜀商多至秦，方秦州乏军储，可使入中，以交子给之”。这里已可明显得知由益州印发的交子已直接在陕西行使。

问题不在于益州交子是否已在陕西直接流通，问题的严重性在于益州无本发行交子，破坏了纸币发行的规律，造成了消极影响，为纸币的膨胀埋下了祸根。就在庆历七年（1047）时，知益州文彦博已对益州交子是否能兑现表示了担忧，他上奏说：“益州交子务所用交子，岁获公利甚厚，复又民间要藉使用，盖比之铁钱便于赍持转易。今秦州入中粮草，两次支却六十万贯交子。元有未封桩见钱准备向去给还客人，深虑将来一二年界

① 《宋会要辑稿》食货三六之一八。

分欲满，客人将交子赴官，却无钱给还，有误请领，便至坏却交子之法，公私受弊，深为不便。伏乞朝廷指挥本路转运司于辖下诸州军内每月须管共收聚诸般课利钱三五万贯拨充益州交子务，准备还给客人交子钱，免致向去坏却旧法，官私困弊。取进止。”[①] 庆历七年（1047）三月，文彦博升任参知政事，益州交子务发行准备金不足的问题尚未解决。果然，皇祐三年（1051）三月二日，三司使田况上奏对益州无本发行交子之事提出了尖锐的批评：“自天圣元年薛田擘划兴置益州交子务至今，累有臣僚讲求利害，乞行废罢，然以行用既久，卒难改更。兼自秦州两次借却交子六十万贯，并无见钱桩管，只是虚行印刷，发往秦州入中粮草。今来散在民间，转用艰阻，已是坏却原法，为弊至深。转运司虽收积余钱拨还，更五七年未得了当，却勒第十三界书造交子兑换行用。凭虚无信，一至于此。乞今后更不许秦州借支。”[②] 秦州借去的交子，散在民间，尚难兑现，益州却无本发行第十三界新交子，强迫人们以旧换新继续行用。直到二十多年后的宋神宗熙宁七年（1074）正月二十四日，永兴秦凤等路察访李承之还在上奏说：“庆历、皇祐中，秦州以盐钞、川交子令民间变卖，至今尚负钱万余缗，乞特蠲放，以宽远民。”[③] 可见问题相当严重。

更可笑的是，皇祐二年（1050）竟有“屯田员外郎睦亲宅都教授阮逸尝建言作钱葆，饰以翠羽，具藉以鹿皮，欲与钱兼行”。结果，阮逸的建

---

① ［宋］文彦博：《潞公文集》卷十四《乞诸州供钱拨充交子务》，《文渊阁四库全书》第1100册。

② 《宋朝事实》卷十五《财用》。

③ 《宋会要辑稿》食货二四之六。《长编》卷二百四十九，宋神宗熙宁七年正月壬戌，第2337页。

议受到知谏院陈旭的批评："钱币为用，天下之大命也。其轻重有权，与物适均，乃能下流而不穷。昔张汤为汉武帝巧制皮币，取讥于后世。况逸之谲怪尤甚，岂可用之圣世，以开奸诈之心哉！"宋仁宗同意陈旭的看法。[①]显然，在宋代这种鹿皮钱葆是一种严重脱离价值的大面额虚值货币，完全违背了货币作为一般等价物的性质，不合时宜，根本不可能得到流通。

二、推行通货膨胀政策的不良后果

北宋中期统治者推行通货膨胀政策的主要特征是，用贱金属或减少铜含量来铸造虚值大钱，或无本发行难以兑现的交子，通过钱与物的不等价交换来剥削广大民众，这种违背商品价值规律的做法，势必会产生私钱泛滥、货币贬值、物价高涨、公私受害等弊病，使国家的财政危机依旧未能得到克服，反而造成了更多的问题。

（一）私钱泛滥

自从宋朝官府铸行虚值大钱、扩大铁钱特区和无本滥发交子后，立即引起了民间的盗铸和伪造，致使市场上出现了私钱泛滥的灾难。

引起民间私自铸造钱币的主要原因是有利可图。

根据宋真宗咸平五年（1002）规定的小平铜钱重量标准，每贯钱必须净重5斤，即80两，按省陌每贯770文计算，每文钱应重1钱多。根据宋真宗大中祥符七年（1014）规定的以一当十大铁钱重量标准为每贯钱重十二斤十两，即202两。至宋仁宗景祐初年（1034），仍法定每贯小铜钱应重八十两十分，每贯大铁钱应重192两。可是庆历年间铸造的大铜钱用

① 《长编》卷一百六十九，宋仁宗皇祐二年八月己巳，第1552页。

料大大减少，“大约小铜钱三可铸当十大铜钱一”[①]，每个当十大铜钱中含有7成虚值。于是，民间盗铸蜂起，他们比官府所铸当十大铜钱的用料更少，甚至“销一法钱或铸四五，市人易之，犹以二三，则常倍息矣”[②]。这也就是说，民间用2个或2.5个小铜钱私铸当十大铜钱1个，拿到市场上去流通，纵然贬值，仍可抵4至6个小铜钱使用，能获利一倍。至于河东铸行大、小铁钱，与铜钱等值使用，获利就更大。据庆历四年（1044）四月欧阳修的调查，晋州、泽州所铸大、小铁钱虽然成本各有不同，而获利都很巨大，今列表于下[③]：

表5　宋中期晋、泽二州铸铁钱获利情况表

种类	铸造地	铸造额（千贯）	名目价值	铸造费	获利	利率
当十钱	晋州	28.8	288	17.8	270.2	15倍
	泽州	16.0	160	6.4	153.6	24倍
当一钱	晋州	114.5	—	46.00	68.50	1.5倍
	泽州	4.0	—	0.99	3.01	3倍

在如此巨大利益的诱惑下，难怪百姓会冒着杀头的危险去私铸！而《长编》记载“河东铁钱既行，盗铸钱者获利十之六”[④]，这可能是私钱上市贬值后的实际利率，但仍有利可图。尤其对穷人来说，铸私钱总比贩卖私茶

① 《长编》卷一百六十四，宋仁宗庆历八年六月丙申，第1511页。
② 《盱江集》卷十六《富国策第八》。
③ 《文忠集》卷一百十五《乞罢铁钱札子》。
④ 《长编》卷一百六十四，宋仁宗庆历八年六月丙申，第1511页。

或为盗杀人抢物更有利，诚如翰林学士承旨丁度所说，湖州有人贩卖私茶得千钱即被鞭背，京西有人当强盗杀人抢得只值数百钱的破衣，而铸造私钱之利要比贩私茶和当强盗多数倍，何乐而不为。①

促使民间铸造私钱的还有其他几个具体原因。其一，据知泽州李昭遘说："河东烧石炭，家有橐冶之具，盗铸者莫可诘。"②又据李昭遘说："窃观人间或销法钱，淆杂他巧，以为恶钱。其作必于重湖大江，穷山深谷，风涛所阻，猛兽所在，人不得见，吏不得呵，是法令无由而胜也。"③也就是说，河东烧石炭户利用其家中原有的风箱和炉子来私铸劣币，不容易被发觉；又有些人躲在人迹未至、猛兽出没的穷山深谷或风急浪高的重湖大江中私铸劣币，使官吏无法侦破。其二，据广东转运使蔡抗说：至和二年（1055）韶州岑水场铜矿大发，官府向百姓购铜不付现钱，"只给空券，积逋钜万"，百姓没有收入，衣食无有着落，被迫群聚私铸钱币。④其三，宋仁宗至和年间以后铁钱铸造不精，也是引起民间私铸劣币的一个原因。由于官铸法钱质量粗陋，使私铸劣币易于混淆其中不被发现。至于至和、嘉祐、治平钱铸造之不精，起于率分钱。所谓"率分钱"，是铸钱工从完成每天生产定额外超产部分中分得的资金，他们为了多得"率分钱"，便粗制滥造钱币，从而降低了法钱的质量。

从仁宗庆历初年开始直至英宗时期，民间私铸大钱和劣币连续不断。其实，民间私铸劣币是宋代始终存在的一个令人头痛的问题。北宋前期虽

① 《长编》卷一百二十九，宋仁宗康定元年十二月戊申，第1176页。
② 《长编》卷一百六十四，宋仁宗庆历八年六月丙申，第1511页。
③ 《盱江集》卷十六《富国策第八》。
④ 《长编》卷一百九十六，宋仁宗嘉祐七年十月甲午，第1827页。

然多次下令严禁私铸劣币，但直到宋真宗末年民间私小鑞钱仍未绝迹。早在宋太宗太平兴国年间，江南饶、信、洪等州的百姓曾盗买官铜杂铅锡私铸新钱。这种江南劣质新钱，直到宋仁宗天圣九年（1031）六月仍在建、信二州流通，因而有人向朝廷反映："二州接壤而置场市铜，复行新钱，民间缘此盗铸者多。"① 宋廷为此再下禁令。此外，仁宗在位前期，苏州也存在盗铸钱币的问题，苏州知州黄宗旦曾"得盗铸钱者百余人，下狱治"②。

北宋中期民间盗铸钱币的高潮发生在庆历年间。当康定元年（1040）十二月三司讨论铸行虚值大钱时，翰林学士承旨丁度就预见到铸行大钱必将引起民间盗铸。果然如丁度所言，当庆历元年（1041）在陕西流通当十大钱和铁钱后，立即出现了"民间盗铸者众，钱文大乱"的现象③。参知政事范仲淹上言："臣窃见陕西、河东边计不足，遂铸铁钱以助军费。而民多盗铸，日犯极典，为法之弊，久将不堪。"④ 自从张奎在河东晋、泽二州铸大、小铁钱后，因盗铸大钱可获利20余倍，"虽有死例不能禁止"。欧阳修于庆历四年（1044）上奏说："臣昨在河东于提刑司索得犯私钱人数已五火，自臣出界后又续供到新捉获二火。是小钱利薄不足铸，大钱犯法者日益多，皆可以罢铸。"⑤ 庆历五年（1045）张奎在晋、泽、石三州及威胜军日铸小铁钱独留用河东后，"河东铁钱既行，盗铸钱者获利十之六"⑥。庆历六年（1046），又有知泽州李昭遘上报河东烧石炭户盗铸钱币以及契

① 《长编》卷一百十，宋仁宗天圣九年六月庚辰，第983页。
② 《宋史》卷二百六十九《王质传》，第9244页。
③ 《长编》卷一百六十四，宋仁宗庆历八年六月丙申，第1511页。
④ 《长编》卷一百四十三，宋仁宗庆历三年九月壬辰，第1324年。
⑤ 《文忠集》卷一百十五《乞罢铁钱札子》。
⑥ 《长编》卷一百六十四，宋仁宗庆历八年六月丙申，第1511页。

丹铸铁钱换取宋朝铜钱之事。有关河东民间盗铸钱币之事史不绝书。如：“河东用钱，铜、铁二品均等，铁钱轻，又盗铸者多。”[①]“河东铁钱真伪淆杂，不可不革。”[②]“河东行铁钱……官炉有数而私写无艺，恐终为民患。”[③]河东“民盗铸铁钱，法不能禁”[④]。

庆历末年（1048），私钱仍未禁绝，“时关中用折十铁钱，盗铸不可胜计，公私患之”[⑤]。至皇祐二年（1050），“大泉直十行世仅十年矣，物重钱轻，私铸如故”[⑥]。为此，这一年五月戊子宋廷派遣户部判官、屯田员外郎、直史馆杨畋去河东路计置粮草及处置盗铸铁钱。至和元年（1054），陕西还有人在铸私钱，“关右盗铸铁钱甚恶，法不能胜”[⑦]。次年，“陕西私铸铁钱虽严行禁捕，抵法者甚众，终不能止绝”[⑧]。嘉祐三年（1058）十二月乙巳，“自庆历铸大铁钱行陕西，而民间盗铸不已，三司请榷铁”[⑨]。嘉祐四年（1059），“陕西民间多滥铸大钱，以至市易不通”[⑩]。

北宋中期，交子仍存在民间伪造问题。因为伪造交子成本比私铸钱币更低也更容易，面额大，获利更多。早在宋真宗时期就已出现伪造交子，

① ［宋］刘攽：《彭城集》卷三十八《故朝散大夫尚书虞部郎中致仕骑都尉皇甫君（鉴）墓志铭》，《文渊阁四库全书》第1096册。
② 《宋史》卷二百六十五《李昉传附孙昭遘传》，第9145页。
③ 《苏魏公文集》卷五十六《太常博士张君（大有）墓志铭》。
④ 《宋史》卷三百三十一《周沆传》，第10643页。
⑤ 《长编》卷一百七十二，宋仁宗皇祐四年二月庚辰，第1579页。
⑥ ［宋］苏辙：《栾城集》三集卷六《策问论》，《文渊阁四库全书》第1112册。
⑦ 《郧溪集》卷十九《右谏议大夫充天章阁待制知沧州兼驻泊马步军部署田公（京）行状》。
⑧ 《潞公文集》卷十七《奏陕西铁钱事》。
⑨ 《长编》卷一百八十八，第1732页。
⑩ 《长编》卷一百八十九，宋仁宗嘉祐四年二月己卯，第1738页。

因大中祥符末年(1016)寇瑊停止了交子的发行,伪造交子随之失去了作用。当宋仁宗天圣初（1023）开始官办交子后，伪交子又冒了出来。庆历二年（1042）之前，孙甫曾监益州交子务。当时，“转运使以伪造交子多犯法，欲废不用，”孙甫说：“交子可以伪造，铁钱可以私铸，有犯私铸，钱可废乎？但严治之，不当以小害废大利。”[1] 交子终于未被废除。孙甫反对废除交子虽是有远见卓识之言，但他只主张严治，却提不出能防止伪造交子的具体而有效的办法。

（二）货币贬值

所谓“货币贬值”，是指流通中的货币在市场交易中的实际价值低于其名目价值，如面值 10 贯的钱只能买到价值 5 贯、3 贯乃至 2 贯的商品。在中国古代金属货币和可兑换纸币并行时期，引发货币贬值大致有以下几种原因。第一，铸行虚值大钱，由于它实际所含金属量的价值远远低于法定的名目价值，而官府企图通过不等价交换的手段去欺诈剥削百姓，必然会遭到百姓拒用，因而只得被迫将币值降低到与它的实际价值大致相当的价位才能流通。第二，用贱金属如铁铅锡之类铸行钱币，却与铜钱等值使用，因其实际价值远远低于铜钱，非贬值不能流通。第三，民间采取偷工减料手段铸造劣质钱币，冒充法币混入流通领域，因它所含有的金属价值和工艺的劳动价值大大低于法币，故必然会被官府禁止，即使侥幸得以流通，也非贬值不可。第四，可兑换纸币实际上只是一种信用券，是具有实际价值的金属货币的代表，它本身没有价值，如果大量印制又无本发行，因其无法兑现，便会失去信用，故而只有贬值到发行准备金可能承担的价

① 《长编》卷一百三十七，宋仁宗庆历二年九月辛丑，第 1257 页。

位，才能勉强流通。总之，货币是一种特殊商品，具有一般等价物的性质，在市场交易中起着价值尺度的作用，由于市场贸易必须遵守商品等价交换的原则，因此凡货币名目价值高于其实际价值时，势必会贬值，非人力所能阻挡。北宋中期货币的贬值，正是在这种状况下出现的。

庆历前期，张奎等在陕西铸当十大铜钱，又在河东晋、泽二州铸大、小铁钱，宋廷也命江南铸大铜钱和小铁钱，一起运到关中充当边防经费。因大钱是虚值货币，小铁钱又与小铜钱等值流通，于是民间盗铸蜂起。各类钱币聚于陕西，致使钱文大乱，大钱和小铁钱迅速贬值。庆历四年（1044），虽三司奏罢河东铸铁钱，而大钱仍在陕西流通。庆历五年（1045），张奎又在晋、泽、石等州及威胜军自铸小铁钱独留用于河东，盗铸者获利十之六，同陕西一样，小铁钱也迅速贬值，致使“钱轻货重”。庆历六年（1046），知并州郑戬请求河东暂且以铁钱二当铜钱一流通。谁知过了一年，小铁钱继续贬值不止，郑戬只得又改为小铁钱三当铜钱一，乃至以五当一，最后索性停止官炉日铸，仍用旧钱。

陕西、河东的大钱、铁钱不断贬值，可见问题严重，庆历八年（1048）六月宋廷命朝臣讨论对策。于是，翰林学士张方平、宋祁，御史中丞杨察与三司使叶清臣上《陕西钱议》，请将江南仪、商等州大铜钱一当小钱三，又请以小铁钱三当铜钱一。七月，他们再请将河东小铁钱同陕西一样也以三当铜钱一，并停官置铸钱炉，宋仁宗批准了他们的建议，从此盗铸虽有所收敛，但劣币仍未绝迹。

朝廷虽已下令改当十大铜钱为当三，并以三个小铁钱当一个小铜钱，使盗铸者获利空间缩小，但盗铸仍未完全停止。因为民间私铸大钱偷工减料，只用两个或两个半小钱的材料就可铸一个当十大钱，仍有利可图。为此，皇祐二年（1050）二月癸酉，宋廷下诏“罢商州铸青黄铜钱”[①]。鉴于至和、嘉祐年间，陕西盗铸大钱终不能禁绝，以致市易不通，有人欲矫枉过正，建议大铁钱当一，与小铁钱等值使用。而提点刑狱祠部员外郎、集贤校理陆诜请以大钱当二，认为这样可使公私均无所损，商贾可以通行，盗铸必自止。于是，嘉祐四年（1059）二月癸未，宋廷“诏陕西大铜、铁钱并当常钱之二”[②]，“以见行当三大钱折小铜钱二，谓之折二钱”[③]。当十大钱已改为折二钱，盗铸因无利可图而暂时停止。然而，当时陕西同、华二州还积有小铁钱40万贯[④]，数量不小。皇祐中，“嘉、邛、兴三州曾铸大铁钱二十七万缗”，宋廷便又决定自嘉祐四年（1059）起，嘉、邛二州停铸铁钱10年，“独兴州铸钱三万缗”。[⑤]

至于益州交子，因在庆历年间无本超前发行，又有人伪造，失去信用，故借给秦州的60万缗交子，散在民间，转用艰难，“更五七年未得了当”[⑥]，可见交子即使贬值也无人愿要。

至仁宗末年，虚值大钱和铁钱经过多次折腾，虽然回归到了其原本应有的价值，暂时遏制了盗铸，但它并未能根本改善宋朝的财政状况，一旦统治者再次铸行虚值大钱或无本滥发纸币，私钱必将卷土重来，历史就会重演！

---

① 《长编》卷一百六十八，第1542页。
② ［宋］司马光：《稽古录》卷二十，《文渊阁四库全书》第312册。
③ 《群书考索》后集卷六十《财用门・铜钱类》。
④ ［宋］杨仲良编：《续资治通鉴长编纪事本末》卷七十六《薛向等措置陕西折二钱》，清光绪浙江书局刻本。
⑤ 《宋史》卷一百八十《食货志下二・钱币》，第4382页。
⑥ 《宋朝事实》卷十五《财用》。

（三）物价高涨

北宋中期统治者的过度消费和天灾人祸对生产发展的破坏，已使商品供不应求，加上宋廷为克服财政危机而滥发货币，致使货币流通总量超过全部商品的总价值，从而造成货币迅速贬值。而货币贬值的最直接表现便是物价高涨。

由于史书对北宋中期全国各地的各种物价缺乏全面而系统的记载，所以我们很难统计出当时物价涨落的准确指数。虽然如此，但是有关宋仁宗时期各地物价上涨总趋势的记载，却史不绝书，今列举于下。北宋统治者的过度消费从宋真宗后期就已经开始，故物价也随之逐渐上涨。在宋仁宗即位之初的乾兴元年（1022）十二月，就有人上报说："商旅往来，边食常艰。匹帛金银，比旧价倍；斛食粮草，所在涌贵。"[①] 仁宗天圣元年（1023）正月，盐铁判官俞献卿也说："天下谷帛日益耗，物价日益高，欲民力之不屈不可得也。今天下谷帛之直，比祥符初增数倍矣！"[②] 同年二月甲辰，因官府向畿内百姓买草千万束，而久雨不止，仁宗说："霖雨逾旬，草价腾踊。"[③] 天圣四年（1026）四月壬子诏书中说："京西、河北、淮南诸路谷价翔贵。"[④] 同年十二月丁丑诏书中又说："京城物价翔贵。"[⑤] 明道二年（1033）七月，右司谏范仲淹说，因官府在租税之外大量向民间籴粮，以致粮食主要产地江淮、两浙、东南各地的粮价也都上涨。他认为："天生之物有时而国家

---

① 《宋会要辑稿》食货一之二〇。
② 《长编》卷一百，第887页。
③ 《长编》卷一百，第889页。
④ 《长编》卷一百四，第923页。
⑤ 《长编》卷一百四，第933页。

之用无度，天下安得不困！……故虽年丰，谷价亦高。”[①]景祐元年（1034）五月乙丑，三司使陈琳也说："天地生财有时而用无纪极，此国用所以日绌也……沿边入中粟价踊贵而未尝足。”[②]宋夏战争爆发后，国防经费开支剧增，庆历元年（1041）宋廷在陕西行用当十大钱和铁钱，致使货币贬值，“钱文大乱，物价翔踊”[③]。庆历元年（1041）十一月，“京城谷贵”[④]。同月，“西川近增盐价，致民乏食”[⑤]。庆历二年（1042）正月，知庆州范仲淹上言：“臣窃见兵兴以来，天下科率，如牛皮筋角弓弩材料箭干枪干胶鳔翎毛漆蜡一切之物，皆出于民，谓之和买，多非土产之处，素以难得，既称军需，动加刑宪，物价十倍，吏辱百端。”[⑥]同时，因边区急需粮草，“募商人入中粮草，度支给还钱帛，加抬例价率三倍”[⑦]。庆历三年（1043）九月丁卯，据范仲淹奏，“粟帛常贵”[⑧]。庆历三年（1043）冬大旱，河中及陕西同、华等十余州军“物价翔贵饥民相率东徙”[⑨]。宋夏战争结束后直至庆历七年（1047），陕西的物价依然很高，“缘西鄙用事以来，关中生聚凋残尤甚，物货踊贵”[⑩]。庆历八年（1048），京畿之内也仍“物价翔贵”[⑪]。沿边地区“谷价增贵，米

---

① 《长编》卷一百十二，第1007页。
② 《长编》卷一百十四，第1027页。
③ 《长编》卷一百六十四，宋仁宗庆历八年六月丙申，第1511页。
④ 《长编》卷一百三十四，宋仁宗庆历元年十一月丙辰，第1223页。
⑤ 《长编》卷一百三十四，宋仁宗庆历元年十一月丙寅，第1223页。
⑥ 《范文正奏议》卷上《奏为置官专管每年上供军须杂物》。
⑦ 《长编》卷一百六十一，庆历七年十二月庚午，第1488页。
⑧ 《长编》卷一百四十三，第1315页。
⑨ 《长编》卷一百四十五，宋仁宗庆历三年十二月，第1345页。
⑩ 《长编》卷一百六十，宋仁宗庆历七年四月庚戌，第1480页。
⑪ 《长编》卷一百六十五，宋仁宗庆历八年十一月壬戌，第1519页。

斗七百，甚者千钱”[①]。到皇祐二年（1050），大钱流通已10年，“物重而钱轻，私铸如故，百物踊贵”[②]。皇祐三年（1051）正月，粮草价值还在上涨，“自顷食货之法弊，而刍粟之价益倍，县官之费日长”[③]。仁宗后期，又因各地民变、兵变以及西南少数民族反宋战争不断发生，使生产遭到破坏，尤其是“邕州自经蛮贼（侬智高）后，物价翔贵”[④]。嘉祐四年（1059）正月丁酉，首都开封府的经济仍十分萧条，“自立春以来，阴寒雨雪，小民失业，坊市寂寥，寒冻之人，死损不少，薪炭食物，其价倍增，民忧冻饿”[⑤]。

史书虽未对北宋中期的各种物价进行全面而系统的统计，但仍有不少关于各地主要物价的零星记载。由于当时尚未形成全国统一市场，即使同一种商品的具体价格，因各地情况不同而相差很大，难作物价水平的比较。尽管如此，而我们仍能从不同年份各地主要商品的具体价格中，看出北宋中期物价上涨的基本趋向。

1. 粮价

北宋前期的米价，最高时为每斗70钱，最低为7至10钱，大多数时间在30钱左右；粟、小麦价最高时为每斗30多钱，最低为10钱左右。可是到宋仁宗天圣四年（1026）闰五月二日，据三司上奏，“荆、湖、江、淮南四路州军米价，每斗或七十至百文足”[⑥]，比北宋前期已大幅上涨。明道元年（1032），“江淮大旱，蝗虫起，扬、楚间尤甚……是岁米一斗数百

---

① 《韩魏公集》卷十三《家传》。
② 《栾城集》三集卷六《策问论》。
③ 《宋朝大诏令集》卷一百八十四《诫约臣僚言利财诏（皇祐三年正月庚子）》。
④ 《长编》卷一百七十四，宋仁宗皇祐五年五月丁巳，第1609页。
⑤ 《长编》卷一百八十九，第1736页。
⑥ 《宋会要辑稿》食货三九之一二。

钱”[①]。这是灾年特例。自康定年后，宋夏战争爆发，因“经费不足，每年常将上供斛斗折现纳见钱，一石千钱为率”[②]。庆历三年（1043），据范仲淹说，“今江浙之米硕不下六七百足至一贯者”，比十国时期两浙“民间钱五十文籴白米一硕”的价格，“其贵十倍”。[③] 庆历四年（1044），据监察御史包拯奏：淮南、江、浙、荆湖等州军当年夏税折纳现钱，“折纳小麦每斗三十四文省”，而市价“其直每斗不过三二十文”。[④] 同年，包拯又奏：陈州今年夏税折纳现钱，“令将大小麦每斗折见钱一百文”，而其实“今市上小麦每斗实价五十文”。[⑤] 庆历八年（1048），商人向河北入中粮草，因只付给三成现钱，其余部分支付盐、茶及香药、象牙，商人便虚抬米价到每斗七百甚至千钱。[⑥] 皇祐元年（1049）两浙饥，谷价涨到“斗钱百二十”[⑦]。皇祐二年（1050）冬，江西建昌军水淹后，“斗粟百钱”[⑧]。皇祐三年（1051），孟州旱灾，官府和籴，“每一斗官支价钱不下九十文以上至一百二十文”，而平时“麦熟时民间价例止于六十文”。[⑨] 皇祐四年（1052）三月丁未，据河北都转运使包拯奏：

---

① ［宋］刘敞：《公是集》卷五十一《先考益州府君行状》，《文渊阁四库全书》第 1095 册。
② 《乐全集》卷二十三《论京师军储事》。
③ 《长编》卷一百四十三，宋仁宗庆历三年九月丁卯，第 1315 年。又见《范文正奏议》卷上《答手诏条陈十事》。
④ 《包拯集校注》卷一《请免江淮两浙折变》，第 20、22 页。
⑤ 《包拯集校注》卷一《请免陈州添折见钱》，第 17 页。
⑥ 《韩魏公集》卷十三《家传》，第 199 页。
⑦ 《能改斋漫录》卷二《范蜀公记》。
⑧ 《盱江集》卷二十四《迴向院记》。
⑨ ［宋］陈襄：《古灵集》卷六《知河阳县乞抛降和籴小麦价钱状》，《文渊阁四库全书》，第 1093 册。

"每年河北便籴粮斛三四百万石，约支见钱四五百万贯。"[①] 由此计算，当时河北粮价为每石 1.3 贯左右。皇祐四年（1052）冬，江西各州县因不许粮食出境，各地粮价混乱，高低差别很大，"十程之内或一斗米粜五六十价，或八九十或一百二三十，或二百二三十价"[②]。至和二年（1055）十一月，"虞部郎中薛向言河北籴法之弊，以为被边十四州悉仰食度支，岁费钱五百万缗得米粟百六十万斛，其实才直二百万缗耳，而岁常虚费三百万缗入于商贾蓄贩之家"[③]。由此计算可知，当时河北粮食市价原为每斛 1.25 贯，却被商人抬价至每斛 3.125 贯。北宋前期粟每斗钱 10 至 30 钱，而嘉祐元年（1056）十月，河北"粟百八十万石为钱百六十万缗"[④]，粟每斗价格高达 89 钱。综上所述，北宋中期的粮价由每石 700 文涨到 1.3 贯，个别地方甚至疯涨到 2.3 贯以上，大多数时间在每石 1 贯左右，比北宋前期高约 3 倍。

2. 绢价

北宋中期纺织品的价格也高于北宋前期。北宋前期的绢价始终维持在每匹 1000 钱左右，绸每匹 600~800 钱。宋真宗咸平三年（1000）时，四川丝织品产地绢每匹只值钱 300 文，仁宗天圣五年（1027）四月，四川诸州军盐酒课折变送纳绸绢"每匹六千五百"[⑤]，这一绢价是指小铁钱。庆历六年（1046）五月，梓州绢、绸每匹价增至 3000 文以上。[⑥] 至嘉祐元年

---

① 《包拯集校注》卷四《再请移那河北兵马及罢公用回易》，第 238 页。又见《长编》卷一百七十二，第 1582 页。
② 《旴江集》卷二十八《寄上孙安抚（沔）书》。
③ 《长编》卷一百八十一，第 1675 页。
④ 《长编》卷一百八十四，第 1699 页。
⑤ 《宋会要辑稿》食货三七之一一。
⑥ 《长编》卷一百五十八，宋仁宗庆历六年五月戊子，第 1461 页。

（1056）十月，三司“辇绢四十万，当缗钱七十万”[①]，赴河北籴军粮，可见每匹绢价高达1750钱。另外，嘉祐年间冀州绢每匹价为1300钱，绵每两价为76钱[②]，价格也不低。

3. 草价

北路中期之草价涨幅较大。北宋前期草价每束只3~5钱。至仁宗宝元二年（1039），三省上奏要求收购干草“每束十三斤，末等价例一十九文”，并另加“支脚钱五文”，“诏令三司特更添五文，余从之”。[③]

4. 盐价

北宋中期的盐价，因盐法屡变，涨落无常，加上盐的品类与等级众多，各地情况不同，价格非常复杂，故对当时的盐价很难做精确的统计和简明的概括。但总的看来，北宋中期的盐价有上涨趋势。宋真宗天禧末（1021）“末盐卖价每斤自四十七至八钱，有三十一等”[④]。而仁宗天圣元年（1023）六月，淮南通、泰、楚州盐场官卖盐“每石收钱一千三百足”[⑤]。每石50斤，则每斤26钱。到明道二年（1033），淮南盐实行通商，官盐卖给商人“一石约售钱二千”[⑥]，每斤40钱，十年间，每石末盐涨价700钱，斤涨14钱。真宗天禧末（1021）“颗盐卖价每斤自四十四至三十四钱，有三等”[⑦]。到仁宗庆历末（1048），官盐卖给商人，“缴钱六贯，依旧支与一席，客人得一

① 《长编》卷一百八十四，宋仁宗嘉祐元年十月丁卯，第1699页。
② 《宋史》卷三百四十《刘挚传》，第10849页。
③ 《宋会要辑稿》食货三九之一九。
④ 《长编》卷九十七，第870页。
⑤ 《宋会要辑稿》食货二三之三一。
⑥ 《长编》卷一百十三，第1019页。
⑦ 《长编》卷九十七，第870页。

席，卖得十贯”[①]。以一席116斤计，商人卖盐每斤约86钱。四川盐价以铁钱计算，太宗太平兴国二年（977），剑南诸州“官粜盐斤为钱七十”[②]，当时小铁钱10值小铜钱2，官盐每斤价相当于铜钱14文。仁宗庆历六年（1046）五月戊子，在四川，“初，盐课听以五分折银、绸、绢。盐一斤计钱二十至三十，银一两、绸绢一匹折钱九百至一千二百。后，尝诏以课利折金帛者从时估。于是，梓州路转运司请增银、绸、绢之直。下三司议，以为银、绸、绢直视旧虽增至三千以上，然盐直亦非旧比，鬻于市斤为钱百四十”[③]。从银、绸、绢的折价看，这里所标的价格是铁钱，每斤盐市价达140个铁钱，可见涨幅极大，也显示了铁钱之贬值。

5. 金银价

北宋中期的金、银价与北宋前期相比，金价大体持平，银价涨幅颇大。北宋前期金价在每两5000~10000钱之间变动，银价大部分时间在每两1000钱左右徘徊。至仁宗天圣四年（1026），规定金收购价是上等每两5000文，次等4500文。[④]天圣六年（1028），广东转运司向恩州买金“四百八十余两，支价钱四千二百八十余贯”[⑤]，据此推算，每两价为8900余钱。又据沈括《梦溪笔谈》卷二十一记载：“张文孝左丞始以数千缗买洛大第，价已定，又求‘掘钱’……累增至千余缗方售……及营建庐舍，土中得一匣……发匣，得黄金数百两，鬻之，金价正如置第之直，斫掘钱亦在其数，不差一钱。”

---

① ［宋］龚鼎臣：《东原录》，《文渊阁四库全书》第862册。
② 《长编》卷十八，宋太宗太平兴国二年四月辛卯，第152—153页。
③ 《长编》卷一百五十八，第1461页。
④ 《宋会要辑稿》食货三四之一四。
⑤ 《宋会要辑稿》食货三四之一五。

置第数千缗恰与黄金数百两等值，可见每两金价在万钱左右。至于北宋中期的银价比北宋前期增加了二三倍。宋仁宗康定元年（1040），川峡地区“折盐酒岁课，愿入钱，二千当银一两”[①]。庆历六年（1046）五月，梓州银价涨至1两3000文以上。

6. 马价

北宋中期的马价，因战争之需，不断增长。北宋前期，“旧马价有以缗计之，自三十八千至十八千”[②]。仁宗宝元三年（1040）二月二十一日，马价开始上涨，宋廷下诏规定：“第一等五十千，第二等四十千，第三等三十千，第四等二十五千。”[③]此后，因好马不易得，马价略有所降。但至嘉祐五年（1060）九月，马价更高，“形骨低弱”之马“每匹不下五六十千”[④]。宋英宗治平元年（1064）时之马价仍高于宝元三年（1040），宋廷规定：“第三等三十五千，第四等二十八千。”[⑤]

（四）公私受害

北宋中期统治者推行通货膨胀政策，其结果引起私钱泛滥、货币贬值和物价高涨，使公私皆受其害，造成社会不安。

受害最深的首先是广大百姓。正如盐铁判官俞献卿所说：“物价益高，民力积困也。”“天下谷帛日益耗，物价日益高，欲民力之不屈不可得也。”[⑥]官府铸虚值当十大钱、扩大铁钱流通区域和无本发行交子，引起民间盗铸

---

① 《宋史》卷一百八十三《食货志下五·盐下》，第4473页。
② 《宋会要辑稿》兵二四之二。
③ 《宋会要辑稿》兵二二之二。
④ 《宋会要辑稿》兵二二之五。
⑤ 《宋史》卷一百九十八《兵志十二·马政条》，第4936页。
⑥ 《长编》卷一百，宋仁宗天圣元年正月，第887页。

私钱泛滥。在劣币驱逐良币规律的作用下，人们贮藏铜钱不用。尤其是“富家多藏镪不出，民用益蹙”[①]。于是，“旧钱不出，新钱轻，粮刍增价”[②]。同时，官府也珍藏铜钱，抛用铁钱，从而引起人们误解，以为铁钱将不用，谣言不胫而走，大家都收藏铜钱而只用铁钱，铁钱多而贬值，物价飞涨。王巩在《随手杂录》中记载了这种情况：“陕西每铜钱一贯，用铁钱一贯三十文可换。后因常平司指挥诸州勿出铜钱，诸司遂效之。民间相传铁钱将不用矣，家家收蓄铜钱，轻用铁钱，由是钱贱而物加贵。”粮食愈缺价格愈高，富商为了囤货居奇，更不肯出售粮食。如，天圣四年（1026），“京西、河北、淮南诸路谷价翔贵，而富家多蓄藏以邀厚利”[③]。粮食涨价，百姓手中无钱，只好挨饿。同样，由于盐价上涨，致使百姓无盐可吃。如庆历元年（1041）十一月丙寅，“西川近增盐价，致民乏食”[④]。人们不能等死，被迫逃往他乡。如，庆历三年（1043）“冬大旱，河中、同、华等十余州军，物价翔贵，饥民相率东徙”[⑤]。

更可悲的是，在物价已经猛涨，百姓无钱买粮正在挨饿之时，官府又来民间派购粮食和其他军需物资，或以高于市价折纳，百姓只有死路一条。皇祐三年（1051）十一月，据知谏院包拯说：“江淮六路连岁亢旱，民食艰阻，流亡者比比皆是。……而东南岁运上供米……从何而出？未免州县配籴，以充其数。由是民间所出，悉输入官，民储已竭，配者未已，纵有

---

① 《宋史》卷一百八十一《食货志下三·盐上》，第4416页。
② 《长编》卷一百二十九，宋仁宗康定元年十二月戊申，第1176页。
③ 《长编》卷一百四，宋仁宗天圣四年四月壬子，第923页。
④ 《长编》卷一百三十四，第1223页。
⑤ 《长编》卷一百四十五，第1345页。

米价，率无可籴。父子皇皇，相顾不救，老弱者死于沟洫，少壮者聚为盗贼。”[①]又如，康定元年（1040）九月，因陕西抗夏前线天气寒冷，为了供给宋军将士羊裘，一裘需用 5 羊皮，三司“配率诸路，每一羊皮至直五六千（钱），督取严急，民甚苦之”[②]。一件羊裘值钱 25~30 贯，多么高的价格，可见百姓负担有多重。

同时，官府铸行大钱、滥铸铁钱和无本发行交子，引起了民间私铸钱币和伪造交子，致使许多人触犯了法律，因而被捕被杀，社会陷入一片恐怖不安的气氛之中。早在庆历三年（1043）九月，当陕西、河东铸铁钱以助军费时，就发生“民多盗铸，日犯极典”[③]之事。但极刑并不能堵绝私钱，直到嘉祐七年（1062），仍有“群众私铸，与江西盐盗合，郡县患之，督捕甚严……又从而诛之”[④]。当私铸造者被官府逼急时，就干脆去当强盗。铸行虚值货币导致民间私铸，本由宋朝统治者推行通货膨胀政策所引起，却归罪于民，这诚如三司使程琳所说：“用大钱是诱民盗铸而陷之罪。”[⑤]

北宋中期统治者推行通货膨胀政策，不仅使广大百姓受苦受难，对他们统治者来说也等于饮鸩止渴，自己毒害自己，并造成了社会动荡不安的局面。当初他们在铸造大钱和铁钱时，满以为通过发行虚值货币可以降低成本，并向百姓收购到更多的财物，借以解脱财政困境。谁知在当十大钱一出笼和铁钱刚在陕西行用之时，立即出现了货币贬值现象，“物价翔踊，

---

① 《包拯集校注》卷三《请救济江淮饥民》，第 199 页。
② 《长编》卷一百二十八，宋仁宗康定元年九月辛酉，第 1164 页。
③ 《长编》卷一百四十三，第 1324 页。
④ 《长编》卷一百九十七，宋仁宗嘉祐七年十月甲午，第 1827 页。
⑤ 《长编》卷一百十六，宋仁宗景祐二年正月，第 1042 页。

公私患之”[①]。货币流通自有其客观的规律，不是统治者可凭主观愿望恣意胡为的。在货币发行量增加而物资供应不足之时，必然会引起货币贬值和物价高涨。这样一来，官府采购物资，就须付出比以往更多的货币，得不偿失。如庆历二年（1042）以后，陕西前线急需兵粮和其他军需物资，而从各地官府调发不足，因听商人“入中刍粟，予券趋京师榷货务受钱若金银；入中它货，予券偿以池盐。由是羽毛、筋角、胶漆、铁炭、瓦木之类，一切以盐易之。猾商贪人，乘时射利，与官府吏表里为奸，至入椽木二，估钱千，给盐一大席，为盐二百二十斤，虚费池盐，不可胜计，盐直益贱，贩者不行，公私无利”[②]。又如庆历四年（1044），“并边务诱人入中刍粟，皆为虚估，腾踊至数倍，岁费京师钱币不可胜数，帑藏益虚”[③]。庆历七年（1047）十二月，三司使张方平又说：“陕西用兵以来……本道财赋支赡不足，募商人入中粮草，度支给还钱帛，加抬则例，价率三倍。”[④]直到至和二年（1055）十一月，虞部郎中薛向还在慨叹商人高抬粮价给国家带来的损失：“河北……被边十四州悉仰食度支，岁费钱五百万缗，得米粟百六十万斛，其实才直二百万缗尔，而岁常虚费三百万缗入于商贾蓄贩之家。”[⑤]再说买马，因马价不断上涨，嘉祐五年（1060）在陕西买一中等杂马送至京师，“给直并路费，一马计钱数万”[⑥]。嘉祐八年（1063），在秦州买马场，“凡岁用

---

① 《宋史》卷一百八十《食货志下二・钱币》，第 4381 页。
② 《长编》卷一百三十五，宋仁宗庆历二年正月，第 1229 页。
③ 《长编》卷一百四十六，宋仁宗庆历四年二月，第 1348 页。
④ 《长编》卷一百六十一，宋仁宗庆历七年十二月庚午，第 1488 页。
⑤ 《长编》卷一百八十一，第 1675 页。
⑥ 《宋史》一百九十八《兵志十二・马政条》，第 4935 页。

缗钱十余万，荡然流入虏中，实耗国用”[①]。宋廷这种搬起石头砸自己脚的情况，正如庆历八年（1048）翰林学士张方平、宋祁、御史中丞杨察与三司使叶清臣共上《陕西钱议》中所说："关中用大钱，本以县官取利太多，至奸人盗铸，其用日轻。比年以来，皆虚高物估，始增直于下，终取偿于上，县官虽有折当之虚名，乃受亏损之实害。”[②]

宋廷推行通货膨胀政策，不仅没有从中得到实惠，反而因货币贬值、粮食涨价，使民众乏食，还要经常减价出卖国库或常平仓的粮食去赈济穷人，在财政上又多了一层损失。如庆历元年（1041）十一月丙辰，“京城谷贵，发廪粟一百万斛减价出粜，以济贫民”[③]。庆历四年（1044）正月庚午，“京城积雪，民多冻馁，其令三司置场减价出米谷薪炭以济之”[④]。同月丁丑，因陕西谷价翔贵，“转运司出常平仓米贱粜贫民”[⑤]。又如，庆历八年（1048）十一月壬戌，“以畿内物价翔贵，于新城外置十二场，官出米，裁其价，以济贫民”[⑥]。此外，三司为了避免损失，曾在皇祐四年（1052）七月辛未上奏，请求在向开封府诸县四等以上户用布买草时，“以登、莱州端布折价千三百六十（钱）、沂州匹布千一百”。可见，在物价高涨已严重影响商品经济发展之时，国家岂能再推波助澜。因此，仁宗对辅臣说："价太高则恐伤民，宜减端布为千二百、匹布千钱。”[⑦] 皇祐五年（1053）五月

---

① 《宋史》一百九十八《兵志十二·马政条》，第 4935 页。
② 《长编》卷一百六十四，宋仁宗庆历八年六月丙申，第 1511 页。
③ 《长编》卷一百三十四，第 1223 页。
④ 《长编》卷一百四十六，第 1345 页。
⑤ 《长编》卷一百四十六，第 1348 页。
⑥ 《长编》卷一百六十五，第 1519 页。
⑦ 《长编》卷一百七十三，第 1591 页。

戊申，仁宗听说“诸路转运使多掊克于民，以官钱为‘羡余’入助三司经费，又高估夏秋诸物，抑人户输见钱”，下诏“禁绝之”。[①] 物贵已给朝廷造成了麻烦，给民众带来了困苦，地方官府岂能再带头去压榨百姓并虚抬物价！

至于益州交子务无本发行交子，并借给秦州60万贯用于入中粮草，这给知益州文彦博加上了一层沉重的压力。因为交子分界发行，一旦界满，百姓持交子赴官要求兑现，官府无钱还给，将会破坏交子之法，并使公私皆陷入困境。

另外，宝元二年（1039），官办交子务将开创时面值一至十贯的交子，改为五贯、十贯两种大面额交子，且八成是十贯交子，这造成零售商与百姓进行小额贸易发生困难，扰乱了市场的正常秩序，也严重阻碍了商品经济的广泛发展。

北宋中期统治者推行通货膨胀政策所引发的种种消极后果，使他们普遍感到现行币制问题之严重，因而决定降低大钱和铁钱的名目币值，调整铁钱与铜钱的比价，使流通货币接近其实际价值。但在调整币值的过程中，却又给广大百姓带来了惨重的经济损失，并引起了强烈的群众骚动和反抗，致使社会呈现出不安的局面。

庆历六年（1046），知并州郑戬因见河东铸行铁钱与铜钱等值使用从而迅速贬值，便以铁钱二当铜钱一，实行一年后又改为以三当一或以五当一。在铁钱以三当铜钱一的命令公布后，手中持有铁钱的民众经济损失惨重。于是，兵民相互串联，数千人同去走马承受衙门投诉。走马承受是皇帝派往各路的侦伺官，以三班使臣及宦官担任。因“承受，中贵人，不能

---

① 《长编》卷一百七十四，第1608页。

遏。又群噪州门，守门者拒不得入。戬闻，悉召至庭下，推首谋者数十人，黥隶他州，事乃定”[①]。通货膨胀受害的是百姓，通货紧缩受害的还是百姓，他们投诉无门，聚众抗议的结果只能是刺面发配去异乡服苦役。

自庆历年间陕西大钱、铁钱贬值后，庆历八年（1048）六月张方平、叶清臣等上《陕西钱议》，请以江南、仪、商等州大铜钱一当小钱三，并以小铁钱三当铜钱一。七月，又请河东小铁钱如陕西也以三当一。仁宗批准了这个建议。

庆历八年（1048）正月，傅永由梓州路转运使调到陕西任职。当时，关中正行用当十大铁钱，盗铸蜂起，公私皆受损害。傅永到任后，便一边上书献策请变钱法，一边用大铁钱低息贷给农民以救其贫乏。傅永传檄各州县，雷厉风行，共贷出280万缗，官府所有大钱全部脱手，百姓大悦。谁知不久朝廷下令以小铁钱三折大铁钱一，百姓借得的当十大铁钱贬值成为当三钱，吃了大亏。“民出不意，破产失业，自经死者甚众。”[②]

朝廷虽下令已将当十大铜钱改为当三小铜钱、当十大铁钱改为当三小铁钱，但盗铸仍未止。于是，嘉祐四年（1059）二月，又将陕西当十大铜钱、大铁钱都改为折二钱。“然令数变，兵民耗于资用，类多咨怨。”[③]

第三节　与遏制通货膨胀相关的改革终于失败

北宋中期，由于统治者的逐渐腐败，消费过度，“三冗”开支巨大，

① 《宋史》卷二百九十二《郑戬传》，第9768页。
② 《长编》卷一百七十二，宗仁宗皇祐四年二月庚辰，第1579页。
③ 《长编》卷一百八十九，宗仁宗嘉祐四年二月己卯，第1738页。

加上天灾人祸的危害阻碍了生产发展，致使商品供不应求，引发通货膨胀，同时使国家财政陷入困境。为形势所迫，统治集团中有不少人呼吁进行政治和经济改革，以图遏制通货膨胀和摆脱财政危机，使国家重新走上正常发展之路。然而上层权贵中的保守势力，为维护其既得利益，对改革进行阻挠和破坏，从而使改革无果而终，将通货膨胀和国家的财政困难留给了下一代神宗朝。

一、保守势力无心改革

早在宋真宗末期，因过度消费而造成的财政困顿已露端倪，至北宋中期仁宗即位之初，这种财政危机不仅未见减轻，反而日益加重。虽然不少有志之士多次要求改革弊政，整顿吏治，恢复和发展经济，但因上层权贵既得利益者因循守旧和安于现状，无心改革，改革也就难以实现。

（一）仁宗前期施政弊端

北宋前期的经济，在立朝初年相当萧条，经过宋太祖、太宗和真宗的努力,逐渐得到了发展。尤其是真宗景德元年（1004）宋与契丹签订了“澶渊之盟”后，结束了宋初与契丹的40年战争，换来了和平环境，宋王朝开始走上富强之路。但也正因为这种安定富裕的处境，使宋朝统治者开始变得奢侈腐败。举国上下，顿觉天下无事，歌功颂德，游宴成风。从大中祥符元年（1008）开始，宋真宗借天命以自重，伪造所谓“天书下降”神话，东封泰山，西祀汾阴，并大兴土木，建造庄丽无比的佛寺道观。朝野一时满天神佛,鬼话连篇,一派乌烟瘴气。而且为了天书封祀,更增设圣节,大办各种祭祀典礼，滥行封赏，以表太平盛世的到来和皇帝的圣明。而其结果是劳民伤财，物价腾飞，财政危机，国力削弱，后患无穷。同时，由于滥施封赏，官员人数不断增加，虽无战争，军队规模反而迅速扩大。至北宋中期的仁宗天圣元年（1023），冗兵、冗官、冗费的“三冗”局面基本上已经形成。为了应付这“三冗”的巨大开支，北宋统治者的主要应对办法是加强对百姓的搜刮。当时，权三司使李咨说：“今西北寝兵二十年，而边界如故，他用浸广。”盐铁判官俞献卿则说：“天下谷帛日益耗，物价日益高，欲民力之不屈不可得也。今天下谷帛之直比祥符初增数倍矣！人皆谓稻苗未立而‘和籴’，桑叶未吐而‘和买’，自荆湖、江、淮间民愁无聊。转运使务刻剥以增其数，岁益一岁，又非时调率营造，一切皆出于民，是以物价益高，民力积困也……自天禧以来，日侈一日，又甚于前。”俞献卿形容这种情况是“卮不盈者漏在下，木不茂者蠹在内”。[①]

乾兴元年（1022）二月十九日，真宗驾崩，仁宗继位。根据真宗遗诏，刘皇后成为皇太后，垂帘决事，史称章献太后。当时，仁宗年仅十三岁，由太后临朝称制。刘太后思想保守，其施政几乎全部遵循真宗的做法，毫无创新之处，而且她所继承的主要是真宗朝各种政策的弊端。仁宗从“孝”心出发，亦步亦趋，不敢违抗。因此，“三冗”弊端不仅未能减轻，反而日益加重。

天圣元年（1023）二月，太后诞节，仍用道家法、内外为斋醮，靡费甚重。宰相冯拯奏请节约用度，仁宗及太后说，“此先帝意也”。并令礼仪院裁定：“帝及太后诞节，本命宜如旧，他节命八宫观迭醮。”每年大醮20，分醮1200，“斋官第给汤茗”。[②]六月，真宗永定陵占民田18顷，估

① 《长编》卷一百，宗仁宗天圣元年正月，第887页。
② 《长编》卷一百，宋仁宗天圣元年二月庚申，第890页。

钱 70 万，仁宗特给 100 万。原来，朝廷禁止寺观买田，天圣二年（1024）七月，为了给真宗“植福”，赐荆门军玉泉山景德院白银 3000 两买田，为僧人不劳而食创造了条件。至天圣二年（1024）十二月，据权判都省马亮说：“天下僧以数十万计，间或为盗，民颇苦之。”[①] 天圣五年（1027），刘太后还大出金帛重修景德寺。同年，又崇建塔阁，议营金阁，费用不可胜计。刘太后曾派内侍于永兴军建造浮图，破坏历史文物，悉毁汉、唐碑碣以代砖瓦。此外，每逢灾异，甚至常在布政会朝的文德殿，聚集僧道进行祈禳，念经唱呗。尤其是朝廷在京城大造寺观，使首都人民厌恶土木之劳。天圣七年（1029）六月，玉清昭应宫遭雷电焚毁，太后大哭，为真宗力成此宫一旦被焚而痛惜，意欲重建，结果因山木已尽，人力已竭，重建困难，加上大臣们的劝阻，太后才打消了修复的念头。但天圣八年（1030），仍命三司建太一宫及洪福等院，购木材于陕西，同判河中府范仲淹上言，以为大兴土木破民产非顺人心之举，结果范仲淹被调往陈州。此外，刘太后还派内侍张怀信修山谷寺、建资圣浮图等。

刘太后当政时期，宫廷生活依然十分奢侈。不仅北宋前期以销金为服饰的禁令未能切实执行，宫中更以翡翠为服玩，甚至下诏去南越采购。刘太后临朝时，臣僚戚属多进女入宫。同时，每次举办各种祭祀，必滥行赏赐。天圣六年（1028）正月，因南郊赏赐军士不能满足汾州广勇军的过高欲望，引起了士兵骚乱。结果骚乱虽被平定，而朝廷仍下诏，今后如南郊军赏有缺，要劾罪三司官吏。由此可见，士兵的骄纵与朝廷一贯的滥赏有关。此外，仁宗即位不久，即讲求享乐，天圣二年（1024）八月，因崇政

① 《长编》卷一百二，宗仁宗天圣二年十月丙寅，第 910 页。

殿举办宴会，乐工奏技不精，便下诏成都府召优人许朝天等以补教坊。监察御史李宏认为，仁宗刚即位，未能彰显岩穴遗才而首召伶官，不利于推广皇帝的美德，仁宗才将许朝天等罢归。

刘太后当政时期，除了宫廷冗费有增无减外，冗兵、冗官状况也日趋严重。军队的人数和给养也不断增加。到天圣六年（1028）宋与契丹讲和已近30年，而边境仍然常屯重兵，消耗着国家大量钱财。而且还继续将大批罪犯黥刺为兵，以致衣食不足。同时，官僚队伍不断扩大，尤其是权贵官僚之亲属子弟以恩泽封官的人数极多。

"三冗"经费增加，其来源主要是向百姓搜刮。但百姓穷困，往往力不能供。如天圣三年（1025）八月，据夔州路提点刑狱盛京说：忠州盐井岁增课，主者多至破产而不能输；奉节、巫山两县营田户负税逃绝，里胥代纳户税；万州民粜谷而官收税钱，皆为民害。同年，种茶园户输岁课不足者，官府令其入息，"而园户皆细民，贫弱力不能给，烦扰益甚"[①]。又据天圣六年（1028）的记载，各路官府向民间科买上供物，不顾用之缓急、物之轻重、民受其弊。真宗曾赐各地官员职田"养廉"，而不良之官员往往多收租税残害小民。由于官府苛重的剥削，导致官民矛盾日益尖锐，百姓常以各种方式进行反抗，从而被判死罪。官吏审判草率，多滥杀无辜。据判刑部燕肃奏：天圣三年（1025）判死罪者2436人，几乎是唐朝的百倍。[②]

至于天圣年间的宰执和大臣，其中不少是贪而无能只知谋取私利的奸邪之人。宰相王钦若为了讨好皇帝和太后，附和朝廷大兴土木建造寺观，

① 《长编》卷一百三，宋仁宗天圣三年十一月己卯，第918页。
② 《长编》卷一百四，宋仁宗天圣四年五月己卯，第924页。

因而受到仁宗和太后宠信。天圣二年（1024）三月，王钦若之婿张瓌和参知政事吕夷简之弟吕宗简被赐予进士及第。天圣三年（1025）王钦若死时，太后临奠流泪，录用其亲属及亲信20余人。其他官员也一心想通过媚上得以晋升。如，户部郎中夏竦，被世人视为奸邪，他竟在丁母忧期间，偷偷跑到京城要求起复，并依靠宦官张怀德和宰相王钦若为内助，终于被任为知制诰。又如，司天监主簿苗舜臣佞媚取宠，妄言灾害，以灾为福。平时，皇上极少召朝臣问政，朝臣们也少进善言。皇上只赐恩泽，又常不通过中书，以宫内降旨封官，臣下只图侥幸，上下皆蔽。天圣五年（1027）九月庚戌，太常博士谢绛上疏说，当时"奸邪者易进，守道者数穷，政出多门，俗喜由径"①。百官、宗室常受人贿赂，将行贿者冒充为其亲属奏官。而受贿官吏可用祖荫赎罪。自大中祥符以来，皇上大搞迷信活动，倾心于天降祥瑞，听不进忠臣们的谏诤之言，奸臣们则假造符瑞欺蒙皇帝。总之，当时官风极其不正，官僚们多不讲名节，贪而无耻，专务营私，或老而无才，不愿退休。由这样的官员掌权，岂能为民谋福，朝政怎能清明！

明道二年（1033）三月，章献太后去世，遗诏册皇太妃杨氏为太后，宋仁宗开始亲政。仁宗生性仁弱忠厚，他虽不是暴君，但也非明主，只是个庸君。他个人日常生活颇为节俭，对当时国家的政治、经济方面的弊病也有所担忧，并进行了稍微的改善。然而终因他缺乏施政魄力和铁腕手段，在富国强兵和革新大政方面并无很大作用。相反，在他统治时期，"三冗"问题和财政危机更趋严重，通货膨胀也因而未能得到完全的遏制。

仁宗亲政之初，也想有一番作为。明道二年（1033）四月，他下诏罢

---

① 《长编》卷一百五，第940页。

创修寺观、裁抑侥幸。他一度十分勤政，退朝后必亲自阅览天下奏章。日常饮食服装也较俭朴。明道二年（1033）十二月，曾放出宫女200人。景祐元年（1034）闰六月，又毁天下无数寺院，罢后苑作所用玳瑁、龟筒。次年五月，禁止镂金为妇人首饰。此外，还做了一些赈济灾民和减缓赋役之事。但这些只是小打小闹，而且并未认真彻底执行，在重大的经济、政治环节上未见有明显改善。同时，因失去了刘太后的约束，仁宗的日常生活开始变得荒淫起来。景祐二年（1035），他废郭皇后，宠爱尚、杨二美人，每夜侍寝。同时，“倡优日戏上前，妇人朋淫宫内，饮酒无时节，钟鼓连昼夜”[①]。仁宗因过于沉湎于女色，身体虚弱，甚至整天不进食，双日不坐朝，宰臣上殿奏事，止于数刻。后经杨太后的劝阻，仁宗无奈才将尚、杨二美人别宅安置。更重要的是“三冗”开支依旧十分浩大。军队人数本来已经很多，以致军储严重不足，却仍不断招募，使军费负担很重。官吏数量早已超编，人浮于事，却仍不断加员。如景祐二年（1035）正月，蒋堂调任淮南转运使兼发运司事，他每年推荐部吏200员。又如，三司的冗吏极多，而且不少人老病不知书计，朝廷欲行精简，即有吏人朱正等纠集百余人去宰相府闹事，投瓦砾，出恶言，气势汹汹，骄纵不可一世。冗官众多的重要原因之一是权臣们常常擅自任用私人。如，吕夷简执政，仕进者多出其门；宰臣王随借病不干正事，常提拔亲旧，怡然自得。至于宫廷靡费和滥赏也有增无减。如，皇帝年轻，左右为献媚讨好，大量制造奢侈品，因而后苑珠玉之工颇盛。影响所及，京师“士民”穿着豪华，一衣之值不下千万，所谓京师“士民”，显然都是权贵豪强。虽然仁宗曾下诏停罢创

---

① 《长编》卷一百十五，宋仁宗景祐元年八月庚午，第1033页。

修寺观，实际上各种寺观仍照建不误。如，景祐三年（1036）七月，保庆太后杨氏购地新作延宁观，又施钱在泗州新建普济院，还下诏给田10顷。次年三月，又出庄惠太后阁金千两，购庄园、邸舍以给万寿观。皇帝仍迷信符瑞，景祐四年（1037）五月，有芝生于化成殿柱，仁宗竟召集近臣宗室往观，并御制《瑞芝诗》赐臣下，宰相王随以下文官都作赋加以歌颂；各种祭祀照旧举行，景祐四年（1037）十二月，仁宗甚至在大朝会之所大庆殿等处各建道场，还派使者遍至名山福地举办精祷仪式。此外，仁宗还亲近俳优，“燕乐逾节，赐予过度”①，致使用度不足。

“三冗”经费从何而来？仁宗在位前期，我们很少看到有发展生产和开源节流等重大而切实有效的举措。相反，上自朝廷下至各路转运使以及州县，皆千方百计向民间搜刮，“严峻用刑，所急之须，惟财赋是务，尽农亩之税，山泽之利，车舟、屋宇、虫鱼、草木，凡百所有，无一不征。共知困穷，都为赋敛。自来天下财货所入，十中八九赡军，可谓多矣”②。在这种情况下，百姓穷困，无法生存，岂能发展生产！如，当时实行食盐国家专卖，官府却不发给亭户制盐本钱，致亭户贫困，起为“盗贼”。又如，各地虽多建有常平仓，但未能及时储备粮食，丰年谷贱时常被豪姓商贾乘时贱收。常平仓制度不立，有名无实。即使稍有积贮，也常被官府以供军为名而借用。一旦遭遇灾荒，百姓饥饿，无以赈济。国家财政拮据，缺钱使用，景祐二年（1035）正月，朝廷竟不惜自坏钱法，批准并鼓励三司度支判官许申去以药化铁杂铸假铜钱，欺诈人民。

---

① 《长编》卷一百二十一，宋仁宗宝元元年正月乙卯，第1093页。
② 《长编》卷一百二十四，宋仁宗宝元二年九月，第1122页。

事在人为，要节约开支，要发展生产，必须有清廉而能干的官员去推行。可是，仁宗前期的官员大多是腐败无能之辈。景祐元年（1034）三月辛酉，据开封府判官谢绛说，当时官吏多不甚称职："才者掠取功名，以严急为术，或辩伪无实，数蒙奖录。愚者期会簿书，畏首畏尾。二者政殊而同归于弊。"[①]至于宰执之间，常为争权夺利而进行互斗。如宰相吕夷简忌妒宰相李迪，常在仁宗面前讲他的坏话，致使李迪罢政；李迪怨恨吕夷简，也向仁宗揭发其违法之事。后来，吕夷简又与宰相王曾闹矛盾，在仁宗面前相互攻击，争论不休。同时，宰相们常专擅政权，提拔亲信，排斥异己。又如，宰相王随并无才略，只知延纳僧道，信奉巫祝，贻笑中外。他还借病不见皇帝。皇帝召问，勉强入见，也表现得寡识不恭。王随借皇帝宠信，每日只在中书上班，五日一朝。另一位宰相陈尧佐则因年老不能办事。当时，曾有"中书翻为养病坊"之语四处流传。由这么一些人执政，怎能精诚团结去办利国利民的大事。

（二）正直官员呼吁改革

从宋真宗大中祥符元年（1008）以来至宋仁宗宝元元年（1038）宋夏战争爆发前夕，这三十年中赵宋王朝因"三冗"消费过度而造成的财政困难和物价高涨，不能不使当时众多有志之士感到担忧，并纷纷要求改革弊政。财政之所以困难和物价之所以高涨，"三冗"开支过大固然是其直接原因，而其根本原因却在于政治腐败、赋役苛重、百姓贫困、生产萎缩以致商品供不应求。因此，为了克服财政困难、增加物资供应、实现物价平衡，必须对症下药，也就是应当千方百计做到开源节流，轻徭薄赋，发展

---

① 《长编》卷一百十四，第 1024 页。

生产，缩减“三冗”经费。同时，为了改革的顺利进行，关键还在于整顿吏治，实现政治清明。当时，一些关心国事的官员，大多也都围绕着这些内容，向皇帝提出了他们的改革建议。

早在仁宗即位的天圣元年（1023）正月，就有权三司使李咨提出：赋税收入有限，而边防经费负担太重，“戍兵虽未可减，其末作浮费非本务者，宜一切裁损，以宽敛厚下”。盐铁判官俞献卿也认为，赋敛太重，物价日高，民力积困，希望仁宗能“与公卿大臣朝夕图议而救正之”。① 他们说的都是实情，初登皇位的仁宗也想减轻财政压力，便命御史中丞刘筠、提举诸司库务薛贻廓与三司同议裁减冗费。至于议论结果如何？有否为全面切实可行的节省措施？未见记载，也许只是虚晃一枪，事实正是如此，就在同年二月，为庆祝仁宗即位和太后诞节，仍然是靡费甚众。宰相冯拯建议应节省用度，仁宗和刘太后认为这是真宗的原意，命礼仪院裁定，结果虽斋醮规模稍有缩小，而新定设醮州府，赐宴如旧。八月间，有芝生于天安殿柱，仁宗以为祥瑞，召群臣前往观看，群臣奉表称贺。当时，监察御史鞠咏上奏规劝：“陛下新即位，河决未塞，霖雨害稼，宜思所以应灾变。臣愿陛下以援进忠良、退斥邪佞为国宝，以训劝兵农、丰积仓廪为天瑞，草木之怪，何足尚哉！”② 鞠咏提请皇上防治灾害，整顿吏治，训练士兵，劝农积谷，反对宣扬所谓天降“祥瑞”，可说切中时弊，但未见皇上对此有所反应。

天圣初，又有大理评事、通判兖州绵州贾同上书言：“自祥符以来，谏诤路塞，丁谓乘间造符瑞以欺先帝。今谓奸既白，宜明告天下，正符瑞

① 《长编》卷一百，第 889 页。

② 《宋史》卷二百九十七《鞠咏传》，第 9887 页。

之谬，罢宫观崇奉，归不急之卫兵，收无名之实费，使先帝免后世之议，国家无因循之失。”[①]贾同反对迷信符瑞，要求减冗兵、省冗费，触犯了太后的保守思想，因此而被贬官。

天圣二年（1024）十二月，权判都省马亮以全国僧徒太多，数以千万计，有的还当强盗危害民众，便请求减少每年度僧人数，并不许曾有犯罪前科的人为僧。对于禁止僧人为盗和罪犯为僧之事，朝廷不能不同意，但太后、皇帝对建造寺院、举办佛事和赏赐僧人的热情依然未减。

天圣四年(1026)五月，判刑部燕肃以天圣三年(1025)判死刑人数太多，几近唐代百倍，要求各地司法官吏谨慎从事，凡判死罪者必须全部向上级法寺奏请复核。仁宗为了表示自己有“好生之德”，同意上报复核死刑案件，但在下诏时却打了折扣，规定只许死罪情理可悯或刑名有疑者备案上报复查。

天圣五年（1027）九月庚戌，太常博士、秘阁校理、国史院编修官谢绛上疏，认为连年水旱，百姓死亡，粮食无收，是因政令逆时，上下皆蔽所致。为此他要求皇帝下罪己之诏，修顺时之令，开放言路，斥退近幸。他又批评仁宗优柔寡断，朝令夕改，失信于天下；指责在朝之臣，不进善言，只图侥幸。他希望仁宗更选贤者，分职受事；并下诏引咎，许士大夫上言讥切时病。他更进一步建议朝廷“罢不急之役，省无名之敛，勿崇私恩，更进直道”[②]。谢绛要求皇帝引咎自责，革新政治，轻徭薄赋，言语十分尖锐，也颇切中时弊，但奏疏上去之后，却未见皇帝有任何表态。

---

① 《长编》卷一百九，宋仁宗天圣八年正月甲戌，第 972 页。
② 《长编》卷一百五，第 940 页。

天圣六年（1028）七月乙未，以王沿为河北转运副使。王沿曾上奏，认为宋与契丹通和已三十年，沿边地区仍屯重兵，坐耗国家资财，“请教河北强壮以代就粮禁军之阙；罢招厢军，以其冗者隶作屯田。行之数年，渐成销减，而强壮悉为精兵矣”[①]。同时，王沿又说:法律规定犯罪者以绢估值代罚，而朝廷却以敕代律，将罪犯黥刺为兵，因谪卒太多，以致衣食不足；他希望不再黥谪罪犯为兵，而依律只以绢估值定罪。王沿的奏疏，旨在削减禁军、厢兵，驱冗兵屯田劳动，并不再黥刺犯人当兵，这对节省国家军费应是有效之举，却不见朝廷给予答复。

天圣七年（1029）六月丁未，大雷电焚毁了宋真宗竭天下之力而建成的玉清昭应宫，太后意欲重建。当时，年仅二十一岁的太庙斋郎苏舜钦到登闻鼓院上疏。他认为：连月阴雨，农田被灾，是朝廷用人不当、赏罚不平所致，玉清昭应宫被焚，是上天的警告。他希望皇帝能降服减膳，下罪己之诏，痛自反省，“罢非业之作，拯失职之民，察辅弼及左右无裨国体者罢之，窃弄威权者去之，念政刑之失，收刍荛之论，庶几可以变灾为祐”。然而结果不仅不见皇上反省罪己，却欲兴工修复玉清昭应宫，使京都之人感到惊疑。苏舜钦说：“（真宗皇帝）勤俭十余年，天下富庶，帑府流行，及作斯宫，及其毕功，海内虚竭。陛下即位未及十年，数遭水旱，虽征赋咸入，而百姓困乏，若大兴土木，则费用不知纪极。财力耗于内，百姓劳于下，内耗下劳，何以为国！”“今为陛下计，莫若采吉士，去佞人，修德以勤至治，使百姓足给而征税宽减，则可以谢天意而安民情。”[②]苏舜钦

① 《长编》卷一百六，第951页。
② 《长编》卷一百八，第965—966页。

利用传统的天人感应、上天垂戒之说，要求皇帝广开言路，革新政治，节省冗费，减免赋税，乃是有的放矢，切中时弊。结果，因限于当时山木已尽、人力已竭的客观条件，朝廷无奈，虽下诏不再重修玉清宫，但未见有其他更多利国利民的革新举措，而在第二年却又兴建太一宫及洪福等院，派人前去陕西采购木材。

天圣七年（1029）八月丁亥，因有人上奏反映"职田有无不均，吏或不良，往往多取以残细民"，故朝廷下诏"罢天下职田"。[①] 然而至天圣九年（1031）二月，朝廷即以官吏禄薄应给田以养廉为由，又下诏复职田。宋朝给予官员的照顾真是无微不至。

天圣八年（1030）三月庚辰，朝廷命三司去陕西采购木材9.4万余条以建太一宫及洪福等院，同判河中府范仲淹上言以为"今复侈土木、破民产，非所以顺人心、合天意也"，因而被调往陈州。范仲淹不屈不挠，又上言批评"恩幸多以内降除官，非太平之政"，批评矛头显然针对刘太后，刘太后当然不愿听他的话。[②]

明道二年（1033），刘太后死，仁宗亲政，一向依附刘太后的宰相吕夷简一变常态，"手疏八事，曰正朝纲，塞邪径，禁贿赂，辨佞壬，绝女谒，疏近习，罢力役，节冗费"。仁宗与他商议罢去原太后任用之人，因郭皇后认为吕夷简原是太后之人，"但多机巧善应变而已"，结果吕夷简也被罢为武胜节度使，同平章事，判陈州。[③] 吕夷简趁仁宗亲政之机，能提出严肃朝纲、整治官风、爱惜民力、节省冗费等革新大计本非坏事，由于仁宗

---

① 《长编》卷一百八，第967页。

② 《长编》卷一百九，第974页。

③ 《长编》卷一百十二，宋仁宗明道二年四月己未，第1002页。

因人废言，终于未能抓住亲政时机，及早开展政治、经济的系统改革。

明道二年（1033）七月，右司谏范仲淹因江、淮、京东发生自然灾害，请朝廷派遣使者前去视察，朝廷不答。范仲淹请问：如果宫中半日不食，将会如何？今数路百姓饥饿，怎能置而不顾！于是朝廷便命他去安抚江、淮。他到任后，即开仓赈饥，禁淫祀，奏免庐州和舒州的折役茶、江东的丁口盐钱，并将饥民所食之乌昧草进御，请示六宫贵戚，以戒侈心，要那些高高在上的权贵得知民生的艰难。同时范仲淹又上疏陈说八事。其一，他说宋初江淮上供粮食极少，祖宗犹得以养六军取天下，而今东南岁供漕米 600 万石，府库财帛皆出于民，民却挨饿。为此，他希望朝廷裁撤后苑各种造作机构，以继承祖宗节俭的优良传统。其二，他要求朝廷革除暴敛和滥赏，重视节省和贮财，以便急难时不扰于民。其三，他认为物产有限而国家耗用无度，天下怎能不困。江、淮、两浙诸路每年于租税之外又入籴粮食、仅东南数路不下二三百万石，以致丰年谷价亦高。至于造船及运粮兵夫的费用每年又五七百万缗。因此，民不暇给，商贩失业。国家大量供运粮食，谓之有备，然而冗兵冗吏充塞京都，游惰无所事事。他要求朝廷“销冗兵，削冗吏，禁游惰，省工作”，以减少馈运，降低粮价，节省官钱，恢复通商，使国用不乏，东南罢籴。其四，他认为养兵应精，今每名禁军一年费钱不下百千，大耗国用。为此，他建议朝廷及早裁汰老弱之兵，放归田园。其五，他说边疆买马每年花钱几百万缗，而自古骑兵多未必就能打胜仗，但不买马又会影响与戎人的互市贸易。在两难之间，他建议将所买之马转卖给民间牧养，万一边防需要，可一呼而集。这样，既可外慰戎心，内为武备，又能节省国家养马之费。其六，他说江淮发运司每年漕运 600 余纲，如国家稍节用度，则可减少因纲运有功而酬奖升官之人数。其七，他认为朝廷各类机构重叠，冗官日益增多，如能适当精简机构，则可减少一半官员。其八，他说真州建长芦寺，用于役兵之粮已 4 万斛，用于造屋塑像之资又 30 万缗，如能将此钱粮用于民则可减轻赋敛，用于官则可增加俸禄，用于兵则可开拓疆域。[①] 范仲淹的这八条建议，其主要内容为节省“三冗”费用，减轻百姓负担，事关国家财政大计，理由充分，论证有力，仁宗不能不表示“嘉纳”，但未见他有什么改革的实际行动。

景祐元年（1034）三月初，开封府判官谢绛上言，认为蝗灾蔓延，民不聊生，是由于吏不称职所致。“夫为国在养民，养民在择吏，吏循则民安，气和而灾息。”[②] 因此，他建议知州可自选下属之县官，“务求术略，不限资考”，以改善官吏素质。谢绛上言结果如何？未见朝廷有改革选官制度的新政策出台。

景祐元年（1034）五月，三司使程琳上疏：“兵在精不在众，河北、陕西军储数匮，而招募不已。其住营一兵之费，可给屯驻三兵，昔养万兵者，今三万矣……愿罢河北、陕西募住营兵，勿复增置，遇阙即选厢军精锐者补之。”“帝嘉纳焉”，却未见冗兵有所减少。[③]

景祐元年（1034）十二月二十九日，监察御史里行孙沔上言。他说，自范仲淹等因谏被黜之后，所在官员尽思缄默，希望皇上能对进谏者“贷以宽恩，特免投窜”。接着孙沔又上言，他批评仁宗自去秋以来，一年之中无百余日上朝视事，宰臣上殿奏事只有数刻时间，“天下万务，得不旷哉”！他希望仁宗能每天坐朝，“推择大臣，讲求古道，降以温颜，俾之极论。

---

① 《长编》卷一百十二，第 1007—1008 页。
② 《长编》卷一百十四，第 1024 页。
③ 《长编》卷一百十四，宋仁宗景祐元年五月乙丑，第 1027 页。

外则逐刺史、县令无状老懦贪残之辈，内则罢公卿大夫不才谄佞之士。掖庭之中，简去幽旷，官寺之内，抑损重任”[①]，皇上应为敦教民众做出榜样。孙沔竟敢指责皇帝压制言论和怠惰旷政，于是他先被贬为潭州衡山县知县，再被贬降为监永州酒税。

景祐二年（1035）正月，朝廷因缺钱用，竟批准度支判官、工部郎中许申去铸造以铁为主要币材的假铜钱。天章阁待制孙祖德上言反对，认为："伪铜，法所禁，而官自为之，是教民欺也。"[②]朝廷带头违法铸造伪劣钱币，而且不听劝谏，甚至贬孙祖德出知兖州。

景祐三年（1036）三月，权判户部勾院叶清臣，上疏请罢茶叶专卖。他认为国家实行茶叶专卖，封园置吏，一切官禁，民有触犯，既没其资产，又加之罪，黥刺流放，而实际上专卖费用甚大，所收甚薄。朝廷有剥削园户和聚敛之名，而利归豪族富商，无补于国。因此，叶清臣建议改茶叶专卖为通商，只收税钱。这样，既可省却成本，无运输之劳，又能使官收实利，民免刑罚。朝廷命三司与详定所研究后上报，皆以为不可行。

权知开封府范仲淹常直言无忌，被大臣权幸们所厌恶。景祐三年（1036）五月吕夷简执政，仕进者多出其门，范仲淹上言，认为按选官之法，皇帝应当了解官员升降之序，进退近臣，不宜全委宰相，批评矛头直指吕夷简，引起了吕夷简的不悦。吕夷简便对仁宗说范仲淹迂阔，有名无实。范仲淹即向仁宗献上四论：一曰《帝王好尚》，二曰《选贤任能》，三曰《近名》，四曰《推委》，大抵讥指时政。他又提醒仁宗，说朝中有坏皇帝家法之人，

---

① 《长编》卷一百十五，第1040页。

② 《长编》卷一百十六，第1042页。

不可不早辨，实为暗指吕夷简。吕夷简大怒，向仁宗诉说范仲淹越职言事，荐引朋党，离间君臣。范仲淹与吕夷简交章对析，言辞愈切，因而被落职知饶州。侍御史韩缜为迎合吕夷简，请将范仲淹朋党之罪，榜于朝堂，以戒百官越职言事，仁宗同意这种做法。天章阁待制李纮、集贤校理王质同情支持范仲淹，称其为“贤者”。范仲淹遭贬，谏官、御史皆闭口不敢上言，而秘书监、集贤校理余靖却上言批评仁宗“自亲政以来，三逐言事者，恐非太平之政”[①]，因而也落职被贬为监筠州酒税。又有馆阁校勘尹洙视范仲淹为师友，范仲淹以朋党得罪，尹洙自愿连坐，宰相恼羞成怒，将他贬为监郢州酒税。还有镇南节度掌书记、馆阁校勘欧阳修认为范仲淹为人刚正、通古今，朝臣中无人可比，今皇帝与宰相不应以忤意逐贤，并指责右司谏高若讷身为谏官，不能挺身而出为范仲淹辩护，不知人间有羞耻事！高若讷向皇帝揭发欧阳修，欧阳修为此被贬为夷陵县令。西京留守推官蔡襄乃作《四贤一不肖诗》，指范仲淹、余靖、尹洙、欧阳修为贤者，斥高若讷为不肖之人。泗州通判陈恢上章请求追究蔡襄作诗之罪，左司谏韩琦却弹劾陈恢越职言事妄希恩幸，于是追究蔡襄之事也就不了了之。事后，又有光禄寺主簿苏舜钦上疏，认为范仲淹刚直不挠，今被人中伤而贬官，将使正臣夺气，鲠士咋舌，小臣畏罪不敢言，下情不得上达，皇上会处于孤危境地，朝中可能出现指鹿为马的奸臣。范仲淹因直言被诬为朋党之事，得到了众多朝臣的同情和辩护，由此可见，革除弊政和整肃吏治，已成为当时正直官员的共同愿望。

景祐四年（1037）五月，因芝生化成殿，仁宗御制《瑞芝诗》。右司

---

① 《长编》卷一百十八，宋仁宗景祐三年五月辛卯，第 1068 页。

谏韩琦上言，劝仁宗不要宣扬“祥瑞”，应以勤政和防止灾害为重。仁宗把这类劝谏只当耳边风，他的迷信思想未改。六月，他听信占卜者“东南有王气”之言，将原奉安于扬州建隆寺的太祖御容改为塑像，更命名新殿为“章武”。十二月乙酉，韩琦又因忻、代、并三州发生地震，借题发挥，劝仁宗平赏罚、节财用、罢淫祀，并改革军政，严防外患，建议自今严饬守臣，密修兵备，审择才谋之帅，悉去懦弱之士，明军法以整骄怠之卒，丰廪实以增储偫之具。① 不久，韩琦再上疏，劝仁宗不要在朝会之所大庆殿等地各建道场，让僧道念经喧闹，应把心思放到开放言路和修德理刑上来。次年正月，同知礼院宋祁也上疏劝仁宗不要搞迷信活动。但韩琦、宋祁之劝说都等于白说。

宝元元年（1038）正月，仁宗受舆论逼迫，下诏求直言。于是，有大理评事、监在京店宅务苏舜钦上疏，他因见朝廷纲纪败坏、政化缺失，向仁宗提出“正心”“择贤”两条建议。他批评仁宗生活奢侈，不亲政事，赋敛苛重20倍于宋初，希望皇帝能洗心修己，以思永图。同时，他又指出皇帝身边的近臣多非有才之人，希望皇帝亲自选任御史、谏官，而不出于宰执门下。同月，又有直史馆苏绅、叶清臣上疏，批评权臣专政。还有校书郎张方平上言朝政改革七事：密机事、用威断、广言路、重图任、正有司、信命令、示戒惧。御史中丞张观上四事：知人，严禁，尚质，节用。

自范仲淹、余靖等因言事被黜以后，天下之人皆闭口不敢议论朝政。尽管如此，仍有人向仁宗进谗言，以朋党之罪株连朝士。仁宗虽在众臣批评的压力下，才于宝元元年（1038）二月初三日，开始亲御前殿视事，但

---

① 《长编》卷一百二十，第1089页。

仍不忘要惩治“朋党”，在这年十月初三下诏戒百官朋党。

（三）保守势力无心改革

自天圣元年（1023）至宝元元年（1038）这十八年之中，由于政治日趋腐败，“三冗”经费开支过度，加上天灾频发和赋税苛重、生产滑坡、物价高涨，国家财政和人民生活都出现了困难。面对这种社会现状，许多正直官员纷纷要求进行政治和经济改革，并各自提出了有关革除弊政的建议。他们的建议涉及面很广，除了要求裁减冗军、精简冗官和节省宫廷靡费以缩小“三冗”开支之外，还建议朝廷应重视防灾劝农、蠲免赋役、发展生产、增加储备，并主张通商利民和反对铸造劣币以遏制通货膨胀和物价上升。而多数建议的重点都落在革新政治方面，主要包括广开言路、重用贤能、整顿官风、罢黜佞幸、勤政修德、宽刑恤民、训练士兵、赏罚公平……可说抓住了要点。然而，这些改革建议不仅未被最高统治者接受和推行，而且进言者孙沔、孙祖德、余靖、尹洙、欧阳修等人皆受到贬官处分，范仲淹甚至被诬为“荐引朋党”。这是因为，自真宗景德元年（1004）到仁宗宝元元年（1038），国内曾有长达35年的和平环境，在仁宗前期，太宗以来经济繁荣的发展势头虽有下滑，财政收入也少于真宗时期，但当时还有北宋前期大量财富积累的老本可吃，加上苛重的赋役，财政支出尚能应付，赵宋王朝面临的经济压力还未达到不能承受的程度。以刘太后和仁宗为首的上层统治者思想保守，安于现状，他们对政治和经济的改革并无强烈而迫切的愿望。显然，在这种情况下，正直官员们的改革建议也就很难被采纳和推行。

二、庆历新政及其失败

宋仁宗前期，虽然“三冗”消费已经严重地增加了国家的财政负担，并导致了物资供应的紧张和商品价格的上涨，使不少关心国事的官员们纷纷上书要求改革弊政，节省开支，振兴经济，但以当时的皇帝和宰相为首的上层统治者都不能居安思危，而是继续享用着前朝积累的财富，无心改革。当宝元二年（1039）宋夏战争爆发后，军费开支空前浩大，而冗官俸禄和宫廷冗费仍未消减，“三冗”问题显得比以往更为突出。尤其是在5年战争期间，士无斗志和文武官员的昏庸无能，以致作战屡次失败，苛重的赋役迫使人民纷纷反抗，这不能不使赵宋王朝的统治者们感到国势的殆危，必须革除弊政，因而有了“庆历新政”的推行。可是，“庆历新政”使王公贵族和上层高官中的既得利益者受到不同程度的损失，于是他们群起反对改革，对以范仲淹为首的革新派百般加以诬陷和打击，使“庆历新政”终于失败。

（一）形势所迫必须改革

宋仁宗宝元元年（1038）十月，元昊自称大夏皇帝，次年出兵侵宋。宋夏战争整整打了5年。庆历三年（1043）正月，元昊遣使向宋请和。次年十月双方和议达成，元昊改称夏国主，宋以多赐西夏银、绢、茶为代价，换得了暂时的和平。

在宋夏作战期间，宋军人数大量增加。宋真宗天禧年间（1017—1021）宋军有91.2万人。到仁宗宝元二年（1039），宋朝养兵已达百万。[①]康定元年（1040），由于朝廷调发京东西、淮南、江南、荆南、湖南、两

① 《长编》卷一百二十，第1089页。

浙、福建、广南东西 11 路兵屯驻关中，内地兵力被抽空。但是紧邻河北的京东和西接关陕的京西两路不能无军队，于是，朝廷诏陕西、河北、河东、京东、京西等路训练乡民为弓手来代替官兵。庆历元年（1041），仅陕西沿边四路军马每路各不下五六万，另有乡兵 15 万，而边官还嫌兵力不足，每路欲更增 10 万人。此外，战争期间，因赋役加重，阶级矛盾尖锐，人民反抗，淮南等路还要添差弓手督捕“盗贼”。至庆历年间（1041—1048），仅禁军和厢军人数已达 125.9 万人。除军队人数增加外，因战争需要，康定元年（1040）又在京畿、京东、京西、淮南、陕西路括市战马。兵马数量剧增，军费负担也就相应加重。军费一向是宋朝财政开支的大头，战前军费开支已占国家财政收入的一半以上，战时几乎占到了十分之八九。战时巨大的军费开支使宋廷难以应付，有关自陕西“用兵以来，财用匮乏”之类的记载史不绝书。如庆历三年（1043）五月乙未，枢密副使韩琦、范仲淹说：“西陲用兵以来，沿边所费钱帛为数浩繁，官司缺乏，未能充用。”①为了支付陕西前线的军费，三司主管的左藏库的钱物已经用空，皇帝只好拿出内藏库的积蓄来支撑。战前，内藏库每次借充军费的钱或绢大多只有二三十万贯匹，最多也不超过五六十万。自宝元二年（1039）后，内藏库拨充军费的钱物数量和次数都大为增加，每次常在百万贯匹以上。如康定元年（1040）十二月，出内藏库绢 100 万，下三司助边费。庆历元年（1041）五月，出内藏库缗钱 100 万助三司给陕西军费。庆历二年（1042）六月，出内藏库银 100 万两、绸绢各 100 万匹，下三司以给边费。庆历三年（1043）八月又出内藏库绸绢 300 万，下三司以助经费。康定元年（1040）十二月，

---

① 《长编》卷一百四十一，第 1294 页。

朝廷竟命司农寺挪用防灾的常平钱百万缗助三司给军费。[①] 可是，"陕西用兵以来，本路所入税务及内库所出并留两川上供金帛不可胜计，而犹军储未备"[②]。挖空了库存的钱还不够用。于是宋廷不惜推行通货膨胀政策，于康定元年（1040）十二月令陕西铸当十大铜钱，次年又命河东铸当十大铁钱，江、饶、池三州铸造铁钱，以助陕西军费。同时，扩大铁钱流通区域，除四川之外，在陕西、河东也兼用铁钱。宝元二年（1039）后，还大量印行 10 贯一张的大面额交子。宋廷推行通货膨胀政策的结果，终于引起了私钱泛滥、货币贬值、物价高涨和公私受害。

在战时兵员和军费激增的同时，冗官人数和俸禄供给也在不断上涨。宝元二年（1039）初，由于权臣引用私人，三班院、皇城司、群牧司、三司、衙司等处多额外增员。同时，翰林医官院中的官员多达 99 人，中书要求只定编为 14 人。因有定官而无限员，宝元二年（1039）十一月癸卯，"官五倍于旧"。[③] 至于武官也同样冗滥。根据康定元年（1040）七月鄜延钤辖张亢上疏说："旧制，诸路部署、钤辖、都监各不过三两员……今每路多至十四五员。"结果是"权均势敌，不相统制，凡有议论，互执不同"[④]，严重不利于军事行动的统一指挥。陕西前线，本应减官省费，却反而增设各种名目的官员，占用士兵千余人，每年请给钱约万缗；又增设各类军官，并不练兵，但费军粮，无益边防。甚至在庆历元年（1041）宋夏战争紧张时期，虽军费不足，而朝廷仍在举办各种圣节大礼，大量恩封官僚子孙弟

① 《长编》卷一百二十九，宋仁宗康定元年十二月丙戌，第 1171 页。
② 《长编》卷一百三十四，宋仁宗庆历元年十月辛丑，第 1220 页。
③ 《长编》卷一百二十五，第 1127 页。
④ 《长编》卷一百二十八，宋仁宗康定元年七月癸亥，第 1158 页。

侄。据庆历元年（1041）五月壬戌左正言孙沔奏："今臣僚之家及皇亲母后外族皆奏荐，略无定数，多至一二十人，少不下五人。不限才愚，尽居禄位，未立褓襁，已列簪缨……是则将国家有数之品名，给人臣无厌之私惠。故使父兄不敦教训，子弟不修艺业，俾之从政，徒只害民。"①

一方面陕西前线战事紧张，经费不足，而另一方面，宫廷生活依然十分奢侈，无日不办斋祀，滥行赏赐，大量耗费着国家钱财。如"道场斋醮，无日不有……至于蜡蔬膏面酒稻钱帛，百司供亿，不可赀计。而主者利于欺攘，故奉行崇尚，竣于典法，皆以祝帝寿、奉先烈、祈民福为名，欲令臣下不得开说"②。宫廷冗费之多还在于无功滥赏。康定元年（1040）五月己卯，陕西都转运使庞籍曾上书批评朝廷赏赐不平："比年费用奢广，出纳不严……今宿师西鄙，力战重伤，方获功赏，而内官、医官、药官，无功时享丰赐，故天下指目，谓之三官。"③同时，宫中内侍专横，恣意滥用钱物。如"内东门御厨，皆内侍领之，凡所呼索，有司不敢问"④。

国家用了不可胜计的巨额钱物，来供养和赏赐上百万的军人和数量众多的文官武将，而这许多士兵和官员大多是无能无用之辈，成事不足，败事有余，故被称为"冗兵""冗官"。

以军队来说，将士缺乏斗志，在对夏作战中，屡战屡败。这是因为士兵平时极少训练，坐食粮饷，骄懦相习，将不知兵，兵不知将，其中多有临阵不进望敌先退之人。如，庆历元年（1041）好水川战役中宋军之败，

① 《长编》卷一百三十二，第1195页。
② 《长编》卷一百二十五，宋仁宗宝元二年十一月癸卯，第1127页。
③ 《长编》卷一百二十七，第1154页。
④ 《长编》卷一百二十八，宋仁宗康定元年九月己未，第1163页。

是因士气怯弱，“军中相劝以退走自全为得计”[①]。宋军士气不高，作战失败，这与一些将帅的畏敌与无能密切相关。如，康定元年（1040）正月，西夏军声言将攻延州时，知延州范雍十分害怕，即调鄜延环庆副都部署刘平救延州。结果，在三川口与敌激战时，鄜延都监黄德和望风而遁，其余各将各为自守，不相支援，以致刘平势孤被俘。后来，黄德和竟反诬刘平投敌。延州人民去朝廷告急，宰相怕皇帝得知败状，禁止边民擅自赴阙。又有鄜延副都部署赵振代范雍守延州，元昊围攻塞门寨，赵振怯懦畏敌，按兵不动，援救失时，终致塞门寨失陷。将军们大多怕死，凡遇敌时，不管敌军多少，总是让官小的先出战。尤其是身为陕西招讨等使的夏竦，“师惟不出，出则丧败”[②]。在宋夏战争期间，不仅士卒、将帅怯懦，上至皇帝、大臣也表现得相当昏庸无能。如，元昊反宋蓄意已久，迹象明显，而皇帝不得知，朝廷不为备。有边民或下层官员向朝廷上告元昊将反，不仅不被重视，反遭执政厌恶而被斥黜。当元昊公开反叛后，仁宗多次向枢密院官员问计，都不能对答。各地因久无战争，武备松弛，守将们多借他名躲避抗夏任命。当时，夏守赟曾被任命为陕西都部署，因他生性庸怯，缺乏方略，不受士卒欢迎，朝廷便改调夏竦来当陕西都部署兼经略安抚使、缘边招讨使、知永兴军。可是，后来的事实证明，夏竦是个常败将军，并不比夏守赟更强。由此可见，宋夏战争 5 年之中，宋军曾在三川口、好水川、定川砦三大战役中被打得惨败，损兵折将，并非偶然。庆历三年（1043）二月乙卯，韩琦、范仲淹等在总结宋夏战事时曾说：“自国家用兵以来，五年之间，三经大战，

① 《长编》卷一百三十二，宋仁宗庆历元年五月甲戌，第 1197 页。
② 《长编》卷一百三十三，宋仁宗庆历元年八月乙巳，第 1212 页。

军覆将死，财用空虚，天下嗷嗷，困于供给。”[①]

至于众多坐享俸禄的官员中，也有不少昏庸无能与自私贪婪之人，他们是造成朝政腐败的祸根。如，一些“故将相戚里及权近之家，多占六军，耗蠹县官衣粮，有妨征役，在京者不啻数千人”[②]。自从宋太祖为了防止方镇割据尽收将帅兵权后，从此武臣们多得恩赏，攀附权贵，安于享乐，兵不复振。至仁宗时，据御史中丞贾昌朝说：“近岁恩幸子弟，饰厨传，沽名誉，不由功效，坐取武爵者多矣，其志不过利转迁之速、俸赐之厚尔，御侮平患何望于兹！”[③]因此，当时在边疆任武职者多是不学无术的纨绔子弟，甚至行军还带着娼妓。许多朝廷大臣坐享厚禄而无所作为。他们只是管管文书，守着皇帝的诏令，每有圣旨，则原样翻录向下传达，如各处向上有所申禀，则命他们等候朝廷指挥。这样的大官太容易当了，无怪吕夷简因老病被罢去相职后，仍留恋官位，不肯离去。吕夷简在中书 20 年，未有功业，却曾 3 次出任宰相，还深得仁宗信任。在他当政时，黜忠言，废直道，忌用正人，以致言路堵塞，无人敢向皇帝进言。当庆历三年（1043）三月他因病罢相后，尚贪权势，不肯力辞，犹以司徒名义预议军国大事，从而遭到谏官蔡襄的弹劾。还有夏竦，他在陕西任安抚使时，甚至外出巡视边防还置侍婢于中军帐下，引起部下不满，几乎发生兵变。

宋夏战争期间，由于“三冗”问题的进一步暴露，财政困难的显现，臣僚们仍陆续对仁宗有所建言，希望能改革弊政。如，宝元二年（1039）五月，司封员外郎直集贤院贾昌朝曾上书认为，西夏入侵不足虑，今国家

---

① 《长编》卷一百三十九，第 1282 页。
② 《长编》卷一百二十三，宋仁宗宝元二年五月，第 1114 页。
③ 《长编》卷一百三十八，宋仁宗庆历二年十月戊辰，第 1266 页。

用度广而储蓄不厚、民力颇困则可忧。他希望朝廷能修政令、务稼穑，使仓廪有积谷，府库有羡财，同时罢不急之虚用冗费，节用爱人，以备发生水旱寇攘时之需。仁宗命枢密直学士张若谷、右谏议大夫任中师、右司谏直集贤院韩琦与三司去商议减省冗费问题。韩琦认为，要减省浮费应先从宫廷开始做起。六月，仁宗下诏：宫廷中之乘舆服御等所需可从简约，而吏兵禄赐不能裁减。仁宗思想保守，认为吏兵禄赐皆有定制，如突然更改将会动摇人心。同年十一月，因给陕西前线的军费调拨越来越困难，天章阁待制同判礼院宋祁上疏论三冗三费，强烈要求去三冗、节三费。他特别指出，朝廷大设道场斋醮是小人借此诬神而获利，皇上如为民祝福以明德，何必设道场斋醮，不如节省冗费，使民业日丰，人心不摇。庆历元年（1041）九月，起居舍人韩琦再次上疏建议裁军，他说："所谓爱民省用者，则曰：民为邦本不可重困。缘边戍卒渐可裁减。若但守御，不必兵多，则可以省科敛之烦、转饷之苦。"[①] 庆历二年（1042）初，知谏院张方平又几次上奏请节省冗费。虽然朝臣们多次反复上奏，请求改革弊政和节省冗费，而仁宗除减少了一些给皇后及宗室妇女的郊祀赏赐之外，别无重大举措和切实的行动。

"三冗"经费从何而来？主要是加重对百姓的收税。苛重的赋役使百姓穷困，道路愁怨，井落空虚，严重破坏了社会生产力。早在康定元年（1040）三月庚申，同知枢密院事陈执中已经感到，对于宋朝的统治来说，在陕西打败仗只是皮肤之伤，民力困穷则是心腹之患。他认为，百姓"食竭必亡，力竭必乱。啸聚千百，恶党相从。小则掠道，大则攻县镇。贼

① 《长编》卷一百三十三，宋仁宗庆历元年九月辛酉，第1214页。

兵外扰，群盗内侵，臣恐宵肝之忧不在于一方矣！”[①]果然不出陈执中所料，赋役不均，刑罚不当，科率无度，加上天灾危害，终于上下相怨，天下多事，人民纷纷起来反抗，兵变、民变不断爆发，庆历三年（1043）六月癸丑，知谏院欧阳修惊呼："近日四方盗贼渐多……臣谓夷狄者皮肤之患尚可治，盗贼者腹心之疾深可忧！"[②]右正言余靖也上言："今天下至大而官吏弛事，细民聚而为盗罚不能禁止者，盖赏罚不行也。若非大设提防以矫前弊，则臣忧国家之患不在夷狄，而起于封域之内。"[③]而这时，由于陕西抗夏前线宋军的3次大败，损兵折将情况惨重，特别是京东、京西等地不断发生民变和兵变，也使仁宗感到"三冗"问题的严重和百姓的贫困，已危及赵宋王朝的统治，"遂欲更天下弊事"[④]。与历代统治者一样，外患与内乱相比较，宋仁宗更担忧内乱。因为在民族矛盾突出时，只要军民一心，外患犹可抗御，而一旦官民矛盾激化，人民起义将成燎原之火，烧毁赵宋王朝。在宋夏战争接近尾声之时，仁宗受形势所迫，为了赵宋王朝的长治久安，决定改革弊政，推行新政，以缓和社会矛盾，振兴国家。

（二）"庆历新政"的主要内容

宋仁宗为了改革弊政，在庆历三年（1043）三月吕夷简罢相后，即将曾经积极建议改革的官员提拔成为宰执或谏官，使之成为推行新政的班底。如以晏殊为平章事兼枢密使，杜衍为枢密使，范仲淹为参知政事，富弼为枢密副使，韩琦为枢密副使，欧阳修为太常丞、知谏院，蔡襄为秘书丞、

---

① 《长编》卷一百二十六，第1143页。
② 《长编》卷一百四十一，第1295页。
③ 《长编》卷一百四十一，宋仁宗庆历三年六月甲子，第1296页。
④ 《长编》卷一百四十，宋仁宗庆历三年三月癸巳，第1283页。

知谏院，余靖为右正言等。仁宗求治心切，每当范仲淹、韩琦、富弼等进见时，总要他们条奏能致国家太平的决策建言。而范仲淹认为，积弊太久，非朝夕即能革除，办事得有先后，心急不得。但仁宗急不可耐，便在庆历三年（1043）九月初三，手诏督促，并开天章阁召对，给范仲淹等笔札，要他们当着皇帝的面立刻写出奏疏。范仲淹、富弼惶恐避席，退而列奏，共上言十事[①]，其内容要点如下：

"一曰明黜陟。"这是为改革当时官员升迁制度的弊病而提出的。过去，文官三年一迁、武官五年一迁的所谓"磨勘"制度，只讲资历年限，不问政绩如何，便能升官。因此，重要官位常常被权势子弟长期占据，人人因循，不复奋励，少数有点作为能"兴利去害"的官员，反而被称为生事，遭到讥笑和排挤。这是造成官僚腐败无能的重要原因之一。范仲淹提出，对官员应实行严格考核，按政绩优劣分别升降，对于老疾愚昧的官僚另行安置。

"二曰抑侥幸。"这是为限制恩荫官员子弟为官过于冗滥而提出的。当时凡任学士以上官职的，20年之内，其兄弟子孙由恩荫成为京官的就有20人。范仲淹要求此后两府并两省官等遇大礼（南郊祭祀）只许奏一子充京官，每年圣节（皇帝生日）更不得陈乞。大臣不得荐子弟入馆职。对其他官员的荫子也有限制，以免官僚子弟与"孤寒争路"。

"三曰精贡举。"这是为改革科举制度而提出的。此前，宋朝科举专以词赋取进士，以墨艺取诸科，所取之士有真才实学者十无一二。范仲淹要求取进士诗赋之外还需考策论、诸科墨义之外还需通经旨，使朝廷能选拔得经世致用的优秀人才。

---

① 《长编》卷一百四十三，第1311—1317页。

“四曰择官长。”范仲淹认为地方官的好坏关系到百姓的命运，而今任命地方官不问贤愚、不较能否，以致“蠹民害物”的官吏横行天下，使国本凋残。因此，他建议要严格选拔地方官，择贤者为诸路官吏，为皇上爱惜百姓，均其徭役，宽其赋敛，使社会得以安宁。

“五曰均公田。”当时，旨在养廉的外官职田分配不均，职田主要控制在大官僚手中，致使俸禄和职田不足的官员会以贪赃维持生计。范仲淹主张平均分配外官职田，使他们能丰足有余，保持廉洁。

“六曰厚农桑。”范仲淹认为，重视农业生产乃是养民善政。而今国家不务农桑，致使粟帛常贵，府库空虚。农民困于赋敛，常砍伐桑枣为薪，甚至沦为“盗贼”，造成社会不安。因此，他要求兴修水利、发展农业，作为富国之本。

“七曰修武备。”因对夏战争，当时京师重兵多调往西北，致使京师空虚，军费不足。范仲淹建议学习唐代府兵制度，招募京畿及附近州府强壮5万人，充京畿卫士，以助正兵，并使这批强壮在1年之内，“三时务农”以节省军费，“一时教战”可防御外患。

“八曰减徭役。”当时设县太多，以致人口稀少之县难以应付职役。范仲淹建议并省诸县，将所废之县改为镇，这样便能减少职役，使服役之人归农耕作，可期富庶 。

“九曰覃恩信。”皇帝三年一郊祀，照例会大赦天下，免除百姓欠税。然而地方官府并未奉行圣旨，对百姓督责如旧，甚至桎梏老幼，籍没家产，使天子恤民之意，尽成空言。范仲淹要求朝廷取信于民，惩罚违制的官员，并派官员去地方安抚，切实施行惠民之事。

“十曰重命令。”范仲淹指出当时的法令条贯“烦而无信”，主司官吏贪赃枉法。他要求今后立法要慎重，颁行之后，各地必须严格遵守，否则应予惩处。

范仲淹、富弼提出改革方案后，因当时仁宗十分信任范仲淹等一班新晋贤才，便同意他们的建议，除实行府兵制一项为辅臣们反对外，其余各项先后以诏书形式，著为法令，颁行全国，史称“庆历新政”。

新政颁布后的第二个月，即庆历三年（1043）十月，鉴于当时地方官中多有非才、贪浊、老懦者，致使天下赋税不均、狱讼不平，水旱不得救，盗贼不得除，民无所诉，人人思叛。为使守宰得人，官修政举，朝廷新任张昷之为河北都转运按察使、王素为淮南都转运按察使、沈邈为京东转运按察使，前去考核地方官。同月，鉴于田赋不平，久不能治，乃派郭咨、孙琳往蔡州上蔡县括得逃税之田26930余顷，均其赋于民。另外，又诏令二府新定官员磨勘式，法密于旧。十一月，下诏规定两府及大两省以上官不得陈乞子弟亲戚任馆职并读书之类；下诏更改荫补法，削减了任子之恩。还下诏限职田。十二月，听从欧阳修建议，地方官不得向朝廷进献所谓珍禽奇兽和“瑞木”之类。这年冬天，陕西宣抚使韩琦曾在蒲、同、华三州开官仓赈饥，并免民赋役，考察官吏能否分别予以升黜。庆历四年（1044）正月，下诏禁止官僚以奏荐恩泽名义，为亲属乞求赐名及转官、晋升通判以上差遣。三月，下诏令州县皆设立学校，培养人才；并规定科举考试先考策论，次考诗赋，罢贴经墨义，等等。

（三）庆历新政的失败

本书的主题是研究通货膨胀，为何要不厌其烦地论述“庆历新政”？这是因为发生通货膨胀的根本原因，在于消费过度和生产不足，致使商品供应不足和物价高涨。而宋仁宗时期“三冗”消费过度和生产衰退的根源，又在于政治腐败、官员贪婪和对人民的苛重剥削。实行“庆历新政”的主要目的正是为了改革官制和整肃官风、发展生产和减轻人民负担。如果改革成功，就能使政治清明、官风廉洁、“三冗”消减、轻徭薄赋、生产发展、商品充实、物价低贱，从而遏止通货膨胀。由此可见，庆历新政的成败与防治通货膨胀有着密切的关系。研究通货膨胀，如果仅就货币而谈货币，是无法说清其中许多问题的，更不可能对症下药地提出有效的防治措施。为此，只有全面考察当时整个社会的政治、军事和经济的运转状况及其相互关系，才能弄清通货膨胀发生的原因、造成的后果以及防治的成败得失，并从中取得有益的历史教训。

可是，“庆历新政”的推行并不顺利。因为庆历新政的重点内容之一是改革官制，力图减少冗官，限制官员荫子数量，防止地方官违法害民，要求官员勤政廉政，严守朝廷的纪纲和政令，这就触犯了那些守旧派官僚的既得利益。于是，他们在新政尚未得到全面推行和落实时，就群起反对，诬陷和打击改革派人士。《宋史·范仲淹传》记载当时的情况说：“初，仲淹以忤吕夷简，放逐者数年，士大夫持二人曲直，交指为朋党。及陕西用兵，天子以仲淹士望所属，拔用之。及夷简罢，召还，倚以为治，中外想望其功业。而仲淹以天下为己任，裁削幸滥，考覆官吏，日夜谋虑兴致太平。然更张无渐，规模阔大，论者以为不可行。及按察使出，多所举劾，人心不悦。自任子之恩薄，磨勘之法密，侥幸者不便，于是谤毁稍行，而朋党之论浸闻上矣。”①

---

①《宋史》卷三百一十四《范仲淹传》，第 10275 页。参见《长编》卷一百五十，宋仁宗庆历四年六月壬子，第 1388 页。

最先跳出来反对新政的是夏竦。因为在吕夷简罢相后，仁宗曾调任夏竦为枢密使，台谏官交章弹劾他在陕西时畏懦不肯尽力，且为人奸邪，仁宗无奈，只好以杜衍替换夏竦为枢密使，并晋升富弼、韩琦、范仲淹为执政官，以欧阳修为谏官。国子监直讲石介因此作《庆历圣德诗》，说到进贤退奸之不易，"奸"系指夏竦。夏竦怀恨在心，便纠合其同党，反诬杜衍、范仲淹、欧阳修为"朋党"。欧阳修特撰《朋党论》加以驳斥，认为小人无朋，唯君子有党。庆历四年（1044）四月，夏竦通过内侍蓝元震向仁宗上疏，说范仲淹、欧阳修等人"以国家爵禄为私惠，胶固朋党……递相提挈，不过三二年布满要路，则误朝迷国，谁敢有言"[①]。但仁宗并不相信。

夏竦不肯罢休，继续施展阴谋诡计。他令女奴模仿石介笔迹，改写石介给富弼信中责以"行伊、周之事"为"行伊、霍之事"，暗示石介等人欲仿西汉权臣霍光有废立皇帝之意。同时伪造石介为富弼所撰废立诏草，造谣中伤，打击改革派。《宋史·夏竦传》说："竦材术过人，急于进取，喜交结，任数术，倾侧反覆，世以为奸邪。"[②] 他散布改革派有结党篡权企图的谣言，这一着棋下得非常阴毒。因为仁宗虽担忧外患内乱，但更害怕大臣结党篡权使自己成为被架空的皇帝，而大臣们近在身边。以前范仲淹等因反对吕夷简，曾被指为"朋党"而被仁宗逐出朝廷。目前仁宗暂时不信夏竦的话，但最终会相信的。范仲淹、富弼也深知结党篡权罪名之可怕，便不敢自安于朝廷，为了躲避诽谤，皆要求离开朝廷去边疆任职。庆历四年（1044）六月，适有边奏，于是，仁宗便以范仲淹为陕西、河北宣抚使，

① 《长编》卷一百四十八，宋仁宗庆历四年四月戊戌，第 1367 页。
② 《宋史》卷二百八十三《夏竦传》，第 9572 页。

右正言、知制诰欧阳修也被外调为河北都转运按察使。

庆历四年（1044）八月，仁宗听信守旧派的反映，以为诸路转运按察使考查部属官吏过于苛刻烦琐，束缚了地方官的才能，打击了他们的“积极性”，便降敕约束诸路按察使。欧阳修上疏辩驳，认为新制已使老病昏昧之官望风而惧。他批评朝廷不应自坏新政，为贪官污吏所快。并要求调查有何路按察使挟私打击地方官，如无实迹，乃是妄说。仁宗不听，并于九月间将原河北都转运按察使张昷之贬官知虢州。

庆历四年（1044）九月，仁宗以知青州陈执中镇压王伦兵变有功，任其为参知政事。蔡襄、孙甫上言以为陈执中刚愎不学，不可执政，仁宗不听。蔡襄见仁宗不听劝谏，要求外任，仁宗以他知福州。十月，石介因受诽谤太多而不能自安，也要求离朝外任，被调为濮州通判。

杜衍、范仲淹、富弼同为宰执，引用了不少改革人士，欲推广新政。御史中丞王拱辰因见新政不利于自己及其同伙，便也起来反对新政。他诬集贤校理苏舜钦盗用公钱，下开封府狱劾治。因为苏舜钦是杜衍的女婿，年少能文，议论常侵权贵，王拱辰劾治苏舜钦的目的在于动摇杜衍的地位。同时，王拱辰又扩大攻击范围，牵连逮捕众多担任馆职的官员。庆历四年（1044）十一月，苏舜卿被除名勒停。范仲淹所荐用之集贤校理王益柔，以作《傲歌》谤讪圣人周公、孔子有罪，也被贬官。其他改革派官员刘巽等 10 人，分别被除名、撤职或贬官，赶出朝廷。王拱辰等得意地说：“吾一举网尽矣！”[①] 这时，仁宗因听从守旧派的谗言，相信改革派已结为朋党，因而对新政产生怀疑，甚至加以全面否定。他下诏说：“朕闻至治

① 《长编》卷一百五十三，宋仁宗庆历四年十一月甲子，第 1419 页。

之世，元凯共朝，不为朋党，君明臣哲，垂荣无极，何其德之盛也！朕昃食厉志，庶几古治。而承平之弊，浇竞相蒙，人务交游，家为激讦，更相附离，以沽声誉，至或阴招贿赂，阳托荐贤。又按察将命者，恣为苛刻，构织罪端，奏鞫纵横，以得多辟。至于属文之人，类亡体要，诋斥前圣，放肆异言，以讪上为能，以行怪为美。自今委中书、门下、御史台采察以闻。"[①] 知潞州尹洙认为改革派人士并非朋党，上疏为之辩护，无效。

庆历五年（1045）正月，秘阁校理孙甫被指为杜衍门人，被赶出朝廷，去知邓州。同月，范仲淹、富弼、杜衍也以朋党罪，分别出知汾州、郓州、兖州，新政停止推行。三月，韩琦上疏为杜衍、范仲淹、富弼辩护，并盛赞他们的功绩，仁宗不予理睬。韩琦因心中不安，要求补外，仁宗罢去其枢密副使官职，让他去任扬州知州。欧阳修闻杜衍、范仲淹、富弼、韩琦被贬，上疏为之辩护，他说："自古小人谗害忠良，其识不远，欲广陷良善，则不过指为朋党，欲动摇大臣，则必须诬以专权……惟有专权是人主之所恶，故须所说，方可倾之。"又说："衍为人清审而谨守规矩，仲淹则恢廓自信而不疑，琦则纯正而质直，弼则明敏而果锐……此四人者，可谓公正之贤也，平居则相称美，议事则廷争无私，而小人谗为朋党，可谓诬矣……小人巧诬而曰专权，岂不诬哉！"[②] 疏上，仁宗不理，守旧派对欧阳修更为忌恨。范仲淹等一走，仁宗即下诏礼部：增加天下解额359人，科举恢复旧制，一切如故，仍以考诗赋取士。四月间，知制诰余靖被认为使辽时学习辽国语言有罪，出知吉州。八月，政敌诬欧阳修侵贪他人财产，将他贬

① 《长编》卷一百五十三，宋仁宗庆历四年十一月己巳，第1420页。
② 《长编》卷一百五十五，宋仁宗庆历五年三月，第1437—1438页。

为知滁州。九月，富弼所荐之江南东路转运按察使杨松，因欲惩处贪残害民的地方官，使贪官望风丧胆，于是守旧派以按察苛刻之罪，将他贬为知衡州。十月，大赦天下，仁宗下令宣布停止对地方官的按察："诸路转运使昨带按察之名，比闻过为烦苛，吏不安职，至有晓谕州县，俾互相告讦，有伤风化，无益事体，其并罢之。"① 杜衍在兖州、富弼在郓州，受到山东人的尊爱，政敌们以此为忧，非置富弼于死地不可。石介已于七月间死去，十一月，王拱辰竟上言诬告："介实不死，弼阴使入契丹谋起兵，弼为内应。"② 诬告虽不实，仁宗仍下诏罢去富弼、范仲淹的安抚使之职，并将范仲淹改为知邓州。此后，新政官员一再遭受迫害，庆历新政全部被推翻。守旧派官僚依然浑浑噩噩地过着日子。皇祐四年（1052）范仲淹就在这种政局下病逝。

庆历新政之所以很快失败，主要的原因有三：首先是守旧派为了维护自己的既得利益，以"朋党专权"的罪名诬陷改革派人士，反对并破坏新政。其次是宋仁宗听信谗言，害怕自己的皇权被"朋党"篡夺，加上庆历四年（1044）时宋夏和议成功，国内重大的民变、兵变多被镇压，外患内乱的压力有所减轻，故仁宗为保皇权而不惜停罢新政。在国家面临外患内乱的威胁时，仁宗想用革新人士来挽救危局；到了所谓"承平"时期，他宁愿用那些资深而无所作为的旧臣。第三，改革派人士的软弱怕事和缺乏信心，尤其是范仲淹、富弼、韩琦等新政骨干分子因慑于守旧派的攻击而自愿离开朝廷，致使改革派团队离散，新政无法继续推行和坚持。而失败的总原因，在于君主专制独裁政治体制下进行自上而下改革的局限性，在

① 《长编》卷一百五十七，宋仁宗庆历五年十月辛酉，第 1452 页。
② 《长编》卷一百五十七，宋仁宗庆历五年十一月辛卯，第 1453 页。

这种体制下只要皇帝因缺乏远见而动摇反悔，任何改革都无法进行。

三、国势贫弱已成定局

庆历新政失败后，历史进入了宋仁宗后期，赵宋王朝的政治、经济运行,依旧走着仁宗前期的老路。“三冗”问题不仅未能解决,反而愈趋严重。天灾频发，赋役更为苛重，百姓困苦流离，生产衰退。国家财政危机加深，通货膨胀未能遏制。西夏军再次侵扰边境，国内兵变、民变不断爆发。朝廷内外官吏昏庸贪婪，政治腐败。仁宗去世后，其族侄英宗继位。英宗在位仅 4 年，先是不断生病，后又忙于“濮议”，大臣们为是否追认英宗的亲生父亲濮安懿王允让为皇考争论不休，无暇顾及国计民生。至此，宋朝的国势贫弱已成定局。

（一）“三冗”问题日趋严重

宋初太祖时的军队不及 15 万人，宋真宗天禧年间（1017—1021）军队人数已多达 91.2 万人。至仁宗庆历年间（1041—1048），仅禁军、厢军人数共有 125.9 万人。如果说，因宋夏战争的需要增兵尚可理解，但在庆历五年（1045）宋夏战争已经结束后，军队人数非但未见减少，反有增加。庆历七年(1047)十二月庚午,据三司使张方平说:“今禁兵之籍不啻百万人，坐而衣食无有解期。”[①] 仁宗皇祐年间（1049—1054）军队人数增至 140 万人。兵越多，费用越大。一些大臣请求裁军，却遭到众多官员的反对，而朝廷也未采取有效措施。相反，边区将官还要求增兵，他们不顾国家财政困难，只知不断募兵，扩充虚数，不论所募疲兵能否战斗。如仁宗嘉祐七

① 《长编》卷一百六十一，第 1488 页。

年（1062）二月癸卯，据权陕西转运副使薛向说：“陕西之兵厢、禁军凡二十五万，其间老弱病患伎巧占破数乃过半。”[①] 那些老弱病患的冗兵，其战斗力十不抵一。尽管如此，至英宗治平三年（1066），河北已有战兵 30 万，陕西已有战兵 45 万，边臣却还在奏请增兵。至嘉祐、治平间，军队总人数虽比皇祐时有所减少，但仍有禁军 70 万、厢军 50 万，厢军人数超过以前任何时期。浩大的军费开支，增加了百姓的赋税负担，致民穷困。对于因冗兵而引起的国家财政危机，朝廷各中枢机构互不沟通，不去设法克服，只知各行其是。据知谏院范镇说：“今中书主民、枢密主兵、三司主财，各不相知。故财匮而枢密院益兵无穷；民已困而三司取财不已；中书视民之困而不知使枢密减兵、三司宽财以救民困者，制国用之职不在中书也。”[②] 当时军费开支已占全部国家财政收入的六分之五，三司所收得的赋税不足以应付冗兵费用，于是只得大量动用内藏库的钱物，几乎连年不断，而且数额巨大，有时一次即出钱 100 万贯下河北籴军储。

宋仁宗庆历以后，冗官人数也愈来愈多。真宗景德年间有官 1 万余员，仁宗皇祐年间增至 2 万余员，至英宗治平年间竟达到 2.4 万员。至于吏的人数就更庞大，至仁宗皇祐元年（1049），用吏人数超过原规定的 3 倍以上。仁宗后期冗官已经很多，因军费不足，还不断卖官，而且明码标价。庆历七年（1047）十二月庚午，据三司使张方平说：“比来鬻官，六千缗者与簿、尉，万缗则殿直，诸监筦场务官准课程以立赏格，收赢至二三千缗即以次迁陟。”[③] 冗官冗吏如此之多，势必造成人浮于事和政治腐败，同时巨大的

① 《长编》卷一百九十六，第 1811 页。
② 《长编》卷一百七十九，宋仁宗至和二年四月乙卯，第 1655 页。
③ 《长编》卷一百六十一，第 1489 页。

官俸开支又增加了对国家财政的压力。

仁宗庆历以后，各种冗费的开支依旧很大。真宗时曾大兴土木修建寺院道观宫殿等，仁宗前期，继续举办各种浮祭淫祀和大兴土木，庆历以后，仍未收敛。如至和二年（1055），京师大兴土木，重修庆基殿、奉先寺及开先殿等，经办官员乘机舞弊，为图酬奖，故意多用工料，造成极大的浪费。同时，“天下僧尼日滋月益”[①]，甚至大量无赖游民和亡命之徒都被剃度为僧，增加了许多不劳而食的人。仁宗个人的衣穿服用虽较节俭，但他在宫廷赏赐方面却表现得非常冗滥而奢侈。如嘉祐四年（1059），他为夸示奢华，曾经制作了大量金、银、象、玉、石、琥珀、玳瑁、檀香等钱，及铸金银为花果，广赐臣下。又凡初晋才人加赐银5000两、金500两。平时，一才人之月俸相当于百户中等人家的赋税。嘉祐六年（1061），仅宫中贵姬数以千计，凡她们所欲即给，赏赐无度，而这一切所费的都是百姓的膏血。英宗在举办仁宗丧事时，所费钱物粮食数量更是惊人，仅用于赏赐百官和诸军的钱、绢、银即达1100万贯匹两，用于给修建山陵役夫的钱粮达50万贯石。由于国库和内藏库的钱物已被用空，后来英宗去世办丧事时，费用被迫有所减少。

（二）人民生活更加困苦

仁宗前期“三冗”费用浩繁，加上宋夏战争期间军费的开支增大，百姓所承担的赋役也就相应加重。到仁宗后期，虽然宋夏战争已经结束，但因要支付给西夏和契丹的岁币，而且“三冗”问题更趋严重，人民的赋役负担也就未能减轻。

---

① 《长编》卷一百八十九，宋仁宗嘉祐四年三月己未，第1741页。

由于庆历新政失败，括田均税工作停止，田赋不均问题愈演愈烈。豪绅地主瞒田逃税，官府将田赋分摊到贫下户身上，迫使他们弃田逃亡，故皇祐年间垦田数比景德年间增多而粮食产量反而大大减少。仅皇祐元年（1049）逃废之田不下30余万顷。仁宗后期较为突出的现象是各路转运使或因三司的责令或为了讨好上司，多在正税之外征收“加耗”，作为“羡余”上供朝廷。其他无名之敛又不可胜计，甚至使民破产。此外，官府常高价折估夏秋税物，强迫人户缴纳现钱。同时，官府还以“和籴”“和买”之名，向民间强买粮食、绢帛，虽民储已竭，仍抑配不已，致使民间断粮，“父子惶惶相顾不救，老弱死于沟壑，少壮者聚为强盗”[①]。苛征暴敛的结果是国家财政收入大幅度增加，如景德中全国财赋岁入4720.7万匹贯石两，庆历八年（1048）增加到10359.64万匹贯石两。既然百姓贫困破产，粮食总产量减少，为何国家财政收入却会增长？户部副使包拯曾尖锐地指出：“祖宗之世所输之税只纳本色，自后用度日广，沿纳并从折变重率，暴敛日甚一日，何穷之有！天下田土财用比之曩时，虚耗渐以不逮，岂有今而能倍之乎？非天降地出，但诛求于民无纪极尔。输者已竭，取者未足，则大本安在哉！”[②]

仁宗后期，百姓承担的徭役也依然很重。除了按常规百姓须服职役和夫役外，修河之役尤为劳民伤财。如，黄河曾在商胡决口泛滥，宋廷曾征用6路100余州军的民力财力，企图进行堵塞，结果劳而无功，虚费民财，为国敛怨。至和二年（1055）因黄河在大名、馆陶决溃，宋廷又兴修河之

① 《长编》卷一百七十一，宋仁宗皇祐三年十一月乙亥，第1576页。
② 《长编》卷一百六十七，宋仁宗皇祐元年十二月戊子，第1540页。

役,欲穿六塔河,使黄河回复故道。于是发 30 万丁夫,开 1000 余里之长河,所用物力,数倍于往年。翰林学士欧阳修认为,力塞决河势不能久,必将再次决溃,应当顺水流之所趋,增治堤防,疏通下游,引水入海,则黄河再无泛滥之忧。可是,仁宗不听欧阳修的建议。

祸不单行,苛重的赋役已使广大百姓难以生存,仁宗后期至英宗在位时又天灾频仍,水灾、旱灾、蝗灾、地震、火灾、风灾、雪灾、饥荒不断发生,使人民大量死亡或流离失所。如嘉祐元年(1056),开封府大雨成灾,有名可查之溺死者 1588 人。庆历六年(1046),开封府旱灾,民多渴死。嘉祐二年(1057),河北多次地震,仅幽州地震就压死数万人。治平四年(1067)睦亲宫火灾烧毁宫室 900 多间。嘉祐三年(1058)雨雪不止,百姓冻死饿死者甚众。频繁的天灾,使仁宗十分揪心。他常摆出一种悲天悯人的姿态说:"与其降灾于人,不若移灾于朕!"[①]可是对于如何防治天灾,他却一筹莫展,只知祷天祈求上苍保佑。至和二年(1055)除夕大雪成灾,仁宗曾跣足祷天,结果因感风寒而得病。

苛重的赋役和天灾人祸迫使百姓大批流亡,甚至引发民变、兵变。如,庆历八年(1048),河北大水,灾民流入京东者不可胜数。宋夏战争后,继以灾荒,百姓流亡者十之八九。广西人民因侬智高发动反宋战争而弃田逃亡。陕西人民因困于战时科调,比景祐以前,民力减耗三分之二。由于社会矛盾的激化,百姓犯法者增多。仅嘉祐五年(1060)四月前,一年之中犯杀人罪者有 140 人,犯劫盗罪者 970 人。嘉祐八年(1063)被判大辟的 1066 人。治平元年(1064),被判大辟的竟达 2493 人。许多走投无路

① 《长编》卷一百六十,宋仁宗庆历七年三月癸巳,第 1476 页。

的青壮年，纷纷参加民变，走上了武装反抗官府之路。诚如欧阳修所说，当时参加造反的人“一年多如一年，一伙强如一伙”。在这种社会动荡、民不聊生的形势下，物质生产怎能不衰退，国家财政怎能不发生困难，通货膨胀怎能得到遏制？

（三）国家财政入不敷出

尽管仁宗后期通过苛征暴敛竭力向百姓搜刮，但国家财政总收入仍低于宋真宗天禧五年（1021）的水平。天禧五年财政总收入在1.5亿以上，而仁宗后期大抵只有1亿多匹贯石两，皇祐元年（1049）算是仁宗时期收入最高的一年，也只不过1.26亿多。可是，仁宗后期因“三冗”费用未减，过度的消费使国家财政捉襟见肘，难以维持。庆历八年（1048）时，由于宋夏战争已经结束，财政暂时有所积余，但到第二年即皇祐元年（1049）时，财政即已“所出无余”。至英宗治平二年（1065），收入只有1.16亿多，而支出达1.31亿多，财政赤字很大，已是入不敷出了。国家财力不济，朝廷上下一片哀叹：“有司调度，交见匮乏。”[①]“内外公私财费不赡……财用不足，生民无以为命，国非其国……国家财力不堪供给。”“承平日久，用度无节，以致公私财利匮乏。”有关“公私困竭”[②]之类的记载，史不绝书。

财政困难，三司的左藏库早已空虚，怎么办？只好动用皇帝内藏库的积蓄。从仁宗皇祐至嘉祐年间（1049—1063），内藏库出钱绢资助军费和应付各种赏赐，几乎连年不断，少则三四十万贯匹，多则100万乃至150万。嘉祐八年（1063）为助修仁宗山陵及赏赍，内藏库竟出钱150万贯、䌷绢

① 《长编》卷一百六十一，宋仁宗庆历七年十二月庚午，第1488页。
② 《长编》卷二百九，宋英宗治平四年正月庚申，第1939—1940页。

250万匹、银5万两。内藏库终于被掏空，“百年之积，惟存空簿”[①]。

左藏库空了，内藏库空了，三司又将手伸向常平仓，不惜挪用百姓的救灾活命钱来应付财政困局。宋夏战争期间，常平仓的钱米因被挪用过多，早已所余无几，以致灾年无所赈发，民委沟壑。庆历中，朝廷发常平粟赈济贫民，而粜粮价格反而高于市价。皇祐五年（1053），湖北歉收，欲开常平仓以济饥民，司农寺反向常平仓督取。直至嘉祐七年（1062）十月，“天下常平仓多所移用，而不足以支凶年”的状况仍未改变。

（四）通货膨胀难以遏制

宋夏战争期间，宋廷为了解决陕西、河中前线军费不足的问题，曾经采取了通货膨胀政策。庆历元年（1041），在陕西铸行当十大铜钱，又行用小铁钱。次年，又在河东晋、泽二州铸行当十大铁钱。结果引起民间盗铸，致使钱文大乱，物价飞涨，公私受损。庆历五年（1045），又在河东铸行小铁钱，同样引起了盗铸和“钱轻货重”。庆历六年（1046），河东铁钱贬值到以二当铜钱一，第二年又贬值到以三当一或以五当一。庆历八年（1048），朝廷又规定，陕西当十大铜钱和大铁钱皆改为当小钱二。钱币的不断贬值，使广大军民遭受严重损失，破产失业和自到而死者甚众。

货币是一种作为价值尺度的特殊商品，商品必须等价交换，滥发的虚值货币必然要降低到它应有的实际价值。仁宗后期，虚值货币的问题似乎暂时得到了解决，但通货膨胀却难以遏制，因为“三冗”消费过度和生产萎缩引起的商品供不应求的情况依然存在，物价仍高居不下。史书关于仁宗后期物价高涨的记载很多。如，庆历七年（1047），“关中物货踊贵”。

---

① 《长编》卷二百九，宋英宗治平四年正月庚申，第1939页。

庆历八年（1048）,京畿之内“物价翔贵”。皇祐二年（1050）,“百物踊贵”。皇祐二年（1050）正月，“刍粟之价益倍”。皇祐五年（1053），邕州“物价翔贵”。嘉祐四年（1059）正月，开封府“薪炭食物，其价倍增”。

（五）官僚政治愈益腐败

上文曾反复地强调：通货膨胀的根本原因并不在货币发行绝对数量的多少，而是由于过度消费使商品供不应求。为此，要克服通货膨胀，首先必须发展生产以增加商品供应，同时将消费控制在与生产发展水平相适应的程度。既然北宋中期发生通货膨胀的原因在于“三冗”消费过度和天灾人祸对生产的破坏，因此要遏止通货膨胀就必须减少“三冗”开支，并轻徭薄赋大力发展生产。而这一切都要依靠国家政权引导全体官民一起去做，并制定相关的制度予以保证，如“庆历新政”所提出的各项政策措施。但事在人为，政策由人制定，也可由人来推翻，所以国家的政治是否清明和官员是否廉洁是事情成败的关键。令人失望的是，“庆历新政”失败后，一切改良措施全被推翻，北宋王朝的政治和官风不仅未见改善，而是更趋腐败，于是要想繁荣经济和防治通货膨胀也就无从谈起。

首先表现为皇帝昏庸。宋仁宗生性软弱，其个人生活较为节俭，并时刻为国家财政困难和天灾危害民生而担忧，经常虔诚祷天以求国泰民安，故他死后的庙号被称为“仁宗”。其实，仁宗所惧怕的只是政权不稳和皇权旁落。他虽欲革除“三冗”之弊和振兴国家，却又缺乏魄力，拿不出切实有效的办法。而且他缺乏远见，处事不够果断，往往朝令夕改。他曾一度想重用范仲淹等骨鲠能干之臣进行改革，推行庆历新政，但终因听信奸臣谗言，害怕改革派结成朋党而使他的大权旁落，放弃了改革。此后，他继续任用守旧派执掌朝政，更偏爱阿谀顺从之臣，有时还不分是非，拒绝言官的劝谏。如，皇祐三年（1051）殿中侍御史里行唐介因弹劾宰相文彦博阴结贵妃、独专大权、威福自擅，竟被仁宗贬官为英州别驾。又如，至和二年（1055），殿中侍御史赵抃及其他大臣多次弹劾宰相陈执中的种种罪行，仁宗却有意加以纵容包庇。于是，翰林学士欧阳修上言，认为朝廷“纪纲日坏，政令日乖，国用益困，流民满野，滥官满朝，此由用相不得其人”。他批评仁宗“上不顾天灾，下不恤人言，以天下之事，委一不学无识、谄邪狠愎之执中”，是因为邪佞之臣如陈执中之流能“阿意顺旨，专事逢君”，故使皇帝“爱之，重之，不忍去之”，[①]从而颠倒是非。皇帝如此作为，怎能革新朝政？

其次是大臣腐败。庆历新政失败后，一些守旧派官员当上了宰执大臣。如反对新政最为激烈的夏竦出任枢密使、平章事，掌管军政大权。此人生性奸邪贪婪，急于进取，常交结内臣、私相为恩。他在任陕西安抚使时，怯懦不肯尽力，在军中生活奢侈，屡打败仗。他又为人凶残，敢于诛杀。他多次仗势在辖区经商牟利。在判并州时，曾派仆人外出贸易，仆人稍有侵盗，立即杖毙。他积有家财钜万，自奉尤侈，蓄养声伎甚众。用夏竦为宰执，岂有好事！又如，至和元年（1054）六月，里行吴中复弹劾礼部侍郎、平章事梁适奸邪。七月，又有殿中侍御史马遵弹劾梁适“奸邪贪黩，任情徇私，且弗戢子弟”[②]，并揭发梁适交结中官、任用贪官、在家经商、收受贿赂等，不宜久居相位。结果，因嗟怨之声沸腾中外，仁宗迫于舆论压力，不得已罢去了梁适的宰相之职，但同时也贬降吴中复通判虔州、马

① 《长编》卷一百八十，宋仁宗至和二年六月己丑，第1661页。
② 《长编》卷一百七十六，宋仁宗至和元年七月戊辰，第1629页。

遵知临州。再如，庆历六年（1046）后，陈执中出任宰相。他上台后，只是一味阿谀奉承皇帝，对于裁减“三冗”等朝政大事，从未建言。至和元年（1054）十二月，殿中侍御史赵抃揭发陈执中的宠妾阿张残酷打死婢女迎儿，认为陈执中违朝廷之法，立私门之威，不能无罪，应立案审判惩罚，仁宗不予理睬。次年二月，赵抃又上言弹劾陈执中“不学无术、措置颠倒、引用邪佞、招延卜祝、私仇嫌隙、排斥良善、狠愎任情、家声狼藉八事”[①]，要求罢免陈执中宰相之职。赵抃还进一步揭露陈执中家经常虐待婢女的事实：曾多次鞭打迎儿，将她穷冬裸冻，捆缚手腕，绝其饮食，遂致死亡；又殴打威胁婢女海棠，致其自缢；又剃发杖背另一婢女，使之自尽。同时，翰林学士吕溱也疏论陈执中奸邪，历数其过恶十八事。五月，御史中丞孙抃率御史台全体御史要求治陈执中之罪，罢其相职，以塞中外公议。六月，翰林学士欧阳修又上奏弹劾陈执中谄、邪、狠、愎，批评仁宗不该包庇他。陈执中已引起众怒，仁宗无奈，只得将陈执中罢为镇海节度使、同平章事、判亳州。但仁宗毕竟偏爱陈执中，嘉祐四年（1059）四月陈执中去世时，仁宗曾亲去其家临奠，并为他篆书墓碑曰“褒忠”[②]。庆历以后，除了宰相腐败之外，其他权贵也多以权谋私。如庆历中曾规定大臣不得为子弟亲戚乞求馆阁职事，而实际上这一规定并无作用，馆阁职事依然成为权贵亲属们进取宰执官位的跳板。同时，宰相嫌恶直臣，对有才名之士，常借“险薄”之名加以中伤，摈弃不用。许多官员竞趋宰相之门，迎合宰相好恶，对宰相处事不公，则闭口不言。至于其他执事之臣，大多因循怠惰，为省事而

① 《长编》卷一百七十八，宋仁宗至和二年二月庚子，第 1645 页。
② 《长编》卷一百八十九，宋仁宗嘉祐四年四月癸未，第 1743 页。

行姑息不作为之政，以致有令不行，造成政治秩序混乱。宰相大臣如此腐败，朝政岂能清明？

第三是地方官贪残。各路地方官大多只知压榨百姓，不干为民造福之事。早在宋初，朝廷规定各路转运使、提点刑狱、知州、通判都带有劝农之职,要他们设法除害兴利。但这一规定徒有虚文,地方官们并无劝农之实。相反,他们对百姓的苛征暴敛却十分积极,为的是上供“羡余”,献媚朝廷,以图升官。如王逵任湖南、江西转运使时，所至苛虐，税外加征，迫害无辜，却因他是宰相故旧，反被提拔升官。又如，皇祐年间，江淮连年歉收，发运使却以“和籴”为名，强制抑配，低价向民间购粮，以完成上供粮食之数额。再如，淮南、江、浙、荆湖发运使许元在江、淮 13 年，以聚敛刻薄为能。他因急于进取,多聚珍奇以贿赂京师权贵。当各路发生天灾时,朝廷命监司赈济饥民，而作为“亲民官”的监司不肯尽心尽力，致使灾民大量流亡。对于流民，地方官们多不进行安抚。如，皇祐三年（1051），河北人民大量流亡，地方官不予赈恤，而是大摆筵席，宴请并贿赂上司派来的使者，以取悦上司，为将来升官铺路。有如此贪虐的地方官，百姓生存尚难，又怎能去发展生产？

仁宗后期，庆历新政失败，皇帝昏庸，大臣腐败，地方官贪虐，朝政每况愈下。因此，“三冗”消费无法裁减，物质生产不能发展，供求关系难以平衡，拯救财政危机和遏止通货膨胀也就无从谈起。于是，赵宋王朝的国势贫弱已成定局。这一切问题后来都留给了继英宗即位的神宗皇帝。神宗为了摆脱困境，争取富国强兵，便在熙宁、元丰年间开展了一次比庆历新政规模更大的变法运动。

第三章

北宋后期通货膨胀的被遏制与反弹

（1067—1100）

北宋中期，由于政治腐败，“三冗”消费过度，生产衰退，从而发生了通货膨胀，国势贫弱成为定局。治平四年（1067）正月，宋英宗驾崩，神宗继位，历史进入由神宗、哲宗统治的北宋后期（1067—1100）。神宗为“富国强兵”，开展了熙丰变法，发展了经济，遏制了自仁宗以来的通货膨胀。神宗死后，守旧派上台执政实行“元祐更化”，社会经济再度衰退，通货膨胀重又抬头。哲宗亲政后，于绍圣、元符年间，复行熙宁新法，史称“绍述新政”，但仍未能改变经济困局，通货膨胀持续发展。

第一节　宋神宗熙丰变法遏制了通货膨胀

宋神宗为了改变国家贫弱的处境，于熙宁、元丰年间开展了一场大规模的改革运动，史称“熙丰变法”。神宗在熙宁年间（1068—1077）推出一系列新法的同时，还革新货币制度，稳定了金融秩序。这次变法有成有败，利弊并存。但总的说来，它在一定程度上发展了社会经济，改善了国家财政，从而遏制了自北宋中期以来的通货膨胀。

一、颁布熙宁新法提供了理财良策

通货膨胀的根源在于商品的供不应求，因此要遏制通货膨胀，必须发展经济以增加产品，厉行节约以减少开支。神宗熙丰变法的主要任务正在于通过理财，开源节流，以达到富国强兵的目的，从而也为遏制通货膨胀创造有利条件。熙宁元年（1068）神宗开始准备变法。他重用王安石为参知政事，后又升任宰相，具体操办变法事务。因为早在宋仁宗时，王安石就积极呼吁变法。他在嘉祐三年（1058）十月任江东提刑时，曾献长达万言的《上仁宗皇帝言事书》，提出“因天下之力以生天下之财，取天下之财以供天下之费”[①]的理财主张。为此，神宗十分信任王安石，并于熙宁二年（1069）至七年（1074）间，陆续颁布了均输法、青苗法、农田水利法、免役法、市易法、方田均税法、保甲法、保马法等新法，还设置了军器监。熙宁年间（1068—1077）出台的这一系列新法，就其立法宗旨来看，大多有助于发展社会经济和节省财政开支，可说都是有利于遏制通货膨胀的理财良策。

（一）有利于发展社会经济的新法

熙宁新法中，与发展社会经济相关的主要有青苗法、农田水利法、免役法、方田均税法、均输法和市易法。

---

① 《长编》卷一百八十八，宋仁宗嘉祐三年十月甲子，第1730页。《临川文集》卷三十九。

1. 青苗法

在熙丰变法之前，农村放高利贷者十分猖獗。他们常在青黄不接之时，乘农民缺钱之危，以高达一倍乃至二三倍的利息[①]，贷钱给农民。虽说自宋初以来，各地大多设有救济贫苦农民的常平仓，但常平仓的钱谷，常被地方官府挪用或移充军费，至仁宗时早已“蓄藏无几”，根本不能解决农民的困难。农民因走投无路，只得被迫忍受高利贷者的残酷盘剥，乃至破产，土地被富豪兼并。由此可见，高利贷者是破坏农业经济的重要杀手。为了扶持农业生产，解决农民生产和生活的困难，宋廷决定改革常平仓制，并于熙宁二年（1069）九月四日颁行青苗法。

青苗法实际上是国家经营的农业金融事业，贷款对象主要是农村居民。其具体做法为：第一，将常平广惠仓现有的1500万贯石钱粮作本，由各路转运司将粮食兑换为现钱，普遍借贷给城乡居民，贷款事宜由提刑司管辖。第二，常平官先以前10年中丰收时粮食的价格，作为本年预借的折价标准，召民户自愿请贷，将所贷粮食折成现钱贷付，归还时或缴纳现钱或按价折成粮食，“皆许从便”。第三，一年进行两次贷款，称为“夏料”“秋料”，随夏秋两税还纳贷款。第四，除无业浮浪人员之外，城乡居民皆可请贷。最先借给乡村人户，如有剩余，即借给城郭人户。为防备债户逃亡或其他致使官府亏本之事发生，每5户或10户结合一保，客户须与主户合保，由三等以上有物力的人充当甲头。第五，按户等高下确定借贷钱数，客户和第五等户每户贷款不得超过1.5贯，第四等户不得超过3贯，第三等户不得超过6贯，第二等户不得超过10贯，第一等户不得超过15贯。

① 《文忠集》卷五十九《原弊》。

按定额放款后，如有剩余，第三等以上户还可增加钱数。第六，每次借款利息为百分之二十。

关于青苗法的立法宗旨，在其颁布时，首先就强调：推行青苗法，“非惟足以待凶荒之患，又民既受贷，则于田作之时不患缺食。因可选官劝诱，令兴水土之利，则四方田事自加益修。人之困乏，常在新陈不接之际，兼并之家，乘其急以邀倍息，而贷者常苦于不得。常平、广惠之物，收藏讲滞，必待年歉物贵然后出粜，而所及者大抵城市游手之人而已。今通一路之有无，贵发贱敛，以广蓄积，平物价，使农人有以赴时趋事，而兼并不得乘其急。凡此皆为民，而公家无所利其入，亦先王散惠兴利以为耕敛补助，裒多益寡，而抑民豪夺之意也”[①]。由此可见，推行青苗法的目的在于帮助农民解决青黄不接时生产和生活上的困难；并利用国家财力“兴水土之利”，发展农业生产；同时又可以抵制兼并之家对贫困户的高利盘剥；还可借此达到通有无、平物价、广积蓄、使公仓粮食新陈相易的目的。

2. 农田水利法

熙宁二年（1069）十一月十三日颁发农田水利法，并提出了具体实施办法。凡熟悉农业耕作技术或修建水利工程的官民，都可向各级官府提供建议。经各级官员按视，认为确实有利的，即由州县实施。其中工程较大的，还须奏请朝廷决定。待工程完毕后，按功利大小，给建议者以一定奖励。令各州县对辖区内的荒田，以及需要浚修或兴建的陂塘堰埭、圩岸堤防等水利工程，进行详细调查，绘制成图，并说明修建的具体办法，呈报上级官府。其中有一州一县无力解决的问题，可陈述己见，听候处理。各

① 《宋会要辑稿》食货四之一六。

项工程所需人力、物料，由居民按户等出工、出料，有违抗者，另加科罚。如因财力不足无法兴修，官府给予借贷，按青苗法规定出息，做两限或三限送纳。若官府财力不足，可劝富人出钱借给贫民，按青苗钱出息，官府为之督理。凡私人能出钱鸠工兴建水利的，按其功利大小予以酬奖。牵涉几个州县的水利工程，则联合这些州县共同办理。

宋代是农业社会，王安石在谈及“理财”时，特别重视振兴农业，强调“理财以农事为急”①。宋廷颁行农田水利法的目的，是为了开垦荒地、修整田土、疏导沟洫、以利灌溉、消除水患，改善农业生产条件，发展生产，以繁荣社会经济。

3. 免役法

宋代的纳税户除了向官府缴税外，还要轮流服役。徭役分差役、夫役两种。差役由乡村第四等以上人户承担，其中尤以衙前、里正、户长等役受害最为深重。衙前负责输送和保管官物，一旦官物失陷，便要破产赔偿。里正、户长等负责催税，如收不到税就要自己垫付。同时，他们在服役期间还要受官吏的百般挑剔勒索。因此，服差役者往往倾家荡产。苏辙在《再言役法札子》中曾说：“民被差役，如遭寇虏。”②而官吏、乡绅、僧道、尼姑、女户、单丁以及城镇居民、富商大贾都不服役，差役负担全落在乡村中等户头上。差役使大批劳动力脱离农业生产，服役者因不能从事耕作，常使田地抛荒。上四等户少的地区，甚至要乡村五等户或客户充役，百姓苦不堪言。民户为了降低户等，免被差役，不敢努力经营产业。差役制是宋朝

① 《长编》卷二百二十，宋神宗熙宁四年二月庚午，第 2049 页。
② 《栾城集》卷三十七。

的一大弊政，严重阻碍了社会经济的发展。

宋廷为了克服差役法的弊病，于熙宁二年（1069）开始酝酿改革役法，准备实行免役法（又称雇役法或募役法）。免役法经过在开封府界各县试行一年之后，终于在熙宁四年（1071）十月初一日，正式向全国颁布。免役法规定：其一，衙前、户长等役不再差派，原先应役的乡村上四等户，根据户等高低出“免役钱”即可免役，官府再用免役钱雇人服役。其二，乡村自四等户、坊郭户自六等（居住城市有产业人户称坊郭户，按产业多少共分十等）以下不出役钱。其三，原先免役的官户、僧道户、女户、单丁户、未成丁户、坊郭上五等户，按财产等第减半出钱，称“助役钱”，分夏秋两次缴纳。其四，各地按实际需要预算出所需役钱总数，分摊到上四等户，上四等户除随夏秋两税分两次缴纳免役钱外，另须多缴百分之二十，称为“免役宽剩钱”；遇灾荒之年，不再征收免役钱，用免役宽剩钱雇役。其五，由于民户贫富情况常有变动，朝廷责令各州县，坊郭户每隔三年、乡村户五年，检查各户物业多少，考核贫富状况，升降户等，以保持役钱负担的相对平衡。

尽管免役钱的出钱标准并非完全合理，但实行免役法至少比差役法有许多好处。一是，它可以减轻役户的负担，消除破产之虑，并使服役者得到一点雇役钱，使原先的免役者出一点助役钱，从而达到负担相对平均、缓和社会矛盾的效果。二是，向原来享有免役特权的官吏豪强及城镇富户征收助役钱，在一定程度上抑制了他们的兼并势力。三是，过去承担差役的乡村上四等户中的富裕农民和自耕农，可以到田地上耕作。这些对发展农业生产和繁荣社会经济具有积极的作用。特别是免役法以货币经济来代替劳役经济，在生产关系发展史上具有进步意义。

4. 方田均税法

由于宋朝之初，即以“不立田制”“不抑兼并”为治国方针之一，故土地兼并很快就发展起来，到宋真宗晚年，土地兼并已相当严重。大量土地集中到了官僚、大地主手中，他们常利用其政治特权，隐瞒田产，逃避赋税，赋役便都压在中小地主和自耕农身上。中小地主和自耕农不堪赋役重负，往往伪立田契，“典卖与形势之家”，或托名转移，“影占门户”，假冒为官僚豪强的佃户，以逃避繁重的赋役，而宁愿向官僚、豪强交纳田赋，被称为“诡名挟佃”“诡名子户”。还在宋仁宗即位的乾兴元年（1022），已是“天下田赋半为形势所占”[①]。到仁宗晚年时，“势官富姓，占田无限，兼并冒伪，习以成俗，重禁莫能止焉”[②]。登记在国家版籍上的垦田数，宋真宗时为52475.8432万亩，至皇祐中锐减至22800万亩。宋英宗治平中，在全国范围内，“赋租不加者十居其七”，可见土地兼并和隐田漏税已达到多么严重的程度。在这种情况下，不仅国家的赋税收入大为减少，而且广大贫下农户常因分担逃税而破产流亡，从而严重阻碍了农业生产的正常发展。

为了确保国家的田赋收入和实现赋税均平，熙宁五年（1072）八月宋廷颁发了方田均税法，旨在清丈田亩，检查漏赋，均定田税。其实施办法为：首先清丈土地，以东西南北各千步为一“方”（等于41顷66亩160步）。丈量完毕，根据土质肥瘠分为五等，召集“方”内人户，令其各认本户田亩，再将田亩数量、等级、人口登记造册，并按田亩和土质等级确定税额，公布于众，征求意见，然后发给各户户帖（户籍清册）、庄帐（土地清册）

① 《宋会要辑稿》食货一之二十。
② 《宋史》卷一百七十三《食货志上一·农田条》，第4164页。

以为“地符”。清丈土地后，重新均定田赋。各县以旧有的租税数为定额，禁止越额增数。征收丝绵绸绢之类，只按田亩多少而不按桑柘有无来确定，以免百姓怕加税而砍伐桑柘。荒地归于耕作之家，不毛之地许可占有佃种。许可民户至山林樵采，樵采所得不充作家产之数。凡民户由经营山林陂塘以及道路河沟坟墓荒地而获利，都不许征税。将曾经投靠官户、豪强的“诡名挟佃”的“子户”都更正过来，使他们成为向国家纳税的主户。

方田均税法的立法宗旨，在于抑制官户、豪强的兼并势力，均平赋税，减轻中小地主和自耕农的经济负担，激发农民的劳动积极性，发展农业生产，增加国家的财政收入。方田均税法如能得到切实有效的推行，必将促进经济的繁荣和国家的富强。

5. 均输法

北宋首都开封，不仅驻有数十万军人，而且还住着王公贵族、各级官僚和众多工商业人口，是个空前巨大的消费都市，需要大量的物资供应。皇室及京师所需之粮食以及丝绸、布帛、皮革、木材等物资，主要靠征调江南东路、江南西路、两浙路、荆湖南路、荆湖北路和淮南路六路赋税，由发运司通过长江、汴水运输而来。可是，由于相关官司上下内外不通声气，发运司不了解京师对各项物资需要的实际情况，各地官府征调上供物又呆板盲目，不知变通，只按户等或田亩数向民众摊派，结果是供需严重脱节，所供非所需，所需无所供。而朝廷所需向某地征调的物资经常是非该地的产物，或虽为该地产物，征收之时又非某物的生产季节。农民为了按期交纳，不得不向富商大贾高价购求。各路官府为完成上供任务则以“折变”“支移”的办法，扩大对农民的征税，以补不足，致使农民所纳税数倍增。而当高价买来的物资运到开封之后，又往往因过剩不得不降价出售，使奸商得以操纵市场，垄断物价，获取暴利。据制置三司条例司说：在这种供应方式下，“诸路上供，岁有常数。丰年便道，可以多致而不能取赢，年俭物贵，难以供亿而不敢不足。远方有倍蓰之输，中都有半价之鬻，徒使富商大贾乘公私之急，以擅轻重敛散之权”①。

为了改善财赋管理方法，消除东南各路征收实物税中的弊端，并将对市场和物价的控制权从豪商手中收归朝廷，熙宁二年（1069）七月十七日，宋廷公布了均输法，这是熙宁变法中颁布的第一道理财新法。朝廷以薛向为东南六路发运使，总管六路财赋，并拨内藏库钱500万贯和上供粮300万石，作为发运司籴本，同时将开封各库现有物资数量和需求物资数量向发运司通报。发运司还派人去各地了解生产和年景丰歉及库藏虚实等情况。发运司统筹规划，按照“徙贵就贱，用近易远”②的原则，征购可以“变易蓄买”的物品，以便有效供应京师之需，限制富商大贾对市场物价的操纵。

均输法虽仅在东南六路实行，但如能按其立法宗旨实施，至少可以起到以下积极作用：第一，农民可以不用高价购买上供税物，尤其是歉收地区，可将实物折成货币缴纳，这就大大减轻了农民的经济负担，有利于发展农业生产。第二，发运司“徙贵就贱，用近易远”的采购原则，方便了运输，节省了经费，可以防止在长途运输过程中官员私带商品牟利和吏卒侵盗官物的弊病，并有效地满足京师对物资的需求。第三，在一定程度上抑制了富商大贾操控市场的投机取利活动。这正如《文献通考·市籴考》中所说：

① 《文献通考》卷二十《市籴考一·均输》，第575页。[宋]李焘著，[清]黄以周等辑补：《续资治通鉴长编拾补》（以下简称《长编拾补》）卷五，宋神宗熙宁二年七月辛巳条注，上海古籍出版社1986年版，第66页。

② 《文献通考》卷二十《市籴考一·均输》，第575页。

实行均输法，可以“稍收轻重敛散之权归之公上，而制其有亡，以便转输，省劳费，去重敛，宽农民。庶几国用可足，民财不匮”。

6. 市易法

制定市易法之前，商业领域的阶级矛盾十分尖锐。开封和其他较大城市的商业经营，多被大商人把持。他们勾结官府，垄断市场，操纵物价，囤积居奇，“较固取利”。这种情况不仅严重损害了广大中小商人、摊贩和城市消费者的利益，而且阻碍了商品流通，影响了北宋官府的物资需要和商税收入。当时，“京师百货所居，市无常价，贵贱相倾，或倍本数。富人大姓皆得乘伺缓急，擅开阖敛散之权。当其商旅并至而物来于非时，则明抑其价使极贱，而后争出私蓄以收之；及舟车不继而京师物少，民有所必取，则往往闭塞蓄藏，待其价昂贵而后售，至取数倍之息。以此，外之商旅无所牟利，而不愿行于途；内之小民日愈朘削，而不得聊其生。财既偏聚而不泄，则国家之用亦尝患其窘迫矣”[①]。鉴于“天下商旅物货至京，多为兼并之家所困，往往折阅失业；至于行铺稗贩亦为取利，至多穷窘”[②]，宋廷要想通过理财来富国，必须设法改变上述局面。于是以王安石为首的变法派在神宗支持下，开始着手制定并推行市易法。

关于设置市易司的建议，早在熙宁三年（1070），秦凤路主管机宜文字王韶就已经提出。宋廷为了“稍笼商贾之利”，采取了王韶的建议，在陇西古渭寨设置了一所市易务。但市易法的正式制定并推行却在熙宁五年（1072）三月二十六日。神宗曾下诏：“选官于京师置市易务。商旅物货滞

① 《长编》卷二百三十一，宋神宗熙宁五年三月丙午，第 2156 页。
② 《长编》卷二百三十一，宋神宗熙宁五年三月丙午，第 2156 页。

于民而不售者，官为收买，随抵当物力多少，均分赊清，立限纳钱出息。”[①] 于是在京设立市易务，并从内藏库拨钱100万贯作为市易务本钱。市易法的主要内容为：“在京置市易务监官二、提举官一、勾当公事官一。许召在京诸行铺、牙人充本务行人、牙人。内行人令供通已所有或借他人产业金银充抵当，五人以上充一保。遇有客人物货出卖不行，愿卖入官者，许至务中投卖，勾行人、牙人与客人平其价。据行人所要物数，先支官钱买之；如愿折博官物者，亦听。以抵当物力多少，许令均分赊请，相度立一限或两限送纳价钱。若半年纳即出息一分，一年纳即出息二分，已上并不得抑勒。若非行人现要物而实可以收蓄转变，亦委官司折博收买，随时估出卖，不得过取利息。其三司诸司库务年计物若比在外科买省官私烦费，即亦一就收买。”[②]

在市易法推行后不久，熙宁六年（1073）四月，开封肉行徐中正等，由于不堪忍受官府无偿需索，情愿交免行钱，要求今后不再向官府供肉。当时，朝廷鉴于各地吏人贪污成风，为了用免行钱来增加吏禄以“养廉”，决定推行免行法。八月，神宗批准免行法，其内容为：“约诸行利入厚薄，纳免行钱以禄吏，与免行户祗应。自今禁中买卖，并下杂卖场、杂买务。仍置市司估市物之低昂，凡内外官司欲占物价，则取办焉”[③]。

综观市易法推行的原因及其内容，不难看出市易法的立法宗旨主要是三个方面：一是抑兼并，利商贾；二是平物价，通有无；三是足国用，增吏禄。而这三个方面又是相互联系和密切相关的，而其中“抑兼并，利商

① 《宋朝大诏令集》卷一百八十四《置市易务诏（熙宁五年三月戊午）》。
② 《长编》卷二百三十一，宋神宗熙宁五年三年丙午，第2157页。
③ 《长编》卷二百四十六，宋神宗熙宁六年八月丙申，第2308页。

贾”应是市易法立法宗旨的核心。

从市易法的内容及立法宗旨，又可清楚地看出市易法的性质。市易法是变法派欲通过理财以实现富国的重要手段之一。市易法的推行实际上是北宋王朝运用国家政权的力量，加强对商业的控制，并通过市易务的活动，从大商人手中夺取部分利权收归官府，也就是在商业领域中加强专制统治的一种表现。但是，如果市易务能严格遵守市易法立法宗旨，它至少可以达到这样几个目的：限制大商人的兼并活动，使一般中小商人免受大商人的压榨和官府的无偿需索，从而缓和城市中尖锐的阶级矛盾；使物价相对稳定，促进商品的流通，减轻城市消费者不合理的负担；市易务可从货物的买卖中获得一定利润，以弥补国家财政收入的不足，从而增强国家的经济实力。虽然，市易务所经办的国营商业，仍不免要对广大中小商人和劳动人民进行剥削，然而，北宋社会毕竟还是一个典型的封建社会，在当时大商人的兼并活动已严重阻碍城市商业正常发展的情况下，市易法所规定的原则，对商品经济的发展应有一定的促进作用。

（二）有助于节省财政开支的新法

要克服通货膨胀，必须在经济上开源节流，除了大力发展生产之外，还应缩减开支和防止浪费，以达到商品供求的平衡。但在对待开源与节流的关系问题上，变法派王安石与守旧派司马光有着不同的观点。王安石的“理财”主张，首先强调的是开源，他“论理财以农事为急，农以去其疾苦、抑兼并、便趣农为急”[1]，即通过减轻农民疾苦，抑制豪强兼并，积极发展农业生产，以增加财富收入。而司马光闭口不谈开源，只是建议节约国家

① 《长编》卷二百二十，宋神宗熙宁四年二月庚午，第2049页。

财政支出去解决经济困难问题。他认为："天地所生，货财百物，止有此数，不在民间，则在公家，桑弘羊能致国用之饶，不取于民，将焉取之？"[①]因而指责王安石为富国理财不过是"头会箕敛"以尽民财。王安石反对消极地缩减国家财政开支，力倡"因天下之力以生天下之财，取天下之财以供天下之费"[②]，主张以多产供多用。他认为，如果不发展生产以增加收入，而只靠节省财政开支，无法使国家富强，"虽俭约而民富，虽忧勤而国不强"[③]。他说：财政之所以出现困难，不只是"费出之无节"，更重要的是"失所以生财之道也"。[④]如能使生产与消费同步增长当然是求得社会平稳发展的最好办法，而王安石强调以发展生产来富国，并不等于他完全反对节约财政开支。当神宗要求大臣们注意节约财物时，王安石也认为"安于俭节，自是盛德，足以率励风俗"[⑤]，故而在熙宁新法中，仍然包含有一些压缩国家财政支出的内容。宋神宗时期有关节省财政开支的举措，主要表现在裁减军队和压缩军费方面。

1. 裁军并营

冗兵之多是造成宋朝财政困难的最重要原因。宋太祖开宝年间（968—976）军队仅 37.8 万人，至仁宗皇祐年间（1049—1053）竟增至 140 万人，以致养兵费用占到国家财政总收入十分之八。为此，节省军费应是克服财政困难的首要任务。早在熙宁元年（1068）三月神宗就对大臣文彦博等说：

---

① 《长编拾补》卷三下，宋神宗熙宁元年八月癸丑，第 40 页。《长编纪事本末》卷五十七。
② 《临川文集》卷三十九《上仁宗皇帝言事书》。
③ 《临川文集》卷四十一《本朝百年无事札子》。
④ 《临川文集》卷七十五《与马运判书》。
⑤ 《长编》卷二百四十一，宋神宗熙宁五年十二月丙申，第 2264 页。

“当今理财，最为急务，养兵备边，府库不可以不丰，大臣宜共留意节用。”[①]当神宗问节财之术时，王安石也“对以减兵为急”[②]。既然宋神宗有节约军费之意，于是熙宁年间（1068—1077）便有并营裁军之举。

治平四年（1067）宋神宗即位之初，当时全国有兵116.2万人，其中禁军步骑66.3万人，厢军49.9万人。“帝患兵冗不继，始议销并，乃亲制选练之法，靡不周悉”，并于“熙宁元年，诏诸路监司察州兵拣不如法者按之，不任禁军者降厢军，不任厢军者免为民”。[③]

要裁军，首先是淘汰老弱士兵。按照北宋原有的兵制，士兵要到61岁才能退伍为民，由于官府不严格执行规定，军中甚至还有61岁以上的老兵。在这种情况下，不仅军队战斗力不强，而且还要花费大量军费去养这些老弱无用之兵和他们的家属。于是熙宁元年（1068）七月，神宗下手诏规定：凡年四十五岁身体强壮者留充为兵，五十岁以上者愿为民者，听之。“至是免为民者甚众，冗兵由是大省。”[④]

其次是并营。根据仁宗皇祐年间（1049—1053）的规定，“马军满四百、步军满五百人为一营”，但因“承平日久，兵制寖弛，额存而兵阙，马一营或止数十骑，兵一营或不满一二百。既不成部分，而将校猥多，赐予廪给十倍士卒，递迁如额，不敢少损”。[⑤]为了革除军队编制的这种弊病，熙宁二年（1069）神宗下诏“并废军营”。重新规定：马军以300人为一营，

---

① 《文献通考》卷二十四《国用考二·历代国用》，第704页。
② 《宋史》卷一百九十二《兵志六·乡兵三·保甲条》，第4773页。
③ 《文献通考》卷一百五十三《兵考五》，第4573页。
④ 《文献通考》卷一百五十三《兵考五》，第4574页。
⑤ 《文献通考》卷一百五十三《兵考五》，第4574页。

步军以 400 人为一营。于是，陕西马步军由 327 营合并为 270 营。此后，其他各路总共马步军由 545 营合并为 355 营。

熙宁四年（1071）十二月，又开始裁并厢军。宋代的厢军散于各州，名目混杂繁多，自骑射至牢城共有 223 类。厢军基本上用于担任杂役，从事水陆运输、建桥铺路、修筑堤堰、传送文件、牧放马匹，等等，常因事募人，从未进行军训。厢军名义上是军队，实际上是役夫，而且其中有众多老弱之人。因此，宋廷批准枢密院的奏议，下令诸路转运使，将不进行军训的厢军，按照禁军的合并法加以裁减，并规定每一指挥不得超过 500 人。①

并营裁军，减少了冗兵，既整肃了部伍，加强了禁军的战斗力，又大大节省了军费开支，缓解了北宋中期以来国家的财政危机。在并营过程中，神宗看到仅减少军校就节省了很多经费，曾高兴地对辅臣们说："天下财用，朝廷稍加意，则所省不可胜计。乃者销并军营，计减军校十将以下三千余人，除二节赐予及傔从廪给外，计一岁所省，为钱四十五万缗，米四十万石，绸绢二十万匹，布三万端，马藁二百万。庶事若此，邦财可胜用哉！"②在神宗提议并营之初，守旧派大臣多持反对意见，认为兵骄已久，并营会引起军乱，独有王安石力赞并营，故"自熙宁至元丰，岁有废并甚众"③。经过并营，熙宁年间（1068—1077）的军人数量比治平四年（1067）时大为减少，今列表于下：

① 《长编》卷二百二十八，宋神宗熙宁四年十二月丙寅，第 2130 页。
② 《文献通考》卷一百五十三《兵考五》，第 4574 页。《长编》卷二百五十四，宋神宗熙宁七年六月乙酉所载略同，惟记"草三百万束"为不同，第 2390 页。
③ 《文献通考》卷一百五十三《兵考五》，第 4575 页。

表 1 宋神宗裁军并营后宋军数量变化情况表

年代	军队总人数	禁军人数	厢军人数	参考文献
宋英宗治平年间	1162000	663000	499000	《宋史》卷一百八十七《兵志一·禁军上》，第 4576 页。
宋神宗熙宁年间	796315	568688	227627（不包括府界及诸司因事募兵）	《宋史》卷一百八十七《兵志一·禁军上》，第 4579 页。《长编》卷二百二十八，熙宁四年（1071）十二月，第 2130 页。
宋神宗元丰年间	839970	612343	227627（同上）	《宋史》卷一百八十七《兵志一·禁军上》，第 4579 页。《宋史》卷一百八十九《兵志三·厢兵》，第 4645 页。《长编》卷三百五十，元丰七年（1084），第 3243 页。

通过上表所列人数可见，熙宁年间（1068—1077）军队总人数比治平年间（1064—1067）减少 365685 人，其中禁军减少 94312 人，厢军减少 271373 人。至元丰年间（1078—1085），虽因与西夏作战，禁军人数比熙宁时有所增加，但仍未超过治平时。元丰时的厢军人数，《宋史·兵志三·厢兵》所载与《长编》熙宁四年（1071）所载人数相同，均为 227627 人，从而引起了人们的怀疑。其实，熙宁四年（1071）的厢军人数是经过并营裁减后剩下的人数，其中并不包括府界及诸司因事临时招募的人数。虽说当时厢军共有 840 指挥，但每指挥最多不得超过 500 人，不少厢军每指挥可能只有二三百人，因此熙宁时之厢兵总人数似可无疑。至于元丰末（1085）厢兵总人数为何与熙宁时相同？据《长编》卷三百五十记载，元丰七年（1084）时厢兵人数“视祖宗时数益增”。但据《宋史·兵志三·厢兵》记载，元丰时因对西夏用兵，曾将各路经过训练的厢兵提升编入禁军。如元

丰五年（1082）十月，“诏诸路教阅厢军，于下禁军内增入指挥名额，排连并同禁军。于是，马步排定有马厢军二十二指挥，无马厢军二百二十九指挥”[①]。因此，至元丰末年（1085），厢兵经抽调入禁军后剩下之人数，与熙宁时大体相等，只是所统计的人数可能不够精确，实际人数尚待考证。

熙宁并营裁军后，究竟能节省多少军费？据神宗时大臣陈襄说，在英宗治平二年（1065）非战争时期，养一禁兵每年所需钱粮不下 50 贯，养一厢兵不下 30 贯。如依此估算：熙宁年间（1068—1077）减少禁兵 94312 人，每年可省钱 471.56 万贯；减少厢兵 271373 人，每年可省钱 814.119 万贯。一年可省军费 1285.679 万贯，数量十分可观！

2. 推行保甲法

熙宁三年（1070）十二月颁布了保甲法，先在开封府界实行，后逐渐推广到全国。保甲法规定乡村民户 10 家为一保，50 家为一大保，500 家为一都保（后改为 5 家为一保，25 家为一大保，250 家为一都保），分别选择强悍而又家境富裕的人为保长、大保长、都保正和副保正。每户有两丁以上的，抽一人充保丁。保丁可自备弓箭，学习武艺，接受训练。经过训练的保丁实际上已成为乡兵。各大保每夜轮流差保丁在保内巡逻，追捕“盗贼”，维持治安，查办聚众生事、杀人放火、劫盗奸偷等不法之事。可见，推行保甲法是赵宋王朝加强对农村基层社会统治的一种重要手段。

王安石推行保甲法还有革除冗兵积弊和节省养兵费用的目的。在仁宗实行“庆历新政”时，范仲淹曾要求实行寓兵于农的府兵制，后因诸大臣的反对而未成。神宗熙宁变法时，王安石也有意将保甲法逐步沿着兵农合

---

① 《宋史》卷一百八十九《兵志三·厢兵条》，第 4644 页。

一制度的方向推进。熙宁四年（1071）三月丁未，王安石对神宗说："今所以为保甲，为其足以除盗；然非特除盗也，固可渐习其为兵……然后使与募兵相参，则可以消募兵骄志，省养兵财费，事渐可以复古。"[①] 熙宁五年（1072），部分保甲就已替代了巡检司兵士的巡逻。熙宁五年（1072）五月丙戌，王安石曾对神宗说："巡检下六千人，每千人岁给约三万贯，是一岁费十八万贯。今若罢招此六千人，却以保甲代之，计所用钱粮，费八万贯，尚剩十万贯。以十万人替六千人，又岁剩钱十万贯，何至忧不给也？教阅至一二年，便令保正募征行者，六千人必可得，况但要守卫京师而已。若岁岁教阅保丁，又封桩所剩钱十万贯，则非特畿内守卫日强，兼亦财有余积。宗庙社稷之忧最在于募兵，皆天下落魄无赖之人，尚可与之守社稷封疆，况于良民，衣食丰足者众，复何所虞？"[②] 同年闰七月，王安石又对神宗说："当减募兵，取其费供之，所供保甲之费才养兵十之一二。""既有保甲代其役，即不须募兵。今京师募兵，逃、死、停、放一季乃及数千，但勿招填，即渐可减……臣愿早训练民兵、民兵成则募兵当减矣。"[③] 于是神宗下诏，令巡检司"量留厢军给使，余兵悉罢"[④]，这是因为当时已有能够替代巡检司士兵巡逻的保甲民兵。熙宁八年（1075），保甲自司农寺改隶于兵部，听从枢密院指挥，保甲已成为有节制的民兵。元丰二年（1079），开封府调集大保长加以训练。次年，又设"团教法"，集中训练府界保丁，并推广于河北、河东、陕西三路。至熙宁九年（1076）为止，开封府界和

---

① 《长编》卷二百二十一，第 2067 页。
② 《长编》卷二百三十三，第 2167 页。
③ 《长编》卷二百三十六，宋神宗熙宁五年闰七月壬戌条注，第 2207 页。
④ 《长编》卷二百三十五。

全国各路已组成保甲的共有693万余人,其中已受军训的共有56万余人。[1]经过训练的保甲“更胜正兵”，而且“元丰中始遣使遍教三路……而一时赏赍率取诸封桩或禁军阙额，未尝费户部一钱”。[2]受训之保甲，虽未具备正规军的性质，但已成为禁军的重要辅助力量，有了与正规军“相参为用”的可能。熙宁、元丰年间，宋廷实行并营裁军，只有得到保甲后备力量的配合，才能进行。

3. 实施保马法

军马在宋朝军事装备中占有重要地位。但因战马来源较少，骑兵配备常不足数。仁宗嘉祐中,“天下马军,大率十人无一二人有马”[3]。甚至“一营（三百至五百人）或止有数十匹马”[4]。为了解决马不够用的问题,宋朝除了向境外少数民族买马外，还设监自行牧养。

宋朝向境外买马的花费甚大。太宗时，向西蕃采购纲马“直至少者，匹不下二十千，往来资给赐予，复在数外”[5]。真宗咸平初（998）收购诸蕃部马，“其直三十五千至八千凡二十三等。其蕃部又有直进者，自七十五千至二十七千凡三等。有献尚乘者,自百一十千至六十千亦三等”[6]。仁宗明道二年（1033），据范仲淹说：“沿边市马，岁几百万缗。”[7]

至于宋朝设监养马问题就更多。首先，牧马需要占用大量土地。北宋

① 《宋会要辑稿》兵二之一二。
② 《宋史》卷一百九十二《兵志六·乡兵三·保甲条》，第4781页。
③ 《历代名臣奏议》卷二百四十二，宋祁奏。
④ 《长编》卷二百四十七，宋神宗熙宁六年十月庚寅，第2320页。
⑤ 《长编》卷二十九，宋太宗端拱元年十二月，第253页。
⑥ 《长编》卷四十三，宋真宗咸平元年十一月戊辰，第355页。
⑦ 《长编》卷一百十二，宋仁宗明道二年七月，第1007页。

的马监主要设在黄河两岸，最多时达36个，占地10万余顷，这等于减少了百万贯以上的田赋收入。据仁宗皇祐元年（1049）二月辛巳权三司使叶清臣说，当时牧监养马三四万匹，“占良田九万余顷，岁费钱百万缗”[①]。同年三月，河北都漕包拯说：“河北漳河淤地，名为沃壤，而广平监于邢、洺、赵三州，共占民田一万五千余顷，并是漳河左右良田。每牧一马，占草地一百一十五亩。”[②]其次，马监养马还要支用大量钱财。皇祐中，“河北七监岁耗缗钱百万”[③]。神宗时，据中书、枢密院统计：“河南北十二监，起熙宁二年至五年，岁出马一千六百四十匹，可给骑兵者二百六十四，余仅足配邮传。而两监牧吏卒杂费及所占地租，为缗钱五十三万九千有奇，计所出马为钱三万六千四百余缗而已。”[④]至熙宁六年（1073）牧监养马费钱更多，据王安石说：“今坊监以五百余贯乃养得一马。”[⑤]

由于牧监养马，费钱极多，所产之马量少质差，得不偿失，因此自真宗朝以来就不断有人提议改革马政。仁宗时，叶清臣、包拯等都主张将牧地租佃给民以收地租，从此官马监逐渐削减。神宗熙宁初年，群牧使李中师再次提出“废河南、北监牧，省国费，而养马于民”[⑥]的建议。为了节省养马开支，熙宁五年（1072）五月，神宗下诏：许开封府界诸县保甲自愿投名养马，马由官府供给，年不过3000匹。但这种养马于民的政策却遭到守旧派文彦博的反对，王安石与枢密副使蔡挺都坚持“赋牧地于民而

① 《宋史》卷二百九十五《叶清臣传》，第9854页。《长编》卷一百六十六，第1525页。
② 《包拯集校注》卷二《请将邢洺州牧地给与人户依旧耕佃》，第120页。
③ 《玉海》卷一百四十九《兵·马政》。
④ 《宋史》卷一百九十八《兵志十二·马政条》，第4941页。
⑤ 《长编》卷二百四十八，宋神宗熙宁六年十一月壬戌，第2328页。
⑥ 《宋史》卷三百三十一《李中师传》，第10645页。

敛租课，散国马于编户而责孳息”[①] 的做法。于是熙宁六年（1073）八月二十七日宋廷正式颁布“保马法”，自开封府界推行于京东、京西、河北、河东、陕西五路。其主要内容为：第一，五路义勇保甲愿养马者，户一匹，富户许养两匹；马由牧监配给或官府给钱自买；不许抑配。第二，保甲可乘马捕盗，但不得超越 300 里；府界养马户免纳草 250 束，还另外给钱；五路养马户则免每年折变和沿纳。第三，养马户、三等以上户每 10 户为一保，四、五等户每 10 户为一社；保户独自养马，马死自己赔偿，社户马死，由同社诸户按半价共同赔偿；每年检查一次，以验视马的肥瘦。元丰三年（1080）春，神宗又颁布“物力养马法”，仍在开封府界及上述五路施行，规定城镇坊郭户家产达 3000 贯和乡户家产达 5000 贯的，都要养马一匹；家产增加一倍，增养马一匹；每户最多养马三匹。元丰七年（1084）春，又在京东、京西路推行“都保养马法”，规定每一都保须养马 50 匹。

实行保马法后，监牧地几乎全部变为耕地租佃给民，增加了国家财政收入。“熙宁中，罢诸监以赋民，岁收缗钱至百余万。”[②] 同时，募民养马又降低了养马的死亡率，并大大节省了官监养马的开支。据中书言：“官养一马，以中价率之，为钱二十七千。募民牧养，可省杂费八万余缗。计前二年官马死，倍于保甲马。而保甲有马，可以习战御盗，公私两便。”[③]

4. 废并州县

宋朝在各地设置州、军、监、县等行政机构，必然要按编制设官置吏、征调赋役，拨付行政经费。但当时有的州、军土地户口不及一个大县，有

---

① 《长编》卷二百四十四，宋神宗熙宁六年四月戊戌，第 2287 页。
② 《宋史》卷一百九十八《兵志十二・马政条》，第 4943 页。
③ 《宋史》卷一百九十八《兵志十二・马政条》，第 4947 页。

的县不如一个镇市，国家收到的赋税很少，却仍要按州、县的编制派遣官吏，拨付经费，征发徭役，从而浪费了国库的财物，严重增加了当地人民的负担。在宋仁宗推行“庆历新政”时，范仲淹曾提出“减徭役”的政策，要求省并人口稀少之诸县，将所废之县改为镇，以减少徭役，使服役之人归农耕作。可惜庆历新政失败，此项政策未能得到彻底执行。神宗熙宁变法期间，为了节省“浮费”，减轻财政负担，便继续推行废并州县的政策。自熙宁初年以来，陆续撤并了许多人口土地稀少的州、军、县。有的州、军降为县，有的县降为镇或寨。至熙宁八年（1075），其废并州、军28，改州为军者3，废县143。①

5. 节省冗费

除了军费、官禄之外，其他冗费在宋朝财政支出中也占有很大比重。宋神宗虽然大力支持王安石关于开辟财源的主张，但他也十分重视节省用度。

在各种冗费中，开支最大者莫过于朝廷举办的祭祀活动。宋朝的祭祀活动相当频繁。据南宋权工部尚书韩肖胄说：“祖宗以来，每岁大、中、小祀百有余所，罔敢废阙。”②祭祀名目很多，主要是祭祀天地诸神及祖先。

---

① 吴以宁：《〈梦溪笔谈〉辩疑》135《熙宁中废并天下州县》，上海科学技术文献出版社1995年版，第116—121页。[宋]沈括《梦溪笔谈》卷十二载：“熙宁中，废并天下州县。迄八年，凡废州、军、监三十一……废县一百二十七……”吴以宁考证后认为：“《笔谈》所列县名一百二十六，删去重复的一县，实为一百二十五。上面已考证实未废并的县有三，漏列者二十三，不应列入者二，实际废县数应为一百四十三……废并州、军、监数三十一，应改为二十八，其中废州十六、军十二，监未废。此外降州为军者有三。”

② 《宋史》卷九十八《礼志一·吉礼一》，第2426页。

在祭祀费用中，除祭礼所用香烛、仪仗、帘幕等需消耗的钱物外，给予官吏和军兵的赏赐占主要地位，其中以皇帝亲自主持的郊祀和明堂祀支费最多。特别是每三年举行一次的南郊祭天地，每次所费钱、银、绢都在数百万乃至上千万贯两匹以上。为此，熙宁元年（1068）八月宰臣曾公亮建议郊祀大礼毕“两府臣僚罢赐银绢”。翰林学士司马光在上呈《郊赉札子》中也说：“方今国用不足，灾害荐臻，节省冗费当自贵近为始，宜听两府辞赏为便。”[①]虽然王安石以“徒伤大体”反对司马光的意见，但宋神宗却表示完全同意。于是，熙宁元年（1068）九月丁酉神宗“诏三司裁定宗室月料，嫁娶、生日、郊礼给赐”[②]，次年十二月初一“复减后妃公主及臣僚推恩”[③]。熙宁三年（1070）十一月庚戌，又“诏升朝官除南郊赦封赠父母外，不得以加恩转官”[④]。直至元丰三年（1080）七月丁亥神宗还下诏：“将来祀英宗皇帝于明堂，惟以配上帝，余从祀群神悉罢。”[⑤]元丰四年（1081）四月己巳，“诏罢南郊合祭天地，自今亲祀北郊如南郊仪”[⑥]。由于神宗多次下诏减省祭祀及其赏赐，故熙宁年间（1068—1077）用于祭祀的支费大为减少。据元丰三年（1080）十一月直龙图阁勾当三班院曾巩统计：“景德郊费六百万，皇祐一千二百万，治平一千三百万。”[⑦]而据北宋末方勺的记载：

---

① 《长编拾补》卷三下，宋神宗熙宁元年八月癸丑记事及注文引司马光《传家集》，第 39—40 页。
② 《宋史》卷十四《神宗纪一》，第 269 页。
③ 《宋史》卷十四《神宗纪一》，第 272 页。
④ 《长编》卷二百十七，第 2023 页。
⑤ 《长编》卷三百六，第 2873 页。
⑥ 《宋史》卷十六《神宗纪三》，第 304 页。
⑦ 《元丰类稿》卷三十《议经费》。但《泊宅编》卷十记为：“南郊赏给：景德六百一万一百贯匹两硕领条，皇祐一千二百万有零，治平一千三十二万有零。”

南郊赏给，“熙宁末八百万二千六百八十九贯匹斤两条段”[①]。可见，神宗熙宁时的郊祀费用比仁宗皇祐时和英宗治平时节省了三分之一以上。

由于祭祀活动的减少，僧道人数也随之减少。熙宁元年（1068），全国僧道人数从宋仁宗庆历二年（1042）的416707人减至274172人，至熙宁十年（1077）又减少了3万人[②]。这不仅节省了祭祀时付给僧道的费用和赏赐，更重要的是减少了享有免税免役特权的僧道人数，从而避免了国家赋税收入的不少损失。

除了减省郊祀费用外，神宗在其他方面也很节俭，《宋史·神宗纪·赞》说他“不治宫室，不事游幸，厉精图治，将大有为”[③]。事实也是如此，神宗即位不久，即“废青城后苑”[④]，“省内外土木工”[⑤]，“诏内外勿给土木工作，非两宫、仓廪、武库，皆罢省”[⑥]。又“禁销金服饰”[⑦]。同天节罢上寿。此外，他还停罢宫中诸殿栏杆覆盖青氊的常规；省去仪鸾司提供给宫中的彩帛；停罢全州岁贡斑竹帘、简州岁贡绵绸、安州市红花万斤、梓州市碌二千斤；治灶藏冰以省工费。又规定诸路科买供御膳及祭祀等所用之羊，“以三千为额，所裁省冗费十之四”[⑧]。熙宁十年（1077）正月乙卯，“省诸道春贡金

---

① 《泊宅编》卷十，第57页。
② 《宋会要辑稿》道释一之一三至一四。《泊宅编》卷十记载：熙宁十年，全国“僧尼道士女冠二十五万一千七百八十五人”，第57页。
③ 《宋史》卷十六《神宗纪·赞》，第314页。
④ 《宋史》卷十四《神宗纪一》，第269页。
⑤ 《宋史》卷十四《神宗纪一》，第270页。
⑥ 《宋史》卷一百七十九《食货志下一·会计》，第4354页。
⑦ 《宋史》卷十四《神宗纪一》，第269页。
⑧ 《宋史》卷一百七十九《食货志下一·会计》，第4355页。

帛及停周岁所办理尚方银”[①]。

二、革新货币制度稳定了金融秩序

熙宁变法的首要任务是理财。但要理好财，必须有一个良好而稳定的货币金融环境。神宗曾就陕西边境货币贬值问题问王安石：“何以得陕西钱重可积边谷？”王安石答：“欲钱重，当修天下开阖敛散之法。”“今欲理财，则当修泉府之法，以收利权。”[②]就是说，要克服通货膨胀和货币贬值，应革新现行货币制度。综观神宗时期对货币金融领域中的改革，大致可归纳为下列几个方面。

（一）禁用私钱和推行折二钱

宋仁宗时，曾因铸行当十大钱引起私钱泛滥和货币贬值。后来，宋廷将当十大钱改为当二使用，民间盗铸暂时停息。为巩固这一整顿币制的成果，熙宁四年（1071）三月，神宗接受陕西转运副使皮公弼的建议，“以旧铜铅尽铸当二钱”[③]，逐渐向全国各地推行折二钱，并禁用私钱。其实，新铸折二钱中仍包含有一定虚值，国家还有利可图。如熙宁七年（1074）七月，广东韶、惠州永通、阜民二监原岁铸110万贯小钱，后奉旨改铸为折二钱，可值小钱130万贯[④]，可见不到1.7个小钱可铸一个折二钱，其中仍有15%以上虚值。熙宁八年（1075），神宗又批准皮公弼建议，“铸铁折二钱”[⑤]。

---

① ［清］毕沅：《续资治通鉴》卷七十二，中华书局1957年版，第1798页。
② 《长编拾补》卷四，宋神宗熙宁二年二月甲子条及注，第50页。
③ 《长编》卷二百二十一，宋神宗熙宁四年三月己亥，第2063页。
④ 《长编》卷二百五十四，宋神宗熙宁七年七月甲寅，第2395页。
⑤ 《文献通考》卷九《钱币考二》，第236页。

但禁用私钱和推行折二钱并非一帆风顺，其间曾经出现过波折。

首先，推行折二钱后，官铸大钱和私铸劣钱一时未能绝迹。因熙宁三年（1070）宋与西夏重开战局，陕西沿边地区军费开支浩大，故熙宁七年（1074）六月，秦凤路转运司又请求在凤翔府斜谷设钱监，再铸折五、折十大钱。神宗为避免重蹈通货膨胀覆辙，下诏只许铸折二钱。但凤翔府郡县却以夹锡青铜铸造劣质折二钱，神宗下诏停铸。而陕西民间盗铸铁钱仍不少，以致买卖交易多不肯行用，神宗又下诏禁私钱。熙宁八年（1075）二月，命永兴军等路转运司将官库现管之私铁钱 20 万贯及从民间收买的私铁钱数十万斤，别为模，改铸成“省样钱”（标准官钱），待一年后改铸私钱毕，专铸折二大钱，并不得多铸。改铸私钱的结果，据说民间用钱“悉为省样，盗铸屏迹”[①]，可见宋廷在整顿币制方面取得了一定效果。然而，接着又出现了两个新问题。其一是，兼并之家不肯以省样钱与铜钱一般行用，以致影响商业经营，使官私皆受损失，宋廷只好通过行政命令强制推行省样铁钱。其二是，永兴等路官库所收私钱 115.98 万余贯，短期内无法全部改铸。此外，河东地区也存在盗铸铁钱以及坐商不愿接受私钱问题。为了稳定铜、铁钱的流通秩序，宋廷采取了三方面的整顿措施：第一，控制大钱铸量。如，熙宁十年（1077）六月规定铸大钱均依旧额，除陕西、河北、河东外，今后各路并铸小钱。当时，河北是行使铜钱区，陕西是铜铁钱兼行区，宋廷不许河北铸行折二铁钱，而决定停铸陕西折二铜钱 10 万贯改铸于河北，同时在永兴军添铸折二铁钱 10 万贯以补陕西之人。元丰七年（1084）六月，神宗又下诏限止陕西三铜钱监增铸折二钱，每监

① 《长编》卷二百七十四，宋神宗熙宁九年四月丁丑，第 2580 页。

以 5 万贯为额。同年十一月，宋廷不准河北、河东增置铜钱监铸造折二钱。第二，提高钱币铸造质量。熙宁十年（1077）七月，神宗曾下诏处罚铸钱怯薄的浙江等路铸钱坑冶提点官，并令诸路今后铸钱并依省样，不许多铸。第三，进一步禁毁私铸小钱。元丰元年（1078）十月，出榜令“在京诸色人纳私小钱入官毁弃”①。

其次，关于折二钱是否在全国通行问题，也曾有过几次反复。自熙宁四年（1071）陕西铸折二钱后，广东也铸折二钱。因各路有人反映说民间不肯使用折二钱，故熙宁六年（1073）十月神宗只批准除在京并开封府界外的各路通行折二钱。后因章惇的要求，熙宁八年（1075）八月，神宗下诏，在京及开封府界也听行用折二钱。可是到了熙宁九年（1076）六月，神宗听说百姓用折二钱买不到东西，又停罢京师并畿内行用折二钱。神宗唯恐行用折二钱后富民藏小钱不出，又恐四夷认为中国贫窘，有伤国体。而王安石却以为：朝廷改革币制推行折二钱不能犹豫不定，否则朝廷将失去威信，被奸人利用，造成社会动乱。神宗听了王安石的话，下令在全国推行折二钱。但恪守祖宗家法的高太后和向皇后坚决拒行折二钱，故折二钱始终未能进入皇宫。不到两年，至元丰元年（1078）四月，又停止在京行使折二钱。

神宗时期，禁用私钱推行折二钱虽然并不彻底，但基本上抵制了虚值大钱和劣质私钱的泛滥，防止了通货膨胀，相对稳定了铜、铁钱的币值和流通秩序，并在一定程度上弥补了铜钱供给的不足，其成绩还是相当显著的。

---

① 《长编》卷二百九十三，宋神宗元丰元年十月丙寅，第 2759 页。

（二）增加铜、铁钱的铸量

宋神宗时期，由于商品经济的发展、国家财政开支的急需，特别是推行青苗、免役、市易等新法后商品交易的规模扩大和货币流通的加快，以致宋朝法币的供应量跟不上形势发展的需要。宋廷为了适应商品经济发展的形势和推行新法的需要，曾大力增铸法币铜钱和铁钱。当时铸钱业激剧发展，“诸路大率务于增额”[①]。据沈括说：“国朝初平江南，岁铸钱七万贯。自后稍增广，至天圣中，岁铸一百余万贯，庆历间三百万贯。熙宁六年以后，岁铸铜铁钱六百余万贯。”[②]沈括所说的只是约数。据《文献通考》卷九《钱币考二》等书载：元丰三年（1080），“诸路铸钱总二十六监，每年铸铜、铁钱五百九十四万九千二百三十四贯。内铜钱十七监，铸钱五百六万贯，铁钱九监，铸钱八十八万九千二百三十四贯”[③]。“盖比国初至景德中，则铜钱增九监，而所铸增三百余万贯，铁钱增六监，而所铸增六十余万贯”，年铸量达到北宋各朝的最高峰，从而大大缓和了当时的“钱荒”[④]。今将诸路各监铸钱具体情况[⑤]列表于下：

① 《九朝编年备要》卷十八，宋神宗熙宁二年九月。
② 《梦溪笔谈》卷十二《官政二》。
③ 《文献通考》卷九《钱币考二》，第237页。参见《玉海》卷一百八十《食货·钱币》。《宋会要辑稿》食货一一之八载“诸路铸钱总二十七监”，而下文实载仅二十五监。
④ 《文献通考》卷九《钱币考二》，第238页。
⑤ 《文献通考》卷九《钱币考二》，第237—238页。《宋会要辑稿》食货一一之八。

表 2 元丰三年（1080）诸路各监铸铜、铁钱情况表

铜钱监	地址	铸量（万贯）	铁钱监	地址	铸量（万贯）
阜财监	西京	20	在城监	虢州	折二钱 12.5
黎阳监	卫州	20	朱阳监	虢州	折二钱 12.5
永兴军监	—	20	阜阳监	商州	折二钱 12.5
华州监	—	20	洛南监	商州	折二钱 12.5
陕府监	—	20	威远监	通远军	共 25[①]
垣曲监	绛州	26	滔山镇监	岷州	
同安监	舒州	10	嘉州监	—	当十大钱 2.5
神泉监	睦州	10	邛州监	—	当十大钱 7.3234
富民监	兴国军	20	兴州监	—	当十大钱 4.1
熙宁监	衡州	20			
玉泉监	鄂州	10			
广宁监	江州	34			
永丰监	池州	44.5			
永平监	饶州	61.6			
丰国监	建州	20			
永通监	韶州	80			
阜民监	惠州	70			

铜钱可在下列 13 路行使：开封府界、京东路、京西路、河北路、淮南路、两浙路、福建路、江南东路、江南西路、荆湖南路、荆湖北路、广南东路、广南西路。

铜、铁钱可以下列 2 路兼行：陕府西路、河东路。

① 《宋会要辑稿》食货一一之八载为 20 万贯。

铁钱可在下列4路行使：成都府路、梓州路、利州路、夔州路。

（三）停止无本发行交子

自从宋仁宗天圣元年（1023）在益州发行官交子后，交子只限在四川流通。宋神宗时，由于与西夏接境的河东、陕西沿边地区军费开支浩大，河东、陕西是铜、铁钱兼用地区，往那里输送铁钱费用太大，如"自陕西般（搬）铁钱一万贯至秦州,计用脚钱二千六百九十余贯"[①]。宋廷为了缓解财政困难，也为了能有更多轻便的货币以供商品经济发展的需要，欲在河东、陕西两路推行交子。熙宁二年（1069）闰十一月十九日，神宗下诏设交子务于河东路潞州，但在次年七月初二即停罢。约在熙宁三、四年间（1070—1071），又下诏在陕西路推行交子，四年四月初八即停罢。熙宁五年（1072）十一月，宋分陕西路为永兴、秦凤两路，七年（1074）六月十六日，神宗下诏再次在永兴、秦凤两路推行交子，九年（1076）正月二十七日又停罢。

宋廷之所以停止在河东、陕西等地推行交子，其直接原因是交子行用轻便又可随时兑换成现钱，利于四处经商，故当河东、陕西推行交子后，商人们再也不愿向边区入中现钱和粮草来换取由国家专卖的矾、盐钞引，而需以现钱直接换取交子，这既影响了边防军钱粮的来源，又妨碍了矾、盐钞引的销售，减少了财政收入。然而，更重要的原因还在于宋朝官府缺乏现钱作为发行交子的本钱，不能维持其信用，致使交子贬值，公私受损。如，"成都府转运司每年应付熙河交子十万贯，客人于熙河入纳钱四百五十或五百，支得交子一纸，却将回川中交子务请铁钱一贯文足现

① 《长编》卷三百四十四，宋神宗元丰七年三月癸丑，第3192页。

钱”①。原来宋廷在沿边地区推行交子,是为了以交子代钱,节省运钱费用,并减少盐钞以维持钞价。结果因交子贬值，这两个目的均未达到，国家反而损失了更多现钱，于是神宗只得停罢在河东、陕西推行交子。

其实，对推行交子和出售盐钞的关系、对发行交子需要现钱做本的道理，神宗和他的大臣早有一定认识，只因财政困难，神宗无法克服其间的矛盾，在边区推行交子乃是不得已之举。中书上言时曾说：“今若于陕西用交子，止当据官所有现钱之数印造。假如于边上入中万缗，却愿于某州、军纳换，即须某州、军纳换处有钱万缗，画时应付支给。如此则交子与钱行用无异，即可救缓急，以免多出盐钞虚抬边籴之弊。”②权永兴军等路转运使皮仲容更是明确指出：“交子之法，以方寸之纸飞钱致远，然不积钱为本，亦不能以空文行。”③本来以纸币来代替金属货币是历史发展的必然趋势，但它必须有充足的商品供应作为维持其信用的保证。而神宗时期这些条件尚未完全成熟，当时还是一个以自然经济为主导的社会。所以，王安石认为，只有当边境安定、国家政治清明、人才众多、财力富强之时，推行交子才不会有问题。最后，背着“三冗”沉重负担的北宋王朝，终因缺乏发行交子的本钱，又要用现钱去应付沿边地区浩大的军费，只得停止在河东、陕西等地推广交子法。神宗能发现推广交子存在的问题并及时收敛，国家虽受一定损失，但并未造成纸币恶性膨胀和民不聊生的后果，这正是神宗谨慎和明智之处。

---

① 《长编》卷二百五十八，宋神宗熙宁七年十二月辛卯，第 2427 页。
② 《长编》卷二百五十四，宋神宗熙宁七年六月壬辰，第 2391 页。
③ 《长编》卷二百五十九，宋神宗熙宁八年正月丁巳，第 2434 页。

（四）发行度牒、官告、公据等准通货

宋神宗时期，在铜钱不足、铁钱贬值、发行交子缺少本钱的情况下，宋廷为了应付各项巨大的财政开支，弥补硬通货供应的短缺，曾大量发行度牒、官告和公据等有价证券。这些证券不仅被充当财政支付手段，并在市场上变卖换取现钱，乃至辗转流通，承担了部分货币职能，具有一种准货币的性质，实际上起到了变相大面额货币的作用。

度牒，是国家公度出家人为僧尼、道冠的身份凭证。国家出卖度牒在唐代已经开始，至宋神宗时，更是大量出卖度牒，甚至成为朝廷财政收入的重要来源。度牒之所以能够卖钱，因为人们有了度牒，就可以免除地税、徭役和其他杂税负担。为此，僧侣们千方百计争购度牒。而一些世俗地主、商人也争购空名度牒，有的是为了逃避赋税，有的则是为了到度牒市场上通过贱买贵卖从中渔利。神宗时期，宋廷曾大量使用度牒拨充各项财政开支，其应用范围十分广泛，如用于军事开支，用于兴修水利、赈济饥民和做常平储备，用于修造城池、庙宇、堤岸、仓库，用于官物运输、市易本钱、财政储备、采购粮食、收买铜铅、放债收息，等等。①

大家知道，作为一般等价物的货币具有价值尺度、流通手段、贮藏手段、支付手段和世界货币五种职能。其中价值尺度和流通手段是货币的基本职能。熙宁年间（1068—1077）每道度牒值钱120缗②，元丰七年（1084）朝廷规定“每道为钱百三十千”③，可见度牒已能间接执行其价值尺度职能。

---

① 具体论证可参看俞兆鹏《宋神宗货币制度研究》，见俞兆鹏《求真集——俞兆鹏史学文选》，江西教育出版社2004年版，第188页。

② 《建炎以来朝野杂记》甲集卷十五《祠部度牒》。

③ 《群书考索》后集卷六十三《财用门·鬻僧类》。

至于用度牒购物，一般情况下要先变卖成钱，然后再用钱购物，也即度牒还具有支付手段和间接流通手段的职能。如，熙宁三年（1070）四月，“给度牒五百付两浙转运司，分赐经水灾及民田薄收州、军”，要先“召人纳米或钱赈济饥民”。[①] 元丰六年（1083）八月，“赐环庆路经略司度牒千，令贸钱十三万缗，别封桩”[②]，即要先变卖度牒为钱，然后封桩备用。度牒虽非法币，但它对货币流通有直接影响，是潜在的货币供应量，当其投入流通领域后，可增加钱币周转次数，实际上等于加大了货币投放量，可缓解钱币供应的不足。

宋神宗时期出卖度牒的总量，史无完整统计。根据《续资治通鉴长编》熙宁八年（1075）九月辛巳条的记载：“自熙宁初至今八年，给八万九千余道……今岁正月止九月，给五千二百八十一道。”元丰六年（1083）六月丁未条：“祠部给度僧牒准诏及递年数即止。案：元丰三年六千三百九十六，四年四千一百九十六，五年九千八百九十七，今取酌中之数，欲以三年为额。”元丰六年（1083）十月乙亥条：“礼部言：‘祠部出度牒以六千三百六十二为额，今年已溢额千五百五十四，乞岁以一万为率，若逾数乃以闻。’从之。”从以上不完整的统计来看，在上述熙宁、元丰的11年9个月中，共出卖度牒117405道，平均每年约卖1万道，如以每道卖钱120缗计算，则平均每年卖钱约120万缗。

神宗时期，除卖度牒外，还以空名官告卖钱充作财政开支。所谓官告，又称敕告、告敕，是官员的一种委任状。当时卖官价格：“今西北三路，

---

① 《长编》卷二百十三，宋神宗熙宁三年四月丁卯，第1947页。
② 《长编》卷三百三十八，宋神宗元丰六年八月甲午，第3150页。

许纳三千二百缗买斋郎，四千六百缗买供奉职，并免试注官。”[①]买了官的人可免除部分差役或科配。空名官告的应用范围大致与度牒相似，如可用于助军，用于赈饥，用于修城，用于买粮，等等。

另外，神宗时期又发行公据换钱，用作财政开支。公据是官方所发凭以支领钱财的文据。神宗时所发的现钱公据，上面分印有不同面值。如元丰六年(1083)十一月户部所印公据每道当钱5贯或10贯。出公据召人纳钱，给以一定利息，颇像后世的公债。如元丰六年（1083）八月，永兴等路安抚司出公据钱20万缗召人入便（纳钱），每百缗贴钱10缗。持有公据的人可到国库兑换现钱。

官告、公据也都具有货币的支付手段以及间接价格尺度和间接流通手段等职能，同样是一种准通货。不过官告、公据发行量没有度牒多。如元丰二年（1079），朝廷“赐澶州度僧牒六百五十偿水利司钱，以尝出监主簿、斋郎告牒募人入钱而久无应募者也”[②]。

公据只是朝廷暂时向人借钱，度牒、官告看上去似乎是无本发行，实则朝廷出卖度牒、官告是以减少赋税和役钱的收入为代价的，等于是提前支用未来的财政收入，是寅吃卯粮，是国家财政困难时所采取的权宜之计。王安石说：“今度牒所得，可置粟四十五万石，若凶年人贷三石，则可全十五万人性命……国用有所不暇，故卖祠部牒……若以为不可，是不知权也！”[③]实际效果也表明，神宗时期出卖度牒、官告和公据，弥补了货币流通领域中现钱供应的不足，大大缓解了国家的财政困难，避免了货币危机

---

① 《宋史》卷三百一十四《范纯粹传》，第10281页。
② 《长编》卷二百九十九，宋神宗元丰二年八月丁未，2809页。
③ 《群书考索》后集卷六十三《财用门·鬻僧类》。

的产生和社会经济秩序的混乱。

（五）增强白银的货币职能

在中国古代，白银作为支付手段和贮藏手段由来已久，但直至北宋时期，白银尚未成为广泛流通于民间的真正的法币。只是到了宋神宗时，白银的货币职能有所增强，并有了充当货币的趋势。

熙宁、元丰年间，白银主要表现为执行货币的支付手段职能。如，当时常将白银用作军费开支和外交经费，用作赏赐和官俸，用作地方给朝廷的上贡，用作贷款以及购粮、经商本钱，用作各项财政支出。可见当时白银愈来愈多地被用作国家财政开支，广泛地执行着货币支付手段的职能。同时，北宋王朝还用白银充当付给辽、西夏的岁币，执行着国际货币的职能。

但是，神宗时期，白银尚未完全具有价值尺度和流通手段这两种货币最基本的职能。当时市场上交易都以钱作价，未见直接用白银作价的。白银本身还是一种需用钱来买的商品，如用白银购物，也要先折成钱然后方来计价，可见白银尚未完全具有货币作为价值尺度和流通手段的职能。如，在蜀州，熙宁八年（1075）银每两价格为铁钱 1600 文，九年（1076）为 1400 文。熙宁九年（1076）五月，朝廷曾“令三司支银绢折算钱十五万缗赴熙河路市粮草”[①]。这说明当时白银尚未成为可用来直接购物的法币。

尽管如此，由于变法派的重视，白银的货币职能有着不断增强的趋势。因推行熙宁新法急需用钱，这就迫使人们想去寻找一种信用度高的物品去充当新的货币，而白银正是这种优良的币材，而且可以通行全国。实际上，神宗时期的财政收入中，白银数量比前朝大有增加。如真宗天禧五年（1021）

① 《长编》卷二百七十五，宋神宗熙宁九年五月癸酉，第 2592 页。

财政收入中有银883900多两[1]，到神宗熙丰年间（1068—1077），年收入中有银2909086两[2]，比真宗末期时增加近3.3倍。这就为白银进一步广泛使用并逐渐发展成为正式货币准备了物质条件。而且，当时在朝廷上，将金银作为法币，也成了君臣之间的重要议题。如，熙宁十年（1077）六月，权三司使沈括曾向神宗提出："古为币之物，金银珠玉龟贝皆是也，而不专赖于钱。今通贵于天下者金银，独以为器而不为币，民贫而为器者寡，故价为之日轻。今若使输钱者输金，高其估而受之，至其出也亦如之，则为币之路益广，而钱之利稍分矣。"[3]从沈括的话中，我们可以看到两点：一是神宗时期白银尚未成为法币，二是人们强烈要求增强白银的货币职能。

（六）解除铜禁和开放铜钱出口

所谓"钱荒"，尤其铜钱的供不应求，是宋朝以来一直存在的现象。即使仁宗庆历时岁铸钱量达到300万贯、神宗熙宁末年（1077）达到373万贯，仍然感到钱不够用。为此，从宋初开始长期实行铜禁，曾三令五申地严禁销熔铜钱改铸器皿和铜钱流向国外。其实，出现"钱荒"，并非由于铜钱的绝对数量太少，而是北宋统治者开支过大。熙宁变法期间，为推行青苗、免役、市易等新法，本来需要更多的钱币，而宋廷却于熙宁七年（1074）颁行新敕，废除了钱禁。于是，次年十月，宣徽南院使、判应天府张方平对变法派废除钱禁之事提出了批评："自比年以来，公私上下，并苦乏钱，百货不通，万商束手。又缘青苗、助役之法，农民皆变转谷帛，输纳现钱，钱既难得，谷帛益贱，人情窘迫，谓之钱荒……夫铸钱禁铜之

---

① 《长编》卷九十七，第869页。
② 《建炎以来朝野杂记》甲集卷十四《财赋一》。《玉海》卷一百八十《食货·钱币》。
③ 《长编》卷二百八十三，宋神宗熙宁十年六月壬寅，第2671页。

法旧矣，累朝所行，令敕俱载……而自熙宁七年颁行新敕，删去旧条，削除钱禁，以此边关重车而出，海舶饱载而归……钱本中国宝货，今乃与四夷共用。又自废罢铜禁，民间销毁无复可辨。销熔十钱，得精铜一两，造作器物，获利五倍。如此则逐州置炉、每炉增课，是犹畎浍之益，而供尾闾之泄也。”[①] 张方平的发言旨在反对变法，他把产生“钱荒”的原因归结为三点：一是推行新法用钱增加，二是铜钱大量流向国外，三是民间销熔铜钱改铸铜器。

我们应当如何看待“钱荒”和变法派废罢钱禁之事？

关于推行新法和“钱荒”的关系问题。其实，实施青苗法，国家贷款给农民，是农业金融活跃的表现。实施免役法，徭役由派到雇，是使劳役货币化的一种改革。这两者都符合货币经济发展的必然趋势，是商品经济发展在变法中的体现，是历史的进步。青苗钱有贷有还，免役收钱，雇役付钱，农民为了归还青苗本息和缴纳免役钱必须出卖农产品，这就激发了农村市场，加大了货币周转率，不致造成钱荒。据熙宁九年（1076）九月张方平说，农民每年纳役钱 7.53 万多贯，纳青苗息钱 1.66 万贯，共输纳实钱约 9.2 万贯[②]，这数量在熙宁末年铜钱年铸额 373 万贯中所占比例并不大。何况青苗贷款中有的还是交子，如熙宁四年（1071）正月，“赐提举成都府路常平司交子钱二十万缗为青苗本钱”[③]。张方平说钱荒造成“百货不通，万

---

① 《长编》卷二百六十九，宋神宗熙宁八年十月壬辰，第 2538 页。《乐全集》卷二十六《论钱禁铜法事》。

② 《乐平集》卷二十六《论率钱募役事》。《长编》卷二百七十七，宋神宗熙宁九年九月，第 2616 页。

③ 《长编》卷二百十九，宋神宗熙宁四年正月壬子，第 2041 页。

商束手”，未免有夸大事实之嫌。

关于铜钱外流问题。宋神宗时期钱币的大量流向辽、西夏和海外各国，是当时商品经济发展外贸扩大的具体表现，是宋代货币充当国际货币职能的加强，这是历史发展的必然趋势。唐代只有广州一处管理外贸的市舶司。宋神宗时，除广州市舶司外，还有杭州、明州和密州板桥镇市舶司，外贸税利已成了宋王朝财政收入的重要来源。在这种形势下，东南地区的铜钱大量流向海外势不可挡。同时宋朝与北方的辽、西夏及西南的回鹘、大理各国的贸易也很发达，熙宁时宋朝在沿边地区的榷场贸易数额十分巨大。铜钱的大量外流虽然会减少国内铜钱的供应，但可用别种准货币来代替，神宗也已经这样做了。商品经济要发展，外贸要扩大，这是社会前进的潮流，故以宋神宗、王安石为首的变法派于熙宁七年（1074）及时解除了钱禁，可说是一种明智之举。

关于销毁铜钱改铸铜器问题。销毁铜钱改铸铜器，无疑会减少铜钱的供应。但缺少铜钱就不能通商了吗？王安石从理财的角度认为：“何必铸钱！古人以铜为器皿精而能久，善于瓷漆。今河东铜器，其价极高，若官勿铸钱而铸器，其利比钱甚厚。”并说：“铸钱不如铸器之利，又安以钱法为？”[①] 可见宋朝实行铜禁已严重阻碍了金属加工手工业的发展。时代发展到了宋神宗时期，货币已出现多种形式，铜已不是最优良的币材，王安石突破了常人的思路，大胆提出了钱不必用铜来铸，可说有一定预见性。同时，沈括也曾提出，即使铜钱被耗尽，还可用钞为币、用金银为币。沈括还建议通过加快钱币流速来解决铜钱不足问题。他说：“钱利于流。借十

① 《龙川略志》卷三《与王介甫论青苗盐法铸钱利害》，第 14 页。

室之邑有钱十万，而聚于一人之家，虽百岁，故十万也；贸易迁之，使人飨十万之利，遍于十室，则利百万矣。迁而不已，钱不可胜计。今至小之邑，常平之蓄不减万缗，使流转于天下，何患钱之不多也！”[①] 宋以后货币历史的发展，证明了王安石、沈括的货币思想的正确性。在金、元时代的多种货币中，铜钱已退居次要地位，钞币、白银逐渐居于主要地位。

其实，宋神宗时期并未发生全国性的所谓“钱荒”，仅仅是江南民间交易中铜钱不足，即所谓“东南钱荒”[②]。而这种铜钱供不应求的“钱荒”，又是由铜钱流通周转中在时间和空间上暂时脱节造成的。实际上神宗时期货币总量并不少，西北沿边地区铁钱还因过多而贬值，故沈括建议将铁钱“泄之羌中”[③]。又四川交子自熙宁五年（1072）开始两界同时使用（增造二十五界交子 125 万缗），已有纸币膨胀迹象。此外，熙丰年间（1068—1077），每年还有平均值钱 120 万缗的度牒投入市场，又有岁入 290.9086 万两白银（约值铜钱 300 万缗）可转变为钱。仅每年新增的交子、度牒、白银三项，即可弥补每年铜钱的流失损耗绰绰有余。何况铜钱不可能大部分流失损耗，私钱也不可能全部禁绝。因此，对神宗时期销毁铜钱改铸铜器问题，完全不必惊慌失措。

三、社会经济发展和国家财政状况改善

为了克服北宋中期以来由“三冗”消费过度引发的通货膨胀，必须在经济上开源节流以达到商品供求关系的平衡。宋神宗实行熙丰变法，通过

① 《长编》卷二百八十三，宋神宗熙宁十年六月壬寅，第 2671 页。
② 《宋朝事实类苑》卷十五《顾问奏对・司马温公》，第 184 页。
③ 《长编》卷二百八十三，宋神宗熙宁十年六月壬寅，第 2671 页。

抑制兼并、发展生产以及节省“三冗”开支和革新货币制度，终于遏止了通货膨胀。可见，熙丰变法对通货膨胀的遏止，主要是通过发展社会经济和改善国家财政状况来实现的。

（一）社会经济有所发展

熙宁年间（1068—1077）颁布的各项新法，其立法宗旨在于通过抑制兼并、发展生产来达到“富国强兵”的目的，因此也就增加了商品供应，为遏止通货膨胀创造了最必要的条件。熙宁新法虽然在推行过程中存在不少弊病，但从总体上看，它毕竟或多或少地改善了旧有的生产关系，从而推动了社会经济的发展。今就农业、手工业、商业三个方面分述于下。

1. 农业

宋廷发放青苗钱，虽然贷款农民要向官府缴纳 4 分年息，但与高利贷者的 1 倍乃至 3 倍的年息相比，毕竟减轻了所受的剥削。同时，青苗钱能帮助农民解决青黄不接季节资金不足的困难，得以从事正常的生产。为此，农民需要青苗钱，“自散青苗以来，非请即纳，非纳即请，农民憧憧来往于州县”[①]。实行均输法，农民可不用高价去购买上供税物，免受投机商人的剥削。尤其是“谷贱则官籴，不至伤农，饥歉则纳钱，民以为便”[②]。方田均税法虽然只推行于京东、开封、河北、陕西、河东五路，但从熙宁五年（1072）颁布至元丰八年（1085）被废止的 14 年中，共清丈出漏税的隐田 248.4349 万顷，约占元丰五年（1082）登记在籍的全国纳税田亩 461.6556 万顷的 54%，从而在一定程度上革除了“诡名挟佃”“隐产漏税”

---

① 《西台集》卷五《青苗议》。

② 《宋史》卷一百七十五《食货志上三·漕运条》，第 4257 页。

和“产去税存”等弊病，相对均平了赋税，减轻了自耕农民的负担，使“贫者以苦瘠之亩荷数倍之输”[①]的现象有所改变。同时，方田均税法又在全国范围内准许民户占佃瘠卤不毛之地，准许民户使用山林陂塘等而不加税，不按桑楮的有无而只按土地多少和肥瘠等级纳税，并简化税收项目。这一切，刺激了农民的生产积极性，有利于农业生产的发展。免役法解除了富裕农民和自耕农的差役之苦，“故天下皆思雇役而厌差役”[②]。同时，实行免役法后，减少了差役的人数，又缩短了应役的年限。治平之前服差役者总计 53.6 万余人，元丰之后所用役人减至 42.9 万余人。[③]衙前、户长等役不再差派，壮丁从三年应役期改为半年，耆长缩为一年。这不仅相对减轻了农民的负担，并使免役农民可以归田生产。特别是推行农田水利法后，大量荒地的开垦和水利灌溉工程的修建对促进农业生产的作用更为明显。此外，并营裁军增加了农村劳动力，保马法实行后将大片牧地改为耕地，无疑也为发展农业提供了有利条件。

在农业主要依靠人力耕作的古代，劳动人口的增加是发展生产的重要条件。宋神宗时期的户口比宋英宗时期有所增加。英宗治平三年（1066）登记在籍户数为 12917221 户；神宗熙宁八年（1075）为 15684529 户[④]；神宗元丰六年(1083)为 17211713 户，比治平三年(1066)增加了 4294492 户。[⑤]而在全国的户数中，主户所占比率，神宗时比仁宗时高，今据《续资治通

① 《都官集》卷二《厚生二》。
② 《宋史》卷三百三十九《苏辙传》，第 10831 页。
③ ［宋］刘安世：《尽言集》卷十一《论役法之弊》，《文渊阁四库全书》第 427 册。
④ 《长编》载为 15684129 户。
⑤ 《宋会要辑稿》食货一一之二七。《文献通考》卷十一《户口考二》，第 297—298 页。

鉴长编》所载举例，列表于下：

表 3　北宋后期主、客户籍占比情况表

年代	主户数及其占总户数之百分比		客户数及其占总户数之百分比		参考文献
仁宗嘉祐六年（1061）	7209581	65%	3881531	35%	《长编》卷一百九十五，第 1808 页。
神宗熙宁五年（1072）	10498869	69.6%	4592691	30.4%	《长编》卷二百四十二，第 2265 页。
神宗熙宁八年（1075）	10682375	68.1%	5001754	31.9%	《长编》卷二百七十一，第 2562 页。
神宗元丰三年（1080）	11244601	67.2%	5485903	32.8%	《长编》卷三百十一，第 2907 页。
神宗元丰六年（1083）	11379174	66.1%	5832539	33.9%	《长编》卷三百四十一，第 3176 页。

神宗时期主户在总户数中比率之上升，意味着客户在总户数中比率之下降。主户按财产多少分为五等：其中第一、二等户是地主；第三等户除一部分为小地主外，大多为富裕农民和上层自耕民；第四、五等户为自耕农，五等户中有部分是半自耕农。[①] 在北宋中后期，“万户之邑，大约三等已上户不满千”，“四等已下户不啻九千”[②]，可见主户中十分之九以上是自耕农。客户没有土地，是佃户。自耕农和佃农是直接从事农业生产的劳动者，特别是自耕农是小私有者，更具劳动致富的积极性。故神宗时期总户数和自

① 参考漆侠：《宋代经济史》上册，第 50 页。

② 《乐全集》卷二十六《论率钱募役事》。

耕农的增加也就表示农业劳动力的增加。

宋神宗时期劳动人口的增长，加上农田水利法的激励，垦田面积也比以前有所扩大。从登记在籍的纳税土地看，英宗治平中为440万顷，神宗元丰五年（1082）为461.6556万顷，仅增加21.6556万顷，而实际田亩远不止此数。因为神宗元丰五年（1082）京东、开封、河北、陕西、河东五路在籍土地数仅118.874203万顷，而实行方田均税法至元丰八年（1085）在此五路清丈得土地248.4349万顷，可见原隐漏有129.560697万顷。[①]当年全国5京18路在籍土地总数461.6556万顷中，京东等5路土地竟占54%，比重太高，可见未经清丈的5路以外各路仍有大量隐田。如按宋真宗天禧五年（1021）全国人口8677677户垦田524.758432万顷的比率计算，则神宗元丰六年（1083）有人口17211713户应有垦田1000万顷以上，而漆侠教授估计至元丰末年全国垦田可能有7.2亿亩（720万顷），已达到宋代垦田的最高数额。[②]

神宗时兴修水利对发展农业起了很大作用。早在熙宁元年（1068），襄州宜城令朱纮修复木渠，溉田6000顷。[③]此后，在农田水利法的推动下，熙宁变法时期兴建农田水利工程掀起了百年未有的高潮。如熙宁四年（1071），在京东路修复了济州的南李堰和濮州的马陵泊，排除长年的积水，得到了4200多顷良田，并于当年收获小麦和豆子200多万石。还修浚了曹、单等9州13处沟洫河道，把开封附近逐年的积潦导入清河等水道，使其东流入海。另外，淮南西路人民在熙宁年间（1068—1077）修

① 《文献通考》卷四《田赋考四》，第98、102页。
② 漆侠：《宋代经济史》上册，第60页。
③ 《宋史》卷一百七十三《食货志上一·农田条》，第4166页。

复了古芍陂，并疏浚了汉泉，使当地万顷农田得到灌溉。又有淮东转运使蒋之奇，在荒年组织流民修筑扬州的天长三十六陂、宿州的临涣横斜三沟，用工百万，可灌田 9000 顷，救活饥民 8.4 万人。[①] 再如京西路的唐、邓、襄、汝等州长期荒凉，熙宁变法期间，宋廷委派当地各知州召集流民兴修水利，开垦荒地，其中以唐州知州高赋成绩最大。高赋募河东、河北流民，“计口给田使耕，作陂堰四十四……比其去，田增辟三万一千三百余顷，户增万一千三百八十。岁益税二万二千二百五十七”[②]。至于襄州农民，也开修了古淳河 106 里，使 6600 多顷农田得到灌溉。[③] 元丰四年（1081），陕西转运判官游师雄发动当地居民，引泾、渭水灌溉田地达万余顷。[④] 实施农田水利法成效尤为明显的是淤田，即决放河中淤泥流入农田，使瘠薄土地变成肥沃良田。熙宁四年（1071）宋廷还特地设置了一个“总领淤田司”来管理淤田事宜。如，在汴水沿岸推行淤田法，有 8 万顷土地变成肥沃之田。再如在由开封到澶州一带引黄河之水淤田，“累岁淤变京东西碱卤之地，尽成膏腴，为利极大”[⑤]。又有惠民河淤溉沿岸民田一千余顷。此外，熙宁中，宦官程昉在河北引滹沱河水淤田，并修整河床和堤坝，“得良田万顷，又淤四千余顷”。他还引漳、洺河淤地，“凡二千四百余顷”[⑥]，使沿河诸县百姓得到三四百里退滩美田。他还在沧州增修西河河堤，引黄河水淤田种

---

① 《宋史》卷三百四十三《蒋之奇传》，第 10916 页。

② 《宋史》卷四百二十六《高赋传》，第 12703 页。

③ 《宋史》卷九十五《河渠志五・河北诸水》，第 2369 页。

④ [清] 王昶：《金石萃编》卷一百四十一，张舜民《游师雄墓志》，《续修四库全书》第 886—891 册。

⑤ 《长编》卷二百七十七，宋神宗熙宁九年八月庚戌，第 2612 页。

⑥ 《宋史》卷九十五《河渠志五・河北诸水》，第 2369 至 2370 页。

稻，添灌塘泊。王安石称赞程昉说："程昉尽力于河北……所开、闭河四处，除漳河、黄河外，尚有溉淤及退出田四万余顷。自秦以来，水利之功未有及此者也。"[①] 甚至反对派苏辙也不得不承认，黄河所淤"宿麦之利，比之他田，其收十倍"[②]。总之，自熙宁三年（1070）至九年（1077）七年之中，农田水利事业取得了空前重大的成就，除垦荒和疏浚河道外，仅兴修水利田就有 10793 处，灌溉民田共 36.117888 万顷，官田 1915.3 顷。[③]

宋神宗时期的农业生产技术也有提高。当时在广东、江西、两浙等地使用着一种新式农具秧马，大大减轻了农民在水田中弯腰插秧的劳累。同时，在南方使用以流水为动力的水轮筒车，其灌溉效果比传统的龙骨水车优越得多。熙宁六年（1073）十月神宗还让布衣李复、王谌往川峡、福建诸路募人"分耕畿县荒田，以为稻田"[④]；至元丰元年（1078）十月，李复、王谌因在畿县种植水稻有功而受到奖励，从而有助于在北方种稻面积的扩大和耕作技术的推广。

熙宁变法对农业生产的促进作用，到元丰时明显表现出来。据陆佃在《陶山集·〈神宗皇帝实录〉叙录》中的记载："迨元丰间，年谷屡登，积粟塞上盖数千万石，而四方常平之钱不可胜计。余财羡泽，至今蒙利。"王安石在《元丰行示德逢》诗中反映当时农业繁荣的情况说："四山翛翛映赤日，田背坼如龟兆出。湖阴先生坐草室，看踏沟车望秋实。雷蟠电掣云滔滔，夜半载雨输亭皋。旱禾秀发埋牛尻，豆死更苏肥荚毛。倒持龙骨

① 《长编》卷二百六十三，宋神宗熙宁八年闰四月乙巳，第 2478 页。
② 《栾城集》卷四十《论开孙河札子》。
③ 《宋会要辑稿》食货六一之六八。
④ 《长编》卷二百四十七，宋神宗熙宁六年十月丁丑，第 2317 页。

挂屋敖，买酒浇客追前劳。三年五谷贱如水，今见西成复如此。元丰圣人与天通，千秋万岁与此同。先生在野故不穷，击壤至老歌元丰。”[①] 他又在《歌元丰五首》诗中写道：“水满陂塘谷满篝，漫移蔬果亦多收；神林处处传箫鼓，共赛元丰第一秋。露积山禾百种收，渔梁亦自富虾鳅；无羊说梦非真事，岂见元丰第二秋。湖海元丰岁又登，旅生犹足暗沟塍；家家露积发山垅，黄发咨嗟见未曾。放歌扶杖出前林，遥和丰年击壤音；曾侍玉阶知帝力，曲中时有誉尧心。豚栅鸡埘晻霭间，暮林摇落献南山。丰年处处人家好，随意飘然得往还。”[②] 他还在《后元丰行》诗中描写了农村的富庶：“歌元丰，十日五日一雨风。麦行千里不见土，连山没云皆种黍。水秧绵绵复多稌，龙骨长干挂梁梠。鲥鱼出网蔽洲渚，荻笋肥甘胜牛乳。百钱可得酒斗许，虽非社日长闻鼓。吴儿踏歌女起舞，但道快乐无所苦。老翁堑水西南流，杨柳中间杙小舟。乘兴欹眠过白下，逢人欢笑得无愁。”[③] 韦骧在元丰二年（1079）也写诗歌颂熙宁变法的功绩：“惠遍农无乏，输均役不骚。”“万里耕桑富，中原气象豪。”[④] 甚至反对变法的孔平仲也不得不肯定熙宁变法的成效：“万户康宁五谷丰，江淮相接至山东。”[⑤]

2. 手工业

宋神宗时手工业生产发展最突出的是矿冶业。冶铁业在宋代一直比较

---

① ［宋］李壁：《王荆公诗注》卷一，《文渊阁四库全书》第 1106 册。
② 《王荆公诗注》卷四十一。
③ 《王荆公诗注》卷一。
④ ［宋］韦骧：《钱塘集》卷七《过金陵上仆射王舒公（己未冬）》，《文渊阁四库全书》第 1097 册。
⑤ ［宋］孔平仲：《朝散集》卷五《熙宁口号》，见《豫章丛书》本《清江三孔集》，江西教育出版社 2004 年版。

发达。英宗治平年间（1064—1067），铁产地计有登、莱、徐、兖等24州及兴国、邵武2军，共77冶。[①]神宗元丰元年（1078）铁产地有登、莱、徐、兖、邓、相、威胜、兴国、邵武等36州军，据漆侠估计当年产量可能有15万吨左右。[②]宋神宗时期铜矿的采掘与冶炼可说是达到了宋代的顶峰。英宗时期，铜产地有饶、信、虔、建、漳、汀、南剑、泉、韶、英、梓11州和邵武军，共46冶。神宗元丰元年（1078）铜产地扩展到陇、虢、饶、信、虔、潭、衡、郴、梓、兴、福、建、南剑、汀、漳、韶、连、英18州，年铜课收入达1460.5969万斤[③]，为唐宪宗元和年间（806—820）的55倍、宋初的3.5倍。宋神宗时期的金、银、铅、锡产地有所扩大，产量也有增长。从元丰元年（1078）各类矿产业的课税收入来看，除银课、铁课之外，都超过了英宗治平时。熙宁年间（1068—1077）矿冶业之得以发展，固然与各类金属产地的扩大有关，宋廷对矿冶业内部生产关系的改革则是其根本原因。自宋初以来，矿冶业中曾普遍存在的国家劳役形态，在铁矿的采掘和冶炼中尤为突出。所谓劳役制也就是在矿冶业中实行差役制，由监冶主管官员强令指派主户中的高资户来承担矿石的采掘和冶炼。在这种劳役制的压榨下，一些财力薄弱的冶户，常因受开采能力的限制或因矿藏的贫乏，以及其生产条件的变化，经营亏本，乃至倾家荡产，却仍要向官府按时按量缴纳产品。如仁宗时，登州铁冶户姜鲁等十八户，“为家贫无力起冶，递年只将田产货卖，抱空买铁纳官”。即使富户也不愿兴办铁冶，“缘人户先乞起冶之后，或遇家产销折，无铁兴作，官中并不认孤贫，一面监

① 《宋史》卷一百八十五《食货志下七·坑冶》，第4525页。
② 漆侠：《宋代经济史》下册，第555页。
③ 《宋会要辑稿》食货三三之一一至一二。

勒送纳元额铁数，以致破荡资业，沿及子孙不能免者，比比皆是。虽遗利甚厚，而富民惧为后患，莫肯兴创，所以铁货日削，经久不兴”。[①]又如，“莱芜冶铁为民病，当役者率破产以偿”[②]。“莱芜监铁，旧尝十八冶，今所存唯三，冶户犹破产而逃。”[③]由于矿冶业中劳役制弊病的日益暴露，于是冶铁业中逐渐出现了招募制取代劳役制的现象。随着熙宁变法免役制的推行，矿冶业中的募役制也就得以确立下来。招募制出于应募者自愿，能发挥其生产的主动性和积极性。同时，在熙宁变法时期，又产生了与招募制相结合的新的矿产品分配制度——“二八抽分”制。自宋初以来，矿冶业中实行课额制，即不问冶户冶炼多少，必须按国家硬性规定的矿税课额缴纳产品，从而造成冶户的折业破产。甚至本无金银矿苗的兴发，却硬要置场，让民户承担课额。如太宗至道元年（995），“邵武军归化县金场虚有名额，并无坑井，专副人匠千一百余人配买金六百余两，百姓送纳不逮，以至弃命自刎”[④]。神宗熙宁年间（1068—1077）实行二八抽分制后，冶户只要将采冶所得金银等产品的十分之二作为矿税缴给国家，而其余八分可全由冶户自由处理——“自便货卖”，这不仅避免了课额制引起冶户破产的弊病，而且激发了冶户的生产积极性，促进了矿冶业的发展。

随着矿冶业的发展，铜、铁产量的增加，使铸钱币材有了充足来源，故神宗时期的铸钱业高度发达。至元丰三年（1080），铜钱年铸量高达506万贯，铁钱年铸量达88.9234万贯，达到了整个北宋时期铸钱量的最

① 《包拯集校注》卷二《乞开落登州冶户姓名》，第96页。
② 《宋史》卷二百八十五《梁适传》，第9623页。
③ 《华阳集》卷三十七《梁适墓志铭》。
④ 《宋会要辑稿》食货三四之一三。

高峰。

宋神宗时期兵器手工业也有进展。北宋前期因统一战争和抗击辽国入侵的需要，对武器制造比较重视，弓箭、刀枪、器甲的制作相当精良。至北宋中期，随着统治者的腐败，主管武器制造的三司胄案无所作为，官员们“选占善工，家为治具”①，以致所制刀枪、弓箭、器甲的质量极其低劣。神宗熙宁六年（1073），宋廷设立军器监总管武器制造，对军器作坊进行了整顿，将工匠无偿劳役制改为雇募制。此后两年中，造内衣甲7805副，比前增加了4809副，箭138.4万支，增加了33.35万支，提高了劳动生产率，还节省了工料。熙宁时军器监制造的武器量多质精，“戈矛弧矢甲胄刀剑之类，皆极完具；等数之积，殆不可胜计。苟有灵旗之伐，可足数十年之用”②。各军工作坊规模较大，分工颇细。神宗元丰年间（1078—1085），万全军匠有3700人，东西作坊工匠达5000余人。总之，宋代兵器手工业因熙宁变法而取得了明显的发展。

纺织业是为解决人们穿衣问题的重要手工业。在中国古代传统纺织业中，尤以丝织业和麻织业为重要。宋神宗时期的纺织业在前代的基础上继续发展。特别是脱离农业专事纺织的机户不断增多，元丰时成都府的机户多为官府雇织上供锦。同时丝织技术有所提高，如元丰六年（1083），知成都府吕大防创军工织锦院，织细法锦及透背鹿胎，“比较以前机法精好，兼省工直”③。

此外，宋神宗时期的建筑、造船、印刷等手工业也有一定成就。在建

① 《乐全集》卷十三《武备论·兵器》。
② ［宋］吕陶：《净德集》卷四《奏乞罢军器监冗作状》，《文渊阁四库全书》第1098册。
③ 《长编》卷三百三十八，宋神宗元丰六年己亥，第3151页。

筑业中，熙宁六年（1073）许州民贾士明对造瓦做了改进，以前“修诸宫观皆用黄丹烧琉璃瓦，士明献瓦法，代以黑锡，颇省费”[1]，因而朝廷赏赐给他钱50万。在造船业中，南方诸路能造大型海船。如元丰元年（1078）出使高丽并被赐名为凌虚、致远、安济、灵飞、顺济神舟[2]的大海船，就是由明州制造的，它对促进海外交通的发展具有重要意义。至于印刷业，随着熙宁变法时期州县之学的蓬勃兴起，约20万的州县学生需要大量课本，加上社会上读书人的增多，雕版印刷业便随之空前地兴盛起来。

3. 商业

宋神宗时期农业和手工业的发展为商业的繁荣准备了必要条件。而要想知道商业是否繁荣，则应对当时的商品市场、交通运输、商业政策以及对外贸易等情况进行考察，并看其比以前有何进步？

先来看市场扩展情况。唐五代时期，城市中实行坊市制度：官民居住区为“坊”，商贾贸易区为“市”，早晚击鼓定时开闭坊市之门，坊市之外不能随意开设店铺。宋真宗咸平五年（1002）虽对街巷有所开广，但仍维持坊市格局。这种坊市制度已不能适应商品经济发展的历史趋势。至神宗时期，坊市旧格局终于被打破，坊市之外的街道上到处可以开设店铺，而且越开越多。坊市制度消失后,大量人口涌入城市。宋真宗天禧五年(1021）开封府新旧城八厢总计有97750户[3],至宋神宗熙宁年间（1068—1077）开封府居民增加到20万户，人口达百万以上。在城市人口大量增多的同时，各种手工作坊、商业行铺以及服务行业也随之增加。除了京城和各州、县

① 《长编》卷二百四十二，宋神宗熙宁六年正月壬申，第2268页。
② 《宋会要辑稿》食货五〇之四。
③ 《宋会要辑稿》兵三之三至四。

城市之外，与广大乡村有商贸联系的镇市和圩市（又称草市）也广泛发展起来。宋代设镇的标准是："民聚不成县而有税课者，则为镇，或以官监之。"[①] 因而凡有人口聚集和有商税之乡村圩市可上升为镇市。神宗熙宁年间（1068—1077）上升为镇的有106个，其中经济较发达的京东、京西两路超过40个。镇市在商品交换、商税征收中，据有重要地位，据熙宁十年（1077）统计，除四川铁钱路分外，全国镇市税入625.7734万贯，占商税总额的9%。[②] 有的还逐渐发展成为重要商业贸易区。至神宗元丰年间（1078—1085），全国镇市发展到1871个。至于圩市也很重要，它是广大农民和乡村手工业者进行直接交易的场所，有的圩市还很发达。但草市不能随意开设，必须经过转运司的许可才行。如熙宁十年（1077），神宗曾下诏令："戎泸州沿边地分蕃汉人户所居，去州县远或无可取买食用盐、茶、农具人户，愿于本地分兴置草市招集人户住坐作业者，并先于本州县投状保明，申转运司差官相度经久可行以闻，方许兴置，依例出纳酒税课利。"[③] 可见神宗时圩市已发展到沿边地区，草市中有固定的店铺和官府最基层的税收机构。城市、镇市、墟市结成网络，并逐渐发展形成区域性市场。

交通运输，对于商品交流和区域市场的形成十分重要。神宗时期除继续发挥原有水陆交通线的运输作用之外，又采取了一些发展交通运输的新举措。如，熙宁时，为了将南方的铜、锡运至陕西铸造铜钱，在陕西设铺，"以递铺卒二人挽一车，日铺运铜锡五千斤，以年计之，可运

---

① ［宋］高承：《事物纪原》卷七《州郡方域部》，《文渊阁四库全书》第920册。
② 据《宋会要辑稿》食货一五之一七统计。
③ 《长编》卷二百八十一，宋神宗熙宁十年四月乙巳，第2659页。

一百七十二万”[①]。元丰时，为把川茶运至秦州一带进行茶马贸易，又设置了茶递铺，自成都府至利州，自兴元府至凤翔府，自商州上津至永兴军，沿路设置茶铺，并准备车子，专门运茶。熙宁七年（1074），疏浚广济河，增置漕船，运京东米上供。元丰二年（1079）三月，还动工兴建导洛清汴工程，用洛水代替黄河成为汴水水源，以清汴水，并加大汴水流量，使汴水流清淤少，冬天也可畅通，从而大大提高了汴水的运输功能。此外，熙宁二年（1069）实行均输法，规定了凡上供物资皆“徙贵就贱，用近易远”的方针，而且还可根据各地市场行情，“从便变易”。这不仅节省了以往长途运输的费用，而且改善了对京师的物资供应，减少了过去诸路对百姓的非时之敛。此外，在陆路运输方面，因实行保马、户马制，社会养马增加，人们骑乘或运输多由用驴改为用马，提高了运行效力。

至于商业经营环境，自从熙宁年间（1068—1077）实行市易法和免行法后，曾有一定程度的改善。市易法使中下行户能以同样价格买到大商人所能买到的外地商品，而且还可从市易司取得贷款，经营路子比前宽广。尤其是那些贫穷的买卖果瓜之类的摊贩，“比旧皆得见钱，行人比旧所费十减八九，官中又得美实”[②]。市易法对大商人垄断取利和贱买贵卖的活动起了一定限制作用，使他们不得不与“下户买卖均一”[③]。由于中下商人可向市易司贷款，使高利贷资本受到抑制。熙宁八年（1075）王安石曾对神宗说：“近京师大姓多止开质库（典当铺），市易摧兼并之效仍可见。”[④]尤

① 《长编》卷二百三十，宋神宗熙宁五年二月壬戌，第2144页。
② 《宋会要辑稿》食货三七之一六。
③ 《长编》卷二百三十六，宋神宗熙宁五年闰七月丙辰，第2204页。
④ 《长编》卷二百六十二，宋神宗熙宁八年四月甲申，第2466页。

其是实行免行法后，各行户只要按户等缴纳一定数量的免行钱，就可解除“当行”的痛苦，不用再无偿供应官府所需物资，这对缩小商业领域中国家劳役制的范围，具有重大历史意义。但是在市易法的具体实施过程中，由于市易务的官吏急于聚敛，存在垄断取利、强制买卖、盘剥和敲诈商人的违法行为，使推行市易法的预期效果大打折扣，因此，我们对市易法“抑兼并、利商贾”和“平物价、通有无”的作用评价不能过高。

神宗时期与周边各族及海外诸国的贸易十分活跃。不仅官方贸易发达，民间走私贸易也很繁荣，而且屡禁不止。熙宁五年（1072）宋朝曾卖给契丹人铜100万斤。熙宁八年（1075），市易司曾将价值20万贯的犀角、象牙、珠子到河北榷场与契丹人贸易。特别是熙宁七年（1074）变法派废除了铜钱外流的禁令后，“铜、铅、锡官自出卖，许通商贩”[①]。铜钱只要按规定纳税便可携带出国，于是“边关重车而出”，铜钱加倍流入契丹地区，从而大大促进了汉族与契丹族之间的商品交流。在外贸中，宋真宗景德三年（1006）曾下诏对书籍的外流有所限制。但在神宗时，各类书籍包括王安石的《熙宁奏对日录》，都被卖到契丹，并且深受各阶层人士欢迎。“这些文字，贩入虏中，其利十倍。”[②]宋朝书籍的输出，显然有利于各族之间的文化交流。宋与西夏的贸易，长期以来主要是党项人以青白盐向宋人换取粮食。宋廷为了防止解盐的滞销，曾下令禁止在陕西贩卖青白盐，但这种禁令仍未能阻止民间的贸易。至神宗时，宋、夏边境的榷场贸易不断扩大，西夏人把大量土特产通过非官市贸易或入贡方式输入宋境，直到首都汴京。

---

① 《乐全集》卷二十六《论钱禁铜法事》。
② 《栾城集》卷四十一《论北朝所见于朝廷不便事》。

由于宋朝对马匹的迫切需要，熙宁八年（1075）实行“茶马法”，以四川之茶向西北的回鹘、蕃族等各族“博易”马匹。茶马交易量极大，元丰年间（1078—1085），买马年额 2 万匹，实际可达 1.4 万至 1.6 万匹。至于宋神宗时期与东南亚、日本、高丽等海外各国的贸易，主要通过广州、杭州、明州三个市舶司进行。由于海外贸易的收入在财政中占有重要地位，故宋廷对外商特别加以优待，如长期居住在中国、家财达数百万贯的辛押拖罗，宋神宗封其为归德将军，熙宁五年（1072）当他回国时，神宗还赠给白马一匹、鞍辔一副。宋朝又对遭遇风涛之险的外国人都加以救援存恤，熙宁时托罗人崔举漂流到泉州、宋朝官府便将他安置于官舍，并为之备办衣服。为了能招致更多的外商，神宗熙宁初对市舶抽解制度做了调整。宋太宗“淳化二年始立抽解二分”①，即收取舶来商品十分之二作为进口关税。太宗雍熙中改为“十先征其一”②。神宗熙宁初开始变法，又将抽解减为“十五取一”③。仁宗皇祐中，市舶“岁入象犀、珠玉、香药之类，其数五十三万有余”。至英宗治平中，“又增十万”。至神宗熙宁五年（1072），“东南之利，舶商居其一”，虽因抽解比率降低和市易官员违法入市舶拦取蕃商货物，市舶收入比治平中稍有减少，但熙宁九年（1076）仍“收钱、粮、银、香、药等五十四万一百七十三缗、匹、斤、两、段、条、个、颗、脐、只、粒”④。尤其应当特别指出的是，当时海外各国铸币很少，有的甚至尚无铸币，故

---

① 《文献通考》卷二十《市籴考一·市舶互市》，第 588 页。
② 《宋史》卷一百八十六《食货志下八·互市舶法》，第 4559 页。
③ 《宋会要辑稿》职官四四之二七。
④ 《宋史》卷一百八十六《食货志下八·互市舶法》，第 4560 页。

在外贸中，“入蕃者非铜钱不往，而蕃货亦非铜钱不售”[①]，可是宋朝却三令五申地禁止铜钱流向海外，严重阻碍了市舶交易。神宗熙宁七年（1074），变法派取消了铜钱流向海外的禁令，致使外商将铜钱“海舶饱载而归”，从而大大促进了外贸的发展。

（二）国家财政状况得到改善

神宗时期经济的发展，理应有利于改善国家财政状况。熙丰变法有否使国家财政状况得到改善？对此问题当前史学界存在不同看法。不少学者认为，因新法在推行过程中出现众多弊端，从而加重了人民负担，阻碍了生产发展，国家财政也就没有得到改善。但我们以为，由于现存各种史籍的作者对熙丰变法大多持反对立场，对新法弊病的抨击和当时财政窘状的描述未免有夸大之嫌。加上史书对神宗时期财政收支情况缺乏全面而系统的记载，特别是没有财政总收支的逐年统计，要想翔实地论证神宗时期财政状况的改善的确十分困难。但只要我们能全面而审慎地考察变法期间的种种经济迹象，就不难发现，尽管熙丰变法推行过程中存在弊端，变法未能达到预期的“富国”效果，但神宗时期的财政状况仍有一定程度的改善。

1. 财政收入增多

宋神宗时期的财政收入，主要来源于田赋、代役税、盐酒茶矾等的禁榷、工商税、官田以及科率、和预买绢、卖官鬻牒等收入。熙宁年间（1068—1077）因承仁宗以来之弊，财政状况依然不佳。通过变法，至元丰年间（1078—1085）财政状况有所改善。

所谓田赋，主要是指夏秋两税。田赋按土地面积和肥瘠等级定税。关

① 《宋会要辑稿》刑法二之一四四。

于神宗时期的两税收入，只有《文献通考 · 田赋考》中一则记载：熙宁十年（1077），夏税1696.2695万贯、匹等，秋税3504.8334万贯、匹等，共5201.1029万贯、石、匹、斤、两、领、团、条、角、竿。[①]而据《宋史·食货志·赋税》记载，英宗治平中赋税年收入为6776.7929万贯、石、匹、两。[②]从数字上看。熙宁十年（1077）的两税收入少于治平时，其实不然。这是因为：熙宁新法的成效至元丰年间（1078—1085）才显现出来。《文献通考》统计的仅是熙宁十年（1077）的两税，而《宋史 · 食货志 · 赋税》统计的治平中赋税岁入，除了公田和民田之赋外，还包括城郭之赋（宅税、地税之类）以及丁口之赋、杂变之赋。[③]再说，治平中全国垦田面积为440万顷，神宗元丰五年（1082）经过实施方田均税法，全国垦田面积增至461.6556万顷，两税收入理应多于治平中，而史书所载却未见大幅增加。其中缘由在于：神宗推行方田均税法的目的是要在清丈土地后重新均定田赋，但又规定各县仍以旧有的租税数为定额，禁止越额增数。同时，为了鼓励农民开荒，所垦荒地耕作之家，暂不征税，因此，变法时期的垦田面积有所增加而田赋不会多于治平旧额。另一原因是：治平之赋入是通过横征暴敛所得，而神宗"每遇水旱，辄轻租；或因赦宥，又蠲放、倚阁未尝绝；赋输远方不均，皆遣使按之，率以为常"[④]。可见，神宗时田赋收入数未大增并不等于国家愈来愈穷。实际上，推行新法尤其是实施农田水利法后，"惠遍农无乏"，"万里耕桑富"，"万户康宁五谷丰"，农业的繁荣是显而易见的。

---

① 《文献通考》卷四《田赋考四》，第103页。
② 《宋史》卷一百七十四《食货志上二 · 赋税条》，第4209页。
③ 《宋史》卷一百七十四《食货志上二 · 赋税条》，第4202页。
④ 《宋史》卷一百七十四《食货志上二 · 赋税条》，第4210页。

作为中央财政收入的田赋虽然不多，但地方上却颇为富裕，甚至反对变法的陈瓘后来在《进国用须知》中追述熙丰变法说："神考理财之政……取民之财，还以助民。故天下诸路州州县县各有蓄积，将以待非常之用，不使有偏乏之处。"也正因为如此，神宗统治时期，与仁宗时期不同，未见农民因天灾人祸而大量流亡，因赋役苛重而自杀的人也极少。

虽然神宗时期的田赋未见增收，但是由于农业发展和农民承受能力加强，宋廷又通过青苗息钱和免役宽剩钱的渠道增加了新的收入。王安石估计，散敛青苗钱每年可得息钱约 300 万贯。① 朝廷曾取某三年散敛中数，确定熙宁六年（1073）年额为散 1103.7772 万贯石匹两，敛 1396.5459 万贯石匹两，则息钱应为 292.7687 万贯石匹两。熙宁七年（1074），因诏令扣留半数常平钱物备灾不许放贷，故息钱也相应减半。至熙宁九年（1076），府界诸路常平司所管钱物达 3739.4289 万贯石匹两斤束道件②，如减去其中丝绵柴草等 400 万两束，再扣除行青苗法之初约 1600 万余贯石本钱，则实施青苗法 8 年中共得息钱物约 1739 万余贯石，平均每年约 217.4 万贯石。至元丰中，得息才有所减少，甚至稍有亏损。元丰三年（1080），散 1318.6114 万贯石匹两，敛 1506.0422 万贯石匹两，则得息钱 181.4308 万贯石匹两。元丰四年（1081），散 1383.7736 万贯石匹两，敛 1297.8994 万贯石匹两，亏本 85.8742 万贯石匹两。③ 在熙宁各项新法中，给国家财政带来增收最多的是免役宽剩钱。如熙宁九年（1076），共收免役钱物 1041.4553 万贯石匹两，支用 648.7688 万贯石匹两，宽剩 392.6865 万贯石

---

① 《长编》卷二百五十，宋神宗熙宁七年二月癸未，第 2347 页。
② ［明］解缙等：《永乐大典》卷七千五百七《仓·常平仓》，中华书局 1986 年版。
③ 《长编》卷三百三十二，宋神宗元丰六年正月壬寅，第 3093 页。

匹两。[1]又此前“元敷年额”收1234.3670万贯，年支925.8585万贯，宽剩308.5085万贯。据此，免役宽剩钱每年收入约为300至400万贯。至元丰中，免役钱征收总额又有增加，元丰七年（1084）竟达1872.930万贯[2]，宽剩钱估计应有六七百万贯。免役宽剩钱按规定要用于补助灾年，如灾年不多，则被常平司就地封存。据哲宗元祐元年（1086）二月中书舍人苏轼说：免役法“行之几十六七年，常积而不用，至三千余万贯石”[3]。除了免役钱之外，还有免夫钱收入。免夫钱始于神宗熙宁年间（1068—1077），民出钱以充雇值，即可免服夫役。熙宁十年（1077）十一月有诏：“河北、京东西、淮南等路出夫赴河役者，去役所七百里以外愿纳免夫钱者，听从便。”[4]这次收取之免夫钱，仅京东一路差夫16000余人，收钱25.6万余贯，4路合计不下百万贯。免夫钱虽是一种非定期收入，但其数量不少。

盐、酒、茶、矾等的禁榷收入，在财政中与两税收入处于同等地位，其中又以榷盐居首。由于史书仅记载某一年度或某一地区的禁榷收入，而且所谓“课利”“榷利”的内涵也较含糊，因此无法确定神宗时期的禁榷总收入是否高于或低于英宗时期。

先看榷盐收入。解盐课利岁入：英宗治平二年（1065）为167万贯[5]；神宗熙宁十年（1077）后年额为230万贯[6]；元丰三年（1080）年额242

---

① 《文献通考》卷十二《职役考一》，第355页。《宋会要辑稿》食货六五之一七。
② 《长编》卷三百五十，元丰七年，第3243页。
③ 《宋会要辑稿》食货一三之二。
④ 《长编》卷二百八十五，宋神宗熙宁十年十一月乙卯，第2595页。
⑤ 《宋史》卷一百八十一《食货志下三·盐上》，第4419页。
⑥ 《长编》卷二百八十一，宋神宗熙宁十年四月壬寅，第2658页。

万贯[①]。河北、京东末盐课利岁入：仁宗庆历六年（1046），河北盐行销税岁额19万贯[②];河北、京东盐祖额33.2万贯，神宗熙宁六年（1073）增额至49.9万贯[③]，熙宁七年（1074），河北、京东盐行销税岁额43.5万贯，元丰五年（1082），河北、京东官卖盐得息钱36万贯[④]。淮浙盐课利岁入：英宗治平中淮南、两浙、福建、江南、荆湖、广南六路岁售盐得钱329万贯[⑤]；神宗熙宁五年（1072）下半年至六年上半年仅两浙路共增盐课40万贯，六年第三季度又增25万贯[⑥]，元丰中，江东、江西、淮南、荆南、荆北、两浙六路卖盐祖额652.3795万贯，实收585.2318万贯[⑦]，另外，元丰中京师岁入末盐钞钱约300万贯[⑧],元丰中京师岁入东南末盐钞祖额240.4万贯封桩准备支付河北粮草钱[⑨]。川峡各路，卖盐盐课收入隶各路转运司财计，不直接归属朝廷。元丰年间（1078—1085）福建盐课祖额27.1647万贯，元丰初实收只20.2503万贯。[⑩]但元丰二年（1079）收46.35万余贯，三年收约60万贯。[⑪]另据翰林学士承旨张方平说,仁宗庆历中收盐税课715万贯[⑫];又据沈括《梦

① 《宋会要辑稿》食货二三之一〇。
② 《长编》卷三百六十，宋神宗元丰八年十月己卯，第3319页。
③ ［宋］苏轼:《经进东坡文集事略》卷三十三《论河北京东盗贼状》,《续修四库全书》第1315册。
④ 《长编》卷三百三十四，宋神宗元丰六年三月丙子，第3102页。
⑤ 《宋史》卷一百八十二《食货志下四·盐中》，第4441页。
⑥ 《长编》卷二百四十七，宋神宗熙宁六年十月庚寅注文，第2320页。
⑦ 《宋会要辑稿》食货二三之十至一一。
⑧ 《梦溪笔谈》卷十二《官政一》。
⑨ 《宋会要辑稿》食货二三之九至一〇。
⑩ 《宋会要辑稿》食货二三之一一。
⑪ 《文献通考》卷十五《征榷考二·盐铁》，第438页。
⑫ 《长编》卷二百九，宋英宗治平四年闰三月丙午，第1946页。

溪笔谈》卷十一载，神宗元丰元年（1078）收盐课2230万余贯。可见，神宗时盐利收入显然比仁宗时大为增加。

再看榷酒收入。榷酒收入在宋朝财政中仅次于两税、榷盐，而居第三位。榷酒收入来自官方自造自卖酒、由百姓买扑酒场、四京等处官卖曲给民酿酒。英宗治平中，榷酒岁入1885.5228万贯石匹两等，其中包括钱1286.2493万贯、金帛丝纩刍粟材木等599.2735万匹两等。[①] 神宗熙宁十年（1077）榷酒岁入1296.2万贯石匹两，其中包括钱1293.2万贯、金银帛粟铁等2.9899万匹石两等[②]。从绝对数据看，似乎神宗时榷酒收入少于英宗时，其实熙宁时所收钱多于治平时，而所收实物中，熙宁时含有银和铁，治平时含有草和木，因所占比例不明、故其价值高低很难判断，看来治平与熙宁时榷酒收入相差不会太大。此外，因熙宁中宋廷将原用于酬奖衙前重役的坊场（酒坊与税场之合称）收回，用实封投状法召人买扑，其收入改隶常平司，元丰元年（1078）底改输内藏库寄账封桩，朝廷又增加了一批收入。如，元丰七年（1084），府界诸路坊场钱岁收698.6万贯，谷帛97.66万余石匹[③]；元丰八年（1085）天下坊场钱岁入420余万贯[④]，数量相当可观。

至于榷茶收入，主要来自川蜀或东南产茶区。英宗治平中，岁入茶户租钱32.9855万贯，内外总入茶税钱49.86万贯[⑤]。神宗时，榷茶收入主要

① 《文献通考》卷十七《征榷考四·榷酤》，第492页。
② 《宋会要辑稿》食货一九之一至一九。
③ 《文献通考》卷十九《征榷考六·杂征敛》，第544页。
④ 《长编》卷三百六十九，宋哲宗元祐元年闰二月癸卯，第3432页。
⑤ 《文献通考》卷十八《征榷考五·榷茶》，第509页。

用于西部沿边籴买粮草和与西蕃的茶马贸易。熙宁七年（1074）至元丰七年（1084）茶税、息钱不断增加。熙宁七年（1074），除东南七路的茶租、税钱收入外，仅川蜀茶税钱、息钱岁入 40 万贯。元丰元年（1078）至五年川蜀榷茶除百费外获净利 428 万贯。元丰六年（1083）川蜀茶息、税钱岁入 100 万贯，元丰七年（1084）又增至 160 万贯。[①] 此外，元丰中还在汴河沿岸官营水磨茶，民间末茶一律赴官请买，每年获息 20 余万贯。[②] 可见神宗元丰时榷茶的收入超过英宗治平时。

矾是用于净化饮水和染织业的重要原料。榷矾的收入来自官产官售或民产官售，其岁入史书无全面统计。宋代的矾主要产于河东、河北及无为军等地。仁宗皇祐中，仅晋、慈矾课为钱 13.66 万贯，无为军 3.31 万贯；英宗治平中晋、慈矾课减少近一半，无为军矾课相当于皇祐中。[③] 神宗熙宁初，始变矾法。熙宁元年（1068）岁课仅 3.64 万贯，后连增 5 年，熙宁六年（1073）定新额为 18.31 万贯；至元丰六年（1083）增至 33.79 万贯，而无为军矾课 150 万斤，入钱与治平时相当。[④]

宋神宗时期的工商课税收入，重点在坑冶课利和商税收入。

由于宋神宗时期坑冶生产改为募役制和“二八抽分”制，促进了生产发展，使各种坑冶产品的产量都达到了宋代最高额。尽管“二八抽分”制降低了国家抽取的比率，而神宗熙宁、元丰年间的坑冶课利岁入，除银和

---

① 《容斋三笔》卷十四《蜀茶法》，见《容斋随笔》第 466—467 页。《长编》卷三百三十四，宋神宗元丰六年四月戊申纪事及注文，第 3108 页。

② 《文献通考》卷十八《征榷考五·榷茶》，第 511 页。

③ 《宋史》卷一百八十五《食货志下七·矾》，第 4535 页。

④ 《文献通考》卷十六《征榷考三·矾》，第 467 页。

铁外，金、铜、铅、锡、水银、丹砂的课利，仍大大超过英宗治平中的岁入。见下表。[①]

表 4 宋神宗时期坑冶课利岁入与宋英宗治平中岁入比较情况表

年代	金（两）	银（两）	铜（斤）	铁（斤）	铅（斤）	锡（斤）	水银（斤）	丹砂（斤）
治平中	5439	315213	6970834	8241000	2090000	1330695	2201	2800
熙宁中	1048	129460	21744749	5659646	7943350	6159291	2115	2708
元丰元年	10710	215385	14605969	5501097	9197335	2321898	3356	3646

元丰元年（1078），铜、铁、锡课利收入之所以少于熙宁中，这可能是因为大量铸造铜、铁钱所致。

至于宋神宗时期的商税收入比英宗时期增加不多。仁宗皇祐中，商税岁入为 786.39 万贯，英宗治平中为 846 余万贯。[②] 漆侠据《宋会要辑稿》食货一五至一七统计，神宗熙宁十年（1077）商税岁入为 878.8621 万贯（铜铁钱合计），如除去其中川峡路铁钱，则为 713.9677 万贯[③]，可见铁钱有 164.8944 万贯，以当时铜钱 1000 文可换铁钱 1050 文[④] 的比价折算，则熙宁十年（1077）商税收入为铜钱 871 万余贯，仍比治平中多 25 万余贯。按照神宗时期商业发展的状况来看，商税收入本应大大增加，但因在推行市易法过程中，官吏违法聚敛，官府垄断商业，阻碍了民间商人的自由经

① 《宋会要辑稿》食货三三之二七至二九、三三之七至一八。《文献通考》卷十八《征榷考五・坑冶》，第 522 页。《宋史》卷一百八十五《食货志下七・坑冶》，第 4525 页。

② 《宋史》卷一百八十六《食货志下八・商税》，第 4543 页。

③ 漆侠：《宋代经济史》下册，第 1009 页。

④ 《长编》卷五百十二，宋哲宗元符二年七月癸卯，第 4783 页。

营，故使商税收入大打折扣，这也是熙宁变法的美中不足之一。如，由于市易司官吏弄虚作假，谎报政绩，常说市易获利优厚。其实，据右司谏苏辙统计，市易法实行首尾 15 年中，仅得现钱利息 38 万余贯。[①]

宋神宗时期还有一笔数量巨大的货币收入。英宗治平中，岁铸铜钱 170 万贯、铁钱 3 万贯。神宗元丰三年（1080）铸铜钱 506 万贯、铁钱 88.9234 万贯。同时，神宗时还出卖度牒变钱。自仁宗嘉祐至英宗治平 13 年间发放度牒 78000 道。而在熙宁元年（1068）至八年（1075）九月、元丰三年（1080）至六年（1083）的 11 年 9 个月中，总计出卖度牒 117405 万道，平均每年卖 1 万多道，以每道卖钱 120 贯计算，则平均每年卖钱 120 万余贯。另外神宗时又出卖空名官告和发行公据，收入也不菲。[②] 交子发行量自仁宗天圣元年（1023）至神宗熙宁四年（1071）每界 125.634 万贯一直未变，熙宁五年（1072）始令两界沓行。

此外，神宗时期还有各种名目的财政收入，如坊场钱、河渡钱，市易息钱、市利钱，免行钱，官府市易、回易，官营堆垛场及面市、牛羊圈，楼店务，官卖药，官田租课、户绝庄产之钱，科率，科籴，和预买绸绢丝布，头子钱，钞旁定贴钱及其他各种杂税等收入，但这些项目的收入在财政收入中所占比重不大，恕不详述。不过有些项目的收入也相当可观。如，元丰二年（1079）将废罢之牧监土地出佃，获得租课 116 万缗。[③] 熙宁十年（1077），京师“左右厢店宅务管赁屋一万四千六百二十六间、空地六百五十四段、宅子一百六十四所，岁收二十一万六千五百八十一贯

① 《栾城集》卷三十八《乞放市易欠钱状》。
② 俞兆鹏：《宋神宗时期货币制度研究》，见《求真集》第 190 页。
③ 《长编》卷三百二，宋神宗元丰二年正月辛卯，第 2835 页。

六十六文省”[①]。元丰中，堆垛场岁收课利20万贯，官营面市及牛羊圈岁课共10万贯。熙宁、元丰中，向百姓低价“和买”绸绢，剥削率达百分之五十，总收入数量应不小。至于市易息钱岁入每年收入仅为50~70万贯，加上市利钱，也不过百万贯左右。

以上统计因史料缺乏虽无法做到全面系统和精确，但从各种迹象和总趋势来看，神宗时期尤其元丰时的财政收入，无疑多于仁宗末期和英宗时期。

2. 财政支出减少

要克服通货膨胀，发展经济以增加产品供应固然重要，但如果人们消费需要的增长超过了生产增长的水平，致使商品供不应求，则仍难免引发通货膨胀。在中国古代以自然经济为主的农业社会，劳动群众大多处于量入为出的自给自足的生存状态，甚至还有许多人因贫困而消费不足，只有官僚富豪的奢侈生活和国家过度的财政开支，才是触发通货膨胀的主要原因。对富人的消费开支我们无法进行全国性的统计，因此，我们要弄清宋神宗时期是否存在发生通货膨胀的动因，重点只能放在对当时国家财政支出的考察上。

宋神宗时期的财政支出，主要是军费、官禄和宫廷开销三大块，其他各种支费在财政总支出中所占比重不大。

军费一直是宋朝财政开支中最大项目。英宗治平二年（1065），共有禁军、厢军116.2万人，其中禁军66.3万人，厢军49.9万人，仅养兵之费达5000万贯。神宗熙宁时，经过并营裁军，有禁军、厢军79.6315万

---

① 《泊宅编》卷十，第57页。

人，其中禁军 56.8688 万人、厢军 22.7627 万人。与治平二年（1065）相比，熙宁时禁军减少 94312 人，厢军减少 271373 人，如以养一禁兵每年需钱粮 50 贯、养一厢兵 30 贯计，每年可省军费 1285.679 万贯，即全年养兵费为 3714.321 万贯。至元丰时，因与西夏作战，军队人数增至 83.9970 万人，其中禁军 61.2343 万人，厢军 22.7627 万人，所增的只是禁军 4.3655 万人，比熙宁时应增加养兵费 218.275 万贯，每年养兵费为 3932.596 万贯，但仍比治平二年（1065）时少 1067.404 万贯。

军费中用于战争的开支较大。宋神宗是一个奋发有为的皇帝，为了改变长期以来屈服于辽、西夏的可耻处境和拓展疆域，曾出兵与西夏、吐蕃部西南夷诸部以及交阯作战。至熙宁五年（1072）三月，王韶用兵熙河仅半年余，共费粮银绸绢 1200 余万贯匹，其中缗钱占 700 余万。元丰中五路出兵进攻西夏，仅元丰五年（1082）上半年，即向陕西支拨钱、银、盐钞共 700 万贯两。[①] 当然，所拨战争经费中也包含着养兵费用，特别是战时禁军大部分集中于沿边地区。但神宗时期用于战争的开支仍低于仁宗时期。仁宗宝元元年（1038）末与西夏作战时，陕西、河北、河东三路岁支钱帛粮草共计 4233 万贯匹石束；宋夏战争爆发后，沿边屯兵七八十万，庆历二年（1042），岁支增为 7218 万[②]。而神宗时“虽累岁用兵，而所至府库充积”[③]。

军事装备及民兵支费也应包括在军费之内。宋朝的战马主要向西蕃购

---

① 《长编》卷三百二十六，宋神宗元丰五年五月戊申，第 3039 页。

② 《长编》卷一百四十，宋仁宗庆历三年四月己未，第 1286 页。《栾城集》卷二十一《上皇帝书》。

③ 《长编拾补》卷十八，宋徽宗建中靖国元年八月癸丑，第 215 页。

买。仁宗明道中，“沿边市马，岁几百万缗”。神宗熙宁八年（1075）实行“茶马法”后，元丰中榷蜀茶每年转运司应付 52 万贯、常平司应付 20 余万贯钱给茶马司博马。[①]在熙宁六年（1073）实行保马法前，官府置牧监养马。官养一马约费 27 贯，真宗时有马 20 万匹，年费 540 万贯。神宗时只有马 15.3 万匹，年费 41.31 万贯。实行保马法后，国家节省了养马费用，还可出租废监牧地，获得租课 116 万缗。至于军器支费，仁宗时造价较高，官员们还占用军匠为自己干私活。神宗熙宁六年（1073）设立军器监后，所造军器质量提高，费用减少。关于军工生产的费用，记载极少，史籍只有零散反映。如，元丰五年（1082）七月，“鄜延路计议边事所奏乞缗钱百万、工匠千人、铁生熟五万斤、牛马皮万张造军器，并给之”[②]。元丰六年（1083）五月，“诏荆湖南路转运司应副上京甲叶二百七十万，并造广东甲叶四十七万，计工料钱三十五万缗，其以封桩阙额禁军钱拨还之”[③]。

正规军之外，乡兵与保甲也需支费。仁宗时，据张方平估计，全宋乡兵“将多补少，计天下支费其数不啻百万斛”[④]。虽说熙丰时实行保甲法，减少了募兵，但神宗元丰五年（1082），陕西、河东、保甲“岁费缗钱三十一万三千一百六十六，而团教之赏为钱一百万缗”[⑤]，开支仍不小。

宋神宗时期的军费支出多于或少于仁宗、英宗时期，因史书缺乏逐年逐项的系统数据，很难做出精确的判断。但从神宗时期军队人数的大量裁

---

① ［宋］杜大珪编：《名臣碑传琬琰之集》中集卷三十二《赵开墓志铭》，《文渊阁四库全书》第 450 册。

② 《宋史》卷一百九十七《兵志十一·器甲之制》，第 4916 页。

③ 《长编》卷三百三十五，宋神宗元丰六年五月庚子，第 3119 页。

④ 《乐全集》卷二十一《论天下州县新添置弓手事宜》。

⑤ 《长编》卷三百二十九，宋神宗元丰五年九月庚寅记事注，第 3064 页。

减这一主要因素和其他节支来看，当时的军费开支似应少于仁宗、英宗时期。

宋神宗时期的财政支出，除军费为大头外，其次便是官禄。北宋中期，冗官之多已成为国家财政之一大负担，在神宗熙丰变法时期这一状况并未有所改变。英宗治平时，全国共有官员 24000 人，每年支出俸禄总数未见记载。神宗虽然担心增设官司费财，曾限制宗室推恩封官和官员荫补子弟入仕的人数，但因推行新法增设了不少机构和官员、元丰三年（1080）改革官制也只是用寄禄官代替了旧官职，并未能改变职少官多的状况，故元丰初文武现任官员达到 24549 人（包括文官 10193 人，武官 12826 人，宗室 944 人，内臣 586 人），超过治平时 549 人。熙宁十年（1077），“在京岁支宰臣下百官料钱五十二万九千九百五十七贯四百二十六文，诸路官员料钱二百二十五万六千八百六十七贯，而陕西一路支数最多”[①]。这 278.6824 万贯只是官员的料钱，如加上衣赐、禄粟、添支、职田等，年支当不少于 500 万贯匹石两。

宋朝不入品的吏人一向很多，主要来自差役。宋真宗咸平初年裁省天下冗吏即达 19.5802 万人。英宗治平年间（1064—1067）全国服差役者有 53.6 万余人，神宗实行免役法，元丰后服役者减至 42.9 万余人。[②] 熙宁变法前，吏人素无常禄，唯以受贿为生。熙宁三年（1070），宋廷为防止吏人贪贿，始制天下吏禄，并设重法以绝请托之弊。以雇役为吏者，其雇钱自由免役钱中支付。至熙宁六年（1073）年底，“时内自政府百司，外及

---

① 《泊宅编》卷十，第 57 页。
② 《宋会要辑稿》食货一三之三四。

监司诸州，胥吏皆赋以禄，谓之仓法。京师岁增吏禄四十一万三千四百余缗，监司、诸州六十八万九千八百余缗，然皆取足于坊场、河渡、市例、免役宽剩钱等，而于县官岁入财用初无少损，且民不加赋而吏禄以给焉”[①]。当时京师台省寺监百司库务计有这种吏人近5000人。

神宗时期第三笔较大的财政开支，要算朝廷的各种冗费。冗费主要包括皇室支费和祭祀支费。自真宗以来，朝廷的冗费不断增加，至英宗治平中仅用于郊祀赏给的费用即达1300万贯匹两石领条。神宗即位后，因鉴于宫廷消费太大，“宫中一私身之奉有及八十千者，嫁一公主至费七十万缗，沈贵妃料钱月八百缗”，因而他日与大臣讲求节用，下令“凡一岁用度及郊祀大费，皆编著定式”[②]。关于仁宗、英宗、神宗时期皇室各种冗费年度总支出，史无完整系统的记载，只有零星的个案支费数量，无法做精确的比较。但仅就各项零星的支费来看，神宗时期皇室宫廷的冗费显然要少于仁宗、英宗时期。如仁宗曾继真宗之后不断大量修建各种道教宫观和佛教寺院。庆历三年（1043）仅在京修缮每年就需用材木20万。明道二年（1033）宫中用钱45万贯；景祐元年（1034）仅第一季度即用钱20万贯。“初进才人，加赐银五千两、金五百两。”除岁赐外，“一才人之俸月值中户百家之赋”。嘉祐八年（1063）举办仁宗丧事，仅用赏赐之钱绢银竟达1100万贯、在京400万；又出钱绸绢银共655万贯匹两助修皇陵。而神宗曾多次强调要节省冗费，削减不必要赏赐，规范嫔妃、宫人的月俸，不许大兴土木，废苑囿及停罢宫中各种豪华奢侈的陈设，等等，实际上宫廷冗费也确实比仁宗、

---

① 《长编》卷二百四十八，宋神宗熙宁六年十二月壬申，第2329页。

② 《宋史》卷一百七十九《食货志下一·会计》，第4354页。规定之郊赉数额见《宋会要辑稿》礼二五。

英宗时期节省了许多。其中熙宁末年（1077）的南郊赏给共800.2689万贯匹斤两条段[1]，就比英宗治平中减少了近500万。

除了军费、官禄、宫廷冗费之外，还有其他多项财政支出，重要的有给辽、夏的岁币，兴学支费，农田水利、官办工商业及公共工程支费，赋税蠲放、灾荒赈济及其他方面的支费，等等。按现代的观点来看，这许多有关生产和公益事业方面的投资本应是国家财政支出的重点项目，而在北宋时期其费用却只占国家财政支出的十分之一二，这是由当时封建专制主义的社会制度和政权性质所决定的，是剥削阶级掌权时代的必然现象。这里就不再详述。

3. 财政状况改善

北宋中期，由于统治者的腐败，导致"三冗"消费过度，加上天灾人祸的危害使生产衰退，终于酿成了国家财政危机，并引发了通货膨胀。至英宗治平二年（1065）岁入116138405（单位不明），支出120343174，加上非常出者11521278，共支出131864452，财政赤字达15726047。[2]神宗时期每年的财政收支总数我们不得而知。但从上文的分析来看：经过熙丰变法后经济有所发展，元丰时的财政收入似应多于治平时；由于神宗重视节省用度并产生了一定效果，财政支出似应少于治平时。

熙宁时，因宋神宗即位不久，他所继承的是仁宗、英宗留下来的财政烂摊子，而这时变法也刚开始陆续推行，故财政状况起色不大。但到了新法全面实施后的熙宁末年，国家财政状况有否改善？收支是否平衡？赤字

① 《泊宅编》卷十，第57页。
② 《文献通考》卷二十四《国用考二》，第700页。

是否消除？因缺乏现成而完整的统计数据，又史书所载数据混淆矛盾之处甚多，有的年份不明，无法做出确实可靠的判断。现在，我们只能利用零碎的统计数据，并结合对各种经济迹象的考察，对熙宁、元丰年间的年度财政总收入大胆地进行一番粗浅的推论。

先看财政总收入。英宗治平二年（1065）总收入为116138405（贯石匹两束等）。神宗时期的每年总收入史无准确的统计数据，现在只能利用零碎的史料，进行不完整的综合统计，以期得出熙宁十年（1077）前后的年度财政总收入的约数。今列表于下：

表5　宋熙宁十年（1077）前后财政收入概况表

年度	名目	岁入	品类	单位	参考文献
熙宁十年（1077）	两税	52011029	银、钱、粮、绢帛、丝绵、杂色等	贯、石、匹、两、团、领、条、角、竿等19种	《文献通考》卷四《田赋考四》，第103页。
熙宁中元丰元年（1078）	榷盐	2000万/2230万	钱	贯	沈括：《梦溪笔谈》卷十一。章如愚：《群书考索》后集卷五十六《榷盐》。
熙宁十年（1077）	榷酒	12961899	钱12932000贯，金银粟帛铁等29899石匹斤两等	贯、石、匹、斤、两	据《宋会要辑稿》食货一九合计。
熙宁十年（1077）冬至元丰元年（1078）秋	川蜀榷茶课利	767066	钱	贯	《长编》卷二百九十七，宋神宗元丰二年（1079）四月癸卯，第2789页。洪迈：《容斋三笔》卷十四《蜀茶法》，第467页。

续表

年度	名目	岁入	品类	单位	参考文献
元丰元年（1078）	坑冶	10710	金	两	《宋会要辑稿》食货三三之七至一八。《文献通考》卷十八《征榷考五·坑冶》，第522页。
		215385	银	两	
		14605969	铜	斤	
		5501097	铁	斤	
		9197335	铅	斤	
		2321898	锡	斤	
		3356	水银	斤	
		3646	丹砂	斤	
熙宁九年（1076）	市舶收入	540173	钱、粮、银、香、药等	贯、匹、斤、两、段、条、个、颗、脐、只、粒	《宋史》卷一百八十六《食货志下八·互市舶法》，第4560页。
熙宁十年（1077）	商税	8788621（其中铜钱7139677）	铜钱、铁钱	贯	《宋会要辑稿》食货一五至一七。参看漆侠《宋代经济史》下册，第1009页。
元丰三年（1080）	铸钱	5949234	铜钱5060000 铁钱889234	贯	《文献通考》第九《钱币考二》，第237页。
熙宁八年（1075）	交子发行	1256340	楮币	贯	《宋史》卷一百八十一《食货志下三·会子》，第4463页。
元丰元年（1078）	卖度牒	1216800	度牒9360道，每道卖钱130贯	贯	《长编》卷三百一，宋神宗元丰二年（1079）十一月庚寅，第2825页。

据有的史书记载，熙丰变法期间，年收入达5050万贯[①]，“合苗、役、市易等钱，所入乃至六千余万”[②]，这里说的只是钱币的收入。其实，仅从上面表中所列各项收入看，共计已达13765.0558万贯石匹斤两等，可见熙宁、元丰间的财政岁入与治平二年（1065）岁入11613.8405万相比，已增加2151.2153万贯石匹斤两等。另外，如再加上岁入约300万贯青苗息钱，约三四百万贯的免役宽剩钱，河北、京东西、淮南4路上百万贯的免夫钱，100万贯左右的市易息钱和市利钱，20余万贯的京师官房地产出租钱，100余万贯废牧监土地出佃租课钱，出卖官告和发行公据所得之钱，以及低价和籴、和买剥削所得之钱等等，至少还应增加1000余万贯钱的收入。此外，还有巨量封桩于内藏库的钱物，没有计入三司的财政收入之类。这里必须加以说明的是上表所列数目并非出于同一年度，只能从中看出熙宁、元丰之间岁入的约数和财政发展趋势，显然不够精确妥帖，但此乃不得已而为之，只好请读者谅解。

再看财政总支出。英宗治平二年（1065）总支出为13186.4452万（贯石匹两束等），其中含有财政赤字1572.6047万（贯石匹两等）。[③]神宗时期的每年总支出史无统计数据。现在只能通过对当时各种财政支出迹象的观察，来推论熙宁、元丰年间的年度支出是否少于治平二年（1065）。与仁宗、英宗时期一样，军费、官禄和宫廷开销仍占神宗时期年度财政支出的十分之九以上，故只要比较英宗与神宗时期这三方面的支出，就可看出

① 《文献通考》卷二十四《国用考二》，第713页。《宋史》卷三百五十五《虞策传》，第11194页。

② 《建炎以来朝野杂记》甲集卷十四《国初至绍熙天下岁收数》。

③ 《文献通考》卷二十四《国用考二》，第700页。

神宗时期的年度财政总支出是否比前减少。

先比较英宗朝与神宗朝的军费支出。仁宗皇祐时军队共有140万人。英宗治平二年（1065）共有禁军、厢军116.2万人，神宗熙宁中禁军、厢军减至79.6315万人，仅养兵费用比治平时每年可省钱1285.6790万贯。至神宗元丰中，虽禁军、厢军又增加到83.997万人，而养兵费用仍比治平二年（1065）少1067.404万贯。关于战争开支因无全面系统的统计，无法做具体比较。但仁宗宝元元年（1038）未发生宋夏之战时，沿边三路岁支钱帛粮草即达4233万贯匹石束，庆历二年（1042）沿边屯兵七八十万，岁支军费增至7218万，而神宗时期的战争支费似乎没有如此之多。熙宁中，王韶用兵熙河，虽军费开支巨大，半年中仅费钱粮1200余万贯匹；元丰五年（1082）五路出兵攻打西夏，半年中向陕西支拨钱、银、盐钞也只有700万贯两。在军事装备与民兵费用方面，神宗时也少于仁宗、英宗时。神宗时马的数量甚至比真宗时还少4.7万匹，节省养马费近500万贯，加上废除牧监和实行保马法后，买马养马的费用更为减少。熙宁六年（1073）设立军器监后，武器制造不仅质量大为提高，而且成本有所降低。仁宗时，全国乡兵费用岁支“不啻百万斛”。神宗元丰五年（1082），陕西、河东、河北保甲岁费缗钱31.3166万贯，团教赏钱100万贯，但团教赏钱并非常费，故神宗时保甲民兵费用即使不比仁宗时少，也不会超过很多。从总的迹象看，神宗时军费开支应少于仁宗、英宗时。

再比较英宗朝与神宗朝的官禄支出。英宗治平中共有官员2.4万人，每年支费无统计数据。神宗元丰初（1078）有官员2.4549万人，熙宁十年（1077）共支官员料钱278.6824万贯，估计全部官禄费用约500万贯。元丰初官员比治平中增加549人，而这一期间官员待遇变化不大，以平均每官每年费用250贯计算，全年增加官禄支出约13.7250万贯。

最后比较英宗朝与神宗朝的宫廷冗费。别的先不说，光是神宗熙宁末年的一次南郊赏给就比英宗治平二年（1065）那次南郊赏给减省了近500万贯匹斤两条段。加上神宗时限制皇室费用，不许大兴土木，减少苑囿和宫中豪华陈设等，所支冗费当比英宗时更少。

仅从节省“三冗”费用来看，最保守的估计，神宗时岁支应比英宗时减少1000万，而财政岁入至少增加2000万。中央财政收支的这一增一减，除了弥补治平二年时1572.6047万财政赤字外，还有1500万左右的积余。

事实也证明神宗时期的财政状况比英宗时期大有改善。早在仁宗统治期间，不仅中央财政拮据，地方财政也十分困难，三司甚至还明令地方官府必须向朝廷上供钱物。至英宗治平时，不仅常平仓已经枯竭，内藏库也被掏空，“百年之积，惟存空簿”，终于出现财政赤字。而神宗时期，经过熙丰变法，不仅中央财政有所改善，地方官府也有不少积累。神宗为富国强兵以对付辽与西夏的威胁，他秉承宋太祖的遗志，注重在内库积储财物。“元丰初，作元丰库，岁发坊场百万缗输之。”[①] 当时规定：“凡赋税、常贡、征榷之利，方归三司；摘山、煮海、坑冶、户绝、没纳之财，悉归朝廷。其立法，与常平、免役、坊场、河渡、禁军阙额、地利之资，皆号朝廷封桩。又有岁科上供之数，尽运入京师，别创库以贮之，三司不预焉。”[②] 元丰元年（1078）神宗置元丰库32库，“自制四言诗曰：‘五季失图，猃狁孔炽。艺祖造邦，思有惩艾。积帛内帑，基以募士。曾孙承之，敢忘厥志。’

① 《文献通考》卷二十四《国用考二》，第709页。

② ［宋］徐自明：《宋宰辅编年录》，《文渊阁四库全书》第596册。

每库以诗一字揭之"[①]。元丰五年（1082）神宗"又取苗役羡财为元丰库"[②]，结果"储积如丘山，屋溢不能容"，乃又别建20库，神宗赋诗二十字，分揭其上，曰："每虔夕惕心，妄意遵遗业。顾予不武姿，何日成戎捷。"[③]神宗中后期除开支之外，剩余很多，"熙宁、元丰之间，中外府库，无不充衍，小邑所积钱米，亦不减二十万"[④]。元丰七年（1084）二月初一日，据河北转运使吴雍上奏："见管人粮、马料总千一百七十六万石，奇赢相补，可支六年。河北十七州边防大计，仓廪充实。"[⑤]又据毕仲游在宋哲宗元祐元年（1086）《上门下侍郎司马温公书》中估计："今诸路常平、免役、坊场、河渡、户绝、庄产之钱粟，无虑数十百巨万。如一归地官（指户部）以为经费，可以支二十年之用。则三司岁入之常，半为赢余。"[⑥]

四、通货膨胀已被遏制

宋神宗时期经济的发展和财政的有所积余，并不等于自仁宗、英宗以来的通货膨胀已被遏制。这是因为，如果货币发行和流通的数量过多，整个社会的消费需求超过了当时物质财富的水平，依然会出现商品供不应求和通货膨胀的现象。反之，货币发行虽多，而物质财富增产更多，则会出现货币紧缩现象。因此，是否会发生通货膨胀，不在于货币发行绝对数量

---

① ［宋］陆佃：《陶山集》卷十一《神宗皇帝实录叙录》，《文渊阁四库全书》第1117册。《文献通考》卷二十四《国用考二》，第705页。
② 《建炎以来朝野杂记》甲集卷十七《内藏库》。
③ 《陶山集》卷十一《神宗皇帝实录叙录》。
④ 《宋史》卷三百二十八《安焘传》，第10568页。
⑤ 《长编》卷三百四十三，第3183页。
⑥ 《西台集》卷七《上门下侍郎司马温公书》。

的多少，主要应看市场商品供求关系是否平衡。熙宁、元丰间，岁铸铜铁钱近 600 万贯，每三年又发行两界总价值相当于 250 多万贯铁钱的交子，每年出卖价值约 120 万贯铜钱的准通货——度牒，货币数量十分巨大。据《文献通考》卷二十四《国用考二》记载：在熙宁中的年度财政总收入中，钱币占了 5060 余万贯，如再加上全国百姓手中持有的各类货币，整个社会的购买力可说非常之强。在这种情况下，当时的商品供求关系是否平衡？通货膨胀有否发生？这就要靠我们通过对神宗时期币值和物价的综合考察来加以判断。

（一）货币极少贬值

宋仁宗庆历年间（1041—1048），因朝廷实施通货膨胀政策，铸行虚值铜、铁当十大钱和增铸小铁钱，从而迅速引起私钱泛滥和货币的严重贬值，物价高涨。宋廷被迫无奈，只得于庆历八年（1048）将当十大铜钱改为当三个小铜钱使用。嘉祐四年（1059）二月，宋廷又“诏陕西大铜、铁钱并当常钱之二”，称为“折二钱”。河东小铁钱在庆历四年（1044）时曾与小铜钱等值使用。由于小铁钱不断贬值不止，庆历八年（1048）宋廷决定将陕西、河东小铁钱以三当铜钱一，并停止官铸。从嘉祐四年（1059）起，又停止嘉、邛州铸铁钱 10 年。尽管如此，直到英宗治平年间（1064—1067），民间私铸仍未绝迹。仁宗时，还曾借益州交子供陕西沿边募商人入中粮草，但因益州无本虚行印刷，结果引起了交子的贬值和滞行。

宋神宗即位后，于熙宁二年（1069）开始整顿货币制度，在全国推行折二钱，并禁止私钱。当时，虽然在陕西和闽、粤局部地区尚有人盗铸私钱，但由于宋廷大量收买民间私铁钱，一律改铸为“省样钱”（标准官钱），结果民间用钱“悉为省样，盗铸屏迹”[①]。

神宗时期的币制较为简单，法币基本上只有铜、铁折二钱和小平钱以及交子几种，另有嘉州监、邛州监、兴州监铸过近 14 万贯当十铁钱。当时铸造的铜钱极多，而铁钱较少。如元丰三年（1080）铸铜钱 506 万贯，而铁钱只有 88.9234 万贯。铁钱因数量相对较少而又限制在川蜀 4 路及陕西、河东 2 路流通，故其币值比前有所回升。川蜀只许用铁钱，宋太宗时曾于益、邛、嘉、眉等州置监铸铁钱，铁钱因太多而贬值，淳化五年（994）规定“川峡仍以铜钱一当铁钱十”[②]。仁宗庆历年间（1041—1048），扩大铁钱流通区，陕西、河东兼行铜、铁钱。庆历八年（1048），宋廷决定陕西、河东铁钱三个才值铜钱一个，加上因嘉祐四年（1059）后嘉、邛州停铸铁钱 10 年导致铁钱减少，神宗时，铁钱币值大幅度上升。熙宁八年（1075），“川峡计赃以铁钱二当铜钱一”[③]。至元丰二年（1079）十二月，川峡计赃改为以铁钱“一钱半当铜钱之一”[④]。在陕西路，“熙宁间铜钱一百贯换铁钱一百五贯”[⑤]。熙宁十年（1077）至元丰三年（1080），陕西路“铜、铁钱相兼使用，不闻有轻重之异，唯有行路欲将铁钱换铜钱以便赍挈，有每贯不过加钱二十至五十文。至元丰末元祐三年以前，每贯乃加至一百”[⑥]。

至于折二铜钱和铁钱在全国推行后，由于太后高氏和皇后向氏的坚决拒用，始终未能进入皇宫，至元丰元年（1078）四月又停止在京行使，但

① 《长编》卷二百七十四，宋神宗熙宁九年四月丁丑，第 2580 页。
② 《宋史》卷一百八十《食货志下二·钱币》，第 4378 页。
③ 《长编》卷二百六十一，宋神宗熙宁八年三月戊戌，第 2445 页。
④ 《宋会要辑稿》刑法三之三。
⑤ 《长编》卷五百十二，宋哲宗元符二年七月癸卯，第 4783 页。
⑥ 《长编》卷五百十二，宋哲宗元符二年七月癸卯，第 4785 页。

在整个神宗时期未见折二钱币值有明显波动。

熙宁二年至九年（1069—1076），宋廷为了节省向沿边地区运输铁钱的费用，曾先后三次在河东、陕西推行交子。结果因发行本钱不足和发行过多，加上商人有意抬高入中粮草的价格，交子在沿边地区一度贬值。同时，又因熙宁五年（1072）交子二十六界、二十七界同时发行，致使熙宁十年（1077）时二十六界交子每贯只能卖得铁钱940文，二十七界只卖得960文。[①]好在宋廷及时停止了在河东、陕西推行交子，并严格控制在本钱不足的情况下滥发交子，终于避免了纸币膨胀的严重恶果。

这里顺便说一下度牒价值的变化。熙宁时每道度牒值钱120贯，元丰七年（1084）朝廷规定每道卖钱130贯。如将度牒看作为一般商品，它的涨价似乎意味着钱币的贬值。但是，当时的度牒是一种具有准货币性质的特殊商品，在法币币值基本稳定和度牒发行量受到限制的情况下，度牒的涨价倒显示了这种准货币的升值。

总之，由于神宗时期停铸当十大钱，广行折二钱，又多铸铜钱、少铸铁钱，并防止滥发交子，故熙宁、元丰年间的币值一直较为稳定，未见特大波动。

（二）物价逐渐下降

宋神宗时期币值的稳定也体现在物价的平稳上。所谓“物价平稳”，是指物价无大涨大落。物价飞涨固然会增加消费者的经济负担，降低其生活水平，而物价暴跌也会使生产者亏本乃至停业破产，如“谷贱伤农”之类，最终仍不利于广大消费者。因为物价的涨落有它的惯性，物价一旦上

① 《净德集》卷一《奏为官场买茶亏损园户致有词诉喧闹事状》。

涨后，供求关系会逐渐走上新轨道，如果这时物价突然猛跌，致使供求关系失衡，则会产生经济危机。最理想的是物价长期处于平稳状态或稍有升降。物价逐步的小幅度上涨，只要能刺激生产者的积极性和不超过消费者的承受力，也是无害的。而实际上，物价也不可长期停留在同一水平线上，为调节供求关系平衡或调整产品结构，出现小幅度的波动是必要的，有利于经济的发展。然而，要具体考察神宗时期的物价是否平稳，却是件十分复杂而麻烦的事情。我们在对不同时期不同地区的物价进行纵向和横向比较时，必须注意：在尚未形成全国统一市场而只有区域市场的宋代，同一种商品的价格存在地域的差异，我们只能在区域市场范围内进行比较；同一种商品价格又有灾年和丰收年以及战时和非战时之不同，我们只能以常年的价格作为衡量标准来进行比较；同一种商品的计价，又有铜钱、铁钱之别和足陌、省陌之别，我们只能暂且以铜钱省陌的标准来做比较；同一种商品价格还有官价与市价之别，官价有人为强制的因素，故我们须以市价为标准来进行比较；此外，商品种类繁多，供求关系复杂，难以一一顾及，我们只能通过几种人们必需的或对市场有着重要影响的商品的价格，来看神宗时期的物价是否平稳。

1. 粮价

北宋中期的粮价平均为每斗 100 钱左右。但仁宗皇祐元年（1049）两浙谷价涨到每斗 120 文，同年孟州斗麦 60 文。皇祐四年（1051）河北官籴粮每斗达 130 文，江西一些州县粮价最高竟达每斗 230 文。嘉祐四年（1059）河北粟每斗 80 文。宋神宗时期，由于农业连年丰收，粮价比仁宗、英宗时低。据《长编》等书记载，熙宁四年（1071）十二月，“河北籴便司减军粮数至多，当此丰年物贱之际，实为可惜”[①]。熙宁五年（1072），“苏湖大稔，米价视淮南才十之五”[②]。熙宁九年（1076）十月，“陕西转运使皮公弼言：本路今岁极丰，而常平多积钱”[③]。熙宁十年（1077）十一月十五日，三司言：“陕西以今岁秋田倍丰，物斛至贱。”[④]元丰元年（1078）九月，“陕西路至并边，丰稔异常，物价至贱”[⑤]。元丰二年（1079）十月，“淮浙连岁丰稔，谷贱”[⑥]。元丰三年（1080）八月司农寺言：“缘逐路今岁秋熟，物价甚贱。”[⑦]元丰六年（1083）七月，“河东转运司言，岁甚丰，粮草价贱”[⑧]。同年八月，“权河北缘边安抚司李谅言：今岁沿边秋稼倍稔，宜乘此价贱，广储蓄实边”[⑨]。神宗时期的粮价究竟是多少呢？熙宁元年（1068）秋，常平仓米定价分平、贵、贱三等：“贵价每斗七十五文，平价七十文，贱价六十至六十二文，九十八陌。”[⑩]熙宁二年（1069），京师斗米100文，外郡40文；[⑪]河北常平仓籴米每斗不过75~85文；[⑫]川中米每石一贯二三百文

---

① 《长编》卷二百二十八，宋神宗熙宁四年十二月辛酉，第2128页。
② 《长编》卷二百四十八，宋神宗熙宁六年十二月戊寅，第2330页。
③ 《长编》卷二百七十八，宋神宗熙宁九年十月戊子，第2618页。
④ 《宋会要辑稿》食货三九之二七。
⑤ 《长编》卷二百九十二，宋神宗元丰元年九月丙戌，第2751页。
⑥ 《长编》卷三百，宋神宗元丰二年十月辛丑，第2818页。
⑦ 《长编》卷三百七，宋神宗元丰三年八月乙卯，第2882页。
⑧ 《长编》卷三百三十七，宋神宗元丰六年七月丁卯，第3143页。
⑨ 《长编》卷三百三十八，宋神宗元丰六年八月丁亥，第3148页。
⑩ 《永乐大典》卷七千五百七引曾巩《元丰类稿·奏论常平三等粜籴斛斗不便状》。按：曾巩《元丰类稿》加续稿、外集原有一百卷，今本只存五十卷，缺上引奏状。
⑪ 《宋史》卷一百七十五《食货志上三·和籴条》，第4243页。
⑫ 《宋会要辑稿》食货四之二〇。《韩魏公集》卷十七《家传》第243页。《宋史》卷一百七十六《食货志上四·常平义仓》记为“米斗不过七八十钱”，可能是以足陌计价，第4282页。

（铁钱）[1]。熙宁三年（1070）三月，京城米市价每斗 75 文，舂簸加工后卖 85 文。[2] 熙宁四年（1071）正月，陈米每斗 75 文足，粟每斗 25 文足，小麦每斗 40 文足；[3] 同年，陕西因去岁大旱，米每斗 100 文足。[4] 日本僧人成寻在《参天台五台山》卷一中记载：熙宁五年（1072）五月七日，在越州“以钱四百文买米五斗”，则米每斗价为 80 文。熙宁七年（1074）四月，汴京中等粳米每斗 85 文，上等粳米每斗 100 文。[5] 熙宁八年（1075），淮南、江东、两浙路受灾，发运司以每斗 80 文卖米予民；[6] 而同时苏州斗米只值 50 钱。[7] 熙宁九年（1076）成都路米每斗 125~130 文（铁钱）。[8] 元丰元年（1078），熙、河州官场籴米斗钱 150 文，在市 120 文。[9] 元丰二年（1079），黄州斗米 20 文钱，鱼蟹不论钱。[10] 元丰七年（1084）八月，京西斗麦不过 30 钱。[11] 至哲宗元祐元年（1086）二月，米斗 20~50 文[12]；内地粮食每斗只值 14~20 文，河北缘边不过 30 文，陕西、河东缘边也只 40~50 文[13]。综观

---

① 《净德集》卷一《奏乞放免宽剩役钱状》。
② ［宋］郑侠：《西塘集》卷一《开仓粜米》，《文渊阁四库全书》第 1117 册。
③ 《传家集》卷四十六《奏为乞不将米折青苗状》。
④ 《传家集》卷四十五《乞不添屯军马》。
⑤ 《长编》卷二百五十一，宋神宗熙宁七年四月乙亥，第 2370 页。
⑥ 《长编》卷二百六十七，宋神宗熙宁八年八月丙申，第 2519 页。
⑦ 《长编》卷二百六十七，宋神宗熙宁八年八月戊午，第 2523 页。
⑧ 《长编》卷二百七十九，宋神宗熙宁九年十一月己卯，第 2631 页。
⑨ 《长编》卷二百九十二，宋神宗元丰元年九月己丑，第 2752 页。
⑩ ［宋］苏轼：《东坡全集》卷七十四《答秦太虚书》，《文渊阁四库全书》第 1107—1108 册。
⑪ 《长编》卷三百四十八，宋神宗元丰七年八月戊辰，第 3222 页。
⑫ 《传家集》卷四十九《乞罢免役钱依旧差役札子》。《长编》卷三百六十五，宋哲宗元祐元年二月乙丑，第 3376 页。《宋会要辑稿》食货一三之四。
⑬ 《长编》卷三百六十七，宋哲宗元祐元年二月丁亥，第 3404 页。

神宗时期的粮价，除荒年与战时较贵外，在正常年份，熙宁年间（1068—1077）平均每斗约七八十文，元丰年间（1078—1085）实行新法效果逐渐显现，粮价每斗三四十文左右，大大低于仁宗、英宗时期。

2. 绢价

仁宗嘉祐元年(1056),三司辇绢40万匹当钱70万贯赴河北入籴军粮，每匹折价达1750钱。嘉祐年间(1056—1063),冀州绢每匹中价也要1300钱，绵每两76钱，价格不菲。神宗熙宁时绢价比仁宗嘉祐时稍低。如熙宁二年（1069），在京第一等浙绢官卖每匹价1200至1400文，采绢每匹1000文[①],在川蜀绢每匹1400~1500文[②]。熙宁三年（1070),河北路配卖绢与坊郭户,上等每匹1610钱,下等1560钱。[③]官府卖绢贵于市价,和买低于市价。熙宁七年（1074）前后，两浙地区民间输绢一匹，费钱1200~1300文足。[④]同年十二月，朝廷赐赠二等绢每匹折1300文，布每匹900文。[⑤]熙宁八年（1075）十月，和买绸绢，每匹给钱1000。[⑥]神宗元丰时绢价稍降。元丰二年（1079）川峡绢匹为钱1300文（铁钱）。[⑦]元丰时荆湖北路买绢每匹价钱1贯。[⑧]而据元丰和买物帛法，绢每匹只给钱850文、绸每匹700文、绵每两65文。[⑨]

---

① 《宋会要辑稿》职官二九之七。
② 《净德集》卷一《奏乞放免宽剩役钱状》。
③ 《宋会要辑稿》食货四之二九。
④ 《郧溪集》卷十二《乞罢两浙路和买状》。
⑤ 《宋会要辑稿》礼四四之二六。
⑥ 《长编》卷二百六十九，宋神宗熙宁八年十月辛卯，第2537页。
⑦ 《宋会要辑稿》刑法三之三。
⑧ 《宋会要辑稿》食货三四之三八。
⑨ 《宋会要辑稿》食货三八之二一。

3. 草价

仁宗宝元二年（1039）九月，三司收购秆草，末等价每束 29 文。神宗熙宁四年（1071），秆草每束价钱 27 文足。[①] 宝元时，草每束 13 文。[②] 熙宁七年（1074）七月，洮西“民间以钱四十市草三十斤”[③]，每束不足 15 文。

4. 盐价

仁宗明道二年（1033），淮南官卖末盐每斤 40 钱。庆历六年（1046），在梓州，盐每斤市价 140 钱。庆历末（1048），官卖解盐给商人每斤 86 钱。神宗熙宁三年（1070），江西虔州官盐每斤价 45 钱，而岭南私盐贩入虔州，“以斤半当一斤，纯白不杂，卖钱二十”[④]。熙宁九年（1076），成都府路井盐停产，运解盐入川，每斤卖 250 文足，但东川路盐每斤只卖 70 文。[⑤]

5. 金价

北宋中期的金价一般是每两 10000 钱。神宗时期，金价变动不大，仍为金一两，价钱一万文。又据孔平仲说：“今金两有直万者。”[⑥]

6. 银价

仁宗康定元年（1040），川峡地区银每两当钱 2000 文，梓州银价甚至涨到每两 3000 文。神宗熙宁二年（1069）福建银时价每两值钱一贯[⑦]。又

---

① 《传家集》卷四十五《乞不添屯军马》。
② 《宋会要辑稿》食货三九之一九。
③ 《长编》卷二百五十四，宋神宗熙宁七年七月戊午，第 2396 页。
④ 《宋史》卷一百八十二《食货志下四・盐中》，第 4443 页。
⑤ 《宋会要辑稿》食货二四之一一。
⑥ ［宋］孔平仲：《珩璜新论》卷二，《文渊阁四库全书》第 863 册。
⑦ ［宋］韩元吉：《南涧甲乙稿》卷十《上周侍御札子》，《文渊阁四库全书》第 1165 册。

熙宁中，江东虽夏旱，米至“斗三百”，但“银每两不至千”。[①] 直至元丰五年（1082）改官制前，朝廷赐银仍每两估钱1000文。[②] 至于川中银价，熙宁二年(1069)以来，银每两“直一贯四五百文(铁钱)”。[③] 熙宁八年(1075)，蜀州银市价1600文，九年市价降为1400文（铁钱）。[④]

综上所述，神宗时期尤其是元丰年间（1078—1085）的物价，无论是粮草、绢帛、食盐、金银的价格，均低于仁宗后期和英宗时期，而且在同一区域内物价大体平稳，无大涨大落现象。虽然在神宗后期因对西夏战争物价又有回升，但从总体上看，神宗时已遏止了北宋中期以来的通货膨胀。为什么神宗熙宁、元丰年间的货币发行量高于仁宗末期和英宗治平时的3倍以上，而没有发生通货膨胀，但仁宗、英宗时发生了通货膨胀呢？这说明通货膨胀的发生并不在于货币发行绝对数量的多少，主要还在于商品供求关系是否平衡。神宗时期虽然增加了货币的铸造和发行量，但同时熙丰变法使生产得到了发展，特别是农业的连年大丰收，使商品的供给能够满足社会的需求，又因青苗息钱和免役钱都收现钱推动了商品的买卖，促进了货币的流通。此外，宋神宗时严禁私钱，又取消了铜禁和铜钱外流的禁令，因而大量铜钱被改铸为铜器，或通过外贸流向国外，使实际流通的货币大为减少。加上元丰库的建立，元丰初年曾将坊场钱百万贯贮藏入库，元丰五年（1082）十月，又“于京东、淮、浙、江、湖、福建十二路发常平钱

---

① 《历代名臣奏议》卷二百六十九，监察御史里行彭汝砺奏，《文渊阁四库全书》第440册。

② 《宋会要辑稿》礼六二之二一。

③ 《净德集》卷一《奏乞放免宽剩役钱状》。

④ 《净德集》卷一《奏具置场买茶旋行出卖远方不便事状》。

八百万缗输元丰库”[①]，回笼了大量货币，从而避免了通货膨胀的发生。

总而言之，宋神宗熙丰变法是宋代一次规模最大和时间最久的改革运动。虽然由于受到当时封建经济和政治制度的时代局限，它依然存在剥削人民群众的一面，但它确实改善了封建生产关系的某些环节，并取得了显著的经济效益，从而遏制了自北宋中期以来的通货膨胀，功不可没。

第二节　宋哲宗“元祐更化”使通货膨胀重新抬头

宋神宗熙丰变法促进了社会经济的发展，改善了国家财政状况，从而遏制了自仁宗以来的通货膨胀。但是，由于新法自身存在的弊端和变法派官吏在推行新法过程中的违法行为，加上守旧派势力的激烈反对，变法终于失败。元丰八年（1085）三月，神宗逝世，年仅十岁的哲宗继位，次年改元元祐，以太皇太后高氏和宰相司马光为首的守旧派上台执政，实行“元祐更化”，全面推翻了熙宁新法，朝廷施政基本上回到了原来的老路。“元祐更化”使社会经济逐渐下滑，国家财政再陷困境，货币贬值，物价上涨，神宗时期已被遏制的通货膨胀重又反弹。

一、熙丰变法的失败与“元祐更化”的实施

熙丰变法的失败有内在和外在两方面原因。其内因首先是新法本身存在的弊端和变法派官吏的违法行为，给变法带来了某些消极后果；其次是神宗的动摇和变法派内部的分裂造成了变法的迟滞不前。其外因是守旧派

① 《九朝编年备要》卷二十。

势力的激烈反对。至于“元祐更化”废除熙宁新法并重走老路，可以说是对熙丰变法的一种反动。

（一）熙丰变法的失败

宋神宗熙丰变法的目的是为了改变自仁宗以来赵宋王朝积贫积弱的局面，使国家走上富国强兵之路，因而熙宁年间（1068—1077）陆续推出的各项新法的立法宗旨都围绕着这一目的。然而，不可否认，熙宁新法中同时也存在着一些不利于经济发展和危害人民利益的因素。尤其是在实际推行过程中，贪官污吏们为了升官发财，违法行事，恣意盘剥民众，使新法富国强兵的预期效果大打折扣，甚至起了反作用，激化了部分地区的阶级矛盾。

如，青苗法推行的目的是为了济贫困、抑兼并、发展生产。然而，据马端临说：“青苗钱所以为民害者三：曰征钱也，取息也，抑配也。今观条例司所请，曰随租纳斗斛，如以价贵愿纳钱者听，则未尝专欲征钱也。曰凡以为民，公家无利其入，则未尝取息也。曰愿给者听，则未尝抑配也……而施行之际，实则不然也。”[①] 青苗钱分夏、秋两料出贷，每料取息二分，这对贫下农民来说已是一种不轻的负担，而“河北路差官置司，春夏于青苗钱明取三分之利”，“失信于百姓”。[②] 加上州县官作弊，“闾胥里长于收督之际有乞取之资”[③]，因而借青苗钱者在出息三分之外，还有许多额外破费。官府索还青苗钱本息专要收钱，农民手中缺钱，便被迫贱价出

① 《文献通考》卷二十一《市籴考二·常平义仓租税》，第619页。
② 《宋会要辑稿》食货四之二五。
③ 《文献通考》卷二十一《市籴考二·常平义仓租税》，第623页。

卖农产品以筹钱，又增加了一重负担。青苗钱每年发放两次：夏料贷款在正月三十日前，归还在五月之前；秋料贷款在五月三十日前，归还在十月之前。由于夏料贷款归还与秋料贷款时间在同月，因此发放青苗钱“不过展转计息，百姓以给为纳，实无所利”[①]。一旦遇到灾荒，农民无钱还债，将会公私两伤。同时，青苗法还规定：民户自愿请贷，不许强行摊派。实际上，因“提举官欲以多散为功，故不问民之贫富，各随户等抑配与之”[②]。普遍抑配青苗钱的结果只能是：民之弱者“转死沟壑”，壮者“聚为盗贼”。[③]朝廷虽多次下令禁止抑配，然而收效甚微。

免役法本身及推行过程中也存在弊端。原来的差役法规定由乡村第四等以上人户承担，下等户没有服差役义务，而行免役法后下户连同女户、单丁等都要纳钱助役。同时，征收免役钱后，官府又命保甲组织担负某些差役事务，却不支付雇募钱。又官府为了解决财计窘迫，有意多敛，从中取利。如，利州路免役钱定额原为9.6万贯，而转运使李瑜却征收30万贯。[④]有些地方为多收免役钱还任意提高民户的户等，将第五等户升为四等户，将第四等户升为第三等户。据吕陶说：“近制役钱宽剩不过二分……有司奉法太过，条目滋蔓。于雇役钱外，尚有数等。如耆户长不雇而有桩留钱，桥道廨舍之类数年一修而逐年计费，知县、簿、尉三年一替而每岁计署中什物则有费用钱，非泛差出役人及起发雇人则有准备钱，此外方谓之宽剩

① 《长编拾补》卷七，宋神宗熙宁三年二月庚申纪事注文，第102页。
② 《文献通考》卷二十一《市籴考二·常平义仓租税》，第622页。
③ 《长编拾补》卷七，宋神宗熙宁三年二月辛巳，第99页。
④ 《宋史》卷三百二十九《郑绾传》，第10598页。

钱。”[①]而地方官以高估雇募用钱所得余额，即以各种名目自行支用，并未纳入国家财计。

实施农田水利法本是直接有利于农业生产的，也确实取得了一定成绩，但因某些官吏弄虚作假以骗取功赏，往往造成了劳民伤财的不良后果。如，“熙宁间，凡言水利或理财或更改利害者……不验虚实，便令兴役。其糜费官财、兴调民力，不问其数，微有效则除官赐金帛。无效者费调虽多，不问其罪。有司知其妄不诘难，诘难即直诉司农，以为嫉功避事立加按劾”[②]。

实施方田均税法是要通过清丈土地，查出地主逃税田亩，以均定田赋，减轻农民负担。但是，方田均税只在京东、开封、河北、陕西、河东五路进行，未曾在全国各地普遍推广。在未经方田均税的地方，土地兼并和地主隐田逃税的情况愈演愈烈，当时全国四京十八路在籍土地总数中，京东等五路土地竟占54%，便是明证。由此可见，方田均税法推行并不彻底，也没有完全达到抑制兼并和均定赋税的目的。

均输法是为了使发运司能有效地供应京师所需物资而设，它规定采购物资应“徙贵就贱，用近易远”，并可随机变易。这也就是官府自己经营买卖，因而必须设置官吏和增加经费，并难免与商贾争利，阻碍民间商业的发展。

新法中问题最多的是市易法。虽然市易法的立法宗旨是为了“抑兼并、利商贾”，“平物价、通有无”，“足国用、增吏禄”，而实际上是北宋朝廷运用国家政权的力量，加强对商业的控制，并通过市易务的活动，从大商人手中夺取部分利权收归官府，也就是在商业领域中加强专制统治的一种

---

① 《净德集》卷一《奏为役钱乞桩二分准备支用状》。

② 《长编》卷二百四十，宋神宗熙宁五年十一月庚午纪事注文，第2258页。

表现。特别是以吕嘉问为首的市易司的官员们，打着“抑兼并”的旗帜，利用官府的权力，垄断商业经营，强买强卖，高利盘剥大小商人，使官府代替了原来大商人的地位，成了商业领域中的兼并者。在私有制和商品经济深入发展的宋代，市易司的这种做法，违背了封建社会发展的趋势，从而产生了不良影响。[①]

至于实行保甲法、保马法，虽为国家节省了开支，却增加了人民的负担。保甲法驱使数十万农民参加操练、巡逻等，势必会耽误他们的农业生产。保马法养马于民，是官府将养马费用之半转嫁到了农民头上。

此外，在熙宁新法中没有一条能有效地澄清吏治的措施，以致官吏贪污成风，破坏了变法。虽然王安石早已意识到正确用人对推行新法的重要性，曾说“得其人而行之则为大利，非其人而行则为大害”[②]，但他仍识人不明，重用了一些私心颇重的投机家。同时，他企图以增加吏禄、严惩勒索来杜绝官吏贪污，然而人心的贪婪和封建专制官僚制度下靠权力敛财的痼疾，非王安石能够改变，因此官吏仍索贿如故。更重要的是，变法考虑的主要是调整拥有一定产业的主户的利益，而未顾及乃至损害广大贫苦客户的利益，因而得不到他们的支持。

总而言之，熙丰变法有利有弊。变法虽然对经济发展有一定促进作用，并使国家财政状况有所改善，但它同时又在许多方面增加了人民的负担，阻碍了经济的发展。这就是说，熙丰变法某些成绩的取得，是以牺牲广大百姓某些利益为代价的，难怪反对派要说王安石是“聚敛之臣”。

---

① 俞兆鹏：《论北宋熙丰变法时期的市易法》《论所谓曾布“反对市易法”的问题》，见《求真集》第109—155页。

② 《临川文集》卷四十一《上五事札子》。

由于熙宁新法及其推行过程中存在着众多弊端，这就给反对派抓到了把柄。在反对变法的官员中有两种不同的人。一种人属于守旧派，他们坚守所谓“祖宗之法”，几乎看不惯所有政策的变革与创新。他们站在维护既得利益者的立场，采用以偏概全的方法，有意夸大变法过程中的弊病，对变法派进行恣意的攻击。另一种人虽然也属于反对派，但他们并不完全守旧，而只是对变法派的一些做法表示不满，并提出不同的意见和建议，他们的批评往往能切中要害。

守旧派对变法的攻击十分激烈。还在熙宁二年（1069）宋神宗准备用王安石为参知政事开展变法时，就有参知政事唐介出来反对说，若使王安石为参政，“恐多所变更，必扰天下”①。在王安石刚任参知政事时，又有御史中丞吕诲说，如将王安石置之宰辅，“天下必受其弊”②。

当变法开始，熙宁二年（1069）九月青苗法颁布后，即有翰林学士司马光力言青苗法之弊，表示反对。尤其是熙宁三年（1070）二月，元老重臣河北安抚使韩琦上疏猛烈反对青苗法要求恢复常平旧法，掀起了一个守旧派反对变法的高潮，使神宗曾一度对变法产生动摇，王安石称病家居。于是司马光利用代神宗批答王安石求退奏章之机，称实施青苗法已使“士夫沸腾，黎民骚动”③，企图胁迫王安石下台。经王安石据理驳斥，神宗开始醒悟。司马光又连写三封信给王安石，竭力为祖宗旧法辩护，阻挠改革，受到王安石批驳。于是神宗继续支持王安石推行青苗法，并将一些反对派

① 《名臣碑传琬琰之集》下集卷十五《唐参政介传》。

② ［宋］朱熹：《宋朝名臣言行录》后集卷五，《文渊阁四库全书》第449册。

③ 《传家集》卷十六《赐参知政事王安石不允断来章批答》。

官员调离朝廷。守旧派攻击青苗法的重点在于“抑配”，认为这是王安石“不忍贫民而深疾富民，志欲破富民以惠贫民”[①]。其实，王安石采取抑配办法是为了抑制豪强，但因官吏在发放青苗钱时多有违法行为，朝廷只得下诏申明“自愿请领”，对豪强做了一点让步，此后事实也证明青苗钱并未普遍贷给各个户等。

熙宁四年（1071）十月，免役法正式颁行前后，守旧派又群起反对免役法。司马光认为徭役自古以来出自于民，没有收民钱雇役的道理。当免役法在开封府畿县试行时，知枢密院事文彦博暗中支持知东明县事贾蕃，故意提高本可免纳役钱的第四等户为三等以上户，企图破坏免役法，从而激起了千余东明县民到王安石住宅请愿。御史中丞杨绘和御史刘挚便乘机交章攻击免役法，称免役法有五不可行和十大弊害。在王安石揭露了贾蕃等人的阴谋后，事情才暂时平息下去。守旧派反对免役法，要求恢复差役法，旨在维护豪强和久享免役特权的品官之家的既得利益。

守旧派疯狂反对青苗法和免役法的气焰被压下去之后，他们继续集结在枢密使文彦博的周围，对变法开展了新一轮的攻击。文彦博不仅反对青苗法、免役法，又反对农田水利法和保甲法。他顽固地坚持“祖宗法制具在，不须更张”，并认为赵宋王朝是“为与士大夫治天下，非与百姓治天下也”。[②]这充分反映了他那维护大官僚大地主利益和蔑视人民群众的立场，而这也正是守旧派的共同立场。

熙宁五年（1072）市易法颁行后，文彦博曾批评市易司买卖果子分取

① 《栾城集》三集卷八《诗病五事》。

② 《长编》卷二百二十一，宋神宗熙宁四年三月戊子，第 2057 页。

牙利，有损大国之体，将敛小民之怨。守旧派常利用传统的“天人感应”说来恫吓皇帝。熙宁五年（1072）九月华山发生山崩自然灾害，文彦博又乘机向神宗说:“市易司不当差官自卖果实，致华山崩。”[①] 王安石指出所谓市易司自卖果实纯属造谣，并告诉神宗天变不足畏。熙宁六年（1073）八月实行免行法，商户只要缴纳免行钱，可不再无偿供应宫廷和官府所需物资，这就削减了皇族和官僚们的既得利益，于是守旧派再次向变法派进行反扑。参知政事冯京曾反对保甲法，说使贫民学习武艺会引发像东汉黄巾一样的造反。他又曾反对在成都设立市易务，说这必将导致如宋初王小波、李顺那样的民变。这时他又串通监安上门郑侠，说负水、拾发、担粥、提茶小贩也须投行纳免行钱才能做生意，使商人至以死争。那些皇亲国戚更是反对免行法。如神宗向后之父向经长期“影占行人”从中渔利，太皇太后曹氏（仁宗皇后）之弟曹佾赊买人木材不还钱，实行免行法损害了他们的利益，他们便夸大市易法的弊病，将市面上的谣言传入宫中，使两宫太后更加厌恶变法。太皇太后曹氏要神宗不轻改祖宗法度，停罢青苗法、免役法,调离王安石。神宗之弟岐王赵颢从旁推波助澜。太后高氏(英宗皇后)甚至流着眼泪说王安石乱天下。这一切都使神宗对变法产生了动摇。熙宁七年（1074）四月，各地因久旱成灾，灾民流入京城，郑侠便绘制了一幅“流民图”献给神宗，将久旱无雨归咎于王安石变法，并立誓说，如停罢新法后10天无雨可斩臣首。这使神宗彷徨不安,在此反变法逆流的逼迫下，神宗只得权罢方田均税和编排保甲，并暂时解除了王安石的宰相职务。

守旧派攻击市易法虽属居心不良，但变法派在推行市易法时也确实存

---

① 《长编》卷二百三十九，宋神宗熙宁五年十月丁亥，第2234页。

在不少弊病。特别是都提举市易司吕嘉问经营市易务买卖太苛细，“务多收息以干赏……广收赢余……挟官府而为兼并之事”[①]，违背了市易法立法宗旨，引起了商人的不满。为此，神宗派三司使曾布前去调查。曾布坚守原则如实奏报了市易司的违法行为，引起了王安石反感。神宗又命翰林学士吕惠卿与曾布共同根究市易司事。吕惠卿与曾布虽同为变法派骨干人物，但吕惠卿忌妒曾布，认为曾布所奏不实，曾布因而被降职知饶州。从此，变法派内部产生分裂。王安石愤而辞职，也即他的第一次罢相。吕惠卿升任参知政事。王安石虽已罢相，但变法继续进行，变法派在汴京粜卖了数以万计的粮食，稳定了京师居民的生活，又在河北、江浙等灾区利用青苗钱米，募灾民兴建水利，渡过了灾荒，从而使守旧派失去了兴风作浪的借口。

在宋神宗意欲富国强兵进行变法时，辽国又蓄意在边境制造纠纷，并于熙宁七年（1074）三月侵入蔚、应、朔三州界内，派使者萧禧来宋要求重划两国边界，宋辽关系再度出现紧张局面。这时，守旧派乘王安石罢相之机，再次发动对变法的进攻。韩琦、富弼、司马光、文彦博都应诏言事，一致认为熙宁变法“致契丹之疑”是引起辽国要求重划边界的根本原因，因而主张停罢各项新法以释契丹之疑，宋朝也可由此而得到“迁延岁月”[②]。守旧派的这种论调正中辽国统治者的下怀。守旧派对辽畏怯妥协的姿态，与变法派力图富国强兵以巩固边防的雄心壮志，形成了鲜明的对照。

吕惠卿升任参知政事，其个人野心逐渐暴露。他不能与改革派的同僚很好地合作共事，甚至加以排挤。他不遵任官制度，重用亲族及亲信，以

① 《长编》卷二百五十一，宋神宗熙宁七年三月壬戌，第 2363 页。
② 《韩魏公集》卷十九《家传》，第 259 页。

便在变法派内部形成以自己为中心的小集团。他勾结地方官，在苏州购置了大片田产，来扩大其个人的经济实力。吕惠卿执政期间的一些改革举措如“给田募人充役”的免役法补充办法、通过民户自报产业以定户等和役钱的“手实法”，都得不到王安石和其他变法派人士的支持。熙宁八年（1075）二月王安石复相后，他对吕惠卿的许多作为十分不满，吕惠卿则在神宗面前诽谤王安石，变法派的内部矛盾日益尖锐和表面化。熙宁八年（1075）十月，虽然吕惠卿因违法之事被揭发而失去了参知政事职务，而随着变法派内部的分裂，改革也就呈现出了迟滞不前的现象。王安石也因得不到神宗的全力支持而开始意气消沉，于熙宁九年（1076）十月再次辞去相位，寄居江宁，直至宋哲宗元祐元年（1086）四月老病而死。

宋神宗毕竟是个封建皇帝，在王安石第二次辞相退居后，他在抑制豪强问题上“刚健不足”的弱点更为明显，变法的动向随之发生逆转。神宗与王安石都力图富国强兵，但王安石对向外用兵持审慎态度，而神宗却急切地希望取得对外战争的胜利，改变受辽、西夏威胁的屈辱处境，以扬国威。因此，元丰年间（1078—1085），神宗把原来抑兼并、助贫弱的变法宗旨降于次要地位，将施政重点放在扩大赋税征收、封桩大量钱帛、增加禁军名额和马匹数量、加强保甲民兵训练方面，为对西夏作战进行军事准备。元丰四年（1081）秋，神宗对西夏发动了强大的攻势，投入兵力和民夫 60 多万人，但由于缺乏统一指挥和将官之间不能齐心协力，最后大败于灵州城下，死亡溃散不下 30 多万人。次年九月，宋廷又命修筑永乐城，以控扼横山之境，为第二次进攻西夏做准备。谁知永乐城刚刚筑成，即被西夏军重重包围。邻近的宋军坐视不救，永乐城很快失陷，死亡被俘者 20 余万人。神宗痛哭不止，精神上受到了强烈打击，终于在元丰八年（1085）

三月在忧伤中病死。神宗一死，守旧派上台执政，新法被全面废除，熙丰变法最终失败。

熙丰变法的失败，王安石也应负一定责任。王安石无疑是个令人敬重的坚定的改革家，他胸怀富国强兵的大志，曾经顶住了来自反对派的种种恶意攻击，但他在用人施政方面也不免存在一些错误和缺失。最重要的是王安石制定了各种新法，却没有一个整顿吏治和严惩贪官的规划，后来使变法失败的最重要原因就是改革派官员的违法聚敛和吏人的贪贿勒索。其次，王安石常识人不明、用人不当，他用人多以是否拥护变法为标准，忽视人才的品质，致使变法派中混入了不少作风不正和弄奸违法的人，如吕嘉问等，而他往往轻信其言，易受其骗。同时王安石生性固执，过分自信，听不进与己不同的意见,故人称其为“拗相公”。如王安石曾问新政于陆佃，陆佃说，“法非不善，但推行不能如初意，还为扰民，如青苗是也”，并说外界颇以王安石为拒谏。王安石笑道：“吾岂拒谏者，但邪说营营，顾无足听。”陆佃说：“是乃所以致人言也。”[①] 又如，曾布在根究市易司违法事件后，将市易官吏违法行为如实上报，王安石却把曾布看作是背叛变法之人，对他加以打击，以致造成了变法派内部的分裂。当然，王安石自有他的苦衷。他那变法派领袖的身份和立场，给他的思想蒙上了一层厚厚的防护罩，加上他对变法成就心切，故在各种反对派的包围和攻击下，如果他承认错误，将使反对派更加振振有词。为此，他必然会把来自各方面的批评都看作是“沮害”新法的邪说，对所有提出不同意见的人加以严惩，从而在客观上扩大了政敌的阵营。其实，市易司官吏确实存在违法聚敛行为，

① 《宋史》卷三百四十三《陆佃传》，第 10917 页。

王安石如能听取曾布的意见，纠正错误，不仅能消除民怨，还能使变法派变得更有威望和力量，可惜王安石没有这样做！这诚如曾巩听说，王安石“勇于有为，吝于改过”[①]。

综观全局，可知熙丰变法的失败绝非偶然。这是因为，熙丰变法是一次在封建专制主义和自然经济占统治地位的条件下，由封建统治集团来进行的自上而下的改革。它既未触动封建土地所有制，也不能改变君主专制政治体制下的官僚制度。封建统治者的剥削阶级本性，使他们必然要向民取利，必然会贪图功名利禄，必然很难听取来自民间的呼声，故变法既不能抑制地主豪强的兼并，也不能改善贫苦人民的生活。而这一切也正是熙丰变法的阶级局限性和时代局限性的表现，也是其终于失败的根本原因。

（二）“元祐更化”的实施

所谓“元祐更化”，即元祐初年守旧派废除熙宁新法，恢复旧制。

元丰八年（1085）三月初五，神宗病死，年幼的哲宗继承皇位。太后高氏升为太皇太后，垂帘听政。高氏是个极其厌恶变法之人，她曾痛哭流涕地大骂王安石变乱天下，逼迫神宗废除新法。她上台执政后，立即着手准备废除新法，并于元丰八年（1085）六月封守旧派的核心人物司马光为门下侍郎，元祐元年（1086）二月又升司马光为宰相，开始实施“元祐更化”。

司马光出身上层官僚家庭，自幼受传统礼仪的教育，学问渊博，通过科举考试进入官场，很早就成了士大夫群中的知名人物。他的家庭背景和个人经历决定了他的政治倾向。他确信“天命”，认为人世间的一切都得听“天”安排，非人力所能改变。他说：“违天之命者，天得而刑之；顺

① 《宋史》卷三百一十九《曾巩传》，第 10392 页。

天之命者，天得而赏之。”[①] 又说“所谓才者存诸天”：“智、愚、勇、怯，才也；愚不可强智，怯不可强勇，四者有常分而不可移，故曰存诸天。”[②] 同时，他认为，智者就是富者，愚者就是贫者，贫和富都是上天安排好的，不能有任何变更：“天使汝穷，而汝强通之，天使汝愚而汝强智之，若是者，必得天刑！”[③] 王安石认为，只要调动人的积极性，社会财富是可以增加的。而司马光却说：“天地之产有常而人类日繁，耕者寖寡而游手日众，嗜欲无极而风俗日奢，欲财力之无屈得乎！”[④] 他认为，如果“风化已失，流俗已成……积百年之功，莫之能变也”[⑤]。因此，他在政治上主张维持现状，反对任何变革。他说：“宽恤民力，在于择人，不在立法。若守令得人，则民力虽欲毋宽其可得乎？守令非其人，而徒立苛法，适所以扰民耳！”[⑥] 司马光主张人治，反对法治。他把熙丰变法时期的新法都视为扰民之“苛法”。他要求“继体之君，谨守祖宗成法”[⑦]，认为只有祖宗成法才是最好的，可以世世相承，无有穷期。由此可见，在熙丰变法期间，司马光成为反对新法的守旧派代表人物，绝非偶然。而在元祐初年，太皇太后高氏用司马光当宰相作为实施“元祐更化”的主持人，也就势所必然。

“元祐更化”的主要内容有三个方面：废除新法，打击变法派，对西夏妥协屈服。

---

① 《传家集》卷七十四《迂书·士则》。
② 《传家集》卷六十四《才德论》。
③ 《传家集》卷七十四《迂书·士则》。
④ 《传家集》卷二十五《论财利疏》。
⑤ 《传家集》卷二十四《上谨习疏》。
⑥ 《传家集》卷二十五《论财利疏》。
⑦ 《传家集》卷二十一《进五规状》。

先是司马光乘神宗去世入朝觐见之机，要求太皇太后下诏“广开言路”，让人们都来揭发熙宁新法之弊，并带头于元丰八年（1085）五月上了《乞去新法病民伤国者疏》。他认为保甲、免役、将官三法害民尤甚，应首先废除。其实司马光反对保甲法的主要原因是怕保丁挟武艺反抗官府，动摇宋朝的统治。于是，司马光又接连上了《乞罢保甲状》《请罢将官札子》《乞罢免役钱》《乞罢免役钱依旧差役札子》《乞罢提举官札子》《乞趁时收籴常平斛斗白札子》《申明役法状》《乞罢散青苗白札子》《再申明役法》等奏章。元丰八年（1085）六月，吕公著也上奏，认为“青苗、免役之法行而夺民之财尽，保甲、保马之法行而用民之力竭，市易、茶盐之法行而夺民之利悉”①，要求废除，并奏请任命守旧派人士孙觉、范纯仁、李常、刘挚、王岩叟等为户部、御史、谏官等。随即其他反对派官员也纷纷上疏抨击新法。太皇太后全盘接受了司马光、吕公著的奏请，于是，以宰相司马光、吕公著为首的守旧派全面掌控了朝政大权，开始实行“元祐更化”。

其实，逐步废罢熙宁新法之事，早在神宗去世后的元丰八年（1085）四月就已经开始。至元祐元年（1086）正月，大部分新法不是被废罢，便是已被抽去了其主要的创新内容，只剩下争议较大的免役法、青苗法尚未被废除。但至元祐元年（1086）九月初一日司马光去世之前，免役法和青苗法也终于被废除。至此，“元祐更化”得到全面实施。青苗法和免役法是守旧派最厌恶的两项新法，也是熙宁新法中最重要也是最进步的两项新法。尤其是免役法，把落后的劳役制改为货币雇佣制，在商品经济发展的历史进程中更具有破旧立新的时代意义。因此，当守旧派欲废除免役法时，

---

① 《长编》卷三百五十七，宋神宗元丰八年六月庚寅，第3295页。

争议特别激烈，甚至造成后来反对派内部的分裂。元祐元年（1086）二月，司马光上奏要求废除免役法，恢复旧有的差役法。他认为免役法有五害：一是上户年年出钱，而且出钱较多；二是原来不须服役的下户，现在也要出钱；三是被雇役者多为“四方浮浪之人”，“常贪赃欺盗，事发逃跑”；四是农民无钱，不免要卖田砍桑来纳役钱；五是提举常平司官员为图升官，唯务多收役钱。同时司马光再三强调臣民上书“无有不言免役之害”者。知枢密院章惇对司马光的言论进行了详尽有力的批驳。他指出，司马光所言皆非事实，而且自相矛盾：“司马光初三日札子内竭言上户以差役为便，以出免役钱为害；至十九日札子内却言彼免役钱虽于下户困苦而上户优便。旬日之间，两入札子，而所言上户利害正相反，未审因何违戾乃尔？”同时，章惇又说：“臣民封事降出者，言免役不便者固多，然其间言免役之法为便者亦自不少，但司马光以其所言异己，不为签出。盖非人人皆言免役为害，事理分明……大抵封事所言利害各是偏辞，未可全凭以定虚实。”章惇还揭露了司马光的谎言：“司马光所言，下户出免役钱，驱迫贫民，剥肤椎髓，弱者转死沟壑，强者聚为盗贼；又言民间求钱纳官，至于拆屋伐桑以卖薪、杀牛以卖肉。其言太过。凡近下人户诚是不愿纳，然自行法以来十五余年，未闻民间因纳免役钱有如此事。”[①] 章惇最后还表示，免役法存在的问题并非不可改进，但修改必须经过认真研究，符合民情。章惇的这番言论，当时就为天下所称赞。司马光一面反对免役法，一面又在恢复差役法的同时，扩大役钱征收范围，使原来不出免役钱的农户也要纳钱。司马光的这种做法，甚至引起了新法反对派中苏轼、范纯仁等人的不满。尽管有关役法问

① 《长编》卷三百六十七，宋哲宗元祐元年二月丁亥，第3402—3405页。

题争吵了一段时期，但在守旧派掌权的形势下，最终还是恢复了差役法。司马光还专横地限令五日至一季内全国各地实行差役法。当时，曾经混入变法派的投机分子知开封府蔡京（王安石的女婿蔡卞之兄），竟在令下五日之内就恢复了差役法。消息传到江宁，王安石想不到连最利于民的免役法也被废除，不禁悲愤地叹道："亦罢至此乎！"

守旧派为了防止变法浪潮卷土重来，他们上台执政后，在聚集和扩大守旧派势力的同时，又不遗余力地打击变法派，以便把全部政权牢牢掌控在自己手中。凡是变法派的骨干人物或曾经奉行过新法的官员，一律被贬官或逐出朝廷，甚至把他们置于死地。如吕惠卿、章惇、蔡确和吕嘉问等人，都遭到排挤和打击，有的被编管到偏远州县，失去迁居自由。吕惠卿被"安置"在建州。曾经说过青苗法"民便之，无不喜者"[①]的李定，守旧派曾以他不为生母服丧的罪名阻挠其参与朝政，现在仍以此罪名将他逐出朝廷，谪居滁州。章惇因曾批驳司马光并为免役法辩护，被黜知汝州。曾经当过宰相的变法派人物蔡确，在元祐四年（1089）因游车盖亭赋诗十章，被诬告为讥讪太皇太后，贬死于新州。后来，守旧派又将较为著名的变法派分子约八九十人的名字，分别划归为王安石、吕惠卿、蔡确的"新党"，公布于朝堂，使他们永远不得当官。

为了清除变法派在教育和思想领域的影响，守旧派也采取了相应措施。在熙丰变法时期，王安石的《三经新义》《字说》等著作，作为宣扬和维护新法的舆论工具，被列为学校的教材和科举考试的必读书。司马光认为，将一家私学立于学官是错误的。他于元祐元年（1086）三月上奏朝

① 《宋史》卷三百二十九《李定传》，第10601页。

廷，要求依先朝成法，将儒家九经《周易》《尚书》《毛诗》《周礼》《仪礼》《礼记》《春秋》《孝经》《论语》及其注疏作为学官讲说的依据。同年六月，朝廷又下诏："自今科场程试毋得引用《字说》。"[①] 元祐元年（1086）开始编修《神宗实录》，这就涉及如何评介熙丰变法的问题。当时的史官范祖禹和黄庭坚等篡改熙宁、元丰年间史官的记录，专用司马光家藏纪事作为编修史料，大肆攻击王安石和新法，并指责变法派参考王安石《日录》所编之《神宗实录》为"私史"。一同参加编修的陆佃认为神宗重用王安石推行新法成绩很大，说范祖禹、黄庭坚编修之《神宗实录》是"谤书"。陆佃后来因此被徙知邓州。哲宗绍圣年间（1094—1097），史臣恢复了《神宗实录》的本来面目，但在南宋初年又被守旧派的后裔加以篡改，再经邵伯温《闻见录》对王安石的恣意丑化，加上理学家杨时、朱熹等人着意渲染，王安石变法亡国几成历史定论。元代所编《宋史》甚至把曾布、吕惠卿、蔡确、章惇全部列入《奸臣列传》，其影响延续至今。

"元祐更化"后，在对外关系上，则由熙宁、元丰年间的抗夏拓边转变为对西夏的妥协屈服。宋神宗时，虽在对西夏的两次大战中打了败仗，但宋朝不仅在西北边区设置了熙河兰会路，还在宋、夏交界之处建立了塞门、安疆、葭芦、浮图、米脂等堡寨，从而巩固了西北边防，并给了西夏以严重威胁。元祐元年（1086）七月，夏国派使臣至宋，要求归还上述各地，态度十分嚣张。宋朝的守旧派们害怕战争，他们在西夏使臣的狂妄叫嚣下，纷纷主张屈服妥协。司马光首倡"弃地"之论，文彦博随之附和。他们主张弃地的理由是：第一，"宁为百姓屈己，少从所请，[以]纾边患；

① 《长编》卷三百七十九，宋哲宗元祐元年六月戊戌，第3562页。

不可激令愤怒，致兴兵犯塞，以困生民”。第二，“昨者出兵取其土地，皆边臣希功赏，欺罔朝廷，为国生事”。第三，“所得堡寨兰会等地，守之无用，恐须自弃；不如趁其来求而与之，使其感恩戴德”。第四，“如窃人之财，既为所执，犹不与之，可乎”？第五，如不与地，“必兴斗讼”；如与之，“三数年间，当且保无事”。[①] 司马光和文彦博等人的“弃地”之论，虽然打着为民求和的旗帜，但仍暴露了他们卑弱请和、出卖国家利益的真正面目。“弃地”主张虽遭到普遍反对，安焘、游师雄、孙路、穆衍等人曾上疏论事，可是当权的守旧派仍把安疆、葭芦、浮图、米脂四寨割给西夏。其结果换来的不是边疆的安宁，而是西夏骑兵的不断入侵。这正如环庆路经略使章楶所说：“夏贼狂悖……还其土地而寇掠愈甚，给以岁赐而侮慢益深。”[②]

“元祐更化”的倒行逆施，使原来反对新法的一部分官员开始醒悟，立场有所改变。他们发觉，熙丰变法不仅给了少数豪强兼并者一定的限制，而且能给整个地主阶级和封建政权带来更多利益。如，苏轼深感自己过去对变法存在偏见，以致发表了不少谬论。因此他明确表示反对改免役法为差役法，大骂顽固的司马光为：“司马牛！司马牛！”苏辙也为免役法辩护，他评论免役法说：“旧差乡户为衙前，破败人家，甚如兵火。自新法行，天下不复知有衙前之患……初疑衙前多是浮浪投雇，不如乡差税户可托。然行之十余年，投雇者亦无大败阙。”[③] 范纯仁认为青苗法“利国利民”，保甲法可训练出武艺超群的人才，免役法如能熟议缓行就不致扰人，故而他反对完全废除青苗、保甲、免役等新法。王存认为废保甲不教非根本之计，

---

① 《传家集》卷五十三《论西人请地乞不拒绝札子》。《潞公文集》卷二十六《论西边事》。
② 《长编》卷四百六十九，宋哲宗元祐七年正月壬子，第 4396 页。
③ 《宋史》卷一百七十七《食货志上五・役法上》，第 4315 页。

同时他也反对变更免役法。李常还在元祐四年（1089）上疏揭露复行差役法的种种流弊。此外，他们还对顽固守旧派向西夏屈服妥协和打击迫害变法派的行为表示不满。司马光死后，以顽固守旧派刘挚（河北人）为首的“朔党”，在政治上占据了压倒一切的优势。而从原反对派中分化出来的以苏轼（四川人）为首的“蜀党”和以程颐（洛阳人）为首的“洛党”，力量不足，远非“朔党”对手，而且常受压制，内部又继续分化，其反对顽固派的活动效益不大。

综观元祐期间守旧派执政七八年之中的所有活动，除了反对变法、恢复旧制和打击变法派、对西夏妥协屈服之外，未见出台过真正有利于国计民生的政策措施。这正如王夫之在《宋论》中所说的，他们“寥寥焉无一实政之见于设施……西陲之复败孔棘，不闻择一将以捍其侵陵；契丹之岁币屡增，不闻建一谋以杜其欺侮……进一人则曰此熙丰之所退也，退一人则曰此熙丰之所进也；兴一法则曰此熙丰之所革也，革一法则曰此熙丰之所兴也”[①]。元祐守旧派热衷于派系斗争而无利国利民的作为，这就注定他们对熙宁新法的“更化”活动，不会有光明的前途。

二、“元祐更化”后的经济衰退与财政困境

守旧派是冗兵、冗官、冗费消费的既得利益者，但他们却打着为民请命减轻百姓负担的旗帜起来反对新法，其实他们上台执政后对平民的剥削比变法时期有过之而无不及。同时，由于元祐年间（1086—1093）以司马光为代表的守旧派只强调节约开支，不重视增加生产。因此，在“元祐更

---

① ［明］王夫之：《宋论》卷七，《续修四库全书》第450册。

化”废除各项有利于创收的熙宁新法后，结果生产衰退，收入大减，而支出却未相应减少，致使国家财政入不敷出，重又陷入困境。

（一）社会经济日益衰退

“元祐更化”的主要理由是为了消除熙丰变法的“诛敛”“掊克”，减轻人民的经济负担，而实际上元祐时官府对人民的剥削并不轻于熙宁、元丰年间。如，元祐初，“陕西转运使吕大忠以支移为名，其实不离本处，止令税户每斗纳脚钱十八文，百姓苦之”①。这完全是无故加税，当时陕西粮价每斗仅四五十文，可见所加“脚钱”之重。又有更甚者，如元祐七年（1092）扬州一带的蚕盐折变：“江都县每支盐六两，折绢一尺，而盐六两原价钱一十文五分足，绢一尺价钱二十八文”，提价 2.6 倍以上；“其支钱纳盐者，每盐五斤五两，纳钱三百三十一文八分足，比原价买盐每斤二十八文足，已多一百八十三文足”，提价 2.2 倍以上；又将钱折麦，外加仓耗、脚剩钱之类，“一文至纳四五文”，又增加了四五倍。②

自元祐元年（1086）废除青苗法后，开始复行常平法，朝廷要求地方官在丰年时增价收籴粮食，灾年时减价出卖以解民困。可是，州县官们怠于政事，并不执行。因此，“民间每遇丰稔，不免为豪宗大姓乘时射利贱价收蓄，一有水旱则物价腾踊，流亡饿殍不可胜计”，以致“比岁以来物力凋敝甚于熙宁、元丰之间，至人心复思青苗之法”。御史中丞赵君锡认为，元祐时“诸路钱货在官者大抵数千万贯，率常壅滞不发。旧法（指青苗法）虽未尽善，逐年犹有钱货千百万贯流布民间；籴粜之法（指常平法）虽善

① 《长编》卷三百九十六，宋哲宗元祐二年三月庚午，第 3750 页。
② 《东坡全集》卷六十一《论积欠六事并乞检会应诏四事一处行下状》。

而不行，则民间钱货无从而得，所以艰难困匮反甚于前，不足怪也”。[①] 由此可见，废除青苗法不仅使百姓在灾年时得不到救济，而且严重阻碍了货币的流通，影响了农业生产和商品经济的发展。

关于免役法的利弊，在“元祐更化”期间是争论最激烈的问题，但因守旧派的顽固坚持，终于废除了免役法而复行差役法。司马光打着“为民请命”的旗帜，攻击免役法“纵富强应役之人，征贫弱不役之户，利于富不利于贫”[②]。但为了维护豪强大地主利益，他有时又说免役法损害了上户利益，使他们出钱比旧费特多、年年无休息。为了反对免役法恢复差役法，司马光语无伦次，自相矛盾。而朝臣中有一半人反对恢复差役法。中书舍人范百禄还以亲身经历证明了免役法受到百姓欢迎，他说：“熙宁免役法行，百禄为咸平县，开封罢遣衙前数百人，民皆欣幸。”[③] 特别是复行差役法后，因废除了增吏禄的仓法，州县吏人因差役贪污受贿和敲诈百姓的弊病重又出现。“民被差役，如遭寇虐。”[④] 于是宋廷只得采用差雇兼行的役法，规定：“役人悉用见数为额，惟衙前用坊场、河渡钱雇募，不足，方许揭簿定差。其余役人，惟该募者得募，余悉定差。”[⑤] 但差雇兼行仍存在众多问题，引起了人们不满。首先是雇募衙前役，不全给雇值，遂改雇募为招募。而招募又不明确给钱，因而无人就招。同时上户愿意出钱免役，而因无人愿任衙前，势必多差下户充役。其次，复行差役法后，却依然收取常

① 《长编》卷四百六十二，宋哲宗元祐六年七月辛巳，第 4325 页。
② 《宋史》卷一百七十七《食货志上五・役法上》，第 4311 页。
③ 《宋史》卷一百七十七《食货志上五・役法上》，第 4314 页。
④ 《长编》卷三百七十八，宋哲宗元祐元年五月壬午，第 3553 页。
⑤ 《宋史》卷一百七十七《食货志上五・役法上》，第 4316 页。

平助役钱。诸路坊郭五等以上及单丁、女户、官户、寺观第三等以上旧输免役钱者，减半仍输。原用于雇衙前的坊场、河渡等钱，州县官府不尽用于雇役，多桩留不发。特别是排定户等不平，故派定差役轻重失当。如凡纳税钱一贯、占田一顷、积财千缗、受种十石之户定为一等户，而财产多于此 10 倍者也定为一等户，凭此差役，必不均平。又如在实行免役法时，坊郭户按其经营钱多少出助役钱，而元祐复行差役法后，州县强定坊郭户出钱数额，致使坊郭户停业逃往乡村，仍不得免。此外，州县还违法私使役人，用于迎送陪费等事，借差耆户长、壮丁、保长、保丁等防护或搬担行李之类。早在元祐元年（1086）十月，监察御史上官均曾经说过："上户之产厚，下户之产薄，而例皆五年一替，实为不均。大率差役之行，上户产厚而役轻，下户产薄而无役，所当宽恤正在中户。"[①]差役法恢复不过三年，元祐四年（1089）三月御史中丞李常就指出："盖差法之废十有余年，版籍愈更不明。宜重役者辄轻，宜轻役者反重。乡宽户多者仅有休息之期，乡狭户窄者频年在役。上等极力之人昔输钱有岁百贯至三百贯者，今止差为弓手，岁雇弓手一名以代身役，不过用钱三四十贯；中下人户旧出钱不过三贯二贯，而雇承符、散 从、手力之类不下三十贯，以是较之，劳佚苦乐相倍蓰矣。然则今所改法，徒能使上等人户优便安闲，而第三第四等困苦日甚！"[②]由此可见，恢复差役法究竟对谁有利，对谁有害，守旧派的谰言不攻自破。复行差役法的弊端日益明显，至元祐六年（1091）九月复差役法已六七年，户部几乎每天都向朝廷申请更改。直到绍圣元年（1094）

---

① 《长编》卷三百八十九，宋哲宗元祐元年十月庚寅，第 3665 页。

② 《宋会要辑稿》食货一三之三二。

哲宗亲政时，“自行差法十年，民间苦于差扰，前后议论纷纭，更变不一，未有底止”①，以致“天下皆思雇役而厌差役”②。

随着熙宁新法的被废除，兴修农田水利的高潮也就消沉了下来。即使有些官员想兴修水利灌溉民田，也因触动豪强兼并之家的既得利益而受到阻碍。如，元祐时单谔曾提出兴修吴中水利的建议，欲将太湖流域各地的积水通过南运河排入长江，必须开凿滆湖、长塘湖，而这一地区的豪民唯恐开凿自己的田地，便勾结胥吏加以“沮格”。③结果因吴中水利失修，连年发生水灾。元祐六年（1091）大水，苏、湖、常三州水域相通，淹死人口无数，仅杭州死者50余万、苏州30万人。④特别是黄河泛滥之患，与北宋统治相始终，是宋廷最感头痛的问题。神宗时，曾努力疏浚黄河，终因受当时技术水平所限，未能解决泥沙淤积问题。元丰四年（1081）黄河又于澶州小吴埽决口，水流分成北流和东流两股。从此，朝臣中出现听任北流和回河东流故道两种意见，争吵不休，一直未能解决。不少大臣主张维持神宗时期的做法，认为东流泥沙淤积，河床已高出地面，河水不可能全部回归故道，可依水势由高向低听任北流，不必大兴河役劳民伤财。而元祐执政者却支持回河东流之论，为了塞断北流，东复故道，曾于元祐五年（1090）春差官调夫兴起大役。都提举修河司曾计划调发河工20余万人。朝廷特发元丰库封桩钱20万贯充雇夫经费。计置修河物料数以万计，沿流州县多被

① 《宋史》卷一百七十八《食货志上六·役法下》，第4328页。

② 《栾城集》卷四十三《三论分别邪正札子》。

③ ［宋］单谔：《吴中水利书》，载［明］归有光：《三吴水利录》卷二《苏轼奏疏》，《文渊阁四库全书》第576册。

④ 《文献通考》卷二十六《国用考四·赈恤》，第774页。

科买，而且期限迫促。后因河北、京东西路正遭旱灾，民生凋敝，而且群众“万口一词”认为闭塞北流回复大河必无成功，朝廷才暂罢河役。然而，这次大兴河役，“耗费国家财用民力不可胜计，远近骚然，河北生灵为之困弊”①。同时，官府向未能赴役之人每年每丁收免夫钱“七千”，“民力自此愈困”。② 自元祐四年（1089）正月至八年正月，四年之中，为修河所用“功力浩瀚”③。宋廷还下诏规定自元祐八年（1093）开始每年用河工 10 万人。

在元祐短短八年之中，发生天灾不少。自然灾害历代皆有，不足为怪，但灾情的大小轻重却取决于防灾救灾工作是否做好。元祐年间（1086—1093），官府救灾不力，致使损失惨重，生产遭到破坏，民不聊生，从而激化了阶级矛盾。如，元丰八年（1085）十月，黄河在大名决口，毁坏民田，民众缺食。元祐元年（1086）春，淮浙遭旱，粮价高涨，“盗贼”蜂起，而转运司等却瞒报灾情，尤以宿州、亳州为甚。元祐三年（1088），诸路因灾歉收，京西、陕西至人相食，而朝廷却恬然不顾，认为此小灾不足害事。元祐五年（1090）十一月，“秀州嘉兴县民数千诣县诉水灾，知县王岐、主簿王旗不为收接。因此，百姓喧闹，致蹈杀四十七人，本州又减数申监司，仍庇护令佐，归罪百姓”④。同时，“闽中灾伤尤甚，‘盗贼’颇众”⑤。因吴中水利失修，元祐五年（1090）和六年（1091），浙西各州连年闹水灾，杭州死人 50 万、苏州 30 万。“中民之家有钱无谷，被服珠金，饿死于市”⑥。

---

① 《长编》卷四百四十九，宋哲宗元祐五年十月癸巳，第 4217 页。
② 《长编》卷四百三十八，宋哲宗元祐五年二月辛丑，第 4124 页。
③ 《长编》卷四百八十，宋哲宗元祐八年正月丁未，第 4487 页。
④ 《长编》卷四百五十，宋哲宗元祐五年十一月壬申，第 4232 页。
⑤ 《长编》卷四百五十，宋哲宗元祐五年十一月己丑，第 4238 页。
⑥ 《文献通考》卷十四《征榷考一·征商》，第 408 页。

淮、浙灾情如此惨重，竟有御史多人为阿谀朝廷而打击报灾官员，从灾区回来谎说："不至为灾。"浙中地方官因畏惧御史台的威势，更不敢向朝廷反映实情，致使朝廷不尽力救济，大量灾民四处流亡，乃至聚众反抗。同时，州县的救灾粮食，又被商贩勾结官吏冒籴而去，灾民因困饿或被蹂躏而死。灾后，疫病流行，苏、湖、秀三州人死过半。后来，"虽水稍退露出田泥，然皆无土可作田塍。有田无人，有人无粮，有粮无种，有种无牛。殍死之余，人如鬼腊"[①]。元祐六年（1091）十二月，淮南饥民起来造反，打劫地主豪绅之家。元祐中，陕西凤翔、永兴饥民也起来反抗。元祐七年（1092）九月，永兴军、兰州、镇戎军发生地震；十月，环州又地震。元祐八年（1093）三月正当春耕农忙时节，"风霾间作，继以大寒、霰雪、雨水"[②]，严重影响了农业生产的进行。同年十一月，京城又遭遇大雪严寒，百姓饥饿。

元祐年间（1086—1093），虽然守旧派对西夏采取屈服妥协政策，但仍不能消除西夏军对宋朝地区的侵扰，使农业生产遭到破坏，人民生命财产受到损失。如元祐二年（1087），号称数十万之西夏军曾三寇泾原，宋军十一将龟缩城中，不出一骑，西夏军一路劫掠，席卷而归。元祐六年（1091），西夏又 3 次举兵入侵宋境，猖狂至极。这一年八月，西夏军曾深入河东麟州、府州，围攻城壁，劫掠人户，残害生灵。麟、府州人民常为敌所杀掠，屋舍被烧荡。由于西夏军的不断侵掠河东，宋廷被迫禁止沿边与西夏和市，从而影响了外贸的发展。

由于农村经济的衰退，元祐年间（1086—1093）人口增长速度下降，

---

① 《长编》卷四百七十三，宋哲宗元祐七年五月壬子，第 4433 页。
② 《长编》卷四百八十二，宋哲宗元祐八年三月辛巳，第 4500 页。

自耕农多破产，客户数量增多。据《文献通考·户口考二·历代户口丁中赋役》载：英宗治平三年（1066）全国户数为12917221户，至神宗元丰六年（1083）为17211713户，短短17年之中，增加了4294492户；而哲宗元祐六年（1091）为18655093户，8年之中只增加了1443380户。熙丰变法使包括自耕农在内的占有土地的主户大为增加，客户相对减少：仁宗嘉祐六年（1061），主户7209581户，客户3881531户①，主户占全国总户数65%，客户占35%；至神宗熙宁五年（1072），主户10498869户，客户4592691户②，主户占全国总户数69.6%，客户占30.4%，自耕农数量升到北宋最高点。“元祐更化”后，因废除熙宁新法，“民多卖田者，以助役纳钱常平出息。聚敛之臣，肆行掊克，中民困于不足，故多鬻田”③。自耕农多破产沦为佃农，因而客户相对增加。元祐三年（1088），主户12134723户，客户6154652户④，主户占全国总户数66.3%，客户占33.7%。熙宁和元祐时，作为纳税户的主户分五等，“上户居其一，下户居其十”⑤，也即三等以上户占十分之一，四、五等户占十分之九以上。一、二等为大中地主，三等户为小地主和富农，四、五等户为自耕农和半自耕农。主户总数的增减也即意味着自耕农的增减，反映了熙丰变法前后农村阶级结构的变化。

元祐年间（1086—1093）的手工业生产也有下滑迹象。如，神宗时期的矿冶业是手工业发展中最突出的，尤其是铜矿的开采和冶炼可说是达到

---

① 《长编》卷一百九十五，宋仁宗嘉祐六年，第1808页。
② 《长编》卷二百四十一，宋神宗熙宁五年，第2265页。
③ 《长编》卷三百九十六，宋哲宗元祐二年三月辛巳，第3764页。
④ 《长编》卷四百二十，宋哲宗元祐三年，第3967页。
⑤ ［宋］孔文仲：《舍人集》卷一《制科策》，见《豫章丛书》本《清江三孔集》。

了宋代的顶峰。但到哲宗元祐时，矿冶业开始衰落下来。韶州岑水场一直是宋代的一个大铜矿，产量极大，但由于长期采掘，从元丰八年（1085）起，矿源枯竭，产量大减。至元祐中，开采十分困难，“往岁铜发，掘地二十余丈即见铜，今铜益少、掘地益深，至七八十丈”[①]。铜产量猛跌，致使铸钱原料不足。为此，元祐元年（1086）二月，朝廷只得将原来的荆广、淮浙两路提点铸钱司合并为一司，并诏每路特借钱15万贯去采购铜材。同年四月，因买不到铜材，又选派一员熟悉矿冶铸钱事宜的文官，到各铜场考察，设法召集矿户开发铜矿，并收买铜材重兴铸钱业。此外，川蜀地区的有些铜矿,也“窑之深者数十百丈”[②]。宋代产铜基地信州铅山场也存在同样情况，“穿凿极甚，积土成山，循环复用，岁月寖久，兼地势峻倒，不可容众”[③]，已到了无法继续开采的地步。为了取得更多铜材，元祐元年（1086）朝廷同意陕西转运司将虢州坑冶户所产之铜，除继续执行熙宁时的“二八抽分”矿税制度外，又和买四分入官。[④]熙丰变法时已废除了铜禁，元祐元年（1086）四月乙巳，宋廷为垄断铜材又恢复了铜禁：“诏铜锡鍮石依旧禁榷，有犯并私造作及与人造作器用，罪赏依嘉祐编敕法。除诸军官员器用、鞍辔及寺观士庶之家古器、佛道功德像、钟磬铙钹铃杵、相轮、照子等许留存外，余铜器限一百日赴官送纳，每斤支钱二百文，限满不纳杖一百，物没官。”[⑤]元祐二年（1087）八月又“禁私卖易铜、鍮石器，犯

① ［宋］孔平仲：《谈苑》卷一，《文渊阁四库全书》第1037册。
② ［宋］王之望：《汉滨集》卷八《论铜坑朝札》，《文渊阁四库全书》第1139册。
③ 《宋会要辑稿》食货三四之二八。
④ 《宋会要辑稿》食货三四之二〇。
⑤ 《长编》卷三百七十五，宋哲宗元祐元年四月乙巳，第3520页。

者依私有法”[1]。元祐五年(1090)正月宋廷重申铜鍮禁令。元祐六年(1091)又“申钱币阑出之禁，立铜钱出界徒流、编配、首从之法”[2]。尽管如此，铜仍不够用。元祐七年（1092）四月，据金部郎中李杰反映：利州路兴州青阳镇有铜矿100多处，铜产品原由西河边防财用司出钱收买。后因西河边防财用司被撤销，青阳镇铜场归陕西转运司管理。虽然转运司将铜价压低一半，仍因本钱不足无力购买。于是，“采铜之人逐旋散溃，所收渐少，课利日亏”[3]。由于元祐初废除熙宁新法，减少了钱币在民间的流通，加上大幅度地停罢铸钱监的数量，加上铜产量的锐减，元祐四年（1089）后，年铸铜钱只有281万贯。[4]元祐元年（1086）三月，在成都府路，因铁钱铸量减少，坑冶户缺乏现钱缴纳税利，宋廷只得令他们用铁折纳。

元祐年间（1086—1093）的兵器制造业与熙宁、元丰年间相比，可以说是一落千丈。神宗熙宁六年（1073）设立军器监后，兵器制造的数量和质量都有极大提高。而元祐初，因停罢保甲团教，兵器制造大量削减，朝廷下诏：“非切要，并权住勿造。”“于是数年之间，督责少弛，不复以戎器为事”，“兵不犀利”。[5]兵器制造业从此衰落。

元祐年间（1086—1093）的丝织业也不景气，主要原因是官府的压迫和贪官的勒索影响了织工的积极性，造成了丝织业的衰落。元祐时，知青州王安礼强迫机户织造花隔绢等产品，并不止一次差役兵搬担上京出卖，

---

① 《长编》卷四百四，宋哲宗元祐二年八月辛卯，第3822页。
② 《文献通考》卷九《钱币考二》，第239页。
③ 《长编》卷四百七十二，宋哲宗元祐七年四月甲寅，第4418页。
④ 《鸡肋编》卷中“蒋仲本论铸钱事”，第79页。
⑤ 《文献通考》卷一百六十一《兵考十三·军器》，第4828页。

一路偷逃商税，获取厚利。由于王安礼的侵扰，以致机户逃窜。[①]丝织业的衰落使国家财政收入随之减少。熙宁十年（1077），仅两税收入中即有帛 267.2323 万匹、丝绵 585.0356 万两；而元祐元年（1086）财政总收入中之绸绢，也只有 151 万匹。

元祐年间（1086—1093）造船数量比前减少。早在宋太宗至道初由汴河入京之漕粮为 580 万石，神宗熙丰中为 600 万石。至道末年（997）仅用于漕运的船即达 3237 艘。哲宗元祐六年（1091）漕运入京之粮食只有 450 万石，所需船只也就减少。元祐五年（1090），朝廷为“减省浮费”，下诏规定“明州岁造船六百只为额，淮南、两浙各三百只”。[②]

元祐年间（1086—1093）制盐的质量也有所降低。如元祐元年（1086），四川数州官卖邛州蒲江井盐，虽“碱泉减耗，多杂沙土”[③]，而官卖价却高达每斤 120 钱。

元祐年间（1086—1093）的商业一片萧条，其主要原因是：官府催讨市易务欠款使广大商人纷纷破产；苛重的商税和官吏的勒索使各地商人畏惧不行。

熙宁变法初期，实行市易法曾经抑制了大商人的兼并活动，使中小商人有一线生机。后因吕嘉问违法垄断商业，掊敛取利，使大小商人负债累累。尽管如此，15 年之中，除了商人欠款属于虚利之外，市易司仍获得 38 万贯利息。“元祐更化”后，虽然朝廷多次表示要减免和缓收市易欠款，其实并不执行。相反，元祐二年（1087）朝廷曾下旨没收市易欠户房舍财产

① 《长编》卷四百四十九，宋哲宗元祐五年十月戊戌、庚戌，第 4219、4223 页。
② 《长编》卷四百三十七，宋哲宗元祐五年正月庚午，第 4110 页。
③ 《宋史》卷一百八十三《食货志下五・盐下》，第 4474 页。

以抵债。“此令一出，群众骚然，室庐里巷之间，怨嗟愁叹之声复作。”[①]此后，各地官府继续疯狂地向欠户逼债，“监司督守令，守令督吏卒，文符日至其门，鞭笞日加其身……特以民既乏竭，无以为生，虽加鞭挞，终无所得”。由于商民皆已穷困，“商贾贩卖，例无见钱，若用见钱，则无利息，须今年索去年所卖，明年索今年所赊，然后计算得行，彼此通济。今富户先已残破，中民又有积欠，谁敢赊卖物货？则商贾自然不行，此酒税课利所以日亏，城市房廊所以日空也”[②]。

元祐时的商业萧条还另有原因。自北宋前期以来，京师所需物资主要依靠东南地区的漕运来供应。当时纲运除漕粮，还准许揽载商货，既免征税，脚钱又轻，故商品流通，京师物资供应丰富。元丰末年，守旧派废罢了市易务、导洛司、堆垛场以后，原以为有利于商品流通，可是从元祐三年（1088）七月起，扬州税务开始对纲运物资检查收税。由于元祐更化取消了吏禄，加上地方官府财用困窘，税吏便因缘为奸，对纲船百般刁难勒索，所收10倍于官，致使纲梢穷困，富商大贾再也不愿将货物委托纲船搭载。由此，商业十分萧条，“商贾全然不行，京师坐至枯涸”，“京师酒税课利皆亏，房廊邸店皆空”。[③]

此外，元祐末，宋廷下令收取五谷力胜税，也严重阻碍了商品的流通。因谷贱伤农、谷贵伤商，为了兼顾农商利益，从来“法不税五谷”。自从有了五谷力胜税，商人无利不行。尤其是遭灾地区，粮价昂贵，而丰收地区，

① 《长编》卷三百九十六，宋哲宗元祐二年三月丙子，第3751页。

② 《长编》卷四百七十三，宋哲宗元祐七年五月壬子，第4430—4431页。《文献通考》卷二十七《国用考五·蠲贷》，第793—794页。

③ 《长编》卷四百七十五，宋哲宗元祐七年七月，第4446页。

谷贱伤农，两者之间不能互通有无，以致灾区饥民“被服金珠，饿死于市”[①]。

（二）国家财政重陷困境

以司马光、文彦博为代表的守旧派，只强调节省，不重视生产，把以王安石为代表的讲求“富国”的变法派斥为兴利小人。文彦博曾说：“若以用度稍乏，自当节减冗费，省罢不急之务，不作无益之事，济之以俭，示民不奢，百姓自足，君孰与不足？”[②]为此宋廷还特别下诏：“邦赋之入，盖有常制，若不裁减浮费，量入为出，深虑有误国计。宜令户部尚书、侍郎同相度裁减，条析以闻。”[③]可是，自新法被废除后，青苗息钱、免役宽剩钱等收入没有了，朝廷财源大为缩小，致使国家财政陷入困境，而守旧派又拿不出改善财政的有效办法。侍御史贾易曾说守旧派“经费不充而生财不得其道”，并因此发出慨叹：“经费不充则是一切用度皆匮乏，而散敛屈伸无及时预备之计，人情易摇，则根本有微弱之虞也，可不畏乎！”[④]后来，左司谏翟思也指出：“元祐以理财为讳，利入名额类多废罢，督责之法不加于在职之臣，财利既多散失，且借贷百出，而熙、丰余积，用之几尽。方今内外财用，月计岁会，所入不足给所出。”[⑤]

元祐年间（1086—1093）的各项财政收入大多比熙宁、元丰年间有所减少。

神宗一去世，守旧派随即废止了方田均税法。于是地主豪强瞒田逃税

---

① 《长编》卷四百八十二，宋哲宗元祐八年三月甲辰，第4505—4506页。

② 《宋名臣奏议》卷一百十四，文彦博《上神宗论青苗》。

③ 《文献通考》卷二十四《国用考一·历代国用》，第705页。

④ 《长编》卷四百六十一，宋哲宗元祐六年七月己未，第4314页。

⑤ 《宋史》卷一百七十九《食货志下一·会计》，第4358页。

的现象更趋严重，自耕农因不堪苛税重负而纷纷破产，国家田赋无从增收。如遭天灾，朝廷还要蠲免赋税，减少收入。虽然官府加重了对百姓蚕盐折变和支移脚钱等的征收，而所得仍很有限。农业赋税征收之困难和不足，加上天灾对农业生产的危害，使每年上供京师的漕粮也随之相应减少。仁宗嘉祐前，每年漕运粮食600万石，欠蚀有六七万石；元祐六年（1091），漕运减至450万石，欠蚀却增至30多万石，可见漕运之败坏和上供粮之削减。尤其是青苗法被废后，朝廷失去了巨额的青苗息钱。同知枢密院范纯仁以国用不足，曾建议恢复青苗法。朝廷也曾因此于元祐元年（1086）四月二十六日下诏再立常平钱谷给敛出息之法，规定“限二月或正月以散及一半为额，民间丝麦丰熟，随夏税先纳所输之半，愿并纳者止出息一分”[①]。结果由于左司谏王岩叟、中丞刘挚、右司谏苏辙及右仆射司马光等人的反对，终于停罢了常平钱谷放贷出息之法。免役法被废后，朝廷又失去了大量免役宽剩钱。元祐更化废除免役法而恢复差役法，受到一半朝臣的反对，朝廷就改行差募兼行法。但行差募兼行法弊端仍然很多，民出助役钱后仍要执役，差役定户等轻重不均，中等户负担加重，致民卖田助役。同时，所收之役钱并未完全用于雇役，常被挪为他用或被地方官府占留封桩，从而也就扩大了差役的人数，故实行差募兼行法，对于改善国家财政和减轻人民负担，并无多大作用。

盐茶、酒的税利是宋朝财政收入的重要来源。元祐初，“两浙每岁旧买盐本钱常以三十万贯为额，近来不下四十万贯，虽本数有加而计利盖

① 《文献通考》卷二十一《市籴考二·常平义仓租税》，第627页。

寡”[①]。宋廷为了克服食盐专卖所产生的弊端，改榷盐为通商，但未能使国家财政增加收入。如，元祐初（1086）河北改榷盐为通商，因税利减少，至元祐六年（1091）只得将“盐税旧额五分者，增为七分”[②]。又如元祐元年（1086），四川邛州蒲江井盐，因产量减少又多杂沙土，致使盐利相应减少。神宗元丰年间（1078—1085），榷茶课利收入逐年增加，元丰六年（1083）仅川蜀茶息税钱岁入100万贯，元丰七年（1084）增至160万贯。[③]哲宗元祐二年（1087），“熙河、秦凤、泾原三路茶仍官为计置，永兴、鄜延、环庆许通商”[④]，蜀茶禁榷法仍在略加修改后继续沿用。但元祐中，由于茶课漏失，茶税岁入只有70万贯。[⑤]神宗元丰中，曾在汴河堤岸修置水磨，官营水磨茶，只卖给在京及开封府界诸县，至元丰末，岁获息20万贯。哲宗元祐中，罢官营水磨茶，又减少了一笔茶利收入。神宗熙宁十年（1077）榷酒岁入达1296.2万贯石匹等。为了增加收入，熙宁、元丰年间采取实封投状法召人扑买酒坊场，即以投标方式召人承包酒税，元丰八年（1085），岁得天下坊场钱420余万贯。[⑥]哲宗元祐中，罢实封投状法，但又拿不出其他更好的办法。由于当时商业萧条，“商贾不行，农民罢病，故酒课不登……经费不足”[⑦]。总之，元祐年间各项榷卖专利锐减。以齐州为例，自元祐元年（1086）至八年底，盐茶酒税比祖额亏减了40.9万余贯，

① 《长编》卷三百六十五，宋哲宗元祐元年二月丁卯，第3379页。
② 《宋史》卷一百八十二《食货志下四·盐中》，第4434页。
③ 《长编》卷三百三十四，宋神宗元丰六年四月戊申条注文，第3108页。
④ 《文献通考》卷十八《征榷考五·榷茶》，第511页。
⑤ 《宋史》卷一百八十四《食货志下六·茶下》，第4502页。
⑥ 《长编》卷三百六十九，宋哲宗元祐元年闰二月癸卯，第3432页。
⑦ 《栾城集》卷三十七《乞借常平钱买上供及诸州军粮状》。

权发遣淮南路转运副使吕温卿说："以一州推之，天下可知。"[①]

"元祐更化"后的商税收入也不景气。神宗熙宁十年（1077）的商税收入高达 878.8621 万贯，元丰中有所降低。元丰八年（1085）哲宗继位后不久，守旧派即废除了市易法和免行法，从而也就失去了原来用于补贴吏禄的市易息钱、免行钱和市利钱，使吏禄经费出现短缺。元祐二年（1087）正月，户部上奏："中都吏禄岁计缗钱三十二万，法当以坊场税钱及免行、市易司市利、僧道度牒等钱充。会元丰七年所入才二十三万，兼以系省钱乃给。今议罢市易，则市利钱随废，将见阙乏。"[②]由于商税来源的减少，显然商税收入再也难以达到熙宁十年（1077）时的水平，故元祐元年（1086）十月，宋廷只得降低要求，严令在京商税院，从元祐三年（1087）开始酌取元丰八年（1085）商税收入钱 55.2261 万贯以为新额。元祐末，为了增加商税收入，又向运粮商船征收五谷力胜税钱，结果引起了商人不行和京师谷贵，宋廷才被迫停罢，然而地方税务多不遵行。

元祐间，宋廷为增加财政收入，虽竭力征税，但因百姓穷困，欠税极多，难以催理。而民"为积欠所压，如负千钧而行"，官府困于财用，不肯放免。据知杭州苏轼说："两浙、京西、淮南三路之民，皆为积欠所压，日就穷蹙，死亡过半，而欠籍不除，以致亏欠两税，走陷课利。农末皆病，公私并困，以此推之，天下大率皆然矣。"[③]

此外，元祐年间（1086—1093）铸钱量的大幅度下降，又使宋廷减少

---

① 《宋会要辑稿》食货二〇之一一。

② 《长编》卷三百九十四，宋哲宗元祐二年正月辛酉，第 3719 页。

③ 《文献通考》卷二十七《国用考五・蠲贷》，第 793—794 页。

了现钱收入。神宗元丰三年（1080）铸钱数量高达594.9234万贯，而元祐四年（1089）后的年铸钱量只有281万贯，不及元丰三年（1080）的一半。

“元祐更化”后，财政收入减少，仅以钱币收入看，熙宁时岁入5060万贯，元丰中6000万贯，元祐初减至4849万贯。[①]

“元祐更化”时，守旧派多次强调要节省财用，宋廷也曾下诏表示要裁减浮费，量入为出。可是，尽管在税收艰难的情况下，宋廷却未能相应缩减其财政支出，致使国家陷入困窘之中。

元祐年间（1086—1093）的财政开支中仍以军费为大头。神宗熙宁年间（1068—1077）经过并营裁军，军队总人数由英宗治平时的116.2万人减至79.6315万人；元丰年间（1078—1085），因对西夏作战的需要，增至83.997万人。而至哲宗元祐七年（1092）时，虽无大规模战争，军队人数却增至85万余人，其中禁军55万余人、厢军30余万人。[②]神宗熙宁、元丰年间只有厢军22.7627万人，因元祐更化废除了保甲制，故厢兵增至30余万人。既然元祐时的军队人数不比元丰时的少，其军队粮饷的供给和各种赏赉、军事装备经费的开支，势必也不会减少，仅边防军费开支就十分巨大。由于西夏军的不断侵扰和辽国威胁的存在，元祐时的军队仍大量驻扎在陕西、河东、河北边防地区。尤其是因元丰末年宋夏战争时陕西储备的物资已消耗殆尽，急需补充，故元祐时朝廷封桩的财赋被源源不断地运往陕西，尚书右丞苏辙曾亲眼看到每年将青苗、免役、坊场积剩钱不断输往陕西。在沿边新开拓的数州军支用军费尤多。如，元丰八年（1085）八月，

---

① 《文献通考》卷二十四《国用考二·历代国用》，第707页。
② 《长编》卷四百七十二，宋哲宗元祐七年四月，第4424页。

陕西转运司确定鄜延路每年军费83万贯。[①] 又如元祐元年(1086),“西边熙、兰等州及安疆、米脂等寨每年费用约三百六十七万贯”[②]。河北沿边每年也需要筹办大批军粮，宋朝在河北修建了许多军粮仓库，元丰以后加以扩建，总存储量达到1200万石。沿边军费只靠封桩钱物供应显然不够，左藏库的现钱也已用尽，朝廷只得支拨内藏库的钱物来应付。元祐六年（1091）九月下诏：“自元祐六年每岁于内藏库支缗钱五十万，或以绸绢金银相兼支兑赴元丰库桩管，辅助沿边军须等支费。”[③] 此外，元祐恢复官牧马监后开支也很大。元祐初，重兴官马监，复祖宗之旧，收回出租于民的牧地入官，并还回户马，恢复洛阳、单镇、原武、淇水、东平、安阳等官马监。然而，“元祐置监、马不蕃息”[④]。同时“复置旧监，遽将民间已请佃地栽种到桑枣果园及庄井屋宇毁伐废坏不少，兼兴复监牧、增置官吏所费不赀，殊未见其效”[⑤]。又牧卒扰民，为害非一。仅沙苑牧马监，“以九千顷之地，四十万（贯）之费，养六千余匹而不适用”[⑥]，得不偿失。

其次的大笔开支仍是官员的俸禄。冗官之多，是宋朝长期存在的社会弊病，它不仅增加了广大纳税民众的经济负担，而且败坏了政治，阻碍了社会发展。真宗景德时有官1万多员，仁宗皇祐时2万多员，英宗治平时2.4万员，神宗元丰初又增至2.4549万员。哲宗元祐间，冗官有增无减。元祐三年（1088），据户部尚书韩忠彦、侍郎苏辙、韩宗道说：“文武百官、宗

① 《长编》卷三百五十九，宋神宗元丰八年八月丁丑，第3307页。
② 《长编》卷三百七十五，宋哲宗元祐元年四月庚子，第3515页。
③ 《长编》卷四百六十六，宋哲宗元祐六年九月丁酉，第4365页。
④ 《文献通考》卷一百六十《兵考十二·马政》，第4789页。
⑤ 《长编拾补》卷十三，宋哲宗绍圣三年二月癸巳，第171页。
⑥ 《长编拾补》卷二十七，宋徽宗大观元年三月乙卯，第310页。

室之蕃，一倍皇祐，四倍景德，班行、选人、胥吏率皆增益，而两税、征榷、山泽之利，与旧无以相过。”[①] 官员数“一倍皇祐，四倍景德”当为四万人。据御史中丞李常说，仅“尚书吏部四选官共三万四千余人”[②]。元祐初，苏辙编《元祐会计录·收支叙》中有更具体的记载：“宗室之众，皇祐节度使三人，今为九人矣；两使留后一人，今为八人矣；观察使一人，今为十五人矣；防御使四人，今为四十二人矣；百官之富，景德大夫三十九人（景德为诸曹郎中），今为二百三十人矣；朝奉郎以上一百六十五人（景德为员外郎），今为六百九十五人矣；承议郎一百二十七人（景德为博士），今为三百六十九人矣；奉议郎一百四十八人（景德为三丞），今为四百三十一人矣；诸司使二十七人，今为二百六十人矣；副使六十三人，今为一千一百一十一人矣；供奉官一百九十三人，今为一千三百二十二人矣；侍禁三百一十六人，今为二千一百一十七人矣；三省之吏六十人，今为一百七十二人矣。其余可以类推。”[③] 官员增加了，而财政收入却未超过旧时，因此户部建议裁减官吏。于是，那些官员中的既得利益者起来反对，认为裁员有失朝廷优礼，甚伤国体，胥吏也因赏薄而消极怠工，裁员之事也就未能进行。刘挚要求“悉罢创增吏禄”,“然不果罢”。[④] 后据户部反映，仅中都吏禄即岁费缗钱 32 万。元祐三年（1088）京师吏禄兵廪月支 50 余万贯。[⑤] 为此朝廷财用匮乏，“中外钱谷艰窘，户部给百官奉，常无数月之

① 《宋史》卷一百七十九《食货志下一·会计》，第 4357 页。
② 《长编》卷四百十七，宋哲宗元祐三年十一月乙丑，第 3945 页。
③ 《文献通考》卷二十四《国用考二·历代国用》，第 707 页。
④ 《宋史》卷一百七十九《食货志下一·会计》，第 4357 页。
⑤ 《栾城集》卷四十一《转对状》。

备”[①]。又元祐三年（1088）末，据御史中丞李常说：“先帝（神宗）以人吏无禄为不足以责其廉，遂重其罚而禄之。今台省寺监人吏无虑二千四百余人，百司库务又二千三四百人，岁费钱斛举数十万。当时利源指以充吏禄者实无一在，至侵县官常费以足之。”[②]除了官吏俸禄外，还有公使钱（相当于今办公费）开支，元祐三年（1088），据三省反映，治平岁支16万余贯，而今增至75万余贯。[③]此外，元祐初，宋廷又将神宗熙宁时废并的州县大多恢复，从而又增加了一批官吏。官员太多，不仅增加了财政开支，还败坏了吏治。正如御史翟思等所说：“昔以一官治之者今析而为四五，昔以一吏主之者今增而为六七，故官愈多而吏愈众，禄愈广而事愈烦……凡文移之行于下……以故稽留迂枉，不能亟决。”[④]

元祐时，按照惯例，皇室日常生活的支费以及宫殿皇城的修缮支费，皇室的婚嫁、丧葬等支费，宗室支费，郊祀和明堂祀及其赏赉官吏与军兵的支费，付给辽、西夏的岁币，都保存了下来，而且费用都很浩大。如，元祐二年（1087）六月神宗的守丧期刚结束，宫廷生活的奢侈之风立即恢复，奉宸库取珠子60斤、户部用金3600两，以供宫中服御器用之需；并为除服开乐置宴，大肆铺张浪费。同年九月，太皇太后遣使赐宰臣执政酒果并黄金300两、犀带2条，并不许辞免，致使吕公著、文彦博受宠若惊。这年十一月丁卯冬至日，又“诏赐御筵于吕公著私第……其日又赐教坊乐七十人。又遣中使赐上樽酒及禁中果实、镂金花，皆瑰奇珍异，十倍常数。

① 《宋史》卷一百七十九《食货志下一·会计》，第4358页。
② 《长编》卷四百十九，宋哲宗元祐三年闰十二月庚戌，第3954页。
③ 《长编》卷四百十九，宋哲宗元祐三年闰十二月庚戌，第3953页。
④ 《长编》卷四百十五，宋哲宗元祐三年十月戊戌，第3925页。

又遣近侍赐香药，以御饮器劝在席酒甚苦，惟于公著颇宽。又出御前钱赐教坊乐人百缗、开封衙前乐人五十缗及管勾使臣等四十缗。至晡，复赐椽烛二十秉，且传令继烛坐”[①]。元祐三年（1088），下诏“命今后遇圣节、大礼、生辰，太皇太后、皇太后、皇太妃所得恩泽，并四分减一”，但结果因“议者谓裁减浮费所细碎苛急，甚损国体，于是已议未行者一切寝之”。[②]元祐四年（1089），宋廷动工修筑京师城隍，劳民伤财，毁人庐屋坟墓，湮没园林道路，引起了居民的怨恨。元祐六年（1091）十月，又“诏京西提刑司岁给钱物二十万缗以奉陵寝”[③]。元祐七年（1092）册立皇后孟氏，仅赏赐内外禁军厢军即费钱37万余缗。[④]有关元祐宫廷冗费史无完整统计，但仅上举之数例，已可见冗费开支浩大之一斑。

还有用于水利工程和赈济灾民的费用，开支也不小。如，元祐三年（1088），为使黄河回归故道，河北开孙村口减水河，“辟官一百余员……役过兵夫六万三千余人，计五百三十万工”[⑤]。元祐五年（1090）三月，为治黄河，又“特发元丰库封桩钱二十万充雇夫”[⑥]。元祐六年（1091）浙西诸州水灾，“诏赐米百万斛、钱二十万缗，赈济灾伤”[⑦]。元祐中，淮南、河北、京东三路赈灾用粮300万斛。[⑧]元祐八年（1093），据兵部尚书苏轼说，每

① 《长编》卷四百七，宋哲宗元祐二年十一月丁卯，第3849页。
② 《宋史》卷一百七十九《食货志下一·会计》，第4357页。
③ 《宋史》卷十七《哲宗纪一》，第333页。
④ 《长编》卷四百七十二，宋哲宗元祐七年四月，第4424页。
⑤ 《长编》卷四百二十一，宋哲宗元祐四年正月己亥，第3975页。
⑥ 《长编》卷四百三十九，宋哲宗元祐五年三月丁卯，第4128页。
⑦ 《文献通考》卷二十六《国用考四·赈恤》，第774页。
⑧ 《历代名臣奏议》卷二百四十五，苏辙奏，《文渊阁四库全书》第440册。

遇灾害，虽朝廷“捐金帛，散仓廪，自元祐以来，盖所费数千万贯石，而饿殍流亡不为少衰”[①]。

由于“元祐更化”废除了多项有利于发展生产和增加收入的熙宁新法，终致税收减少，入不敷出，财政重陷困境，早在元祐初年即出现了财政赤字。今将苏辙《元祐会计录 · 收支叙》所统计之元祐元年（1086）财政主要项目收支数据列表于下。[②]

表 6 宋元祐元年（1086）财政收支情况表

品类	金（两）	银（两）	钱（贯）	绸绢（匹）	谷（石）	草（束）	合计（贯石匹两束）
入	4300	57000	48480000	1510000	24450000	7990000	82496300
出	1600	117000	50300000	1680000	23710000	16100000	91908600

元祐元年（1086）之后直至元祐八年（1093），有关“国用不足”“财用匮乏”的记载，史不绝书。元祐三年（1088），苏辙等人在编完《元祐会计录》后发现：“大抵一岁天下所收钱谷金银帛物，未足以支一岁之出。今左藏库见钱费用已尽，去年借朝廷封桩末盐钱一百万贯以助月给。举此一事，则其余可以类推矣。”[③]元祐四年（1089），御史中丞梁焘以财用缺乏，商旅不行，民力穷竭，请求学习祖宗之法，通商广财，以辟利源。不仅朝廷财匮，各路转运司也因用度增广，经费枯竭，户部便动用熙宁以来积贮

① 《文献通考》卷十四《征榷考一 • 征商》，第 408 页。
② 《栾城集》后集卷十五。《文献通考》卷二十四《国用考二•历代国用》，第 707 页。
③ 《长编》卷四百十九，宋哲宗元祐三年闰十二月庚戌，第 3953 页。

之内藏支助转运司，致“内帑渐以亏减”[①]。各路转运司又借朝廷封桩及常平等钱籴买、预买粮食等物资。元祐五年（1090）七月，朝廷又将封桩钱一半给河东、河北、陕西、京东、京西、淮南、两浙七路提刑司籴粮或择地封桩。尽管如此，但京西路仍因“财赋岁入至少，支用至多，每苦不足”[②]。于是，元祐六年（1091）刑部侍郎王觌要求朝廷将封桩钱财赐还户部及诸路转运司。至元祐七年（1092），原东南财富之地，因两浙连年灾伤，上供漕粮锐减，以致国家“帑廪日益困，农民日益贫，商贾不行”[③]。对于元祐年间（1086—1093）的这种财政状况，后来曾布在宋徽宗建中靖国元年（1101）时评论说：“神宗理财，虽累岁用兵，而所至府库充积，元祐中非理耗散，又有出无入，故仓库为之一空。”[④]

三、通货膨胀重又抬头

“元祐更化”后，生产衰退，而“三冗”消费未减，国家财政入不敷出，结果是物资短缺，商品供不应求，导致熙丰变法时期已被遏制的通货膨胀重又抬头，其具体表现为货币贬值和物价上涨。

（一）货币贬值

宋神宗熙丰变法，因实行青苗法、免役法和市易法用钱的需要，大力增铸钱币，至元丰三年（1080）铜钱年铸量高达506万贯，铁钱88.9234万贯，从而推动了商品的交易，促进了货币经济的发展。可是守旧派反对

---

① 《宋史》卷一百七十九《食货志下一·会计》，第4372页。
② 《长编》卷四百六十四，宋哲宗元祐六年八月癸巳，第4339页。
③ 《文献通考》卷二十七《国用考五·蠲贷》，第792页。
④ 《长编拾补》卷十八，宋徽宗建中靖国元年八月甲寅，第215页。

增加钱币铸行和发展货币经济，力图维持落后的实物经济。他们认为收取青苗息钱和免役钱，将迫使手头无钱的农民贱价出卖农产品，并说自古以来从未有收民钱雇役的道理。元祐元年（1086）司马光曾说："今朝廷立法曰:我不用汝力,输我钱,我自雇人。殊不知农民出钱难于出力。何则?钱非民间所铸，皆出于官。上农之家多所有者，不过庄田、谷帛、牛具、桑柘而已，无积钱数百贯者也。自古丰岁谷贱，已自伤农，官中更以免役及诸色钱督之，则谷愈贱矣。"[①]其实，所谓"谷贱伤农"是在其他商品价格未降唯有粮价特低的情况下产生的；在各种商品普遍降价的元丰时期，谷贱未必伤民。农民贫困并非货币经济发展的结果，问题关键在于新法收钱数量是否过多和是否合理。守旧派指责新法收钱只是他们反对新法的一种借口。

由于守旧派反对发展货币经济，在废除了青苗法、免役法、市易法后用钱减少，加上元祐年间（1086—1093）矿冶业的衰退和铸钱铜材的不足，同时朝廷还有元丰年间（1078—1085）留下来的大量封桩钱财和内藏库的储蓄，陕西等沿边地区又积滞有为数众多的铁钱，于是守旧派上台执政后，即于元丰八年（1085）十二月停罢了熙宁、元丰年间增设的14个铸钱监[②],减少铜钱的铸造量,元祐四年(1089)后铜钱年铸量只有281万贯。但因陕西等地边防军开支的巨大和经费的不足,铁钱的铸行量却有所增长。

一般来说，钱币铸行量的大幅度缩减，本应有利于遏制通货膨胀的发生。但是元祐年间（1086—1093）减少钱币铸量的结果，不仅未能防止通

---

① 《宋会要辑稿》食货一三之四。

② 《长编》卷三百六十三，宋神宗元丰八年十二月戊寅，第3345页。

货膨胀，反而使熙宁、元丰年间已被遏制的通货膨胀重又抬头。这是因为“元祐更化”致使生产衰退、国家财政收入减少，而“三冗”消费却并非随之相应缩减，从而使商品供不应求，引发了通货膨胀。由此可见，发生通货膨胀或紧缩的原因并不在于货币的发行绝对数量的多少，而在于商品供需关系的是否平衡。

元祐时的货币仍只有铜、铁折二钱和小平钱以及四川交子几种。元祐年间（1086—1093）的通货膨胀具体表现为货币的贬值和物价的上涨。铜钱的贬值体现在物价上涨，下文将会谈到。铁钱贬值表现为它所能兑换到的铜钱愈来愈少。四川交子的贬值表现为其法偿能力的减弱，只能兑换到低于面值的铁钱。

元祐时期铁钱的贬值尤为突出。元丰二年（1079）时，川峡计账以铁钱“一钱半当铜钱之一”，铜、铁钱比价为1比1.5。在陕西，熙宁十年（1077）至元丰三年（1080），铜、铁钱兼用，等值流通，在行旅兑换时，铁钱一贯二十至五十文可换铜钱一贯，铜、铁钱比价为1比1.02至1.05；元丰末年（1085）至元祐三年（1088）以前，陕西铁钱一贯一百文可换铜钱一贯，铜、铁钱比价为1比1.1，铁钱开始贬值。神宗熙宁、元丰年间，因对西夏用兵，增加了铁钱的铸量，并主要行用于陕西沿边地区。故元祐初，陕西所积折二铁钱极多。同时，又因陕西是铜、铁钱兼行之地，铜钱通过沿边贸易大量流向国外，为防止铜钱外流、陕西一边增铸铁钱，一边又以铁钱兑换铜钱搬入近里州县。这样一来，陕西的铜钱愈来愈少，铁钱愈来愈多。在劣币驱逐良币规律的作用下，百姓珍视铜钱，多藏匿不用。元祐四年（1089）底，虽官用铁钱仍与铜钱等值，“而民间轻贱铁钱，十五仅能比铜钱十”[①],铁钱贬值。至元祐六年(1091),在陕府铜、铁钱交界之处,“民间以铁钱一千七百始换铜钱一千,遂致铁钱愈轻,铜钱愈重,百物随贵,为害最深”[②]。又因“陕西岁铸铁折二钱二百万贯,用本一百万贯。铁贱铜贵,而与铜钱并行,又重而难徙,由此陕西币轻物重,商贩沿边者回,无以回货,非换盐钞,则负铜钱以出。故铜钱日少,铁钱日多。官吏卒伍月得料钱,每一千当六百而已”[③]。据枢密都承旨刘安世说,旧日铜钱、铁钱等值行用,陕西官府见鼓铸铁钱获利较大,又因各钱监停铸铜钱,铜钱难得,“或须用铜钱出入,即以铁钱加息一分换易。近日官司又令应系支给请俸及买卖等,只支一色铁钱,依民间分数加息出换,公私相竞渐次添价,始自一分,今至六七分矣”[④]。至元祐八年(1093)“折二铁钱止当一小铜钱”[⑤],铜、铁钱比价升为1比2,铁钱进一步贬值。朝廷因见铜、铁钱换易有轻重不等之患,乃“命公私给纳、贸易并用铁钱,而官帑铜钱以时计置,运致内郡”。这时陕西禁用铜钱,专用铁钱。

元祐初,四川交子也渐贬值。以前在蜀中茶叶买卖市场上,多使用交子。因交子轻便,成了难得的抢手货,“一贯有卖一贯一百者”,后因实行茶叶专卖,官府自买茶叶,交子因此价贱,至元祐元年(1086)二月,交子一贯“止卖九百以上”[⑥],贬值百分之十。

---

① 《栾城集》卷四十一《北使还论北边事札子五首·论北朝所见朝廷不便事》。
② 《长编》卷四百五十七,宋哲宗元祐六年四月甲午,第4281页。
③ 《龙川略志》卷八《议罢陕西铸钱欲以内藏丝绸等折充漕司》。
④ 《尽言集》卷八《论陕西盐钞铁钱之弊》。
⑤ 《宋史》卷一百八十《食货志下二·钱币》,第4385页。
⑥ 《栾城集》卷三十六《论蜀茶五害状》。《长编》卷三百六十六,宋哲宗元祐元年二月癸未条注文,第3397页。

此外，在度牒价格的变动中，也可看出元祐年间（1086—1093）货币的贬值。神宗元丰七年（1084），每道度牒的价格为130贯。哲宗元祐元年（1086）十月涨至170贯。[①] 度牒在当时作为一种具有准货币性质的有价证券，它的涨价从表面上看似为升值，但度牒毕竟不是货币，在物价普遍上涨的形势下，度牒的涨价，恰恰反映了法币的贬值。

（二）物价上涨

元祐年间（1086—1093），生产衰退，而国家财政中“三冗”消费的开支依然很大，商品供不应求，物价势必上涨。元祐时物价的上涨主要发生在元祐中后期。这是因为，熙宁年间（1068—1077）钱币铸行量已达600万贯，而变法的经济效益尚未完全呈现出来，故当时物价比仁宗、英宗时期下降不多。到元丰年间（1078—1085），钱币铸行量虽然仍为近600万贯，但变法的经济效益已经产生，生产发展，物资供应丰富，加上熙宁七年（1074）后解除了铜禁和开放铜钱出口，同时朝廷又大量回笼封桩钱币，熙丰变法十六七年间仅免役宽剩钱即有3000多万贯石积而不用[②]，实际投入流通领域的货币大大减少，故物价大幅下降。元祐初，因承接了元丰变法的成果，物价仍较低。至元祐中后期，废除熙丰新法的消极后果逐渐产生，天灾频发，生产衰退，物资短缺，而朝廷开支仍很大，虽然元祐时的铸币量少于元丰时，但几乎用尽了元丰以来大量的封桩钱财，实际投入流通领域的货币远比其新铸行的钱币要多，故通货膨胀重又抬头，物价开始上涨，其物价又弹回到了熙宁以前的水平。

---

① 《长编》卷四百三十四，宋哲宗元祐元年十月丙午，第4085页。

② 《宋史》卷一百七十七《食货志上五·役法上》，第4312页。

1. 粮价

元丰年间(1078—1085),粮价极贱,一般情况下,米每斗三四十文左右。可是到元祐元年(1086)春天米价开始上涨,淮南因久旱无雨,二麦枯死,米价高达每斗170文,民间缺食①,宿州、亳州灾情尤为严重。同年四月,又有殿中侍御史林旦上奏:"都城比来米麦价长,若翔踊不已,恐细民蒙害。"②元祐四年(1089),浙西七州军连遭水旱,粮食歉收,"米斗九十足钱"③。同年"八九月间,杭州在市米价每斗六十足,至十一月长至九十五足",因朝廷宽减上供米三分之一,并于次年正月出卖常平米,至七月以后,米价才渐降至每斗"七十五文足"。④可是,元祐五年(1090)"五六月间,浙西数郡大雨不止,太湖泛滥,所在害稼。六月初间米价复长,至七月初斗及百钱足陌"⑤。同时,"苏州在市米价已是九十五文足,添长之势,炎炎未已"⑥。元祐六年(1091),淮南"宿、亳等州米价仍高达每斗77文,江东70文"⑦。京口米价甚至高达每斗120文,以致人心惶惶。⑧元祐八年

① 《长编》卷三百七十,宋哲宗元祐元年闰二月辛亥,第3449页。
② 《长编》卷三百七十六,宋哲宗元祐元年四月癸丑,第3527页。
③ 《长编》卷四百三十五,宋哲宗元祐四年十一月甲午,第4098页。
④ 《东坡全集》卷五十八《相度准备赈济第一状》。《长编》卷四百五十一,宋哲宗元祐五年十一月,第4239页。
⑤ 《东坡全集》卷五十七《奏浙西灾伤第一状》。《长编》卷四百五十一,宋哲宗元祐五年十一月,第4237页。
⑥ 《东坡全集》卷五十八《相度准备赈济第一状》。《长编》卷四百五十一,宋哲宗元祐五年十一月,第4240页。
⑦ 《东坡全集》卷五十九《再乞发运司应副浙西米状》。《长编》卷四百五十六,宋哲宗元祐六年三月乙酉,第4277页。
⑧ [宋]朱熹:《朱文公文集》卷八十二《跋东坡与林子中贴》附注,《四部丛刊初编》本,上海商务印书馆1936年版。

（1093），因收力胜钱，粮商不至，京师谷贵。[①]此外，元祐四年（1089）后，糯米每斗也由原50文足涨到八九十文足。[②]元祐间，四川米价每斗六七十文[③]或七八十文[④]。至于以铁钱计价，因“元祐绍圣以来，铁钱日益轻，故米价日长”[⑤]。

2. 绢价

元丰时，荆湖北路买绢每匹价钱1贯。而官府和买绢每匹只给钱850文、绸每匹700文、绵每两65文。元丰二年（1079）川峡绢每匹1300文（铁钱）。有关元祐时的绢价史书记载很少，但从有限的资料中，我们仍可推知元祐时的绢价高于元丰时。两浙、四川是宋代丝织品的主要产地。元祐四年（1089）七月，两浙路各州官吏收取夏税与和买绸绢，以税户不纳好绢而压低折价，结果引起以颜章、颜益为首的杭州民众200多人到州衙闹事，“请和买官钱每匹一贯，不合将低价收买”[⑥]。由此可见，既然劣质绢和买价要每匹1贯，正常的市价必然高于1贯。在四川，元祐间官府收税折价，“绢一匹乃为钱千四五百”[⑦]或“每匹一贯七八百文，当拥并限逼之际，有至二贯文者”[⑧]，其绢价远远高于元丰时。

---

① 《宋史》卷一百八十六《食货志下八・商税》，第4544—4545页。
② 《东坡全集》卷六十二《申明扬州公使钱状》。
③ ［宋］刘挚：《忠肃集》卷五《乞体量成都漕司折科税米奏》，《文渊阁四库全书》第1099册。
④ 《净德集》卷四《奉使回奏十事状》。
⑤ 《长编》卷五百十二，宋哲宗元符二年七月癸卯，第4785页。
⑥ 《长编》卷四百三十二，宋哲宗元祐四年八月，第4073页。
⑦ 《净德集》卷四《奉使回奏十事》。
⑧ 《忠肃集》卷五《乞体量成都漕司折科税米奏》。

3. 草价

熙宁四年（1071），每束秆草价钱 27 文。熙宁七年（1074）七月、洮西“民间以钱四十市草三十斤”，以每束 13 斤计，即每束十七八文，草价较低。元丰后期，因对西夏用兵，陕西沿边草价上涨。元祐四年（1089）因修治黄河，用草量大，河北“稍草之价其贵数倍”[①]。至元祐五年（1090）六月，开封府和买民户秆草，“每束支钱二十八文”[②]，草价仍略高于熙宁时。

4. 盐价

宋代盐的种类多，各地情况不同，盐价十分复杂，很难比较贵贱，只能观其发展大势。熙宁三年（1070）江西虔州官盐价每斤 45 钱，而由岭南贩入的私盐每斤卖价不到 14 钱。熙宁九年（1076），解盐入川每斤卖 250 文足，而东川路盐每斤只卖 70 文。元祐元年（1086），四川官卖邛州井盐，每斤价钱为 120 文，“而梓、夔路客盐及民间贩小井白盐，价止七八十”，官府强行抑配，民食贵盐。[③]元祐六年（1091），朝廷“许客人于河阳都盐场务入中（解盐），其价钱每席定八贯二百”[④]。这是朝廷收购价，定价肯定低于市价，如以每席 116 斤计（仁宗时盐每席 116 斤，大席 220 斤，每石 50 斤[⑤]），则每斤盐价约为 70.7 文。元祐七年（1092），据知扬州苏轼说：扬州一带官府抑配蚕盐钱，“江都县每支盐六两折绢一尺。盐六两元价钱一十文五分足，绢一尺价钱二十八文一分足。其支盐纳钱者，

① 《长编》卷四百三十四，宋哲宗元祐四年十月壬寅，第 4084 页。
② 《长编》卷四百四十四，宋哲宗元祐五年六月辛酉，第 4174 页。
③ 《宋史》卷一百八十三《食货志下三 • 盐下》，第 4474 页。
④ 《长编》卷四百六十七，宋哲宗元祐六年十月戊午，第 4369 页。
⑤ 《宋史》卷一百八十一《食货志下三 • 盐上》，第 4415—4417 页。

每盐五斤五两纳钱三百三十一文八分足，比元价买盐每斤二十八文足已多一百八十三文足”[①]。由此可知，以每斤 16 两计算，官府蚕盐折钱每斤高达 62.4 文，而原价每斤只值 28 文，可见官府剥削之重。总的来说，元祐时的官盐或民盐的价格皆略高于熙宁时。

5. 金价

自从北宋中期以来，金价长期维持在每两值钱 10 贯的价格。熙宁至元祐年间金价变动不大，据时人孔平仲说："今金两有直万者。"[②]

6. 银价

自从北宋中期以来，银价也长期在每两值钱 1 贯左右的价格徘徊。熙宁中，除四川每两银价为铁钱 1500 文左右外，其他地区基本上仍为每两值铜钱 1 贯左右。元祐年间（1086—1093）变化不大。在神宗时期白银的货币职能正在逐渐增强。为此，当货币贬值时，具有代表钱币支付手段职能的白银也会随之贬值。当其他商品涨价时，白银仍维持原价，正是它贬值的表现。也就是，当以白银价购物时，就要支付更多的白银。但白银毕竟尚未完全具有价值尺度和流通手段这两个货币最基本的职能，并非真正的法币，仍是要用钱来买的贵金属商品。故当钱币严重贬值时，人们会把白银收藏起来，白银也就不会低于原价而过分贬值。

总之，元祐年间（1086—1093）主要商品的价格皆高于元丰年间（1078—1085），这正是"元祐更化"后通货膨胀重又抬头的具体表现。

以上各种事实充分证明了：宋哲宗前期由守旧派发动的"元祐更化"，

---

① 《东坡全集》卷六十一《论积欠六事并乞检会应诏四事一处行下状》。

② 《珩璜新论》卷二。

是一次反对革新、逆历史发展潮流的倒退活动。它不仅破坏了熙丰变法所取得的经济成果，而且导致了社会经济的衰退和国家财政的再陷困境，并使已被熙丰变法遏制的通货膨胀重又反弹。由此可见，凡反对改革创新和坚持守旧倒退的活动，绝不会有光明的前途。

第三节 宋哲宗“绍述新政”未能克服通货膨胀

“元祐更化”废除了熙宁新法、朝廷回到了守旧的老路，致使社会经济下滑，国家财政重陷困境，神宗时期已被遏制的通货膨胀重又抬头。元祐八年（1093）九月，太皇太后高氏病死，宋哲宗开始亲政。他因对“元祐更化”不满，便重新推行熙宁新法，史称“绍述新政”。但从哲宗绍圣元年（1094）二月至元符三年（1100）正月，“绍述新政”整整进行了6年，其结果却并未能改善国家的财政状况，也不能克服元祐以来的通货膨胀，北宋王朝仍处于积贫积弱的困境。

一、宋哲宗亲政后的“绍述新政”

绍圣元年（1094）二月，新任中书侍郎李清臣向哲宗首倡“绍述新政”，这正符合哲宗心意。于是，哲宗趁三月十四日殿试进士之机发策问士曰：“朕惟神宗皇帝躬神明之德，有舜禹之学，凭几听断，十九年之间，凡礼乐法度所以遗惠天下者甚备。朕思述先志，拳拳业业，夙夜不敢忘。今博延豪英于广殿，策之当世之务，冀获至言以有为也。夫是非得失之迹，设施于政而效见于时。朕临御几十载矣，复词赋之选而士不加能，罢常平之官而农不加富，可雇可募之说杂而役法病，或东或北之论异而河患滋，赐士以柔远也而羌夷之侵未弭，弛利以便民也而商贾之路不通，至于吏员猥多、兵备刓阙、饥馑荐至、寇盗为蕃，此其故何也？夫可则因，否则革，惟当之为贵，夫亦何必焉，子大夫其悉陈之无隐。"[①] 策问全面肯定了熙丰变法，批评了元祐更化。认为元祐年间（1086—1093）将试策论改为试辞赋未能提高士子的才能，废除青苗法不能使农民致富，实行职役雇募兼行使役法产生弊病，欲使黄河东归故道致使水灾加重，向西夏实行退让妥协政策而反使其不断入侵，改盐酒茶等专卖为通商却使商路不通。同时，又指责元祐年间（1086—1093）冗吏众多、兵备不全、饥荒频繁、盗寇屡兴等情况仍严重存在。因此，哲宗要求改革现状，废除元祐弊政，继续推行熙宁新法。接着，哲宗着手调整执政班子，陆续提拔原变法派大臣，以章惇为尚书左仆射兼门下侍郎，曾布知枢密院事，许将为中书侍郎，蔡卞为尚书左丞，黄履为尚书右丞，林希同知枢密院事，另又升蔡京为翰林学士承旨，以便绍述新政。变法派实施绍述新政的根本动机是欲改变元祐以来国家财力不足的状况，使宋王朝能走上富国强兵之路。绍述新政的基本内容大致可概括为三个方面：继续推行熙丰新法，征讨西夏开拓边疆，清算惩罚元祐反变法臣僚。

（一）继续推行熙丰新法

哲宗"绍述新政"所复行的熙丰新法中，涉及经济领域的主要有免役法、青苗法、市易法、农田水利法及保甲法、保马法。

① 《长编拾补》卷九，宋哲宗绍圣元年三月乙酉，第 127 页。参看《宋史》卷三百二十八《李清臣传》，第 10563 页。

1. 免役法

元祐时废罢免役法，改行差役法，后因朝臣意见分歧，又改为差雇兼行，而差雇兼行仍存在众多弊病。于是绍圣元年(1094)，按元丰八年(1085)之制，复行免役法。但为了减轻役户负担，将免役宽剩钱由原收十分之二减为十分之一。[①] 可是，绍圣元年(1094)九月间公布的免役法条例却规定："应诸路旧立出等高强无比极力户合出免役钱一百贯已上者，每及一百贯减三分。"[②] 同年十月十八日的诏令中又再申明：凡元丰年间（1078—1085）许可享有免役特权的"诸宗室在京正属籍及太皇太后、皇后缌麻以上亲并免色役"；并扩大享受免役特权者的范围："所有皇太妃缌麻以上亲亦合并免色役。"[③] 由此可见，在抑制豪强兼并势力方面，绍圣年间（1094—1097）的免役法比熙丰时的免役法已大为后退，这也是免役法恢复后的一个新变化。

2. 免夫钱

这是免役法的延伸，熙宁十年（1077）开始征收河役免夫钱，元祐、元符时继续征收。

3. 青苗法

元祐元年（1086）八月正式废罢，绍圣二年（1095）复行。当时朝廷接受臣僚们的意见，在熙丰青苗法的基础上，参酌增损，立为定制。新的青苗法规定：将原收二分的青苗息钱减为一分；放散青苗钱不立定额，勿行推赏，请借自愿，禁止抑配。绍圣青苗法的修订是为了接受熙丰青苗法

---

① 《文献通考》卷十三《职役考二》，第373页。
② 《宋会要辑稿》食货一四之六。
③ 《宋会要辑稿》食货一四之六至七。

失败的教训。降低青苗钱利率，既可减轻债户负担，又可抑制高利贷者的兼并；不立青苗钱发放定额和请借自愿，可以防止贪官污吏为邀功请赏而在民间强行摊派。这正如右承议郎董遵所言：青苗之法，“出息至寡则可以抑兼并之家，赏既不行则可以绝邀功之吏”[①]。

4. 市易法

元祐初被废罢，绍圣四年（1097）初，复置市易务，同年十一月，正式复行市易法。绍圣市易法对熙宁市易法的内容有所修改。宋神宗熙宁五年（1072）三月曾下诏：“选官于京师置市易务。商旅物货滞于民而不售者，官为收买，随抵当物力多少，均分赊请，立限纳钱出息。”[②]在正式公布的市易法条款中具体规定为：“许召在京诸行铺、牙人充本务行人、牙人。内行人令供通己所有或借他人产业金银抵当，五人以上充一保。遇有客人物货出卖不行，愿卖入官者，许至务中投卖，勾行人、牙人与客人平其价。据行人所要物数，先支官钱买之；如愿折博官物者，亦听。以抵当物力多少，许令均分赊请，相度立一限或两限送纳价钱。若半年纳即出息一分，一年纳即出息二分。已上并不得抑勒。”[③]这也就是说，行人可以凭财产抵押，向市易务赊买所需货物，年息二分。哲宗绍圣时，变法派因见熙宁、元丰年间商户赊欠市易务的钱太多，以致无法归还，严重影响了市易务的收入，为接受教训，故绍圣四年（1097）复置市易务时规定：“许用见钱交易，收息不过二分，不许赊请。监官惟立任满赏法，即不得计息

① 《长编拾补》卷十二，宋哲宗绍圣二年七月己亥，第 156 页。
② 《宋朝大诏令集》卷一百八十四《置市易务诏（熙宁五年三月戊午）》。
③ 《长编》卷二百三十一，宋神宗熙宁五年三月丙午，第 2157 页。

理赏。其余应杂物,不许辄有措置。”[①] 这里有两点新意:一是不许商户赊买,只以现金交易,以防事后难以收回本息造成亏损;二是不许市易务监官计息请赏,以免监官抑勒商户请买货物,从而增加市易务负担和损害商户的经营。绍圣市易法虽对熙宁市易法所产生的弊病进行了革新,但知枢密院事曾布对复行市易法能否赢利缺乏信心。他认为,熙宁、元丰年间“市易用千五百万本钱,得息九百万,失陷者乃七百八十万,徒作一大事,一无所得,复行之何益”[②]。

5. 免行法

免行法是熙丰市易法的一个组成部分。元丰八年(1085)罢征免行钱,绍圣元年(1094)底复征。

6. 方田均税法

元丰八年(1085)即被废罢,哲宗时未曾恢复,直至徽宗崇宁三年(1104)才复行。

7. 农田水利法

元符二年(1099)五月辛亥,淮南两浙察访孙杰上奏:“被命按察两浙路监司职事,体访得偏远州县多有提举常平官不曾到处。臣详提举司所总常平、免役、农田、保甲等乃先朝复古之法,所以为民之意至厚,条令委曲纤悉,在提举官躬亲讲究,开谕州县,以次推行,始可布宣惠泽。乞自今提举官虽与监司互分巡历,并须本司官二年遍所部州县。”[③] 提举常平官是负责推行新法的官员,从孙杰的上奏中,可见哲宗绍述新政时,农田

① 《长编》卷四百九十三,宋哲宗绍圣四年十二月甲辰,第 4606 页。
② 《长编》卷五百六,宋哲宗元符二年二月乙未,第 4738 页。
③ 《长编》卷五百十,第 4766 页。

水利法与青苗法、免役法、保甲法等一起，也在复行之中。

8. 仓法

这是熙宁时以增吏禄和禁贪赃的一项新法，元祐中曾议废罢，绍圣以后仍旧推行。

9. 保甲法

元丰八年（1085）守旧派一上台执政，便立即停罢保甲集训。绍圣二年（1095）哲宗开始准备复行保甲法，但迟迟未有进展。至元符二年（1099）九月，御史中丞安惇奏请恢复保甲教习，曾布以“陕西、河东连年进筑城寨，调发未已，河北连年水灾，流民未复，以此未可督责训练”[①]。十一月，蔡卞劝哲宗复行畿内保甲教阅法。曾布说：“此事固当讲求，然废罢已十五年，一旦复行，与事初无异，当以渐行，则人不至于惊扰。”[②] 哲宗同意逐渐推行，蔡卞对此甚为不满。

10. 保马法

神宗时，曾废官马监，将牧地出租于民，并大力推行保马法、户马法。元丰八年（1085）守旧派上台，即废罢保马法，将京东、京西两路保马分配给诸军，余数发赴太仆寺，不堪用的劣马斥还民户令偿还原价。绍圣三年（1096）二月始行给地牧马之政，其办法为：“凡授民牧田一顷，为官牧一马而蠲其租。县籍其高下、老壮、毛色，岁一阅，亡失者责偿，已佃牧田者依上养马。”[③] 同时又规定：“既蠲其租不责以孳息，而不愿者无所抑

① 《宋史》卷一百九十二《兵志六·乡兵三·保甲条》，第 4786 页。
② 《宋史》卷一百九十二《兵志六·乡兵三·保甲条》，第 4787 页。
③ 《宋史》卷一百九十八《兵志十二·马政》，第 4943 页。

勒。”[①] 绍圣四年（1097），废淇水、单镇、安阳、洛阳、原武官马监，并罢提点所及左右厢，唯存东平、沙苑二监。元祐时，沙苑官马监“所养只及六千匹，元符元年至二年抛死三千九百余匹，而马不调集，不可乘骑”[②]。后来，沙苑监复隶属于陕西买马监牧司，而东平监也被废罢。熙宁后，熙河买马岁增1.5万匹，绍圣中，又增至2万匹，岁费50万贯，后以此为定额，特诏增买者不在此数。[③]

（二）征讨西夏开拓边疆

如果说继续推行熙丰新法是为了富国，征讨西夏开拓边疆则是为了强兵。

宋神宗为了改变长期屈辱于辽和西夏的可耻处境，曾决定采取拓边政策，出兵与西夏作战。虽然最后宋军在灵州城和永乐城的两次大战中打了败仗，但宋朝已在西北地区设置了熙河兰会路，还在宋夏交界处建立了地势居高临下的塞门、安疆、葭芦、浮图、米脂等堡塞，巩固了西北边防，控扼了西夏军的入侵之路。元祐初，西夏派使者至宋，要求归还上述各地，态度十分嚣张。以司马光、文彦博为首的守旧派诸臣，因慑于西夏的威势和害怕战争，纷纷主张屈服妥协，司马光首创“弃地”之论。尽管当时许多人反对弃地，但宋廷仍决定把安疆、葭芦、浮图、米脂四寨割给了西夏。谁知西夏得寸进尺，请索不已，还要求把兰州附近的质孤、胜如两堡也让给他们，并不断向宋境发动大规模的军事侵扰，烧杀抢掠，无所不为，而

---

① 《宋史》卷一百九十八《兵志十二・马政》，第4944页。
② 《长编拾补》卷二十七，宋徽宗大观元年三月乙卯，第310页。
③ 《宋史》卷一百九十八《兵志十二・马政》，第4953页。

宋军边将竟不敢违诏应战。绍圣、元符间编修的《哲宗实录》记述当时的情况说："始议以先帝经略西边为好大生事，遂弃城寨，罢戍守，厚礼以招来羌人，意谓可以息兵民。卑辞厚币，无所不至。贡使未还，疆界未画，兵已犯境矣。时奸人在朝，君道不立，致使西人犯顺，内外束手，措置乖缪，使彼得计，如入无人之境，大获而归，诚可忿惋！"[①]

在西夏不断挑衅的情况下，元祐六年（1091）九月之后，宋廷只得采纳环庆路经略使章楶的守御浅攻之计。章楶献策说："惟夷狄之小邦，土地有限，人民有数。自今夏涉秋，凡举全国之师，其众可谓劳矣，不能无怨，其力亦已屈矣，不能无困。以劳屈之众而当圣朝仁义之兵，虽不战可以待其自毙也。为今之计，宜敕戒诸路，休养兵民，修严警备，事事整办，毋妄作轻举。蕃寇小入，使城寨及诸将各据地分，驱逐翦除之出疆而后已。举国入寇，则坚壁清野，勿当其锋，俟其引退，审察前军已远，遣将据要害便利之处，分头计击之，或翦其尾，或邀其归路。一路被寇，诸路皆出兵策应牵制，彼岂能枝梧哉。此备御之策，未足以深害之也。夫夷狄无城郭之固，无营卫之兵，啸聚则为用，既散则难集。虽沿边有土番守御之人，每处众不满百。谓宜乘间捣虚，扰耕践稼，勿限其常，为浅攻之计。皆付之逐路师臣，审度而为之。或遣两将已上，悉任其设施。不必全用正兵，蕃汉弓箭手最为可任，益之以选募士兵，参杂于蕃兵之间。所得人口孳畜钱财，皆差等分给出塞之人，如此，则人人乐为之用。诸路之师更出迭入，虏亦不能知其时。则近塞三百里之贼境，既不能为生，又不能自存，彼贼不困，未之有也。行此之策，不二三岁，必束手归命。徐察其诚恳，苟非

① 《长编》卷四百六十六，宋哲宗元祐六年九月丁亥条注文，第 4362 页。

诈伪，然后许之纳款称臣。反复思之，无逾此策。”[①] 虽然宋廷允许边将浅攻，但仍多有所约束，要边将不得贪逐小利轻易出兵，不得于边界生事。元祐守旧派总是期待西夏能幡然改图，来与宋朝和谈。元祐八年（1093）四月，西夏遣使再以归还塞门寨为讲和条件，宋廷未能应允，西夏军依然不断侵扰边界。

哲宗亲政后，决心绍述神宗遗志，整饬边备，再次推行拓边政策。首先，章惇等变法派将司马光、文彦博以下主张弃地的 11 人逐出朝廷，继续采用浅攻扰耕之计。绍圣元年（1094）闰四月，章惇开始加强边备，并调兵遣将，恢复神宗时期的边政。绍圣二年（1095）正月，命孙路为陕西转运使，不久迁环庆经略安抚使。但章惇的开边政策，却遭到当时尚在朝廷的元祐旧党的阻挠，以致哲宗仍准备与西夏进行分划边界之议。直至绍圣二年（1095）八月，因西夏背约迁延，哲宗才听从章惇、曾布等人的用兵建议，决定停止与西夏的边界谈判，并诏令熙河经略使乘机进筑汝遮城。进筑汝遮城又遇元祐旧党的反对，但结果主战派占了上风，“开边自此始”[②]。

绍圣三年（1096）八月，宋军在鄜延一线抵挡住了西夏军的大举进攻。十月，宋军进筑汝遮城竣工，赐名安西城，从此打响了宋开边进筑的战斗。绍圣四年（1097），宋军多次出塞讨伐西夏军，斩获甚众，并乘机进筑城寨。元符元年（1098）十月，西夏发动 30 万大军，围攻平夏城达 13 天，结果被宋军击退。至元符二年（1099）底，西夏遣使求和并在宋军进筑地区重新划定疆界为止，宋朝以全胜的战绩完成了绍圣以来的开边活动，“进筑城

① 《长编》卷四百六十六，宋哲宗元祐六年九月辛卯，第 4364 页。
② 《九朝编年备要》卷二十四。

寨五十余所，无不如意”[1]。

在宋军进筑横山节节胜利之时，又开展了对河湟地区的攻势。原来，绍圣三年（1096）吐蕃首领阿里骨死，其子辖正继位，因他生性懦弱，不能驭下，从而发生内讧。其族人绰尔奔往河州，劝宋知河州王赡进取青唐。于是，王赡于元符二年（1099）春密谋取吐蕃之策，并派人上报朝廷，获得章惇赞同，下熙河路始议进取之策。同年七月二十五日，王赡领兵渡河取邈川，王厚另率部下出省章峡取宗哥城。九月二十日，王赡入青唐，陇拶出降。闰九月四日，宋改青唐为鄯州、邈川为湟州，改宗哥城为龙支城，仍属熙河兰会路，由王赡、王厚分别为知鄯州和湟州。后因王赡、王厚盗取邈川、青唐府库中金珠等物，引起已经降服的吐蕃叛乱，其首领锡罗萨勒聚兵围鄯、湟两州，并请西夏出兵相助。西夏发兵10万来攻，宋廷急令熙河兰会路调兵驰援，围始解。由于鄯、湟两州地处偏远，难以控制，宋廷又恐吐蕃与西夏联合反宋，难以收拾，于是朝议中又开始产生了弃守鄯、湟的争论。至徽宗继位时，放弃鄯、湟，遂成定论。

在哲宗绍述新政期间，变法派诸臣对朝廷采取征讨西夏开拓边疆的政策，基本上都抱赞同态度，但在如何拓边的具体做法上却存在意见分歧。如，宰相章惇好大喜功，求胜心功，他对出兵征讨西夏和进筑城寨，都要求大干快上，并主张进军兴州灭亡西夏、占领青唐征服吐蕃。而知枢密院事曾布却认为，拓边必须谨慎有序，赋予时日，不可轻敌和盲目冒进，尤其在国家财力和民力不济的情况下，万一战事稍有闪失不利，将会授反对派以话柄，并使辽国产生觊觎之心，使西夏更为猖狂。同时，他认为西夏不可

---

① 《长编》卷五百二十，宋哲宗元符三年正月辛卯，第4868页。

灭，吐蕃不必征，否则将促使他们联合反宋，使宋朝难以应付，进攻吐蕃无异是“西夏未了，又生一敌国”。他说：“自有边事以来，常以谓但得辽国及青唐不惊，则西事可了。若一方小惊，则无所措手足。青唐一动，则熙河接应不暇。”[①] 曾布又对哲宗说：西夏“若果困敝有可以灭亡之理，亦须年岁间便为殄灭之计。若西人未有殄灭之势，年岁间未可殄灭，亦须随宜收敛，休兵息民，以图安静。今诸路进筑城寨，所据羌人土地已多，其势固已穷蹙，容其纳款，必无不向顺。若分画疆界在我，则西人亦不敢不听。要之动息皆须在年岁间了当则可。若一向贪嗜不已，恐所忧不在西戎也……与西人约以画河为界,此乃非常之功也”[②]。曾布还将他的观点多次向章惇解释,章惇“极感悦”[③],也以曾布所说边事“须于年岁间了当为是”[④]。此外，泾原路经略使章楶则从他亲身经历出发，也劝哲宗“务翦裁边事休息兵民久远之利，若听边臣及好大喜功之人纷纷论议，更务向前进筑，深恐边事无有结绝之期，耗蠹国家财用及使边民常食贵物，大非治安长久之计”。他说：“为今之计，但当练兵理财，修饬边备，使中国形势常强，使四夷不敢侵侮，畏威听命，乃是治安之策。若欲深穷巢穴，扫荡覆灭，亦恐民力殚屈，财用匮竭，因之以水旱，他日虽悔无及。”[⑤] 在开边过程中的许多事实，证明了曾布、章楶所言符合当时宋朝的国情。因此，哲宗接受了他们的意见，终于与西夏签订了合约。

---

① 《长编》卷五百九，宋哲宗元符二年四月乙未，第 4761 页。
② 《长编》卷五百，宋哲宗元符元年七月甲子，第 4679 页。
③ 《长编》卷四百九十二，宋哲宗绍圣四年十月辛卯，第 4591 页。
④ 《长编》卷五百，宋哲宗元符元年七月甲子，第 4679 页。
⑤ 《长编》卷五百五，宋哲宗元符二年正月丁巳，第 4727 页。

（三）清算惩罚元祐旧臣

哲宗开始“绍述新政”后，立即着手追封神宗时的宰相王安石、蔡确，命曾布修《神宗皇帝正史》，下诏进士罢试诗赋专治经术，雕印王安石著作《字说》以为复行新法制造舆论。而以章惇、蔡卞为代表的变法派，则把大量精力用于清算和贬逐所谓“元祐党人”。

绍圣元年（1094）三月，变法派以未曾建议哲宗新政为由，将元祐宰相吕大防逐出朝廷，贬为知永兴军，不久因监察御史周秩告发其当宰相时结党专权、大奸不法，又改知随州，此后吕大防又多次遭贬谪，最后死于虔州。同月，门下侍郎苏辙因诽谤神宗和反对绍述新政罪，被贬官为知汝州，又改知袁州，后安置于筠州居住。四月，翰林侍读学士苏轼则以作文讥斥先朝和吹捧吕大防、司马光之罪，落职知英州，后又改为惠州安置。六月，观文殿学士刘挚，以勾结司马光、吕公著诬毁排斥变法派大臣蔡确等罪名，落职降为知黄州。七月，当时前元祐宰相司马光、吕公著已死，蔡卞、章惇等人仍不肯放过他们，奏请掘坟砍棺鞭尸；哲宗认为掘坟砍棺无益于公家，只令拆去奉敕官修之碑文。此外，元祐臣僚陈衍、梁焘、刘安世、吴安诗、韩川、孙升、秦观等皆被贬官逐出朝廷。七月十七日，哲宗将上述“元祐党人”的罪名公布于朝廷，并表示对其余元祐旧臣“许其自新，一切不问”[①]。然而事情并不到此为止，后来朝廷又“差官编排元祐间臣僚章疏，仍厚赏以购藏匿、采之舆论”[②]，显然这是变法派欲从元祐臣僚的章疏及舆论传言中寻觅其罪过，以便给予打击。为此，绍圣三年（1096）正月殿中

---

① 《长编拾补》卷十，宋哲宗绍圣元年七月庚申，第 144 页。

② 《长编拾补》卷十三，宋哲宗绍圣三年正月戊申，第 164 页。

侍御史陈次升上奏认为，既然朝廷已公开宣布许元祐旧臣自新便一切不问，而今又欲从他们的言行中寻找得罪之由，是失信于天下之人，要求停止编排元祐间臣僚章疏。但朝廷并不接受陈次升的建言。同年二月，哲宗下诏，撤去守旧大臣富弼配享神宗庙庭。四年二月，朝廷又据三司所奏认为司马光、吕公著虽已身死，而他们曾诋毁神宗，罢弃新法，罪恶至深，仍应明正典刑。于是再贬司马光、吕公著官衔，并追夺子孙恩泽。同时，并追夺王岩叟、韩维的遗表致仕子孙亲属所得荫补陈乞恩例。同年三月，朝廷正式差给事徐铎、中书舍人同修国史蹇序辰取会编类元祐奸臣言行事状，分置三省、枢密院，以示天下后世之大戒。不仅如此，蔡卞为禁士人习元祐学术，竟欲毁司马光的史学巨著《资治通鉴》的书版。后因太学博士陈瓘提出神宗曾引用过《资治通鉴》，蔡卞只得密令学中将《资治通鉴》束之高阁，不敢再毁书版。元符元年（1098），蔡京、章惇以元祐党人曾巴结太皇太后高氏欲废立哲宗为由，在同文馆置诏狱，对有关官员严刑逼供，欲追废太皇太后，杀尽元祐党人，以斩草除根，结果因太后向氏向哲宗哭诉证明太皇太后并无废立哲宗之意，哲宗也为了遵守祖宗不杀戮大臣的遗志，停罢了同文馆狱案。

绍圣时，变法派重新上台执政，为复行熙丰新法扫除障碍，将“元祐党人”贬职逐出朝廷，本也无可厚非。但章惇、蔡卞等人清算元祐旧臣只是以派画线，不问是非，对凡批评过熙丰新法或与元祐大臣关系较好之人，一律给予沉重打击，这就未免不够实事求是。如苏轼在元祐时曾反对差役法和坚持免役法。司马光虽在批评熙丰新法时有偏激夸大之嫌，但他对新法及其推行中之弊端的揭发也非一无是处。熙丰与元祐各有是非，应相互取长补短。早在绍圣初，陈瓘曾向章惇建议：“为今之计，惟当绝臣下私情，融祖宗之善意，消朋党，持中道，庶乎可以救弊。若又以熙丰、元祐为说，无以厌服公论，恐纷纷未艾。”[①] 为此，后来章惇曾有立法兼取元祐之说。哲宗在与宰执大臣们讨论神宗朝法度是否可以有所取舍时，大家的看法也曾经基本上取得一致，认为当可损益。但实际上在大多数情况下他们没有这样做。总的看来，章惇、蔡京、蔡卞等变法派对元祐旧臣的打击颇有过火之处。如类编元祐“奸臣”言行，欲掘已故司马光、吕公著的坟墓并砍棺鞭尸，追夺元祐大臣子孙恩泽，欲毁《资治通鉴》书版，置同文馆狱欲杀尽元祐党人等，只会加剧统治集团内部矛盾，有损变法派自身的形象，影响政局的稳定。

其实在如何清算元祐党人问题上，变法派内部意见也并不完全一致。如，曾布认为，对待元祐党人只需贬谪其本人即可，追夺其子孙恩泽之例不可开，否则双方结仇，冤冤相报，无时能了。又如元符元年（1098）三月，有人告虎翼卒赵立有诽谤皇帝的行为，赵立被断手足口舌腰斩，赏举报者为都虞侯。曾布认为，由于奖赏告讦者，故近来此类事件不断增多，若能稍宽犯人，勿赏告者，且严责本辖人员觉察，这类事件就会减少，否则告者多，诛杀广，将造成不良社会影响。绍圣大臣打击元祐旧臣采取过激的行为，监察御史常安民认为是他们借“绍述”之名以报复私怨，结果常安民因此言论而被罢官。章惇、蔡卞等在“元祐更化”时曾遭贬官，心怀怨恨，故他们对元祐旧臣的打击报复甚为厉害。为此，曾布也认为：“章惇、蔡卞施行元祐人，众论皆为过当。然此岂为诋訾先朝，大抵多报私怨耳。”[②]

---

① 《长编》卷四百八十七，宋哲宗绍圣四年四月乙未，第 4529 页。参看《宋史》卷三百四十五《陈瓘传》，第 10961 页。

② 《长编》卷五百六，宋哲宗元符二年二月乙未，第 4737 页。

对元祐党人的过度打击，使朝中官员人人自危，甚至曾布也不例外。如曾布在谈到在邈川、青唐皆设置州郡恐经费不易应付时，曾提及元祐设置熙河路时元祐之人皆以为财力不给可弃，哲宗就批评他此言不当，章惇、蔡卞则说他“非先朝（神宗朝）而是元祐”，虽经曾布解释，哲宗一笑了之，章惇、蔡卞却仍想抓他的辫子。当时，“凡有人言及朝廷政事所未安，即便以为非毁朝廷党助元祐，因此斥逐者不一。盖正直自守之士，无他罪恶，加以此名，则无由自辨”[①]。为此，在讨论处置元祐党人问题时，中书侍郎许将常沉默不语，唯恐卷入是非旋涡，于己不利。

绍圣变法派内部，除了在处理元祐党人问题上观点不尽一致，在如何复行新法和开拓边疆问题上意见也存在分歧。曾布与章惇常因政见不同而发生争论，但章惇有时尚能妥协。而蔡京、蔡卞兄弟俩，为了与章惇、曾布争权夺利，相互之间也存在极深刻的矛盾。其实蔡京本是个政治投机家，曾混迹于熙丰变法派。当“元祐更化”时，司马光下令五日至一季内在全国恢复差役法，时任知开封府的蔡京竟在五日之内恢复了差役法。哲宗“绍述新政”时，蔡京摇身一变，却成了打击元祐旧臣的急先锋，从未提及自己曾是“元祐更化”的积极拥护者。蔡京图谋杀尽元祐党人，是欲树自己的专制权威，也是为他后来在徽宗时期独擅政柄张本。

二、“绍述新政”未能改善国家财政

哲宗“绍述新政”后，本应革除元祐弊政，发挥熙丰新法的优势，使国家财政有所改善。但由于当时统治集团内部矛盾尖锐，不能同心同德地

① 《长编拾补》卷十四，宋哲宗绍圣四年三月癸亥，第 186 页。

去处理政事和发展经济，复行熙丰新政的工作也就未能有效地进行，变法仍不彻底。因此，国家财政收入不见增加，支出并未减少，致使赵宋王朝依旧摆脱不了财匮的困境。

（一）财政收入不见增加

哲宗绍圣、元符年间的财政收入，主要来自田赋、役钱、禁榷课利、工商税收、科籴和买、货币发行等。

两税是宋朝收入的主要来源之一。自宋朝立朝以来，由于祖宗规定“不立田制”“不抑兼并”，以致官僚、地主兼并土地和逃隐赋税日益严重。宋神宗实施方田均税法，丈量清查漏税土地，因受官僚地主既得利益者的阻挠反对，仅清丈了京东、开封等五路，即在元丰八年（1085）被停罢。元祐以后，土地兼并继续发展，农民失业、赋税隐漏现象依然严重。如章惇曾用儿子名义强买昆山人朱迎的田产。熙宁五年（1072）全国在籍主户10498869户，占全国总户69.6%，客户4592691户，占总户数的30.4%。[①]元祐六年（1091），主户12427111户，占总户数66.3%，客户6277982户，占总户数33.4%。[②]可见纳税主户的比例有所减少，不纳税之客户有所增加。至元符二年（1099），主户13276441户，占总户数67.3%，客户6439114户，占总户数32.7%。[③]与元祐时相比，变化不大。而且绍圣时主户中贫下户占了三分之二，如绍圣三年（1096）时，“假一县有万户焉，为三分率之，则民占四等、五等者常居其二”[④]。由此估计当时两税的收入也不会比元祐

① 《长编》卷二百四十一，宋神宗熙宁五年，第2265页。
② 《长编》卷四百六十八，宋哲宗元祐六年，第4392页。
③ 《长编》卷五百十九，宋哲宗元符二年，第4854页。
④ 《宋会要辑稿》食货一四之八。

时增加。

宋神宗时推行免役法，元祐时虽已改为差役法，但朝臣中仍争论不休。绍圣初复行免役法,因变法派内部意见未能完全统一,直至元符元年(1098)六月才最后制定免役敕令。绍圣年间（1094—1097）废止了元祐差役法，恢复了元丰免役法，将原收十分之二的免役宽剩钱减为十分之一。[①] 绍圣元年（1094）还宣布各路出等高强户每百贯免役钱可减三分，并进一步扩大元丰以来皇室贵戚享受免役特权的范围。神宗时岁入宽剩钱三四百万贯，绍圣、元符时显然会大大减少。至于免夫钱，绍圣以来虽然依旧征收，却常因役户遭遇灾伤而予以免收。如元符元年（1098）多地发生水灾，次年朝廷就下诏不再催纳河北、京东西、淮南路的免夫钱。[②]

宋神宗熙宁、元丰年间推行的青苗法，具有农业金融的性质，当时规定每笔贷款的利率为二分，在实施青苗法的 8 年之中，平均每年获得利息约为钱粮 217.4 万贯石。“元祐更化”废除了青苗法。哲宗绍圣二年(1095)复行青苗法，将利息二分减为“岁收一分之息”[③]，并规定贷款不立额，不抑配，不推赏。绍圣时既将青苗利息减半，而其中又有一定数量无法收回的本息，其实际收到的青苗利息，可能不及熙宁、元丰时的一半。

熙丰变法时实施保马法、户马法，停罢了原有的官牧马监，将其牧地出租给农民佃种，既省去了官马监的经费开支，每年还可以收得数额不菲

---

① 《文献通考》卷十三《职役考二》，第 373 页。

② 《长编》卷五百八，宋哲宗元符二年四月丙子，第 4752 页。

③ 《长编拾补》卷十二，宋哲宗绍圣二年七月己亥，第 156 页。《文献通考》卷二十一《市籴考二》，第 630 页。

的地租。熙宁初，岁收牧地租百余万贯。[1] 元丰二年（1079）“收废监租课等钱共百一十六万缗有奇”[2]。元祐初废除保马法，重置官牧马监。绍圣初，仅“府界牧田，占佃之外，尚存三千余顷”[3]。于是，绍圣三年（1096）始行给地牧马之政，“募民受田一顷者，为官牧一马而蠲其租”[4]。至绍圣四年（1097）五月，“牧租见存者七百万，岁额一百七万”，而置陕西蕃落马军十指挥之费仅需“二十五万而已”。[5] 可见，绍圣时牧地租课收入与熙丰时不相上下，用于维持马政绰绰有余。

熙丰变法实施农田水利法，灌溉了大量农田，开垦了不少荒地，大大推动了农业生产的发展。元祐时停罢了农田水利法，绍圣中虽又复行，但实施很不得力，也未见有计划地普遍兴修各种水利工程，以致不少地方乃至京师常发生严重的水旱灾害。如，绍圣四年（1097）两浙大旱，淮南歉收，开封府诸县秋田不熟。又如，元符元年（1098），齐、郓、滨、沧等州，大水为患，危害严重。其原因是权北外都水丞窦讷“自去年七月以来至今一年，一岁之间，略无措置以备捍御，驯致今日之患”[6]。由于窦讷是宰相章惇的女婿，北河监司为了向权贵献媚取宠，竟越职推荐权北外都水丞窦讷转正为北外都水丞。同年，河北、京东大水，大名府城曾处于被水淹没的危境之中，次年又出现春旱。元符中，甚至宋辽边境的广信军，也因山洪暴涨倒流入城，淹浸草场，漂荡屋舍及堡寨。元符二年（1099），重要

① 《宋史》卷一百九十八《兵志十二・马政》，第 4943 页。
② 《长编》卷二百二，宋神宗元丰三年正月辛卯，第 2835 页。
③ 《宋史》卷一百九十八《兵志十二・马政》，第 4943 页。
④ 《文献通考》卷一百六十《兵考十二・马政》，第 4789 页。
⑤ 《长编》卷四百八十七，宋哲宗绍圣四年五月壬戌，第 4544 页。
⑥ 《长编》卷五百四，宋哲宗元符元年十一月己酉，第 4712 页。

的粮食产地苏州，由于水潦，当年60万石的秋赋被免放了大半。更为严重的是黄河泛滥成灾，给赵宋王朝的国计民生造成了巨大损害。神宗时，黄河因决堤已分成东流、北流两道。东流的河床已高出地面，故变法派主张让河水顺势北流。“元祐更化”期间，守旧派却塞断北流，劳民伤财地大规模兴筑东流堤坝，欲使河水东归故道。元符二年（1099）夏，黄河水势暴涨，冲注漂荡，陕西、京西等路百姓受害之大，为“数十年以来所未有”[①]。河水顺流下冲，六月二十八日在内黄决口。当时黄河东流故道已断流干涸，河水汹涌北流，河北、京东路百姓溺死者不知其数。绍圣变法派平时疏于防备，突遇大灾，便一面惩处曾经主张黄河东流的水官，一面急速调集人力物料前去北流筑堤抢险，可惜为时已晚，这次黄河泛滥所造成的沿流人民死亡、土地房舍被毁等惨重损失，已经无法挽回。除了水旱之灾以外，绍圣、元符年间还频发地震。如，绍圣元年（1094），太原地震。二年（1095）十月，河南府地震；同年夏秋，苏州地震。三年（1096）三月，剑南东川地震。四年（1097）六月，太原再地震。元符元年（1098）七月，京师地震。二年（1099）五月，恩州地震。二年（1099）八月，太原又地震。多次地震对当时社会经济的破坏，不言而喻。自然灾害破坏了生产，势必会减少国家的赋税收入。“帝每遇水旱，辄轻弛赋租；或因赦宥，又蠲放、倚阁未尝绝。”[②]

盐酒茶等的禁榷课利收入，是宋朝财政收入的重要组成部分。神宗熙宁、元丰年间对盐茶酒基本上实行禁榷，元祐时改为通商，绍圣、元符时

① 《长编》卷五百十一，宋哲宗元符二年六月己亥，第4781页。
② 《宋史》卷一百七十四《食货志上二·赋税条》，第4210页。

复行禁榷，但其经济效果并不理想。

元丰时，河东盐课收入甚厚。自元丰后至绍圣元年（1094）十二月河中盐课大减，即使元祐时最多一年盐课收入也只有12.6万贯，不及元丰间最少一年盐课的三分之二，绍圣初虽更改旧法，而“课利愈亏”①。解盐官卖收入在整个盐利中所占比例较大。元符元年（1098），解州盐池被大水冲坏，解盐停产，宋廷乃令京东、河北盐进入解盐区。直到宋徽宗崇宁四年（1105）解池才得以修复。②河北、京东盐课收入也不景气。元符元年（1098）七月，据户部尚书吴居厚说：“河北、京东盐税，积年亏欠课利甚多。”③至于淮南官盐，由于官府不能及时发给亭户本钱，致使淮盐生产十分困难。绍圣三年（1096），发运司上奏：“淮南亭户贫瘠，官赋本钱六十四万缗，皆倚办诸路，以故不时至，民无所得钱，必举倍称之息。欲以籴本钱十万缗给之，不足，畀以凭由。”④所谓“凭由”，即官府开给亭户的欠条。亭户缺乏本钱，“或鬻凭由，不能得直之半，是以多盗卖而负官课”⑤。为此，东南六路盐课岁入大大减少。元丰中，江湖淮浙六路卖盐实收585.2318万贯。而元符中东南六路应得盐额钱仅201.3万贯。⑥广西路历来盐利甚大，而至元符二年（1099），由于管理不到位，“岭外盐课日减”⑦。此外，官府向百姓收取的丁盐钱，百姓常因经济困难而拖欠，故元符元年

① 《长编拾补》卷十一，宋哲宗绍圣元年十二月己巳，第151页。
② 《宋史》卷一百八十一《食货志下三·盐上》，第4424页。
③ 《长编》卷五百，宋哲宗元符元年七月戊辰，第4681页。
④ 《宋史》卷一百八十二《食货志下四·盐中》，第4444页。
⑤ 《宋会要辑稿》食货二四之三一。
⑥ 《宋会要辑稿》食货二四之三四。
⑦ 《长编》卷五百八，宋哲宗元符二年四月庚辰，第4754页。

（1098）两浙路察访使司曾要求除放本路民户的丁盐钱。[①]

酒的禁榷和官卖曾是神宗时财政收入的一大来源，熙宁十年（1077）榷酒岁入达 1296.2 万贯石匹两。元祐时停止酒的官卖。绍圣二年（1095）复行榷酒，要求非沿边诸郡酿酒额达到熙宁之数。后因各路酒务所收钱数未能达到祖额，就另设比较酒务，以其收入来填补各路酒务的亏课。熙宁中还曾用实封投状法召人买扑酒坊，元丰八年（1085）全国坊场（酒场与税场合称）钱岁入达 420 余万贯。元祐中，罢实封投状，绍圣中虽复行熙丰之制，但至元符三年（1100）十一月，全国坊场 31000 处，坊场钱总 3 年一界共收入 1100 余万贯[②]，明显少于熙宁、元丰年间。

神宗时榷茶收入不断增加，熙宁七年（1074）仅川蜀茶税钱和息钱岁入 40 万贯，元丰七年（1084）增至 160 万贯。元丰中还在汴河沿岸官营水磨茶，每年获息 20 余万贯。元祐时，榷茶法在略加修改后继续沿用，但罢去了官营水磨茶，茶税岁入只有 70 万贯。绍圣初，陕西复行榷茶。绍圣四年（1097），复行元丰榷茶法。绍圣中，除复置元丰时的水磨茶旧址外，又于京西、河北沿河数州增设官水磨[③]，岁入曾达 26 万贯。至元符元年（1098）时，川蜀“茶场岁课二百万”[④]，收入已超过了元丰七年（1084）。

榷矾自熙宁初开始，岁课所入，连年增长，元丰元年（1078）达 13.79 万缗。元祐改为通商。绍圣复行熙丰旧制，但岁课数额不明。

此外，元祐元年（1086）杭、明、广三州市舶收钱、粮、银、香、药

① 《长编》卷五百十一，宋哲宗元符二年六月壬午，第 4777 页。
② ［宋］彭百川：《太平治迹统类》卷二十八《用度损益》，《文渊阁四库全书》第 408 册。
③ ［宋］邹浩：《道乡集》补遗《论增设水磨》，《文渊阁四库全书》第 1121 册。
④ 《长编》卷五百一，宋哲宗元符元年八月甲申，第 4687 页。

等54.0173万缗、匹、斤、两、段、条、个、颗、脐、只、粒，而支出23.8056万缗、匹……此后直至元符元年（1098）12年内共收市舶物货600万[①]，年均41.6万，当然也有支出，可见绍圣、元符年间市舶收入少于元祐元年（1086）。

熙宁市易法的立法宗旨不可谓不善，但在推行时，因市易务官吏垄断商业，违法取利，致使大小商人负债累累，从而遭人非议，并引起了变法派内部的分裂。元祐时全面废除了市易法和免行法，此后不仅市易积欠难以催理，商税来源又大为减少。宋廷为弥补商税的不足，征收五谷力胜税，结果又迫使商人不行，造成商业萧条。直到绍圣四年（1097）才迟迟复行市易法。为接受熙丰时市易法失败的教训，新法规定只以现钱交易取息不过二分，不许商户赊请，不立监官赏法。这些新规定显然会减少商税利源。即使如此，曾布曾对复行市易法仍缺乏信心。特别是绍圣中吕嘉问先后被任为户部侍郎、知开封府，他对曾布的宿怨未息。变法派内部钩心斗角，矛盾重重，使曾布甚至一度产生致仕归隐的念头。两年后，哲宗驾崩，市易法并未得到认真推行，政局又有了新的变化。由此看来，绍圣、元符年间的商业不可能有所振兴，商税也不会有所增加。

神宗熙宁、元丰年间，矿冶业高度发达，尤其是铜产量空前增加，元丰元年（1078）岁入铜1460.5969万斤。元丰三年（1080）岁铸铜钱506万贯，达到宋代铜钱产量的最高峰。至哲宗元祐年间（1086—1093），矿冶业衰败，铜产量一落千丈，铜钱铸造量随之大大减少。哲宗“绍述新政”期间，矿冶业衰落的状况基本上仍未改变。绍圣元年（1094），据户部尚书蔡京

① 《文献通考》卷二十《市籴考一·市舶互市》，第588页。

上奏："岑水场铜额寖亏，而商、虢间苗脉多，陕民不习烹采，久废不发，请募南方善工诣陕西经画，择地兴冶。"[①] 于是，朝廷以许天启同管干陕西坑冶铸钱事，前去经营管理。绍圣四年（1097），又扩大许天启的职权范围，提升他为管勾陕西、京西、川路坑冶铸钱事。可是，至元符三年（1100），许天启干了6年，只收到新旧铜206万余斤，而兵匠等费开支繁多，因此朝廷撤销了陕西、京西、川路坑冶铸钱司这个机构。其他各路转运司因地方财政困难，大多不愿投资于矿冶业。如，"绍圣二年，江淮荆湖等坑冶司言：新发坑冶，漕司虑给本钱，往往停废不当"[②]。铜产量不足，人们到处找铜。饶州、信州等地有一种胆水，可浸铁为铜，称作胆铜。所谓胆水即硫化铜溶液，以胆水浸铁，通过化学置代作用，可将胆水中的铜游离出来成为"胆铜"。元祐元年[③]（1086）和绍圣元年[④]（1094），已先后在饶州、信州生产胆铜。"元祐中始置饶州兴利场，岁额五万斤，绍圣三年又置信州铅山场，岁额三十八万斤。"[⑤] 为了垄断胆铜之利，绍圣五年（1098）敕令约束和禁止"偷造胆铜与私坏胆水或坑户私煎胆铜"[⑥]。胆铜的质量不及矿铜，当时曾被苏辙看作是伪铜，同时总产量也不多，不足以弥补所需铜材的缺额。有关绍圣、元符间的金、银、铁、铅、锡等的产量，史书缺少

---

① 《宋史》卷一百八十五《食货志下七·坑冶》，第4526页。

② 《文献通考》卷十八《征榷考五·坑冶》，第522页。

③ ［元］危素：《危学士全集》卷三《浸铜要略序》，《四库全书存目丛书》集部第24册，齐鲁书社1994至1997年影印本。

④ ［宋］王象之：《舆地纪胜》卷二十一《信州》，《续修四库全书》第584册。

⑤ ［宋］留正：《皇宋中兴两朝圣政》卷十二，《续修四库全书》第348册。［宋］李心传：《建炎以来系年要录》卷五十九，《文渊阁四库全书》第325册。《舆地纪胜》卷二十三《饶州》。

⑥ 《宋会要辑稿》食货三四之二五。

记载，估计产量应不及熙宁、元丰年间。宋廷虽多方设法，欲使坑冶业能恢复到神宗时的水平，并力图增加铜钱铸量，但其措施不得法，徒有扰民之实，卒无成效。如，元符以后宋廷曾数次派官赴各地措置坑冶事，结果多是强令坑冶户虚认高额，再向上级谎报课利以塞责，对坑冶业的重兴有害无益。[①]同时，铸钱工人多是犯“强盗”罪的配军，常因工役辛苦而逃走或有不法行为，劳动生产率低下，为此，元符三年（1100），宋廷“诏元符元年九月七日犯罪该配免决刺配陕西、河东逐路厢军指挥更不施行”[②]。熙丰变法时，已解除了铜禁和开放铜钱出口。自元祐以来，由于铜钱的严重不足，绍圣元年（1094）十二月，宋廷重又“申严铜钱出外界法”[③]，以防止铜钱流向国外。

经营官田所得也是国家财政的收入之一。但整个宋代经营官田的成效微小，收入极少，并常因得不偿失、侵扰民利或兵不习耕等原因而停罢。如，元符中河东营田即因厢军不习耕种和不服水土而报罢。[④]

宋朝的科率，花样众多，情况复杂，实际上都是官府向民间低价摊买各种物资，是一种变相的加赋，也可算是国家财政的一种收入。如科买军器物料，官府虽支给百姓价钱，但价格多低于市价，故元符三年（1100）知端州萧刓上疏：“极言伤财害民，其弊非一，乞住买枪手器械。”[⑤]又如科

---

① 《历代名臣奏议》卷二百七十，王安中《论妄兴坑冶疏》，《文渊阁四库全书》第440册。《宋史》卷三百五十二《王安中传》，第11125页。[宋]杨时：《龟山集》卷四《论时事札子》，《文渊阁四库全书》第1125册。

② 《宋会要辑稿》刑法四之三一。

③ 《宋史》卷十八《哲宗纪二》，第342页。

④ 《文献通考》卷七《田赋考七·屯田》，第169页。

⑤ 《宋史》卷一百九十七《兵志十一·器甲之制》，第4918页。

籴中之“和籴”，官府向民户派购粮食，常少给钱甚至不给钱，百姓不愿，于是官府进行“俵籴”和“括籴”。绍圣三年（1096）官府“召农民相保，豫贷官钱之半，循税限催科，余钱至夏秋用时价随所输贴纳”，这就是“俵籴”。所谓“括籴”即强买。元符元年（1098），因陕西沿边和籴不行，致缺军粮，事事紧迫，“泾原经略使章楶请并边籴买；豫榜谕民，毋得与公家争籴，即官储有乏，括索赢粮之家，量存其所用，尽籴入官”[①]。还有“和预买”绸绢丝帛，百姓所受剥削很重。绍圣元年（1094），两浙蚕丝薄收，户部请令四等下户纳钱代替和买绸绢。[②]哲宗末年，淮南无为军百姓请领得官钱一贯文省，却要用一贯四五百文足钱去买绢缴纳。因此，左司员外郎陈瓘说:“预买之息，重于常平数倍，人皆以为苦，何谓愿请？今复创增，虽名济乏，实聚敛之术。”[③]

为了增加财政收入，宋廷又采取了增发交子和提高度牒价格的办法。自天圣元年（1023）开始发行官交子以来，直至熙宁四年（1071），以两年为一界，每界印发125.634万贯。熙宁五年（1072）开始两界沓行，实际发行为251.268万贯。后“绍圣元年增十五万道，元符元年增四十八万道，祖额每年以一百八十八万六千三百四十为额，以交子入陕西转用故也”[④]。元丰时，每道度牒价为130贯。元祐四年（1089）增价为每道卖钱170贯，披剃钱在外。[⑤]绍圣三年（1096），再增价至每道200贯。[⑥]抬高度牒卖价

① 《宋史》卷一百七十五《食货志上三·和籴》，第4245页。
② 《文献通考》卷二十《市籴考一·均输市易和买》，第581页。
③ 《长编拾补》卷十八，宋徽宗建中靖国元年八月壬子条注文，第214页。
④ 《蜀中广记》卷六十七引费著《楮币谱》。
⑤ 《长编》卷四百三十四，宋哲宗元祐四年十月丙午，第4085页。
⑥ 《宋名臣奏议》卷一百，蔡蹈《上哲宗论赐杨琰度牒》。

实际上是提前支用未来的赋税收入。增发交子和抬高具有准货币性质的有价证券度牒的价格，实际上是向市场增加货币投放量。在生产萎缩商品供不应求的情况下，对国家财政来说似有眼前效益，但从长远看只会推动通货膨胀的升级，对国计民生并无真正好处。

赵宋王朝早在立朝之初，为了防止唐末五代十国时期藩镇割据局面的再现，就加强中央君主专制集权，将地方财政大部分收归朝廷，各路转运司能自留支用的财赋极少。特别在哲宗后期国家财政困难之时，朝廷对地方上供财赋管得更严。绍圣二年（1095）和三年（1096），还规定了上供钱币的三个限期。绍圣四年（1097），“诏户部每岁春季内，具诸路转运等司起发上供钱物多寡、职事修废最甚之人保明申尚书省”[①]。元符中又规定：“诸路州、军合起上供有额钱物，如本州官员不依限计办人船等足备，并科杖一百。”[②]尽管如此，但经“元祐更化”后，由于漕运不通，地方上供至京师的钱物极少。绍圣元年（1094）十二月户部尚书蔡京说：“本部财用皆自东南漕运以充岁计，今年上供物数十无二三到者。”[③]绍圣、元符年间，虽然宋廷力图增加财赋收入，但结果仍不能改变财政困局，不仅中央穷，地方更穷。自元祐以来至绍圣四年（1097），户部竟擅自侵用应归朝廷封桩的各路折斛钱200万贯。又东南六路上供粮岁额规定为620万石，但元符中“多不及额，致转输京师日有损减”[④]。到元符三年（1100）正月哲宗

① 《长编》卷四百九十三，宋哲宗绍圣四年十二月癸卯，第4604页。《宋会要辑稿》职官五九之一一。
② 《长编》卷四百九十五，宋哲宗元符元年三月甲寅，第4625页。
③ 《长编拾补》卷十一，宋哲宗绍圣元年十二月甲午，第152页。
④ 《长编》卷五百十，宋哲宗元符二年五月癸亥，第4770页。

去世时，仍是“转运司匮乏迫窘，异于平时”，转运司被迫无奈只得向朝廷乞贷，“朝廷于其听请，例皆峻拒”[①]，于是各路转运司只好千方百计去向百姓刮取。然而因为老百姓穷，在他们身上也压榨不出油水。至元符三年（1100）十二月，“两浙转运司旧欠朝廷及他司钱物斛斗总计六百五十余万”[②]，新皇帝徽宗下诏，命从建中靖国元年（1101）开始分15年拨还。

宋哲宗“绍述新政”的目的之一是为了“富国”，但结果并未如愿。我们既看不到财政的增收，也看不到像元丰年间（1078—1085）那样农业普遍丰收的景象。究其原因大致有以下几方面：第一，在“绍述新政”的短短6年之中，以章惇、蔡卞为首的一些变法派大臣们，始终把主要精力用于清算打击所谓“元祐党人”上。他们唯恐元祐党人东山再起，再把自己打倒。因此，与其说他们打击元祐党人是为报私怨，不如说是为了巩固自己的权位。为了将元祐党人斩尽杀绝，章惇、蔡京不惜诬告元祐大臣曾有废除哲宗帝位之意，并起同文馆狱加以刑讯逼供。同时，变法派内部又各立帮派争权夺利。曾布说:“卞与惇皆有党，而卞之党为多。”“惇之党衰，卞之党盛，故众皆畏卞，而惇亦畏之。”曾布又说：“宗庙社稷大计、天下安危、士民休戚只系此三人者:卞、惇既睽，许将凛凛畏此两人，不敢启口。每有一事，惇以为可而卞未答；卞以为可而惇未然；则将莫敢对直，俟两人者稍同，将乃敢应答。两人者又交恶，自此政事愈乖谬矣。”[③]在这种情况下，变法派既无精力也不能同心同德地去修订改善并大力推行新法。第二，哲宗从绍圣元年（1094）起就决定重新实施新法。但由于变法派工作

---

① 《宋名臣奏议》卷一百三，陈瓘《上徽宗进国用须知》。

② 《文献通考》卷二十七《国用考五·斶贷》，第795页。

③ 《长编》卷五百十八，宋哲宗元符二年十一月庚辰，第4844页。

懈怠和意见分歧，却迟迟未能推出各项新法的具体实施方案。直到元符元年（1098）六月蔡京等才上《常平免役敕令》；二年（1099）八月章惇等才进《新修敕令式》。而三年（1100）正月哲宗就病死，新法也就未能得以认真而彻底地推行。第三，新法推行不仅迟滞不前，而且实施地区也不够普遍。甚至在经济发达的两浙路，直到元符二年（1099）五月，尚有许多偏远州县未曾推行青苗、免役、农田、保甲等新法。第四，按照王安石的变法原则，要富国必须先发展生产，“因天下之力以生天下之财，取天下之财以供天下之费”，强调“理财以农事为急”，因而积极推行农田水利法等。而哲宗“绍述新政”时期的变法派只想“富国”,而不想应先“富民”。他们未曾采取切实有效的增产措施来提高人民的生活，以增强他们承担赋役的能力。他们一味催促地方官上供财赋和归还欠款，而没有考虑到百姓的贫穷和地方官收税之困难。因此，估计绍圣、元符时的财政年收入状况不会好于元祐时。

总的看来，哲宗“绍述新政”只是一场不成功的改革。与“熙丰变法”最后终于失败一样，其根本原因仍在于封建君主专制政治体制和官僚制度所起的消极作用。两者所不同的只是：由于王安石具有较高的个人名节、强硬的性格以及对国家命运的强烈责任心，故能雷厉风行地推行新法并取得一定成就；而王安石的这种品性远非章惇、蔡卞等人所能及，尤其是蔡京还是个生性阴险的政治投机家，故他们的“绍述新政”未能取得像“熙丰变法”一样的成效。

（二）财政支出依然巨大

哲宗绍圣、元符年间的财政支出，主要用于军饷边费、官俸吏禄、宫廷冗费、工商本钱、农田水利、赈灾免税以及其他杂费等。

军事费用依旧占了绍圣、元符年间财政支出的极大部分。当时军队人数究竟有多少？史无明确记载。因绍圣时官员工作不负责任，直至元符初，“兵籍皆无可考”[①]。熙宁时全国有禁军、厢军79.6315万人。元丰时因与西夏作战增至83.9970万人，元祐七年（1092），虽未与西夏作战，仍增至85万余人。绍圣、元符间，变法派积极拓边，不断进筑城寨，又多次与西夏作战，因此不断增加马步军编制，据此估计，当时军队人数不会少于熙丰、元祐时，当在百万左右，其军饷和赏赐开支之大不难想见。除正规军之外，哲宗“绍述新政”时恢复了保甲法，不减正兵而增民兵。元符二年（1099）仅“畿内保丁总二十六万”[②]，全国保丁人数应更多，如欲团教，费用不少。

但绍圣、元符年间占用军费大头的还是拓边进筑和对西夏作战。据载：“自绍圣以来，陕西、河东连用兵六年，进筑未已，覆军杀将，供给不可胜纪。”[③]如，绍圣三年（1096）二月，“出元丰库缗钱四百万于陕西、河东籴边储”[④]。绍圣四年（1097）五月，朝廷又诏赐陕西、河东银绢130万，因哲宗舍不得动用内藏库财物，结果依曾布意见以牧地租钱发给。同年九月，因陕西路沿边秋购粮食缺少本钱，朝廷“诏于元丰库支封桩钱四百万贯，令户部依例印给解盐引付陕西转运司，分委诸路乘机广行籴买”[⑤]。尽管朝廷财政困难，已给陕西沿边支拨经费不少，而元符元年（1098）二月，泾

① 《长编》卷四百九十三，宋哲宗绍圣四年十二月甲辰，第4606页。
② 《长编》卷五百十八，宋哲宗元符二年十一月乙未，第4848页。《文献通考》卷一百五十三《兵考五·兵制》，第4591页。
③ 《宋史》卷一百八十七《兵志一·禁军上》，第4580页。
④ 《宋史》卷十八《哲宗纪二》，第344页。
⑤ 《长编》卷四百九十一，宋哲宗绍圣四年九月乙卯，第4576页。

原经略使章楶据熙州申请，又来向朝廷索要粮食50万石（马料在外）、草80万束、钱50万贯，朝廷认为需索太多。同年七月，永兴军路提刑孙贲上奏：“鄜延、环庆两路去年各费籴本一千万，今延安又乞籴本五七百万、环庆乞七十万应付夏籴，乞更降金帛数百万以助收买。”[①]因此，曾布认为两路一年各费千万,六路之费可知。边事如不早为收敛，恐公私之力难以为继。元符二年（1099）正月，泾原经略使章楶向哲宗进谏说：“伏见兴师以来，陕西府库仓廪储蓄，内外一空，前后资贷内藏金帛，不知几千万数。即今所在粮草尽乏，漕臣计无所出，文移指空而已。今者，正休兵息民、清心省事之时。唯深察臣言，裁决斯事。若更询主议大臣，窃恐专务兴师，上误圣听。”[②]所谓“主议大臣”是指宰相章惇，因为当时章惇主张兴师直捣西夏首都兴州去灭亡西夏。当时，内藏库已经空乏，朝廷以陕西各路用于军赏之银绢不足，特支拨内藏库银绢200万两匹给鄜延、泾原、熙河、环庆路。这时，哲宗对近臣说:“内藏绢才百万，已辍其半。”[③]同时，朝廷还赐度牒50道给泾原经略司，使分给各州、军及县、镇、城寨、堡子用于修筑城池楼橹。正当朝廷为应付边费而被弄得焦头烂额之时，元符二年（1099）六月，章楶给曾布写信诉说熙河财用不足，民力疲敝，乞求罢筑会州城,于是朝廷下诏停筑熙河会州城。陕西所需边费真是层出不穷！同年八月，因邈川河南之西蕃部族已经降宋，宋廷只得赐钱100万贯去修葺新收复的城寨与购买粮食，这又是一项不轻的经济负担。据右正言任伯雨说：“自得湟州以来，岁费三百万贯以守之，一州所费如此，五路边面

① 《长编》卷五百，宋哲宗元符元年七月己未，第4678页。
② 《宋史》卷一百七十五《食货志上三·和籴》，第4247页。
③ 《长编》卷五百五，宋哲宗元符二年正月丁卯，第4730页。

可知矣。”[1] 拓边已使宋朝财政陷入困境，为此曾布对哲宗说：“近岁诸路进筑城寨，兵民劳敝，财用粮食俱缺乏。”“今青唐用兵，士卒困敝日甚。”[2] 曾布希望不要再有讨伐灭亡西夏的打算。直至宋徽宗建中靖国元年（1101）五月，知延安府范纯粹还上奏说：“伏见陕西、河东沿边诸路，拓地深远，城守增多……切惟两路凋残，困于进筑，在公则所费金帛缗钱，不知其几千万，内外之力既已匮竭……在私则大兵之后，濒有凶年……”[3]

此外，军费中还包括武器装备和购买马匹的开支。熙丰变法时置军器监，所制武器质量有很大提高，成本降低。元祐时，军器业衰落。绍圣、元符时恢复军器监，因对西夏作战的需要，元符元年（1098）“诏江、湖、淮、浙六路各造神臂弓三千余、箭三十万”[4]。元符二年（1099）二月，又命军器监每年增造神臂弓 1715 张。神臂弓造价不菲，这就又得增加一笔军工费用。绍圣、元符间因拓边与对西夏作战所需马匹数量极大，而靠给地牧马法提供的马太少，于是宋廷大量增加买马数量。熙宁三年（1070），诏泾、原、渭、顺德岁买马 1 万匹。熙宁十年（1077），熙河买马岁 1.5 万匹。至“绍圣中，又增至二万匹，岁费五十万缗”[5]，之后以此为定额。绍圣三年（1096），因为诸军缺马者多，又诏提举陆师闵于岁额外买马 3 万匹，当年买马开支就需 125 万贯。哲宗“绍述新政”期间，虽在拓边与抗击西夏方面取得了一定成功，使边区暂时得到了安定，但却造成了国贫民穷的后果。如果不

---

① 《历代名臣奏议》卷三百三十三，任伯雨《议湟鄯事宜策》，《文渊阁四库全书》第 442 册。

② 《长编》卷五百十七，宋哲宗元符二年十月丙辰，第 4833 页。

③ 《宋名臣奏议》卷一百四十，范纯粹《上徽宗论进筑非便》。

④ 《长编》卷五百一，宋哲宗元符元年八月癸未，第 4687 页。

⑤ 《宋史》卷一百九十八《兵志十二・马政》，第 4953 页。

能解决“国富”的问题，这种边境安定的和平局面也就难以持久。

绍圣、元符年间财政的另一重要支出便是官吏的俸禄。当时全国有多少官吏，史无明确记载。元祐三年（1088）有官4万人，此后直到元符三年（1100）初，未见朝廷有裁减冗官的举措，而且继续实行吏禄制度，绍圣、元符时，吏禄皆给现钱。宋朝的官员除了贪赃自败者以外，基本上是有进无出，而且每三年还有一批登科进士加入官员队伍。如，宋仁宗在位时共举行13次进士考试，共录取4570人①，平均每次约351人；而哲宗绍圣元年（1094）录取600人，绍圣四年（1097）录取609人。至于吏人，哲宗新政之初就曾感叹当时“吏员猥多”，但此后也未曾减省。从各种迹象看来，估计绍圣以后的官吏人数不会少于元祐时，因而官吏的俸禄和赏赐开支也就无从节约。仅从京师吏禄兵廪的月支数看，熙宁元年（1068）京师百官、诸军、宗室月俸22万余贯②，元丰年间（1078—1085）36万③，元祐三年（1088）50余万贯，绍圣初年40余万贯④，可见绍圣时养官开支仍然不小。至元符末，“中都经费岁六百万”⑤，开支又有增加。同时，不少官员生活奢侈，常滥用公使钱宴饮享乐或私用。元符二年（1099）闰九月，秦凤路提刑孙赍因曾用女伎夜宴无度及创修园亭过奢被处分，还有官员吕仲甫、贾青、邓祐甫、游嗣立、李孝广、朱伯虎、张康国、曾孝友、郭附、叶宗古因在奉使淮浙等路时各用伎乐宴集被降官。此外宋朝一向优待官员，常给予厚赏。

---

① 《宋史》卷一百五十五《选举志一・科目上》，第3616页。
② 《长编拾补》卷三下，宋神宗熙宁元年八月丁亥，第43页。
③ 《建炎以来朝野杂记》甲集卷十七《国初至绍熙中都吏禄兵廪》。
④ ［宋］王得臣：《麈史》卷上《国用》，《文渊阁四库全书》第862册。
⑤ 《宋史》卷三百五十五《虞策传》第11194页。

关于宫廷的冗费开支，与仁宗朝相比，哲宗相对较为收敛，但仍存在很大浪费。如，绍圣末，哲宗诏名匠杨谈在金明池造一新龙舟，“华大于旧矣，独铁费十八万斤，他物略称是”[①]。宋朝时，三年一次举行北郊祭天仪式。元符初，原郊宫设有大量帟幕，需用缣帛30余万，风雨不除，哲宗将郊宫改建成斋宫，斋宫屋宇中虽无金碧之饰，却为建屋付出了加倍的费用。又如，太皇太后高氏死后，绍圣元年（1094）正月，哲宗“以元丰库钱十万、绢七万应宣仁皇后山陵之费”[②]。元符三年（1100）正月哲宗去世，赏赐宰臣、执政黄金各数百两、珍珠各数万颗、绫锦罗绢各数十匹，另有犀带等物。[③]

禁榷盐酒茶的课利本是宋朝财政收入的重要来源。而要使盐酒茶的生产得以发展，使禁榷课利收入有所保障，宋廷必须及时向生产者拨付本钱。可是，宋廷因财政困难，竟拿不出生产成本，从而禁榷课利的收入也就减少了。如，盐课是禁榷收入的大头，绍圣三年（1096）朝廷本应付给淮南制盐亭户生产本钱64万贯，而朝廷无钱，却要依靠各路官府去筹办，各路也无钱，朝廷只好打欠条给亭户。亭户无本钱怎能生产？亭户就出卖官府欠条而不缴官课。浙盐产量虽不及淮盐，但岁支盐本却不少，如再加上京东、河北、广南、福建等地的盐本，哲宗时岁支盐本估计在百万贯以上。

宋代的矿冶开采由官置场监，或由民承买按比例将产品卖给官府，因此官府必须支付管理费用和收购矿产品的资金。但绍圣时，矿冶业已经衰

---

① ［宋］蔡絛：《铁围山丛谈》卷四，中华书局1983年校点本，第71页。璜川吴氏本作“八十万斤”。

② 《太平治迹统类》卷二十九。

③ ［宋］曾布：《曾公遗录》卷九，《宋史资料萃编》本，文海出版社1980年版。

落，各地转运司往往不愿投资，甚至将原有的坑冶停废。绍圣元年（1094）宋廷听说商、虢之间铜的藏量丰富，曾派许天启前去经营开采。结果，许天启干了6年，虽支付了很多兵匠工资及管理费用，却只收到了新旧铜206万多斤，效益不好。

宋朝的所谓“和买”“和籴”，实际上是官府利用政治权力，低价强买民间的布帛、粮食，从中获利作为朝廷的一种收入。但即使如此，官府也得预付民户价钱。绍圣元年（1094）两浙蚕丝歉收，而朝廷财政又困难，户部干脆令四等下户纳钱代替“和买”，使“和买”成了一种新的赋税。绍圣三年（1096），官府向农民“和籴”也只预付一半官钱，还要农民相互担保。

绍圣、元符年间，自然灾害较多。特别是黄河决堤泛滥，灾情尤为严重。为了治理黄河，宋廷付出了大量钱财，成了国家财政的一项沉重负担。关于是否引黄河东归故道或顺其势北流，朝臣中一向意见分歧。元祐时，水官引黄河东流，结果靡费封桩钱无数，却劳而无功，以致公私财力困弊。元符元年（1098）正月，为了维护黄河及其他河流堤岸，需用春夫除年例人数外，尚少36500人，朝廷拨给度牒821道作为雇夫经费，按当时每道度牒价值为钱200贯计，相当于缗钱16.42万贯。元符二年（1099）黄河在内黄决口北流。当时东流已干涸，可是以往为引河东归，“治堤费公私财货何止亿万，止一二年遂坏”。而北流却无堤防，深州城濒临北流，神宗曾欲移深州至饶阳、安平，而元祐主东流者违背神宗意图，使深州长期处于黄河泛滥的威胁之中。“今大河复北流，深州岁用稍草、兵夫不赀，计一岁所费不知几万数，以十岁计之又不知几十万数”[①]。其实，从元符元年（1098）开始已在北道筑堤。虽然“朔道积储费出殆尽”，但是“堤防屡次兴筑，曾不足以捍御涨水”。这是因为水官们治水无方，“逆障水势，驯致大害”[②]。

百姓受灾逃亡或遭战争杀掠，朝廷必须支拨钱物前去赈救，这是国家财政的又一种负担。朝廷之所以必须赈救灾民，既为了防止灾民动乱，也为了在灾后能恢复生产，这是国家职能中的应有之义，更是为了巩固赵宋王朝的统治。如，绍圣元年（1094）河北水灾，十月二十六日“帝以京东、河北之民乏食，流移未归，诏给空名假承务郎敕十、太庙斋郎补牒十、州助教不理选限敕三十、度牒五百，付河北东西路提举司，召人入钱粟充赈济”[③]。二年（1095）二月十四日，又“诏内藏库支钱十万贯、绢十万匹，分赐河北东西两路提举司准备赈济”[④]。绍圣四年（1097），“两浙旱饥，诏行荒政，移粟振贷”[⑤]。朝廷虽有赈灾制度，但地方官僚常拒绝灾民投诉或瞒灾不报，故史书所载灾情只是冰山一角。如绍圣四年（1097）十二月，开封府东明县百姓1859户向县府投递698状，陈诉当年夏旱灾情，权知县事何夷却不为收受，虽有御史中丞邢恕、御史蔡蹈向哲宗上书弹劾，终因章惇压下不办，此案也就不了了之。除了赈济灾区饥民外，朝廷还要出资抚恤受战祸伤害的边区百姓。如，元符元年（1098）十月，曾发给泾、原、环、庆、

① 《长编》卷五百十二，宋哲宗元符二年七月庚戌，第4788—4789页。
② 《长编》卷五百十五，宋哲宗元符二年九月乙卯，第4811页。
③ 《文献通考》卷二十六《国用考四・赈恤》，第774页。
④ 《宋会要辑稿》食货五七之一二。
⑤ 《宋史》卷十八《哲宗二》，第349页。

秦、凤州被西夏军烧杀和践踏庄稼的边民钱、绢与口粮。

综观绍圣、元符年间的财政开支，虽然史书未能提供全面系统和详尽确实的统计数据，但是从几个主要项目尤其是军费的支出来看，其每年财政支出不会少于元祐时。早在哲宗新政之初，已存在财政赤字，从各种迹象看，估计到元符末年，那种入不敷出的困局并未得到改变。

三、“绍述新政”不能遏制通货膨胀

宋哲宗“绍述新政”后，虽然在拓边和抗击西夏方面取得了一定成效，但是却未能改善国家财政，收入未见增加，支出依然巨大。这也就是说社会生产没有发展，物资没有丰富，而朝廷的消费却不断升级，以致商品供不应求。商品供不应求，势必会造成通货膨胀。熙丰变法曾经遏止了仁宗以来的通货膨胀，“元祐更化”后通货膨胀反弹。哲宗“绍述新政”本应克服通货膨胀，结果却未能达到目的。绍圣、元符年间的通货膨胀主要表现为货币继续贬值和物价持续上涨。

（一）货币继续贬值

绍圣、元符年间货币流通中最突出的问题是铁钱的严重贬值。熙宁、元丰时，铁钱与铜钱基本上等值使用，而且相安无事。本来在以行用金属货币为主的中国古代，铁与铜的价值相差较大，按照价值规律的等价交换原则，铁钱贱、铜钱贵，两者不应等值使用。但由于熙丰变法时期，生产有所发展。国家财政状况有所改善，商品供求关系大体平衡，物价基本稳定，铜钱的年铸量大大超过铁钱，铁钱随时可以兑换成铜钱，在这种情况下，朝廷通过行政命令规定铁钱与铜钱等值使用，不会出现太大的问题。用金属货币购物在本质上属于实物交换，但货币毕竟是一种信用工具，当

铁钱与铜钱等值使用时，它就具有一定象征性货币的性质，犹如当时的交子可以代替铁钱使用，虚值大钱可以按其面值流通一样，关键在于它必须有充足的发行本钱，有丰富的商品供应作为后盾。在市场商业信用可靠的环境中，按照朝廷规定的共同守则，铁钱可当铜钱使用。可是，到了元祐时，铁钱流通的环境发生了变化。当时，因铜矿枯竭，铜钱产量大减。而在铜、铁钱兼用的陕西沿边地区，由于军费开支的需要，铁钱铸造量增加。加上元祐时生产衰退，财政困难，商品供不应求，货币贬值，物价高涨，铜钱大大少于铁钱，铁钱不可能随时等价兑换成铜钱，铁钱与铜钱等值使用的信用已得不到保障，于是行政命令挡不住商品等价交换规律的作用，铁钱开始大幅度贬值。为了防止铁钱贬值，维持铜、铁钱等值的老规矩，元祐四年（1089）朝廷企图在陕西停用铜钱，引起民间恐慌。宋廷曾欲废罢折二铜钱，元祐五年（1090）五月罢广南东西路铸折二钱。元祐八年（1093）七月，正式“令陕西沿边专行铁钱”[①]。这样一来，陕西的铜钱更少，铁钱更多，铜钱以稀为贵，民间储藏不用。然而，人们要从陕西去外地铜钱地区行旅或经商，必须将铁钱换成铜钱才能出门。换取铜钱不易，于是铁钱进一步贬值。至绍圣、元符年间，铜矿业依然不振，铜钱产量仍少，而为了拓边进筑和征讨西夏，边费开支剧增，在陕西流通的铁钱愈来愈多，商品却供不应求，铁钱比元祐时更贱。

关于铁钱贬值的具体情况，有几种不同的记载。元符二年（1099）七月，据泾原路经略使章楶说：“元祐三年内每铁钱一贯二十文足换铜钱一贯文足。元祐六年内铁钱一贯二百文足换铜钱一贯文足。绍圣元年内铁钱

① 《九朝编年备要》卷二十三。

一贯二百五十文足换铜钱一贯文足。绍圣四年内铁钱一贯四百文足换铜钱一贯文足。元符二年正月一日至今铁钱一贯六百文足换铜钱一贯文足。”[①] 同时鄜延路经略使吕惠卿说：“熙宁十年惠卿任本路经略安抚使，至元丰三年得替，任内亲见本路铜钱铁钱相兼使用，不闻有轻重之异。唯有行路欲将铁钱换铜钱以便赍擎，有每贯不过加钱二十至五十文。至元丰末、元祐三年以前，每贯乃加至一百，盖是铜钱渐少，铁钱渐多，以致如此。元祐四年始下转运司，议罢铜钱，一等行铁钱，由此民间每岁换铜钱分数渐加，然不过一百以至四百。至八年，始罢铜钱，方加至一贯五百。至绍圣元年，增加钞面钱出卖，四年，复罢官员、官人入便钱，以此铁钱益轻。每欲过铜钱地分者，至用二贯五六百文方换得铜钱一贯。”[②] 另外，《宋史》也记载：“绍圣初，铜钱千遂易铁钱二千五百。”[③]《长编》元符二年（1099）闰九月甲戌条载：“至元符初，以铁钱四千换铜钱一千。”[④] 上述记载铜、铁钱兑换比例稍有不同，这可能与各地具体情况差异有关。但从总的发展趋势看，自元祐中铁钱不断贬值以来，至元符末达到了高潮，一直延续到宋徽宗即位之时。

对铁钱贬值所造成的危害，吕惠卿曾经有所陈述。他认为铁钱贬值之危害有八：第一，陕西五路粮草价格上涨。第二，因用于铸钱的铁炭人工粮食涨价，从而提高了铸铁钱的成本，加上将钱运往边区的脚乘费等，致使铸钱亏本，但因沿边需钱支用，又不得不铸。第三，官中除粮食外，陕

---

① 《长编》卷五百十二，宋哲宗元符二年七月癸卯，第 4784 页。
② 《长编》卷五百十二，宋哲宗元符二年七月癸卯，第 4785 页。
③ 《宋史》卷一百八十《食货志下二 • 钱币》，第 4385 页。
④ 《长编》卷五百十六注，第 4821 页。

西所需上百万之军器物料和军需物资尽买于民间，价格比旧时涨了几倍。第四，粮草百货既贵，官中和雇脚乘人工之价钱也比旧时多了数倍。第五，昔日铜、铁钱等值及脚乘人工易得之时，内地所铸铁钱犹可搬运至陕西，如今铁钱脚乘搬运费贵，所铸之铁钱运到边区，还不够支付运费，因而承担衙前役的吏人不得不将官钱转卖，以致失陷破产，自罹重罪。第六，茶盐酒税之类每年所得都有定额，今铁钱贬值，如一贯只能当五百文用时，则现今之税额暗亏一半，减少了国家的收入。第七，官员和军人所得薪俸，因铁钱贬值而减少了实际收入，等于无罪而被夺半俸，从而引起了他们的不满。第八，免役公人雇值有减于旧日，物贵钱轻，费用不足，使募役法难以推行。吕惠卿所说的铁钱贬值的种种危害，其实可以概括成一句话，即铁钱贬值所造成的物价上涨，使公私都增加了费用，减少了收入，陷入了经济困境。

同时，吕惠卿对引起铁钱贬值的原因也进行了一番分析。他认为致使铁钱贬值的原因有五:第一，熙丰中，陕西铜、铁钱兼行，人们欲去铜钱区，可将铁钱兑换成铜钱，即铁钱可以流行。元祐间禁用铜钱，人们远行及过铜钱区，无铜钱可换，以致铁钱贬值。第二，熙丰间，东南盐钞价每席不过五六贯，若贩往京师，有利可获。沿边用兵时，边上钞价至贱，在京官中却用原价收买以平之。今盐钞一席贵至 10 贯，在京虽用本钱收买，损失仍近半，为此铁钱贬值。第三，熙丰间，边防有事，准许人们往边上入中便钱，然后可以到京都或东南各地请领，仍支给加抬及脚乘费用。而今甚至不许官员将剩余的薪俸入便，已经入便的，足陌钱只支与省陌钱，官方自轻铁钱，铁钱岂能不贬值？第四，官方每年用铁钱籴买，铁钱有出无入，散在民间，以至壅滞不通，故而贬值。第五，官中出售度牒及银绢之类，虽提高了价格，仍不得旧时铜钱之价，但还是推动了铁钱的贬值。吕惠卿所说铁钱贬值的五大原因，其实并未切中要害，有的只是表面原因或次生原因，甚至只是铁钱贬值的后果，因为自元丰末年以来铁钱已经贬值才会出现上述种种现象，吕惠卿却把它们看作是铁钱贬值的根本原因。其实，引起铁钱贬值的根本原因在于：一方面哲宗时生产的衰退，物资短缺，尤其是铜钱产量不足；而另一方面以军费开支为主要的“三冗”消费需求却大量增加，朝廷因铜钱缺乏而增铸铁钱，结果铁钱泛滥，商品却供不应求，因此物价上涨，铁钱贬值，出现通货膨胀现象。另外，李复也上奏谈了他对铁钱贬值原因的看法：“臣尝究其源，陕西自康定、宝元间，西鄙用兵，支费不足，遂鼓铁为钱，边事才息，即时罢铸。至熙宁九年，皮公弼主领漕计，复奏铸之，迨今二十七八年，所铸不知几千万矣。铁钱不通别路，聚积陕西，民间既多，此钱轻一也。陕西百货皆视谷价高下。近年西边拓地，增筑州军城寨，添屯军马，急于年计，添价籴买，兼并巨商蓄谷待价而不出，物价愈重，此钱轻二也。”[①] 李复提出铁钱太多和边区物资供应不足两点作为铁钱贬值的原因，颇为抓住了重点。总之，哲宗时铁钱过多，财政开支太大，商品供不应求，物价上涨，这才是当时铁钱贬值的最根本原因。

陕西铁钱贬值后，最使宋廷感到头痛的事是如何解决盐钞销售和流通中出现的问题。盐钞是一种有面额的有价证券，宋廷用它作为在沿边地区收买商人入中粮草的籴本。在铜、铁钱等值时期，商人可用在陕西入中粮草所获得的盐钞，到产盐区请领盐货，去京师或各路变卖赚钱。自元祐以来陕西铁钱不断贬值后，百物涨价，民间盐钞价钱也很贵，商人买至京师，

---

① 《历代名臣奏议》卷二百七十，李复《乞置榷场疏》，《文渊阁四库全书》第 440 册。

亏损一倍。铁钱不能在铜钱区流通，全靠变换成盐钞出卖才可流转。元祐八年（1093）七月在陕西禁用铜钱后，铁钱进一步贬值，但这次在陕西禁用铜钱为时不久，同年八月庚午又“诏陕西复铸小铜钱”①。同时，“令折二铜钱宽所行地，听行于陕西一路”及河东、京西路部分州郡。②官府为了不使籴本损失，绍圣元年（1094）只得提高盐钞价格，但市场互动，当官卖盐钞价格超过钞面一倍，粮商就会相应将粮价提高一倍，籴本仍然无法保值。如何才能遏止铁钱贬值？朝臣中意见不一。如朝廷变革钱法，公开宣布降低铁钱币值，则将引起人情汹汹不安；如不变钱法，又难以阻止铁钱贬值。这时，曾布提出：“六贯钞见卖十三贯，正当给钞以平钞价，钞价减则铁钱重、盐课增，商旅行人不食贵盐，未见其不可。”③绍圣四年（1097），又停罢官员、军人入中便钱，陕西铜钱更少，铁钱更加轻贱。元符初，铁钱甚至贬值到“四千换铜钱一千”的程度。于是，元符二年（1099）闰九月，宋廷决定令陕西路禁使铜钱，专行铁钱，违者徒二年，民间现有私铁钱限半年自首免罪支铁价，违者依私钱法惩处。为了平铜铁钱、平物价、平钞价，同年十月宋廷接受永兴路安抚使陆师闵的建议，规定“陕西州县，凡有市买，并准度铜钱之直，以平其价”④。十一月，朝廷又根据陆师闵的意见，规定“盐钞公私买卖请依钞面钱价，辄增者徒二年”⑤，但这一规定遭人反对，尤其是“陕西旧来蓄钞豪户等多扇摇欲要仍旧”⑥。上述规定“朝

① 《宋史》卷十七《哲宗纪一》，第 336 页。
② 《宋史》卷一百八十，《食货志下二・钱币》，第 4385 页。
③ 《群书考索》后集卷六十一《财用门・铁钱类》。
④ 《宋史》卷一百八十，《食货志下二・钱币》，第 4386 页。
⑤ 《长编》卷五百十八，宋哲宗元符二年十一月庚寅，第 4847 页。
⑥ 《长编》卷五百十九，宋哲宗元符二年十二月己未，第 4853 页。

廷行下陕西诸路，急如星火，迅若雷霆。民间大骇，以至罢市，道路不通，行旅断绝，民不聊生”。这时，许多外地商人便“出贩百货入陕西，得善价，以铁钱准铜钱纳官，沿边籴买以钞，用铁钱六千准铜六千请出盐钞，私下卖十二千，赢其半入己，乃以铁钱六千之数与民间。以见行平铜、铁钱数贱买民间行户物，却将往他处贵卖；以见行铜、铁钱买官中物，却将往他处贵卖。如此者不可胜数。于是钞价日贵，商贾益不通，物价日贵矣”。“未几，朝廷知之，听从其便，民间复安。公私皆有损折，而公家损折尤多。”①由于宋廷违背货币流通的客观规律，故其欲平铜铁钱、平物价、平钞价的政策终于以失败告终。因为当时要想恢复铜、铁钱等价兼行的旧日状况已不可能。而把陕西变为铁钱区，以摆脱铜、铁钱比价的纠缠，逐步理顺本区内的物价，也许有一定可能。但宋廷求成心切，想一下子把已经上涨的以铁钱计算的物价水平恢复到神宗时水平，只能把事情搞砸。宋廷这次整顿币制的失败并非偶然，因为当时的高层统治者们不懂得市场价值规律和货币流通规律，他们迷信权力，误以为光依靠行政命令就可以随意调整物价。其实，要使物价平稳，货币不贬值，必须一方面发展生产以增加商品供给，另一方面节约开支并量入为出，只有当商品供求关系达到平衡后，物价才能得以稳定，而宋哲宗时的政治和经济形势使他们无法做到这一切，因而也就无力去克服铁钱贬值的危机。

绍圣、元符年间的通货膨胀，似乎只表现在陕西铁钱的贬值问题上，其实不然。陕西之所以会发生通货膨胀，是因为边防军费开支太大、铁钱

① 《长编》卷五百十六，宋哲宗元符二年闰九月甲戌条注引邵伯温《题贾炎家传后》，第 4821 页。

铸造太多、粮草等商品供不应求而造成。陕西虽只是沿边一路地方，但北宋历朝几乎都把十分之七的军队驻于沿边地区，国家财政收入的十分之七八用于边防，直到皇祐以后仍“一岁所入耗于兵者常什八”[①]。为此，国家财政收入中的钱大多用于边区，陕西铁钱的贬值可以反映出全国通货膨胀的状况。而且流通铁钱的除了陕西外，还有四川、河东，这些地方都是当时全国政治、经济的重点地区。再说铁钱贬值引起了物价高涨，也会削弱铜钱和交子的购买力。

四川交子是以铁钱作为发行成本的。“绍圣以后，界率增造，以给陕西沿边籴买及募兵之用，少者数十万缗，多者或至数百万缗；而成都乏用，又请印造，故每岁书放亦无定数。”[②]这每年投放到陕西边区的数十万乃至数百万缗的交子，以及在成都每年书放无定数的交子，实际上就是铁钱。交子不能在铜钱区流通，铁钱贬值，交子岂能不贬值？实际上，自从熙宁年间（1068—1077）第 26 界和 27 界两界交子沓行后，交子就已经开始逐渐贬值。

此外，绍圣三年（1096）度牒涨价也反映了货币贬值。元祐四年（1089）每道度牒卖钱 170 贯，绍圣三年（1096）涨至 200 贯。度牒在当时虽是一种具有准货币性质的有价证券，但毕竟不是法币。度牒要用钱去买，度牒又可变卖为钱，从一种特殊商品的角度去看度牒，它的升值涨价，恰恰反映了法币的贬值。

---

① ［宋］王明清：《挥麈余话》卷一，《文渊阁四库全书》第 1038 册。

② 《宋史》卷一百八十一《食货志下三·会子》，第 4404 页。

（二）物价持续上涨

物价是币值的具体体现。物价长期平稳表示币值稳定。物价下降表示货币升值，物价上涨表示货币贬值。物价的骤升骤降都不是好事。至于物价的微降或微涨与社会经济发展的利害关系，则要看具体情况而定。总的说来，物价暴涨将损害人民利益，最终也将损害国家利益。人们一般都祈望能有物价长期平稳的太平世界。物价上涨的根源在于商品供不应求，即生产跟不上消费的需要，其结果是使公私都陷入穷困境地。“元祐更化”后，经济衰退，而财政开支有增无减，以致商品供不应求，从而出现通货膨胀，货币贬值，物价上涨。哲宗“绍述新政”时期，经济未能复兴，而对西夏战争的开支又十分巨大，因而货币继续贬值，自元祐以来上涨的物价仍高居未下。史书对绍圣、元符年间各地的物价记载极少，但从当时几种主要商品的价格来看，可见哲宗绍述新政未能使物价恢复到熙丰时期大体平稳的状态，也就是说元祐时期出现的通货膨胀发展势头没有被遏制。

1. 粮价

在正常年景下，熙宁时平均粮价每斗约七八十文，元丰时降至三四十文；元祐间又上涨到七八十文至一百文以上。哲宗“绍述新政”时期粮价仍高居不下，在陕西边区甚至大幅度飙升。如元祐九年（1094）相、滑等州饥，仓廪空虚，官府规定粮食每斗“限市价九十以上乃卖”[①]。哲宗时，因京师米贱，民多由食麦改为食米，右司谏王觌建议：“京师常平米一斗，其价以百钱为定。”[②]可是到哲宗后期发生了“物价踊贵”的情况。

---

① 《龙川略志》卷九《议赈济相滑等州流民》，第 59 页。
② 《历代名臣奏议》卷二百四十五，王觌《乞稍贵京师常平仓米疏》，《文渊阁四库全书》第 440 册。

元符元年（1098）九月，枢密院曾说到其厨钱超支是因“物价有至一倍以上”，“所增物价寖高，故一食之费价倍于前日”。[①] 在陕西，据元符二年（1099）七月章楶奏：“今且以渭州言之，昔日米麦每斗不过百钱，今日每斗三百文以上。新边城寨收籴，有至五六百文者。”同时，吕惠卿奏：“熙宁、元丰十余年间米价，除元丰五年系军兴每年三百四十文外，其余年分贱至八十文，贵不过一百八十文。自元祐、绍圣以来，铁钱日益轻，故粮价日长。见今延安府官籴米价五百二十文足，市新米七百八十文足，陈米七百二十文足。只以见今官籴计之，比元丰五年用兵时最贵价已多一倍以上，比五年以前价几三五倍。”[②] 如遇灾荒，粮价更是贵得出奇。如元符三年（1100），“顷者河北水灾，畮地千里，自雍以西，斗米千钱，而京东西物价翔涌”[③]。“河北滨河等数州经河决，连亘千里……至今米斗不下三四百钱。”[④]“米斗千钱不可得。”[⑤] 同年，又有鸿胪寺丞韩宗武上奏说：“自陕以西，斗米数百钱，泉法低昂无术以救。”[⑥] 还有右正言任伯雨奏：“关中岁歉贵已六年矣，去年虽丰，物价至今犹五倍平日。”[⑦] 直至宋徽宗建中靖国元年（1101）五月，“鄜延路新城堡砦，今春籴买米斗犹有至一贯

---

① 《长编》卷五百二，宋哲宗元符元年九月丁未，第 4694 页。
② 《长编》卷五百十二，宋哲宗元符二年七月癸卯，第 4784—4785 页。
③ ［宋］李新：《跨鳌集》卷一《上皇帝万言书》，《文渊阁四库全书》第 1124 册。
④ 《宋会要辑稿》食货五九之六。
⑤ 《景迂生集》卷一《元符三年应诏封事》。
⑥ 《宋名臣奏议》卷四十四，韩宗武《上徽宗答诏论日食》，《文渊阁四库全书》第 431 册。
⑦ 《宋名臣奏议》卷四十五，任伯雨《上徽宗论月晕围昂毕》，《文渊阁四库全书》第 431 册。

四百文省”[①]。

2. 绢价

元祐时，官府和买绢价一般每匹为钱 1 贯，一般低于市价；至于官府科率绢，折价常高至 1.3 贯以上，这是官府向百姓敲诈的价，高于市价。根据宋徽宗建中靖国元年（1101）九月六日刑部言：“元符令，定罪以绢者，每绢一匹准钱一贯三百。近岁物价踊贵，非昔时比，一绢之直，多过于旧时。乞于令文添入：若犯处绢价高者依上绢计直。”[②] 当时，无为军“民间买绢一匹须用一贯四五百文足”[③]。由此可见，元符时绢价高于元祐时。

3. 草价

元祐五年（1090）六月，府界和买民户秆草，每束支钱 28 文。绍圣元年（1094）六月，为了修筑黄河堤岸，“所用薪刍……每束约用钱三十五文”[④]。同时，薪炭也涨价，如元符元年（1098）冬，“市中石炭价高，冬寒细民不给”[⑤]。

4. 盐价

宋代盐的种类和等级十分复杂，盐价又有市价、官府收购价和出卖价之别，故很难确定一个准确的食盐价，现在只能以相似情况下的盐价进行比较。如，元祐六年（1091）宋廷在河阳都盐场务收购商人入中之解盐，

① 《宋名臣奏议》卷一百四十，范纯粹《上徽宗论进筑非便》，《文渊阁四库全书》第 432 册。
② 《宋会要辑稿》刑法三之三至四。
③ 《九朝编年备要》卷二十六。
④ 《长编纪事本末》卷一百十二《回河导洛》。《长编拾补》卷十，宋哲宗绍圣元年六月丙申，第 140 页。
⑤ 《长编》卷五百四，宋哲宗元符元年十一月己未，第 4713 页。

以熙河路钞面价为参考加以增减，“其价钱每席定八贯二百”。绍圣三年（1096），陕西铁钱贬值，盐钞涨价，在原来铜、铁钱与盐钞等值行用时，每席盐钞定价6贯，“六贯钞现卖十三贯”①，盐钞价上涨一倍多。元符二年（1099）十一月，宋廷欲平铜铁钱、平物价、平钞价，规定公私买卖盐钞必须“依钞面钱价”，不能擅自增价。但是，商人们就乘机用6贯铁钱从官方买到一席盐钞，私下却以12贯价钱卖往 民间，官府无法控制盐价的上涨。

5. 金价

自北宋中期以来直至哲宗元祐中，金价每两价钱曾长期维持在10贯左右，至绍圣时金价有所上涨。绍圣四年（1097）六月己酉，“同管勾陕西路银铜坑冶铸钱许天启乞将铜锡条内铜一百斤权减作七十斤比金一两理赏……从之”②。由于矿冶业衰落，铜的产量不多，铜价上升，为鼓励铜的生产，许天启请求将原产铜100斤比金1两给赏，改为产铜70斤比金1两给赏，这就是说当时铜70斤相当于金1两的价值。这表明铜涨价。绍圣四年（1097）的铜价我们不得而知，只好暂时引用元祐初的铜价来进行估算。元祐元年（1086）四月乙巳下诏恢复铜禁，除合法许留存的铜器外，其余民间铜器限百日送官，“每斤钱二百文”③。如以每斤铜价200文计，则绍圣四年（1097）前每两金价折100斤铜价应为钱20贯。

6. 银价

熙宁、元丰年间，银每两价钱为1贯，元祐时未见有明显变化。关于

---

① 《群书考索》后集卷六十一《财用门·铁钱类》。
② 《长编》卷四百八十九，第4559页。
③ 《长编》卷三百七十五，第3520页。

绍圣、元符年间的银价，史书极少提及，只有《永乐大典》引《湟川志》一条简单的记载：连州银“元符中，每两止六百”[①]。但这是极个别地区的现象，不足以代表当年全国银价的水平。直至徽宗政和六年（1116）前，“福建路往时银价每两不过千钱”[②]，由此估计绍圣、元符间的银价每两仍为千钱左右。

有关哲宗绍圣、元符时期的物价情况，各种史书记载都很少，使我们难以做全面系统的论述和比较。但是，从仅有的几条史料中，我们已经可以看出当时的物价发展的基本趋向：绍圣、元符年间的物价与元祐时相比，仍高居未下，甚至有大幅上涨之迹象。这也就说明：哲宗“绍述新政”未能克服元祐以来的通货膨胀。

从总体来看，宋哲宗的“绍述新政”，虽然打着复行熙宁新法的旗号，却是一场变了质的“改革”运动。绍圣“变法派”为了争权夺利，热衷于与元祐党人的宗派斗争，而未能切实有效地去改良和推行熙宁新法，以致社会经济继续衰退和国家财政难以好转，更不能克服“元祐更化”时期的通货膨胀，从而也就不能使赵宋王朝摆脱积贫积弱的困境。

① 《永乐大典》卷一万一千九百零七引《湟川志》。
② ［宋］廖刚：《高峰文集》卷一《投省论和买银札子》，《文渊阁四库全书》第1142册。

第四章

北宋末期因政治腐败导致恶性通货膨胀

（1100—1127）

宋哲宗“绍述新政”，并未取得明显经济效益，也不能解决元祐以来的通货膨胀问题。哲宗病死后，徽宗继位，历史进入了由徽宗、钦宗统治的北宋末期（1100—1127）。徽宗为了实现父兄的遗志，继续推行神宗和哲宗时期的新政，便重用“变法派”蔡京为宰相。蔡京本是个混入变法派的政治投机分子和野心家。他上台后，就以“绍述新政”为幌子，扶持徽宗，专擅政权。他在清除了元祐党人和变法派中的异己分子后，就诱劝徽宗过起了极端奢侈豪华的物质生活，并从中谋取私利。随着统治集团贪欲的不断增强和政治的高度腐败，冗兵、冗官、冗费的开支空前浩大，国家财政出现了严重危机。为了摆脱财政危机和满足统治集团奢华生活的需要，以蔡京为首的“六贼”便加重对广大人民的经济剥削。苛重的赋役，加上天灾人祸的危害，导致生产衰退和百姓穷困，从而引发了全国各族人民的强烈反抗。尤其突出的是宋廷为了应付庞大的财政开支，竟不惜推行恶性通货膨胀政策。通货膨胀给社会造成了严重的恶果。宋徽宗也曾企图通过整顿币制来遏制通货膨胀的进一步发展，但因统治集团已腐败到了无可救药的程度，治理通货膨胀失败。到了徽宗晚期，政治腐败进一步加深。后来金兵南侵，北宋朝廷上下一片惊慌，士无斗志，徽宗匆匆将帝位传给钦宗，然后与蔡京等一起仓皇南逃。金兵很快占领北宋首都汴京，俘获徽宗、钦宗二帝，北宋王朝终于灭亡。

第一节　引发恶性通货膨胀的根本原因

宋徽宗前期，绍圣变法派与元祐党人之间争权夺利的斗争达到了白热化程度。党争的结果，投机家蔡京借“绍述新政”之名，掌控了朝政大权。然后蔡京诱导徽宗过起了极端荒淫奢侈的生活，“三冗”开支空前增加。为了满足统治集团的贪欲，宋廷加强了对广大人民的剥削，从而破坏了生产，造成了经济衰退，致使国家财政陷入了困境。为了克服财政危机，宋廷意图推行恶性通货膨胀政策，妄图借此增加收入。由此可见，党争加剧与政治腐败，冗费浩大与财政危机，剥削苛重与经济衰退，是引发北宋末期恶性通货膨胀的根本原因。

一、党争加剧与政治腐败

在宋神宗熙丰变法时期，变法派与守旧派之间的争论，主要围绕着新法是否有益于国计民生及对其利弊得失的评估而展开。哲宗“元祐更化”和“绍述新政”期间，元祐守旧派与绍圣变法派之间的斗争，逐渐淡化了关于新法利弊的争辩，开始朝着争权夺利和相互进行政治报复的方向发展，从而形成了以人分派的“党争”。至宋徽宗时期，“党争”完全变成了一场争权夺利的混战，所谓“绍述新政”也已失去了政治、经济革新的性质，成为“变法派”用以压制政敌的一种借口。以蔡京为代表的“绍述”派，打着继承神宗、哲宗变法遗志的旗帜，扶持徽宗，打倒了所有变法反对派以及变法派内部的异己分子，独霸了朝政。由于没有政治监督和反对派的牵制，蔡京之流便肆无忌惮，滥用权力，以权谋私，终于造成徽宗后期政治的极端腐败，将北宋王朝引向了灭亡之路。

（一）党争加剧

元符三年（1100）正月十二日，哲宗病死，无子，由向太后（神宗皇后）做主，选择哲宗的同父异母弟端王赵佶继承皇位，是为宋徽宗。在决定皇位继承人时，宰相章惇反对赵佶为帝，知枢密院事曾布、尚书左丞蔡卞、中书门下侍郎许将表示服从向太后懿旨。徽宗即位后，向太后权同处分军国事。向太后一贯反对新法，她当政后，便于当年二月起用元祐守旧派韩琦的儿子韩忠彦为门下侍郎进入宰执班子。韩忠彦即向皇帝上陈四事，建议广仁恩、辟言路、去疑似、重用兵。他对所谓“去疑似”的解释是:“法无新旧，便民则为利。人无彼此，当材则可用。自绍圣以来，凡曰元祐之人，大则投窜，小则退斥，愿陛下惟是之从，惟材之用。”[①] 韩忠彦主张施政用人应打破非元祐即绍圣的成见，以有利于民为原则。他的这种主张正符合徽宗和曾布的想法。三月，宋廷任用敢于直言的龚夬为殿中侍御史、陈瓘为右正言，但这引起了章惇、蔡卞的不乐。不久，韩忠彦又根据徽宗

---

① 《长编拾补》卷十五，宋哲宗元符三年二月庚申条注，第 188 页。

的意旨，将章惇的亲党中书舍人张商英调出朝廷去当河北路转运司兼提举河事。同时徽宗又接受了中书舍人曾肇的建议，下诏鼓励百官、民众直言时政，以便择善而从，然后又从应诏上书者中选择了一批言论可采之人，予以封赏。四月，韩忠彦、曾肇鉴于绍圣时曾编类臣僚章疏并从中摘取语言指为谤讪予以惩罚，要求不再编类臣僚上书，以免引起敢言之士的疑惧，徽宗乃诏罢编类臣僚章疏局。而此时曾布认为蔡京、蔡卞兄弟一向怀奸害政，党羽布满朝野，担心他们又会兴风作浪危害善类，希望将此二人调出朝廷。徽宗本来已决定调蔡京去任太原知府，因向太后要用蔡京去编《神宗史》，又将他留了下来。元符三年（1100）四月，陈瓘弹劾左仆射章惇，说他独相 7 年，迷国误朝，天下怨怒，并提及他曾反对徽宗继承帝位之事。五月，殿中侍御史龚夬上言弹劾尚书左丞蔡卞，说他生性奸险，盗取权柄，阴谋报复，排斥异己，要求特行重黜。同时，左正言陈瓘也上书言蔡卞之恶，并认为蔡卞之所为不合徽宗所行之道，要求他自动去职离朝。于是，朝廷罢去蔡卞尚书左丞之职，调他去知江宁府。四天之后，徽宗下诏追复守旧派大臣文彦博、王圭、司马光、吕公著、吕大防、刘挚等 33 人官职。同月，陈瓘上殿再论章惇、蔡京、蔡卞罪状，他认为蔡卞假托经义，厚诬神宗，轻欺哲宗，以行其私，凡章惇所行危害天下之事全出于蔡卞之谋。六月，龚夬也上殿论蔡京罪状，徽宗因向太后之故一向包庇蔡京，他很不高兴，说龚夬攻击蔡京之言皆是曾布的意思，这使曾布心中惴惴不安。七月初一，向太后罢同听政。初八，御史中丞丰稷、侍御史陈师锡上言，弹劾“章惇当国七年，窃持威炳，祸及天下，勇于害贤，敢于杀人。临大变订大事

（指立徽宗）包藏阴谋，发为异议……罪恶莫大于此”[①]。接着，陈瓘又上言，说章惇尊私史以矜己功，用兵开边以致民怨，杀人钳口以绝言路，其阴谋虽发于蔡卞而力行于章惇，罪不可恕。八月，陈瓘又上奏指责章惇任山陵使奉使无状，使哲宗灵驾陷于泥淖之中，应别议典刑。九月，章惇在言官强烈弹劾的压力下，多次上表乞求罢政。徽宗对章惇曾经反对自己继承帝位耿耿于怀，但他不想以此贬谪章惇，为表示帝王对臣下的“恩礼”，他多次挽留章惇，然后才在辅臣劝说下以扈从哲宗灵驾不职之罪，罢免章惇宰相职位去知越州。丰稷、陈师锡又上言论蔡京、蔡卞兄弟同恶，迷国误朝，为害甚大，又揭发蔡京交结内侍，希图大用，如果大用，必将妄作变乱，毁坏祖宗基业。丰稷再次力攻蔡京，认为他的罪恶不下于章惇、蔡卞，如今仍容留在朝，使忠臣寒心、良士痛骨。于是，蔡京落职提举洞霄宫，变法派路昌衡、吕嘉问、张商英、范镗四人被视为章惇、蔡卞党羽，也连坐降官。陈瓘又接连上言揭露蔡京罪恶，认为蔡京在朝廷则国家不安。十月，迫于舆论压力，徽宗只得将蔡京调离出朝去知永兴军，同时又将新知越州章惇降为武昌军节度副使潭州安置。“时议以元祐、绍圣均为有失。”[②]章惇罢相后，徽宗即封韩忠彦为尚书左仆射兼门下侍郎以顶替章惇，又升曾布为尚书右仆射兼中书侍郎。徽宗分别任命了元祐党人韩忠彦和绍圣变法派大臣曾布为左、右相，让他们同朝共事，是为了实现大公至正、消释朋党的意旨，于是，他下诏宣布：“朕于为政取人，无彼时此时之间。斟酌可否，举措损益，惟时之宜。旌别忠邪，用舍进退，惟义所在。使政事不失其当，

① 《长编拾补》卷十六，宋哲宗元符三年七月癸酉，第198页。
② 《宋史》卷四百七十一《奸臣一・曾布传》，第13716页。

人材各得其所，则能事毕矣。无偏无党，正直是与，体常用中，祇率大体，以与天下休息，以成朕继志述事之美，不亦韪欤！若夫曲学偏见，妄意改作，妨功扰政，以害吾国是者，非惟朕所不与，乃公议之所不容，亦与众弃之而已。”[①] 徽宗决心以“持平用中”作为今后的治国方针，并准备第二年改元为“建中靖国”。曾布当宰相后也就“渐进‘绍述’之说”[②]。

宋徽宗满以为调和了元祐、绍圣两党的矛盾以后，天下可以太平了。但建中靖国元年（1101）所发生的种种政治事变，却表明了“建中”并不能“靖国”。其实，在元符三年（1100）的党争中，徽宗多偏向于提升元祐党人及其同情者，沉重打击了绍圣变法派，并未做到“持平用中”。元祐党人重登政治舞台后，不想与绍圣变法派妥协，而是激烈地向他们发起了反攻。十一月，就在徽宗颁布“持平用中”诏书的下个月，元祐党人的同情者、右正言陈祐，按劾林希在绍圣时曾指司马光为“老奸”，并陷害苏辙、刘挚，要求重行黜责。为此，林希再次被降官。接着，变法反对派侍御史陈次升又上奏言蔡京、蔡卞之恶，于是蔡京落职提举杭州洞霄宫，蔡卞落职移居池州。陈次升还不甘心，又进一步把攻击矛头指向新任宰相曾布，上奏指责他性禀奸邪，心怀凶险，曾阿顺章惇，大肆开边，交结蔡卞，用王安石日录修神宗国史，近任宰相，提拔亲故，置为心腹，要求特正典刑以谢天下。建中靖国元年（1101）十月，左正言任伯雨上奏，认为章惇曾反对徽宗继承皇位，应流放海外；同时，任伯雨还列举蔡卞六大罪状，要求重加惩处。徽宗乘机将章惇降为雷州司户参军。任伯雨虽非元祐旧臣，但从其

① 《长编拾补》卷十六，宋哲宗元符三年十月己未，第 203 页。
② 《宋史》卷四百七十一《奸臣一·曾布传》，第 13716 页。

对章惇、蔡卞之厌恶，可见其反对绍圣变法派的立场。六月，陈祐也上奏章弹劾曾布“罪行”。这时曾布虽然看到，徽宗虽欲持平用中，破朋党之论，调和元祐、绍圣两党之异同，“而元祐之人持偏如故，凡论议于上前，无非誉元祐而非熙宁、元丰，欲一切为元祐之政”①。但他仍坚持“不雷同熙宁、元丰”和“不附会元祐”的“中立”态度，并劝徽宗对元祐、绍圣两党皆不可偏用。曾布低估了当时政治斗争形势的复杂与险恶。果然，八月的一天，右司员外郎陈瓘跑到宰相办公的都堂，当面指责曾布“尊私史而压宗庙，缘边费而坏先政”②，并将自己所撰之《日录辩》《国用须知》交给曾布。陈瓘对曾布的指责显然是诬陷：首先，王安石的《日录》如实记载了史事和君臣的对话，而且曾布任史职的时间又极短；其次，曾布对拓边进筑之事一向主张收敛和适可而止。曾布向徽宗申辩，徽宗贬谪陈瓘为知泰州，中书舍人邹浩、右谏议大夫陈次升立即出面论救。徽宗认为“元祐小人不可不逐”，曾布却劝徽宗“缓治”之，徽宗说曾布畏惧迁就元祐党人，已显露出对曾布的不满。

其实，在建中靖国元年（1101）正月向太后去世后，徽宗为了克服元符以来的财政危机和继承神宗遗志以尽孝道，已准备要绍述熙丰新政。当他发现“持平用中”的治国方针未能取得实效而使政局变得更为动荡时，便决定一边倒，尽逐元祐党人，起用绍圣变法派官员。这时在杭州的蔡京，巴结宦官童贯，因徽宗是个书画家，童贯便以蔡京之书画特长称誉于徽宗，蔡京的亲信又深结元符皇后共同向徽宗游说，使徽宗对蔡京有了好感。到

---

① 《长编拾补》卷十八，宋徽宗建中靖国元年七月壬戌，第 212 页。
② 《长编拾补》卷十八，宋徽宗建中靖国元年八月壬子，第 214 页。

了建中靖国元年（1101）十一月，起居郎邓洵武揣摩到了徽宗的意图，即上呈《爱莫助之图》。该图分左右两栏制表分别列出了绍述派和元祐党官员的名单。左边变法派宰执中能助绍述者只有尚书丞温益一人，右边却列出元祐党人100余人。另外又以小帖密禀徽宗非用蔡京为宰相不可。徽宗初，邓洵武由蔡京推荐出任史官。他曾在奏对时向徽宗挑拨说：陛下是先帝之子，今宰相韩忠彦是韩琦之子。韩琦曾反对新法，韩忠彦能继承父志更改先帝之法，而陛下不能。陛下如欲绍述先帝遗志，非用蔡京不可。徽宗听信邓洵武之言，决心重用蔡京。十二月，徽宗开始诏用变法派官员，这使韩忠彦十分恼怒，乞求罢相。接着，徽宗又起用了蔡京、张商英、范镗、邢恕、吕嘉问、路昌衡、安惇、蹇序辰、林希以及蔡卞等变法派官员，并将次年的年号改为“崇宁”，表示将一心崇奉和绍述熙宁新法。

崇宁元年（1102）三月，宋廷贬降了一部分元祐党人的现任官职，还重又贬降曾一度被追复的司马光、吕公著、文彦博、吕大防、刘挚、梁焘、王岩叟、苏轼等人的官职，追夺原已赠给许多元祐党人的官衔。五月，又下诏：在元祐、元符末以来责降人中，苏辙、范纯礼、刘奉世……陈次升……陈祐、任伯雨……陈瓘、龚夬……57人不得在京差遣。是月，蔡京由翰林学士承旨升迁为尚书左丞。曾布赞助徽宗施行“持平用中”的治国方针，既得罪了蔡京之流的“变法派”，又得罪了与之政见不同的元祐党人首相韩忠彦及其党羽。而今徽宗完全倒向绍圣变法派，韩忠彦又结交蔡京来对付曾布，曾布深感自己的处境已岌岌可危，因而向徽宗请求引咎避位。果然，崇宁元年（1102）闰六月辛酉，即有殿中侍御史钱遹上奏，指责曾布“力援元祐之奸党分别要途，阴挤绍圣之忠贤远投散地”[①]，并弹劾他重用亲戚和结党营私等罪行，要求早正典刑。于是，曾布被罢相知润州。蔡京早在绍圣时就觊觎相位，常阴谋陷害曾布，这时他又在徽宗面前揭发曾布私用亲戚之罪，曾布与之争辩，情绪激动，温益叱责曾布在皇帝面前失礼，于是宋廷将以往臣僚们弹劾曾布的章疏集中起来，将自绍圣至元符末“绍述新政”所产生之弊端全部归罪于曾布，把曾布说成是一个贪得无厌、窃弄威权的大奸臣和政治野心家，再将他落职差提举明道宫太平州居住。此后，又加曾布以赃罪，逮捕其诸子，并不断进行迫害贬谪，辗转流放各地，直至大观元年（1107），曾布死于润州。

崇宁元年（1102）五月，韩忠彦罢相。七月，蔡京被任为尚书右仆射兼中书侍郎，由尚书左丞升为右相，终于顶替了曾布的职位。他上台的第二天，就焚烧了“元祐法”，设立讲议司作为“绍述新政”的办事机构。十月，以蔡卞为知枢密院事。次年正月，蔡京又升任尚书左仆射兼门下侍郎，成为首相。此后，朝廷继续打击元祐党人。崇宁二年（1103）四月，“变法派”甚至不惜为政治报复而破坏文化，下诏焚毁苏轼的《东坡集》及《后集》印版，又焚毁《三苏集》及苏门学士黄庭坚、张耒、晁补之、秦观及马涓的文集和范祖禹《唐鉴》、范镇《东斋纪事》、刘攽《诗话》、僧文莹《湘山野录》等印版。后来，朝廷还严禁元祐学术。又规定：党人子弟不问有否官职皆令在外居住，不得擅自到京；党人之父皆不得担任在京差遣。崇宁三年（1104）六月，徽宗下诏将元符末年奸党并入元祐党籍，入籍人数共309人，由徽宗御书刻石立于文德门之东壁，永为万世子孙之戒。另外，

① 《长编拾补》卷十九，第230页。

又由蔡京将元祐奸党名单书写为大碑，颁之天下。在此名单中，竟将曾布与司马光等人同等并列，也成了元祐奸党。其实，曾布始终是个坚定的变法派，只是他认为变法派和反对派各有是非，他欲调和两派，为的是相互取长补短，更好地进行改革。但是，在政治斗争中，没有永远的朋友和敌人。人们以利害相同结成朋党。由于利害关系的变化，敌友关系也会出现相应的变化。曾经为“富国强兵”而奋斗的部分熙丰变法的骨干分子，到崇宁时已逐渐蜕变成为争权夺利的个人野心家。元祐和绍圣两派官员各执己见，都坚持错误的立场，这时希图通过“持平用中”政策来推进改革的曾布，两边不讨好，基本上成了孤家寡人。曾布虽颇有见识，但他是一个老实人，有话直说，缺乏权术，在当时的环境中就难免栽跟头。随着徽宗立场的改变，曾布就成了崇宁党争的牺牲品——一个典型的历史悲剧人物。元末脱脱的《宋史》甚至将曾布列入“奸臣传”流传至今。

（二）政治腐败

蔡京当上首相并扫清了政敌元祐党人和绍圣变法中的异己分子之后，便以“绍述”熙丰新法为幌子，依借徽宗对他的宠信，专擅朝政，任用亲党，倒行逆施，大搞以权谋私，从而造成了北宋末期政治的空前腐败，引起了各族人民的反抗和金兵的入侵，走上了亡国之路。

哲宗“绍述新政”时期，拓边进筑取得很大成绩，已迫使西夏求和，徽宗在元符三年（1100）四月和次年（1101）三月又放弃了原属吐蕃的鄯州、湟州，陕西边境已取得相对安定的局面。这时，宋廷本应利用此和平环境，集中精力妥善处理国内矛盾，去大力发展经济，以解决元符以来的财政困难问题，然而徽宗、蔡京却为了“绍述”神宗遗志，不顾财力之不足，力主继续拓边进筑，大兴兵事。崇宁二年（1103）二月，宋廷差知河州王厚进兵青唐地区，并以宦官童贯为监军，当年六月，王厚、童贯自熙州出发，仅10天时间即占领了湟州。次年四月平鄯州，入廓州。宋军在进攻吐蕃三州的同时，还在兰州和横山地区向西夏进拓。西夏因宋侵取吐蕃危及其西边，于崇宁三年（1104）九月发兵进犯渭州，劫掠数万口而去。于是，蔡京以陶节夫为鄜延路经略安抚使，攻取西夏银州，夏军来争，被宋军击败。西夏势弱，请辽出面与宋谈判，要求归还被侵之地，宋朝不允。至崇宁五年（1106），宋朝才同意西夏求和，徽宗时期向西开拓进筑活动暂告停止。此后，直至政和三年（1113），宋许西夏请和，宋、夏之间曾保持了一段相对和平的时期。但宋廷新的拓边进筑计划仍在酝酿之中。政和五年（1115），宋廷以童贯为陕西、河东、河西经略使讨伐西夏。双方发生十数次激战，宋军先败后胜。宣和元年（1119）六月，西夏再次纳款请和，宋向西进筑活动结束。对于徽宗的拓边进筑，朝廷内部意见曾有分歧。知凤翔府冯澥上书认为：宋取湟、廓、鄯三州，“岁用以亿万计”[①]，使得公私都很穷困，而“西羌”仍未归顺。为此，他建议对“西羌”可采用前世羁縻之策，结以恩信，使其畏威怀德，俯首听命。徽宗御批冯澥之论为邪言，将他贬为永州别驾道州安置。

蔡京打倒了政敌，进占了青唐之地，以为天下已经太平，便力倡“丰、亨、豫、大之说”[②]，劝徽宗应尽情享乐。“丰亨”为《易》卦名，古人常用来形容富足昌盛的太平景象，蔡京又加上“豫大”二字，献给徽宗。而这时徽宗也就把“绍述新政”抛诸脑后，一心沉湎于信奉道教和极端奢侈的

---

① 《长编拾补》卷二十六，宋徽宗崇宁五年八月癸未，第304页。

② 《宋史》卷四百七十二《奸臣二·蔡京传》，第13724页。

生活享受。

徽宗崇奉道教，道士具有至高无上的地位，蔡京便引道士入宫。大观二年（1108）三月，徽宗下诏将金箓灵宝道场仪范426部下发给天下道观，命道士奉行。政和三年（1113）十二月，诏天下访求道教仙经。道士可被封官，政和四年（1114）正月，徽宗御笔钦定道士官阶共分26个等级，最高一品相当于文官中大夫。道士林灵素上书说，天有九霄，神霄为最高，陛下是上帝长子神霄玉清王者号长生大帝下降于世，宰相蔡京是左元仙伯下凡。尽管林灵素之言惑世荒诞不经，而徽宗听后却十分高兴，赐林灵素号为通真达灵先生，赏赉无数。政和六年（1116）二月，徽宗还在皇宫附近修建上清宝箓宫，豪华无比。九月，又令洞天福地修建宫观，塑造圣像。政和七年（1117）二月，徽宗会道士2000人，命林灵素于上清宝箓宫讲清华帝君降临之事。徽宗又亲临上清宝箓宫，命林灵素讲道经，让士民入殿听讲。而林灵素所讲的并无特殊内容，中间时时夹杂着许多轻薄淫秽的言辞，致使听众哄堂大笑，一片混乱。同年四月，徽宗还让道箓院上表章册自己为教主道君皇帝。重和元年（1118）八月，徽宗御注《道德经》。九月，诏太学、辟雍各置《内经》《道德经》《庄子》《列子》博士二员。宣和三年（1121）九月，接受蔡京建议，命道箓院修《道史》《道典》。还立道学，道士可以参加科举考试当道官。在徽宗倡导下，全国各地大修道观，每一道观给田数百千顷，供养了大批不劳而食之人，浪费了大量国家资财。

在蔡京“丰亨豫大”之说的倡导下，北宋统治集团过着极端骄奢淫逸的腐朽糜烂生活。蔡京、蔡攸父子劝徽宗说，人生短暂，应及时行乐，“陛下当享天下之奉”[①]。蔡京还对徽宗说：“今泉币所积赢五千万，和足以广乐，富足以备礼。”[②] 于是，宋廷制礼作乐，并大兴土木建造各种宫观苑囿，以粉饰太平和提供享乐。

而当时费钱最多、害民最深的应首推“花石纲”。东南花石纲，从建中靖国元年（1101）为修景灵西宫下苏、杭二州采太湖石 4600 块开始，危害人民达 20 年之久。除此之外，北宋统治集团还大肆吃喝玩乐。每逢大小节日，徽宗都要聚集百官，大摆筵席，山珍海味，应有尽有，同时还张灯结彩，盛陈百戏乐舞，君臣上下，尽情挥霍。整个北宋统治集团穷奢极欲、醉生梦死的腐朽生活，甚至引起了某些官员的不满。陈次升在《上徽宗论豫戒六事》的奏议中说：“天下习安于侈靡久矣，于今为甚。贵介之族与夫兼并之家，燕饮之物，歌谣之具，穷极奇巧，以相倾胜。销金铺翠，旬翻月异，一领之细，至有千钱之直者。此风其可长哉？”[③]

宋徽宗后期的政治也空前腐败，他不仅宠信蔡京，还重用宦官童贯、梁师成、李彦和佞臣王黼、朱勔。这伙人专擅政权，结党营私，无恶不作，时人称为“六贼”。蔡京四任宰相，假托“绍述”，钳制徽宗，擅私自为。他重用奸人，打击异己，提倡享乐，贪得无厌。他提拔亲属，六子四孙同为执政、从官。徽宗又使其八子、十孙、十四曾孙并享寄禄官待遇。童贯虽身为宦官，却勾结蔡京，长期掌管兵权。他常掩败为功，败坏军政。他还厚结宫妃，官至太师，“侯王炳臣多出其门”[④]。另一宦官梁师成，为人阴险。

---

① 《宋史》卷四百七十二《奸臣二・蔡京传》，第 13725 页。

② 《宋史》卷四百七十二《奸臣二・蔡京传》，第 13726 页。

③ 《宋名臣奏议》卷四。

④ ［宋］王称：《东都事略》卷一百二十一《童贯传》，《文渊阁四库全书》第 382 册。

他受徽宗宠信，“凡御书号令皆出其手，多择善书吏习仿帝书，杂诏旨以出，外廷莫能辨”[①]。他权势熏天，连蔡京、王黼也要依附他。宦官李彦提举西城所，强括民田为公田，民有上诉者，被他加刑“致死者千万”。他发物供奉，“其数无极，皆责办于民，经时阅月，无休息期”[②]。佞臣王黼以巴结蔡京、梁师成升官，后被破格提拔为宰相，宠倾一时，生活奢侈。仅“王黼库中黄雀鲊自地积至栋，凡满三楹”[③]。他请置应奉局，自兼提领，竭天下财力以供费用。后来他被杀，盗入其第“掠取绢七千余匹、钱三十余万缗”[④]，可见其家产之多。佞人朱勔因受蔡京赏识而得官。他大规模地掠夺民间奇花异石，截漕船、商船运往京师，供修建延福宫、艮岳等所需，号称“花石纲”。他见民家有稍好之一石一木，即领兵入其家，用黄封标识，令小心看护，否则就加以大不恭之罪；及起运，必拆屋破墙而出。他还开山挖石，或在江湖深渊，也必百计取之。“民预是役者，中家悉破产，或鬻卖子女以供其须。”[⑤]他曾用大船运一高 4 丈之太湖石，役夫数千人，沿途拆水门、桥梁以过。他曾假传圣旨，强买苏州市民房屋地产。他所享受之园池、服饰、器用可与皇帝相比。他奴使地方官，贪污公府钱财，“朱勔父子叔侄家资无虑数千百万”[⑥]。

正当北宋王朝走向衰落之时，兴起于黑龙江、松花江流域和长白山地区的女真族，于宋政和五年（1115）元旦建立了金国。这时，宋朝为了转

① 《宋史》卷四百六十八《宦者三·梁师成传》，第 13662 页。
② 《宋史》卷四百六十八《宦者三·杨戬传》，第 13665 页。
③ ［宋］朱弁：《曲洧旧闻》卷八，《文渊阁四库全书》第 863 册。
④ 《长编拾补》卷五十二，宋钦宗靖康元年正月辛卯，第 540 页。
⑤ 《宋史》卷四百七十《佞幸·朱勔传》，第 13685 页。
⑥ ［宋］佚名：《靖康要录》卷四，《文渊阁四库全书》第 329 册。

移国内的社会矛盾，企图以收复被后晋石敬瑭出卖给辽国的燕、云等16州来稳固其统治。宣和二年（1120），宋与金订立“海上盟约”，商定联合攻辽，由金取辽的中京大定府，宋取辽的燕京析津府，灭辽之后，宋把过去给辽的岁币转付金国。宣和四年（1122）正月，金兵攻克辽中京。三月，金遣使来宋约攻辽，宋廷才派童贯率大军百万号称二百万前去“招谕幽燕”，因宋朝长期军政腐败，兵卒逃亡，士无斗志，结果却被辽军打败。四月，金兵攻占辽西京大同府。十月，宋以为有机可乘，再次出兵去攻燕京，而仍以失败告终。后在宋军夹攻下金兵占领了燕京，但在宋答应每年付给100万贯代税钱后，金才同意将燕京所属6州划归宋朝。而这时金兵已掠夺燕京人口做奴隶迁往东北，宋朝只得到了6座荒废的空城。宣和七年（1125）二月，金兵灭亡辽国，并于同年十月，出兵侵宋。这时在太原的童贯因畏惧金兵，仓皇逃回东京。徽宗惊慌失措，便下“罪己诏”，将皇位传给了太子赵桓，是为钦宗。金军继续南下，宋军望风溃逃。靖康元年（1126）正月，徽宗、朱勔、童贯以及蔡京全家皆离京南逃。皇帝一走，百官也多潜逃。在开封，由于东京留守李纲率领军民英勇作战，重创金兵。而钦宗一心只想投降，竟罢了李纲的官。在以太学士陈东为首的开封数万军民的抗议下，钦宗被迫恢复了李纲官职。金军因钦宗的屈辱求和，也就暂时退兵。四月，徽宗回到开封，李纲因主战而被罢官。八月，金太宗下诏再次侵宋，并很快打到开封城下。钦宗亲临金营求和，金军向宋索取“犒军绢一千万匹，金一百万锭（每锭五十两）、银一千万锭，表段如绢之数”，宋朝官府竭力搜刮，弄得“民不聊生，悲戚愁叹，皆欲自尽”①。靖康二年（1127）二月六日，金兵废除宋徽宗、钦宗帝位，四月一日，俘徽、钦二帝及赵氏宗室、大臣3000余人北归金国，北宋王朝终于灭亡。侵宋金军只有10万兵力，不及宋军十分之一，为何能灭亡北宋？其实道理很简单，一句话：腐败亡国！

二、冗费浩大与财政危机

北宋末期，由于政治腐败，军事费用开支巨大，冗官俸禄赏赐特多，宫廷奢侈浪费严重，终于使国家财政出现了危机。

（一）军费开支

在徽宗即位之初，因哲宗绍圣以来向西夏拓边进筑和攻打吐蕃青唐地区（相当于今西宁市一带），耗费了大量财力，已使国库空虚，故徽宗曾一度放弃了鄯州和湟州。蔡京并未以此为教训，却于崇宁二年（1103），再次发动战争，重又占领了鄯州、湟州和廓州，并继续向西夏拓边进筑，直至宣和初年才结束。据《宋史》记载："蔡京用事，复务拓土，劝徽宗招纳青唐，用王厚经置，费钱亿万，用大兵凡再，始克之，而湟州戍兵费钱一千二十四万九千余缗……自夏人叛命，诸路皆谋进筑，陕以西保甲皆运粮。后童贯又自将兵筑靖夏、制戎、伏羌等城，穷讨深入，凡六七年。至宣和末，馈饷空乏，鄜延至不能支旬月。"②又据崇宁五年（1106）八月知凤翔府冯澥上书说："臣窃以湟、廓、西宁三州，本不毛小聚，大河之外，

---

① ［宋］余梦莘：《三朝北盟会编》卷九十七引《宣和录》，《文渊阁四库全书》第350—352册。

② 《宋史》卷一百七十五《食货志上三·和籴》，第4247—4248页。

无所限隔。陛下空数路，耗内帑，极生灵膏血而取之。复获以来，何尝得一金一缕入府库，一甲一马备行阵？而三州岁用以亿万计。仰之官也，而帑藏已空；取之民也，而膏血已竭；有司束手，莫知为计。塞下无十日之积，战士饥馁，人有菜色。”①

宋廷为了开边，还发兵去征服四川、广西等地的西南少数民族地区。在“夔、峡、岭南不毛之地，草创郡邑，调取于民，费用出于县官，不可胜计”。

至宣和四年（1122）冬宋金联合攻辽期间，童贯用辽国降将郭药师去打燕京，当时宋廷提供郭药师“常胜军”的粮饷，“计口给钱廪，月费米三十万石、钱一百万缗，河北之民力不能给”②。后来，宋廷为了从金军手中收回燕京，又答应每年付金国100万贯代税钱。宣和七年（1125），“燕山大饥，父母食其子，至有肩死尸插纸标于市售以为食。钱粮金帛率以供常胜军，向之牙兵皆骨立，而戍兵饥死十七八”③。为此，当年二月宋廷又“诏京师运米五十万斛至燕山”④。

徽宗、钦宗时期，全国军队究竟有多少人？因军政腐败，兵籍混乱，甚至不登兵籍，没有一个确切的统计数据。神宗元丰年间（1078—1085），共有禁军、厢军83.997万人。哲宗元祐七年（1092）军队人数增至85万人。哲宗绍圣、元符间军队人数无准确记载，从各种迹象估计当在100万

---

① 《长编拾补》卷二十六，宋徽宗崇宁五年癸未，第303页。《长编纪事本末》卷一百四十《收复鄯廓州》。

② 《宋史》卷一百七十五《食货志上三·和籴》，第4248页。

③ 《长编拾补》卷四十九，宋徽宗宣和七年正月记事注引《奉使行程录》，第497页。

④ 《宋史》卷二十二《徽宗纪四》，第415页。

人以上。徽宗时期，未见裁减军队，而拓边进筑时间较长，又连续发生对夏战争、镇压方腊起义和对辽、金作战等大规模军事行动，故军队人数只会增多，不会减少。事实正是如此。如以禁军论，崇宁元年（1102）九月，荆湖北路增置靖安军；十月，川峡置安远军；此外，这一年湖北为征讨辰、沅、山摇，招募施、黔州土丁，每州700人。崇宁三年（1004）三月，鄯州置水军，又枢密院乞增置府界、京东西路步军，荆湖南路置雄略军；十月，京东西、河东北、开封府界创置马步军5万人，马军名崇捷、崇锐军，步军名崇武、崇威军，共支用常平、封桩等钱280万多贯。因蔡京上言今拓地广应增加戍兵，崇宁四年（1105）九月徽宗下诏招崇捷、崇武军10万人；十一月，广西路置宁海军刀牌手300人；十二月，徽宗又下诏京师四辅兵力各以2万人为额。崇宁五年（1106），环庆进筑安边城，置蕃落马军、保捷步军。大观元年（1107）五月，延安置钱监兵；闰十月，靖州置宣节军；十一月，两浙各增置禁军。宣和三年（1121），增置严州成果禁军。宣和四年（1122）正月，两浙东路温、处、衢、婺州不系将禁军6指挥招置增为10指挥，共5000人；台州招置不系将禁军1指挥。由于自政和以来宋廷大兴土木建造各种宫观苑囿，工役日兴，厢兵招募也有增多。如政和五年（1115），广固4指挥各增500人，以备京城之役。六年三月，增置通济兵2000人，备御前牵挽纲运。至于保甲人数也不少，政和三年（1113）八月，诸路团成保甲者61万余人。由于军官对士兵的奴役和剥削，徽宗后期士兵大批逃亡，但宋廷又严令各路大批招补，军队总人数并未减少。从宣和四年（1122）三月徽宗下诏“遣枢密院使童贯领兵百万收复幽燕地”[①]看来，仅派去收复幽燕的一支部队即达百万人，再加上京畿和各路驻军，宣和年间（1119—1125）全国正规部队人数当有一百几十万人，甚至可说超过北宋任何时期。只是宋朝官府只顾大量招兵，却不重视平日的管理与训练，士兵战斗力极差。

兵员增加，朝廷支付的军饷赏赐也就相应增多。宋代对军人的供给，除钱粮衣服等基本军俸外，还有招刺利物、郊祀赏赐、节日特支钱、防寒钱、戍卒银鞋钱、薪草钱、转军钱、军功赏钱、口券（支钱粮）等。朝廷花在每一个士兵身上的钱物可说不少，但由于军官的剥削侵夺，士兵很穷。为了能使士兵维持生活，国家必须花更多的钱粮。如仅从京师吏禄兵廪的支出来看，徽宗时期的费用远远多于哲宗时，元祐三年（1088）月支 50 万余贯，绍圣初年月支 40 万余贯，崇宁年间（1102—1106）增至 60 万贯[②]，政和二年（1112）又增至 68 万余贯[③]（额定岁支 820.8 万贯），至宣和年间（1119—1125）竟高达月支 120 万贯[④]。这仅仅是京师一地，全国所费之巨可想而知。崇宁间，还有一种情况增加了军饷开支。蔡京为了排挤军中的异己将帅，“欲阴结环卫及诸士卒，乃奏皇城铺兵月给食钱五百者，日给一百五十，自是，每月顿增四贯五百，欲因以市私恩也”[⑤]。军赏的费用也极大。如据童贯说，宋在收复青唐过程中，“每一次犒赏，得金盂重五十两者比比皆是”[⑥]。又如，宣和三年（1121），宋廷为了镇压方腊起义，曾悬赏称：“生擒或杀获

① 《长编拾补》卷四十四，宋徽宗宣和四年正月癸酉记事注文，第 452 页。
② ［宋］周辉：《清波别志》卷中，《文渊阁四库全书》第 1039 册。
③ 《宋会要辑稿》食货五一之三八。
④ 《建炎以来朝野杂记》甲集卷十七《国初至绍熙中都吏禄兵廪》。
⑤ 《宋史》卷一百九十四《兵志八・廪给之制》，第 4845 页。
⑥ ［宋］费衮：《梁溪漫志》卷六《青唐燕山边费》，《文渊阁四库全书》第 864 册。

为首方十三（方腊），白身特补横行防御使，银、绢各一万匹两，钱一万贯，金五百两。次用事人……银、绢各五千匹两，钱五千贯，金三百两。有名头首……银、绢各一千匹两，钱三千贯，金一百两。”[①] 此外，还规定：凡能杀得起义军首级者，除予以升职外，“其余一级合支绢七匹”[②]。

北宋末期军队人数很多，而大部分屯驻在陕西、河东、河北边境地区，军需钱物主要靠朝廷调拨和输送。如元符三年（1100）八月，出内库金帛200万籴陕西军储。建中靖国元年（1101）二月，又出内库及诸路常平钱各百万，备河北边储。同年，右司员外郎陈瓘在进《国用须知》时说，他在知无为军时，朝廷为筹集边费，竟“一年之内连下五敕，而天下诸路三十年蓄藏之物皆已运于西边”[③]。输往边区的军粮，不仅数量多，而且路程远，运费大。如大观二年（1108），“西辅军粮，发运司岁拨八万石贴补……所运渐多，据数增添铺兵”。靖康元年（1126）十月，钦宗下诏说：“一方用师，数路调发，军功未成，民力先困。京西运粮，每名六斗，用钱四十贯；陕西运粮，民间倍费百余万缗，闻之骇异。”[④]

军人多，战争多，所需武器装备必然也多。熙丰变法时设置军器监，所造兵器精良，成本低。元祐更化废除军器监后，兵不犀利，崇宁初，诏令诸路都作院创造修治。根据蔡京的主意，宋廷下诏，要求河北制造50将兵器，且制兵车万乘。所谓“将”的人数各有多少，平均每将约5000人，要制造50将约25万人使用的兵器，数量十分庞大。同时，由于宋代作战

① 《长编纪事本末》卷一百四十一《讨方腊》。
② 《宋会要辑稿》兵一八之二三。
③ 《长编拾补》卷十八，宋徽宗建中靖国元年八月壬子，第213页。
④ 《宋史》卷一百七十五《食货志上三·漕运》，第4257页。

方式早与古代不同，兵车已不实用，可是车“未造则有配买物材、顾差夫匠之扰；既成，又难运致，则为诸路之患有不可胜言者矣”[①]。大观二年（1108）八月，提举御前军器所竟奏请下诸路买牛角40万只、牛筋10万斤，这就要杀20万头牛，对农业生产力的破坏该有多大！政和六年（1116）宋廷批准军器少监邓之纲的请求，以河北、陕西路为首，令各路更新所有武器，邓之纲因此而升官为军器大监。政和七年（1117）徽宗竟御笔令武库“修军器一亿万，其中箭镞五千余万”，如此浩大的工程，按常规需70年才能毕工，徽宗却限3年完成。徽宗还旌赏制军器有功的官员，于是各地官员蒙上欺下，“工造不已而较数尝阙，缮修无虚岁而每称弊坏”。[②]钦宗靖康初（1126），兵器极缺，虽屡下诏书，严立赏刑，而仍无补于事，终于酿成了亡国之祸。

此外，马匹的多少和强弱，对作战的胜败有着很大影响。哲宗“绍述新政”时，实行给地牧马法，但效果很差。至徽宗崇宁元年（1102），给地3007.33顷，只养马1829匹，得不偿失。于是，大观二年（1108）下诏立赏整顿，但大观四年（1110）即停罢京东西路给地养马。政和二年（1112）再诏诸路复行给地牧马。宣和二年（1120），徽宗下手诏说：“给地牧马，议者本以蕃息国马为言，今损失动以千计，而自法行至今，皆无出驹之数，岁縻赏赉，蠲除租税科调，而赋敛日以不均，为害非一。”[③]于是又罢给地牧马条令，把牧地全部收回赐给各苑囿及道宫，为大兴土木修建之用，并将所牧官马9万匹尽给童贯及陕西缺马诸军，而这些马因未能得到妥善养

① 《宋史》卷一百九十七《兵十一·器甲之制》，第4919页。
② 《宋史》卷一百九十七《兵十一·器甲之制》，第4920页。
③ 《文献通考》卷一百六十《兵考十二·马政》，第4790页。

护，死者十八九。给地牧马不行，宋廷便鼓励官员买马，有功者升官。官员们为贪赏，以多买马充数，却不顾马的质量。宋金战争爆发后，急需战马。宣和六年（1124），宋廷立赏复行给地牧马，但这时既无马又无田给民，州县便强迫民众出马牧养。金兵攻宋京城，宋廷诏括内外马，不及二万，宋军大败，马被全歼。

（二）官员俸禄

在北宋末期的财政支出中，给予官员的俸禄及赏赐之多而滥非常突出，这既是官员腐败的原因，也是官员腐败的结果，它不仅是个财经问题，更重要的还是一个政治体制的问题。

北宋冗官之多，至徽宗时达到了最高峰。徽宗即位之初，官僚队伍已经十分庞大，宰相蔡京为了结党营私，培植亲信，又滥封官爵。如，他以"绍述新政"为名，设置讲义司，"官吏数百人，俸给优异，费用不赀"①。又如，"礼制局详议官至七员，检讨官至十六员，制造局至三十余员"。"又增置兼局、礼制、明堂、详定《国朝会要》《九域图志》《一司敕令》之类，职秩繁委，廪给无度。""吏禄泛冒已极，以史院言之，供检吏三省几千人。"此外，崇宁年间（1102—1106），坑冶铸钱司也是"内外冗官颇多，不能振举事，徒费禄廪"②。大观末、政和初，"吏员冗溢，节度使至八十余员，留后、观察下及遥郡刺史多至数千员，学士、待制中外百五十员"③。再如，神宗时只设医官4员，"及宣和中，自和安大夫至翰林医官，凡一百十七

① 《独醒杂志》卷九，第81页。
② 《宋会要辑稿》职官四三之一二二。
③ 《宋史》卷一百七十九《食货志下一・会计》，第4361页。

人，进局至祗候，凡九百七十九人，冗滥如此”[①]。宣和元年（1119），有臣僚上奏："今吏部两选朝奉大夫至朝请大夫六百五十五员，横行右武大夫至通侍二百二十九员，修武郎至武功大夫六千九百九十一员，小使臣二万三千七百余员，选人一万六千五百余员。吏员猥冗，差注不行。"[②]据此，不包括吏员在内，宣和初选人、小使臣以上官员共有48075人。仅自重和元年（1118）七月至宣和元年（1119）三月，升官论赏者5000余人。宋徽宗时究竟共有多少官员？记载零散，无法进行准确统计。据大观三年（1109）御史中丞张克公说："今官较之元祐已多十倍，国用安得不乏。"[③]元祐三年（1088）尚书吏部四选官共34000余人。张克公说大观时官员比元祐时多10倍，必有他的依据，因为他不能向皇帝乱说，但不知他所比的是哪一级官员。

徽宗时，不仅官员人数多，而且俸禄特别优厚。徽宗即位后，官员俸禄制度的变化主要表现在料钱、衣赐、禄粟、外路本职添支以外津贴的增广上。据《宋史》载："元丰改官制，在京官司供给之数，皆并为职钱，视嘉祐、治平时赋禄优矣。（蔡）京更增供给、食料等钱，于是宰执皆然……初，宰执堂食亦皆有常数，至是，品自猥多，有公使、泛支之别，台、省、寺、监又增厨钱。"[④]又据《文献通考》载："三省、密院吏员猥杂，有官至中大夫（正五品），一身而兼十余俸者，故当时议者有'俸入超越从班，品秩

---

① 《容斋三笔》卷十六《医职冗滥》，见《容斋随笔》本，第482页。

② ［宋］洪迈：《容斋续笔》卷四《宣和冗官》，见《容斋随笔》本，第209页。

③ 《宋史》卷一百七十九《食货志下一・会计》，第4359页。

④ 《宋史》卷一百七十九《食货下一・会计》，第4360—4361页。

几于执政’之言。”[①]“一身兼十余俸”指官员每兼一职就可多得一份供给、食料钱等津贴。崇宁四年（1105），宰相赵挺之曾规定兼职不得过三，遭到贪官们的反对。后来，滥发津贴愈加发展：三省礼房官处置学制事、工房官处理坑冶事、尚书吏部郎官处置官员名册事、尚书礼部郎官处置祥瑞事、转运司官采买建造、常平司官参与水利工程、州县官谋划修城办学等事，都要额外支给津贴。[②]蔡京本人在“仆射俸外，又请司空俸”[③]，属于重复领薪，蔡京的月俸超过万贯。宣和二年（1120），由于臣僚的进谏，徽宗才下诏恢复元丰旧制。而实际上官员的厨钱仍在发放：“六部尚书而下职事官，分等第支厨食钱，自十五贯至九贯凡四等。”[④]大观中，又在《嘉祐禄令》已有添支的基础上新增添支米麦，又以较高数额的贴职钱来取代原先的添支钱。此外，徽宗时的公使供给也大幅度膨胀。公使供给是指供官员办公时的伙食、茶酒及其他杂物。熙宁至元丰间只有少数地方有过几次公使供给，徽宗时普遍增添，知州、通判所得数倍，甚至高达千贯，后来虽稍加控制，数额仍然很大。大观中，又下诏增立学职公使钱，公使钱只给外任官，但曾任执政官以上的内任官并给：“观文殿大学士曾任宰相，钱一千五百贯；观文殿学士、资政殿大学士、资政殿学士、端明殿学士，曾任宰相、执政官一千贯，余七百贯；龙图、天章、宝文、显谟、徽猷阁学士、直学士、待制，枢密直学士及大中大夫以上，五百贯，已上兼安抚、经略使或

---

① 《文献通考》卷二十四《国用考二》，第 709 页。
② 《宋会要辑稿》职官五七之六〇。
③ 《文献通考》卷六十五《职官考十九·禄秩》，第 1966 页。
④ 《宋史》卷一百七十二《职官志十二·奉禄制下》，第 4142 页。

马步军都总管、兵马都钤辖，各加钱一百贯。”① 学职多为兼职，学职公使钱其实是给予高官的又一种变相津贴。除了官员的俸钱、职钱之外，又有官员随从人员的衣粮，而且随从人员又多达数十人至百人。衣粮之外，又有随从餐钱。此外，又有茶酒厨料之给，薪蒿炭盐诸物之给，饲马粟刍之给，米面羊口之给。外官别有公用钱，多者高达 2 万贯。官员还有职田，多者达 40 顷。选人使臣无职田，别给茶汤钱。北宋立朝以来，一向优待官僚，这正如清代学者赵翼指出的："恩逮于百官者惟恐不足，财取于万民者不留其有余，此宋制不可为法也。"②

官员们所享受的除了俸禄外，更有无穷的赏赐。徽宗时，赏赐花样之多、规格之高和费用之大，超过了北宋任何时期，此处无法一一详述，现仅举数例以见一斑。赏赐费用最大的当首推赐给大臣第宅。据大臣余应求说："近年以来，赐第之家，相望于京师。"③ 如，"蔡京赐第有六鹤堂，高四丈九尺，人行其下，望之如蚁"④。政和七年（1117），淮南转运使张根上奏说："今群臣赐一第，或费百万。臣所部二十州，一岁上供财三十万缗耳，曾不足给一第之用……其次如田园、邸店，虽不若赐第之多，亦愿日削而月损之。如金帛好赐之类，亦不可不节也。又其次如锡带，其直虽数百缗，亦必敛于数百家而后足，今乃下被仆隶。"⑤ 徽宗赐给大臣的金银数量也很大。如，崇宁元年（1102），徽宗因对陈瓘的奏言有好感，密赐其

① 《宋朝大诏令集》卷一百七十八《允户部尚书详定一司敕令左肤乞立学士至直阁以上贴职钱御笔（大观二年五月十三日）》。

② ［清］赵翼：《廿二史札记》卷二十五《宋制禄之厚》，中华书局 1984 年版，第 524 页。

③ 《宋名臣奏议》卷一百五十，余应求《上钦宗条画利害》。

④ ［宋］陆游：《老学庵笔记》卷五，《文渊阁四库全书》第 865 册。

⑤ 《宋史》卷三百五十六《张根传》，第 11218—11219 页。

黄金百两。徽宗初立时，拟召范纯仁入京，“遣中使赐银绢各五百”①。建中靖国元年（1101），前宰相范纯仁死，赐白金3000两。北宋末，张克戬守汾州兵败自杀，赐银300两、绢500匹。此外，如赐臣下金带，其值也达数百贯。蔡京也随意支赏，如史院供检吏三省几千人，他批字条于榷货务支赏给，“有一纸至万缗者”②。朝廷还常在各种节庆日设宴让官员们大吃大喝。如每逢徽宗诞辰十月初十天宁节，令外路州军赐宴，诸州用公使钱和别给系省钱充用，各路许支监司钱物排办，“遂于一郡之间连日宴设”，“一筵之馔有动及数百千者，浮侈相夸，无有艺极”。③ 徽宗甚至下诏规定：每遇天宁节设宴，发运司、转运司每司给钱三百贯，其余各司给二百贯。于是，官员用公款吃喝遍及全国。

（三）宫廷靡费

宫廷靡费之多早在徽宗即位之初就已存在。仅以宗室的支费来说，熙宁中，宗室月俸7万余缗④，至崇宁初，“皇支寖繁，月给俸料钱几十数万”⑤，比熙宁时大为增加。同时，修建宫殿常用大量黄金装饰。崇宁元年（1102）五月，据提举后苑修造所上奏：“内中殿宇修造合用金箔五十六万七千片。”⑥徽宗即位之初，曾多次下诏提倡节约。但不久，在蔡京“丰亨豫大”之说的鼓动下，徽宗设置应奉司、御前生活所、营缮所、苏杭造作局、御前人船所，开始大兴土木，大肆营建，恣意享乐，各种靡费都达到天文数字。

① ［宋］邵伯温：《邵氏闻见录》卷十四，中华书局1983年版，第156页。
② 《宋史》卷一百七十九《食货志下一·会计》，第4362页。
③ 《长编拾补》卷四十九，宋徽宗宣和七年九月庚午记事及注文，第504—505页。
④ 《能改斋漫录》卷十三《熙宁月俸》。
⑤ 《宋会要辑稿》职官五七之五二。
⑥ 《九朝编年备要》卷二十五，元符三年内侍郝随、刘友端条注文。

大兴土木建筑是为了满足皇室的奢侈享受。徽宗本是个书画家，自幼酷爱琴棋书画、花鸟鱼虫、山水奇石等，故蔡京常以花石讨好徽宗，以图升官。蔡京一当宰相，为迎合徽宗兴趣，便进一步搜罗各种奇花异石。尤其是新建宫殿、园池、台岗都要用花石装饰，于是“花石纲”应运而生。崇宁元年（1102）三月，命宦官童贯于苏、杭设造作局；崇宁四年（1105）十一月，派朱勔领苏、杭应奉局及花石纲。所谓“花石纲”，是指每年到苏、杭等地大量采买征集奇花异石及珍宝，组成一纲，长途运往京师。采买征集花石费用巨大。“一石之费，民间至用三十万缗。奸吏旁缘，牟取无艺，民不胜弊。”[①]“一竹之费，无虑五十缗。”[②]“一花费数千缗，一石费数万缗。”[③]朱勔等收买花石，“指内帑为囊中物，每一发取辄数十百万”，当地转运司等“空竭县官经常以为应奉，类以亿巨万计”。[④]征集范围除两浙路外，还有两广市舶进口珍品、灵璧太湖诸石、登莱文石、湖湘文竹、四川佳果异木之属，可见征集地域波及京东、湖湘、西蜀。宣和二年（1120），王黼当政，变本加厉，在京师也设应奉局，“中外名钱皆许擅用，竭天下财力以供费”[⑤]。此时，西城所也强敛民财，发物供奉甚至超过朱勔，“如龙鳞薜荔一本，辇致之费逾百万”[⑥]。总之，“御前财物、东南诸司钱、燕山免夫钱，

---

① 《宋史》卷一百七十九《食货志下一·会计》，第4361页。
② ［宋］汪藻：《浮溪集》卷二十四《朝散大夫直龙图阁张公（根）行状》，《文渊阁四库全书》第1128册。
③ ［宋］赵彦卫：《云麓漫抄》卷一，《文渊阁四库全书》第864册。
④ 《东都事略》卷一百六《朱勔传》。
⑤ 《宋史》卷四百七十《佞幸·王黼传》，第13682页。
⑥ 《宋史》卷四百六十八《宦者三·杨戬传》，第13665页。

悉为花石什物之费，前后蠹耗，不可胜极，遂使国家财物，内外一空”[①]。

徽宗在位26年，他先后下诏修景灵宫，建崇宁寺，铸造九鼎，建明堂，起大晟府，做葆真宫，凿大伾三山，创天成、圣功二桥，扩建京城宫室，造延福宫、龙德宫，做艮岳（后改名万岁山、寿岳），修神保观等。这许多工程规模都很大。如凿大伾三山、修河桥，曾调役夫数十万，以致民不聊生。建明堂，开局兴工，也日役万人。又如宋昪“治宫城，广袤十六里，创廊屋四百四十间，费不可胜。会髹漆，至灰人骨为胎，斤直钱数千”。宋昪又奉命“补治三陵泄水坑涧，计役四百九十万工”。[②] 至于延福宫内，有七殿及东西各十五阁，还叠石为山，凿池为海，养鹤、鹿、孔雀、翠鸟等各种动物数以千计。[③] 工程最大的还要算万岁山。周围十余里，“尽工艺之巧，无以与比。运四方花石积累二十余年，山林高深，千岩万壑，麋鹿成群，楼观台殿不可胜纪”[④]。

徽宗迷信道教，后期更甚。政和三年（1113）、七年（1117），他曾两次编造天神降世谎言，称自己是上帝的长子降世。为此，他大建道教宫观，“竭国力而经营之”[⑤]。京师先后建玉清和阳宫（后改称玉清神霄宫）、上清宝箓宫、西太一宫、通真宫等，规模都很宏大。同时，徽宗又令各地也修建道观，并各赐拨大量田地。徽宗经常举行大规模的道教活动，极其铺张浪费。许多真、假道士以及官员，乘机大捞油水。政和七年（1117）

① 《长编拾补》卷五十四，宋钦宗靖康元年三月甲午，第555页。
② 《宋史》卷三百五十六《宋乔年传》附《宋昪传》，第11208页。
③ 《容斋三笔》卷十三《政和宫室》，见《容斋随笔》本，第455页。
④ 《九朝编年备要》卷二十八，徽宗政和七年十二月。
⑤ 《九朝编年备要》卷二十八，徽宗政和七年四月。

二月，徽宗命道士林灵素在上清宝箓宫宣讲清华帝君夜降宣和殿之事，有2000多个道士参加。同月，徽宗又在上清宝箓宫举办“千道会”，命林灵素讲道经。从此每设大斋，费钱数万贯。重和元年（1118）十月，徽宗到上清宝箓宫传度玉清神霄秘箓，与会者800人。同月，徽宗还设道官26等、道职8等。“道士有俸，而斋施动获千万，每一宫观给田亦不下数百千顷……衣玉石者几二万人。一会殆费数万缗，贫下之人多买青布幅巾以赴之，日得一饫餐，而衬施钱三百。”① 其实，在被徽宗召进宫来的大量道士中，也不乏骗子或无赖，他们借着皇帝的迷信，索取各种财物，连官吏也不敢得罪他们，“月给币帛、朱砂、纸笔、沉香、乳香之类，不可数计，随欲随给”②。而各路州县官也按照惯例，要在每年十月十日天宁节启建圣寿道场满散之日，连日设宴大吃大喝，一桌筵席有用钱数百千的。《宋史·徽宗纪》中说徽宗崇奉道教为“溺信虚无”，“困竭民力”。③ 这是一点也不错的。

（四）其他费用

北宋末期的财政支出中，除了军费开支、官员俸禄、宫廷靡费这“三冗”费用占了极大部分之外，还有国家职能中应有的其他正常开支，如兴学支费，农田水利、公共工程及官工商业支费，灾年免税及赈济等支出。按理这许多国家职能应有的开支事关生产和民生，应是财政支出的主体，可是由于朝政的腐败，“三冗”消费浩大，这多项应有开支却只占了全部财政支出的十分之一，而且朝廷还难以应付，这是一种非常不正常的现象，也

① ［元］佚名：《宋史全文》卷十四引蔡絛所记，《文渊阁四库全书》第330册。
② 《老学庵笔记》卷二。
③ 《宋史》卷二十二《徽宗纪四》，第418页。

是造成国势贫弱和引发通货膨胀的重要原因。有关北宋末期“三冗”消费以外的其他开支，项目繁多，情况复杂，难以一一详述，现在只能略举数例，希望能窥一斑而见全豹。

先看兴学支费。崇宁初，全国州、县皆设学校。据统计，崇宁三年(1104)，“天下教养人士为二十一万余员，为屋九万二十余楹，费钱三百四十万缗，米五十五万余石”，但仍“学宇卑陋，食饮疏薄”[①]，可见国家用于官学的钱物不很充裕。大观元年（1107），全国24路教养大小学生167622人，所用学粮337944斛，以钱计算为2678787贯，学田105990顷，用屋155454楹。[②]这数据在强调“丰亨豫大”政治背景下，疑有夸大之处。而实际上这些钱粮大部分来自学田租，少部分来自添酒钱及地方杂项收入，通常不计入国家财政。

再看农田水利支费。在土地实行私有制的宋代，兴修农田水利所用的劳力和钱财，一般都是由民间受益户承担，不费国家财务。如政和四年（1114），工部上奏请修江州至真州古运河道，奏文中说：“乞依……已兴政和圩田例，召人户自备财力兴修，更不用官钱粮。”[③]但是，当赋税苛重和天灾频仍之时，民户因贫困而无力兴修水利，官府也会支用常平钱米、地方非系省收入、系省或上供财赋以助修。如政和六年（1116），为清除

① 《长编拾补》卷二十四，宋徽宗崇宁三年十一月丙申条及注文，第281页。《宋会要辑稿》崇儒一之七。

② ［宋］葛胜仲：《丹阳集》卷一《乞以学书上御府并藏辟雍札子》，《文渊阁四库全书》第1127册。

③ 《宋会要辑稿》食货六一之一〇四。

平江府一带积水调用本路诸州钱 10 万贯。[①]

治河所用物资只有部分列入财政岁计。崇宁二年（1103），浚吴淞江自大通浦入海，“计工二百二十二万七千有奇，为缗钱、粮斛十八万三千六百”[②]。治河的人力主要是差用百姓即所谓“春夫”承当，也部分地使用厢军。北宋末期向应征而不服役的百姓征收免夫钱，免夫钱征得很多，但极大部分不用在治河上。

修建桥梁、道路等公共工程，官府开支的主要是物料费用，劳力主要靠差用百姓和厢兵。政和四年（1114）修河南府天津桥，其人夫口粮宋廷令“于新收税钱内支拨粮米”[③]。政和元年（1111）至三年修缮滑州浮桥，计用“兵士八万一千余工，钱二十二万八千余贯”[④]。

至于官办工商业方面的支费，主要是盐茶矾本、坑冶铸钱本、市易市舶本。这也就是说，官营工商业必须先有资金的投入，能否获利要看经营是否得法而定。宋朝榷盐，为获取高额利润，常人为抬高盐的销售价和压低收购价。北宋末期，官府还常拖欠、克扣制盐亭户的盐本，以致亭户破产并引发食盐的走私盗卖。徽宗时茶法多变，崇宁初复行禁榷，由官府买卖茶货。但官买茶叶常缺本钱，如，崇宁二年（1103）尚书省言：“建、剑二州茶额七十余万斤，近岁增盛，而本钱多不继。”结果，宋廷下诏“给度牒、末盐钞、诸色封桩、坊场常平剩钱通三百万缗”为茶本。[⑤] 又宋代

① ［宋］范成大：《吴郡志》卷十九《水利》，《文渊阁四库全书》第 485 册。《宋会要辑稿》食货六五之一〇五。

② 《宋史》卷九十六《河渠志六·东南诸水上》，第 2384 页。

③ 《宋会要辑稿》方域一三之二四。

④ 《宋会要辑稿》方域一三之二五。

⑤ 《宋史》卷一百八十四《食货志下六·茶下》，第 4506、4502 页。

各地铸钱监铸造钱币也需要支付本钱。徽宗时铸钱成本很高，甚至得不偿失。蔡京当政铸造当十大钱，“盖昔者鼓冶凡物料火工之费，铸一钱凡十得息者一二，而赡官吏、运铜铁，悉在外也，苟稍加工，则费一钱之用，始能成一钱。而当十钱者，其重三钱，加以铸三钱之费，则制作极精妙乃得大钱一，是十得息四矣”①。以前铸造小平钱，铸造一钱需成本一钱，无利可图。蔡京铸造当十大钱从表面上看成本 6 钱，获利 4 钱，但这是一种虚值大钱，会引发通货膨胀，害民不浅。又据当时人杨时说：“今钱一千重六斤，铜每斤官买其直百钱，又须白镴和之乃能成钱，除火耗挫磨损折，须六七斤物料乃得一千。铜自涔水、永兴数千里运至，其脚乘又在百钱之外，薪炭之费，官兵廪给，工匠率分，其支用不赀，细计千四五百钱本方得一千。何利之有？”② 杨时的计算虽不够精确，但当时铸钱亏本却是事实。此外，市易、市舶经营也要投入成本。崇宁中，继续推行市易法，市易务出贷给商人及贸迁物货都须准备本钱。市舶抽解、和买，也须支价。如，“宣和七年以度僧牒给舶司为折博本，广南、福建、两浙五百至三百各有差”③。

此外，当发生天灾时，蠲放赋税和赈济灾民，也是国家职能中应有之义。徽宗时，自然灾害较多，朝廷不得不发放钱粮去救济或安顿灾民和穷人，而且平时也必须有常平钱粮的储备。如崇宁二年（1103）五月，“两川以坊场钱岁数万缗，朝廷拨充陕西常平”④。政和四年（1114），两浙“蠲

---

① 《文献通考》卷九《钱币考二》引蔡絛《国史补》，第 241 页。
② 《龟山集》卷四《论时事札子》。
③ 《文献通考》卷二十《市籴考一》，第 590 页。
④ 《长编拾补》卷二十一，宋徽宗崇宁二年五月丙申，第 251 页。

除岁赋不下三四十万硕”[①]。崇宁年间(1102—1106),蔡京置居养院、安济坊、漏泽园，收养穷人。他为了在政治上作秀，“给常平米，厚至数倍。差官卒充使令，置火头，具饮膳，给以衲衣絮被。州县奉行过当，或具帷帐，雇乳母、女使，糜费无艺，不免率敛”[②]。收养穷人的费用，最后仍转嫁至了广大百姓身上。

从总体看来，北宋末期，国家用于发展经济和改善民生方面的财政支出，远远少于军费开支、官员俸禄和宫廷靡费，这是当时朝政腐败的具体表现，也是北宋王朝走向衰亡的重要原因。

（五）财政危机

北宋末期国家财政收支的情况原本就是一笔糊涂账。还在建中靖国元年（1101），朝廷曾下诏命诸路转运司以岁入财用置都籍，定诸州祖额，并将财用之盈余和亏额，登记于籍。崇宁元年（1102），又令诸路将一年钱谷收支的项目与数量上报户部，以便户部据诸路财赋的盈亏加以赏罚。崇宁二年（1103），对欠负上供钱物的官吏分等科罪，上供不及九分者判徒刑，欠负更多者再加刑，并要求在年初将第二年的预算申报户部。但是朝廷的诏令并未能得到很好的执行。直到大观三年（1109），诸路转运司上告财政困乏。朝廷命户部编次一年财用出纳之数，诸路州县各为都籍，以待考查；工部也要严格遵守账籍之法；又令诸路将三十年以来每年收支及泛用之数条列造册。可是“比部掌勾稽天下文账，吏习偷惰，自崇宁至政和，稽违积数凡二千六百七十有余”[③]。虽然账目不清，但通过对各种

① 《宋会要辑稿》食货六一之一〇五。

② 《宋史》卷一百七十八《食货志上六·振恤》，第4339页。

③ 《宋史》卷一百七十九《食货志下一·会计》，第4359页。

具体迹象的考察，做出北宋末期国家财政入不敷出并已发生严重危机的判断可以确定无疑。

早在“元祐更化”期间，由于理财不当，用尽了熙宁、元丰以来的所有积蓄，国家财政已经入不敷出。哲宗“绍述新政”后，财政状况仍然未能得到改善。徽宗承接了这么一个财政烂摊子，虽曾一度想实行节约，但直到崇宁二年（1103），仍然是“国之经费，往往不给”①。

徽宗建中靖国元年（1101）八月，右司员外郎陈瓘在进《国用须知》中曾经指出：宋夏战争虽已结束，“而天下诸路三十年蓄藏之物皆已运之于西边”，所以“今日朝廷之计，正已乏财为患”。②同时，原来准备用于募士威敌以巩固国防的内藏库财物，也因管理不善被侵用耗减。国家财政已如此困难，崇宁元年（1102）蔡京当了宰相后，却开始搜求“羡财”，以供其奢侈享乐。他任用其亲信胡师文为发运使，将用于籴买储备粮的数百万贯本钱充作上贡供其消费。胡师文带了头，其他地方官纷纷仿效，“时有进献，而本钱竭矣；本钱既竭，不能增籴，而储积空矣”③，漕运也就无粮可以搬运上京。

元符末宋夏停战后，取得了和平环境，宋廷本应集中精力去发展国内经济，而徽宗却听从蔡京之流的主张，又于崇宁二年（1103）兴兵去攻打青唐地区，并再次向西夏境内拓边进筑。结果，虽然宋军占领了湟、廓、鄯三州，“而三州岁用以亿万计，仰之官也，而帑藏已空，取之民也，而

① 《宋史》卷一百七十九《食货志下一・会计》，第4358页。
② 《长编拾补》卷十八，宋徽宗建中靖国元年八月壬子，第213页。
③ 《文献通考》卷二十五《国用考三》，第748页。

膏血已竭，有司束手莫知为计，塞下无十日之积，战士饥馁，人有菜色”[①]。至大观中，军费开支之大，使北宋王朝始终处在“军须匮乏”“边备缺然”[②]的困境。这正如毛注说的，因“边事数兴，而国力大匮”[③]。

崇宁后，对外战争已使国贫民穷，而蔡京却以为太平盛世已经到来，便以“丰亨豫大”之说鼓动徽宗应尽情享乐。他对徽宗说国库积有5000万贯钱币可供于消费。其实，对于一个国家来说，5000万贯钱币之积并不算多，何况它包括了自元丰以来历年的全部积蓄，熙丰变法期间仅钱币的年收入即达6000万贯。而且这些钱并不经用，如元符二年（1099）为引黄河东归故道，仅“治堤费公私财货何止亿万”。而蔡京却以为国家已很富足，便劝徽宗“内兴营缮，外拓境土，而又宦官专局应奉，及淫巧缮修与夫除戎器边患之费百端”[④]。蔡京“视官爵财物如粪土”，大量封官和大肆挥霍，结果使“累朝所储扫地”。[⑤]

大观时，宋廷“大兴土木营造，率欲度前规而侈后观”，务使豪华壮丽。为提供经费，蔡京竭力增加茶课税利，“岁以一百万缗进御，以京城所主之，于是费用寖广”[⑥]。以前左藏库月费缗钱36万贯，这时由于用度日繁，左藏库月费猛增到了120万贯。大观三年（1109），户部侍郎范坦上奏，“户部岁入有限，支用无穷，一岁之入，仅了三季，全仰朝廷应付。今岁支遣，

---

① 《长编拾补》卷二十六，宋徽宗崇宁五年八月癸未，第304页。
② 《宋史》卷三百五十六《张根传》，第11218页。
③ 《宋史》卷三百四十八《毛注传》，第11034页。
④ 《群书考索》后集卷五十四《财赋·财赋总论》。
⑤ 《宋史》卷四百七十二《蔡京传》，第13724页。
⑥ 《文献通考》卷二十四《国用考二》，第709页。

较之去年又费百万”[①]。可见，还在大观年间（1107—1110），国家财政已经出现赤字。

政和至宣和间，宋廷大兴土木营建和花石纲之役达到了高潮。朱勔为收买花石，发取内帑钱物动辄数十百万，“外计所蓄，虽封桩禁钱，无问名色悉取之”。同时当地转运等司为完成应奉任务，费钱“类以亿、巨万计”[②]。由于诸局务、应奉等司截拨上供，数额巨大，虽富庶的地区，也难以支付。宣和二年（1120），蔡京致仕，王黼当政，亲兼应奉局提领。他为了增加收入，竭力加强对人民的剥削，苛捐杂税无穷，“中外名钱皆许擅用，竭天下之财以供费”[③]。尽管如此，但仍“所入虽多，国用日匮”[④]。

宣和四年（1122），宋朝兴兵百万发动燕山战役，与金兵联合，欲从辽国夺回燕京各州。为了应付战争费用，王黼建议向百姓征收免夫钱，每夫征收 20 贯至 30 贯。“所得免夫钱，大凡六千二百余万缗。以二千万应副燕山。二千万桩管，然朝廷时时借用，及宣和七年春正月，惟六百万现在。余二千二百万有零，则莫知为何用，此实充应奉矣。”[⑤] 仅为应付燕山之役而征收免夫钱一项即 6200 多万贯，几乎占了当时财政岁入大部分，收入可谓巨大，但仍不敷开支。这是由于贪官污吏的作祟，宣和年间（1119—

① 《宋史》卷一百七十九《食货志下一·会计》，第 4359 页。
② 《东都事略》卷一百六《朱勔传》。
③ 《宋史》卷四百七十《王黼传》，第 13682 页。
④ 《宋史》卷一百七十九《食货志下一·会计》，第 4362 页。
⑤ 《三朝北盟会编》卷三十一引《北征纪实》。《宋史》卷一百七十五《食货志上三·和籴》记载：“天下并输免夫钱，夫二十千，淮、浙、江、湖、岭、蜀夫三十千。凡得一千七百余万缗。”以每夫征 20 至 30 贯并结合当时全国劳动人口计，应以共征得 6200 万贯为是。

1125）的财政管理非常混乱，不少钱甚至进了私人的腰包。如“是时天下财用岁入，有御前钱物、朝廷钱物、户部钱物，其措置裒敛、取索支用，各不相知。天下财赋多为禁中私财，上溢下漏，而民重困”[①]。长期以来，官僚们“假享上之名，济营私之欲”。如蔡京“所侵私，以千万计，朝论喧然”[②]。免夫钱2200万贯不知去向，虽说是充当了应奉，其实此中还存在许多难以说清的猫腻。又如钦宗靖康元年（1126），户部尚书聂山曾擅取元丰库北珠，遭到宰相吴敏的弹劾。

宣和七年（1125）二月，金兵灭亡辽国，于同年十月出兵侵宋，这对宋朝的财政又是一次严峻的考验。当时“一方用师，数路调发，军功未成，民力先困”[③]。至此宋朝的财政危机已经发展到了无可挽救的地步。在宋徽宗让位给钦宗时，“御前财物、东南诸司钱、燕山免夫钱，悉为花石什物之费，前后蠹耗不可胜极，遂使国家财物内外一空”[④]。当时的情况，正如大臣李光所说：“东南财用，尽于朱勔；西北财用，困于李彦；天下根本之财，竭于蔡京、王黼。名为供应，实入私室，公家无半岁之储，百姓无旬日之积。”[⑤]宋钦宗已无力回天，只能走上亡国之路。

三、剥削苛重与经济衰退

北宋末期巨大的“三冗”开支，使国家财政陷于困境。而朝政的腐败和以徽宗、蔡京为首的统治集团无限膨胀的贪欲，使他们不能通过开源节

① 《宋史》卷一百七十九《食货志下一·会计》，第4364页。
② 《宋史》卷一百七十九《食货志下一·会计》，第4362页。
③ 《宋史》卷一百七十五《食货志上三·漕运》，第4257页。
④ 《长编拾补》卷五十四，宋钦宗靖康元年三月甲午，第555页。
⑤ 《宋史》卷三百六十三《李光传》，第11336页。

流去改善财政状况，也不能通过轻徭薄赋以减轻人民负担去发展社会经济。相反，他们迷信权力，只是一味通过苛捐杂税去向人民搜刮，从而造成了生产衰退和财源的枯竭。更可悲的是生产愈衰退，官府的搜刮愈厉害。如此恶性循环，终于使国民经济走进了死胡同。尤其是到了宣和年间（1119—1125），金兵的入侵与各地人民的蜂起反抗，使北宋统治者穷于应付，更无心去发展经济以改善财政，等待他们的只能是亡国的命运。

（一）剥削苛重

由于宋朝从立朝时起，就采取“不立田制”“不抑兼并”的政策，因此土地兼并一直是宋代农村突出的社会问题，而且愈演愈烈。虽然在神宗熙丰变法期间，为了抑制土地兼并和克服地主瞒田逃税问题，曾经实施“方田均税法”，但并未获得完全成功，故哲宗“绍述新政”时不再推行。徽宗即位之初，再次打出了“绍述新政”的旗号。为了防止地主瞒田逃税，重新推行“方田均税法”，可是由于地主的阻挠和官吏的作弊，时行时停，终无成效。崇宁三年（1104）开始在京西、河北两路实施方田均税，立即谣言四起，有田者或贱价卖田，或砍伐桑柘以避税。七月，朝廷下诏先方量赋税最不均之县，如遇灾伤权罢。于是开封府即有州县官将丰收的县谎报为受灾，以避免方田；而有的县官为了立功受赏却将受灾的县谎报为丰收。崇宁五年（1106），朝廷因“切虑民间被方不均，公吏骚扰乞取难禁”[1]，诏罢方田。大观二年（1108）再行方田。虽然宋廷曾再三申明，方田只是为了均税，不是为了增税。但实际上方田后赋税“额外增添多至数倍，至

① 《文献通考》卷五《田赋考五》，第 114 页。

民间词诉不绝，渐至逃移”[①]。同时，在方田过程中，“有司推行怠惰，监司督察不严，贿赂公行，高下失实，下户受弊”[②]。更有甚者，方田官吏骚扰良民无所不至，“非特方田以增税赋，又且兼不食之山而方之，使出刍草之直，上户或增数百缗，下户亦不下数十缗，民户因此废业失所，饥莩者有之”[③]。于是，大观四年(1110)再罢方田。政和二年(1112)又行方田，“外路官吏不遵诏令，辄于旧管税额之外增加税数，号为‘蹙剩’，其多有一邑之间及数万者”[④]。更为严重的是，由于贪官污吏作弊，据宣和元年(1119)臣僚奏：由于“方量官惮于跋履，并不躬亲，虔州瑞金县有二百余亩方田方为二十亩者，有二顷九十六亩方为一十七亩者”；虔州会昌县有“租税十有三钱而增至二贯二百者，有租税二十七钱则增至一贯四百五十者”。[⑤]为此，宣和二年（1120）宋廷下诏，自今之后不再进行方田。总而言之，徽宗时期因“方田之高下土色不公不实，率皆大姓享其利而小民被其害，暴君污吏贪虐相资，诛求百出……元元穷蹙，群起为盗”[⑥]。结果是“豪右形势之家，类蠲赋役而移于下户，不特困弊民力致使流徙，常赋所入因此坐亏岁额至多”[⑦]。北宋末期的方田，不仅未有查出地主逃税隐瞒的土地，也未能增加国家的田赋收入，反而激化了社会矛盾，引起人民群众反抗。

在推行方田均税法失败的同时，徽宗时期出现了继仁宗以后的北宋

---

① 《长编拾补》卷二十八，宋徽宗大观二年六月壬午，第324页。
② 《长编拾补》卷二十九，宋徽宗大观四年二月癸巳，第329页。
③ 《长编拾补》卷二十九，宋徽宗大观四年十一月丁卯，第337页。
④ 《文献通考》卷五《田赋考五》，第114页。
⑤ 《文献通考》卷五《田赋考五》，第116页。
⑥ ［宋］杨尧弼：《伪齐录》卷上《刘豫传》，《四库全书存目丛书》史部第128册。
⑦ 《宋会要辑稿》食货四之一四。

第二次土地兼并高潮。当时以蔡京为首的大官僚、大宦官、大地主和大商人、高利贷者，利用自己的权势，竭力兼并土地。如，蔡京占有大量土地，仅永丰圩的圩田就有960顷。尤其是朱勔在主管花石纲时，巧取豪夺，凡“应造什物皆科于州县，所献才万分之一，余皆窃以自润”①，他的“田产跨郡连县，岁收租课十万余石，甲第名园几半吴郡，皆夺士庶而有之”②。王黼同样“凡四方水土珍异之物，苛取于民，进帝所者不能什一，余皆入其家”③，他也占有很多土地。蔡京等“六贼”究竟有多少土地，多到无法统计，后来在他们的财产被籍没时，直到南宋建炎、绍兴之际尚未卖完，其中仅朱勔被没收的土地就达30万亩。不仅官僚、豪强兼并土地，朝廷也强括民田为公田。政和六年（1116），宦官杨戬设立西城所，掠夺民田为公田，然后“度地所出，增立赋租”。这项夺田“始于汝州，浸淫于京东西、淮南北，括废提、弃堰、荒山、退滩及大河淤流之处，皆勒民主佃。额一定后，虽冲荡回复不可减”，连梁山泊也成为公田，“立租算船纳直，犯者盗执之。一邑于常赋外增租钱至十余万缗，水旱蠲税，此不得免”。宣和三年（1121），杨戬死，李彦继其职。他置局汝州，“凡民间美田……皆指为天荒……鲁山阖县尽括为公田，焚民故券，使田主输租佃本业，诉者辄加威刑，致死者千万”④。这次公开抢田，西城所共括得民田3.4万余顷。各地官府以措置农田水利为名，召佃立租，以供应奉。于是，“农亩困败，但能输公田钱，

① ［宋］王明清：《玉照新志》卷四，引胡舜申《乙巳泗州录》，《文渊阁四库全书》第1038册。
② ［宋］胡舜陟：《胡少师总集》卷一《再劾朱勔》，《续修四库全书》第1317册。
③ 《宋史》卷四百七十《王黼传》，第13682页。
④ 《宋史》卷四百六十八《杨戬传》，第13664页。

而正税不复有输”[①]。此外，寺院道观也占有大量土地，如“二浙、福建诸州寺院至千区”，“福州千八百区，秔稻桑麻，连亘阡陌”。[②]徽宗迷信道教，曾赐杭州洞霄宫土地，“政和中易赐膏田千顷”[③]。僧人、道士不劳而获，全靠剥削佃农生活。北宋末期，既然推行方田均税无效，因而土地愈集中于官僚、大地主手中，田赋的隐漏就愈多。为此，在北宋的财政收入中，两税始终不占主要地位。

两税收入无法增长，宋廷便通过赋税的“支移”“折变”以及收取免夫钱等办法来加强对农民的榨取。所谓“支移”，是官府要民户自费将税物运往外地缴纳，路途愈远，所费愈多。徽宗时，非法支移尤为突出。如，京西旧不支移，崇宁中改收地里脚钱。“脚钱之费，斗为钱五十六，比元丰既当正税之数，而反复纽折，数倍于昔，农民至鬻牛易产犹不能继。”[④]其实，这种非法支移，并不限于京西。所谓“折变”，是官府将应税之物折换成他物或高价折成钱币征收。并且征收之物往往弃其所有，责其所无，税户要高价去外地购买，所费更多。官收钱则高折价，官收粮则低折价。如大观二年（1108）孟州温县小麦每斗实值120钱，折科只给52钱，汝州汝阴县小麦每斗实值112钱，折科只给37钱。[⑤]如宣和三年（1121），“西蜀初税钱三百折绢一匹。草十围计钱二十，今本路绢不用本色，匹折草百五十围，围估钱百五十，税钱三百输至二十三千。东蜀如之”[⑥]。宣和七

---

① 《文献通考》卷七《田赋考七》，第179页。
② ［宋］张表臣：《珊瑚钩诗话》卷二，《文渊阁四库全书》第1478册。
③ ［宋］洪咨夔：《平斋文集》卷九《洞霄宫赐田记》，《文渊阁四库全书》第1175册。
④ 《文献通考》卷五《田赋考五》，第115页。
⑤ 《宋会要辑稿》食货七〇之二一至二二。
⑥ 《宋史》卷一百七十四《食货志上二·赋税》，第4213页。

年（1125）又有大臣上奏："访闻夏秋赋税巧立名目，非法折变。如绢一匹折纳钱若干，钱又折麦若干；以绢较钱，钱倍于绢，以钱较麦，麦又倍于钱，殆与'白著'无异。"[①] 总之，"折变之法，小估大折，名曰实直，巧诈欺民，十倍掊取"[②]。宣和六年（1124），宋金合力攻辽，宋财计不支，竟向全国百姓征收免夫钱，如不缴纳以军法从事。宋廷根据王黼建议，下诏曰："大兵之后，非假诸路民力，其克有济？谕民国事所当竭力。天下并输免夫钱，夫二十千，淮、浙、江、湖、岭、蜀夫三十千。"[③] 这次征收免夫钱共得 6200 万贯[④]，数额巨大，其中除 2000 万用于向金军赎买燕山空城，一部分用于花石纲支费之外，大部分去向不明，无疑进入了蔡京、王黼之流大贪官的私人腰包。

在北宋末期的财政收入中，盐、茶、酒的榷卖税利仍占了很大比重。

崇宁间实行盐钞法，许人用盐钞请盐。提举盐事司苛责州县卖盐，州县官不敢违抗，于是东南诸州各县强迫民户认购，"上户岁限有至千缗，第三等末户不下三五十贯，籍为定数，使依数贩易，以足岁额，稍或衍期，鞭挞随之。一县岁额有三五万缗，今用为常额，实为害之大者"[⑤]。崇宁间蔡京始变盐法，使商人先输钱请盐钞，然后赴盐产地领盐。但盐钞经常以旧换新，商人如输钱请钞后，"未授盐、复更钞；已更钞，盐未给，复贴输钱，凡三输，始获一直之货。民无赀更钞，已输钱悉干没，数十万卷一夕废弃，

① 《宋会要辑稿》食货九之一七。
② 《建炎以来系年要录》卷六十五，宋高宗绍兴三年五月乙巳记事引《伪齐录》。
③ 《宋史》卷一百七十五《食货志上三 • 和籴》，第 4248 页。
④ 《建炎以来系年要录》卷一引蔡絛《北征纪实》。
⑤ 《宋史》卷一百八十二《食货志下四 • 盐中》，第 4446 页。

朝为豪商，夕侪流丐，有赴水投缳而死者”[①]。政和年间（1111—1117）再更盐法，州县为增盐课，上下督促，“立赏至重，抑配者多，计口敷及婴孩，广数下逮驼畜，使良民受弊，比屋愁叹”[②]。又下诏“民间不愿请盐者，输盐钱十之六”[③]。而官府向亭户收购盐却只给很少的钱。如熙宁以前，每石米价六七百，盐价每斤六七十，即自古以来的所谓“斗米斤盐”。宣和四年（1122）米价已涨到每石 2.5 贯至 3 贯，而官府购盐每斤只给 60 文。[④]经过竭力搜刮，“政和六年盐课通及四千万缗，官吏皆进秩”[⑤]。

北宋末期的茶法，在蔡京主政时也不断变化，旨在多得茶利。崇宁初，在荆湖、江淮、两浙、福建七路仍行禁榷法，由官府在产茶州县置场买卖茶叶，禁止商人与园户私相交易，园户卖茶与官府，却不免茶租折税。崇宁四年（1105），罢官茶场，改行通商法，商人向官府请得茶引，自买茶于园户，但新法规定非常苛刻，令商人“限日贩卖，如有过限，并行拘收，别买新引”[⑥]。大观初，又增收茶息钱，每斤增 10 钱。于是，“掊息滋厚，盗贩公行，民滋病矣”[⑦]。政和二年（1112）又改茶法，即实行所谓“合同场茶法”，对商人贩卖茶叶进行种种控制，务使商人多买茶引，违犯者严刑惩罚。崇宁二年（1103），陕西始通东南茶。重和时，朝廷立比较法，

① 《文献通考》卷十六《征榷考三·盐》，第 461 页。
② 《宋史》卷一百八十二《食货志下四·盐中》，第 4453 页。
③ 《宋会要辑稿》食货二六之八。
④ 《宋会要辑稿》食货二五之一七。
⑤ 《宋史》卷一百八十二《食货志下四·盐中》，第 4452 页。
⑥ ［宋］佚名：《宣和遗事》前集《茶法》，《丛书集成初编》第 3889 册，中华书局 1985 年版，第 10 页。
⑦ 《文献通考》卷十八《征榷考五·榷茶》，第 513 页。

令陕西州军以茶交易税收入多少比较官员优劣，于是“掊克之吏，争以赢羡为功”，“岁岁比较，第务增益，稍或亏少，程督如星。州县惧殿、多前路招诱豪商，增价以幸其来，故陕西茶价，斤有至五六缗者……及配之铺户，安能尽售？均及税农，民实受害”。[①] 自政和二年（1112）更改茶法以来，至政和六年（1116），收息 1000 万缗，茶增 1281.5 万余斤，朝廷搜刮到了巨额茶利。

北宋末期榷酒税利的增长，主要靠提高酒价来实现。崇宁二年（1103）十月，宋廷以“赡学”的名义，“令官监酒务上色每升添二文，中下一文”；四年十月，又令增酒价，“上色升五文、次三文，以其钱赡学”[②]。政和二年（1112），据淮南发运副使董正封请求，在本路增置比较酒务。四年，“两浙转运司亦请置务比较，定课额酿酒收息，以增亏为赏罚”[③]。同年四月，湖南转运司要求“本路州县见卖糟酵价上，不以官私收买，每斤添作三文足出卖，每十斤仍加耗三斤”[④]，用作直达粮纲水夫工钱。政和五年（1115）十二月，又“令诸路依山东酒价升添二文六分，入无额上供起发”[⑤]。宣和二年（1120），“江淮等路官监酒直，上者升权增钱五，次增三，为江、浙新复州县之用。其后尚书省请令他路悉行之”。宣和六年（1124），令“诸路增酒钱，如元丰法，悉充上供，为户部用，入转运司”，至钦宗靖康元年（1126），“两浙路酒价屡增，较熙、丰几倍”。[⑥] 以上情况说明，北宋官

---

① 《宋史》卷一百八十四《食货志下六・茶下》，第 4505 页。
② 《文献通考》卷十七《征榷考四・榷酤》，第 490 页。
③ 《宋史》卷一百八十五《食货志下七・酒》，第 4519 页。
④ 《宋会要辑稿》食货二〇之一三。
⑤ 《文献通考》卷十七《征榷考四・榷酤》，第 490 页。
⑥ 《宋史》卷一百八十五《食货志下七・酒》，第 4519 页。

监酒务的酒价提价幅度很大。以前酒务坊场课利钱多留作地方经费开支，而今全部上供，实际上成了供徽宗、蔡京等统治集团恣意挥霍的资源。这是宋代榷酒制度的一个重要变化。

北宋末期的商税也比前加重，这首先表现为税务的增加。据《宋史》载："自崇宁以来，言利之臣殆析秋毫，沿汴州县创增镇栅以牟税利。"既然京师附近如此，外路必然仿效。同时，官府还垄断了某些商品的销售权和乱收商税，如，"官卖石炭增二十余场，而天下市易务，炭皆官自卖。名品琐碎，则有四脚铺床、榨磨、水磨、庙图、淘沙金等钱，不得而尽记也。宣和以后，王黼专主应奉，掊剥横赋，以羡为功"[①]。虽然宋太宗淳化五年（994）曾经制定过一个商税则例，规定了应税商品的种类及相关征收制度。但随着政治的腐败，税吏们常擅增名额和多收税钱，那个商税则例早就失去了作用。崇宁五年（1106）九月，徽宗下诏命"户部索取天下税务自今日以前五年内所收税钱并名件历，差官看详，参酌税物名件税钱多寡，立为中制，颁下诸路造为板榜，十年一易，永远遵守"[②]。徽宗想要制定这个新的商税则例，是欲将崇宁五年（1106）前已经增加了的税钱的平均数固定下来，并要求"仍各不得亏损元额"，是想以则例的形式将已增之商税合法化。然而，"诸路转运司不循其法，有益无损，致物价腾踊，官课愈负"[③]。过高的商税使物价上涨，不仅造成因物少而民艰食，而且也不利于官府。为此，至靖康元年（1226），钦宗被迫下诏："都城物价未平，凡税物，权更蠲税一年。"北宋末期，不仅商税重，而且官吏们还以权谋私，恣意向商行索取各种物

① 《宋史》卷一百七十九《食货志下一·会计》，第4362页。
② 《宋会要辑稿》食货一七之二八。
③ 《宋史》卷一百八十六《食货志下八·商税》，第4546页。

资。虽然元祐初废除了免行钱法，但绍圣年间（1094—1097）已经恢复。而徽宗时，由于“贪暴之吏，冒法倚势，非理骚扰，诸州公使库尤甚，至有少欠行人物价数千缗，隔岁月不曾支还；如金银匹帛等行，往往停闭店肆，逃窜改业”[①]。于是各地商户纷纷要求恢复免行役钱，一直拖到宣和七年（1125），讲义司才迟迟做出决定，“量立免行钱，悉罢供应”[②]。而这时，北宋王朝已处亡国前夕，积弊太深，无可救药，所有减税及恢复免行法等举措都已经于事无补！

宋徽宗时，市舶抽解制度也发生了变化。宋神宗熙宁初开始变法时，曾将原市舶抽解十取其一放宽为十五取一，此为两宋市舶抽解分数的最低点，从而促进了外贸的繁荣。徽宗时，“凡舶至，即漕监官莅阅其货而征之，谓之抽解。以十分为率，真珠、龙脑凡细色抽一分，玳瑁、苏木凡粗色抽三分……象牙重及三十斤并乳香抽外尽官市，盖榷货也”[③]。可见，徽宗时市舶抽解的分数比神宗时增加了，对贵重的象牙、乳香的买卖，甚至进行了垄断。这就引起了蕃商的不满，无疑阻碍了外贸的发展。

坑冶业是宋朝手工业中的重要部门，徽宗时对坑冶业也加强了监控。如，大观二年（1108），下诏规定私开金银矿者以盗论，并命县令、县丞兼监管。政和元年（1111），因湖北产金，皆为商人开采之地，乃下诏于荆南置专切提举买金司，派官监管。政和年间（1111—1117），宋廷还依照茶、盐榷卖法，实行铁的专卖：“官置炉冶，收铁给引，召人通市。苗脉微者令民出息承买，以所收中卖于官，毋得私相贸易。”“于是官自卖铁，唯许

① 《宋会要辑稿》职官二七之二四至二五。
② 《长编拾补》卷四十九，宋徽宗宣和七年十一月庚辰，第 506 页。
③ ［宋］朱彧：《萍洲可谈》卷二，《文渊阁四库全书》第 1038 册。

铸鏹户市之。”[①] 总的说来，坑冶业在“崇宁以后，广搜利穴，榷赋益备”，“政和间，数罢数复，然告发之处，多坏民田，承买者立额重，或旧有今无而额不为损”[②]，可见剥削之重。

另外，北宋末期，官府向民间科率、科籴（和籴）及和预买，剥削也很重，成了百姓的一项沉重负担。当时，因战事频繁，军需物资的科率尤多。如有一年竟科买牛筋15400余斤，还有其他各种用于制造兵器的材料。官府虽支付百姓价钱，但其价格多低于市价；有时因州县无钱可支，等于白取于民。又如政和年间（1111—1117），有司曾向福建科买上供之银，“逐年二十七万两数并系于五等税户配买取足”[③]。当时银价昂贵，百姓手中无银，只好高价买银应付。因官府催促急如星火，有人长途跋涉卖二三两入官，常受抑勒陪费之苦。科籴，即官府在常赋之外向百姓派购粮食。徽宗时，常以官告、度牒之类或大量盐钞、茶引、香药钞等为籴本，每年拨付动以百万计折成价钱支与人户，良民实未得钱，多鬻田破产。至于“和买”䌷绢，大观中，对高等大户只“依年例减半表买”[④]，而对四五等下户却都摊派了和买绢。“两浙和买并税䌷绢布帛，头子钱外，又收市例钱四十，例外约增数万缗。”[⑤] 并且和买绢不全预支现钱，而以盐7分、钱3分支付。崇宁三年（1104）行钞盐法后，7分盐和3分钱都不兑现，“则官不给钱而白取之”[⑥]。不仅如此，宣和三年（1121），江东一带“和买绢未尝支给价钱，

① 《文献通考》卷十八《征榷考五·坑冶》，第524页。
② 《文献通考》卷十八《征榷考五·坑冶》，第523页。
③ 《高峰文集》卷一《投省论和买银札子》。
④ 《宋会要辑稿》食货三八之七。
⑤ 《宋史》卷一百七十五《食货志上三·布帛》，第4236页。
⑥ 《文献通考》卷二十《市籴考一·和买》，第583页。

而漕臣又令州县所买绢须以重十三两为则，如两数不足，勒人户系丝价贴纳见钱，每两不下二百余文，百姓以此重困”①。

（二）经济衰退

北宋末期，宋廷要维持巨额的财政开支，必须有丰富的物资生产来支撑。而要发展生产，首先应减轻劳动人民的赋役负担，使他们能安居乐业，有生产的积极性。可是，北宋统治者忘掉了老祖宗“民惟邦本，本固邦兴”的传统告诫，他们目光短浅，迷信权力，为了满足自己的消费欲望，只知向百姓加强搜刮，竭泽而渔，不知要保证税源，首先必须使民富裕。加强赋役剥削的直接后果只能是破坏生产力，迫使劳动者破产逃亡，从而引起生产衰退，物资更加供不应求，国家财政陷入更大困境。

徽宗时重新实行“方田均税法”的结果是，大地主勾结贪官污吏，方田失实，税负不均。豪右形势之家多免除赋役，将税负移于下户，有些地方的农户赋税额外增添多至数倍。农民破产废业，只得被迫弃地逃亡。政和八年（1118），据权淮南、江、浙、荆湖制置发运使任谅奏：“高邮军有逃田四百四十六顷，楚州九百七十四顷，泰州五百二十七顷，平江府四百九十七顷，以六路计之，何可胜数。”农民逃走，土地荒芜，生产停止，税收丧失。于是，宋廷命各地监司、守令官带职劝农，命诸县专选官员按籍根括逃田。至宣和二年（1120），“江东转运司根括到逃田一百六十顷一十六亩，两浙根括到四百五十六顷，召人出租”②，从此，宋廷决定不再进行方田。农民因方量土地而流徙者，命守令招诱归业；荒闲的田地，

① 《宋会要辑稿》食货九之一五。
② 《宋史》卷一百七十三《食货志上一・农田》，第 4169 页。

召人请佃。但官田租重，贫下农民仍逃脱不了苛重的剥削。

同时，支移、折变、地里脚钱以及“和籴”“和买”等苛重剥削，也是促使民户弃业逃亡的重要原因。如，官府征收地里脚钱，“反复纽折，数倍于昔，民至鬻牛易产犹不能继”①，被迫逃亡。关于这一点，宋廷在大观二年（1108）七月的诏书中也不得不承认：“比闻慢吏废期，凡输官之物，违期促限，蚕者未丝，农者未获，追胥旁午，民无所措……致民逃徙。”②又如，崇宁年间（1102—1106），江西每年和买细绢50万匹，原以钱3分、盐7分预给。“自盐钞法行，不复给盐，令转运司尽给以钱，而卒无有，逮今五年，循以为常，民重伤困。”③

尤其是政和年间（1111—1117），杨戬创立“公田所”，强夺民田，天下大扰，“农民困敝”④。最为劳民伤财破坏生产力的是“花石纲”之役，李纲说它“蠹耗邦财，斩刈民力”⑤。事实正是如此，李彦发物供奉，“凡竹数竿用一大车、牛驴数头，其数无极，皆责办于民。经时阅月，无休息期。农不得之田，牛不得耕垦，殚财靡刍，力竭饿死，或自缢辕轭间”⑥。至宣和末期，由于国库空竭，王黼、蔡京之流又建议向百姓收取“免夫钱”，数额极大，于是“民间嗟怨”，“人益皇惧，小民往往去而为盗”。⑦试想，

① 《文献通考》卷五《田赋考五》，第115页。
② 《宋史》卷一百七十四《食货志上二·赋税》，第4211页。
③ 《宋史》卷一百七十五《食货志上三·布帛》，第4235页。
④ 《九朝编年备要》卷二十八，宋徽宗政和六年十二月。
⑤ ［宋］李纲：《梁溪集》卷四十一《上道君太上皇帝封事》，《文渊阁四库全书》第1125册。
⑥ 《宋史》卷四百六十八《杨戬传》，第13665页。
⑦ 《独醒杂志》卷五，第43页。

在如此残酷的封建压榨下，农民失去了土地，牛也累死了，人也饿死了，人民求生尚且不能，生产怎能不受破坏，社会经济怎能不衰退！

至于工商业经济，也因课税繁重而变得很不景气。盐商们常因盐钞的不断更新而贴输本钱，乃至破产自杀。茶商们常因官府控制太严而不能自由买卖，园户们卖茶于官却又不免茶租折税。官监酒务不断提高酒的售价，加重了消费者负担。众多税务和苛重的商税促使物价高涨，物少而民缺食。官府对商行的恣意科率物资，常使商店倒闭，商人逃窜改业。市舶抽解分数的增加引起了蕃商的不满和裹足不前。此外，官府对金属矿开采的严格监控和实行铁的专卖，垄断了坑冶业的利益；同时各地为发现新矿而到处乱掘乱挖、毁坏了许多民田；官府对小矿承包商所立课额极重，使他们因产量少而亏本。而这一切，无疑都将阻碍矿冶业的正常发展。事实也正是如此，徽宗时期的铜铁铅锡等年产量不及神宗熙宁至元丰间的一半乃至三分之一。

至于铸钱业也很不景气。崇宁五年（1106）据中书省统计：岁收铜660余万斤，每年共铸钱289.04万缗，计用铜1011.5万斤，除建州监自有铜外，需铜963.5万斤，少铜303.5万斤。[①]

北宋末期，尽管朝廷和官府采取各种手段千方百计地加强对广大人民的搜刮，但仍“所入虽多，国用日匮”[②]。这是由于统治者的腐败，收入虽多而开支更多，再多的财物也难以填满他们的欲壑。何况，财税的增多是以广大人民大众的苦难和死亡为代价的。而统治者却不知反省，把国

① 《群书考索》后集卷六十《财用门·铜钱类》。
② 《宋史》卷一百七十九《食货志下一·会计》，第4362页。

家财政困难怪罪于地方上欠税太多以及形势豪强户的故意欺瞒。宣和六年（1124），曾有臣僚上奏："京西等处二税及坊场、酒税拖欠不少，悉非良民不纳，多是形势顽猾人户欺隐。又高邮共欠一十余万贯石，作逃移者四万七千余户，每岁辄除额税五万二千余贯石。盖州县之官不能治豪右、抑兼并，贫下之户为豪右兼并，其籍必妄申逃移，失陷省税。"① 形势豪强户兼并贫下户或将沉重的赋税转移给贫下户，的确是事实。然而，人民破产逃亡的主要原因仍在于官府苛重的赋敛，受害的不仅是贫下户，也包括上户富人。宣和六年（1124），尚书左丞宇文粹中上言，揭示了当时社会经济衰退和国家财政困难的真实原因："近岁南伐蛮獠，北瞻幽燕，关陕、绵、茂边事日起，山东、河北寇盗窃发。赋敛岁入有限，支梧繁夥，一切取足于民。陕西上户多弃产而居京师，河东富人多弃产而入川蜀。河北衣被天下，而蚕织皆废；山东频遭大水，而耕稼失时。他路取办目前，不务存恤。谷麦未登，已先俵籴；岁赋已纳，复理欠负。托应奉而买珍异奇宝，欠民积者一路至数十万计；假上供而织文绣锦绮，役工女者一郡至百余人。陛下勤恤民隐，诏令数下，悉为虚文。民不聊生，不惟寇盗繁滋，窃恐灾异数起……近年诸局务、应奉等司截拨上供，而繁富路分一岁所入，亦不敷额。然创置书局者比职事官之数为多，检计修造者比实用之物增倍，其他妄耗百出，不可胜数。若非痛行裁减，虑智者无以善其后。"②

导致北宋末期生产萎缩的原因，除了苛重的赋役剥削外，频繁的自然灾害和战争破坏也起了推波助澜的作用。

---

① 《文献通考》卷二十七《国用考五·蠲贷》，第 795 页。

② 《宋史》卷一百七十九《食货志下一·会计》，第 4363 页。

在宋徽宗统治时期，天灾几乎连年不断。现仅据《宋史·徽宗纪》《九朝编年备要》及《续资治通鉴》等书的不完全记载，将自崇宁元年（1102）至宣和七年（1125）这24年中发生的天灾综述于下：

水灾：因连日大雨或江河泛滥形成大规模水灾14次。遭灾地区遍及开封、京东、京西、河东、河北、苏州、湖州、秀州、常州、邢州、冀州、夔州、瀛州、沧州等地。尤其是东南各路重复7次水灾，灾情惨重。在水灾中，大量民房被毁，人民被压死、淹死者甚众。政和七年（1117），瀛州、沧州的一次大水灾，人民死亡百余万。宣和元年（1119）京城一次大水，城外水高10余丈，使徽宗非常害怕。水灾后，人民普遍乏食。

大雨、冰雹：较大规模的大雨及雹灾共有7次。受灾面积极广。

旱灾：大旱灾6次。受灾地区遍及江、淮、荆、浙、福建、江东各路及熙、河、漳、泉、潭、衡、郴、秦、凤州、兴化军等地。其中江、浙、淮各路及秦、凤州曾连续发生旱灾。旱灾后，普遍发生饥荒，人民失业流亡。

蝗灾：大规模蝗灾3次。崇宁元年（1102）那一次蝗灾受灾地区有京畿、京东、河北、淮南。崇宁三年（1104）与宣和三年（1121）两次蝗灾，灾情遍及全国各路。

火灾：大火灾8次。其中京城发火3次，另外苏州、成都和温、封、滋3州均发生了1次大火灾。火灾主要发生在人口密集的大城市。政和三年（1113）的火灾烧掉了京师大盈仓。重和元年（1118）宫廷大火，烧毁房屋5000多间，被烧死之人甚众。

地震：大地震和较大地震共4次。受灾地区有太原、苏州、熙河、环庆、泾原、京师、河东、陕西、兰州等11州。地震使大批房屋倒塌，大量人民伤亡。政和七年（1117）熙河、环庆、泾原地震，时间延续10多天，损失惨重。宣和六年（1124）初，京师、河东、陕西大地震，先后连震3次，兰州地区诸山崩陷，草木全部没入山中，山下麦苗飞到了山上。

在中国古代，天灾虽然无法完全避免，但如果政治清明，灾后可以救治。然而，由于宋徽宗时期统治的极端黑暗，天灾的后果只能是生产的大破坏、人民大流亡，民穷财尽。

苛重的剥削和频繁的天灾，使民不聊生，被迫起来反抗。据何竹淇编《两宋农民战争史料汇编》一书统计，在宋徽宗、宋钦宗统治的28年（1100—1127）中，有相当规模的人民起义共有40多起。其中最著名的是宣和元年（1119）十一月爆发于京东东路的宋江起义，宣和二年（1120）十月爆发于睦州青溪县的方腊起义。方腊起义的导火线是两浙人民反对花石纲的搜括，起义规模很大，起义群众达到上百万人，曾攻占了杭、睦、歙、处、衢、婺六州的州城和两浙地区的52个县城[①]，其活动范围和影响达到苏、湖、秀、越、温、台、宣、信等州的广大地区。北宋统治者对待农民起义的主要手段是残酷镇压。仅为镇压方腊起义，宋军"用兵十五万，斩'贼'百

---

① ［宋］方勺：《青溪寇轨》，又见于《泊宅编》卷五，第29、109页。关于方腊起义攻占州县数，各书记载不同，莫衷一是。何竹淇认为："查《宋史·地理志》诸州所领之县：杭九、睦六、歙六、处六、衢五、婺七，共三十九县……而加温四、台五、秀四，共十三县，总五十二县，此正符合《寇轨》所云之县数。而州则非六而为九也。但以上九州所属之县，恐未必悉为方腊所占领……又越州虽未被攻下，而其所属有八县，亦有被攻破者，则方腊所占之县数，更难确定矣。"（《两宋农民战争史资料汇编》第二册，中华书局1976年版，第483页。）其实《青溪寇轨》中只说宋军镇压方腊起义后，"收杭、睦、歙、处、衢、婺六州与五十二县"，并未说52县都是6州的属县，故我们理解为，这是包括6州在内的两浙地区的52个县城。

余万”，“所杀平民不下二百万”。[1] 数以百万计的起义群众被残杀，使得一向富庶的东南地区农田荒芜，耕织停止，生产怎能不萎缩？社会怎能不衰退？

除了国内战争外，宋军向西夏、吐蕃的拓边战争和后来的宋金战争，对生产力和社会经济的破坏也很大。战时士兵的伤亡和国土的被践踏姑且不谈，仅西夏与金兵在宋朝境内的劫掠和破坏危害就不浅。如，崇宁三年（1104）九月西夏军入侵宋朝的渭州，曾掳掠人口数万而去。宣和四年（1122）十二月，金兵在宋军的配合下占领了燕京，却将燕京人口全部驱往东北充当奴隶，还要宋朝每年付给 100 万贯所谓“代税钱”，去赎买已被掳掠殆尽的燕京所属 6 州的空城。结果宋朝费了大量兵力财力却一无所得，换来的只是金兵的继续南侵以及对汴京的洗劫和最终北宋王朝的灭亡。

这里必须特别加以说明的是，北宋末期虽然由于统治者的残酷剥削，加上天灾与战争的破坏，经济出现了衰退，但这并非意味着国家财政收入绝对数量的极大减少。相反，特别是徽宗后期，随着统治集团的极端腐败和金兵的入侵，“三冗”消费更加浩大，财政支付的钱物比以前更多。因此，所谓北宋末期的财政危机，只是指它的入不敷出，并非指财政收入绝对数量的锐减，其实宋廷的财政收入数量还是不少的。宋廷为了维护其财政的支出，最主要的办法便是千方百计向全国百姓榨取。宣和初，蔡京也不得不承认：“既无地宝，又无泉货，遂括天下白地，增四方酒价，取其毫末以为足国之计。今京师虽复盐法，仅足日用，外方漕计阙乏，见侵常平米

---

① 《青溪寇轨》原文为宋军“斩贼百余万”和“所杀平民不下二百万”，后来被收入《读书斋丛书》《金华丛书》《啸园丛书》中之《泊宅编》三卷本，改为宋军“斩贼十五万”和“贼所杀平民不下二百万”，现从原书。

及用诸司封桩，迄今殆尽。”[①] 宋廷所以仍能有巨大的财政收入来勉强应付支出，这正是残酷剥削广大人民的结果。也就是说，北宋末期朝廷的财政收入全是千万劳动者的血泪所化成！

第二节 推行通货膨胀政策及其严重恶果

北宋末期，由于统治者的腐败，一方面“三冗”消费急剧膨胀，对物资的需求不断增长，而另一方面苛重的赋役和天灾、战争的破坏，又使物质生产日益萎缩，从而造成了商品供不应求的困局，并使国家财政出现了危机。以徽宗、蔡京为首的统治集团，他们不知道社会经济的运行和商品以及货币的流通有着其自身的客观规律，一味迷信权力的作用，误以为只要通过行政手段大量发行货币，就可买到更多的东西，从而摆脱困境。于是，他们肆无忌惮地推行通货膨胀政策：铸造当五、当十大钱，造夹锡钱等劣币，增铸铁钱并扩大其流通区域，滥发纸币及度牒。可是，滥发货币不仅不能解决财政危机，反而造成了私钱泛滥、货币贬值、物价暴涨、社会动荡的严重恶果。

一、推行通货膨胀政策的具体措施

所谓推行通货膨胀政策，也就是国家为应付财政开支，不顾社会商品流通实际所需货币量的总额，大幅度向市场超量投放法币。在铜钱尚是主流法币的宋代，要大量发行的首先必须是铜钱。可是，自神宗时期以来，

① 《九朝编年备要》卷二十八，政和六年十一月己亥细文。

由于曾经铸造了巨额的铜钱，旧铜矿消耗甚多，至徽宗时，苗脉不兴，铜产量下降，致使铸钱原料严重不足，要想大规模地增铸铜钱已不可能，为此，宋廷就以铸行虚值大钱、贱金属劣币、增铸铁钱并扩大其流通区域和无本滥发纸币以及度牒等有价证券，来代替足值铜钱，企图通过掠夺人民，少花成本而获取大利。

（一）铸当五、当十大钱

徽宗继承皇位后，为了“绍述”神宗熙丰变法时期的新政，准备继续拓边进筑，再次向西夏、吐蕃用兵，同时又为了优待官僚给予高薪厚禄和维持宫廷的奢侈享乐生活，这就需要大量的经费。可是，在哲宗“元祐更化”和“绍述新政”时期，因理财不当，神宗熙丰时期所有积蓄已被用尽，至徽宗即位之初，国库和内帑几近空虚，经费无所从出，大量铸造铜钱也不可能。于是崇宁元年（1102）户部尚书吴居厚就出了一个偷减铜料增铸钱币的主意。他说：“江、池、饶、建钱额不敷，议减铜增铅锡，岁可省铜五十余万斤，计增铸钱十五万九千余缗。所铸光明坚韧，与见行钱不异。”[①] 因铸钱减铜而增铅锡，虽每个钱的含铜量是减少了，但新钱的表面光洁度却会更好，可以欺骗百姓，故朝廷同意了这种做法。可是尽管如此，铸钱量仍不能完成课额。

崇宁元年（1102）七月，蔡京由尚书右丞升任尚书右仆射兼中书侍郎，当上了右丞相，便开始恣意变更钱法，于当年十二月，“令陕西铸折五铜钱”[②]。崇宁二年（1103）正月，蔡京又升任尚书左仆射兼门下侍郎，成为

---

① 《宋史》卷一百八十《食货志下二・钱币》，第 4386 页。

② 《九朝编年备要》卷二十六，宋徽宗崇宁二年五月。《宋史》卷十九《徽宗纪一》，第 366 页。

左丞相。二月，他又根据其亲信陕西转运副使许天启的建议，“初令陕西铸折十铜钱”[①],要求至年终须铸30万贯,并规定今后所铸折十铜钱除不得在陕西、四川、河东铁钱区流通外，全国各路皆可行用。五月，又令陕西及江、池、饶、建州将每年所铸上供小平钱缩减数额增料改铸为“圣宋通宝”，背书“当五”大铜钱。[②]因徽宗是神宗第十子，宫中称他为“十大王”，宦官们认为以“折十”名大钱不佳[③],于是崇宁二年（1103）十月,诏改折二、折十钱名为当二、当十钱。这时，江淮发运副使胡师文，为迎合蔡京之意，向朝廷建议:“自熙宁以来,鼓铸当二大钱,盛行民间,而于条不许起发上京,以故目今诸州、军官府见管当二钱甚多。乞将当二大钱改铸当十大钱，四文可得三文，约四十万贯实计三百万贯。”十一月，朝廷采纳了胡师文的建议,“初令江、池、饶、建、舒、睦、衡、鄂八钱监依陕西样铸当十钱”，“于钱背铸‘十’字以示所当小平之数，其当二铜钱更不鼓铸”。[④]崇宁三年（1104）正月十三日，又诏：“江、池、饶、建州罢铸小平钱及当五钱，并依陕西当十大钱样制规模大小轻重次第改铸当十大钱。”正月二十八日诏：“京城外置钱监，并复徐州宝丰监、卫州黎阳监并改铸当十大钱，其当二钱限一年更不行使。”[⑤]四月丙寅,又决定从崇宁四年(1105)起舒、衡、

---

① 《文献通考》卷九《钱币考二》，第239页。

② 《宋史》卷一百八十《食货志下二·钱币》，第4387页，《九朝编年备要》卷二十六载为“令江、池、饶、建、舒、睦、衡、鄂八州将每年上供小平钱缩减万数增入料例，铸当五大钱，以‘圣宋通宝’为文，其背铸‘当五’二字”，其说铸当五大钱者除江、池、饶、建州外，还有舒、睦、衡、鄂州，所记恐有误。

③ ［宋］陆游：《家世旧闻》卷下，中华书局1993年版，第204页。

④ 《长编拾补》卷二十二，宋徽宗崇宁二年十一月癸卯，第264页。《宋会要辑稿》食货一一之六。

⑤ 《长编拾补》卷二十三，第266页。

眭、鄂、韶、梧六州钱监也铸造当十钱。[①] 十二月，宋廷批准提举常平兼措置韶州铸钱王觉的奏请，将熙宁间始置元祐元年（1086）停罢的阜民监重又恢复。崇宁四年（1105）七月丁巳，命广南、福建路除仍铸小平钱自用外，也铸当十钱作上供和发往他路之用。[②] 自从停铸折二钱改铸为当十大钱后，朝廷加强了私铸禁令，"民间所用鍮石器物，并官造鬻之，辄铸者依私有法加二等"；同时，"命诸路转运司于沿流顺便地，随宜增置钱监，俾民以所有折二钱换纳于官，运致所增监改铸折十钱"。[③] 所谓"陕西样当十大钱"的用料标准为：每贯用铜八斤、白锡一斤六两，黑锡三斤十二两。[④] 崇宁四年（1105），宋廷立"钱纲验样法"。这时崇宁监送来御书"崇宁重宝"当十钱样钱，徽宗下诏颁其式于诸路。崇宁御书当十钱用料标准为：每贯重十四斤十两，用铜九斤七两二钱，铅四斤十一两六钱，锡一斤九两二钱，除火耗一斤五两，每钱重三钱，十钱重三两。[⑤]

崇宁五年（1106）二月，因被尚书右仆射赵挺之弹劾，蔡京罢相。此后，当十钱诸路或用或废，或一度改为当五、当三使用。但不到一年时间，至大观元年（1107）正月，蔡京又当上了尚书左仆射兼门下侍郎。于是，他再主张行用当十钱，并在当年二月首铸御书"大观通宝"当十钱，以京畿

① 《长编拾补》卷二十三，第 273 页。
② 《长编拾补》卷二十五，第 287 页。
③ 《宋史》卷一百八十《食货志下二・钱币》，第 4387 页。
④ 《群书考索》后集卷六十《财用门・铜钱类》。
⑤ 《长编拾补》卷二十五，宋徽宗崇宁四年四月癸酉，第 285 页。《文献通考》卷九《钱币考二》记载为："崇宁监铸御书当十钱，每贯重一十四斤七两，用铜九斤七两二钱，铅四斤一十二两六钱，锡一斤九两二钱，除火耗一斤五两，每钱重三钱。"每钱重 3 钱，以 770 钱省陌为贯，每贯应重 231 两，即十四斤七两。

钱监所得私钱改铸。不久，即兴复京畿两钱监，以宋乔年为提举京畿铸钱使,专铸当十大钱。宋乔年“铸乌背漉铜钱来上,诏以漉铜式颁行诸路”[①]。同年，为了铸造更多的当十钱，又置真州铸钱监，以本路所换不合格者及各司当二现钱改铸当十钱。大观三年(1109)六月,再申当十钱行使之令:“诸当十钱，在京、京畿、四辅、京东、京西、河北、河东、陕西路并许行使。河北缘边州、军、县、镇、城、塞、堡及四榷场并登、莱、潍、密等州缘海县、镇、城、寨、堡等,并不在行使之限。”[②]而这个月,蔡京因专国日久,言官及太学生交章论其奸恶，他再次被罢相。大观四年（1110）正月，诏罢改铸当十钱。[③]但直到政和初年,大钱仍在流通,其为害先后达10年之久。

（二）造夹锡钱等劣币

北宋末期统治者在推行通货膨胀政策时，除了铸当五、当十大铜钱外，还铸造夹锡钱。据《宋史》记载：“钱有铜铁二等，而折二、折三、当五、折十，则随时立制。行之久者，唯小平钱。夹锡钱最后出，宋之钱法至是而坏。”[④]既然最后破坏北宋钱法的是铸造夹锡钱,可见它必定是一种劣币。在现存的各种史籍中，“夹锡钱”与“夹锡铁钱”“锡钱”等名称杂出，故历来钱币学家都搞不清楚，夹锡钱究竟是一种什么样的钱？有学者认为这是一种是夹锡铜钱，其实不然。原来夹锡钱是一种锡铁合金铸造成的虚值劣币,全名应叫“夹锡铁钱”,“夹锡钱”“锡钱”“锡铁钱”都是它的简称。[⑤]

---

① 《宋史》卷一百八十《食货志下二·钱币》，第4390页。

② 《长编拾补》卷二十八，宋徽宗大观三年六月丁丑，第324页。

③ 《宋史》卷二十《徽宗纪二》，第383页。

④ 《宋史》卷一百八十《食货志下二·钱币》，第4375页。

⑤ 俞兆鹏：《论夹锡钱》，《中国社会经济史研究》，1990年第4期。又见俞兆鹏《史林杂俎》，第130页。

崇宁二年（1103）二月，蔡京初令陕西转运副使许天启铸夹锡当二及当十钱。宋廷推行通货膨胀政策，为什么要在陕西铸夹锡钱呢？神宗熙宁至元丰间，铜钱铸量远远多于铁钱，铜钱与铁钱曾经等值使用。哲宗“元祐更化”后，铁钱逐渐贬值，元祐八年（1093）折二铁钱只能当一小铜钱行用，朝廷令陕西沿边专行铁钱。绍圣、元符间，对西夏作战，由于军费开支的需要，铁钱铸量大增。于是，铁钱进一步贬值，至元符初，甚至贬到“铁钱四千换铜钱一千”。徽宗继位后，为改善铁钱的信誉以提高币值，许天启献策将铁钱改铸为夹锡铁钱。因为锡的熔点低，夹锡铁钱表面光洁度高，外形精致美观，易为群众所喜爱，故朝廷规定夹锡钱一可当铜钱二行用。这正如蔡京所说：“陕西铜钱至重，每一钱当铁钱三或四。今夹锡铸造样制精好，欲一钱当铜钱二支用。”[①] 在陕西铸夹锡钱还有另外一个原因，这就是《文献通考》记载的：“夹锡钱始于（崇宁）二年，河中运判洪中孚言：‘二虏（指辽、西夏）以中国钱铁为兵器，若杂以铅锡，则脆不可用，请改铸夹锡当三、当十铁钱。’从之。”[②] 宋廷以为，将铁钱夹锡改铸成虚值大钱，一则可以防止辽、夏二国用中国铁钱铸造兵器，二则可以提高铁钱币值，大大有利可图，何乐而不为？至于夹锡钱的用料，据《宋史》载：“其法以夹锡钱一折铜钱二，每缗用铜八斤，黑锡半之，白锡又半之。”[③] 这里所说的“每缗用铜八斤”可能是“用铁八斤”之误。如果铸造折二夹锡钱每缗用铜 8 斤、黑锡 4 斤、白锡 2 斤，其质量不仅高于同时的当十大铜钱，甚至高于北宋标准的小平钱。崇宁二年（1103）所铸陕西样当十大

① 《长编拾补》卷二十一，宋徽宗崇宁二年二月庚午，第 247 页。
② 《文献通考》卷九《钱币考二》，第 239 页。
③ 《宋史》卷一百八十《食货志下二 • 钱币》，第 4392 页。

铜钱的用料标准为每贯用铜 8 斤、白锡一斤六两、黑锡三斤十二两。真宗天禧年间（1017—1021）铸小平钱每缗“用铜三斤十两、铅一斤八两、锡八两，得钱千，重五斤”[①]。显然，铸造折二夹锡钱每缗用铜 8 斤是不可能的，否则就不会被称为劣币。

宋廷在令陕西铸折二夹锡钱之后，又于崇宁四年（1105）闰二月，接受京西北路提刑宋乔年的奏请，在汝州鲁山县兴置钱监，及在河东、河北、京西、陕西诸路 18 监铸当二夹锡钱。[②] 不久，诏夹锡钱通行天下。当时，除各地铸行夹锡当二钱之外，崇宁年间（1102—1106）河北运判洪中孚曾铸过夹锡当三钱，河北铸过当五夹锡钱。[③] 崇宁五年（1106）二月，蔡京罢相。八月，缩小夹锡钱流通范围，“诏夹锡钱惟许河北、河东、陕西数路鼓铸行使，余路并罢之”[④]。大观元年（1107）正月，蔡京再当宰相，即于六月恢复广、惠、康、贺州旧铸夹锡钱钱监。[⑤] 并于九月间颁钱式及锡母于铸钱各路及铸钱院，命铸夹锡钱，又命转运司及提刑司参领其事，于是衡州熙宁监、鄂州宝泉监、舒州同安监及广南等地皆铸夹锡钱。大观三年（1109）六月，蔡京再次罢相。十二月，以两浙铸夹锡钱扰民，诏罢东南州、军铸夹锡当二钱。次年，又罢河北、河东、京东等路铸夹锡钱，所在钱监、铸钱院皆废；唯河东三路仍保留旧监，以铸铜、铁钱；产铜州、县也听存旧钱监，用来改铸小平钱。[⑥] 但事情稍有反复。政和元年（1111）二月，诏

---

① 《宋史》卷一百八十《食货志下二・钱币》，第 4379 页。
② 《九朝编年备要》卷二十六，宋徽宗崇宁二年五月。
③ 《群书考索》后集卷六十一《财用门・铁钱类》。
④ ［宋］李埴：《皇宋十朝纲要》卷十六，《续修四库全书》第 347 册。
⑤ 《皇宋十朝纲要》卷十七。
⑥ 《宋史》卷一百八十《食货志下二・钱币》，第 4392 页。

陕西、河东复铸夹锡钱。① 四月，又罢陕西、河东铸夹锡钱。② 又规定陕西、河东夹锡钱与旧折二大铁钱一等行用，不得别称呼。政和二年（1112）蔡京再当政，又上奏请广、惠、康、贺、衡、鄂、舒州依旧铸造夹锡钱，广西、湖北、淮东也同样铸夹锡钱，还颁“政和通宝”钱式样，命诸路铜钱监改铸夹锡钱。同时严禁擅自抬减夹锡钱币值。凡以金银、丝帛等物贸易者，如拒受夹锡钱而须要铜钱者，听人告发，以法惩治。为此，那些靠卖饼饵熟食为生的市井小贩，常不免被人告发受罪。不久，又规定“夹锡钱不以何路所铸，并听通行”③。政和四年（1114），因陕西原用之“政和通宝”大铁钱与“政和通宝”夹锡钱样制相似，致使两者混杂行使，宋廷恐陕西大铁钱流入各路，故下诏停止使用陕西所有旧大铁钱，令诸监改铸为夹锡钱。但自庆历以来至绍圣的旧大铁钱年久生锈，改铸夹锡钱也多有不便。这时行使夹锡钱的各种弊端大量暴露，政和六年（1116）四月，诏淮南、江南、荆湖、广东、京西、河北路停用夹锡钱。五月，又宣布“废锡钱（夹锡钱）”④。六月间，徽宗又御笔下诏“陕西、河东路仍行用夹锡及旧铁钱”，并规定“陕西、河东新铁钱并旧铁钱并见行夹锡钱仍以一当二，一等行使”。⑤ 由于宰相郑居中、刘正夫的反对，乃令淮南禁夹锡钱，限三日不用，全部运往关中，并罢河东铸夹锡钱。但重和元年（1118）因关中籴买仍在流通夹锡钱，乃复令京西铸夹锡钱，专供关中地区行使。蔡京始终留恋夹锡钱，虽夹锡

① 《宋史》卷二十《徽宗纪二》，第 385 页。
② 《宋史》卷二十《徽宗纪二》，第 386 页。
③ 《宋史》卷一百八十《食货志下二 • 钱币》，第 4393 页。
④ 《宋史》卷二十一《徽宗纪三》，第 396 页。
⑤ 《皇宋十朝纲要》卷十七。

钱之危害已十分明显，他仍“欲复行夹锡钱于中州”[①]。

除铸造夹锡钱外，北宋末期朝廷还曾铸过别种劣质钱币。如宣和年间（1119—1125），由于“御府之用日广，东南钱额不敷”，“乃令饶、赣钱监铸小平钱，每缗用铁三两，而倍损其铜，稍损其铅”。[②]

（三）增铸铁钱并扩大其流通区域

宋廷推行通货膨胀政策，除了铸行虚值大钱、夹锡钱之外，同时又增铸铁钱和扩大其流通区域。宋初铁钱只限在川蜀地区流通，北宋中期陕西、河东开始铜、铁钱兼用。神宗熙宁至元丰间，铜、铁钱几乎是等值使用。后因对西夏用兵，陕西增铸铁钱，至哲宗元祐八年（1093），铜、铁钱比价变为1比2，铁钱贬值。至哲宗元符初，“以铁钱四千换铜钱一千”，铁钱进一步贬值。在铁钱贬值已如此严重的情况下，徽宗继位后竟还要增铸铁钱。崇宁二年（1103），“令舒、睦、衡、鄂钱监，用陕西式铸造折十钱，限令岁铸三十万缗、铁钱二百万缗”[③]，岁铸折十铁钱200万贯，数量可谓不小。次年，又以二广产铁，令鼓铸小铁钱；于浔州置铁钱监，按陕西料例铸当二钱，后来浔州所铸铁钱多至数百万贯。[④]陕西铁钱严重贬值，崇宁四年（1105）三月，宋廷下诏让“陕西大铁钱，入川峡四路并免税”[⑤]。大观二年（1108）三月，又“诏江东西、福建、两浙路许铸当二铁钱行使”[⑥]。政和四年（1114），权提辖措置陕西路坑冶、催促铸钱兼措置川路坑冶蒋彝，

---

① 《宋会要辑稿》职官三之四九。
② 《宋史》卷一百八十《食货志下二·钱币》，第4392页。
③ 《宋史》卷一百八十《食货志下二·钱币》，第4387页。
④ 《丹阳集》卷十三《右朝散大夫侍其（鈜）公墓志铭》。
⑤ 《皇宋十朝纲要》卷十六。
⑥ 《皇宋十朝纲要》卷十七。

铸得铁钱 537.18 万贯，次年便升官一级。[1]宣和初，因夹锡钱贬值，徽宗便接受宗室子渲的建议，命铸御书“宣和通宝”小铁钱来换取民间旧铜钱，“旬日易得百余万缗”，徽宗又“手札以新钱百万缗付五路”。[2]

（四）滥发纸币与度牒等

自从北宋初期在四川民间产生了世界上最早的纸币交子之后，至宋仁宗天圣元年（1023）十一月，益州交子务开始在四川发行官交子。当时规定，发行交子以三年为一界（指首尾三年，实际上是四年两界），每界以印行 125.634 万缗为额。每界交子大体上以铁钱 36 万缗为发行成本。交子可以随时兑现为铁钱，但须缴纳每贯 30 文的手续费。在前、后界交子接替时，旧交子必须换易新交子。可是，到神宗熙宁五年（1072），随着国家财政开支的增加，就提前印造新交子，开始两界沓行，由于发行较多而本钱不足，交子稍显贬值。哲宗绍圣元年（1094）令每界增印 15 万贯，元符元年（1098）每界又增 48 万贯，在成都每年印造甚至并无定数，但当时问题还不太严重。到宋徽宗统治时期，开始扩大交子流通区域，并大量增加发行数额，从而造成了纸币的膨胀和严重贬值。

崇宁元年（1102）九月，因蔡京的上奏，说茶马司已将四川交子流通到陕西并已取得民间信用，宋廷乃拨成都常平司钱 100 万贯充本钱，印造交子 300 万贯，令在陕西与见钱、盐钞一起流通。[3]于是，四川之外，陕西也行交子。崇宁二年（1103）六月，宋廷在收复湟州后，于七月间在湟

---

① 《群书考索》后集卷六十一《财用门·铁钱类》。
② 《宋史》卷二百四十七《子渲传》，第 8742 页。
③ 《九朝编年备要》卷二十六。

州设置籴便司，用交子作为籴买本钱。[①] 崇宁三年（1104），置京西北路专切管干通行交子所，仿川峡路立伪造法。[②] 崇宁四年（1105）四月，诏淮南许用交子；六月，又下诏交子除已通行各路外，兼通行诸路，唯不能入京及京畿行用。[③] 同时，令诸路改用钱引，钱引准新样印制；四川依旧行用交子，再逐步兑换为钱引。撤销在京并永兴军交子务，在京官吏并入榷货务买钞所。[④] 崇宁年间（1102—1106），钱引流通于京东西、淮南、京师各路，唯福建、江浙、湖广不行，赵挺之认为因福建是蔡京的故乡，故不用钱引。[⑤] 由此可见，蔡京在扩大钱引流通区域时，已意识到其间存在的风险，而这正是他那自私心理的反映。实际上，随着交子的泛滥，交子开始贬值。崇宁四年（1105）在京商户行用交子已由 1000 文贬值至 950 文，外路贬至 970 文。[⑥] 崇宁五年（1106），因钱引在各路行之不通，曾一度暂停印制。

由于崇宁至大观间，宋廷为攻取湟、廓、西宁三地，对西夏和吐蕃用兵，陕西沿边所需军费甚巨，便大量增发四川交子：崇宁元年（1102）增 200 万贯，二年又增 1143 万贯，四年再增 570 万贯，大观元年（1107）又增 554 万贯，共增 2467 多万贯。[⑦] 仅在这 6 年时间里 4 次所增发的交子就相

---

① 《宋会要辑稿》职官四三之七八。
② 《宋史》卷一百八十一《食货志下三·会子》，第 4404 页。
③ 《九朝编年备要》卷二十六。
④ 《宋会要辑稿》职官二七之一八。《宋史》卷一百八十一《食货志下三·会子》，第 4404 页。
⑤ 《文献通考》卷九《钱币考二》，第 242 页。
⑥ 《容斋三笔》卷十四《官会折阅》，见《容斋随笔》本，第 468 页。
⑦ 《建炎以来朝野杂记》甲集卷十六《四川钱引》。《建炎以来系年要录》卷十六记载为 2600 余万贯。

当于仁宗天圣元年（1023）规定的每界发行额的20倍，这不能不引起交子的大幅度贬值，“至换界年分，新交子一千乃当旧会子（交子）四千”[①]。情况十分严重，这使蔡京十分紧张，便于大观元年（1107）四月诏改四川交子为钱引[②]，改交子务为钱引务。为了不使人怀疑不安，当年发行的四十三界钱引仍用交子旧印印行，直到大观三年（1109）才改用钱引新印。交子贬值本由北宋统治者为应付陕西军费而大量滥发所引起，而徽宗却将其归罪于地方官和百姓，他在大观元年（1107）六月二十五日下诏：“川蜀四十二界以后钱引，访闻官司奉法不谨，纵民减价，慢令失职，莫此为甚。令逐路转运司分析闻奏。自今如纵而不治，与同罪，仍当重行黜责。”[③]

钱引增发太多，官府根本无力兑现。于是，大观三年（1109）“诏钱引四十一界至四十三界（按：四十一界崇宁二年发放，四十二界崇宁四年发放，四十三界大观元年发放。）毋收易，自后止如天圣额书放，铜钱地内勿用”[④]。这样一来，宋廷便把钱引贬值的损失推给了百姓。但是，随着政治、军事形势的发展，宋廷想使钱引发行恢复到正常轨道已很难办到。据宋人王迈说：“其后屯戍未休，馈食不断，复增至六千余万缗。大观末愈出愈多，一楮仅百金直。则兵端兴而用度广，用度广而楮币轻，势之所必至也。”[⑤]

---

① 《九朝编年备要》卷二十七，宋徽宗大观元年五月。

② 《玉海》卷一百八十《食货·钱币·天圣交子务》记载为大观元年四月甲子。《皇宋十朝纲要》卷十七记载为大观元年五月甲午。

③ 《宋朝大诏令集》卷一百八十四《川蜀钱引减价令运司分析御笔（大观元年六月二十五日）》。

④ 《宋史》卷一百八十一《食货下三·会子》，第4405页。

⑤ ［宋］王迈：《臞轩集》卷一《乙未馆职策》，《文渊阁四库全书》第1178册。

扩大纸币流通范围，这符合货币史发展趋向，并非坏事。同时，纸币贬值的根本原因也不在于纸币发行数量的多少，问题在于宋徽宗统治时期，曾经采取滥发纸币的政策向人民搜刮。尤其是大观年间（1107—1110），甚至“不蓄本钱而增造无艺”[①]，因“有司冀赢羡，为之益多，使民不敢信”[②]，终于形成了严重的纸币膨胀。

除滥发交子、钱引之外，政和年间（1111—1117），蔡京还大量发行另一种钱券。据王称《东都事略·蔡京传》载：蔡京“拨故吏魏伯刍提举榷货务，令作泛料关子[③]百万缗进。徽宗大喜，持以示左右：‘此太师所与我奉（俸）料也！’擢伯刍至徽猷阁待制”。从这记载看，徽宗把“泛料关子”作为额外收入而沾沾自喜，可见这是一种不备本钱的空头支票之类的东西，实际上也等于滥发变相的钱引。“泛料关子”又称“料次钱券”。“泛料关子”的发行，与钱引交杂流通，致使在纸币兑现时事情变得非常复杂，兑换标准难以掌握，从而产生了许多弊端。如，“靖康元年，令川引并如旧即成都府务纳换。以置务成都，便利岁入，至诸州则有料次交杂之弊”[④]。

此外，宋徽宗时期还超量发行度牒。度牒原是官府发给僧道的一种身份证，出家人据此可免赋役负担，实际上官府把这笔赋役负担转嫁到了广大劳动人民身上。度牒虽非纸币，却是一种高值的“有价证券”。宋廷常以出卖度牒来敛取货币，或以度牒充财政支付，度牒实际上已成为一种变相的不备本钱的大面额纸币。它的投入金融领域，如不加控制，将大大加

---

① 《宋史》卷一百八十一《食货下三·会子》，第 4405 页。
② 《宋史》卷三百四十七《席旦传》，第 11016 页。
③ 《宋史》卷四百七十二《蔡京传》作“料次钱券”。
④ 《宋史》卷一百八十一《食货志下三·会子》，第 4405 页。

剧当时的通货膨胀。早在神宗熙宁年间（1068—1077），度牒曾立价出卖，每牒一纸，价钱120贯。[①]但当时每年有发行限额，不得过数，如熙宁元年（1068）七月始卖于民间，每年不过三四千张。元丰六年（1083）每张度牒价格为130贯[②]，但限额为1万张。可是到徽宗建中靖国元年（1101）度牒每张涨价至220贯。崇宁年间（1102—1106），蔡京恣意突破度牒发行限额，每年发行2.6万张，用来作为沿边军粮的籴本。因有大利可图，大观四年（1110）竟每年出卖度牒3万余张[③]，新旧积压，充塞市场。

二、通货膨胀所造成的恶果

北宋末期的统治者，为了满足其庞大的“三冗”消费的需要，违背社会经济发展和货币流通的客观规律，企图利用手中的权力，通过大量发行虚值大钱、铁钱、劣币和滥发纸币及度牒，人为地增加财政收入。由于投入流通领域的货币数量过多，超过了商品买卖的实际需要，必然会引发通货膨胀，从而产生了私钱泛滥、货币贬值、物价暴涨、社会动荡等恶果。

（一）私钱泛滥

自从北宋朝廷铸造当十大钱之后，民间私铸的伪劣钱币就大量出现。按常规，标准小平钱每文应重一钱多，即所谓“祖宗用十钱为两之制”[④]，而崇宁当十大铜钱只重三钱（陕西样当十大铜钱更轻），故不足三个小平钱即可改铸一个当十钱，每四文折二钱也可改铸为三个当十钱，如再偷工

---

① 《建炎以来朝野杂记》甲集卷十五《祠部度牒》。
② 《群书考索》后集卷六十三《财用门·鬻僧类》。
③ 《燕翼诒谋录》卷五，第51页。
④ 《宋朝大诏令集》卷一百八十四《公私当十钱改当三诏（政和元年五月七日）》。

减料或掺杂贱金属，私铸当十钱更有厚利可图。为此，官府铸当十钱一出笼，民间立即盗铸蜂起，以致私钱泛滥成灾。有关这方面的记载，史不绝书。如："自当十行，抵冒者多。"[①]"崇宁更钱法，以一当十，小民嗜利，亡命犯法者纷纷。"[②]"崇宁间，初铸大泉当十……然坏小钱三，辄可为一大泉，利既不赀，私铸如云。"[③]"东南诸路盗铸当十钱者多。"[④]"通宝当十钱东南私铸甚多。"[⑤]"两浙盗铸……以致私钱盈积，散流民间，延袤江淮，充满畿甸。"[⑥]"行当十钱，苏州无赖弟子冒法盗铸。"[⑦]"福建路民间尚敢私铸当十大钱，转入淮、浙及京东路，迤逦搬至行使地分，有害钱法。"[⑧]各地民间纷纷私铸和流通当十大钱，这使宋廷失去了对全国货币铸造发行和调控的统一管理权，使本来就已经很混乱的币制，乱上加乱。为此，徽宗在大观元年（1107）五月十九日的御笔手诏中惊叹："钱为国之利柄，以方圆铢两而寄宝贵贫贱之権，若为众庶所操，则利柄失矣！"[⑨]大量私钱涌入流通领域，加上朝廷滥铸大钱，更加剧了通货膨胀的发展。正如徽宗诏书中所说："比以泉币法坏，害及闾阎，盗铸滋多，物价翔踊，民人艰食，泉货日轻。"[⑩]"钱与

① 《宋史》卷一百八十《食货志下二·钱币》，第4392页。
② 《泊宅编》（10卷本）卷二，第12页。
③ 《家世旧闻》卷下，第203页。
④ 《文献通考》卷九《钱币考二》，第240页。
⑤ 《长编拾补》卷二十六，宋徽宗崇宁五年正月丙午，第295页。
⑥ 《长编拾补》卷二十六，宋徽宗崇宁五年十二月辛未，第306页。
⑦ 《萍洲可谈》卷三。
⑧ 《长编纪事本末》卷一百三十六《当十钱》。
⑨ 《宋朝大诏令集》卷一百八十四《告谕民户投纳不依样钱御笔手诏（大观元年五月十九日）》。
⑩ 《宋朝大诏令集》卷一百八十四《约束小平钱与当三钱轻重均一诏（政和元年五月十七日）》。

物同，少则贵，多则贱。当十钱法，行之方定，今铸不绝，源源而来。钱数既多，法随而弊，私铸复兴，混淆无别，其法必坏，非长久之术。”[①]至政和元年（1111），私钱甚多，“朝廷内外府库无虑数千万”[②]。

盗铸大钱者，为了获利，往往偷工减料，加上原料和技术的不足，私钱质量必然差于法钱。“东南盗铸，其私钱既锲薄且制作粗恶，遂以猥多成弊。”[③]“其当十钱官制例重三钱，私铸率皆锲薄沙镴，暨作当十钱行使，即有虚钱几及两倍，遂致物价高。”[④]这种私铸劣币大量进入市场，就不能不影响钱币在流通中的信用，人们多不愿接受如此劣质的虚值货币，从而大大阻碍了商品的交易。崇宁五年（1106）正月，尚书省曾上奏：“‘通宝’当十钱，东南私铸甚多，民间买卖沮滞。”[⑤]

盗铸者因缺乏铜料，多毁小平钱改铸当十大铜钱，加上崇宁三年（1104）宋廷曾下令停铸小平钱及当五钱，这就使社会上小平钱几乎绝迹，不仅大大增加了做零售生意的困难，也严重影响了人民的生活。史载：“奸猾之民规利冒法，销毁当二、小平钱，所在盗铸，滥钱益多，百物增价。”[⑥]“两浙盗铸尤甚，小平钱益少，市易濡滞。”[⑦]“两浙路……民间尽将小平钱销铸当十钱，致民间小钱数少，买卖沮滞。”[⑧]崇宁五年（1106），“曾未期岁，

① 《长编拾补》卷二十九，宋徽宗大观四年正月癸卯，第 327 页。
② 《宋朝大诏令集》卷一百八十四《公私当十钱改当三诏（政和元年五月七日）》。
③ 《文献通考》卷九《钱币考二》，第 241 页。
④ 《长编拾补》卷三十，宋徽宗政和元年正月丁卯，第 340 页。
⑤ 《长编拾补》卷二十六，宋徽宗崇宁五年正月丙午，第 295 页。
⑥ 《宋史》卷一百八十《食货志下二 • 钱币》，第 4391 页。
⑦ 《宋史》卷一百八十《食货志下二 • 钱币》，第 4388 页。
⑧ 《长编拾补》卷二十六，宋徽宗崇宁五年正月甲辰，第 294 页。

东南之小钱尽矣”[①]。既然市场上极缺小平钱，于是盗铸者又偷工减料私铸劣质小平钱，如苏州“市肆所用皆私铸小钱”[②]。

至于夹锡钱，虽有伪冒，但私铸的却不见史籍记载。这大概是因为夹锡钱只折二个小平钱使用，而技术要求高，私铸成本也高，获利不大。虽然如此，但民间却有伪饰夹锡钱以冒充大铜钱图利的。大观元年（1107），徽宗曾下诏说：“河北昨铸夹锡当五钱，其样制大小类当十铜钱，若或行用，奸民趋利，染为铜色，私作当十，难以验察。”[③]到第二年，在河北西路，果然有“小民以药染擦夹锡钱如铜色，与当十钱混淆”[④]之事发生。此外，政和年间（1111—1117），在陕西，还有以折二大铁钱冒充折二夹锡钱的。大观三年（1109）六月蔡京罢相，政和元年（1111）曾一度停铸夹锡钱，并诏令：“应陕西诸路旧系行使铁钱地方，并依元丰年大铁钱折二公私通行，所有夹锡钱与大铁钱一等行用，不得分别称呼……见在铁钱更不改铸夹锡。河东路官司当二夹锡钱依此。”[⑤]这就是说，夹锡钱只能与当二大铁钱等值使用。可是，政和二年（1112）十月，蔡京重又当政，“复行夹锡钱，乃申敕公私一准铜钱，概用无偏”[⑥]。当时，在陕西，因“政和通宝”大铁钱与“政和通宝”夹锡钱文字样制相似，于是便有人将大铁钱与夹锡钱一

---

① 《长编拾补》卷二十六，宋徽宗崇宁五年二月丙子，第 299 页。

② 《长编拾补》卷二十六，宋徽宗崇宁五年十二月壬戌，第 305 页。

③ 《群书考索》后集卷六十一《财用门·铁钱类》。

④ 《长编拾补》卷二十八，宋徽宗大观二年八月庚辰，第 321 页。按：这种药，可能是胆矾一类的硫酸铜盐，其中的铜元素可置换夹锡钱表面的铁，能起到伪饰作用。

⑤ 《宋朝大诏令集》卷一百八十四《陕西铁钱折二公私通行诏》。

⑥ 《龟山集》卷三十三《钱忠定公（即）墓志铭》。

起“夹带般（搬）贩，混杂行使”[①]，以充当两个铜钱。

因纸币印造比较容易，而且成本低、面额大，故徽宗时纸币也有伪造的。早在宋真宗时就已出现伪造交子之事，仁宗时伪交子又冒了出来，至神宗熙宁元年（1068）始立伪造罪。崇宁三年（1104），北宋朝廷曾设立了京西北路专切管干通行交子所，仿川峡路立伪造法，规定：“通情转用并邻人不告者，皆罪之；私造交子纸者，罪以徒配。”[②]可见在崇宁初就有伪造交子的，否则何必规定禁令，无的放矢。另外，陆游在《老学庵笔记》卷六中也记载了一条伪造钱引的史料：“胡子远之父，唐安（按：即蜀州江源县）人，家饶财，常委仆权钱，得钱引五千缗，皆伪也。”陆游所说的是他同时代人胡子远父辈的事，可见事情应发生于北宋末期。伪造纸币的危害，与私铸大钱以及伪饰夹锡钱冒充铜钱相似，这里就不再赘述。

（二）货币贬值

根据货币流通规律：一定时期商品流通所需货币量，等于全部商品的价格总额，除以单位货币的平均周转次数。当货币发行量激增而商品生产锐减时，如再加上消费过度、货币流速加快，投入市场的货币就会显得过多，于是物价就会飞涨，货币就会严重贬值。北宋末期，一方面是将官私大钱、劣币、铁钱和纸币、度牒等大量投入流通领域，另一方面生产萎缩、商品供应减少，同时“三冗”消费又日益增加，因而货币贬值、物价高涨的现象也即所谓“钱轻物重”的情况表现得十分明显。

先谈当十大钱贬值情况。据《群书考索》后集卷六十《财用门·铜钱

① 《群书考索》后集卷六十一《财用门·铁钱类》。
② 《宋史》卷一百八十一《食货志下三·会子》，第4404页。

类》的记载："当十大钱行之方定，铸而不绝，源源而来，数既多，法随而弊。"所谓"法随而弊"，是指钱多贬值。当十大钱贬值，引起其他各类货币和有价证券也纷纷贬值。崇宁四年（1105）年十一月，徽宗下诏说："物重钱轻，兼秉权细民被害，应告身、度牒、交子钱引之类，率皆亏损价值。"[①]大钱贬值，信用降低，人们多不愿接受，致使商业萧条。如崇宁二年（1103），"时方铸崇宁大钱。令下，市区昼闭，人持钱买物，至日旰，皇皇无肯售"[②]。大观四年（1110）侍御史毛注在揭露蔡京罪行时，也提到"钱钞屡更而商贾不行"[③]的情况。人们为什么不要大钱？因为官铸当十钱例重三钱，当十行使，即有虚值几及两倍。以当十钱买东西，实际上是不等价交换。如果用大钱买零碎物件，卖主还需找给小平钱，这实际上是倒贴买主。宋人曾敏行在《独醒杂志》卷九中，谈到了一出反映当时商人不欢迎大钱的讽刺剧："优人因内宴为卖浆者。或投一大钱饮一大杯，而索偿其余。卖浆者对以'方出市，未有钱，可更饮浆'。乃连饮至五、六，其人鼓腹曰：'使相公改作折百钱，奈何！'"卖浆者说没有零钱找，这固然与当时小平钱奇缺有关，但更重要的是他宁愿廉价卖浆而不愿贴钱给买主。

在公私大钱投入市场之后，就立即引起了货币贬值、物价暴涨、人民贫困，从而激化了阶级矛盾。同时，大钱的泛滥，又使"物价踊贵，商贾不行"[④]。这一切不能不使徽宗感到事态之严重。因此，他在崇宁四年（1105）十一月就批准了尚书省的建议，将荆湖南北、江南东西、两浙路的当十

---

① 《长编拾补》卷二十五，宋徽宗崇宁四年十一月癸亥，第 293 页。
② 《宋史》卷三百二十八《章粢传》附《章綡传》，第 10591 页。
③ 《宋史》卷三百四十八《毛注传》，第 11034 页。
④ ［宋］宋翌：《猗觉寮杂记》卷下，《文渊阁四库全书》第 850 册。

钱改作当五钱，并为防止有人违法运入东北，又规定以长江为界。[①] 同年十二月，又诏淮南路“重宝”当十钱作当五行使。[②] 崇宁五年（1106）二月初一，宋廷诏:“荆湖、江南、两浙、淮南路‘重宝’钱作当三，在京畿、京东、京西、河北、河东、陕西、熙河作当五行使。”[③] 二月初三，蔡京罢相。六月宋廷又下诏:“当十钱惟京师、陕西、两河许行，余路并罢。”[④] 大观元年（1107）正月，蔡京再相。又铸行当十钱。大观三年（1109）六月，蔡京再罢相。政和元年（1111）五月七日，徽宗下《公私当十钱改当三诏》，其中说：当十钱“行之数年，钱益轻，物益重，公私受害，不可胜言。物价腾涌，细民艰食，嗷嗷几至失业。奸民冒法，盗铸云起，重辟之下，不能禁止……可自五月八日,应公私当十钱并改作当三行使”[⑤]。大钱的币值虽然降了下来，但私铸大钱，数量不仅未减，反而在不断增加，流入市场的大钱总数未见减少，物价也就无法下降。可是，法定大钱币值的下降，却已使百姓手中的大钱贬值，损失严重，商店倒闭。国库中的大钱也贬值，使朝廷采购物资需要用更多的钱，以致财政更加困难。大观初，温州教授周行己在《上皇帝书》中部谈到这种情况说：“自行当十以来，国之铸者一，民之铸者十；钱之利一倍，物之贵两倍。是国家操一分之利，失十分之利；以一倍之利，当两倍之物。又况夹锡钱未有一分之利，而物已三倍之贵。是以比岁以来，物价愈重，而国用愈屈……夫盗铸当十，得两倍之

① 《长编拾补》卷二十五，宋徽宗崇宁四年十一月丙辰，第 293 页。
② 《皇宋十朝纲要》卷十六。
③ 《长编拾补》卷二十六，宋徽宗崇宁五年二月甲子，第 298 页。
④ 《九朝编年备要》卷二十六，宋徽宗崇宁二年五月条。
⑤ 《宋朝大诏令集》卷一百八十四《公私当十钱改当三诏（政和元年五月七日）》。

利，利之所在，法不能禁也。自行法来，官铸几何，私铸几何矣！官铸虽罢，私铸不已也。私铸不已，则物价益贵，刑禁益烦。而物出于民，钱出于官，天下租税常十之四，而籴常十之六，与夫供奉之物、器用之具，凡所欲得者，必以钱贸易而后得。使其出于民者常重，出于官者常轻，则国用其能不屈乎！……自十而为五，民之所有十去其半矣；自五而为三，民之所有十去其七矣。”[①] 事实正是如此。在两浙路，“朝廷改当五钱为当三，以制私铸，市肆尽闭，民间几至绝食”[②]。至政和初，朝廷因“罢铸当十钱，每岁计亏钱一百五十万余贯”[③]。在当十钱改当三后，“是时内帑藏钱无算，折阅万亿计”[④]。

再看夹锡钱贬值的情况。夹锡铁钱以一折铜钱二，同样具有虚值大钱性质，在市场上不受欢迎，故“民病壅滞”[⑤]。大观三年（1109）刘正夫拜尚书右丞，迁中书侍郎，时“陕西行夹锡大钱，物价翔踊，百姓告病”[⑥]，刘正夫即奏罢铸夹锡钱。政和元年（1111），“钱轻物重，细民艰食”，朝廷宣布夹锡钱与折二大铁钱同等使用，不得分别。后来大铁钱又贬值至以二当铜钱一，夹锡钱也随之进一步大幅度贬值。政和二年（1112）蔡京再当政，恢复夹锡钱以一当铜钱二的币值，阌乡县知县论九龄却“以铜钱一

---

① ［宋］周行己：《浮沚集》卷一《上皇帝书》，《文渊阁四库全书》第 1123 册。

② ［宋］李之仪：《姑溪居士后集》卷十九《故朝请郎直秘阁淮南江浙荆湖置制发运副使赠徽猷阁待制胡公（奕）行状》，《文渊阁四库全书》第 1120 册。

③ 《宋会要辑稿》食货五一之二九。

④ 《萍洲可谈》卷二。

⑤ 《宋史》卷二百四十七《宗室传四·子潚》，第 8742 页。

⑥ 《东都事略》卷一百二《刘正夫传》。

估夹锡钱七八”[①]。其实，夹锡钱贬值并非偶然。夹锡钱本来就是铁钱，蔡京却想人为提高它的币值，以一当铜钱二。但陕西长期使用铁钱，“时关中钱甚轻，夹锡欲以重之，其实与铁钱等，物价日增，患甚于当十”[②]。政和六年（1116）五月，郑居中、刘正夫当宰相时，曾一度禁罢东南各地铸行夹锡钱，令全部运往陕西使用[③]，使陕西货币流通量骤增，夹锡钱贬值40倍，致“钱益轻，凡二十而当一（铜钱）”，“商贾不行”，“交易之道废”。[④]宋廷对此毫无办法。

不仅大钱、夹锡钱贬值，铁钱也继续贬值。神宗熙宁时，铁钱曾与铜钱等值使用。至哲宗元符初，铁钱贬值到以四换铜钱一。“又诸州钱监鼓铸不已，岁月增多，以鼓铸无穷之钱，而供流转有限之用”，结果是陕西铁钱“积滞一隅，暴如丘山，公私为害”。徽宗“崇宁中，陕西铁钱日轻，视铜钱不能十一。而官俸独给铁钱，在职者不能赡，官旷不补，事有浸废”。[⑤]大观间，陕西贬值大铁钱大量流入四川。大观三年（1109），利州路提刑司上奏：“旧铜铁钱轻重相寻，以大铁钱一折小铜钱二，今大铁钱五止当一铜钱，比旧轻十倍。又流入川界，钱轻物重，颇类陕西。”[⑥]

至于纸币，因印发太多而贬值的现象更为突出。宋徽宗时在四川无限量地印发纸币，结果是“为之益多，民不取信”[⑦]。大观元年（1107）时，

---

① 《宋史》卷一百八十《食货志下二·钱币》，第 4393 页。
② 《宋史》卷一百八十《食货志下二·钱币》，第 4393 页。
③ 《宋史》卷一百八十《食货志下二·钱币》，第 4394 页。
④ 《梁溪集》卷一百四十四《御戎论》。
⑤ 《龟山集》卷三十三《钱忠定公（即）墓志铭》。
⑥ 《宋史》卷一百八十《食货志下二·钱币》，第 4361 页。
⑦ 《宋史》卷三百四十七《席旦传》，第 11016 页。

四川交子的印发量超过仁宗天圣元年（1023）规定的每界发行定额20倍，于是币值猛跌。当时，陕西、河东数路钱引原值钱5贯至7贯，而成都只值两三百文。次年，据四川威州张持奏，当地面值1贯的钱引降到只值100文。后来，引值继续下跌。大观年间（1107—1110），由于宋朝官府不备本钱而滥造钱引，甚至跌到“引一缗当钱十数”[①]。钱引贬值，不仅百姓遭殃，官府也倒霉。如大观时，真州豪民勾结形势户，以低价获得交子，代替现钱向官府纳税，结果官府中全是交子，现钱为之一空。[②]

僧、道度牒也同样因出卖过多而贬值。徽宗建中靖国元年（1101）每道度牒价钱为220贯，大观四年（1110）因滥印度牒，“岁卖三万余缗，新旧积压，民间折价至九十千”，后来更降到“二十千一纸”。[③]这不仅使原来手中持有度牒的人受到了损失，而且使低价买得度牒而成为僧、道的人越来越多。至宣和七年（1125），全国僧道人数超过100万，给社会增加了一大批不耕而食的寄生者。

徽宗时实行通货膨胀政策，还推动了货币流通的加速。因为宋朝官府铸大钱、造劣币、滥发纸币，引起了货币贬值，物价猛涨，这就迫使手中握有大钱等虚值货币的人，时刻想把货币脱手换成有用之物，以免经济上吃亏。于是，社会上就出现了一股抢购物资的狂潮。尤其在朝廷将下令改当十钱为当五、当三行用的时候，这种抢购势头更为高涨。首先带头抢购的是消息灵通的当权大官。如大观三年（1109）六月，蔡京罢相后，朝廷议改当十为当三行使，在命令正式下达前两个月之内，“宰执争辇钱而市

---

① 《文献通考》卷九《钱币考二》，第242页。

② 《梁溪集》卷一百四《与右相乞罢行交子札子》。

③ 《燕翼诒谋录》卷五，第50页。

黄金，在都金银铺未之知”[①]；宰执之外，各官府也纷纷行动起来，在改十为当三之前，“悉辇大钱市物于肆”[②]。民间也掀起了抢购风潮。如湖州有一姓朱的财主，常贮钱数百缗，“会当十法变，子弟先得消息，请速以钱易他货”[③]。又有会稽能仁寺长老大智，积有较多当十大钱，寺中正在大兴土木，他在事先得知当十钱将改为当五的消息后，就立即把手中所有大钱作为建材物价和工匠工资支付出去。[④]至于一般老百姓在官府中没有耳目，只好在当十钱改当三的命令正式下达后，拼着老命去挤兑，挤不上的就倒霉。如当时开封府规定，“民间质库限五日作为当十赎质，细民奔走趋利，质者不堪命，稍或拥遏，有司即以重刑加之”[⑤]。众人抢购物资和赎质的结果，就使大量虚值货币投入市场，加快了货币的流速，从而也就成了推动通货膨胀升级与货币进一步贬值的原因之一。

此外，还有一个使当时货币流速加快的原因。随着商品经济的日益发展和封建统治者物质享受欲望的不断滋长，徽宗时官府多项赋役都要百姓折钱缴纳，如支移地里脚钱、方田租税钱、青苗息钱、公田钱、免夫钱等。百姓无钱，只好出卖生产资料乃至生活必需品，以应赋役。如蔡京重新推行青苗法，向人民收取息钱。百姓无钱，被迫卖田。这种情况在神宗熙丰变法时早已存在，当时饶州人饶竦曾写诗叹道：“三顷荒田都卖尽，要钱准备纳青苗！”[⑥]广大农民出卖土地得钱纳税，这就造成了市场的虚假繁荣。

---

① 《文献通考》卷九《钱币考二》，第 241 页。
② 《宋史》卷三百五十一《侯蒙传》，第 11114 页。
③ 《萍洲可谈》卷二。
④ 《家世旧闻》卷下，第 204 页。
⑤ 《萍洲可谈》卷二。
⑥ ［宋］林駉：《今古源流至论》续集卷三《内帑》，《文渊阁四库全书》第 942 册。

同时，在北宋末期，朝廷收得的各种税钱并不囤积在仓库里，而作为财政开支又投入了流通领域。这样，它既增多了货币流通量，也加快了货币流速，在市场商品供不应求的情况下，对通货膨胀及货币贬值的加剧起了推波助澜的作用。

（三）物价暴涨

当通货膨胀发生时，物价上涨必然会与货币贬值同时出现，物价上涨是货币贬值的具体表现。当北宋末期朝廷滥发大钱、劣钱、铁钱、纸币之后，物价暴涨便与货币贬值联翩而来。

在当十大钱出笼之后，加上私钱甚多，流入市场的货币数量大大超过了商品买卖的实际需要。钱多就贬值，何况净重三钱的当十大钱中还含有7成虚值。商贩不愿以实物来换取虚钱，故在等价交换的市场原则作用下，物价就被抬得更高。“钱轻则物重，其势然也。”[①]物价愈涨，盗铸私钱就越多。“盗铸兹多”，更使“物价翔踊”“钱币日轻”。[②]总之，钱多贬值与物价暴涨，两者之间形成了一种恶性循环，把老百姓逼上绝路。连徽宗也不得不承认，行当十钱成了一种“民害”[③]。夹锡钱的流通，使物价飞涨更为厉害。周行己说：“夹锡钱未有一分之利，而物已三倍之贵。”夹锡钱其实只是一种铁多锡少的劣币，尽管朝廷规定它作为两个铜钱使用，但仍不免贬值。尤其政和六年（1116）后，宋廷将停罢之东南各路夹锡钱运往陕西集中使用时，贬值40倍，“物价翔踊”更是惊人。甚至徽宗也说：“夹锡钱之害，

① 《宋史》卷一百八十《食货志下二·钱币》，第4391页。

② 《宋朝大诏令集》卷一百八十四《约束小平钱与当三钱重轻均一诏（政和元年五月十七日）》。

③ 《群书考索》后集卷六十《财用门·铜钱类》。

甚于当十。”[①] 大钱贬值引起纸币、度牒和官告等其他有价证券的相应贬值，“遂致富商坐邀厚利，刍粮踊贵”[②]。

北宋前期，由于防止了通货膨胀，物价相当平稳。北宋中期，因通货膨胀，物价上涨。北宋后期，神宗实行熙丰变法遏制了通货膨胀，物价又恢复了稳定；而“元祐更化”后通货膨胀重又抬头，物价再次上升；哲宗“绍述新政”未能克服通货膨胀，物价仍居高不下。至北宋末期，物价暴涨的程度超过此前的北宋任何时期，所以我们称其为恶性通货膨胀。北宋末期的物价究竟有多高？我们将通过下列几种人民生活必需品以及金、银的具体价格来加以说明。

1. 粮价

宋神宗熙宁年间（1068—1077）米价平均每斗七八十钱，即使熙宁四年（1071）陕西大旱斗米也只卖 100 文，熙宁八年（1075）苏州斗米只值 50 钱。元丰时斗米降至三四十文，元丰元年（1078）熙河沿边地区米最贵，每斗为 120 文，而元丰二年（1079）黄州斗米只卖 20 钱。哲宗元祐中，米价上涨到每斗 90 多文；元祐元年（1086）淮南久旱，米价高达每斗 170 文。哲宗“绍述新政”时粮价持续上涨，绍圣中京师米贱，常平米也每斗值百钱；至元符年间（1098—1100），延安府官籴米价每斗达铁钱 520 文至 720 文足；元符三年（1100）河北水灾，“米斗千钱不可得”。至徽宗继位之初，因宋廷曾长期在陕西、河东用兵，沿边地区粮价极高。建中靖国元年（1101），

① 《宋史》卷二百八十八《范雍传》附《范坦传》，第 9681 页。
② 《长编拾补》卷二十五，宋徽宗崇宁四年十一月癸亥，第 293 页。

“如鄜延路新城堡寨今春籴买米斗犹有至一贯四百文省”[①];长安、陕州、华州也“米斗一千”,“运至鄜延每石为钱二十贯有奇”[②]。从崇宁二年(1103)起,宋军继续向西夏、吐蕃拓边进筑,“鄯、鄜至斗米四千”[③]。至崇宁五年(1106),“和籴入粟,鄯州以每石价至七十贯、湟州五十余贯”[④],熙、河、兰、湟一带,甚至用作马料的青稞也贵至“石三十缗”[⑤]。如果说沿边战时粮价奇高属于特殊情况,但自崇宁以来平时民间向边区入中粮食也“斗米有至四百”[⑥],价钱也不低。其他地区的粮价同样很高。大观二年(1108),每斗小麦“孟州温县实直为钱一百二十”,“颍州汝阴县为钱一百一十二”。[⑦]政和二年(1112),沧州无棣县白米每斗“市价为百二十”[⑧]。宣和四年(1122),“米价石两千五百至三千”[⑨]。宣和五年(1123),因经过对辽战争,“平时斗粟不过百钱,今兵火凋残之余盖十倍”[⑩]。宣和六年(1124),因“东京盗起,米斗千钱”[⑪]。宣和七年(1125)金兵灭亡辽国,南下侵宋,徽宗退位。钦宗靖康元年(1126)闰十一月二十五日,金兵攻陷北宋首都开封,“米斗二千”[⑫];十二月十九日,“京师雪深数尺,米斗三千,贫民饥饿,布满街

---

① 《宋朝名臣奏议》卷一百四十,范纯粹《上徽宗论进筑非便》。
② 《宋朝名臣奏议》卷一百四十,张舜民《上徽宗论进筑非便》。
③ 《宋史》卷四百七十二《蔡卞传》,第13730页。
④ 《宋史》卷一百九十《兵志四·乡兵一》,第4719页。
⑤ 《宋史》卷一百七十五《食货志上三·和籴》,第4247页。
⑥ 《宋史》卷一百八十二《食货志下四·盐中》,第4447页。
⑦ 《宋会要辑稿》食货七〇之二二。
⑧ 《宋会要辑稿》食货七〇之一五四。
⑨ 《宋史》卷一百八十二《食货志下四·盐中》,第4451页。
⑩ 《长编拾补》卷四十六,宋徽宗宣和五年(1123)二月丙戌,第468页。
⑪ [宋]陈东:《少阳集》卷一《登闻检院上钦宗皇帝》,《文渊阁四库全书》第1136册。
⑫ [宋]陈东:《靖炎两朝闻见录》,《续修四库全书》第423册。

巷，死者盈路”[①]。靖康二年（1127）三月二十八日，京城“斗米二千，斗麦二千四百，羊肉一斤七千，猪肉一斤四千，驴肉一斤二千五百，酱一斤五百，油一斤一千八百”[②]。在财富集中地北宋京都粮价尚且如此，其他地方的情况也就不难想象了。自靖康元年（1126）以后六七年间，“山东、京西、淮南等路荆榛千里，米斗至数十千且不可得。‘盗贼’、官兵以至居民，更互相食，人肉之价贱于犬豖，肥壮者一枚不过十五千，全躯暴以为腊”[③]，其状惨绝人寰。

2. 绢价

神宗熙宁年间（1068—1077），绢每匹市价约为1300钱左右；元丰中，荆湖北路的绢每匹只卖1贯。哲宗元祐中，四川官府收税折价绢每匹“为钱千四五”或“每匹一贯七八百文”，甚至有“二贯文者”。哲宗元符时，绢每匹价1300钱。徽宗建中靖国元年（1101），“物价踊贵，非昔时比，一绢之直，多过于旧价”[④]，在无为军，“民间买绢一匹须用一贯四五百文足”[⑤]。至大观元年（1107）闰十月，“四方绢价增贵至两贯以上”[⑥]。宣和七年（1125），江浙“产绢县分每匹不下二千三四百足”[⑦]。钦宗靖康二年（1127）正月，“表段每匹五千”[⑧]。此外，官府收税折变照例贱买贵卖。如，

① ［宋］辛弃疾：《南渡录》，《四库全书存目丛书》史部第44册。
② 《三朝北盟会编》卷八十七。
③ 《鸡肋编》卷中《以人为粮》，第43页。
④ 《宋会要辑稿》刑法三之三至四。
⑤ 《九朝编年备要》卷二十六载建中靖国元年左司员外郎陈瓘上《国用须知》。
⑥ 《宋会要辑稿》刑法三之四。
⑦ 《龟山集》卷四《论时事札子》。
⑧ ［宋］丁特起：《靖康纪闻》，《续修四库全书》第423册。

崇宁四年（1105）六月，官府科纳税钱折变收绢，“绢每匹折钱三百”[①]。而宣和三年（1121），“西蜀初税钱三百，折绢一匹……匹折草百五十围，围估钱百五十，税钱三百，输至二十三千”。[②]税钱300文折绢一匹，经反复纽折，匹绢竟输钱23贯，这不是绢的市价，实为变相加税，甚至当时的言官也认为这是非法折变，但从中也可窥见绢价飙升的趋向。

3. 草价

神宗熙宁四年（1071），束草（仁宗宝元时束草为13斤）价钱为27文；熙宁七年（1074）七月，洮西民间钱40文买草30斤；元丰七年（1084），陕西沿边草贵，每束价60文足。哲宗元祐五年（1090），开封府和买民间秆草，每束28文。绍圣元年（1094）六月，治理黄河用草每束支钱35文。徽宗时草价大涨，自崇宁以来，“束草不下百三十余钱”[③]，鄯、鄘州一带束草价竟高达“钱千二百”[④]。这里附带说一下炭价。神宗熙宁七年（1074），“出卖石炭（煤）每秤定价六十文”[⑤]。钦宗靖康元年（1126），木炭每秤600文[⑥]。

4. 盐价

从神宗熙宁到徽宗崇宁之间，由于盐法的不断变化，加上解盐、井盐、末盐品质各异和价格不同，还有官盐与私盐之别，故各类盐的价钱也升降无常，表现得非常复杂，但总的趋势是盐价在逐渐上涨。神宗时期，

---

① 《宋会要辑稿》食货七〇之一九。
② 《宋史》卷一百七十四《食货志上二·赋税》，第4213页。
③ 《宋史》卷一百八十二《食货志下四·盐中》，第4447页。
④ 《宋史》卷四百七十二《蔡卞传》，第13730页。
⑤ 《宋会要辑稿》食货五五之二一。
⑥ 《宋会要辑稿》刑法二之九七。

在正常情况下，各类盐的平均价格大约在每斤 40 多文。哲宗元祐时，涨到每斤 60 多文。哲宗绍圣至元符间由于陕西铁钱贬值，盐钞涨价，虽朝廷规定每席盐钞价为 6 贯，不许擅自涨价，但实际市价达到了每席（116 斤）十二三贯。徽宗崇宁四年（1105）因盐价轻重不等，便“裁定六路盐价，旧价二十钱以上皆递增以十钱，四十五者如旧”[①]。政和元年（1111），左司员外郎张察建议增盐价，“比绍圣价上每斤增钱二文至九文足”，诏从听奏，不久“又诏东南六路盐于张察所定价上，每斤各添钱一文”。[②] 宣和四年（1122），榷货务上奏：认为由于米价高涨，官府向亭户买盐价太低，以致亭户冒法私卖，兹长盗贩；“古有斗米斤盐之说”，而“今米价每石二贯五至三贯，而盐价依旧六十”，很不合理，请增价向亭户买盐，以绝私盐。于是宋廷下诏：“东南东北盐每袋三百斤纳钱十三贯算请。”[③] 官府以 13 贯钱向亭户买 300 斤盐，按常例官卖盐价要比这高得多。事实正是如此。宣和七年（1125），宋朝从辽国收复燕山，“燕人尤怨者盐法。旧虏（辽）中，每贯四百文，得盐一百二十斤。（宋）提举官都不念新附之民，每斤至二百五文足或二百八十文足”[④]，由此可见，徽宗末年盐价与粮价同样暴涨。

5. 金价

黄金价格，自北宋中期以来，曾长期维持在每两值钱 10 贯的水平。神宗和哲宗元祐时变动不大。哲宗绍圣四年（1097）时，因金产量不高，

---

① 《宋史》卷一百八十二《食货志下四・盐中》，第 4445 页。
② 《宋会要辑稿》食货二五之五。
③ 《宋会要辑稿》食货二五之一七至一八。
④ 《三朝北盟会编》卷二十四。

金价涨到每两14贯。至北宋末期，金价大涨。徽宗即位初，苏轼从岭南被放归，途遇新淦人谢民师，称其文章如上等紫磨黄金，每两价值17.5贯，[①]可见此时黄金已涨价。钦宗靖康元年（1126）正月，因金兵围攻汴京，宋廷欲借金银向金求和，便高价收购黄金，“金每两价钱二十贯”[②]。同年十二月，金兵向宋索取犒军金100万锭，催逼甚急，于是金价涨到每两32贯。[③]靖康二年（1127）正月，金价又涨到每两35贯。[④]

6. 银价

神宗和哲宗时，银价基本上是每两值钱1贯，只是在熙宁年间（1068—1077），川蜀地区的银市价达到铁钱1500文左右。徽宗前期，银价未涨。政和中，“福建路往时银价每两不过千钱”，故地方官多买银上供。后因“所买数多，银价倍贵”，商人“每两请官价钱一贯四百文足”，但运至京师每两费钱二千，出卖时“每两不过一千六七百市陌”。[⑤]宣和六年（1124），因宋廷征收免夫钱，须一分以银折纳，潭州湘潭县等地“银价涌贵，每两至三贯文”[⑥]。至钦宗时，银价猛涨。靖康元年（1126）十二月，“银一两准二贯二百文”[⑦]。靖康二年（1127）正月，“银每两二千五百”[⑧]；同年二月二十四日，银价一度涨到“每两五贯五百文”[⑨]。

---

① 《独醒杂志》卷一，第7页。
② 《三朝北盟会编》卷三十二。
③ 《三朝北盟会编》卷七十二。
④ 《靖康纪闻》。
⑤ 《高峰文集》卷一《投省论和买银札子（政和六年）》。
⑥ ［宋］胡寅：《斐然集》卷十五《缴湖南勘刘式翻异》，《文渊阁四库全书》第1137册。
⑦ 《三朝北盟会编》卷七十二。《靖康纪闻》。
⑧ 《靖康纪闻》。
⑨ 《三朝北盟会编》卷三十二。

（四）社会动荡

通货膨胀，私钱泛滥，货币贬值，物价暴涨，其最终后果是造成了社会动荡。

货币贬值，物价暴涨，受害的首先是普通百姓。政和元年（1111）徽宗的几次诏书中屡有透露："钱益轻，物益重，公私受害，不可胜言。物价腾踊，细民艰食，嗷嗷几至失业。"① "钱益轻，物益重，细民益以艰食，至或流移失业，不得以相生养。"② 民饥为"盗"，乃是必然之理。这正如监察御史沈畸所说："钱轻而物重，物重则贫下之民愈困，此'盗贼'之所由起也。"③ 而物贵民穷也正是方腊起义的重要原因之一。如，睦州青溪县一带"多倚薪炭为业，一不得岁，则取于山，弗售于市，真穷之穷矣"。炭为何卖不出去？山民靠卖炭买米，而米价太高，"薪不如桂米如珠"，故人们要米不要炭，宁愿受冻不愿受饿。④ 又如，青溪山田瘠薄，收成不多，而因物价高，生产亏本，"收来一亩无百千，买秧已费半百钱"⑤，官吏又来逼税。这一切，使农民走投无路，于是纷纷参加了方腊起义。同样是因为穷，宣和六年（1124），河北、河东人民也因"饥寒流离，扶老携幼，动以万计，转而为'盗'"⑥。不仅农民造反，通货膨胀和官府币制多变以及任意调价，使城市商民也起来闹事。如，"政和初，内侍童贯宣抚陕西，法有弛张，可以从宜者得罢行之。长安万物腾跃，众货益轻，乃严设科条，欲力平之。

① 《宋朝大诏令集》卷一百八十四《公私当十钱改当三诏（政和元年五月七日）》。
② 《宋朝大诏令集》卷一百八十四《陕西铁钱折二公私通行诏》。
③ 《长编拾补》卷二十六，宋徽宗崇宁五年二月丙子，第 299 页。
④ ［清］刘世宁：乾隆《淳安县志》卷一《风俗》，清乾隆二十一年刻本。
⑤ 乾隆《淳安县志》卷十五《艺文志・方逢辰〈田父吟〉》。
⑥ 《东都事略》卷十一《徽宗纪》。

计司承望风旨，取市价率减什四，违者重置于法，民至罢市”[①]。

原来宋廷推行通货膨胀政策，是想通过剥削人民，垄断利权，以增加财政收入。可是，自从官府铸行大钱后，立即导致了民间盗铸蜂起，私钱泛滥。这不仅加剧了通货膨胀和货币贬值，而且也使朝廷的经济利益受损失。北宋统治者认为“钱为国之利柄”,“若为众庶所操,则利柄失矣”。于是，为了维护自身利益，他们对民间盗铸者进行严厉镇压，百姓“冒禁而破家身死者甚众”[②]。据大观四年（1110）统计:“凡以私钱得罪，有司上名数，无虑十余万人。”[③]从崇宁二年(1103)铸当十大钱以来,至大观四年(1110)短短七八年之中，被斩杀和被判刑者竟多达10万人，这不仅严重削减了社会劳动力，而且使全国弥漫着一种恐怖气氛，增加了社会的不安定因素。其实，私钱的泛滥原是北宋朝廷自己造成的，正如监察御史沈畸所说：陕西改铸铁钱为夹锡钱，是“召私铸于东南，又将召私铸于西北，是教民犯法”[④]，结果却归罪于百姓。

在北宋统治者残酷镇压百姓私铸钱币的同时,蔡京之流为了排斥异己，独霸政权，也为了吓唬平民，又以严惩盗铸大钱为名，在统治集团内部大兴冤狱，所谓章綖盗铸当十钱案，便是其中规模最大的一次。承奉郎、西安州签判章綖居苏州。其父章楶在哲宗时官拜同知枢密院事。其长兄淮南提刑、权扬州事章綡因见“朝廷铸当十大钱，已而改当五，旋复为三。令下之日，市门昼闭，人持钱求束薪斗米，至日旰莫肯售者”，便“饰市易

① 《龟山集》卷三十三《钱忠定公（即）墓志铭》。
② 《猗觉寮杂记》卷下。
③ 《宋史》卷一百八十《食货志下二·钱币》，第4392页。
④ 《群书考索》后集卷六十《财用门·铜钱类》。

务出小钱纳百贾之货，又檄庾官粜仓粟以大钱售之，尽十日止。州民相视，以手加额，微公吾属亡矣”。[①] 又因蔡京“尽更盐钞法，凡旧钞皆弗用，富商巨贾尝赍持数十万缗，一旦为流丐，甚者至赴水及缢死。提点淮东刑狱章綽见而哀之，奏改法误民”[②]，为此触怒了蔡京。另外，章綖的妹夫中书侍郎刘逵在蔡京第一次罢相时，曾“首劝徽宗碎元祐党碑，宽上书邪籍之禁；凡京所行悖理虐民事，稍稍澄正”[③]，这也使蔡京怀恨在心。大观元年（1107）蔡京重任宰相，便开始进行报复，使人诬告章綖在苏州盗铸大钱。这起冤案，株连甚广。被投入监狱者数千家，其中毫无佐证被捕者 700 余人，被拷掠得手足指脱落者不可胜计。因被逼打成招而死者甚多，尸体皆投到牢墙之外。甚至有面貌或姓名与所谓“犯人”偶同者，也被捕入狱，生死未卜。当时，被派去审理此案的侍御史沈畸，因发现是冤狱，为之平反，也受降官两级处分，归乡死。最后章綖仍不免刺配沙门岛[④]，并被抄家，章綽诸弟也全被罢官或编管于各地。至于围绕通货膨胀问题，朝廷高级官僚之间的摩擦斗争也很激烈。此外，不少中下级官吏，也因推行通货膨胀政策不力而受到弹劾或贬官。这一切大大加剧了统治集团的内部矛盾，致使政局动荡，从而也大大消耗了他们自身的统治力量。

陕西原来长期行使铁钱，崇宁时，蔡京当政，全部回笼铁钱改铸为夹锡钱。大观三年（1109）六月，蔡京第二次罢相后，政和元年（1111）宋

---

① ［宋］孙觌：《鸿庆居士集》卷三十三《宋故左朝奉大夫提点杭州洞霄宫章公（綽）墓志铭》，《文渊阁四库全书》第 1135 册。

② 《宋史》卷四百七十二《蔡京传》，第 13723 页。

③ 《宋史》卷三百五十一《刘逵传》，第 11109 页。

④ 《长编拾补》卷二十七，宋徽宗大观元年七月癸丑、九月丙申其及注文，第 312 页。《泊宅编》卷二，第 12 页。

廷又停铸夹锡钱复用铁钱，使原来充当两个铜钱行用之夹锡钱与折二大铁钱并用，夹锡钱大为贬值，“自关以西皆罢市，民不聊生”[1]。政和元年(1111)，童贯在陕西禁用夹锡钱，人民更苦。陕西属西北边区，毗邻西夏。陕西人民纷纷破产，严重影响了边区社会秩序的安定。当时知延安府贾炎上表向朝廷敲起了警钟，他说：“钱法屡变，人心愈惑……中产之家，不过蓄夹锡钱一二万，既弃不用，则惟有守钱而死耳。边氓生理萧条，官又一再变法，鄜、延去敌迫近，民殊不安。民不安，则边不可守！”[2]蔡京第三次上台当政后，又大肆推行夹锡钱，通货继续膨胀。政和六年（1116），东南各路禁用夹锡钱，全部运往陕西使用，陕西物价暴涨，夹锡钱贬值40倍，原来官兵薪俸每月为当二夹锡钱1000文者，现在仅可折得小平钱50文。因此，边区士气低落，“欲其衣食足而勇公斗，不可得也”[3]。夹锡钱的贬废，使边境人民贫困，国防削弱。

自从北宋推行通货膨胀政策后，加之其间币制反复多变，曾使社会经济秩序出现严重混乱。如，在当十大铜钱将废而未废之时，开封府的一些商人就勾结官吏，窃取朝廷将停废当十大钱的机密情报，拒收当十大钱，搅乱货币信用关系。[4]又因夹锡钱时禁时用，反复无常，也使货币经济的秩序十分混乱。夹锡钱铸行之初，规定一折铜钱二行用。政和元年（1111）朝廷宣布夹锡钱与折二大铁钱一等并用，政和二年（1112），又恢复夹锡钱当铜钱二文。这样反反复复，使社会上的货币支付关系变得非常复杂，

---

① 《宋史》卷二百八十五《贾昌朝传》附《贾炎传》，第9621页。
② 《宋史》卷二百八十五《贾昌朝传》附《贾炎传》，第9622页。
③ 《梁溪集》卷一百四十四《御戎论》。
④ 《宋史》卷三百五十二《林摅传》，第11111页。

民间纠纷不断。如在政和元年（1111）时寄卖典质产业土地之家，在政和二年（1112）后前去收赎，坚持要按夹锡钱与大铁钱等值的标准计算还钱；而归还产业土地之家，却坚持要按现行夹锡钱一折铜钱二的标准收回本钱。双方争讼不已，官府内部意见也不统一，“含糊不为辩白”①，因为无论以何种办法还钱，都会有人吃亏或占便宜。至于搅乱社会经济秩序和破坏市场规矩的，莫过于乘货币贬值和物价飞涨之机，从事投机买卖和哄抬物价的“官倒”。例如，宣和末年（1125），当东京“斗米千钱，兵民缺食”之时，宦官李彦竟挪用公款，“发钱数千万，往淮、浙买米运至东京，以规厚利”。②

第三节　治理通货膨胀的失败及其原因

北宋末期币制的破坏，主要是统治集团推行通货膨胀政策的结果。宋徽宗时期的通货膨胀，使民不聊生，严重搅乱了社会秩序。徽宗为了稳定其赵宋王朝的统治，也曾力图整顿币制和遏制通货膨胀，克服由币制破坏和通货膨胀造成的各种弊端。然而结果救弊措施无效，北宋王朝终于灭亡。

宋徽宗为何不能遏制通货膨胀？大家知道，要克服通货膨胀的弊病，必须对症下药，这就首先应设法做到商品供求关系的平衡，改变商品供不应求的现状。而要实现改变商品供不应求的现状，得从紧缩货币和发

① 《群书考索》后集卷六十一《财用门・铁钱类》。
② 《少阳集》卷一《登闻检院上钦宗皇帝》。

展生产这两大方面着手。由于人是决定的因素，事情是要靠人去推动的，因此为了保证这两大救弊措施的有效实行，还应采取整肃吏治的政治改革措施。可是，北宋末期的君主专制统治已经十分腐朽，吏治败坏，经济衰退，朝廷不仅无法紧缩货币、不能发展生产、难使政治清明，反而变本加厉地加重对人民的压迫和剥削，从而破坏了生产，激化了阶级矛盾，使社会陷入了不可收拾的局面。现将宋徽宗治理通货膨胀的失败及其原因分析于下。

一、无法紧缩货币

所谓通货膨胀，就是流通的钱太多，超过了商品交易的实际需要，以致货币贬值，物价上涨。因此，要克服通货膨胀，必须紧缩货币。从徽宗时期的实际情况出发，要紧缩货币，不仅要缩减法币、禁绝私钱，更主要的还必须节约开支。可是，这三方面宋廷都无法做到。

（一）无法缩减法币

自从崇宁大钱铸行后，立即产生了私钱泛滥、货币贬值、物价暴涨和社会动荡等一连串弊端，这不能不使徽宗感到担忧，因为这将严重影响宋朝统治的稳定，于是他开始对现行币制进行了一些改良。崇宁四年（1105）七月，令福建、广南路停用当十钱。十一月，宋廷将荆湖南北、江南东西、两浙路的当十钱改为当五。十二月，淮南路当十钱也改作当五。崇宁五年（1106）正月，令两浙停铸当十钱，依旧铸行小平钱；又诏诸路铜钱监，从第二年开始八成铸小平钱，二成铸当十钱；同月又即收回了诸路铸二成当十钱的诏令，并于二月间命荆湖、江南、两浙、淮南路将“崇宁重宝”当十钱改作当三，京畿、京东、京西、河北、河东、陕西、熙河改作当五；同月，因右仆射赵挺之等弹劾蔡京奸恶和乱改法度，蔡京第一次罢相。可是不久徽宗忽然又改变了主意，下诏宣布："京畿、京东西、河北、河东、陕西、熙河当十钱仍旧，两浙作当三，江南、淮南、荆湖作当五。"[①] 徽宗为什么不能下决心彻底废除当十钱呢？因为有实际困难。通货膨胀这毛病很难整治，已经变化了的币值，如果又要人为地去调整，必然会有许多人要受经济损失。徽宗虽已认识到了当十钱害民，欲改为当五、当三，但他恐怕这样做会使积资钜万的大商人产生怨恨，更怕朝廷的钱财也会缩水。其实，将当十钱突然改为当五、当三，吃亏的不光是大商人，还会损害更多人的利益，正如周行己所说的："自十而为五，民之所有十去其半矣；自五而为三，民之所有十去其七矣。"[②] 但不改又不行。如让人民将大钱向官府兑换小平钱，小平钱又不足应付。于是崇宁五年（1106）六月十一日徽宗下诏："当十钱惟京师及陕西、两河许行，诸路并罢，令民于诸县镇寨送纳，给以小钞，自一百至十贯而止，令通行使用，如川钞引法。"[③] 可是小钞这种纸币，因缺乏铜钱做发行准备金，未能取得民间的信任。同时，官吏偷懒怕麻烦，"惮于书造，止给一贯小钞，细民难于分擘行用"[④]。况且"小钞之法，自一百等之至于一贯，民之交易，不能悉辨其真伪"，"输于官而不可得钱"，"是以东南之民不肯以当三易钞"。[⑤] 虽然朝廷立了限期令百姓

---

① 《宋史》卷一百八十《食货志下二·钱币》，第 4388 页。

② 《浮沚集》卷一《上皇帝书》。

③ 《文献通考》卷九《钱币考二》，第 240 页。按《文献通考》误将"小钞"误记为"小钱"，今据《长编纪事本末》卷一百三十六、《皇宋十朝纲要》卷十六、《九朝编年备要》卷二十六改正。

④ 《长编拾补》卷二十六，宋徽宗崇宁五年七月己亥，第 303 页。

⑤ 《浮沚集》卷一《上皇帝书》。

将大钱换小钞，而老百姓宁愿将大钱贱价私下向别人换小钱或转贩到仍用大钱的京畿三路。由此可见，用小钞来收兑大钱的做法，效果并不理想。

大观元年（1107）正月，蔡京再度登台拜相，又大肆推行当十钱。蔡京以为铸行大钱是富国的最好办法，货币之所以贬值，只是因为私钱太多，所以他复相后大张旗鼓地禁私钱。实际上他只是借用禁私钱的名义，用以排斥异己，打击政敌，如制造章綖私铸大钱的冤案便是最典型的例子。可是，私钱终于未能禁绝，因为蔡京铸行大钱本身就是诱导民间铸造私钱的根本原因。大观三年（1109）六月，蔡京再罢相。九月，宋廷诏广南东路英、连等六州不再铸当十钱。大观四年（1110）正月，又诏罢改铸当十钱。六月，张商英拜相，他痛斥当十钱之害，并下令禁用并停铸当十大钱，限半年之内将公私当十钱就地送官，每 10 贯官给银、绢各 1 两匹，然后拣出劣质私钱改铸小平钱，将合格当十钱折三行用。[①] 可是，直到八月四日，“令出五十日而犹未大孚”[②]。究其原因，仍在于手中持有当十钱的人怕吃亏。因为以 10 贯当十大钱去换银、绢各 1 两匹，代价实在太高，当时银、绢市价每两匹不过小平钱 2 贯左右，这等于把一个当十大钱只折成两个小钱。政策多变也确实为害不浅，以致当时“钱钞屡更而商贾不行”[③]。徽宗下了很大决心，于政和元年（1111）五月七日下诏：“自五月八日应公私当十钱并改作当三行使。”[④] 虽然徽宗大吹大擂，说什么自己为民父母，为了救当十钱之弊，宁愿使朝廷内外府库亏损数千万缗当十钱也在所不惜。其实，

---

① 《群书考索》后集卷六十《财用门·铜钱类》。
② 《长编拾补》卷二十九，宋徽宗大观四年八月庚午，第 335 页。
③ 《宋史》卷三百四十八《毛注传》，第 11034 页。
④ 《宋朝大诏令集》卷一百八十四《公私当十钱改当三诏（政和元年五月七日）》。

朝廷将虚值大钱的币值降下来，并没有做出什么牺牲，因为铸行当十大钱，与铸行当三钱相比，本来就没有增加什么本钱。可是，尽管如此，种种迹象表明，要推行当十大钱改为当三之令，阻力仍不小。那些钱财众多的官僚们，为了维护既得利益，一面放风说，当十钱“不久必复旧，可蓄以待也”，一面挑动群众不满情绪，说“当三则亏汝，当七则折中矣”[①]，而这也正是人们不肯以当十大钱送官去换银、绢的主要原因。

政和二年（1112），蔡京再当政，至都堂治事。这时，又有人出来力主行使当十钱。永嘉知县虞防上言说：“朝廷昨行当十钱，最富国便民良法也……改为当三亦误国之一也。望特许兴复，以便上下。”[②]此外，那些一心想复行当十钱的经管坑冶铸钱的官员们，并以无铜为由，不铸小平钱。难道铜料缺乏就必须铸行虚值大钱吗？其实，缺乏铸钱铜料与推行通货膨胀政策之间并无必然关系。因为即使行用纸币这种货币符号，只要发行量控制得当，也不会造成通货膨胀。而蔡京却以缺铜为借口不铸小平钱。当政和三年（1113）宇文粹中弹劾观望复铸当十钱不铸小平钱的官员时，蔡京就用手拨去宇文粹中的札子，怒气冲冲地说：“无铜教他如何做也！”[③]

至于夹锡钱，铸行时间比当十钱更久。其间，随着蔡京的罢相和再相，也时停时复。夹锡钱作为一种劣币，其中更多虚值，危害甚于当十。但突然贬废夹锡钱，后果也很不好。如，政和元年（1111）为降低夹锡钱币值使之与铁钱并行，结果使商人受损，“自关以西皆罢市，民不聊生”。政和六年（1116）五月又尽废夹锡钱，以致中产之家纷纷破产，陕西沿边经济

① 《长编拾补》卷二十九，宋徽宗大观四年八月庚午，第 335 页。
② 《长编拾补》卷三十一，宋徽宗政和二年五月己巳，第 347 页。
③ 《群书考索》后集卷六十《财用门 • 铜钱类》。

萧条，民心不安。为此，宋廷只得又下诏陕西、河东仍用夹锡钱，并与新旧铁钱一起以一当二。由于宰相郑居中、刘正夫的反对，停罢了河东铸夹锡钱，并把淮南夹锡钱全部运往陕西行用，结果贬值40倍，商人破产，商业停止，效果更不好。夹锡钱废也不行，用也不行，宋廷真不知如何是好。内地的夹锡钱可废，而陕西的夹锡钱绝不可废。因为陕西地处边疆，与西夏毗邻，驻有大量军队，需要籴买大量粮草和军需物资，宋朝的财政支出中军费占了十分之六七。尽管陕西铁钱泛滥而且严重贬值，但对于其军需来说，陕西的钱不是太多而是太少。为了免使铁钱贬值，故宋廷人为提高陕西新旧铁钱的币值，使之与折二夹锡钱一等使用。也正因为如此，所以直到重和元年（1118）宋廷又令京西铸夹锡钱专供关中籴买粮草，甚至还想在中州复行夹锡钱。

虽然当十大钱和夹锡钱一时很难禁绝，但毕竟在政和六年（1116）以后已停铸了当十钱，重和以后也未见再有铸行夹锡钱的记载。那么这是否意味着北宋末期的法币已被缩减、通货膨胀也已被遏制了呢？非也。当十钱与夹锡钱的废罢，只是减少了流通于全国的一部分虚值货币，并不等于阻止了全国货币总量的继续增加。虚值大钱和夹锡钱的铸行只是推动通货膨胀的原因之一，北宋末期通货膨胀的根本原因，主要还在于宋朝军费、官禄和其他各种冗费的过度开支。正是这种“三冗”开支的需要，才促使宋廷去推行通货膨胀政策，企图有更多的钱去购买物资。但事与愿违，过多的货币投放，导致了市场商品的供不应求，于是货币贬值、物价暴涨。水涨船高，宋廷并不能因多发货币而买到更多的东西，而是“偷鸡不着蚀把米”，反而使原有的老本也受到损失。利令智昏，北宋统治者不重视开源节流，货币愈贬值，他们却愈想以多铸铁钱、劣币和多发纸币、度牒的办法，去应付其浩大的“三冗”开支。

宋廷不仅不能禁绝当十大钱和夹锡钱，而且还增铸铁钱。崇宁年间（1102—1106），宋廷曾令舒、睦、衡、鄂钱监岁铸折十铁钱 200 万贯；令二广铸小铁钱，浔州铸当二铁钱；并以免税的办法鼓励已贬值的陕西铁钱流入川峡四路。大观二年（1108）竟让铜钱区的江东西、福建、两浙路也铸行当二铁钱。政和元年（1111），又重新铸行因已贬值而停用的陕西折二大铁钱。宣和初在大钱和夹锡钱停铸后，徽宗又命子湁大铸小铁钱来弥补；甚至令饶、赣钱监在铸小平铜钱时每贯用铁 3 两来代替铜料。

同时，宋廷也不能减少纸币。崇宁年间（1102—1106），宋廷先把四川交子扩大到陕西、淮南流通，不久又令交子通行于除京及京畿以外的全国各路。崇宁四年（1105）四月后，改交子为钱引，流通于除福建、江浙、湖广以外之各路。自崇宁元年（1102）至大观元年（1107）4 次增印交子，数量竟相当于天圣元年（1023）规定的交子发行额的 20 倍。为了减少纸币的流通，大观三年（1109）决定不收兑四十一界至四十三界钱引。这从表现上看似乎是减少了交子的数量，其实是火上浇油，是以旧交子的大贬值和民众的经济大亏损为代价的，只能使社会乱上加乱。此后，宋廷又不断增印钱引。由于纸币太多，导致更严重的贬值。北宋末期统治者这样做，主要是他们迷信政治权力。他们不懂货币流通规律，以为有权就可以任意增减货币。如魏伯刍做泛料关子百万缗进献，徽宗大喜。所谓“泛料关子”，实际上是一种不备本钱滥印的变相钱引，是缺乏充足的商品做保证的，徽宗却把它看作是额外收入，是蔡京白送给他的“俸料”，这足以说明他对货币流通规律的无知。

宋廷虽因迫于民间的怨恨，尤其是看到了朝廷利益的损失，停铸了大钱和夹锡钱，但他却以增铸铁钱和增发钱引来弥补，而且所增数量比大钱和夹锡钱有过之而无不及。此外，为了增加铜钱数量，宣和年间（1119—1125）宋廷曾令江、池、饶钱监将全部小平钱改铸为当二钱。宣和七年（1125）又兴复已被停废的熙丰以来的旧铜钱监。[①]宣和四年（1122），宋廷还在民间搜刮到6200万贯免夫钱，将大量历代积留在民间的钱投入财政开支之中，从而更增加了流通于社会的货币总量。宋廷为何不能缩减法币？因为北宋末期的统治者已经极端腐败，他们不愿也不能裁节“三冗”开支，故而也就无法缩减法币。

总之，对付通货膨胀，宋廷犹如骑虎难下，“未见有良策者”[②]。

（二）无法禁绝私钱

要紧缩钱币，除了缩减官铸大钱、铁钱外，当然更应严禁私铸大钱。宋朝统治者一直把铸钱权看作是“国之利柄”，绝不准民间有人染指。自宋太祖乾德四年（966）就开始下令禁止私钱。此后，北宋历朝皇帝都严禁私钱。宋仁宗一边铸大钱，一边禁私钱，还杀了不少人。宋徽宗时进一步加强禁令，而且罪不能赦。早在崇宁二年（1103）开始官铸大钱时，为了防止私铸，蔡京曾“募私铸人丁为官匠，并其家设营以居之，号铸钱院，谓得昔人招天下亡命即山铸钱之意”[③]，并再三下达禁令，而民间私钱依然难以禁绝。崇宁五年（1106）撤销了专募私铸人丁为官匠的铸钱院，宋廷无法禁绝私钱的原因，大致有以下几点：

首先，私铸大钱有利可图。因为当十大钱只重3钱，却当10个小平

① 《宋会要辑稿》职官四三之一四〇。
② 《梁溪集》卷一百四十四《御戎论》。
③ 《宋史》卷一百八十《食货志下二·钱币》，第4387页。

钱使用，每 3 个小平钱可铸 1 个当十大钱，或 4 个折二钱可铸 3 个当十大钱，私铸大钱可获利数倍，加上私铸偷工减料，大多锲薄沙镴，获利更大。这正如监察御史沈畸所说："游手之民，一朝鼓铸，无故有数倍之息，何惮而不为，虽日斩之，其势不可遏也。"[①]为此，崇宁四年（1105）十一月，尚书省在向徽宗上奏时慨叹说："私铸当十钱利重不能禁！"[②]

第二，朝廷不能彻底废除大钱，私铸盗贩大钱就有漏洞可钻，也就不可能完全绝迹。如，崇宁四年（1105），宋廷曾令福建、广南停用当十钱，又令荆湖南北、江南东西、两浙路、淮南改当十为三。次年正月，还下诏在上述地区停铸当十钱；十月又令荆湖、江南、两浙、淮南路将当十钱改作当三，余路作当五行使。然而，同年六月却又令在京师、陕西、河东、河北各地仍行用当十大钱。这种各路或用或禁当十钱的情况，使许多人有了可乘之机。于是就有人在福建铸私钱转入淮、浙、京东等路，或在东南私铸大钱，越江、淮私运至仍用大钱的京师及北方三路贩卖，虽官府立赏奖励告发或四处搜索、抓捕私铸者，或严惩包庇隐瞒之人，并派遣吏人在各地对行人的舟车担兜进行严格检查，甚至贬斥渎职官员，可是结果收效不大。总而言之，只要官铸大钱存在一天，私钱的铸造和流通也就不可能禁绝。而实际上，民间私铸的兴起，祸根在于官铸大钱，是官以利诱民，教人犯法，甚至尚书省也承认严惩私铸者是"枉陷平民，悉遭刑罚"[③]。

第三，私铸大钱多出于豪绅官僚之家，地方官无力禁绝。据沈畸说：

---

① 《长编拾补》卷二十六，宋徽宗崇宁五年二月丙子，第 299 页。
② 《长编拾补》卷二十五，宋徽宗崇宁四年十一月丙辰，第 293 页。
③ 《长编拾补》卷二十六，宋徽宗崇宁五年正月乙卯，第 297 页。

“往往鼓铸不独闾巷细民，而多出于富民士大夫之家。”[1] 同时，朝廷虽然多次申严私钱禁令，而盗贩私钱者往往“托权要事势，度越关津，拒捍搜索”[2]。朝廷经常责备淮、浙、福建路“官吏旷职，纵奸弗戢”[3]，致使盗铸和私钱盛行。其实，这些地方官之所以纵容盗铸，置而不问，因为他们“怀私观望”[4]，自有其不可告人的小打算，有的则怕得罪那些私铸大钱的豪绅官僚，因而受到打击报复，甚至丢掉官职。

第四，私钱在江河湖海中铸造，官府缉查困难。私钱多出于东南地区。这些地方多江河湖海，“盗铸当十钱，率以船筏于江海内鼓铸”[5]。尚书省指责“当职官全不究心，纵奸容恶”。其实，由于江河湖海上烟波浩渺，且盗铸船筏又流动不定，当职官员难以发现和缉拿。如大观初，九江一带长江中夜间常有盗铸私钱的船只出没，炉火闪烁，与渔火相混，不易被察觉。

第五，官府用小钞收换私钱，民间不信任小钞，不愿送纳私钱向官府请钞。崇宁五年（1106）二月，蔡京首次罢相后，宋廷于六月间下诏：令私钱“限一季纳官，以小钞还之。如或隐瞒不换，以私铸法论”[6]。十月丁丑，又出台了具体的换易标准：在京师以外各路的当十私钱以小平钱 3 文足折算，送官换易小钞，如欲按官卖铜价折算也可；在京仍用当十钱，但不用私钱，使用私钱虽有罪，可与免放，私铸当十大钱可于榷货务以 1 折小平

① 《群书考索》后集卷六十《财用门·铜钱类》。

② 《宋史》卷一百八十《食货志下二·钱币》，第 4390 页。

③ 《宋朝大诏令集》卷一百八十四《告谕民户投纳不依样钱御笔手诏（大观元年五月十九日）》。

④ 《长编拾补》卷二十六，宋徽宗崇宁五年十二月辛未，第 306 页。

⑤ 《长编拾补》卷二十五，宋徽宗崇宁四年六月丙寅，第 286 页。

⑥ 《长编拾补》卷二十六，宋徽宗崇宁五年六月乙亥，第 302 页。

钱 4 的标准换易小钞，如愿换度牒或东北盐钞者听便。[①] 因官府发行小钞缺乏铜钱做本，小钞不能向官府换得铜钱，故民间不要小钞。同时，度牒很难出售变成现钱，盐钞由于发放过多而容易贬值，所以百姓也不愿换度牒或盐钞。百姓往往私下用私铸大钱换取小钱，致使私铸大钱被转贩入仍用大钱之京师及北方三路。当官府搜查加强或换易限期已满，百姓怕得罪，不惜将私钱抛弃于江河。大观元年（1107）正月初七，蔡京复相。他一边竭力再铸大钱，一边为垄断利权而严禁私钱。二月，令淮南、两浙私铸钱限一季自首缴官、限满不缴者，按“私钱法”惩处。三月，“罢小钞换民私钱”[②]。为有利于收缴私钱，五月十九日，徽宗御笔手诏：私钱“限一季投纳，以一偿五，限满不纳，罪加一等”[③]。接着虽不断申严私铸之法，但因利之所在，私铸复兴。于是，私铸者结托权官势要，度越关津，大肆转贩私钱，且态度强硬，捍拒吏人搜查。特别是东南地区盗铸的私钱质量锲薄、制作粗恶。由此，公私大钱铸而不断，源源而来，遂猥多成弊。大观三年（1109）六月，蔡京再次罢相。次年六月，张商英拜相。他令民间将所有当十私钱就地送官，每 10 贯官给银 1 两、绢 1 匹。这种折价实在太低，是对百姓残酷的剥夺，当然也不受百姓欢迎。

（三）无法节约开支

宋廷想缩减公私大钱，固然遇到了上述种种困难，而国家财政开支的日益增大，也不允许它紧缩货币。为此，节约财政开支应当成为紧缩货币的重要手段之一。可是，冗兵、冗官、冗费这些北宋王朝长期存在的老大

① 《长编拾补》卷二十六，第 305 页。
② 《皇宋十朝纲要》卷十七。
③ 《宋朝大诏令集》卷一百八十四《告谕民户投纳不依样钱御笔手诏》。

难问题，到宋徽宗时，随着北方金兵威胁的不断加强和北宋统治集团的日益腐朽，国势越来越弱，“三冗”问题不仅不能克服，反而愈加严重。对宋廷来说需要的钱不是太多而是太缺，故而节约财政开支也就无从谈起。

元符三年（1100）宋徽宗继位之初，由于自哲宗绍圣以来积极向西拓边，不断进筑城寨，与西夏、吐蕃作战，军费开支极大，“天下诸路三十年蓄藏之物皆已运之于西边”，财政十分困难。于是，吏部尚书虞策上奏徽宗，“请均节财用”，“愿深裁冗浮，以宽用度”。[①] 建中靖国元年（1101）正月，因边费不足，宋廷推行“入粟补官法”，也就是卖官，而且有明确定价。御史中丞王觌主张“理财之本在节俭”，反对卖官，上疏论之，“以为今无穷之费正在西陲，与其行鬻爵之权，不若损费”。[②] 同年，礼部尚书丰稷也向徽宗进言，希望皇帝能“崇俭爱人”[③]，结果因得罪当权大臣，被贬官出知苏州。其实，徽宗即位初期，欲有所作为，也曾一度想裁减冗官、冗费，讲求遗利，并下诏裁损京都官吏重复增给及泛滥员额，还曾批评用金箔来装饰宫殿的做法。但是，在崇宁元年（1102）七月蔡京当宰相之后，大抓财利，鼓吹“丰亨豫大”之说，竭力劝说徽宗应恣意享乐。他视官爵财物如粪土，将历朝之积储扫地一空。起初，徽宗还不敢使自己的生活过于奢侈，怕遭到群臣的批评。在一次宴会上他拿出一套玉制酒具对辅臣们说：欲用此，恐人以为太奢华。蔡京立即说：区区玉器，何足计哉！要徽宗不要怕臣下批评。从此，徽宗在蔡京奢靡享乐主张的诱惑下，抛弃了原来的节俭打算，开始大肆挥霍国家钱财，而蔡京也就乘机为宰相及京官增

---

① 《宋史》卷三百五十五《虞策传》，第 11194 页。

② 《长编拾补》卷十七，宋徽宗建中靖国元年正月注引《东都事略·王觌传》，第 206 页。

③ 《长编拾补》卷十八，宋徽宗建中靖国元年十一月壬午纪事注文。

加供给、食料等钱，从中谋取私利。

崇宁五年（1106）二月，蔡京被人弹劾罢相。这时徽宗因感到蔡京乱改法度，致使国家经费往往无力支撑，就命户部侍郎许几裁减浮费及百官滥禄，一切恢复元丰时旧制。这时蔡京与其党羽便扬言阻挠，说什么“减俸非治世事”，于是宰相、京官依然加俸，还增厨钱。侍御史毛注上奏弹劾蔡京罪恶，并提出“省边事，足财用，收士心，禁技巧”为“当世之急务”[①]，但未被徽宗所采用。

大观元年（1107）正月，蔡京复相，许几遭到打击报复，被罢官。从此，官吏们更为冗滥，机构设置愈多，财政开支更大。这时，又有侍御史黄葆光上奏论冗官之弊。徽宗同意黄葆光的观点，命蔡京裁定官职。蔡京假意请求废罢一切，以激怒士大夫。[②]而徽宗也斥责上言者“当丰亨豫大之时，为衰乱减损之计”[③]，从此臣下不敢有所建言。后来，政和末黄葆光又力攻蔡京，被贬官为昭州立山县知县。

大观三年（1109）六月，蔡京第二次罢相。次年，新宰相张商英劝徽宗“节华侈、息土木、抑侥幸”[④]。政和初，户部侍郎范坦、御史中丞张克公也上言，请节约财政开支，减省冗官厚禄。张克公建议“官冗者汰，奉厚者减”[⑤]。可是，这些建议都未产生实效，因为减俸触及权臣们的既得利益，阻力很大，使徽宗无法做到。南宋人曾敏行在其《独醒杂志》卷九中有一

① 《宋史》卷三百四十八《毛注传》，第 11034 页。
② 《宋史》卷三百四十八《黄葆光传》，第 11029 页。
③ 《宋史》卷一百七十九《食货志下一·会计》，第 4361 页。
④ 《宋史》卷三百五十一《张商英传》，第 11097 页。
⑤ 《宋史》卷一百七十九《食货志下一·会计》，第 4359 页。

则记载，便是反映这种舆论阻力的："大农告乏时，时有献廪俸减半之议。优人乃为衣冠之士，自冠带衣裾被身之物辄除其半。众乃怪而问之，则曰：'减半。'已而，两足共穿半袴，躄而来前，复问之，又曰：'减半。'问者乃长叹曰：'但知减半，訉料难行。'语传禁中，亦遂罢议。"[①]

政和二年（1112）十月蔡京复相后，"赐予无艺，营缮并兴，殆无虚日，以故国用益窘"，"州县无兼月之储，太仓无终岁之积，军需匮乏，边备缺然"。[②]于是，政和七年（1117）淮南转运使张根上言，进节用之说，其中批评了大兴土木及大臣赐第之事，并指出："奈何剥民肤髓，为斵役之奉乎？"[③]这就大大激怒了权贵们，他们便言章交上，力图中伤张根。不久，张根又上书论花石纲之害。他批评"花石纲拘占漕舟，官买一竹至费五十余缗，而多入诸臣之家，因力陈其弊"[④]。这更触痛了权贵们，他们又借口张根奏牍草略，傲慢不恭，轻躁妄言，于重和元年（1118）四月，将其贬职去监信州酒税。

到了宣和元年（1119），蔡攸与其父蔡京同时擅权，同他的老子一样，他也不断向徽宗灌输人生及时行乐的思想，说什么"人主当以四海为家，岁月能几何？岂徒自劳苦"[⑤]。蔡攸还亲自涂脂抹粉，穿着奇装异服，混在倡优队中，用淫言浪语蛊惑徽宗。从此，徽宗更是挥金如土，朱勔等奸贼更加大规模地供奉花石纲，并残酷剥削人民，从中捞取私利，致使阶级矛

① 《独醒杂志》卷九，第87页。
② 《长编拾补》卷三十七，宋徽宗重和元年四月乙卯记事及注文，第393—394页。
③ 《宋史》卷一百七十九《食货志下一·会计》，第4360页。
④ 《宋史》卷三百五十六《张根传》，第11219页。
⑤ 《九朝编年备要》卷二十八，宣和元年九月。

盾加剧，东南人民蜂起造反。方腊起义犹如燎原烈火，烧遍了两浙大地，给了赵宋王朝以沉重的打击。这时，太学生邓肃进《花石诗》十一章对徽宗进行讽谏。其中两首云："饱食官吏不深思，务求新巧日孳孳。不知均是圃中物，迁远而近盖其私。""安得守令体宸衷，不复区区踵前踪。但为君王安百姓，圃中无日不春风。"[①] 结果，邓肃同样遭到打击，被开除学籍，"放归田里"[②]。宣和三年（1121）五月，御史中丞陈过庭乞罢冗官，并指责："致寇者蔡京，养寇者王黼。"王黼反劾陈过庭"怀奸兴谤"，将他贬官去黄州。[③] 尽管国家财政已陷入严重危机，各地人民纷起反抗，徽宗与蔡京等六贼却依然我行我素，继续迷信道教、大兴土木，比前有过之而无不及，同时还不顾国力之是否可能，兴兵百万去进攻辽国，最后以丧师辱国而告终。宣和六年（1124），又有尚书左丞宇文粹中上言，全面分析了国弱财匮、民不聊生、"寇盗"繁滋等险恶形势，向徽宗敲响了警钟。他指出，"创置书局者比职事官之数为多，检计修造者比实用之费倍增，其他妄费百出，不可胜数"[④]，故而请求节省冗费，痛加裁减。可这时已民穷财尽，北宋王朝实在是混不下去了。次年，金兵大举入侵，宋廷的军费等各项开支更大，徽宗被迫做出讲究裁省的姿态，但已经来不及了。过了两年，北宋终于灭亡。

二、不能发展生产

要克服通货膨胀，紧缩货币和节约开支只是消极被动的办法，积极主

---

① ［宋］邓肃：《栟榈集》卷一，《文渊阁四库全书》第 1133 册。
② 《宋史》卷二十二《徽宗纪四》，第 405 页。
③ 《长编拾补》卷四十三，宋徽宗宣和三年五月丙午记事注文，第 444 页。
④ 《宋史》卷一百七十九《食货志下一·会计》，第 4363 页。

动的办法还是要靠大力发展生产增加供给。可是，北宋末期的统治者并无任何增产富民的有效举措，恰恰相反，他们漠视民生，只是一味加强对人民的剥削，从而破坏了生产。这主要表现在无发展经济措施、无轻徭薄赋措施、无防治天灾措施三个方面。

（一）无发展生产措施

北宋的商品经济虽比前代有所发展，但从总体上来看，农业仍是当时最主要的经济部门，国家的赋役基本上都来自农民。因此，改善农民生产和生活条件以发展农业生产力，应是宋廷必须抓紧的头等大事。可是，北宋末期的统治者并无发展农业生产的有效措施。土地是农民的命根子，没有土地何来农民生产的积极性？由于宋朝立朝之初，即采取“不立田制，不抑兼并”的政策，放纵土地兼并，故而到宋仁宗时期就形成了土地兼并的第一个高潮，宋神宗时期稍有缓和，至宋徽宗时期又出现了土地兼并的第二个高潮。尤其是宋徽宗后期的花石纲之役迫使农民出卖田宅以应役，朱勔从中渔利，所占田产跨郡连县，甲第名园几半吴郡。蔡京所占土地仅永丰圩的圩田即达960顷，王黼等人的土地也多到无法统计。同时，杨戬、李彦设立“西城所”，掠夺民田为公田，数量巨大。寺院、道观所占土地也“连亘阡陌”。此外，甚至官府分给农民牧马之田，也被地方豪强侵占。农民失去土地被迫逃亡，乃至沦为乞丐，农业生产怎能不受影响？神宗熙丰变法时，曾大力推行农田水利法来改善农业生产条件，效果显著。宋徽宗、蔡京集团虽高举着“绍述新政”的大旗，却抽去了新政富国裕民的精髓，使之成为维护皇权和官僚大地主利益的一种手段。他们又想从百姓身上攫取利益，供自己享乐，岂肯拨款大办农田水利事业。蔡京甚至还“托言灌民田而决水”[1]破坏水利。即使朝廷召人户兴修水利，也是让百姓自备钱物，官府拨款极少，几乎不费国家财力。为了从农民身上榨取更多税收，徽宗曾再三责令地方官招诱流民归业，并召人佃种荒闲田地，可是官租又空前加重，根本不可能使农民安土重迁。每当农业生产出现衰退时，徽宗总要下诏命地方官大力劝农，然而并无实效，“监司、守令官带劝农，莫副上意”[2]。

在发展官办工商业方面，宋廷不仅没有积极的措施，因急于获利，反而推行了许多阻碍商品经济发展的政策。如崇宁年间（1102—1106）实行盐钞法，官自卖盐，以暴力强迫百姓买盐，同时，经常将盐钞弃旧更新，盐商输钱而未得盐，旧钞过期作废，不少盐商破产自杀。官府还克扣拨给制盐亭户的盐本，致使亭户因无本钱而无法继续生产。崇宁初，宋廷实行茶叶禁榷，由官府买卖茶叶，而官府又缺乏买茶本钱。崇宁四年（1105）罢官茶场，改行通商法，但又令商人限期贩卖，过期没收茶引。大观初，又增收茶息钱。为了多得茶息，官府不断提高茶价，使茶价大涨。朝廷虽搜刮到了巨额茶利，但却阻碍了茶业经济的正常发展。宋廷为增加榷酒税利，令官监酒务增添酒价。淮南路和两浙路还增置比较酒务，以酒课增亏定官吏赏罚。于是各地酒务不断增添酒价，至钦宗靖康元年（1126）两浙路的酒价比神宗时提高了几倍。用行政权力来提高酒价，对通货膨胀起了促进作用。在市舶抽解比率方面，徽宗把神宗时抽解十五分之一改为十分之一，从而引起了外商的不满，阻碍了外贸的发展。在坑冶铸钱业方面，由于徽宗时坑冶业衰落，矿源枯竭，各地官府盲目探矿，多毁民田，并实

---

① 《长编拾补》卷二十九，宋徽宗大观四年五月甲子，第332页。
② 《宋史》卷一百七十三《食货志上一·农田》，第4169页。

行铁的专卖。而铸钱又成本太高，得不偿失，宋廷不想设法降低成本，而是铸行虚值大钱、夹锡钱和无本滥发纸币，从而掀起了通货膨胀的高潮。

在对待民间商业方面，宋廷同样没有创造宽松的条件来让商人们能够相对自由地经营，而是增设税务以增强收税，市易务甚至垄断了某些商品的销售权，缩减了商人的经营范围。崇宁五年（1106）宋廷又制定新的商税则例，将已增之商税额固定下来并加以合法化，从而推动了物价的上涨。此外，各地官府还肆意向各行商人科率物资，欠钱不还，直到宣和七年（1125）由于各地商户的强烈要求，才恢复免行法，但为时已晚，此时北宋王朝已濒临亡国的前夕。

民穷税收无着落，国家财政怎能改善？重和初（1118），徽宗因见各地以筹措经费为名，向民间横征暴敛，引起社会骚动，便撤销了“讲画经费局”，并问计于侍读徐处仁。徐处仁向徽宗建议：“于岁之杪，宜会朝廷一岁财用之数，量入为出，节浮费，罢横赋，百姓既足，军储必丰。”徽宗听了徐处仁的话，似乎又想推行富民政策了，便下诏设置“裕民局”，讨论振兵裕民之法，并命蔡京提举，徐处仁详定。蔡京对此极为不满，他指使同党大造舆论，说：“今设裕民局，岂平日为不裕民哉？”[①] 蔡京打肿脸孔充胖子，且自我感觉良好，认为北宋王朝治下的广大百姓一直处在浩荡的皇恩之中，生活富裕。于是，他撤销了裕民局，并将徐处仁贬官赶出朝廷去知扬州。

（二）无轻徭薄赋措施

要发展生产，提升社会经济总体水平，当政者除了必须为生产经营者

---

① 《宋史》卷三百七十一《徐处仁传》，第11519页。

创造一种宽松的政治、经济环境外，还应提出一系列有利于增产的政策措施，而轻徭薄赋减轻人民负担，则是其中重要的一环。历史证明，自秦汉以来，凡是能实施轻徭薄赋政策的朝代，必然会出现经济发达、政通人和、人民生活安定的大好局面。可是，北宋末期的统治者却反其道而行之，不仅无轻徭薄赋的措施，而且还向百姓横征暴敛，从而破坏了生产力，造成了社会经济的衰退和国家财政的危机，并导致了恶性通货膨胀。

历代专制君主，都说自己是“奉天承运”为救元元（百姓）而来当皇帝的，宋徽宗也不例外。当他看到苛重的赋役激化了阶级矛盾并引起人民不满时，常常会唱起“恤民减赋”的高调，但却口惠而实不至。不过也毋庸否认，徽宗有时也确实产生过一些减免赋役的念头，然而终因北宋末期的高层统治集团目光短浅、私欲膨胀和迷信权力，为了解决眼前的财政困难,不仅不能轻徭薄赋,反而加强了横征暴敛。如果说宋廷真有富民的政策，有发展生产的措施，百姓生活有所改善，即使赋税同步增加，百姓也是愿意的。常言道，欲取之必先予之。而今问题在于给少而所取多，民不聊生，走投无路，只得铤而走险，被迫起来反抗。当反抗被血腥镇压后，社会也就完全瓦解，失去了抵御外族入侵的力量，而这也正是北宋灭亡的根本原因。

有关北宋末期官府苛征暴敛的记载，史不绝书，而朝廷轻徭薄赋的举措却极为罕见。虽然偶尔也有一些减免赋役的诏令出台，如建中靖国元年（1101），徽宗曾欲“裁减吏员冗费以防加赋之渐”[①]，但由于当政者的腐败和自私，终因未能得到认真执行而成为泡影。

---

① 《长编拾补》卷十八，宋徽宗建中靖国元年八月壬子，第 213 页。

徽宗为“绍述”熙宁新法,继续推行“方田均税法”。由于土地兼并后,土地大量集中在地主手中,地主瞒田逃税,将税额转嫁到了中下农户身上,农民负担太重,官府收不到税。“方田”的目的是为了清查田地,让地主如实纳税,也可相对减轻农民负担。然而,因地主勾结官吏,弄虚作假,结果方田不实,地主的田地愈查愈少、农民的赋税愈增愈多,宋廷终于在宣和二年(1120)停止了方田。

北宋末期,官府收税仍用支移、折变之法,税户负担极重。大观二年(1108),朝廷似乎想减轻税户负担了,下诏规定:支移折变“先富后贫,自近及远”,或运税物去支移之地,或在本地输纳脚钱,由税户以费用多少自己选择;至于折变,应以中价折算,官吏不得擅自决定轻重。但是,结果恰恰相反。至宣和时,支移本应将税物徙丰就歉,而“豪民赃吏,故徙歉以就丰,挟轻货以贱价输官,其利自倍。而下贫之户各免支移,估直既高,更益脚费,视富户反重。又非法折变,既以绢折钱,又以钱折麦。以绢较钱,钱倍于绢;以钱较麦,麦倍于钱。展转增加,民无所诉”[①]。虽然有臣僚向皇帝揭露这种违法行为,徽宗也每次必为之申禁且定法,但有关官府仍然一意孤行,不予理睬。宣和年间(1119—1125),这种非法剥削更加厉害,乃至10倍敛取。

哲宗绍圣至元符间,国家盐课收入比前大大减少,其主要原因之一是制盐亭户缺乏生产本钱,而官府收购价格太低。宋廷为了增加盐的产量,以便更多地卖给盐商,曾于政和元年(1111)准备给两浙亭户提高盐的收购价格,每斤增加3成。可是,经过朝议均定盐价,以为每斤比绍圣增加

① 《文献通考》卷五《田赋考五》,第115页。

2 钱，虚费太大，结果下诏决定只增 1 钱。亭户的生产条件并未有大的改善，而官府却低价收购高价出售，刮取了大量盐利。

崇宁初，实行茶叶禁榷法，由官府买卖茶叶，禁商人与种茶园户直接交易。崇宁四年（1105）改行通商法，由商人向官府请得茶引，自买茶于园户。政和中，为不妨碍茶商经营，还曾将原陕西估卖的没官茶焚弃。这似乎是在为茶商贩茶创造有利条件。可是，不久又下令听任兴贩没官茶；还严立比较法，以茶课多少为赏罚官吏的依据。于是，各地官吏为招诱茶商，大增茶叶销售价，陕西茶价甚至高达每斤五六缗之多，至政和六年（1116）收得茶息 1000 万贯。方腊起义后，官府害怕茶农因不满而反抗，曾议召集园户，给予借贷优恤，然而当时奸臣专权，这些“优待”条令都成了一纸空文。

宋朝自立朝以来，一直继承前代旧制，向民收取契税，凡民间典卖田宅、牛畜及其他交易，由官方批印文契，以为凭据，并收取税钱，也就是契税。徽宗崇宁三年（1104）曾下旨，“诸县典卖牛畜契书，并税租钞旁等印卖田宅契书，并从官司印卖。除纸笔墨工费外，量收息钱”，即钞旁定贴钱。大观二年（1108），“以出卖钞旁息钱事涉苛细，罢之”。这似乎减轻了民间交易的费用。可是，到政和年间（1111—1117），统治者为了满足其“三冗”开支和奢侈生活的需要，大肆聚敛。各地官府为完成“应奉”任务，就千方百计向百姓搜刮，于是又恢复了收取钞旁息钱。仁宗庆历四年（1044）十一月，始有每贯收税钱 40 文之条，宣和四年（1122），“淮、浙、江、湖、福建七路，每贯增收二十文，充经制移用，通旧收钱不得过一百省”。宣和五年（1123），再下诏：“诸路所收钞旁定贴钱，除两浙路隶应奉司外，余路并委逐州委通判拘收，与发运司充籴本。”[①]

北宋末期官府向民间“和预买”绢，数量大，定价低，后来甚至不给钱，对百姓危害极大。大观初，“令两浙、京东、淮南、江东西、成都、梓州、福建路市罗、绫、纱一千至三万匹各有差。二年又令京东、淮南、两浙市绢帛五万及三万匹，并输大观库；又四川各二万，输元丰库。江东西如四川之数，输崇宁库……坊郭户预买有家至四五百匹”。两浙和买并税绸绢布帛，除收头子钱外，又收市例钱40文，分给吏人。政和初，诏罢市例钱。这从表面上看，是减轻了百姓“和买”时的税负，可接着来的却是更重的剥削。大观元年（1107）时，绢价已达每匹两贯以上，而官府“和买”只给盐20斤，相当于钱900文。此后绢价又不断上涨，在宣和七年（1125）即使两浙产绢县每匹市价已值二千三四百钱足，而当时官府和买绢仍给旧价，“江东和买，弊如江西，比年才给二百”[②]。同时，转运司又规定每匹绢须重13两，如不达标准，每两要补纳钱200多文。对这种蛮横的做法，百姓无处讲理，更不要说盼望能减税了。

北宋末期的花石纲之役以及各种上供朝廷的应奉，使广大民众倾家荡产、被迫流亡，是一项严重破坏生产力的弊政，方腊起义就是因此而激发的。宣和三年（1121）正月，徽宗为了缓和阶级矛盾以巩固政权，曾御笔令于10天之内废罢花石纲、苏杭造作局以及其他应奉诸局。这是否表明宋徽宗已经有所悔悟，并开始要减赋恤民了呢？其实不然。徽宗废罢花石纲、苏杭造作局以及其他应奉局，固然与方腊起义有关，但还另有他为维

① 《文献通考》卷十九《征榷考六·杂征敛》，第546页。
② 《宋史》卷一百七十五《食货上三·布帛》，第4235—4236页。

护朝廷经济命脉的原因。由于朱勔等人为了搬运花石，截用了大量漕船，因此东南六路的漕粮不能运往京师，且河北、河东粮食不多，这不仅将导致首都粮储不继，而且使沿边军饷无着。同时东南六路有封桩旧盐数逾亿万，而盐利是朝廷财政收入的主要来源，以前漕船有两成空舱供商人载盐贩卖，而今无船运盐，朝廷盐利将会丧失。此外，粮运和盐运停止，使纲运舟兵无利可图，纷纷逃散为盗，这就又给宋朝的统治留下了一个隐患。由此可见，徽宗停罢花石纲和各种应奉，不完全是为了百姓利益，也不能表明统治集团开始要过节俭的生活，只是慑于方腊起义的威力而暂时有所收敛。此后政局的发展充分证明了这一点。宣和三年（1121）四月，方腊起义被镇压。五月，知蕲州陈过庭因曾乞罢御前使唤等冗官、朝散大夫张汝霖因曾经请罢进奉花果，为太宰兼门下侍郎王黼所劾。王黼认为士大夫欲抑损应奉，意在妄为讥谤。他怕失去权势，便在宦官们的鼓动下，乞创应奉司。于是闰五月，恢复应奉司，以王黼、内侍梁师成为总领，其扰又甚于花石纲。从此，四方珍异之物源源不断进入王黼、梁师成两家，其中送入皇宫者仅十分之一。北宋上层统治集团通过榨取民脂民膏，继续过着多蓄子女、玉帛的奢侈腐化生活。

宣和七年（1125）二月，宋廷又下诏放散京东西弓箭社民兵。宋廷之所以这样做，不是为了解放劳动力去发展生产，而是因为弓箭社的存在与扩大影响到了宋朝政权的稳定。原来宣和四年（1122）时，京西路提刑梁扬祖为邀功得赏，以练武御寇为名，奏准组织民户为弓箭社，朝廷令京东路也仿照实行。民户入社名为“自愿”，实为官吏按五等版籍家至户到、驱迫入社，从而搅乱了社会秩序，民不堪命，老弱转徙道路，强壮起为“盗贼”。弓箭社不仅不能御寇，反而成了致寇之源。弓箭社迅速发展，仅京东路即有 24 万人，京西路又多一倍，而且弓手武艺优良，手中各私有兵器。这不能不使朝廷感到担忧，万一有人挑动，农民就会起来造反。为此，宋廷下旨解散弓箭社，将兵器全部收缴入官。

到了宋钦宗靖康元年（1126），国内外矛盾加剧，金军南侵，兵临汴京城下，赵宋政权已岌岌可危。这时因形势所逼，钦宗表示要轻刑薄赋，又下了一些减免赋税的诏令，如诏："都城物价未平，凡税物，权更蠲税一年。"[①] 诏令中所说的也只是"权免"，可是，这种免税圣旨下得实在太晚，已经不起任何作用了，不到一年北宋王朝就被金兵灭亡。

总而言之，北宋末期，重徭厚赋压得劳动者喘不过气来，根本谈不上发展生产。在朝臣中也屡屡有主张罢横赋、省民力的人。但这又有什么用！蔡京、王黼、朱勔之流把持朝政，依然我行我素，苛捐杂税，有增无减。尤其是花石纲之役，使得"农不得之田，牛不得耕垦"，广大农民纷纷破产流亡乃至自杀身亡。直到宣和七年（1125）十二月，金兵入侵，农民起义，经济崩溃，北宋王朝濒临灭亡，宋徽宗似乎才有所醒悟，下诏做了自我批评，说什么"比年宽大之诏数下，裁省之令屡行，有司便文而实惠不至，盖缘任用非人，兴作事端，蠹耗邦财"[②]，这实际上是把责任推给别人。

（三）无防治天灾措施

防治天灾，保护生产与人民生命财产的安全，这是任何一个国家职能范围之内应有之义，中国古代称之为"荒政"，也是考核官员是否廉能的一项重要职能。所谓荒政，主要包括灾前预防和灾后赈救两个方面。天灾

① 《文献通考》卷十四《征榷考一・征商》，第 410 页。
② 《宋史》卷一百七十九《食货志下一・会计》，第 4363 页。

历代都有，非人力能完全阻止，而防治的好坏，却事在人为。可是北宋末期的统治者在防治天灾方面的表现，实在太不像话。

宋神宗熙丰变法时，曾大力推行农田水利法，成绩显著，自然灾害也有所减少。哲宗“元祐更化”虽停罢了农田水利法，但为整治黄河泛滥也曾付出了大量人力物力。哲宗“绍述新政”时期恢复了农田水利法，但因推行不力,平日对天灾疏于防范,故灾害不少。徽宗继位后,表面上打着“绍述新政”的旗帜，也恢复了农田水利法，而实际上不仅无所作为，甚至还倒行逆施，致天灾频频发生。有些小型水利设施的兴修，基本上都由民间自己出钱出力。

为了防灾，平时应有人力物力的准备，并经常修筑堤岸与疏浚江湖，以确保水旱无虑。可是北宋末期的统治者却反其道而行之。宣和元年(1119)五月京师大水，连徽宗也不得不承认，水灾之所以发生，是由于“有司失职，堤防不修”。六月，起居郎李纲上《都城积水为害疏》，建议徽宗召集朝臣各抒己见，并采行其说，以济危图安。八月，李纲又上《都城积水第二疏》，指出京师大水是因为官府玩忽职守，抽调了原该用于河防的人力物力。他说：“国家都汴，处大河之下流，其所恃以为固者，埽岸坚而法制严也。比年以来，玩习苟简，护卫之卒散于抽差，备御之储耗于转易，河噬堤防日朘月削,恬不加恤。如广武埽其距清汴才百余步,去冬危亦屡矣，其不决溢者特幸耳，使夏秋之交乘霖雨湍暴之势，果能保其无虞乎？夫以陂泽积水暴集之患犹可惊骇，况大河之势可不为之深虑哉！”结果李纲的忠言谠论却遭到徽宗的厌恶，认为这是他“挟奸卖直”[①]，将他谪监南剑州

① 《长编拾补》卷三十九，宋徽宗宣和元年五月戊午条注文，第413—414页。

沙县税务[①]。不仅如此，宋廷甚至还借筹集水利经费之名，大肆聚敛，供统治集团奢侈生活之需。如宣和初，朝廷曾令转运司考察地方官勤惰及州县主吏催科失职情况，上报内侍省。同时设置供应局，以"'措置水利农田'之名，部使者且自督御前租课"[②]。

至于地方上，官僚地主为谋取私利，也常常破坏农田水利，致使自然生态失去平衡，酿成灾害。如，越州鉴湖一带的豪强兼并之家，勾结地方官府，破坏水利，盗湖为田，使鉴湖面积缩小，"望之才一带耳"[③]。湖泊改变为田，将使农田因灌溉缺水而致旱，将使大雨时因无蓄水之处而造成洪水泛滥。

防灾，还应包括积谷备荒，即在灾前储备一批灾后赈济之用的钱粮，在宋代称为常平钱谷。宋真宗天禧四年（1020）时官办的常平仓已遍布天下。常平之积是否丰厚与当时的政治是否清明、主管官吏是否廉洁密切相关。自北宋中期以后，常平仓积贮时多时少。当朝廷财政出现困难时，常平钱谷常被挪作军费或其他开支，宋徽宗时期也不例外，而且情况更为恶劣。朝廷虽然也曾拨充过一些常平储备，也发放过赈灾钱粮，但大多仍被挪用或抽回。据政和八年（1118）御笔诏书中透露："常平敛散法利天下甚博，而比年以来，诸路欠阙，至未及散而遽取之，甚失神考制法之意。"[④]由此可见，官僚们的心中毫无人民利益可言，在常平钱谷尚未开仓放散之前，地方官府就急不可耐地挪走去填补其财政亏空，这完全违背了常平敛

① 《宋史》卷三百五十八《李纲传上》，第 11241 页。
② 《宋史》卷一百七十四《食货志上二 • 赋税》，第 4212 页。
③ ［宋］杨彦龄：《杨公笔录》，《文渊阁四库全书》第 863 册。
④ 《文献通考》卷二十一《市籴考二 • 常平义仓租税》，第 631 页。

散法的宗旨，失去了积谷备荒的意义，简直成了官府可以随意提取的后备库藏。

更为荒唐的是，当天灾发生时，最高统治者不仅惊慌失措，甚至准备以牺牲广大百姓的生命财产来救自己，还想采用道教迷信的方法去消灾祝福。如，政和六年（1116），京师大旱，徽宗命道士林灵素祈雨，未见效应。徽宗怕被人批评，就私下与林灵素商议对策。林灵素请急召建昌军南丰县道士王文卿与之同告上帝。王文卿到来之后，执简敕水，舞弄了一番，因时机偶合，果然下了三天雨。[①] 从此，徽宗更加迷信道士能够救灾。宣和元年（1119）五月京城发生水灾，城外水高 10 余丈，大有冲破城墙淹没皇宫之势，徽宗非常害怕。徽宗急命户部侍郎唐恪治水，令他决开汴南河以护宫城，这样就会淹没京城西南大片民田，使百姓生命财产遭受损失。后因唐恪认为决汴南河“是弃民也”，并募人决水下流，从城北五丈河泄洪，从而避免了一场人为的灾难。[②] 徽宗在情急之时，又派道士林灵素去退水。林灵素带了一批道士登城作法，并巡行徜徉于城上。结果法术不灵，大水未退，“役夫数千急举梃欲击杀之”[③]，林灵素慌忙逃走。这真是一件令人啼笑皆非的丑闻。

当天灾发生后，有的官员为谋私利或为粉饰太平，常瞒报或谎报灾情。如，崇宁三年（1104）宋廷开始在京西、河北两路实施方田均税法，并于七月间下诏：先在赋税最不均之县进行方田均税，如遇灾伤权罢。于是，开封府即有州县官为避免方田，将丰收的县谎报为受灾；而有的州县官欲

① 《宾退录》卷一，第 4 页。
② 《长编拾补》卷三十九，宋徽宗宣和元年五月戊午条注文，第 413 页。
③ 《长编拾补》卷四十，宋徽宗宣和元年十一月壬申条注文，第 420 页。

多方田多增税以立功受赏，将受灾的县谎报为丰收，最终破坏了方田均税法，使贫苦农民税负更重，并使灾民得不到救济。宣和六年（1124）京师、河东、陕西等地发生大地震，山崩地裂，震动宫廷，灾情惨重，皇帝按例派官前去察访。可是，被派去按视的右司郎官黄潜善回京后，却瞒骗朝廷，缩小灾情，说什么“震而已，所传则非也”[①]，徽宗竟也因此而心安理得！

在发放赈灾钱粮时，既有官吏的诈伪冒领，还有朝廷的蛮横抽调。据宣和五年（1123）的诏书透露：“州县每岁支俵常平钱谷，多是形势户（官户）请求，及胥吏诈冒支请。”[②]同时，朝廷克扣赈饥粮食的数额更大。原先，当诸路遭灾时，截拨上供年额米数量较多，由于这影响了京都的财政年收入，宣和五年（1123）朝廷就“令京东、江南、两浙、荆州路义仓谷各留三分，余并起发赴京，补还截拨之数”[③]。朝廷为了确保统治集团自身的利益，竟将手伸到了民间义仓。

徽宗虽也下达过一些减免灾区赋税的诏令，但官员们并不执行，徽宗也无可奈何。更为可恨的是官府不仅未能积极赈济灾民，而且还在灾区“掊克苛削”，以暴力收购粮食，使灾民困窘的生活雪上加霜。如东南各路在徽宗时期曾重复7次发生水灾，灾情惨重，可是在重和元年（1118）九月前，竟发生“东南水灾强籴”[④]等事。

在平时的社会救济方面，崇宁初蔡京因地位尚未稳固，为了拉拢民

---

① 《九朝编年备要》卷二十九，宋徽宗宣和六年三月。

② 《宋史》卷一百七十六《食货志上四·常平·义仓》，第4289页。

③ 《文献通考》卷二十一《市籴考二·常平义仓租税》，第631页。

④ 《长编拾补》卷三十八，宋徽宗重和元年闰九月丙子条注文，第400页。《宋史》卷二十一《徽宗纪三》，第400页。

心，他设置了居养院、安济坊、漏泽园来收养穷人。但他这是在政治上作秀，故意提高被收养穷人的待遇，不但加倍给予常平钱米，甚至还派官兵充当仆人，为居养人雇乳母、婢女。州县由于“奉行过当”，消费开支太大。羊毛出在羊身上，最后仍“不免率敛”，把负担分摊到广大百姓身上。蔡京这样做，看起来似乎有点滑稽，其实并不奇怪，这正是他那奸猾虚伪本性的典型表现。

三、难使政治清明

要想克服通货膨胀、改变商品供不应求的状况，必须紧缩货币、节约开支和发展生产。而这一切都要由人去做。从上述宋徽宗时期币制的混乱和通货膨胀的发生及救弊措施的失效来看，要改善币制和克服通货膨胀的关键还在于整肃吏治，改变黑暗的官场，使政局清明。不过，在“朕即国家”的封建专制主义的人治时代，这种政治整顿不可能自下而上地进行，主要还须依靠皇帝、宰相与各级官吏自上而下地采取措施。然而，当时以徽宗、蔡京为首的封建统治集团业已腐朽，他们本身便是“三冗”消费的既得利益者，也是通货膨胀政策的制定者和推行者，是导致政治黑暗与人民苦难的罪魁祸首，是一伙专发国难财的人，要靠他们去澄清当时浑浊的官场，去治理通货膨胀，等于与虎谋皮，肯定不能做到。

（一）皇帝是昏君

宋徽宗赵佶和宋钦宗赵桓，无疑都是坏皇帝，但从他们的性格特点看，不能算是暴君，而是典型的昏君。

宋徽宗在即位之初，也曾想继承父兄的遗志，变法革新，振兴国家，有所作为。他又是个花鸟画家和能写一笔瘦金体字的书法家，颇具艺术才能。无奈他自幼生长于深宫，养尊处优，不解民困，不知国情，一味贪图享乐，缺乏深远的政治眼光，也无治国平天下的本领。于是，在蔡京等“六贼”的怂恿诱惑之下，他那封建皇帝的劣根性大大滋长，原有的积极打算消失殆尽，终于堕落成为一个庸俗无能的昏君。

徽宗本想通过调和元祐、绍圣的党争，实现“建中靖国”。后在蔡京等人的鼓动下，他开始完全倒向“变法派”，并借“绍述新政”之名，对元祐党人进行无情的打击，从而堵塞了言路，再也听不到不同的意见，为蔡京等政治野心家排斥异己、专擅政权创造了条件。党争结束后，蔡京长期把持相权，他以“丰亨豫大”之说和人生应及时行乐等思想腐蚀徽宗的心志，使徽宗完全沉湎于醉生梦死的奢侈淫逸生活之中，几乎成了傀儡皇帝。为了满足统治集团“三冗”消费的需要，宋廷通过苛重的赋役和推行通货膨胀政策来盘剥人民，从而破坏了生产力，造成了经济衰退和财政危机，使国家陷入了积贫积弱的困境。面对亡国之兆，徽宗视而不见。而玩物丧志，又使徽宗内心更为空虚。于是，他迷信天神，宠爱道士，大搞醮斋活动。同时大兴土木，建造宫观苑圃，甚至以游逛坊市和出宫嫖妓来打发其无聊慵懒的日子。政治的日益腐败，引起了人民的反抗和外族的入侵。对此现状，徽宗有时似乎有所惊悟，曾经下过一些恤民减赋的诏令，企图借此来缓和阶级矛盾，结果终因贪官污吏们的百般阻挠，这些诏令都成了一纸空文。徽宗没有驾驭朝政的气魄和能力，只好任凭权奸们摆布，过着浑浑噩噩的生活，而这正充分表明了他是一个十足的昏君。最后，金兵入侵，徽宗国破家亡，身死北荒，实乃自作自受。

至于钦宗，也是个昏庸无能之人。他并无任何施政实践经验，在危难时刻被匆匆推上皇位。在金兵的威逼下，他一心只想投降，甚至罢了抗金大臣李纲的官。他不顾国家兴亡，情愿当金国的儿皇帝以保住自己锦衣玉食的生活，可见他是个极端自私的人。

宣和七年（1125）十二月，金兵入侵，徽宗在让位给钦宗的前夕，曾经下罪己诏说："朕获承祖宗休德，讬于士民之上，二纪于兹，虽兢业存于中心，而过愆形于天下。盖以寡昧之资，藉盈成之业。言路壅蔽，导谀日闻；恩倖持权，贪饕得志。搢绅贤能，陷于党籍；政事兴废，拘于纪年。赋敛竭生民之财，戍役困军伍之力，多作无益，侈靡成风。利源酤榷已尽，而谋利者尚肆诛求；诸军衣粮不时，而冗食者坐享富贵。灾异谪见而朕不悟，众庶怨怼而朕不知，追惟己愆，悔之何及！"[①]宋徽宗的这篇罪己诏，提到了他的一些错误的具体表现，也有一定诚意。但是，北宋王朝走向腐朽衰败的根本原因究竟是什么？《宋史·徽宗纪·赞》中，把徽宗失国之由归结为"骄奢淫逸"，"狎近奸谀"，"溺信虚无"，"困竭民力"，"君臣逸豫，相为诞漫，怠弃国政，日行无稽"以及"玩物而丧志，纵欲而败度"，等等。[②]这一切说是宋徽宗个人昏腐的特点，是促进北宋王朝迅速走向衰亡的重要原因，确实也不错。不过，其中最重要的是，统治集团私心和贪欲的无限膨胀，促使他们去残酷地剥削广大人民，造成了贫富悬殊、社会分裂和人心涣散，以致丧失了抵御外族入侵的一切能力，这才是北宋王朝最终崩溃的根本原因。总之一句话，欺民自损，腐败亡国！

（二）权臣多奸雄

北宋末期，封建统治集团中的权臣，以蔡京擅权最久，建蠹国害民之

① 《东都事略》卷十《徽宗纪》。《长编拾补》卷五十一，宋徽宗宣和七年十二月己未，第516页。

② 《宋史》卷二十二《徽宗纪四》，第418页。

政，危害最大。与蔡京一起，被当时人称为“六贼”的王黼、朱勔、童贯、梁思成、李彦，以及杨戬、蔡攸、蔡絛等人，也都曾手握大权，为非作歹。他们的一切作为，目的只有一个，即攫取个人特权和私利。他们都是“三冗”消费的受益者，是残酷剥削压迫人民、破坏社会生产力、导致通货膨胀和百姓苦难的元凶。

蔡京，是一个生性奸猾凶狠的政治投机家。他曾参加过熙丰变法，在“元祐更化”废除熙宁新法时，他正任知开封府，便立即投靠反对派。司马光上台执政，限令五日废除免役法，恢复差役法，别人都以时限太紧为难，唯蔡京如期停罢了畿县的雇役；当哲宗“绍述新政”时，蔡京又出尔反尔，力主恢复熙宁免役法。徽宗即位后，他以书画技巧投皇帝之所好，逐渐当上了宰相。他在执政期间，以“绍述新政”为幌子，所做的一切都是为了谋取个人的权力和财利。他大肆铸行虚值大钱和夹锡钱，造成物价飞涨。他横征暴敛，为统治集团聚财，迫使农民流亡。他屡变盐法，以致商人破产。他鼓吹“丰亨豫大”，大兴土木，是为了腐蚀皇帝，并取得皇帝的欢心。他夸大事功，粉饰太平，是为了得到皇帝的宠信，从而谋取更高的权位。他滥封官爵，赐予无穷，是以“托爵禄以市私恩”，“援引小人以为朋党”。他“假借姻娅布满要途”，是为了培植亲信势力。[①] 他“交通阉寺，结托宫禁”[②]，是为了巩固既得利益。他渔夺百姓，视国家财物如粪土，是“假享上之名，济营私之欲”[③]。他“交通豪民，兴置产业”[④]，则完全是借地

① 《长编拾补》卷二十九，宋徽宗大观四年五月甲子，第 332 页。
② 《宋宰辅编年录》卷十一，宋徽宗崇宁五年二月丙寅。
③ 《宋史》卷一百七十九《食货志下一·会计》，第 4363 页。
④ 《长编拾补》卷二十九，宋徽宗大观四年五月甲子，第 332 页。

方势力掠夺民财。在蔡京权震朝野之后，他便“自称公相，总治三省”[①]，威福自擅。当他贪得巨额资财之后，便挥金如土，恣意享乐，穷极侈靡。而推行通货膨胀政策，正是他旨在剥夺人民、满足私欲的一个杰作。为此，要遏制通货膨胀，整肃吏治，必须严惩蔡京这个首恶分子。可是他却长期受徽宗宠信，当了四任宰相。

王黼，为人多智善佞。他因依附蔡京，被任为御史中丞，控制了言路和监察大权。后来，他又通过多方钻营和运用各种政治手段，于宣和元年（1119）当上了宰相，宠倾一时。王黼得势后，生活奢侈，“多畜子女玉帛自奉”，并“请置应奉局，自兼提领，中外名钱皆许擅用，竭天下财力以供费。官吏承望风旨，凡四方水土珍异之物，悉苛取于民，进帝所者不能什一，余皆入其家”[②]。王黼专主应奉司，“极天下之费率归于应奉”，目的是为了“中上意，牢其宠”[③]，也就是通过拍徽宗的马屁，以取得并巩固自己的特权和私利。在宋金联兵攻辽期间，他搜刮天下免夫钱6200万贯，去向金国赎买燕山五六座空城。在金国使者来到宋朝时，他身为宋朝三公元宰，竟百般奉承金使，甚至“陪扈曲宴，亲为俳优鄙贱之役，以献笑取悦”[④]，真是无耻之极！由此可见，王黼既是个剥削者，又是个贪污犯、腐败分子，完全是个卑劣的小人。这样的一个人，竟掌握了宋朝的大权。

朱勔，苏州人，也是个奸佞之辈。其父朱冲，家本贫贱，后以卖药而暴富。朱冲、朱勔父子因被蔡京赏识，荐入童贯军中为官。徽宗喜爱花石，

---

① 《东都事略》卷一百一《奸臣二·蔡京传》。
② 《宋史》卷四百七十《佞幸·王黼传》，第13682页。
③ 《东都事略》卷一百六《佞幸·王黼传》。
④ 《宋史》卷四百七十《佞幸·王黼传》，第13683页。

蔡京授意朱冲，取浙中珍异花木上贡。至政和中，宋廷因大兴土木建造宫观所需，便于苏州特置应奉局，大办花石纲，以漕船运输花石，相衔于汴、淮，朱勔被提拔为防御史、东南部刺史。从此，朱勔“指取内帑如囊中物，每取以数十百万计”。所贡之物，强取于民。“民预是役者，中家悉破产，或鬻卖子女以供其须。”[①] 朱勔还假传圣旨，强占民宅，百姓哭喊于路。方腊起义时，宋廷暂罢花石纲。方腊起义被镇压后，朱勔又得志，更受徽宗宠信，出入宫廷，传达圣旨如同宦官。由于朱勔权势熏灼，士大夫多来依附，时称“东南小朝廷”。此后，朱勔不断升官，宣和四年（1122）后，官拜宁远军节度使、醴泉观使。

童贯，是个宦官，生性巧媚。蔡京在童贯的帮助下当上了宰相。宋廷用兵 10 万准备进取青唐，蔡京力荐童贯为监军。从此，童贯长期掌握军权，官拜太尉，为陕西、河东、河北宣抚使，后又领枢密院事，升太傅、泾国公，人称蔡京为“公相”、童贯为“媪相”。童贯用兵常掩败为功，军政尽坏。宣和初，他率兵镇压了方腊起义。后以“复燕山功”，被封为广阳郡王。金兵南侵，他因畏敌如虎，从太原逃回汴京。钦宗继承皇位，童贯拥徽宗弃京南逃。童贯掌握兵权 20 年，权倾一时。他打击异己，交结宫禁，不少高官辅弼多出其门，庭户成市。童贯“穷奸稔祸，流毒四海”[②]。

梁师成，是个生性狡黠阴险和稍有文化知识的宦官。他为徽宗监建明堂和宫观，官拜太尉、淮南节度使。他善于逢迎徽宗，因而得宠，凡御书号令皆出其手。他还模仿徽宗笔迹，制作伪诏。“王黼父事之，虽蔡京父

① 《宋史》卷四百七十《佞幸·朱勔传》，第 13684—13686 页。
② 《宋史》卷四百六十八《宦者三·童贯传》，第 13662 页。

子亦谄附焉，都人目为‘隐相’，所领职局至数十百。”[①] 他与王黼狼狈为奸，责办殊方异物，充于内囿。他还干预科举廷试，收士人钱数百万，帮考生录取成为进士，可见梁师成又是个大贪污分子。

杨戬，也是个宦官，主掌后苑。自崇宁后，受徽宗宠信，建明堂、铸鼎鼐，起大晟府、龙德宫，皆以他为提举，后官拜检校少保至太傅。杨戬还立西城所，刮取民田，在济、郓等数州，立租算船。

李彦，与杨戬同为宦官。宣和三年（1121），杨戬死，李彦继承其职，提举西城所。他天性狠愎，强括民田为公田，民被迫害而死者成千上万。他与朱勔一样，发物供奉，皆责办于民，民多穷饿而死。

蔡攸，是蔡京长子。徽宗早在当端王时，因知蔡攸是蔡京之子，就对他产生好感。蔡攸并无学问，崇宁中，徽宗却让他当了枢密直学士；后加龙图阁学士兼侍读，又命为大学士。蔡攸得势后，为了争权夺利，竟时刻盼望其父生病退休，还请徽宗杀掉其弟蔡絛。他与其父“各立门户，遂为仇敌”。可见蔡攸是个利欲熏心、极端自私的人。宣和年间（1102—1106），蔡攸“历开府仪同三司、镇海军节度使、少保，进见无时，益用事”。他与王黼一起参加宫中秘戏，丑态百出，用淫秽言行蛊惑徽宗。他诱劝徽宗，说人生苦短，应及时行乐，这正是他那空虚腐朽人生观的反映。他还和道士林灵素一起，独创异闻、竭力论证所谓“珠星璧月、跨凤乘龙、天书云篆之符”等神变之事，唆使徽宗大建道教宫观，于是神霄、玉清之祠遍天下[②]，劳民伤财，危害极大。宣和四年（1122），以童贯为河北、河东

---

① 《宋史》卷四百六十八《宦者三・梁师成传》，第 13663 页。
② 《宋史》卷四百七十二《奸臣二・蔡京传》附《蔡攸传》，第 13732 页。

宣抚使，蔡攸为副使，率百万大军伐燕，结果兵败，宋廷在与金谈判中丧权辱国，蔡攸却升为少师、封英国公，领枢密院。徽宗让蔡攸这种无德无能之人去掌管全国兵权，可见当时的朝政已经腐败到了何等程度。

蔡絛，是蔡京最钟爱的小儿子。宣和六年（1124），蔡京再领三省，第四次当国。其时，他年已七十八岁，老眼昏花，不能治事，一切都由蔡絛代为判决。此后，蔡絛与其父“恣为奸利，窃弄威权，聚引妇兄韩梠为户部侍郎，媒蘖密谋，斥逐朝士，创宣和库式贡司，四方之金帛与府藏之所储，尽拘括以实之，为天子之私财。宰臣白时中、李邦彦惟奉行文书而已”[①]。这一切都充分说明蔡絛也是个害民败政的权奸。

综观北宋末期的这些权臣，与历史上大多数奸贼一样，皆具有吹牛皮、拍马屁、谋私利、害人民四大特点，而这类人正是封建官僚政治的产物。他们本属被整肃的对象，若要靠他们去澄清吏治和遏制通货膨胀，岂非异想天开！

（三）官吏为帮凶

各级地方官都是朝廷各项政策的实际执行者，尤其是各部门官府下属的胥吏，更是深入社会基层的直接经办人。如果朝政清明，官员廉正，胥吏就不敢横行不法。但随着北宋君主专制体制下官僚政治的日益腐败，各路、州、军、县中就会出现较多的贪官污吏，胥吏也必然会狐假虎威，肆无忌惮地欺压剥削广大百姓，从中谋取私利。他们本身就是地方上的统治者，同时又是最高统治集团推行苛政的帮凶。宋代胥吏为非作歹的现象十分突出，人称“公人世界”。宋代胥吏多是服差役之人，没有俸禄，因而

① 《宋史》卷四百七十二《奸臣二·蔡京传》，第13727页。

他们常会利用手中的权力和各种机会，向百姓进行敲诈勒索以图自肥。神宗熙丰变法时，虽曾实行“仓法”，支给吏禄，同时严禁贪贿。可是，由于政治昏暗，官员贪腐已成为积弊难返之官场惯例，“仓法”起不到禁贪的作用，于是，胥吏们就会如狼似虎地扑向无权无势的平民百姓，弱肉强食。北宋末期的情况正是如此，无数事实充分地证明了这一点，今举例于下。

宋廷推行方田均税法时，官吏勾结地主，骚扰乞取，贿赂公行，方田失实，下户受弊，被迫逃移。地主依旧隐田瞒税，方田均税无法进行，只得停罢。官府收税实行支移、折变之法。地方官吏为了多取于民，将应收之钱物非法反复纽折，还别收头子钱，收税户负担比原额高出数倍。豪民赃吏还故意将支移之物徙歉就丰，挟轻货以贱价输官，从中渔利。崇宁初实行免役法，却又雇役不给钱，与差役无异。又所招募之吏人，“老奸巨猾，匿身州县，舞法扰民”，“投充弓手，所募皆浮浪，无所顾藉，盗贼公行，为害四方”。[①]宣和四年（1122），京东西提刑梁扬祖为邀功请赏，以防盗为名，组建弓箭社，强迫民户入社，民不堪命，老弱流离，强壮者沦为强盗，防盗反而致盗，搅乱了社会秩序。

崇宁间，官自卖盐。为增加盐利收入，提举盐事司苛责州县卖盐，东南诸州县强迫民户认购，百姓稍或延期，鞭挞随之。上下督促，抑配至及婴儿、牲畜，不愿买盐者则要缴纳6成盐钱，“良民受弊，比屋愁叹”。崇宁初，宋廷派内侍王仲千管理解盐生产。王仲千急于增加盐课以请功，违反生产规程，粗制滥造，致使解盐味苦，质量大降。政和年间（1111—1117），又有三省大吏魏伯刍，被蔡京委派主持榷货务。他勾结交引户，

① 《宋史》卷一百七十八《食货志上六·役法下》，第4332页。

凡商人来入钱请盐，皆克扣十分之四充当盐课收益，欺骗徽宗。于是他以盐课增羡受赏，连年升官，一直升到了通议大夫、徽猷阁待制。

民间典卖田宅、牛畜及进行其他交易，官府收取契税。胥吏从中作弊，他们设法将官府印卖之文契(钞旁)全部收购,然后又卖给民户,“邀求厚价，比之官价多至数倍”[①]。

官府向民间低价和买绸绢，有时甚至不给钱。同时还要另收头子钱和市例钱，分给吏人。除和籴、和买外，百姓还要承担官府的其他各种科率。官吏盘剥民众十分厉害。如科买制造兵器的原材料，价格低于市价，有时竟不付钱，白取于民。因战事需要，朝廷鼓励官员买马，买马多者升官。官员贪赏，多买驽马充数。军中无好马，在对金作战中屡打败仗。虽说哲宗绍圣时已恢复免行法，而徽宗时官吏们仍以权谋私，恣意向各商行索取各种商品，欠钱不还，等于无偿科率。

宋徽宗时扰民最大者要算花石纲之役，其间贪官污吏大施淫威。如徐铸、应安道、王仲闳等官吏，为奉承朱勔，常豪夺渔取于民，为其提供上贡之物,甚至领兵闯入民家,搜取所谓奇花异石,还掘坟毁屋百计取之。“民预是役者，中家悉破产，或鬻卖子女以供其须。”即使只是运输上贡花石等物的篙工、舵师也“倚势贪横，凌轹州县，道路相视以目”。[②]杨戬、李彦创汝州西城所，任辉彦、李士渙、王滸、毛孝立等官吏出力助其发物供奉，闹得民间鸡犬不宁。

在蔡京推行通货膨胀政策过程中，一些依附蔡京的官员也跟着干了不

---

① 《长编拾补》卷四十九，宋徽宗宣和七年四月己巳，第500页。

② 《宋史》卷四百七十《佞幸·朱勔传》，第13685页。

少坏事。如，崇宁元年（1102）蔡京当上宰相后，即于当年十二月令陕西铸折五铜钱。次年正月，蔡京的亲信陕西转运副使许天启立即起来响应，进一步提议在陕西铸行折十大铜钱和夹锡钱当二钱。同年，江淮发运副使胡师文也来推波助澜，甚至建议将自神宗以来长期流通于民间的当二铜钱全部改铸为当十钱。胡师文等这样做,无非是为了“谄奉大臣”[①],以图升官。政和年间（1111—1117），还有一个蔡京的亲信提举榷货务魏伯刍，曾无本印制了一种变相钱引“泛料关子”百万贯，由蔡京献给徽宗，使徽宗大喜过望。许天启、胡师文、魏伯刍之流的所作所为，大大推动了通货膨胀的发展，给社会造成了严重的恶果。

在铸行虚值大钱引起货币贬值和物价暴涨之后，宋廷被迫下令降低大钱币值和严禁私钱。虽然朝廷已下了命令，但官吏们仍出来作梗。如，徽宗命以小钞来兑换回收大钱，规定小钞面额为 100 文至 10 贯，而官吏偷懒，怕书造麻烦，只给面额 1 贯的小钞，使百姓因难以零用而不愿兑换。当徽宗宣布将当十钱改作当三使用时，那些钱财众多的官僚们，为了维护既得利益，便出来反对，大造舆论，挑动民众不满情绪，宣传当十钱“不久必复旧”。更有永嘉知县虞防公开歌颂行用当十钱是最富国便民之良法。又如，朝廷多次宣布私钱禁令，一些官员又出来破坏。因为私铸大钱多出于豪绅官僚之家，为谋私利，他们知法犯法，还勾结地方官包庇盗贩私钱者，盗贩者因而敢于倚势悍拒关卡的搜查。地方官之所以纵容盗铸和私贩大钱，因为他们“怀私观望”，既不愿得罪权贵，又想借此得以提拔升官。

平时皇帝下诏，责令地方官应身体力行前去劝农，以发展生产，而地

---

① 《长编拾补》卷二十八，宋徽宗大观三年二月庚子，第 323 页。

方官们多消极怠工，有令不行。而当朝廷要求增加赋税课额之时，地方官们又个个都是聚敛的能手，因为他们可以乘机贪污受贿，谋取私利，并受赏升官。当苛重的赋役激化了阶级矛盾时，朝廷下诏表示要减免百姓的赋役负担，地方官吏们不仅不去执行落实，而且常变本加厉地再去榨取。关于这种状况，连宋徽宗也已经看出来，他说："比年宽大之诏数下，裁省之令屡行，有司便文而实惠不至，盖缘任用非人，兴作事端，蠹耗邦财。假享上之名，济营私之欲，渔夺百姓，无所不至。"①

各地官员们平时不重视生产，不关心民瘼，也不兴修水利，一心只想升官发财。越州的官员还与兼并之家相勾结，盗鉴湖为田，为引发水灾留下了隐患。当自然灾害发生后，他们不仅不积极赈救，反而隐瞒和谎报灾情。黄潜善调查陕西、河东地震后有意缩小灾情，欺骗朝廷，便是最典型的一例。更加可恶的是，朝廷和各地官府还经常挪用和克扣救济粮食，甚至在东南水灾频发地区强籴粮食。尤为无耻的是，在发放常平钱谷赈灾时，当地形势户及胥吏竟去诈伪冒领。

统治阶级残酷的压迫和剥削，终于激起了人民群众的武装反抗。这时，上自皇帝、将帅，下至各地官兵却空前地团结了起来，他们调用精锐部队不遗余力地镇压了人民起义。宋廷为镇压方腊起义，曾下悬赏令：凡能生擒或杀死方腊者赏银、绢、钱各一万两匹贯，金 500 两；凡能杀起义军一名者赏绢 7 匹。于是童贯率领官军疯狂扑向起义群众，血腥屠杀近百万人，真是惨绝人寰！而北宋末期的皇帝和将帅们，在对金战争中，却畏敌如虎，屡战屡败，再三乞和。他们为何在镇压人民起义时却能表现得如此疯狂和

---

① 《宋史》卷一百七十九《食货志下一・会计》，第 4363 页。

劲头十足，在对金作战时却表现得如此软弱？宋朝在军事上一直采取“守内虚外”方针，他们幻想，对金屈服还可保住锦衣玉食的生活，而人民造反如果成功，将葬送他们的一切利益，乃至身家性命全不能保。这正是反动统治者以人民为敌的原因，也是他们自私腐朽思想的真实反映。

国家出版基金项目

国家社会科学基金一般项目“宋代通货膨胀研究”
（项目批准号：11BZS026）

国家出版基金项目
NATIONAL PUBLICATION FOUNDATION

两宋通货膨胀史

下册

俞晖 俞兆鹏 著

江西人民出版社
全国百佳出版社

目　录

下　册

第五章

南宋前期纸币流通由膨胀渐趋平稳

（1127—1162）

南宋前期是指宋高宗统治时期，即从建炎元年（1127）至绍兴三十二年（1162）之间的36年。我们又把南宋前期分为宋高宗前期和宋高宗中后期两个阶段。宋高宗前期是指从宋室南渡的建炎元年（1127）至宋金签订绍兴和议的绍兴十一年（1141）之间的15年。宋高宗中后期是指从“绍兴和议”签订后的绍兴十二年（1142）至高宗让位给孝宗的绍兴三十二年（1162）之间的21年。

宋高宗前期，由于金兵南侵和赋役苛重严重破坏了生产，并使国家财政出现困难。南宋统治者为了克服财政危机而滥发纸币，从而引发了通货膨胀和物价高涨，使人民生活陷于痛苦之中。

宋高宗中后期，因宋金签订“绍兴和议”后，战争停止，南宋社会就此出现了20年的和平安定局面，社会经济得以复苏，国家财政有所改善。加上宋廷调整货币政策，增铸铜钱、铁钱和减发纸币，从而遏止了纸币的膨胀，使物价渐趋平稳。

第一节 宋高宗前期国家处于危险局面

高宗前期，由于金兵南侵和赋役苛重造成了经济衰退，从而使南宋财政入不敷出，国家陷入困境。

一、金兵南侵

宋钦宗靖康二年（1127）二月，金兵在灭亡了北宋之后，于三月初七逼迫北宋前太宰兼门下侍郎张邦昌为帝，建立傀儡政权，国号“大楚”。四月初一，金兵俘徽、钦二帝北归，初九，张邦昌即迎立宋哲宗废后孟氏，恢复其“元祐皇后”称号（后来改称“隆祐太后”），垂帘听政，大楚政权至此结束。于是孟后遣使持书前去奉迎徽宗第九子康王赵构，要他来重建赵宋政权。早在靖康元年（1126）十二月赵构已在相州建立了河北兵马大元帅府。靖康二年（1127）五月初一，赵构在应天府即皇帝位，改元建炎，是为南宋高宗。宋高宗从一上台起，就重用保守派，把宋徽宗、蔡京集团的假变法与宋神宗、王安石的熙宁变法混为一谈，从而彻底否定了变法革新运动。他为了维持偏安局面，就采取了向金人求和与投降的方针。他为了讨好金人，曾先后封张邦昌为太保、太傅、同安郡王，后见金人远去，又将其以“僭逆”罪“赐死”。建炎元年（1127）秋，金人以杀张邦昌为辞，再次兴兵伐宋。这时，宋高宗因害怕金兵，竟不顾抗战派大臣李纲和爱国将领宗泽、岳飞等人的建议，拒绝留在汴京主持恢复中原大计，而是决心向南逃跑。

建炎元年（1127）十月，以高宗为首的南宋统治集团逃到了扬州。高宗一面开始修筑宫室，增加宫中费用，准备重新过奢侈生活，一面派人去金朝乞和，完全不做军事上的准备。可是，金人为消灭立足未稳的南宋政权，于建炎二年（1128）七月，发兵南下，追击宋高宗；另外又派娄室部进攻陕西，以牵制川、陕方面的宋军。十二月，金兵相继攻陷东平府和大名府，济南知府刘豫降金。而这时宋高宗却任命投降派首领黄潜善、汪伯彦为左右相，依然做着与金人议和的美梦。建炎三年（1129）二月初，金兵屡败宋军，前锋迅速推进到扬州城郊。宋高宗闻讯大惊，慌忙急驰至瓜州，南渡长江逃命。二月十三日，高宗君臣逃到杭州，改州治为行宫。入侵陕西的娄室所部金兵虽曾夺取了同、华二州和永兴军、延安府以及秦州等地，但并未久留陕西，被其侵占之州、府又为宋军所有。

左相李纲自南宋政权建立以来，一直坚持主张抗战，力图依靠两河民众的力量以抵御金人，收复北方失地，却遭到以右相黄潜善、知枢密院事汪伯彦为首的投降派的掣肘和破坏。开封府尹兼东京留守宗泽曾大力加强开封的防御，积极招募军队和联络北方义军，并请求宋高宗返回开封主持收复失地的大计，而黄潜善、汪伯彦却不断派使臣到金营求和，“每见泽奏疏，皆笑以为狂”[①]，加以反对。建炎元年（1127）八月十七日，李纲被罢相。次年七月，宗泽忧愤而死。

在宋高宗不断南逃的同时，北方人民却在坚持抗金斗争。金兵自建炎元年（1127）从开封撤退后，开始加强对华北地区的占领和统治，凡南宋守军稍有反抗的，即遭屠城。他们在占领区大肆掠夺财物，或圈占土地，或俘百姓充当奴隶。在女真贵族的残酷统治下，北方汉族人民纷纷结成“巡社”、忠义民兵等，起来进行武装反抗。他们坚守拒敌，甚至从金兵手中

① 《宋史》卷三百六十《宗泽传》，第11281页。

收复失地，有力地打击了金侵略者，从而减轻了对南宋政权的压力。在众多义军中，以红巾军、八字军、五马山义军和梁山泊水军最为著名。红巾军活动在河东、河北、陕西等地，屡败金兵，曾将粘罕的南侵金军阻止在太原城下。原河北招抚使张所的部将王彦，曾屡败金兵，后转战进入共城县西的太行山区，两河民众和各地忠义民兵纷纷响应，共倡讨贼。义军战士人人面刺“赤心报国，誓杀金贼”八字，故称八字军。八字军与敌战斗百十次，杀死大量金兵，有力地牵制了金军的南侵活动。建炎二年（1128）五月后，王彦曾去扬州要求朝廷举兵北伐，被投降派黄潜善、汪伯彦削夺了兵权。原和州防御使马扩在靖康元年（1126）十月后曾参加两河义兵，并被推举为首领。建炎二年（1128）二月后又成为庆源府五马山寨义军的领袖，队伍发展到十多万人，曾多次打败敌人。为了进行北伐，马扩曾到扬州面见宋高宗要求支持，却遭到投降派的抑制。而坚守五马山寨的义军因叛徒出卖而遭到金兵大规模围攻，山寨被攻陷。在金兵南下以后，张荣组织梁山泊渔民为水军，经常袭击金兵，队伍发展到一万多人。建炎三年（1129）初，金兵攻扬州，张荣曾率水军在楚州一带与金兵对峙，后因战争一度失利，率战船退守道州缩头湖。宋高宗绍兴元年（1131）三月，张荣大败金将挞懒，俘杀甚众，并一举收复了泰州城，迫使挞懒退回山东。此后，张荣的军队一直战斗在淮东战场上，有力地阻止了金兵南侵。除了广大北方人民的抗金斗争外，两河地区的宋朝地方官吏也多有率领军民奋勇抗击金兵的，其中尤以中山府和洺州的保卫战最为惨烈。

建炎三年（1129）二月，高宗逃到杭州后，由于统治集团的内部矛盾，三月初五发生了统制官苗傅、御营司右军副统制刘正彦为首的兵变。五月，高宗一面派人再次向金乞和，一面镇压了苗、刘兵变，并离开杭州移驻江宁府，改江宁府为建康府，升杭州为临安府。可是金人仍决心灭亡宋朝，七月，金太宗以兀术为统帅，分兵四路南侵。在金兵威胁下，宋高宗派兵全力守卫长江防线，自己则逃往浙东避兵。由于南宋统帅杜充消极防御，以致江防尽失，建炎四年（1130）二月，杜充投降了金人。这时已逃到越州的宋高宗，闻金兵已渡长江，便又先后逃往明州、定海县、台州。建炎四年（1130）正月十六日，金兵攻占明州，破定海县，乘船追赶宋高宗，因在海上途遇大风暴而折回明州，二月初二，高宗才到达温州。在高宗南逃前夕，隆祐太后孟氏在一万宋军护卫下离建康逃往洪州避难。建炎三年（1129）十月底金兵渡长江进入江西。隆祐太后又急忙逃往吉州、太和县，最后逃到虔州。金兵孤军深入江南，既受到宋军的抵抗，又常遭到民众武装的邀击，战线长，人员补给困难，后方空虚，开始陷入困境。于是，建炎四年（1130）二月，金兀术便率部队逐步北撤。同年七月，金朝又册立南宋降官刘豫为傀儡皇帝，国号“大齐”，定都北京大名府。

金兵北撤后，宋高宗从海道由温州返回明州，并于建炎四年（1130）四月十二日进驻越州。为防止金兵再次南下，高宗委任各路镇将，以加强沿江防线。八月间，隆祐太后也来到越州，越州成了高宗暂时驻跸之地。次年正月，下诏改元绍兴，十月升“行在”越州为绍兴府。由于大臣们纷纷上疏，认为绍兴并非可以久留之地，于是绍兴二年（1132）高宗等来到了临安府。但直到绍兴八年（1138），高宗才正式宣布临安府为“行在所”，正式定都于此。

建炎年间（1127—1130），当金兵南侵，宋高宗四处逃跑时，驻守各地的不少南宋将领却在坚持抗金斗争。如，建炎三年（1129）十二月底，当金兀术率军追赶宋高宗至明州时，宋将杨沂中、田师中、赵密等人率兵殊死战斗，大败金兵，杀敌数千人。又如，建炎四年（1130）三月，金兀术率十万金兵撤军北返时，宋将韩世忠以八千人的兵力，在镇江焦山的长江江面上截断了敌人的归路，大败金兵，并在建康东北的黄天荡包围敌军二十余日，从而给了金兵一次沉重打击。再如，建炎四年（1130）五月十一日，金兵焚建康府准备渡江北去，遭到宋将岳飞进攻，被杀数千人，岳飞乘胜收复了建康城。

建炎四年（1130）三月，兀术侵掠江南战事结束后，金兵将进攻重点转向陕西。九月十四日，宋、金两军大战于富平，由于宋川陕京湖宣抚处置使张浚指挥错误，宋军大败，于是关陕六路悉陷于金。绍兴元年（1131）十月十二日，金兀术亲自率兵进攻自陕入蜀的战略要地和尚原，宋陕西诸路都统制吴玠出兵与之激战三日，金兵再度发动攻势，大败金兵，俘杀以万计。绍兴三年（1133）二月，宋、金两军大战于饶风岭，宋军失利，金兵占领了通往兴元的饶风关，吴玠退保仙人关。但金兵因军需供应困难，军中又发生了瘟疫，被迫退兵，吴玠出兵邀击其后军，金兵死者以千计，尽弃辎重而去。同年十二月，金人再次集中兵力猛攻和尚原，和尚原失守。次年二月，兀术等率十万金兵进犯仙人关，吴玠等率宋军经过奋力防守，开始大举反攻，终于击溃金兵。宋军在西北战场的胜利，有力地打击了金兵的侵略气焰，减轻了南宋东南战场上所受的压力，使宋、金双方军事力量对比逐渐趋于平衡。

宋高宗前期，不仅民族矛盾非常突出，而且阶级斗争也十分尖锐。由于统治阶级残酷的政治压迫和经济剥削，加上金兵入侵时的烧杀掳掠以及游寇、溃兵、官军的抢劫，致使民不聊生，于是各地农民纷纷起义。据何竹淇《两宋农民战争史料汇编》统计，从高宗建炎元年（1127）至绍兴十三年（1143），共发生人民群众的反抗斗争73起，其中最主要的有以范汝为为首的福建农民起义、荆湖地区钟相和杨幺领导的农民起义以及江西、两浙、湖南、广南等地区的农民起义。这许多起义最终都被官军镇压或招安。由于高宗前期的农民起义发生在金兵南侵民族矛盾十分激烈的时期，所以，他们虽然打击了腐朽的封建统治，但却在客观上不利于当时抗金斗争的大局。

南宋初年，游寇的骚扰也是一个严重的社会问题。游寇大都由武装流民和散兵游勇转化而来。自建炎元年（1127）到绍兴五年（1135），南宋境内较大的游寇集团共有20个之多，其中主要的有李成、张用、曹成、李宏、马友、孔彦舟等集团。这些游寇集团人数少则上万，多的十几万，至于其他盗贼更是不可胜计。他们攻城略地、抢劫掳掠，对社会和民生造成了极大危害，既加剧了阶级矛盾，也不利于抗金事业。如，建炎年间（1127—1130），流寇李成集团曾夺取了江淮六七州之地，又向江西进兵大肆杀掠，绍兴元年（1131）因被宋朝官军打败，投奔伪齐。又如建炎三年（1129）至绍兴二年（1132），张用、曹成、李宏、马友等游寇集团，他们曾在两淮和湖湘地区，纵兵掳掠，对南宋朝廷时降时叛，最终被官军剿灭或招安。再如，建炎年间（1127—1130），孔彦舟游寇集团曾在蕲、黄和荆湖地区大肆掳掠骚扰，气焰嚣张，最后于绍兴二年（1132）叛降伪齐。

宋高宗自即位以来，一直畏惧金兵，力图向金妥协乞和。建炎四年（1130）十月初二，曾于靖康二年（1127）春被金人俘虏北去的御史中丞秦桧与其妻王氏及婢仆全家，自楚州逃回南宋，并于十一月初到越州去见宋高宗。秦桧力主与金议和，受到宋高宗赞赏，拜他为尚书右仆射、同平章事兼知枢密院事。高宗一心“求和”，但因伪齐联合金兵不断南侵，加上南宋群臣反对投降妥协，和议暂时搁浅。绍兴四年（1134）七月，虽然宋将岳飞打败了伪齐军队，收复了襄、汉失地，打开了通往川陕的道路，而高宗急欲与金、伪齐媾和的决心未变。九月，金及伪齐军队又渡淮河南侵，在扬州西北的大仪镇被宋将韩世忠打败。十二月，金、伪齐合兵围庐州，又被岳飞的军队打退。绍兴六年（1136）十月，伪齐又发签乡兵 30 万人分三道侵宋，后被宋军彻底粉碎。

绍兴七年（1137）三月，右丞相兼知枢密院事张浚为贯彻高宗“收内外兵柄”[①]以利于与金议和的意图，解除了淮西宣抚使刘光世的兵权，结果引起了刘光世部将郦琼兵变并投奔伪齐，张浚引咎辞职。而这时由于金统治集团内部发生争权夺利的斗争，金兀术失势。这年十一月，金熙宗因见刘豫无能，下诏废除了伪齐国，许与南宋和议。于是，宋高宗罢去了赵鼎的左相职位，从此开始了秦桧独相的局面。绍兴八年（1138）十月，宋金和议开始，尽管南宋群臣纷纷反对，宋高宗、秦桧决心采取高压手段，强行通过和议。但绍兴九年（1139）金统治集团内部矛盾进一步激化，兀术重又得势，被升为都元帅。次年五月，金熙宗下诏伐宋，一月之间，河南、陕西州县重又落入金人之手。这时，各路宋军纷起抵抗，吴璘等在陕西、韩世忠在淮东、刘锜在京西顺昌府打败了金兵，岳飞则乘机亲率大军向中原进发。宋军的胜利，使高宗、秦桧感到不利于向金乞和，又怕诸将久握重兵造成尾大不掉之势，便下令诸路军队收兵撤退。绍兴十年（1140）七月，岳飞的军队在河南的郾城和颍昌府大败金兵，乘胜追击直至开封府附

---

① ［宋］熊克：《中兴小纪》卷二十一，绍兴七年四月癸卯条小注，福建人民出版社 1984 年版，第 258 页。

近之朱仙镇，使金人发出“撼山易，撼岳家军难”的慨叹，并打算放弃开封向河北撤退。同时，河北抗金武装已发展到40余万，盼望宋军早日渡河。为此，岳飞上奏朝廷请求领兵继续北进，可是高宗却令岳飞立即“班师”，岳飞被迫奉诏“班师”，随即河南大片州县又被金兵占领。

绍兴十一年（1141）正月，兀术统领近10万金兵突入淮西，并进入庐州城。宋将杨沂中、刘锜等在杨皋大败金兵，并收复了庐州，金兵被迫撤退。三月初四，金兀术命孔彦舟攻占了濠州，由于岳飞的援军赶到，金兵才渡淮退去。淮西之战后，高宗、秦桧认为，只有收回诸大将兵权。才能确保与金议和，只有与金媾和，才能收回诸大将兵权，于是高宗一举收回了韩世忠、张浚、岳飞三大帅及刘锜的兵权。同年秋天，吴璘等在川陕大败金兵，收复了秦州。这时，金朝反诬南宋破坏和议。九月，高宗、秦桧为扫除与金议和的障碍，竟于十月诬岳飞谋反，将其逮捕入狱。十一月，宋与金签订了丧权辱国的“绍兴和议”。为了警告抗战派，以防反覆，又于十二月二十九日以“莫须有”的罪名杀害了一生“尽忠报国”的岳飞。“绍兴和议”的主要内容有三：一是南宋世世向金称臣；二是宋金疆界东以淮水中流、西以大散关为界，南宋还割唐、邓二州及商、秦二州之半给金；三是南宋从绍兴十二年（1142）起向金岁贡银二十五万两、绢二十五万匹。“绍兴和议”的签订，使南宋国家蒙受了耻辱，人民增加了负担，给整个民族带来了严重的恶果。

绍兴十一年（1141）十一月宋金和议的签订，使此后的20年之中，南宋境内停止了大规模的战争，出现了和平的环境。这不仅使原处于亡国危机之中的赵宋政权得以稳定下来，而且为社会经济的恢复和国家财政的改善创造了有利条件。但是必须指出的是，这种和平环境的取得，并非以宋高宗、秦桧为首的主和派的功劳，而是广大南宋爱国军民英勇抗金的结果。主和派卑躬屈膝的求降姿态，只会使金兵更加轻视宋朝，助长他们的侵略气焰。唯有广大南宋爱国军民不畏强暴的艰苦战斗，才能削弱金朝的国力，改变敌强我弱的形势，使敌我双方的力量对比达到平衡，使金朝再也无力发兵南侵，历史事实完全证明了这一点。

南宋主和派一味向金乞和，助长了金军的侵略野心，有史为证。宋高宗从一上台当皇帝起，为了苟且偷安，就采取了向金求和与投降的方针，甚至大骂其父兄“一变欢盟,重罹祸故”[①],以取悦金人。建炎元年（1127）十月，高宗逃至扬州后，就先后派人赴金朝乞和，在军事上不做丝毫准备。但金朝不予理睬，仍发兵南下，意欲消灭立足未稳的南宋政权。建炎三年（1129）二月，高宗逃到杭州，竟以惩罚抗金派大臣李纲来讨好金人，并于五月上旬派洪皓为大金通问使,再次向金人乞和。当洪皓等尚在途中时，同年七月，金以兀术为统帅，分兵四路南侵。高宗恐慌万状，急又派人去请求金方缓师,他在给金将粘罕的信中恳求道:“古之有国家而迫于危亡者，不过守与奔而已……是以守则无人，以奔则无地……惟冀阁下之见哀而赦已也。”[②]金兵不顾宋高宗的摇尾乞怜，仍于十月间渡长江南下。建炎四年（1130）十月，原被金兵俘往北方的前南宋御史中丞秦桧回到南宋，力主向金求和，得到高宗的赞赏。到了绍兴二年（1132）夏天，由于南宋军事力量的增强,宋、金双方力量对比已渐趋平衡,金人便采取“以和议佐攻战，以僭逆诱叛党”的策略，表示允许和议。高宗不仅想投降金人，而且急欲

① ［金］佚名：《大金吊伐录》卷四《康王书》，《文渊阁四库全书》第 408 册。
② 《建炎以来系年要录》卷二十六，宋高宗建炎三年八月丁卯条注。

与伪齐妥协。但金方只提出归还伪齐俘虏及划长江为界，将江北土地归伪齐统治，别的什么也不谈。金人的无理要求激起了南宋群臣的反对，和议搁浅。对于宋高宗来说，不管军事形势如何变化，他那苟且偷安向金乞和的决心始终不变。绍兴四年(1134)，虽然岳飞取得了收复襄汉六州的胜利，高宗仍再三派人赴金求和，甚至说："卑辞厚礼，朕且不惮。如岁币、岁贡之类，不须较。"[①] 正当宋高宗派遣使臣赴金求和之际，同年九月，金及伪齐军队分道渡过淮河南侵。可是这次金、伪齐军之南侵，遭到宋军韩世忠、岳飞等部的顽强抵抗，只得渡淮北返。绍兴七年（1137），宋高宗派遣王伦赴金求和，在得到了南宋向金称臣和交纳岁币的条件后，金废刘豫伪齐国，允许和议，但这遭到了南宋群臣的猛烈反对。宋高宗不死心，他于绍兴八年（1138）正式定都于临安府，以向金表示他已彻底放弃收复北方领土的打算，然而由于金人对纳贡数量等有更高要求，双方迟迟未能签订和议。绍兴十年（1140）五月，金朝以兀术为都元帅，下诏伐宋。自绍兴十年(1140)以来，南宋军队抗金斗争不断取得胜利。宋高宗为了与金人媾和，于绍兴十一年（1141）四月一举收回了韩世忠、张浚、岳飞三大将的兵权，八月升秦桧为左相，九月再次与金议和。十一月，宋金签订了"绍兴和议"。

至于南宋爱国军民英勇抗金削弱了金国力量，使其无力南侵，被迫与宋议和，也有大量史实为证。建炎元年（1127）金兵从开封撤退后，开始加强对原北宋国土华北的占领和统治，于是北方汉族人民纷纷结成"巡社"、忠义民兵，进行武装反抗斗争。红巾军、八字军、梁山泊的抗金水军，曾有力地阻止了金兵的南侵。金兵一路南侵，因孤军深入，在江南既受到部

① 《建炎以来系年要录》卷八十，宋高宗绍兴四年九月乙丑。

分宋军的抵抗，又处处遭到民众武装的邀击，战线长，人员补给困难，后方空虚，开始陷入困境，便于建炎四年（1130）二月逐步北撤。金兵在北撤途中，在黄天荡被韩世忠率领的宋军围困20余日，虽然最后金人逃脱，但从此金人不敢渡江。建炎四年（1130）三月，金兵在结束侵掠江南的战事后，将用兵重点转向陕西。金兵虽在陕西一度取得进展，但却在绍兴元年（1131）十月进攻和尚原（陕西宝鸡西南，大散关东）时，被南宋陕西诸路都统制吴玠的军队打得大败，被俘杀以万计，金兀术身中两箭，仅以身免，自河东逃归燕京。绍兴三年（1133）金兵又在饶风关遭到吴玠军的邀击，尽弃辎重而去。绍兴四年（1134）二月，金兀术等率10万之众进犯仙人关，再被宋军打败。宋军在西北战场的胜利，有力地打击了金军的侵略气焰，使宋、金军事力量对比渐趋平衡。同年五月，岳飞率军北伐，至七月下旬即收复了襄汉六州。九月二十六日，金及伪齐军队又分道渡过淮河侵入淮东，在扬州西北之大仪镇被韩世忠的宋军打得大败。金兵在淮东失败后，转攻淮西，于十二月八日金、伪齐合兵围攻庐州，被岳飞的军队打退，只得渡淮北返。其实，早在建炎四年（1130）时，宋、金双方力量对比已发生巨大变化，金兀术的部队经过宋军的几次打击，“其徒销折，十存三四，往往扶舁呻吟而归”[①]。至绍兴五年（1135）金、伪齐联军攻宋失败后，更暴露了金军的虚弱，正如金将韩常所说：“今昔事异，昔我强彼弱，今我弱彼强，所幸者南人未知此间事耳！”[②]同年夏，伪齐准备再攻南宋，而这时金国内部农民起义高涨，北方蒙古反抗女真贵族奴役的斗争也蓬勃

① ［宋］宇文懋昭：《钦定重订大金国志》卷七，金太宗天会九年条，《文渊阁四库全书》第383册。

② 《钦定重订大金国志》卷二十七《韩常传》。

兴起，金军自顾不暇，已无力侵宋。于是绍兴六年（1136）十月，伪齐单独签军30万人，分三道入侵南宋。但仅仅数天时间，经过藕塘（在安徽定远东南）之战，伪齐的三路进攻均被南宋军队彻底粉碎。绍兴七年（1137）十一月，金废掉了伪齐政权。绍兴九年（1139），金国发生政变，兀术等掌握了大权。绍兴十年（1140）五月，金熙宗下诏伐宋，企图重新夺回原河南、陕西之地。金兵迅速南下包围顺昌城（安徽阜阳）。六月初九，金兀术指挥步骑10余万，同时出动“铁浮图”“拐子马”夹击宋军，却被刘锜率领的宋军杀得大败，兀术拔营北逃，退往开封。宋军顺昌之捷，粉碎了金军自两淮南下的企图。同年闰六月，岳飞的北伐军进抵河南中部。七月，经过郾城、颍昌两次战役，岳家军大败金兵。金兵打算放弃开封，向河北撤退。自绍兴七年（1137）以来，金朝连年对外用兵，使国内的阶级矛盾和统治阶级的内部矛盾日益尖锐，军事力量已经大大削弱；而南宋军队经过重建，抗金斗争不断取得胜利，原来敌强我弱的状况已基本改观，使金国不敢再发兵南侵。在当时这种形势下，虽然南宋的经济和军事力量还不足以收复北方失地，但至少可以在与金和议时，取得平等的地位，然而宋高宗却一味卑躬屈膝，与金签订了丧权辱国的和约。

二、经济衰退

宋高宗前期，由于战乱和苛重的赋役剥削对生产力的破坏，造成了社会经济的严重衰退。

（一）战乱破坏

战乱对生产力的破坏，主要由金兵南侵时对南宋人民的疯狂烧杀掳掠所造成，同时南宋内部游寇、溃兵的抢劫和骚扰活动，对经济衰退起了火上加油的作用。

建炎二年（1128），当金军进攻洛阳、唐州、邓州、郑州等地时，一路烧杀掳掠，并将许多当地人民掳往黄河以北。经过金兵蹂躏，江北城市基本上成了一片废墟。自建炎三年（1129）冬到建炎四年（1130）春，金军由淮南渡过长江，在深入两浙、江西、湖北、湖南等地期间，所到之处，继续大肆屠杀、焚烧和掳掠，给人民群众的生命和财产带来巨大损失。如建炎四年（1130）正月，金军追赶宋高宗到达明州时，曾在那里搜山检海，放火屠城，甚至在深山穷谷平时人迹罕到之处，也都进行"搜剔杀掠"[①]。金军在明州大肆掳掠后开始撤退，一路继续烧杀掳掠不止。在到临安府后，金军"遂纵火，三日夜烟焰不绝"，又"纵兵大掠"，"以卤掠辎重不可遵陆，乃由苏、秀取塘岸路行"。到平江府，金军"卤掠金帛子女既尽，乃纵火燔城，烟焰见百余里，火五日乃灭"[②]，被杀百姓达数十万之多。历史名城建康府，在经过金军掳掠焚烧后，也"悉为灰烬"。侵入江西的金军曾驻洪州一个多月，"取索金帛宝物，百工技艺之属皆尽"，然后屠城。金军还向抚州、建昌军、袁州、筠州、吉州各地，强令搜刮财物。从江西到湖南的金军，对潭州抢掠屠杀几天后北归。

除了金军对南宋人民的杀掠外，南宋境内的游寇、溃兵也到处抢劫骚扰。所谓"游寇"是一种土匪式的武装，他们有时依靠南宋政权，有时又叛乱，甚至投降金军。自建炎元年（1127）到绍兴五年（1135），南宋境内规模较大的游寇集团共有二十多个，人数多的达十几万，少的也在万人以上。

---

① 《建炎以来系年要录》卷三十一，宋高宗建炎四年二月丙子。
② 《建炎以来系年要录》卷三十一，宋高宗建炎四年二月丙戌、甲申、戊戌。

他们“跨据州县，递相屠掠”[①]。游寇张用集团，自开封经陈州、蔡州南下，占据大别山区，有众数万，抄掠粮食，所至一空。游寇王善集团，从开封南下，活动于淮南一带，沿途劫掠，后降金。王善之余部祝友，粮尽之后，杀人为食。建炎四年（1130），祝友率领人马过江，纵火掳掠。游寇李成集团原是宋军，李成从山东南下，曾任泗州知州。建炎二年（1128）八月，李成入楚州，“纵火焚掠，尽驱强壮为军”[②]，公开叛乱。建炎四年（1130）冬，李成在据有江淮六七州之地后，遣部将马进渡江进犯江西。绍兴元年（1131）马进攻占江州，大肆杀掠。李成也随之渡江入城，杀死城中寓客及州县官二百余人。游寇桑仲集团，建炎四年（1130）有众十余万，宋廷任他为襄、邓、随、郢镇抚使。襄阳一带缺食，桑仲军乃“以人为粮”[③]，襄阳荆南之地，“千里之间，人迹断绝”[④]。游寇曹成、马友、李宏集团，从张用集团分裂而来。他们相互冲突。马友在潭州，派兵下乡收捉百姓，“铲刷金银，每二十人为一串，皆透手心，以索贯之”。而李宏也到处搜刮金银，所至一空。他们不分官民一齐抢劫，弄得百姓“类皆裸露”。[⑤]游寇孔彦舟集团，建炎四年（1130）二月由荆南府南下，直犯澧州、鼎州，并在鼎州大肆屠城，抢劫财物，鼎州城内被杀百姓达十之八九，余下悉黥为兵。同年十一月，孔彦舟到潭州，所过抢劫，弄得“湖外骚然”。后来他又进犯鄂州。当时鄂州大饥，斗米3500钱，民多饿死，他屯兵汉阳，大肆抢劫。

① 《梁溪集》卷一百十七《与秦相公第一书》。
② 《建炎以来系年要录》卷十七，宋高宗建炎二年八月辛未。
③ 《建炎以来系年要录》卷三十六，宋高宗建炎四年八月戊戌。
④ 《建炎以来系年要录》卷四十一，宋高宗绍兴元年正月乙丑。
⑤ 《梁溪集》卷七十二《乞正李宏擅杀马友典刑奏状》。

在金军南侵和游寇骚扰的同时，南宋的溃兵、叛军也常为非作歹，对社会民生造成了极大损害。如，建炎三年（1129）三月，南宋统治集团内部发生了以苗傅、刘正彦为首的兵变。苗、刘叛军窜入福建后，王燮兵叛、建州军乱相继发生，而宋军的围剿也就接踵而来。因当时“料需百出，粮食乏绝”，“斗米千钱”，致使福建路“屋庐储积”焚荡殆尽，残破不堪。农民因此迁徙散亡，耕田者无几。当时的福建是“食日益阙，兵日益众，盗日益多，民日益困”[①]，从而引发了范汝为领导的私盐贩起义。又如，建炎四年（1130）正月，隆祐太后逃到虔州，随行部队的部分将士到市场上讹诈财物，用徽宗时铸造的劣质小钱强买东西，群众不肯收用，认为这是“上皇无道钱”[②]。宋军白昼抢劫，激起民众愤怒。官兵竟“纵火肆掠，虔多竹屋，烟焰亘天”[③]，从而引发以陈新为首的虔州人民武装起义。此外，还有不少南宋官军，在金兵打击下溃不成军，加之粮饷缺乏，退入江南后，大都靠抢劫、敲诈为生，成了打着官军旗号的土匪，甚至官员们也不得不承认：“比年大兵所过，恣为剽掠，有甚于贼。”[④]

宋高宗前期，经过金兵的烧杀掳掠和南宋游寇、溃兵的抢劫骚扰，许多地方人口锐减，农田荒芜，社会混乱，经济一片萧条。如，据宋人庄绰《鸡肋编》卷中记载：“金人乱华，六七年间，山东、京西、淮南等路荆榛千里，斗米至数十千，且不可得。盗贼、官兵以至居民更互相食。人肉之价贱于犬豕。”建炎四年（1130）十一月，汪藻奏曰：“淮南洊金人蹂

① 《高峰文集》卷一《投富枢密（直柔）札子》。
② 《鸡肋编》卷下。
③ 《建炎以来系年要录》卷三十一，宋高宗建炎四年正月丁卯。
④ 《中兴小纪》卷十一，宋高宗绍兴元年十二月丁丑，第141页。

践，且群盗继之，民去本业，十室而九，其不耕之田，千里相望。”[①]绍兴五年（1135），淮东宣抚使司参谋官陈桷又言："濒淮之地，久经兵火，官私废田一目千里。”[②]杭州在宋神宗元丰年间（1078—1085）有人口近20万户，经南宋初年兵火的摧残，户口所剩才十之二三。[③]南宋初浙西7州，经战乱有5个州残破不堪，唯苏、湖2州独存。苏州繁华富庶，号为“金扑满”。建炎三年（1129）底，金兀术屠苏州，城市十室九空。据绍兴二年（1132）工部侍郎李擢说："平江府东南有逃田，湖浸相连，塍岸久废，岁失四万三千余斛。……又郡民之陷虏者，弃田三万六千余顷。”[④]在福建上四州，经过数年战乱，人口也“存者十无二三，乡下无牛无人，田皆荒废”[⑤]。在江西路，因战时人民大批死亡和逃走，生产停滞，“著业之民才三之一，所耕之地亦复如之”[⑥]。湖南、湖北的情况也基本上相似，据绍兴元年（1131）正月监察御史韩璜奏："自江西至湖南，无问郡县与村落，极目灰烬，所至残破，十室九空。询问所以，皆缘金人未到，而溃散之兵先之，金人既去，而逐袭之师继至，官兵盗贼，劫掠一同，城市乡村，搜索殆尽。”[⑦]大臣朱胜非也说："臣自桂岭而来，入衡州界，有屋无人，入潭州界，有屋无壁，入袁州界，则人屋俱无。”[⑧]湖南岳州经过战乱之后，“民户

① 《浮溪集》卷二《论淮南屯田》。
② 《建炎以来系年要录》卷八十七，宋高宗绍兴五年三月辛卯。
③ 《建炎以来系年要录》卷一百七十三，宋高宗绍兴二十六年七月丁巳。
④ 《文献通考》卷五《田赋考五》，第118页。
⑤ 《龟山集》卷二十二《与廖用中书》。
⑥ ［宋］张守:《毗陵集》卷三《措置江西善后札子》，《文渊阁四库全书》第1127册。
⑦ 《建炎以来系年要录》卷四十一，宋高宗绍兴元年正月癸亥。
⑧ 《建炎以来系年要录》卷四十二，宋高宗绍兴元年二月乙酉。

所存百分之一，州城烧毁殆尽，商贾不通，税赋不入，在州只有些小凋残贫民，四围并无城壁，钱粮储积无分文颗粒”①。在湖北、京西一带，南宋初年之战乱破坏了农业，直至宋孝宗初，昔日之“襄汉沃壤，荆棘弥望”②，无人耕种。荆南府原有户口10万，这时“几无人迹”③，荆南、归、峡、荆门、公安5州军16县绝户甚多，无人耕种之荒田多得不可胜计。

（二）赋役苛重

宋高宗前期，朝廷为了进行抗金战争和维持国家机器的运转，需要巨额经费。但是宋金战争严重破坏了生产，致使社会经济衰退，宋廷的巨额财政开支无所从出，于是他们只能去向广大百姓索取，因此当时人民群众所承担的赋役显得空前沉重。

在尚处于农业社会的宋代，国家正税的主要项目首先就是田赋，也即两税，按民户占有土地数量分夏、秋两季征收。承担田赋的是作为主户的地主和自耕农，客户不缴两税。可是，宋高宗前期出现了继宋仁宗、徽宗时期以来两宋土地兼并的第三次高潮。大量农民因战乱而弃地逃亡，又有“民户避役，田土归兼并之家”④，土地高度集中在少数官僚和地主手中，主户减少，客户增多。如，宋神宗熙宁五年（1072）有主户10498869户，占总户数的69.6%，客户4592961户，占总户数的30.4%；宋高宗绍兴四年（1134），有主户11068741户，占总户数的63.85%，客户6266179户，

① ［宋］岳珂：《金陀续编》卷五《再据刘愿申杨幺贼徒结连作过省札》，《文渊阁四库全书》第446册。

② 《宋史》卷三百八十四《汪澈传》，第11815页。

③ 《建炎以来系年要录》卷一百六十七，宋高宗绍兴二十四年十一月甲寅。

④ 《皇宋中兴两朝圣政》卷二十一，宋高宗绍兴七年二月辛酉。

占总户数的36.15%。客户数在总户数中所占比数的上升意味着自耕农所占比数的下降，纳税户的减少。绍兴二年（1132），“郡县之间，官户田居其半”①。绍兴初年，僧徒很多，“道士止万人，僧有二十万人”②，寺院膨胀，占田极多。如明州阿育王山广利禅寺所买之田，可入谷5000石③，估计买田不下2000亩。纳税户已经减少，僧人、道士可不缴税，官僚、大地主们又千方百计勾结官吏逃税漏税，加上大量自耕农因战乱而死亡或逃离，“兵火之后，文籍散亡”，宋廷的两税收入锐减。为了保证有足够的财税收入，宋廷加重了对两税的征收，并在正税外增收各种附加税。绍兴元年（1131），江西、湖南安抚大使朱胜非曾说：“民间之病，正税外科敷烦重。税米一斛有输至五六斛，税钱一缗有输及七八缗者。”④同时，南宋初年征收秋税苗米时，各地临时性加耗普遍。建炎二年（1128）各州加耗有一斛而取五斗的⑤。“江东西、湖南北有至于纳加耗米四石，仅能了常赋米一石者。”⑥信州上饶县原额已增至一倍，又另取斛面米⑦。在收税时，胥吏又勾结兼并之家，“因缘为奸，机巧多端，情伪万状，以有为无，以强吞弱”⑧。官户、形势户兼并土地后大量漏税，而贫下户卖田之后仍“产去税存”。绍兴六年（1136），知平江府章谊说：“民所甚苦者，催科无法，税

① 《皇宋中兴两朝圣政》卷十一，宋高宗绍兴二年正月丁巳。
② 《宋会要辑稿》道释一之三四。
③ ［宋］陆游：《渭南文集》卷十九《明州育王山买田记》，《文渊阁四库全书》第1163册。
④ 《文献通考》卷五《田赋考五》，第116页。
⑤ 《建炎以来系年要录》卷十三，宋高宗建炎二年二月辛酉。
⑥ 《梁溪集》卷六十三《乞减上供数留州县养兵禁加耗以宽民力札子》。
⑦ 《宋史》卷四百三十七《程迥传》，第12951页。
⑧ 《宋会要辑稿》食货六之三六。

役不均，强宗巨室阡陌相望，而多无税之田，使下户为之破产。”[①] 不仅如此，贪官污吏还在收税过程中百般刁难税户，营私舞弊。建炎四年（1130），据右谏议大夫黎确说：“近岁贪吏至与专库分利，凡民户自诣官输纳夏税、和买缣帛等，往往多端沮抑，不堪留滞之苦，则委之揽纳之家而去。民有倍称之出，官受滥恶之物。”[②] 南宋初年，两税空前苛重。建炎三年（1129），广州州学教授林勋在其《本政书》中说：“本朝两税之数，视唐增至七倍。”[③]

宋廷在收税时，又通过折变、支移的办法来变相增加税额。所谓“折变”就是将原定的税物折成其他物品或钱币征收，一般是通过采取高估本色和低估折变物价格的办法来增加实际税收量。南宋初，税物被反复折变的现象相当普遍。绍兴二年（1132），左司谏吴表臣说：“诸州折变有至数倍者。”绍兴六年（1136），右谏议大夫赵霈说：“岳州因版籍不存，不以田亩收税，唯‘以种一石作七亩科敷，而其间所取税物，反复纽折，有至数十倍者’。”[④] 在四川，也因收税“反复纽折，取数务多，致民弃业逃移”[⑤]。所谓“支移”，是由税户将税物无偿地输送到官府指定的地点，常移此输彼，移近输远，这一方面减少了官府的运输费，而另一方面却增加了税户的实际负担。如南宋初，江东路建康府溧阳县支移马草去沿边，“每纳草一束，陪备至有八百文”[⑥]，约为草价十倍以上。

---

① 《宋史》卷一百七十三《食货志上一·农田》，第 4171 页。
② 《文献通考》卷五《田赋考五》，第 120 页。
③ 《宋史》卷一百七十三《食货志上一·农田》，第 4170 页。
④ 《宋会要辑稿》食货九之二六。参看《文献通考》卷五《田赋考五》，第 122 页。
⑤ 《宋史》卷一百七十四《食货志上二·赋税》，第 4224 页。
⑥ ［宋］叶梦得：《石林奏议》卷九《中尚书省相度折纳转运司应副刘锜等军马草状》，《续修四库全书》第 474 册。

南宋采取差雇兼行的役法。百姓除输纳比旧额增十分之三的免役钱外，还要负担比北宋更重的乡役。绍兴二十一年（1151）前，临安府百姓物力钱在30贯以上者，每贯摊征免役钱19文。[①]至于差徭，如“以舟楫为生者，或充纲运，以网罟为业者，则籍为水手”。差徭例及贫民，农村中的第四、五等户“多掘草根而食”[②]。

在收免役钱之外，还在局部地区征收身丁税。绍兴三年（1133）八月，宋廷有诏：“湖南丁米三分之二均取于民田，其一取之于丁口。”[③]绍兴六年（1136），道州一丁出米4斗，脚乘在外。南宋初，宋廷规定两浙丁盐钱“自今第五等以下户，一半依旧折纳〔绢〕等外，余一半只纳钱”[④]。建炎三年（1129）两浙身丁盐钱绢等“岁为绢有二十四万匹，绵一百万两，钱二十万贯”[⑤]。绍兴中，“广东诸州田税不足岁用，自祖宗以来，不问有无田产，常计丁岁纳身米以补常赋”[⑥]。在广西，数岁之小孩即有身丁税，有至死而不与免除者，故民谣曰：“三岁孩儿便识丁，更从阴府役幽魂。”[⑦]江东、福建、两淮、四川地区也有身丁税。身丁税之外仍有力役之征。征收身丁税阻碍了人口的繁殖，“民宁杀子而不愿输，生女者又多不举”[⑧]。

南宋初年，因战时粮食运输十分困难，为了筹钱就近籴粮以保证支

① ［宋］赵善括：《应斋杂著》卷一《免临安丁役奏议》，《文渊阁四库全书》第1159册。
② 《梁溪集》卷八十五《乞蠲免灾伤路分人户四年积欠札子》。
③ 《宋史》卷二十七《高宗纪四》，第506页。
④ 《宋会要辑稿》食货一二之八。《建炎以来朝野杂记》甲集卷十五《身丁钱》。
⑤ 《宋会要辑稿》食货六六之八。
⑥ 《建炎以来系年要录》卷一百五十九，宋高宗绍兴十九年六月癸亥。
⑦ ［宋］罗大经：《鹤林玉露》丙编卷五《广右丁钱》，《文渊阁四库全书》第865册。
⑧ 《文献通考》卷十一《户口考二》，第306页。

发官俸、军饷，宋廷决定征收和调用折帛钱和月桩钱。折帛钱源自建炎三年（1129）两浙转运副使王琮的建议，他说："本路上供、和买、夏税绸绢，岁为匹一百一十七万七千八百，每匹折输钱二千，以助国用。"[①]"诏许之，东南折帛钱自此始。"绍兴二年（1132）户部请"以诸路上供丝、帛并半折钱如两浙例，江、淮、闽、广、荆湖折帛钱自此始"[②]。和买绸绢本来官府应付钱，改为折帛钱却令民户无偿缴钱，等于另增赋税。绍兴三年（1133），起初洪州折帛钱每匹增为三千。绍兴四年（1134）户部又定为每匹折六千。至绍兴九年（1139）、绍兴十七年（1147），"每匹十千或八千"[③]。据《文献通考·征榷考六》记载："月桩钱，始于绍兴二年也。时韩世忠驻军建康，宰相吕颐浩、朱胜非共议，令江东漕臣月桩发大军钱十万缗，以朝廷上供、经制及漕司移用等钱应办。当时漕司不量州、军之力，一例均抛，既有偏重之弊，又于本司移用钱不肯取拨，止取于朝廷窠名，曾不能给十之二三。于是州县横敛，铢积丝累，仅能充数，一月未毕，而后月之期已逼，江东、西之害尤甚。"除江东之外，两浙、湖南也有月桩钱。月桩钱岁额400万缗上下[④]，数量不小。四川的折估钱也是一种供应军用的财赋名，其主要来源于增收盐茶酒榷利收入、增发钱引、征收地方性杂税。建炎四年（1130）四川还按户等输纳"两川激赏绢"，以助军费，每年33万余匹。另外，南宋初年还征收版账钱，这是一种"凿空取办"的无名之

① 《宋史》卷一百七十五《食货志上三·布帛》，第4236页。《文献通考·市籴考一》记为一百一十七万匹。
② 《宋史》卷一百七十五《食货志上三·布帛》，第4237页。
③ 《皇宋中兴两朝圣政》卷二十五。
④ 《建炎以来朝野杂记》甲集卷十五《月桩钱》。

敛，多为非法妄取。

南宋初年，对人民危害较重的是经总制钱，它是经制钱、总制钱的合称。经制钱原是北宋末年为筹措镇压方腊起义经费而征收的一种临时税，靖康初罢，南宋初因军费需要而逐步恢复：建炎二年（1128）始令征收钞旁定帖钱；三年冬，又增权添酒钱、量添卖糟钱、增添田宅牙税钱、官员等请给头子钱、楼店务添收三分房钱；绍兴元年（1131）又将无额上供钱二项附入。经制钱大部分收入都属于附加税性质。总制钱始征于绍兴五年（1135），系从经制钱分离出来。当时首先令各州、军增收头子钱，不久又先后征收耆户长佣钱等二十余项，合称总制钱。绍兴十六年（1146），各州委通判专管经总制钱，年收入达1725万贯，占当时南宋全部税钱的四分之一。①

南宋政权建立之初，为应付军费开支，还加强对盐、茶、酒榷利的征收。还在宋高宗初为兵马大元帅时，就多靠发行盐钞以济不足。建炎元年（1127），“时在京榷货务鬻盐钞、茶引道涂未通。发运司梁扬祖请于真州置司。诏扬祖兼领其事。于是岁入六百万缗”②。建炎三年（1129），总领四川财赋赵开改变茶法，蜀茶引几经涨价，榷利曾达岁入200万贯（铁钱）。因宋廷以各地卖茶引数考课官吏，于是官吏勾结商人强令百姓买茶或将茶引配卖于民，使茶利成为一种变相的苛捐杂税。同年，赵开还大变酒法，加强榷酒，从成都开始，一再提高酒价，于是东南各路之酒价也日益上涨。又东南诸路各级官府与军队纷纷酿造酒、曲出卖取利，荆南、江西路袁州

① 《宋会要辑稿》食货六四之九九。
② 《中兴小纪》卷一。《建炎以来系年要录》卷二。《皇宋中兴两朝圣政》卷一。

以曲引钱取财于民，危害百姓。

宋高宗前期，因田赋收入锐减，商税征收便大大加重。增加商税的办法首先是多次修订商税则例，将崇宁商税则例“十年一易”改为半年一次。如绍兴六年（1136）八月三十日，曾诏令两浙、江西都转运、诸路转运司再次修改商税则例，使商税征收数额随着当时物价的上涨而相应增加。增加商税的另一种办法是各路增设税务，并置专栏收检，以加强对过税的征收。绍兴九年（1139），大臣陈渊上奏，说从衢州至临安三百多里路程，“应税者凡七处，使其每处止于三十而税一，不为多矣”①，然而到临安时已税三十之七，税率已近四分之一。建炎年间（1127—1130），宋廷既收商业行户免行钱，又要行户无偿供应物资。绍兴元年（1131），宋廷废罢了免行钱，绍兴十一年（1141）又下令恢复，而且“既兼收贫弱下户，复连及乡村下店”②，有的店铺因此倒闭，有的迁往他乡。至于在对外贸易方面，市舶抽解率也比前高。北宋神宗熙宁初，市舶抽解十五取一，徽宗时十取其一，高宗绍兴六年（1136）前，“犀、象十分抽二分，真珠十分抽一分，又博买六分”③。绍兴十四年（1144）曾一度抽解四分，引起番商不满。

宋高宗前期，官府对手工业者的剥削也有所加重。在坑冶业，绍兴七年（1137）虽然恢复了北宋熙宁年间（1068—1077）采冶业的二八抽分制，但实际上并未按此制度分配产品。如建宁松溪县瑞应场，“碎银每五十三两为一包，与坑户三七分之，官收三分，坑户得七分；铅从官卖，又纳税钱，

---

① ［宋］陈渊：《默堂集》卷十二《十二月上殿札子》，《文渊阁四库全书》第1139册。

② 《宋会要辑稿》食货六四之六六。

③ 《萍洲可谈》卷二。

不啻半数”[①]。又如处州龙泉县石堰、季湖两铜坑，“银以十分为率，六分给官，四分给业主”；“库山等四处铜坑……纳铜四斤，请官银一两”；“所有坑户收到铅货，以十分为率，二分纳官，八分给坑匠……每斤支钱二百文收买”。[②]因官府收购价总是低于市场价，致使冶户“利入甚鲜”。在军工作坊，官府则加强了对工匠雇值的克扣。绍兴二年（1132）御前军器所给工匠和充杂役兵卒的月粮是：“下等工匠每月粮二石，添支钱八百文，每日食钱一百二十文，春冬衣依借支例”；对新拨到的“杂役兵匠别立一等，每日食钱一百文，月粮一石七斗”。[③]绍兴四年（1134）户部裁减了万全作坊杂役的月给，“米五斗五升，每日不及二升，麦四斗八升，每斗折钱二百，日支食钱一百，委是赡养不足”，致使杂役“尽皆逃遁”。[④]

宋高宗前期，百姓负担特重的是官府的和籴、和预买及各种科率。在宋代，凡上级官府向下级官府或百姓责取某种所需物资或劳役，统称“科率”，又称“科配”“科敷”。科率中最主要的科籴，常被称为“和籴”。官府向民间“和籴”粮食本应付钱，但实际上因籴本无出，多为强取。绍兴元年（1131），江西、湖南安抚大使朱胜非说：“和籴与正税等，而未尝支钱。”[⑤]时人王珪也说：“和籴上供米，实无价钱，湖北一路皆然。”[⑥]浙西以均籴、借籴为名，“不支籴钱，强令输粟”[⑦]。江西路实行带籴，“每正苗一石，

① 《云麓漫抄》卷二。
② 《宋会要辑稿》食货四三之一六八。
③ 《宋会要辑稿》职官一六之四至五。
④ 《文献通考》卷一百五十四《兵考六》，第 4612 页。
⑤ 《文献通考》卷五《田赋考五》，第 116 页。
⑥ ［宋］王炎：《双溪类稿》卷二十《上刘岳州》，《文渊阁四库全书》第 1155 册。
⑦ 《建炎以来系年要录》卷四十九，宋高宗绍兴元年十一月乙巳。

带籴二斗”[①]。南宋初，广南西路自“祖宗以来随苗和籴”[②]。四川科籴虽多少支价，然而科籴数额大增，“官虽支籴钱，民不得半价”[③]。又“四川有对籴米，谓如税户甲家当输百石，则又科籴百石，所输倍正税，皆军兴后科配也”[④]。在缴纳和籴米时，民户还要受揽户的中间剥削。如绍兴五年（1135），湖州和籴米，官给价钱每斗300文，揽户又从中每斗取钱300文。“和籴”之外，还有“和预买”绸绢、丝、绵、布等。南宋初，因军费浩大无所从出，故和预买支付价钱已成空文。官府和预买既不支价，又与夏绢一起征收，并与夏税绢按同一比例折征钱，也就是折帛钱，于是和预买与折帛钱逐渐合一，完全变成了税外之税，“名为预买，其实白着”[⑤]。其他科率名目繁多，不能一一详述，只能列举一二。高宗前期，由于战争的原因，科率中最主要的项目除了科籴外，要算科买军需物资。如绍兴十年（1140）前后，科买“牛皮至十余万张，郡邑往往杀牛以应命”[⑥]。福州“一年买发五百七十余万”支箭杆。[⑦]抚州一次要收箭杆200万、翎毛100余万。不出产这些物资的州县，农民要出10倍价钱去收买。农民弄不到翎毛，有被县官活活处死的。官府科买军需物资，因州县无钱可支，所出价钱多低于市价，甚至白敛于民。此外，还有福建科买白银上供，“取于民户者，则以盐折之，而仅偿取半价。拘催督迫，铢两毕输，器物钗珥，杂然并陈，受纳之际，

① 《梁溪集》卷一百六《申省应副张龙图米等状》。
② 《建炎以来系年要录》卷一百六十五，宋高宗绍兴二十年九月辛亥。
③ 《宋史》卷三百八十七《汪应辰传》，第11880页。
④ 《文献通考》卷二十一《市籴考二》，第635页。
⑤ 《建炎以来系年要录》卷一百二十七，宋高宗绍兴九年三月戊子。
⑥ 《建炎以来系年要录》卷一百三十八，宋高宗绍兴十年十一月甲子。
⑦ 《毗陵集》卷一《乞裁损买翎毛札子》。

恻然可哀"[①]。还有科买修城木料，不可胜数。科率也包括科差徭役，如夺民船差充纲运，将渔民籍为水手等等，不一而足。

高宗前期，尽管宋廷多方增收赋税，但仍不足以应付财政开支，于是建炎四年（1130）五月采纳江浙制置司随军转运刘濛的建议，"于民间预借秋科苗米"[②]。所谓"预借"，实际上是提前征收来年之赋，是寅吃卯粮。绍兴二年（1132）有臣僚上言："一遇军兴，事事责办；有不足者，预借来年之赋；又不足者，预借后年之赋。虽名曰'和'，乃强取之；虽名曰'借'，其实夺之。"[③]而且预借又与和买、折变结合起来，更加重了百姓的负担。如绍兴五年（1135）十一月诏曰："预借民户和买绸绢二分，止令输见缗，毋得抑纳金银，除头子钱外，每千收縻费钱毋得过十文。"[④]"和买"本来就不付钱，今又提前白取，还要另加头子钱、縻费钱。绍兴六年（1136）八月，又"预借江浙民户来年夏税绸绢之半"，并令每匹折米二石。[⑤]不但提前征收夏税绸绢，而且还要高估折米，可见剥削之苛重。

南宋初官府对百姓征税之重，正如汪藻所说："古者以暴赋横敛为非，尚有赋敛之名，今则直夺而已耳！古者以收大半之赋为非，尚有其半也，今则直尽而已。"[⑥]

---

① 《南涧甲乙稿》卷十《上周侍御札子》。
② 《文献通考》卷五《田赋考五》，第 121 页。
③ 《建炎以来系年要录》卷五十四，宋高宗绍兴二年五月丙戌。
④ 《建炎以来系年要录》卷九十五，宋高宗绍兴五年十一月丁酉。
⑤ 《建炎以来系年要录》卷一百四，宋高宗绍兴六年八月己未。《宋会要辑稿》食货九之三。
⑥ 《浮溪集》卷一《行在越州条其时政》。

（三）经济衰退

高宗前期，战乱的破坏和赋役的苛重严重地摧残了社会生产力，必然会使当时的经济出现明显的衰退。

首先是战乱和重赋使人口大量死亡和流徙，以致土地抛荒，农业生产停滞。“建炎以来，内外用兵，所在多逃绝之田。”[①]战乱之后，所在残破，十室九空，民去本业，土地荒芜。农业生产衰退，粮食奇缺，淮南地区“斗米至数十千”，福建地区也“斗米千钱”。大量被抛弃的无主农田，被没收成为官田。为了恢复生产，官府千方百计招集流亡外地的农民回乡耕种。但因公私地租都很重，流民多不愿回来复业。绍兴初，据屯田郎中樊宾说：“荆湖、江南与两浙膏腴之田，弥亘数千里，无人可耕，则地有遗利。”[②]因此，早在绍兴元年（1131）宋廷就派樊宾筹建营田司，将没收的无主荒田改为官府的营田。同时，还有屯田、官庄的建置，召人佃种。流民虽然“各思复业，而形势户侵夺地界，不许耕凿”[③]。农民没有自己的土地，只得佃种私人地主的土地，而租额很高。农民佃种官田，贪官污吏“虐用其民，诛求过数”[④]，“公租额重而纳重，则佃不堪命。州县胥吏与仓庾百执事之人，皆得为侵渔之道于耕者也”[⑤]。绍兴元年（1131）以后，两淮、大江南北都建有营田，但大多无实效，反而成为一种害民的制度。如荆门军营田，“追集税户，以物力多寡，勒令认租，谓之附种营田，至两年一替，

① 《宋史》卷一百七十三《食货志上一·农田》，第 4170 页。
② 《文献通考》卷七《田赋考七》，第 170 页。
③ 《宋会要辑稿》刑法三之四八。
④ 《文献通考》卷十一《户口考二》，第 306 页。
⑤ 《宋史》卷一百七十三《食货志上一·农田》，第 4182 页。

供纠本乡未曾附种之户轮次认纳。吏缘为奸，转更教令纠抉善良，每一户替免，至于追逮五、七户，纷拿推托，贿赂公行，源源不绝，举县咸被其扰”①。这完全是一种变相的强制性劳役地租。又如，淮南营田初建时，“佃客不可遽召，则多劝诱而多取之于民；田器不可立办，则多和买而取之于民”，此外还要“借其力以耕”。②这种营田“附种”制度，强迫官庄附近百里之民皆应籍赴庄耕耨，以致使“已业荒废”③。由于官租太重，流民害怕，多不敢回乡复业，直至宋孝宗乾道七年（1171）这种情况仍未改变。据知扬州晁公武说：“朝廷以沿淮荒残，未行租税，民复业与创户者，虽阡陌相望，惧后来税重，闻之官者十才见一二。”④客户和贫下农民不仅要承担沉重的公私地租，还要缴纳牛租。因战争时期，耕牛多被掳杀，耕牛锐减，牛价激剧上涨，客户和贫下农民无力买牛，于是租赁耕牛的风气便广泛发展起来。绍兴五年（1135），“诸路营田司官给种粮者，每一耕牛岁课毋得过十斛”⑤。绍兴六年（1136）江东西没官闲田的每年地租上田 1.5 斗、中田 1 斗、下田 0.7 斗⑥，而营田一年牛租却要 10 斛，可见牛租之重。绍兴初年，岳飞曾将镇压扫平了一些散兵游寇后所得的耕牛租给当地缺牛民户。后来岳飞已死，“牛亦无存，而民犹出旧租，其害可知”⑦。此外，高宗前期

① ［宋］洪适：《盘洲文集》卷四十九《荆门军奏便民五事状》，《文渊阁四库全书》第 1158 册。
② ［宋］王之道：《相山集》卷二十一《乞赏营田官吏之不扰者而罚其扰者》，《文渊阁四库全书》第 1332 册。
③ 《皇宋中兴两朝圣政》卷二十六，宋高宗绍兴十年十一月甲子记事。
④ 《文献通考》卷五《田赋考五》，第 117 页。
⑤ 《皇宋中兴两朝圣政》卷十七。《宋会要辑稿》食货二之一四。
⑥ 《宋会要辑稿》食货一之三六。
⑦ ［宋］薛季宣：《浪语集》卷十六《召对札子》，《文渊阁四库全书》第 1159 册。

农业生产的衰退还表现在水利失修方面。战争时期，农民大批逃亡，水利工程也随之废弛。如，眉州通济堰，原灌溉蜀州新津及眉州的眉、彭三县田 34 万亩，建炎年间（1127—1130）因战乱无人管理而坏掉，结果使当地“陇亩弥望，尽为荒野”[①]。同时，军队和各地豪强地主还围湖造田，严重破坏了水道系统，人为造成了水旱灾害。如，绍兴年间（1131—1162），濒太湖之地，多为军队兵卒侵占为田，称为“坝田”。而各州的豪宗大姓，则于“平时潴水之处，坚筑塍岸”[②]，“于濒湖陂荡，多占为田，名曰塘田”[③]，几乎无法遏止。这种围湖造田的情况，“豪宗大姓，相继迭出，广包强占，无岁无之”[④]。其中，明州、越州围湖造田破坏水利的情况尤为突出。为此，绍兴五年（1135）二月，宝文阁待制李光上奏道：“明、越之境，皆有陂湖，大抵湖高于田，田又高于江、海。旱则放湖水溉田，涝则决田水入海，故不为灾。本朝庆历、嘉祐间，始有盗湖为田者，三司使切责漕臣甚严。政和以来，创为应奉，始废湖为田。自是两州之民，岁被水旱之患。壬子岁（绍兴二年），尝取会稽余姚、上虞两邑利害，自废湖以来，每县所得租课不过数千斛，而所失民田常赋，动千万计。遂先罢两邑湖田。其会稽之鉴湖、鄞县之广德湖、萧山之湘湖等处尚多，望诏漕臣访问，应明、越湖田尽行废罢，其江东、西圩田，苏、秀围田，并遍下诸路监司守令条上。”[⑤]围湖造田收获不多，而其造成水旱之灾使被毁民田损失极多，实是得不偿

① 《建炎以来系年要录》卷一百五十四，宋高宗绍兴十五年岁末。
② 《宋会要辑稿》食货六一之一一八。
③ 《宋会要辑稿》食货六一之一二七。
④ ［宋］卫泾：《后乐集》卷十三《又论围田札子》，《文渊阁四库全书》第 1169 册。
⑤ 《文献通考》卷六《田赋考六》，第 148 页。

失。由于南宋初农业生产的严重衰退，粮食奇缺，粮价暴涨，福建路“斗米千钱”，江浙等路“米价翔踊，每斗一贯至二贯”[①]，淮南等路“斗米至数十千”。

其次，战乱和重赋使城市被毁、交通不畅，商业显得十分萧条。南宋初年，经过金兵的烧杀掳掠，江北城市基本上已成为一片废墟；江南的许多大城市也都被破坏，明州、杭州、苏州、建康、岳州等著名商业城市“悉为灰烬”，昔日的繁华景象已不复存在。战争时期，交通运输十分困难。建炎元年（1127），“在京榷货物，鬻盐钞茶引，而道涂未通”[②]，从而影响了盐、茶的买卖和宋廷的财政收入。军饷经费的输送也未能及时到达。绍兴元年（1131），“有司因婺州屯兵，请桩办合用钱，而路不通舟，钱重难致”[③]。漕运情况尤为糟糕，致使朝廷和官府所需的钱粮及各种物资未能得到及时供应。造成这种情况的主要原因是：当时官府自造之漕船不足，“所用舟船大半取办于民间”，船民“往往凿船沉江，以避其役”。[④]民间也有为躲雇舟差夫“自毁其舟、自废其田者”[⑤]。对防守西北地区吴玠军的粮饷供应更为困难。“绍兴四年，川陕宣抚吴玠调两川夫运米十五万斛至利州，率四十余千致一斛，饥病相仍，道死者众。漕臣赵开听民以粟输内郡，募舟挽之，人以为便。然嘉陵江险，滩碛相望，夏苦涨流，冬阻浅涩，终岁

① ［宋］周应合：《景定建康志》卷四十八《吕颐浩传》，《文渊阁四库全书》第488—489册。
② 《中兴小纪》卷一，第9页。
③ 《宋史》卷一百八十一《食货志下三·会子》，第4406页。
④ 《建炎以来系年要录》卷九十五，宋高宗绍兴五年十一月乙未。
⑤ 《宋史》卷一百七十五《食货志上三·漕运》，第4260页。

之运，殆莫能给。”[①] 城市被毁，交通不畅，加上商税苛重，商业必然萧条。如绍兴中，岳州“累经金人巨寇蹂践，民户所存百分之一，州城烧毁殆尽，商贾不通”。南宋初年，宋廷为加强商税征收，除征税拦头之外，又配之以士兵等，管理混乱，为害更甚。绍兴十年（1140），甚至宋高宗也说：“比闻州县多创税务，因此商旅不行，所在货少，为公私之害。”[②] 商业的不景气，使南宋官府的市易务活动也难以为继。自宋神宗以来，市易务的职责不仅是从事官营商业的商品买卖，还包括开展商业金融的借贷活动。哲宗元祐中市易务曾被废止，绍圣四年（1097）重行，徽宗崇宁中尤盛。至南宋高宗建炎二年（1128）又罢。绍兴三年（1133）复行。稍后宰相张浚立都督行府，令户部于各交通要道设市易务多个，并详立赏罚条例，企图通过市易务来赚钱以资补军费之不足。但是，由于整个商品经济的下滑，市易务经营亏本，得不偿费，至绍兴七年（1137）终于罢去诸路市易务，从此不见有关市易法的记载。

宋高宗前期，金兵入侵对各地手工业匠人的大肆杀掠，严重摧残了南宋境内的手工业。金兵在攻陷开封、洛阳、邓州、扬州、建康、苏州、杭州、洪州等城市后，除了烧杀抢劫外，都要把百工匠人连同金银宝货一起掳掠北去。如开封的后苑造作所、文思院、修内司、将作监等官府手工业部门的技术工人，被金兵俘掳北去的即有数千人。金兵驻洪州一个多月，“取索金帛宝物百工技艺之属皆尽”。其他城市的情况基本相同。

在南宋初年，手工业各部门中矿冶业的衰弱表现得特别突出。宋代的

---

① 《文献通考》卷五十二《国用考二》，第 750 页。

② 《中兴小纪》卷二十八，第 327 页。

铜铁铅锡生产，“闽、蜀、湘、广、江、淮、浙路皆有之”，自“渡江后，其数日减”。[①] 徽宗崇宁年间（1102—1106），铜铁铅锡的矿课年收入共计约有 13194233 斤，南宋初年，“铜铁铅锡之入，视旧才二十之一，所铸钱视旧亦才二十之一尔”[②]。南宋初年金属产量之所以大减，除了矿藏资源枯竭和战乱破坏的直接原因之外，还与矿冶业中生产关系的倒退有着极大关系。当时的官府未能严格遵守神宗熙丰以来矿产课税的二八抽分制，强迫坑冶户认纳高课，而且还不按时支偿坑冶户卖给官方产品的价钱，从而大大挫伤了坑冶户的生产热情，甚至使其难以维持生计，不得不逃亡他乡。同时，由于战乱期间社会的不安定，即使身处于深山僻野的坑冶户的财产和人身安全也常受威胁，加上当时物价普遍上涨，坑冶业的开采冶炼成本提高，利润减少，许多坑冶因此而被废弃。如，著名的广东韶州岑水场铜矿，“方其盛时，场所居民至八九千家，自建炎以来，湖湘多盗，浸淫及于芙韶，焚掠死徙，无有宁存。今所存坑户，不能满百，利入甚鲜，饥寒切身，无由尽力为国兴利”[③]。又如，江东信州铅山的铜矿本是宋代重要的铜产地，在南宋初年也遭到了破坏，直至绍兴十二年（1142），其开采量与北宋时比较，“十无一二”[④]。因官府收购价太低，十多万人散往他乡谋生，官府兵匠只有 400 人，每年炼铜仅八到九万斤。金银矿的开采很少，矿坑大部分停闭。绍兴七年（1137），宋廷下诏令百姓自采，自备物料，官收二分，但结果因民间得不偿本，官府又多责取于民，生产经营效果不好。湖南郴

---

① 《建炎以来朝野杂记》甲集卷十六《铜铁铅锡坑冶》。
② 《宋会要辑稿》食货一一之一。
③ ［宋］洪迈：《洪文敏公文集》卷四《论岑水场事宜札子》，北京大学藏清抄本。
④ 《宋会要辑稿》食货三四之二七。

州地产锡、铁，建炎后矿坑废弛，官府怕失业农民在此聚集闹事，长期不许开矿。由于铜、铁、铅、锡等金属产量的激剧下降，铸钱原料不足，则使大批铸钱监停废，铸钱业也相应萎缩。徽宗大观年间（1107—1110）岁铸铜钱 289.04 万贯①，高宗绍兴元年（1131）岁铸铜钱仅 8 万贯，次年也只有 12 万贯。②

宋高宗前期，军器制造业的生产力也有所削弱。宋神宗以后，兵器制造业属于军器监和御前军器所，曾有工匠 8700 人之多，还不包括各州的军匠在内。南渡后，军器制造业迁到临安，工匠只剩有 4500 人，这是因为原有的工匠，除被金兵俘去一部分外，在南迁过程中又逃亡很多。宋廷虽下令出首，并广为招收东西作坊兵匠子弟年十五岁以上、三十岁以下能造作的人进行填补，但仍恢复不到原有的人数。在当时宋金战争十分激烈的情况下，这不能不影响到抗金斗争对军器的需要。

南宋初年，食盐生产也不景气。官府拖欠、克扣制盐亭户盐本的现象在北宋时期就一直存在，到南宋初因战争军费紧张，拖欠、克扣盐本情况更为严重。亭户贫困，手中无钱做本，使食盐再生产难以为继，迫使亭户私卖食盐；生产破坏，私盐盛行，又导致官府发行的盐钞不行，盐本来源枯竭。这种恶性循环的结果，不仅使盐民处于水深火热之中，又使国家的榷盐收入受损。

此外，南宋初年造船业的衰落，致使漕运发生了困难。漕船皆由官府自造。造船业之所以衰落，主要原因在于负责造船的官吏渎职不作为，并

① 《宋会要辑稿》食货一一之一。《建炎以来朝野杂记》甲集卷十六《东南诸路铸钱增损兴废本末》。

② 《文献通考》卷九《钱币考二》，第 243 页。

常将造船经费和人力挪作他用。南宋初，温、明、虔、吉等州的造船场，“官吏具在，皆坐食廪禄，略不举职。盖缘逐州近将合支钱物、材料、工匠，转易他用”[①]。

三、财政困难

北宋被金兵灭亡后，南宋版图不及北宋的三分之二，财赋来源明显减少。虽然南宋初期官府通过各种苛捐杂税加强对百姓的征收，财政收入总量仍相当可观，但因抗金战争时期军费开支的浩大以及南宋政权的各项日常经费所能减省的不多，故宋高宗前期的财政状况仍不免处于入不敷出的困境，而百姓更是苦难深重。这正如当时人庄绰所说：“时天下州郡没于胡虏，据于僭伪，四川自供给军，淮南、江、湖荒残盗贼。朝廷所仰，惟二浙、闽、广、江南，才平时五分之一，兵费反逾前日。此民之所以重困，而官吏多不请俸，或倚阁，人有饥寒之叹也。”[②]有关宋高宗前期各项财政收支史无完整统计数据，现只能择要叙述，以说明当时财政困难之基本状况。

（一）收入减少

宋高宗前期的国家财政收入来源依旧是以下几个方面：田赋、代役税与人丁税，禁榷收入，工商税、官工商业及官田收入，科率、和预买绢、卖官鬻牒及隶于经总制钱的杂收入等。

宋高宗前期的田赋收入明显减少。田赋收入减少的主要原因，除了战

① 《建炎以来系年要录》卷九十五，宋高宗绍兴五年十一月乙未。
② 《鸡肋编》卷中，第 76 页。

乱破坏、农民大批弃田逃亡、税籍散失之外，还由于官户形势户疯狂兼并土地和大规模瞒田漏税所致。如，鄂州地方因田亩数不实，赋入“比之昔日税赋十分未及一分”[①]。淮南前沿往往不再征两税，改征课子，“每亩不过五升”[②]，其数额也低于原两税数额。同时，宋徽宗政和年间（1111—1117）应奉司废湖为田酿成水灾，也是两税征收减少的原因之一。据绍兴二年（1132）统计，仅余姚、上虞两县自废湖为田以来每县所得租课仅数千斛，所失民田常赋动以万计。另外，官有的沙田芦场“为人冒占，所失官课至多”[③]。宋神宗熙宁十年（1077）两税年收入为5201.1029万贯石匹斤两团领条角竿等，其中粮米为1788.1257万石。[④]南宋初年，虽官府竭力向农民搜刮，两税收入仍大大减少，直至宋孝宗乾道八年（1172）两税年收入中苗米也仅有600万石[⑤]，相当于熙宁十年（1077）时苗米收入的三分之一，建炎、绍兴间的两税苗米收入估计应更少。

两税收入减少，有的地区便通过征收身丁钱来弥补财政收入之不足。身丁钱虽然只在局部地区征收，各地征收情况也各有不同，而且时有变化，但它作为一种落后的人口税，既增加了贫下百姓的经济负担，阻碍了人口的繁殖，也不能改变地方官府的财政困局。

官户与豪强地主隐漏田赋是北宋中期以来长期存在和难以解决的问题，因此，随着两税的减收，宋廷对盐、茶、酒、香、矾等的禁榷收入便

① 《应斋杂著》卷一《上尚书省札子》。
② 《宋会要辑稿》食货七〇之三七、三八。
③ 《宋会要辑稿》食货一之三九。
④ 《文献通考》卷四《田赋考四》，第103页。
⑤ 《宋史》卷一百七十六《食货志上四·常平义仓》，第4290页。

日益成为国家财政收入中的重要部分。南宋小朝廷建立之初，行踪未定，各项经费无所从出，因此，“南渡立国，专仰盐钞”[①]。建炎元年（1127）宋廷在真州置东南茶盐司，“于是岁入六百万贯”[②]。绍兴二年（1132）秋，四川开始变盐法，其后岁输课利由原80万缗递增至400余万缗。[③]南宋初年，福建盐实行官卖法，宋廷令福建岁输盐钞钱15万贯；[④]建炎四年（1130）罢钞法后，增为20万贯。[⑤]又，北宋末年，淮盐息钱岁入1500万贯[⑥]。绍兴初年，淮盐息钱岁入为35万贯[⑦]，至绍兴九年（1139），“盐课岁入一千三百余万缗，而淮东为七百七十余万缗”[⑧]。宋高宗前期盐课收入虽然未能超过北宋，但其辖区版图远小于北宋，能收到几近北宋末年的盐利已很不容易。高宗前期之盐课增长，主要是靠官盐的贱买贵卖和不断提高盐价来实现的。如，绍兴三年（1133），广东盐的收购价每斤自7文增至12文、正盐14文、浮盐17文；[⑨]而同年两广盐的售价为每斤47文，南雄等州100文，广州80~90文，昭、贺等州110~120文，桂州170~180文。[⑩]又如，绍兴八年（1138），福州盐的收购价每斤17文；[⑪]而同年福建

① 《宋史》卷一百八十二《食货志下四·盐中》，第4456页。
② 《中兴小纪》卷一，第9页。
③ 《建炎以来朝野杂记》甲集卷十四《蜀盐》。
④ 《建炎以来系年要录》卷六十九，宋高宗绍兴三年十月己亥。
⑤ 《宋会要辑稿》食货二五之三六。
⑥ 《宋会要辑稿》食货二六之八。
⑦ 《建炎以来朝野杂记》甲集卷十四《总论国朝盐策》。
⑧ 《建炎以来系年要录》卷一百八十二，宋高宗绍兴九年五月乙未。
⑨ 《宋会要辑稿》食货二六之一一。
⑩ 《宋会要辑稿》食货二六之一六。
⑪ 《宋会要辑稿》食货二五之七。《建炎以来系年要录》卷一百二十三，宋高宗绍兴八年十月癸巳。

盐官售价为每斤 100 文。[①] 同时，官府还以不断提高盐钞的价格来增加收入。如以东南盐钞价格变动为例：宋徽宗政和三年（1113）裁定每袋（300 斤）“价以十千”，宣和二年（1120）“增为十三千”；[②] 宋高宗建炎初，每袋“输钞钱十八千”，绍兴二年（1132），“诏淮、浙盐每商人每袋贴纳通货钱三千”，绍兴四年（1134），又“诏淮、浙盐每袋增贴纳钱三贯文”[③]。宋高宗前期，宋廷的茶、酒榷卖收入也有增长。建炎二年（1128）赵开在四川变茶法，罢官买官卖，行合同引法，蜀茶课利大增，建炎四年（1130）冬“茶引收息钱凡一百七十余万缗”[④]，超过宋神宗元丰五年（1082）后的 100 万贯。东南地区宋徽宗政和二年（1112）行茶引法，收茶利 400 余万贯，高宗绍兴元年（1131）以后行茶引法，收茶利 240 万贯。[⑤] 东南榷茶收入主要依靠向百姓抑配茶及茶引，并不断提高茶引价格，从而使茶商亏本，茶的走私贩运盛行，乃至引发茶农武装起义。榷酒增收几乎全靠增添酒价来实现。建炎三年（1129）赵开在四川改变酒制，推行隔槽法，即要酿酒户拿米至官府设置的隔槽去自酿，“凡一石米输钱三十，并头子、杂用等二十二”[⑥]。因收费很高，变法后，四川酒课大幅度增加，绍兴元年（1131），岁课增至 14.6 万余缗。各地官府也一再提高酒价。如，建炎四年（1130）十一月十二日，上等酒每升“添钱二十四文足，下等每升添钱一十八文足”[⑦]；

---

① 《宋会要辑稿》食货二五之三七。

② 《宋史》卷一百八十二《食货志下四・盐中》，第 4450—4451 页。

③ 《文献通考》卷十六《征榷考三》，第 468 页。

④ 《名臣碑传琬琰之集》卷三十二，李焘《赵待制开墓志铭》。

⑤ ［宋］汪应辰：《文定集》卷二《应诏陈言兵食事宜》，《文渊阁四库全书》第 1138 册。

⑥ 《名臣碑传琬琰之集》卷三十二，李焘《赵待制开墓志铭》。

⑦ 《宋会要辑稿》食货二〇之一四。

绍兴元年（1131）五月六日，宋廷又“令诸州军卖酒亏折本钱，随宜增价”；同年十二月十八日，“令添酒钱每升上色二十文，下色十文”；绍兴三年（1133）四月八日，“令煮酒量添三十文”；绍兴五年（1135）六月五日，“今州县见卖酒务，不以上下，每升各增五文”；绍兴六年（1136）二月二十二日，“令卖煮酒权增升十文”；绍兴八年（1138）六月十日，“令两浙诸路煮酒增添十文足，并腊蒸酒增添五文足”；绍兴九年（1139）七月二十九日，“以都督府申请，权添煮酒一十文”。[①] 此外，各级官府和军队为筹集经费，也纷纷造酒、曲卖钱取利，所谓回易库、赡军酒库到处皆是，酒务因此大大增加。至于香矾杂收也即榷矾和市舶抽解和买收入，绍兴六年（1136）共一百二三十万贯[②]，约占南宋初年财政总收入的百分之十，其中市舶收入约占百分之四五。泉州自建炎二年（1128）至绍兴四年（1134）市舶司共收息 98 万贯。

宋高宗前期的商税岁入未见记载。从官府广张商税网和不断修订商税则例的行动看来，其收入总量也许不会太少。但是，由于当时战争的破坏，商业受到摧残，生产严重衰退，物价空前高涨，尽管官府横征暴敛，其商税岁入的总量估计不会超过北宋，对国家财计的助益也非昔日可比。同时，从绍兴七年（1137）宋廷因得不偿失而最后废罢诸路市易务一事中，也可得知国家从商业中获利之难。

在官手工业中，矿冶业在北宋占有突出地位。至南宋初年，矿冶业一落千丈，许多矿坑和铸钱监被停废，铜、铁、铅、锡的矿课收入只有宋徽

① 以上引文均见《文献通考》卷十七《征榷考四》，第 490—491 页。
② 《皇宋中兴两朝圣政》卷二十。

宗崇宁年间（1102—1106）的二十分之一，铜钱的年铸造量也只有北宋末期的二十分之一。

关于南宋屯田、营田和其他官田的租课收入，由于统计范围和方式不同，记载较为零碎混乱。总的说来，在宋高宗前期，由于屯田、营田和官田对耕种者的剥削很重，虽然生产效果不好，但租课收入较多，对财政颇有补益。如，绍兴元年（1131）荆南府五州营田之收入可供军粮之半；绍兴六年（1136），右仆射张浚奏改江、淮屯田为营田，“岁中收谷三十万石有奇”；绍兴七年（1137），川陕宣抚吴玠治营田，“岁收二十五万石，补助军粮，以省馈饷”。[①] 至于其他官田多是籍没之田，因经营不善，“民苦官租之重，命有司括卖官田以给用”[②]。如，绍兴元年（1131），宋廷“以军兴用度不足”，“诏尽鬻诸路官田”。[③]

向民间科率各种物资，一直是宋代官府财政收入的重要来源，其中尤以“和籴”“和预买”最为重要。宋高宗前期，“和籴”粮食、“和预买”绢帛等的数额甚至超过正税额，而且基本上不付钱，等于白取，成为百姓的一项沉重负担。尤其是“和预买”绸绢等改为收折帛钱后，和买更不付钱，完全成了一项新的赋税。和籴、和买每年岁额多少，史无完整记载，仅从建炎三年（1129）两浙路“上供、和买绸绢岁为一百一十七万匹，每匹折纳钱两千，计三百五万缗省”[④] 看来，全国每年的征收数十分可观。后来折帛钱每匹增为六千乃至八千、十千，数额更为巨大。其他各种科率的收入，

① 《文献通考》卷七《田赋考七》，第 170 页。
② 《宋史》卷一百七十三《食货志上一 · 农田》，第 4182 页。
③ 《文献通考》卷七《田赋考七》，第 180 页。
④ 《文献通考》卷二十《市籴考一》，第 582 页。

情况复杂，恕不能详述。

宋高宗前期，经总制钱及卖官和其他杂收入在财政收入中居于十分突出的地位。绍兴十一年（1141），仅两浙东路一路“总制钱一百八十九万九千二百一十余贯”[①]。据汪圣铎说：“经总制钱岁入约二千万贯，在南宋前期和中期岁入中大体占四分之一或五分之一。”[②]月桩钱岁额约400万贯。建炎三年（1129）宋廷又立价卖官，绍兴七年（1137）仅建康府、秀州两处卖官共收入73万贯[③]。宋廷还出卖度牒，建炎三年（1129）七月出卖2万道（另有紫衣、师号5000道），得钱240万贯；绍兴四年（1134）前后，每年卖1万道左右，得钱120万贯。[④]出卖度牒等于失去了部分赋税收入。

南宋初年，宋廷为应付战时财政开支，虽通过各种苛捐杂税竭力向百姓搜刮，但不少地方或行业因受战祸或天灾的严重危害，生产停止，宋廷不得不减免这些地方或行业的赋税，这也就等于减少了财政收入。例如，建炎元年（1127）诏，因京城久闭，有贩货上京者，与免税；全免百姓欠租、阁赋及应天府夏税；免去被金兵危害之家的夏秋租税及科配。次年，又诏凡残破州县合用竹木砖瓦并免收税；诏对北来归正人、两淮复业人，在路不得收税；除放建炎元年（1127）之夏、秋租税及应欠负官物。绍兴二年（1132），宋廷在镇压了福建范汝为起义后，免去本路上四州当年两税及夏料役钱、下四州当年夏税。绍兴三年（1133），诏江东、江西、湖北、浙

---

① 《宋会要辑稿》食货六四之九四。
② 《两宋财政史》，第122、354页。
③ 《建炎以来系年要录》卷一百九，宋高宗绍兴七年二月甲寅。
④ 《中兴小纪》卷十八，第228页。

西募民佃荒田，免租三年。同年，临安火灾，免收竹木税；又因税网太密，减并税场 134 处，撤销 9 处，免过税者 5 处，民间日用之牛米薪面等皆免税。绍兴五年(1135)湖南旱,减免本路秋税苗米 5 分。[①] 绍兴六年(1136)，诏免除去年遭旱 4 分以上州县绍兴四年（1134）以前积欠之赋税；诏淮西残破州县免租税 2 年。绍兴七年（1137），免除高宗驻跸经过州县绍兴五年（1135）以前所欠赋税及坊场净利。绍兴九年（1139），免除新收复州、军税租及土贡、大礼银绢 3 年，差徭 5 年。

宋高宗前期每年的财政总收入史无明确记载，但从零碎的资料中，我们仍可看出，在南宋政权建立之初，财政收入极少，后来通过加强赋税征收，收入逐渐增加。靖康元年（1126）十二月，当赵构出任河北兵马大元帅时,也即在南宋政权建立前夕,能供军饷者,仅“盐钞数十万缗而已”[②]。建炎三年（1129）二月，宋高宗南渡长江到了杭州。“渡江之初，东南岁入犹不满千万，上供才二百万缗。”[③] 不过这里说的只是钱币，不包括其他实物，但数量仍很少。宋廷加重赋税征收的结果，收入虽有增加，但直到绍兴末年(1162)“合茶盐酒算坑冶榷货籴本和买之钱凡六千余万缗”[④],考虑到当时物价飞涨的因素，其实际含金量和购买力仍未能超过北宋后期的水平。朝廷顾不到四川的经费，四川全靠自筹，建炎四年（1130）时，“大抵于先朝常赋外，岁增钱二千六十八万缗，而茶不预焉”，虽然“自是军

① 《宋会要辑稿》食货六三之五。
② 《文献通考》卷二十四《国用考二》，第 715 页。
③ 《建炎以来系年要录》卷一百九十三，宋高宗绍兴三十一年十月癸丑。
④ 《建炎以来系年要录》卷一百九十三，宋高宗绍兴三十一年十月癸丑。

储稍充，而蜀民始困矣”。[①]

（二）支出增多

宋高宗前期，因战乱破坏，赋税苛重，生产力遭到摧残，经济衰退，财政收入相应减少。但也正因为抗金战争的军费和其他各项经费需求的增长，这一时期的财政支出却比前增多。

自北宋中期以来，在财政支出中占大头的一直是军费，南宋初期因宋金战争处于激烈阶段，情况更是如此。绍兴五年（1135）十二月，据权户部侍郎王俣说："兵革未息，屯戍方兴，大计所入，充军须者十居八九，此国用所以常乏。""今日财用所出尽于养兵。"[②]高宗前期全国有多少兵？史无记载，又因在南宋与北宋交接时期军队结构很复杂，也很难统计。据开禧元年（1205）参知政事蒋芾说："南渡以来兵籍之数，绍兴十二年二十一万四千五百余人。"[③]他说的只是由中央直辖的东南御前大军人数，不包括四川大军，更不包括地方兵。据孝宗时叶适说，当时御前诸军连同"诸州之厢兵、禁兵、土兵，又有小小控扼所屯之兵，并兵之数亦且百万"[④]。又因宋徽宗宣和年间（1119—1125），全国正规部队人数"在一百几十万以上"[⑤]，由此估计，宋高宗前期全国军队的人数至少也得接近百万。养兵之费需要多少？据王俣说，如令军队屯垦荒地，可节省养兵之费，"以

① 《宋史》卷一百七十四《食货志上二·赋税》，第4224页。
② 《建炎以来系年要录》卷九十六，宋高宗绍兴五年十二月辛亥。
③ 《宋史》卷一百九十三《兵志七》，第4821页。
④ ［宋］叶适：《水心别集》卷十《实谋》，见刘公纯、王孝渔、李哲夫点校：《叶适集》，中华书局1961年版，第767页。
⑤ 俞兆鹏：《论北宋末期的恶性通货膨胀》，见《探索集——俞兆鹏史学文选之三》，江西人民出版社2015年版，第160页。

万人为率，每岁所减米十余万石、钱四十余万缗、绢布五万余匹”[①]。即养一兵每年需用米 10 石、钱 40 贯、绢布 5 匹。军官的供给钱就更多，月支在 30 贯至 200 贯之间。全国每年养兵费约需 5000 多万石、贯、匹。四川自筹军费，建炎、绍兴以后，“关陕之兵转而入蜀，岁用率二千万缗，则民力大屈”[②]。“以蜀中论之，都运赵开应副关外军粮，绍兴五年之数比绍兴二年四倍，比三年三倍，比四年一倍。”[③]绍兴元年（1131），高宗的车驾在越州，月支“军兵钱二十五万八百二十三贯，米四万一千五百三十八石，大麦四千一百七十六石，谷六百七十一石，草二万七千二百三十九束”[④]，可见军费开支之大。军费开支除军饷外，还有武器装备、马匹及赏赐等。绍兴初年，“全装甲一副价值三十八贯二百文，马甲一副价值四十贯一百文，弓一张价值二贯八百文，提刀一把价值三贯三百文，弓箭一枝价值七十四文，弩箭一枝价值六十五文，应鼓一个价值六贯五百文，兵幕一座价值六十九贯八百文”[⑤]。绍兴七年（1137）正月，“置御前军器局于建康府，岁造全装甲五千，矢百万”[⑥]。如按上述全装甲和弓箭单价计算，则需花费 26.5 万贯。买马费用更大，南宋初去广西买马，“岁费黄金五镒，中金二百五十镒，锦四百端，绮四千匹，廉州盐二百万斤，而得马千五百匹”[⑦]。四川博买西马，“三路漕司岁应副博马绸绢十万四千匹，成都、利路

① 《建炎以来系年要录》卷九十六，宋高宗绍兴五年十二月辛亥。
② 《建炎以来朝野杂记》乙集卷十六《四川桩管钱物》。
③ 《建炎以来系年要录》卷一百三，宋高宗绍兴六年七月。
④ 《鸡肋编》卷中，第 79 页。
⑤ 王曾瑜：《宋朝兵制初探》，中华书局 1983 年版，第 292 页。
⑥ 《建炎以来系年要录》卷一百八，宋高宗绍兴七年正月癸亥朔。
⑦ 《建炎以来朝野杂记》甲集卷十八《广马》。

十一州产茶二千一百二万斤”[①]。四川茶马司岁入“约二百四十九万三千余缗……岁用二百四十六万余缗……额市马一万二千九百九十四匹”[②]。如果全面统计，南宋每年买马以一万匹计，每匹马费铜钱约 300 贯，每年买马应费 300 万贯。至于军赏开支数量也不小，记载虽较频繁，但无法全面统计，只能仅举几例以见一斑。如，绍兴六年（1136），“诏令都督府支银、绢各五千匹、两，应副淮南东路兼镇江府宣抚使韩世忠支俵激励将士”，又“诏吴玠赐钱十一万贯充随军激赏等使用”。[③]绍兴七年（1137），又赐吴玠犒军钱 150 万贯。[④]绍兴九年（1139），赐李显忠军钱 10 万贯。[⑤]绍兴十年（1140），顺昌大捷，主将刘锜以犒军银、绢 14 万匹均给将士。通过上述对宋高宗前期军费开支的粗略估算，可知当时每年所需军费在钱五六千万贯左右，“兵费反逾前日”。

军费以外的主要开支之一是官员的俸禄。宋高宗即位之初，因官员多在战乱中走散或被金兵俘去，冗官问题尚未突出。由于封建官僚制度的弊端未除，后来官员人数逐渐增加，尤其是荫补入仕又复泛滥。绍兴七年（1137），中书舍人赵思诚说：“今亲祠之岁，任子约四千人，是十年之后，增（官）万二千员，科举取士不与焉。”[⑥]但因当时处于战争时期，财政困难，官员俸禄暂时只能支给三分之二或一半。建炎元年（1127）有诏规定：“宰

① 《建炎以来朝野杂记》甲集卷十八《川秦买马》。
② 《建炎以来朝野杂记》甲集卷十四《蜀茶》。
③ 《宋会要辑稿》兵一八之三七。
④ 《宋史》卷二十八《高宗纪五》，第 532 页。
⑤ 《宋史》卷二十九《高宗纪六》，第 542 页。
⑥ 《文献通考》卷三十四《选举考七》，第 1009 页。《宋史》卷一百五十九《选举五》，第 3733 页。

执俸钱支赐、见任宫观及有差遣待阙、并未有差遣京朝官已上俸，并权减三分之一。”[①] 绍兴二年（1132）又规定：武臣不统兵者之俸赐、傔人、马权支三分之二，又于中取四分之一权借。[②] 官俸折钱支给，一般折价较低。绍兴二年（1132），黎确由谏议大夫除吏部侍郎，其赐目中写有“马半匹，公服半领，金带半条，汗衫半领，袴一只”[③]，看来似乎可笑，而其实这是说官禄减半并以折钱支给。虽然官员禄赐减半，但对大臣的赏赐仍很可观，如绍兴九年（1139）四川宣抚使吴玠病死，高宗赐钱 3 万贯。[④] 宋高宗前期每年所费官员俸禄多少，不得而知。但知绍兴元年（1131）高宗车驾在越州时，“月支官吏二十六万九千一百三十贯，米七千八百六十五石，料一百六十六石，草一千四百五十六束”[⑤]。一个流亡在途中的小朝廷月支官吏俸禄即有如此之多，而高宗渡江之初东南岁入不满千万，所得上供才 200 万贯，可见负担之重。南宋政权建立初期，虽然财政困难，但不少大官僚的生活依然十分奢侈，羊毛出在羊身上，他们所花费的钱物还不是来自国家的财税？如：宰相李纲，“私藏过于国帑，乃厚自奉养，侍妾歌僮，衣服饮食，极于美丽。每飨客，肴馔必至百品，遇出则厨传数十担。其居福州也，张浚被召，纲赆行一百二十盒，盒以朱漆镂银装饰，样致如一，皆其宅库所有也”。宰相吕颐浩喜酒色，前户部侍郎韩梠死，留有三美妾，“诸大将以厚赂取之，吕力争用数千缗得一人，号‘三孺人’，大宠嬖之”。

---

① 《宋会要辑稿》职官五七之六三。

② 《宋会要辑稿》职官五七之六八。

③ 《鸡肋编》卷中，第 44 页。

④ 《宋史》卷二十九《高宗纪六》，第 542 页。

⑤ 《鸡肋编》卷中，第 79 页。

宰相赵鼎，“以临安相府为不足居，别处大堂”，环植奇花嘉木，设大炉焚异香数种；当时国家艰难，堂馔菲薄，他增厚十倍，日有会集，宴请属官；他“日费香直数十缗，酒馔尚不计也”；他曾“干没都督钱十七万缗，窃用激赏库钱七十余万缗，奄有临安府什物三千余件”。①

北宋时期，除军费、官禄开支之外，皇室宫廷的费用在财政支出中也占较大比重。宋高宗前期，因金兵凌厉南侵，南宋小朝廷四处流窜，财政非常困难，皇室宫廷的费用只能节省。这时，大批后妃、宫人、宗室被金兵俘往北方，人员减少，后妃们的俸给标准也大大降低。建炎三年（1129），隆祐太后孟氏在建康时，“有司月供千缗而止”；不久她逃至南昌，因无公费可用，“斥卖私绢三千匹充费”。② 对于一个太后来说，这与宋仁宗时“一才人之奉月直中户百家之赋”③ 相比，可说是已经很节俭了。至于发给其他皇室成员的俸钱以及婚丧赐予的标准也相应降低。虽然如此，但高宗仍不忘玩乐，他令人专设御前甲库，“凡乘舆所须图画什物，有司不能供者，悉于甲库取之，故百工伎艺之巧者，皆聚于其间，日费亡虑数百千”④，年费则在 10 万贯以上。

在宋朝，祭祀天地诸神及祖先可以说是国之大事，即使在国家财政困难之时，也不能停罢。在各种祭祀中，开支最大的要算皇帝亲自主持的三年一次的郊祀，其钱物多用于对官吏和军兵的赏赐。建炎二年（1128）郊

① 《中兴小纪》卷十八，第 225 页。三例均引自朱胜非《闲居录》。

② 《宋史》卷二百四十三《后妃传下·哲宗昭慈孟皇后》，第 8637 页。

③ 《宋史》卷三百二《范师道传》，第 10026 页。《长编》卷一百八十九，宋仁宗嘉祐四年六月丁卯，第 1745 页。

④ 《建炎以来朝野杂记》甲集卷十七《御前甲库》。

祀赏赍所用金银钱帛丝绵数达 179 万两贯匹。[1] 与前朝的郊祀赏给“景德六百一万一百贯匹两硕领条，皇祐一千二百万有零，治平一千三十二万有零，熙宁末八百万二千六百八十九贯匹斤两条段”[2] 相比，建炎二年（1128）的郊祀赏数可说是最少的了。但宋高宗在逃亡之中仍不忘郊祀，这完全是一种毫无实际意义的妄费，当时就受到舆论的批评。此外，还有享明堂之费。绍兴元年（1131）享明堂，仅犒赏内外诸军支费即达 160 万贯。绍兴四年（1134）享明堂，修射殿以为享所，“时殿柱大者，每条二百四十千足，总木价六万五千余贯，则壮丽可见”[3]；同时，犒赏内外诸军支费 259 万贯[4]。

本来对于一个国家政权来说，除了要供养军人、官员和皇室成员之外，兴学支费，农田水利、官工商业及公共工程支费以及救灾赈济经费等，应是为发展经济和保障民生必须安排的正常财政开支，可是在高宗前期紧张的宋金战争环境中，南宋小朝廷立足未稳，四处流窜，连自身尚且难保，“财用所出尽于养兵”，根本无钱顾及上述各种开支，故而史籍有关这方面的记载也很少。现在我们只看到有少量关于救灾赈饥的记载，如，绍兴六年（1136），“振江、湖、福建、浙东饥民”[5]。同年，“湖、广、江西旱，诏拨上供米振之”[6]。绍兴七年（1137），“发米万石济京东、陕西来归之民”[7]。

总的看来，宋高宗前期财政开支的增多主要是军费，官俸、皇室宫廷

---

① 《建炎以来朝野杂记》甲集卷十七《渡江后郊赏数》。
② 《泊宅编》（十卷本）卷十，第 57 页。
③ 《鸡肋编》卷中，第 82 页。
④ 《建炎以来朝野杂记》甲集卷十七《渡江后郊赏数》。《宋会要辑稿》礼二五之二〇。
⑤ 《宋史》卷二十八《高宗纪五》，第 523 页。
⑥ 《宋史》卷一百七十八《食货志上六 • 振恤》，第 4340 页。
⑦ 《宋史》卷二十八《高宗纪五》，第 528 页。

以及其他各种开支都少于北宋。至于军费支出的绝对数量也许不及北宋末期，但对于版图不及北宋五分之三的南宋来说，其财政支出的相对数量应大大超过了北宋。仅就现钱开支而言，宋徽宗宣和初年，宋廷月支京师吏禄兵廪 95 万贯，而宋高宗绍兴三年（1133）月支增至 110 万贯。[①]

（三）入不敷出

宋高宗前期每年财政总收入和总支出的具体数据，我们不得而知。从上述情况看，当时因战争破坏，生产衰退，财源枯竭，尽管南宋官府通过苛捐杂税竭泽而渔，也许每年财税收入的绝对总量不会太少，但必定比北宋末年减少。至于每年财政支出总量，虽宋廷在官员俸禄、皇室费用、祭祀赏赐以及其他各方面的费用都已大大减省，而仅军费一项就用尽了全部财税收入！此外的各种支费钱物又从何而来？这就势必会造成财政入不敷出的困局。关于南宋立国之初，财匮民穷的记载，史不绝书。

南宋建立之初，因金兵入侵，国土丧失，朝廷财税只能依靠两浙、闽、广、江西数路，收入才为平时五分之一，而军费开支又比以前大大增加，弄得百姓和国家都很贫穷。绍兴四年（1134）七月，伪齐奉议郎罗诱在向刘豫上《南征议》中，说到南宋可被打败的理由之一便是："民穷而财匮。""赵氏兵穷力促……加以冗兵坐食之费……彼自拏兵以来，藏无信宿之钱，仓无间日之米。两浙之间赋敛横出，官吏生奸，民人怨望。诸军侥求之心犹且不已，稍有警急，不亡何待！"[②]

经费不足怎么办？南宋初，朝廷曾采取各种措施来增加收入。最直接

---

① 《群书考索》续集卷四十五《今日费用》。
② 《建炎以来系年要录》卷七十八，宋高宗绍兴四年七月丁丑。

也是最简单的办法是向百姓预收来年赋税,称为“预借”。建炎四年（1130）开始“预借”秋税,绍兴年间（1131—1162）又预借“和买”和夏税绸绢。所谓“预借”即是提前收税,有借无还。特别是“和买”本来已不付钱,“预借和买”更是加倍向百姓索钱。由于“军兴用度不足”，绍兴元年（1131）宋廷还“诏尽鬻诸路官田”[①]以给用。绍兴五年(1135)至绍兴七年(1137),宋廷又接连下诏出卖已出租之官田和其他户绝田、没官田、贼徒田舍、逃田及江涨沙田、海退泥田等。建炎二年（1128），复收钞旁定帖钱，即典卖田宅、牛马之类的印契钱，又称勘合钱。绍兴五年（1135），下诏规定诸路勘合钱每贯收 10 文足。同年十一月，朝廷以经费调度不继，诏“诸路州县出卖户帖，令民间自行开具所管地宅田亩间架之数而输其直”，既而“立定价钱，应坊郭乡村出等户皆三十千，乡村五等、坊郭九等户皆一千，凡六等”。[②]所谓户帖，即田宅契。此外，由于财政拮据，南宋立国之初，一方面大力加强征收榷盐课利，但同时又常拖欠和克扣应拨给亭户的盐本。当军费不继而又无法筹钱之时，宋廷甚至大量挪用常平仓钱粮去充军饷。以上这些措施虽然能或多或少地暂时解决一部分经费困难，但其对生产和民生的危害也就不言而喻。

不仅中央财政入不敷出，路、州、县各级地方官府的财政同样十分困难。南宋初，朝廷在把越来越重的财政负担强加给州县的同时，也给予州县以较大的机动权力，加赋增员悉皆不问，于是各种地方性的苛捐杂税层出不穷，最终吃苦的还是老百姓。然而尽管如此，在有些土旷民贫的偏远

---

① 《宋史》卷一百七十三《食货志上一·农田》，第 4191 页。

② 《文献通考》卷十九《征榷考六》，第 547 页。

落后州县，即使官府想加税，老百姓也拿不出钱。

宋高宗前期，因金兵入侵，国土沦丧，宋廷财力不足以养兵，自顾尚且不能，更无钱拨给川陕大军，故四川军费只能自筹自供。四川本来是一个经济较为发达的地区，由于川陕抗金大军的经费主要仰仗于四川，虽有司竭力搜刮盐茶酒榷卖课利及各种窠名钱，但仍不足以赡养军队，地方财政入不敷出。宋神宗熙宁至元丰间，四川益、利、梓、夔四路的财政总岁入虽不过 830 余万贯石匹两，而支出只有 740 多万，可积余近 100 万。① 宋高宗前期，四川财政几乎年年都有赤字。如：绍兴四年（1134），岁入钱物计 3342 万余缗，支出 3393 万余缗，亏空 51 万余缗；绍兴五年（1135），岁入 3060 万余缗，支出 4060 万余缗，亏空 1000 万余缗；绍兴六年（1136），未见岁入数，支出为 3276 万余缗；绍兴七年（1137），岁入 3667 万余缗，支出 3828 万余缗，亏空 161 万余缗。② 而其中直接供吴玠军者，绍兴四年（1134）为 1955.7 万余缗，绍兴五年（1135）为 2376.2 万余缗。③ 可见军费增长之快！

财政入不敷出是宋高宗前期各地普遍存在的问题。甚至在原来经济较为发达曾为高宗驻跸之地的建康府，财政赤字也十分巨大。绍兴七年（1137）五月，据知建康府张澄说："财赋所入多寡殊绝，本府所得仅支半年，不惟军储窘乏，兼虑阙于供亿。" ④

① ［宋］周必大：《文忠集》卷一百二十《玉堂类稿》二十《试赴召胡晋臣》，《文渊阁四库全书》第 1147—1149 册。
② 《建炎以来系年要录》卷一百十一，宋高宗绍兴七年五月壬午。
③ 《建炎以来系年要录》卷一百四，宋高宗绍兴六年八月癸卯。
④ 《建炎以来系年要录》卷一百十，宋高宗绍兴七年五月甲子。

第二节 宋高宗前期的通货膨胀及其恶果

宋高宗前期，由于战争破坏、赋役苛重，造成经济衰退，从而使国家财政陷入困境。为了应付庞大的军费和其他各项财政开支，在当时铜钱稀少的情况下，宋廷就滥发纸币，于是就发生了通货膨胀，物价随之暴涨。

一、铜钱稀少及其原因

宋高宗前期，宋廷为了克服财政困难，必须筹集大量货币，特别是必须拥有作为当时主流法币的足值铜钱。可是，南宋初年，铜钱却十分稀少。北宋神宗元丰三年（1080），年铸铜钱量曾高达 506 万贯。宋徽宗崇宁四年（1105）年铸量虽有减少，但仍有 289.04 万贯。至南宋高宗绍兴二年（1132）铜钱年铸量竟下降至 8 万贯[①]，次年稍有增加，也只有 12 万贯[②]。宋高宗前期的铜钱年铸量为何如此之少？其原因大致有这样几个：铸铜钱原材料不足，铸钱监减少，铸钱成本太高，民间销毁铜钱改铸铜器牟利，铜钱流向国外。这些原因是北宋中期以来长期存在的问题，而且积重难返，无法克服，直至南宋灭亡。

（一）铸铜钱原材料不足

南宋初年，金属生产衰落，“坑冶尽废”[③]，“铜料不继，鼓铸日稀”[④]。宋神宗元丰元年（1078）坑冶岁入数：铜 14605969 斤，铁 5501097 斤，

---

① 《建炎以来系年要录》卷五十七，宋高宗绍兴二年八月癸巳。
② 《文献通考》卷九《钱币考二》，记为绍兴二年，第 243 页。
③ 《建炎以来朝野杂记》甲集卷十六《铸钱诸监》。
④ 《建炎以来系年要录》卷一百十一，宋高宗绍兴七年五月癸酉。

铅 9197335 斤，锡 2321898 斤。[①] 至北宋末坑冶岁入铜 7057260 斤，铁 2162140 斤，铅 3213620 斤，锡 761200 斤，铜铁铅锡岁入总 1320 万斤；而宋室南渡后只有 70 余万斤，“铜铁铅锡之入视旧才二十之一，所铸钱视旧亦才二十之一尔”[②]。

铸造铜钱原材料的不足，不仅使铜钱年铸量大幅度下跌，而且所铸铜钱的质量也有所降低。根据常规，北宋时每铜钱一千，应重 5 斤。如仁宗景祐二年（1035），“凡铸铜钱用剂八十八两，得钱千，重八十两，十分其剂，铜居六分，铅锡居三分”[③]。神宗熙宁八年（1075）八月曾下诏规定“铸钱监所铸钱，每缗熟钱重五斤”[④]。可是至宋高宗绍兴三年（1133），“时铸钱一千，用铜二斤八两，铅一斤十两，炭五斤”[⑤]，成品净重可能不足 4 斤。在官铸铜钱减料减重的同时，某些钱监竟公然仿效私钱铸造劣币。如绍兴二年（1132）三月，“近岁韶州所铸新钱，不甚磨错，湖东人号为韶钱，又仿之私铸，夹以沙土，谓之沙钱，每千才直二三百”[⑥]。又如，绍兴六年（1136）在广西，有鼓吹铸造劣币“毛钱”之人。[⑦]

---

① 《文献通考》卷十八《征榷考五·坑冶》，第 522 页。
② 《宋会要辑稿》食货一一之一。
③ 《长编》卷一百十六，宋仁宗景祐二年春正月壬寅。
④ 《长编》卷二百六十七，宋神宗熙宁八年八月戊申。
⑤ 《建炎以来系年要录》卷七十一，宋高宗绍兴三年十二月壬午。《建炎以来朝野杂记》甲集卷十六《铸钱诸监》载：“绍兴之制，每小钱一千省，用铜二斤半，铅一斤十五两，炭五斤。”《宋会要辑稿》食货一一之三载：“铸钱每铸一贯省，用铜二斤八两，铅一斤一十五两，锡三两，炭五斤。”
⑥ 《建炎以来系年要录》卷五十二，宋高宗绍兴二年三月丙辰。
⑦ 《建炎以来系年要录》卷一百六，宋高宗绍兴六年十月壬寅。

（二）铸钱监减少

既然铸造铜钱缺乏原料，众多铸钱监无所作为，人浮于事，必然会被裁撤或合并，铸钱数量也就随之相应减少。早在北宋末期铸钱监已逐渐减少。南宋初年，所存者七监：饶州永平监、池州永丰监、江州广宁监、韶州永通监、建州丰国监、严州神泉监、虔州铸钱院。[①] 这些尚存的铸钱监生产状况也很不景气。如：建州丰国监原有役兵 500 人，到绍兴二年（1132）才剩役卒数十人，铸钱额减半；池州永丰监、江州广宁监地处长江中游战略要冲，而且铸钱额大减，官吏过多，虚费廪给，因此宋廷在这年将池州永丰监并入饶州永平监，江州广宁监并入虔州铸钱院。又如：严州神泉监有兵卒几百人，因停铸较久，监官坐享俸禄，兵卒被调充他役；曾经是北宋铸钱中心的饶州坑冶铸钱司也因铸钱额比旧十亏八九，绍兴五年（1135）六月宋廷下诏："将饶州司官吏除留属官一员外，其余官属人吏并行减罢，应干见行事务等权并归虔州司管。"[②]

（三）铸钱成本太高

铸钱成本包括所用铜材、燃料及官吏、工匠的供养及薪给。绍兴元年（1131）、二年，虔、饶二州铸钱司共铸得铜钱 20 万贯，却用去原料本钱 12 万贯、吏卒之费 23 万贯，真是得不偿费。[③] 绍兴五年（1135）闰二月，据福建路转运判官郑士彦说，当时本地"坑冶尽废，物料贵涌，计用

---

① 佚名：《锦绣万花谷》前集卷十五《铸钱》引杨舜俞《记》，《文渊阁四库全书》第 924 册。

② 《宋会要辑稿》职官四三之一四七。

③ 《建炎以来系年要录》卷七十一，宋高宗绍兴三年十二月癸未。《中兴小纪》卷十五，第 191 页。

钱二千四百而铸钱千”，本路旧额应发新钱 28.04 万贯省，铸钱司拖延时日，迟迟不铸新钱起发，认为这样做“犹愈于鼓铸之折本”。[①] 绍兴六年（1136），“赣、饶二监新额钱四十万贯，提点官赵伯瑜以为所得不偿所费，遂罢铸钱。岁额铜炭积而不用，尽取木炭铜铅本钱及官吏阙额衣粮水脚之属凑为年计”[②]。这也就是说，铸钱亏本，得不偿失，宁可不铸钱，倒不如留着铸钱本钱，尚可抵充一部分上供钱年额。

（四）民间销毁铜钱改铸铜器牟利

民间销毁铜钱改铸铜器之事，早在宋太宗时就已经存在。至宋仁宗天圣元年（1023）曾下令严禁这种破坏法币的行为。此后，宋廷不断申明禁令，并重立刑赏，加强打击力度。可民间销毁铜钱改铸铜器之事却屡禁不止，这是因为“民间铜器，尽以钱为之，所在烹冶，公然贸易，一钱之毁，鬻利十倍”[③]。绍兴五年（1135）十二月，据权户部侍郎王俣反映：“自艰难以来，饶、虔两司鼓铸遂亏，而江浙之民，巧伪有素，销毁钱宝，习以成风。其为甚者，如建康之句容、浙西之苏湖、浙东蠡越，鼓铸器用，供给四方，无有纪极。计一两所费不过十数钱，器成之日，即市百金。奸民竞利，靡所不铸，一岁之间，计所销毁，无虑数十万缗。两司所铸未必称是，加以流入伪境不知几何。”[④] 次年，试户部侍郎李弥逊也上奏说：“自来鍮石铜器法禁私有非不严密，而民间铸造贩卖滋甚。且以铜钱一百文足为率，变造成器物十两，卖钱仅一贯，获利至厚。如浙东路绍兴府、温、台、明州，

① 《建炎以来系年要录》卷八十六，宋高宗绍兴五年闰二月丁巳。
② 《建炎以来朝野杂记》甲集卷十六《铸钱诸监》。
③ 《宋会要辑稿》食货四三之一四八。
④ 《建炎以来系年要录》卷九十六，宋高宗绍兴五年十二月辛亥。

浙西路临安、平江、镇江府、湖、秀、常州，江东路建康府句容县、信州，福建路福、泉、建州，江西路虔、吉州、丰城县、临江军新淦县等处，铸造铜器尤甚，销毁见钱不可胜计。”① 为改铸铜器而被销毁的铜钱数量巨大，远远超过官府新铸铜钱的定额。而且所铸铜器流向国外，“大贾擅之，比屋鬻器，取直十倍，海舟贩运，远出山东”②，官府无法控制。

为了禁断民间销毁铜钱改铸铜器的现象，宋廷曾实行铜禁。还在绍兴元年（1131）时，宋廷就动员人们告发私自冶炼和买卖金银铜锡铅的坑冶户，并给予奖赏。③ 绍兴五年（1135）五月，宋廷又规定以五家为一保，相互督察，如保内有人犯法毁钱私造铜器，邻保内不觉察，也要“依私铸钱邻保知而不纠法”加以惩罚。绍兴六年（1136）五月，宋廷再下诏：“今后有销毁钱宝及私以铜、鍮石制造器物买卖兴贩之人，一两以上，并依服用翡翠法，徒二年，赏钱三百贯；邻保失觉察铸造者，并仗一百，赏钱二百贯，许人告。”④ 绍兴八年（1138）八月，宋廷下诏：“将诸路现存鍮石铜器并许留存外，后来更不许铸造贩卖。许人告捉，罪赏依法外，有民间合用之物就官铸造出卖。”因立法太重，诸路州县未能实行，绍兴十年（1140）五月，宋廷只得接受户部的建议，减轻了刑罚的力度，命州县官将私自造卖铜器之家的工具限一天内毁弃，将私造铜器者的姓名公布示众。同时改变铜禁方法，采用经济手段，“民间见卖铜器限一月令人户赴所属送纳，随斤两

---

① ［宋］李弥逊：《筠溪集》卷三《户部乞禁铜器札子》，《文渊阁四库全书》第1130册。

② 《建炎以来系年要录》卷八十五，宋高宗绍兴五年二月乙酉。

③ 《宋会要辑稿》职官三之三四。

④ 《宋会要辑稿》刑法二之一四八。

给还价钱”。[1]尽管如此，以上各种禁令终无实效，也无益于增加铸钱的铜料。

（五）铜钱流向国外

铜钱流向国外，这也是北宋时一直存在的老问题。只要与外国进行贸易，必然要使用铜钱，番商所求的也是铜钱，因为当时宋朝的铜钱有较好的信用，具有国际货币的职能。同时，宋朝通过市舶司与番商进行贸易，收入不菲。尤其是东南地区的市舶之利已成为南宋财政收入的重要来源。但是，随着对外贸易的日益发展，宋朝的铜钱也就随之大量流向国外，这使南宋的“钱荒”更为加剧。据《宋史》记载：“南渡，三路舶司（指广州、泉州及杭州、明州等市舶司）岁入固不少，然金银铜铁，海舶飞运，所失良多，而铜钱之泄尤甚。法禁虽严，奸巧愈密，商人贪利而贸迁，黠吏受赇而纵释，其弊卒不可禁。”[2]这里说铜钱外流是由于奸商贪利和黠吏受贿而造成，这种说法是完全不正确的，因为中国铜钱流向国外是宋代商品经济发展的必然结果，不是少数贪利者的个人主观动机所导致的。

宋高宗前期，铜钱外流的渠道除东南三路的市舶司之外，还有从两广西南边境和淮南地区流向南宋境外的。如绍兴初年，广南的“邕、钦、廉三州与交趾海道相连，逐年规利之徒贸易金香，必以小平钱为约，而下令其国，小平钱许进不许出”[3]。又从各州县输给诸军队的铜钱，“多自淮南转入敌境”，为金国所用。[4]

为阻止铜钱外流，绍兴三年（1133）十一月，宋廷宣布禁止铜钱出中

① 《宋会要辑稿》刑法二之一四九。
② 《宋史》卷一百八十六《食货志下八·互市舶法》，第4566页。
③ 《建炎以来系年要录》卷六十九，宋高宗绍兴三年十月戊戌。
④ 《筠溪集》卷一《自庐陵以左司召上殿札子》。

国。[①]绍兴十一年（1141）十一月，宋廷又命刑部立法："诸舶船起发……不得夹带铜钱出中国界。"[②]然而这些禁令依旧不起作用，这正如太常少卿陈桷所言："今之疆场，犬牙密接伪境，利之所在，民以死趋之，江淮海道，难于讥察，其日夜泄吾宝货多矣。"[③]

以上几个造成高宗前期铜钱稀少的原因，是宋廷无法克服的。因为铜铅锡的矿藏有限，长期采掘，不能再生，资源必然枯竭。铸铜钱原材料不足，铸钱监工作量减少，势必会被裁并。物以稀为贵，铜料少，价必高，加上当时其他生活品价格普遍上涨，给予钱监吏卒的薪给开支也必须相应增加，铸钱成本过高也就难以避免。要解决铸铜钱原材料不足问题，首先必须发展生产力，提高探矿、采矿和冶炼技术，丰富商品供应，普遍降低各种生产资料和生活资料的价格，但是，这一切在封建生产关系和官僚制度统治下的南宋初年，是很难在短期内做到的。至于民间销毁铜钱改铸铜器牟利和铜钱流向国外，这是宋代商品经济发展的必然结果，本是一种好现象。王安石早就说过，如果铸造铜器比铸造铜钱更有利，何必铸造铜钱。货币只不过是一种信用象征物，完全可以用其他原材料来制作，只是当时宋朝统治者思想保守，一味拘泥于只有铜钱才是正宗货币，误以为发行纸币会酿成通货膨胀，他们不知道造成通货膨胀的根本原因在于生产的衰退致使商品供应的不足。

其实，宋高宗前期的所谓"钱荒"，只是指铜钱流通的相对数量的减少，是指南宋朝廷和官府可支配收入中铜钱数量的不足，并非指各种货币总量

① 《宋史》卷二十七《高宗纪四》，第508页。
② 《宋会要辑稿》职官四四之二三。
③ 《建炎以来系年要录》卷七十九，宋高宗绍兴四年八月癸巳。

的稀缺。北宋时期历年铸造的铜钱和铁钱大量积储和流散在民间，仁宗天圣以后又不断增发交子、钱引等纸币，虽然民间销毁铜钱改铸铜器消耗了不少铜钱，而存在于社会的各种货币的绝对数量仍然十分庞大。

二、滥发纸币及其弊端

宋高宗前期，战争激烈，军情紧急，费用浩大，而国库中现钱储备不足，于是宋廷便印行有价证券和纸币来应付财政开支，当时发行的主要有关子、交子、钱引、关外银会子等。由于这些有价证券和纸币发行量过大，且又缺乏信用，民间不愿行使，故而很快就贬值，对当时的社会经济产生了不良影响。

（一）关子

“关子”这一名称，似系由前代官方文书“关”演化而来。在北宋时期关子大抵是一种官方文书，南宋时仍有以“关子”称官方文书的。至北宋末南宋初，关子开始成为一种便钱券或领取现钱的证券名称。直到南宋末年，关子才成为一种纸币的名称。

绍兴元年（1131）十月，因张俊的右神武军屯驻婺州，急需用钱，而自行在临安至婺州不通水路，钱重难以搬运，于是宋廷命户部印造现钱关子支付给婺州。婺州得到关子后，召商人入中，用关子作为有价证券付给商人。商人可拿关子去杭州、越州榷货务兑换现钱，但在兑换时，每千钱须缴 10 钱手续费，称为“优润”。同时，宋廷宣布，有伪造关子者，按伪造四川钱引法抵罪。[①]

---

① 《建炎以来系年要录》卷四十八，宋高宗绍兴元年十月壬午。

绍兴四年（1134），宋廷又用关子作为籴本，向民间强行摊派购粮。当百姓拿关子去榷货务兑换现钱时“榷货务又止以日纳钱三分之一偿之”，而且阻碍重重，人多怨言。为此，次年正月，宋廷接受权户部尚书章谊的请求，命“榷货务每日入纳钱，以其半支给见钱关子”①。可是，当百姓“执关子赴临安府榷货务请领，则官司却无见钱，惟有等守留滞之患，而所得十才六七”②。绍兴五年（1135），宋廷印发和籴关子130万贯，命榷货务准备好发行本钱20万贯，许关子在淮南、江东路行使。可是，榷货务除了初造现钱关子时向都督行府借来的15万贯钱充当本钱外，别无其他本钱。既然百姓“赴榷货务请钱者，以分数支，民间行使亦以分数论”③。也就是说，关子在榷货务兑换现钱时打了折扣，民间行使关子时其价值也要相应打折扣，可见关子从一开始行使时就贬了值。关子贬值的根本原因在于宋廷无本发行，以致在民间失去了信用。为了防止关子贬值，早在绍兴二年（1132）十月，宋廷就下诏：“减落籴本关子价值之人，赏钱五百千，许人告。”④绍兴六年（1136）十月二十一日，宋廷再申禁令：“应给降过籴本关子，听民间从便使用，即不得辄有减落。如有妄说事端，贱价兑买之人，立赏钱五百贯，许诸色人陈告，其犯人取旨从重断罪。”⑤然而，通过这种行政命令的强制办法，是不可能阻止关子贬值的。

此外，关子还用来作为军赏开支。如，绍兴十年（1140）七月八日，

① 《建炎以来系年要录》卷八十四，宋高宗绍兴五年正月丁巳。
② 《建炎以来系年要录》卷八十五，宋高宗绍兴五年二月乙亥。
③ 《建炎以来系年要录》卷一百一，宋高宗绍兴六年五月乙酉。
④ 《建炎以来系年要录》卷五十九，宋高宗绍兴二年十月丁未。
⑤ ［宋］谢深甫等：《庆元条法事类》卷三十七《籴买粮草》，中国书店《海王村古籍丛刊》影印本。

三省奉圣旨令行在榷货务在三日之内印造现钱关子20万贯付岳飞，其中10万贯赏给收复郑州有功的官兵，其余10万贯留作宣抚司平时使用。同时命鄂州总领司赶快准备好现钱，以便及时支付关子兑现。

（二）交子

交子原是北宋时流通于四川的一种纸币。当绍兴五年（1135）宋廷命榷货务准备本钱印行关子130万贯时，榷货务只有借来的15万贯钱做发行关子的本钱。关子只是一种有价证券，并非货币，只能凭券去兑换铜钱。而交子虽是一种可兑换钱的纸币，但它能同现钱一样广泛流通，不必急于兑换现钱，这就增加了官府行使的方便，又可减轻兑现的压力。于是，有都督行府主管财用张澄请朝廷依四川法造交子，与现钱并行，并事先印造了30万贯交子流通于江淮地区。绍兴六年（1136）二月甲辰（初六），宋廷诏置行在交子务并根据中书省的决定，“先桩一色见钱，印造交子，分给诸路，令公私并同见缗行使”，又造交子150万贯充籴本，将流通于东南地区。[①] 原四川交子以铁钱为发行本钱，而这种行用于东南地区的交子则应以铜钱为发行本钱。

宋廷诏置行在交子务并印发交子150万贯之事，立即遭到众多大臣和官员的反对。公开出面反对的主要有右谏议大夫赵霈、翰林学士胡交修、礼部尚书李光、江西安抚制置大使兼知洪州李纲和其他几位官员。他们反对的理由虽各有侧重，但主要是讲发行交子将会产生的弊端，概括起来，大致有以下五个方面：

第一，发行交子没有足够的本钱，不能取信于民。行在交子务成立后，

① 《建炎以来系年要录》卷九十八，宋高宗绍兴六年二月甲辰。

即有官员上言极论其害，以为："四川交子行之几二百年，公私两利，不闻有异议者，岂非官有桩垜之钱，执交子而来者，欲钱得钱，无可疑者欤！今行在建务之初，印造三十万，令榷货务桩发见钱矣。续降指挥，印造和籴本钱交子，两浙、江东西一百五十万，而未闻桩拨此钱，何以示信于人乎？"又说："昨见朝廷令榷货务桩见钱二十万贯，措置见钱关子，许淮南、江东路行使。其后有司措置，浸失本意，因改为交子，欲广行用。除初造见钱关子一十五万贯已系都督行府借拨户帖钱桩充本钱外，后来所造广南、福建等六路交子三十万，两浙路交子一十万，临安府界小交子一十万，并见造江南、两浙预充籴本交子一百五十万，其合用本钱，并未见桩管。由是远近士民，议论纷然，皆以为不便。……欲不桩本钱而多出交子，则其不可行也必矣。"[①] 李纲在《与右相乞罢交子札子》中说，四川行交子，"设法者措置得宜，常预桩留本钱百万贯，用以权三百万贯交子，公私均一，流通无阻，故蜀人便之。近年不桩钱本，其法已弊，况欲行于他路哉！……目今户部财用窘迫，必无数百万桩留钱本……交子之行，止凭片纸……其为害有不可胜言者"[②]。李光也上奏说："有钱则交子行。今已谓桩办若干钱行若干交子，此议者欲朝廷欺陛下，使陛下异时不免欺百姓也。"[③] 此外，谏官赵霈也对宋高宗说，印行交子，"官无本钱，惧民不信，其不便者五"[④]。

第二，交子缺乏信用必将贬值，并引起物价上涨。李纲说，交子贬值

---

① 《建炎以来系年要录》卷一百一，宋高宗绍兴六年五月乙酉。
② 《梁溪集》卷一百四《与右相乞罢交子札子》。
③ 《宋史》卷三百六十三《李光传》，第 11341 页。
④ 《建炎以来朝野杂记》甲集卷十六《东南会子》。

后，“良民折阅，转卖不得先直十之二三”[①]。另有官员说，因交子不能兑现，民有疑心，“则商旅贸迁，井市交易之际，必有不行者矣；重立法禁，恐不能胜，暗增物价，其弊不一”。又说：发行交子有四害，其一是“市有二价，百物增贵”；交子贬值，“物重财轻，其日久矣……乘时射利者必高其物价”。赵霈也提出：“市井交易，必立私约，用见钱则价直必平，用交子则价直必倍。”胡交修认为，宋徽宗铸行崇宁大钱致使“钱分二等，市有二价”，其“覆辙可鉴”。[②]

第三，交子贬值后，民间收藏铜钱，用交子输官，致使交子在官府财用紧迫时不能发挥作用。有官员分析交子贬值后的情况说：“钱与物渐重，民间必多收藏，交子尽归官中，则又虑难于支遣。……万一如军兵所请，或言养赡不足，则又将何以给之？”又说：“富室丰家典卖之际，故轻其引，必欲见缗，既得见缗，深藏不出。”赵霈则说：“物重财轻，缗钱藏于私家，官库愈见匮乏。”胡交修也说：“久之，见钱尽归藏镪之家，商贾不行，细民艰食，必无束手待尽之理。”[③]

第四，交子每道一贯，不便零用。有官员提出：“人得交子，不可零细而用。”并说：“今钱引（指交子）之出，于行商尚可，而无益于军民之用；于道路之赍尚可，而无资于旦暮之需。今行商与居民孰多？朝夕之需与道路之赍孰急？此不便一也。虽曰交子与钱并用，今一交子不过千钱，军民之须，日用饭食，持一交子以适市，止有数百之用，用之不尽，将弃之乎？将为数百之用乎？此不便二也。”赵霈也认为：“今以片纸，用为千钱，细

① 《梁溪集》卷一百四《与右相乞罢交子札子》。
② 《建炎以来系年要录》卷一百一，宋高宗绍兴六年五月乙酉。
③ 《建炎以来系年要录》卷一百一，宋高宗绍兴六年五月乙酉。

民得之，反以为累，片纸不可以分裂，千钱不可以散用。”[①] 如果说，大面额交子在零用时，可用铜钱找零，而当时铜钱贵、交子贱，谁也不愿用铜钱去找零，因为这是不等价交换。

第五，发行交子难以防止伪造。有官员认为，交子发行后，必将有人伪造，“有如官告、度牒且犹有伪，数寸之纸，其无奸伪乎？货财不通，狱讼繁兴，当自此始矣”。赵霈也说：“异时盗铸销熔，皆出东南之民，今数寸之纸，能保其奸诈不为乎？……官私既许通用，民间岂无伪诈。虽严伪造之禁，孰能惩冒法之人？”胡交修同样认为：“今之交子，较之大钱，无铜炭之费，无鼓铸之劳，一夫日造数十百纸，鬼神莫能窥焉。真赝莫辨，转手相付，旋以伪券抵罪，祸及无辜。”[②]

由于众多臣僚尤其是大臣的反对，绍兴六年（1136）五月乙酉，宋廷只得罢撤交子务，令榷货务准备现钱，仍印造关子。交子仅发行了三个月即告失败。

（三）钱引

钱引系由交子演变而来。交子作为一种可兑换纸币，原只限于四川流通。宋徽宗崇宁四年（1105），下诏除京城及京畿外，交子通行诸路。同年，除四川交子外，诸路交子改为“钱引”，可流通于除闽、浙、湖、广及京师以外之各路。大观元年（1107），改四川交子务为钱引务，四川交子也改成了钱引。北宋灭亡后，建炎年间（1127—1130），初建的南宋小朝廷四处流窜，居无定所，既无精力更无本钱来发行钱引。直至建炎四年（1130），

① 《建炎以来系年要录》卷一百一，宋高宗绍兴六年五月乙酉。
② 《建炎以来系年要录》卷一百一，宋高宗绍兴六年五月乙酉。

金兵暂时北撤，宋高宗驻跸越州，为了应付婺州屯驻军队的经费，才于绍兴元年（1131）开始印发作为便钱券的关子。由于发行关子本钱不足，不能全额兑现，宋廷便重新发行交子，结果仍因缺乏本钱遭到大臣们的反对而失败，只得继续印行关子。至于川陕地区原是铁钱流通区，又远离朝廷，得不到朝廷的现钱拨款。铁钱沉重难于流转，而且铸造成本太高，如邛州监岁铸10万贯铁钱却要费本钱21万贯，因此建炎二年（1128）六月，成都府路转运判官靳博文不待上报就决定权罢铸铁钱十年，并擅自增印钱引来应付军饷。

按照仁宗天圣元年（1023）的规定，交子行用以两年为一界，每界发行量限额为125.634万贯。宋高宗前期钱引的发行数量激增。仅据《建炎以来系年要录》记载，自建炎二年（1128）至绍兴十年（1140），在四川和陕西就增印钱引11次。

（1）建炎二年（1128）六月乙卯，靳博文“以利州路增屯西兵，军食不继，权罢鼓铸，不待报遂行，复以便宜增印钱引六十二万缗。自后诸大臣相继视师，率增印矣”[①]。

（2）建炎三年（1129）十一月己酉，川陕“宣抚处置使张浚以便宜增印钱引一百万缗，以助军食。其后八年间，累增二千五十四万缗。张浚又置钱引务于秦州以佐边用”[②]。

（3）绍兴三年（1133）九月甲寅，“川陕宣抚司随军转运使赵开增印钱引一百五十万缗，以钱引未通流于夔路故也”[③]。

---

① 《建炎以来系年要录》卷十六。
② 《建炎以来系年要录》卷二十九。
③ 《建炎以来系年要录》卷六十八。

（4）绍兴三年（1133）十月甲午，“赵开增印钱引二百万缗，于夔路市粮及金银。以宣抚司于恭、涪州籴米三十万斛故也，俄又增印二百万缗”①。

（5）据绍兴七年（1137）五月四川都转运使李迨说：“绍兴四年添印五百七十六万道。”

（6）据绍兴七年（1137）五月李迨说：“绍兴五年添印二百万道。”②

（7）绍兴六年（1136）正月丙戌，“总领四川财赋赵开增印钱引三百万缗市军储”③。

（8）绍兴六年（1136）十月壬子，“四川制置大使席益以便宜增印钱引三百万缗市军储。制司增印钱引始此”④。

（9）绍兴七年（1137）五月己丑，“四川钱引，旧书放两界，为二百五十一万余缗，至是通行三界，为三千七百八十余万缗”⑤。

（10）绍兴九年（1139）六月戊寅，置钱引务于永兴军；⑥十月乙未，“川陕宣抚使以便宜增印钱引二百万道应副陕西使用”⑦。

（11）绍兴十年（1140）三月戊子，“诏成都府钱引务增印五百万道付宣抚司”⑧。

另外《蜀中广记》卷六十七引费著《楮币谱》也记载了宋高宗前期四

---

① 《建炎以来系年要录》卷六十九。
② 《建炎以来系年要录》卷一百十一，绍兴七年五月壬午。
③ 《建炎以来系年要录》卷九十七。
④ 《建炎以来系年要录》卷一百六。
⑤ 《建炎以来系年要录》卷一百十一。
⑥ 《宋史》卷二十九《高宗纪六》，第541页。
⑦ 《建炎以来系年要录》卷一百三十二。
⑧ 《建炎以来系年要录》卷一百三十四。

川增印钱引的数据："建炎二年，罢铸钱，复用元符所增之额。三年，增一百万。绍兴元年，增六十万。二年增一百四十万。三年，增五百万。四年，增五百七十万。五年，增二百万。六年，增六百万。皆以给利、夔两路军费。七年，有旨不许泛印。八年，以边报急阙，增三百万充籴买。九年，以移屯陕西合给籴本及陕西六路新复州军衣赐，增二百万。增数既多，签书枢密院事楼照（炤）奉使陕西，奏禁泛料，始定著刑章。十年，以赡军急阙，增五百万。"

《建炎以来系年要录》与《蜀中广记》两书记载虽有差别，但大同小异，从中仍可看出宋高宗前期四川滥发钱引的基本事实，历年增印钱引总数至少在 3200 万贯以上。开始增印钱引时，由于赵开"于秦州置钱引务，兴州鼓铸铜钱，官卖银绢，听民以钱引或铜钱买之。凡民钱当入官者，并听用引折纳，官支出亦如之。民私用引为市，于一千并五百上许从便增高其值，惟不得削减，法既流通，民以为便"[①]。可见当时钱引币值较高，信用颇好，在市场上流通没有问题，人们乐于使用。但是后来发行钱引以铁钱为本钱，随着军费开支越来越大，钱引增印越来越多，"即将本钱侵用，故引法日坏"[②]，"引价低落"[③]。为此，绍兴七年（1137）五月，宋廷下诏四川不得泛印钱引，违者将被严惩。"然边备空虚，泛印如故。"[④]绍兴十年（1140）正月，宋廷接受签书枢密院事楼炤的建议，诏泛印钱引者徒二年，不以赦免。可是仅过数月，到三月，因金兵大举入侵陕西，宋廷以赡军缺钱，便又命

① 《宋史》卷三百七十四《赵开传》，第 11598 页。
② 《文献通考》卷九《钱币考二》，第 249 页。
③ 《建炎以来系年要录》卷一百十一，宋高宗绍兴七年五月壬午。
④ 《建炎以来朝野杂记》甲集卷十六《四川钱引》。

成都府钱引务增印钱引500万贯付川陕宣抚司。此外，民间伪造钱引也是致使钱引泛滥贬值的原因之一。如，建炎年间（1127—1130），川陕宣抚司曾破获一起50人伪造钱引30万的案子。①

（四）关外银会子

绍兴七年（1137）二月，川陕宣抚副使吴玠在凤州河池县创行关外银会子。银会子分一钱和半钱两种："一钱银会子十四万纸，四纸折钱引一贯；半钱银会子十万纸，每八纸折钱亦如之。""初行于鱼关及阶、成、岷、凤、兴、秦六州，岁一易，其隶军中。"②一钱银会子可折钱引250文，则一钱银会子14万张和半钱银会子10万张共可折钱引4.75万贯。每年兑换一次。关外银会子只隶军中，显然它完全是为应付军费而创制的。

其实，纸币贬值，与纸币发行绝对数量的多少并无必然的联系。纸币贬值的表面原因往往是官府无本滥发，不能如数兑现，致民不信，在使用时自然贬值。如果能与南宋初年赵开发行钱引时那样，无论在官府出纳或市场流通过程中，都能保证引值的稳定乃至提高其币值，民众乐意使用，流通就不会有问题。但是南宋官府不能长期做到这一点，因为战乱和苛重的赋役使生产衰退，官府不可能有充足的纸币发行本钱，不能保证纸币及时如数兑现。更重要的是当生产衰退时，如果纸币发行总量超过了社会商品交换的实际需要，商品供不应求，物以稀为贵，货币必然贬值，物价一定上涨。不管纸币发行多少，只要纸币发行总量与商品生产总量同步增长或同步缩减，纸币就不会贬值，物价就不会上涨。可见纸币贬值的根本原

① 《宋史》卷三百七十四《赵开传》，第11598页。
② 《建炎以来朝野杂记》甲集卷十六《关外银会子》。

因在于生产衰退，商品供不应求，也就是纸币流通的总量超过社会商品的总价格。至于生产为何衰退，这就要从当时的生产关系和政治制度中去找原因，要通过解剖整个社会的历史与现状，进行深刻的分析，从中去寻求答案，而这已不仅仅是研究通货膨胀史的任务。

三、物价高涨及其危害

宋高宗前期通货膨胀的具体表现便是物价上涨。物价上涨的根本原因在于南宋初年的战乱和苛重赋役所造成的生产衰退，致使商品供不应求。特别是苛重的赋役不仅使劳动者生活和再生产发生困难，减少了商品的供应，而且它又使生产成本增加，从而推动了货币的贬值和物价的上涨。无论是宋仁宗还是宋徽宗时期的通货膨胀，都与赋役苛重密切相关。这正如南宋学者叶适所说："若富强之道，在于物多，物多则贱，贱则钱贵，钱贵然后轻重可权，交易可通。今世钱至贱，钱贱由乎物少。"① 由于没有系统完整的物价史料，加上不同时段和不同地区商品供求关系非常复杂，研究物价就相当困难，不可能做出十分精确的分析和判断。但是尽管如此，从各种零碎史料中，我们仍可毫无疑问地看到宋高宗前期物价上涨的发展趋势及其对国家和人民的严重危害。

（一）粮价

北宋徽宗时期，平时正常的粮价在每斗 120 钱左右。但在北宋钦宗靖康年间（1126—1127）和南宋高宗建炎年间（1127—1130）的五六年中，因金兵大举南侵，对生产破坏严重，山东、京西、淮南等路，"斗米至数

---

① 《文献通考》卷九《钱币考二》，第 258 页。

十千，且不可得”，甚至出现人相食的惨象。至建炎以后情况虽稍有缓和，但总的说来，宋高宗前期的粮价远比北宋时昂贵，尤其是在战乱和遭灾时粮价就更高。

建炎四年（1130）秋，越州上户缴纳田税折钱，“糯米一斗为钱八百，粳米为钱四百”[①]，这是官府收税折价比平时市价为高。同年夏，平江府疫病流行，“米斗钱五百”[②]。绍兴元年（1131）春，因鼎州各县为杨幺起义军所据，“米贵斗直二千”[③]；五月，鄂州饥荒，米“斗三千五百，民多饿死”，孔彦舟乘机牟利，括军中米出卖于市，“斗直二千”；[④]七月，浙西米“前此每斗一千二百者，今减作六百”[⑤]。绍兴初，因金兵入侵，北方沦陷，江、浙、湖、湘、闽、广各地遍布从西北流亡来的难民，北方人惯吃面食，于是南方各地“麦一斛至万二千钱”[⑥]，价格高过稻米一倍。绍兴二年(1132)春，“两浙、福建饥，米斗千钱”[⑦]。绍兴元年（1131），“江浙等路连年失耕，又苦水旱，米价翔踊，每斗一贯至二贯”；绍兴二年（1132）丰收，“米斗不及五六百，江上诸州米斗三四百”。[⑧]绍兴二年（1132）秋，常、润、苏、秀州大丰收，米价极贱，“米斗二百正”[⑨]。同年十月，“建康米斗不及三百”[⑩]。

---

① 《宋会要辑稿》食货七〇之三〇。
② ［宋］王明清：《挥麈后录》卷十，《文渊阁四库全书》第1038册。
③ 《建炎以来系年要录》卷四十一，宋高宗绍兴元年正月乙卯。
④ 《建炎以来系年要录》卷四十四，宋高宗绍兴元年五月庚申。
⑤ 《宋会要辑稿》食货四〇之一四。
⑥ 《鸡肋编》卷上。
⑦ 《宋史》卷六十七《五行志五》，第1463页。
⑧ 《景定建康志》卷四十八《吕颐浩传》。
⑨ 《中兴小纪》卷十三，第159页。
⑩ 《建炎以来系年要录》卷五十九，宋高宗绍兴二年十月戊戌。

绍兴三年（1133）四月，两浙因上年丰收，当年米价“每斗五百文省”[①]。绍兴四年（1134）七月，户部和籴，旧例“朝廷岁降本钱三百六十万缗，约籴米九十万石”[②]，约合每石4贯。绍兴五年（1135）四月，湖州向民间强摊籴买军粮，“官给价钱每斗不过三百文”，而市价“每斗已七百文”，[③]即官府收购价远低于市价。同年十月，两浙转运司收籴粮食，“每石给省钱五千以上”[④]，每斗不足400钱，官收购价低于市价。绍兴五年（1135），“行在米斗千钱”，官府出粜仓中陈米，“每升粜二十五文，仅得时价四之一……次年米贱”。[⑤]同年，湖南大旱，人民死亡十有六七，市价米已“每升一百余钱”，但官府和籴粮食，却“每石作四贯四百文支降”，[⑥]而且籴本中并非全是现钱，其中还有会子、度牒、紫衣师号等。绍兴六年（1136）二月，湖南在大旱后，粮价已涨到“斗米一贯五六百文”；但早禾成熟后，米价顿减，“新米每斗四百文，仓米每斗三百文”。[⑦]同年八月，户部“预借江浙民户来年夏税绸绢之半，尽令折纳米斛……于是两浙绸绢各折七千，江南六千有半。以米斛价例纽折，每匹折米贰石”[⑧]，即米每斗只折325钱至350钱，显然是官府克剥百姓。绍兴七年（1137）春，“广西大饥，斗米千钱，人多饿死”[⑨]。绍兴八年（1138）九月，“浙西凡秋成米贱之时，其价概以官斗，

① 《宋会要辑稿》食货四〇之一六至一七。
② 《建炎以来系年要录》卷七十八，宋高宗绍兴四年七月己巳。
③ 《建炎以来系年要录》卷八十八，宋高宗绍兴五年四月庚戌。
④ 《建炎以来系年要录》卷九十四，宋高宗绍兴五年十月己巳。
⑤ ［宋］董煟：《救荒活民书》卷二，《文渊阁四库全书》第662册。
⑥ ［宋］张嵲：《紫微集》卷二十四《论和籴》，《文渊阁四库全书》第1131册。
⑦ ［宋］吕颐浩：《忠穆集》卷三《乞宫观札子》，《文渊阁四库全书》第1131册。
⑧ 《建炎以来系年要录》卷一百四，宋高宗绍兴六年八月己未。
⑨ 《建炎以来系年要录》卷一百九，宋高宗绍兴七年。

每一斗民间率用钱三百足，亦有三百以下”[①]。绍兴九年（1139），东南地区米“三万石以中价计之，自不下十万缗”[②]，即米价每石约3.3贯多。因为钱少，绍兴十一年（1141）八月，“荆湖之南，即今米斗百余钱，谷价之贱，未有如此者。今日钱荒之弊，无甚于湖南”[③]。

以上所讲的都是宋高宗前期东南地区两浙、荆湖、闽广和江东西各路的米价。在正常年景时，大致市价米每斗约400文钱；在丰收价贱时，米每斗约300文；在战乱或遭灾时，米价每斗高达1000文至2000文，甚至3500文。至于官府收籴粮食，价格一般都低于市价，而官府收税以粮折钱时价格又高于市价，这是官府剥削民众的表现，不是正常的粮价。而总的来看，宋高宗前期平时的米价高过宋徽宗时期。南宋初东南地区的粮价一般都以铜钱标价。宋高宗前期铜钱年铸量不到宋徽宗时的二十分之一，为什么粮价却比宋徽宗时高得多？其实，南宋初年所铸铜钱虽少，而以前历年积贮在民间和流通在社会上的铜钱总量并不少，当时的所谓“钱荒”只是官府开支太大铜钱不够用而已。如果说南宋初年的铜钱比以前相对地少，那么当时生产的商品比以前更少，也就是流通在社会上的钱的总量还是超过了全社会商品的总价格，所以就出现了“物贵而钱少”[④]的现象。至于像绍兴十一年（1141）湖南因“钱荒”而米价贱至每斗百余钱的情况，只能说明当年湖南粮食生产的增长提高了商品粮的供给水平，但这不是宋高宗前期的普遍现象。

---

① 《宋会要辑稿》食货四〇之二三。

② 《高峰文集》卷二《论赐圩田札子》。

③ 《宋会要辑稿》卷四〇之二四。

④ 《建炎以来系年要录》卷七十九，宋高宗绍兴四年八月癸巳。

宋高宗前期四川的米价以钱引计值，钱引以铁钱为发行本钱，而当时铁钱2可换铜钱1，故以钱引计值的四川粮价相应比以铜钱计值的东南地区的粮价高一倍。自建炎三年（1129）张浚入蜀任川陕宣抚使以来，直至绍兴六年（1136）春，“诸军折色米麦，各以军屯所在之直为准，故米每石少者八九千，多者至十二千”[①]，这也可看作是当时四川的平时米价。绍兴五年（1135）秋，西川遭水灾，东川受旱灾，“田亩所收多者不过四五分，少者才一二分”，于是米价暴涨。至绍兴六年（1136）春夏间，“斗米钱两贯，利路近边去处，又增一倍，民人饥流，死者相枕藉于道”[②]。后来米价持续上涨，绍兴七年（1137）二月据吏部侍郎晏敦复说：“去年四川饥馑，米斗价钱三千，细民艰食，流为饿殍者十室而五。”[③]

（二）绸绢价（附丝绵价）

北宋神宗时绢价每匹1贯，宋徽宗时在正常情况下绢每匹2贯。至南宋高宗前期绸绢价直线上升。北宋祖宗制定刑法时，绢市价每匹不满千钱，犯罪计绢定罪，每匹折钱1贯300文足，后随着绢价上涨，计绢定罪每匹折钱增至一贯500文足。建炎元年（1127）六月绢价继续上升，宋廷“诏自今计绢定罪并以二贯为准”[④]。刑法计绢定罪折钱一般高于市价。绍兴元年（1131）八月以前，宣州“奉敕上供绸绢一半折价，每匹三贯文，而江东时值止两贯，下户反有倍费”[⑤]，可见官府向百姓征收上供绢折钱价格

① 《建炎以来系年要录》卷九十七，宋高宗绍兴六年正月辛巳。
② 《建炎以来系年要录》卷九十九，宋高宗绍兴六年三月壬辰。《宋史》卷六十七《五行志五》，第1463页。
③ 《建炎以来系年要录》卷一百九，宋高宗绍兴七年二月丙辰。
④ 《宋会要辑稿》刑法三之五。
⑤ 《宋会要辑稿》食货六四之四七。

高于市价。绍兴二年（1132）七月之前，江西州县向民户征收和买及夏税绢，规定一律要纳本色绢，绢供不应求，价格上涨，“绢遂至五贯文足一匹，绵增至六百文足一两”。绢、绵之价日增，民户为了卖米买绢，旱米市价日减。鉴于民户负担太重，七月十八日宋廷下诏特许纳绢折钱，规定“绢每匹作四贯五百文省，绸每匹作三贯文省”①。虽然如此，官府收税作价还是较高。绍兴二年（1132）九月，宋廷“诏自今应赐帛者……每匹令户部支钱三千”②，可见朝廷赐帛折价低于征税纳绢折价。绍兴三年（1133）四月，宋廷拨给江、浙、荆湖、广南、福建路都转运使张公济绸绢充籴本，其中高丽绢折价“每匹作六贯”，绸“每匹作五贯”。③同年九月八日，因“目今绢价不下四五贯”，宋廷下诏提高刑法计绢定罪折钱标准，由原来每匹折价二贯“更增一贯，通作三贯足”④。十一月十日，因江浙地区的绢“街市价例高贵”，宋廷顺势提高财政支绢折价标准，诏：“应折支绢，江南作五贯文，两浙作六贯五百文；如遇无渍污绢，即将好绢递增一贯文给。”⑤绍兴四年（1134）春，户部尚书黄叔敖催征夏税物帛急如星火，“民间买绢一匹，至钱八千，多至十千”⑥，这是被官府催税逼高的绢价。同年八月，“洪州在市一[匹]绢之直已增长八贯五百文足，自余州军有至十贯足以上”，宋廷以江西因战乱残破，民力不易，下诏和买绢“折纳价钱每匹减作六贯

---

① 《宋会要辑稿》食货九之二二至二五。

② 《建炎以来系年要录》卷五十八，宋高宗绍兴二年九月甲子。

③ 《宋会要辑稿》食货四〇之一七。

④ 《宋会要辑稿》刑法三之五至六。

⑤ 《宋会要辑稿》食货五一之二七至二八。

⑥ 《建炎以来系年要录》卷七十七，宋高宗绍兴四年六月甲辰。

文省”[①]，其实当时两浙绢的现价每匹才 4 贯 500 文省。绍兴八年（1138）二月，常州无锡县绢每 9 尺价值 1 贯 800 文，按 1 匹 4 丈 2 尺计，每匹价为 8 贯 400 文。[②]绍兴十一年（1141），因旱灾宋廷准许江浙折帛钱“䌷绢匹八千，绵每两五百，皆所以宽民力也”[③]。另外，《文献通考·市籴考》引用陈傅良的话，记载了高宗前期折帛钱连年增长的情况：“建炎初年行折帛亦止二贯……四年为三贯省，绍兴二年为三贯五百省，四年为五贯二百省，五年七贯省，七年八贯省。”[④]

从上述的史料中，我们可以看出，宋高宗前期的绢价，无论是官价还是市价，几乎都是连年上升的。从建炎元年（1127）的绢价每匹 2 贯一直涨到绍兴四年（1134）的每匹 10 贯，在短短的七八年之中，其价格上涨的幅度之大和速度之快是相当惊人的！

（三）草价

宋哲宗绍圣元年（1094）六月，治理黄河所用草每束价钱 35 文。宋徽宗时草价大涨，“束草不下百三十余钱”，不过这是官府为了吸引商人向边郡入中粮草而有意抬高的价格，“致使官价几倍于民间”[⑤]，其实当时民间草价每束估计也只四五十钱而已。宋高宗绍兴三年（1133）七月，马草“每束价钱五十文”，但户部支付宣抚使“每束折支钱六十文”，给刘光世军“束折钱五十文足”，[⑥]这是草本身的价格。而在战争时期，百姓送草到前线军

---

① 《宋会要辑稿》食货六四之三〇。
② 《宋会要辑稿》食货二六之二五。
③ 《建炎以来系年要录》卷一百四十一，宋高宗绍兴十一年七月癸卯。
④ 《文献通考》卷二十《市籴考一·均输市易和买》，第 573 页。
⑤ 《宋史》卷一百八十二《食货志下四·盐中》，第 4447 页。
⑥ 《宋会要辑稿》食货四〇之一八。

队还要加上大笔运费。如，绍兴六年（1136）十月“淮泗大军所须茭刍甚夥……民间津送，每束有至五六百钱者”[①]。又如，绍兴初，江东建康府溧阳县支移马草去沿边，“每纳草一束，陪备有至八百文”[②]，约为草价10倍以上。

（四）盐价

宋代食盐的价格十分复杂。不同地区所产不同种类的盐有不同的价格。食盐是禁榷品，官盐有盐钞价、收购价、对商人的批发价、对消费者的销售价等。官府为了剥削百姓以增加财政收入，官盐采取贱买贵卖政策。为了说明盐价的升降对人民群众生活的影响，这里只谈销售价。

从宋哲宗绍圣到宋徽宗宣和间，在一般情况下盐价变动不大，每斤在60文钱左右。至南宋初年盐价开始大涨。宋高宗南渡之初，因经费无着，便以增收盐课来解决困难。绍兴元年（1131）十二月，“江、湖盐价每斤七八百钱”[③]。“江、湖”是指江南东、西路和荆湖南、北路，当时因金兵占据淮南，淮盐生产遭到破坏，加上交通阻隔，原属淮盐供应区的江、湖区食盐紧缺，故价格昂贵。仍由于同样的原因，绍兴二年（1132）二月，“江南、荆湖、淮南、京西州军盐价，每斤有卖及两贯已上去处”[④]。这是宋金战争最困难时期的盐价，当然不会持久。此后盐价有所回落，绍兴四年（1134）淮浙盐每袋300斤卖钱18贯，每斤60文。[⑤]绍兴初，据当时人杨时说：“闽

① 《建炎以来系年要录》卷一百六，宋高宗绍兴六年十月辛丑。
② 《石林奏议》卷九《申尚书省相度折纳转运司应副刘锜等军马草状》。
③ 《建炎以来系年要录》卷五十，宋高宗绍兴元年十二月辛巳。
④ 《宋会要辑稿》食货二六之三。
⑤ 《宋会要辑稿》食货二六之二一。

中旧官卖盐，每斤二十七文。今民间每斤至百二三十文，细民均被其害，而盗贩所以公行也。”[①] 绍兴四年（1134）正月，宋廷曾规定榷货务出卖淮浙盐钞每袋（300斤）21贯，即每斤70文；至九月，又降至18贯，即每斤60文。[②] 这只是官府卖给商人的盐钞批发价，不是卖给百姓的零售价。广东、广西的盐也很贵。绍兴三年（1133）九月，“二广比年以来，盐货通流，其价倍增”。朝廷规定卖给诸路州郡的官盐每斤定价47文，但“广东如南雄等州官卖实价每箩（计一百斤）至十千，广州亦自至八九千。广西如昭、贺等州皆至十一二千，桂州遂至十七八千。西路价平者不下八九千，而官价所收只得四贯七百文足，其余所得皆为私有”[③]。两广官盐价实卖每斤80钱至180钱，价格也不低。至于四川则以铁钱计价，南宋初四川官卖盐价每斤300文[④]，相当于铜钱150文。

（五）金价

北宋金价曾长期维持在每两值钱10贯水平，哲宗绍圣四年（1097）涨到14贯。钦宗靖康元年（1126）正月，因金兵围攻汴京向宋廷索取金银，钦宗为向金求和高价收购金银，金价才涨到每两20贯，到次年正月又涨到每两35贯。靖康年间（1126—1127）的金价是非常时期的价格，可是到南宋高宗前期，这样高的金价却没有下降。绍兴四年（1134），岳飞派人到行在榷货务支取“金五千两，每两［折价］三十贯文”[⑤]。

---

① 《龟山集》卷二十《答胡康侯》。
② 《宋会要辑稿》食货二六之二一。
③ 《宋会要辑稿》食货二六之一六。
④ 《建炎以来朝野杂记》甲集卷十四《蜀中官盐》。
⑤ ［宋］岳珂：《金佗续编》卷五《绍兴四年朝省行下事件省札》，《文渊阁四库全书》第446册。

（六）银价

从北宋神宗到徽宗前期，银价大致每两值钱 1 贯左右。徽宗后期银价逐步上涨。至钦宗靖康二年（1127）正月，银价才涨到每两 2.5 贯。南宋高宗前期银价持续上涨。绍兴三年（1133）四月，户部拨银折钱给江浙荆湖广南福建都转运使张公济籴粮，“每两作二贯二百”[①]。绍兴四年（1134）四月，“广东上供白金，近岁每一两率为钱三千有奇，比至输于太府，准价以给官吏军旅，则为钱二千有奇”[②]。这也就是说，在广东银每两价钱为 3 贯多，而在临安以白银充官俸军饷，每两只值钱 2 贯多。绍兴四年（1134），宋廷给岳飞拨付军费，“支银一十万两，每两二贯三百文”[③]。

关于宋高宗前期物价暴涨给民众和国家带来的危害，那是不言而喻的。如，建炎年间（1127—1130）金兵入侵淮南，斗米价至数十千，出现了人相食的惨象。绍兴元年（1131）五月，鄂州饥荒，斗米 3.5 贯，民多饿死。绍兴初年，大批北方人逃难到江南后，麦涨价至每斛 1.2 万钱，这使惯于面食的难民更加困苦。绍兴五年（1135）秋，四川因遭水旱之灾，次年春夏之间斗米卖到 2 贯至 4 贯，人民死亡，枕藉于道。绍兴六年（1136）二月，当湖南斗米贵至一贯五六百文时，人民饥饿。绍兴七年（1137），当广西斗米千钱时，人多饿死。又如，绍兴元年（1131），江东绸绢市价每匹 2 贯，而宣州征收上供绸绢折价高至每匹 3 贯，致使下户负担倍增。绍兴二年（1132）七月，江西路和买及夏税绢绵全部征收本色，促使绢价上涨至每匹 5 贯足、绵增至每两 600 文足，民户为缴纳绢价，被迫贱价出卖旱米。

---

① 《宋会要辑稿》食货四〇之一七。

② 《宋会要辑稿》食货二六之二二。

③ 《金佗续编》卷五《绍兴四年朝省行下事件省札》。

再如，绍兴初福建盐价由原来的每斤 27 文涨到了一百二三十文，百姓深受其害，于是私盐贩乘机兴起。物价昂贵，不仅使民众生活困苦，而且对国家也极不利。绍兴五年（1135），湖州向民间征收上供米，官府定价每斗 300 文，而征税揽户又向民户每斗勒索 300 文，才能缴纳，促使街市米价涨至每斗 700 文，弄得人心惶惶，使官府无处籴米。绍兴五年（1135），行在米贵至斗米千钱，为了救济饥民，户部被迫出卖仓中陈米，每升 25 文，仅得市价的四分之一，致使国家财政受损。又如，绍兴二年（1132）绢价已涨到 5 贯一匹，这就增加了宋廷的财政压力，因缺钱，只好降低赏赐官员和军人的绢帛折价，每匹仅折钱 3000 文，使官兵都减少了收入，从而削弱了士气。绍兴四年（1134），户部尚书黄叔敖逼催夏税物帛，急如星火，促使民间绢价上升至每匹 8 贯至 10 贯钱，“此在朝廷无毛发之益，而于百姓有丘山之害”[①]。再如，绍兴初福建盐价猛涨，致使私盐泛滥，大大减少了国家盐课收入。绍兴三年（1133），两广盐价过高，由于贪官从中作祟，败坏了官场风气。如此等等，足见物价上涨既害人民，又损国家！

第三节　宋高宗中后期国家形势由危转安

绍兴十一年（1141）十一月宋金签订“绍兴和议”后，历史进入宋高宗统治的中后期（1142—1162），战争暂停，国家形势由危转安。在相对和平的环境中，尽管朝政依然腐败，但生产逐渐得到恢复，国家财政也从而有所改善。

---

① 《建炎以来系年要录》卷七十七，宋高宗绍兴四年六月甲辰。

一、“绍兴和议”后的时局

“绍兴和议”，虽然是南宋与金签订的一个屈辱的和约，但它毕竟停止了战争，从绍兴十二年至三十一年（1142—1161）保持了近20年的和平环境，这在客观上有利于社会的安定和经济的发展。在宋高宗中后期的20年之中，总的来说社会较为平静，不仅没有大规模的战争，也少惨重的自然灾害和激烈的民众暴动。虽然宋廷内外充满着各种矛盾，但其基本上属于上层统治者之间争权夺利的互斗，并未酿成重大的影响全国大局的政治事件。

宋高宗中后期的自然灾害比北宋末期时少得多，遭灾地区也不甚广，持续时间并不算长。在宋徽宗统治的26年中，天灾几乎连年不断。据《宋史·徽宗纪》等文献的不完全统计，当时有大水灾14次，大雨、冰雹7次，大旱灾6次，大蝗灾3次，大火灾5次，大地震4次。[①] 而且受灾地域广，灾情十分惨重。而据《宋史·高宗纪》的记载，在绍兴十一年（1141）后的20年中，自然灾害只有寥寥数次。主要的有：绍兴十四年（1144）五月，婺州及严、信、衢、建四州水灾；绍兴十八年（1148）夏，浙东西、淮南、江东旱灾；绍兴二十二年（1152）五月，襄阳大水；绍兴二十三年（1153）六月，潼川大水；绍兴二十九年（1159）正月，湖、秀等州饥荒。上述几次天灾中，除了绍兴十四年（1144）闽、浙地区的那次水灾死人较多，如建州溺死数千人，其他几次天灾未见灾情的详细记载，想必灾情不是十分惨重。当然这里的统计，也许并不准确，但宋高宗中后期的天灾少于宋徽

① 俞兆鹏：《论北宋末期的恶性通货膨胀》，见《探索集——俞兆鹏史学文选之三》，第165页。

宗时期当无可疑。

宋高宗中后期的人民反抗斗争也少于宋徽宗、钦宗时期和宋高宗前期。据何竹淇编《两宋农民战争史料汇编》一书的统计，徽宗、钦宗时期 27 年中，共发生农民起义和大小民变等 38 次，包括历史上有名的宋江起义和方腊起义，宋军镇压方腊起义时，被杀群众上百万。高宗前期 15 年中，共发生农民起义和民变、兵变 72 次，包括著名的钟相、杨幺起义。而高宗中后期的 20 年中，只发生各种群众反抗运动 23 次。这些群众反抗运动，规模较小，时间短，波及地域不大；参与者有的是反抗重税和科率的农民，有的是土地歉收的饥民，有的是摩尼教信众，有的则是闽、浙沿海的一般海盗；他们大部分活动在闽、浙地区，且很快被平定，影响不广。

宋高宗中后期，宋廷为了缓和阶级矛盾和发展社会经济，曾经采取了一些措施。其中主要的是：为了克服豪强地主瞒田漏税和赋役不均的弊病，推行了经界法；为了减轻贫民的经济负担以缓和阶级矛盾，减免或倚阁了多种赋税；为了避免土地兼并和官户享有过多的免役特权，曾经颁布了限田令。这些措施虽然未能彻底有效地执行，但对恢复生产还是起了一定作用。关于经界、免税和限田的具体内容和推行情况，将在下文详说，此处不赘述。

可是，宋高宗中后期的朝政，与宋徽宗时期腐败的官僚政治相比，并无根本改变。

“绍兴和议”后，宰相秦桧因力主和议，被视为有“再造宋室”之功，更加受到宋高宗的宠信，于是他权倾中外，为所欲为。为了巩固既得利益，并进一步攫取更大的权力，秦桧大肆进行结党营私活动。秦桧使自己的子弟和姻亲身居要职，如：其子秦熺累迁至知枢密院事并领修国史，孙子秦埙被擢为礼部侍郎兼实录院修撰；其妻兄王会官至户部侍郎、宝文阁直学士，秦熺妻兄曹泳先后出知绍兴府、临安府再迁户部侍郎……尤其是他的姻亲郑亿年曾投降金人被封为户部侍郎，又仕伪齐为资政殿学士，归宋后在秦桧庇护下依然出任资政殿学士。秦桧还提拔其同乡、同学和朋友为大官，如：他的同学范同、段拂被秦桧擢为参知政事，何若、巫伋被擢为签书枢密院事；他的朋友吴表臣官至吏部尚书，郑仲熊官至参知政事，郑亨仲官至资政殿学士、宣抚四川。秦桧多用阿谀奉承他的人为执政，如：曾参与谋害岳飞的张俊、万俟卨被秦桧擢为执政；一直媚事秦桧并力主和议又在当考官时录取秦熺为进士第一人的程克俊，被秦桧荐引为签书枢密院事；曾在当考官时定秦埙为进士第一名的魏师逊、汤思退、郑仲熊、董德元等人，先后被任为参知政事。秦桧还勾结外戚和高宗的宠臣为自己邀恩固宠，如：他千方百计笼络外戚吴益、御医王继先，通过他们窥测宫中动向并对高宗施加影响，以达到其邀恩固宠和结党擅权的目的。

秦桧虽在朝廷上下到宫廷内外结成了自己的死党，且人数众多，势力庞大，但他却仍担心有人与他争夺相位，即使对其心腹之人也不予信任，严加防范。为此，秦桧专门擢用“柔佞易制”的人为执政大臣，罢免那些不听话的人，如参知政事何铸因不主和议反对杀害岳飞而被罢了官。同时，他还对其党羽的言行严加监视，发现有不顺从他的人，立即加以排斥，他曾要参知政事万俟卨“假金人誉己数十言”上奏高宗，并要万俟卨在他假造的诏书上签名，遭到拒绝，他便唆使御史中丞李文会上书将万俟卨劾罢。[①]秦桧不让大臣久任，以免其形成势力与他分庭抗礼，在他当政期间的全部

① 《建炎以来系年要录》卷一百五十一，宋高宗绍兴十四年二月丙午。

执政中，除王次翁一人外，其他 20 余人，均在任职不到一年或半年时即被劾罢官。通过上述种种阴谋手段，秦桧终于把朝政牢牢地掌控在自己手中。

秦桧从绍兴八年（1138）三月至绍兴二十五年（1155）十月独相 17 年。在此期间，他并未利用“绍兴和议”后的和平稳定环境，协助高宗励精图治以雪靖康之耻，而是对外继续奉行对金屈辱投降的方针，对内严厉实行腐朽的专制统治。他控制台谏，鼓励告密，严禁私史，以排斥异己。秦桧首先把打击的矛头对准反对和议的人，如对反对“绍兴和议”的大臣张浚、李光，对曾充大金国通问使能持忠孝之节的洪皓，进行迫害。同时，秦桧对与他意见不同的人加以报复，如前宰相吕颐浩虽已去世，秦桧仍指使地方官将他的儿子吕摭免官，除名编管；前宰相赵鼎因受秦桧迫害，被逼绝食而死。秦桧还为了将反对派一网打尽，大兴冤狱，被诬陷的官员达 53 人之多。宋朝立国以来允许私人修史，高宗、秦桧为防止有人修史来记载他们的丑事，便大兴文字狱，以查禁私史为借口，大批销毁私史和对他们不利的日历、时政记、诏书、章奏等史料，许多人因与修史有关而受到打击。而由秘书少监秦熺主纂的国史，多是对高宗、秦桧的阿谀奉承之语。

秦桧一面削弱国防力量以讨好金人，一面又迎合高宗奢侈虚荣的本性，日进珍宝、珠玉、书画、奇玩供其享乐，并在临安大兴土木建造壮丽的皇宫、太庙和官府，还不断举办各种祭典，大量耗费国家资财。和议之后，高宗以为天下太平，可以高枕无忧，便每日在宫中游宴，无所事事，过着醉生梦死的生活。高宗心中空虚，既信佛，又佞道，希望神佛保佑，不惜花费巨款修建大量佛寺道观，供养大批和尚道士。高宗的生母韦太后为了讨好金人，每年献给金朝皇后的礼物“以巨万计”[①]。她建造慈宁宫居住，自供的钱、帛、绵、羊、酒数量极大，而且宫中又赏赐无度。至于许多文武大臣也多挥金如土，生活糜烂，如高宗心腹爱将杨存中（原名沂中）被封为同安郡王后，偶遇一测字算命之人，看出他是个王，便当即答应赏给缗钱500万贯。

秦桧大权在握，却懒于公务，把精力集中在大肆贪污搜括钱财上。他“喜赃吏，恶廉士”，公开接受百官贿赂。官吏能否升迁或获得差遣，完全要看献给秦桧钱财的多少。而这些官吏到任后便竭力剥削百姓，“故脏吏恣横，百姓愈困”。每逢秦桧生日，各级地方官都要向他献礼，总计达数十万贯之巨。秦桧在其独相的十七八年间，搜刮到的财产，竟“富于左藏（国库）数倍”[②]，大大超过了富可敌国的水平。

秦桧之所以能够专权自恣，主要原因在于高宗对他的宠信。由于高宗与秦桧在制定和执行对金妥协投降和偏安江南的方针上有共同的立场，故高宗一直信任和依赖秦桧，甚至说：“（秦）桧国之司命，（王）继先朕之司命。”[③]

绍兴二十五年（1155）十月，秦桧病死。高宗担心朝中抗战派臣僚借反对秦桧而反对和议，从而引起金人怀疑，于是他特下诏严申：“讲和之策，断自朕志，故相秦桧，但能赞朕而已。……内外之臣，咸体朕意，如敢肆议，当置典刑。”[④]但从秦桧死后官员们纷纷起来揭发他生前罪恶的浪潮中，高宗也意识到秦桧已不得人心。为了能继续推行向金投降的既定方针，高

① 《建炎以来系年要录》卷一百四十六，宋高宗绍兴十二年九月甲寅。
② 《建炎以来系年要录》卷一百六十九，宋高宗绍兴二十五年十月丙申。
③ ［宋］叶绍翁:《四朝闻见录》乙集《秦桧王继先》,《文渊阁四库全书》第1039册。
④ 《中兴小纪》卷三十七，宋高宗绍兴二十六年三月丙寅，第442页。

宗决定“换马”，执行没有秦桧的秦桧路线。他先将秦桧的子弟、姻亲和党羽相继以“招权市恩”“赃污淫滥”“违法横敛”等罪名予以罢免或黜逐。然后，他任用曾为秦桧亲信而又与秦桧有矛盾的汤思退为参知政事兼知枢密院事；又提拔力赞和议却受秦桧排挤的陈诚之为翰林学士；任用曾多次奉命赴金求和后被秦桧逐出朝廷的魏良臣为参知政事；任曾经谄谀秦桧后又受秦桧排挤的沈该为参知政事；还升任曾经巴结秦桧却在秦桧死后起来按劾秦桧的汤鹏举当台谏官。不久，高宗又分别任用沈该、万俟卨为左、右丞相。同时，高宗派陈诚之出使金国，再次向金方表示自己将遵守“绍兴和议”的诚意。至于对抗战派官员，则依旧采取排斥打击政策。

在内政方面，宋高宗依旧实行秦桧时期的腐朽政策。既然朝廷讳言抗金，武将们就乐得坐享荣华富贵，朝游暮宴，从不考虑如何去保卫国家之事。他们平时无事可干，便专以盘剥兵民为能事，或派部卒去经商。正如翰林学士何溥在绍兴三十一年（1161）时所指出的，“为将帅者，不治兵而治财。刻剥之政行而拊摩之恩绝，市井之习成而训练之法坏”，致使“披坚执锐之士，化为行商坐贾者，不知其几”。①

以高宗为首的南宋上层统治者，本应利用“绍兴和议”后出现的和平环境，励精图治，去大力发展经济，严格训练军队，以达到富国强兵的目的。但是，他们却以为停战后天下太平，便恣意享乐，把主要精力用于如何谋取私利方面。因此，虽然宋廷曾推行经界法和限田令以图均平赋役，多次下诏宣布减免赋税以减轻百姓负担，但终因政治腐败，贪官污吏横行，这些有利于生产发展的政策往往是口惠而实不至，未能认真彻底地执行。“蠲

① 《建炎以来系年要录》卷一百八十九，宋高宗绍兴三十一年三月己卯。

租之令已赦而复征，至以宽大之泽例为虚文”[①]。官府甚至还暗增赋税，致使市井萧索，民不堪命。和议停战后，社会经济虽然逐步恢复并有所发展，但这种积极的发展势头被政治腐败的消极因素所削弱，故而高宗中后期的经济虽稍有发展，却未能达到应有的水平。

宋高宗中后期20年的和平环境至绍兴三十一年（1161）秋因金兵的再次南侵而被打破。南宋绍兴十九年（1149），也即金熙宗皇统九年十二月，金统治集团内部兴起了一场争权夺利的斗争，平章政事完颜亮发动宫廷政变，杀死金熙宗，夺取了帝位，史称海陵王。完颜亮羡慕江南繁华，企图灭亡南宋。金贞元元年（1153年，南宋绍兴二十三年），他将都城从上京（即会宁府）迁往燕京，改名中都，并营建汴京，步步逼近南宋，积极进行南侵准备。虽然早在绍兴二十七年（1157）冬，已有南宋官员获悉金人南侵意图，并上报朝廷，然而宋高宗和宰相沈该、汤思退不信金人会违约南侵，对备战不闻不问。直至绍兴三十一年（1161）五月金遣使向南宋要求割让江北土地，宋廷内部抗战舆论才渐占上风。同年七八月间，完颜亮调集60万兵力开始分四路南侵。金兵虽一路遇到宋军的抵抗，但仍在占领两淮之地后于十月初四进抵长江北岸。为抵御金兵，宋廷命知枢密院事叶义问到建康府督视江淮军马，以中书舍人兼直学士虞允文为参谋军事。十一月初七，完颜亮决定于次日在西采石渡江。十一月初八，虞允文来东采石犒军，当时采石驻军的主将王权已被罢职，军中无帅，虞允文毅然负起了抗金的重任。虞允文激励诸将，凭借水战长技，以车船、霹雳炮等打败金兵，使金兵不得渡江。而这时金朝内部已发生政变，十月初八，金东

① 《建炎以来系年要录》卷一百九十，宋高宗绍兴三十一年五月丁亥。

京留守完颜雍在辽阳府发动政变，自立为帝，是为金世宗，并下诏废黜完颜亮。十一月二十八日凌晨，完颜亮部下将士发动兵变，用乱箭将完颜亮射死。于是金兵开始从两淮撤退，完颜亮侵宋彻底失败。金兵虽然退去，但宋高宗的恐金病却更为严重，他怕金兵再次南侵，为了保住自己的荣华富贵和生命安全，便自称“倦勤”，将皇位“禅让”给了太子赵昚，是为宋孝宗。从此宋高宗移居德寿宫，当上了太上皇。

二、社会经济缓慢发展

宋高宗中后期，由于战争的停止，社会呈现出相对安定状态。虽然南宋王朝的政治依旧腐败，但是为了缓和国内阶级矛盾和巩固赵宋政权，南宋统治者必须医治战争创伤，设法发展社会经济，于是宋廷采取了一些减免赋役和恢复生产的措施。尽管这些措施未能使南宋出现“中兴”局面，但其结果还是使社会经济有了缓慢的发展。

（一）赋役较前减轻

宋代的各种赋役征收额及应役期都是以居民的田产多少来确定的，而官僚、大地主兼并土地和瞒田逃税的现象，自北宋以来长期存在，至南宋时愈演愈烈。南宋初年，因战火之后，版籍散亡，土地关系混乱，官僚、大地主乘机霸占民田，造成了有田者未必有税、贫下农户产去税存的现象，从而严重影响了国家的财政收入。绍兴十二年（1142）十一月，左司员外郎李椿年上疏，指出经界不正有十害，并说：平江府的租赋岁入过去有 70 余万斛，今按其版籍虽然尚有 39 万斛，而实际上由于有人瞒田逃税只能收到 20 万斛。因此，他提议从平江开始实行经界，然后推广至全国。朝廷接受了李椿年的建议，即任他为两浙路转运副使，专门负责措置经界之事。李椿年条奏请求先往平江各县试行，等取得经验，再推广到其他各州。并说，经界“要在均平，为民除害，更不增税额”[①]。也就是说，正经界的目的是要查出隐瞒逃税的田亩，改变赋税不均的现象，不增加原来的税收总额，以减轻百姓的负担。当年十二月，李椿年公布了推行经界的具体办法，绍兴十三年（1143）六月高宗下诏在全国颁行。次年八月，升任李椿年为权户部侍郎，并成立户部经界所。十二月，李椿年因母丧去位，秦桧任命其亲信两浙转运副使王铁为户部侍郎，代为主持经界事。王铁改变了李椿年造砧基簿、地形图和打量勘查的办法，令民户十家为一甲，自报田亩及应纳田税之数，这就为官僚、豪强地主勾结官吏通同舞弊打开了方便之门。绍兴十六年（1146）二月，王铁因病出知湖州，又任右司员外郎李朝正为权户部侍郎措置经界。绍兴十七年（1147）正月，李椿年终丧还朝，当时全国经界尚未完成，两浙路的79县中也只完成40个县。为了不使经界半途而废，李椿年奏请朝廷同意后，恢复了原来的做法，并派官分赴各地督促检查，纠正经界中的不法行为。当经界法正在顺利推行之际，绍兴十九年（1149）十二月，李椿年却被突然罢了官。次年正月，宋廷命户部尽快结束各地经界未了事宜，限转运使和当地守臣于一季内完成。接着又下令如在规定限期内不能完成经界，长吏都要罢官。此后数年，宋廷虽先后任命户部侍郎宋贶、潼川府转运判官王之望等主持经界事，但只是对四川等经界不均的地方做了一些扫尾工作。

高宗中期经界之所以草草结束，主要原因在于官僚和豪强地主的反对、吏治的腐败以及秦桧集团的破坏。因为清查隐瞒的田产，纠正诡名子

---

① 《文献通考》卷五《田赋考》五，第118页。

户，必然会遭到官僚、豪强地主等既得利益者的反对，他们散布流言蜚语，夸大经界中出现的问题，以迫使朝廷中止经界法的推行。王之望曾说：“蜀中经界，不论贫富，大抵税增者愿罢，税减者愿行，皆出一己之私，而形势户之不愿者为多。盖诡名挟户，非下户所为。”[①]同时，由于查清了田亩和户口后，那些负责征税的官吏们便会失去徇私舞弊、贪污勒索的机会，他们就千方百计加以阻挠，或在丈量田亩、审定等色时搞点破坏。有的官员则不顾经界均税的方针，反而加强剥削。如敕令删定官郑克行四川经界法，“虽蔬果、桑柘莫不有征，而邛、蜀民田至什税其伍”[②]。在两浙、福建也有同样情况，如秀州“经界法之行，甚害者三百六十九事，其七千二百二十七户尤为病”[③]，从而引起民怨沸腾，破坏了经界。此外，秦桧支持经界是为了增加税收，与李椿年的初衷不同。既然经界损害了秦桧集团大官僚、大地主们的利益，他们便会出来反对。故绍兴十九年（1149）冬，秦桧死党、殿中侍御史曹筠便以李椿年“私结将帅，曲庇家乡”[④]等莫须有罪名将他劾罢。

从绍兴十三年（1143）初开始的经界，至绍兴二十年（1150）基本结束，历时8年，除了淮东西、京西、湖北因接近金境，福建路的汀、泉、漳三州因发生农民起义，四川少部分州县及海南岛属于边远地区外，其他各地都陆续推行了经界法。经界虽然不能彻底推行，但仍取得了较大成效，对发展经济具有一定的积极意义。如，据罗愿《新安志》卷三至卷五记载：

① 《建炎以来系年要录》卷一百七十四，宋高宗绍兴二十六年九月末。
② 《宋史》卷一百七十三《食货志上一·农田》，第4172页。
③ 《建炎以来系年要录》卷一百六十，宋高宗绍兴十九年十月己未。
④ 《建炎以来系年要录》卷一百六十，宋高宗绍兴十九年十一月辛丑。

徽州6县，在经界前共有160147户，经界后通过合并非法分户和取消诡名子户，只存下97248户；经界以前共有田地1515877亩，经界后增加到2884394亩。四川普州安岳县通过推行经界法，查出漏登户籍的2700多户，查出土地不实而加税的4507户，因此而得到减税的有6122户。[①]经过经界，“诸路田税由此始均”[②]，这对缓和阶级矛盾和增加国家财政收入都有不小作用。故后来朱熹说：“窃见经界一事，最为民间莫大之利。”[③]

绍兴和议后，宋金战争虽然暂时结束，但由于赋役重，农民穷，国内阶级矛盾仍很尖锐，这将会严重影响到南宋政权的巩固。高宗已深感缓和阶级矛盾的重要性，他曾说：“轻徭薄赋，所以息盗。岁之水旱，所不能免，倘不宽恤而惟务科督，岂使民不为盗之意哉？”[④]好在战后原占财政收入十之八九的军费开支大大缩减，使轻徭薄赋具备了一定的客观条件，于是宋廷采取了一系列减免或缓征赋役的政策措施。

农业是南宋国民经济的主要产业，为了恢复农业生产力，鼓励农民的生产积极性，必须从减免农业方面的赋税做起。现仅据《宋史·高宗纪》《宋史·食货志》以及《文献通考》的记载，将宋高宗中后期减免农业赋税的主要史实列表于下：

---

① 《汉滨集》卷五《改正安岳县经界状》。
② 《建炎以来朝野杂记》甲集卷五《经界法》。
③ 《朱文公文集》卷十九《条奏经界状》。
④ 《宋史》卷一百七十四《食货志上二·赋税》，第4216页。

表 1　宋高宗中后期减免农业赋税主要史实一览表

绍兴十四年（1144）三月	蠲汀、漳、泉、建四州经“贼”残蹂民户赋役1年。
绍兴十五年（1145）七月	免汀、漳二州秋税及处州三县被水民家绸绢、鄂州旧额绢各1年。
绍兴十五年（1145）八月	蠲京西路请佃田租2年。
绍兴十六年（1146）	减两川米脚钱32万缗。
绍兴十七年（1147）	又减两川米脚钱42万缗。
绍兴十七年（1147）	真州兵烬之余，疮痍未复，洪兴祖为守，请复租1年，明年又请复之。
绍兴十八年（1148）十二月	赈明、越、秀、润、徽、婺、饶、信诸州流民，蠲被灾下户积欠租税。
绍兴十九年（1149）五月	汀、漳、泉三州民田被“贼”蹂践，蠲其两税。
绍兴二十一年（1151）正月	以两淮民复业未久，宽其租赋。
绍兴二十三年（1153）七月	宽理平江府、湖秀二州被水民夏税。
绍兴二十三年（1153）九月	赈潼川被水州县，仍蠲其赋。
绍兴二十三年（1153）	是岁，减池州青阳县田租1.7万石。
绍兴二十五年（1155）	减潼川府秋税脚钱4万缗，利路科斛脚钱12万缗，两川米脚钱40万缗。
绍兴二十五年（1155）十二月	戒州县加收耗粮。
绍兴二十六年（1156）三月	诏两淮边民未复业者，免其租10年。 募四川民佃淮南、京西闲田，并边免租税10年，次边5年。
绍兴二十六年（1156）十月	离军添差之人，授以江、淮、湖南荒田，人1顷，为世业。令所在支请给1年以为牛、种之费，仍免10年租税、20年丁役。

续表

绍兴二十七年（1157）十月	诏四川诸司察旱伤州县，捐其税，振其饥民。
绍兴二十七年（1157）十一月	蠲庐州两税及上供米1年。
绍兴二十八年（1158）	鉴于福建税米折纳价太高，朝廷欲依祖宗折科法，合纳初定实价，耗费共不得过百钱，非紧急不得折科。
绍兴二十八年（1158）十二月	蠲楚州归附民赋役5年。
绍兴二十九年（1159）正月	蠲沙田、芦场为风水所侵者租之半。
绍兴二十九年（1159）闰六月	罢江、浙、淮东沙田、芦场所增租课。
绍兴二十九年（1159）九月	蠲中下户所欠税赋及江、浙蝗潦州县租。
绍兴三十年（1160）十月	蠲舒、和、蕲、黄4州民附种田租。
绍兴三十二年（1162）四月	募民耕淮东荒田，蠲其徭役及租税7年。

南宋初年，采取差雇并行的役法，百姓既要缴纳免役钱，又要被差服役。官户全不服役，豪强地主勾结官吏，以诡名子户等办法逃避重役，差役多落在物力薄弱的第四、第五等下户身上。下户被差之后，多在重役的压力和贪官污吏的敲诈勒索下破家荡产。自北宋以来的差役法弊端在南宋初依旧延续下来。据《宋史·食货志》载："高宗在河朔，亲见闾阎之苦，尝叹知县不得人，一充役次，即便破家，是以讲究役法甚备。"[①] 其实差役不公这是由南宋社会制度决定的，也非高宗一人所能改变。不过，迟至绍兴二十九年（1159），宋廷为了解决官户田多可以免役、贫下户却要负担

① 《宋史》卷一百七十八《食货志上六·役法下》，第4334页。

重役的弊端，曾经推出了限田之制，其主要内容为：一品官只能占田50顷，二品官45顷，三品官40顷，四品官35顷，五品官30顷，六品官25顷，七品官20顷，八品官10顷，九品官5顷，若所占土地超出限田之数，就要雇人应差；品官死后，其子孙享受免役的田亩数代代减半，荫尽（即五服之外），则差役并同民户。限田令并不限制官僚、地主对土地的占有量，只是限制他们享受免役特权的田亩数。由于政治腐败，这种限田令在执行过程中常成为一纸空文。

南宋初，不少地方的百姓在缴纳了免役钱之外，还要承担身丁税。在减免百姓身丁税方面，宋廷倒是采取了一些措施的。绍兴十三年（1143）七月，蠲浙西贫民逋负丁盐钱。绍兴十四年（1144）十月，鉴于永、道、郴三州及桂阳监、茶陵县民多产子不举，宋廷永蠲其身丁钱绢米麦。绍兴十五年（1145）正月，为了纠正僧尼、道士不纳免丁钱坐享安闲的情况，宋廷开始征收“僧道免丁钱”，根据僧尼、道士地位的高低分为9等，每人每年分别缴纳免丁钱2千至15千不等，每年税钱达50万贯。这虽对抑制僧道人数的扩大有一定积极意义，但僧道免丁钱常被寺观用朝廷特旨免除，官府便将其转嫁到百姓头上。绍兴二十五年（1155）八月，宋廷又宣布蠲诸路身丁、免丁钱一年。同年，高宗因“念浙民之困，免丁绢钱绵一年，以内府钱帛偿户部”[①]。次年，又蠲诸路丁绢一年，共24万匹。绍兴二十九年（1159）九月，减僧道免丁钱。绍兴三十一年（1161）正月，高宗规定“自今增丁不得增绢”[②]，并免湖州增丁所输绢[③]。绍兴末年，广西宜州土丁可免

① 《文献通考》卷十一《户口考一》，第308页。
② 《建炎以来系年要录》卷一百八十八，宋高宗绍兴三十一年正月丁亥。
③ 《宋史》卷三十二《高宗纪九》，第599页。

纳身丁钱。

宋高宗前期，为了应付战时军费的急需，宋廷在正税之外，推出了许多临时性的苛捐杂税，主要的有折帛钱、月桩钱、四川折估钱和激赏绢、版账钱、经总制钱等，而且税额都很巨大，成为广大民众的沉重负担。“绍兴和议”后，军费开支减少，那些为应付军需而征收的苛捐杂税，也就有所减免。绍兴十五年（1145）以前，征收折帛钱折价高至“每匹十千或八千”[①]。绍兴十七年（1147），“诏减折帛钱：江南每匹为六千、两浙七千”[②]。绍兴二十一年（1151），又蠲平江府折帛钱三年。此外，广西折布钱也有削减，绍兴五年（1135）桂、昭二州征收折布钱每匹折价高至1500文，绍兴二十年（1150）减免三分之一。[③]绍兴十三年（1143）闰四月，蠲诸路无名月桩钱。绍兴十七年（1147）以前，月桩钱曾达453万余贯。绍兴十七年（1147），“朝廷既罢兵，又命监司郡守将宽剩钱充月桩，以宽民力”，“其后遂减江东、西月桩钱二十七万七千缗有奇”。[④]绍兴十八年（1148）冬，高宗曾欲尽罢月桩钱，因秦桧不同意而终未能罢。绍兴十五年（1145）正月，减四川宣抚司激赏钱30万缗。绍兴十六年（1146），减利路激赏绢2万匹。绍兴二十二年（1152），四川总领所奏蠲诸路所欠绍兴十七年（1147）以前折估籴本等钱129万余缗。绍兴二十五年（1155），减两川绢估钱28万缗、激赏绢9000余匹，蠲州县绍兴十九年至二十三年（1149—1153）折估籴

---

① 《皇宋中兴两朝圣政》卷二十五。

② 《文献通考》卷二十《市籴考一》，第584页。

③ 《建炎以来朝野杂记》甲集卷十四《广西折布钱》。

④ 《建炎以来朝野杂记》甲集卷十五《月桩钱》。参看《文献通考》卷十九《征榷考八》，第551页。

本等逋欠292万缗。绍兴二十七年（1157），减夔路激赏绢5万匹、两川绢估钱28万余缗。绍兴二十九年（1159），蠲四川折估籴本积欠钱340万缗。经总制钱作为一种杂税，不仅名目繁多，而且税额不断提高，在高宗前期的财政收入中占很大比重，是百姓的一项沉重负担。绍兴十六年（1146）经总制钱收入达1725万贯，超过南宋全年税钱收入的四分之一。宋廷十分重视经总制钱，直到绍兴二十六年（1156）还严责各地加强征收，以绍兴十九年（1149）的最高数立额，致使当职官吏横征暴敛，民受其弊。于是，当年便有礼部侍郎贺允中、仓部郎中黄祖舜请求减收经总制钱，高宗接受了这一要求。绍兴三十一年（1161），诏免除诸路州军所欠绍兴二十六、二十七年经总制钱。绍兴三十二年（1162），又蠲淮东残破州军总制钱一年。

在盐茶酒的榷卖课利的征收方面，宋廷也稍有减免。如，绍兴二十五年（1155），减两川盐酒重额钱74万贯。绍兴二十七年（1157）十一月，减福建盐钞钱岁8万贯。绍兴二十九年（1159）十二月，减西和州卖盐值之半。绍兴二十七年（1157），减所增茶额462万余斤，茶司引息虚额钱岁95万余贯。绍兴三十年（1160）二月，罢夔州路榷茶。绍兴十四年（1144）六月，蠲江、浙州县酒税、坊场积年逋负。绍兴十六年（1146），免两川创增酒钱3.4万贯。绍兴二十七年（1157），以隔槽酒[①]扰民，许买扑以便民，并曾一度罢官监。绍兴三十二年（1162），罢借两浙、江、淮坊场净利钱。

两宋时期，随着商品经济的日趋发展，官府的商税征收也不断加强。

---

① 建炎三年，赵开改制，行隔槽酒法："即旧扑买坊场所置隔槽，设官主之，曲与酿县官悉就置，听酿户各以米赴官自酿。凡一石米输钱三千，并头子、杂用等二十二。其酿之多寡惟钱是视，不限数也。"参见《名臣碑传琬琰之集》卷三十二，李焘《赵待制开墓志铭》。

至宋高宗前期，更是广张税网，多设税务，甚至对百姓日用所需之牛、米、柴、面等都要收税，税吏、拦头还百般敲诈勒索，严重影响商业的发展。宋廷曾多次下达宽商诏令，如减并税务，免收百姓日用品税等等，但多是口惠而实不至，征商苛严的局面始终未能改变。至绍兴十五年(1145)，宋高宗说：“天下之物有不当税者甚多，如牛米柴面之类是也。”[①] 于是，绍兴十六年(1146)，罢州县新创税场。绍兴十七年(1147)，户部“依准圣旨措置到州县镇务违法收税钱并客贩米斛昨降指挥并免收税”[②]。绍兴十八年(1148)朝廷又“累降指挥”重申此令。至绍兴二十一年(1151)七月，罢柴米税，似乎暂时解决了米面收税的问题。绍兴二十六年(1156)正月，又下令“省诸州税场，以宽商贾”[③]。于是这一年，诸路共减并税场134处，减罢9处，免过税5处。[④] 绍兴二十七年(1157)三月，下诏除耕牛税。南宋初，对于商业行户来说，负担最重的是既要无偿或低价供应官府商品，又要缴纳免行钱。绍兴元年(1131)曾废罢免行钱，可是绍兴十一年(1141)又恢复征收免行钱，当时川陕四路岁取免行钱至50万缗，东南又倍之。“绍兴和议”后，宋廷才逐步减免免行钱。如，绍兴十三年(1143)，先蠲免雷、化、高、融、宜、廉、邕、钦、贺、贵等商业和交通不发达的西南地区各州的免行钱。绍兴十四年(1144)，又以开州两县在夔部尤为僻远，减免行钱之半。绍兴十五年(1145)，规定：诸路收免行钱，在定额外多取一文以上，以擅增税赋法罪之。绍兴十七年(1147)四月，蠲诸路免行钱三分之一。

---

① 《宋会要辑稿》食货一七之三八。
② 《宋会要辑稿》食货一七之三八。
③ 《宋史》卷三十一《高宗纪八》，第584页。
④ 《宋会要辑稿》食货一七之四三。

绍兴十九年（1149），因南郊赦，尽蠲百姓所欠免行钱，以后凡遇赦皆免；并减连、英、循、惠、新、恩六州免行钱。绍兴二十五年（1155），罢诸路免行钱，时免行钱岁入108万缗。[①]此外，绍兴十三年（1143）禁三衙及诸军市易，绍兴二十年（1150）“诏私债还利过本者，并与依条除放”[②]，这对改善民营商业发展的环境具有一定积极意义。在对外贸易方面，宋廷对市舶抽解率也进行了一些调整。因绍兴十四年（1144）“抽解四分，番商诉其太重”，故绍兴十七年（1147）十一月“诏三路（广南、福建、两浙）舶司，番商贩到龙脑、沉香、丁香、白豆蔻四色，并抽解一分，余数依旧法”[③]。

南宋初年的和籴、和买及各种科率，数额巨大，官府基本上是向民间白取，不给钱，成为百姓承担的一种税外之税，高宗中后期对此也有所调整和减免。如，绍兴十五年（1145）正月，减成都府路对籴米三分之一；同年，还下诏禁州县减克和籴价钱、横敛脚费，“如盘量出剩，监官计剩数科罪”[④]，看来这时和籴已付价钱。绍兴十八年（1148），户部奏免和籴，命三总领所置场籴之。绍兴二十五年（1155）四月，减广西路折米钱。绍兴二十七年（1157），减三川对籴米16.9万余石。至于和买，绍兴十二年（1142）正经界时，曾规定物力在38贯500文以上者均敷和买一匹，可是绍兴十六年（1146）据知绍兴府王希言反映，“物力自百文以上皆不免于和买，贫民始不胜其困”，于是“诏下户和买二万五十余匹住催一年，又

---

① 《宋史》卷三十一《高宗纪八》，第581页。
② 《文献通考》卷二十七《国用考五》，第797页。
③ 《文献通考》卷二十《市籴考一》，第591页。
④ 《文献通考》卷二十一《市籴考二》，第635页。

减元额四万四千匹有奇”。[1] 这里宋廷只对贫困户和买做了极小的让步，此后宋廷不断降低和买户的物力标准，和买反而愈加愈重。至绍兴二十六年（1156），有的地方和买已多于正税一倍，而且乡司受形势户和公吏的贿赂，使其减免，将税额摊给下户，使贫下农民受害。减免百姓其他科率钱物的也不多，只有绍兴十七年（1147）减四川科敷虚额钱岁 285 万缗，绍兴二十六年（1156）三月蠲闽、浙诸州岁供军器所物料三分之一。“预借”来年两税或和买绢早在绍兴初年已成为地方官府解决财政困难的灵丹妙药，害民匪浅。绍兴十六年（1146）四月，宋廷虽曾“禁州县预借民税及和买钱”[2]，但到了绍兴二十二年（1152），又有“远方州县预借人户税租，有借及一二年者，其间复以本色纽折见钱，价又倍之，输纳稍缓，加以严刑”[3]。

高宗中后期，除减免各种赋税外，还减免了一些地方官府上供的钱物，这也就有可能减轻百姓的负担。如，绍兴十五年（1145），蠲安丰军上供钱米两年。绍兴二十六年（1156），减四川上供之半。绍兴二十九年（1159），减两浙、江东、江西、湖南、湖北路上供粮岁额，由旧额 469 万石减为 367 万石。[4] 绍兴三十一年（1161）八月，蠲浙江等路上供米。绍兴三十二年（1162），蠲淮东残破州军上供银绢米麦。此外，绍兴二十四年（1154），还罢温州市黄柑、福建贡荔枝。绍兴二十六年（1156），诏罢临安府岁贡御服绫 100 匹，又诏罢连州岁贡珠子并放逐籍定蜑丁。高宗自

① 《宋史》卷一百七十五《食货志上三・布帛》，第 4240 页。
② 《宋史》卷三十《高宗纪七》，第 565 页。
③ 《建炎以来系年要录》卷一百六十三，宋高宗绍兴二十二年三月癸亥。
④ 参考汪圣铎：《两宋财政史》，第 581 页。

即位以来，曾多次诏罢岁贡蜀制锦绣。

免税数额较大的是免除各地历年积欠的各种赋税，今仅举主要的列表于下：

表2 高宗时期主要免税情况一览表

绍兴十四年（1144）二月	蠲江、浙诸路逋欠钱帛。
绍兴二十一年（1151）三月	诏："自绍兴十一年至十七年诸色拖欠钱物，除形势及公吏、乡司与第二等已上有力之家，余并蠲之。"
绍兴二十五年（1155）七月	减四川绢估、税斛、盐酒等钱岁160余万贯。蠲四川州县绍兴十九年至二十三年折估、籴本等积欠292万贯。
绍兴二十六年（1156）	依吏部侍郎许兴古建议，诏蠲民间积欠。
绍兴二十六年（1156）八月	蠲建康府积欠内帑钱帛。
绍兴二十七年（1157）九月	蠲淮南、京西、湖北积欠内藏钱帛。
绍兴二十八年（1158）九月	蠲平江、绍兴、湖州被水民逋赋。
绍兴二十九年（1159）二月	蠲四川折估籴本积欠钱340万贯。
绍兴二十九年（1159）三月	诏免除诸路州县绍兴二十七年前积欠官钱397万余贯及四等以下户系官所欠。
绍兴三十一年（1161）八月	蠲诸路逋欠经总制钱。

高宗中后期，由于宋廷没有统一的赋役革新计划，只是头痛医头，脚痛医脚，虽时有赋役减免措施出台，但因政治腐败和贪官作祟，却经常在减税的同时又增加赋税。尤其在秦桧当政期间，为了支付给金岁币和满足统治集团的奢侈生活，宋廷常"暗增民税七八"，以致"民力重困，饿死

者众”。[1]如，停战后，绢价已大幅度回落，但折帛钱数却照旧不变，每匹折价“有至十千者”[2]，农民必须以市价的2倍到3倍来缴纳折帛钱。绍兴十六年（1146），虽稍减和买数额，但此后却不断降低和买户的物力标准，使许多原来不必承担和买任务的贫下户深受其害。绍兴十四年（1144）后，宋廷虽多次减免身丁钱，可是地方官却巧立名目多收身丁钱。又如南宋初年征收的版账钱原是一种非法妄取的混账钱，宋金停战后却继续征收，而且钱额太重。绍兴二十五年（1155）罢诸路免行钱后，官府向行铺白取商品，更是变本加厉，临安府自绍兴二十八年（1158）以来，“排办国信，多缘阙乏钱物，临期于行铺收买物色，过期则不支价钱，致使行户失业”[3]，如此等等，不一而足。

综观上述高宗中后期减免赋役的情况，可见由于南宋封建生产关系和专制政治制度的局限性，宋廷及各级地方官府不可能认真和彻底地实行其所推出的赋役减免政策，故我们对它的评价不能过高。然而，与高宗前期相比，高宗中后期百姓的赋役负担毕竟有所减轻，这对生产的恢复和经济的缓慢发展仍有其一定的推动作用。

（二）经济的恢复与缓慢发展

下面所说的宋高宗中后期经济的恢复与缓慢发展，只是与宋高宗前期生产被战乱破坏后出现的经济衰退局面相比较而言，其经济发展水平并不高，只是逐步回到战前相对正常的状况而已。同时，其各项经济数据也不能与北宋相比，因为南宋版图不及北宋的三分之二。

---

① 《建炎以来系年要录》卷一百六十九，宋高宗二十五年十月丙申。
② 《宋会要辑稿》食货九之四。
③ 《宋会要辑稿》职官三六之五三。

人口，特别是劳动人口，是社会生产力的首要因素。生产力是否恢复，先要看人口数量升降情况。由于为瞒田逃税而“诡名子户”等原因，宋代的户口统计常不准确。但从现有史书的记载中，我们仍可看出户口变化的大致趋势。据《文献通考》卷十一《户口考二》所载，宋徽宗大观初有2091万户，估计建炎元年（1127）南宋境内最多也只不过一千多万户。经过北宋末南宋初宋金战争的杀戮，人口大幅度减少。至绍兴八年（1138），据尚书刘大中奏:“自中原陷没，东南之民死于兵火、疫疠、水旱以至为兵、为缁黄及去为盗贼，余民之存者十无二三。”湖南岳州民户所存甚至仅有百分之一；江西袁州一带“人屋俱无”；荆南府“几无人迹”。绍兴和议后，宋廷采取了一些鼓励人口增长的政策，除了多次宣布减免各种赋税和身丁钱米之外，绍兴十五年（1145）五月还“命贫民产子赐义仓米一斛”[①]。于是宋高宗中后期的户口，经过战后和平环境中的历年繁殖，逐渐恢复到了战前的数量。据《宋会要辑稿》食货一一之二八转引《中兴会要》的记载：绍兴三十年（1160）主客户共有11575733户，19229008口；绍兴三十一年（1161）主客户共有11364377户，24202301口。

在注重繁殖人口的同时，宋廷和各地官府还在招徕流民归业、募民垦荒与兴修水利方面做了不少工作，对恢复农业生产起到了积极作用。如，刘锜自绍兴十一年（1141）七月被解除兵权出知荆南府后，他在那里先后6年，军民安之。江陵县东有黄潭，夏秋常涨水，造成荆、衡地区的水灾。“锜始命塞之，斥膏腴田数千亩，流民自占者几千户。”[②]绍兴十三年（1143），

① 《宋史》卷三十《高宗纪七》，第563页。
② 《宋史》卷三百六十六《刘锜传》，第11406页。

“荆湖岁稔，米斗六七钱”[①]。绍兴十五年（1145）七月，两浙转运判官吴坰向常平司借得钱谷，组织民众疏通华亭等处沿海三十六浦以泄水势，防止淹没民田。同年，知眉州勾龙庭贷诸司钱6万缗，亲自组织领导工役，修复建炎年间（1127—1130）被破坏的通济堰，“于是前日荒野，尽为沃壤”[②]。绍兴十六年（1146）正月，宋廷同意知西和州程俊建议，由官府借牛犁粮种给贫民，使他们能复业垦荒。同年，宋廷还下诏命诸路常平司兴修江西、淮西及江阴军的水利工程。至此，恢复农业生产已初见成效，这一年七月宋高宗对大臣说：“岁事有望，闻米麦甚贱，小民易活，亦可庆也！”[③]绍兴十八年（1148）四月，知襄阳府张澄组织人力修筑汉江大堤，保护了良田，民蒙其利。同年，因知真州洪兴祖连年向朝廷请求免除本地百姓租税，得到了朝廷同意，于是流民渐归，“垦荒田至七万余亩”[④]。所以，这一年秦桧曾兴奋地说：自宋金和议后，“农民安业，垦田渐广，户部财赋粗足支用”[⑤]。

在恢复农业生产初见成效后，宋廷继续采取了一系列兴农措施。绍兴二十年（1150）二月，为维护有利于农业的生态平衡环境，禁民春月捕鸟兽。同年四月，高宗令各地州县兴修陂湖之利以备缺雨时灌溉；并置力田科，募江、浙、福建民耕两淮闲田。绍兴二十一年（1151），由于官府减免租税招徕流民归业佃种淮南土地，这时淮南“田野加辟，年谷屡登，为农者坐享厚利”[⑥]。同年闰四月，高宗令漕司同临安府修钱塘江破裂之石岸

① 《宋史》卷一百七十五《食货志上三·和籴》，第4249页。
② 《建炎以来系年要录》卷一百五十四，宋高宗绍兴十五年。
③ 《建炎以来系年要录》卷一百五十五，宋高宗绍兴十六年七月己巳。
④ 《建炎以来系年要录》卷一百五十八，宋高宗绍兴十八年十一月癸卯。
⑤ 《建炎以来系年要录》卷一百五十八，宋高宗绍兴十八年闰八月庚申。
⑥ 《建炎以来系年要录》卷一百六十一，宋高宗绍兴二十一年六月甲戌。

以防潮水漂没民居；十一月，又命提举常平官修复陂湖。绍兴二十三年（1153）三月，令民户识认军庄营田者，每亩赏开耕工本钱5500文，并诏诸路仿此而行。因太湖濒湖之地多为军队兵卒侵占，筑高堤围成“坝田”，独擅其利，以致民田在天旱时得不到灌溉，涨水时田地尽没。为此，同年七月，宋廷禁筑太湖坝田，命浙西监司究治，尽复太湖旧迹。八月，令江东漕司协同建康府，修治建康府永丰圩，限于年底完工。十月，又借贷常平钱米给民，令修筑宣州、太平州各县圩田堤岸，用工至以数百万计。绍兴二十五年（1155）七月，诏四川诸军营田有占民田者，由常平司按验给还。绍兴二十六年（1156）三月，募四川民佃种京西、淮南闲田，由官贷给牛、种，8年后偿还。绍兴二十七年（1157）十月，筑通、泰、楚三州捍海堰。命四川诸司视察旱伤州县，并免其税，赈济饥民。绍兴二十八年（1158）九月，诏给激赏库钱、平江府上供米，令疏浚平江府三十六浦以防涝。绍兴二十九年（1159）又命浚福山塘，以防水倒灌于丁泾。绍兴三十年（1160）正月，支官钱和借牛、粮募民开垦淮南荒田。绍兴三十二年（1162）四月，募民开垦淮东荒田，免其徭役及租税7年。同年，募边民和老弱之兵，给以耕牛、耒耜、种粮，令修筑襄阳之长渠、木渠，并耕种襄、汉土地。在宋廷和各地官府不断兴修水利和募民垦荒之后，南宋中后期的农业生产逐渐恢复并走上了缓慢发展的道路。

此外，宋高宗中后期的经济作物种植也有所拓展。如，奉使赴金的洪皓被金朝扣留了15年，他在绍兴十三年（1143）返回南宋时，将原来只生长在北方的西瓜种子携带过江，在南方各地广泛种植。再如，茶的种植也继续扩大。至绍兴末年，东南 10 路 66 州 242 县岁课茶 1590 余万斤[①]；成都府路 9 州及利州路岁课茶 2100 余万斤。广东的南雄、循州，广西的静江府及融、浔、宾、昭等州，都开辟了新茶园。四川雅州一带的少数民族，也多有即山种茶者。据有的专家估计，绍兴末年的茶产量已有“一亿斤之巨”[②]。

宋高宗中后期的手工业生产也逐渐复苏并开始缓慢发展。作为宋代最重要手工业部门的矿冶业在宋高宗前期曾一落千丈，坑冶大量停废，金属产量大幅度下降。直到绍兴末年，全国岁收铜仅 26 万斤、铅 19 万斤、锡 2 万斤，是宋代同类产品岁课额的最低点。虽然高宗中后期的矿冶业不可能再达到北宋的水平，但至绍兴末年，经过多方努力，矿冶业已经有所恢复。如，在高宗统治的 30 多年中，各地新开矿场 757 处，但又停闭 598 处，两者相抵新增矿场 159 处。[③]这说明高宗时期为恢复矿冶确实下了很大功夫，虽成效不大。又如，继北宋元祐（1086—1094）中胆铜生产兴起以来，南宋时期的胆铜生产地位更显重要。信州、饶州、韶州、潭州等地是胆铜的重要生产基地，绍兴末这几处的胆铜岁产共计 21.26 万斤[④]，占当年铜总产量的 81%。以发展胆铜生产来弥补矿铜生产的不足，这是南宋官府付出巨大努力的结果。同时，广东韶州岑水场的炼铜生产也有所回升。绍兴末年，铁课岁入只有 88 万斤（四川除外），其中江西诸州占了 70 余万斤。福建

① 《建炎以来朝野杂记》甲集卷十四《总论东南茶法》。
② 葛金芳：《南宋手工业史》，上海古籍出版社 2008 年版，第 343 页。
③ 《玉海》中记载，新开矿场为 758 处，停闭 583 处，新增 175 处。
④ 《建炎以来朝野杂记》甲集卷十六《铜铁铅锡坑冶》。

产铁也不少,“客贩遍于诸郡”[1],大都是民间生产经营的。广东的韶州、惠州、广州也有少量铁的开采。当时铁的总产量虽只有北宋时的约十分之一多，但因胆铜需要用铁浸于胆水才能生产出来，故南宋当局非常重视铁的生产，胆铜生产刺激了铁的生产。铜、铁产量虽少，但当时铜器制造技术和铁器工艺却有了进一步发展，民间制造铜、铁器的小商品生产相当发达。

由于铸钱原料的稀缺，绍兴初岁铸铜钱才 8 万贯，绍兴三年（1133）也只铸 12 万贯。经过南宋有关官府的努力，绍兴二十五年（1155），岁铸铜钱增至 14.6 万贯[2],又铸铁钱 16 万贯[3]。绍兴二十六年（1156),岁铸铜钱又增至 23 万贯[4]。至绍兴三十一年（1161),已有饶州永平监、建州丰国监、韶州永通监、赣州铸钱院和严州神泉监在生产铜钱。由此可见，高宗中后期铸钱业也在逐渐恢复中。

宋高宗前期的兵器制造业，因宋金战争时期工匠被金兵俘去和在南迁过程中逃亡较多，兵器生产有所削弱。停战后，各州县大多设置作院或都作院进行兵器生产，有的战略要地的作院规模还不小。各路州县就地组织兵器生产，可因地制宜地利用当地资源，就近取材，尽量满足各类兵器制造的需求，减少向外地民间的物料科率，有利于军工生产的恢复和发展。

高宗前期因负责造船的官员渎职不作为和挪用造船经费，致使官营造船业衰落，漕船供应不足。但当时宋军为镇压杨幺起义而创造的车船，却

---

① 《建炎以来系年要录》卷一百七十七，宋高宗绍兴二十七年五月庚午。
② 《玉海》卷一百八十《食货•钱币•中兴铸钱监》。《中兴小纪》卷三十七记为“一十四万缗”。
③ 《建炎以来朝野杂记》甲集卷十六《川陕铸钱》。
④ 《玉海》卷一百八十《食货•钱币•中兴铸钱监》。《中兴小纪》卷三十七记为“二十二万缗”。

在高宗中后期继续发展了起来。这种船以轮激水，其行如飞，具有极强的战斗力。绍兴三十一年（1161）发生宋金“采石之战”时，虞允文率领的宋军就是用这种车船大败金兵的。另外，浙江民间曾创造了一种新型战船魛鱼船[①]，这种船适合于浅海行驶，速度快，机动性强。温州平阳县蒲寨门也新造了一种海上巡船，其上转板坦平，可以战斗。[②]同时，官办造船业在经过整顿后，也有所振兴。如，绍兴三十一年（1161）洪、吉、赣三州造船场“每场差监官二员，工役兵卒二百人”，并“立定格例，日成一舟”，年额达300艘以上。[③]

作为手工业重要支柱的纺织业，在宋代一直十分发达，尤其是四川和两浙地区的丝织业各具特色。虽在南宋初年西川蜀地和长江下游各地的纺织业一度遭到战火的祸害，但停战后南宋的纺织业很快就又发展起来。绍兴十二年（1142），宋廷曾指令四川成都府路用钱20万贯收买准备用作礼品的高级丝织品川锦，可见当时川蜀仍是高级丝织品的重要产地。绍兴十七年（1147），东南诸路每年收绸39万匹、绢266万匹、绫罗絁3万余匹，四川仅上供绢和激赏绢两种税绢（包括绸绫锦绮）就有44万匹，加上其他税绢项目，其数量超过了宋神宗时期的夏秋税帛（367.2万余匹）。绍兴二十六年（1156）据起居舍人凌景夏说，当时居住在临安的北方人“辐辏并集，数倍土著”[④]，他们的衣穿所需刺激了丝织品的生产与销售。绍兴

① 《宋会要辑稿》食货五〇之一八。
② 《建炎以来系年要录》卷一百九十一，宋高宗绍兴三十一年七月癸酉。
③ 《宋会要辑稿》食货四四之七、四八之七。
④ 《建炎以来系年要录》卷一百七十三，宋高宗绍兴二十六年七月丁巳。

三十一年（1161），杭州绫锦院就有织机300架，役卒工匠达到1000人。[①]

宋高宗前期，国内大城市多被战火烧毁，交通阻塞，商贾不行，商业萧条。停战后，高宗中后期的商业虽不能说有重大发展，但至少已逐渐恢复到战前的水平。就以城市人口来说，北宋末杭州人口有近20万户，经南宋初年战乱，户口所存仅十之二三。停战后，大量人口涌向城市。绍兴二十一年（1151），杭州人口很快发展到战前水平，其中“富室大贾往往而是”[②]，至孝宗初已有26万多户。其他城市如平江、湖州、镇江、建康、鄂州、成都、襄阳等也多成为商品的集散地。关于高宗中后期的商业经营情况及商税收入，史缺具体记载。宋廷曾多次发布“宽商”和减免商税之令，虽然地方官吏常不严格执行，但仍多少能起到一些鼓励商人的作用。如绍兴十五年（1145）八月秦桧对高宗说：“去岁浙中艰食，陛下令不收米税，故江西诸处客商俱来，所全活者不可胜计。”[③]同时，从经总制钱的增收中也可以窥见商税收入之多。因为经总制钱中各项窠名多属商税范围，如增加盐酒等禁榷品价格的收入、头子钱、增添田宅牙税钱、楼店务添三分房钱等等，而且在国家财政收入总额中所占比例很大。有臣僚说：“经总制钱多出于酒税、头子、牙钱分隶，岁之所入，半于常赋。”[④]绍兴十六年（1146）经总制钱岁入1725万缗[⑤]，占当时国家全年税钱收入四分之一多。仅以京师楼店务钱的收入而言，神宗熙宁十年（1077）“岁收

① 《宋会要辑稿》职官二九之三。
② 《建炎以来系年要录》卷一百七十三，宋高宗绍兴二十六年七月丁巳。
③ 《宋会要辑稿》食货一七之三七。
④ 《宋会要辑稿》食货六四之九九。
⑤ 《宋会要辑稿》食货三五之二八。

二十一万六千五百八十一贯六十六文省”[①],而高宗绍兴年中,“临安楼店务钱岁三十余万缗”[②],可见商业房屋租赁之多。

从盐、酒、茶榷卖的课利收入中也可看到这三种商品的生产和交易情况。以南宋主要产盐区两淮的盐课利岁入来看：建炎以前，淮东路岁入盐息钱 1500 万贯[③]；绍兴九年（1139），两淮盐岁课共 1300 万贯，其中淮东 770 万贯。[④]绍兴二十四年（1154），仅行在、建康、镇江三务场即收入盐钱 1566.561542 万贯。[⑤]绍兴二十九年（1159），淮浙盐利合计岁入 3200 万贯。[⑥]再看茶利收入：建炎年间（1127—1130），川蜀茶行合同引法岁入钱引 105.9 万贯，至绍兴十四年（1144），川蜀茶司岁入二三百万贯。绍兴二十四年(1154),仅行在、建康、镇江三务场即岁入茶钱269.4004577万贯。[⑦]至于酒课收入，宋神宗熙宁十年（1077）为钱金银帛粟铁等 1296.2 万贯石匹两等，宋高宗绍兴三十一年（1161），仅行在、四川、东南诸路即收入 1400 余万贯。[⑧]从盐、茶、酒榷卖课利的增加中，至少可以看出这三种商品生产的发展和交易的活跃。

宋高宗中后期的对外贸易也有所发展。绍兴十四年(1144)广南、福建、两浙三路市舶司对番商贩到的龙脑、沉香、丁香、白豆蔻抽解四分，绍兴

---

① 《泊宅编》卷十，第 57 页。
② 《宋史》卷四百四《张运传》，第 12220 页。
③ 《宋会要辑稿》食货二六之八。
④ 《建炎以来系年要录》卷一百二十八，宋高宗绍兴九年五月乙未。
⑤ 《宋会要辑稿》食货五五之二七。
⑥ 《玉海》卷一百八十五《食货·会计·绍兴会计录》。
⑦ 《宋会要辑稿》食货五五之二七。
⑧ 参考《两宋财政史》，第 706 页。

十七年（1147）减为抽解一分，于是此后抽解与和买岁得约200万缗[①]，大大超过了北宋时期的市舶收入。绍兴十五年（1145），由于外贸发展的需要，宋廷还在江阴军设立了市舶务。同时，绍兴和议后，宋廷在盱眙军以及淮西、京西、陕西建榷场与金国商人贸易。由于官办榷场贸易常受宋金双方政治斗争影响，故在沿淮地区民间私设交易场所不可胜数，走私贸易非常发达，贸易量极大。绍兴三十年（1160）仅从蒋州（河南光山）郑庄卖给北商的茶不下数万引，耕牛多至七八万头。此外，南宋与大理国之间的贸易也很繁盛。仅南宋官府以盐、锦、丝帛交换大理商人的马匹，每年可得1500匹，绍兴二十七年（1157）增为3500匹以充军用。

必须说明的是，南宋的经济部门特别是手工业行业很多，这里不必逐一详述它们的发展情况，因为这不是本书的写作任务。通过对上述几个主要经济部门发展状况的论述，足可证明南宋经济在遭到宋金战争破坏后，至宋高宗中后期已经复苏并开始缓慢发展，这就为下一节分析宋高宗中后期由通货膨胀渐趋币值平稳找到了根本原因，并奠定了理论基础。

三、国家财政有所改善

对宋高宗中后期国家财政状况的估量较为复杂。要知道当时国家财政有否改善，我们不能光看财政收支绝对数量的增减，而是要看财政收支是否基本平衡。在当时各项财政收入中，有的比前增加，有的减少；同样，在当时各项财政支出中，有的比前增加，有的比前减少。但总的看来，财政收支已渐趋平衡，财用紧张的局面已有所缓和，财政状况已大有改善。

① 《文献通考》卷二十《市籴考一》，第591页。

而这就为商品由供不应求渐趋供求平衡和通货由不断膨胀渐趋币值稳定，创造了有利的客观条件。

（一）财政收入情况

从财政收入的主要项目两税来看，宋高宗前期由于战争破坏、农民逃亡以及豪强地主瞒田漏税，田赋收入大大减少。如，鄂州地区因土地亩数不实，赋税收入不及昔日十分之一。因战争破坏，淮南前沿地区甚至不征两税。因废湖为田酿成水灾，余姚、上虞两县所失民田常赋动以万计。高宗中后期，因宋廷大力募民垦荒并采取轻徭薄赋政策，还积极兴修水利，结果耕地垦辟，荆湖、淮南等地农业丰收，国家的两税收入增加。同时，从绍兴十三年（1143）初开始推行的经界法，历时8年，查出了不少隐瞒逃税的土地，并通过合并非法分户和取消诡名子户，增加了纳税的田亩和户数。

在宋代，盐茶酒榷卖的课利一直是国家财政收入的大宗，宋高宗中后期也依然如此。建炎四年（1130）福建在罢盐钞法后，盐课岁入只有20万贯。绍兴初年，淮盐息钱岁入也仅35万贯。绍兴二年（1132）秋，四川在开始变盐法时，盐课收入为80万贯（铁钱），此后逐年递增至400万贯。绍兴九年（1139），两淮盐岁课已达1300万贯。经过绍兴和议停战后近20年的发展，至绍兴二十四年（1154）时，仅行在、建康、镇江三务场即收入盐钱1566.561542万贯；绍兴二十九年（1159）淮浙盐利合计岁入3200万贯。绍兴末，仅淮东路泰州海陵一监即岁入盐课600万贯以上。[①] 至于茶酒榷卖课利收入也有增长。绍兴元年（1131）后行茶引法，收茶利

① ［宋］周煇：《清波杂志》卷十，《文渊阁四库全书》第1039册。

240 万贯。建炎年间（1127—1130），川蜀茶行合同引法，岁入钱引 105.9 万贯；至绍兴十四年（1144）川蜀茶司岁入两三百万贯，“此时茶司之富甲天下”①。绍兴二十四年（1154），仅行在、建康、镇江三务场即岁入茶钱 269.4004577 万贯。在四川，经赵开变法后，绍兴元年（1131）酒课岁入增至 14.6 万余贯。而到绍兴三十一年（1161），仅行在、四川、东南诸路即岁入酒课 1400 余万贯。

宋高宗中后期的商税收入，史无具体数据。但因宋廷屡行“宽商”政策，加上停战后社会环境的安定，城市的复兴，商税收入必然有所增长。仅从绍兴中临安楼店务钱岁入 30 余万贯、绍兴十七年（1147）后市舶抽解与和买岁得约 200 万贯来看，就可见商业复苏之一斑。

但我们必须看到，宋高宗中后期一方面财政收入在许多领域有所增长，而另一方面又不断地减免各种赋税，如曾多次减免田赋，减少经总制钱和月桩钱等苛捐杂税的征收，宣布“宽商”政策和裁削税务数量。尤其是在四川，更是大幅度地减税，“自讲和后，岁减钱四百六十二万缗有奇，朝廷犹以为重”②，此后又不断地给予大量减免赋税。多次大幅度地减免赋税必然会影响财政的增收。可是，事情微妙之处在于：宋廷一面减税，一面又“暗增民税七八”，以致“民力重困”，老百姓并未得到多少实惠。

既然宋高宗中后期的财税征收又增又减，那么其财政总收入是否比高宗前期有所增长呢？回答应当是肯定的。在宋高宗“渡江之初，东南岁入犹不满千万，上供才二百万缗，此祖宗正赋也”。可是，至“绍兴末年，

---

① 《建炎以来系年要录》卷一百六十七，宋高宗绍兴二十四年七月壬戌。
② 《宋史》卷一百七十四《食货上二・赋税》，第 4226 页。

合茶盐酒算、坑冶、榷货、籴本、和买之钱，凡六千余万缗”。[1] 这里所说的绍兴末年的收入并非财政收入的全部，而且仅指缗钱一项，还不包括四川地区的收入在内。据汪圣铎的估算："绍兴末年前后南宋总岁入缗钱约为九千万缗至一亿缗，另有税粮约五百万石和其他金银等。"[2]

（二）财政支出情况

宋高宗前期的财政支出极大部分用于战争和军饷。绍兴五年（1135），王俣说当时全国财政收入中“充军须者十居八九”。养兵上百万，每年需费军饷 5000 多万贯、石、匹，还不包括战时的其他各种开支。此外，用于武器装备和购买战马的费用也极大，估计每年买马需用 300 万贯。尤其是四川的军费开支十分巨大，每年约需 2000 万缗，仅直接供吴玠军队的费用绍兴四年（1134）为 1955.7 万余缗，绍兴五年（1135）为 2376.2 万余缗。同时川蜀应付关外的军粮大幅度增加，绍兴五年（1135）是绍兴二年（1132）的 4 倍。宋高宗中后期的军费开支是否减少了呢？总的看来有所减少。宁宗开禧元年（1205），据参知政事蒋芾说："南渡以来兵籍之数，绍兴十二年二十一万四千五百人，二十三年二十五万四千五百四十人，三十年三十一万八千一百三十八人。"[3] 这里说的仅是东南御前大军人数。绍兴和议后，战争虽已结束，而军队人数反而增加。绍兴三十年（1160）十二月，据高宗说："今天下财赋十分之八耗于养兵。"[4] 如果说，这时的国家财政收入已大大多于绍兴五年（1135）时，那么绍兴五年（1135）时军费占国

---

① 《建炎以来系年要录》卷一百九十三，宋高宗绍兴三十一年十月癸丑。
② 《两宋财政史》，第 137 页。
③ 《宋史》卷一百九十三《兵志七》，第 4821 页。
④ 《建炎以来系年要录》卷一百八十七，宋高宗绍兴三十年十二月戊申。

家财政收入十分之八九，绍兴三十年（1160）时犹占十分之八，宋高宗中后期的养兵费用的绝对数量应超过高宗前期。至绍兴三十一年（1161）九月，因完颜亮率金兵再次南侵，南宋的军费开支又陡然高了起来。如绍兴三十一年（1161）十月竟一次就出内藏钱900万贯犒军，因这时金兵已攻陷真州、进犯扬州，高宗为鼓励士气而出此犒军巨资，实属无奈。所以，绍兴三十二年（1162）四月，殿中侍御史吴芾说："大农之财一岁所入几五千万，而内藏激赏不与焉……大农每岁养兵之费几十之九。"[①] 大农是指户部。这里所说的户部一岁所入5000万是指缗钱，并非国家财政的全部收入，养兵之费所占4500万缗，也非全部军费。所谓养兵之费占国家财赋十分之八或十分之九只是个约数。我们只要知道整个宋高宗时期军费占了财政总收入的十分之八九即可。只是高宗前期财政收入少，军费开支困难，以致入不敷出；而由于高宗中后期财政收入增加，国家已能承受巨额军费开支，故此时的军费负担可说比前期相对减轻。必须指出的是，宋高宗中后期军费负担的相对减轻，主要是宋金和议后省去了许多战争耗费。但是停战后却增加了一笔付给金朝的岁币：银25万两、绢25万匹。所以在高宗晚年时财政积余也不会太多，甚至仍然相当紧张。

宋高宗前期官员的俸禄开支，应少于北宋末期，因为当时南宋政权初建，不少官员被金兵俘去或在战乱中逃散，在职官员人数大减，加上当时财政困难，官俸只发一半或三分之二。虽然上层官僚生活仍较奢侈，占用国家资财不少，但总的说来，高宗前期的官禄支出已相当节省。宋高宗中后期，官员人数有所增加。如还在绍兴七年（1137）的郊祀中，为赏赐官

① 《建炎以来系年要录》卷一百九十九，宋高宗绍兴三十二年四月己巳。

员仅恩荫任子即达4000人之多，比北宋末年增加两三倍。此外，吏人也大量增加，如绍兴二十六年（1156）仅浙东七州吏额4000人，“而私名往往一倍于正数，民甚苦之”[①]。虽当时官员俸禄依旧实行借减和折支制度，但宋高宗中后期的官俸吏禄开支必然多于前期。

宋高宗前期，由于大批后妃、宫人、宗室被金兵俘往北方，人员减少，加上国家财政十分困难，故宫廷费用只能比以前节省。当时后妃们的俸给标准大大降低，隆祐太后孟氏甚至要出卖自己的私绢充费。至于皇帝三年一次郊祀的费用以及给予官吏和军兵的赏赐，也大大少于北宋各朝。至宋高宗中后期，国家财政收入有所增加，财政状况比以前改善，但宫廷费用也相应比高宗前期增加。如建炎三年（1129）隆祐太后在建康时，“有司月供千缗而止”，而当绍兴十二年（1142）高宗的生母显仁后自金国南归后，“岁奉钱二十万缗（月奉万缗，冬、年、寒食、生辰倍之），帛二万余匹（生辰绢万匹，春、冬、端午各三千匹，绫、罗二千匹），冬绵五千两，酒日一斗、羊三牵”[②]。宋高宗还在临安府大兴土木，扩建皇宫，营造太庙、明堂、御苑、府库、国子监、贡院和官府，每座建筑都规模宏大，壮丽无比。同时，为粉饰太平，高宗还经常举办各种盛大的祭祀典礼。如绍兴十三年（1143）祭天地于圜丘，所用祭器9205件、卤簿12228人。三年一郊祀，每次郊祀用钱都在10万贯以上。宋高宗恣意挥霍，早在绍兴元年（1131）宋金战争十分紧张、军费开支非常困难之时，他及其皇亲国戚仍不忘享受，当时就有官员指出：“近年禁庭宫邸与夫宗戚贵近之家，具享富贵之奉，极

---

① 《建炎以来朝野杂记》甲集卷十二《州县吏额》。
② 《建炎以来朝野杂记》甲集卷一《中兴奉亲之礼》。

骄奢侈丽之欲，皆自古所无有。”[①]绍兴和议之后，高宗疏于政事，每日在宫中游宴。他还迷信神佛，不惜拨巨款修建大量寺院和道观。如绍兴十三年（1143）建成景灵宫，设内侍7人、道士10人、吏卒276人，每年用于祭祀的羊达240头。绍兴十七年（1147）建成万寿宫，设内侍2人、道士11人、吏卒155人，道士岁费缗钱792贯、米120斛。绍兴十八年（1148）建成太一宫，共有6个大殿、179楹房屋，每年供给道士的口粮就达500斛之多。[②]有一次，赐三茅观古鼎一只，费银3000两。[③]宋高宗的生母韦太后也同样大肆挥霍。她为讨好金人，每年贡献给金朝皇后的礼物“以巨万计”[④]。她自己每年所得经费仅缗钱即有20万贯。她建造慈宁宫居住，宫内赏赐无度，仅赐给柔福帝姬一人的钱，12年中共达47.9万贯。[⑤]综上所述，高宗中后期的宫廷费用显然多于高宗前期，只是当时的财政支付能力已比前期有所提高，故其对财政的消极影响还不十分明显。

有关农田水利、官工商业及公共工程方面的支费，在整个宋高宗时期的财政支出中，所占比率都极少，史书记载也不多，此处只能略而不谈。

总的看来，高宗中后期的财政支出比前期增加，只是增加幅度还不算很大。

（三）财政收支是否平衡

宋高宗中后期，国家财政收入比前期有增有减，财政支出比前期也有

---

① ［宋］程俱：《北山集》卷三十九《札子》，《文渊阁四库全书》第1130册。
② 《建炎以来朝野杂记》甲集卷二《今景灵宫》《万寿宫》。
③ ［宋］陈世崇：《随隐漫录》卷五，《文渊阁四库全书》第1040册。
④ 《建炎以来系年要录》卷一百四十六，宋高宗绍兴十二年九月甲寅。
⑤ 《鹤林玉露》乙编卷五《柔福帝姬》。

增有减，那么从总体上看，当时的财政收支是否已经平衡？是否入不敷出？还是大有积余？这不能简单做出结论，须做具体分析。

宋高宗前期财政收入很少，渡江之初，东南岁入不满千万，上供才200万贯，后来虽竭力加强赋税征收，始创经制钱、总制钱和月桩钱等，但仍然入不敷出。当时宋廷的经费来源主要依靠两浙、闽、广、江南的赋税上供，但所入才平时的五分之一。绍兴和议停战后，为了缓和阶级矛盾和恢复生产，宋廷频频发出减免赋役之诏，但另一方面宋廷却又设法从别处增收以补回减免的赋税。如和议后曾蠲减月桩钱等，但经界增税却在同时暗暗地进行。特别是秦桧当政期间，曾谕江、浙监司暗增民税几倍。结果，尽管蠲减赋税之诏无岁不有，而战争期间加给东南地区人民肩上的赋税负担仍然基本上保留了下来。尤其是和议之后，战争停止，军事开支随之减少，而赋入却基本上维持战时的数额，于是国家财政状况较和议前有明显好转。至绍兴末年，财政年总收入已达缗钱9000万至1亿、税粮500万石以及金、银、绢帛等无数，其年收入总量已接近北宋最盛时的水平，仅就缗钱收入数量看已比北宋大为增加。

宋高宗中后期，宋廷虽不断减免赋税，而财政收入仍大幅度增加。在财政支出方面，虽官员俸禄和宫廷费用较前增加，但因停战后军费大量缩减，一增一减，二者能否相抵？受史料局限，无法进行详尽而确切的计算，即使财政开支略有增加，数量也不会太大。从总的迹象来看，战后的财政收支已基本上取得了平衡，宋廷的日子好过多了。如，早在绍兴十八年（1148）时，秦桧就说，自宋金和议之后，“农民安业，垦田渐广，户部财赋粗足支用”。这也就是说，停战后不久，户部所掌握的经费已够开支，基本上消灭了财政赤字。这种情况，在四川地区表现得尤为典型。四川本是富饶之地，人民承担的赋税很重。绍兴和议之后，宋廷减放四川的赋税较早也较多。停战后不久，四川赋税总额很快就被减免了 462 万余贯，绍兴二十五年（1155）又减去各种税钱 160 余万贯，同时还蠲免了四川各州县历年积欠的赋税。四川的赋税收入虽然减少了，但和议后，军队不打仗，支费减少了，军费减少的幅度远比赋税蠲减的幅度大，因而四川总领所的财计很快就扭亏为盈，日子好过多了。据记载：绍兴十八年（1148），四川宣抚司、总领所蓄存钱财共有 5000 余万贯，“蜀中号为优裕”①。

但是，宋高宗中后期国家财政收支的平衡局面却难以长久维持。战后“户部财赋粗足支用”的日子并不长，绍兴和议后只过了短短五六年，国家财政很快就出现了赤字。朝廷财用“至绍兴十七年所积尽绝，每岁告阙不过二百万缗；至二十四年以后，阙至三百万缗”②。宋高宗中后期国家财政之所以很快又出现紧张状况，这主要是由当时封建君主专制主义和官僚主义政治体制下统治集团固有的劣根性所造成的，其具体表现为皇室、冗官费用的增加，军费削减得不力以及封桩财赋数量过多。南宋政权建立之初，因受客观经济条件所限，皇室和官俸费用比北宋末期节省，但出于以高宗、秦桧为首的封建统治集团追求奢侈豪华生活的本性，和议停战后，皇室、冗官费用就迅速增加起来。秦桧为了满足宋高宗的虚荣心和奢侈生活的需要，还日进珍宝、珠玉、书画、奇玩、“羡余”等以供其享受。高宗渡江初官员不多，不久官员日渐增多。和议停战后，官员人数更是迅速增加，其俸禄供给也势必随之上升。如果说，在宋金战争时期财政收入的

---

① 《建炎以来朝野杂记》甲集卷十七《四川总领所》。
② 《皇宋中兴两朝圣政》卷五十四。

十之八九用于军费是迫不得已，然而停战之后甚至直到绍兴末年，军费却仍占财政收入的十分之九，这就充分说明宋廷在战后削减军费不力。此外，战后宋廷将赋入中相当大的部分用于封桩，这对财政也造成了不小压力。宋朝统治者为了加强皇权，总要把每年赋入的一部分输入内帑，或收入内藏库、左藏封桩库、左藏南库用以备战。和议后，御前财赋虽与朝廷财赋分立，但皇帝常直接下令调用朝廷封桩财赋或将其一部分移入内藏归皇帝直接支配。这样，封桩财物名为备战之用，但常常不免被皇室用作奢侈享乐生活的开支。宋高宗中后期财政依然出现紧张局面的原因何在？绍兴二十七年（1157）王十朋在其《御试策》中对此做出了回答："赋入不及祖宗全盛之日，而用度不减祖宗全盛之时。"[①]

当朝廷财政困难之时，唯一的办法便是向地方官府索取。州县财力有限，上供任务极重，弄得地方官焦头烂额，叫苦不迭。如绍兴二十六年（1156），右承议郎鲁沖曾上书论郡邑之弊说："以臣前任宜兴一县言之，漕计合收窠名，有丁盐、坊场课利钱，租地钱，租丝租纻钱，岁入不过一万五千余缗。其发纳之数，有大军钱、上供钱、籴本钱、造船钱、军器物料钱、天申节银绢钱之类，岁支不啻三万四千余缗。又有见任寄居官请奉、过往官兵批券、与非泛州郡督索拖欠，略无虚日。……是使为令者惴惴惟财赋是念，朝不谋夕，亦何暇为陛下奉行宽恤诏书、承流宣化者哉？"[②]州县官在走投无路时，只好通过巧立名目向百姓征收各种苛捐杂税，于是皇帝的蠲免赋税之诏常常成为一纸空文。

---

① ［宋］王十朋：《梅溪集》卷首《御试策》，清乾隆《四库全书萃要》摛藻堂藏本，吉林出版集团有限责任公司 2005 年影印版。

② 《宋史》卷一百七十四《食货志上二 • 赋税》，第 4216 页。

由于财政开支日益增加，宋廷要求各官司预先制定年度收支计划，以防乱收乱用或财政超支。绍兴二十六年（1156），又“诏诸官司料次钱令户部取酌中一年数目立为定额，每年不得过今来所立数目。如支用不足，即具数申取朝廷指挥”[①]。但是这种定额制度并不能有效地实行，因为战后经济刚开始复苏，百姓仍然很穷，苛捐杂税不能无限度地征收，地方给朝廷的上供钱粮总是不足，而朝廷又不能节约财政开支，故预定的收支计划都无法实现。绍兴二十九年（1159），基于昔日上供岁额普遍不能完成，宋廷只得降低旧额，确立新额，如将两浙、江东西、湖南北各路的上供粮旧额 469 万石，改为新额 367 万石（其中 35 万石折钱，实发 332 万石）。由此可见，宋高宗中后期的财政状况虽比前期有所改善，但仍很紧张。

第四节 宋高宗中后期纸币币值渐趋稳定

宋高宗中后期，由于战后生产的恢复和经济的复苏，加上宋廷采取了增铸铜钱、铁钱和减发纸币的措施，从而使商品供求关系渐趋平衡，纸币币值和物价也随之出现稳定局面。

一、调整货币政策

鉴于宋高宗前期铜钱稀缺、铁钱停铸和无本滥发纸币，造成纸币的贬值，宋高宗中后期朝廷为了防止纸币贬值，对货币进行了调整，其主要表现为增铸铜、铁钱和减发纸币。

① 《宋会要辑稿》食货五一之四四。

（一）增铸铜钱

宋高宗前期因铜钱稀缺，曾印行便钱券关子和可兑换纸币交子来弥补铜钱的不足，但因发行关子和交子缺乏铜钱充当本钱，以致失去信用，造成关子和交子的贬值。绍兴二年（1132）铜钱年铸量只有 8 万贯，次年也只有 12 万贯。绍兴和议后，宋廷多方设法增铸铜钱。为了寻找铸钱原材料，宋廷竭力开拓新的矿场，在整个高宗统治时期新增矿场 159 处。由于各矿场金属产量太少，宋廷便大抓胆铜生产。至绍兴末，胆铜产量达到 21.26 万斤，占当年铜总产量的 81%，多少弥补了一点铸造铜钱原料的不足。南宋前期，铜钱铸钱监不是被裁并，便是已停产，绍兴二十七年（1157）前，宋廷下诏恢复了饶、赣、韶三州铸钱监，使铜钱生产有所回升。

为了控制和垄断铜材，宋廷进一步加强铜禁，不许民间私自铸造和买卖铜器，尤其严禁销毁铜钱改铸铜器，并提倡公私皆不用铜器。如，绍兴十三年（1143）严禁私采盗贩铜铅锡等禁榷之物。宋廷虽曾多次严申禁止毁铜钱铸铜器，但民间有令不行，于是绍兴二十五年（1155）十二月加严禁令：凡毁钱铸器者，“其犯人不论轻重，并押赴铸钱监充役，官吏知而不觉者，从违制论，仍行放罢”[①]。绍兴二十六年（1156）又规定：如有人私铸铜器，许人告发，以犯者家产充赏，然后将犯人断配钱监服役。绍兴二十八年（1158）七月，宋廷要求公卿贵戚带头不用铜器，并出御府铜器 1500 件送铸钱司销毁铸钱，然后规定：除士庶之家所用铜镜及寺观佛道像、钟磬铙钹、官司铜锣可以存留外，其余铜器一律送官；“凡民间铜器，限一月输官；限满不纳，十斤已上徒二年，赏钱三百千，许人告。自后犯者，

① 《建炎以来系年要录》卷一百七十，宋高宗绍兴二十五年十二月丙申。

私匠配钱监重役”，这次大敛民间铜器后“得铜二百万斤”。[①]

此外，当时私铸劣钱泛滥，故绍兴十三年（1143）十二月，宋廷下诏：“民间所用私铸当二毛钱悉毁之,违者抵罪。”[②] 绍兴十五年（1145）十二月，又“诏民间应现在私铸轻薄当二毛钱并捶毁”，“民间不得行使，官司亦不许受纳”。[③] 绍兴二十八年（1158),“江西州县多用私钱,旧钱百重十一两，新钱百重五两有奇，若毁旧钱一千，以铅锡杂之，则可铸二千五百。是以赣、吉等州比屋私铸”[④]。私铸劣币的泛滥严重破坏了国家的货币制度，故当年九月，宋廷命提领铸钱司严加约束。

铜钱流向国外加重了国内的“钱荒”,这是整个宋代一直存在的老问题，屡禁不止。宋高宗中后期仍不厌其烦地重申禁令。如,绍兴十三年（1143）十二月,“初申严淮海铜钱出界之禁,而闽广诸郡多不举行”[⑤]。绍兴二十五年至二十八年（1155—1158），宋廷每年都要严令禁止福建、广东沿海地区将铜钱出界流向海外各国。绍兴二十九年（1159）、三十年（1160），宋廷还下令严禁两淮沿边地区的商人通过走私贸易将铜钱流入金国。由于铸钱材料不足，绍兴时铜钱的质量愈益下降，不如北宋铜钱精好，为扭转这种状况，绍兴二十六年（1156）六月，宋高宗要求铸造铜钱“当令尽如旧制，工费所不较也”[⑥]。

宋廷在采取了上述一系列措施之后，虽成效并不明显，但宋高宗中后

① 《建炎以来系年要录》卷一百八十，宋高宗绍兴二十八年七月戊寅。
② 《建炎以来系年要录》卷一百五十，宋高宗绍兴十三年十二月辛卯。
③ 《宋会要辑稿》刑法二之一五一。
④ 《建炎以来系年要录》卷一百八十，宋高宗绍兴二十八年九月戊寅。
⑤ 《建炎以来系年要录》卷一百五十，宋高宗绍兴十三年十二月己酉。
⑥ 《建炎以来系年要录》卷一百七十三，宋高宗绍兴二十六年六月丙戌。

期的铜钱铸造量毕竟还是超过了高宗前期。绍兴十三年（1143），提点坑冶铸钱使韩球为铸新钱而调民兴复废坑，至于发冢墓、坏庐舍，结果既扰民而又无所得，这一年所铸铜钱才10万贯[1]。但至绍兴二十五年（1155），铸铜钱达到了14.6万贯；绍兴二十六年（1156）铸铜钱22万贯[2]，这一年铸钱较多，可能与此前后收缴铜器有关。然而铸钱原料毕竟不能在短期内生产出来，也不能长期以没收铜器来维持，故到绍兴三十年（1160）铸铜钱又降到了10万贯[3]，绍兴三十一年（1161）也只有10.1万贯[4]。

（二）增铸铁钱

四川钱引以铁钱为发行本钱。原邛州旧铸铁钱10万贯，建炎二年（1128），转运司以为岁铸铁钱10万贯费本钱21万贯，得不偿失，便权罢邛州监铸铁钱10年。加上民间为铸造农具将铁钱销熔殆尽。宋高宗前期，为应付战时军费开支的需要，曾不断增印钱引，自建炎二年（1128）至绍兴十年（1140）共增印3200万贯以上。由于印行钱引愈来愈多，"即将本钱侵用，故引法日坏"，"引价低落"，也就是说，无本大量发行钱引造成了钱引的贬值。宋廷虽多次下诏四川不得泛印钱引，但终因边备急需，仍泛印如故。绍兴十五年（1145）七月，四川宣抚副使郑刚中，为了增铸铁钱以充实钱引发行本钱，借以提高钱引的信誉，不待上报，便复置利州绍兴监，岁铸铁钱10万贯以救钱引之弊。[5]郑刚中为了给铸铁钱做准备，

① 《建炎以来系年要录》卷一百四十八，宋高宗绍兴十三年闰四月丁酉。《建炎以来朝野杂记》甲集卷十六《铸钱诸监》。
② 《中兴小纪》卷三十七，第452页。
③ 《建炎以来朝野杂记》甲集卷十六《铸钱诸监》。
④ 《中兴小纪》卷四十，第487页。
⑤ 《建炎以来系年要录》卷一百五十四，宋高宗绍兴十五年七月戊申。

还在绍兴十四年（1144）时就下令向益、梓、利三州征收“称提钱”。具体做法是，郑刚中“命益、梓、利三路茶盐酒课及租佃官田应输钱引者，每千别输三十钱为铸本。于是三路每岁共得钱四十三万一千六百九十缗二百九十一文，以其二十四万七千缗为铸本”①。郑刚中复置利州监岁铸铁钱10万贯，其中“铸大小钱岁各五万”②，即铸当二钱和小平钱各5万贯，实为小平钱15万贯。这次铸钱成本仍很高，费钱2000文而铸得1000文，即花2钱而得1钱。绍兴二十三年（1153）四月，宋廷又“诏利州岁铸钱以九万缗为额，视旧额减五分之二，仍并铸折二钱”③。此后一段时间停铸小平钱，只铸当二铁钱。绍兴二十三年（1153）以后，“又铸折三钱”④。绍兴二十五年（1155），“又诏利州铸大小钱各二万，凡大钱千重十二斤，小钱千重七斤半，于是岁省鼓铸本钱三万”⑤。所谓“大小钱各二万”，即等于小平钱6万贯。除利州监外，当时四川铸造铁钱的还有夔州路的施州、南平军钱监，不过规模和铸量都很小。原施州广积监岁铸额1万贯，南平军广惠监1.5万贯。⑥至绍兴三十年（1160），施州因民户难得铁、炭，只令输铁钱7000余贯；南平军也因矿苗渐少，岁铸仅1000贯，不及旧额十分之一。⑦绍兴三十一年（1161）二月，宋廷下诏复置邛州惠民监，岁铸铁钱3万贯（其中折二钱1万、小平钱1万），计用本钱3.97万余贯；利州

---

① 《建炎以来朝野杂记》甲集卷十五《称提钱》。
② 《建炎以来系年要录》卷一百六十九，宋高宗绍兴二十五年八月甲午。
③ 《建炎以来系年要录》卷一百六十四，宋高宗绍兴二十三年四月乙酉。
④ 《宋史》卷一百八十《食货志下二·钱币》，第4398页。
⑤ 《建炎以来朝野杂记》甲集卷十六《川陕铸钱》。
⑥ 《建炎以来系年要录》卷一百六十九，宋高宗绍兴二十五年八月甲午。
⑦ 《建炎以来系年要录》卷一百八十七，宋高宗绍兴三十年。

岁铸铁钱9万贯（其中大小钱各3万），计用本钱11.4万余贯。[①]可见此时铸铁钱成本比宋高宗前期已大为降低。据上所述，宋高宗中后期四川所铸铁钱总量并不太多，但与宋高宗前期完全停罢铁钱铸造时相比，它毕竟为发行钱引准备了一定的本钱。

（三）减发纸币

1.关子

宋高宗前期曾发行一种便钱券关子来应付各种财政开支，但因缺乏发行本钱不能兑现而贬值。绍兴六年（1136）二月，宋廷曾发行纸币交子来替代关子，但至同年五月仍因缺乏发行本钱和群臣反对而停罢，宋廷只得令榷货务准备现钱，依旧印发关子。宋高宗中后期，关子仍作为一种便钱券行用。如绍兴十八年（1148），宋廷接受都茶场的建议，茶商可用榷货务发行的关子向都茶场请领茶引，然后都茶场将关子向榷货务兑换成现钱作为本场茶引钱。[②]绍兴二十九年（1159）五月，为了应付诸路屯驻大军的军费，宋廷令"榷货务场印给公据、关子，赴三路总领所招诱客人等请。淮西、湖广各关子八十万缗，淮东公据四十万，皆自十千至百千凡五等。内关子作三年行使，公据作二年，许钱银中半入纳，依自来优润分数"[③]。可见，绍兴二十九年（1159）五月，宋廷除了发行关子160万贯外，还发行了另一种便钱券公据40万贯，票面面值皆自10贯至100贯分5等。同年闰六月，户部曾令江、湖、浙西漕司用关子、茶引及银作籴本，收籴米

---

① 《建炎以来系年要录》卷一百八十八，宋高宗绍兴三十一年二月戊申。《蜀中广记》卷六十七《方物·钱》引《钱币谱》。

② 《宋会要辑稿》食货三二之二一。

③ 《建炎以来系年要录》卷一百八十二，宋高宗绍兴二十九年五月丁卯。

230 万石，每石官价给 20 贯。[①] 绍兴三十年（1160）六月，宋廷还用现钱公据、关子 300 万贯，由商人以钱银中半请买，然后用作发行楮币的本钱。[②] 从现有的史料看来，宋高宗中后期关子的发行量明显少于前期，而且也未见有关子大幅度贬值的记载。

2.钱引

宋高宗前期发行四川钱引，一方面缺乏铁钱做本钱，另一方面又不断大量增印，从而引起了钱引贬值。宋高宗中后期，一方面增铸铁钱做发行钱引的本钱，另一方面又严格控制钱引的发行量，终于使钱引币值渐趋相对平稳。绍兴十三年（1143）三月，宋金和议才一年多，宋廷曾同意川陕宣抚副使郑刚中的请求，增印了钱引 400 万贯。[③] 但自这年以后，有十几年没有再增加钱引发行额。直到绍兴末年，由于宋金关系又趋紧张并爆发了战争，钱引发行量才又有较大增加。绍兴三十年（1160）三月，据四川总领所请求增印钱引 170 万缗以备军费。[④] 这时钱引发行总量已积至 4147 万余贯。[⑤] 绍兴三十一年（1161）九月，金兵又大举侵宋。十月，宋军拟自四川进兵陕西，为了准备将来在陕西行用钱引，有人建议增印钱引。总领四川财赋王之望上言认为：四川交子祖宗时每界只发行 120 余万道，而且皆有称提现钱。现今钱引已积至 4147 万道，而只有 70 万贯铁钱的准备金，故不可再轻易增印钱引。今官府所积存之钱

① 《建炎以来系年要录》卷一百八十二，宋高宗绍兴二十九年闰六月丁巳。
② 《建炎以来系年要录》卷一百八十五，宋高宗绍兴三十年六月庚戌。
③ 《建炎以来系年要录》卷一百四十八，宋高宗绍兴十三年三月辛卯。
④ 《建炎以来系年要录》卷一百八十四，宋高宗绍兴三十年三月丁未。
⑤ 《文献通考》卷九《钱币考二》，第 250 页。

引皆应散出，若要增印，须看情况而定。朝廷只要下达一个大约的控制数额，不必通知转运司；可令四川总领所酌度形势，分次分批逐步增印，不令外人知道印数，增印只须足用即止，不必尽如朝廷下达的增额。因为增印过多，必将使钱引贬值，那时诸军因怕吃亏，便会要求发给银、绢，临时恐难应付。[①] 绍兴三十一年（1161）九月，金侵宋西路军失利，宋复洮州，陇州、秦州，兰州汉军杀金将反正。十一月，虞允文率宋军大败金兵于采石矶；宋军又收复商、虢、华等州。于是，十二月初二，尚书省认为应增印钱引供收复之陕西州军行用。宋廷乃"诏四川总领所添印三百万道，委王之望专一收掌，逐旋约度合用之数做料次给降，足以给用即止。其余合行事仰一面随宜措置施行讫闻，仍不下本司"[②]。宋廷虽秘密下达了增印钱引的诏令，但又把是否增印、何时增印及增印多少的权力交给了王之望。而王之望因怕钱引多而贬值，故而并不急于增印，他向朝廷申请先在陕西新复州军行用钱引，他要看一下效果再做决定。王之望竭力推迟增印钱引，抑制了钱引贬值，收到了很好的效果。绍兴三十二年（1162）二月，王之望上奏说："陕西新复州军行用钱引，甚为通快，价直不损，诸军率皆愿请，不复多求银绢，极为公私之利。"[③] 宋廷虽曾密诏四川总领所增印钱引 300 万道，"总领王之望恐害引直，寝不行"，直至绍兴三十二年（1162）闰二月乙未才增印了钱引 100 万道，这是因为"宣谕虞允文取拨百万以备招军，之望始增补其数，半充新复州军省计，半备犒军而已"。[④] 由于增铸了铁钱

① 《建炎以来系年要录》卷一百九十三，宋高宗绍兴三十一年十月戊辰。
② 《建炎以来系年要录》卷一百九十五，宋高宗绍兴三十一年十二月庚子。
③ 《建炎以来系年要录》卷一百九十七，宋高宗绍兴三十三年二月乙卯。
④ 《建炎以来系年要录》卷一百九十八。

充当发行钱引的本钱和控制了钱引的增印数量，宋高宗中后期的钱引币值一直较为稳定。如绍兴二十九年（1159）十二月二十四日，宋廷下诏规定："四川进纳人依例每铁钱二文折铜钱一文，每铁钱一贯折川钱引一道。"[①] 所谓"依例"，也就是说在绍兴二十九年（1159）以前钱引和铁钱一直是等值行使的，同时又可见北宋中期以来一文铜钱折计两文铁钱的比价到南宋仍在沿用。当然，这种比价只是官方的规定，钱引毕竟是纸币，在民间的信用不如实钱。如，绍兴二十七年（1157）时，"钱引十道……市价止八贯（铁钱），比之铜钱止是四贯，少一贯"[②]，但这时钱引的贬值幅度不算很大。

3.关外银会子

绍兴七年（1137）二月，川陕宣抚副使吴玠曾在凤州河池创行关外银会子，初发一钱银会子14万张、半钱银会子10万张，共可折钱引4.75万贯，初行用于鱼关及阶、成、岷、凤、兴、秦6州，每年兑换一次。关外银会子原由吴玠军中发行，绍兴九年（1139）吴玠去世，关外银会子改由四川总领所发行。至绍兴十七年（1147）七月，"复造于大安军，再岁一易"[③]，即改为每两年兑换一次。在此后的20年中，未见增印关外银会子的记载。

4.会子

宋高宗前期，东南地区除了作为有价证券的便钱券关子之外，始终没有可以与现钱并用的纸币。直到绍兴三十一年（1161）二月，宋廷才

① 《宋会要辑稿》职官五五之四六。
② 《宋会要辑稿》刑法三之八。
③ 《建炎以来朝野杂记》甲集卷十六《关外银会子》。

正式发行了一种可兑换纸币会子。“会子”之名，早在北宋时就已出现，不过当时它只是一种结算凭证。但在北宋晚期京城已存在私营的便钱会子，后来又出现在南宋的行都，当时的会子只是一种便钱券。绍兴六年（1136）宋廷发行交子，仅仅3个月即告停罢，但民间私营的兑便会子却在继续流行，于是它引起了官方的注意。绍兴三十年（1160）十月，知临安府钱端礼向朝廷建议行用会子，于是朝廷“命临安府印造会子，许于城内外与铜钱并行”。会子试用了一个月，至同年十二月初一，钱端礼已升任权户部侍郎兼知临安府，他便“乞令左藏库应支见钱，并以会子品搭应副”，朝廷同意了他的请求，“东南用会子自此始”。[①] 绍兴三十一年（1161）二月十三日（丙辰），“置行在会子务。后隶都茶场。悉视川钱法行之东南诸路。凡上供军需并同见钱。仍分一千、二千、三千凡三等。盖权户部侍郎钱端礼主行之。仍赐左帑钱十万缗为本。初命徽州造会子纸，其后造于成都”[②]，后又造于临安府。从此朝廷专委钱端礼经画印造会子，“分为六务，出纳皆有法，几月易钱数百万”[③]。当时发行的会子上写明有兑换地点，兑换时每贯收工墨费20文，可见初发行时的会子是可以兑换的。为了防止民间伪造会子，同年二月廿一日（甲子）宋廷下诏：伪造会子及扇摇之人依伪造见钱关子法处罚。所谓“见钱关子法”也即绍兴元年（1131）十月朝廷宣布的：有伪造关子者，按伪造四川钱引法抵罪。当时，因左藏西库现钱不多，绍兴三十一年（1161）三月，朝廷便据户部请求，规定“所有月支券食等钱，欲以银、会品搭:诸司百官以十分为率，

---

① 《建炎以来系年要录》卷一百八十七，宋高宗绍兴三十年十二月乙巳。

② 《建炎以来朝野杂记》甲集卷十六《东南会子》。

③ 《宋史》卷三百八十五《钱端礼传》，第11829页。

六分折银，四分会子;军五分折银，三分见镪，二分会子”[①]。会子起初只行用于两浙，宋廷为提高会子的法偿地位以增强其信用，便于绍兴三十一年（1161）七月下诏："新造会子许于淮、浙、湖北、京西路州军行使。除亭户盐本钱并支见钱外，其不通水路州军上供等钱许尽用会子解发，沿流诸州军钱会各半；其诸军起发等钱，并以会子品搭支给。"[②]"民间典卖田宅牛畜车船等如之(钱会中半),或全用会子者听。"[③]绍兴三十二年（1162）三月,宋廷又"诏诸路帅府并置会子库"[④],进一步扩大会子的印行范围。同年六月,宋孝宗即帝位,十二月,宋廷正式"诏定伪造会子之罚（犯人处斩，赏钱一千贯，如不愿支赏，与补进义校尉。若徒中及窝藏之家能自告首，特与免罪，亦支上件赏钱，或愿补前名目者听）"[⑤]。创行于绍兴末年的会子，有发行准备金，法偿地位高，使用范围广，流通效果好，在宋孝宗隆兴年间（1163—1164）的宋金战争中发挥了积极作用，故后来会子成了南宋中后期的主要货币。

二、物价大幅下降

本书在上文中曾多次强调：物价升降的决定因素并不在于货币发行量的绝对多少，而在于商品供求关系是否平衡。如果商品生产与货币发行量同步增长，物价就稳定；如果生产萎缩而又滥发货币以致商品供不应求，必将引起物价上涨，宋高宗前期的情况正是如此。宋高宗中后期，

---

① 《建炎以来系年要录》卷一百八十九，宋高宗绍兴三十一年三月甲午。
② 《建炎以来系年要录》卷一百九十一，宋高宗绍兴三十一年七月乙未。
③ 《文献通考》卷九《钱币考二》，第 246 页。
④ 《建炎以来系年要录》卷一百九十八，宋高宗绍兴三十二年三月壬寅。
⑤ 《文献通考》卷九《钱币考二》，第 246 页。

由于停战后生产的复苏增加了商品供给，同时宋廷又减发了纸币，并增铸铜、铁钱来充实发行纸币的本钱以防纸币贬值，因此至宋高宗中后期，物价就渐趋平稳，甚至有所下降。

（一）粮价

宋高宗前期，东南地区的米价在正常年间为每斗400文钱左右，丰收米贱时每斗约300文钱，在战乱或灾荒时，米价每斗高达一两千文甚至3000文以上。四川粮价平时每石价约为钱引八九千至12000文，遇灾荒时，每斗米价涨到两三贯。绍兴和议后，由于战争停止，农业复苏，粮食增产，米价恢复到正常状况。绍兴十一年至十二年（1141—1142）十一月，“湖南北两路二年之间，雨旸时若，年谷顺成，今米价每斗止于百钱”[①]。绍兴十三年（1143），荆湖地区农业继续丰收，米斗贱至六七（十）钱。[②]和议后，广西米价更低，“边郡米一石价止数百钱”[③]。直到绍兴二十三年（1153）九月广西米价依然较低，静江府“和籴，每石四百或五百文足。而漕司从来以苗米支移，所纳价钱每石却至三贯足”[④]，虽然这都不是真正的米价，和籴价钱一般低于市价，支移折钱则显然是剥削百姓，所折米价远远高于市价，但它却仍大大低于宋高宗前期的米价。绍兴二十六年（1156）四月，“斗米为钱不满二百”[⑤]。同年八月，“淮上米价甚平”，淮南路各州县米价“其间最贱处每斗不下一百二三十文”[⑥]。绍兴二十七年（1157），福建丰收，

---

① 《宋会要辑稿》食货四〇之二四。
② 《宋史》卷一百七十五《食货志上三·和籴》，第4249页，“六七钱”疑为“六七十钱”。
③ ［宋］周去非《岭外代答》卷五《广西盐法》，《文渊阁四库全书》第589册。
④ 《建炎以来系年要录》卷一百六十五，宋高宗绍兴二十三年九月辛亥。
⑤ 《建炎以来系年要录》卷一百七十二，宋高宗绍兴二十六年四月戊戌。
⑥ 《宋会要辑稿》食货二四之二九。《中兴小纪》卷三十九，第447页。

糙米每斗“只是三百钱以下”，但民户输纳苗米却要“每斗折价钱八百文”。[①] 绍兴二十八年（1158）九月，“荆湖今岁大稔，米升不过六七钱”[②]，即米每斗六七十钱。绍兴二十九年（1159）之前，温州“拘收没官田土，岁收谷租五千五百余石，折纳价钱八千余缗”[③]，即每石谷折钱1贯454文。同年闰六月，户部欲“增价收籴米二百三十万石……每石降本钱二千。以关子、茶引及银充其数”[④]。还是这年，据王之道言：“今兵食计之，大率不过三百万斛，略论中平之直，为钱不过五百万缗。”[⑤] 计平均每斛1贯666文。绍兴三十年（1160）五月，朝廷拨付江东转运司银7万两，籴大麦20万斛[⑥]，每斛大麦价值银3钱5分。按当时银价每两约3贯400文计[⑦]，每斛大麦价约合钱1贯190文。该年九月，湖南道州“米一升八钱”[⑧]，即斗米80钱。十一月庚辰，据殿中侍御史陈俊卿说：“比年江西、湖广米斗方数十钱，而职田米乃令折价至三四千。监司守倅利其丰于己而莫敢问。”[⑨] 一斗米仅数十钱的市场价格，却要按三四千的折价缴纳职田租，这充分暴露了官僚们对佃农剥削的残酷。绍兴三十二年（1162），淮南路舒州望江县糯米每石（绍兴斗）1贯500文足，在

① 《宋会要辑稿》食货一〇之七。
② 《宋会要辑稿》食货四〇之二九。
③ 《建炎以来系年要录》卷一百八十一，宋高宗绍兴二十九年二月壬子。
④ 《建炎以来系年要录》卷一百八十二，宋高宗绍兴二十九年闰六月丁巳。
⑤ 《相山集》卷二十一《乞卖度牒籴军粮札子》。
⑥ 《建炎以来系年要录》卷一百八十五，宋高宗绍兴三十年五月戊子。
⑦ 《宋会要辑稿》职官五七之七五。
⑧ 《建炎以来系年要录》卷一百八十六，宋高宗绍兴三十年九月壬午。
⑨ 《建炎以来系年要录》卷一百八十七，宋高宗绍兴三十年十一月庚辰。

州城怀宁县糯米每斗 160 文省。[①] 至于四川买粮以钱引计价，绍兴二十七年（1157）官府粜米价，成都府路每石 5 道 4 分，潼川府路每石 5 道半。[②] 当时钱引与铁钱等值行使，而铁钱二值铜钱一，故四川粮价相当于每石值铜钱 2 贯 700 文至 2 贯 750 文。综观宋高宗中后期的粮价，虽各地差别较大，但大致可概括为：丰收时米价每斗六七十钱至百钱；平常时市价每斗一百二三十文以上至 300 文以下，当时的米价大大低于宋高宗前期。至于官府收两税或职田租米折价每斗高达三四百文至 800 文，而和粜米价又低至每斗四五十文，这都不是正常米价，它反映了官府剥削人民的贱买贵卖现象。

（二）绢价

宋高宗前期的绢价历年不断上升，建炎初年绢价每匹 2 贯，到绍兴四年（1134）八月就已涨至每匹 10 贯以上。宋高宗中后期，绢价迅速下跌。绍兴十二年（1142）四月二十三日，宋廷下诏规定：今后恩赏支赐绢帛，“每匹折钱四千”[③]。绍兴十七年（1147），宋廷因闻“州县折纳税绢每匹至有十千者，恐伤民力”，便于九月丙戌下诏：“江浙见输折帛钱太高，虑民难出，令绸帛各减价，每匹江南六千、两浙七千，和买六千五百。绵每两江南三百、两浙四百。自明年始。”[④] 这是官府收税折价，虽有减低，但仍然很高，而实际上民间的绢价更低。如，绍兴十八年（1148）江东路绢时价

---

① 上海市文物管理委员会、上海博物馆编：《宋人佚简》第 5 册《舒州使院孔目官陆彦伸等帮借申覆状》绍兴三十二年十一月、《在城酒务账》绍兴三十二年十二月二十三日，上海古籍出版社 1990 年线装本。

② 《宋会要辑稿》食货六三之一三。

③ 《建炎以来系年要录》卷一百四十五。参考《宋会要辑稿》食货五一之二八。

④ 《建炎以来系年要录》卷一百五十六。

每匹2贯足。[①] 绍兴二十六年（1156），官府收折帛钱每匹6贯，而当时“市价每匹不过四贯”[②]。同年，宋高宗“令人用钱五千五百买之，乃好衣绢”[③]，即临安府的制衣优质绢每匹市价为铜钱5贯5百文。绍兴二十七年（1157），权户部侍郎林觉向朝廷建议：“两浙州县第五等下户今岁合纳䌷绢，乞将一丈以下从便折纳价钱，每尺一百文足，零寸一十文，免收头子、勘合等钱。自来年为始。”[④] 绢每尺折钱100文足，绢以4丈2尺为匹，故绢折价为每匹4贯200文足。在四川绢以钱引或铁钱计价。绍兴二十六年（1156）“四川绢直，一匹不及五千”[⑤]，这“五千”是铁钱，相当于铜钱2贯500文足。绍兴二十七年（1157），四川司法以绢计赃，“枉法二十匹绞，计铜钱六十贯，铁钱一百二十贯”[⑥]，即每匹绢折铜钱3贯或铁钱6贯。同年，四川征税，畸零绢估钱，成都府路每匹折钱引8道半，按钱引市价每道值铁钱850文，每匹折合铁钱为7贯225文；潼川府路每匹折钱引8道，按钱引市价每匹绢折铁钱为6贯800文。[⑦] 宋高宗中后期的绢价，除官府收税折价较高外，每匹绢市价在铜钱4贯左右，个别地方低至2贯，临安府的优质绢每匹市价5贯500文，都远远低于宋高宗前期的绢价。

---

① [宋]罗愿：《新安志》卷二《夏税物帛》，《文渊阁四库全书》第485册。[宋]袁甫：《蒙斋集》卷二《知徽州奏便民五事状》，《文渊阁四库全书》第1175册。
② 《建炎以来系年要录》卷一百七十一，宋高宗绍兴二十六年二月甲午。
③ 《建炎以来系年要录》卷一百七十四，宋高宗绍兴二十六年八月癸酉。《宋会要辑稿》食货六八之八。
④ 《宋会要辑稿》食货七〇之四六。
⑤ 《建炎以来系年要录》卷一百七十四，宋高宗绍兴二十六年八月辛卯。
⑥ 《宋会要辑稿》刑法三之八。
⑦ 《宋会要辑稿》食货六三之一三至一四。

（三）草价

宋高宗前期，草的市价每束约为铜钱 50 文至 60 文足。关于宋高宗中后期草价的史料极少。我们只知道绍兴三十一年（1161）行在采购所需马草，“每束支降本钱一百文省”[①]，草价每束“一百文省”即 77 文足，比绍兴三年（1133）时高十多文钱。其他各地的草价是否普遍上涨就很难说。

（四）盐价

宋高宗前期盐价高于北宋末期。绍兴初，江、湖盐价曾高达每斤七八百钱至 2 贯，福建盐每斤也至一百二三十文。淮浙盐官卖批发价也达六七十文。广东、广西盐每斤卖 80 钱至 180 钱。四川官卖盐价每斤为铁钱 300 文，相当于铜钱 150 文。宋高宗中后期盐价普遍下降。绍兴末，两浙西路江阴军的私盐每斤只卖 50 文，官盐每斤卖百余钱无人愿买。[②] 绍兴二十七年（1157），福建盐官方收购价每斤为 25 文钱；福建钞盐价每斤不过三五十文，绍兴三十一年（1161）涨到了每斤百余钱至 120 钱。[③] 绍兴十二年（1142）九月，广西钦州“客贩盐每斤一百二十文足”[④]，相当于绍兴三年（1133）时广西的中等盐价。四川盐价也有下降。绍兴十七年（1147）九月，夔州路井盐官价由原来的每斤 300 钱，减去 50 钱（铁钱）[⑤]，绍兴二十二年（1152）又减 20 钱[⑥]。绍兴二十九年（1159）十二月甲戌，宋廷下诏“减西和州官卖盐直之半”，即由原来的“每斤为直四百”减为每斤

① 《宋会要辑稿》食货二一之二。
② 《鸿庆居士集》卷十二《（与）沈相书》。
③ 《建炎以来系年要录》卷一百八十八，宋高宗绍兴三十一年二月庚戌。
④ 《宋会要辑稿》食货二六之二八。
⑤ 《建炎以来系年要录》卷一百五十六，宋高宗绍兴十七年九月己巳。
⑥ 《建炎以来朝野杂记》甲集卷十四《蜀中官盐》。

铁钱200文。[①]总而言之，宋高宗中后期的盐价低于宋高宗前期的盐价。

（五）银价

宋高宗前期银价每两值钱2贯200文至3贯。高宗后期银价略有上涨。绍兴二十三年（1153），江西路建昌军南城县麻姑山有一童子遇道士得银，“将银卖与市铺，其重十两，得钱二十二千”[②]，即银每两值钱2.2贯。绍兴二十六年（1156）二月，“蜀中银每法秤一两，用本钱六引，而行在左藏库折银才直三千三百云。然民间之直，又不满三千”[③]。就是说，银每两在四川折钱引6贯，至行在临安左藏库可折钱3300文，然民间市价却不满3000文。绍兴二十九年（1159），据中书舍人洪遵等言，“欲依旧料次，银三千两计一万二百贯”[④]，每两银合3贯400文。同年，“四川发赴行在银内〔湖广总领〕截拨钱五十万贯，计银一十五万余两”[⑤]，即银每两合钱3.3贯。绍兴三十年（1160），广西路各州以“上供钱买银，每两三四千”，但向西南少数民族买马“每两二千而已”。[⑥]绍兴末年，“铁钱一百二十万贯，川价约买得银十七万两而已”[⑦]，即四川银价每两为铁钱7贯多，相当于铜钱3.5贯。高宗中后期银价之所以略高于高宗前期，因当时矿坑枯竭，金属产量实难增长，银价未大幅度上涨，已属万幸。

这里必须指出的是：如果物价突然大幅度下跌，必然是由于商品生

---

① 《建炎以来系年要录》卷一百八十三。
② ［宋］洪迈：《夷坚志》支景卷十《李氏二童》，中华书局1981年版。
③ 《建炎以来朝野杂记》甲集卷十六《金银坑冶》。
④ 《夷坚志》支景卷十《李氏二童》。
⑤ 《汉滨集》卷九《与徐左司论军须钱书》。
⑥ 《建炎以来系年要录》卷一百八十六，宋高宗绍兴三十年九月丙子。
⑦ 《汉滨集》卷九《与徐左司论军须钱书》。

产过剩而百姓贫困购买力低下所造成，这种情况常在近代西方发达的资本主义国家发生，也即所谓“经济危机”，在中国古代很少出现这种现象。宋高宗前期的物价暴涨是由于生产严重衰退而又滥发纸币所造成。宋高宗中后期物价的下跌，是生产恢复和纸币减发使商品供求关系达到相对平衡的结果，是一种经济走上良性发展轨道的正常现象，与资本主义社会中的经济危机完全不同。

第六章

南宋中期货币流通大致平稳

（1162—1194）

南宋中期是指孝宗、光宗统治时期，即从绍兴三十三年（1162）孝宗即位至绍熙五年（1194）之间的32年。

在“隆兴和议”之后，宋、金之间曾经出现了30多年的停战和平时期，当时国内局势相对安定，社会经济有所发展，财政收支也大体平衡。同时，由于宋廷对货币制度进行了适当调整，防止了通货膨胀，从而使南宋中期出现了币值稳定和货币流通秩序较好的局面。

第一节　国内局势相对安定

南宋中期，由于宋、金“隆兴和议”的签订以及此后宋孝宗准备北伐而未成，直至南宋 后期宁宗“开禧北伐”，宋、金之间曾经有40多年未发生战争。在此和平环境中，虽然南宋中期的政治仍然腐败，皇室内部矛盾尖锐，人民的赋役负担依旧沉重，并引发了农民起义，但是，从总体上看，当时的国内局势仍相对安定，没有出现大的动荡，这为社会经济的发展，准备了有利条件。

一、宋金和战与长期对峙

宋孝宗继承帝位后，次年改元“隆兴”。孝宗早年就有收复北方失地的志向。完颜亮南侵失败后，南宋停止了履行“绍兴和议”。孝宗即位的当年冬天，金世宗以南宋不还旧疆、不奉岁贡为由，准备对南宋展开新的军事行动。而宋孝宗也正积极进行北伐准备，隆兴元年（1163）正月，他任命史浩为尚书右仆射、同中书门下平章事，进张浚为枢密使、都督江淮东西路军马，开府建康，具体负责用兵事宜。史浩虽反对向金妥协投降，但主张先加强守备，不打无准备之仗。而张浚急于进行北伐，这正符合孝宗的心意。张浚立即进行北伐的主张遭到群臣反对。当年四月，张浚便直接征得孝宗同意，命令李显忠、邵宏渊等出战。史浩因身为右相，出兵不得与闻，就坚决辞去相位，不久出知绍兴府。

北伐一开始，宋军进展较为顺利，曾攻占了灵璧、虹县、宿州，北方人民纷起响应。但李显忠刚取得一点胜利，便骄傲自满起来，在宿州城内每日置酒高会，既不谋进取，也不做防守，面有轻敌之色。同时，他犒赏士兵，分配不公，致使士卒怨怒，人无斗志。这时，金将纥石烈志宁来攻宿州。张浚命邵宏渊听从李显忠节制，邵宏渊不悦，从而造成号令不一，指挥混乱，宋军上下乱作一团。隆兴元年（1163）五月二十二日，李显忠与纥石烈志宁两军战于宿州城下，李显忠命邵宏渊出兵夹击金军，邵宏渊按兵不动，于是军心动摇，人无斗志，宋军纷纷逃跑，金兵乘虚攻城。次日，宋军弃城南逃，金兵追到宿州北面的符离集。李显忠、邵宏渊的大军并丁夫13万之众，一夕大溃，丢弃器甲资粮，赤手空拳，狼狈南奔，因饥困和被践踏而死者不可胜计。宋军在符离的溃败，使张浚陷入“窘惧无策”的境地，竟向孝宗请求遣使与金议和，宋孝宗不同意立即求和。幸亏当时金朝因经历过完颜亮南侵的失败，军事力量尚未完全恢复，并未乘胜南下，只是要求南宋继续遵守“绍兴和议”，归还在完颜亮南侵时被宋军收复的海、泗、唐、邓四州地及归还中原归正人，便可与宋议和，这使宋廷松了一口气。当年十二月，孝宗一方面为了安抚退居德寿宫的高宗，以主和派汤思退为左相，另一方面为了不放弃收复中原的打算，又擢张浚为右相，要他戴罪立功。张浚一登上相位，又反对和议，“复谋大举”，但遭到孝宗反对。

张浚北伐的失败，其直接原因是李显忠、邵宏渊的腐败无能，而主要原因还在于宋高宗长期推行投降政策，造成宋军士气低落，战斗力被严重削弱，致使敌我力量对比未能发生根本变化，南宋的军事力量尚不足以压倒敌方。同时，宋高宗作为太上皇的处处牵制，使孝宗放不开北伐的手脚。此外，抗金主帅张浚志大才疏，专横任性，不懂军事，措置乖方，为追逐个人权势和名声而刚愎自用，压抑武人，这与他北伐的失败也有很大关系。

张浚北伐失败后，当时朝廷中多数官员认为，南宋既无力北伐，金朝也无力南侵，南宋可与金朝议和，但不能过于迁就。隆兴元年（1163）九月，南宋派遣淮西安抚使干办公事卢仲贤去金朝，因孝宗不肯答应割让四州给金人，和议一度停顿。当年十二月，孝宗在高宗“深劝”下，又决定遣使，但仍不同意割让四州给金人。汤思退欲迫使孝宗同意割让四州，孝宗怒斥汤思退“秦桧不若”①。隆兴二年（1164）八月，宋廷再遣宗正少卿魏杞赴

① 《建炎以来朝野杂记》甲集卷二十《癸未甲申和战本末》。

金议和，孝宗态度仍较强硬。于是汤思退秘密派人到金营“谕敌以重兵胁和”[①]。金人便扣留魏杞，进一步要求南宋增割让商、秦二州，并决定以武力相威胁。十月，金朝再度施展以战迫和的策略，对南宋发动大规模军事进攻，命纥石烈志宁分兵进犯楚州。金兵渡淮，楚州、濠州、滁州相继陷落。于是南宋朝野舆论极言汤思退急和撤备之罪，孝宗罢去汤思退的相位，召回陈康伯为左相兼枢密使，以虞允文为同签书枢密院事。

在金朝的军事压力下，宋孝宗再次做出让步。隆兴二年（1164）十一月，派国信所小吏王抃前往金元帅府求和，提出新的和议条款，具体内容为：

第一，南宋皇帝不再对金称臣，改金、宋的君臣关系为叔侄关系。

第二，改“岁贡”的名称为“岁币”，数量由原来的银、绢各25万两、匹，减为银、绢各20万两、匹。

第三，除了归还海、泗、唐、邓四州外，还将商、秦二州割给金朝，使宋、金双方的疆界恢复到完颜亮南侵前的状态。

第四，归还被俘人，但不放回叛亡者。

上述条款基本上满足了金朝的要求，加上这时宋军在六合、淮东打退了进犯的金兵，并已调集军队在沿江固守待命，足以阻挡金兵的进攻，这一切使金人接受了南宋提出的议和条款，开始从两淮撤军。

隆兴二年（1164）闰十一月，南宋台谏官纷纷上奏，认为不应如此迅速地就与金人达成和议，更不该停止追击撤退的金兵。但在太上皇高宗的逼迫下，孝宗只得再派王抃携带前日条款，出使金朝议和。十二月，金世宗批准议和条款，宋、金“隆兴和议”正式签订。

---

① 《宋史》卷三百七十一《汤思退传》，第11531页。

“隆兴和议”的签订，使宋孝宗收复中原的愿望破灭。孝宗心中愤愤不平。同时他根据历史经验，认为金人有可能随时撕毁和约，再次发动侵略战争。因此，他仍决心做好军事准备，并配合外交斗争，用武力来收复北方失地。

宋孝宗乾道元年（1165）四月，金报问使完颜仲等入见，孝宗希望收受国书能按敌国平等之礼，由合门使受书发缄以进，但金使不同意，双方相持多日，最后仍遵从绍兴旧例，由孝宗下榻起立受书。这使孝宗感到屈辱，报仇之心更切。乾道六年（1170）闰五月，孝宗派范成大使金，要求金方归还河南北宋皇陵之地和更改受书礼仪。当时，即有吏部尚书陈良祐上疏反对遣使要求金朝归还河南陵寝之地及更改受书礼仪。他认为，在南宋内部力量尚不足之时，遣使启衅，恐将引来敌骑犯边，到时将帅庸鄙，不战自溃，兵连祸结，民力困于供输，未有息期。可是孝宗认为陈良祐“妄兴异论，不忠不孝”，将他贬官去筠州居住。[①] 孝宗又向吏部侍郎兼权起居郎张栻说起准备对金用兵之事，张栻则向孝宗讲述了南宋境内民贫、兵弱、财匮、官吏腐败的情况，认为不可藉此图金。果然，乾道六年（1170）九月范成大抵金后，金世宗拒绝归还陵寝地和更改受书仪，但允许奉迁北宋诸陵和归还宋钦宗梓宫，并扬言将出动 30 万骑“奉迁陵寝来归”[②]，对宋进行威胁。宋廷闻讯大惊，乃遣赵雄使金，要求不迁陵寝。要求归还河南陵寝之地及更改受书礼仪二事终于皆无成功。孝宗不甘心，乾道九年（1173）十二月，金遣完颜璋来宋贺正旦，宋廷派人至宾馆强取国书。淳熙元年

① 《宋史》卷三百八十八《陈良祐传》，第 11902 页。《宋史》卷三十四《孝宗纪二》，第 649 页。

② 《宋史》卷三百八十三《虞允文传》，第 11798 页。

（1174）三月，金遣梁肃来宋严词责备，孝宗在太上皇的逼迫下，只得“一一如约，立接国书”[①]。

宋孝宗为报仇雪耻和恢复中原，在与金做外交斗争的同时，在军事上更是积极地做着准备。孝宗把领导抗金的重任寄托在虞允文身上。乾道三年（1167），孝宗任命虞允文为知枢密院事兼参知政事，并代替已病故的吴璘出任四川宣抚使。虞允文到四川后，在军事上进行了一系列整顿，并妥善安置归正人，还减赋赈饥，不到一年，“蜀民顿苏，军政一新”[②]。乾道五年（1169）八月，虞允文升任为右相兼枢密使及制国用使。这时，他认为宋、金双方力量对比已基本平衡，南宋虽然尚无力量北伐，但金朝也不敢轻举妄动。因此，他在军事上和财力上为北伐做积极准备的同时，也注意选拔人才和稳定政局。乾道八年（1172）二月，孝宗任虞允文为左相。同年夏天，孝宗命近臣选荐谏官。虞允文所推荐的人选未获孝宗同意。孝宗宠信潜邸旧人曾觌，重用曾觌所提人选。虞允文力争不得，九月，他辞去相位，再次出任四川宣抚使。虞允文虽在四川又采取了一系列措施积极准备北伐，但他对战争采取谨慎态度，认为只有在军力、财力等条件成熟时，方可对金用兵。虞允文的这种想法是符合当时南宋国力实际情况的，因而也是正确的。然而，孝宗却急不可耐，乾道九年（1173）十月，他密诏四川宋军早日出兵北伐，虞允文以“军需未备”为由拒不奉诏。淳熙元年（1174）二月，虞允文因积劳成疾去世。这时，妥协派势力在朝廷中占了上风，国家财力也不足以长期支持战争，养兵虽多却弱不可用。同时，太上皇赵构

---

① ［元］脱脱等：《金史》卷八十九《梁肃传》，中华书局1975年点校本，第1984页。

② ［宋］杨万里：《诚斋集》卷一百二十《宋故左丞相节度雍国公赠太师谥忠肃虞公（允文）神道碑》，《四部丛刊初编》本。

闲居德寿宫，经常干预政事，不仅牵制和阻挠孝宗抗金，甚至还包庇贪官污吏，这使孝宗无法放开手脚全力去准备北伐。再从金朝方面来看，在金世宗统治时期，正处于“群臣守职，上下相安，家给人足，仓廪有余”的全盛时代，这也就使南宋无可乘之隙。此后，孝宗开始意志消沉，完全丧失了昔日急于北伐收复失地的锐气。

自从孝宗最终放弃了恢复中原的计划，南宋统治集团日趋腐朽，文恬武嬉更为严重，他们几乎完全忘记了靖康之耻，甘于偏安江南一隅。淳熙年间（1174—1189），有太学生林升在临安目睹现状，作诗讥讽道：“山外青山楼外楼，西湖歌舞几时休？暖风熏得游人醉，直把杭州作汴州。”①

自“隆兴和议”之后，虽然宋孝宗力图北伐收复北宋失地，但是终因国力不足未能实现此愿望。而同时，金朝在金世宗统治时期虽国家处于小康安定时代，但也深知南宋之不可灭，故也不敢轻易南侵。在整个南宋中期，宋、金双方力量对比基本上处于平衡状态。故而从宋孝宗隆兴二年（1164）直至宋宁宗开禧二年（1206），宋金之间有 40 多年未发生战争。这种长期和平环境的出现，在客观上为南宋中期的经济发展和财政改善以及货币流通的稳定创造了有利条件。

二、政治腐败与皇室内斗

宋朝自开国以来，特别注重加强皇权，为防止大臣擅权，宰相不予久任，更不独相。宋孝宗即位后，重新恢复祖宗家法，更是“躬揽权纲，不以责

① ［宋］林升：《题临安旅邸》，见［明］田汝成辑撰《西湖游览志余》卷二，上海古籍出版社 1980 年版，第 14 页。

任臣下”[①]。他事事独断，对朋党防范尤严，因而频繁地更换宰相和文武大臣，孝宗一朝，先后出任参知政事者竟达34人之多。孝宗又是个猜疑心很重的君主，更容不得半点不同意见，即使对他亲擢的宰臣也很不放心。如史浩因不支持张浚北伐而被罢去相位；又如孝宗宠信潜邸旧人曾觌所提谏官人选，而不任用虞允文推荐的人，以致虞允文辞去相位。宋孝宗任官不专，妨碍了大臣们发挥主观能动作用，这是由宋代封建君主专制集权制度所决定的。

在南宋诸帝中，相对来说宋孝宗是一个较为明智和欲有作为的君主，但他在政治上仍有很多弱点。“隆兴和议”之后宋金之间曾有40多年未发生战争，在这民族矛盾相对缓和时期，“外扰暂弭，君臣上下熙熙然，燕雀处堂”[②]，于是南宋王朝的内部矛盾又逐渐激化起来，从而使封建统治出现了某些危机。其中，奸佞窃权，结党营私，是当时朝政上的一大弊病。

奸佞窃权、结党营私的情况，早在宋高宗时就已经存在。还在孝宗即位之初，朱熹就指出：“今之监司，奸赃狼藉，肆虐以病民者，莫非宰执、台谏之旧宾客。”[③]孝宗与历史上许多君主一样，他宠信自己当太子时的近侍和旧属，加上高宗朝以来腐败政治的积重难返，这种奸佞窃权、结党营私的状况继续存在。孝宗一当上皇帝，就用其原建王府的内知客曾觌为带御器械、干办皇城司，并以龙大渊为枢密都承旨。这两个人一上台，就欲擅利权，有窃政行为。当时，右谏议大夫刘度就劝告孝宗：“潜邸旧人，

---

① 《宋史》卷三百九十四《林栗传》，第12027页。
② ［宋］沧州樵叟：《庆元党禁》提要，《文渊阁四库全书》第451册。
③ 《宋史》卷四百二十九《朱熹传》，第12752页。

待之不可无节度。”[①] 隆兴元年（1163）三月，刘度又上疏弹劾曾觌、龙大渊，说他们“轻儇浮浅，凭恃恩宠，入则侍帷幄之谋，出则陪庙堂之议。摇唇鼓舌，变乱是非，凡皇闱宴昵之私，宫嫔嬉笑之语，宣言于外，以自夸大。至引北人孙昭出入清禁，为击球胡舞之戏，上累圣德”[②]，并请予以斥退。结果，孝宗不仅未黜逐曾、龙二人，反而下诏任龙大渊知阁门事、曾觌权知阁门事，进一步加以宠信。这时，朝臣们纷纷出来反对重用曾、龙二人，孝宗反疑这些朝臣结为朋党，一一罢斥。从此，曾、龙二人的权势更为显赫，“交通贿赂，干求差遣”，无所不为。于是，又有著作郎刘夙向孝宗奏道：“陛下与觌、大渊辈觞咏唱酬，字而不名。罢宰相、易大将，待其言而后决。严法守，裁侥幸，当自宫掖近侍始。”孝宗依然不听。乾道四年（1168），龙大渊死去。此后，曾觌又与王抃、甘昪相勾结，“文武要职多出三人之门”。[③] 王抃原来只是国信所的一个小吏，乾道年间（1165—1173），受孝宗宠信，升官至知阁门事，淳熙中又兼枢密都承旨，恃势为非作歹。甘昪是个宦官，任内侍者押班，乾道时也被孝宗信用。他假公济私，制造冤狱，诬陷大臣，是个极阴险的人。曾觌、王抃、甘昪三人相互盘结，以孝宗做靠山，“恃恩专恣，其门如市”[④]，“士大夫无耻者争附之”[⑤]。尤其是曾觌的权势愈来愈大，淳熙元年（1174），他官至开府仪同三司，甚至能随意责逐大臣。如淳熙四年（1177），参知政事行丞相事龚茂良因得罪曾觌，竟被贬往英州。

① 《宋史》卷四百七十《曾觌传》，第 13688 页。
② 《建炎以来朝野杂记》乙集卷六《台谏给舍论龙曾事始末》。
③ 《宋史》卷四百七十《曾觌传》，第 13689—13691 页。
④ 《宋史》卷四百七十《王抃传》，第 13694 页。
⑤ 《宋史》卷四百六十九《甘昪传》，第 13673 页。

大臣陈俊卿对孝宗说："将帅当由公选，臣闻诸将多以贿得。曾觌、王抃招权纳贿，进人皆以中批行之。赃吏已经结勘，而内批改正，将何所劝惩？"又说："向士大夫奔觌、抃之门，十才一二，尚畏人知，今则公然趋附已七八，不复顾忌矣。人材进退由私门，大非朝廷美事。""此曹势既长，侍从、台谏多出其门，毋敢为天下言，臣恐坏朝廷纪纲，废有司法度，败天下风俗，累陛下圣德。"[①]陈俊卿的这一席话，触动了孝宗的心病，因为他最怕有人篡夺皇帝的用人大权，于是孝宗逐渐疏远曾觌。不久，曾觌死，王抃也被逐，但甘昪仍在。甘昪先后"用事二十年，招权市贿"[②]，虽有朱熹纠弹，孝宗仍不觉悟。

在孝宗朝，还有外戚张说窃权用事。张说因娶寿圣皇后（高宗皇后吴氏）的妹子，官至知阁门事，后升至签书枢密院事。他也欺蒙皇帝，排斥大臣，奸赃累累，造成极坏的政治影响。这正如蔡幼学在对策中指出的：由于奸佞擅权，致使"风俗日坏，将难扶持；纪纲日乱，将难整齐；人心益摇，将难收拾；吏慢兵骄，财匮民困，将难正救"[③]。

对于孝宗宠信近习致使奸佞窃权的危害性，著名理学家朱熹有深刻认识。朱熹认为，孝宗之所以宠信近臣，致使奸佞窃权，败坏朝政，是因为孝宗本人有私心，故在用人任事之时，"不复广求贤哲，而姑取软熟易制之人以充其位，于是左右私亵使令之贱，始得以奉燕闲、备驱使，而宰相之权日轻"[④]。朱熹曾对孝宗说："陛下所与亲密所与谋议者，不过一二近习

① 《宋史》卷三百八十三《陈俊卿传》，第 11789—11790 页。
② 《宋史》卷四百六十九《甘昪传》，第 13673 页。
③ 《宋史》卷四百三十四《蔡幼学传》，第 12896 页。
④ 《朱文公文集》卷十三《辛丑延和奏札二》。

之臣也。此一二小人者，上则蛊惑陛下之心志……下则招集天下士大夫之嗜利无耻者，文武汇分，各入其门。所喜则阴为引援，擢置清显。所恶则密行訾毁，公肆排挤。交通货赂，所盗者皆陛下之财。命卿置将，所窃者皆陛下之柄。”[①] 朱熹认为：如果不及时改变奸佞窃权、结党营私的局面，“莫大之祸，必至之忧，近在朝夕”[②]，因为它必将使“纲纪日坏，邪佞充塞，货贿公行，兵怨民愁，盗贼间作，灾异数见，饥馑荐臻”[③]，造成社会动乱。可是，朱熹的谏言使孝宗感到不快。淳熙七年（1180），朱熹在知南康军时，曾上《庚子应诏封事》，因为对孝宗大谈正君心、立纪纲、明义理、亲贤臣、远小人，并斗胆批评了孝宗宠信近习佞臣之失，使孝宗勃然大怒，说："是以我为亡也！"[④] 朱熹赶忙托病请辞，孝宗不予理睬。

淳熙十四年（1187）十月，太上皇帝高宗病死于德寿宫，享年八十一岁。而这时孝宗也已六十一岁，他对北伐中原收复失地已经彻底丧失了信心，生活转向逸乐，经月不御外朝。高宗死后，孝宗借守丧之名，手诏令皇太子赵惇参决政务，为自己“禅位”做好了准备。淳熙十六年（1189）二月，孝宗正式传位给皇太子。太子即位，是为宋光宗。

光宗即位后也曾经有过一些作为。他曾多次下诏减免百姓赋役，不拘一格进用了一些人才，还在整顿吏治方面采取了一些措施。但光宗和孝宗一样，一即位就宠信他当太子时的旧属和宦官。如，姜特立在孝宗淳熙年间（1174—1189）曾为阁门舍人，充当太子左右春坊兼皇孙平阳王伴读，

---

① 《朱文公文集》卷十一《庚子应诏封事》。
② 《宋史》卷四百二十九《朱熹传》，第 12754 页。
③ 《朱文公文集》卷十三《辛丑延和奏札二》。
④ 《宋史》卷四百二十九《朱熹传》，第 12754 页。

因而得幸于太子。太子即位为光宗后，升任姜特立为知阁门事。姜特立招权纳贿，逐侍讲尤袤，与谯熙载皆以春坊旧人用事。他们“恃恩无所忌惮，时人谓曾、龙复出”[①]。由于奸佞擅权，邪气上升，致使士风不正。绍熙元年（1190）二月，殿中侍御史刘光祖指出：“近世是非不明，则邪正互攻；公论不立，则私情交起。”[②]奸佞擅权、结党营私，与官场的腐败密不可分，它必然会导致政治的黑暗。绍熙二年(1191)五月，有太学生余古上书说：“自古宦官败国，备载方册。臣睹宦者之盛，莫如方今，上而三省，下而百司，皆在此曹号令之下。盖自副将而至殿步帅，各为高价，不问劳绩、过犯、骁勇、怯弱，但如价纳贿，则特旨专除。故将帅率皆贪刻，军士无不饥寒，兵器朽钝，士马羸瘠，未尝过而问焉。设有缓急，计将安出？此为害之大者，良由公卿持禄保位，备员全身，如汉之石庆，唐之苏味道。满朝皆小人也，求海内不盗贼、民生不涂炭、日月不食、水旱不作，可得乎？”[③]在光宗朝，宦官为巩固自己的权势，还经常在宫中制造混乱。他们因害怕将来被诛，于是离间三宫。如，内侍陈源曾被孝宗逐出朝廷，光宗即位后，将他自郴州召回，他就与同党杨舜卿、林亿年一起，朝夕离间孝宗和光宗父子俩的关系，造成太上皇与皇帝之间感情不和，严重影响了政局的稳定。

光宗即位后，宫廷内部矛盾十分尖锐，尤其是孝宗与光宗父子之间感情严重不和。原来光宗的皇后李氏生性妒悍，不为高宗所喜，也常受孝宗的训斥，要她“以皇太后为法，不然，行当废汝”[④]，为此李氏对高宗夫妇

---

① 《宋史》卷四百七十《姜特立传》，第13695页。
② 《宋史》卷三百九十七《刘光祖传》，第12098页。
③ ［宋］佚名：《续编两朝纲目备要》卷二，中华书局1995年版，第22页。
④ 《宋史》卷二百四十三《后妃下・光宗慈懿李皇后》，第8654页。

和孝宗夫妇一直怀恨在心。同时，孝宗虽已“禅位”，但他并不想完全放弃权力，曾安排亲信周必大出任光宗的左相，以便牵制光宗。而光宗即位后，即于淳熙十六年（1189）五月罢去了周必大的相位，升任他在潜邸时的旧臣、原右相留正为左相。可见光宗不愿受孝宗控制，父子俩之间的矛盾随着时间的推移而不断深化。特别是在光宗立太子问题上，矛盾尤为突出。

李后生有嘉王赵扩一子，光宗即位，欲立赵扩为太子，却一直没有得到孝宗的首肯，这就引起了光宗帝后的疑虑和不安，于是他们不顾惯例和群臣的劝说，不再定期前去重华宫（原德寿宫改名）朝见孝宗，这就使两宫之间的矛盾进一步加深。光宗即位前，由于与赵宋宗室子弟长期争权夺利，相互倾轧和猜疑，早就患有心理障碍的疾病。他即位后，因对其父孝宗怀有猜忌和不满，加上李后经常制造一些惊人的事端，光宗的“心疾”加重。绍熙二年（1191）十一月，李后乘光宗外出祭祀天地之际，杀死了光宗宠爱的黄贵妃，又因当天晚上光宗正在祭祀天地时突然遭到大风雨袭击，蜡烛尽灭，光宗受此惊吓，病重不能视朝，于是政权落入皇后李氏之手。从此，李后更为骄奢，封她母家三代为王，推恩亲属 26 人、使臣 172 人，下至李氏门客也个个得官。孝宗为治光宗的心疾，搞到一种药丸欲让光宗吞服，李后认为这是孝宗要毒害光宗。又在一次内宴时，李后请求孝宗立嘉王为太子，遭到拒绝，便与孝宗公开争吵。回宫后，李后向光宗哭诉，说孝宗有废立光宗之意，光宗从此更是拒不朝见孝宗夫妇。

绍熙五年（1194）正月，孝宗病危，光宗托疾不去探望父亲。宰执大臣请求光宗去重华宫侍疾，光宗不从。宫闱内部的矛盾发展到如此尖锐的程度，必将严重影响政局的稳定。尤其是作为皇帝的光宗竟不向父亲尽孝道，这在以“忠孝”为伦理道德之首的宋代，势必会激起朝廷内外人心的不满。皇帝威望一失，政变可能发生，社会必将动乱！事系社稷安危，人人忧心如焚。于是，大臣们纷纷痛哭；朝士们每日相聚在道观佛寺内集议；下层吏人中谣言流传，真伪莫辨；学生和平民百姓争相伏阙，请光宗过重华宫。总之，京城人心浮动，祸乱将一触即发。

就在这年六月，孝宗病死，光宗托病不能执丧。这时，“廷臣空国而逃，太学卷堂而噪，都人失志而惊”[①]，中外汹汹。于是，宗室、同知枢密院事赵汝愚定策，并通过外戚、知阁门事韩侂胄请示寿圣太皇太后（高宗皇后）同意，立光宗第二子嘉王赵扩为帝，是为宁宗，光宗也当上了太上皇，南宋政局总算又暂时稳定了下来。

南宋中期的政治腐败和皇室内斗，是封建君主专制体制和官僚制度负面效应的必然反映，好在当时它尚停留在上层统治集团内部争权夺利的阶段，还未酿成全国性的政治大动乱。不过，政治腐败影响了经济发展。本来在“隆兴和议”后的和平环境中，宋廷上下内外皆应励精图治全力去发展生产以增强国力，可是统治集团的内斗使他们分散了精力，同时苛重的赋役增加了人民的负担，致使南宋中期的经济未能达到应有的发展水平。

三、赋役繁重与农民起义

赋役繁重与人民赋役负担不均，这是南宋社会的一大特点，孝宗、光宗统治时期也不例外。

宋朝自南渡以来，土地兼并迭起高潮，尤其是大官僚、大地主、大商人占有大量土地。至南宋中期，土地兼并继续发展。如大官僚韩侂胄及其

① 《宋论》卷十三《赵汝愚不行定策之赏》。

党羽每年收租粮高达722700斛、钱10315000多贯，可见其占地之多。同时，大商人兼并土地，辛弃疾曾说：“南方多末作病农，而兼并之患兴，贫富斯不侔矣！”[①]此外，寺观也通过赐田、布施及其他手段兼并了大量土地，周必大曾说：“寺观占田无艺。”[②]官僚、地主占有大量土地后，多瞒田漏税，而农民失去土地却仍要向官府缴纳田税。朱熹曾指出：“田税不均，隐漏官物动以万计。公私田土皆为豪宗大姓诡名冒占，而细民产去税存，或更受俵寄之租，困苦狼狈，无所从出。”[③]至光宗绍熙元年（1190），朱熹知漳州，他见福建漳、泉、汀三州未行经界，致使“细民产去税存，不胜其苦，而州县坐失常赋”，因此他奏请朝廷在福建三州行经界。次年，光宗下诏先在漳州行经界。可是结果虽然百姓“莫不鼓舞，而贵家豪右占田隐税、侵渔贫弱者，胥为异论以摇之，至有进状言不便者，前诏遂格”[④]，漳州最终未能推行经界。

经界法无法继续推行，两税日益削减，南宋官府为了解决财政困难，便向自耕农尤其是第四第五等户加倍地增收赋税。为此，南宋中期的赋税十分繁重，苛捐杂税层出不穷。朱熹曾揭露说：“古者刻剥之法，本朝皆备。”[⑤]

南宋中期的赋税政策基本上是南宋前期赋税政策的延续。就以两税来说，正税之外又额外征收“加耗”，而且“加耗”还不断猛增。如，秀州

① 《宋史》卷四百一《辛弃疾传》，第12165页。

② ［宋］周必大：《文忠集》卷四十《新复报恩善生院计》，《文渊阁四库全书》第1147—1149册。因周必大的《文忠集》与欧阳修的《文忠集》重名，故后文引用周必大《文忠集》时，注为“周必大《文忠集》”，以示区别。

③ 《朱文公文集》卷二十八《与留丞相札子》。

④ 《文献通考》卷五《田赋考五》，第127页。

⑤ ［宋］黎靖德编：《朱子语类》卷一百十，《文渊阁四库全书》第700—701册。

在乾道三年（1167）的加耗每石尚只有一斗四五升，两年后竟增加到五六斗，“每岁溢取十五万石”[①]；湖南的斗面米，也是“一岁所取，反数倍于前”[②]。光宗绍熙元年（1190），秘书监杨万里奏：“民输粟于官谓之苗，旧以一斛输一斛，今以二斛输一斛矣！”[③]大臣们曾对“加耗”有所批评。淳熙三年（1176），参知政事龚茂良曾对孝宗说：“近年州县纳苗，加耗太重，甚者至两石以上方可纳一石。”[④]次年，又有户部侍郎韩彦古说：“两税之入，民间合输一石，不止两石，纳一匹，不止两匹，自正数之外，大率倍增，然则是欺而取之也！”[⑤]各地官府之所以要在两税之外征收“加耗”，淳熙七年（1180）夏，据知南康军朱熹说：“今民间两税之入，朝廷尽取以供军，州县无复赢余，于是别立名色巧取。”[⑥]“加耗”之外，还另收支移、折变等附加税。如潭州每年两税的税额是30万斛，而额外加派的支移费竟达10万贯之多。[⑦]折变的剥削更厉害，孝宗时平江府“以绢折麦，每匹输麦四石五斗，以钱计之，五倍其数”[⑧]。光宗绍熙元年（1190）又有臣僚揭露：“古者赋租出于民之所有，不强其所无。今之为绢者，一倍折而为钱，再倍折而为银。银愈贵，钱愈难得，谷愈不可售，使民贱粜而贵折，则大熟之岁反为民害。”[⑨]

---

① 《宋会要辑稿》食货九之一一。
② 《历代名臣奏议》卷三百十九，辛弃疾奏议。
③ 《宋史》卷一百七十四《食货志上二·赋税》，第4220页。
④ 《宋史全文》卷二十六上，宋孝宗淳熙三年四月。
⑤ 《宋史全文》卷二十六上，宋孝宗淳熙四年正月。
⑥ 《宋史》卷一百七十四《食货志上二·赋税》，第4219页。
⑦ 《朱文公文集》卷九十三《转运判官黄公（洧）墓碣铭》。
⑧ 《宋会要辑稿》职官七二之一三。
⑨ 《宋史》卷一百七十四《食货志上二·赋税》，第4219页。

两税是宋代赋税收入的最主要来源，既然两税收入不足，宋廷便加强盐、茶、酒等的榷卖剥削，因此榷盐课利收入在宋朝财政收入中仅次于两税而居第二位，加上榷茶和榷酒等的课利收入，在财政总收入中占了很大比重。孝宗乾道六年（1170），据户部侍郎叶衡说："今日财赋之源，煮海之利居其半。"[①] 南宋中期，茶、盐等榷税大幅度增加。仅临安的茶、盐课利岁入，宋高宗绍兴年间（1131—1162）以1300万缗为额，到孝宗乾道六年（1170）以后，就增至2400万缗。成都府初额为4.8万缗，乾道末年（1173）增至40余万缗。榷盐课利的收入主要是通过对生产者和消费者的剥削而获得。南宋中期官府常拖欠和克扣制盐亭户的盐本。如孝宗淳熙十年（1183），"淮东路通、泰等州诸盐场共有未支还亭户盐本钱一百一十万贯"[②]。淳熙十三年（1186），又有"臣僚言总辖权制亭、灶，刻剥本钱"[③]。此后，直到光宗绍熙年间（1190—1194），一直存在官府拖欠亭户盐本的现象。亭户缺乏生产资金，便被迫私煎盗卖，于是私盐泛滥。楼钥十分同情亭户的这种困境，曾写诗道："亭民亦良民，孰谓俱无赖。官吏既扰之，兼并责逋债。熬波亦良苦，乐岁色犹菜。输盐不得钱，何以禁私卖？"[④] 克扣盐本的常见形式是官买盐多收加耗。乾道八年（1172），叶衡说："在法盐以三百斤为袋，今淮浙路支盐仓与买纳场相为表里，务欲招诱客人，或受客人计嘱，往往多搭斤数，有增数十斤者，是致亭户词诉不绝。"[⑤] 亭户

① 《文献通考》卷十六《征榷考三》，第468页。
② 《宋会要辑稿》食货二八之二〇。
③ 《文献通考》卷十六《征榷考三》，第468页。
④ ［宋］楼钥：《攻媿集》卷三《送元卫弟赴长亭盐场》，《四部丛刊初编》缩印武英殿聚珍版本。
⑤ 《宋会要辑稿》食货二七之四一。

除被官府、官吏克扣盐本外，还要受总辖甲头、揽纳上户等豪强的剥削。拖欠、克扣盐本的结果，是使食盐再生产遭到破坏，以致私盐盛行，盐钞不行，盐本来源枯竭。官府获取高额盐利的主要手段是贱买贵卖和不断提高盐价。如，隆兴二年（1164），雷、化、高、廉等州盐的官方收购价为每斤 18 文足，而官售价却为每斤 50 文省。① 同时，官定盐的市场零售价，从宋徽宗时起不断提高，到宋孝宗时提高了 3 倍，有的地区则不止 3 倍。② 人为压低盐的收购价和提高销售价的结果，迫使盐民把盐卖给走私商人，这为私盐获取高额利润创造了条件。官府卖盐还通过行政权力向民间强行摊派。如自绍兴末至乾道初，福建近里四州实行盐的官搬官卖法，因盐钞定额过重，官吏“即按籍而散，号口食盐，下里贫民无一免者，人甚苦之”③。在广西也存在抑配问题。光宗绍熙元年（1190），即使在高、雷、化、钦、廉等州产盐地区，也实行抑配。如廉州“每月主户买盐三斤，客户二斤，寡妇一斤半。乃令保甲拘催，甚于两税”④。至于南宋中期茶和酒的榷卖过程中，也同样存在不断提高售价和强行向民间抑配问题，从而增加了百姓负担，甚至还引发了以赖文政为首的茶贩起义。

南宋中期与南宋前期一样，对商税的征收也十分严苛。虽然宋孝宗、光宗多次下达宽商之令，但多口惠而实不至。《宋史·食货下八·商税》的一段记载全面概括了南宋中期商税苛重的情况：“然当是时，虽宽大之旨屡颁，关市之征迭放，而贪吏并缘，苛取百出。私立税场……擅用稽察

---

① 《宋会要辑稿》食货二七之一四。
② 参看漆侠：《宋代经济史》，第 862、867 页。
③ 《建炎以来朝野杂记》甲集卷十四《福建盐》。
④ 《宋会要辑稿》食货二八之三一。

措置，添置专栏收检。虚市有税，空舟有税，以食米为酒米，以衣服为布帛，皆有税。遇士大夫行李则搜囊发箧，目以兴贩……闻者咨嗟，指为大小法场，与斯民相刃相劘，不啻仇敌，而其弊有不可胜言矣。”[①] 如，淳熙四年（1177）时，池州、黄州、鄂州的税场，男拦头的妻女也一同上阵，称作女拦头，直入船内搜检，甚至对旅客“栏截弹射，或至格斗杀伤”[②]。虽宋廷屡次下诏罢废新增税场，然而至淳熙十四年（1187），仍有多处私置税场，如潭州之桥口、隆兴府之樵舍、江州之湖口、和州之施团等。

在对外贸易方面，市舶的抽解和博买分数也比前提高。宋高宗绍兴十七年（1147）对番商贩到的龙脑、沉香、丁香、白豆蔻规定为抽解一分，而到孝宗隆兴二年（1164）时，“抽解既多，又迫使之输，致货滞而价减”[③]。“抽解旧法十五取一，其后十取其一。又后，择其良民，如犀、牙十分抽二，又博买四分；真珠十分抽一，又博买六分。舶户惧抽买数多，所贩止是粗色杂物。”[④] 孝宗乾道七年（1171），还“诏广南起发粗色香药物货，每纲二万斤，加耗六百斤”[⑤]。

“和籴”“和买”以及其他各种科率，依旧是南宋中期的重要税源。所谓“和籴”“和买”实际上是强籴、强买，而且官府常不给钱。后来，“和籴”成为“科籴”，“和买”变成了新的“折帛钱”。“折帛钱”原是官府在征收夏税绢帛时要百姓按高价折纳的现钱。乾道初年，有人提出“和籴”有四

① 《宋史》卷一百八十六《食货志下八・商税》，第 4547 页。
② 《宋会要辑稿》食货一八之九。
③ 《宋史》卷一百八十六《食货志下八・互市舶法》，第 4566 页。
④ 《文献通考》卷二十《市籴考一》，第 591 页。
⑤ 《宋史》卷一百八十六《食货志下八・互市舶法》，第 4566 页。

弊："去岁江西湖外和籴，其弊非一。不问家之有无，例以税钱均敷，此一弊也。州县各以水脚耗折为名，收耗米什之二三，此二弊也。公吏斗脚百方乞觅，量米则有使用，请钱则有縻费，此三弊也。以关、会偿价，许之还以输官，然所在往往折价，至输官则不肯受，此四弊也。"[①] 孝宗虽曾下诏说"和籴"要给钱，但各地方官府给价太低。据孝宗时大臣韩元吉说，某次浙西、江东、淮南科籴，各路转运司及各州压低籴价，其中浙西"平江将诸县每石止支六百文（当时米价每石两贯以上）"，江东建康府"人户来诉，犹是一贯省科籴一石"，淮南"滁、和、无为等州，亦甚困扰，闻每石只支一贯五百省"。[②] 南宋中期"和买"绸绢与征收折帛钱以两浙、江东西负担较重，其中尤以浙东路绍兴府的会稽县为最重。同时"和买"的征收面更加扩大。"乾道二年，每物力户二十一千敷和买一匹，至淳熙七年，十五千敷一匹。"[③] 有的地方甚至原来不承担和买任务的城市居民也要被摊派和买，如淳熙五年（1178）江宁县城厢居民"如房地钱日收一十文足，纽家业钱一贯六百二十三文七分，每及一贯文，即催和买五寸五分、绵五分五厘，共折钱一百三十八文七分二厘"[④]。扩大"和买"面的结果，使百姓的负担更重。至光宗绍熙元年（1190），"广德军两县物力不多，而和预买绢乃二万六千余匹，视他郡十倍其数，民何以堪"[⑤]？除"和籴""和买"外，还有其他科率。如，孝宗淳熙六年（1179）四川夔路"诸州科买上供金、

① 《宋会要辑稿》食货四〇之四一。
② 《南涧甲乙稿》卷十《论和籴札子》。
③ 《文献通考》卷二十《市籴考一》，第584页。
④ ［宋］真德秀：《真文忠公文集》卷六《奏乞为江宁县城南厢居民代输和买状》，《四部丛刊初编》缩印明正德刊本。
⑤ 《文献通考》卷二十《市籴考一》，第585页。

银、绢三色，民力重困”[①]。淳熙八年（1181）福建泉州“为台、信等州代纳上供银二万四千两，系常赋外白科，苦民特甚”[②]。与福建类似，广东也将上供银科买于民，每年计钱152169贯省。此外，还有科买军器物料等，数量特大，淳熙九年（1182）宋廷特命停罢三年，百姓稍得喘息。

南宋中期，官府仍以所谓“预借”来解决财政困难。孝宗淳熙时朝臣纷纷议论：“郡县之政，最害民者，莫甚于预借。”[③]如淳熙十六年（1189），宜兴县“预借今年、明年折帛钱共三万一千二百余贯”[④]，户部也曾借江山县折帛钱。

经总制钱、月桩钱，原是南宋初年为应付宋、金战争军费急需，在正赋之外临时征收的苛捐杂税，其中不少窠名属于非法征收。“绍兴和议”之后，战争停止了，这些税收却保留了下来，直到南宋中期仍在继续征收，而且税额日益增加，成为百姓的一种沉重负担。如，经总制钱中有一窠名称为头子钱，开始时，令公私出纳每千文纳头子钱23文省，高宗绍兴年间（1131—1162）增至43文，孝宗乾道元年（1165）又增加了13文省，“自是，公家出纳经总制钱每千共收五十六文”[⑤]。经总制钱在当时国家财政收入中占有很大比重，乃至“户部经常之用，十八出于经总制”[⑥]。至于月桩钱、版账钱又“不知几倍于祖宗之旧”[⑦]。

---

① 《皇宋中兴两朝圣政》卷五十七。
② 《文献通考》卷五《田赋考五》，第129页。
③ 《皇宋中兴两朝圣政》卷五十六，宋孝宗淳熙五年二月戊辰纪事。
④ 《文献通考》卷五《田赋考五》，第127页。
⑤ 《文献通考》卷十九《征榷考六》，第550页。
⑥ 《文献通考》卷十九《征榷考六》，第554页。
⑦ 《宋史》卷一百七十四《食货志上二·赋税》，第4220页。

自宋高宗初年以来，南宋的役法实行差募并用法。但是，百姓缴纳了免役钱却仍要服差役，官府不给雇钱。官户与富豪常假名寄产，瞒田避役，故“役法之害，下三等尤甚”。民户服役后，“州县违法，保内事无巨细，一一责办，至于承受文引、催纳税役、抱佃宽剩、修葺铺驿、置买军器、科买食盐、追扰赔偿，无所不至，一经执役，家业随破”[①]。至南宋中期还不断增加免役钱。如高宗绍兴二十一年（1151）前，临安府民户物力钱 30 贯以上者每贯摊征免役 19 文，至孝宗淳熙末年，物力钱达 10 贯者即要摊征免役钱，每贯摊征数增为 25 文。[②] 淳熙中，在福州按产钱摊征役钱，竟有产钱一文摊征免役钱 24 文以上的情况。[③] 面对如此残酷的役法，“民不肯受役，至破家而不顾”[④]。于是绍兴年间（1131—1162）婺州金华民间自发创造了一种“义役法”，其具体做法是“众出田谷，助役户轮充”。然而推行义役的结果并不美妙，据朱熹说，义役存在四弊：一是，只有田一二亩的下户也要出田或出钱去买义役田，而田多的上户却所出很少，下户既出田将来却不免役，“乃是困贫民以资上户”；二是，役首在排定役次和出纳先后之间，未免有不公之弊；三是，三五年后，贫富变化，临事未免引起争讼；四是，所排役次，上户轮充都副保正，中下户轮充夏秋户长，上户安逸而下户陪费。因此，所谓“义役”，实际上成了一种“虐贫而优富，凌寡而暴孤”的不义之役。

特别使人触目惊心的是，官吏在民间逼收赋税的手段十分残酷。据淳

① 《文献通考》卷十三《职役考二》，第 375—376 页。
② 《应斋杂著》卷一《免临安丁役奏议》。
③ ［宋］梁克家：《淳熙三山志》卷十七《财赋·岁收》，《文渊阁四库全书》第 484 册。
④ ［宋］陈亮：《龙川集》卷十六《信州永丰县社坛记》，《文渊阁四库全书》第 1171 册。

熙四年（1177）二月臣僚言："掊克之吏专意聚敛。下车之初，未问民事，先请属邑知县均认财赋，且多为之数，督责峻急……而惨酷之吏非理用刑者，或残人之肢体，或坏人之手足，或因微罪而殒其性命，或罹非辜而破其家业。"[①]

残酷的封建压榨，势必引起民众的反抗。据何竹淇在《两宋农民战争史料汇编》一书中不完全的统计，自绍兴三十二年（1162）至绍熙五年（1194）孝宗和光宗在位的32年中，仅南宋境内即发生过49次民众的反抗斗争，其中规模较大的主要有：

乾道元年（1165）春，湖南郴州宜章县李金领导的农民起义，反对官府向各州县饥民强令摊卖乳香。

淳熙二年（1175）四月，湖北荆南赖文政领导的茶贩起义，反对官府专卖茶叶和剥削茶农。

淳熙六年（1179）正月，又有湖南宜章县人陈峒领导的农民起义，反对官府用"和籴"名义勒索农民的粮食。

淳熙六年（1179）五月，广西容州陆川县弓手李接领导的农民起义，反对官府的横征暴敛。

淳熙十一年（1184），福建汀州姜老大领导的农民起义，反对豪强地主兼并土地和官府的苛捐杂税。

南宋中期多次民众的反抗斗争，最后虽然都失败了，但他们打击和教训了南宋的封建统治者，迫使他们采取了一些减免赋役和改善生产条件的措施，从而推动了当时经济的发展。

---

① 《宋史全文》卷二十六上，宋孝宗淳熙四年二月。

第二节　社会经济继续发展

南宋中期，在国内局势相对安定的和平环境中，宋廷采取了一系列减免赋役和推动生产的政策措施，通过广大人民群众的辛勤劳动，社会经济有了一定发展，财政收支达到大致平衡，这就为改善商品供求关系和抑制通货膨胀发生创造了物质基础。

一、振兴农业与发展经济

南宋中期，一方面是政治腐败与赋役繁重，阻碍了经济发展；而另一方面是赵宋统治者为了缓和阶级矛盾和巩固其封建统治，又不得不采取一些减免赋役和促进生产的措施，以发展经济和改善国家财政状况。政治腐败和赋役繁重是封建生产关系和政治制度消极面的反映；而组织生产和维护社会安定又是任何一个国家政权应有的职责。历史便是在这种矛盾中前进着。在南宋中期长达数十年的和平环境中，如果统治者能够为政清廉、爱惜民力、励精图治，社会经济必将出现大的发展，可惜南宋统治者不能做到这一点。由于受到封建制度消极面的阻碍，虽然广大民众为了求生存、图发展，茹苦含辛，忍辱负重，通过努力劳动生产，终于使社会经济得到了一定发展，却未能达到应有的水平。

历史是复杂的。虽然南宋中期政治上存在许多腐败现象，但是宋孝宗本人并不太腐败。他即帝位后，曾经雄心勃勃地欲有作为，除了晚年因意志消沉而渐趋享乐外，他的个人生活尚算节俭，故《宋史·孝宗纪三》说：

“孝宗之贤，聪明英毅，卓然为南渡诸帝之称首。”[1]至于光宗，他在即位之初，也曾想振兴国家，“总权纲，屏嬖幸，薄赋缓刑”[2]，为政多有可取之处，只是后来在宫廷内部争权斗争中，心志出现了变态，使他很快退出了历史舞台。这里我们要特别指出的，孝宗和光宗为了振兴国家曾经推出了许多减免赋役和推动生产的政策措施，无疑对发展当时的社会经济起了积极作用。尤其是光宗上台后立即大幅度减免赋税，实为南宋历朝所少见。仅据《宋史·孝宗纪》《宋史·光宗纪》以及《文献通考》《宋史·食货志》等相关记载，孝宗在位 26 年 6 个月，曾发出减免赋役之诏令 120 多次，光宗在位 5 年 5 个月，即下达减免赋役之诏令 40 多次。减免赋役诏令的内容极广：有减免两税、加耗、土贡、上供钱银、免役钱、身丁钱的，有减免盐酒茶课利钱、商税、契税、市舶抽解的，有减免和籴、和买、折帛钱、科买军器物料的，有减免经总制钱、月桩钱、版账钱以及各种欠税的，还有关于理还各州县向民户预借钱的，有关于赈灾免赋的，有关于减轻差役负担的，有令官户与民户同样纳税和服役的，更多的是严禁官吏贪赃和多收赋税的。今择要举例于下：

绍兴三十二年（1162）六月，孝宗即帝位发布赦文，除放绍兴三十年前应官司债负房赁、租赋、和买、役钱及坊场、河渡等钱，同时又酌情减免各州县军上贡土产。七月，诏淮南诸州存恤淮北来归之民，权免税役。八月，禁官吏多收秋苗加耗。

孝宗隆兴元年（1163），免收两淮之商旅、归正人之商税；罢去州县

① 《宋史》卷三十五《孝宗纪三》，第 692 页。
② 《宋史》卷三十六《光宗纪》，第 710 页。

未曾申明的新置税场；又诏乡落墟市贸易皆从民便，不许人买扑收税；全免两浙、江东水旱灾区的租税。

隆兴二年（1164），规定市舶进口之象牙、珠、犀除抽解十分之一外，更不博买；诏：诸充保正、副，依条只管烟火、盗贼外，不得泛有科扰差使，违者黜责。

孝宗乾道元年（1165）正月，免沿边残破州、军官赋一年。二月，免两浙遭水灾州县身丁钱13.7万余缗、绢16.3万余匹。

乾道二年（1166）三月，罢和籴。十月，免诸路酒坊欠赋。

乾道三年（1167）因官户瞒产逃役，役法对下三等户为害尤甚，诏只选物力高强官户与民户通差，两浙路先行。四月，免诸路州、军欠负。

乾道四年（1168）九月，诏不得在离县五里外拦收村民商税。十一月，两淮归正忠义有田产者，免役五年。十二月，诏权减两浙、江南东西路明年的夏税、和买折帛钱之半。

乾道五年（1169），免江淮等路绍兴二十七年（1157）至乾道二年（1166）冬拖欠内藏库的岁额钱87.53万余缗。三月，免成都府路民户岁输对籴米脚钱35万缗。

乾道六年（1170），严禁沿江征收空舟“力胜钱”。

乾道七年（1171）六月，诏两淮垦田不创增税赋。

乾道八年（1172）四月，再免两淮两税一年。十二月，又免两淮明年租赋。

乾道九年（1173）二月，诏诸县税场于正官外擅置稽察、措置等官，许民越诉。

孝宗淳熙元年（1174）十月，免临安府民身丁钱三年，免郴州、桂阳军借贷常平米。又减桂阳军月桩钱1.2万缗；诏减临安府及属县交易侩保钱十分之五。

淳熙三年（1176），诏减四川酒课钱47.35万余缗。

淳熙四年（1177），诏已赦免之民户欠税，州县不得变易名色以取之。

淳熙五年（1178），诏湖北佃户开垦荒田只输旧税。四月，诏以绍兴府所进羡余钱40万缗代民输和买、身丁钱之半。六月，罢诸州私置税场；减四川茶课15万余缗。

淳熙六年（1179）正月，免夔州路上供金、银、绢。五月，免四川盐课10万缗。十月，再免四川盐课17万缗；除绍兴府民欠税5万缗。

淳熙七年（1180），免池州经总制钱2.6万余缗；减诸路州县交易侩保钱十分之五。九月，禁诸路遏籴。十一月，禁淮南诸司、州郡抑配民酒。

淳熙八年（1181），免水旱相继之江、浙、两淮、京西、湖北、济川、夔州等路租税。闰三月，减在京及诸路房廊钱十分之三。六月，除淳熙七年（1180）诸路旱伤检放米137万石、钱26万缗。

淳熙九年（1182）九月，罢诸路科买军器物料三年。十一月，免诸路旱伤州军淳熙七年（1180）、八年（1181）欠赋。

淳熙十年（1183）四月，再免临安府民身丁钱三年。

淳熙十一年（1184），诸路州军检放旱伤米数近60万石。三月，除职田、官田八年欠租。九月，再减四川酒课68万余缗。

淳熙十二年（1185），禁诸路县道抑令户长代输逃绝户之税。

淳熙十三年（1186）正月，为高宗祝寿大赦，免贫民身丁钱之半，共110万余缗。

淳熙十五年（1188）十月，再罢诸州科买军器物料三年。

淳熙十六年（1189）二月光宗即帝位，减江东西、福建、淮东、浙西经总制钱 17.1 万缗。闰五月，免州县第五等户身丁钱及临安第五等户和买绢各一年。八月，减两浙月桩等钱 25.5 万缗。九月，减绍兴和买绢 4.4 万余匹。十一月，减江、浙月桩钱额 16.5 万余缗。同年，诏理还宜兴、江山县预借之折帛钱，并令各州措置补还各县预借。

光宗绍熙元年（1190）夏，减免无窠名版账钱。十一月，诏收取商税不得欺诈骚扰，如禁止例外多收头子钱。

绍熙三年（1192）正月，岁免四川盐酒重额钱 90 万缗。十一月，免湖南北、京西、江西州县等地的月桩、经总制钱岁 23 万余缗。十二月，免归正人赋役三年。

绍熙四年（1193），免绍熙三年（1192）成都、潼川两路畸零绢估钱引 471450 余道、潼川府激赏绢 166975 匹；诏：四川州县盐酒课额自明年起更放三年。八月，免绍兴丁盐、茶租钱 8.2 万余缗。

绍熙五年（1194）二月，禁湖南、江西遏籴。

宋孝宗和光宗之所以要减免赋役，为的是减轻人民负担，以缓和阶级矛盾，使社会安定，国家渐趋富裕。绍熙二年（1191），光宗曾下诏说："朕惟为政之道，莫先于养民。故自即位以来，蠲除甚赋，颁宣宽条，嘉与四方臻于安富。"因此，他希望州、县官不要苛敛赋税，而应"以轸恤为心，以牧养为务，俾民安业"。[①] 可是，由于当时官场腐败，税吏贪酷，加上地方经费困难，国家财政开支又未能节省，故朝廷减免赋役的诏令往往不能得到认真执行，州县甚至还继续苛取，这就不免使朝廷恤民减赋政策的积极作用打了折扣。如，淳熙四年（1177）有臣僚言："屡赦蠲积欠，以苏疲民，

① 《宋史》卷一百七十四《食货志上二・赋税》，第 4220 页。

州县不能仰承德意，至变易名色以取之。”[①] 绍熙元年（1190）又有臣僚言：“陛下嗣位之初，首议蠲贷，意州县可以均受其赐。今郡之督责于县者如故，县之诛求乎民者无所遗也。”[②] 虽然如此，但朝廷连续不断地出台各种减免赋役的诏令，仍能在一定程度上减轻百姓的经济负担，为他们积极投入生产创造了有利条件，从而对推动社会经济发展起了促进作用。

孝宗和光宗都特别重视振兴农业。孝宗曾经提出“农为生之本也”[③] 的观点。为此，他在乾道六年（1170）二月诏谕大臣，欲以“均役法，严限田，抑游手，务农业”[④] 作为治国之本。他多次下诏要求各地监司、守、令努力劝课农桑，并以奉行勤怠为赏罚。同时，他还希望各路地方官要关心民生，曾于淳熙十四年（1187）七月“诏监司条上州县弊事、民间疾苦”[⑤]。光宗继位后，在大幅度减免百姓赋役负担的同时，也于绍熙元年（1190）十月“诏谕郡县吏奉法爱民”[⑥]。孝宗、光宗的重农思想，无疑将对南宋中期的农业生产起着推动作用。

孝宗、光宗尤其重视兴修水利工程。乾道九年（1173），孝宗认为：“农为生之本也，泉流灌溉，所以毓五谷也。”故他要求各级地方官应重视水利工程，“相丘陵原隰之宜，勉农桑，尽地利，平繇行水，勿使失时”。绍熙二年（1191），光宗更是明确规定：“诏守令到任半年后，具水源湮塞合

① 《宋史》卷一百七十四《食货志上二·赋税》，第 4219 页。
② 《文献通考》卷二十七《国用考五》，第 799 页。
③ 《宋史》卷一百七十三《食货志上一·农田》，第 4187 页。
④ 《宋史》卷一百七十三《食货志上一·农田》，第 4175 页。
⑤ 《宋史》卷三十五《孝宗纪三》，第 687 页。
⑥ 《宋史》卷三十六《光宗纪》，第 699 页。

开修处以闻；任满日，以兴修水利图进，择其劳效著明者赏之。”[1] 由于自北宋末年至南宋前期，各地豪强地主常围湖造田，严重破坏了水道系统，人为造成了水旱灾害，因此，隆兴元年（1163），孝宗命绍兴府浚会稽、山阴、诸暨县旧湖以复水利，及筑萧山县海塘以限咸潮，又开掘鉴湖。隆兴二年（1164）八月，孝宗命江东、浙西守臣措置开决围田。乾道二年（1166）四月，孝宗又下诏令两浙漕臣王炎开决浙西平江府和湖州、秀州势家的新围田；五月，禁浙西修筑围田，并命监司、守臣预先做好防治水旱灾害的准备；六月，为了排泄积水和防止咸潮危害旁海农田，孝宗又下诏命兴修秀州华亭县张泾闸并淀山东北通陂塘港浅处，兴修江阴军、常州蔡泾闸及申港。第二年三月工程完工，积水排除，久浸之民田露出塍岸，谕民趋时耕种，知江阴军等地方官受到奖励。乾道年间（1165—1173）宋廷严禁围田，曾开决了张子盖 9000 亩围田，开决了平江府 14 处共 1 万余亩围田。但开决围田遭到了豪宗大姓的抵制，他们不顾朝廷禁令，依旧恣意围湖占田。于是淳熙三年（1176）七月，宋廷再禁浙西围田。然而有禁不止，直到淳熙十年（1183）浙西豪强还在围田。宋廷一方面决围田，另一方面又修圩田。乾道九年（1173），宋廷命户部侍郎叶衡核实各地圩田：宁国府修复化成、惠民二圩旧堤长 40 余里，新增筑 9 里余；太平州修复黄池镇福定圩周长 40 余里、延福等 54 圩周围 150 余里；芜湖县各圩大小不等，总周长 290 余里；当涂县圩岸共长 480 余里。这些圩岸高广坚固，靠水一边种植榆柳，足捍风涛，农民大获其利，地方官获得诏奖。由于各地修圩田的积极性很高，此后圩田面积越来越大，到光宗绍熙四年（1193），芜湖、当涂、繁昌三县，

---

① 《宋史》卷一百七十三《食货志上一・农田》，第 4187—4188 页。

圩田已十居八九。[①] 除决围田、修圩田之外，更重要的是南宋中期还在各地组织官民大力兴建水利工程。乾道元年（1165），吴璘判兴元府，再修褒城古堰，溉田数千顷。乾道四年（1168），彭州守臣梁介修复三县十余堰，灌溉之利及于邻邦。乾道五年（1169），朝廷批准知明州张津奏请，开东钱湖潴水灌田。乾道七年（1171），四川宣抚使王炎奏请开兴元府的山河堰，灌溉南郑、褒城田 4933000 亩。[②] 乾道九年（1173），朝廷批准知宁国府汪澈奏请，决童圩以顺水势，为民除害。淳熙元年（1174）正月，为保持水土，宋廷禁淮西诸关采伐林木。淳熙二年（1175），朝廷批准淮东总领奏请，修复镇江府练湖凡 72 源，可灌田百余万亩。淳熙四年（1177）九月，朝廷命修筑海潮所坏塘岸。淳熙八年（1181），浚临安府至镇江府运河。淳熙十年（1183），诏疏襄阳木渠，将渠旁田地给予民间侵耕者。此外，淳熙年间（1174—1189），福建长乐县修建湖塘水利及创设斗门 100 多所，灌田 2800 余顷；连江县、龙溪县等地也兴修了一批水利工程，“灌田甚多”[③]。光宗时，淮东修起了绍熙堰，“得良田数百万顷”[④]。

南宋中期，在兴修水利的同时，朝廷和各地官府还推出了不少其他振兴农业的政策措施。由于宋金战争的破坏，凡金兵所到之处，人口锐减，土地荒芜，农村萧条。尤其在两淮、荆襄沿边地区，更是人迹罕见，赤地千里。虽然在宋高宗后期的和平环境中，农业生产有所复苏，但直到孝宗初期，荒地依旧很多。许多无主荒田成了官田，官府组织军屯和营田，效

---

① 《宋会要辑稿》食货六一之三六。

② 《文献通考》卷六《田赋考六》，第 146 页。《宋会要辑稿》食货八之四。

③ 《宋会要辑稿》食货六一之一三二。

④ 《续编两朝纲目备要》卷三，宋光宗绍熙五年，第 55 页。

果都不好。为了发展农业，孝宗和光宗都曾大力劝农，并以绩效大小来奖励官员。尤其是宋廷还千方百计招徕劳动力开荒耕种，分给土地，并资助他们耕牛、农具、种粮，减免或缓征赋税，以使他们能安居乐业，早日恢复生产。如，早在乾道元年（1165），宋廷要求“淮民复业，宜先劝课农业。令、丞植桑三万株至六万株，守、倅部内植20万株以上，并论赏有差”[①]。乾道二年（1166）正月，以所垦田还给回乡复业的农民。乾道四年（1168），鄂州荒田甚多，为鼓励农民前来开垦，规定对请佃者免税三年，三年之后田为世业；归业者别给荒田。同年十一月，宋廷派遣知无为军徐子寅措置楚州官田，招集从北方金国统治区逃回南宋的归正人耕种，每名给田一顷，五家结为一甲，借给耕牛、农具……每家用草屋两间，每一种田人借给种粮钱10贯文，其田给为已业，满10年后起纳税赋。[②]乾道五年（1169）九月，宋廷又命淮西安抚司参议官许子中措置淮西山水寨，招集归正忠义人耕垦官田。乾道七年（1171）二月，朝廷以沿淮地区荒残已久，民怕增租，不愿回来复业与创户，乃诏两淮更不增租。南方原不种麦，由于北方人南迁的人数极多，他们惯吃面食，对麦的需求量极大，同时也为了充分发挥南方土地的潜力，宋廷和许多官员都倡导南方种麦。于是乾道七年（1171）十月，宋廷诏江东西、湖南北、淮东西路帅漕，官为借种及谕大姓借贷，使农民广种麦子，并以种麦顷亩多少议赏罚。乾道八年（1172）六月，宋廷下诏将安丰军下属寿春、安丰等县的荒田187顷3亩给予归正人217户开耕，“自乾道九年为始，与免课子十年”[③]。同年七月，罢淮西屯

① 《宋史》卷一百七十三《食货志上一·农田》，第4174页。
② 《宋会要辑稿》食货三之一七。
③ 《宋会要辑稿》食货六之二二。

田官兵，募归正人耕佃。此外，乾道八年（1172）宰相虞允文还派薛季宣行淮西以实边，薛季宣将黄州一带荒田分给当地民户及归正人耕种，并颁给住屋、耕牛、农具和种子钱。[①] 乾道九年（1173），“王之奇奏增定力田赏格，募人开耕荒田……及官会十万缗充农具等用。以种粮不足，又诏淮东总领所借给稻三万石”[②]。淳熙三年（1176）正月，赈淮东饥，命贷贫民种粮。同年，湖北州县请佃官田人户，可于一年后自报现耕田亩，分三限起税。淳熙五年（1178）诏：湖北佃户开垦荒田，止输旧税。闰六月，罢兴州都统司营田官兵，募民耕佃。淳熙六年（1179）五月，诏浙西农民开垦与己田连接处之荒地，只以实田起税。淳熙七年（1180），又诏两浙、江、淮、湖南、京西路帅、漕臣督守、令劝民种麦，务要增广。淳熙八年（1181），因接连下雨，低田被浸，诏两浙诸州军常平司借种粮予下户播种，免失农时。同年九月，又命诸路提举司贷民麦种。淳熙十一年（1184）六月，诏诸州岁买稻种，以备农民之缺。光宗绍熙三年（1192）九月，劝两淮民种桑。

孝宗、光宗重农劝桑的结果，使南宋中期的农业经济在高宗中后期的基础上有了进一步的发展。两淮、京西、湖北地区在宋金战争时期遭受破坏最大。两淮各地在“绍兴和议”后农业开始复苏，到南宋中期，由于宋廷不断招集归正人和流民开荒耕种，孝宗时淮南农民复业及创立新户，已是“阡陌相望”[③]。襄阳和荆南府，也因在孝宗时招集佃户开垦荒地，并给予减免赋税，农业生产也逐渐走上正轨。两浙、江东路可说是南宋中期农业最发达的地区，那里的农民精耕细作，稻麦种植面积都有明显增加，甚

① ［宋］吕祖谦：《东莱集》卷十《薛常州墓志铭》，《文渊阁四库全书》第1150册。
② 《宋史》卷一百七十三《食货志上一·农田》，第4175页。
③ 《宋史》卷一百七十三《食货志上一·农田》，第4175页。

至在水上架起葑田种植芦笋。太湖流域的农业尤为繁荣，“吴中厥壤沃，厥田腴，稻一岁再熟，蚕一年八育”①。“苏湖熟，天下足”②的谚语在当时已广泛流传。江南东路的圩田连绵成片，旱涝保收。江西、湖南的农业也有发展，山区开辟成绩显著，袁州诸山开出层层梯田，赣州农民入山垦荒，户口大增。洞庭湖地区，由于南宋封建统治者受到钟相、杨幺农民起义的教训，严惩贪官，减免赋役，局部调整了生产关系，故那里的农业发展较快，“至淳熙九年，已历五十余年，未问府县人民生齿，安居乐业，繁夥熙熙。至如龙阳县上下沚江乡村民户，无虑万家，比屋连檐，桑麻蔽野，稼穑连云，丁黄数十万”③。湖南潭州盛产稻米，商船每年从这里贩米外运，南宋官府也从这里“和籴”大批粮食。福建、两广地区的农业在南宋中期也有进步。福建在淳熙年间（1174—1189）兴修了一批水利工程，生产条件有所改善，户口迅速增加。两广虽受战争破坏较小，但农业相对落后，南宋中期，经过农民辛勤耕作，落后面貌有了很大改变。广西生产稻米，价钱也较低。广东珠江三角洲的农业也有较大发展。南宋中期以后，福建福州、泉州、兴化军等城市军民的粮食“全仰广米”④。四川盆地，水利资源丰富，绍兴十五年（1145）大兴水利工程后，前日荒野尽为沃土。孝宗时，范成大入蜀，他看到：眉州彭山县“流渠汤汤，声震四野，新秧勃然郁茂”；郫县“屋邑极盛”，家家有流水修竹；安德镇至永康军一路，“江水分流入

---

① ［宋］吴泳：《鹤林集》卷三十九《隆兴府劝农文》，《文渊阁四库全书》第1176册。
② 《吴郡志》卷五十《杂志》。
③ 《金陀续编》卷二十六，载《百氏昭忠录》卷十《鼎澧逸民叙述杨幺事迹》二。
④ 《真文忠公文集》卷十五《申枢密院乞修沿海军政》。

诸渠，皆雷轰雪卷，美田弥望”。[①]

南宋中期农业发展的成就增加了社会财富，促进了民生的安定。还在淳熙五年（1178）八月，孝宗就下诏指出："比年以来，五谷屡登，蚕丝盈箱，嘉与海内共享阜康之乐。"也正因为当时国家已经有了一定的财富积累，为减免赋税准备了物质基础，所以孝宗在这次诏书中，特别规定州县官在收税时不得高价强行折钱，"若有故违，重置于法"，并命"临安府刻石，遍赐诸路"。淳熙六年（1179），孝宗再次下诏："自今凡有过需横取，监司悉行按劾，无详于小而略于大。"[②]也正因为农民们都专心去从事生产，不再闹事，社会上犯罪现象减少，至孝宗淳熙十三年（1186）十二月"大理寺狱空"，光宗绍熙五年（1194）正月又宣布"大理狱空"，牢中没有了犯人。

南宋中期，盐、茶、酒的榷卖课利收入，依旧是仅次于两税的国家财政收入主要来源，几乎占全年收入的一半。但是，有关当年盐、茶、酒的产量和榷卖课利岁入史无准确记载，各书所述也不尽相同。又因市场供求关系多变，朝廷下达的课额也随之而变，致使茶盐酒产量极不稳定。据《宋会要辑稿》统计，绍兴三十二年（1162）朝廷根据浙西、浙东、淮东、广东、广西、福建各路产盐能力配给年额共5563278.338石，乾道年间（1165—1173）为5462636.094石，两者相差不大。[③]而实际上，南宋中期所产的海盐，有不少被私贩，据乾道六年（1170）户部侍郎叶衡说："二浙私盐侵损国

---

① ［宋］范成大：《吴船录》卷上，《文渊阁四库全书》第460册。

② 《宋史》卷一百七十四《食货志上二·赋税》，第4219页。

③ 《宋会要辑稿》食货二三之一三至一八。参考《宋史》卷一百八十二《食货志下四·盐中》，第4454页。

家利入几十之六七。”[①] 此外，淳熙年间（1174—1189）沿海制盐亭民创造了卤水之法，产量“增旧额之半”[②]。由此可见，南宋中期的实际盐产量应当多于南宋前期。茶的产量，据《宋会要辑稿》统计，绍兴年间（1131—1162），朝廷配给两浙东路、两浙西路、江南东路、江南西路、荆湖南路、荆湖北路、福建路、淮南西路、广南东路、广南西路的年额共17171884斤，乾道年间（1165—1173）为17639094斤，两者相差不大。[③] 而实际上，南宋中期茶叶私贩极盛，茶贩甚至进行武装走私，淳熙二年（1175）四月湖北荆南还发生了赖文政领导的茶贩起义。至绍熙初，仅“成都府、利州路二十三场，岁产茶二千一百万斤”[④]。同时从榷茶课利收入看，同样实行茶引法，绍兴末年东南卖茶引岁入270万贯，而淳熙初年增至420万贯。[⑤] 如果没有丰富的茶产量做后盾，榷茶课利是不可能有这样大幅度增长的。由此可见，南宋中期的茶产量显然应高于南宋前期。南宋中期的酿酒业尤为发达，到处都有酿酒场。乾道元年（1165）太上皇宋高宗的御用酒坊竟一年要用糯米5000石，酿酒50000斗。临安府酒务“日售钱万缗”[⑥]。各地官府普遍设“都酒务”“酒务”经营酿酒业，规模都不小。州、军、府一级还设公使库造酒。在农村，农户也普遍酿酒自用，而这只有农业丰收家有余粮才有可能。酒的销售量很大，故南宋中期国家的酒课收入也随之比南宋前期有所增长。

---

① 《宋会要辑稿》食货二七之三三。
② 《宋史》卷一百八十二《食货志下四·盐中》，第4455页。
③ 《宋会要辑稿》食货二九之一七至二二。
④ 《建炎以来朝野杂记》甲集卷十四《蜀茶》。
⑤ 《建炎以来朝野杂记》甲集卷十四《总论东南茶法》。
⑥ 《宋史》卷一百八十五《食货志下七·酒》，第4522页。

关于南宋中期手工业发展的情况，史书记载不多。现在只能根据有限的史料进行一番粗浅的探索。在北宋手工业中曾经占有重要地位的矿冶业，由于矿源的枯竭，在南宋初期已经衰落，直到南宋中期也无重大进步。绍兴末铜的年产量约为 26 万斤，孝宗时也就是二三十万斤左右。不过劳动者仍在千方百计地设法提高铜产量，淳熙年间（1174—1189），信州等地的胆水煎铜和胆土淋铜技术有了进一步提高。南宋中期的造船技术也有发展。乾道五年（1169），水军统制官冯湛打造了多桨船一艘，长 8 丈 3 尺，阔 2 丈，载重 800 料，用桨 42 支；这种船吃水浅，载重量大，适航性强，行驶迅速，可往来于江海河湖之中，实为我国造船史上一大创举。另外，在绍兴年间（1131—1162）已被广泛使用的车船又有了新的改进。淳熙六年（1179），在江西造出了一种可以拆卸轮桨的车船。这种船既可用于济渡，又可用于作战，是一种新型的战渡两用船。光宗绍熙三年（1192），官员皇甫斌还提出要建造一种双桅多桨的海船，以适应远洋航行的需要。南宋中期的官营造船业有所萎缩，但民间造船业却相当兴盛，尤其是福建、浙江、广东、广西沿海民间制造的大型海船具有很高的水平。南宋中期的纺织业在南宋前期的基础上继续发展。官营纺织机构仍在进行大规模生产，淳熙十四年（1187）时，文思院“岁织生丝三万两，织造绫一千五百余匹”①。当时广大自给性的家庭纺织业虽然仍是纺织业的主体，但是作为独立手工业者的机户却在急剧增加，并日益成为纺织生产的重要组成部分。淳熙五年（1178），在江西抚州已出现了贷款给织户然后收布贩卖的包买

① 《宋会要辑稿》职官二九之六。

商[①],这说明当时的纺织业正日益向着商品生产的方向发展。南宋中期的造纸业也在日益扩大。如，四川原是宋代造纸的一个重要地区，南宋印造纸币主要是用徽州、成都生产的楮纸。孝宗时因发行的各种交子、会子的数量日渐增多，使用遥远的成都楮纸运费太贵，宋廷便于乾道四年（1168）开始在临安“赤山之湖滨”置局造纸，这个会纸局规模不小，曾有工徒1200人之多。[②]南宋中期的印刷业也比前繁荣。自从北宋毕昇发明了胶泥活字印刷术后，宋代却仍长期以雕版印刷为主要印刷方法。到光宗绍熙四年（1193),周必大就运用毕昇的胶泥活字法印刷了他的《玉堂杂记》[③],这对当时印刷术的发展具有积极意义。

南宋中期的商业也比南宋前期繁荣。虽然宋孝宗和光宗的“宽商”政策未能得到认真执行，但是工农业生产的发展增加了商品的供应，商品需要流通的客观现实推动了商业的繁荣。这首先表现为商业城市的兴盛。如，北宋元丰年间（1078—1085），杭州及其属县共有20万户，经过南宋初年的兵燹，户口所存十才二三，高宗绍兴年间（1131—1162），由于北方人的大量南迁，户口逐渐恢复，至孝宗乾道时，杭州已有26万多户。这里交通便利，两浙地区农业、手工业发达，使商业发展具有雄厚的物质基础。杭州城内，大街小巷商铺林立，工商业行会众多，来自全国各地的商品皆集中于此，商贩往来，不绝于途，商业空前繁盛。孝宗淳熙年间（1174—1189），仅临安府城内外及诸县，一年收入商税钱高达102万余贯[④]；而

---

① 《夷坚志》卷五《陈泰冤梦》。
② ［宋］潜说友：《咸淳临安志》卷九《造会纸局》，《文渊阁四库全书》第490册。
③ ［宋］周必大：《文忠集》卷一百九十八《程元成给事》。
④ 《建炎以来朝野杂记》甲集卷十四《景祐、庆历、绍兴盐酒税绢数》。

北宋熙宁十年（1077）杭州的商税收入才18.3814万贯[①]。淳熙十一年（1184），苏州有17万户，成为两浙第二大城市。镇江、建康、鄂州等长江沿岸城市成为川、广、荆、襄、淮、浙商人的贸易聚会之地，“货物之至者无不售，且不问多少，一日可尽，其盛壮如此”[②]。其他如长沙、成都、兴元、襄阳也都是著名商业城市。由于南宋中期商业的普遍发展，各地商税收入都有增长。绍熙元年（1190），周南在其廷试对策中说：“臣尝记天禧以前，二浙之大郡合一郡征商之入有不及五六万者，今一小郡蜀邑之外有收及六七万者皆是也。”[③]如果将经总制钱中有关商税的部分窠名统计到商税中去，商税收入的数量将会更大。南宋中期的对外贸易也很发达。如明州港口，“南则闽广，东则倭人（日本），北则高句丽，商舶往来，货物丰衍”[④]。

总而言之，南宋中期赋役的繁重和官吏的贪暴对生产发展起了阻碍作用，而“隆兴和议”后30年的和平环境和广大人民的辛勤劳动又对生产发展起了推动作用，正反两种作用相抵后，南宋中期社会经济的发展虽未能达到应有的高度，但还是有了一定的进步。特别是商品生产的增加改善了物资的供需关系，为国家财政收支的平衡和防止通货膨胀奠定了物质基础。

二、财政收支大致平衡

南宋中期的国家财政收支情况，由于缺乏系统完整的数据记载，我

---

① 《宋会要辑稿》食货一六之七。
② 《吴船录》卷下。
③ ［宋］周南：《山房集》卷七《庚戌廷对策》，《文渊阁四库全书》第1169册。
④ 《宋会要辑稿》食货一八之二九。

们很难做出精确的分析和判断。但通过对当时各种经济迹象的观察，我们仍可得到这样的基本看法：与宋高宗中后期相比，南宋中期的财政收入较前增加，虽支出并未减少，而收支已实现了大致平衡。

（一）财政收入较前增加

两税作为正赋，仍是南宋中期财政收入的基本来源。但由于当时土地兼并的继续发展，豪强地主广占土地而又瞒田逃税，宋廷无法彻底推行经界法来清查逃税的土地，因此两税收入本身也就不可能比宋高宗中后期有更多的增加。直至淳熙末年（1189）上供的两税中的钱也只有200万贯。[①] 为了弥补两税收入的不足，各地官府便竭力加强对两税之外的附加税的征收，而且附加税的总量超过正额。如，“加耗”不断猛增，甚至“一岁所取，反数倍于前”。仅秀州一地，乾道年间（1165—1173）的加耗即“每岁溢取十五万石”。“加耗”之外，又另收支移、折变等附加税。如潭州每年两税额30万斛，加派支移费却高达30万贯之多。平江府以绢折麦，再以钱计算，竟“五倍其数”。两税并附加税数额虽重，由于南宋中期农业生产有了较大发展，这就使宋廷赋税增收有了实现的可能。淳熙五年（1178）孝宗说：“比年以来，五谷丰登，蚕丝盈箱，嘉与海内共享阜康之乐。”可见当时国家和农民“共享”到了农业丰收的好处。绍兴二十九年（1159），两浙、江东西、湖南北实发上供粮453万石[②]，而乾道八年（1172）“诸路州县岁收苗米六百余万石”[③]，由此可知南宋中期两税中的粮食收入不会少于宋高宗中后期。

① 《建炎以来朝野杂记》甲集卷十四《国初至绍熙天下岁收数》。
② 《建炎以来系年要录》卷一百八十三，宋高宗绍兴二十九年八月甲戌。
③ 《宋史》卷一百七十六《食货志上四·常平义仓》，第4290页。

南宋中期向百姓征收免役钱在有些地区有增加的趋势。如，临安府绍兴二十一年（1151）前，物力钱30贯以上者每贯摊征免役钱19文；到淳熙末年（1189）物力钱达10贯者即要每贯摊征免役钱25文。又如，福建路福州淳熙年间（1174—1189）按产钱多少摊征免役钱，竟有产钱1文摊征免役钱24文以上的情况。这说明南宋中期征免役钱的收入比高宗中后期时更多。孝宗时征收身丁钱的数额也不小。淳熙十三年（1186）正月大赦，“免贫民身丁钱之半，为一百一十余万缗”①，可见淳熙十三年（1186）前身丁钱的征收额为220余万缗，在国家财政总岁入中所占比重不小。

盐茶酒榷卖课利仍是南宋中期国家财政收入中的大头。生产的发展，加上官府的横征暴敛和强行摊买，南宋中期的盐茶酒榷卖课利收入大大超过了南宋前期。在南宋，淮浙盐的产量要占全宋盐产量的十分之七，故当时的榷盐课利也主要来自淮浙盐的销售。绍兴二十四年（1154），行在、镇江、建康府榷货务三务场共收盐息1566万余贯。②绍兴三十二年（1162），回税场收到盐钱1796.9万余贯③，而这一年的东南与四川盐课总数为2100万贯④。至孝宗乾道五年（1169），仅两榷货务岁卖淮盐收钱2196.3万余贯，卖浙盐收钱501.2万余贯，合计2697.5万贯。⑤南宋中期的榷茶课利收入更是大大超过了南宋前期。绍兴末年，东南卖茶引岁入270万贯。至淳熙初年，东南卖茶引岁入420万贯。至于榷酒收入仅次于

① 《宋史》卷三十五《孝宗纪三》，第684页。
② 《宋会要辑稿》食货五五之二七。
③ 《宋会要辑稿》食货五五之二八。
④ 《建炎以来朝野杂记》甲集卷十四《景祐、庆历、绍兴盐酒税绢数》。
⑤ 《宋会要辑稿》食货二七之三三。《宋史》卷一百八十二《食货志下四·盐中》，第4454页。

两税和盐利收入，其岁入总额要比榷茶收入大数倍。绍兴末年，榷酒岁入为1400万贯，其中行在130万贯、四川690万贯、东南诸路500余万贯；孝宗乾道末年略少一些，也有1300余万贯。[①] 其实历年酒课收入数额是波动的，如四川酒课在赵开变法后，岁递增至690余万贯，以后实际收入又逐渐降低。而临安府的酒课却大幅度增长，乾道二年（1166），仅临安府安抚司酒务“日售钱万缗，岁收本钱一百四十万，息钱一百六十万，曲钱二万，羡余献以内藏者又二十万，其后增为五十万”[②]。

有关南宋中期的商税岁入总额不见记载，但当时商税增收的情况上文已经谈到。如孝宗淳熙年间（1174—1189）临安府岁入商税钱102万贯[③]，与北宋东京地区熙宁十年（1077）岁入商税49.8581万贯[④]、元丰八年（1085）的商税岁入55.2261728万贯[⑤] 相比，已增加了近一倍。即使考虑到南宋初期物价上涨的因素，南宋中期的商税收入也不会少于北宋后期。

与南宋前期一样，南宋中期的屯田、营田生产效果并不好，后来大多分配给归正人或其他农民耕种。自绍兴元年（1131）至淳熙元年（1174），共有官田约20万顷，在此期间宋廷曾多次大规模出卖官田。淳熙元年（1174）因售价太低一度“住卖”，淳熙六年（1179）又复出卖，光宗绍熙四年（1193）再住卖，宁宗庆元元年（1195）又召人承买没官田。乾道九

---

① 《建炎以来朝野杂记》甲集卷十四《景祐、庆历、绍兴盐酒税绢数》《东南酒课》《四川酒课》。

② 《宋史》卷一百八十五《食货志下七・酒》，第4522页。

③ 《建炎以来朝野杂记》甲集卷十四《景祐、庆历、绍兴盐酒税绢数》。

④ 《泊宅编》卷十，第57页。

⑤ 《长编》卷三百九十，宋哲宗元祐元年十月己亥。

年（1173），宋廷命郎官薛元鼎拘催江、浙、闽、广卖官田钱400余万贯。[①]卖官田的收入对国家财政多少起了一点补贴作用。

各种科率也是南宋中期财政收入的重要来源，其中尤以和籴、和买为最重要。各种科率实际多是官府不付钱的白取。如，淳熙八年（1181）泉州曾向民间于常赋之外白科上供银2.4万两；光宗时，广东诸州每年所发上供银计钱15.2169万贯省，也科敷人民买纳。淳熙六年（1179）四川夔路诸州也科买上供金、银、绢三色，致使民力重困。又如，孝宗时，四川曾科取助赏银绢不下数千万缗。[②]和籴数量很大，有的地方按人户田亩数摊派，有的地方按两税税钱额摊派。如孝宗时“降指挥，两浙、江东路州军人户有田一万亩出粜和籴米二千五百石”，“八千亩以上，合出粜和籴米一千五百石”。[③]江西、湖南科籴，“例以税钱均敷”[④]。至于和买折帛钱的收入，淳熙十二年（1185）上供和买折帛钱收入为1000万贯。[⑤]

经总制钱在南宋中期财政收入中仍居十分突出的地位，约占财政岁入的五分之一。淳熙末年（1189），据叶适说：“户部经常之用，十八出于经总制。”[⑥]所谓户部经常之用是指朝廷经常费用，不包括地方费用和战争开支等非常费用。据叶适所记：淳熙中，经总制钱岁入为1500万贯。[⑦]据李心传所记：淳熙末年（1189），经总制钱岁入共1440万贯，月桩钱400万

① 《宋史》卷一百七十三《食货志上一·农田》，第4193页。
② 《宋代蜀文辑存》卷五十七，虞允文《论四川差科科约之弊疏》。
③ 《宋会要辑稿》食货四〇之四七。
④ 《宋会要辑稿》食货四〇之四一。
⑤ 《水心别集》卷十《实谋》，见《叶适集》，第767页。
⑥ 《水心别集》卷十一《经总制钱》，见《叶适集》，第775页。
⑦ 《水心别集》卷十《实谋》，见《叶适集》，第767页。

贯。[①] 而据魏了翁的记载：南宋中期经制、月桩等钱岁入为 2000 万贯。[②]

南宋中期的财政中还有一笔出卖度牒的收入。绍兴四年（1134）前后每年出卖度牒 1 万道，可得钱 12 万贯。[③] 绍兴十三年至三十年停卖 18 年。绍兴三十一年（1161）至乾道五年（1169）9 年共出卖度牒 12 万道，得钱 4800 多万贯[④]，每年收入 533 万余贯。

南宋的财政收入结构非常复杂，加上史书缺乏系统而完整的记载，我们不可能将它准确无误地梳理清楚。上面讲的只是南宋中期财政收入的几个主要方面，虽不全面，但仍可从中看出当时财政收入增加的基本趋势。据不完全统计，淳熙末年的财政岁入，仅货币部分即达 8200 万贯。[⑤] 乾道八年（1172）时，在货币收入外，还有苗米 600 万石。南宋中期的财政岁入显然超过绍兴末年。南宋中期财政收入之所以能够比前有所增长，从表面上看是由于官府的增税和横征暴敛，但实际上收入增长的根本原因还是在于生产的发展。如果生产衰退，尽管官府横征暴敛，百姓身上也榨不出油水来。孝宗和光宗虽多次下诏减免赋税，但平均到每年所减免的数量并不大，从总体上看赋税征收额是增加的，由此可知南宋中期财政收入的增长是以牺牲百姓利益和使百姓贫困为代价的。

（二）财政支出并未减少

南宋中期的财政收入虽多于宋高宗中后期，但财政支出却并未比以前

① 《建炎以来朝野杂记》甲集卷十四《国初至绍熙天下岁收数》。
② ［宋］魏了翁：《鹤山先生大全文集》卷二十一《答馆职策》，《四部丛刊初编》缩印宋刊本。
③ 《中兴小纪》卷十八，第 228 页。
④ 《建炎以来朝野杂记》甲集卷十五《祠部度牒》。
⑤ 《水心别集》卷十《实谋》，见《叶适集》，第 767 页。

减少，甚至还有所增加。

“隆兴和议”后虽然40年无战争，但因宋廷压缩军费不力，军费开支依旧占据了南宋中期全部财政支出中的极大部分。还在孝宗隆兴二年（1164）前，范成大就已指出：“度支月给，诸军居十之九；三岁大礼，犒军居十之八。”① 淳熙十年（1183）前，孝宗也说：“养兵费财，国用十分之八养兵。”② 淳熙末年（1189），孝宗又说：“当今天下财赋以十分为率，八分以上养兵。”③ 至光宗绍熙中，陆九渊说：“养兵之费乃十八九。”④ 同时陈傅良也说：“今经费兵居十八，官居十二。”⑤ 军费开支大的主要原因仍在于军队人数多。绍兴三十年（1160），兵籍之数为318138人。据李心传记载：乾道中“三衙、江上、四川大军，新额总四十一万八千人”，“其后诸军增损不常，然大都通不减四十余万”。⑥ 孝宗时，吕祖谦说：“今天下当分裂之余，而养兵无异于全盛之世。京口、秣陵、鄂渚之兵至二十万，行都卫兵至十四五万，诸州厢禁兵及其驼粮置戍守者又且二十余万，而蜀之兵又几二十万，然则今世盖尝养八十万之兵也。”⑦ 稍后，叶适则说：御前诸军连同“诸州之厢兵、禁兵、土兵，又有小小控扼所屯之兵，并兵之数亦且百万”⑧。南宋版图虽然大大缩小，而其军队规模却不小于北宋。据李心传说，

① ［宋］黄震：《黄氏日抄》卷六十七《范石湖文·试馆职策》，《文渊阁四库全书》第707—708册。
② 《皇宋中兴两朝圣政》卷六十。
③ 《皇宋中兴两朝圣政》卷六十四。
④ ［宋］陆九渊：《象山先生全集》卷二十六《石湾祷雨文》，《四部丛刊初编》缩印明刊本。
⑤ 《止斋集》卷十九《桂阳军拟奏事札子》。
⑥ 《建炎以来朝野杂记》甲集卷十八《乾道内外大军数》。
⑦ 《历代制度详说》卷十一《兵制》。
⑧ 《水心别集》卷十《实谋》，见《叶适集》，第767页。

南宋中期仅御前诸军共有40万人，“合钱粮衣赐约二百缗可养一兵，是岁费钱已八千万缗”[①]，地方禁军、厢军等费用尚且不包括在内。养兵除了军人的正式廪禄外，还有各种名目的补贴和赏赐以及转移供军财赋的支费。南宋正规军中有效用兵和普通兵的区别，效用兵的待遇高于普通兵。光宗时，上等效用“日支食钱三百文，米三升”，次等效用“日支食钱二百文，米二升”。[②]南宋中期的吏禄兵廪支出高于宋高宗时期。仅京师吏禄兵廪月支：绍兴元年（1131）为51.8853万贯[③]；淳熙年间（1174—1189）为128万余贯[④]；绍熙元年（1190）则为150万余贯，岁支高达1800万余贯[⑤]。正规军之外，还有数量庞大的乡兵、番民、民兵等，也需要一定的经费开支。如，隆兴二年（1164），宋廷令沿江州军每县发保甲1000人分成各渡口，官给钱米，每日米3升、钱100文。乾道六年（1170），戍守京西、湖北的民兵“每人每日给米二升半、钱五十文省”。[⑥]孝宗时，“淮、楚屯兵，月费五十万，见钱居其半”[⑦]。在养兵经费之外，还有各种军事装备的费用，其中尤以买马开支最大。乾道初，川、秦8场买马9000余匹，其中川马5000匹、秦马4000匹；淳熙以后增加到12994匹。[⑧]马价很贵，加上运费和杂费，开支很大。隆兴中，“朝廷每岁于川广收买战马计纲起发，每

---

① 《建炎以来朝野杂记》甲集卷十八《乾道内外大军数》。
② 《宋会要辑稿》兵一七之三二。
③ 《鸡肋编》卷中，第79页。
④ 《建炎以来朝野杂记》甲集卷十七《左藏库》。
⑤ 《宋会要辑稿》食货五六之五五。
⑥ 《宋会要辑稿》兵一之三一。
⑦ 《文献通考》卷九《钱币考二》，第244页。
⑧ 《文献通考》卷十八《征榷考五》，第515页。

匹不下三四百千”[①]。乾道中，一度将押解马匹由陆运改为水运，“岁费约二百万缗”。乾道初,四川买马马价连同杂费“马一匹约铜钱三百贯文”[②]。

南宋中期财政支出中占第二位的照例是官员俸禄。南宋初年，因战乱逃散，在职官员人数一度减少，官俸也降低标准。但不久，官员人数很快又增加，再度形成了冗官局面。乾道间，有“京朝官三四千员，选人七八千员”，共12000人；绍熙二年（1191），“合四选之数，共三万三千五百一十六员”。[③]当时入仕的途径，除了科举取士、恩荫补官，还有军功及归明归正、流外入官等。淳熙九年（1182）吏部统计：“吏部四选开具以三年为率，文班进士大约三四百人，任子文武亦如之，而恩幸流外盖过二千之数。”[④]官员在享有俸禄外，还有公使供给。公使钱虽为各级官署办公经费，但多用于宴饮厨传。淳熙中，有时“一饮之费率至千余缗”,还有“过例馈送者皆至四五万缗”,[⑤]以公费满足私欲。孝宗还对官员赏赐无度，如对病废在家的李显忠，在常俸外，每年还“以上供米三千斛给之”[⑥]。关于南宋中期冗官的总支费无法统计出来,但从部分中都吏禄兵廪的月支费用中可以看出冗官支费的大幅度增长，如绍兴元年（1131）户部月支仅为51.9953万贯，至绍熙元年（1190）即增加到月支120余万贯。

南宋中期财政支出中占第三位的还是宫廷和宗室费用。高宗退居德寿宫后，“孝宗命有司月供十万缗，高宗以养兵多费，诏减其六万”，后来孝

① 《宋会要辑稿》兵二二之三八。
② 《宋会要辑稿》兵二五之七。
③ ［宋］洪迈：《容斋四笔》卷四《今日官冗》，见《容斋随笔》，第521页。
④ ［宋］洪迈：《容斋三笔》卷六《减损入官人》，见《容斋随笔》，第391页。
⑤ 《建炎以来朝野杂记》甲集卷十七《公使库》。
⑥ 《建炎以来朝野杂记》乙集卷三《孝宗善驭将》。

宗退居重华宫，也“命月进三万缗”。[①] 又据不完全统计，自淳熙二年（1175）至十四年（1187），孝宗以“册宝”“庆寿”等名义先后供奉给高宗夫妇的礼物就有黄金2.2万余两，银46万余两，钱25万贯，会子350万贯以上，绢3万匹，度牒170余道。[②] 史言孝宗储“内帑与南库之入，专以奉两宫，备水旱其费不赀”[③]。此外，为高宗建造永思陵，建造费用，当以数百万贯计。淳熙十四年（1187）十月，高宗病死，次年三月十六日，一支由213只船组成的出殡队伍，从水路临安府去绍兴府会稽县攒宫，沿途仅供后宫及大内人员30多人的用膳一项，每顿就要羊肉400斤、田鸡数十斤。[④] 由于“隆兴和议”后外患压力减轻，于是南宋统治集团又恣意过起了奢侈的享乐生活。他们大兴土木建造宫室，并日夜歌舞，游宴无度，消耗了大量国家资财。据南宋后期人俞文豹说：“中兴初，凡宫禁营缮，皆浙漕与天府共为之。绍兴末，漕臣赵子潇奏以其事归修内司，本司岁输二十万，其后节次至六十万。”[⑤] 绍熙二年（1191）二月，太学生余古向光宗上书力谏说：“间者侧闻宴游无度，声乐无绝，昼日不足，继之以夜。宫女进献不时，伶人出入无节，宦官侵夺政权，随加宠赐，或至超迁。内中宫殿，已历三朝，何陋之有？奚用更建楼台，接于云汉，月榭风亭，不辍兴作！深为陛下不取也。”[⑥] 在宫廷消费之外，朝廷还要供养大批赵氏宗室子孙。在北宋徽宗崇宁初年（1102），“皇支寖繁，月给俸料钱几十数万”[⑦]。南宋初，不少宗室

① 《建炎以来朝野杂记》甲集卷一《中兴奉亲之礼》。
② 《宋会要辑稿》职官二七之五四至五五。
③ 《建炎以来朝野杂记》乙集卷三《孝宗恭俭至贯朽》。
④ ［宋］周必大：《文忠集》卷一百七十三《思陵录》卷下。
⑤ ［宋］俞文豹：《吹剑录外集》，《文渊阁四库全书》第865册。
⑥ 《续编两朝纲目备要》卷二，第22页。
⑦ 《宋会要辑稿》职官五七之五二。

沦为金兵俘虏，人数有所减少。到南宋中期，宗室迅速繁衍，人数越来越多，朱熹曾慨叹："宗室俸给一年多一年，骎骎四五十年后，何以当之？"[①]还有，在宋代，皇帝祭祀天地与祖宗乃是国之大事，由皇帝亲自主持的三年一次的郊祀和每年秋收后的享明堂，都要花费大量资财。孝宗初，因国力有限，隆兴二年（1164）、乾道三年（1167）曾规定：郊赉应得赏赐帛在百匹以上者削减三分之二，百匹以下者削减半数。[②]可是到了乾道六年（1170）又复支全额。[③]

南宋中期，宋廷还有一笔重大的开支，即付给金朝的岁币。"绍兴和议"时约定宋岁贡银 25 万两、绢 25 万匹给金朝。"隆兴和议"后，"岁贡"改称为"岁币"，"岁币减十万之数"，即数量减至银、绢各 20 万两、匹。岁币虽较前减少，但对南宋来说仍是一项沉重的负担。

南宋中期，仅军费、官禄、宫廷宗室等开支就基本上已将财政收入用完，再无财力去应付其他各项应有的开支。好在兴学支费主要部分不入岁计，兴修农田水利经费基本上由民间集资自筹，榷盐本钱已从课入中收回，榷茶行通商法后无茶本支出，赈灾主要是减免赋税或调用常平仓米。即使这些方面的开支官府也要出钱，但数量不多，在财政支出中所占比例极小，更何况官府对有关民生的开支常不闻不问，叶适曾说，南宋中期"提举司则督责茶盐，用法苛惨，至常平义仓，水利农田，则置而不顾"[④]。

南宋中期国家财政每年支出的总数，我们无法算出。但仅从京师吏禄

① 《朱子语类》卷一百十七《论财》。
② 《宋会要辑稿》礼二五之二三。
③ ［宋］周必大：《文忠集》卷一百四十二《论郊赉》。
④ 《水心别集》卷十四《监司》，见《叶适集》，第 810 页。

兵廪的月支数来看，南宋中期的开支已大大超过南宋前期。

（三）财政收支大致平衡

南宋中期的财政收入和支出均比前增加，但收支能否相抵？是否有财政赤字？从有限的史料看，中央财政收支大致平衡，但户部和地方财政仍较紧张。

南宋中期的财政年度收入史无系统完整记载，通过对零碎史料的综合考察和估算，平均岁入货币大约在1亿以上，另有粮食六七百万石和金银绢帛若干。当然，不同年份收支情况会有所不同，但从中央级的货币收支来看，大致实现了收支的平衡。还在乾道四年（1168）时，“一岁内外支用之数大概五千五百万缗有奇，又以一岁所入计之……则足以支一岁之用不缺”[①]，这里所说的只是户部和四总领所的财赋收支。此后朝省的财赋收支也能做到大致平衡，如：

表1　淳熙年中朝省财赋出入表（据《水心别集》卷十《实谋》）

收入项目	岁收入缗钱（万贯）	支出项目	岁支出缗钱（万贯）
茶盐榷货	2400	户部经费	1500
经总制钱	1500	四屯驻兵	6000
上供和买折帛	1000		
四川钱引	3300		
合　　计	8200		7500

说明：本表收支项目，仅为朝省收支主要部分，不包括内藏库、封桩库收支及地方州县留用部分。

① 《皇宋中兴两朝圣政》卷四十七。

表 2　淳熙末年朝省财政货币收入表

（据《建炎以来朝野杂记》甲集卷十四《国初至绍熙天下岁收数》）

项　　目	缗钱数（万贯）
上供钱（正赋）	200
经制钱	600
总制钱	780
月桩钱	400
茶盐酒算、坑冶、榷货、籴本、和买合计	4490
总计	6470
说明：此表收入项目中不含四川。	

表 3　绍熙元年朝省财政货币支配表（《宋会要辑稿》食货五六之六五、六六）

<table>
<tr><th>收　　入</th><th colspan="2">支　　出</th></tr>
<tr><td rowspan="4">全年收入68001200贯（内藏收支及四川钱引16102263道不计在内）</td><td>朝廷</td><td>9651100余贯</td></tr>
<tr><td>户部</td><td>18723100余贯</td></tr>
<tr><td>四总领所</td><td>29006000余贯</td></tr>
<tr><td>诸戍兵牧马归正等截留</td><td>10620000余贯</td></tr>
</table>

朝省财政收支是大致平衡了，但户部经费却仍很紧张，各路州军的经费更是相当困难。造成户部和地方官府经费困难的原因主要是：停战后军费削减不力，冗官和宫廷皇室开支太大，朝廷封桩财赋过多。冗兵、冗官是宋朝的老问题，是宋初以来长期执行养兵以防民变和优待官僚的政策的结果，而大量封桩财赋则是在经济上加强君主集权的祖宗家法的体现。在南宋中期，朝廷大量封桩财赋的现象尤为突出。

南宋前期，在中央财政管理体制上有御前、朝廷、户部财赋的区别。御前财赋由皇帝直接掌握。朝廷财赋由尚书都省掌握，支用时由宰相召集有关臣僚决议后报皇帝批准，有时皇帝也直接下诏支用。只有户部财赋才归户部支配。当时，御前财赋的主要体现者为内藏库的御前激赏库财赋，朝廷财赋的主要体现者为左藏南库和左藏封桩库财赋，户部财赋主要是左藏库财赋。孝宗即位初，将御前激赏库改属朝廷财赋，改名左藏南库。左藏封桩库建于淳熙二年（1175）以前。淳熙十年（1183），又将左藏南库名义上改隶户部，此前，左藏南库岁入为200万贯左右。淳熙十二年（1185）左藏南库改名为左藏封桩下库。还在乾道年间（1165—1173），宰相"虞允文制国用，南库之积日以厚，户部之入日以削，故近年以来常有不足之忧"[①]。孝宗时，左藏封桩库积贮财赋颇多。淳熙六年（1179），本库"共管见钱五百三十万余贯"，淳熙十年（1183）增至3000余万贯。[②]淳熙十三年（1186），"[上]库中所储金至八十万两，银一百八十六万两，又有籴本钱、度牒钱；而下库复储见缗常五六百万"[③]。在最佳状况时，封桩库岁入钱约464万贯，而所出仅2万贯以下。[④]淳熙十年至十五年期间（1183—1188），朝廷封桩缗钱已达4700余万缗以上。[⑤]至淳熙十五年（1188）六月，共积蓄粮米近700万石。[⑥]这是南宋封桩财赋记载中的最高数字。封

---

① 《宋史》卷三百八十五《葛邲传》，第11828页。
② 《皇宋中兴两朝圣政》卷五十七、卷六十。《玉海》卷一百八十五。
③ 《建炎以来朝野杂记》甲集卷十七《左藏封桩库》。《玉海》卷一百八十五。《宋会要辑稿》食货五二之一八。
④ 《宋史》卷三百九十八《倪思传》，第12114页。
⑤ 《玉海》卷一百八十五。《皇宋中兴两朝圣政》卷六十。
⑥ ［宋］周必大：《文忠集》卷一百五十一《桩积米数文字回奏》。

桩粮食主要是在行在、镇江、建康三处丰储仓。户部左藏库和朝廷封桩库的财赋常被转输入内藏库，供皇室消费。如，乾道六年（1170）前后，左藏西库岁输内藏库金300两、银5万两、钱15万贯。[①] 淳熙二年（1175）铸铜钱“岁额止十五万，而隶封桩者半，内藏者半，左藏咸无焉”[②]。为确保内藏库财赋的收入，淳熙十年（1183）曾下诏，命诸路州军催纳内藏钱物，如有违慢，州军当职官吏要受处分。[③] 淳熙十五年（1188）后，每年封桩库输会子45万贯入内藏。[④] 光宗时，临时征调财赋入内藏又有增加，“绍熙中始数取封桩钱入内藏”[⑤]。皇帝经常直接下令支用朝廷封桩财赋或将其一部分移入内藏，这些财赋固然有用于加强军备、犒赏军队或赈济灾民的，但因不受执政大臣和户部的制约，其用于皇室支费方面的则难免有挥霍浪费之处。如淳熙年间（1174—1189），闲居德寿宫的太上皇宋高宗就曾大量支用过内藏的金银、钱、会子、绢等财物。为此，淳熙末年朱熹曾抨击道：“自是以来二十余年，内帑岁入不知几何，而认为私贮、典以私人，宰相不得以式贡均节其出入，版曹不得以簿书勾考其在亡，其日销月耗以奉燕私之费者，盖不知其几何矣。曷尝闻其能用此钱以易胡人之首如太祖皇帝之言哉！徒使版曹经费阙乏日甚，督趣日峻。”[⑥]

南宋中期，内藏库、左藏封桩库、左藏南库储存了大量财赋及粮食，积而不用，这等于增加了每年财政开支的数量，这对于当时并无盈余的财

---

① 《宋会要辑稿》食货五六之七。
② 《文献通考》卷九《钱币考二》，第244页。
③ 《皇宋中兴两朝圣政》卷六十。
④ 《宋会要辑稿》食货五二之一九。
⑤ 《建炎以来朝野杂记》甲集卷十七《内藏库》。
⑥ 《朱文公文集》卷十一《戊申封事》。

计来说不啻人为制造困难。户部和其他理财机构因经费不足，不得不设法向百姓多敛，这不仅影响了正常的财政调整，而且还会激化社会矛盾。户部的左藏库财赋绝大部分用于中都吏禄兵廪。如“淳熙中，左藏库帮过三衙百官请给，成岁为钱一千五百五十八万余缗，银二百九十三万余两，金八千四百余两，丝绵一百十八万余两，绢帛一百二十六万余匹，以直［计］之，金银钱帛共约计三千万缗，而宗庙宫禁与非泛之费不与焉”[①]。又如，绍熙元年（1190）户部“东西库岁入以端计者率百四十万，以缗计者率一千万，给遣称是”[②]，而这一年仅京师吏禄兵廪的月支即达 150 万余贯，即年支 1800 万余贯。由此可见户部经费之紧张。

由于朝廷封桩财赋过多，因而地方州军所承担的上供之额甚重，造成了州郡财政的困竭。孝宗时，大臣王质曾说，全宋州郡“其间上下熬煎，支吾不前者居大半”[③]。南宋中期，淮东、淮西、湖广、四川的赋税分隶于四总领所，不属于上供，而上供所入只不过闽、浙数路。两浙路原是富庶地区，“祖宗盛时，两浙岁入钱三百三十余万缗，而茶盐酒税十居其八……淳熙末，两浙输左、内藏库钱至千二百万缗，而茶盐之利属于朝廷者不与焉”[④]。上供负担太重，致使一向富庶的两浙路“储蓄颇罄，不免遣官假贷于诸郡，仅有应副一二千缗者”[⑤]。最富庶的两浙路尚且要靠借债度日，其他各路的困难可想而知。各路财政本已陷入困境，淳熙三年（1176）朝廷

① 《建炎以来朝野杂记》甲集卷十七《左藏库》。

② 《咸淳临安志》卷八《院辖》。

③ ［宋］王质：《雪山集》卷三《论州郡财赋殿最赏罚札子》，《文渊阁四库全书》第 1149 册。

④ 《建炎以来朝野杂记》甲集卷十四《两浙岁入数》。

⑤ ［宋］周必大：《文忠集》卷一百三十七《论任官理财训兵三事》。

又下诏令诸路转运司根据前三年岁入数定立祖额，进行比较赏罚，使战争时期向朝廷输送高额财赋的情况制度化。州郡为解决财政困难，便加强对百姓的搜刮，“于是中外承风，竞为苛急，监司明谕州郡，郡守明谕属邑，不必留心民事，惟务催督财赋，此民力之所以重困之本”[①]。南宋中期国家的财政收入不可谓不多，但户部和地方官府却陷于财政困境。这正如叶适所说：“夫计治道之兴废而不计财用之多少，此善于为国者也。古者财愈少而愈治，今者财愈多而愈不治；古者财愈少而有余，今者财愈多而不足。”[②]由此可见，南宋中期宋廷的治道是有问题的。

纵观南宋中期的财政状况，由于在“隆兴和议”后的和平环境中生产得到了发展，国家经济实力有所增强，从而使财政收支达到了大致平衡。然而，又因宋朝君主专制政治体制和封建官僚制度所产生的各种弊端积重难返，使造成财政危机的病根未能根除，所以南宋中期这种财政收支的平衡不可能保持长期的稳定，一旦有风吹草动，如奸佞擅权或发生战争，财政危机便会立即出现，南宋后期历史发展的事实充分证明了我们这一看法的正确性。

第三节　货币制度有所调整

南宋是中国历史上商品经济发展比较迅速的时期，当时朝廷为了维持国家机器的运转，百姓为了生活和生产，都需要大量的货币。南宋中期，

① 《朱文公文集》卷十一《戊申封事》。
② 《文献通考》卷二十四《国用考二》，第 717 页。

宋廷为了保证货币的正常供给，克服当时货币流通领域中存在的问题，对货币制度进行了调整和改革，其主要措施是：继续实行铜禁和钱禁，在原行使铜钱的沿边地区改用铁钱，分区流通不同的纸币。

一、继续实行铜禁和钱禁

南宋中期依旧以铜钱为本位货币，但是新铸铜钱的年产量很少，甚至不及南宋前期。在南宋前期，绍兴二年（1132）铜钱年铸量只有8万贯，经过多年努力，至绍兴二十六年（1156）时年铸量一度达到23万贯，然而这一年产量不能长久保持下去，绍兴三十一年（1161）又降到了10万贯左右。南宋中期的铜钱与绍兴初年一样，只有小平钱和当二钱两种。孝宗隆兴元年（1163），“诏铸当二、小平钱”①。绍兴三十年（1160）工部奏定诸监岁铸铜钱权以50万贯为额，绍兴三十二年（1162）只铸到铜钱10.4万贯，拖欠定额39.6万贯。至孝宗乾道元年（1165）也只铸到11.35万贯②，无奈只得将定额降为30万贯。淳熙三年（1176）宋廷又“定铸钱司岁铸额为十五万缗”③。尽管降低了定额，铸钱司仍不能完成任务，就在这年，都大提点铸钱王楫因鼓铸铜钱递年亏减，又“广敷诸州木炭钱，不以鼓铸，尽献于朝，却以旧钱入换新钱解纳”④，被罢官送台州编管。孝宗末年，知吉州赵师䍐因“即山炼铜，足冶欠额二十万”⑤，被晋升为户部郎官、淮东总领。可是在孝宗朝的大多数时间，都不能完成铜钱的年铸额。“冶

① 《文献通考》卷九《钱币考二》，第243页。
② 《群书考索》后集卷六十《财用·铜钱》。
③ 《宋史》卷三十四《孝宗纪二》，第662页。
④ 《宋会要辑稿》职官七二之一二。
⑤ 《宋史》卷二百四十七《宗室传四·赵师䍐》，第8748页。

司孝宗朝定额十五万缗，后浸亏额，六不及一”[1]，也就是说铸得少的年份只有两三万贯。

南宋中期铜钱年铸量之所以稀少，仍然是南宋前期早就存在的那几个原因，即矿冶业衰落铸钱铜料缺乏，因物价上涨铸钱成本太高。就以坑冶岁课收入来说：北宋后期铜 7057260 斤，铁 2162140 斤，铅 3213620 斤，锡 761200 斤；乾道二年（1166）则为铜 263160 斤，铁 880300 斤，铅 192240 斤，锡 20450 斤。[2] 乾道时的铜课岁入不到北宋后期的 3.8%，年铸铜钱量能到 10 万贯已是很不容易了。何况南宋中期的铸钱成本依旧很高。绍兴二十七年（1157）时，“每用十七钱而得一钱”[3]。而南宋中期的铸钱成本更高，有时铸 1 钱而费近 20 文之本。由于铸钱铜料缺乏和铸钱成本太高，南宋中期大部分铜钱监已被废罢或停产。绍兴末年，尚有饶州永平监、建州丰国监、韶州永通监、赣州铸钱院和严州神泉监五个铜钱监在铸钱。到孝宗乾道末年，建州丰国监因故停产；淳熙十二年（1185），韶州永通监被省罢；光宗绍熙元年（1190），严州神泉监也停产了；绍熙三年（1192）前赣州铸钱院也已停产。从此直至南宋后期，大约只有饶州永平监一处在维持正常生产。

南宋中期新铸的铜钱虽少，而宋代历朝积累起来流通在社会上的铜钱数量却十分巨大。但从北宋初期以来，一直存在民间销毁铜钱改铸铜器牟利和铜钱大量流向国外以及铜钱被储藏的问题，这就使宋朝国内的铜钱不

---

① 《平斋文集》卷三十一《吏部巩公墓志铭》。

② 《宋史》卷一百八十五《食货志下七·坑冶》，第 4531—4532 页。《宋会要辑稿》食货三四之三六。

③ 《建炎以来系年要录》卷一百七十七，宋高宗绍兴二十七年八月庚申。

断减少，乃至产生了“钱荒”，影响了商品的交流。为了防止铜钱的消耗和流失，增加铜钱的供应，宋代历朝皇帝都实行严厉的铜禁和钱禁，孝宗和光宗也不例外。

还在孝宗刚即位的绍兴三十二年（1162）十月，为防止民间销毁铜钱改铸铜器出卖，宋廷命州县登记各地铜匠姓名，如有人犯罪，押赴铸钱监充役。乾道七年（1171）六月，宋廷又严禁东南海船兴贩铜铁等物去山东沿海和沿淮州军卖给金人。淳熙三年（1176）十二月，宋廷下诏令诸路提刑司严禁州县城乡私造鍮石、铜器等出卖。淳熙七年（1180）九月，诏：犯私铸铜器罪者，须并其家属一起押赴铸钱监，免其将来逃跑。孝宗十分重视铜禁，淳熙八年（1181）五月，他曾说：“朕以宰耕牛、禁铜器及金翠等事刻之记事板，每京尹初上辄示之。”[①] 淳熙十年（1183）十一月，宋廷进一步加严铜禁，下旨规定原来可以铸造的“钟、磬、铙、钹、杵、官司铜锣并照子（铜镜）、棱作、钉铰、鍱钀（即搭攀）等今后亦不许铸造。仍委守令尽数根括铸铜器之家，拘收作具动使入官以免罚责，令改业，籍定姓名”[②]。

同时，宋廷还多次下令严禁铜钱流往国外。如，乾道三年（1167）三月，禁止沿淮冒利之徒搬盗铜钱出界去金国。同年七月，禁商人在襄阳府榷场用铜钱私与北界金国商人交易。乾道六年（1170）诏淮南运司：“如船载钱货一文以上过界流配，一贯以上，不以官荫，并以军法施行。”[③] 乾

① 《皇宋中兴两朝圣政》卷五十九。
② 《群书考索》后集卷六十《财用·铜钱》。
③ 《群书考索》后集卷六十《财用·铜钱》。

道七年（1171）三月，“立沿海州军私赍铜钱下海船法”[①]，以防铜钱流向高丽、日本等国。淳熙五年（1178）五月，“诏番商往来夹带铜钱五百文随离岸五里外，依出界法”[②]，就要惩处。淳熙九年（1182），为防止铜钱从外贸港口流往国外，便加强地方官的责任，“诏广、明、泉、秀诸州漏泄铜钱坐其守臣”[③]。光宗绍熙三年（1192）二月，再次“申严钱银过淮之禁”[④]。

钱禁还包括禁止富人贮藏铜钱积而不用。高宗绍兴二十九年（1159）六月，宋廷曾据户部请求，规定“民户积钱，毋得过万缗，官户倍之。满二年不易他物者，拘入官，许告赏”[⑤]。到孝宗淳熙十二年（1185）五月，杨万里应诏上书说：“今之所谓钱者，富商、巨贾、阉宦、权贵皆盈室以藏之，至于百姓三军之用，惟破楮券尔。”[⑥]铜钱被收藏，楮币不值钱，杨万里担心因此引起兵变。

除了继续实行铜禁、钱禁外，为了防止私铸劣币破坏法币的正常流通秩序，南宋中期宋廷还进一步严禁私铸和流通砂毛钱等劣币。隆兴二年（1164）正月，因市井铺户常以好钱500文换得砂毛钱等劣币1贯，与乡民卖买，宋廷再次申严私铸之刑。[⑦]淳熙五年（1178）七月，宋廷再次下令禁砂毛钱。[⑧]淳熙九年（1182），因江西路游民无赖之徒群聚山谷“销毁

---

① 《宋史》卷三十四《孝宗纪二》，第651页。
② 《文献通考》卷九《钱币考二》，第244页。
③ 《宋史》卷一百八十《食货下二·钱币》，第4396页。
④ 《宋史》卷三十六《光宗纪》，第702页。
⑤ 《建炎以来系年要录》卷一百八十二，宋高宗绍兴二十九年六月丙申。
⑥ 《宋史》卷四百三十三《儒林三·杨万里传》，第12866页。
⑦ 《宋史全文》卷二十四上。
⑧ 《宋史》卷三十五《孝宗纪三》，第668页。

崇宁大钱之一，模铸沙毛二十。毛钱脆薄，易于破坏，十数年来，此钱甚行。多是金银铺及诸色库户以见钱六百换沙毛一贯，私相贸易，动以千万缗计”，情况严重，因此有臣僚奏请朝廷“重立赏格，每贯用及一文以上，许人陈告，将犯人准新钱法断遣”。[①] 淳熙十六年（1189）正月，宋廷又令诸路守臣督责巡捕官禁戢槌毁砂毛钱，若有故纵，守臣和巡捕官也要受到责罚。光宗绍熙三年（1192）六月，“增捕获私铸铜钱赏格”[②]。

自宋太祖以来至南宋中期，200多年间，宋廷虽一直实行铜禁、钱禁，并严惩私铸劣币，而结果成效不大，孝宗时情况仍无多大改变。为什么实行铜禁、钱禁却屡禁不止？这是因为毁钱铸器、出口铜钱、私铸劣币，皆有大利可图。如，“销熔十钱，得精铜一两，造作器物，获利五倍”[③]。又如，淳熙五年（1178）二月，京西路有人从北方金国境内私贩解盐，“钱陌以一二十数当百，盐之至境有数倍之利”[④]。据朱熹说：海船载铜钱转往外国，“朝廷虽设官禁，那曾检点得出！其不廉官吏反以此为利”；同样，淮上走私铜钱去金国，“淮上透漏监官点阅税物，但得多纳几钱，他不复问，铜钱过彼极有利，六七百文可得好绢一匹，若更不禁，那个不要带去”。[⑤] 正因为有大利可图，甚至有军人武装走私铜钱出境，如淳熙十六年（1189）七月，当时宋金沿边诸州禁用铜钱，镇江军人乘去楚州修筑城墙之机，藏匿铜钱过江直至楚州，“军人结党，递相提防，负钱于前，持梃于后，间

① 《群书考索》后集卷六十《财用・铜钱》。
② 《宋史》卷三十六《光宗纪》，第703页。
③ 《乐全集》卷二十六《论钱禁铜法事》。
④ 《宋会要辑稿》食货二八之七。
⑤ 《朱子语类》卷一百十一《财》。

有掩捕，公然抢夺，虽死不顾”[①]。由此可见，这里铜钱自动充当着国际货币的角色，在外贸日益发展的形势下，非人力所能阻挡。至于私铸劣币，毁当二崇宁大钱 1 枚可改铸砂毛钱 20 枚，1 贯砂毛钱可换标准小平铜钱 500 文，获利 5 倍，人们何乐而不为！

宋朝长期实行铜禁、钱禁之所以失败，因为它违背了历史发展的客观规律。宋朝自建国以来，“祖宗之法”即规定“不立田制，不抑兼并”，故私有制空前发展。在私有制占统治地位的社会里，唯利是图是人们的普遍心态。不少人只要有大利可图，甚至冒杀头的危险也在所不顾。私有制有两面性，一方面它能刺激物质生产，另一方面它又会助长人的贪欲。当一些人的贪欲危及社会整体利益时，国家用行政命令去强行抑制往往是收效甚微的，用法律惩处或道德教化的作用也是有限的，而只有通过经济手段去调节平衡各方的利益才能解决问题。宋代是我国历史上私有制方兴未艾时期，为了图利，人们毁钱铸器、贩钱出国和私铸劣币是很自然的事情，这是历史发展过程中必有的现象，光靠暴力打压是不能消除的。宋代正处在商品经济发展时期，因此，应当采取商品交流关系中的互惠原则，来解决社会经济发展过程中所产生的矛盾。如，民间熔钱铸器是因为铜器比铜钱价格更高。王安石早就说过，铸铜钱不如铸铜器有利，何必铸钱？又如，为了消灭私铸劣币，宋廷也曾采用过按实价回收的政策，效果不错。其实铜钱只是一种具有使用价值的实物货币，当铜料缺乏和铸钱成本太高时，可用其他币材来制造货币，如可用纸币来替代铜钱。应当让铜钱去充分发挥它的国际货币的作用。货币的实质只是一种信用工具，纸币就是一种本

① 《宋会要辑稿》刑法二之一二四。

身没有使用价值的象征性信用货币。由金属实物货币向象征性信用货币纸币发展是货币史发展的必然趋势。所以，南宋中期在铜钱不足的情况下，用纸币来代替铜钱的做法并没有错。至于纸币的是否贬值，与纸币印行的绝对数量或与铜钱的多少，并无必然联系。不管纸币印行数量多少，只要纸币发行量等于全社会商品价格的总量，纸币是不会贬值的。关于这一点，我们在下文中还会进行具体论述。

不过，话又得说回来。虽然铜钱被改铸成器和大量外流，是商品经济发展的必然结果，是不可能彻底禁绝的，但是在南宋中期全国普遍行使纸币的条件尚未成熟之时，铜钱的缺乏一直成为民间一般交易中的一个困难，同时私铸劣币的泛滥也确实妨碍了正常的商品交易，因此当时宋廷实行铜禁和钱禁以及打击私铸劣币，对于维护市场秩序仍有其一定的积极作用，不能完全否定。

二、沿边地区改用铁钱

南宋前期，铁钱只限在四川流通，国内其他各路都用铜钱。但由于铜钱大量流往国外，尤其是在宋金交界的沿边地区，人们通过走私贸易，使南宋的铜钱源源不断地流入金国。南宋中期，为了防止铜钱外流，宋廷便在原来行使铜钱的两淮和京湖地区改用铁钱。这也就是在四川之外，沿长江以北建成了一片铁钱区，或可称之为江北铁钱区，其中包括淮南东路、淮南西路、京湖南路和荆湖北路。这样一来，江北铁钱区又和西边的四川铁钱区连成一片，就等于在宋、金之间筑起了一道堵绝南宋铜钱北流金国的防护墙。现在让我们来看一下铁钱区内各地的铁钱铸造和流通情况。

（一）四川铁钱

早在宋太宗太平兴国七年（982），宋廷就下令在川峡地区征税只用铁钱，从此四川成了宋代唯一始终行用铁钱的特区。至宋高宗绍兴三十一年（1161），四川邛州监岁铸铁钱3万贯（其中折二钱2万贯、小平钱1万贯），利州监岁铸铁钱9万贯（其中折二钱6万贯、小平钱3万贯），总共只有12万贯。孝宗淳熙六年（1179）十月，总领李昌图上奏："利、邛州两监所铸钱，官费本钱倍于息，且鼓铸有限，而民间銋销无穷，若不更革，钱重引轻，必坏引法。乞罢铸两监折一小钱，比折二钱稍增铢两，改铸折三大钱，及将崇宁、大观折二大钱并作折三行使。"[①] 宋廷采纳李昌图的建议。宋廷之所以在利州、邛州二监铸折三大铁钱，是因为原铸折二钱和小平钱成本太高且铸量有限，又被民间大量销毁改铸铁器，从而使充当四川钱引发行本钱的铁钱大为减少，如不增铸铁钱，必将使钱引贬值。而新铸折三大铁钱用料只稍多于折二钱，崇宁、大观折二铁钱并不增料径直改作折三钱使用，显然折三大铁钱是一种新的减重钱。

既然四川是铁钱特区，当然不允许外地铜钱流入来搅乱四川货币的流通秩序。孝宗时有部分铜钱流入四川东北，宋廷为此专门下令收兑流入四川的铜钱。据《宋史全文》卷二十六载：淳熙七年（1180）有臣僚上言，有商旅和军兵携带铜钱，从京西路均州、房州水陆两路进入四川东北的金州、利州。金州原来只用交子、铁钱，现在兼用铜钱。如果铜钱深入四川其他地区，将助长四川毁钱铸器之弊。因此，他们要求四川总领所委托利州路漕臣在金州置场，以交子兑换官私铜钱，然后将铜钱发送到湖广总领

---

① 《蜀中广记》卷六十七《方物·钱》引《钱币谱》。

所桩管。宋廷接受了臣僚们的要求。

淳熙七年（1180）改铸折三铁钱后，铸钱额有所增加，从而使发行四川钱引也有了较前充足的本钱。据《宋史·食货志下二·钱币》载："淳熙十五年，四川饷臣言：'诸州行使两界钱引，全藉铁钱称提，止有利州绍兴监岁铸折三钱三万四千五百贯有奇，邛州惠民监岁铸折三钱一万二千五百贯。'"据此可知，淳熙十五年（1188）四川共铸折三铁钱4.7万余贯，折计小铁钱14.1万余贯。

（二）淮南铁钱

淮南原是行用铜钱的地区。但自绍兴末年以来，"淮楚屯兵，月费五十万，见钱居其半，南北贸易缗钱之入敌境者不知其几"[①]。乾道初年，右谏议大夫林安宅以淮南铜钱多流入北方金国境内，请禁之，于是，宋廷诏两淮用铁钱。起初，宋廷欲从四川调拨铁钱100万贯到淮南行用，却遭到四川制置使、知成都府汪应辰的反对。汪应辰认为四川财力不足，所存铁钱也不多，而且铁钱质脆，经长途搬运积压容易损坏，到淮南时未必能用。最后终因办集困难，只从四川调到铁钱15万贯。乾道元年（1165）七月，宋廷从户部请求，给会子2000万，并与从四川调来的铁钱15万贯，品搭钱、银及公据，于两淮州军收兑铜钱，每铜钱700文偿以会子1贯，但结果因收换铜钱遇到阻力而停止。同年九月，在淮南行用铁钱之事又遭到参政洪适的反对。洪适认为，从四川调铁钱来淮南行用，"今每州不得千缗，一州以万户计之，每家才得数百，恐民间无以贸易，且客旅无回货，盐场

① 《文献通考》卷九《钱币考二》，第244页。

大有利害"[1]。孝宗同意洪适的观点，就暂时停止了在淮南全境改用铁钱的做法，只将从四川调来的15万贯铁钱在淮南的庐、和二州行用。乾道二年（1166）六月，宋廷正式在两淮地区发行以铁钱为本位币的淮南交子。同年八月，"诏两淮行铁钱，铜钱毋过江北"[2]。随即，宋廷又"降会子、交子各二十万，均发于镇江、建康两榷货务，如两淮人过江南，许将交子于务场换易会子，江南人过两淮，亦听用见钱或会子就务场对换交子行使"[3]。不久，可能因实行有困难，乾道三年（1167）正月，宋廷就被迫取消了"铜钱过江之禁"。

从四川调不到铁钱，宋廷便在淮南设铁钱监铸钱。乾道四年（1168）二月，置和州铸钱监。乾道五年（1169）八月，命淮西路铸小铁钱。同年底，"降会子二十万贯，行两淮漕司收换铜钱，两淮州郡并以铁钱及会子付使"[4]。乾道六年（1170）二月，又置舒州同安监铸折二铁钱，随即又派司农寺丞许子中去淮西措置铁钱；同年六月，置蕲州蕲春监、黄州齐安监铸折二铁钱。此外，宋廷还在邻近淮南的江南建立了几个铁钱监：乾道六年（1170）七月置兴国军兴国监，十二月置江州广宁监、临江军丰余监、抚州裕国监，铸铁钱。不知是何原因，也可能是在淮南禁用铜钱始终存在阻力，淳熙元年（1174）正月，宋廷又诏舒、蕲二州停铸铁钱。[5]同年十二月，"罢铁钱，改铸铜钱"。淳熙二年（1175）正月，"废同安、蕲春监"。[6]可见事情有反

---

① 《建炎以来朝野杂记》甲集卷十六《淮南铁钱》。
② 《宋史》卷三十三《孝宗纪一》，第635页。
③ 《皇宋中兴两朝圣政》卷二十九。
④ 《皇宋中兴两朝圣政》卷四十七。
⑤ 《宋会要辑稿》职官四三之一七三。
⑥ 《宋史》卷三十四《孝宗纪二》，第658—659页。

复,两淮又用铜钱。但孝宗始终不甘心,淳熙二年(1175)三月,宋廷又“降会子五十万贯付两淮收换铜钱”[①]。十月,宋廷又规定:“自淮南将带铁钱过江之人依乾道九年五月十八日铜钱罪赏减二等断罪。”[②]淳熙五年(1178)十二月,“复同安、蕲春监”,随即又“禁两淮铜钱,复行铁钱”[③]。自乾道五年(1169)至淳熙十年(1183),先后15年,宋廷曾16次下诏降会子和舒、蕲二州所铸铁钱给两淮收换铜钱,但“私渡铜钱常自若也”。于是,宋廷又诏:“两淮各支降会子一十万贯,限二月收换,其换到铜钱淮东赴镇江、淮西赴建康送纳桩管。”[④]虽然淮南地区回收铜钱的任务迟迟不能完成,但因朝廷态度十分坚决,经过很大努力,至孝宗晚年,淮南的铜钱基本收缴殆尽。

淮南和江南各铁钱监铸钱岁额是多少?据乾道六年(1170)十一月二十八日中书门下省说,当年鼓铸铁钱岁额为50万贯,而宋廷下诏今后铸钱由淮西诸监和江南诸监每年各认30万贯。[⑤]乾道八年(1172)九月,又将江南总额30万分配给四监:“江州广宁监、兴国军富民监各一十万贯,临江军丰余监、抚州裕国监各五万贯。”[⑥]然而当月又对此定额进行调整,“将兴国军富民监、江州广宁监岁额量行裁减各一万贯,却令临江军丰余监、抚州裕国监管认”[⑦],即富民监、广宁监各9万贯,丰余监、裕国监各6万贯。乾道九年(1173)时,舒州同安监岁额为20万贯,蕲州蕲春监岁额为10

① 《皇宋中兴两朝圣政》卷五十四。
② 《庆元条法事类》卷二十九《榷禁·铁钱过江南》。
③ 《宋史》卷三十五《孝宗纪三》,第669页。
④ 《皇宋中兴两朝圣政》卷六十。
⑤ 《宋会要辑稿》职官四三之一六二。
⑥ 《皇宋中兴两朝圣政》卷五十一,《宋史全文》卷二十五。
⑦ 《宋会要辑稿》职官四三之一六六、一七四。

万贯。淳熙元年（1174），舒、蕲二州铁钱监一度停铸。淳熙五年（1178），舒、蕲二州恢复铸钱，“诏舒州岁增铸十万贯，以三十万贯为额；蕲州增铸五万贯，以十五万贯为额”[①]，即舒、蕲二州每年共铸45万贯。淳熙八年（1181），因舒州水远，薪炭不便，减额5万贯，次年又减10万贯，与蕲州并以15万贯为额。因淮西遭饥荒，淳熙十年（1183）命停铸，但不久即复铸，且将舒州宿城监并入同安监。淳熙十二年（1185），舒州同安监、蕲州蕲春监岁额各为20万贯，以“淳熙通宝”为铁钱钱文。光宗绍熙年间（1190—1194），江南各监中除兴国军富民监所铸铁钱供应京湖外，其他各监可能在孝宗后期已停铸。

宋光宗即位不久，淮南曾爆发了铁钱危机，其主要表现为私铸铁钱泛滥。绍熙初年（1190），在舒州甚至“私铸铁钱超过正额之数”[②]。私铸铁钱盛行导致铁钱贬值，商人亏本，百姓受损，使两淮经济遭到了一定程度的破坏。后来经过宋廷多方整治，终于度过了铁钱危机，淮民始安。

（三）京湖铁钱

所谓京湖铁钱是指在京西南路和荆湖北路行使的铁钱。京西南路全境在长江以北，地处宋、金交界的前沿。荆湖北路多数州郡在长江以北或地跨长江，其中除信阳军与金国交界外，大部分处在京西南路的南侧。京湖地区原来也是行用铜钱的地区。宋廷为了防止铜钱流向金国，使宋、金交界处的铁钱区连成一片，既然已在四川、淮南行用铁钱，就必须在京湖地区也改用铁钱。

---

① 《宋史》卷一百八十《食货志下二·钱币》，第4397页。
② 《宋会要辑稿》职官七三之九。

关于京西南路改用铁钱的时间，据《宋史》卷三十五《孝宗纪三》记载：淳熙七年（1180）正月“己卯，诏京西州军并用铁钱及会子；民户铜钱，以铁钱或会子偿之，满二月不输官，许告赏”。

至于荆湖北路改用铁钱的时间，据《宋史》卷三十六《光宗纪》记载：绍熙三年（1192）五月“乙未，命汉阳、荆门军、复州行铁钱”。这一记载是不够准确的。如荆门军行用铁钱应该在绍熙元年（1190）前后。因为陆九渊在这年被任命为权发遣荆门军事，次年九月正式被任命为知荆门军，绍熙三年（1192）底于知荆门军任上去世。他在荆门军任职期间，曾两次给友人薛象先写信。信中说：“荆门岁输马草二千缗……前此系三分输纳铜钱。本军比年系行使铁钱地分，令禁日严，无得铜钱输纳。每是将会子到鄂渚兑换铜钱，所费颇多。”又说：“某到此询问民间疾苦，但得二事：其一是税钱、役钱等令民户分纳铜钱。比年铜钱之禁日严，此地已为铁钱地分，民户艰得铜钱为苦……盖以铁钱地分，其铜钱之禁严，民不敢有此，义不当责之输于公。”[①] 信中陆九渊说他到荆门军时“此地已为铁钱地分”，可见荆门军改用铁钱应在绍熙元年（1190）前后，甚至可能在淳熙十六年（1189），不会迟到绍熙三年（1192）五月。至于湖北江陵改用铁钱要迟至宁宗时。而且当时湖北并非全路都用铁钱，湖北行用铁钱的州郡是不多的，正如陆九渊信中所说：“湖北系铁钱地分无几。”不过，除了汉阳军、荆门军、复州改行铁钱外，紧邻金国的信阳军及其南的德安府理应也成为铁钱区，否则宋、金沿边的铁钱区就不能连成一片。

京西路所用铁钱原由舒州、蕲州供应。淳熙十六年（1189）宋廷曾下令：

---

① 《象山先生全集》卷十五《与薛象先书》。

“京西、襄、郢等处见屯军马合用铁钱，令转运司于舒、蕲州见桩管并续铸到铁钱内，各取拨七万五千贯，赴湖广总领所交纳。”[①]可见淳熙十六年（1189）时供应京西路数州军的铁钱共有15万贯。大约直到光宗绍熙年间（1190—1194）才建立了汉阳监，因为现存出土铁钱中背文有“汉”字的，最早的是在绍熙年间（1190—1194）铸造的，在淳熙年及之前的铁钱中未见有汉阳监铸造的。汉阳监建立后，京湖地区使用的铁钱主要由汉阳监供应。汉阳监铸造年额，“建监之初，每岁认额十万贯”[②]。

铁钱是一种贱金属货币，携带笨重，且易锈坏，故常不受人们欢迎。但在铜钱稀缺的情况下，只要能适当控制铁钱的铸量，能保持其与铜钱的正常比价，并提高其法偿地位，南宋中期在沿边地区改用铁钱，对于防止铜钱外流和促进商品交流，仍有其积极作用。

三、分区流通不同纸币

南宋中期的纸币，除了继续沿用南宋前期的会子以及四川钱引、关外银会子外，又新创了地区性的纸币淮南交子、湖北会子以及关外铁钱会子。此外，南宋前期作为便钱券的关子在南宋中期仍在行用，常被称为“三合同关子”，由于它不是正式的纸币，这里就略而不谈。

（一）会子

在南宋中期流通的纸币中，最主要的是会子。自绍兴三十一年（1161）二月正式发行会子以来，新造会子许于淮、浙、湖北、京西路州军行使，

---

① 《宋会要辑稿》职官四一之六。
② ［宋］黄榦：《勉斋集》卷二十四《汉阳军条奏便民五事》，《文渊阁四库全书》第1168册。

流通效果较好。会子初发行时，面额只有“一千、二千、三千凡三等”。至孝宗隆兴元年（1163），为了使用方便，“诏官印会子以‘隆兴尚书户部官印会子之印’为文，更造五百文会，又造二百、三百文会”，并“置江州会子务”。[①] 乾道二年（1166）十二月十四日，又从淮西总领所之请，“诏印造建康府二百、三百例零会二十万贯”[②]。由于会子初创时未规定立界年限和每界造印数额，当乾道初户部因经费紧张时，便增印了会子200万缗。[③]绍兴三十一年（1161）七月，宋廷曾规定：除亭户盐本钱并支现钱外，其不通水路州军上供等钱许尽用会子解发，沿江诸州军钱会各半，其诸军起发等钱，并以会子品搭支给。可是诸州军为了节省起纲运费，却将收到的税钱兑换成会子起解。当会子初行时，军中多以为不便，要求以现钱付军。加上乾道初会子发行量过大，各地官府怕会子因多贬值，“出纳皆用缗钱”，虽然“民不以为便”，而宋廷仍从户部所请做了让步，于乾道元年（1165）六月四日下诏：“可遍下州军，自今后将应合起发钱纲并以十分为率，权许用二分会子、八分见钱解发。”乾道二年（1166）十月五日，朝廷又从户部侍郎曾怀奏请，再次做了让步，规定：“诸路州军，将应起纲运自来年正月，十分为率，一分会子，九分见钱，内不通水路去处依旧发银两。”[④]会子初行时流通情况良好，至乾道初似乎出了问题。其实这并非会子本身的问题，而是户部为了解决经费困难多发了会子，加上不少地方官府不信会子只要现钱，以致造成了人们对会子的怀疑。乾道二年（1166）十一月，

① 《文献通考》卷九《钱币考二》，第246页。
② 《景定建康志》卷十四《建康表》。
③ 《建炎以来朝野杂记》甲集卷十六《东南会子》。
④ 《宋会要辑稿》食货四四之九。

因左司谏陈良祐上书论会子之弊，孝宗动摇了，对行用会子一时失去了信心，便“出内库及南库银一百万两收之”[①]。乾道三年（1167），为了收回户部增印的200万缗会子，宋廷“遂出南库钱二百万缗，收回所增会子，而命三衙全支银、钱”[②]。当时的情况，据乾道三年（1167）正月度支郎唐瑑所说：“自绍兴三十一年至乾道二年七月，共印过会子二千八百余万道，止乾道二年十一月十四日以前，共支取过一千五百六十余万道，除在官司桩管循环外，其在民间者，有九百八十万道。自十一月十四日以后，措置收换，截至三年正月六日，共缴进过一百一十八万九千余贯，尚有八百余万贯未收，大约每月收换不过六七十万。缘诸路纲运依近指挥，并要十分见钱，州县不许民户输纳会子，是致在外会子，往往商贾低价收买，辐辏行在，所以六务支取拥并。”由于官府收税时都要现钱，不要会子，致使会子严重贬值，商人乘机低价收购，然后集中到临安去会子务挤兑现钱。为了收尽会子，朝廷又“诏给降度牒及诸州助教帖各五千道付榷货务，召人全以会子入纳，候出卖将尽，申取朝廷接续给降，务欲尽收会子也”[③]。经过连续多次回收会子，到乾道三年（1167）六月，还有490万贯会子在民间，户部尚书曾怀要求留存行使。因为以银两收兑会子，结果会子少了，银子却因过多而贬值，军队又要求按一定比例发给会子，于是孝宗又同意继续行使会子，并命另造新会500万换回民间破损的旧会子。但是不久，

① 《文献通考》卷九《钱币考二》，第246页。

② 《建炎以来朝野杂记》甲集卷十六《东南会子》。据洪迈《容斋三笔》卷十四《官会折阅》载：“既而印造益多，而实钱浸少，至于十而损一，未及十年，不胜其弊。寿皇念其弗便，出内库银二百万两售于市，以钱易楮焚而弃之，仅解一时之急，时乾道三年也。”

③ 《文献通考》卷九《钱币考二》，第246—247页。

又诏凡破损面额数字能够辨认者，可做上供钱解发，富人以低价收购者算是犯罪。

孝宗受到会子过多贬值的压力，曾一度动摇，欲收尽会子，全用银、钱，而实际上他在内心是想推广会子使用的。当户部和军方要求留用会子时，孝宗便再度树起了行用会子的信心。但鉴于乾道元年（1165）户部无定额滥发会子和会子因积多贬值的教训，孝宗便于乾道四年（1168）“以取到旧会毁抹截凿付会子局重造，三年立为一界，界以一千万贯为额，逐界造新换旧”；并规定于当年四月一日兴工印造，“自十二月一日始置局收换，至明年三月十日终尽绝，更不行用”；收换旧会，“每道收縻费钱二十足，零百半之”。[①] 从此，会子成为南宋中期流通中的主要货币。

南宋中期的会子，除了从绍兴三十一年（1161）至乾道二年（1166）七月共已印造2800余万道之外，自乾道四年（1168）开始立界发行后，至淳熙十六年（1189）先后共印行了八界。光宗绍熙元年（1190），“诏第七、八界会子各展三年”，未印发新会子，直至宋宁宗庆元元年（1195）始行第九界。乾道五年（1169）宋廷规定会子发行“两界相沓行”[②]。所谓“两界沓行”，是指后一界的“头”踏前一界的“尾”，即当时两界会子可同时流通。后来，随着经济形势的变化，宋廷常宣布会子展年限使用，还增加印量。如淳熙三年（1176）诏第三界、四界各展限三年，并增印第四界会子200万贯。又如，绍熙元年（1190）诏第七、八界会子各展三年。有时还一再展限，引起了臣僚的批评：“会子界三年为限，今展至再，则为九

---

① 《文献通考》卷九《钱币考二》，第247页。
② 《建炎以来朝野杂记》甲集卷十六《东南会子》。

年矣，何以示信？”[①]

自乾道四年（1168）会子立界发行后，八界会子共印行了多少？原规定会子每界1000万贯，第一、二界沓行后，则两界共为2000万贯。第三界实际发行了1100万贯，第四界增印了200万贯，即印行了1300万贯，则第三、四界共为2400万贯。“其后每界增为千八百万缗，至第七界又增为二千三百二十三万缗。”[②]由此可见，第五、第六两界应各发行1800万贯，第七界增为2323.88万余贯，则第六、七两界共为4123.88万余贯。南宋中期的会子发行量不断增多，是否会引起通货膨胀？这就要看它是否超过了当时社会商品交易的实际需要，只要货币流通总量未超过全社会商品总价格，就不会发生通货膨胀。南宋中期有否发生通货膨胀，下文将会进行详细论述。

（二）钱引

钱引自北宋以来一直限于四川流通，从南宋“绍兴和议”以后，逐渐进入相对稳定阶段。绍兴十三年（1143）后有十几年没有增加发行额，而且可能由三界并行恢复到二界并行。至绍兴末年，因宋、金之间再次发生战争，钱引发行一度又有较大增加，积至4147万余贯。孝宗隆兴二年（1164），“饷臣赵沂增印钱引二百万”[③]，至乾道元年（1165）“节次增印，通两界共四千三百万余道”[④]。乾道四年（1168）六月，又“诏四川宣抚司

① 《文献通考》卷九《钱币考二》，第248页。
② 《建炎以来朝野杂记》乙集卷十六《东南收兑会子》。
③ 《宋史》卷一百八十一《食货志下三・会子》，第4409页。
④ 《文定集》卷十三《乞免解发铁钱赴两淮书》。

增印钱引一百万，对偿民间预借钱”[①]，结果实际添造了300万贯，多印了200万贯。[②]乾道四年（1168）以后直至宋宁宗庆元年间（1195—1200），钱引发行又进入相对平稳时期。淳熙五年（1178）闰六月，钱引“见行两界通共四千五百余万道”[③]，可见，自乾道四年（1168）以后的10年中，钱引的发行数没有增加。此后，又过了10多年，至“绍熙二年，以展年兑界增还计所一百七十万缗”；又过6年，至“庆元三年，三路旱伤减放，又增印一百万缗，今前后两界共书放钱引四千九百万缗有奇”[④]。从乾道元年（1165）至庆元三年（1197）的近33年中，钱引由4300余万缗增至4900余万缗，可见其增加速度相当缓慢。

（三）淮南交子

淮南交子，又称淮南铁钱会子或淮南会子，简称淮交。淮南原来行使铜钱和会子，因自绍兴末年以来两淮驻军月费50万贯，铜钱居半，通过宋、金贸易，铜钱大量流入金国境内，故宋孝宗乾道初，在淮南改用铁钱，同时又创行以铁钱为发行本钱的纸币淮南交子。关于淮南交子创行的情况，《文献通考》卷九《钱币考二》有所记载：“乾道元年，户部侍郎林安宅言：‘督府妄费，印给会子太多，而本钱不足，遂致有弊，乞别给会子二十万，

---

① 《宋史》卷三十四《孝宗纪二》，第643页。

② 《宋会要辑稿》食货七〇之六〇。

③ 《皇宋中兴两朝圣政》卷五十六。

④ 《建炎以来朝野杂记》甲集卷十六《四川钱引》。《蜀中广记》卷六十七引费著《楮币谱》所载数据稍有不同：“绍熙二年，有旨将八十三界钱引展一界行使，增印一百九十万以偿总领所兑引贯水火不到钱之数。庆元三年，总领所以成都、潼川、利州三路旱伤，制置司减免民间租赋，乞增印钱引以备对补，有余以充赈济，诏增一百万。逮今合四千九百三十七万二千六百八十道矣。”

背印付淮南州军行使，不得越过他路。’二年六月，诏别印二百、三百、五百、一贯交子三百万，止于两淮州县行使，其日前旧会听对换。应入纳买卖，并以交子见钱中半。”为了解决两淮人与江南人之间往来用钱不便的问题，乾道二年（1166）八月，宋廷“降会子、交子各二十万，均发于镇江、建康两榷货务。如两淮人过江南，许将交子于务场换易会子，江南人过两淮，亦听用见钱或会子就务场对换交子行使”[①]。同年十一月，宋廷许两淮总领所自造淮南会子。[②]可见朝廷把淮交的印造权下放给了两淮总领所。

可是，淮交的发行并非一帆风顺。由于在淮南禁用铜钱改用铁钱、淮交，给商人和百姓带来了一些不便，从而引起了部分官员的非议，于是乾道二年（1166）十二月孝宗诏三省、侍从、台谏，两淮漕臣、郡守，条具两淮铁钱、交子利害以闻。乾道三年（1167）便有右司谏陈良祐出来反对行用淮交，他上奏说："莫若如旧，从民便，铁钱已散，铜钱已收，且令兼行，以铁钱二当铜钱一，交子可以尽罢无疑也。”在陈良祐和群臣的反对下，孝宗曾一度动摇，“诏铜钱并会子依旧过江行使，其民间交子许做见钱纳，应在官交子日下尽数赴行在左藏库交纳”。[③]虽然如此，而孝宗并未废除淮交，但当年他又下诏“造新交子一百三十万，付淮南漕司分给州军对换行使，不限以年，其运司见储交子，先付南库交收”[④]。也就是说，孝宗只是印新交子来兑换旧交子而已。不过，是否使用淮交的争议似乎一直未断，乾道

① 《皇宋中兴两朝圣政》卷二十九。
② 《宋史》卷三十三《孝宗纪一》，第 636 页。
③ 《文献通考》卷九《钱币考二》，第 251 页。
④ 《宋史》卷一百八十一《食货志下三・会子》，第 4411 页。

八年（1172）秋，孝宗又“以交子易坏，始出行在会子收兑”[1]，可见孝宗心中一直犹豫不定。

争论结果，淮交并未废除，仍在两淮行使，只是到光宗绍熙三年（1192），宋廷在淮交发行上有了一个较大的变化，这可能与当时淮南私铸铁钱泛滥有关。绍熙三年（1192）四月，“议者以淮上铁钱多，欲革其弊，会［赵］子直（赵汝愚）为吏部尚书，与从官陈进叔（陈骙）、罗春伯（罗点）、谢子肃（谢深甫）等合奏，乞印造淮南会子三百万贯，付两路，每贯准铁钱七百七十，淮东二分、淮西一分，依湖北例，三年一兑，更不申展。事下两省，台谏议者尤延之（尤袤）等以为可，遂施行之。其会子仍分一贯、五百、二百者凡三等，许流转于江、池、太平、常州，建康、镇江府，兴国、江阴军内行用。应两淮上供及户部钱物，并权发见钱三年，令淮南漕司桩管。而沿江八州军合发上供一半会子则许用交子通融起发，于淮东西总领所桩管焉”[2]。这里有四项重要规定：一是淮交每贯折铁钱 770 文；二是淮交每三年一兑（应为第一界）；三是淮交分 1 贯、300 文、200 文三种面额；四是淮交可在江南沿江八州军行用。对于淮交可在江南沿江八州军行用这一规定，时任江东转运副使、权总领淮西江东军马钱粮的杨万里上奏表示反对，其主要理由大致有两点：第一，在江南八州军行用淮交，则江南有淮交而无铁钱，淮交无法兑换铸币，而且淮交只有大面额币而无小币，不便交易；第二，江南八州军以淮交起发送内藏库、左藏库，万一内藏库、左藏库不收，则百姓之输官物州县亦不受矣，州县不受则淮交公私

---

① 《建炎以来朝野杂记》甲集卷十六《两淮会子》。

② 《建炎以来朝野杂记》甲集卷十六《两淮会子》。

无用。[①] 最后，宋廷似乎还是放弃了在沿江八州军行用淮交的打算。

南宋中期，对是否行用淮交，朝廷上下存在不同意见。林安宅建议创行淮交，当然是赞成者的代表；陈良祐主张尽罢淮交，是坚决反对者的代表。在反对者当中，有些人主张只发行东南会子一种纸币，停止发行其他各种纸币。这种只发行会子一种纸币的主张显然是不切实际的。因为会子以铜钱为发行本钱，正因为铜钱缺乏，宋廷才在淮南改用铁钱和创行淮交，如果铜钱和会子充裕，宋廷何必多此一举。反对者的主要理由之一是行用淮交后“商贾不行，淮民以困”[②]。其实并非如此，光宗时，淮东运副虞俦上奏说：“自交子之既行也，然后两淮之人始以为便。臣自前年叨帅淮西，继移东漕，足迹所历，耳目所见，未尝有以交子为不便者。日中为市，百货贸易，铜、铁、交、会，各有定直，纵其间小有低昂，皆出于斯民之情愿，初非官司强为之也。比来两淮年谷屡丰，物价又平，商贾皆愿出于市，行旅皆愿出于途……”[③] 同年，大儒朱熹也主张在淮南行用淮交，他说“不若禁行在会子不许过江，只专用交子”，不过他也担心“不许行在会子过淮，此恐难禁”。[④]

其实，孝宗在淮南改用铁钱和创行淮交，也是被形势所逼。在当时铜钱不足又不断外流的情况下，要大量发行以铜钱为本的东南会子广行于全国各地是不可能的。发行淮交，只要管理到位，适当控制数量，避免无本滥发，并提高淮交的法偿地位，淮交是不致严重贬值的，因此，创行淮交应当无可非议。南宋中期一些臣僚之所以反对创行淮交，完全出于传统的

---

① 《诚斋集》卷七十《乞罢江南州军铁钱会子奏议》。
② 《文献通考》卷九《钱币考二》，第 251 页。
③ 《历代名臣奏议》卷二百七十二，虞俦《被召上殿札子》。
④ 《朱子语类》卷一百十一《财》。

对铜钱的迷信心理，可说是一种保守思想。

（四）湖北会子

南宋中期，宋廷在宋、金沿边地区京西路和湖北路创行一种新的纸币湖北会子。湖北会子又称湖广会子、直便会子，简称湖会。关于湖北会子创行的情况，各种史书记载详略不一，且多混乱，甚至相互矛盾，其中《文献通考》卷九《钱币考二》的记述较详也似较合理："隆兴元年，湖广饷臣王珏言：'襄阳、郢、复等处大军支请，以钱、银品搭。令措置于大军库堆垛见钱，印造五百并一贯直便会子发赴军前，当见钱流转，于京西、湖北行使。乞铸勘会子覆印会子印，及下江西、湖南漕司根刷举人落卷及已毁抹茶引故纸，应副抄造会子。'从之。"另外，《建炎以来朝野杂记》甲集卷十六《湖北会子》也有记载："湖北会子者，隆兴元年秋，总领王珏始创，谓之直便会子，凡七百万缗。"湖会的创行显然与隆兴北伐的军费需要有关，后来隆兴北伐终止，而湖会却继续沿用。湖会又称"直便会子"，可见它具有汇兑功能，人们可以随时拿它去"堆垛见钱"的鄂州大军库兑取现钱。湖会限在京西、湖北路行使，有"五百"和"一贯"两种面额，首发 700 万贯。

湖北会子发行前期是以铜钱为本钱的，并不是以铁钱为发行准备金的。因为湖会早在隆兴元年（1163）就已创行，而京西路改用铁钱在淳熙七年（1180），湖北路改用铁钱更迟至淳熙十六年（1189）之后。

湖北会子的发行也不顺利，其间充满波折。湖会创行时已印 700 万贯，由于印造之权专归湖广总领所，后来印造之数日增。荆南是水陆交通要道，商人必经之地，而湖会只能用于本路，流通不便，于是宋廷在"乾道三年，收其会子印板”[①]。次年，宋廷用都茶场钞引、银钱收换会子；乾道五年(1169)又诏户部给行在会子50万付荆南府兑换湖会。结果陆续收回湖会共300万贯，尚有400万贯仍在流通。宋廷收回湖会及其印造铜板，似乎想废止湖会。但是，用行在会子和茶引收回湖会也会有问题，淳熙五年(1178)冬，湖广总领周嗣武上奏："江陵、鄂州商旅辐辏之地，每年客贩官盐动以数百万缗，自来难得回货，又湖北会子不许出界，多将会子就买茶引回往建康、镇江等处兴贩。今既有行在会子可以通行，谁肯就买茶引？缘每年贴降引数多，若卖不行，军食必阙。"[②]既然用行在会子代替湖北会子将使茶引滞卖和军饷不足，宋廷就决定不罢湖会。淳熙十一年（1184）再印湖北会子两百万贯，收换旧会，以后就继续行用湖会。

与发行淮交一样，发行湖会也有人反对。他们主张停止发行湖会，只行用行在会子。如孝宗时，参知政事叶衡就主张"令户部取湖广会子实数，尽以京会立限易之"[③]。又如光宗时项安世曾写诗道："杭州之券每新抄，行地仍宽价自豪。不出荆州三十载，烂如袍絮（指湖会）谁为高。""吴楚如今共一天，两州分券亦堪怜。若教尽展杭州券，应不称提自真钱。"[④]叶衡等人的主张必然会对朝廷决策产生影响，为此，尽管有人认为在京湖地区行用行在会子会妨碍茶引出卖，但行在会子仍在这一地区行用。据南宋中

---

① 《宋史》卷一百八十一《食货志下三·会子》，第4412页。
② 《文献通考》卷九《钱币考二》，第252页。参考《建炎以来朝野杂记》甲集卷十六《湖北会子》。《宋史》卷一百八十一《食货志下三·会子》，第4412页。《宋会要辑稿》职官四一之五四。
③ 《宋史》卷三百八十四《叶衡传》，第11823页。
④ ［宋］项安世：《平庵悔稿》卷九《寄湖北张总领六绝句》，《续修四库全书》第1318—1319册。

期官员曹彦约说："本路所用钱物却有见钱及行在会子、湖广会子三等不同。"①

湖北会子在隆兴元年（1163）初创时未曾立界，此后只是将破损者进行换易。至淳熙十三年（1186）才正式立界，宋廷"诏湖广会子仍以三年为界"②。但到了光宗绍熙元年（1190），前两界湖会行用期满而未曾以旧换新，共积有562万贯在民间行用，于是诏湖广总领所别样制作两界，印造改换，"每界二百七十万缗，总为五百四十万"③。

与创行淮交一样，在铜钱不足和行在会子不可能覆盖全国的情况下，在宋、金沿边地区行用湖会未尝不是一种可取之举。欲在全国范围内行用一种唯一的统一的货币，这固然是一种美好的理想，但在南宋时期铜钱不足、铁钱笨重易锈的情况下，加上当时尚未形成全国统一市场和纸币尚属于可兑换货币的时候，不可能找到一种唯一的可以全国通用的货币，故在南宋中期行用多种货币可说是货币发展史上的必经阶段。

（五）关外银会子、关外铁钱会子

南宋中期，在四川还流通着两种纸币，即关外银会子和关外铁钱会子。这两种纸币流通地域不广，数量不多，故影响也不大。

关外银会子，绍兴七年（1137）二月川陕宣抚副使吴玠创于河池。这种银会子分一钱和半钱两种。初发一钱银会子14万张，半钱银会子10万张，每4钱银会子可折钱引1贯，共可折钱引4.75万贯。初行于鱼关及阶、成、岷、

---

① ［宋］曹彦约：《昌谷集》卷九《湖北提举司申乞赈济赏格状》，《文渊阁四库全书》第1167册。

② 《宋史》卷一百八十一《食货志下三·会子》，第4412页。

③ 《建炎以来朝野杂记》甲集卷十六《湖北会子》。

凤、兴、文六州，每年换易一次。绍兴十七年（1147）七月，又造于大安军，改为每二年换易一次。此后20年的情况未见史籍记载。至“乾道四年四月，始增一钱银三万纸，九月，行于文州”①。如前所说，关外银会子初发时共可折钱引4.75万贯，加上乾道四年（1168）增发的一钱银会子3万张可折钱引7500贯，也就是说这一年发行的关外银会子共可折钱引5.5万贯，而其间经过了31年，可见增发的数量并不多。关外银会子虽号称“银会子”，却未见它有能兑换银子的记载，而只能折成钱引行用。

关外铁钱会子因面额小、价值低，也称小会子，是流行于四川东北数州的一种纸币。据《建炎以来朝野杂记》甲集卷十六《铁钱会子》记载：“铁钱会子者，兴元府、金、洋州用之，创自隆兴元年。其法自三百、二百至一百凡三等，迄今每二年印给二百四十万缗，共折川钱引四十万缗（原注：始是总领赵郎中沂奏获其年十月四日癸巳指挥，造六十万缗，折钱引十万贯，行于金州，至隆兴二年六月、乾道四年正月，累增乃及此数也）。”关外铁钱会子流通区北宋时分属陕西（秦凤）、京西（南）等路，南宋时陕西、京西大部分地区归入金国版图，残存部分加上川北少数地区组成了所谓关外地区。关外铁钱会子发行区域有限、面额小、价值低，仅少数州府行用，最大面额只有三百，6缗才折四川钱引1贯。而且发行总量也不大，隆兴元年（1163）初创时只印了60万贯，才折钱引10万贯，直到乾道四年（1168）才累增到240万缗，共折钱引40万贯。虽然没有换易的记载，但从“每二年印给二百四十万缗”看，估计是两年一界。这种铁钱会子实际上也就是一种小面额的钱引。

---

① 《建炎以来朝野杂记》甲集卷十六《关外银会子》。

第四节 通货膨胀得到防止

南宋中期，在30年无大战争的和平环境中，国内局势相对安定，社会经济在宋高宗中后期的基础上继续发展，加上宋廷对货币制度有所调整，这就为防止通货膨胀准备了有利条件。所谓防止通货膨胀，就要阻止货币贬值和物价高涨，而要做到这一点，就必须准确调节货币发行量，使其不超过社会商品交易的实际需要，必须设法提高各种货币的法偿地位，使其能够顺利流通而不壅滞。在这两方面宋廷确实做了不少工作，采取过许多措施，从而有效地防止了通货膨胀，这主要表现在南宋中期货币较少贬值和物价基本稳定上。

一、货币较少贬值

在南宋中期各类法币中，依旧以铜钱为核心货币，衡量各类货币的币值都围绕着与铜钱的比价而定。如看铁钱是否贬值，就要看它与铜钱的比价有否下降。如看以铜钱为发行本钱的行在会子和湖北会子是否贬值，就要看它兑换到的铜钱数量有否减少。看以铁钱为发行本钱的四川钱引和淮南交子是否贬值，就要看它兑换到的铁钱数量有否减少。而无论铁钱和各类纸币的币值最后都要与铜钱的币值挂钩。至于看铜钱是否贬值，则主要看物价有否上涨，因为物价大多是以铜钱为价值尺度而确定的。下面让我们来看一下南宋中期朝廷是如何防止各种货币贬值的。

（一）铜钱

让我们先来看一下南宋中期有否存在铜钱贬值的问题。根据货币流通规律，只有当社会物资严重缺乏，铜钱流通总量超过全社会商品总价格时，铜钱才会贬值。而南宋中期的情况并非如此，当时铜钱的铸量少于南宋前期，而商品生产量多于南宋前期，在这种情况下铜钱不可能贬值。既然南宋中期商品比前增加而铜钱比前减少，铜钱是否会升值呢？由于当时实行货币多元化制度，铜钱不多，而铁钱和各种纸币却不少，加上私钱泛滥，社会货币供应总量甚至有超过商品总价格的可能，在这种情况下，铜钱不可能升值，如果说升值也只是对铁钱和纸币而言。退一步说，即使货币流通总量超过了社会商品总价格，铁钱和纸币开始贬值，铜钱也不会贬值。因为铜钱与铁钱、纸币不同，它具有储藏职能，当铁钱、纸币和私铸劣币泛滥时，在劣币驱逐良币规律的作用下，铜钱会被人们贮存起来，退出流通领域，因而也就不存在升值或贬值的问题。而从南宋中期的实际情况看，当时各种货币的币值大致较为稳定，故铜钱的币值也基本上处于稳定状态，这我们还可从当时物价大体平稳中看出来。

（二）四川铁钱

绍兴三十一年（1161）时，四川只有邛州监岁铸铁钱 3 万贯、利州监岁铸铁钱 9 万贯。因铸钱成本太高，四川所铸铁钱并不多，加上民间毁钱改铸铁器，这将使钱引因缺少发行准备金而贬值，故当乾道初年朝廷欲从四川调拨铁钱 100 万贯去淮南行使时，四川制置使汪应辰以四川所存铁钱不多为由，只给了 15 万贯。鉴于铁钱不足将使钱引缺乏发行本钱，造成“钱重引轻”，淳熙六年（1179），宋廷接受总领李昌图的建议，命利州、邛州二钱监停铸小铁钱，折二钱稍增料改铸折三大钱。折三大钱虽是一种新的减重钱，但它补充了四川钱引的发行本钱，防止了钱引的贬值。

由于四川铁钱增铸不多，至淳熙十五年（1188）也只共铸折三铁钱 4.7 万贯，计折小铁钱 14.1 万贯，所以没有发生铁钱的膨胀现象，其币值也得以长期保持稳定。绍兴二十九年（1159）十二月二十四日，宋廷曾下诏规定："四川进纳人依例每铁钱二文折铜钱一文，每铁钱一贯折川钱引一道。"[①] 直到宋宁宗嘉定初年四川铁钱开始贬值，但官方却仍坚持铁钱的原值，嘉定四年（1211），宋廷的诏书中还说："以绢赃定罪者，江北铁钱依四川法，二当铜钱一。"[②] 由此可见，时过50多年，四川铁钱二文折铜钱一文的比价一直未变，这充分说明了南宋中期四川铁钱币值的稳定。

（三）淮南铁钱

宋廷在乾道二年（1166）八月正式下诏两淮行铁钱后，虽然事有反复，两淮曾停用铁钱，又用铜钱，但是到淳熙五年（1178）十二月，终于又禁两淮铜钱，复行铁钱。从乾道六年（1170）至淳熙七年（1180），淮西及江南各铁钱监年铸额在50万贯左右，其间舒州同安监和蕲州蕲春监还一度停铸。据知蕲州叶适说："自淳熙七年至绍熙二年上半年，同、春两监通铸过四百余万贯。"[③] 也就是说在11年半的时间里共铸过铁钱400余万贯，平均每年还不到34.8万贯。由此可见，南宋中期宋廷并未滥铸淮南铁钱，因而淮南铁钱也未见贬值。乾道三年（1167），右司谏陈良祐为反对创行淮南交子，曾建议在淮南兼行铜、铁钱，"以铁钱二当铜钱一"，这也许就是当年的市价。铁钱二当铜钱一的比价，一直保持到宋宁宗嘉定初期。嘉定四年（1211）宋廷在规定"以绢赃定罪者，江北铁钱依四川法，二当铜钱一"。

淮南铁钱在光宗绍熙初曾因私铸铁钱泛滥而一度贬值，但此事很快就

---

① 《宋会要辑稿》职官五五之四六。

② 《宋史》卷二百《刑法志二》，第4995—4996页。

③ ［宋］叶适：《水心文集》卷二《淮西论铁钱五事状》，见《叶适集》，第23页。

被扭转过来，直到宁宗嘉定五年（1212）以后，淮南铁钱才又开始贬值。

绍熙初，淮南私铸铁钱极多，甚至流入两浙，严重损害了官铸铁钱的信用。因铁钱真假难辨，人们拒绝使用铁钱，致使商人亏折、市场关闭，两淮骚然。于是，宋廷急派提点江淮湖北冶刘炜去治理私钱问题。刘炜急于求成，他一方面用行政命令规定私钱二当官钱一行用，同时命各州军都监、巡尉捕捉私铸者，并在交通要道查禁私钱，文文拣择，百姓被扰，不胜怨愤。尤其是规定私铁钱折半使用，使公使兵民行商坐贾皆受损失，差点引发社会动乱。

光靠通过行政命令来强制禁绝私钱显然是行不通的，必须采取经济手段来化解矛盾，平衡各方利益，使人们趋利避害，从而达到消灭私钱的目的。宋廷为了消除刘炜的过激措施所造成的不良影响，并更有效地禁绝私铸铁钱，曾采取了一系列经济措施，主要包括以下几个方面：

第一，有偿回收劣钱和私钱。绍熙元年（1190）十二月，宋廷调拨粮食赈灾，规定百姓可用破钱和私钱购粮。绍熙二年（1191）七月、十二月，宋廷先后两次各出会子百万贯回收两淮私铁钱。绍熙三年（1192）正月，又出度牒二百道回收淮东私铁钱。这样做，可使百姓不受损失，愿将手中私钱交给官府，从而防止私钱的泛滥。

第二，减少铁钱铸量。绍熙二年（1191），减蕲春、同安两铁钱监岁铸各 10 万贯。绍熙三年（1192）十一月，又减蕲州岁铸 20 万贯。此外，宋廷还“废定城、兴国、汉阳监，更铸绍熙新钱”[①]。这样做，可避免铁钱因过多而贬值。

① 《宋史》卷四百《李祥传》，第 12152 页。

第三，提高铁钱法偿能力。由于两淮百姓纳税，官府强迫要输官会，百姓辗转收买官会，负担倍增。绍熙二年（1191）十一月二十七日，宋廷规定：今后百姓纳税“并以三分为率，二分见钱（指铁钱），一分官会”[①]。次年十月十七日，又诏淮东提举司，规定算请淮盐所输贴钞钱“每袋许用会子、铁钱各三分，交子四分”[②]。这样做，可增强铁钱的信用力，使百姓珍爱铁钱，乐于使用，从而避免铁钱因壅积而贬值。

第四，查禁境外私钱源。淮南地区的私铁钱有一部分是从江南流入的，因此绍熙三年（1192）五月一日宋廷下令：“两淮私铁钱多是江南州县深山穷间所铸，虽与两淮一律督责官吏禁止，而江南以非行用铁钱地分，奉行不严，如日后两淮败获，鞫勘得是江南所铸，即将界分官吏邻保重行责罚，并不以去官原免。”[③]这样做，就可令两淮及其以外更广泛的地区来共同杜绝私铸铁钱。

经过整治，至绍熙三年（1192）后，两淮终于度过了铁钱危机，铁钱又逐渐恢复到以二当铜钱一的比价，两淮的民心也随之安定了下来。

在光宗整治两淮铁钱危机过程中，知蕲州叶适曾于绍熙二年（1191）下半年向朝廷递交了《淮西论铁钱五事状》[④]，提出了5条管理铁钱的意见：

第一，“开民间行使之路。”叶适认为，要使官钱畅流，光靠下令禁用私钱是不够的，各级地方官府还必须将新旧官钱和各式私钱钉样印榜，晓示民间，使百姓耳目熟接，善于分辨官钱、私钱，用钱不疑。同时，对那

---

① 《宋会要辑稿》食货七〇之八一。

② 《宋会要辑稿》食货二八之三七。

③ 《庆元条法事类》卷二十九《榷禁·私铸钱》。

④ 《水心文集》卷二，见《叶适集》，第20—24页。

些粗制滥造的不合格官钱，也应另议措置。只有这样，才能使“民旅交易，流通无疑”。

第二，“责州县关防之要。”叶适认为，官府虽严禁私钱和私铸，搜罗捉人，结果却引起了诬告罗织，狱讼繁兴，而仍未能禁断私钱，反而增加了社会混乱。因此，他建议：可令“各州签厅官，责属内厢巡地分都保等处，专一禁止行使私钱之家”，“私钱无用，私钱自息”。叶适把禁断私钱的着重点不放在禁铸私钱上，而是放在禁用私钱上，可说是抓住了要害。因为，即使新铸私钱再多，如果堵住了其流通渠道，它就失去了货币性质，变成了无用之物。

第三，“审朝廷称提之政。”所谓“称提之政”，是指南宋金属铸币和纸币并行时期，关于各种货币之间币值比价的协调平衡政策。自从江北行用铁钱之后，由于流通范围小，币值日益跌落，与金、银、会子的比价愈来愈悬殊，严重影响了江淮人民的生计。为此，叶适说：“若要称提得所，义理均平，当使铁钱之过江南，亦如铜钱之过江北，皆有兑换之处……淮人知铁钱过江有兑换之处，自加贵重，商旅之在淮南者，亦不敢轻贱铁钱，则金、银、官会及其他物货，自当低小。如此称提，虽行铁钱，可以经久无弊。”叶适的这一建议对于稳定铁钱的币值、信誉及其与其他各类货币的比价，防止经济秩序的混乱，具有一定的积极意义。

第四，“谨诸监铸造之法。”淳熙末和绍熙初，铁冶司为了使官钱质量超过私钱，特将新铸铁钱增重增大，并花样翻新，四季别为文字。叶适反对这样做，他认为：“钱文宜一，轻重大小宜均，则民听不疑，行用不惑。”为了防止货币流通中出现混乱现象，他建议：各监铸钱，只须以蕲春监淳熙七、八、九年钱样为准，务令精好，不必增重增大和四季翻新。叶适的这一建议，旨在维持货币的标准化，这对促进当时政治统一和经济发展、社会安定具有一定作用。

第五，“详冶司废置之宜。”叶适认为：在私钱泛滥时，朝廷专设铁冶司来管理货币，是完全必要的；但铁冶司论建太广、干预太多，并乱设机构，增加吏员，取而自铸，只会招致民怨。因此，他主张货币管理必须采取“静治”，“不在张皇”，“为冶司者，但当督察稽考，总其大柄而已”。也就是说，冶司只要能做到“开民间行使之路”“责州县关防之要”“审朝廷称提之政”“谨诸监铸造之法”，就能实现禁绝私钱，统一币制。叶适主张管理货币必须顺应货币流通规律，不应对货币经济的发展加以瞎指挥，而这也正是他比一般货币管理官员高明的地方。

叶适的建议是否被朝廷全部采用，不得而知。但从中我们可以看到绍熙年间（1190—1194）淮西地方官为禁绝私钱和稳定币值、为促进货币畅流和经济发展所做的努力。

（四）京湖铁钱

京西南路改用铁钱在孝宗淳熙七年（1180），当时京西南路不铸铁钱，所用铁钱是由舒州、蕲州供应的。淳熙十六年（1189）舒、蕲州供给京西襄、郢等处的铁钱总共也只有15万贯。荆湖北路改用铁钱的时间晚至光宗绍熙元年（1190）前后。绍熙年间（1190—1194）才建立汉阳监，从此京湖地区使用的铁钱主要由汉阳监提供，但汉阳监建立之初，每岁认额也仅10万贯。由于南宋中期京湖铁钱行使时间不长，数量不大，史书也未见有铁钱贬值的记载，故此处只好略而不谈。

（五）会子

会子是南宋中期最主要的纸币。它自绍兴三十一年（1161）二月正式创行后，直至乾道四年（1168）才开始规定“三年立为一界，界以一千万贯为额，逐界造新换旧”[①]。除了绍兴三十一年（1161）至乾道二年（1166）七月已印造过会子2800万贯外，从乾道四年（1168）立界开始至淳熙十六年（1189）共发行8界，其间常两界沓行。第三、第四两界各展限3年。在第六、第七界沓行时共有会子4123万余贯。第七、第八界又各展限3年。会子发行量日益增多，为了防止会子因过多而贬值，宋廷在调控会子发行数量和提高会子法偿地位方面采取了不少措施。

会子印行过多，尤其是无本滥发，必将使铜钱退藏、会子因失信而贬值。孝宗深知这个道理，他曾说：“大凡行用会子，少则重，多则轻。”[②]“会子之数不宜多。他时若省得养兵，须尽收会子。”[③]并说：“楮币在处可行，但须得本钱称提。”[④]因此，他一直重视对会子发行量的调控和拨付会子发行本钱。早在隆兴二年（1164）宋廷就令礼部给度牒1万道去浙江出卖，然后将卖度牒所得缗钱300万贯充当发行会子本钱。乾道初，户部因经费困难增印会子200万贯。会子印行既多，而官府收税全要见钱，致使百姓不便。于是，乾道二年（1166）十一月宋廷出内藏库、南库银各百万两，用于回收会子。乾道三年（1167）正月，因会子流通不行，商人乘机低价收买会子去行在六务挤兑见钱，朝廷便降度牒及诸州助教帖各5000道给榷货务出卖变钱用于回收会子。同年，朝廷又出南库钱200万贯去回收户部所增会子。乾道四年（1168），为防止滥发会子，宋廷开始以三年立为一界，

① 《文献通考》卷九《钱币考二》，第247页。
② 《鹤林集》卷十五《乾淳讲论会子五事》。
③ 《宋史全文》卷二十七，宋孝宗淳熙十二年七月癸未。
④ 《建炎以来朝野杂记》甲集卷十六《东南会子》。

每界发行 1000 万贯。但孝宗恐会子流通受阻，曾问计于宰执。“王炎奏曰：‘会子行之既广，自然通快。’蒋芾奏曰：‘今以会子收钱、银，若会子稍多，便出钱、银以收之。如此，所谓行权。’陈俊卿奏曰：‘敛散抑扬之道，权在于上则无弊矣。’”[①] 这就是教孝宗一方面要疏畅会子流通渠道，另一方面要调控会子发行数量，多了就收，少了就放。淳熙元年（1174）三月，宋廷命左藏库出会子 25 万贯去两浙收买额外浮盐，把会子放出去，同时又召商人到交引库算请盐钞，将所收盐息钱封桩，以备将来回收会子之用。淳熙二年（1175）因诸州军上供各色税钱只许用三分会子，会子壅积贬值，当时在流通领域中的会子有 2200 余万贯，宋廷便“用上下库黄金、白金、铜钱九百万，内藏库五百万，并蜀中钱物七百万，尽易会子之数”[②]。但物极必反，朝廷回收会子太多，“户部岁入一千二百万，其半为会子，而南库以金银换收者四百余万，流行于外者才二百万”[③]，会子太少，“一时楮币重于黄金”[④]。于是，淳熙三年（1176），宋廷诏第三界、四界会子各展限三年，并增印第四界会子 200 万由南库桩管。由于调节了会子的发行量，淳熙六年（1179）会子币值回到了正常状态，其值与现钱相等，孝宗自豪地说：“近来会子闻民间甚贵重之，与见钱等。朕若不爱惜会子，散出过多，岂得如今之事乎？”[⑤] 淳熙十年（1183）有司请印第七界会子，孝宗认为会子之数不宜多，暂不印行。孝宗为稳定会子的流通，可说是绞尽了脑汁，他说：“朕

① 《鹤林集》卷十五《乾淳讲论会子五事》。
② 《宋史》卷三百八十四《叶衡传》，第 11823 页。
③ 《皇宋中兴两朝圣政》卷五十四。
④ 《群书考索》后集卷六十二《财用门·楮币类》。
⑤ 《鹤林集》卷十五《乾淳讲论会子五事》。

以会子之故，几乎十年睡不着。”[①] 淳熙十四年（1187），有司请增印第七界会子百万贯，孝宗“疑其多，止令印七十万”[②]。这里必须指出的是：调控纸币发行量并非一味减发纸币，而是多了收、少了放。太少会造成币重物轻问题，不利于经济发展；如果印行纸币很多，只要能顺利流通而不贬值，说明未发生通货膨胀，显示了商品经济大发展，是件好事。至于宋孝宗对会子发行数量的控制，基本上是成功的，南宋中期会子的发行也较为正常。

为了控制会子的无端增加，孝宗在注意调节官方会子发行量的同时，还继续严禁民间私造会子。在绍兴三十二年（1162）十二月，宋廷早已“诏定伪造会子之罚”[③]，犯人处斩。乾道四年（1168）八月，宋廷又规定“伪造会子人籍其赀充赏”[④]。乾道七年（1171）正月，还罢了“用锡板伪造官会行用”[⑤] 的阁门祗候建康府屯驻官薛千虎的官，因其曾立战功免死，送连州编管。乾道八年（1172）十月，将贪污捕获伪造官会人犒赏钱的临安府缉捕使臣孙文亮送韶州编管。[⑥] 淳熙九年（1182），将“擅自雕板印造零会子行用”的知信阳军汪德输降两官。[⑦] 淳熙十三年（1186）九月，“诏伪造会子凡经行用，并处死”[⑧]。但朝廷禁止伪造会子并不彻底，如淳熙八年（1181）十二月至次年六月，知台州唐仲友雇佣蒋辉伪造会子 2600 余道，

---

① 《容斋三笔》卷十四《官会折阅》，见《容斋随笔》，第 458 页。
② ［宋］周必大：《文忠集》卷一百七十二《思陵录》。
③ 《文献通考》卷九《钱币考二》，第 246 页。
④ 《建炎以来朝野杂记》甲集卷十六《东南会子》。
⑤ 《宋会要辑稿》刑法六之三七。
⑥ 《宋会要辑稿》刑法六之三八。
⑦ 《宋会要辑稿》职官七二之三四。
⑧ 《宋史》卷三十五《孝宗纪三》，第 685 页。

被提举浙东常平茶盐公事朱熹查获，蒋辉却因宰相王淮包庇唐仲友而被释放。

提高会子的法偿地位，对于增强会子的信用和稳定其币值尤为重要。会子与四川钱引不同。钱引作为纸币，它代替铁钱流通，钱引本身虽无价值，但铁钱是贱金属，又不宜于长期储存，故钱引与铁钱等价并用不会引起钱引的贬值。而会子作为一种本身无价值的纸币，却要代替有较高价值的铜钱流通，人们必然只要铜钱不要会子，这就会使会子因流通不畅而贬值。在会子与铜钱并行的情况下，要使会子能与铜钱等值使用，国家除了不滥发会子外，还必须出台一种能保证会子与铜钱有同等法偿地位的政策法令，南宋中期宋廷在这方面曾经采取过不少措施。

宋廷在绍兴三十一年（1161）二月开始正式发行会子时，曾规定“凡上供军需并同见钱”。同年七月，又规定“除亭户盐本钱并支见钱外，其不通水路州军上供等钱许尽用会子解发，沿流诸州军钱、会各半”；“民间典卖田宅牛畜车船等如之（钱会中半），或全用会子者听”。也就是说，在税收和民间买卖中，会子与铜钱享有同等法偿地位。可是，到了孝宗乾道初年，事情起了变化。由于户部本身重钱轻楮，乾道元年（1165），户部将会子100万道兑起诸路常平钱100万贯，却不许诸路支用会子，从而使会子不得流通。同时，诸州军将从民间收税所得现钱全兑换成会子起解，把会子推还给朝廷。大家都不要会子，于是该年六月，朝廷依户部所请做了让步，下诏规定：“可遍下州军，自今后将应合起发钱纲并以十分为率，权许用二分会子、八分见钱解发。”[①] 同年，户部因经费缺乏，增印会

① 《宋会要辑稿》食货四四之九。

子200万贯想充当部分的官兵廪给以减支现钱。可是大家都不要会子，军队乞要现钱，各官府出纳皆用缗钱。乾道二年（1166），宋廷又从户部侍郎曾怀所请，再做让步，规定："诸路州军，将应起纲运自来年正月，十分为率，一分会子，九分见钱。"[①] 至乾道三年（1167）正月，据度支郎唐瑑说："今来诸路纲运依近降指挥并要十分见钱，故州县不许民户输纳会子，致流转不行。"[②] 会子法偿地位大跌，无法流通，孝宗心中动摇，曾拨付内藏银钱大量回收会子，并欲收铜板停印会子。

乾道四年（1168）五月，孝宗经与宰执们讨论后，重新树起了发行会子的信心，决定以三年为一界发行会子，并重新提高会子法偿地位，规定：诸路州县起解官钱和民户缴税，并以钱会中半送纳；民间举质还债，"其会子正行使用，不得减退百数"[③]；诸路州县"不得于会子内添用印指定行使去处，如违，许人告"[④]。乾道六年（1170）五月九日，宋廷又进一步做了详细规定："诸路总领、监司、州军受纳、解发钱贯，须是会子见钱各半。仍令总领、监司岁终具奏：本司今岁受纳过州军钱贯若干、会子若干、见钱若干。诸州军亦具奏今岁解发过某司钱贯若干、会子若干、见钱若干。并各依实声说，不得虚装会子之数，日后违戾，以违制论。"[⑤]

可是，实行"钱会中半"制度并不顺利，其间多有反复。可能是流通会子阻力依然很大，宋廷也随之改变了政策，乾道七年（1171）正月二十

① 《宋会要辑稿》食货四四之九。
② 《皇宋中兴两朝圣政》卷四十六。
③ 《庆元条法事类》卷八十《出举债负》。
④ 《庆元条法事类》卷八十《杂犯》。
⑤ 《庆元条法事类》卷三十《财用·钱会中半》。

日诏:“自今后诸州军起发上供诸色窠名铜钱,并要起七分见钱、三分会子。并人户典卖田宅等交易用钱、会子使听从民便。”[①]然而,州郡连只收三分会子的政策也不愿执行。于是该年六月宋廷又下敕令:“访闻民间输纳抑令全纳见钱,而州郡于属县解发官钱,亦不肯依分数行用。今后并依分数行使。如收邀难许径朝省越诉,以违制论。如官吏以民间纳到钱贱价收买会子规利,并与计赃。今后监司遇有本司所收钱,依立定分数交收,不得辄收一色见钱。仍约束州县常切遵守,如违,按劾闻奏。”而且还命监司州县在收取民钱时应造册登记,写明“所收钱、会各若干数”,以备差官前去抽查。朝廷的这些约束仍无实效,乾道八年(1172)三月,宋廷再次宣布降低收取会子比数:“不系屯军去处,起发折帛钱,九分见钱、一分会子。其屯驻军马去处,以钱、会中半交收,亦以中半发纳省部。”[②]

会子法偿地位的不断下降,遭到许多人的反对,还引起了会子的剧烈贬值,宋廷只得重新恢复钱会中半制,于乾道九年(1173)正月十九日下令规定:“外路之解发、民间之输纳、官吏之俸给,并以钱会中半为令。”[③]“官私买卖交易,并听从便,不拘钱、会分数。”[④]从此以后,“钱会中半”制度基本上稳定了下来,较长时间未见反复。淳熙十二年(1185)十一月二十二日南郊赦、十五年(1188)明堂赦以及光宗绍熙二年(1191)十一月二十七日南郊赦,都发布了同样的赦文:“人户折帛钱已降指挥,听以

---

① 《宋会要辑稿》食货三五之四二、六四之五七。
② 《庆元条法事类》卷三十《财用·钱会中半》。
③ 《群书考索》后集卷五十二《财门·楮》。
④ 《庆元条法事类》卷三十《财用·钱会中半》。

钱会中半输纳，访闻州县间有抑纳银两，重困民力，可令监司觉察按劾。”[①] 实行“钱会中半”制度后，会子法偿地位提高，信用增强，因此淳熙十三年（1186）七月孝宗说：“闻此间军民不要见钱，却要会子，朕闻之甚喜，但会子不可更增见在之数。”[②] 绍熙二年（1191），彭龟年也说：“近日会子流通胜于见钱，官私便之……此无他，官司许作见钱入纳，井市兑便者稍众也。”[③]

南宋中期，宋廷在调控会子发行数量和提高会子法偿地位后，也就是通过对会子进行“称提”，至乾道九年（1173）后，会子的币值基本上得到了稳定。早在绍兴三十年（1160）会子试行时，就规定“商贾入纳、外郡纲运，悉同见钱”[④]。绍兴三十二年（1162）二月正式发行会子时，又规定“凡上供军需并同见钱”[⑤]。所谓“并同见钱”，即会子一贯等于铜钱一贯省陌。铜钱一贯省陌，即由朝省规定的标准，以770钱为一贯。早在北宋乾德五年（967）宋太祖就下诏规定：“所在用七十七钱为陌，每贯及四斤半以上。”[⑥] 开始时会子很受人民欢迎，“先是，每券以八百售……愚民至指乘舆以造券不多为苦”[⑦]。会子初行时曾规定官府收税和上供以及民间买卖实行钱会中半收付，甚至可全用会子。但到了乾道三年（1167），由于会

---

① 《宋会要辑稿》刑法二之一二三、食货七〇之八二。
② 《皇宋中兴两朝圣政》卷六十三。
③ ［宋］彭龟年：《止堂集》卷一《论雷雪之异为阴盛侵阳之证疏》，《文渊阁四库全书》第1155册。
④ 《容斋三笔》卷十四《官会折阅》，见《容斋随笔》，第458页。
⑤ 《建炎以来朝野杂记》甲集卷十六《东南会子》。
⑥ 《文献通考》卷九《钱币考二》，第232页。
⑦ 《四朝闻见录》乙集《楮券》。

子发行过多，诸路纲运要十分现钱，州县不许民户输纳会子，会子因流通不行而贬值。乾道四年（1168）会子立界重又实行钱会中半制度，然而乾道七年（1171）正月又改诸州军上供要七分见钱、三分会子。乾道八年（1172）三月再改不屯军处起发折帛钱要九分现钱、一分会子。乾道九年（1173）又恢复钱会中半制度。随着会子法偿地位的提高，至淳熙二年（1175）四月，会子流通顺畅，据龚茂良奏："闻得商贾往来贸易竞用会子，一为免商税，二为省脚乘，三为不复折阅。"[①] 可见当时会子没有贬值。同年七月，"会子通行民间铜钱日多"[②]，会子币值上升。为此，当年在临安任仓部郎官的辛弃疾在其《淳熙乙未（二年）登对札子》中说："往时应民间输纳，则令见钱多而会子少；官司支散，则见钱少而会子多。以故民间会子一贯换六百一二十文足。军民嗷嗷，道路嗟怨。此无他，轻之故也。近年以来，民间输纳用会子、见钱中半，比之向来，则会子自贵，盖换钱七百有奇矣（原注：江阴军换七百四十足，建康府换钱七百一十足）。"[③] 至淳熙六年（1179），据孝宗说："近来会子与见钱等。"据赵雄说，在民间会子甚至"重于见钱"。[④] 至淳熙八年（1181）虽然会子印行稍多，但仍"可作七百七十一文行用"[⑤]。淳熙十年（1183）以后，由于会子发行量的不断增加，会价开始下降。淳熙十二年（1185），洪迈奉召从婺州回临安，见"人揭小帖，以七百五十

---

① 《皇宋中兴两朝圣政》卷五十四。
② 《宋史全文》卷二十六。
③ 《历代名臣奏议》卷二百七十二，辛弃疾《论行用会子疏》。辛启泰、法式善辑录之《稼轩集抄存》题为"淳熙乙未登对札子"。
④ 《皇宋中兴两朝圣政》卷五十八。
⑤ ［宋］周必大：《文忠集》卷一百四十四《论和籴》。

钱兑一楮”[1]。《建炎以来朝野杂记》甲集卷十六《东南会子》也记载：淳熙十三年（1186）“江、浙会子一千，率得铜钱七百五十”，这说明会子稍有贬值，已不能与铜钱等值行用。总的看来，南宋中期的会价，大多数时间能保持与铜钱等值，其间虽有波折，或下降至值铜钱700文左右乃至620文，但时间不长，贬值幅度也不算大。因此可以说，会子币值基本稳定。

要特别说明的是：乾道四年（1168）会子开始立界时，第一界只发行1000万贯，至淳熙十三年（1186）发行第七界时增为2323万贯，第六、第七界两界沓行共为4123万贯，近20年间会子流通量增加了4倍多，而会子却没有明显贬值，可见这一时期没有发生通货膨胀，商品流通量却相应增加了4倍。

（六）钱引

南宋中期，以铁钱为发行本钱的钱引，继续在四川流通。宋高宗前期因宋金战争，钱引发行量曾急剧增加。但自绍兴十一年（1141）十一月宋金签订“绍兴和议”后，长期没有增发钱引。直到绍兴末年，因宋金战争再起，钱引发行才又一度增加，共积至4147万余贯。孝宗隆兴二年（1164）又增印钱引200万贯，然而至乾道元年（1165）两界通用也只有4300余万道。乾道四年（1168）六月，为偿还民间预借钱，诏四川增印钱引100万，结果实际增印300万贯。此后10年，钱引没有增加，淳熙五年（1178）时，两界通用共4500余万道。光宗绍熙二年（1191）又增印钱引170万贯。宁宗庆元三年（1197）再增印钱引100万贯，前后两界共发行4900万贯。综上所述，经过前后32年和平年代的经济发展，而钱引自乾道元年（1165）

---

① 《容斋三笔》卷十四《官会折阅》，见《容斋随笔》，第458页。

的4300万贯，至庆元三年（1197）的4900万贯，才增发600万贯，增加速度相当缓慢。钱引发行额的长期相对稳定，这就防止了钱引因印发过多而贬值。

钱引发行额和信用的稳定，这与四川地方官重视钱引发行本钱的准备和钱引币值的称提是分不开的。如乾道元年（1165），当朝廷命四川调铁钱100万贯给淮南行用时，四川制置使汪应辰便以四川所存铁钱不多为由只拨给15万贯。汪应辰说："惟是四川见今行使钱引，全藉见钱为之称提，民间方通贸易。……傥见钱日削，贸易不成，恐虽有钱引，民不能用，是钱引之法自此坏矣。"[①] 由此可见，汪应辰为保住发行四川钱引的准备金铁钱，不惜违背朝廷旨意，其态度是何等的坚决！

同时，宋廷也很重视对四川钱引发行额的管控。如淳熙五年（1178）闰六月，有臣僚上言："蜀中钱引已增至四千五百余万，增而不已，必至于不可行，乞立定额，毋得增添。"[②] 宋廷为此而下了限额令。

此外，四川官府还尽力维护钱引的信用和法偿地位，这对稳定和提高钱引币值有一定作用。如淳熙中，每当钱引交界兑换时，官吏乘机作奸巧取，没收微坏的钱引，不给贿赂就不予兑换。时任四川制置使的留正便设法"杜绝交界之奸以信楮币"[③]。又如，四川人多知道欲使钱引"其价常赢而无亏损之患，唯使常于官而不滞于私则可"，也就是只有提高钱引的法偿地位并促进其流通，才能保持钱引不会贬值。为此，当每年农户收获笋

① 《文定集》卷十三《乞免解发铁钱赴两淮书》。
② 《文献通考》卷九《钱币考二》，第250页。
③ 《诚斋集》卷一百二十九《陈择之墓志铭》。

茶季节，官府催促用钱引缴税之时，钱引就升值。[①]

关于南宋中期钱引币值的升降，史书缺乏记载，也许是因为变化并不激烈。我们只知道绍兴二十七年（1157）三月间，“四川钱引十道市价止八贯［铁钱］，比之铜钱，止是铜钱四贯”[②]。绍兴二十九年（1159）十二月二十四日，宋廷为统一币值，诏：“四川进纳人依例每铁钱二文折铜钱一文，每铁钱一贯折川钱引一道。”[③] 这是官价与市价的区别。经过 40 年，直到宋宁宗庆元三年（1197），钱引币值才稍有下降，但变化并不大，“每钱引一千，民间直铁钱七百已上”[④]，可见南宋中期钱引币值之稳定。

（七）淮南交子

南宋中期，由于宋廷没有无本滥发淮南交子，同时又设法扩大其使用范围，故未出现淮南交子大贬值的现象。

乾道二年（1166）六月宋廷创行淮交时，只印发了 300 万贯，限制在两淮州县行使。乾道三年（1167），“诏造新交子一百三十万，付淮南漕司分给州军对换行使，不限以年，其运司见储交子，先付南库交收”[⑤]。这只是用新交子对换旧交子，并将旧交子交南库收藏，并非额外增加淮交发行量。此后 25 年间，我们未见有关宋廷增发新淮交的记载。直到光宗绍熙三年（1192），因两淮私铸铁钱泛滥致使难用，才有吏部尚书赵汝愚等合奏，“乞印造两淮会子三百万贯”[⑥]，以便用淮交来回收私铁钱。可见整个南宋中

---

① ［宋］李流谦：《澹斋集》卷九《与汪制置札子》，《文渊阁四库全书》第 1133 册。
② 《宋会要辑稿》刑法三之八。
③ 《宋会要辑稿》职官五五之四六。
④ 《建炎以来朝野杂记》甲集卷十六《四川钱引》。
⑤ 《宋史》卷一百八十一《食货志下三·会子》，第 4411 页。
⑥ 《建炎以来朝野杂记》甲集卷十六《两淮会子》。

期未曾无本滥发淮交。

为了促进淮交的流通，宋廷还扩大了淮交的使用范围。如，淮东是海盐重要产地，盐课是宋廷财政收入的主要来源之一。原先商人购盐都用铜钱，淮交创行后，宋廷准许商人用淮交请买淮东盐。据乾道二年（1166）八月四日户部言："客贩淮东袋盐，其盐仓合纳措留盐本等钱，缘见钱不许渡江，依已降指挥令客人将合纳措留钱就行在并建康府榷货务兑换淮南交子前去请盐。"[①] 绍熙三年（1192）十月十七日，又"诏淮东提举司，客旅入纳贴钞（盐钞）钱，自今每袋许用会子、铁钱各三分，交子四分"[②]。

乾道二年（1166）六月创行淮交时，曾下诏宣布"应入纳买卖并以交子、见钱中半"，这就是官定的淮交法偿地位，从此后直至绍熙五年（1194）前有否变化，未见记载。

既然南宋中期朝廷未曾无本滥发淮交，又规定了淮交、现钱中半的法偿地位，并尽力推广淮交使用范围，因而淮交的币值基本上处于稳定状态，未见发生通货膨胀的现象。淮交是以铁钱为本钱发行的，每贯淮交应值铁钱一贯。当乾道二年（1166）六月淮交创行后，右司谏陈良祐表示反对，要求复旧，提出以铜、铁钱兼行，以铁钱二当铜钱一。但淮交终未被废除。绍熙三年（1192）赵汝愚建议印造淮交 300 万贯时，又提到"每贯准铁钱七百七十"，也即淮交每贯值铁钱 1 贯省，可见 25 年间淮交没有贬值。反对淮交者的理由主要是行用淮交后已使"商贾不行，淮民以困"。这是反对者故作耸人听闻的夸大之辞。其实，淮交行用后，很受人欢迎，"江

---

① 《宋会要辑稿》食货二七之二三。
② 《宋会要辑稿》食货三七之三八。

淮之间不重见镪而重交子,至有堆积见钱以买交子惟恐不得者"[1]。光宗时，淮东运副虞俦更是明确地说："自交子之既行也，然后两淮之人始以为便。臣自前年叨帅淮西，继移东漕，足迹所历，耳目所见，未尝有以交子为不便者。日中为市，百货贸易，铜、铁、交、会，各有定直，纵其间小有低昂，皆出于斯民之情愿，初非官司强为之也。比来两淮年谷屡丰，物价又平，商贾皆愿出于市，行旅皆愿出于途。"[2]

（八）湖北会子

南宋中期创行的湖北会子,总的说来发行量并不很大。隆兴元年(1163)首次印发湖会时只有700万贯。后因流通不畅，宋廷于乾道三年（1167）和五年（1169）用茶引、银、钱和行在会子回收湖会300万贯，只剩400万贯仍在流通。淳熙十一年（1184）又新印湖会200万贯收换旧会。淳熙十三年（1186）开始以三年立为一界后，至绍熙元年（1190）前两界湖会行用期满，以旧换新，两界共积有540万贯，比隆兴元年（1163）首次发行时的数量还少，这说明南宋中期未曾滥发湖会。

至于湖北会子的币值，虽曾一度下跌，但这并非由通货膨胀造成，而是因管理方式不当和官员违规操作所致，况且时间也不长。南宋中期，湖会曾经有两次贬值。一次是在乾道九年（1173），另一次是在绍熙二年（1191）。隆兴初创行湖会时规定"当现钱流转"，也即湖会1贯可当铜钱770文。在乾道三年（1167）宋廷收回湖会及其印板后，湖会开始不值钱。乾道九年(1173)闰正月时,"若用会子一贯四百文省得米一硕,以见钱纽算,

① ［宋］崔敦礼:《宫教集》卷五《代乞罢总司市易札子》,《文渊阁四库全书》第1151册。
② 《历代名臣奏议》卷二百七十二，虞俦《被召上殿札子》。

每升只计钱八文四分足"[①]，照此折算，即湖会1贯省只值钱600文足。后来，随着湖会的继续流通，其币值重又回升，直到绍熙二年（1191）二月时，"会子流通胜于见钱，官私便之……夫会子不过数寸纸耳，而乃与泉货埒权者，此无他，官司许作见钱入纳，而市井兑便者稍众也"。但也就在这时，湖会却又贬值了，这是因为"湖北会子向来止于湖北、京西界内行使，襄、汉戍卒，月得料钱，全靠客旅贸易。然其会子止到鄂州便著兑换，而官司无以权之，总司入纳，不同见钱，每一贯会子，止可得五百左右。会子既轻，商旅不行，军人所得会子愈难转变，而会子愈轻矣"[②]。这就是说，襄、汉戍卒所得军饷湖会1贯原本可兑换现钱770文，然而当商人从戍卒手中购得湖会去鄂州总司兑换时，总司只换给500文现钱。因此，商贾便乘人之急用，低价收购湖会，"用是一贯会子，止可得五百左右见钱"[③]。相反，官府支付湖会给百姓时，却"以市价五十一钱之会子，令民作七十七文收受，于是中人之产丧其十之五"[④]。

南宋中期各类货币较少贬值，宋廷调控货币发行量和提高货币法偿地位无疑起了直接作用，但是我们千万不能忘记，能使币值稳定的最根本原因在于社会经济的发展，特别是商品生产的增长。如果没有南宋中期经济的发展，在当时"三冗"开支浩大的情况下，必然会出现商品供不应求和通货膨胀以及货币贬值的现象。当经济衰退和商品严重不足时，要是去压缩货币发行量或人为提高货币的法偿地位，就会造成钱重物轻现象。那时

---

① 《宋会要辑稿》食货四〇之五四。

② 《止堂集》卷一《论雷雪之异为阴盛侵阳之证疏》。

③ 《止堂集》卷六《论湖北京西楮币疏》。

④ 《平庵悔稿》后编卷九《寄湖北张总领六绝句》第三首注文。

公私都缺钱用，朝廷财政就会因入不敷出而陷于困境，生产者就为因经营成本太高而亏本，老百姓就会因手中无钱而难以活命。所以说，在治国理政的各种策略中，发展经济是硬道理，应将其放在首位予以考虑。

二、物价基本稳定

南宋中期各类货币的较少贬值，更直接地体现在当时物价的基本稳定上。所谓南宋中期物价的基本稳定，是指与宋高宗中后期的物价相比而言。其间有些物价也可能有小幅度的涨落，这是正常现象，不能看作是通货膨胀。下面我们将依旧通过对几种最基本的商品价格的介绍，来证明南宋中期货币流通的大致平稳，未曾发生通货膨胀。

（一）粮价

南宋的粮价十分复杂：有丰收时的低价，有灾荒时的高价，有常年时的市价；还有官府收税折钱的高价，和籴所支的低价，等等。同时，各地商品经济发展水平不同，偏远落后地区粮价较低，繁荣发达地区粮价较高。我们考察某一时期粮价的升降变化，只能以平时的市价为标准，因为其他各种粮价皆非正常价格，而且随意性很大，不是在商品贸易过程中自发形成的市场价格。下面来看南宋中期历年各地的具体米价：

乾道二年（1166）七月，朝廷命湖广总领所置场籴米，"年来丰熟，米价低平。荆门、襄阳、郢州之米每硕不过一千，所出亦多。荆门、沙市、鄂州管下舟车辐辏，米价亦不过两千"[①]。

乾道三年（1167），临安府诸县及浙西州军，秋收时米价"一斗不过

① 《宋会要辑稿》食货四〇之四四。

百二三十”[①]。

乾道四年（1168）五月，朝廷降新印会子品搭钱银为本钱下江浙州军和籴粮食，米“每硕大约价钱二贯五伯文省”[②]。

乾道五年（1169），户部降本钱籴米，每斗定价300文省。[③]

乾道六年（1170）二月，京西、湖北“谷每石可得米四斗，为钱可准一贯省”[④]，即米每石为钱2贯500文省。

乾道六年（1170）二月，浙西、江东、淮东路沙田芦场税租“如愿纳稻子，以稻子二石折米一石；如愿折钱，以米一斗折钱三百，小麦每斗折钱一百五十”[⑤]。

乾道六年（1170）九月，湖北江陵府公安县“米斗六七十钱”[⑥]。

乾道七年（1171）八月二十五日，权发遣隆兴府龚茂良言：“本路州军被灾轻重不等……本府已立下价直，每硕止一贯五百四十文足［劝人赈粜］，比之市价折钱七百六十文足……”[⑦]可见当时米市价为每石2贯300文足。

乾道年间（1165—1173），隆兴府进贤县“力田之人，细米每斗才九十五文，逼于税赋，是以出粜”[⑧]，这是农民被赋税所逼而低价出卖粮食，

① 《宋会要辑稿》食货五八之五。
② 《宋会要辑稿》食货四〇之四六、四一之五。
③ 《宋会要辑稿》食货四〇之四九。
④ 《宋会要辑稿》兵一之三一。
⑤ 《宋会要辑稿》食货一之四五。
⑥ ［宋］陆游：《入蜀记》，《文渊阁四库全书》第460册。
⑦ 《宋会要辑稿》食货五八之一〇。
⑧ 《宋史》卷四百三十七《程迥传》，第12951页。

不是正常米价。

乾道七年（1171）十一月，处州籴米“每石价钱二贯九百文”[①]。

乾道七年（1171），淮西光州米价每石“为钱千六百”[②]。

乾道八年（1172）十二月，“江西、湖南及黄州、汉阳军等处今岁丰稔，米价每硕不过一贯四百文……若用会子一贯四百文省得米一硕，以见钱纽算，每升只计钱八文四分足”[③]。这里说用会子1贯400文省买米一石，折收铜钱为840文，乾道八年（1172）正是会子因法偿地位下降而贬值之时，会子1贯省只值铜钱600文。当时就有人认为这样低的粮价不可信。其实丰收年份每石米卖840文并不奇怪，绍兴十三年（1143）荆湖地区农业丰收时每斗米只卖六七十文。

乾道九年（1173）闰正月，湖广总领所在鄂州置场籴米：“下等禾米每硕二贯七百省，系淮南并复州等处米；中等占米每硕二贯六百省，系鼎、澧州米；下等占米每硕二贯三百省，系淮南米。”[④]

淳熙二年（1175）十月，淮浙八郡，“斗米不过二百五六十钱，钱会流通，民旅安便，盗贼不兴”[⑤]。

淳熙二年（1175），建康灾，知建康府刘珙“贷诸司钱合三万万，遣官籴米上江，得十四万九千斛”[⑥]，据此计算，米每斛价格为钱2013文，即2贯13文足。

---

① 《宋会要辑稿》食货四一之一〇。
② 《浪语集》卷十七《奉使淮西与虞丞相书》。
③ 《宋会要辑稿》食货四〇之五四。
④ 《宋会要辑稿》食货四〇之五四。
⑤ ［宋］蔡戡：《定斋集》卷五《论时事札子》，《文渊阁四库全书》第1157册。
⑥ 《朱文公文集》卷八十八《观文殿学士刘公神道碑》。

淳熙四年（1177）五月，朝廷支降本钱下江浙和籴米，“每石大约价钱二贯五百文省”[①]。

淳熙五年（1178）前，广西地处僻远，“斗米五十钱，谷贱莫甚焉……一连遇大凶年，米斗仅至二百钱”[②]。

淳熙五年（1178），朝廷在东南各地和籴粮食，每斗价钱300文省，即每石3贯省。[③]

淳熙七年（1180），知南康军朱熹以夏税钱、折帛钱“共钱二万四千五十二贯五百五十文省，趁此米价未起之间收籴米斛，约计可得一万一千五百七十余石赈粜饥民”[④]，每石米价约为2贯78文省。

淳熙七年（1180），南康军曾派遣吏人去各地收购粮食：以4000贯文省去隆兴府属地常池收籴到米2316石9斗6升，每石米价约1贯726文省；以2000贯省去奉新县收籴到米749石6斗，每石米价约2贯668文省；以4000贯去隆兴府奉新县、淮南蕲州等地收籴到米共1826石1升5合，每石米价约2贯190文；以5000贯省去隆兴府军湖收籴到米2297石1斗6升，每石米价约2贯177文省；以6000贯文省去吉州收籴到米2850石，每石米价2贯105文省；以4000贯去隆兴府属地常湖收籴到米1932石8斗9升，每石米价约2贯70文。[⑤]

淳熙七年（1180）七月，南康军上户各认赈粜米数量和价格：南康军

① 《宋会要辑稿》食货四一之五。

② 《岭外代答》卷四《常平》。

③ 《宋会要辑稿》食货四一之六。

④ 《朱文公文集》卷二十《申南康旱伤乞倚阁夏税状》。

⑤ 《朱文公文集》别集卷十《节次差公吏收籴并拨钱下赈籴场》。

城内每升价钱17文足；星子县每升价钱17文足；都昌县每升价钱14文足；建昌县每升价钱12文足。[①] 上户粜米是为了赈饥，价钱比市价低。

淳熙七年（1180）十月，南康军经年陈损米"依市价，每一升估计价钱一十文足"[②]，即多年陈米每石只值钱1贯足。

淳熙七年（1180）十一月，浙东路处州米价"每石价钱二贯九百文"[③]。

淳熙九年（1182），浙东旱，衢州各县米价每升40文上下。[④] 灾年米贵，每石米价高至钱4贯左右。

淳熙九年（1182），浙东路旱，提举浙东常平茶盐公事朱熹请求朝廷拨款，"若得二百万贯，则一路可得米五十万石"[⑤]，可知荒年米价较贵，每石高达4贯。

淳熙中，江、浙地区曾大丰收，"斗米之直，百五六十钱"[⑥]。

淳熙九年（1182）左右，江南东路广德军建平县，"丰熟年分及今年五六月间，米价每升一十二文，今来缘为旱伤，米价至一十八文"[⑦]。一年之内米价变动，上半年因曾丰收米每升价钱12文，下半年因旱即涨至18文。

淳熙十二年（1185）正月，据知江陵府赵雄说："……今岁春夏赈粜……［粜］淳熙五年米每升一十九文，淳熙九年米每升二十三文……今秋……补籴……每石价钱不等，自一贯六百文至二贯五十文……剩余本钱

---

① 《朱文公文集》别集卷九《谕上户承认赈粜米数目》。
② 《朱文公文集》别集卷九《申提举司将常平米出粜》。
③ 《宋会要辑稿》食货四一之一〇。
④ 《朱文公文集》卷二十一《申知江山县王执中不职状》。
⑤ 《朱文公文集》卷十七《奏救荒事宜画一状》。
⑥ 《定斋集》卷四《乞平籴札子》。
⑦ 《昌谷集》卷九《条具赈济申提举司状》。

二万三千九百二十贯二百三十九文,约可籴米一万二千余石……”[①] 从剩余本钱可籴米石数算，约每石米价在 1 贯 993 文。

淳熙十三年(1186)四月,江西转运司用钱 30 万贯籴米 155918.11 石。[②] 每石价格为 1 贯 924 文。

淳熙十三年（1186）闰七月，鄂州籴米“每石价钱二贯文”[③]。

淳熙十三年（1186）十月五日，“诏司农寺籴米每石作二贯二百文，价太贱，可增一百以利农”[④]。

淳熙十三年（1186），早稻收成时，福建邵武“斗谷售十五钱”。如以谷 2 斗折米 1 斗，则米每斗价格为钱 30 文，可说米价十分便宜。

淳熙年间（1174—1189），福州夏税中，有按中等价格折纳的粮价，小麦每斗 430 文，米每斗 460 文足。[⑤] 这是官府收税，折价太高。

淳熙中某年,福州丰收,“永福县在市白米,每斗不过二百三十文足”[⑥]。

淳熙十六年（1189）五月，湖南路职租“如折价钱，每石不得过一贯六百文足”[⑦]。

淳熙末年（1189），“自去岁江浙大稔，斗米之直百五六十钱”[⑧]。

绍熙二年（1191），四月二十日，诏 :“郴州每岁折税钱每石只许二贯

---

① 《宋会要辑稿》食货四一之一〇。
② 《宋会要辑稿》食货四一之一三。
③ 《宋会要辑稿》食货四一之一四。
④ 《宋会要辑稿》食货四一之一六。
⑤ 《淳熙三山志》卷十七《岁收》。
⑥ 《历代名臣奏议》卷一百八十三，赵汝愚奏。
⑦ 《宋会要辑稿》职官五八之三〇。
⑧ 《定斋集》卷四《乞平籴札子》。

一百五十文足，永为定例。”[①]

绍熙二年（1191）十月六日，临安府于潜、新城、昌化三县秋苗折纳“每石折价五贯”。知临安府谢深甫向朝廷上言，“乞将三县秋苗价钱每石只作四贯三百催纳”[②]，朝廷同意了他的请求。官府收税秋苗折价每石5贯，价格太高，每石4贯300文，价格仍不低。

绍熙二年（1191）十一月，因淮东旱伤，朝廷拨镇江府陈次米15万石赈粜，许民众用破缺的铁钱和私钱购买，“每石计破缺钱及私钱一贯四百文足收换”[③]。每石陈次米卖铁钱、私钱1贯400文足，即每斗140文，折铜钱应该每斗不到70文，价格相当低，因为这是赈粜米，具有救灾性质。

绍熙五年（1194）九月二十七日，据检正都司说："照得元立纳米补官赏格，系以丰年米价为准，每石只计钱两贯，委为太轻。耿延年所请系大荒米价甚贵之年，每石计钱四贯，委是太重。”[④]由此可见，光宗时丰年与荒年的米价相差1倍。

绍熙五年（1194）闰十月，“今岁淮东、两浙多被旱潦，如常、润、扬、楚、盱眙等处，当此收成之时，斗米至为钱四百上下，无下三百足陌者”[⑤]。

绍熙末年（1194），湖北地广人稀，耕作粗放，收成微薄，“常年米价，每石若及两贯，已为极贵，今米直至斗添数百，长犹未已”[⑥]。可见米价上涨迅速。

---

① 《宋会要辑稿》食货七〇之九五。
② 《宋会要辑稿》食货七〇之八一。
③ 《宋会要辑稿》食货六八之九二。
④ 《宋会要辑稿》职官六二之三五。
⑤ 《止堂集》卷五《论淮浙旱潦乞通米商仍免总领司籴买奏》。
⑥ 《止堂集》卷六《乞权住湖北和籴疏》。

四川米价以钱引计算。南宋中期川引与铁钱等值，而铁钱二只值铜钱一。乾道初，剑州旱歉，“米价每石钱引十二三道”；夔州也旱，平常“米价止是钱引五道左右，今已是十道以上”。[①] 广安军米市价“每石钱引五道左右”；夔州路秋收后，“诸州米价，每石止钱引五道上下”。[②] 乾道五年（1169）十二月，成都府路充当赈粜之米，“每斗减价作三百五十文”[③]。乾道中，泸州原来每石米价为 2 贯，后来遇凶年，每石米价涨至 10 余贯。[④] 乾道末，绵州米价每石 5 贯。[⑤] 淳熙八年（1181），处于极边的黎州山区“米价每石不过五六千”，而官府收税折价“却每石估钱一十三贯文”，剥削很重。[⑥] 淳熙十一年（1184），四川官府籴粮为“每石价钱七道”[⑦]。

在中国古代，“民以食为天”，粮价是考察物价变化最重要的标志。宋高宗中后期的粮价大致是：丰收时斗米贱至六七十钱至百钱，平时市价斗米为钱 120 文以上至 300 文以下，官府收税斗米折钱高至三四百文到八百文，官府和籴支钱给百姓低至每斗四五十文。综观南宋中期的粮价（主要是米价）：丰收时斗米六七十钱至 150 钱，个别地区如福建斗谷 15 钱（相当于斗米 30 钱）；平时市价斗米 120 文至 300 文，而极大多数时间和大部分地区为斗米 250 文左右，个别地区如隆兴府进贤县农民为缴税贱卖

---

① 《文定集》卷四《御札问蜀中旱歉画一回奏》。
② 《文定集》卷四《御札再问蜀中旱歉》。
③ 《宋会要辑稿》食货五八之七。
④ 《鹤山先生大全文集》卷四十八《泸州赡军田纪》。
⑤ 《鹤山先生大全文集》卷七十八《朝奉大夫太府卿四川总领财赋累赠通议大夫李公墓志铭》。
⑥ 《宋会要辑稿》番夷五之五五。
⑦ 《宋会要辑稿》食货四一之一二。

米每斗 95 文，四川用钱引米每石 2 贯至 5 贯（相当于铜钱 1 贯至 2.5 贯）；官府收税折价斗米 160 文至 460 文，四川用钱引米每石折十二三贯，和籴如给钱每斗 250 文至 300 文。南宋中期的粮价与宋高宗中后期的粮价相比：丰收时的米价基本相同；平时市价几乎完全相同；南宋中期官府收税折钱比宋高宗中后期时少得多，而和籴大都按市价付钱，这说明孝宗戒饬贪官污吏起了一定作用。由此可以得出结论，自宋高宗中后期至南宋中期的 80 多年中，粮价基本稳定。

（二）绢价

乾道元年（1165），右正言程叔达说“今一缣之直，在市不过三数千”[①]，即一匹双丝织成的细绢市价也只值钱 3 贯多。

乾道三年（1167）八月九日，据右谏议大夫陈良祐说，江浙税绢“常年用钱四贯可纳一匹，今增为六贯”[②]。这是官府收税绢折价高于市价。

乾道九年（1173），严州减免丁税，“减绢凡一万四千二百九十二匹，为钱凡四万七千一百七十缗”[③]，每匹绢折钱为 3.3 贯。

淳熙四年（1177）十一月十七日，臣僚言：“临安府钱塘、仁和两县岁敷和买折帛下户常受其弊，盖本色所直不过四五千，折价所输其费七贯五百。”[④]绢市价每匹只四五千，而官府收和买折帛钱却高达每匹 7 贯 500 文。

淳熙五年（1178）前，福州夏税折收钱“见纳中价，每匹䌷四贯”[⑤]。

---

① 《宋会要辑稿》食货三八之二二。

② 《宋会要辑稿》食货七〇之五九。

③ ［宋］詹元宗：《均减严州丁税记》，收入［宋］董棻编《严陵集》卷九，《文渊阁四库全书》第 1348 册。

④ 《宋会要辑稿》食货七〇之六九。

⑤ 《淳熙三山志》卷十七《财赋》。

淳熙六年（1179）二月十八日，诏州县受纳人户税绢，“其不成匹者，每尺并以一百文足折价”[①]。如以绢每匹4丈计，则折价应为钱4贯足。

淳熙七年（1180），南康军“绢价每匹不过三贯文足”，下户不成端匹税绢“却令一尺折钱一百文足，即纳一匹计成四贯文足，委是折钱太多”。[②]

淳熙九年（1182）七月初一，知台州唐仲友“买到轻怯大绢一百十八匹，高价估钱入库，计四百九十贯九百六十五文省”[③]，高价估钱为每匹4贯160文省，既称高价估钱，则市价必低于此。

淳熙十五年（1188），绢价“户部纽作四贯一匹，价已不低”[④]。

绍熙初年（1190），漳州“绢价每匹三千省”[⑤]。

绍熙三年（1192），临安府去年和买夏税畸零绢“折钱每匹减七百，实收四贯五百，今欲每匹更量减三百五十，收正钱四贯一百五十”[⑥]。这是官府收税折钱价，高于市价。

宋高宗中后期，绢的市价每匹为4贯左右，个别地区为2贯，官府收税折钱高至每匹六七贯。南宋中期的绢价，一般市价为每匹3贯至4贯，官府收税折价为每匹3.3贯至六七贯不等，但大多折为每匹4贯左右，与宋高宗中后期的绢价相比，变化不大，或略低一些。与粮价一样，南宋中期的绢价也长期较为稳定，其间稍有波动属市场正常现象。官府收税折价较高虽非正常价格，但对物价多少会产生影响，好在影响还不算大。

---

① 《宋会要辑稿》食货七〇之七二。

② 《朱文公文集》卷二十《乞听从民便送纳钱绢札子》。

③ 《朱文公文集》卷十九《按唐仲友第四状》。

④ ［宋］周必大：《文忠集》卷一百七十三《思陵录下》。

⑤ 《朱子语类》卷一百六《外任·漳州》。

⑥ 《宋会要辑稿》食货七〇之八二。

（三）草价

南宋中期的草价与高宗中后期的草价相同。绍兴三十一年（1161），官买草价每束100文省。乾道二年（1166），淮东路收买马草，仍是“每束一百文省”[①]。

（四）盐价

南宋中期，食盐依旧分若干产销区，如东南地区及福建、广南、四川地区等，一般食盐不能越区销售。各个地区情况不同，盐价也有别，大抵近海区便宜，交通不便之偏远地区较贵。

东南地区盐价。乾道元年（1165）九月后，商人向临安、镇江、建康三榷货务算请盐钞，每袋须纳钱20贯。[②]每袋300斤，即每斤约67文。乾道七年（1171）六月十七日，户部侍郎、提领榷货务都茶场叶衡说：“去年两务场卖淮盐六十七万二千三百余袋，总收钱二千一百九十六万三千余贯……去年两务场卖浙盐二十万二千余袋，总收钱五百一万二千余贯。”[③]折算得出，淮盐批发价每斤约108文、浙盐每斤约82文。淳熙三年（1176）八月，湖北靖州出卖官盐，“每斤要钱二百五十文足，盐价既高，又亏斤两，多杂沙泥，无人愿买”[④]。

福建盐价。淳熙十三年（1186）十二月，汀州与长汀、上杭、莲城、武平县盐价每斤为钱62文，清流44文，宁化49文，盐价太高，人不乐买，

① 《宋会要辑稿》食货四〇之四二。
② 《宋会要辑稿》食货二七之一九。
③ 《宋会要辑稿》食货二七之三三。
④ 《宋会要辑稿》番夷五之九八。

于是官盐每斤减价 15 文。[①]绍熙四年（1193），建宁府私盐每斤不过 45 文，而官盐每斤不下 90 文，故民间只吃私盐不买官盐。[②]

广南盐价。隆兴二年（1164）正月，广西雷、化、高、廉四州盐产地，官方收购亭户盐每斤 18 文，而官卖盐每斤 50 文省，即 38.5 文。[③]乾道九年（1173），“广西盐价，每一斤以一百四十文足为率”[④]。淳熙初，“邕州官卖盐每斤百钱”，后又“增其六十”。[⑤]淳熙三年（1176），广西“漕臣赵公瀞增盐直斤百钱为百六十”[⑥]，盐价明显太高，赵公瀞因此受到朝廷黜责。淳熙十年（1183）三月，广西商人搬贩雷州蚕村场盐出卖，每斤价钱 60 文足，兴贩无利。[⑦]

四川盐价。乾道年间（1165—1173），邛州蒲江的井盐，每担 60 斤，价值 14 贯，每斤约铁钱 233 文。[⑧]绍熙二年（1191）七月九日，宋廷令夔州奉节、巫山两县转运司科扰盐每斤减作 100 文变卖。[⑨]四川井盐各地价格差别很大。

综上所述，南宋中期的盐价与宋高宗中后期的盐价相比，变化也不大。宋高宗中后期盐价的基本情况是：两浙西路私盐每斤 50 文，官盐每

---

① 《宋会要辑稿》食货二八之二六。
② 《朱文公文集》卷二十九《与漕司札子》。
③ 《宋会要辑稿》食货二七之一四。
④ 《岭外代答》卷五《广西盐法》。
⑤ 《建炎以来朝野杂记》甲集卷十四《广盐》。
⑥ 《宋史》卷一百八十三《食货下五・盐下》，第 4468 页。
⑦ 《宋会要辑稿》食货二八之一八。
⑧ 《鹤山先生大全文集》卷七十八《朝奉大夫太府卿四川总领财赋累赠通义大夫李公墓志铭》。
⑨ 《宋会要辑稿》食货二八之三五。

斤 100 余文无人买；福建官方收购盐每斤 25 文，而钞盐每斤卖三五十文，后来涨至 100 文至 120 文；广西钦州盐每斤 120 文足；四川盐每斤为铁钱 200 文至 250 文，相当铜钱 100 文至 125 文。宋代的盐是禁榷物，贩卖私盐属违法行为，所谓盐价实际上是官盐价。南宋中期盐价的大致情况是：东南地区盐价每斤 67 文至 108 文，湖北靖州劣质盐每斤价高达 250 文足是个别现象；福建盐每斤 40 文至 90 文，各地差别较大；广西盐价由起初之每斤 50 文省逐渐涨到 140 文足，最贵的达 160 文，各地情况不同，价格起伏较大；四川盐价各地差别很大，每斤铁钱 233 文，后降至 100 文。尽管南宋中期的盐价在前后 30 年中错综复杂和变化多端，但从宏观的角度观察，大致在每斤 100 文上下波动，与宋高宗中后期的盐价每斤约 100 文至 120 文比较，两者差别并不悬殊。所以，我们可以说，南宋中期的盐价基本稳定。

（五）金银价

隆兴二年（1164）四月，“钱三千五百贯文，买金一百两”[①]，金每两价格为 35 贯。

隆兴二年（1164）十月，商人于镇江榷货务用银算请盐钞，“每两官价三贯三百文入中，其市直只三贯文”[②]，即银的官价为每两 3 贯 300 文，而市价只值 3 贯。

乾道三年（1167），淮东总领所当办修筑六合城“工费二万七千缗免之”[③]，朝廷诏令支给内藏南库银 8000 两充筑城工费，银每两折钱 3 贯 375 文。

---

① 《宋会要辑稿》职官三二之三八。
② 《宋会要辑稿》食货二七之九。
③ 《宋会要辑稿》方域九之四。

乾道五年（1169）正月，官府收取折帛银折钱，“递年民户输银于官者每两折直三千二百，而输之左藏库却折三千三百”[①]，可知当时杭州银的官价是每两值钱3贯300文。

乾道五年（1169），徽州“银则每两为价三千三百”[②]，官价也是银每两折钱3贯300文。

乾道八年（1172）二月，会子“一百八十余万贯可以收买银五十万余两”[③]，即银每两值会子3贯600文。

淳熙十年（1183）十二月，商人用银请买广西盐钞，“一例作每两价钱三贯五十文九十八陌折银”[④]，即银一两折钱2贯989文足。

淳熙末年（1189），湖南桂阳税银“每两折钱二贯三百六十三文二分足，至与市价低平相等”[⑤]，即银市价每两为2贯363文2分足。

绍熙元年（1190），知漳州朱熹上奏：“本州上供钱物一岁之数通及四万余贯，除一万七千余贯买银五千两解发，又有大礼年分银一千两，该钱三千五百余贯，不在常年解发数内。”[⑥]由此可知绍熙初年银价为每两3贯500文左右。

四川银价以铁钱或钱引计价。乾道年间（1165—1173），“夔路银两估六千”[⑦]，银每两值铁钱6000文，可折铜钱3贯足。绍熙元年（1190），“在

---

① 《宋会要辑稿》食货九之一〇。

② 《新安志》卷二《折帛钱》。

③ 《宋会要辑稿》食货五一之四八。

④ 《宋会要辑稿》食货二八之二二。

⑤ 《止斋集》卷十九《桂阳军乞画一状》。

⑥ 《朱文公文集》卷十九《乞蠲减漳州上供经总制额等钱状》。

⑦ 《汉滨集》卷九《与徐左司论军须钱书》。

市银价却当五引半”，即每两银价为钱引五贯半；至绍熙三年（1192）官府拨银折钱引“止理民间三道”[①]，即每两银价官方折价减为钱引3贯。

南宋中期的金价每两约为钱35贯，宋高宗中后期的金价未见记载，无法比较。宋高宗中后期银的市价每两约为钱2.2贯至3贯，官府折价为3.3贯至3.4贯，四川则为每两银折铁钱7贯。南宋中期银的市价仍是每两2.3贯至3贯，官府折价为3.3贯，四川每两银折铁钱6贯或降为钱引3贯至5.5贯，与宋高宗中后期的银价相比，基本相同，在四川还略有下降。

① 《宋会要辑稿》兵二三之二二。

第七章

南宋后期通货膨胀的再现

（1194—1224）

南宋后期是指宋宁宗统治时期，即从绍熙五年（1194）至嘉定十七年（1224）之间的30年。

南宋后期所发生的三件大事——“庆元党禁”“开禧北伐”和“嘉定更化”大丧了国家元气，使南宋的政治更加腐败。政治腐败的直接后果是导致社会经济衰退并造成了国家财政危机。为了解决财政困难，宋廷曾滥发纸币，从而引发了通货膨胀。宋廷企图采取“称提之术”来遏止通货膨胀和提升纸币的币值，但终因统治者难以克服腐败，不去发展生产和无法节省开支，难以做到经济上的开源节流，“称提之术”归于失败。

第一节　政治腐败丧了国家元气

南宋后期的政治腐败主要体现在“庆元党禁”“开禧北伐”和“嘉定更化”三大历史事件中。“庆元党禁”这场官僚集团的内部斗争，削弱了朝中的廉政势力；“开禧北伐”对金战争的失败破坏了经济发展和增加了军费支出；“嘉定更化”后权臣的进一步擅权，加速了南宋王朝的腐朽。这一切大丧了国家元气，致使南宋后期的社会经济又趋衰退和国家财政再陷困境，从而成为当时通货膨胀再现的根本原因。

一、“庆元党禁”的内耗

“庆元党禁”又称“伪学之禁”，是宋宁宗庆元年间（1195—1200）由韩侂胄为首的官僚集团发动的一次迫害理学群臣和士人的政治运动。

绍熙五年（1194）六月，孝宗死，光宗托病不能执丧，致使政局极不稳定，“廷臣空国而逃，太学卷堂而噪，都人失志而惊”[①]，中外汹汹。这时，宗室、同知枢密院事赵汝愚定策并请示太皇太后（高宗皇后吴氏）同意，立光宗第二子嘉王赵扩为帝，于七月初四即位，是为宋宁宗。光宗退位为太上皇。宁宗既立，外戚、知阁门事韩侂胄自以为在定策立宁宗时，有传导太皇太后诏旨之功，欲得节度封赏。而赵汝愚却对他说：“吾宗臣也，汝外戚也，何可以言功？”[②]韩侂胄只被封为汝州防御使，后来才升迁为宣州观察使兼枢密都承旨。韩侂胄因未能满足自己的愿望，便对赵汝愚怀恨在心。由于韩侂胄是外戚，其母是太皇太后之妹，其妻是太皇太后的侄女，其侄孙女是嘉王的正妻，因此他能“以传导诏旨，浸见亲幸，时时乘间窃弄威福”[③]，并开始排斥异己，阴谋窃取政权。宁宗即位后，任赵汝愚为右丞相。赵汝愚召朱熹出任天章阁待制兼侍讲，朱熹成为宁宗的老师。

---

① 《宋论》卷十三《赵汝愚不行定策之赏》。
② 《宋史》卷四百七十四《韩侂胄传》，第 13772 页。
③ 《宋史》卷四百七十四《韩侂胄传》，第 13772 页。

朱熹作为一个理学大师，他一直主张推行儒家民本主义。儒家民本主义的特点是在维护封建纲常和皇权的基础上，主张恤民省赋，强调“民为邦本，本固邦宁”。儒家民本主义虽非民主主义，而仍是一种封建正统思想，但它对缓和阶级矛盾、促进社会经济的发展具有一定的积极作用。[①]还在孝宗时期，朱熹就向皇帝提出了一系列治国纠弊的主张。淳熙七年（1180）他曾上疏劝孝宗“正心术以立纪纲”。他说：“纪纲不能以自立，必人主之心术公平正大，无偏党反侧之私，然后纪纲有所系而立；君子不能以自正，必亲贤人远小人，讲明义理之归，闭塞私邪之路，然后乃可得正。”[②]为此，他要求孝宗能“存天理，灭人欲”，做到意诚心正，从而克服政治上的各种弊端，使天下大治。还在孝宗刚即位时，朱熹就上书向孝宗指出奸佞窃权和官吏贪污的严重危害性。他说：“四海利病，臣则以为系于斯民之休戚。斯民之休戚，臣则以为系乎守令之贤否。”[③]他劝皇帝不要重用近习、宦官等佞臣。尤为重要的是，朱熹一贯主张减轻人民的负担，以缓和阶级矛盾，安定社会秩序。他认为：“天下国家之大务，莫大于恤民，而恤民之实在省赋。”[④]淳熙十五年（1188），朱熹又在《戊申延和奏札》中，揭露了经总制钱对人民的危害，以及江西诸州科罚之弊，并要求停罢或禁止。

朱熹的多次上奏，不是刺痛了权奸，便是得罪了皇帝，因而时常受到不同程度的谗毁和打击。孝宗不理朱熹的谏言。淳熙七年（1180），当朱

---

① 俞兆鹏：《儒家民本主义与中国古代农民问题》，见《求真集》，第 28 页。俞兆鹏：《论朱熹的民本主义思想》，见《史林杂俎》，第 198 页。

② 《朱文公文集》卷十一《庚子应诏封事》。

③ 《朱文公文集》卷十一《壬午应诏封事》。

④ 《朱文公文集》卷十一《庚子应诏封事》。

熹上《庚子应诏封事》时，因其中大谈正君心、立纪纲，并斗胆批评了孝宗宠信近习佞臣之失，使孝宗勃然大怒，说："是以我为亡也！"[①]朱熹受打击较大的一次，是他在按劾唐仲友事件之后的被废弃。淳熙九年(1182)，朱熹任提举浙东常平茶盐公事前去台州巡视，发现知台州唐仲友有九大罪状：违法收税，骚扰百姓；贪污官钱，偷盗公物；贪赃枉法，敲诈勒索；打击报复，逼死人命；培植爪牙，为非作歹；纵容亲属，败坏政事；仗势经商，欺行霸市；蓄养亡命，伪造纸币；嫖宿娼妓，通同受贿。为此，朱熹先后六次给孝宗上了按劾唐仲友的奏状。结果却因唐仲友的姻亲宰相王淮的包庇和孝宗的纵容，不仅唐仲友未曾伏法，朱熹本人反而遭到王淮等人的打击报复。王淮、唐仲友的死党吏部尚书郑丙上奏攻击朱熹说："近世士大夫，有所谓'道学'者，欺世盗名，不宜信用。"[②]王淮又提拔陈贾为监察御史，指使他面奏皇帝，进一步攻击朱熹及其门生："近世士大夫有所谓'道学'者，其说以谨独为能，以践履为高，以正心诚意、克己复礼为事。若此之类，皆学者所共学也，而其徒乃谓己独能之；夷考其所为，则又大不然，不几于假名以济其伪耶！愿陛下明诏中外，痛革此习，每于听纳除授之间，摈弃勿用，以示好恶之所在。"[③]孝宗听从了陈贾的诽谤之言，让朱熹回家闲居。朱熹在奉祠五年之后，至淳熙十五年(1188)，由周必大推荐他为江西提刑。朱熹入朝奏事，又劝孝宗"存天理，灭人欲"，引起孝宗不快和当权派大臣的嫉恨。孝宗便封朱熹为兵部郎官，要一个学

---

① 《宋史》卷四百二十九《朱熹传》，第 12754 页。
② 《宋史》卷三百九十四《郑丙传》，第 12035 页。
③ ［宋］刘时举：《续宋编年资治通鉴》卷十，宋孝宗淳熙十年六月，《文渊阁四库全书》第 328 册。

者去管军事显然是刁难，朱熹因足疾请求奉祠。兵部侍郎林栗曾与朱熹讨论《易》《西铭》观点不合，这时便向孝宗诬告朱熹说："熹本无学术，徒窃张载、程颐绪余，谓之'道学'。所至辄携门生数十人，妄希孔、孟历聘之风，邀索高价，不肯供职，其伪不可掩。"[①] 林栗还称朱熹是"乱人之首"，要求将其停职反省。结果，朱熹再度奉祠，去主管西京嵩山崇福宫。从上述情况可知，朱熹的理学被诬为伪道学，朱熹本人被指为"乱人之首"，早在孝宗朝就已经开始。

宁宗即位后，朱熹任侍讲，他敏感地察觉到韩侂胄逐渐专擅政权的危害性，建议赵汝愚可用厚赏以酬韩侂胄之劳，万勿使其得预朝政，以防微杜渐。赵汝愚思想上麻痹，不以为意。当时，右正言黄度欲弹劾韩侂胄，事泄，韩侂胄用所谓"内批"将他罢斥。朱熹极为愤慨，便针对韩侂胄窃权之事，提醒宁宗要防止左右窃柄，以免主威下移。韩侂胄得讯大怒，便令优人王喜峨冠阔袖化装成朱熹的样子，竭力在宁宗面前丑化朱熹。宁宗本来对朱熹的多嘴已有反感，这时韩侂胄便又得以"内批"方式，罢去朱熹的侍讲职务。朝臣赵汝愚、楼钥、邓驿、刘光祖、陈傅良、黄艾、孙逢吉、吴猎、游仲鸿等纷纷上奏乞留朱熹。宁宗以"朱熹所言多不可用"[②]，又怪他事事干预，加以拒绝。吏部侍郎彭龟年上疏揭露韩侂胄窃弄威福，要求罢去此小人，结果又被韩侂胄用"内批"赶出朝廷，贬往地方。韩侂胄为进一步巩固其权势，排斥异己，又通过"内批"，将其党羽刘德秀、刘三杰、杨大法一一封为台谏官，从而垄断了言路，并先后罢了中书舍人陈傅

① 《宋史》卷四百二十九《朱熹传》，第 12756 页。
② 《庆元党禁》。

良、监察御史吴猎、起居郎刘光祖的官。韩侂胄要打击的主要目标是赵汝愚，庆元元年（1195）春，他问计于同党京镗，并引李沐为右正言，李沐就奏赵汝愚以宗室同姓居相位不利于社稷，于是赵汝愚被罢去右丞相官职。朝臣章颖、徐谊、李祥、杨简、吕祖俭等数十人以及太学生杨宏中、张道等，皆因论救赵汝愚或弹劾韩侂胄而遭排斥或编管。

接着，韩侂胄为了一网打尽赵汝愚、朱熹门下知名之士，开始大兴“伪学之禁”。韩侂胄用何澹、胡纮为言官。于是，御史中丞何澹上疏“论专门之学流而为伪，空虚短拙，文诈沽名”[1]，并说伪学宜加风禁，又指赵汝愚为伪学罪首。继而监察御史胡纮上疏，攻赵汝愚“唱引伪徒，谋为不轨”[2]。赵汝愚因而被谪往永州安置，庆元二年（1196）正月在途经衡州时，服药而死。与此同时，谏议大夫刘德秀又劾宰相留正四大罪，说他招引伪学以危社稷，留正也因而被罢斥。二月，刘德秀、叶翥等又上言：“伪学之魁以匹夫窃人主之柄，鼓动天下，故文风未能丕变，乞将语录之类并行毁除。”于是，“是科取士，稍涉义理，悉见黜落，《六经》《语》《孟》《中庸》《大学》之书，世为大禁”[3]。韩侂胄的权势不断上升，庆元二年（1196）七月，加开府仪同三司。这时，韩侂胄的党羽虽大骂“伪学”，但因朱熹声望太高，他们还不敢公开指名攻击朱熹。韩侂胄意不满足，乃以沈继祖为监察御史，使攻朱熹。沈继祖用胡纮起草的章疏，论朱熹有六大罪状：不孝其亲，不敬于君，不忠于国，佯辞职名侮玩朝廷，写诗怨望，规学宫之地而改为僧坊。此外，沈继祖还罗织了朱熹其他许多罪名，多是诬蔑不实之辞，

① 《庆元党禁》。
② 《宋史》卷三百九十二《赵汝愚传》，第 11989 页。
③ 《庆元党禁》。

要求朝廷撤朱熹的职。宁宗批准了沈继祖的奏疏，朱熹被责落秘阁修撰并罢宫观。这时，攻伪日急，甚至有选人余嚞上书乞斩朱熹。庆元三年（1197）闰六月，又有朝散大夫柳三杰上书，说："前日伪党，今变而为逆党。"[①]九月，宁宗下诏：监司、帅守举荐改官，勿用伪学之人。十二月，知绵州王沇乞置伪学之籍，于是有59人被收入《伪学逆党籍》。其中宰执4人：赵汝愚、留正、王蔺、周必大；待制以上13人：朱熹、徐谊、彭龟年、陈傅良、薛叔似、章颖、郑湜、楼钥、林大中、黄由、黄黼、何异、孙逢吉；余官31人：刘光祖、吕祖俭、叶适、杨方、项安世、蔡幼学、黄灏、孟浩等；武臣3人：皇甫斌、范仲壬、张致远；士人8人：杨宏中、蔡元定、吕祖泰……[②]庆元四年（1198）右谏议大夫姚愈上疏，论道学群臣结为死党，请降诏严伪学之禁。于是，宁宗命直学士兼中书舍人高文虎草诏告谕天下。同年，朱熹上书朝廷乞求致仕；次年朝廷批准了他的请求。庆元六年（1200）三月，朱熹病死。

"庆元党禁"的实质是什么？要正确理解和认识这场政治斗争的实质，可从分析卷入这场斗争的双方主要人物的表现入手，看一看他们被卷入这场斗争的原因是什么？他们各自代表着一种什么势力？究竟谁是谁非？下面请看双方主要人物的政治表现和个人品德。

先看被收入《伪学逆党籍》的几个主要人物的情况：

赵汝愚：孝宗时状元及第。他曾反对宦官陈源兼掌兵权，弹劾王抃招权预政。他在拥立宁宗后，再三力辞右相之职，以为宗室不应论功。他"事

---

① 《宋史》卷四百七十四《韩侂胄传》，第13773页。
② 《建炎以来朝野杂记》甲集卷六《学党五十九人姓名》。

亲孝，事君忠，居官廉，忧国忧民”[1]。他学务有用，生活节俭，当宰相冬天仍穿布裘。他聚族而居，将自己的廪给分给族人，菜羹素食，相处和睦。

朱熹：他一生忠君爱国，反对奸佞窃权和结党营私。他主张“恤民”，反对横征暴敛。他一直坚持“存天理、灭人欲”，要求皇帝克服私欲。他专心学术，注重廉退，生活节俭，常与学生共餐蔬菜粟饭。

留正：光宗绍熙元年（1190）时任左丞相，史称其“谨法度，惜名器，毫发不可干以私”，他处事“惟是之从”。[2]他反对韩侂胄擅权，曾拒绝刘德秀谋官的请托。

周必大：他为人刚正，孝宗时任给事中，“缴驳不避权幸”[3]。他主张减轻人民负担，曾建议孝宗减蜀民之赋，宽浙郡欠税。他还向孝宗力荐朱熹。

彭龟年：自幼孝母。他忠君爱国，反对佞臣、宦官擅权干政。史称其“学识正大，议论简直，善恶是非，辨析甚严，其爱君忧国之忱，先见之识，敢言之气，皆人所难”[4]。

刘光祖：光宗时，他曾论“是非不明”和“公论不立”之害，反对讥贬道学和加罪忠谏。他曾劾罢为谋升官而勾结近习的户部尚书叶翥、太府卿沈揆。

林大中：早年知抚州金溪县时，曾请求知州放宽税期，知州不听，他弃官而归。光宗时，任殿中侍御史，主张进退人才应辨君子小人。宁宗时任侍讲，拒绝韩侂胄前来请托。

---

① 《宋史》卷三百九十三《黄裳传》，第 12002 页。
② 《宋史》卷三百九十一《留正传》，第 11974—11975 页。
③ 《宋史》卷三百九十一《周必大传》，第 11966 页。
④ 《宋史》卷三百九十三《彭龟年传》，第 11998 页。

吕祖俭：他曾上疏反对韩侂胄假皇帝声威窃弄威权、结党营私，因此得罪。他在谪所，读书穷理，卖药自给。

项安世：宁宗时，他曾上书批评宫廷奢侈，主张节约开支。

蔡幼学：孝宗时，他曾反对外戚张说用事。宁宗即位，他上书主张“任贤、宽民”，并历数苛捐杂税之困民。后提举福建常平，日讲荒政。

黄灏：他在知德化县时，兴学校、赈饥荒，措置有方。在知常州时，见农民贫困行乞，便自作主张倚阁秋税，因而被谪。后隐居庐山，不愿当官。史称其“性行端饬，以孝友称”①。

孟浩：曾知湖州，因忤权贵被罢官。他“为人廉介，一毫不妄取与”②。

吕祖泰：为人耿直，不谋官爵。他“遍游江淮，交当世名士，得钱或分挈以去，无吝色”③。他曾以布衣身份上书揭露韩侂胄阴谋窃权和结党营私。

再看所谓“攻伪学人”中几个主要人物的表现：

韩侂胄：他因参与谋立宁宗未能满足官欲而阴谋陷害赵汝愚。他窃取权力后，结党营私，败坏政治。武学生华岳揭露其罪状说：“侂胄以后族之望，位居极品，专执权柄，公取贿赂，蓄养无籍吏仆，委以腹心，卖名器，私爵赏，睥睨神器，窥觇宗社，日益炎炎，不敢响尔。……朝臣有以庸琐之资请姻师旦，骤入政府者；有以谀佞之资附阿侂胄，致身显贵者。陈自强老不知耻，贪不知止，私植党羽，阴结门第，凡见诸行事，惟知侂胄，

① 《宋史》卷四百三十《黄灏传》，第 12792 页。
② ［清］黄宗羲：《宋元学案》卷九十七《庆元党禁》，《续修四库全书》第 519 册。
③ 《宋史》卷四百五十五《吕祖泰传》，第 13371 页。

不知君父。”[①] 韩侂胄所收贿赂，十分惊人！如庆元三年（1197），“侂胄生辰，宰执、侍从至四方牧守，皆上礼为寿。直宝文阁四川茶马献红棉壁衣、承尘地衣之属，修广高下皆与中堂等，盖密量其度而为之也。吏部尚书献红牙果卓十位，众已骇之。权工部尚书献真珠搭裆十副，光彩夺目，盖大长公主奁中故物。司农卿兼知临安府最后至，出小盒曰：‘寒生无以为献，有少果核，姑侑一觞。’启之，乃粟金蒲萄小架上有大北珠百枚，众皆渐沮”[②]。

何澹：少年时即热衷于科名，急于荣进。光宗时，曾出卖刘光祖，讨好权奸姜特立、谯熙载。宁宗时，因怨赵汝愚不加提拔而投靠韩侂胄，大攻“伪学”。

刘德秀：他曾从重庆入朝，为了升官，请人去向宰相留正托请，遭到拒绝。后来韩侂胄提拔他为监察御史，他便劾留正引用伪学之党以危社稷。

胡纮：青年时期曾去拜访朱熹，因“熹待学子惟粟饭，遇纮不能异也，纮不悦”[③]。仅为此小事，后来他投靠韩侂胄，竟诬告朱熹，力攻“伪学”。

李沐：宁宗时，为将作监。因曾向赵汝愚求任节度使不得，便依附韩侂胄，被提拔为右正言，奏“汝愚以同姓居相位，将不利于社稷，乞罢其政”[④]。

沈继祖：他当小官时，曾摘录朱熹《论语》《孟子》之说以自售。韩侂胄专权，他就一变常态，以追论程颐得为监察御史。他“锐意进取，谓可立致富贵”[⑤]，便接过胡纮的奏稿，大肆诬陷朱熹。

---

① 《宋史》卷四百五十五《华岳传》，第 13375 页。
② 《庆元党禁》。
③ 《宋史》卷三百九十四《胡纮传》，第 12023 页。
④ 《宋史》卷三百九十二《赵汝愚传》，第 11988 页。
⑤ 《庆元党禁》。

赵彦逾：原为工部尚书，赵汝愚拥立宁宗时，曾派他与殿帅郭杲联络发兵戒严。事成后，他希望赵汝愚引己同升，未能遂愿。后来他只被任为四川安抚制置使，在陛辞时，向宁宗递了一份黑名单，诬告赵汝愚结党篡权。

此外，还有一些攻“伪学”之人，为图升官而依附韩侂胄，与之结成死党，限于篇幅，恕不一一例举。

通过对上面两派人物不同政治立场和个人品德的考察，我们不难看出：所谓“伪党”之人，大多是忠君爱国、勤政廉政、为人刚直、疾恶如仇、学识广博、气节高尚的封建士大夫；而“攻伪学人”基本上都是些欺君窃权、官瘾十足、利欲熏心、结党营私、贪赃枉法、心狠手毒的政治阴谋家。由此可知，“庆元党禁”是南宋统治集团内部一场廉政势力与腐败势力之间的斗争。斗争结果，腐败势力压制了廉政势力，从而大大削弱了赵宋王朝的统治力量。在腐败官僚集团当权的情况下，统治者怎会去轻徭薄赋发展生产，怎会去节省“三冗”开支改善财政？他们只会滥发纸币去应付经费的困难，而这也正是宋宁宗时期通货膨胀再现的重要政治原因。

“庆元党禁”后，廉政势力之所以受到挫折，其关键在于：腐败势力以利相诱，拉帮结派，垄断了作为监督机制的台谏机构，控制了舆论，颠倒是非，以揭发阴谋集团为名，假公济私，迷惑了最高封建统治者，从而使自己的权力不受任何制约。因此，要防止腐败势力的滋长，最高统治者必须制定能使国家长治久安的政策和策略，并善于识人和用人。同时，还应一方面提高官吏爱国爱民和勤政廉政的思想素质，另一方面强化对权力的监督和制约机制，并严格法治，毫不手软地惩处贪官污吏和违法乱纪者。这是历史给予我们的最好启迪。然而，宋宁宗不是一个英明聪慧的皇帝，一切朝政都在韩侂胄的掌控之中。

最后必须指出，朱熹所要维护的只是封建纪纲和地主阶级的整体利益。但在封建社会尚处在继续发展阶段、封建制度尚未过时的宋代，朱熹要求维护皇权和统一政令，要求统治者恤民和省赋，反对官吏的贪贿和结党营私，藉以缓和日益尖锐的阶级矛盾，维持相对稳定的社会秩序，这在客观上无疑有利于当时生产力的发展，我们必须加以恰如其分的肯定。

二、“开禧北伐”的失败

韩侂胄通过“庆元党禁”把政敌打压下去了以后，他的官愈做愈大。庆元四年（1198）拜少傅，封豫国公。五年（1199），升少师，封平原郡王。六年（1200），进太傅。嘉泰二年（1202），加太师。开禧元年（1205）七月，拜平章军国事，位在丞相之上，三省的印全放在他家中，被人尊称为“师王”。他还在家中设机速房，假作御笔，升黜将帅。韩侂胄专政期间，他继续结党营私，排斥异己。他任用亲信，“恨忤者摈弃，誉谀者登进”[①]。他遍植党羽，孤立皇帝，权震宇内。宰执、枢密、台谏、侍从，皆出其门，致使群小满朝，势焰熏灼。当时，“上下交利，贿赂公行。监司、郡守，并相仿效，贪婪无厌，狼藉已甚”[②]。“四方馈遗公至宰执、台谏之门，人亦不以为讶。”[③]如，陈自强曾是韩侂胄的童子师，庆元二年（1196）夏他以选人入临安府，想谋取一个州学官的差遣，却被破格提拔为太学录，四年后即升任签书枢密院事，嘉泰三年（1203）又升为右丞相。陈自强十分贪鄙，他藉韩侂胄

① ［宋］吕中:《类编皇朝中兴大事记讲义》卷二十七《宁宗皇帝》四八《嘉定更化》，上海人民出版社 2014 年版，第 839 页。
② 《类编皇朝中兴大事记讲义》卷二十七《宁宗皇帝》四九《禁止贿赂》，第 839 页。
③ 《续编两朝纲目备要》卷七，宋宁宗嘉泰三年五月戊寅，第 131 页。

做靠山，公开卖官鬻爵，收受贿赂，四方来信，必须在信封上写有“某物并献”字样，如无“并”字，就不拆阅。他出卖官职，要谈好价格再授。[①]还有一个苏师旦，本是平江府的一个书佐，因曾在韩侂胄手下做过事，便被升任为枢密都承旨，又进而除安远军节度使，成为韩侂胄在军事上的主要策划者，收受将帅的贿赂，“动以亿万”[②]。

经过“庆元党禁”，许多正直敢言的士大夫悉罹党祸。至嘉泰二年（1202），韩侂胄见赵汝愚、朱熹已死，政敌已被排斥，大权已经到手，他怕将来不免遭政敌报复之祸，便听从别人的劝说，于嘉泰三年（1203）二月解除了党禁，并陆续启用了一些曾被列入“伪学逆党籍”的人。虽然如此，但朝中两党人士之间的矛盾并未能完全消除。尤其是韩侂胄与其亲信贪官的倒行逆施激化了社会阶级矛盾。韩侂胄为了把国内矛盾向外转移，同时也为了通过“立盖世功名”来提升自己的威望，巩固自己的权位，他就迎合当时朝野爱国人士主张抗金收复北方失地的愿望，决定发动一场北伐金国的战争。这场战争从开禧二年（1206）正式开始，史称“开禧北伐”。

还在嘉泰四年（1204）正月，韩侂胄就决定伐金。五月，为激励抗金士气，追封岳飞为鄂王。因为当时他得到情报：金为北部蒙古所扰，连年战争，致使士卒涂炭，府库空虚，国势日弱，群盗蜂起，民不堪命，淮北流民皆愿归宋，宋如出兵，可势如拉朽。于是，韩侂胄开始聚财募卒，于开禧元年（1205）出封桩库黄金万两准备赏功，并命兴州都统制吴曦练兵西蜀，积极准备出兵攻金。可是，当年四月，有武学生华岳上书，认为不

---

① 《宋史》卷三百九十四《陈自强传》，第12034页。

② 《四朝闻见录》戊集《侂胄师旦周筠等本末》。

宜兴兵伐金，且乞斩韩侂胄、苏师旦，被打入大理狱，编管建宁。

开禧元年（1205）五月，金朝得知南宋将对其用兵，便命平章政事仆散揆为河南宣抚使，会诸道兵于汴以备宋。六月，宋廷诏内外诸军秘密准备出兵。仆散揆移文责宋败盟，宋三省、枢密院答说那是边臣生事，已行贬黜。于是八月间金罢去河南宣抚司，金朝因与宋和好已40年，并不想发生战争，并将此意转达给宋朝。韩侂胄见金朝放松了战备，出兵攻金之意更为坚决。

开禧二年（1206）三月，宋廷以程松为四川宣抚使、吴曦为副使。四月，又以兵部尚书薛叔似为湖北、京西宣抚使，以御史中丞邓友龙为两淮宣抚使；再以吴曦兼陕西、河东路招抚使，以殿前副都指挥使郭倪兼山东、京东路招抚使，鄂州都统赵淳兼京西北路招抚使，江陵副都统兼知襄阳府皇甫斌为副使。宋军准备从两淮、京西、川陕三路对金发动全面进攻，以收复北方失地。同月，宋廷削去秦桧申王王爵，改原谥号忠献为缪丑。也就在四月间，宋军对金不宣而战。郭倪派部将毕再遇（岳飞部将毕进之子）和镇江都统陈孝庆收复了泗州，歼敌数百人。五月，陈孝庆又攻下虹县，江州统制许进收复新息县，光州忠义军孙成收复褒信县。韩侂胄见宋军连续取胜，便请宁宗于五月初七下诏伐金，“开禧北伐”正式开始。由于南宋军政腐败，将帅乏人，多数统军将领都是贪生怕死之辈。而金朝对宋军的进攻早有准备，采取了后发制人的策略。就在宋廷下伐金诏书的同一天，江州都统王大节领兵攻蔡州，被金兵打得大败，宋军全部溃散。接着，皇甫斌败于唐州，池州副都统郭倬、主管军马行司公事李汝翼与马军司统领田俊迈会兵攻打宿州失败，建康都统李爽攻寿州亦败。

开禧二年（1206）六月，韩侂胄见出师无功，又闻吴曦于四月间叛宋降金，便罢去邓友龙两淮宣抚使之职，以丘崈代之，驻于扬州，布置诸将分守江、淮要害。七月，韩侂胄因丧师开始感到自己被苏师旦首谋伐金所误，便罢去苏师旦官职，籍其家，不久又除名，韶州安置。

十月，金兵开始反攻。仆散揆分兵九道，共 145000 人，南下攻宋。金兵胡沙虎部渡淮围楚州。十一月，宋以丘崈为佥书枢密院事，督视江、淮军马，增兵防守。金兵陷光化、枣阳、江陵，继破信阳、襄阳、随州，进围德安府。仆散揆亲自领兵渡过淮河，南宋守军想不到金兵突然到来，惊慌溃逃，自相践踏，死者不可胜计。仆散揆夺颍口，下安丰军及霍丘县，于十二月初一进围和州。当时宋军 15000 骑屯于六合，仆散揆以右翼掩击，斩首 8000 级，进屯瓦梁河，以控真、扬诸州，江表大震。另一路金兵陷滁州，破真州，宋军不战而溃，被斩首两万余级，南宋士民奔逃渡江者 10 余万人，至此淮西县镇皆沦陷于金。

其实，当时金朝自顾不暇，并不想与宋久战。仆散揆欲与宋通和罢兵，派自称是韩琦五世孙的韩元靓渡淮，去向丘崈透露金有讲和之意。丘崈本来就反对伐金，便将金欲通和罢兵之意上闻于朝廷。韩侂胄因见出师屡败，已对伐金感到后悔，就命丘崈募人赴敌营议和。丘崈派陈璧充小使，持书去与仆散揆讲和。仆散揆提出要宋朝“称臣、割地、献首祸之臣”作为和谈条件。丘崈又先后两次派人去谈，答应还给金朝淮北流移人及今年岁币，仆散揆表示同意，自和州退兵屯于下蔡。丘崈上疏朝廷，说金人既指韩侂胄为伐金首谋，如和谈去信，宜暂免韩侂胄系衔。韩侂胄大怒，于开禧三年（1207）正月，罢去丘崈两淮宣抚使之职，改命张岩督视江、淮军马。二月，仆散揆病死于下蔡，金命左丞相完颜宗浩行省事于汴。四月，宋廷召萧山县丞方信孺为国信所参议官，持张岩书信，去与金军议和。方信孺至汴见完颜宗浩。完颜宗浩坚持议和五个条件：一割两淮，二增岁币，三索淮北流人，四给犒师银，五缚送首谋。方信孺不能答应，和议未成。方信孺回来。六月，宋廷又以林拱辰为通谢使，与方信孺一起持国书誓草再去金营。方信孺坚持岁币不能再增，只许给通谢钱百万贯，和议又无结果。方信孺带着完颜宗浩给张岩的回信返宋，信中再提议和条件：宋如能依旧称臣，即以江淮之间取中为界，如欲世为子国，即当尽割淮南直以大江为界，陕西边面以金军已占为定，且缚送或斩元谋奸臣函首以献，及添岁币银绢 5 万两匹，犒师银 1000 万两。[①] 九月，方信孺回到朝廷，韩侂胄问方信孺金人议和条件,方信孺被逼回答说金人“欲得太师头耳”。韩侂胄大怒，罢方信孺官，临江军居住。但宋廷仍想与金人议和，乃命王伦之孙王柟以右司郎中身份持信去金营议和。韩侂胄怒金人欲罪首谋，和议暂停，他免去张岩职务，以赵淳为江淮制置使，决心继续对金用兵。

至开禧三年（1207），形势的发展对金朝并不有利。这一年的二月，投降金朝自称蜀王的吴曦被其部下杀死，他曾献给金人的关外阶、成、和、凤四州也被宋军收复，金军被迫撤走，川蜀地区形势已渐趋稳定。在京湖战场，知襄阳府赵淳曾率领军民顽强抗战，终于粉碎了 20 万金兵的多次围攻，迫使其退兵。镇江副都统毕再遇屡败金兵，金兵损失严重。金军统帅平章政事仆散揆于该年二月病死；金将完颜匡久围襄阳，士卒疾疫，被迫撤兵。九月，代替仆散揆的金左丞相完颜宗浩也病死，金命完颜匡代完颜宗浩。在战争期间，金三易主帅，实为兵家所忌。可见这时金对宋的攻势已大为减弱，宋、金双方的军事力量已进入相持阶段。然而，金人知道

---

① 《金史》卷九十三《完颜宗浩传》，第 220 页。

宋军怯弱，虽然他们内心想讲和息兵，但仍摆出一副高压姿态对宋朝统治者进行恫吓，以便签订对自己有利的和约。

韩侂胄因伐金失利，受到来自国内外两面的压力，已经里外不是人。这时，宋廷内部的主和派势力便开始活跃起来。开禧三年（1207）十一月，礼部侍郎史弥远首先发难，他上奏力陈形势危迫，请诛韩侂胄。皇后杨氏素怨韩侂胄曾反对立她为后，这时她就指使皇子荣王赵曮上疏说："侂胄再启兵端，将不利于社稷。"杨后虽在旁力赞，宁宗仍不答理。杨后便命其兄杨次山联合朝中主和派"与共图之"，才使宁宗答应罢去韩侂胄平章军国事和陈自强右丞相之职。杨次山将此事告知史弥远。史弥远得密旨后，首先告知主和派参知政事钱象祖、李壁。他们欲杀韩侂胄，但又恐事情泄露，便秘密布置，命主管殿前司公事夏震统兵三百，候韩侂胄入朝时，将他拥至玉津园侧殛杀之。然后，宋廷罢去了陈自强的右丞相官职，斩苏师旦于韶州。嘉定元年（1208）三月，钱象祖写信将已杀韩侂胄之事告知金帅府，金即让王楠返宋索取韩侂胄的首级。是否把韩侂胄的首级送往金朝，宋廷召百官集议。讨论结果，为了和议成功，决定命临安府劈棺取韩侂胄之首，付王楠送给金师，以换回淮、陕失地。韩侂胄伐金虽有私心杂念，其出兵举措及用人择将也多有不当之处，而以史弥远、钱象祖为首的南宋主和派，竟不顾民族的尊严，反将本国抗金主持人的首级献给曾侵夺自己的敌人去求和，这样极端荒唐无耻的行为，实为历史上所罕见。

嘉定元年（1208）九月，南宋与金朝正式签订了又一个丧权辱国的和约，史称"嘉定和议"。其主要内容为：金与宋世为伯侄之国；宋给金岁币银增至30万两、绢增至30万匹，另给犒军银300万两；宋、金两国疆界与绍兴年间（1131—1162）相同（金放弃新占领的大散关、濠州等地）。

综观上述一切，无论是韩侂胄的伐金及其失败，无论是主和派献韩侂胄首级给金换取签订屈辱的“嘉定和议”，究其根源都是由南宋上层当权派的腐败所造成。至于“开禧北伐”失败的具体原因，大致可以概括为以下几个方面。

第一，财政拮据无力应付北伐经费。南宋中期虽然由于社会经济有所发展，国家财政收支勉强得以平衡，但是因财政支出比前增加，财政状况仍显得相当窘迫。宁宗即位后，历史进入南宋后期，天灾频仍，朝廷收入减少，而救灾支出增多。如庆元三年（1197）九月，四川旱，蠲民赋。庆元五年（1199），浙东、江西、广东水灾，赈济各州县受灾贫民。嘉泰元年（1201）三月，临安发生大火灾，烧毁民居53000家，灾情太重，致使宁宗下罪己诏，并出内府钱163570贯、米65192斛接济被火之家。同年五月，浙东、江东、两淮、利州旱，既须赈济，又要免税。嘉泰二年（1202）六月、嘉泰四年（1204）三月，临安又发生两次火灾，烧毁许多官府、粮料院、内酒库、山岭、寺院、城门、御街以及大量民居，灾后对受灾人家“人赐钱一千、米四斗，小儿半之”[①]。嘉泰四年（1204）四月，又赈恤江西州县水旱；十二月又发粮赈救两淮、荆襄饥荒。开禧元年（1205），江、浙、闽、广旱灾，两淮、京西、湖北水灾，朝廷又命赈济。开禧二年（1206）二月，甚至太皇太后居住的寿慈宫也发生火灾，赐救火官兵钱7万贯。开禧三年（1207）七月，各地大水、旱蝗为灾，浙西大旱，飞蝗蔽天，将豆粟全部吃尽，宁宗又下罪己诏痛责自己失德。在这样经济不甚景气的情况下，国家财力必然难以支持长期的战争。嘉泰四年（1204）韩侂胄决定伐

① 《续编两朝纲目备要》卷八，宋宁宗嘉泰四年三月丁卯，第142页。

金后，为聚财募卒，次年正月即出封桩库黄金万两准备赏功之用。监察御史娄机曾提出疑问："财用未裕，万一兵连祸结，久而不解，奈何？"[①] 开禧二年（1206）十一月，太皇太后赐钱百万贯犒赏军士，这笔巨大的经费当然也是国家的钱。宋、金战争才一年半，到开禧三年（1207）十月，由于"疆埸耗于流离，郡县烦于供亿"，就使"公私之力为之大屈"。[②] 对金战争耗尽了国家的财力，"自开禧用兵，举三朝之储蓄而耗于一旦，大农四总，日以匮告"[③]。在这种财政拮据的情况下，"开禧北伐"怎能长期持续并取得最后胜利？

第二，政治腐败缺乏抗金精神支柱。"庆元党禁"后，韩侂胄擅权，任用亲信，结党营私。当时，"义理日丧，风俗自是大坏"，"小人以无耻为常事而恬不之愧"。[④] 人们通过行贿和献媚而升官。于是，"节钺加于仆隶，尉府萃于一门，命令不信，名器不轻，而政事以私而舛，法制以私而败矣。开侥幸之门，诱躁进之习。以庸将总戎而浪战以幸功，故兵无决胜之机；以偾帅守疆而尅下以自媒，故边无堪战之备"[⑤]。自"隆兴和议"后 40 年无战争，文武官员皆安于逸乐，多无爱国抗金之激情，当他们得知将进行"开禧北伐"时，"都城士民彷徨四顾，若将丧其室家；诸军妻子隐哭含悲，若将驱之水火"。人们害怕战争，毫无抗金收复失地的思想准备。而朝廷任用的将领多是贪懦无谋、膏粱无用、恃宠专僭、庸孱不肖、彫瘵军心、

① 《宋史》卷四百十《娄机传》，第 12336 页。
② 《续编两朝纲目备要》卷十，宋宁宗开禧三年十月丙辰，第 184 页。
③ 《类编皇朝中兴大事记讲义》卷二十七《宁宗皇帝》五三《省节财用》，第 842 页。
④ 《续编两朝纲目备要》卷七，宋宁宗嘉泰二年二月，第 124 页。
⑤ 《类编皇朝中兴大事记讲义》卷二十七《宁宗皇帝》四八《嘉定更化》，第 839 页。

疮痍士气之徒，“皆以一卒之材，各得把麾专制，平日剜膏刻血，包苴侂胄，以致通显，饥寒之士咸愿食其肉而不可得”[①]。而这些极端自私的庸将在战争中的表现更是令人切齿痛恨。如开禧二年（1206）五月，池州副都统郭倬、主管军马行司公事李汝翼和马军司统制田俊迈会兵攻打宿州，正当进攻宿州城的忠义民兵抢先登上城头之际，南宋官军“反嫉其功，自下射之”[②]，致使民兵攻城失败。郭、李、田三军攻宿州不利，被金兵打败，当郭倬等溃退至蕲县时遭金兵围堵，郭倬竟将田俊迈捆绑交给金兵，以求得自己逃命。由这样的将军率领这样的军队去打仗，怎能取胜？

第三，战备松弛难以抵御敌人攻击。韩侂胄为立“盖世之功”以巩固自己的权位，兴师伐金，且求胜心切，仓促出兵，其实他在战前并未做好充分的军事准备。由于宋金之间40年无战争，承平日久，南宋朝廷上下缺乏居安思危的国防意识。宁宗嘉泰四年（1204）三月，秘书省著作郎娄机应诏上封事，曾“力言朝臣务为奉承，不能出己见以裨国论；外臣不称职，至苛刻以困民财；将帅偏裨务为交结，而不知训阅以强军律”[③]。当时，将帅们只知道掊克士卒，致使士卒贫困以质卖军器为生。开禧北伐前，不仅军政腐败，士兵缺少训练，而且因久无战事，“甲兵朽，铁钺钝”[④]，连像样的武器也没有。虽然嘉泰三年（1203）下半年，宋廷也曾命造战舰和教阅民兵，但都是临时抱佛脚，效果也不佳。在伐金战争开始后，有些带兵的

---

① 《宋史》卷四百五十五《华岳传》，第13375—13376页。
② ［宋］岳珂：《桯史》卷十四《二将失律》，中华书局1981年点校本，第165页。
③ 《宋史》卷四百十《娄机传》，第12336页。
④ 《类编皇朝中兴大事记讲义》卷二十六《宁宗皇帝》三八《罪谏止用兵之士》，第832页。

将领甚至迂腐无能到十分可笑的程度。如镇江都统郭倪生性轻躁，常自比为诸葛亮，他在出兵时，竟要随军漕陈景湲去制造三国蜀汉时期的所谓“木牛流马”以供军用，其背时的行为，使闻者窃笑。后来他作战屡败，就对客流泪，一蹶不振，有人当面讥讽说：“此带汁诸葛亮也。”在战备工作中，军粮的积储本应是非常重要的事情。可是在嘉泰四年（1204）韩侂胄准备发动对金战争的前夕，由于管理不善，仓吏不作为，“关上积粮八百余万斛，然陈陈相因，庾吏率全其扃钥以相授，至可食者则无几”[①]，朝廷只好降度牒2500道去收购新粮来填补。军政如此腐败，战备如此松弛，伐金怎能取胜？早在开禧北伐前夕，监嘉兴府石门酒库黄榦就断言：“闻议者谓今天下欲为大举深入之谋，果尔，必败。”[②]

第四，误判敌情致使作战屡遭失败。嘉泰四年（1204）正月，韩侂胄在决定北伐金国时，因听信别人之言，以为金为蒙古所困，又连年饥荒，民不聊生，宋如出兵，可以势如拉朽，灭亡金国。其实，当时金朝国力虽渐衰弱，但如宋金作战，南宋仍非其对手。早在宋宁宗嘉泰三年（1203）冬，金朝恐南宋进攻，就已令“各边聚粮增戍，且禁襄阳府榷场”[③]，加强了战备。开禧元年（1205）十一月，金见宋军已出兵北攻，便下诏令山东、陕西帅臣训练士卒以备非常，并以银15万两分给边帅，募人侦察宋军动态，派遣军队赴边埋伏，以便掩杀入境之敌。至开禧二年（1206）四月，金章宗完颜璟诏大臣议南伐，派仆散揆领河南行省于汴，尽征诸道籍兵以守要害。宋军误判敌情，出兵屡败，损失惨重，仅当年十二月，宋军骑兵15000人

---

① 《续编两朝纲目备要》卷八，宋宁宗嘉泰四年正月，第141页。
② 《宋史》卷四百三十《黄榦传》，第12778页。
③ 《类编皇朝中兴大事记讲义》卷二十六《宁宗皇帝》三四《金虏之衰》，第829页。

屯驻六合，遭金仆散揆袭击，被斩首8000级。宋宁宗即位后，由于政治腐败，军事力量削弱，其战斗力绝对不能战胜金兵。韩侂胄死后，宁宗深感后悔，曾哀叹："恢复岂非美事，但不量力尔。"①

南宋的"开禧北伐"，不仅使自宋高宗以来三朝所积储的钱财耗费殆尽，而且更使大量平民百姓生命涂炭。据史载：开禧北伐，"盛夏出师，沿边赤子骨肉流离，肝脑涂地，死于非命不知其几千万人"②。"自兵兴以来，蜀口、汉、淮之民死于兵戈者，不可胜计。"③同时，战争还造成了大量流离失所的难民。仅开禧二年（1206）十二月金兵攻陷滁州并进入真州时，真州士民奔逃渡江者10余万人。此外"嘉定和议"的签订，南宋除给金犒军银300万两外，每年还要付金岁币银30万两、绢30万匹，这无疑是给南宋人民加上了一副沉重的经济负担。以上这一切严重破坏了南宋的社会经济和生产力，促使赵宋王朝逐渐走上了衰亡之路。

三、"嘉定更化"的害政

韩侂胄死后，史弥远逐渐执掌了大权。开禧三年（1207）十一月，史弥远由礼部侍郎升为礼部尚书。十二月，钱象祖为右丞相，史弥远为同知枢密院事。嘉定元年（1208）正月，史弥远又升任知枢密院事，六月兼参知政事。十月，钱象祖为左丞相，史弥远为右丞相兼枢密使。但十二月钱象祖罢左丞相，以观文殿大学士判福州，离开了朝廷，从此史弥远独相前后长达25年之久，成为南宋擅权时间最长的一个权相。

---

① 《宋史》卷四百七十四《韩侂胄传》，第13777页。
② 《续编两朝纲目备要》卷十，宋宁宗开禧三年十一月甲戌，第187页。
③ 《宋史》卷四百七十四《韩侂胄传》，第13776页。

嘉定元年（1208）史弥远上台执政后，南宋政治上出现了一个大的反复。他为了贯彻对金主和的政策与防止政敌的报复，大肆贬黜韩侂胄的亲信和反道学之人，并恢复秦桧原有的王爵和赠谥。他为了拉拢理学名臣以增加自己的声望，积极为赵汝愚、朱熹等儒臣平反，官复原职，生者召回朝廷，死者“或褒赠易名，或录用其后”[①]，号称“更化”。于是，赵汝愚被追复为观文殿大学士，赠谥“忠定”；朱熹赠谥“文”，人称朱文公。其实，史弥远追封赵汝愚、朱熹等人，并非是要崇尚理学家尊君恤民的儒家民本主义，而只是借“褒崇名节”来掩饰其奸邪的一种政治手段。如，嘉定四年（1211）十二月，著作郎李传道奏请将朱熹的《四书集注》等书颁之太学使诸生诵习，并建议将理学家周敦颐、程颐、程颢从祀孔庙，却遭到史弥远统治集团的反对，因为他们根本不喜欢理学。

嘉定“更化”，使南宋统治集团将整个国家命运完全寄托在一纸与金的和议上，依旧过起了醉生梦死的偷安生活。嘉定元年（1208）四月，还在宋金和议尚未签订之时，太学博士真德秀就已在奏对中指出：“今日号为‘更化’矣……奈何朝纲方整而纷紊之渐已萌，政事方修而懈弛之形已露。正人虽进，志未获伸，言路虽开，忠罕见用。我之‘更化’仅如此，其能使敌情之畏服哉！况夫彼之待我者方骄，我之恃和者太重，一介行李曾未越境，而动色相庆，若无事然。臣恐盟好既成，志气愈惰，宴安鸩毒之祸作，浮淫冗蠹之事兴。彼方资吾岁赂以厚其力，乘吾不备以长其谋，加之数年声势寖盛，然后发难从之请，挑必争之端，而吾彷徨四顾，将无以应

① 《宋史》卷四百十四《史弥远传》，第12417页。

之，此长虑远识之士所为寒心者也。”[1] 此后南宋王朝政治生态的发展完全证实了真德秀的预测。

自从韩侂胄死后，宁宗因身体不好怠于政事，史弥远就开始渐作威福。嘉定元年（1208）正月史弥远任知枢密院事时，权兵部尚书倪思就提醒宁宗：“大权方归，所当防微，一有干预端倪，必且仍蹈覆辙。厥今有‘更化’之名，无更化之实。今侂胄既诛，而国人之言犹有未靖者，盖以枢臣犹兼宫宾，不时宣召，宰执当同班同对，枢臣亦当远权，以息外议。”倪思的意思是要史弥远不要越权干政，以免重蹈韩侂胄擅政的覆辙。同年九月，因史弥远任用两从官不让参政钱象祖与闻，倪思乃上言：“奏拟除目，宰执当同进，比专听侂胄，权有所偏，覆辙可鉴。”史弥远上章自辩，倪思又向宁宗上言：“前日论枢臣独班必蹈往辙，宗社堪再坏耶？宜亲擢台谏，以革权臣之弊，并任宰辅，以鉴专擅之失。”[2] 史弥远因此怀恨倪思，倪思力求离朝，于是倪思出知镇江府，移福州。十月，史弥远拜右丞相，翰林学士陈晦为讨好他在起草制词中用了“昆命元龟”一词，这是上古至圣舜、禹揖让之词，倪思认为不能，上书请修改。史弥远为了报复，便除陈晦为殿中侍御史，立即弹劾倪思以藩臣“僭论麻制”，将他罢官，从此倪思不再被起用。此外，侍讲王居安也曾上书劝宁宗不可偏听偏信，他说：“人主公听则治，偏信则乱。”“如用人稍误，是一侂胄死，一侂胄生也。”[3] 但王居安的劝告不起任何作用。

由于宁宗生性不慧，加上身体羸弱，故而他只能整日“深居高拱”，“天

① 《续编两朝纲目备要》卷十一，宋宁宗嘉定元年四月戊午，第 197 页。
② 《宋史》卷三百九十八《倪思传》，第 12115—12116 页。
③ 《宋史》卷四百五《王居安传》，第 12252 页。

下迫切之情无由上闻”。[①]“大臣进拟，不过画可，谓之‘请批依’。”[②]宁宗对朝政毫无主见，因而皇权便落入了皇后杨氏手中。史弥远之所以能够擅权，主要是靠勾结杨后和巴结杨次山，得以出入宫禁，蒙蔽宁宗，不动声色地攫取朝廷大权。史弥远为独霸政权，首先制造各种罪名和借口，把与他一起参与谋杀韩侂胄的钱象祖、卫泾、王居安、张镃等人，或罢官，或赶出京城。然后，他又从吏部手中夺得官吏的任命权。按照宋制，四品以下官员一般由吏部选差，只有特殊勋劳者，才由政事堂奏注差遣，称为“堂除”。而史弥远却“以公朝爵禄而市私恩，取吏部之阙以归堂除”[③]，将朝廷官职作为他笼络收买士大夫的诱饵。史弥远还把宰相兼枢密使的做法固定下来，集政权、军权于一身。在北宋为了削弱相权，宰相一般不兼枢密使，仁宗朝和高宗朝因军兴偶有兼领，但自绍兴二十五年（1155）秦桧死后，“乃诏依祖宗故事，更不兼领”[④]。此后兵兴则兼枢密使，兵罢则免，但未成定规。史弥远独相后，一直兼领枢密使之职，从此宰相兼枢密使成为南宋后期的定制。史弥远为了控制舆论，他撤去了自己不喜的台谏官，先后将自己的亲信引入台谏，作为自己的鹰犬，“其所弹击，悉承风旨”[⑤]。此后，宁宗一直深居宫内，似有若无，史弥远羽翼已成，独揽朝政，专权跋扈。群臣“知莫敢言，言莫敢尽”[⑥]，不同的意见完全被压制。嘉定六年（1213），起居舍人真德秀上奏说：更化之初，群臣皆很振奋，以为可以畅所欲言了，可是

---

① 《宋史》卷四百五《袁甫传》，第 12237 页。
② 《四朝闻见录》乙集《宁皇二屏》。
③ 《宋史》卷四百七《杜范传》，第 12287 页。
④ 《文献通考》卷五十八《职官考十二》，第 1718 页。
⑤ ［宋］杜范：《清献集》卷五《入台奏札》，《文渊阁四库全书》第 1175 册。
⑥ 《鹤山先生大全文集》卷十六《论士大夫风俗》。

不久，傅伯成、蔡幼学、邹应龙、许奕都以论事被罢黜，因此大家为自保，一言不发，如果遇到关系国家安危的大事，“群臣喑嘿如此，岂不殆哉”①。次年六月，鉴于廷臣皆沉默不语，权刑部侍郎刘爚上奏，希望宁宗能诏大臣，崇奖忠直，深戒谀佞。不久，又有监进奏院陈宓上封事，揭露了朝中权臣用人唯亲和刑赏不公的现象：“大臣所用非亲即故，执政择易制之人，台谏用慎默之士，都司枢掾，无非亲暱，贪吏靡不得志，廉士动招怨尤，此朝廷权柄有所分也。……败军之将躐跻殿岩，庸鄙之夫久尹京兆，宿将有守成之功，以小过而贬，三牙无汗马之劳，托公勤而擢，此政令刑赏多所舛逆也。”② 陈宓的奏稿上递到宁宗那里，史弥远很不高兴。

史弥远在对外关系上虽力主与金朝妥协议和，但当他看到金朝因蒙古人进攻而衰弱时，也想乘机建立边功。但老奸巨猾的他却不愿承担攻金失败的风险，于是他一面绕开枢密院和地方军事长官，直接下密札给前线将领，要他们发动对金国的小规模进攻，一面又想利用由李全等率领的忠义军去攻打金军，这样一来，如获成功就是他史弥远的功劳，失败了可以推卸责任，归罪于他人。嘉定七年（1214），金朝受蒙古人之逼，将首都从中都南迁到南京（开封），淮东形势显得紧张起来。当时，知扬州兼淮东制置使崔与之为了防止金人的进攻，曾做了大量战备工作。嘉定十年（1217），南宋驻盱眙的都统制刘琸奉史弥远的密札，出兵攻取泗州，被金兵打得大败，使崔与之用数年辛苦训练起来的一万人马损失殆尽。金兵渡淮，史弥远惊恐不安，一连给崔与之三封信，要他赶快向金

① 《宋史》卷四百三十七《真德秀传》，第 12956 页。
② 《宋史》卷四百八《陈宓传》，第 12310 页。

人求和。崔与之断然拒绝与金议和，同时进一步加强战备，金人深入无功，和议亦罢。后来，当淮东局势稍为稳定，史弥远即罢去了崔与之知扬州兼淮东制置使的官职。

嘉定十年（1217）四月，金侵宋。六月，宋下诏伐金。这时，金山东农民起义军红袄军大盛，屡败金兵。史弥远欲招山东红袄军以困金，但因鉴于“开禧北伐”失败之戒，却不敢公开招纳红袄军，便密令知楚州应纯之招纳红袄军，号称忠义军。次年正月，山东忠义军首领李全归附南宋，被封为京东路总管。李全归宋后，曾一度积极抗金，但随着其战功的积累，得了高官厚禄，他便不再奋力抗金，逐渐由一个忠义军领袖蜕变成为一个飞扬跋扈的封建军阀。李全变质后，就脱离群众，士卒积怨甚多，故对金作战屡遭失败。嘉定十三年（1220）后，李全更是胡作非为，并逐渐产生了反宋图谋。尽管如此，史弥远却对李全一味迁就。嘉定十四年（1221）正月，朝廷赐给李全缗钱6万贯；二月，李全却在进攻泗州时被金兵打得大败；三月，扈再兴等在天长大败金兵，李全跟在后面去追残敌，他并不出力，却骗得了晋升承宣使的封赏。嘉定十五年（1222），李全为攫取盐利，竟攻占了宋京东安抚总管张林的治所青州城，逼走了张林。当年十二月，宋廷竟以忠义军收复京东州、军有功，晋升李全为保宁节度使、京东路镇抚副使。李全官越做越大，更是骄暴难制。淮东制置使贾涉对李全的野心早有发觉，曾上书宰相史弥远请早为防范，史弥远不听。嘉定十七年（1224）四月，朝廷还赐给李全、彭义斌犒军钱30万贯。由于史弥远的纵容，至宋理宗宝庆元年（1225）二月，李全终于发动楚州兵变，并准备渡过长江去夺取南宋政权。楚州兵变后，史弥远害怕进一步激发其他兵变，只好隐忍，还派人去曲意安抚李全。最后，李全于宝庆三年（1227）十月投降了蒙古人，并立誓将南归反宋。

史弥远的最大阴谋还在于策划建立皇储。宁宗生过不少儿子，但都早年夭亡。庆元四年（1198）八月，宁宗将宋太祖长子德昭的九世孙赵与愿养育于宫中，赐名曮，后被立为皇太子，更名询。开禧元年（1205），宁宗立太祖十世孙赵均为伯父赵恺之子赵抦的子嗣，赐名贵和。嘉定十三年（1220），赵询死。次年，宁宗立贵和为皇子，更名竑，封祁国公，显然宁宗已有立赵竑为皇储的打算。宁宗日渐衰老，史弥远担心立皇子赵竑并不出于自己的主意，将来赵竑继位当皇帝，自己不仅不可能再独揽朝政，而且他以前搞的种种阴谋可能被揭露，于是他决定在立皇储问题上施展更大的阴谋。不久，史弥远以替赵抦置嗣为名，托其家庭教师余天锡物色能充当皇储的人选。余天锡在绍兴找到了两个小孩，大的叫赵与莒，小的叫赵与芮。史弥远把这两个孩子弄到临安府，亲自对他们做了一番考察，然后又把他们送回绍兴。嘉定十四年（1221），史弥远又把年已十七岁的赵与莒接到临安府，由余天锡的母亲朱氏照料生活起居，并派人教他读书识字，学习朝廷礼仪。接着，赵与莒被封为秉义郎，赐名贵诚，立为赵抦之后。嘉定十五年（1222）五月，宁宗封赵竑为济国公、赵贵诚为邵州防御使。赵竑喜弹古琴，史弥远收买了一个善弹琴的美女置于赵竑身边，以窥探他的动静。史弥远出入宫廷，勾结杨后，狼狈为奸，权势熏灼，赵竑对此十分不满。一天，赵竑指着壁上一幅舆地图上的琼崖（即海南岛）说："吾他日得志，置史弥远于此！"赵竑的意思是将来自己当了皇帝要把史弥远流放到琼崖。史弥远得美女密报，大为恐慌，便加紧皇储的废立活动。史弥远一方面在宁宗面前诋毁和打击赵竑，并挑拨赵竑与杨后的关系，另一方面大力提高赵贵诚的社会地位和声誉，在朝中造成他是皇位最佳继承人的舆论。史弥远夸大赵竑沉溺女色、荒淫放荡等过失，不断向宁宗进谗言，而对赵贵诚则大唱赞歌，宁宗不予理会。为培养赵贵诚的"帝王素养"，史弥远与国子学录郑清之密谋，请他当赵贵诚的老师，并许以富贵。郑清之心领神会，便竭力教授赵贵诚儒家经典、高宗御书，并大肆吹嘘赵贵诚的翰墨诗文。嘉定十七年（1224）八月，宁宗病重，史弥远又向他提出立赵贵诚为皇子的建议，再遭宁宗拒绝。史弥远矫诏，以贵诚为皇子，改赐名昀。闰八月初三，宁宗驾崩，史弥远立即让杨次山的两个儿子杨谷、杨石进宫，以立赵贵诚为帝之事告诉杨后。杨后认为赵竑乃先帝所立，擅自废立会引起群臣不服，酿成事变，一时犹豫不定。杨谷等一夜往返七次，再三请求，杨后终不答应。于是杨谷等秉承史弥远旨意，乃向杨后哭拜道："内外军民皆已归心，苟不立之，祸变必生，则杨氏无噍类矣！"[①] 杨后权衡利弊得失，只得同意。史弥远遂矫诏废赵竑为济王，立赵昀为帝，尊杨后为皇太后，垂帘听政。赵昀登上皇帝宝座，是为宋理宗。

"嘉定更化"后，史弥远擅权，南宋朝政更加昏暗，国家元气大丧，赵宋王朝的统治进一步趋向腐朽，而这也正是南宋后期经济再趋衰退和财政重现危机以致酿成通货膨胀的又一重要政治原因。

第二节　经济衰退造成财政危机

宋宁宗时期的"庆元党禁""开禧北伐"和"嘉定更化"三大事件，

① 《宋史》卷二百四十三《后妃下·恭圣仁烈杨皇后》，第 8657 页。

促使南宋后期的政治日益腐朽。当时，赋役苛重、天灾频仍、战祸破坏、阶级矛盾尖锐、生产衰退，致使南宋中期以来收支勉强得以平衡的国家财政重现危机。生产衰退是造成财政困难的根本原因，而财政困难则是宋廷滥发纸币引发通货膨胀的直接动因。虽说生产的好坏是决定政治上层建筑好坏的经济基础，但政治是否清明反过来又能影响经济的盛衰，这是辩证唯物主义和历史唯物主义的基本原理。

南宋中期的社会经济曾经有所发展，而到了南宋后期也即宁宗统治时期，社会经济再趋衰退，其主要表现为：赋役苛重激起民变，天灾战祸残害生灵，致使物质生产出现萎缩，国家财政再现危机。

一、赋役苛重激起民变

南宋后期的赋役制度完全承袭南宋中期的那一套，而其苛重程度却比中期有过之而无不及。

在征收两税秋苗时另收加耗，这是南宋长期以来的惯例。孝宗时虽曾屡次宣布加耗是非法的，并除去了一些地方的加耗。但此后，官府贪欲越来越大，加耗却更加普遍，逐渐形成为一种制度而被固定下来。宁宗嘉定年间（1208—1224），江东官斗上甚至明文写着“每石加耗六斗五升”[①]。尽管朝省、路、州、军征收苗米时已有加耗，而县邑为自身的财计着想，往往会在已有加耗之上再征加耗。

通过两税的折变和支移来刻剥民户，这是宋代官府历来采用的老办法。南宋时反复折变的现象相当普遍，宁宗庆元中的所谓“折帛绵”“折麦钱”

① 《永乐大典》卷七千五百十二《诸州仓》条引《续宣城志》。

等均具有反复折变的性质。“大折帛绵者，如折帛已敷定数，而又就其折帛数内分其余钱折而为绵，故名之曰折帛绵，反复纽计，比之输纳本色，三倍其数矣。”税绢除折帛外，又按比例折征麦，再由麦折变为征钱。“一斗之麦与縻费使用，其宜不过三环（三百文）而已，若论折钱，每斗非七八环（七八百文）不可也，是输纳折麦又不知几倍于折帛。”[①] 嘉定年间（1208—1224），又在秋税苗米中折征糯米，又由糯米折征现钱，“其名色不一而足，大抵皆展转变易以求赢再余，斯民安得不重困耶”[②]。支移，也就是由税户无偿地把应纳税物输送到官府指定的地点。支移减少了官府的运输费，却加重了百姓的经济负担。宁宗嘉定十一年（1218）九月，据监察御史王梦龙奏：“三边移运之苦，谓如某州点夫、某州运米，又指某州出卸，涉历三州，所运不过八斗，计其资粮、扉履、点滴、诛求之费，常十倍于八斗之直。中产之家，雇替一夫，为钱四五十千，下户一夫受役，一家离散。”[③] 区区 8 斗米，如此支移折腾，几近荒唐，害民匪浅！贪官污吏还借加耗、折变、支移之名，谋取私利。如，嘉泰三年（1203），知绍兴府辛弃疾曾上奏说：“州县害农之甚者六事，如输纳岁计有余，又为折变高估趣纳，其一也。往时有大吏为郡四年，多取斗面米六十万斛及钱百余万缗，别贮之仓库，以欺朝廷曰‘用此钱籴此米’，还盗其钱而去。”嘉定三年（1210），又有江淮制置使黄度奏：“福州长溪县去州七八百里，苗米不能至州送纳，遂为揽户高价售钞，县又纵吏为奸。”其后谏议大夫郑

---

① 《宋会要辑稿》食货七〇之一〇〇。
② 《宋会要辑稿》食货七〇之一〇九。
③ ［宋］刘克庄:《后村先生大全集》卷八十二《玉牒初草》,嘉定十一年九月壬辰,《四部丛刊初编》本。

昭先奏："福州苛取十一县输纳之赢，以补长溪折纳之数，是仅免长溪一邑跋涉之劳，而使十一县阴受侵渔之害。"官府还要弄手段，以零收整，多收赋税。据嘉定六年（1213）监察御史倪千里说："民间常赋，丈尺版籍自有定数。今催科故存畸欠，异日却追畸零，或欠零寸，必纳全尺，此畸税漏催之弊。帛之尺寸，米之合勺，刬刷根括，秋毫尽矣，乃于既足之余，复有重催之害，一追再追，乞取浩瀚。"[①]

在田赋之外，南宋官府还征收身丁税。身丁税是宋初从五代沿袭下来的，由来已久。但宋代的身丁税不是全国统一的赋税，只在局部地区征收，而且各地的情况也不尽相同。湖南身丁税在高宗绍兴年间（1131—1162）已被废除。两浙身丁税在孝宗时常被减免，至宁宗开禧元年（1205）也被罢免。福建的身丁税一直沿征至宋亡，未被全部废除。两广的身丁钱较其他地区更重。地方官为增加本地财政收入，往往设法多收身丁税。南宋初，"广西郡县贫薄，凡民间父祖年六十以上，而身丁未成者，亦行科纳，谓之挂丁钱"[②]。直至开禧三年（1207）十一月册皇太子赦文中还提及挂丁钱："访问二广人户输纳丁钱，才年十二三便成科纳，谓之挂丁钱，多致逃亡。"[③]可见身丁税对广西百姓的危害时间较长。

盐、茶、酒的榷卖课利一向是南宋王朝财政收入的重要来源，尤其是榷盐课利收入更是重中之重。南宋的盐产地主要有淮浙区、四川井盐区、广南区与福建区，其中以淮浙盐的产量最高、行销区最广，为榷盐收入的最重要来源。南宋时淮浙盐以行钞法为主，间或也行官搬官卖。南宋初，

① 并见《文献通考》卷五《田赋考五》，第128—129页。
② 《建炎以来朝野杂记》甲集卷十五《身丁钱》。
③ 《宋会要辑稿》食货六六之二〇。

官府令淮、浙亭户制盐，由官给本钱，诸州置仓，令商人买钞请盐贩卖，从中获利。可是，自建炎三年（1129）改钞法以来，盐钞法不断变化。至宁宗庆元元年（1195）二月，诏罢循环盐钞，“于是富商巨贾有顿为贫民者矣”[①]。南宋时，官府命亭户制盐，但拖欠、克扣盐本的情况却十分严重。亭户贫困，又未能及时得到官府的盐本，只得以倍称之息借高利贷来维持生产，并私自卖盐而负官课。为此，宋廷三令五申禁止拖欠亭户盐本，但有令不行，各州盐场依旧拖欠亭户盐本。嘉定七年（1214）朝廷还明确规定，盐场监官到罢任时要在“交割账状内添入一项，既无坐欠亭户盐本钱结罪保明，如检得见有未支之数，仰具申朝省重作施行”[②]。尽管如此，而此后拖欠亭户盐本之事仍屡见记载。官府不仅拖欠盐本，还克扣盐本。克扣盐本的常见形式是官买盐多收加耗，有时是借口盐在储运销售过程中有自然损耗，有时是借口对商贾的“优润”。如庆元元年（1195），据提领榷货务都茶场所说：淮、浙“三路提盐官各纵所属竞增斤重以倾邻路，每盐一袋至有四百斤，虽名‘优润’商旅，而实坐困亭户”[③]。据当时制度每袋盐应重300斤，而今提盐官竞以每袋400斤的标准向亭户取盐，足见剥削之重。官府甚至不给亭户盐钱而白取，嘉定七年（1214）曾有臣僚上言：淮浙盐司“不肯给还[亭户]原价，纵或支偿，十未一二，几于白纳而后已”[④]。官府垄断盐的买卖，一方面不许亭户私卖，另一方面向百姓抑配卖盐。官卖的盐不仅价格高，而且质量差，又短斤少两。如嘉泰元年（1201），有

① 《文献通考》卷十八《征榷考三》，第469页。
② 《宋会要辑稿》食货二八之五七。
③ 《宋会要辑稿》食货二八之四八。
④ 《宋会要辑稿》食货二八之五七。

臣僚指出，在福建路上四州即建宁府、南剑州、汀州、邵武军，官府向民间抑配卖盐，“今乃多是灰土拌和，斤两亏少……立价又重，复有巧作名色除退，名曰苴扎，每盐一斤，不得六七两，缘此民间不肯收买，是致私盐盛行。兼以科抑民户，每买盐一斤，知县得钱一文，任满厚载而归，疲民困苦无诉”[1]，由此可知地方官为何如此积极地推行官盐抑配政策。其实，不仅福建路上四州如此，福建下四州如漳州等地情况也完全相同。后来，官府将抑配盐变成了只向百姓收钱而不支盐的一种常赋。嘉定七年（1214）三月九日臣僚言：“福建濒海诸郡盐不论钱。曩时使民计产纳钱，官给之盐以供口食，盖防盗贩之弊。其后遂为常赋，而民不得复请盐矣。自产一文至二十文各纳盐五斤，每斤为钱二十一文足，总计钱一百五文足。官司所入止此，而胥吏交纳所得数乃倍之。自二十文产以上，每产一文加纳三斤。累千百析户，每产一文又纳盐钱一斤。其多者固不论，而下户之产一文至二十文者，皆五斤也。或原产二十文以下析而为三四户者，又皆五斤也。外此，如僧寺有口食盐，船户有浮盐，交关田宅有契盐，名色不一。”[2]在广南东路，也存在官盐的抑配问题。官盐榷卖抑配对百姓危害颇大，加剧了社会矛盾。宋廷曾多次禁止抑配，但禁而不止。如早在嘉泰元年（1201）正月，宋廷曾申严福建科盐之禁。嘉定四年（1211）四月，又禁两浙、福建科折盐、酒。嘉定六年（1213），“臣僚尝极言之，于是下转运司，将福之下四州军凡二十文产以下合输盐五斤之家尽免，其析户产钱仅及二十文者不输盐钱”[3]。结果地方官有否认真执行，不得而知。为了杜绝私盐的来

① 《宋会要辑稿》食货二八之四八、四九。
② 《宋会要辑稿》食货二八之五七至五八。
③ 《宋史》卷一百八十三《食货志下五·盐下》，第4465页。

源，宋廷曾于嘉定三年（1210）十一月派人去两浙路与提举官议收浮盐。所谓“浮盐”，是指已被官府收购以外的盐，有的是亭户完成官府定额之外可自行支配的少量盐，有的是散于碱滩的锅户生产的少量盐。有些商人专收浮盐私贩，这就影响了官府的榷盐收入。官府虽欲收集浮盐，但因费用较大，所需人力很多，收集困难，故收集浮盐也就时行时停，私盐贩运也就无法禁绝。同时因官府收购价太低，有的场仓几乎买不到亭户手中的盐，又由于官盐质量低劣却零售价高，无人愿买。而私盐便宜质量较好，于是私盐盛行。官盐越卖不出去就越要严禁私盐，越要抑配贵盐，从而引起了私盐集团的武装反抗。私盐问题长期伴随着榷盐制度而存在，早在庆元三年（1197）五月六日就有臣僚言：“今日盗贼所以滋多者，其巢穴有二：一曰贩卖私盐之公行，二曰坑冶户之横恣。”[1] 私盐问题完全是由国家的榷盐制度所造成的。贩卖私盐有利于贫苦人民，故常得到人们的同情，时人楼钥曾写诗道：“……亭民亦良民，孰谓俱无赖。官吏既扰之，兼并责逋债。熬波亦良苦，乐岁色犹菜。输盐不得钱，何以禁私卖？所在积蠹久，良法寖多坏。”[2] 为了增加榷盐收入，南宋官府不会放过任何能够产盐的地方。如，四川石脚井盐井原已关闭，嘉定五年（1212）九月，制置大使安丙发现民间有人犯法私炼，就又恢复了石脚井盐的禁榷，所产盐由官府直接发卖，“然盐既苦恶不可食，率以抑售土居之人，盗煎私贩者因亦肆行，官不敢问”[3]。为此，嘉定七年（1214）十月官府又关闭了所开盐井。

随着南宋商品经济的发展，商税在国家财政收入中占有愈来愈重要的

---

① 《宋会要辑稿》食货一三之三九。
② 《攻媿集》卷三《送元卫弟赴长亭盐场》。
③ 《续编两朝纲目备要》卷十三，宋宁宗嘉定五年九月，第 239—240 页。

地位。在宋孝宗时虽曾多次宣布减少税场和蠲免商税，实行宽商政策，以促进商业的发展，然而其间贪官污吏仍营私作弊，苛取百出，给百姓带来了严重危害。至宁宗时期，商税税场不仅没有削减，甚至在农村圩市中也多设税场。如开禧元年（1205），广州、肇庆府、惠州共管墟税八十三场，这说明了官府言而无信。至嘉定五年（1212）四月，有臣僚说："广中无名场税在在有之，若循之浰头、梅之梅溪，皆深村山路，略通民旅，私立关津，缗钱、斗米、菜茹、束薪，并令输税。"并说："空身行旅，亦取百金，百方纡路避之，则拦截呼叫。或有货物，则抽分给赏，断罪倍输，倒囊而归矣。""甚者，贫民博易琐细于村落，指为漏税，辄加以罪。"嘉定八年（1215）二月，据臣僚说："滨江之民，担负鱼鲊于村落博卖，未尝经涉城市，亦诬其漏税而加之罪。或遇溪排贩运火柴，每束亦收五六文钱。"①南宋后期，不仅地方官府苛征商税，嘉定年间（1208—1224），临安府的官府甚至买物于商铺，未支物价，商铺无从得钱，等于无偿白取。②

南宋中期以来，"和籴"之弊长久未除，至南宋后期为害更深广。宁宗时，荆湖北路岳州、复州的百姓向官府申诉："总所岁籴我米，不与我钱。我非官户也，非士人也，非义勇也，三者幸而免，使我并受。总取我一县，又倍之，传子至孙，不能脱也。"③福建地方官在上奏时承认："年岁苗米数少，不足支遣，遂增收和籴，不论户之等第，一例送纳。下四等五等贫乏

① 《文献通考》卷十四《征榷考一》，第410—411页。
② 《宋史》卷一百八十六《食货志下八·市易》，第4555页。
③ 《水心文集》卷二十五《朝请大夫提举江州太平兴国宫陈公墓志铭》，见《叶适集》，第505页。

之家缘此重困,多致破产。和籴之弊,已三十余年矣。”[①] 嘉定十五年(1222)真德秀出知潭州,他在任职期间曾上奏论及科籴之弊:“本州支降官会、度牒以为籴本。会折阅,已不便于民旅;而度牒经年无人承买,于是官司不获已,以科配从事。每岁州以度牒科之县,县以度牒科之民。凡户管田一千亩以上者纳度牒米,一千亩以下者认中籴米。每牒一道,率三四户共之,寺观亦然……其纳中籴米者,比之市价,每石折[阅]钱多至八百文足,少亦不下官会一贯,而纳度牒米者折阅尤甚,且无转变之所,词诉盈庭,怨嗟载道。”[②] 这就是说,官府用会子和度牒充当和籴的本钱,会子贬值,度牒难以变卖成现钱,官府就强行摊派给民众。同时和籴的价格又低于市价,百姓损失太大,怨声载道。以会子、度牒为籴本坑害百姓不限于潭州,名为“和籴”,其实强取。“和籴”不仅价格低,而且数量多。两浙西路原来和籴额为105万石,至宁宗嘉定年间(1208—1224)仅平江府就达百万石,“增额抑价,浙中巨产化为下户者十室而九”[③]。又如,常熟县在嘉定以后,和籴“户有定数”,“岁籴多至三十万石,少亦不下十四万”。[④]

南宋后期,与“和籴”粮食并行的“和买”绢帛,对百姓的危害也比前加重。和买的数额不断增加,百姓的负担也就越来越重。如:宁宗嘉泰二年(1202)前,建康府句容县和买绢绵,“除元额外,增绢二千一十九匹,绵二万一百六十两”;民户以税钱多少分担和买绢的任务,嘉定十一年(1218)五月,据臣僚言:“鄱阳为邑,经界之初,税钱额管

---

① 《宋会要辑稿》食货七〇之九八。
② 《真文忠公文集》卷十七《回申尚书省乞裁减和籴数状》。
③ 《后村先生大全集》卷八十七《进故事》。
④ [元]卢镇:《至元琴川志》卷六,《续修四库全书》第698册。

八千六百四十二贯有奇，每税钱一百文，敷和买绢六尺四寸八分有畸，吏缘为奸，有增益，积至嘉定九年，遂及七尺五寸六分。又且见寸收尺，谓之‘合零就整’，去年复顿增三寸。”[①]

除“和籴”“和买”以外，南宋官府的其他科买物品种类繁多。尤其是南宋后期战争较多，官府向民间科买的军需物料数额巨大。如，“军器所抛降诸道木羽箭，动辄数百万枝，黄牛皮亦数十万张，他需称此，郡邑多以烦民”[②]。科买军需物料，官府支予百姓价钱多低于市价，州县或无钱可支，等于白敛于民。南宋官府还常向福建、广东、四川等地民间科买银子上供。嘉定时，有地方官上奏：“今日科敛之法，大概极矣……至有名曰上供银钱，而其祸酷于两税者，此不可不知也。闽之郡八，其最甚者曰泉……祖例产钱一缗以上合输银钱，无官民之分也。其后祝圣道场及逃绝户得免，免者犹未众也。其后一命以上咸得免，而免者始众矣。免者愈众，则科者愈寡，故以官户、士户合科之赋而并于贫弱之家，资不满百，例行科配。厥价微踊，每两科至二千八百，正钱之外，有头钱，有代钞发纳钱，有纲脚、暗脚等钱，民无所措，则有沦落、有奔进、有咨怨号呼而已。”[③]从上述情况可知，当时科买银已变为向民户征收科买银钱，完全成了一种非理杂税，而且主要由贫下百姓承担。另外，南宋后期属于无偿科率的地方性临时杂敛还有不少，时人黄榦曾谈到安庆府“和籴，不问有无，必欲及数。……以至敷马草、敷巢县寨屋料、敷庐州团楼木，并是不支本钱，

---

① 《文献通考》卷二十《市籴考一》，第 587 页。
② 《建炎以来朝野杂记》甲集卷十八《御前军器所》。
③ ［宋］陈耆卿:《筼窗集》卷四《代上请乞输钱札子》,《文渊阁四库全书》第 1178 册。

郡抑之县，县抑之总保与百姓等”[①]。

南宋后期，官府向税户非法预借的现象依旧存在。正赋以外之经总制钱数额巨大，月桩钱、版账钱定额也很高。如嘉泰初，东南诸路经总制钱岁收1440余万缗[②]，四川经制钱90万缗[③]。嘉泰中，东南月桩钱岁收390余万缗。嘉定十六年（1223）正月五日，两浙运判耿秉说："盖今县邑之所苦者，不过版账钱额太重耳！额重而收趁不及，计无所出，则非法妄取。……今年之税赋已足，而预借于明年。"[④]

南宋后期，官府为解决财政困难，常在税外横征暴敛，加强对百姓的搜刮。如，"南渡以来，诸路上供数重，自嘉定至嘉熙，起截之数虽减，而州县犹以大数拘催，害及百姓"[⑤]。嘉定五年（1212）十二月，宋廷虽曾"诏诸路转运司参考州县新旧税籍，蠲其横积之数"[⑥]，但仍难减横增之税。从表面上看，这似乎只是贪官污吏的胡作非为，而其实根源在于朝政的腐败。

南宋的役法基本上是差雇兼行。按理民户缴了免役钱就不应服役，服役之人就不必再缴钱。但实际上百姓除了输纳免役钱，常常还要承担较重的乡役。服役的百姓既受痛苦，又有破产的威胁。庆元五年（1199）二月二十一日，右谏议大夫兼侍讲张奎说："方今州县病民之事莫甚于差役。盖民之役于官者二：总一都盗贼烟火之事而任其责者曰保正；催一都人户夏秋之税而输于官者曰户长。使官司止照条令所当为者严加督责，则被役

---

① 《勉斋集》卷三《与林宗鲁司业》。
② 《建炎以来朝野杂记》甲集卷十五《经总制钱额》。
③ 《文献通考》卷十九《征榷考六》，第550页。
④ 《文献通考》卷十九《征榷考六》，第552页。
⑤ 《宋史》卷一百七十九《食货志下一·会计》，第4366页。
⑥ 《续编两朝纲目备要》卷十三，宋宁宗嘉定五年十二月壬午，第240页。

之人亦将何辞。惟其督责之严有出于条令之外，故民不堪其扰，而争讼始纷然矣。且保正专以盗贼、斗殴、烟火、桥道为职，法也，今一役于官，则百色取办：县官修创厅宇则责以土木砖瓦工匠之费，巡尉下乡则责以人从酒食排办之费，宾客经过则责以轿马夫差之费，甚至土产时新之物，苟有一毫可以供溪壑之欲者无不猎取。户长专以催纳税租为职，亦法也，今一都人户之税租皆欲取办：有所谓逃户之产、绝户之产、诡名挟户之产，或户账虽存而实无住著者，或形势占据而不肯输官，县道于此类不复分别，一例给帖责以拘催。为户长者率是五等贫乏小民，卖产赔偿，卖产不足则有逃徙而去尔！”[①] 嘉定五年（1212）五月二十七日，殿中侍御史徐宏说：“祖宗以来，计民产高下而俾执役于公，未尝于田赋之外而有免役之输……今以民赀之高者俾充里正，彼多产之家其输钱于官者亦多。既已征其财矣，而又俾执二年之役，是复重劳其力也。”同年十一月二十日南郊赦文中又提到：“诸县所差保长催科率是四等五等下户，往往乡村多有豪右官户倚势不输，每遇科校，鞭笞责挞，至有缘此鬻产陪纳破家，深可怜悯。”[②] 特别是从嘉定十年（1217）宋廷兴兵伐金以后，各路之间军用物资转输不绝，远者千里，近者亦数百里，凡服夫役之家负担极重。“夫运不过八斗，而资粮扉屦与夫所在邀求，费常十倍。中产之家雇替一夫，为钱四五十千；单弱之人一夫受役，则一家离散，至有毙于道路者。”[③]

南宋后期苛重的赋役压榨使民不聊生，各地人民被迫起来进行武装反抗。据何竹淇《两宋农民战争史料汇编》记载，宋宁宗统治时期（1195—

① 《宋会要辑稿》食货六六之二八。
② 《宋会要辑稿》食货六六之三〇至三一。
③ 《宋史》卷一百七十五《食货志上三・漕运》，第 4261 页。

1224)，全国各地曾发生大小农民起义或民变共约35起。其中主要的有：

庆元三年（1197)，广东宝安县大奚山岛民以渔盐为生，广东提举茶盐徐安国派人入岛捕捉私盐，岛民不安，即聚集千人入海进行武装反抗。知广州钱之望派兵入大奚山，尽杀岛民。

庆元四年（1198),绍兴府诸暨县私盐贩聚众反抗,被县尉杨思忠镇压。

嘉泰元年（1201)，长江自京口至池阳一带常有私盐贩船只出没，宋廷命沿江都统司派兵擒捕。

嘉泰二年（1202)，福建莆田县因闹饥荒，发生民变，士兵与饥民一起闹事，遭到莆田县尉陈仲微的镇压。

嘉泰四年（1204)，广东盐司每日派弓兵捕捉私盐，弓兵散入民家，取其食盐为私盐，抖擞渔船淹鱼之盐为私盐，为非作歹。又英德府产砚石，官府强驱山民冒险攀登悬崖凿取山石，有性命之忧。传言廉州合浦产珠，其实无珠，官府却拘籍渔船为采珠户。官府还差人入海南四州黎峒强买所谓茅叶沉香。官府的这种种暴行终于激起了人民的反抗。广南西路昌化军士人李彬等聚集壮丁抗拒官军，杀伤将校，并进入黎峒，结果被兵马钤辖耿明招安。不久，又有广南西路琼州黥卒吴四弟，聚众并联合黎峒少数民族百姓起义，曾攻破文昌县，最后被耿明镇压。

嘉定元年（1208)，郴州黑风峒傜人因受南宋官府压迫，于是有罗世传率众起来反抗，影响波及湖南、江西，后被知隆兴府赵希懌、知潭州史弥坚招安。次年，又有李元砺继起反抗，因当年诸州旱蝗，百姓饥饿，于是湖南、江西饥民纷起响应，起义军曾攻破江西吉州龙泉县，起义群众多达数万，湖北、广东边界皆骚动。嘉定四年（1211)，李元砺被知豫章王居安擒获，起义被镇压。

嘉定七年（1214），楚州工役繁多，服役之士卒十分辛苦，于是发生兵变，叛兵进入射阳湖，流民纷纷加入，结果被官军镇压。

嘉定十年（1217），浙江天台饥民聚众反抗，衢、婺、饶、信等州亦有类似情况发生。

嘉定十二年（1219），兴元府军士张福等因不满上级克扣军饷，便以红军为号发动兵变，称为“红巾队”。红巾队曾先后进入利州、阆州、果州、遂宁府、普州等地，四川宣抚司命沔州都统张威率兵前去镇压，张福被擒杀，其他参与兵变的1300余人也同时被杀。

嘉定十二年至十三年间（1219—1220），江西之盐，原来仰给于通、泰州的淮盐，而通、泰州路途遥远，盐价又高，于是江西人由广东惠州私贩食盐入江西，地近而价廉。特别是赣州与循州相邻，盐贩往来，十百为群，进行武装走私。同时，福建官盐溯流至南剑，又自邵武溯流而上汀州，因运输困难，故盐到汀州，质量淆杂而价钱极贵，所以汀州人只便于食私盐。而广东循、梅、潮州和福建漳州离汀州颇近，那里所产之盐洁白价廉，故汀州人每年冬春间，千百为群前往兴贩，若遇官兵追捕，便抗拒杀人。汀、赣私盐的兴盛，严重影响了官府的榷盐课利收入，于是官府发兵征讨，数载始平。

嘉定十五年（1222），在四川夔州路，因官府强籴粮食，致使米价飞涨，民生艰难，于是百姓十百为群起来进行武装反抗。夔州路地处偏僻山区，官吏少有正员，多是权摄，他们不仅未能妥善处理官民矛盾，反而向百姓乞觅钱物，更加扰人，使百姓如遇强盗，反抗愈烈。夔州路提刑兼提举虞刚上奏朝廷并得到批准，在本路各州县城郭乡村市镇实行保甲法，使之相互督察，以防范和及时镇压居民造反，如一家出事，五家连坐。

嘉定十七年（1224），湖南道州江华县爆发了以饥民苏师军为首的农民起义。道州因榷酒之故，官府每年向民间科粜糯米，不仅压低价格，而且又未能付给米钱，还不断追催缴米，使百姓困苦不堪，且有陪备之费，百姓不胜咨怨。加上嘉定十六年（1223）夏季发生虫灾，秋季又暴发水灾，早稻晚禾皆无收成，百姓缺食。饥民道殣相望，同时疫病流行，骨肉离散，城市农村，灾民多抛弃婴孩，或自溺于江水。于是，苏师军聚众起义，进行武装反抗，杀死官军，饥民纷纷参加。由于起义声势日益壮大，影响波及湖南、广西二路。知潭州兼湖南安抚使真德秀发兵并联合广西军共同镇压了苏师军起义。

此外，南宋后期茶商的反抗仍继续不断。自从宋孝宗淳熙二年（1175）湖北荆南以赖文政为首的茶贩起义失败后，尽管官府严禁私茶，都无法阻挡私茶的贩卖。宋宁宗嘉定年间（1208—1224），湖北茶商仍然聚众贩卖私茶，并不断进行武装反抗斗争。他们的斗争不仅减少了官府的榷茶收入，并且给了南宋统治者以重大威胁。

南宋后期民众的反抗斗争，全由官府和贪官污吏逼成。嘉定中，江西运司干办公事李燔说："寇非吾民耶？岂必皆恶，然其如是，诚以吾有司贪刻者激之，及将校之邀功者逼成之耳。"①

二、天灾战祸残害生灵

苛重的赋役阻碍了生产力的发展，这是整个南宋时期一直存在的老问题。而在南宋后期，直接破坏生产的还有连年不断的天灾和频繁发生

① 《宋史》卷四百三十《李燔传》，第12783页。

的战祸。

自然灾害在宋代历朝都有，但南宋后期的天灾却较前为多，而且破坏力也更大。现仅据《续编两朝纲目备要》和《宋史·宁宗本纪》的不完全记载，在宁宗统治的30年中，就有下列各种天灾：

绍熙五年（1194），七月宁宗即帝位。在这一年，两浙、淮南、江南东路和江南西路就发生了水灾与旱灾，诏免其赋并加以赈济。

庆元元年（1195），二月，雨土（沙尘暴）。四月，临安疫病流行，朝廷出内帑钱为贫民医药、棺敛费及赐诸军疫死者家。八月，都城大水，诏免受灾贫民赋税，又免台、严、湖州灾民丁绢。

庆元二年（1196），五月，久旱不雨。

庆元三年（1197），四月，雨土，旱，下冰雹。九月，四川旱，免民赋税。

庆元四年（1198），八月，久雨。

庆元五年（1199），二月，大雪。五月，因久雨，都城民多疫病，朝廷命临安府赈恤。这一年，饶、信、江、抚、严、衢、台7州以及建昌、兴国军，广东诸州皆涨大水，朝廷进行赈济。

庆元六年（1200），二月，雨土。五月，旱。十月，雨土。十一月，东北地震。这一年，建宁府与徽、严、衢、婺、饶、信、南剑7州水灾，建康府与常、润、扬、楚、通、泰、和7州及江阴军旱灾，朝廷加以赈济。

嘉泰元年（1201），正月，雪。二月，雨土。三月，下冰雹。三月廿八日，临安大火，连烧4天乃灭。这次大火除烧毁不少官府衙门外，延烧军民52429家，烧死186831人。朝廷出内府钱163570缗、米65192斛4斗赈济被火灾民。五月，天旱，又下雨，又下冰雹。九月，雨土。这一年，浙西、江东、两淮、利州路旱，免其赋并予赈济。

嘉泰二年（1202），四月，雨雹。六月，临安大火；又大雨雹。七月，久旱不雨。这一年，建宁府与福、汀、南剑、泸 4 州水灾，邵州旱灾，朝廷赈济之。

嘉泰三年（1203），三月，久雨成灾。

嘉泰四年（1204），正月，大风，冰雹。三月，临安又大火，烧毁省部等官舍及民居甚多，火势迫近太庙，朝廷发钱、米救济灾民，宁宗下罪己诏。四月，赈恤江西州县水、旱灾民。七月，两浙久旱不雨。十一月，两淮、荆襄饥荒，诏发廪赈济。

开禧元年（1205），四月，大风。九月，又有大风。这一年，江、浙、福建、两广诸州旱灾，两淮、京西、湖北诸州水灾，朝廷命赈济。

开禧二年（1206），正月，雪寒，发钱给军士，发米赈贫民；同月，又有雷雹。二月，寿慈宫火灾，太皇太后移居大内；本月又久雨不止。

开禧三年（1207），二月，雪。这一年，浙西旱灾蝗灾，长江沿岸诸州水灾。七月间，大旱，飞蝗蔽天，食浙西豆粟皆尽。宁宗下罪己诏，并命州县赈济。

嘉定元年（1208），闰四月，雨雹，两浙旱。五月，蝗灾。九月，大风。

嘉定二年（1209），二月，大风。三月，雨雹。四月，蝗灾；都城疫病流行，给流民病者药，出内库钱 10 万缗为临安贫民买棺材。五月，旱。八月，两淮饥荒，官方出米 10 万石赈济饥民。十二月，雪。这一年，诸路旱、蝗，扬、楚、衡、郴、吉州和南安军“盗”起。

嘉定三年（1210），正月，雨土。三月，两浙久雨。五月，因久雨发丰储仓米赈贫民。八月，大风拔木；临安府蝗灾。这一年，临安府、绍兴府、严州、衢州发生大水灾，朝廷予以赈济，并免其赋税。

嘉定四年（1211），二月，雪。闰二月，大风。三月，都城发生疫病，临安府赈济病民，赐棺钱，下月又出内库钱埋葬病死贫民。四月，四川、关外旱，诏以吴曦没官田租为关外 4 州及旱伤州县代输秋税。

嘉定五年（1212），三月，临安府及两浙州县久雨。七月，雷雨毁太庙屋。

嘉定六年（1213），二月，雪。五月，久旱不雨。闰九月，湖北旱伤，诏监司、守令赈恤。这一年，两浙大水灾，官府予以赈济。

嘉定七年（1214），六月，旱，命诸路州县祷雨。九月，临安府、两浙路久雨，出内帑钱赈临安府贫民。十一月，又蠲放浙东灾伤州县赋税，并发常平米赈济灾民。

嘉定八年（1215），二月，雨土。这一年，两浙、江东、江西路旱灾、蝗灾。

嘉定九年（1216），二月，东、西两川大地震；三月又连震 4 次，马湖山崩 80 里，江水不通；六月，西川又地震且连震 2 次，黎州山崩；十月，又连震 2 次。这年六月，赈浙西水灾州县，并宽其租税。十二月，大雪严寒，再给诸军雪寒钱。

嘉定十年（1217），正月，雨土；大风拔木。二月，地震；雪。六月，东川大水。七月，久旱不雨。十月，久雨。十一月，大风。

嘉定十一年（1218），六月，湖州水灾，诏赈恤灾民。

嘉定十二年（1219），六月，西川地震。

嘉定十三年（1220），三月，雨土。十一月，大风；临安火灾。十二月，又大风。

嘉定十四年（1221），正月，雪灾，雷，地震。五月，西川地震。六月，大风。这一年，浙东、江西、福建诸州旱灾，沔、成、阶、利州水灾，下诏赈济。

嘉定十五年（1222），三月，赈江西旱伤。十二月，因大雪严寒，官府出米5万石赈济临安府贫民。

嘉定十六年（1223），二月，雨土。九月，赈江、淮遭水灾贫民。十一月，赈太平州水灾灾民。

嘉定十七年（1224），三月，雪。四月，赈梁庐州饥民。七月，赈恤福建遭水灾贫民。

天灾连年发生，固然有自然界本身的原因，但有些灾害发生的次数、大小以及危害的程度，却与人事状况有关。南宋后期的天灾主要表现为大水、旱蝗、疫病、冰雹、雪寒、地震、沙尘暴。当时天灾之所以连年不断，统治阶级难辞其咎。因为官府的不修水利、豪强地主的围湖造田造成了水系的混乱，破坏了自然界的生态平衡；同时，苛重的赋役和贪官污吏对百姓的欺压敲诈，又使民众丧失了防灾抗灾的能力。特别是在京城临安和天子居住的皇宫，竟在短期内多次发生大规模的火灾，焚毁了许多房屋，烧死了大量人口，可见有关管理部门对消防工作的不力和不接受教训，已经到了何种严重的程度！

天灾使大量人口死亡和流离失所，仅嘉泰元年（1201）三月临安那次火灾即烧死186831人。而祸不单行，南宋后期发动的国内外战争，尤其是开禧北伐，又使无数军民丧失了生命财产，造成了大批流离失所的难民。战火所到之处，土地荒芜，村落化为废墟，人民大量死亡。据《续编两朝纲目备要》记载："自兵兴以来，蜀口、江汉之民死于兵火者不可胜计，公私之力为之大屈。"开禧北伐，"盛夏出师，沿边赤子骨肉流离，肝脑涂地，死于非命不知几千万人"。如，开禧二年（1206）十一月，金兵渡淮河南侵，宋军惊溃，自相践蹈，死者不可胜计；十二月，金兵袭击驻六合之宋军骑兵，斩首 8000 级；接着金兵攻破真州，宋军又不战而溃，被斩首 2 万余级，奔逃渡长江的南宋难民多达 10 余万人。此外，南宋后期的统治者为了镇压民变，还血腥屠杀了大量无辜百姓。如，庆元三年（1197），知广州钱之望为镇压大奚山岛民的反抗，竟“尽执岛民，戮之无遗类，议者或以为过云”[①]。又如，嘉定十二年（1219）七月，沔州都统张威为镇压兴元府、四川一带张福、莫简的红巾队起义，擒杀起义群众 1300 余人。

天灾与战祸造成大量人口的死亡和流离失所，严重削弱了生产力，使社会经济趋向衰退，这一切都由南宋后期政治腐败所致。开禧三年（1207）十二月，宋宁宗曾下诏说：“频年相继，寰宇多虞。边衅遽开，顾生灵之何罪；虫蝗为孽，与旱潦之相仍，皆权臣误国之致。”[②] 嘉定三年（1210）正月，宁宗又下诏说：“顷缘奸臣妄开边衅，科役繁重，人不聊生，旱、蝗频仍，更不加恤，使吾赤子皆转徙以无依……”[③] 宁宗把发生天灾战祸的罪责全推给误国权臣和奸臣，其实罪责岂在权臣一人，而是宋朝封建专制官僚政治消极面恶性发展的必然结果。这诚如嘉定十三年（1220）十一月著作郎吴泳所指出的：“夫惨莫惨于兵也，而连年不戢，则甚于火；酷莫酷于吏也，则频岁横征，则猛于火。闽之民困于盗，浙之民困于水，蜀之民困于兵。横敛之原既不澄于上，苞苴之根又不绝于下，譬彼坏木，疾用无枝，而内涸之形见矣。”[④]

---

① 《续编两朝纲目备要》卷五，宋宁宗庆元三年夏，第 81—82 页。

② 《类编皇朝中兴大事记讲义》卷二十七《宁宗皇帝》四八《嘉定更化》，第 839 页。

③ 《续编两朝纲目备要》卷十二，宋宁宗嘉定三年正月甲辰，第 217 页。

④ 《宋史》卷四百二十三《吴泳传》，第 12626 页。

三、社会经济再趋衰退

南宋中期，因无大规模战争，经过孝宗的努力整治，社会经济有了一定发展，货币流通也较稳定。至南宋后期，由于政治腐败，权臣擅政，赋役苛重，连续发动对金战争，加上天灾频仍，社会经济再趋衰退，通货膨胀随之重现。

中国古代，民以食为天，农业始终是物质生产的主要部门，农业是否兴盛是衡量社会经济好坏的重要标志。南宋后期，表现经济衰退最明显的便是农业生产的不景气。自从宁宗即位的绍熙五年（1194）七月开始，直到宁宗驾崩的嘉定十七年（1224）闰八月，每一年都发生天灾，加上苛重赋役的逼迫和战祸的危害，民不聊生。在各种史书中，我们除了看到官府不断地发放钱粮赈灾和减免灾区赋税外，几乎没有见到有关农业丰收的记载。官府救灾和免税固然出于传统的人道原则，也是国家政权机关应尽的职责，而更重要的是如不及时赈济就会激发灾民造反。南宋统治者最怕的就是老百姓造反，其害怕的程度甚至超过对外敌的入侵。

农业生产遭到破坏最严重的是两淮、荆襄、京西等宋金战争的前沿地区。北宋神宗元丰三年（1080）淮南路共有1079054户，荆湖北路有589302户，京西路有651742户。经过南宋初期和南宋后期的宋金战争，人口大量死亡和流散，淮南东西路共剩345619户（其中淮南东路127369户，淮南西路218250户），荆湖北路只剩369820户，京西路只剩6252户。[①]劳动力的不足，每年秋收时，两浙农民就会乘小船去淮上，为淮民收获，所得双方各半。战后，两淮到处都是荒田，早在庆元元年（1195）二月，

---

① 《文献通考》卷十一《户口考二》，第300、301、302、306、307页。

宁宗就下诏令两淮诸州劝民耕垦荒田。开禧三年（1207）正月，宁宗又诏建康府给钱，命两淮帅守、监司招集流民归业。嘉定元年（1208）九月“嘉定和议”后，宋金暂时停战，次年四月宋廷即着手遣散庐、濠州忠义民兵 20586 人，各令归业。然而被遣散的民兵中许多人无田无家可归，从而沦落为“盗”。宋廷无法使两淮、荆襄的流民归业，便于嘉定二年（1209）五月采取行政命令的方式，下诏规定以户口多少作为考核两淮、荆襄守令政绩的标准。为开垦两淮荒地，宋廷曾命有关官司经理两淮屯田，但效果并不好。为减轻两淮、京湖农民的经济负担，宋廷曾于开禧三年（1207）二月免除两淮被兵诸州租赋，又于嘉定六年（1213）九月免除京湖诸州欠税 20 万贯。嘉定八年（1215）七月免收两淮诸州秋税与极边五州夏税。两淮、荆襄地区不仅振兴农业困难，还不断发生灾荒，增加官府的救灾开支。如，嘉泰四年（1204）十一月，两淮、荆襄诸州遇凶荒，朝廷命地方官府开仓救济。嘉定元年（1208）八月，朝廷出米 20 万石赈粜江、淮流民；九月，又出安边所钱 100 万贯命江、淮制置大使司籴米赈饥民。嘉定二年（1209）八月，再出米 10 万石赈救两淮饥民。嘉定三年（1210）十二月，诏安集江、淮诸州流民。嘉定六年（1213）闰九月，湖北旱伤，诏监司、守令赈恤。

不仅两淮、京西、湖北地区农业衰败，而且作为南宋财赋主要来源地的两浙等东南各路的农业生产情况也不太妙。南宋时期，两浙的豪强地主为了侵占土地，常破坏水利，围湖造田，致使大量民田水潦时无法泄洪，天旱时无水灌溉，酿成灾害。孝宗淳熙年间（1174—1189）虽曾多次下诏禁止浙西豪强围湖造田，但屡禁不止，到宁宗时，围湖造田现象反而愈演愈烈，水旱灾害连年频发。庆元二年（1196），户部尚书袁说友上奏：“浙西围田相望，皆千百亩，陂塘溇渎，悉为田畴，有水则无地可潴，有旱则无水可戽。不严禁之，后将益甚，无得稔岁矣。”于是，庆元三年（1197）三月宋廷禁浙西围田。嘉泰元年（1201）九月，又派大理司直留佑贤、宗正寺主簿李澄前去措置开决浙西围田之事。然而宋廷禁止围田并不坚决，开禧二年（1206），“以淮农流移，无田可耕，诏两浙州县已开围田，许元主复围，专召淮农租种”。朝廷一放松，豪强地主便得寸进尺，扩大围田。嘉定三年（1210），臣僚上言：“窃闻豪民巨室并缘为奸，加倍围裹，又影射包占水荡，有妨农民灌溉。”[①]宋廷这时才又禁增广围田。嘉定八年（1215）九月，宋廷再次严申浙西围田之禁，可是没有用，直到嘉定十七年（1224）仍有官僚豪绅侵占越州鉴湖和兴化军之木兰陂为田，致使填淤益狭，妨碍灌溉。此后直至南宋灭亡，豪强地主在个人利益驱动下，围湖造田的行为始终没有停止。南宋后期两浙豪强地主围湖造田酿成水旱灾害，宋廷非但不能制止，还要耗费财力去救济流民和减免灾区赋税。如，嘉定元年（1208）闰四月，免两浙缺雨州县贫民欠赋。嘉定二年（1209）三月，命浙西及沿江诸州给流民病者药。嘉定三年（1210）三月，全免都城及荒歉诸州民间欠税。嘉定八年（1215）八月，免除平江等5郡税米1300余石。在这种情况下，两浙与东南各路的农业生产岂能不趋向衰落！

此外，湖南、江西、四川等地也因受南宋官军镇压民变的破坏或天灾的危害，影响了农业的发展。如，嘉定四年（1211）正月，宋廷曾下诏安集湖南、江西经民变后残破的诸州。同年四月，四川、关外发生旱灾，朝廷以吴曦没官田的田租收入为关外4州及旱伤州县代输秋税。

总而言之，在整个南宋后期的大部分时间内，都是水旱频仍，饥馑相踵，

---

① 《宋史》卷一百七十三《食货志上一·农田》，第4188—4189页。

百姓流亡，农村经济十分萧条。嘉定三年（1210）正月，宁宗在诏书中哀叹："岁比旱蝗，民食不登，捐瘠流亡，良可哀痛！"[①]嘉定四年（1211）农业收成稍好，也只能勉强应付百姓的口粮，"然荐饥之余，公私赤立，如人久疾，甫获瘳而血气未平，筋骨犹惫"[②]。难得嘉定十年（1217）前的几年中，农业生产时有小稔，但到这年六月宋廷又下诏伐金，再次把南宋社会拖入战争。

关于南宋后期手工业和商业方面的经济发展状况，由于史书缺少各种系统而可靠的统计数据，我们不知道各种产品的确切产量，因此我们只能通过几种主要手工业和商业发展趋向的各种迹象，来判断它们的兴旺或衰落。经过迂回考察的结果，我们认为南宋后期手工业和商业的经济状况也大不如南宋中期。

以作为朝廷主要财源的盐、茶、酒的生产来说，虽然我们不知道它们的年产量。但从国家盐、茶、酒榷卖课利收入的减少，就可以探知其生产的衰退。由于官府拖欠和克扣亭户的制盐本钱，从而削弱了亭户再生产的能力。纵然有些私盐生产，因亭户经济能力有限，所产也不会太多。官府虽竭力收买浮盐和捕捉私盐，所获也很少。理宗宝庆二年（1226）时监察御史赵至道说："夫产盐固藉于盐户，鬻盐实赖于盐商，故盐户所当存恤，盐商所当优润。庆元之初，岁为钱九百九十万八千有奇，宝庆元年，止七百四十九万九千有奇，乃知盐课之亏，实盐商之所无所赢利。"[③]庆元

---

① 《类编皇朝中兴大事记讲义》卷二十七《宁宗皇帝》五七《责监司郡守赈恤》，第844页。
② 《续编两朝纲目备要》卷十二，宋宁宗嘉定四年十二月著作佐郎真德秀奏对，第233页。
③ 《宋史》卷一百八十二《食货志下四·盐中》，第4456页。

初至宝庆元年正是南宋后期的起讫年份，榷盐课利由岁入 9908000 贯降至 7499000 贯，可见南宋后期盐的产销都日益衰退。如以四川的井盐来说，自绍兴二年（1132）秋赵开变盐法后，盐的课利曾增加到 400 多万缗，至嘉泰中减至为 300 余万缗。又如，嘉定五年（1212）九月，官府曾经再炼和复榷已经关闭的四川石脚井盐，由官府自卖，但所产盐苦恶不可食，反而促进了私盐盛行，于是嘉定七年（1214）停罢所开盐井。关于榷茶课利收入的总体情况不明，我们只知道绍兴十四年（1144）川蜀茶司岁入课利 200 万贯，嘉泰年间（1201—1204）川蜀茶岁入课利只有 196 万贯（其中川茶司岁收 178 万贯、秦茶司岁收 18 万多贯）。[①] 南宋后期的榷酒课利收入也减少。甚至酒消费量最大的临安府也欠酒税，嘉泰四年（1204）二月，朝廷只得免除临安府所欠酒税钱 18 万余贯。[②] 开禧二年（1206），都省报告酒库"课额失陷"[③]。如，开禧三年（1207）以前四川酒课为 690 余万贯，之后降至 400 余万贯。[④] 嘉定七年（1214），免四川州县盐、酒课额 3 年。

坑冶业自南宋初年以来就已经大大衰落，与北宋坑冶业的兴盛相比，有天壤之别。南宋时期坑冶业废弛，其税、利收入对国家的财计来说已是微乎其微。南宋后期的坑冶更是每况愈下。嘉定十四年（1221）有臣僚说："产铜之地，莫盛于东南……多系铜银共产……而属吏贪残，积成蠹弊，诸处检踏，官吏大为民殃，有力之家悉务辞逊，遂至坑源废绝，矿条湮闭。间有出备工本，为官开浚，元佃之家方施工用财，未享其利，而哗徒诬胁，

---

① 《建炎以来朝野杂记》甲集卷十四《蜀茶》。

② 《类编皇朝中兴大事记讲义》卷二十六《宁宗皇帝》三五《蠲酒钱》，第 830 页。

③ 《宋史》卷一百八十五《食货志下七·酒》，第 4523 页。

④ 《鹤山先生大全文集》卷八十九《吴猎行状》。

甚至黥配估籍，冤无所诉，此坑冶所以失陷也。”[①] 官吏欺压承包开矿的民户，使民户失去了生产积极性，唯恐躲之不及，坑冶业怎能不衰落？由于铜、铁产量不足，故南宋后期铜钱、铁钱的铸造量依旧无法增加。孝宗淳熙三年（1176）时曾规定铸钱司铜钱岁额为15万贯，但常常不能完成，“后浸亏额，六不及一”[②]，只铸得两三万贯。在南宋后期的大多数时间中，铜钱岁铸额仍为15万贯，而且常不能如期完成起发。铁钱的铸造也不多。嘉定元年（1208）规定四川利、邛二州岁铸额为30万贯，但当年十月四川即发行一种新的虚值当五大铁钱，嘉定七年（1214）十月邛州嘉定监被废罢，铸钱量肯定会减少。光宗绍熙年间（1190—1194）建立的汉阳监，每岁铸额为铁钱10万贯，嘉定五年（1212）前后，并富民监于汉阳监，年铸额也仅20万贯。白银是南宋朝廷封桩的重要财物，南宋后期封桩银所入也比前减少。庆元二年（1196），宰执言：“封桩银数比淳熙末年亏额几百五十万。今务场所入岁不满三十万。”[③] 虽然务场上供之银并非坑冶岁入数，而只是榷货务都茶场等岁入银数，但其减少透露了银子来源之不足，间接说明了坑冶业生产的不景气。

南宋后期未见有商业兴旺繁荣的记载，当时的商税岁入数也不得而知。从现有史书中，我们只看到宁宗时期虽也有宽商之令，但实际上因贪官污吏营私舞弊，私立税场，苛取百出，使商业遭到摧残。加上当时整体经济衰退，天灾战祸频繁，尽管苛征暴敛，却仍税入不登，估计商税对国家财计的助益也已不能与昔日相比。至于海外贸易，也曾一度衰退。嘉定年间

① 《文献通考》卷十八《征榷考五》，第525页。
② 《平斋文集》卷三十一《吏部巩公（嵘）墓志铭》。
③ 《宋史》卷一百八十五《食货志下七 • 坑冶》，第4532页。

（1208—1224），“番舶畏苛征，至者岁不三四”[1]。

四、国家财政重现危机

南宋中期，因在“隆兴和议”后的和平环境中，生产得以恢复并有所发展，国家财政收支基本上达到了平衡。尤其是在宋朝封建君主专制集权的政治体制下，内藏库封桩了大量钱物，使朝廷财赋有了一定的积蓄，故到南宋后期的庆元年间（1195—1200），国家财政显得还不紧张。但是从“开禧北伐”后，由于频繁的战祸，加上连年的天灾，财政收入减少，而财政开支增加。纵然官府加强对百姓的赋税搜刮，也挽救不了其日益深化的财政危机。

（一）财政收入减少

南宋后期，地主兼并土地并通过诡名挟佃等办法逃避赋役的老问题依旧存在，故作为国家正赋的两税收入无法增加。有些地方虽然曾经继续推行经界法，但未能达到两税增收的效果。如，开禧三年（1207）吴曦叛变被镇压后，四川宣抚副使安丙曾对兴元府、洋、沔、阶、成、西河、凤州及大安、天水军的20县土地“尽经量之”，结果与旧籍相比，“凡增家业钱二百二十九万七千余缗，两税三万五千八百余石，役钱三万五千余缗”[2]。查出隐瞒漏税的土地，这本来是可以增加田赋的，但后来因有大臣反对，嘉定七年（1214）八月罢四川、关外所增方田税，仍维持两税旧额。又如，嘉定八年（1215）知婺州赵懋夫行经界于其州，后任赵师嵒等继之，终见

---

① 《宋史》卷四百三十七《真德秀传》，第12960页。
② 《建炎以来朝野杂记》乙集卷十六《关外经量》。

成效："于是向之上户析为贫下之户，实田隐为逃绝之田者，粲然可考。凡结甲册、户产簿、丁口簿、鱼鳞图、类姓簿二十三万九千有奇，创库匮以藏之，历三年而后上其事于朝。"[①] 后因嘉定十六年（1223）八月朝廷诏令"州县经界毋增绍兴税额"[②]，两税仍未有增加。两税收入本来就难以增长，加上南宋后期连年的天灾和战争的破坏，人民死亡流离，土地荒芜，两税收入更是大幅度减少。如，"饶州向来苗米一十八万为额，至嘉定间……米额止十二万，比之旧额已失六万"[③]。宋廷不仅收不到灾区的田赋，而且几乎每年都要减免灾区的赋税，有的地方所免数额还很大。如，庆元元年（1195）正月，免两淮灾区租税。嘉定六年（1213），免京湖诸州欠税 20 万缗有奇。嘉定九年（1216）正月，免旱蝗州县和籴、科籴。又如，嘉定十一年（1218），"蠲天水军今年租役差科，西和州蠲十之七，成州蠲十之六，将利、河池两县各蠲十之五，以经兵也"[④]。嘉定十二年（1219），免建宁府七县嘉定七年（1214）至九年（1216）第五等户积欠税租钱 10 万贯。[⑤] 嘉定十七年（1224），免台州欠赋 10 万余贯。

南宋后期盐、茶、酒的榷卖课利也比前减收。由于官府克扣亭户盐本，致使亭户再生产困难，私盐盛行，国家盐利流失。宋廷曾欲收卖浮盐以增加官卖之盐，终因收集困难和成本太高而得不偿失。因官府向民户计产征收盐钱激化了官民矛盾，嘉泰元年（1201），朝廷只得申严福建科盐之禁，

---

① 《宋史》卷一百二十六《食货志上一・农田》，第 4179 页。
② 《宋史》卷四十《宁宗纪四》，第 780 页。
③ 《后村先生大全集》卷七十九《与都大司联衔申省乞为饶州科降米状》。
④ 《宋史》卷一百七十四《食货志上二・赋税》，第 4228 页。
⑤ 《后村先生大全集》卷八十三《玉牒初草》，嘉定十二年八月壬午。

嘉定四年（1211）四月，朝廷又下令禁止两浙、福建州县向民户科折盐、酒钱。光宗绍熙年间(1190—1194),两广盐往往计口抑售于民,又价格昂贵,难以销售,朝廷被迫多次降低卖盐定额。“自绍熙后,朝廷暗损经费十万缗,而科抑少减矣。”[①] 嘉定六年（1213），宋廷再次免收福建下四州军产钱 20 文以下民户的盐钱。为此，南宋后期的榷盐课利比前减少。如，自高宗绍兴二年（1132）赵开变盐法，其后蜀盐课利增至 400 余万贯；至宁宗嘉泰中只存 300 万贯（钱引或铁钱）。又如，孝宗乾道五年（1169），两务场卖淮盐得钱 2196.3 万贯、卖浙盐得钱 501.2 万余贯，合计 2697.5 万余贯；[②] 而至宁宗嘉泰年间(1201—1204),东南 6 路 22 州通收盐息钱约 1920 万贯。[③] 榷茶课利收入也未见增加。首先是庆元元年(1195)废除了建炎元年(1127)立额征收的茶课估钱。又以川蜀茶岁入为例，绍兴十四年（1144）茶司收茶引息钱 200 万贯，至嘉泰中仍只有 196 万贯而已。[④] 酒课收入也有所减少。如，嘉泰元年（1201）三月那场临安大火，延烧军民 52429 家，烧死 186831 人，嘉泰二年（1202）六月、三年三月临安又再发生两次大火灾，饮酒之人势必大大减少，故嘉泰四年（1204）二月宋廷只得免去临安府所欠酒税钱 18 万余贯。[⑤] 开禧二年（1206）酒课失陷，如建炎三年（1129）赵开变更酒法后，酒课曾递增至岁入 690 余万贯，开禧三年（1207）后降至 400 余万贯，至嘉定七年（1214）宋廷只得免四川州县盐酒课额 3 年。

---

① 《建炎以来朝野杂记》乙集卷十六《广西盐法》。
② 《宋史》卷一百八十二《食货志下四·盐中》，第 4454 页。
③ 《建炎以来朝野杂记》甲集卷十四《总论国朝盐策》。
④ 《建炎以来朝野杂记》甲集卷十四《蜀茶》。
⑤ 《类编皇朝中兴大事记讲义》卷二十六《宁宗皇帝》三五《蠲酒钱》，第 830 页。

南宋后期的工商业税利也减收。坑冶业比前进一步衰落，由于矿坑的停废和官府对坑冶户的压榨，使坑冶业失陷。如，嘉泰初坑冶课利岁收："金一百三十八两二钱。银元额七分内库，三分本司。铜三十九万五千八百十三斤八两。铅三十七万七千九百斤。锡一万九千八百七十五斤。铁二百三十二万八千斤。比岁所榷十无二三，皆以钱货于坑户以取给，然亦不登。"[①]铜、铁产量的不足，使铜钱、铁钱的铸造量日益减少，未能完成预期定额。如，宋徽宗大观中，岁铸铜钱289.04万贯，而至宋宁宗嘉泰初，铸铜钱只有15万贯。银产量的不足，使朝廷封桩银的所入亏额。至于南宋后期的商税收入虽未见记载，但因天灾、战祸的破坏，商品减少，交通受阻，加上税吏的横行，商业遭到摧残，国家的商税收入估计也不可能比以前有所增长。

南宋时期，朝廷为补充军粮之需，在边郡地区垦辟营田，由来已久。但因营田之家怕官府加赋，常要求退佃，故营田收入渐减。如关外营田，"绍兴中岁课十二万斛有奇，乾道末损为十万，至嘉泰初才八万斛而已"[②]。官府欲增营田租赋，结果因大姓不满，反而颗粒无收。至嘉定十三年（1220）前"所入又不及四五万石"。然而军粮不容一日之缺，如以内地之粮实边，既有筹集之难，又有运输之劳，故嘉定十五年（1222）七月朝廷下诏令江、淮、荆、襄、四川制置司条画营田来上，但此后营田的效果仍不理想。

和籴、和买、折帛钱及其他各种科率，在南宋财政收入中一直占有重要地位。南宋后期，因和籴、和买不断增额抑价，致使民众日益贫困，富

① 《建炎以来朝野杂记》甲集卷十六《铸钱诸监》。
② 《建炎以来朝野杂记》乙集卷十六《王德和括关外营田》。

户化为下户者十室而九。其实这种矛盾在南宋中期已经很突出，故在宁宗庆元二年（1196）五月，宋廷只得减诸路折帛、和买钱三年。此后，由于连年天灾和宋金战争的破坏，农业衰退，嘉定九年（1216）正月，宋廷又免除诸路旱、蝗州县和籴及四川、关外科籴。[1]其他科率收入也有所减少，如各地官府向民户科买上供银，使民力重困，故朝廷封桩银所入也比淳熙末年时大大减少。

经总制钱在南宋财政中具有十分突出的地位，户部经费十分之八出于经总制钱。由于经总制钱定额太高，州县官难以完成征收任务，常借故横征暴敛，给百姓造成很大痛苦。尤其到了南宋后期，随着经济的衰退，经总制钱欠负日积，所入远不如前，朝廷无奈，只得于嘉定十七年（1224）下诏免除嘉定十五年（1222）年终以前所亏欠之钱数。嘉泰中，隶属于经总制钱的“蜀中田契钱，诸县既有定额大抵不能敷，则以其钱均取于牙侩，人甚苦之”[2]。此外，版账钱也因定额太重，地方官计无所出，不是非法妄取，便是不愿出任知县。朝廷为形势所迫，就于嘉定十六年（1223）减免部分地区的版账钱，如“镇江府丹阳、金坛两县一岁通减钱二千八百四十四贯有奇，平江府常熟县每年与减一万贯，昆山、吴江县每年合与减发三千贯。自此诸路有陈情，亦优减不一”[3]。

南宋后期，各项财税减收，宋廷为了弥补经费之不足，多方设法敛钱，如没收权奸田产、卖官鬻爵、出卖官田、出卖度牒、预借来年赋税等等。如，嘉定元年（1208）宋廷设置安边钱物所和安边库，专门管理韩侂胄及其

① 《续编两朝纲目备要》卷十五，宋宁宗嘉定九年正月辛巳，第 277 页。
② 《建炎以来朝野杂记》甲集卷十五《田契钱》。
③ 《文献通考》卷十九《征榷考六》，第 553 页。

奸党被没入之田和官有之围田、湖田等，将其收入之米722700余斛、钱1315000余贯，用于补充给金人之岁币及边防军需。为增加收入和减轻赈灾经费负担，宋廷募富民入米补官。买官者多，则冗官愈多，官户可减免差役、科率负担，而此负担最后转嫁给其他百姓，又将产生不良后果。自南宋初年以来，朝廷常因军需浩繁用度不足而大规模低价出卖官田。宁宗嘉定年间（1208—1224）再次出卖官田，但所得钱仅180余万贯。[①] 而承买官田者多为豪富有力之家，卖官田就为他们兼并土地起了推波助澜作用。自宋英宗治平四年（1067）冬起，宋廷开始出卖度僧牒敛财，而且数量愈来愈多，价格越抬越高。宁宗因开禧北伐军费猛增，出卖度牒颇多，因僧徒可以免税不劳而食，结果不耕之夫骤增数十万，可见出卖度牒的危害。早在高宗绍兴初就有李仲永上奏指出："今岁鬻度牒万，是失万农也，积而累之，农几尽矣，非生财之道。"[②] 南宋官府在经费不足时，常向民户预借来年赋税，其实这是寅吃卯粮，前吃后空，非正当办法，而且实效也不佳。嘉定五年（1212）就有臣僚上言揭示了预借之弊："预借非法也。顽民、豪户易预借之名，而以寄库为说。当催夏绢，则曰有钱在官；及督秋苗，则曰未曾倒折。所寄者一半，而所逋者亦一半。今预借之弊在在有之，而江西特甚，乞严切禁止。"[③]

南宋后期，尽管官府横征暴敛，竭力搜刮，但仍难以完成过高的赋税定额，自嘉定至嘉熙间，各路上供之财赋还是比前减少。因为财政减收是社会经济衰退的必然后果，如统治者不能励精图治积极地去发展生产，也

① 《后村先生大全集》卷八十三《玉牒初草》，宋宁宗嘉定十二年正月甲申。
② 《建炎以来朝野杂记》甲集卷十五《祠部度牒》。
③ 《文献通考》卷五《田赋考五》，第127页。

就无法增加国家的财政收入。

（二）财政支出增多

南宋后期，国家财政因天灾战祸而使收入减少，同时也因天灾战祸而使支出增多。

与宋代历朝一样，宁宗时期的财政支出中军费依旧占了很大比重。庆元二年（1196）二月，据监察御史姚愈说：中都吏禄兵廪支费，“渡江之初，虽连年用兵，月支犹不过八十万。比年以来月支不下百二十万，大略官俸居十之一，吏禄居十之二，兵廪居十之七”[①]。至嘉定以前，财赋耗于兵者仍占十之六七。[②]宁宗时，全国军队人数共有多少？史书虽缺记载，但从南宋中期和平环境中有禁军、厢军和土兵上百万人看来，在南宋后期开禧北伐时又招收禁军，军队人数当不会少于百万，至南宋末期仅正规军尚有70万人。至于每个士兵的军饷，光宗时，上等效用兵日支食钱300文、米3升，次等效用兵日支食钱200文、米2升。宁宗时效用兵又有正额与额外之分，额外者低于正额。依此计算，养一个效用兵每年需支钱70贯足至108贯足、米7.2石至10.8石。养百万军人其费用之巨不言而喻。如嘉泰年间（1201—1204），仅“行在岁费粮四百五十万斛余，四川一百五十万斛余，建康、镇江皆七十万斛余”[③]。虽然这只是部分地区的用量，其中还包括官禄，但所费军粮之数量已十分巨大。本来自南宋中期以来国家还积贮有不少粮食，如嘉泰四年（1204）正月前，仅关上积粮就有800余万斛，但因官场腐败，仓吏慵懒，管理不善，粮食陈陈相因，以致

① 《宋会要辑稿》食货五六之七〇。
② 《后村先生大全集》卷一百四十五《龙学余尚书神道碑》。
③ 《建炎以来朝野杂记》甲集卷十七《丰储仓》。

腐败不可食，浪费极大，朝廷为准备伐金，只得降度牒 25000 道去收籴新粮来更换填补[1]，以当时每道度牒价钱为 800 贯计，所费竟达钱 2000 万贯。除了军人的粮饷之外，军费中还包括购买战马和制造兵器的开支。如庆元初（1195），川、秦两茶马司岁买马额为 11019 匹，至嘉泰末（1204）增为 12994 匹。由于地方官贪赏，买马以多为贵，所买马可用于作战者极少，大部分短小瘦弱，经远程纲运，加上押纲卒校窃取马粮，马多死于道路，剩下者只有皮骨。又如，嘉泰三年（1203）七月，朝廷出封桩库钱 10 万贯，命殿前司造战舰。开禧初（1205），中郎将厉仲方为历阳守，曾造战车并九牛弩，但未及使用而即停罢。因为战车是上古春秋时期的战斗装备，已不适用于与当时金兵的铁骑交战。

南宋后期军人的日常粮饷和战马、兵器等开支，大约与南宋中期时不相上下，但到了开禧北伐和嘉定伐金期间，因战争费用浩大，军费支出也就急剧增长。嘉泰四年（1204），自韩侂胄决意北伐金国后，吴猎以户部员外郎总领湖广、江西、京西财赋，他知韩侂胄将开边，便输湖南米 50 万石于襄阳，又以湖北漕司和籴米 30 万石分输荆、郢、安、信四州，蓄银帛百万，以备犒军。开禧元年（1205）正月，朝廷也出封桩库金 1 万两以待赏功。开禧二年（1206）五月，宋廷正式宣布北伐后，十一月太皇太后又赐犒军钱 100 万贯，诏诸路招填禁军以待调遣。开禧三年（1207）五月，为赏诛吴曦、平四川及收复关外四州之功，“将士共转三十万官资，犒赐共用金七十两，金盘盏一副，金带五条，金束带一条，银六十一万七千七百七十三两，绢六十一万六千九百二十四匹，钱

① 《续编两朝纲目备要》卷八，宋宁宗嘉泰四年正月，第 141 页。

八万二百五十引”[①]。同年九月，罢督视江、淮军马张岩，张岩开督府9个月，耗费官钱370万贯而无寸功，可见其之无能。开禧北伐期间，“疆场耗于流离，郡县烦于供亿”，南宋的财力已经枯竭，所以当嘉定十年（1217）宋廷再次下诏伐金时，已无军费可拨。于是次年正月，宋廷出度牒1000道充四川军费，其值相当于钱80万贯；五月，又命四川增印钱引500万以给军费，其结果推动了通货膨胀的发展。嘉定十七年（1224），为犒赏李全、彭义斌军又拨钱30万贯。其实上面所举的只是一些重要的例子，南宋后期所开支的军饷、军备和战争费用何止于此。

南宋后期军费开支如此浩大，除了实际消耗和部分浪费外，将官们克扣军饷及吃空额的情况十分严重。有鉴于此，宋廷为了节省军费，曾数次下诏核查军籍，以杜绝各地将官虚报兵数贪污军费之弊。如，嘉泰三年（1203）十二月，诏戒将帅掊克。嘉定三年（1210）六月下诏令三衙、江上、四川诸军主帅核实军籍，欺冒者以赃论。看来这次核查军籍的实效并不理想，它只能暂时抑制虚报冒领军饷之事，不能根本解决问题，故嘉定十七年（1224）五月宋廷再次下诏核实两淮、京湖、四川、江上诸军的人数。在南宋后期军政腐败的情况下，如果宋廷不能进行切实有效的反腐倡廉，也就不可能彻底克服将官贪污军费的弊病。

在南宋后期的财政支出中，官吏的俸禄依旧占据了仅次于军费开支的重要地位。如庆元二年（1196）户部月支中都吏禄兵廪不下120万贯，其中官俸占十分之一、吏禄占十分之二，即仅中都官俸、吏禄年支约432万贯，由此可见全国官俸吏禄开支之巨。这是因为冗官是南宋长

① 《续编两朝纲目备要》卷十，宋宁宗开禧三年二月乙亥，第178页。

期存在而难以克服的老问题。南宋后期的官吏人数又有比南宋中期逐渐增多的趋势。在南宋中期的绍熙二年（1191），“京朝官四千一百五十九员，合四选几三万三千一十六员”。至南宋后期，“庆元二年，京朝官如绍熙之数，选人增至一万三千六百八十员，大使臣六千五百二十五员，小使臣一万八千七十员，通四选凡四万二千有奇。盖五年之间，所增至九千余员，可谓官冗矣。嘉泰元年（1201）春，左选京官以上三千一百三十三员，选人万五千二百四员，大使臣以上六千八百五十四员，校尉以上万二千六百十六员，通四选共三万七千八百余员，所损仅四千余员”。[1] 至嘉定六年（1213），官员人数又继续上升，“四选名籍共三万八千八百六十四员”[2]。至于吏人人数，高宗绍兴末，“州县吏额猥多……时浙东七州吏额四千人，提举官赵公称损其半，它路率仿此”。然而至嘉泰初“州县吏额虽减，而私名往往十倍于正数，民甚苦之”。[3]

南宋后期的官员，不仅人数多，其俸禄占用了户部很多经费，而且他们还假借各种名义，私占公家钱物，实行变相贪污，从而增加了国家的财政支出。如，各路监司在往来之间，常迎来送往、盛宴招待、互送礼品，大肆挥霍国家资财。嘉泰三年（1203），宁宗虽手诏严禁监司互送，但有令不行，不少地方仍我行我素。嘉泰四年（1204）夏，“马使彭辂至成都，制使谢源明、茶使赵善宣留连逾两月。自入境迎迓以至折俎赠行，以楮币、锦彩、书籍、药物计之，所得几万缗，而谢、赵所得亦称也。盖诸路互送，惟建康、成都最厚。诸司每会集一分，计三百八十千，成都三司互送，则

① 《建炎以来朝野杂记》甲集卷十二《天圣至嘉泰四选人数》。
② 《建炎以来朝野杂记》乙集卷十四《嘉定四选总数》。
③ 《建炎以来朝野杂记》甲集卷十二《州县吏额》。

一饮之费计三千四百余缗,建康六司乃倍”[①]。建康光酒宴即费6800余贯钱,开支之大多么惊人!

南宋后期宫廷皇室的费用似乎也超过南宋中期。仅庆元六年(1200)第三季度的耗费就十分浩大。自庆元后,宁宗常从封桩库取拨钱数百万贯、银数万两、金数千两,用作奉神、事亲之费。如,庆元六年(1200)“六月,拨封桩库钱一百万缗,修奉太上皇后殡宫。七月,拨二十万缗入内藏。八月,拨钱十五万缗并银二万两,充秋季供奉太皇太后使用。又拨金二千五百两、银二万两,充明堂使用。又拨一百万缗修奉太上皇帝殡宫。一季之间,所拨金、银、钱计二百五十万缗,盖多非泛支用”[②]。当然,这还不是宫廷皇室的全部费用。有时一些偶发事件也要用钱,如嘉泰四年(1204)三月临安府那次大火,烧毁建筑甚多,三省六部所存无几,火势迫及太庙,侵及宫城,皇帝祖先的神主被转移到别处,故当月就修太庙,花钱必然很多。至于宫中皇家眷属日常生活的奢侈浪费及服饰的销金铺翠,自北宋真宗以来就长期存在,而且屡禁不止。宁宗嘉泰元年(1201)四月,宁宗又下诏:“今销金铺翠,无复得用。以宫中所有,焚之通衢。中外士庶,令有司严立禁防,贵近之家,尤当遵奉。苟违斯令,必罚无赦。”[③]但此禁令依旧无效,嘉定八年(1215)正月,朝廷再次申严金翠禁令,估计作用仍不大,因为统治阶层生活的奢侈腐败是不能靠一纸行政命令而改变的。此外,赡养赵宋王室子孙的开支也是国家财政的一项沉重负担。到了南宋后期宗室子孙繁殖得越来越多,他们分居各地,请给频繁,使地方官十分为难。嘉定中,知

① 《续编两朝纲目备要》卷七,宋宁宗嘉泰三年,第135页。
② 《建炎以来朝野杂记》甲集卷十七《左藏封桩库》。
③ 《类编皇朝中兴大事记讲义》卷二十六《宁宗皇帝》二九《厚民俗》,第826页。

泉州真德秀上奏诉说："淳熙以后至于今日，朝廷、运司应赡之数少，而本州出备者多也。"[①]

按照常理，国家财政开支中，本应包括文化教育方面的支费，农田水利、官工商业及公共工程等支费，但是，我们在史籍中很少见到有关于南宋后期这些方面的记载。这是因为军费和官吏俸禄几乎已用尽了户部的全部经费，朝廷已无力顾及那些直接关系到民生的文教和生产建设的经费投入，常把责任推给百姓，如办学、兴修水利的经费多由民间自筹。至于本应拨付亭户的盐本，官府不是拖欠便是克扣。开办坑冶业，官府不但不投资，反而向生产者违法索取。铸钱成本过高，朝廷就少铸或停铸。在万不得已时，朝廷就截拨上供钱米或支降度牒去充当经费。如，嘉定十二年（1219）底，为修筑临安府沿海堤坝，"截拨合解上供钱米以为工物之费"[②]。嘉定十七年（1224），"诏令封桩库支拨度牒一千道付福州，每道作八百贯文会子变卖，价钱贴充开浚西南二湖使用"[③]。

南宋后期财政支出中还有一项颇大的费用，就是赈济受天灾战祸危害的灾民的钱、粮。这项费用不小，几乎年年都有，这里只举几例。如：嘉定元年（1208）八月，出米 20 万石赈粜江、淮流民；九月，又出安边所钱 100 万贯，命江、淮制置大使司籴米赈饥民。嘉定二年（1209）八月，出米 10 万石赈两淮饥民。嘉定三年（1210）四月，出内库钱 23 万贯赈行在军民；五月，因久雨，发丰储仓米赈贫民。嘉定十五年（1222）三月，诏江南西路提举司赈恤旱伤州县；十二月，出米 5 万石赈济临安府贫民。

---

① 《真文忠公文集》卷十五《申尚书省乞拨降度牒添助宗子请给》。
② 《宋会要辑稿》食货六一之一四八。
③ 《宋会要辑稿》食货六一之一五〇。

嘉定十六年（1223）正月，命淮东制置司赈济山东流民；三月，诏以米52500石赈道州饥；九月，诏江、淮诸司赈恤被水贫民；十一月，诏赈恤太平州水灾贫民。嘉定十七年（1224）二月，命临安府赈粜贫民；四月，诏赈粜庐州饥民；六月，命福建路监司赈恤被水贫民。

另外，宋廷还承担着一笔特殊的费用，这就是支付给金朝的岁币。宋高宗绍兴十一年（1141）十一月宋金签订“绍兴和议”时，约定南宋向金岁贡银25万两、绢25万匹。宋孝宗隆兴二年（1164）十二月宋金签订“隆兴和议”，改“岁贡”为“岁币”，南宋给金岁币减为银20万两、绢20万匹。宋宁宗嘉定元年（1208）九月南宋与金签订“嘉定和议”，宋给金的岁币增为银30万两、绢30万匹，还要另付给金犒军银300万两。南宋后期给金的岁币数量不仅多于南宋前期向金的岁贡，更是大大超过了南宋中期给金的岁币，从而增加了宁宗朝国家财政的又一大笔支出，而这笔支出最后都落到了广大人民的身上。

（三）财政重现危机

南宋后期国家财政收入减少而支出增多，由于史籍缺乏有关当时财政收支系统而精确的数据记载，我们无法通过数据来说明南宋后期财政入不敷出的困局。但是通过对当时财政收支的种种迹象和朝野议论的考察，判断南宋后期财政已重现危机，应当无可置疑。

在南宋中期，因经济有所发展而使财政收支暂时达到平衡。其实，这种平衡难以长久维持。由于政治腐败和赋役苛重，生产可持续发展的后劲不足，一旦国家形势稍有恶变，这种财政收支平衡的局面就会立刻被冲破。如，早在宁宗庆元二年（1196），因矿冶业的衰落和百姓的贫困，地方官府课银难以完成定额，使朝廷“封桩银数比淳熙末年亏额几百五十万。今务场所入岁不满三十万”，而宫廷用银的铺张浪费，“岁奉三宫及册宝费约四十万，恐愈侵银额”[①]，终致朝廷封桩银入不敷出。又如，南宋中期农业的发展，使宋廷有了一些粮食的积贮，嘉泰初仅关上积粮就有 800 余万斛，但政治的腐败，仓吏的渎职和管理不善，造成存粮腐败不可食。统治者滥用和浪费粮食，加上农田增产之困难，粮食供应很快就显得紧张起来。这时，关外只积粮 100 万斛，行在岁费粮由绍兴十八年（1148）的 336 万斛增至 450 余万斛，而当时“中都但积三月之粮，关外积粮亦不能支一岁”[②]，显然已入不敷出。宁宗庆元、嘉泰间国家财政已显露出困难，经开禧北伐和嘉定伐金后，这种困难进一步加剧，终于使南宋后期的财政重现危机。

南宋自高宗后期以来，中经孝宗、光宗，朝廷曾经封桩了许多财物，各地官府也有所积贮，然而“自开禧用兵，举三朝之储蓄而耗于一旦，大农四总，日以匮告”[③]。后来，宋理宗端平初年（1234）大臣吴潜也曾说：“开禧、嘉定，相继用兵，州郡所蓄，扫地殆尽。柄臣喜用才吏，自撰取盈。于是率以劫盗之威，行一切之政，夺民之食，剥民之权，少应公家，多备苞苴，兼充私橐，又三纪于此矣。”[④]一切倒霉的事，最后都落到百姓身上。

以四川为例。四川原是富庶地区，其所输出之财赋在南宋前期转危为安过程中曾经起过重大作用。然而，因开禧北伐失败和四川镇将吴曦的叛变，使四川地区遭受了严重的破坏，诚如曾任四川总领财赋的李曾伯所讲，

---

① 《宋史》卷一百八十五《食货志下七·坑冶》，第 4532 页。
② 《建炎以来朝野杂记》甲集卷十七《丰储仓》。
③ 《类编皇朝中兴大事记讲义》卷二十七《宁宗皇帝》五三《省节财用》，第 842 页。
④ ［宋］吴潜：《许国公奏议》卷一《应诏上封事条陈国家大体治道要务凡九事》，《续修四库全书》第 475 册。

四川“自开禧以来，兵、民、财三者以俱困”[①]。开禧兴兵后，四川养兵之费由2000万贯激增至5000万贯。为此，第九十、九十一、九十二界钱引三界并行，发行总量增加至8000万贯以上，战争期间又加征免夫钱，而此后财计上仍然入不敷出，朝廷只好每年拨700万贯予以补贴。[②]开禧三年（1207）吴曦被诛后，四川“财之存者六百万，是岁之出乃至四千余万”[③]，一年财政赤字高达3400万贯。为增加收入，当地官府又发行当五大钱，出榜卖官，并在部分地区察田增税……财计才稍有好转。可是，过不了几年，嘉定十年（1217）前后，金兵再次入侵四川，宋军所至溃散。官府加强征税，激起了四川红巾队农民起义，杀死了四川总领财赋杨九渊。官军与农民军反复鏖战，不少城镇毁于战火，四川大震。红巾队被镇压后，四川地方财政更加困难。官府为增加收入，括营田、“告户绝、首白契、讦隐田、伺富户过失，纠盐酒户亏额”[④]，凡能敛财者，无所不用其极，从而受到民众和部分大臣的强烈反对。

与四川一样，其他地区经过战乱和民变，生产遭到破坏，地方财政也十分困难。嘉定二年（1209），驾部员外郎李鸣复曾说，“蜀之所产未足供一岁之用，农之所催，仅可为一岁之出”；然而“最可虑者，江西、湖广粒米狼戾，昔为乐土，今为‘盗区’，赋输不入，纲运转亏，诸总以匮乏告，尝截大农之纲以周其急矣”。[⑤]诸路总领竟以截留户部的上供物资来救自己

---

① ［宋］李曾伯：《可斋杂稿》卷二《代蜀总谢到任表》，《文渊阁四库全书》第1179册。

② 《鹤山先生大全文集》卷八十九《敷文阁直学士赠通议大夫吴公（猎）行状》。

③ 《鹤山先生大全文集》卷四十四《重建总领所记》。

④ ［宋］徐鹿卿：《清正存稿》卷一《丁丑（嘉定十年）上殿奏事第一札》，《文渊阁四库全书》第1178册。

⑤ 《历代名臣奏议》卷二百七十二。

的急难，实因出于穷极无奈。嘉定十一年（1218）知成都府曹彦约又在上奏时讲到北伐失败后南宋财政之困窘：“今日财用之弊，不可不深致意也。问之朝廷，则窘于应办；问之州县，则窘于支遣；以为在总饷（即总领所）欤？则今日之总饷非昔比也；以为在戎司欤？则今日之戎司不一律也。……是数年以来，不特州郡不可支遣，而为戎者亦有穷陋之甚者矣。千里承流之地日夜办财，万灶饱师之地日夜虑财，牛酒日至之地日夜乏财，使士大夫旁皇愕眙以为天下事无一可为者，其故何也？”[①] 百姓贫困，地方官无法完成上供钱物定额，便不管百姓死活，仍高额催收。当时“诸路上供数重，自嘉定至嘉熙，起截之数虽减，而州县犹以大数拘催，害及百姓”[②]。

朝廷要克服财政危机，最终还须依靠劳动人民的生产。但当时百姓贫困，官府不仅不注重改善民生和保护生产，反而变本加厉地以暴力催税，对百姓落井下石。嘉定十一年（1218），曾有大臣上奏说：“朝廷之根本在州县，州县之根本在田里。民生穷蹙，日甚一日矣。衣食给足者，祖居者无二三、父居无五六……一涉公门，即落机阱，棰楚之下，顷刻破家。”[③] 同时大臣袁燮也在奏札中讲到百姓贫苦的状况：“臣闻邦以民宁，民以财聚，培植加厚，则咸安其业，朘削不已，则不乐其生。今日吾民之困甚矣。征敛太繁，而已输纳者责其再纳，逋负日积而已蠲者不免复催。有追胥之扰，有鞭棰之严，惟命是从，民财安得而不匮？重以贪吏肆虐，政以贿成，监司牧守，更相馈遗；戎帅所驻，交贿尤腆；而诸司最多之处，抑又甚焉……

① 《历代名臣奏议》卷二百七十二。
② 《宋史》卷一百七十九《食货志下一·会计》，第 4366 页。
③ 《宋会要辑稿》职官七九之二八。

于是乎昔日优裕之郡，今皆凋敝矣；昔日欢乐之民，今皆愁叹矣。”[1] 南宋后期官府如此作为，社会经济岂可复苏，财政危机怎能克服？赵宋王朝除了继续走向衰败，别无良好前途。

第三节 滥发纸币导致通货膨胀

南宋后期政治腐败，“庆元党禁”“开禧北伐”“嘉定更化”丧了国家元气，致使社会经济再趋衰退、国家财政重现危机。为了增加收入以解决财政入不敷出的困难，宋廷曾在铜钱不足和铁钱太多的情况下，滥发纸币，从而导致了通货膨胀和货币贬值、物价上涨。

一、铜钱不足

南宋后期仍以铜钱为本位货币。发行纸币会子以铜钱为本钱。宁宗时期财政支出的激增，仅靠铜钱不足以应付，而这也正是宋廷滥发纸币的直接原因。

在货币流通领域中，铜钱数量的相对不足也即所谓“钱荒”，是南宋时期长期存在的老问题，只是由于南宋后期财政支出的大幅度增加，“钱荒”问题显得尤为突出。

在南宋中期，铜钱就很稀少。孝宗淳熙三年（1176），宋廷曾规定铜钱岁铸额为 15 万贯，但因铜料不足和铸造成本太高，大多数年份都不能完成定额，铸得少的年份仅有两三万贯。高宗绍兴末年原有的饶州永平监、

---

① ［宋］袁燮：《絜斋集》卷三《论国家宜明政刑札子》，《文渊阁四库全书》第 1157 册。

建州丰国监、韶州永通监、赣州铸钱院、严州神泉监5个铜钱监，至光宗绍熙三年（1192）已有4个先后被废罢停产，只剩下饶州永平监尚在生产。至宁宗庆元初年，这种状况基本上没有改变。

南宋后期铜钱相对不足，其原因依旧是这么几个：一是铜料不足，铸钱成本高，不能完成铜钱年铸额；二是铜钱在外贸过程中大量流向国外；三是民间大量销毁铜钱改铸为铜器出卖谋利；四是纸币泛滥贬值，铜钱因少而贵，富家藏铜钱不用。这种情况正如嘉定十二年（1219）八月臣僚所言："今日之钱，鼓铸不登，渗漏不赀，鉟销日蠹，私家藏匿，叠是四弊，固宜铜钱日少而无济楮币之流行。"[①] 因此，他们要求朝廷加强铜钱铸造力度，严禁铜钱外流、销毁和贮藏不用，以充实会子的发行本钱。于是，整个宁宗时期，朝廷曾就这四个方面开展了整顿工作，但效果并不好。

庆元三年（1197）八月十七日，宋廷"诏严州复置神泉监，差监官一员，权隶工部。将诸处拘纳到铜器并铸当三钱，俟铸足十万贯日，特与优异推赏"[②]。南宋中期的铜钱只有小平钱和当二钱两种，这次铸当三虚值大铜钱，可见铸钱铜料之不足。正因为铜料不足，嘉泰初年（1201）铸钱司也就只能仍规定年铸额为15万贯，其中小平钱1.8万贯、折二钱6.6万贯（折小平钱13.2万贯）。而铸这15万贯铜钱的成本却很高，"岁费铸本及起纲縻费约用二十六万缗，司属之费又约二万缗"，真是得不偿失。同时，所铸铜钱成重和含铜量又大大降低，如："每当二钱千，重四斤五两（铜二斤九两半，铅一斤十五两半，锡二两，木炭五斤，除火耗七两外，净钱计上

① 《宋会要辑稿》刑法二之一四二。
② 《宋会要辑稿》职官四八之一三九。

件)。小平钱千,重四斤十三两(铜二斤十五两半,铅二斤一两半,锡三两,木炭八斤,除火耗七两外,净钱计上件)。视旧制铜少而铅多(天禧之制,每千钱用铜三斤十四两,铅一斤八两,锡八两,内建州丰国监又减铅五两,加铜亦如之。绍兴之制,每小钱一千,用铜二斤半,铅一斤五两,炭五斤,盖七百七十七文为一千者也。今小平钱一千足乃用此料,则钱愈锲薄,宜矣)。"[①] 这里所说的"当二钱千"应是省陌,共 375 枚。至嘉定十五年(1222),铜钱年铸额虽仍为 15 万贯,但却未能如期完成任务起发上供。之所以如此,据臣僚所言,原因有三:一是大量铜被用于打造器具和被商贾贩运去国外;二是朝廷每年于诸州科拨的 19 万贯坑冶本钱,诸州经常拖欠,每年到账才及十三四万贯,以致付不出工役之费;三是朝廷设置机构和官吏,体统不一,致使管理混乱,如冶司所总分布于江、浙、湖、广各路间之检踏官吏,"阙到、之官、任满、解职,与冶司邈不相关,其贪者残食本钱,缪者亏折铜课,不恤也"[②]。正由于铜钱缺乏,供应不足,当时杭州一带便有人私造锡牌以代替铜钱流通使用。嘉定十六年(1223)十一月三日,临安府新城县知县叶稽因纵容汪时亨违法行用锡牌,受到朝廷处分。[③]

南宋后期,朝廷在铸造法币铜钱的同时,继续严禁盗铸和行用私钱。特别是私铸劣币沙毛钱,自南宋初年以来长期禁而不断,直到宁宗庆元四年(1198)五月,"沙毛钱犹未尽戢"[④],故官府尤为注重对私铸和搬贩沙毛钱的打击。宁宗朝严禁私钱的力度可说超过前朝,《庆元条法事类》中关

① 《建炎以来朝野杂记》甲集卷十六《铸钱诸监》。
② 《宋会要辑稿》职官四三之一七九。
③ 《宋会要辑稿》职官七三之五八。
④ 《宋会要辑稿》刑法二之一三〇。

于禁止私钱的各种条款规定得非常详细。如“诸私铸钱者绞，未成百减一等”[①]。此外，还规定官吏巡察人员失觉察私铸钱、知而不举或故纵者、制造卖借铸私钱工具者、贩卖私钱规利者、行用私钱或得私钱而不即槌毁者，都要受不同程度的刑罚。对能抓获或举报铸私钱者及制造铸私钱工具者、能告获行用私钱或得私钱不即槌毁者，都给予奖赏，赏钱以犯人财产充，如不足由官钱支付，立功官吏则可减少磨勘时间。但是，南宋后期的严禁私钱效果依旧有限，直到南宋末期私钱流行仍然猖獗。

为了增加铸钱铜料，宁宗时继续实行铜禁。庆元二年（1196）八月，宋廷诏令三省将措置铜禁的条例上报，次年正月三省即制订了有关铜禁的详细规定，主要内容有：令私铸铜器之家改业；捉拿在军寨、寺观、舟船内私铸铜器的人；官民户除日用腰带、鞍辔、铜镜……外，应有铜器、铜钉、饰器都不许使用；官府应用之法物、铜铸钉饰，限一月内申报朝廷，仍旧使用；僧道钟磬等并民间及船户防托使用之铜锣，经州县陈状镌凿，限一月报官；钟磬、鞍辔等令文思院铸造，听人户、僧道请买；造军器需用之铜向有关部门申请支拨；民用铜镜由湖州官铸，从人户请买；诸路监司、州、军敢违制集工匠铸造铜器，责监司互察，委御史台弹奏；官员士庶敢私下收买铜器者，许人举报……[②]庆元三年（1197）二月，又禁铜器，令民间旧有铜器限两月赴官投卖，每两酬以30钱；如两月内不卖，又限两个月，但不再给钱，违者许人告。同年闰六月，出内廷铜器付尚书省毁之，命申严私铸铜器之禁。《庆元条法事类》中载有大量关于铜禁的规定，恕不赘述。

---

① 《庆元条法事类》卷二十九《禁榷·私铸钱》。
② 《宋会要辑稿》刑法二之一二七至一二八。

自朝廷禁止私铸铜器后，民间铸造虽暂停息，而在京官府却因制造军器及公廨用物，乘机打造铜器私下变卖。为此，开禧元年（1205）五月，朝廷再次申严禁约。朝廷虽严厉地实行铜禁，“而人情之所不乐也”[①]，“今日稍稍知惧，数月之后，浸浸如故”[②]。可见宁宗时期的铜禁效果依旧不佳。

南宋后期在实行铜禁的同时，又严禁销毁铜钱。庆元二年（1196）八月后，宋廷“禁销钱为器，买者科违制之罪。……其炉户决配海外，永不放回。仍许告捕”[③]。开禧二年（1206）正月，宋廷再次申严禁令，“诏坑户毁钱为铜者不赦，仍籍其家，著为令”[④]。但与铜禁一样，禁止销毁铜钱之令只能威慑一时，数月之后一切如故，因为销钱为器可获利10倍，黠吏渔其利，场户济其奸，于是销钱为器，所在公行。

铜钱流向国外，这一现象自北宋初期直到南宋末期一直存在。虽然宋廷屡立禁令，但始终是屡禁不止。南宋后期，鉴于“钱荒”比前更为严重，故宋廷为防止铜钱外流的禁令也比前更为严厉，而结果依旧是禁而不止。庆元元年（1195）六月，鉴于出使金国的人员常带铜钱过淮河，朝廷便诏令户部、刑部申严铜钱外流禁令，并检查出使官员及随从人员衣笼看有否夹带铜钱出境，如有违规，依法处置。庆元五年（1199）七月，禁高丽、日本商人博易铜钱。庆元年间（1195—1200）还诏禁商人持铜钱入高丽。《庆元条法事类》中载有非常详细的诸禁铜钱出中国条制。如规定“诸以铜钱出中国界者徒三年，五百文流二千里……三贯配远恶州……五贯绞……知

① 《絜斋集》卷六《策问·革弊》。
② 《群书考索》后集卷五十二《财·唐赋税盐茶酒钱楮坑冶铜禁》。
③ 《建炎以来朝野杂记》甲集卷十六《铸钱诸监》注文。
④ 《宋史》卷三十八《宁宗纪二》，第739页。

情引领停藏负载人减犯人罪一等，仍各依从者配发……其犯人并知情引领停藏负载者名下家并籍没入官”[①]，等等。同时还规定：以铜钱与番商博易者、相关部门官吏不觉察铜钱外流或以铜钱与番博易者，都要依法惩处；命官与诸色人等能捕获以铜钱出中国界者，都给予奖励；凡带铜钱入海船者，也要受杖刑、编管、徒刑、流放等处罚；甚至打造海船，也要把禁铜钱入海条令雕注于船梁，违者杖 80。嘉定五年（1212）六月，进一步加强禁令：禁铜钱（北）过长江。嘉定十年（1217）十一月底，命庆元府、泉州、广州在舶船离岸时差官检视，如发现有带钱下海者，不问缗钱多少，船货全部没收，如捉获下海铜钱 1 贯，酬以 10 贯之赏。嘉定十六年（1223）八月，再次申严舶船铜钱之禁。尽管朝廷再三加严铜钱外流之禁令，但无论官民都未能切实遵守。如，嘉定五年（1212）九月十二日，知雷州郑公明因三次搬运铜钱下海博易番货被罢官。[②] 嘉定十五年（1222）十月，据臣僚反映，市舶司为了完成岁课任务，每年冬天派遣富商出海贸易，虽带禁物，人不敢告，于是铜钱日耗。同时，商人贿赂官吏，得以带钱入海，连樯而去。“有腰百金以出者，吏卒已目送之，至数百则攎摭之，鞭笞之矣。”[③] 官吏放大欺小，这是南宋后期官场腐败的又一具体表现之一。

南宋后期不仅禁止铜钱外流出中国，甚至禁止铜钱出城。如，嘉定三年（1210），由于铜钱太少，会子贬值，为了称提会子，“又禁铜钱毋出都城”[④]。又如，为了提高会子的信用和法偿能力，庆元四年（1198）十月三日据新

---

① 《庆元条法事类》卷二十九《榷禁·铜钱金银出界》引《关市令》。
② 《宋会要辑稿》职官七四之四三。
③ 《历代名臣奏议》卷二百七十，陈耆卿奏。
④ 《建炎以来朝野杂记》乙集卷十六《东南收兑会子》。

权发遣泰州陈希点说:“现钱出门有禁,[官府]所籴客米并用官会支发。”[①]其实，禁止铜钱出城受害较大的主要是小商小贩，如临安城外小民贩卖鱼虾菜果等物，只不过获得些许铜钱，即被逻卒指为出境，既没收钱物，又加治罪，直是迫害贫民。

南宋后期，朝廷也限制富家储藏铜钱不用，但此令却难推行。储钱者心中不服，他们抗议说：“吾之钱吾所自有，吾所藏也，彼以中国之所有而散之夷狄上下不之禁，而何以咎我为哉！”[②]

宋廷实行铜禁、钱禁的结果,“虽严其禁而钱愈不见其多”[③],可见实行铜禁、钱禁并不能解决铜钱缺乏的问题。南宋长期实行铜禁、钱禁之所以无效，是因为它妨碍了当时商品经济和外贸空前发展的需要，违背了历史发展的这一必然趋向。

二、铁钱太多

南宋后期的铁钱仍限流通于四川、淮南和京湖地区。

（一）四川铁钱

孝宗淳熙六年（1179）十月，宋廷铸四川折三铁钱，用料只稍重于折二铁钱,至淳熙十五年(1188)共铸折三铁钱4.7万贯,可折小铁钱14.1万贯,从而补充了四川钱引的发行本钱，暂时防止了钱引的贬值。但是，到南宋后期，随着四川钱引发行量的日益增多，作为钱引发行本钱的铁钱又显得不足。于是，嘉定元年（1208）十一月，四川始在利州铸当五大铁钱，以

---

① 《宋会要辑稿》职官二六之二二。
② 《历代名臣奏议》卷二百七十三，宋宁宗时青田县主簿陈耆卿奏。
③ 《群书考索》后集卷五十二《财·唐赋税盐茶酒钱楮坑冶铜禁》。

权四川钱引增多之弊。嘉定三年（1210）夏，制置大使欲尽收旧钱引，又于邛州铸当五大铁钱。利州绍兴监所铸当五大铁钱，以“圣宋重宝”为文，背铸“利一”二字，又铸篆“五”字。邛州惠民监所铸当五大铁钱，以“嘉定重宝”为文，背铸“西二”二字，又铸篆“五”字。两监共铸30万贯，而其料例却与原当三铁钱相同，可见这是一种更大的虚值货币。“时议者恐其利厚而盗铸滋多，而总所方患引直低，虽盗铸不禁，盖欲钱轻则引重也。”[①] 嘉定元年（1208）、三年四川利、邛二州铸造铁钱30万贯，其数在宋代可说是一个较高的定额，而因当五大铁钱只是人为提高面值的虚值大钱，在民间缺乏信用，加上私钱的泛滥，铁钱本身就因过多而贬值，故它依旧克服不了四川钱引因过多而贬值之弊。

（二）淮南铁钱

淮南原是行用铜钱的地区，孝宗乾道初年，为防止铜钱流向金国，在淮南改用铁钱，禁用铜钱，并发行以铁钱为成本的淮南交子。至淳熙十二年（1185），舒州同安监、蕲州蕲春监铸“淳熙通宝”铁钱岁额各为20万贯。光宗即位后不久，曾因私铸铁钱泛滥造成铁钱贬值，后来经过整治才度过了铁钱危机。但淮南铁钱积年所铸毕竟太多，而流通区域又太小，只用于淮上10余郡，从而出现了贬值危机。当时人们认为，为了缓解铁钱危机，可把流通地区扩大到长江以南的部分地区，故朝廷曾多次就此展开讨论。宋宁宗庆元元年（1195）三月，命侍从等官集议江南沿江诸州行铁钱利害。嘉泰元年（1201）八月，又诏侍从、台谏、两省集议沿江八州行铁钱利害。所谓沿江八州，应指江州、池州、太平州、常州、建康府、镇江府、兴国军、

① 《文献通考》卷九《钱币考二》，第245页。

江阴军。讨论结果暂未做最后决定。嘉泰三年（1203）四月，为减少铁钱，朝廷出封桩库两淮交子100万，命转运司收民间铁钱。然而这并未能解决铁钱贬值问题，于是同年七月，停罢同安、汉阳、蕲春三监铸造铁钱；九月，又命坑冶铁钱司毁私钱改铸。至开禧元年（1205）六月，也许是为了准备北伐金国的需要，又恢复同安、汉阳、蕲春三监。战后，积累的铁钱更多，嘉定二年（1209）八月宋廷便下决心要扩大铁钱行用区，宣布“听两淮诸州民行铁钱于沿江八州”[①]。然而要在沿长江八州军行用铁钱阻力极大。如建康府用铁钱后，商旅不通，细民坐困，引起社会混乱，知建康府黄度便通过发米以粜和出铜钱、楮币兑换，收尽铁钱，仍用铜钱。又如，知江州袁燮认为行用铁钱将愈使铜钱闭藏不出，便暂缓执行使用铁钱的命令。同时，尚书吏部右曹郎中王遇以为沿江州郡行用铁钱会促进私钱的盗铸，不如暂停铁钱鼓铸。不久，因沿江八州行用铁钱有损军兵利益，镇江府以军情动摇上言。沿江八州行用铁钱之事遇到了巨大阻力，朝廷被迫收回成命。

宋廷欲在沿江八州行用淮南铁钱的决策失败后，嘉定年间（1208—1224）铁钱贬值的问题就更为突出。为了扭转铁钱不断贬值的趋势，朝廷别无良策，只得在嘉定七年（1214）十二月复罢同安监铸造铁钱。

（三）京湖铁钱

京西南路在孝宗淳熙七年（1180）由铜钱区改为铁钱区；荆湖北路荆门军大约在光宗绍熙元年（1190）前后改为铁钱区，湖北江陵改用铁钱要迟至宁宗时期。京西南路起初用舒州、蕲州铸造的铁钱，绍熙年间（1190—1194）改用由汉阳监铸造的铁钱，当时汉阳监年铸铁钱额为10万贯。至

---

① 《宋史》卷三十九《宁宗纪三》，第753页。

宁宗“开禧北伐”时，因对金用兵，汉阳监“增铸缗钱十万，倍于旧额”[①]。嘉定五年（1212）前后，“京西、湖北之铁钱，则取给于汉阳监及兴国富民监，后并富民监于汉阳监，以二十万额”[②]。嘉定八年（1215）前后，黄榦出任知汉阳军，据他调查，汉阳监最初年铸定额为10万贯，到嘉定年间（1208—1224）实际铸造量增为每年二三十万贯，不过所铸之钱大部分成了本监官员和兵匠的薪俸，每年输送朝廷的只有两三万贯，仅年铸量的十分之一。朝廷所得虽少，但京湖铁钱的年铸量却很可观，故黄榦说：“两淮荆襄，人烟萧索，而铁钱太多，故其用也轻。”[③]可见京湖铁钱也存在因过多而贬值的问题。

三、滥发纸币

南宋后期的纸币，仍是会子、钱引、淮南交子、湖北会子以及关外银会子、关外铁钱会子等数种。

（一）会子

南宋后期，由于天灾和战争使国家财政支出加多，尤其是开禧北伐期间军费激增，因此宋廷需要大量货币来维持国家机器的运转。而当时铜钱稀缺，铁钱又只限于在四川、淮南和京湖地区流通，为了救急，宋廷便大幅度地增加会子的发行量，结果引起了会子的严重贬值。关于南宋后期会子发行的界别、数量以及使用时限，情况比较复杂，各种史书的记载多有

---

① 《昌谷集》卷十九《利州路提点刑狱陈［元勋］君墓志铭》。
② 《宋史》卷一百八十《食货志下二 • 钱币》，第4398页。
③ 《勉斋集》卷二十九《与漕使赵监丞论钱监利害》。

差异，现通过对相关资料[①]的考辨，将当时各界会子的数量及流通时间综述于下：

南宋中期共发行会子八界，虽其发行数量逐界都有增加，但因朝廷称提会子币值的工作做得较好，会子未有明显贬值。孝宗淳熙十六年（1189）发行会子第八界共 2477 万贯。到南宋后期，虽规定会子每界以 3000 贯为额，但从宁宗庆元元年（1195）开始，每界发行数量仍逐界猛增。

庆元元年（1195）发行第九界 3723 万贯，收兑第七界。

庆元三年（1197）发行第十界约 4000 万贯，收兑第八界。

嘉泰四年（1204）发行第十一界 3632.62 万贯，收兑第九界。

开禧二年（1206）发行第十二界 4758.09 万贯，收兑第十界。

开禧三年（1207）发行第十三界 5548 万贯。

嘉定元年（1208）发行第十四界、十五界共 8000 万贯，后又陆续加印，第十四界增加至 11263 万贯，第十五界增加至 11698 万贯，而且长期行用，直到南宋末期理宗端平元年（1234）发行第十七界时，才收兑第十四、第十五界。

嘉定二年（1209）开始收兑第十一界。

嘉定三年（1210）开始收兑第十二界。

嘉定四年（1211）开始收兑第十三界。

南宋后期的会子，不仅发行量巨大，而且还多界沓行，甚至旧会长期

---

① 《玉海》卷一百八十六《食货》;《建炎以来朝野杂记》甲集卷十六《东南会子》;《建炎以来朝野杂记》乙集卷十六《东南收兑会子》;［宋］戴埴:《鼠璞》,《文渊阁四库全书》第 854 册;《宋史》卷一百八十一《食货志下三·会子》，第 4407—4408 页;《文献通考》卷九《钱币考二》，第 248 页；参考汪圣铎《两宋货币史》第 667—676 页。

沿用，又另发新会，这就更增加了散布在社会上的会子数量。如，开禧年间（1205—1207）第十一界、十二界、十三界并行，数量达到1.4亿贯。嘉定初发行之第十四界、十五界不断增印，共达2.3亿贯，同时第十一、十二、十三界仍在行用，数量十分庞大。

除了官方滥发会子外，加上民间私造的会子，这使南宋后期会子的总量更为惊人。虽然朝廷严禁伪造会子，并处罚纵容伪会的官员，但仍“伪造日滋，欲楮币之不弊不可得也”①。直到嘉定十六年（1223），虽“伪造有禁，刊之印文，编之敕令，非不严具，而‘愚民’无知，抵冒自若”②。尤其是伪造会子的技术甚高，能做到以假乱真，使官府更难发现和禁止。如嘉定、宝庆间，李全在山东搞割据，“有士人教之以依朝廷样式造楮券，全从之，所造不胜计，持过江南市物，人莫能辨，其用顿饶，而江南之楮益贱，上下共以全为忧”③。

（二）钱引

南宋中期的钱引增印不多，币值也较稳定。南宋钱引以两年为一界。孝宗淳熙十四年（1187）发行第八十三界时，两界并行共有4647万贯。淳熙十六年（1189）发行的第八十四界，本应在光宗绍熙二年（1191）期满，但当年朝廷宣布八十三界展用一界，并增印190万贯以补受水火所损的钱引，八十五界因此停发，故至绍熙四年（1193）发行第八十六界时，两界共印4837万贯。到南宋后期的宁宗庆元年间（1195—1200），因其经济承接南宋中期的余绪，财政尚不算困难，故钱引增量不大。庆元元年（1195）

① 《文献通考》卷九《钱币考二》，第249页。
② 《宋会要辑稿》刑法二之一四五。
③ 《鹤林玉露》甲集卷四《制置用武臣》。

发行第八十七界，庆元三年（1197）发行第八十八界时，因三路旱伤减税，增印100万贯，两界也只共有4937.2080万贯。庆元五年（1199）三月，朝廷宣布每界钱引展用一年，故迟至庆元六年（1200）才发行第八十九界，因岁旱免下户两税，乃增印100万贯，次年东西川皆旱，又增印109万贯以补偿所免之税。嘉泰二年（1202）发行第九十界，又规定以两年一兑换，不再展期沿用。嘉泰四年（1204）发行第九十一界，可能是为了准备后来的"开禧北伐"增印500万贯，两界共发放钱引5300万贯。开禧二年（1206）发行第九十二界时，与九十界、九十一界一起三界并行，共有8000万贯之多，约为北宋仁宗天圣元年（1023）初行交子时祖额125.634万贯的64倍。第九十三界发行时间失载，估计应在嘉定元年（1208）。嘉定三年（1210）收兑九十一界2900万贯，又增印九十四界500万贯。此后，嘉定十一年（1218）四月，因再次与金作战，又命四川增印钱引500万贯以给军费。

（三）淮南交子

南宋后期，淮南交子依旧在两淮地区行用。南宋中期时，因宋廷没有无本滥发淮交，同时又设法扩大其流通范围并提高其法偿地位，故淮交币值较为稳定。可是到南宋后期，淮南交子的发行量开始不断增加，从而造成了其币值的下降。

光宗绍熙三年（1192）淮南交子开始立界发行，规定三年一兑，则宋宁宗庆元元年（1195）收兑第一界，发行第二界。至庆元四年（1198）第二界已到兑期，却未按期收兑。据《宋史》记载："庆元四年，诏两淮第二界会子（淮南交子又称淮南会子）限满，明年六月，更展一界。"[1] 于是

① 《宋史》卷一百八十一《食货志下三·会子》，第4411页。

淮交也出现了展期使用的情况。

嘉定初年，东南会子因三界并行而发生危机，官方曾用淮交与铁钱去兑收在淮南地区的东南会子[①]，淮交可能因此而超额发行。后来，淮南交子的发行量不断增加。“嘉定十一年，造两淮交子二百万，增印三百万。十三年，印二百万，增印一百五十万。十四年、十五年，皆及三百万。自是其数日增，价亦日损，称提无术，但屡与展界而已。”[②]

（四）湖北会子

南宋中期的湖北会子，也因宋廷控制了发行数量并提高其法偿地位而较少贬值。孝宗隆兴元年（1163）首发湖会时只有700万贯。淳熙十三年（1186）诏湖会以三年为界。至光宗绍熙元年（1190），前两界湖会行用期满，以旧换新，新造两界湖会共有540万贯，比隆兴元年初发行时的数量还少。到了南宋后期三年一界的规定被破坏，换界的时间拉长。大抵开禧北伐前约五年一界，此后则为十几年、二十几年一界。如嘉定五年（1212），在绍熙元年（1190）之后22年才用第六界收换第五界。嘉定十四年（1221）“造湖广会子三十万易破会”，十七年，又“造湖会第六界会子二百万”。[③]

总的看来，南宋后期湖北会子发行界数少，换界时间长，印造量不多，但它仍然严重贬值。其贬值并非由于滥印多发，而是别有原因。

（五）关外银会子、关外铁钱会子

关外银会子在绍兴七年（1137）初创行时只印一钱银会子14万纸、

① ［宋］刘宰：《漫塘集》卷二十八《故知和州陆秘书［埈］墓志铭》，《文渊阁四库全书》第1170册。

② 《宋史》卷一百八十一《食货志下三·会子》，第4412页。

③ 《宋史》卷一百八十一《食货志下三·会子》，第4412页。

半钱银会子10万纸,共可折钱引4.75万贯,每年一兑换。绍兴十七年(1147)七月复造、改为两年一兑换。乾道四年(1168)四月,始增印一钱3万纸,可折钱引7500贯。而到宁宗嘉泰初,“每两年印给六十一万纸,共折川钱引十五万缗”[①],据此,以4钱银会子折钱1贯计,可见这61万纸都是一钱的银会子。十分明显与南宋中期相比,南宋后期的关外银会子增印数量较多。

流通于四川东北数州之地的关外铁钱会子,孝宗隆兴元年(1163)初创时,只印60万缗,可折钱引10万贯,即每6缗关外铁钱会子可折钱引1贯。后来逐渐增印,至南宋后期宁宗嘉泰初,“每二年印给二百四十万缗,共折川钱引四十万缗”[②],可见增印数量不小。

四、货币贬值

要判断南宋后期的货币是否贬值,铜钱要看它的购买力有否下降,铁钱可看它与铜钱的比价及其购买力有否下降,各种纸币则应看它们与铜钱、铁钱的比价以及购买力有否下降。当然,南宋后期货币的总体贬值其根源仍在于经济的衰退,在于货币的流通总量超过了社会商品的总价格,也即商品的供不应求,各类货币之间比值的变化也都与此密切相关。

(一)铜钱

南宋中期,由于经济的发展,商品供应状况有所改善,加上铜钱铸量较少,未出现通货膨胀现象,故物价相对平稳,铜钱也就没有贬值。进入

---

① 《建炎以来朝野杂记》甲集卷十六《关外银会子》。
② 《建炎以来朝野杂记》甲集卷十六《铁钱会子》。

南宋后期，铜钱更少，“钱荒”尤为严重，与铁钱和各种纸币相比，铜钱似乎应升值，但铜钱本身不仅没有升值，反而比前贬值。这是因为当时经济衰退，商品供不应求，以铜钱标示的物价普遍上涨，可见铜钱是否贬值的原因不完全在于其绝对数量的多少，而要看当时货币流通总量能否与商品的有效供应量相平衡。关于南宋后期铜钱贬值的情况，我们将在下文论述物价上涨时予以证实。

（二）铁钱

1. 四川铁钱

南宋中期，四川铁钱因增铸不多，故其币值得以长期保持稳定。自高宗绍兴二十九年（1159）直至宁宗嘉定四年（1211）的50多年中，一直保持着每铁钱2文折铜钱1文或铁钱1贯折钱引1道的惯例。到了南宋后期，四川铁钱开始贬值。宁宗嘉定元年（1208）四川总领所开始在利州铸当五大铁钱，嘉定三年（1210）又在邛州铸当五大铁钱，两次共铸钱30万贯，其目的是为了通过增加铁钱来防止钱引贬值，欲使“钱轻则引重”。然而，这种当五大铁钱的铸造料例与原折三大铁钱相同，只稍重于折二铁钱，只是一种人为提高面值的减重虚值大钱，实际上只相当于一个折二铁钱，却当五使用，这势必引起后来铁钱本身的贬值。同时，两次共铸30万贯当五大铁钱，在宋代铸造铁钱史上可说是一个较高的数额，而且当五大铁钱的出现还刺激了民间私铸大铁钱的蜂起，使铁钱更多，从而促进了铁钱与钱引的一起贬值。

2. 淮南铁钱

南宋中期，由于宋廷采取了一系列控制淮南铁钱数量并提高其法偿地位的政策措施，从而防止了铁钱的贬值，使铁钱仍能保持以二当铜钱一的比值。到了南宋后期，尤其在开禧北伐前后，铁钱铸量失控，长期积累的铁钱又太多，而朝廷欲在长江沿岸八州军行用铁钱的意图终未实现，淮南铁钱就进一步贬值。嘉定五年（1212），朝廷曾拨会子5000贯给淮西和州，当地这些会子可兑换铁钱11591贯[①]，即会子1贯可兑铁钱2.32贯。因当时会子相对铜钱已经贬值，1贯会子只值半贯铜钱，每贯铜钱可折铁钱3贯至4贯多，故知通州乔行简说："今江北专用铁钱，近年以来，比之内郡铜钱，数轻三倍。"[②]稍后，淮南铁钱更为贬值，"铁钱三千得官券一千"[③]，即铁钱3贯只能换得会子1贯。有时，铁钱兑换会子或铜钱，所得更少。如"会子一贯换铁钱三贯四百"[④]。又如"嘉定五年，臣僚言江北以铜钱一折铁钱四"[⑤]。

3. 京湖铁钱

光宗绍熙年间（1190—1194）建立汉阳监，京湖铁钱主要由汉阳监铸造，起初年铸额仅10万贯，宁宗开禧北伐时，增铸10万贯，倍于旧额。至嘉定五年（1212）前后，虽说京湖铁钱以20万贯为额，其实嘉定八年（1215）前后，年铸额已增为二三十万贯。当时荆襄地区人烟萧索，为此铁钱因太多而贬值。据知汉阳军黄榦说："数年之前，铁钱二当铜钱一，今则以三当一矣……若监中所铸无度，则铜钱愈重，铁钱愈轻。"他又说，由于铁钱贬值，采矿炼铁的"炉户得铁钱五十，向也可易铜钱二十五，今止可易

① 《宋会要辑稿》食货六二之七三。
② 《宋会要辑稿》刑法一之五九。
③ ［宋］陈造：《江湖长翁集》卷二十七《上赵丞相札子》，《文渊阁四库全书》第1166册。
④ ［宋］陈珌：《洺水集》卷四《进故事》，《文渊阁四库全书》第1171册。
⑤ 《宋史》卷一百八十《食货志下二·钱币》，第4398页。

十七，则已折三分之一矣”[①]。黄榦还讲到汉阳军守军“衣赐则以铁钱折支，视中州所得五分之一耳”[②]。

（三）纸币

1. 会子

南宋后期，会子不断增印，数量庞大。宁宗庆元元年（1195）发行第九界为3723万贯，到嘉定元年（1208）发行第十四、十五界共为8000万贯，后不断加印，第十四界增至11263万贯，第十五界增至11698万贯。开禧年间（1205—1207），第十一界、十二界、十三界并行，数量达到近1.4亿贯。嘉定初发行之第十四界、十五界不断增印，共达近2.3亿贯。加上私造会子，会子总量惊人，于是会子大幅度贬值。

南宋中期，会子币值基本稳定。绍兴三十二年（1162）正式发行会子时，曾规定行使会子并同现钱，即会子1贯等于铜钱1贯省，也就是等于770文。此后，会价虽有所波动，但经过朝廷“称提”，会价一度上升，甚至重于黄金。淳熙八年（1181），会子还“可作七百七十一文行用”。淳熙十年（1183）后，因会子发行量不断增加，会价稍有下降，淳熙十三年（1186），“江、浙会子一千，率得铜钱七百五十”。但直到光宗绍熙二年（1191），彭龟年仍说：“近日会子流通胜于见钱，官私便之。”

到了南宋后期，会子便开始不断地大幅度贬值。庆元元年（1195），1贯会子只能换得铜钱620文，朝廷为之忧愁。[③]庆元、嘉泰间，大臣袁说友上奏说：“窃闻都下官会又复亏折，一千官会虽得七百二三十见钱，而

---

① 《勉斋集》卷二十八《与漕使赵监丞论钱监利害》。

② 《勉斋集》卷二十四《汉阳条奏便民五事》。

③ 《容斋三笔》卷十四《官会折阅》，见《容斋随笔》本第468页。

沙毛减轻钱一千之内率有二三十焉，是实得七百以下也。零会则折阅又甚矣。然亦未至如外郡之尤弊也。今近在辅郡如浙西之湖、秀，浙东之婺、越，盖兑一千而得六百七八十矣，而沙毛、减轻亦在焉。稍远而衢、信，又远而建、剑，远而江东，则一千止得六百以下矣。愈远愈轻，愈轻则愈不用，官会之弊，至此甚矣。”[①] 庆元四年（1198）十月，权发遣泰州陈希点也上奏说：“年来币（指会子）轻，折阅已甚。浙西出米之地，仅得六百二三十文，商旅以纽算暗增米价，是一百万缗仅得八十万缗之用。”[②]

开禧北伐时，军费加大，会子三界并行，总数逾亿，于是会价猛跌。据叶适记载：“开禧会子轻，仅卖半价。”[③] 嘉定三年（1210）八月宋廷的诏书中也说到，前此“停塌钞引之家，低价买会，每贯用钱三四百文”[④]。戴埴《鼠璞》中也记载：“嘉定初，[会价]顿损其半。”后经官方竭力称提，嘉定八年（1215）会价回升，“虽七百六百诸处不等，不至十分折阅”[⑤]。然而不到数月，会价又减落，每贯“不过六百上下”[⑥]。嘉定十年（1217）南宋再次伐金，会子数量越来越多，会价又有下降。嘉定十二年（1219）都省上奏说：“见钱稀少，会价渐至减低。”[⑦] 具体数据史籍失载。

2. 钱引

南宋中期钱引增印不多，币值也较稳定。光宗绍熙四年（1193）发

---

① 《历代名臣奏议》卷二百七十二。
② 《宋会要辑稿》职官二六之二二。
③ 《水心文集》卷二十三《福建运使直显谟阁少卿赵公墓志铭》，见《叶适集》，第448页。
④ 《宋会要辑稿》食货二八之五一。
⑤ 《鼠璞》。
⑥ 《后乐集》卷十五《知福州日上庙堂论楮币利害》。
⑦ 《宋会要辑稿》刑法二之一四二。

行第八十六界，两界共印 4837 万贯。至南宋后期的宁宗庆元元年（1195）发行第八十七界，三年（1197）发行第八十八界时，因四川三路旱蝗增印 100 万贯，两界也只共有 4937.208 万贯。嘉泰二年（1202）发行第九十界，嘉泰四年（1204）发行第九十一界时，为准备后来之开禧北伐，增印 500 万贯，两界共发放 5300 万贯；开禧二年（1206）发行第九十二界时，三界并行共有 8000 万贯。嘉定三年（1210），发第九十四界又增印 500 万贯。嘉定十一年（1218）因再次与金作战，再增印 500 万贯以给军费。南宋后期钱引的不断增印，致使钱引币值下降。

绍兴二十九年（1159）十二月二十四日，宋廷为统一币值，曾规定“四川进纳人依例每铁钱二文折铜钱一文，每铁钱一贯折川钱引一道”[①]，也即官价钱引与铁钱等值。直至庆元三年（1197）钱引币值虽稍有下降，“每钱引一千，民间直铁钱七百已上”[②]，但变化还不算太大。而到嘉泰末，因第九十界、第九十一界钱引共有 5300 万贯，开禧二年（1206）发行第九十二界钱引，三界并行共有 8000 万贯，因而币值大跌，至嘉定初“每缗止直铁钱四百已下”[③]。于是，嘉定元年（1208）十月总领财赋陈咸出可值钱 1300 万贯的库管金、银、度牒收回半界第九十界钱引，然而这仍不能有效提高引值，“引直仅为铁钱五百有奇，若关外用铜钱，每引止直百七十钱而已”[④]。

---

① 《宋会要辑稿》职官五五之四六。
② 《建炎以来朝野杂记》甲集卷十六《四川钱引》。
③ 《建炎以来朝野杂记》乙集卷十六《四川收兑九十界钱引本末》。
④ 《建炎以来朝野杂记》乙集卷十六《四川收兑九十一界钱引本末》。

3. 淮南交子

南宋中期，因朝廷没有无本滥发淮南交子，淮交币值稳定，每贯淮交值铁钱770文，即值铁钱1贯省。而当时铁钱二可换铜钱一，会子1贯值铜钱1贯省，则会子1贯可折铁钱2贯省或淮交2贯。南宋后期，由于淮交不断增印和展期延用，“自是其数日增，价亦日损”①，“会子一贯市换铁钱三贯四百”，铁钱已贬值，淮交也相应贬值，而当时官员为克扣军人给养，“止以铁交三贯一二百准会子一贯支与”。②可见淮交已由原来2贯值会子1贯贬值为“三贯一二百准会子一贯”，而实际上，如不扣减军饷，淮交须3贯400文才值会子1贯。

4. 湖北会子

南宋中期朝廷并未滥发湖北会子。孝宗隆兴初创行湖会时，以铜钱为发行本钱，规定湖会1贯可当铜钱770文。后因管理不善，乾道九年(1173)，湖会一度贬值为1贯省只值钱600文。光宗绍熙二年(1191)湖会币值回升，“流通胜于见钱”，但随即又贬值为一贯湖会只可值500钱左右。到南宋后期，湖北会子虽发行界数少、换界时间长、印造量不多，但它却严重贬值，这可能与天灾战祸有关。庆元、嘉泰间湖会币值与绍熙时的币值相比变化尚不大，至嘉定年间（1208—1224）贬值幅度就加大了。庆元二年（1196）湖广总领司“造会子，价益贱，减省，百才直五十，命曰短钱”，也即湖会1000文只值铜钱500文。官方曾提高湖会币值，“付钱为千者五百，使

① 《宋史》卷一百八十一《食货志下三·会子》，第4412页。
② 《洺水集》卷四《进故事》。

以七十兑焉”[①]，即以原湖会1000文兑铜钱500文提高到了兑700文。但直至嘉泰年间（1201—1204），湖会币值依然无法提升，当时“江浙会子一千率得铜钱七百五十，湖北会子一千率得钱五六百”[②]。嘉定五年（1212），湖广官方以第六界湖北新会子1贯收兑第五界旧会2贯，继而又令军民以1贯新会换旧会1贯半。[③]如以新会1贯官方定价为铜钱770文折算，则第五界湖会已贬值到1贯只值铜钱385文至513文。嘉定八年（1215）前后，“军资库钱物共有十万贯铁镪，准湖会六万贯”，“九十万贯湖广会子，准行在会子五十余万贯”。[④]据此折算，则湖会1贯只值铁钱1.667贯，或值会子0.556贯。嘉定十五年（1222），湖会进一步贬值，据臣僚言：“以今市直论之，二贯七百湖广会仅可换铜交子一贯行使，其折阅大概可知。”[⑤]即湖会1贯省可换会子285文。而嘉定年间（1208—1224）会子已贬值一半，每贯只能换铜钱385文，因此湖会1贯只约值铜钱143文，与湖会初创时值铜钱770文相比，贬值太多。

5. 关外银会子、关外铁钱会子

南宋后期，关外银会子和关外铁钱会子仍在流通。

关外银会子在绍兴七年（1137）初创时，每4钱银会子可折钱引1贯，直至南宋后期嘉泰初年，依旧保持着这一比价。从与钱引的比价来看，关外银会子似乎没有贬值，但因嘉泰末年钱引已由庆元三年（1197）

---

① 《水心文集》卷二十五《朝请大夫提举江州太平兴国宫陈公墓志铭》，见《叶适集》，第502—503页。
② 《建炎以来朝野杂记》甲集卷十六《东南会子》。
③ 《宋史》卷一百八十一《食货志下三·会子》，第4413页。
④ 《勉斋集》卷三十《申京湖制置司办汉阳军籴米事》。
⑤ 《宋会要辑稿》食货四四之二〇。

的每贯值铁钱 700 多文跌至每贯只值 400 文以下，故关外银会子实际上也已随之贬值。

关外铁钱会子在孝宗隆兴元年（1163）创行时，每 6 贯可折钱引 1 贯，至南宋后期嘉泰初年，也依旧保持着这一比价。由于嘉泰末年钱引已贬值至每贯值铁钱 400 文以下，关外铁钱会子实际上也已随之贬值。

五、物价上涨

物价上涨是通货膨胀和货币贬值的具体表现。物价上涨的根本原因并不在于货币流通绝对数量的多少，而在于生产衰退后商品有效供给的不足，即商品生产难以满足过度消费的需求，也就是流通于社会的货币总量超过了社会全部商品的总价格。钱多物少，致使钱轻物重，于是在货币流通规律的作用下，物价就会自动上涨，以实现商品供需新的平衡，使社会商品总价格与流通于社会的货币总量再次达到相等。南宋后期物价上涨的原因也不例外。

（一）粮价

南宋后期的粮价十分复杂。粮食标价有的用铜钱，有的用铁钱，还有用纸币会子、淮交、湖会……由于各类货币的币值常有不同程度的升降，故它们相互之间的比价变化无常，往往难以准确折算。同时，不同地区、不同时期和不同品种的粮食价格各不相同；甚至同一地区同一时期的同一品种粮食也有不同价钱。此外，粮价还有民间市价、官府收税折价、官府和籴价以及赈灾出粜价之不同。一般说来，官府收税折价高于市价，官府籴粮和赈粜价低于市价。至于农业丰收时谷贱，遭遇天灾时米贵，这是必然之理。我们无法也不必去繁琐地介绍各地每年的粮价情况，为了论证南宋后期已经出现通货膨胀并引起了货币贬值和物价上涨，我们只需列举各个历史时期南宋各主要地区粮价的一些典型事例，观察其发展趋势，并考虑当时各种货币之间比价的变化，就可判断粮价是否上涨。

绍熙五年（1194）七月宋宁宗即位，历史进入南宋后期。同年闰十月，据吏部侍郎彭龟年奏："今岁淮东、两浙多被旱潦，如常、润、扬、楚、盱眙等处，当此收成之时，斗米至为钱四百上下，无下三百足陌者。"[①]斗米价格为钱300文至400文，这是灾年的高价，非常年市价。

庆元年间（1195—1200），浙西粮食曾获丰收，米价"斗仅及二百，父老皆谓二十年未有此稔"[②]。斗米值钱200文，这是丰收年之粮价，显然低于常年市价。

庆元五年（1199）四月二十九日，据臣僚言，州郡征收两税"于折米麦之外变纳价钱，麦一石或折钱五千、米一斗或纳钱七百，计其价直，何止倍输"[③]。官府收税折变，麦一石折钱5000文，米一斗折钱700文，价格高于市价一倍以上，可见当时市价应为麦一石2500文、米一斗350文以下。

开禧年间（1205—1207），湖州米"见在市价，每斗四五百文官会"[④]。这是米的市价每斗值会子400文至500文，而"开禧会子轻，仅卖半价（铜钱）"，故湖州米市价相当于每斗值铜钱200文至250文。

嘉定改元之初（1208），镇江官府规定"每小麦一斗折钱四百，大麦

① 《止堂集》卷五《论浙西旱潦乞通米商仍免总领司籴买奏》。
② 《山房集》卷二《代监司乞行下浙西广籴札子》。
③ 《宋会要辑稿》食货七〇之九六。
④ 《双溪类稿》卷二十三《申三省枢密院公札·内小贴子》。

一斗折钱二百”[①]。这是官方定价，价格较高。

嘉定三年（1210），越州官府“粜谷五百石，得官会一千八十贯”[②]，即谷每石值会子2.16贯，当年会子贬值，每贯只能换铜钱三四百文，故每石谷值铜钱在648文至864文之间。一般当时谷2石可折米1石，故米价每石约在钱1296文至1728文之间。

嘉定八年（1215），江东路旱蝗为灾，“麦价所在昂贵，其最平处每石为钱亦不下二贯有奇”[③]，即最低麦价每石也为钱2贯多。江东九郡的大旱，也致使“市籴翔踊，斗几千钱，其长未已”[④]。米斗几千钱，这是灾荒年间的高价。而就在这年的六月十一日以前，宁国府的米价是“秈米每石八百文足，粳米每石一贯文足”[⑤]，这米价可说是相当便宜。

嘉定中，福建建宁山区地处偏僻，米价很贱，“米以五六升为斗，每斗不过五六十钱”，但当遇旱灾时，“索价愈高，至于百八九十金”。[⑥]灾年米价涨至每斗百八九十钱，如每斗只有五六升，则米价较高，实际价格相当于每斗米在300—360钱以上。

还是嘉定八年（1215），汉阳军以库存“十万贯铁钱，准六万贯湖北会子”，“只籴得米二万石”。[⑦]即每石米价格为铁钱5贯或湖会3贯。当年京湖铁钱3文只能值铜钱1文，湖会1贯只值行在会子0.556贯（约428文），

---

① ［宋］卢宪：《（嘉定）镇江志》卷五《宽赋》，《续修四库全书》第698册。
② ［宋］周密：《癸辛杂识》别集下《银花》，中华书局1988年版，第273页。
③ 《真文忠公文集》卷六《乞给降钱会下本路灾伤州郡下户收籴麦种》。
④ 《真文忠公文集》卷六《奏乞分州措置荒政事》。
⑤ 《真文忠公文集》卷十二《奏乞将知宁国府张忠恕亟赐罢黜》。
⑥ 《勉斋集》卷十八《建宁社仓利病》。
⑦ 《勉斋集》卷三十《申制司乞再给米》。

依此折算则当年米价每石值铜钱 1 贯 660 文左右或行在会子 1 贯 514 文左右。这显然是官府以低价籴米，因为嘉定汉阳军米的市价已是“四贯以上官会可籴米一石”[①]。同年冬，汉阳军饥荒，百姓日食草根，无米可籴，“向来米价每石二千，目今已是七八千[湖会]方籴一硕”[②]。据知汉阳军黄榦说，“今本军每岁米价每升只是十七八文湖会，今客人高抬米价增至四五倍”，“日今市价每米一斗粜湖北会子八百文”。[③] 米每石市价为 4 贯以上官会或七八千湖会，相当于 3 贯多。但为了赈灾，官府每斗米只作 40 文湖会出粜，后又减至 35 文。

嘉定九年（1216），江东路广德军籴米价格“以每石三贯为率”[④]。这是官府籴米价，估计低于市价。实际上当时已经是“城市米价为一省升为钱四十余足”[⑤]，即米市价每斗为钱 400 多文。

嘉定十一年（1218），福建泉州丰收，“米斗百钱”[⑥]，米价可说非常便宜。

嘉定十三年（1220），袁州官府“括公庾之赢，得米二百余斛，易缗钱八十万有奇”[⑦]，每石米价将近铜钱 4 贯。

嘉定十六年（1223）潭州官府和籴米“每石计官会三贯七百五十文”[⑧]。因当时会子已贬值，每贯已当不到铜钱 600 文，会子 3 贯 750 文相当铜钱

---

① 《勉斋集》卷三十《申京湖制置司办汉阳军籴米事》。
② 《勉斋集》卷三十《申转运司乞候岁丰别议筑城事》。
③ 《勉斋集》卷三十《申制置司为赈米价太高事》。
④ 《真文忠公文集》卷七《申省第三状》。
⑤ 《真文忠公文集》卷七《申省第八状》。
⑥ 《真文忠公文集》卷三十四《蔡真人诰碑》。
⑦ ［宋］滕强恕 ：《平政桥记》，《全宋文》第 297 册，上海辞书出版社、安徽教育出版社 2006 年版，第 28 页。
⑧ 《真文忠公文集》卷十七《申尚书省免和籴尽数状》。

2贯250文，可见和籴米价之低。

四川的粮价以钱引或铁钱标价，例如：

庆元五年（1199），四川3路15州军籴到米103936.48石，每石价值不等，共约计籴本钱引357107道78文，则平均每石米价为钱引3道440文。又3路7州共籴米20963.19石，每石价值不等，共约计籴本钱引112879道406文，则平均每石米价为钱引5道380文。但当年每道钱引已贬值只值铁钱700文以上，故当时米价相当于每石为铁钱2贯408文足至3贯766文足。①

开禧二年（1206），文州粮价"每石五千"②，这个粮价估计是钱引5道。当年钱引每道只值铁钱400文以下，即每石粮价只能折铁钱2000文以下。

嘉定元年（1208）春，利州米价每石"其实市直乃十余千"③钱引，即每石米价高达钱引10多道。

嘉定中，诏梁、洋及关外五州屯田，"未几，垦田凡百余万亩，官耕者三万余亩。始时麦石为缗十有五，粟二十有五；期年，麦十有二，粟十有六"④。麦价由每石15贯降至12贯，粟价由每石25贯降至16贯，降价幅度虽大，但其价格仍高得骇人听闻。如此高价估计是以钱引计值，而嘉定年间（1208—1224）钱引已贬值，每道只当铁钱500多文，若以铁钱标价则应比钱引标价为低。

---

① ［宋］袁说友：《东塘集》卷九《补籴蜀路十五州创籴七州广惠仓米疏》，《文渊阁四库全书》第1154册。

② 《续编两朝纲目备要》卷九，宋宁宗开禧二年正月乙巳，第158页。

③ 《续编两朝纲目备要》卷十一，宋宁宗嘉定元年三月，第195页。

④ 《鹤山先生大全文集》卷七十六《朝请大夫利州路提点刑狱主管冲佑观虞公（刚简）墓志铭》。

嘉定年间（1208—1224），合州乡民创办社仓，“行之巴川者合二十家，为钱一千缗，岁得谷三百石”[①]，即每石谷价为铁钱 3 贯 333 文。

总之，南宋后期的粮价比南宋中期的粮价高，尤其在开禧、嘉定间因战祸与天灾粮价上涨更快。南宋中期的粮价（以铜钱计价）：丰收时斗米六七十钱至 150 钱；平时市价斗米 120 文至 300 文，个别地区为 95 文；四川用钱引计价米每斗 200 文至 500 文；官府收税折价斗米 160 文至 460 文不等，和籴如给钱每斗 250 文至 300 文。南宋后期的粮价（以铜钱计价）：丰收时斗米 80 文至 200 文；平时市价斗米 250 文至 400 文；四川用钱引计价米每石 3 道 440 文至 10 多道，麦价每石 12 贯至 15 贯、粟价每石 16 贯至 25 贯；官府收税折价斗米 700 文，和籴米每斗付钱约 225 文；个别地区如宁国府、福建建宁山区，有时米价很低，每斗只值 100 文至 190 文，而灾荒之年江东米贵至每斗千钱，但这都属于特殊情况，不是正常米价。南宋后期的粮价与南宋中期的粮价相比：无论是丰收时米价、平时市价，尤其是官府收税折价，南宋后期都高于南宋中期，唯有和籴付钱未见增加，可见官府剥削百姓的本性。

（二）绢价

南宋后期的绢价史书记载不多，只能就现有的几条史料了解大概的情况。

庆元四年（1198）十月二十八日，据权知广德军赵善誉说，“近年以来，居民蕃庶，蚕桑寖广，绵帛颇多，绢每一匹只直钱二贯二百文足”，但建

① ［宋］度正：《巴川社仓记》，《全宋文》第 301 册第 167 页。

康府科纳和买绢，下户折钱每匹“并头子、縻费共计钱四贯四百五十文足”。[①]由于南宋中期生产的发展，直至南宋后期开禧北伐前，丝织业仍处于继续发展中，故庆元四年（1198）时绢帛的市价较低，每匹只为 2 贯 200 文足，而官府科纳和买绢折钱每匹却要花费 4 贯 450 文足，高于市价一倍多，可见剥削之重。

嘉定五年（1212）十月八日，据知通州乔行简说：“今江北专用铁钱，近年以来，比之内郡铜钱数轻三倍，匹绢之直为钱十千。”[②]这里说的是绢每匹市价为淮南铁钱 10 贯，而当年铁钱已由原来的 2 文换 1 文铜钱贬值为 3 文换 1 文铜钱，故每匹绢价约可折为铜钱 3 贯 333 文。

嘉定十三年（1220）八月四日，据臣僚言：“迩者朝廷行下，凡民户合纳之绢，限以一半本色一半折钱，每匹折以四贯纯会。”[③]官府收税，绢每匹折收会子 4 贯，而当时会子已贬值，每贯只值铜钱六七百文，故绢每匹约可值铜钱 3 贯 112 文省至 3 贯 636 文省。

南宋后期的绢价与南宋中期的绢价相比，变化不大，或稍有增加，每匹绢的市价都为铜钱 3 贯多，官府收税或和买绢折价也都在每匹 4 贯左右。但南宋后期绢价未见明显上涨，并不能证明当时货币没有贬值，由于我们掌握的史料太少，也许存在以偏概全之嫌。

（三）草价

关于南宋后期的草价资料极少，难以分析其变化缘由。庆元元年（1195）二月，郴州“四县人户每年合纳两税内，秋纳马草每一束十三斤，折纳正

① 《宋会要辑稿》食货七〇之八八。
② 《宋会要辑稿》刑法一之一九。
③ 《宋会要辑稿》食货六八之二四。

钱并头子等钱二百五十文”[①]，这是官府征税折价较高，不是正常市价。至嘉定十年(1217)，淮南安庆府“一担之草，未直百镪”[②]，每担草不值100文，价格反低于南宋中期时的草价，这可能只是个别现象，不是当年普遍市价。

（四）盐价

宋代的盐价比较复杂，不仅不同地区不同品种的盐价格差别很大，而且同一地区的盐价变化也很大。南宋后期盐价的情况也是如此，加上关于这一时期的盐价史料较少，难作精细分析，只能看其发展的大致趋向。

淮、浙地区盐价。据嘉定三年(1210)八月二十七日诏：“亭塌钞引之家，低价买会，每贯用钱三四百文，及纳官却做一贯见钱直使，又增长旧钞之价，每盐一袋卖官会百贯以上。自今指挥到日，盐钞官钱每一袋增收会子二十贯。”[③]由此可见，当年盐商卖盐每袋300斤市价为会子100贯，每斤价格约为会子333文。因会子已贬值一半，折成铜钱只值166文省左右，于是官府卖盐钞也随之增价，每袋为会子120贯，每斤价格为会子400文，相当铜钱200文省左右。

福建盐价。嘉定九年（1216）前，建宁府建安的盐价每斤88文足，额外增添盐1两2钱，实际盐价约每斤82文。嘉定九年（1216），卖盐分大小包定价，不再额外添盐：每包1斤的盐卖70文足；每两1包的盐2两卖钱9文足，也即小包盐每斤72文足。[④]至嘉定十一年（1218），建

① 《宋会要辑稿》食货七〇之八六。
② 《勉斋集》卷二十八《与安庆属邑诘问起夫事》。
③ 《宋会要辑稿》食货二八之五一。参考《宋史》卷一百八十二《食货志下四·盐中》，第4455—4456页。
④ 《宋会要辑稿》食货二二之三〇引《建安志》。

安的盐价为每斤83.59文足，或折为108.56文省。[1]嘉定年间（1208—1224），建宁府各县的每斤盐价为：建安88文足，建阳县99文足，崇安县108文足，蒲城县114文足，政和县106文足，松溪县117文足。[2]

广东盐价。嘉定五年（1212）据广东提举司的上奏：潮州原来官卖盐价为每斤73文，根据民户产钱按7等定额摊派买盐量，如潮阳县第七等户每年须买4斤半，后来涨价为每斤110文足，百姓负担不起，才又恢复原价。这是官府强派给民户的卖盐价，不是正常的市价。

四川卖盐以铁钱或钱引计价。庆元元年（1195），黎州科卖邛州蒲江井盐，每斤计铁钱320文，因贫下户负担不起，遂减价为每斤卖钱引3分，每分计铁钱77文足，即每斤卖铁钱231文足。[3]嘉定四年（1211）正月二十日，据四川制置使安丙、总领财赋陈咸说："窃见军兴以来，盐价倍增。未军兴前每担共不满三十引，今约五十引，除引息柴火外，净息不下三十余引。臣昨每石权增两引官钱以助军兴。"[4]这就是说，开禧北伐前四川盐价每石不到钱引30道。至嘉定四年（1211）每石增价至钱引52道，当时钱引已贬值，每道只值铁钱500文，即盐每石卖铁钱26000文，盐每石50斤，每斤卖铁钱520文，价格相当昂贵。

总的说来，南宋后期的盐价比中期要高。南宋中期每斤盐的价格：东南盐为铜钱67文至108文；福建盐40文至90文；广西盐50文至140文；四川盐为铁钱100文至233文。而南宋后期每斤盐的价格：淮、浙盐市价

① 《宋会要辑稿》食货二二之三六引《建安志》。
② 《宋会要辑稿》食货二二之三四。
③ 《宋会要辑稿》食货二八之四七。
④ 《宋会要辑稿》食货二八之五二。

166 文，官价 200 文；福建盐 70 文至 117 文；广西盐 73 文至 110 文；四川盐由铁钱 210 文涨至 520 文。由于各地盐价的史料不全，这里的盐价统计也许不甚精确，但从盐价发展的大趋势来看，南宋后期的盐价明显高于南宋中期的盐价。

（五）金价

嘉泰四年（1204），有福建选人托丞相陈自强求官，乃“从王家肆中见粟金台盏十具，重百星，以四千缗得而献之”[①]。以 4000 贯钱买得粟金 100 两，每两价格为钱 40 贯，不过这是买古玩的价格，非一般黄金市价，显然较贵。

嘉定二年（1209），因第十一界、十二界、十三界会子并行，数量过多，朝廷拨封桩库金用于收换旧会，金“两为钱四十贯”[②]。以金 1 两收换会子 40 贯，而当年会子已贬值一半，故 40 贯会子只值铜钱 20 贯省。

嘉定七年（1214），“处子文三九娘（姐妹舍钱入寺）……三九娘……再施黄金七两，命工熔镂金一枚入寺，永充佛供具。又舍钱四十五贯足……又舍钱三十贯足入寺……计……在后所施金相等三项，见钱共计二百二十五贯文足”[③]。据此，黄金 7 两应计钱 150 贯文足，即每两值钱约 21 贯 430 文足。

四川金价以钱引计算。嘉定元年（1208）冬，四川总领所用金收兑第

① 《续编两朝纲目备要》卷八，宋宁宗嘉泰四年，第 146 页。
② 《宋史》卷一百八十一《食货志下三 • 会子》，第 4408 页。
③ ［清］马元、释真樸：《曹溪通志》卷三侯安石撰《长生库碑记》，《四库禁毁书丛刊补编》第 27 册，北京出版社 2005 年影印本。

九十界钱引，“金每两直六十缗”[①]。金每两值钱引60贯，而当年钱引已贬值为每贯只值铁钱500多文，因而金每两可折铁钱30贯足。

南宋中期的金价记载极少，我们只知道孝宗隆兴二年（1164）左军统制魏尚为寻讨关节求带阁职，取众军口食钱3500贯文买金100两，每两金价为35贯，这是为谋官所急需而高价购买黄金，显然不是市价。南宋后期的金价每两为铜钱20多贯或四川铁钱30贯，这都是官府为收兑已贬值的纸币而压低的价格，也非市价。故南宋后期与南宋中期的金价无法比较。

（六）银价

嘉泰年间（1201—1204），“诸道上供银两皆置场买发，蜀中银每法秤一两，用本钱六引，而行在左藏库折银才直三千三百云，然民间之直又不满三千”[②]。在四川银1两价格为钱引6贯。在临安银1两官价为钱3贯300文，市价不满3贯。

开禧年间（1205—1207），湖州银“市价每两四贯二百文官会”[③]。因“开禧会子轻，仅卖半价”，故银每两市价会子4贯200文，只能折成铜钱2贯100文。

宁宗时，京西房州地处乱山之中，交通不便，物资缺乏，银极难得，而上司常赋必责供银子，故州官只好科买于吏民，“每两犹［铜会］四千八百，其极窘或五千”[④]。银每两价格为湖北会子4贯800文至5贯。因宁宗时湖会已贬值为每贯只值铜钱五六百文，故银每两约值铜钱2贯

① 《建炎以来朝野杂记》乙集卷十六《四川收兑九十界钱引本末》。
② 《建炎以来朝野杂记》甲集卷十六《金银坑冶》。
③ 《双溪类稿》卷二十三《申三省枢密院公札·内小贴子》。
④ 《江湖长翁集》卷二十五《与杨总领书》。

400 文至 3 贯。

嘉定十六年（1223），汀州“大礼年分进奉本色银二千两及支犒诸军八千余贯，两项共为一万五千缗”[①]。据此，即银 2000 两为钱将近 7000 贯，故银每两价格约为钱 3.5 贯。

四川银价以钱引计算。嘉定元年（1208），四川总领所用钱收兑九十界钱引，“银每两六缗二百”[②]。即银每两值钱引 6 贯 200 文，而当时钱引已贬值为每贯只能兑得铁钱 400 文以下，据此则银 1 两约值铁钱 2 贯 480 文，这是官方为便于收兑九十界钱引而压低了银价，并非正常市价。

南宋中期的银价：市价每两 2.3 贯至 3 贯，官价为 3.3 贯，四川银价每两为钱引 3 贯至 5.5 贯。南宋后期的银价：市价 2.1 贯至 3 贯，官价 3.3 贯至 3.5 贯，四川银价每两为钱引 6.2 贯。南宋后期的银价与南宋中期的银价基本上相同，只是官银折价略高。

第四节　“称提之术”失败及其原因

南宋后期的货币贬值和物价上涨，给国计民生带来了严重的危害。宋廷为了遏止通货膨胀和货币贬值，使各种纸币与铜钱、铁钱之间的比价达到相对合理的平衡状态，曾经采取了一系列“称提”币值的举措，也即所谓“称提之术”。宋廷称提币值的主要办法是增加铜钱、控制铁钱、减少纸币并提高其币值及法偿能力。然而，由于南宋后期政治的日趋腐败，统

① 《后乐集》卷十三《应诏举真德秀章采赵崇模充廉吏状》。
② 《建炎以来朝野杂记》乙集卷十六《四川收兑九十界钱引本末》。

治者不能有效地去发展生产和减省财政开支，从而也就不能做到经济上开源节流，不能改变商品供不应求的局面，加上所谓“称提之术”多是一些违背商品市场客观规律而难以实施的行政命令，因此，宋廷终于不能遏止通货膨胀和货币贬值。

一、“称提之术”的失败

南宋后期，引发通货膨胀和货币贬值的直接原因是朝廷无本滥发纸币。纸币发行本钱不足又滥印过多，因此就不能兑现而壅积无用，以致贬值。为了遏止通货膨胀和提高纸币的币值，并平衡纸币与铜、铁钱的比价，宋廷曾运用其“称提之术”，在增加铜钱、控制铁钱、减少纸币及提高其币值和法偿能力方面，采取了一系列政策措施。但是，推行这些“称提”政策并不成功，通货膨胀和货币贬值终于未能得到有效的遏止。

（一）铜钱不足无法增加

南宋后期，因矿冶业衰落，铜产量不多，铜钱年铸额极少，不能满足日益增长的财政开支。虽说当时分布在社会上的历朝积累起来的铜钱绝对数量不小，但随着商品经济的发展和赋税中征钱比例的增加，用钱范围更广，尤其是铜钱在民间被改铸成铜器及输往国外，使铜钱大量被毁和流失，致使“钱荒”现象显得比以前更为严重。

铜钱是宋代最核心的本位货币，朝野上下都十分珍视。特别是南宋后期的主流纸币东南会子以铜钱为发行本钱，会子的币值能否稳定，全靠国家储备大量铜钱以供随时兑现来做保障。同时铁钱和钱引、淮交、湖会等纸币的币值升降也都以铜钱的币值来做对照。因此，为了防止纸币的贬值，国家必须拥有足够的铜钱，尽力增加铜钱的存量也就成了宋廷货币币值“称提之术”中的重要环节。于是，宋廷除了千方百计力图增加铜钱铸量之外，为了控制铜材和防止铜钱被毁和流失，还实行严厉的铜禁和钱禁，曾多次宣布法令：严禁官民私铸铜器，并令民间旧有铜器限期赴官府投卖；严禁民间销毁铜钱改铸铜器；严禁铜钱流往国外；限制富家储藏铜钱不用。然而，宋朝力图增铸铜钱的愿望终难实现，实施铜禁和钱禁的各项法令也并不成功。

还在南宋中期时，铜钱铸造量就很少，年铸额 15 万贯尚不能完成。高宗绍兴末年原有的饶州永平监、建州丰国监、韶州永通监、赣州铸钱院、严州神泉监 5 个铜钱监，至光宗绍熙三年（1192）已有 4 个先后被停废，只剩下饶州永平监尚在生产。到了南宋后期的宁宗庆元三年（1197）八月，宋廷下诏恢复严州神泉监，因铜料不足，命将诸处拘纳到的铜器改铸为当三钱，待铸足 10 万贯后朝廷予以奖赏。嘉泰初年（1201），铸钱司仍规定年铸额为 15 万贯，但铸造成本却高达 28 万贯，得不偿失。同时因铜料不足，铜钱的成重量和铜含量大大降低，致使“钱愈锲薄”。嘉定十五年（1222），铜钱年铸额仍为 15 万贯，却不能如期完成任务起发上供。铜钱的严重不足，以致杭州民间出现了以私造锡牌代替铜钱流通使用的现象。一方面官铸的法币铜钱无法增加，另一方面民间私铸的劣币沙毛钱却屡禁不止。私铸劣币沙毛钱之所以能够长期流通，这也正反映了官铸法币铜钱的严重不足。

关于铜禁、钱禁的各项法令也未能有效地实行。南宋长期以来实行铜禁，庆元二年（1196）宋廷再次申严铜禁，不许民间私铸和买卖铜器，限制使用铜器，并拘收民间旧有铜器加以椎毁。然而，法令公布后，不少地方官吏并未严格执行。如，庆元四年（1198）五月，广东提举陈宏规奏劾知南恩州李延年说：“近降指挥禁绝铜器，椎毁偿价。延年公然掊敛州县钱物，不即槌碎，仍给与之，可见营私。”[1] 同年，又有“郡县拘到铜器，或惮于解发，而收贮不严，窃取求售，所在有之”[2]。此外，庆元年间（1195—1200）“私铸铜器，法制甚严。信州永丰县民犯禁，为人诣县告，逮越狱。罪状已白，典吏毛遂、周永受赇释之”[3]。嘉定六年（1213）八月二十八日，“太府寺丞张镐放罢，以右谏议大夫郑昭先言其试郡潮阳，专事苛敛，运铜下海，为人所持”[4]。铜禁刚宣布时，人们颇为恐惧，但数月之后，一切如故。禁止销毁铜钱改铸铜器的法令也同样无效，因为销钱为器可以获利 10 倍，所在公行。至于禁止铜钱流向国外，地方官带头违法，如嘉定五年（1212）知雷州郑公明曾“三次搬运铜钱下海博易番货”[5]。更多的情况是官吏、逻卒受富商之贿，放他们携带铜钱入海外贸。限制富人藏钱不用更使人不服，藏钱者说：“吾之钱吾所自有，吾所藏也……而何以咎我为哉！”[6] 在私有制和商品经济日益发展的南宋时期，官府干涉私人钱财的贮藏或行用，确实不合时宜，难怪人们不服。总而言之，尽管宋廷多次反复申严铜禁和钱禁，却收效甚微，无助于铜钱的增加和“钱荒”的缓解。这正如《群书考索》一书作者章如愚所说：“钱之在今也，有边关漏泄之禁，有鉟销鼓铸之弊，虽严其禁而钱愈不见其多。”[7]

① 《宋会要辑稿》职官七四之三。
② 《攻媿集》卷九十一《文华阁待制杨公（王休）行状》。
③ 《夷坚志》支庚卷十《刘职医药误》。
④ 《宋会要辑稿》职官七三之四六。
⑤ 《宋会要辑稿》职官七四之七三。
⑥ 《历代名臣奏议》卷二百七十三，宋宁宗时青田县主簿陈耆卿奏。
⑦ 《群书考索》后集卷五十二《财・唐赋税盐茶酒钱楮坑冶铜禁》。

（二）铁钱太多无处消化

南宋后期的铁钱，除了在四川流通，还在淮南和京湖地区行用。后因铁钱铸造太多而壅积贬值。宋廷曾欲设法解决铁钱过多的问题，而终于没有找到有效的办法。

1. 四川铁钱

四川铁钱在南宋中期币值一直较为稳定，曾长期保持着每铁钱 2 文可折铜钱 1 文的惯例，同时铁钱充当四川钱引的发行本钱，钱引 1 道可兑换铁钱 1 贯。到了南宋后期，四川铁钱开始因铸造太多而贬值，这完全是由于官府所采取的“称提”政策不当所引起的。原来在嘉泰二年（1202）发行第九十界钱引、四年发行第九十一界钱引时，两界共发放钱引 5300 贯。开禧北伐期间，钱引发行更多。开禧二年（1206）发行第九十二界钱引时，与第九十界、第九十一界一起三界并行，总数高达 8000 万贯，于是钱引币值大跌。还在嘉泰末年时，钱引就已贬值至“每缗止直铁钱四百已下”。嘉定元年（1208）十一月，总领财赋陈咸见川引因太多而贬值，便在利州绍兴监铸“圣宋重宝”当五大铁钱，嘉定三年（1210）夏，制置大使欲尽收旧引，又在邛州惠民监铸“嘉定重宝”当五大铁钱，两监共铸 30 万贯。总领所企图通过增铸铁钱使铁钱贬值，并增加钱引的发行本钱，来提升钱引的币值，使钱引能换得更多铁钱。但因当五大铁钱的铸造用料等同于当三钱，是一种减重的虚值大钱，以其利厚，当它出笼后，就刺激了私铸大钱的蜂起，使铁钱因更多而进一步贬值。使铁钱贬值正是四川官方的目的，总领所认为：“纵有盗铸，钱轻则引重，是吾欲也。”[1] 可是铁钱贬值了，钱

① 《建炎以来朝野杂记》乙集卷十六《四川行当五大钱事始》。

引却并未升值，当嘉定元年（1208）陈咸回收半界第九十界钱引时，“引直仅为铁钱五百有奇，若关外用铜钱，每引止直铜钱百七十钱而已”[①]，据此可见当时铁钱已由2文换铜钱1文贬值为3文换铜钱1文了。此后钱引继续贬值。为什么铁钱贬值了而未能使钱引升值？这是因为四川官方只知增铸铁钱，却不知缩减钱引。当五大铁钱只增铸了30万贯，而钱引在嘉定三年（1210）发行第九十四界时又增印了500万贯，嘉定十一年（1218）再增印500万贯，钱引增印的数量大大超过铁钱增铸的数量。而铁钱过多已超过市场交易的实际需要，铁钱与钱引展开了贬值竞赛，结果铁钱与钱引都大幅度贬值，而钱引贬值更为严重。四川官方从“钱轻则引重”的观念出发，想通过增铸铁钱使铁钱贬值来提升钱引的币值，却不知缩减钱引的数量，他们自以为聪明，而实际上这种“称提之术”只是一种十分荒唐的做法。

2. 淮南铁钱

淮南铁钱在光宗绍熙初年曾因私钱泛滥而贬值，后来经过整治才度过了危机，重又保持了以铁钱二当铜钱一的比值。但因淮南铁钱历年所铸毕竟积累太多，而流通区域仅限于淮上10余郡，从而又出现了贬值危机。为了遏止淮南铁钱的贬值，庆元元年（1195）三月和嘉泰元年（1201）八月，朝廷曾多次召集大臣商议扩大淮南铁钱流通区域问题，准备在长江沿岸8州行用铁钱，以便为过多的铁钱寻找出路，但因情况复杂，讨论结果未做最后决定。为了减少铁钱，嘉泰三年（1203）四月，朝廷曾拨封桩库两淮交子100万贯，命转运使回收民间铁钱。同年七月，又停罢同安、汉

① 《建炎以来朝野杂记》乙集卷十六《四川收兑九十一界钱引本末》。

阳、蕲春三监铸造铁钱。可是，为了准备“开禧北伐”，开禧元年（1205）又恢复了同安、汉阳、蕲春三监，铁钱愈铸愈多。战后，宋廷在嘉定二年（1209）八月决定“听两淮诸州民行铁钱于沿江八州”。但在沿江八州行用铁钱阻力极大。如在建康府行用铁钱后，商旅不通，细民坐困，引起社会混乱，又因用铁钱有损士兵利益，致使军情动摇，知建康府黄度便立即通过粜米和出铜钱、楮币兑换，收尽铁钱，仍用铜钱。知江州袁燮则暂缓执行使用铁钱的命令。右曹郎中王遇以为沿江八州行用铁钱会促进私钱盗铸，建议暂停铁钱鼓铸。宋廷欲在沿江八州行用铁钱的决策失败，被迫收回成命。此后，淮南铁钱进一步贬值。至嘉定五年（1212）后，淮南铁钱3贯400文才能换会子1贯，淮南铁钱4贯才能折铜钱1贯。面对铁钱不断贬值的趋势，宋廷束手无策。

3. 京湖铁钱

京湖铁钱光宗绍熙年间（1190—1194）由汉阳监铸造，年额10万贯。至宁宗“开禧北伐”时增铸10万贯，倍于旧额。嘉定五年（1212）后，虽年铸量仍以20万贯为额，实际铸造量增为每年二三十万贯。京湖地区狭小，人口不多，经济并不发达，年铸铁钱二三十万贯，数量就十分可观，钱多无处消化，势必要贬值。这正如知汉阳军黄榦所说：“两淮荆襄，人烟萧索，而铁钱太多，故其用也轻。数年之前，铁钱二当铜钱一，今则以三当一矣。”京湖铁钱之所以铸造过多，主要原因在于朝廷听凭钱监自铸自支自用，年铸二三十万贯，朝廷所得不及3万，其余十分之九全归监中官吏支用，监中官吏又无人管束，故贪官猾吏唯欲多铸多得，唯恐所铸之不多。为此，有人建议“减买铁之额，增买铁之价”，以迫使钱监少铸铁钱。黄榦以为这样做，岂能让监中贪官猾吏俯首而听命？黄榦认为：“为今之计，莫若先计朝廷所得之数，立为每岁本息合铸之额……若监中所铸无度，则铜钱愈重，铁钱愈轻。今若立为限制，而朝廷又能出数十万官券易铁钱而藏之，则铁钱稍重矣。”[①] 黄榦主张通过限制年铸额和用会子兑换来减少京湖铁钱的数量，以遏止铁钱的贬值。黄榦的建议是否被朝廷采纳，效果如何？不见记载，不得而知。

（三）纸币币值难以提升

南宋后期的会子、钱引、淮交、湖会以及关外银会子、关外铁钱会子等纸币，大都因印发过多而普遍贬值。宋廷与各地官府为了遏止纸币贬值并提升其币值，曾经采取了一系列“称提”措施，但效果皆不好。

1. 称提会子

南宋中期，由于宋廷在控制会子发行数量和提高会子法偿地位方面采取了一系列“称提”措施，使会子的币值基本上得到了稳定。至宁宗庆元初年，朝廷继续实行对会子的救弊之策，“既降指挥官司上供、民间输纳并令钱会中半，又降指挥民间以会子输纳不得勒令贴纳见钱，又令户部支拨见钱下临安府置场以实数兑使，又令诸州拨见钱于本州置场兑使，此皆欲重官会也。是数策者不可谓不能救弊矣，然大抵今日弊革，而明日复弊，每不能称提于久远尔”[②]。会子救弊之策之所以不能坚持，不仅是因为铜钱日少，不够用于兑换会子，不能为称提之用，更重要的原因还在于朝廷为应付浩大的财政开支而继续增发会子。如，孝宗淳熙十六年（1189）发行第八界会子只有2477万贯，宁宗庆元元年（1195）发行第九界会子就增

---

① 《勉斋集》卷二十八《与漕使赵监丞论钱监利害》。

② 《历代名臣奏议》卷二百七十二，袁说友庆元元年任户部侍郎时上奏。

为3723万贯，开禧年间（1205—1207）第十一界、十二界、十三界并行，会子总数高达1.4亿贯。于是会子严重贬值，庆元元年（1195）时1贯会子只能换得铜钱620文，“开禧会子轻，仅卖半价”。为了遏止会子的不断贬值，朝廷不得不继续对会子的币值进行称提，其“称提之术”大致可概括为以下几个方面：

第一，以金银告牒等兑收会子。嘉定元年（1208）后，为了减少会子，宋廷着手称提会子，并广泛征求臣僚意见。嘉定二年（1209）五月，因第十一界会子期满，朝廷命刑部尚书曾焕置局拘换，并据曾焕及其僚属建议，“诏封桩库拨金银、度牒、官诰绫纸、乳香，凑成二千万添贴临安府官局收换旧会”[①]。朝廷一面出金银、告牒、乳香等收兑会子，一面却又不断增印新会，如嘉定初新发行第十四界、十五界会子共8000万贯，后又陆续加印，新发会子远比回收的旧会子多。这正如大臣蔡幼学所预言：“去秋尝以臣僚奏请及白札子所陈利害，令侍从两省台谏详议，大略皆以为军兴以后所出会子过多，欲多方收换第十一界会子以救其弊，朝廷亦已略见施行。若使收换之数日多，支出之数日损，积以岁月，会子之在民间者日少，其势不得不重，其价不得不增。然而内地之和籴、边郡之赈恤、三总领之科降，仰给于朝廷者，其数不少，恐不免更藉会子逐急应副，是虽收之于彼而复出之于此，所收之数不足以胜所出，则欲重会子，其势诚难。”[②]同时，

① 《文献通考》卷九《钱币考二》，第248页。据《建炎以来朝野杂记》乙集卷十六《东南收兑会子》、《续编两朝纲目备要》卷十二宁宗嘉定二年五月甲寅条皆载当年以诸色各件拘回旧会，合计2499万余缗，《文献通考》所说2000万缗系举其成数而言。

② ［宋］蔡幼学：《育德堂奏议》卷四《条具楮币利害状》，《古逸三编》影印本，中华书局2004年版。

由朝廷筹钱去收兑会子，而因官钱数量不足，无法收尽数量日益庞大的会子，故当时人们议论说："不惜官钱兑换，可以增长价直。殊不思官钱有限，会子无穷，兑换未尝间断，而价之消长全不相关。盖多寡之异，理势使然，非区区兑便所可遽回也。"[①] 事实正是如此，以2000多万缗之钱岂能换尽1.4亿缗之会子，何况还有无数禁之不绝的伪造会子。会子仍然太多，故继续贬值，嘉定三年（1210），会价顿损其半，用钱三四百文即可买会1贯。

第二，以新会兑换和征税回收旧会及增铸铜钱等。嘉定四年（1211）宋廷下诏将第十四界新会"下诸路监司州军收换第十一界、第十二界、第十三界旧会，有新会并要作七百七十文足行使"[②]，并规定以旧会二换新会一。以新会换旧会虽曾使会子数量暂时有所减少，至嘉定八年（1215）会价一度回升到每贯值铜钱六七百文不等，但这一政策仍有其消极后果。如，原定第十三界会子应至嘉定六年（1213）界满，而且每贯值铜钱770文足，而今突然提前兑换，又要2贯旧会换1贯新会，损失一半，百姓认为朝廷自失信用。商人见旧会将废，便骤增物价，致使市井不通，米麦绝市，旧会买不到东西。同时，新会无几，旧会尚多，兑换限期太短只有三个月，而新会"或颁降有限，仅充官吏之囊而弗及齐民；或吏胥要求，只给豪富之家而弗及下户；或创局无几，惠止城邑而田里未免见遗；或争夺纷拏，难于禁止而公私反致多事"。平民百姓不能及时换到新会，旧会等于废物，他们"赍持旧券傍徨四顾，无所用之，弃掷燔烧，不复爱惜"[③]，从而激化

---

① 《后乐集》卷十五《知福州日上庙堂论楮币利害》。

② 《宋会要辑稿》职官五二之一八。

③ 《真文忠公文集》卷二《辛未（嘉定四年）十二月上殿奏札三》。

了官民矛盾，“楮币之换，官民如雠”[①]。为了称提会子，宋廷还下令增加税收中会子所占的比例，以提高会子的法偿能力，并回收会子。如，嘉定六年（1213）宋廷下令福建上供“纯许用券”[②]。同年七月，宋廷发现兴化军地方官吏竟私自将百姓上缴的会子就地买银，到行都后又以银兑会子上缴朝廷，特下诏加以禁止：“福建监司遵近降全解会子指挥，不得衷私买银。”[③]有些地方官也在税收中增加会子的比例。如，嘉定四年（1211），建康府为促进新会的流通，在收税时，“随苗输钱，听以旧会一千五百当新会一千，以优农民，期令新会散于细民，使得展转相易，以便裨贩”[④]。又如，嘉定中，绍兴府为有助于会子的行用，民户缴税，“苗之移于司农者，为之代输而折会于民”[⑤]，也就是使百姓手中的会子能全用于缴税。宋廷还采取出卖官盐时搭收会子的办法回笼会子。如嘉定三年（1210）八月，朝廷规定：“盐钞官钱每一袋增收会子二十贯。……候通卖及一百万袋即与住免增收。其日前已未支盐钞并为旧钞，与立限一年，并赍赴仓场支盐，每袋贴纳官会一十贯，出限更不行用。”[⑥]又如，嘉定中，黄榦向江西转运使建议，将运抵江西境内的商盐拘收，用纯会偿付价钱，再卖给境内的盐铺，要他们缴纳铜钱，官方再用这些铜钱去称提会价。[⑦]此外，为增加发行会子的本钱，以防会子贬值，宋廷还欲增铸铜钱和防止现存铜钱的损毁和流

① 《宋史》卷四百三十六《李道传传》，第 12946 页。
② 《真文忠公文集》卷二《癸酉（嘉定六年）五月二十二日直前奏事》。
③ 《宋会要辑稿》食货四四之一六。
④ 《絜斋集》卷十三《龙图阁学士通奉大夫尚书黄公［度］行状》。
⑤ 《水心文集》卷二十三《福建运使直显谟阁少卿赵公墓志铭》，见《叶适集》，第 448 页。
⑥ 《宋会要辑稿》食货二八之五一。
⑦ 《勉斋集》卷六《复江西漕杨（揖）通老》。

失，但终因铸钱铜材不足、铸钱成本太高和铜禁钱禁的失效而未能如愿。

第三，朝廷用行政命令强制规定会价。在高宗绍兴三十二年（1162）创行会子时曾规定会子1贯等于铜钱1贯省，后因会子不断贬值，无法维持这一会价。宁宗嘉定四年（1211）宋廷在用第十四界新会收兑第十一界、十二界、十三界旧会子时，再次重申新会要做770文足钱行使，并“以法令从事，兑不以省陌者必罚无赦”①。在实施强制会价过程中，官吏执法过当，如发现有人行用会子稍低于定价，“有亏一钱而没入其巨万赀”②，“有一夫坐罪而并籍昆弟之财，有亏陌四钱而没入百万之赀”③。甚至“疑似之间，初非减落而遽绳以法”④。于是，便有人利用此法来攻讦仇人，“奸民动以减落讦良善、持官吏”⑤。因此，“愚民坐减落、官吏坐奉行不虔获罪者众”⑥，“因坐减陌被估籍者众”⑦。会子币值的涨落，本来应完全取决于市场商品供求关系的变化，非人主观意旨可以规定，故宋廷强定会价的政策必然难以奏效，反而搅乱了社会秩序，会子依旧贬值。据《鼠璞·楮券源流》载：“朝廷始诏江浙诸道必以七百七十行用，终非令之所能禁。嘉定初，顿损其半，法禁并行，令既严而价未定，持空楮于市无肯售者，公私大弊”，朝廷无奈，大约在嘉定八年（1215），“还籍没富室之产，悉弛其禁”，放弃了强制会价的规定，会价因而一度回升至1贯值钱六七百文，然而终因朝廷不能削

① 《历代名臣奏议》卷二百七十三，知江州袁燮奏。
② 《后村先生大全集》卷一百五十六《林经略（行知）墓志铭》。
③ 《后村先生大全集》卷一百六十八《西山真文忠公（德秀）行状》。
④ 《絜斋集》卷一《轮对陈人君宜结人心札子》。
⑤ 《后村先生大全集》卷一百四十九《直秘阁林公（瑑）墓志铭》。
⑥ 《后村先生大全集》卷一百六十六《直秘阁林公（瑑）行状》。
⑦ 《宋史》卷四百十五《黄畴若传》，第12450页。

减会子数量，仅数月后会价又复减落。

第四，官府强制百姓藏会不用。官方无法削减会子的数量，便采取了强制百姓藏会不用的极其消极的办法，企图以此来提升会价。其实，强制百姓藏会不用并非朝廷统一的政令，而是一些地方官为遏止会子贬值而擅自采取的所谓“称提之术”。大约在嘉定六年（1213）前后，福建令各州县以户籍等第藏会。据真德秀说：“以产税多寡为差，令民藏券，此又朝廷之令所无也……所谓家产满千钱藏券五十者，闽中之新令也。夫产满千钱，大约田几百亩，养生送死之费、县官征税之输，皆取具焉，非常之须又不在是,安有余赀可市券而藏楮乎？况闽之为俗,土瘠人贫。号为甚富者，视江浙不能百一。故此令既行，鬻田宅以收券者，虽大家不能免。岂便民之策焉？”[1]又由于对强制百姓藏会,福建“八郡官吏奉承又过,刑禁苛密，期限严峻，至有鬻妻妇、售器皿、卖田宅愿就低价以应令者”[2]。嘉定十年（1217），在福建漳州也强制百姓藏会。“兵马司根刷在城户眼、富室、质库。上户俾藏二百，中户一百，下户五十……兵马司所籍三等户之失实……盖南漳僻在一隅，无番舶往来，民无大经商。所谓富室上户者，亦无甚巨力；中产之家，则仅足以自遣；谓之下户者，大率皆贫窘者而已耳。前日兵马司过于卖弄不实，多以下户为上户，邦民畏谨，不能分解。其在物力稍赢者犹可倾囊以供命；守常处约者，类多解质以从之；贫者仓卒无计可画，则多有鬻田出屋以为备者。”然而对使用会子最多的僧户、品官户及吏户、军户，官方却不令藏会。官吏“下至乡村根括，农功正时，骚然挠动，竟

① 《真文忠公文集》卷二《癸酉（嘉定六年）五月二十二日直前奏事》。
② 《后乐集》卷十五《知福州日上庙堂论楮币利害》。

废种莳，奔波营备。其力不赡者曰：吾有死而已”。[①]在福州，官府也“使民以田高下藏新会子，按不如令者没入其赀”[②]。在江西，官府也强制百姓藏会，“漕司以十四界会子新行，价日损，乃视民税产物力，各藏会子若干，官为封识，不时点阅……慢令者黥籍”[③]。官府满以为这样做能提高会价，结果却是民“持空券益不售”，会子的信用进一步跌落。

第五，为称提会子而升黜官员。嘉定四年（1211）十二月八日，宋廷在下诏用第十四界新会收换第十一界、十二界、十三界旧会的同时，因担心地方官称提不力或有违法行为，曾派遣中央官员分头前往江、浙诸州巡视督促，如发现有违规州县官，须将当职官吏职位姓名上报朝廷听候处置。嘉定年间（1208—1224），朝廷惩处称提不力或在称提过程中犯有错误官员的事例，频见史籍记载。如，嘉定二年（1209）四月二十四日，司农寺丞兼权户部郎官程覃因“献称提官会之术，致科抑估籍，为民深害”[④]而被罢官；五月七日，知吉州薛璆、知信州司马遵因“两州称提官会并缘命令罔利虐民”[⑤]而被罢官；十月壬戌，因为都城米贵，楮币不通，乞丐哄抢饼食于传法寺前，御史台上章论兼知临安府徐邦宪区处无策，乃免其职；[⑥]十二月二十六日，知温州吕友直因“纵容伪会”[⑦]而被罢官。嘉定五年（1212）

---

① ［宋］陈淳：《北溪大全集》卷四十四《上赵寺丞论称提会子》，《文渊阁四库全书》第1168册。
② 《水心文集》卷二十三《兵部尚书蔡公墓志铭》，见《叶适集》，第444页。
③ 《宋史》卷四百三十《李燔传》，第12784页。
④ 《宋会要辑稿》职官七三之四二。
⑤ 《宋会要辑稿》职官七四之三三。
⑥ 《宋史全文》卷三十。
⑦ 《宋会要辑稿》职官七五之三八。

五月六日，知抚州林合因“支拨新会到郡桩留官库，更不与民换易”，又“将朝廷给降新会侵移他用”，降一官放罢，更追两官；[①] 七月五日，知兴国军赵师勉因“不遵朝命称提官会”[②] 而被降一官放罢；九月二十七日，知安丰军许成之因“新会初行，移书往问，其报迷错，如醉梦中语”[③]，因而被罢官。嘉定六年（1213）七月一日，权发遣建昌军丰有俊因“称提官会，科扰尤多”而被罢官；七月四日，新知峡州汪必进因“楮币更革之初，将指巡行，妄作威福”而被罢官；十月二十六日，吴机因在“其知吉州日……收换官会，反为民害”，被降一官。[④] 嘉定七年（1214）八月十三日，江公亮因“其临川之政碌碌无闻”，又在抚州兑会时“任情徇私”，被罢宫观。[⑤] 嘉定十五年（1222）十一月十七日，“前知泉州宋均特降一官，前兼权知南剑州赵崇亢、知南剑州陈宓各特展二年磨勘。以诸路提刑司比较各路州军嘉定十四年分行使会价数内，福建路泉州、南剑州折阅最甚，故有是命”。[⑥] 至于受奖励的官员，人数不多，但也有一些。如赵彦倓初任浙东提刑，因称提会子有功，进升直宝谟阁、知绍兴府，在绍兴又因称提有功，升任江西转运使，后调任福建转运使。[⑦]

此外，孝宗乾道九年（1173）正月宣布的“外路之解发、民间之输纳、官吏之俸给，并以钱会中半”的规定，至宁宗时并未能得到认真执行。这

① 《宋会要辑稿》职官七四之四二。
② 《宋会要辑稿》职官七四之七三。
③ 《宋会要辑稿》职官七四之四四。
④ 《宋会要辑稿》职官七四之四六。
⑤ 《宋会要辑稿》职官七五之五。
⑥ 《宋会要辑稿》职官七五之三三。
⑦ 《水心文集》卷二十三《福建运使直显谟阁少卿赵公墓志铭》，见《叶适集》，第446页。

是因为虽然朝廷欲以“钱会中半”来提高会子的币值和法偿地位，而实际上朝野上下普遍存在重钱轻会的传统观念，而朝廷不断增印滥发会子致使会子贬值，更增强人们的轻会意识。虽然朝廷要求实行“钱会中半”的政策，而官府却带头破坏这种政策，官府常常“入责钱银，出用纯楮，官轻楮也”①。各级官府皆轻会子，还表现为“知出而不知收……乃至上供，则诸司之索于郡曰：以钱若银，无以楮为也；郡索之县，县索之民，皆曰：以钱若银，无以楮为也。用于下而不行于上，散于民而不敛于官”②。本来规定官俸、军饷乃至宗室月俸都以钱会中半支付，后来逐渐变为全用现钱。嘉定中，武冈军因回籴军粮亏了本，例支军人冬衣欲改钱会中半为全给会子，以致引起了兵变。③

南宋后期，朝廷称提会子只惩罚称提不力的官员，却放纵贪官猾吏借口“称提”而虐害民众，有关这类事例的记载，史不绝书。如：“每观诏令之下，本为利民，而吏于其间并缘科扰，民未拜赐，而害亦随之……虽诏旨丁宁，毋得抑配，而抑配自如;毋得搔动，而搔动自若。”④“举称提之策，而矫虔吏并缘为奸，渔夺吾民。”⑤“自楮币之更，州县奉行失当，于是估籍徒流，所在相踵，而重刑始用矣。科敷抑配，远近骚然，而厚敛始及民矣。告讦公行，根连株逮，而苛政始肆出矣。假称提之说，逞月俊削之

---

① 《后村先生大全集》卷一百五十六《林经略（行知）墓志铭》。

② ［宋］陈宓：《复斋先生龙图陈公文集》卷二十三《朝散大夫直秘阁主管亳州明道宫林公行状》,《续修四库全书》第1319册。

③ 《真文忠公文集》卷十七《按奏武冈军知军司马遵状》。

④ 《真文忠公文集》卷二《辛未（嘉定四年）十二月上殿奏札三》。

⑤ 《真文忠公文集》卷三十二《策问·问人才国计民力边防四事》。

私者，唾掌四起，而酷吏始得志矣。”[①]“楮券大失信，民对泣痛怨。后虽稍宽，而有称提，州郡过严，民甚冤苦。”[②]“当楮币更新之际，目击州县奉行失措，徒黥籍没，所至纷纷，冤痛之声，达于四境。”[③]推行称提之政愈严，会子的信用愈加丧失。百姓害怕接触会子，惟恐惹祸。因此“朝论颇严称提，民愈不售，郡县科配，民皆闭门牢避”[④]。如，“闽中自更币后，为政者争事苛急，而告讦之俗兴。编民贸易小不如法，辄坐黥隶没入，由是畏楮如毒虺，得之者惟恐推之不去也”[⑤]。

2. 称提钱引

南宋后期，为准备开禧北伐而大量增印钱引。开禧二年（1206）发行第九十二界钱引，与第九十界、九十一界并行，总数达 8000 万贯，致使钱引贬值。嘉定初，每贯钱引只能换得铁钱 400 文以下。嘉定元年（1208）十一月，四川总领所决定收兑回笼半界第九十界钱引以称提其币值。“总领财赋陈逢孺（陈咸）乃与僚属议出库管金、银、度牒与民，收回半界。金（三万两）每两直六十缗，银（一百五十万两）每两六缗二百，度牒每道一千二百缗，度库管所藏可直一千三百万。议论凡数月，至是每行下诸州，听民间以旧引输民课及赴利州市金、银，期以岁终，官司毋得受。榜出，民间大惊。”民间为何大惊？一是百姓知道总领所藏金不足，对以钱引兑金银有顾虑；二是兑换期限不到两个月，而诸州去总领所远者至千数

---

① 《真文忠公文集》卷二《癸酉（嘉定六年）五月二十二日直前奏事》。

② ［宋］杨简:《慈湖遗书》附录《宝谟阁学士正奉大夫慈湖先生（杨简）行状》，《文渊阁四库全书》第 1156 册。

③ 《洺水集》卷二《乙亥（嘉定八年）轮对札子》。

④ 《宋史》卷四百十五《黄畴若传》，第 12448 页。

⑤ 《真文忠公文集》卷四十二《通议大夫宝文阁待制李公（沈）墓志铭》。

百里，往来或不及；三是在兑换时怕受吏人刁难，致使钱引亏损；四是只在利州一处兑金银很不方便。“于是，单丁弱客皆不敢行，一引之直仅直百钱，咨嗟怨泣，其声载道。”[①]10天后，制置使吴猎了解到这种情况，便出榜宣布：除收兑1300万钱引外，又檄总领所分取金银并截留九十三界新引500万，就成都置场收兑旧引，其余三界依旧通行使用，民心才暂时安定下来。

嘉定三年（1210）春，在陈咸收兑九十界钱引半界后，引值仅仅为铁钱500文多，四川制置使安丙患之，便提议收兑九十界剩余的半界钱引。此事因有提举茶马张东父出马价宽剩钱相助，又制置司出钱200万缗，故收兑工作进行似较顺利。不久，安丙又欲尽收九十一界钱引2900万缗，“其千二百万缗合诸司之力，千七百万缗令民间每百引贴纳三十引收兑”。但此事遭到总领财赋陈咸的反对，他认为“三年三兑，失信于民，且贴头太多，民有折阅之患，不如量力止毁九十三界新引千二百万缗。如此即止余两界通行，公私皆受其利”。安丙大怒，不以为然，他“即榜谕军民，以为九十一界钱引系前宣抚程松增印五百万道，所以钱引价低，军民皆受其弊。今使司措置与茶马两司收凿五百万外，余二千四百余万合系总领所以新引收兑。自七月十七日以去，如支军人折估，并合以新引支遣；如欲支旧引，即合支贴头钱。所有九十一界钱引，自十月以去，断不行使”。安丙强制总领所执行，陈咸拒不执行。于是，六月间，安丙派御前军直入总领所吏舍，抓捕3名吏人而去。同时，安丙又向总领所

---

① 《建炎以来朝野杂记》乙集卷十六《四川收兑九十界钱引本末》。参考《鹤山先生大全文集》卷八十九《敷文阁直学士赠通议大夫吴公（猎）行状》。

追索欠账500万缗。陈咸怨愤，向朝廷称病乞致仕。制置司与总领所闹矛盾，这时有参议官毛伯玉出来调解，最后“卒兑九十一界二千九百余万缗。其一千二百万缗以茶马司羡余、大使司空名官告、总所桩管度牒、金银对凿，余以九十三界收兑，又创造九十四界钱引五百缗，以收程东老（程松）所增之数。应民间输纳者，每引百贴纳八千。盖二司之说并行。然总所收兑旧引，皆以金银品搭，率用新引七分、金银三分，银色下而称亏，官吏因以为利。其实每引百贴纳二十引乃得之。应民间已用旧引输官者，总所复却还，令兑新引，卒不能守其初约也。后潼川刘师文侍郎申明，复令自十二月以后尽输新引。盖自元年、三年，两收旧引凡二千五百万缗有奇，而引直遂复如故”①。

四川官方收兑九十界和九十一界旧钱引后，钱引币值大约稳定了一个时期，而这是以百姓的利益损失为代价的。但是，到嘉定十一年（1218）因宋军再次与金兵作战，曾增印钱引500万贯以给军费，以后又不断增印，钱引再度贬值。

3. 称提淮交

南宋后期，淮南交子因增印过多及屡次展界行用而贬值。嘉定年间（1208—1224），淮交已由原来2贯可换铁钱2贯省或会子1贯或铜钱1贯省，降价为3贯400文才能换会子1贯。而当时会子也已贬值为1贯只值铜钱半贯省，故淮交3贯400文也只能折铜钱半贯省。如何称提淮交的币值，官方一筹莫展。不少官员只是主张废罢淮交，在两淮只用东南会子。如早在庆元元年（1195）七月，户部郎官、湖广总领杨王休就提出“不若

---

① 《建炎以来朝野杂记》乙集卷十六《四川收兑九十一界钱引本末》。

罢两淮、湖北会子，其在民间用行在官会收之”，认为“俟收两处会子尽绝，则官会通行，实为便利”。[①]另外还有一位官员曹盅也上奏朝廷，“乞止用官会，不必再印两淮铁钱交子”[②]。由于在两淮地区淮交、铁钱与会子同时并行，这对淮交的发行很不利。会子可在广大东南地区通用，而以铁钱为发行本钱的淮交只能在淮南行使，铁钱又易贬值，故人们愿要会子而不要淮交。只有个别官员仍在坚持行使淮交，如嘉定四年（1211），知濠州陆埈见旧淮交贬值不售，“即下令计元直官仍出铁钱及交子广行兑便，其兑便不及，即给之据，且上其数于朝，使就易左帑”[③]。其实这种办法是不能久行的，用铁钱与新淮交去收兑已贬值的旧淮交仍难提高淮交的币值，因为铁钱也已严重贬值，新淮交同样缺乏信用。至于全面废罢淮交而全用会子也不现实，因为会子以铜钱为发行本钱，朝廷不可能有更多的铜钱做本钱，去发行更多会子替代淮交，何况淮南是铁钱区禁用铜钱，会子无法在淮南兑现。嘉定十年（1217）后，宋金再次交战，淮南前线军费吃紧，官府只得一再大量加印淮交，“自是其数日增，价亦日损”，官府“称提无术，但屡与展界而已”。[④]

4. 称提湖会

南宋后期，特别是到了嘉定年间（1208—1224），湖北会子严重贬值。湖会原是为方便支拨军饷而发行的，故湖会的贬值就将直接影响到士气，这就使官方不得不重视对湖会的称提整顿。

① 《攻媿集》卷九十一《文萃阁待制杨公（王休）行状》。
② 《攻媿集》卷一百十六《朝请大夫曹君（盅）墓志铭》。
③ 《漫塘集》卷二十八《故知和州陆秘书（埈）墓志铭》。
④ 《宋史》卷一百八十一《食货志下三·会子》，第4412页。

庆元二年（1196）时，湖会已贬值到“省百才直五十”，湖广总领陈谦为提高湖会币值，“日付钱为千者五百，使以七十兑焉”，即将原1贯湖会只值铜钱500文提高到可兑铜钱700文。陈谦不久调离，其继任者詹体仁也很重视对湖会的称提，“捐货泉百万以权其直，轻重始均”①。詹体仁投放百万贯现钱来称提湖会，看来对提高湖会币值是起了作用的。

然而，到了嘉泰年间（1201—1204），湖会依旧继续贬值，“湖北会一千率得钱五六百”。于是，嘉定五年（1212）冬，湖广总领王釜“请以度牒、茶引两色收兑第五界旧会”，兑换限期为一个月，“然京湖二十一州，相去遥远，而止置三场收兑，小民闻知后时，人情汹汹，市皆扃肆，怨嗟盈路”。兑换场所少，兑换时间短，兑换过期，第五界旧湖会就将作废，百姓怎能不怨！这时，“刘德修（光祖）为制置使，以为不便。会总所以第六界新会五万缗，令江陵军民之兑会者以旧楮二易其一，德修复自出府库之藏，听军民以一楮半易其一”②。如此第六界新湖会官方定价为铜钱770文，则第五界旧湖会已贬值到1贯只值铜钱385文至513文，百姓损失太大。此后湖会继续贬值，至嘉定十五年（1222）“二贯七百湖会仅可换铜交子一贯行使”，而当时会子已贬值到1贯只值铜钱385文足，故1贯湖会只可折会子265文足或铜钱133文。湖会称提完全失败。

二、“称提之术”失败的原因

所谓“称提之术”，其目的是要遏止通货膨胀和防止货币贬值，而这

① 《真文忠公文集》卷七十四《司农卿湖广总领詹公（体仁）行状》。
② 《建炎以来朝野杂记》乙集卷十六《东南收兑会子》。

必须针对造成通货膨胀的根本原因，对症下药，才能克服货币流通领域中的各种弊病，实现货币畅流和物价平稳。一般说来，造成通货膨胀的根本原因在于商品的供不应求，也即过度消费超过了商品生产能力。从货币流通的角度来看,其表现为货币发行总量超过了全社会商品的总价格。因此，要改变这种状况，首先必须在全国范围内大力发展生产，增加商品的有效供给，同时又应尽量节省开支，缩减货币的过多发行，也就是说要在经济上做到开源节流。然而，南宋后期的统治者没能做到这点，他们既不去发展生产，又无法节省开支，所以他们也就不能克服通货膨胀，无法遏止货币的贬值，从而使自己陷入财政困境，给百姓带来苦难。南宋后期统治者之所以不能在经济上去开源节流，其最根本的原因在于政治的腐败和官吏的贪婪，而且他们又难以去克服自身的这种腐败。

（一）统治者不去发展生产

要发展生产，首先必须有充足的劳动力，有能使人口繁殖的政策措施，因为劳动力是农耕时代生产力的第一要素。可是，南宋后期的统治者不仅不重视人口的增长，而且还采取了不少扼杀人口繁殖的政策。赋役苛重尤其是身丁钱的征收，使百姓不愿多生子女。湖南身丁钱在高宗绍兴年间（1131—1162）已被废除，两浙身丁钱在孝宗时常被减免，而福建的身丁钱沿征至南宋灭亡时也未被废除，两广的身丁钱也比其他地区更重。如宁宗开禧年间（1205—1207），在两广年才十二三岁的未成年人就要输纳身丁钱，称为“挂丁钱”，结果迫使百姓逃往他乡。更为严重的是，南宋后期发动“开禧北伐”和镇压人民起义的战争，使大量人口死于战乱或被官兵所杀，还造成了许多流离失所的难民，从而大大减少了本可致力于工农业生产的劳动力。特别是在两淮、京湖宋金战争的前沿地区，人口丧失更多。

北宋神宗元丰年间（1078—1085），淮南东路共有612565户，淮南西路有738499户，荆湖北路有657533户，京西路有800965户；至南宋后期嘉定十六年（1223）时，淮南东路只剩127369户，淮南西路只剩218250户，荆湖北路只剩369820户，京西路只有6252户。因劳动力的严重缺乏，每当秋收时，淮南农民要靠江浙农民前去帮助他们收获，所得双方各半。

要发展生产还必须高度重视自然生态环境和水土资源的保护。可是在南宋后期，我们很少看到有关官府兴修水利和创新开发生产技术的记载，而与之相反，地主豪强破坏水利危害农业生产的事件却史不绝书。尤其是两浙地区的地主豪绅，为了侵占土地，常大规模围湖造田，使发生水灾时无法泄洪，闹旱灾时无水灌溉，严重阻碍了农业生产的发展。孝宗时虽屡禁围田，但禁而不止，至宁宗时围湖造田现象反而愈演愈烈。南宋后期，宋廷虽也曾禁止围湖造田，但态度并不坚决，开禧二年（1206）因淮南流民无田可耕，宋廷竟下诏允许两浙地主豪绅恢复围湖造田召淮农前去租种，以致豪强地主得寸进尺，扩大湖田，直至南宋灭亡，再也无法禁绝。

在手工业和商业领域中，宁宗时期官方的一些做法，不仅不利于经济的繁荣，而是大大阻碍了生产力的发展。如，南宋时食盐实行国家专卖，盐由官府命亭户生产。然而官府不仅不在经费上扶持亭户生产，反而经常拖欠和克扣应当及时付给亭户的制盐本钱，致使亭户无法维持再生产，被迫去借高利贷。又如，南宋后期坑冶业进一步衰落，宋廷为了复兴坑冶业，曾派人去各地勘探矿苗。那些去“诸处检踏”矿源的官吏贪残成习，他们为非作歹，不仅乱挖乱掘，破坏自然环境，毁损土地资源，同时还向承包开矿的民户敲诈勒索，诬陷威胁，甚至黥刺流配、没收财产，大为民害，致使矿源废绝，矿坑湮闭，矿冶失陷。至于在商业领域，孝宗时虽曾多次宣布减少税场、减免商税，表示要实行“宽商”政策，但至宁宗时期，各地税场不减反增。在偏远的乡村圩市，地方官也私设税场和关津，对出卖斗米束薪的山野农民进行征税，甚至对空身旅客也要索取百金，对滨江一带担卖些小鱼小虾的贫民，则常诬其漏税而加之以罪。

此外，由于国家财政收入基本上已全部用于军费、官禄和宫廷冗费，对于那些在国家职责范围内理应开支的文化教育经费和农田水利、官工商业以及公共工程支费等，宋廷已无力顾及，极少有经费投入，常把责任推卸给百姓。没有投入，哪有产出！特别是朝廷不重视直接关系到民生的公共设施的建设，怎能改善百姓的生产和生活条件，又怎能去推动生产的发展？

特别重要的是，欲发展经济必须改善劳动者的生产和生活条件。为了激发广大人民群众的生产积极性和提高他们的经营能力，当政者首先应当做到轻徭薄赋。诚如理学家朱熹所说：“天下国家之大务，莫大于恤民，而恤民之实在省赋。”[①] 关心人民利益，这正是儒家民本思想最核心的内容。轻徭薄赋能推动生产，中国数千年的历史事实已完全证明了这一点。然而南宋后期的统治者，不仅没有推行轻徭薄赋政策，反而以苛重的赋役来压榨人民。如在征收两税时，官府通过加耗、支移、折变等方式多收赋税，所收超过正额数倍至十倍。征收身丁钱，甚至十二三岁的小孩也要输纳。官府命亭户制盐，除了经常拖欠和克扣盐本外，在向亭户收购食盐时每袋300斤要另外多取100斤，有时还不给钱，等于白取；官府在向百姓卖盐时，则以高价强制摊派。官府在征收商税时，私立税场遍及山区乡村，

① 《朱文公文集》卷十一《庚子应诏封事》。

征税对象涉及小商小贩乃至空身旅客，为此商人视商路为死路，止步不前，商业因而衰落。京城官府还向商店无偿科取物品，致使不少商店倒闭。官府向民间“和籴”粮食与“和买”绢帛，常不给现钱或不给钱，实为强取。尤其是征收折帛钱，乃是“和买”以外新增了一种税收。还有官府向百姓科买军需物资、马草以及白银……实际上都是税外加税。正赋以外，另征经总制钱、月桩钱、版账钱数额都很大。当国家财政入不敷出之时，官府则常向民户“预借”来年赋税，但常常是有借无还。南宋后期的役法采取差雇兼行，但民户缴了免役钱却仍要服役。而且所承担的乡役负担极重，常要卖产赔垫，卖产不足，只得被迫逃亡。至于服夫役者，往往是“一夫受役，则一家离散，至有毙于道路者”①。赋役苛重，民不聊生，何谈发展生产！

不发展生产，怎能增加商品的有效供给？又怎能遏止通货膨胀和货币贬值？发展生产是硬道理，只有发展生产增加物质财富，使国家富强，使民生安定，使财政积存有余，才能遏止通货膨胀和货币贬值。

（二）统治者无法节省开支

话又得说回来，即便生产有了很大发展，也还应注意节省开支，否则国家仍会处于贫弱状态。因为纵有金山银山，如不开源节流，也会坐吃山空。可是，南宋后期在国家财政减收的情况下，朝廷却仍无法节省财政开支。

首先，南宋后期的军队人数不下百万，军费支出仍占国家全部财政收入的十分之六七。嘉泰四年（1204），为准备兴兵伐金，仅湖南、湖北就输米共80万石以备犒军。次年，朝廷出封桩库金1万两以待赏功。开禧

① 《宋史》卷一百七十五《食货志上三·漕运》，第4261页。

二年（1206）正式宣布北伐金国后，太皇太后赐犒军钱 100 万贯。次年，为赏诛吴曦、平四川及收复关外四川之功，又犒赐用金 70 两、银 61.7773 万两、绢 61.6924 万匹、钱引 8.025 万道……开禧三年（1207）张岩督视江淮军马，开府仅 9 个月，竟耗费官钱 370 万贯而无寸功。一个江淮督府仅 9 个月就用去 370 万贯钱，要知道南宋后期铜钱年铸额最多时也不足 15 万贯！……开禧北伐失败后，南宋财力枯竭，到嘉定十年（1217）再次伐金时，只能出度牒 1000 道，增印钱引 500 万贯去充四川军费。军费花了不少，但兵虽多而弱，屡打败仗。

其次，南宋后期官员人数比南宋中期时增多。光宗绍熙二年（1191）时，共有官 33016 人；至宁宗庆元二年（1196）共有官 42000 人，短短 5 年间即增加官数 9000 多人。至于吏人的实际人数就增加更多，嘉泰初，“州县吏额虽减，而私名往往十倍于正数”[①]。南宋后期官吏既多，其俸禄也就占了国家全部财政收入的十分之二三。

其三，南宋后期宫廷皇室的费用也不少。据《文献通考》载，自光宗、宁宗以来，“其幸者，恭俭节用，无土木之妖，动静有常，无锡与之泛”[②]。其实，这一评论是不准确的。在宫廷皇室费用方面，宁宗也许比宋徽宗和宋高宗时相对少些，但不能说他能做到“恭俭节用，无土木之妖”。还在宁宗刚即位后，他就下旨修葺东宫之屋数百间。朱熹为了省役息民，缓和阶级矛盾，就上疏劝阻。朱熹认为：在当前京都附近百姓饥饿流离阽于死亡之时，兴此大役，“或能怨望忿切，以生他变”；“而四方之人，但见陛

---

① 《建炎以来朝野杂记》甲集卷十二《州县吏额》。
② 《文献通考》卷九《钱币考二》，第 249 页。

下亟欲大治宫室，速得成就，一旦翻然委而去之，以就安便，六军万民之心必又将有扼腕不平者矣。前鉴未远，甚可惧也”。[①] 此外，自庆元后，宁宗常从封桩库拨取钱数百万贯、金数千两、银数万两，用于奉神、事亲之费。如，仅在庆元六年（1200）六月至八月“一季之间，所拨金、银、钱计二百五十万缗，盖多非泛支用”[②]。其他关于皇家宫眷日常生活的奢侈浪费以及服饰的销金铺翠等等，自宋真宗以来就长期屡禁不止，宁宗朝也不例外。对宗室子孙的赡养开支越来越大，因为随着时间的推移，宗室子孙繁殖愈来愈多乃是势所必然。至于朝廷给予臣下的赏赐也不少，并非“无赐予之泛”，仅开禧三年（1207）朝廷为赏诛吴曦、平四川及收复关外四州之功，犒赐所用之金、银、绢、钱的数量就十分庞大，只是我们把它归纳到军费开支中去罢了。由于南宋后期军费和官吏俸禄的开支已用尽了所有的财政收入，故皇室宫廷的费用只得常常动用内藏库和封桩库的金银钱财。这些金银钱财虽归皇帝直接掌管，但也是国家的财富。如果连这些内藏、封桩钱财都被用尽，那真就会“国将不国”了！

冗军、冗官以及宫廷冗费，这“三冗”开支已用尽了全部财政收入，朝廷再无财力去投入其他有关国计民生的文化教育事业和公共工程建设等。虽然当自然灾害发生时，朝廷因怕饥民造反而去赈灾，但多半只是减免灾区的赋役，虽也有少数钱粮用于救济灾民，而充其量只不过是杯水车薪而已。

另外还有一笔很大而又无法节省的开支，即宋金“嘉定和议”后南宋

---

① 《朱文公文集》卷十四《经筵留身面陈四事札子》。《宋史》卷四百二十九《朱熹传》，第 12764 页。

② 《建炎以来朝野杂记》甲集卷十七《左藏封桩库》。

付给金国的岁币银30万两、绢30万匹及犒军银300万两。这是韩侂胄为树立个人声威而贸然发动“开禧北伐”的结果，使南宋进一步陷入了贫弱处境。真所谓“弱国无外交”，只好任人宰割。

（三）统治者难以克服腐败

南宋后期的统治者为什么不去发展生产和无法节省开支？其根源在于封建君主专制体制下官僚政治的进一步腐败。

政治腐败是封建君主专制制度的必然产物。由于权力的高度集中，对官员的行为难以进行有效的管控，皇帝犯错更是无人可以监督。虽然在封建王朝中也曾设有御史台之类的监察机构，设有向皇帝提意见和弹劾官员错误的谏官，但无论是监察御史或谏官的任命和罢黜都出于皇帝之口或权臣之意，监察官员不能违背皇帝和权臣的意愿，否则就会招来杀身之祸。尤其是当奸臣操纵了监察权之后，监察官成了他结党篡权和排斥异己的工具，用坏人来打击好人，就会颠倒是非，危害国家。宋朝自太祖赵匡胤建国以来，便采取了将军权、政权和财权集中于皇帝手中的治国方针，并以此为不可更改的“祖宗之法”，代代相传。这些宋朝的“祖宗之法”是把双刃剑。集中军权防止了军阀割据和国家分裂，招收饥民为兵防止了民众造反，有利于社会安定，但它却削弱了将帅对军政管理和作战指挥的主动性，养成了士卒的慵懒作风，从而使军队缺乏坚强的战斗力。集中政权，朝廷重文轻武和善待士大夫，并推行科举制度，可以防止军人跋扈和兵变，也有利于社会文化的发展，但它却使文官长期养尊处优，形成了他们的官僚主义作风，增强了他们的私心杂念，使他们漠视民众疾苦乃至危害百姓，其中一些人甚至还阴谋擅权专政。集中财权，将大部分财赋集中于朝廷和皇帝的内库，这固然将便于国家的财计安排和利于经费的有效调用，但它造成了军费、官禄和宫廷冗费的巨大浪费，同时又使地方官府因经费不足而施政困难，迫使他们去向百姓横征暴敛和额外加税，给人民带来深重苦难。正因为权力的过度集中，所以自宋真宗以来，整个两宋时期都或轻或重地存在着政治上的腐败，没有哪一朝的君主能够完全消除腐败现象。只是由于各朝君主秉性不同，有的君主明智有为，政治腐败的危害就稍轻一些，有的君主昏庸孱弱，政治腐败的危害就较为严重。如宋太祖、太宗、神宗、孝宗有志于励精图治，积极有为，腐败现象就相对较少，如宋徽宗昏庸、宁宗孱弱，致使权臣得以擅政为非作歹，政治腐败就十分严重。宋孝宗时也有政治腐败，而宋宁宗时政治腐败更加严重。孝宗与宁宗的不同之处在于：孝宗积极有为，故能使经济有所发展，通货膨胀得以遏止；宁宗孱弱无能，故韩侂胄、史弥远得以先后长期擅权为非作歹，致使生产衰退，通货膨胀再次出现。

南宋后期，“庆元党禁”“开禧北伐”“嘉定更化”三大事件大丧了国家元气，也加速了政治腐败。韩侂胄等人发动“庆元党禁”，竟将一贯劝皇帝应“存天理、灭人欲”和“省赋恤民”的朱熹等理学群臣打成“伪学逆党”。从此，朝中廉政势力消弭，腐败势力滋长。韩侂胄专擅政权，结党营私，贿赂公行，势焰熏灼。其同党官僚大多贪婪无厌，于是小人满朝，义理日丧，风俗大坏。韩侂胄的亲信陈自强升任右丞相，论价卖官；另一亲信苏帅旦出任枢密都承旨进升安远军节度使，收受将帅贿赂“动以亿万”。各地官员以祝寿为名向韩侂胄进献大量金玉珠宝。这许多贪官用于买官和贿赂之钱，无不是民脂民膏。韩侂胄举行“开禧北伐”，所用将帅多是贪懦、无谋、庸孱不肖之辈，出兵屡战屡败。“开禧北伐”的失败，使生灵涂炭、府库空虚、国势日弱、民不堪命。韩侂胄被杀后，史弥远上台实行所谓“嘉定更化”。其实史弥远是个比韩侂胄更为奸猾的权臣。他借“嘉定更化”之名来排斥异己，篡夺政权。从此，朝中“宴安鸩毒之祸作，浮淫冗蠹之事兴”,宁宗深居高拱,疏于理政,史弥远独相时间长达25年之久。

在史弥远擅权期间,他“以公朝爵禄而市私恩”,于是“贪吏靡不得志，廉士动招怨尤”，南宋后期的政治进一步腐败。在韩侂胄和史弥远先后专权时期，朝中大多数官僚皆热衷于吹牛拍马和争权夺利，他们所关心的只是个人升官发财，注意力全不放在发展社会经济和改善人民生活方面，而恰恰相反，他们为了维持朝廷的“三冗”费用，只会通过苛重的赋役去敲骨吸髓地加强对民众的剥削，使百姓陷于痛苦深渊，使生产趋向衰落。

南宋后期的封建统治者不仅不去努力发展生产，而且还为个人名利而轻率发动战争和通过土地兼并和赋役剥削等去破坏生产。当时的土地兼并者，以“诡名挟佃”逃避赋税者，恣意围湖造田破坏水利灌溉系统者，极大多数都是手中握有特权的形势户和豪绅，也就是官僚地主。同时，那些拖欠和克扣亭户盐本者，诬陷和敲诈坑冶民户者，私立税场乱收商税者，擅增赋役和催督鞭打纳税百姓者，基本上都是各地衙门中的贪官酷吏。官府苛征暴敛的结果，使民不聊生，冤无所诉，被迫破产或流亡他乡，从而大大阻碍了生产力的发展。

南宋后期的封建统治者之所以无法节省财政开支，原因也在于政治上的腐败。韩侂胄欲以建立“盖世之功”来树立个人声威，实现其专擅政权的野心，贸然发动“开禧北伐”，致使生灵涂炭，府库空虚。战后，本应减少军费，而朝廷削减军费不力，军费支出依旧十分浩大。因为对于各级将帅来说，军费愈多愈好，这既可避免士兵哗变，又可乘机虚报兵籍，贪污军饷。官吏俸禄开支越来越大，是因为冗官愈来愈多。优待官员，以文官控抑武官这是宋朝的“祖宗之法”，而读书应举又是广大士人为实现其飞黄腾达、光宗耀祖梦想的唯一途径。为此，大多数官员为了增加自己的经济收入，除了贪贿之外，还利用各地官员往来之机，互送礼品，大肆挥霍国家资财，乘机捞取钱物。至于宫廷皇室的冗费也难以缩减，因为养尊处优、生活奢侈、爱好享乐是贵族阶层长期形成的习性，几乎无法克服。仅就禁止宫眷销金铺翠一事而言，自宋真宗以来屡禁不止，直到宁宗时期，依旧难改。

总之，上述一切都是南宋后期封建统治者政治上日益腐败的具体表现。南宋后期的统治者既然不能去发展生产又不能节省开支，于是他们只得去大量发行纸币和铸造铁钱来维持其财计，因而也就不可能去有效地称提币值，防止通货膨胀。

在南宋后期，乃至在整个两宋时期，要想彻底清除政治上的腐败现象是不可能的。因为要消灭政治腐败，必须改变君主专制的政治制度，而实行空前的君主专制中央集权，是北宋立国以来祖宗制定的既定方针，是绝对不允许变更的。如，宋仁宗为了改变国家贫弱的处境而推行“庆历新政”，其中多有革新吏治的内容，但结果终因仁宗怕“朋党”势力侵夺皇权而停罢新政。又如宋神宗为了使国富民强而开展“熙丰变法”，变法重点在于发展经济，较少涉及政治体制和吏治改革，结果正是因为贪官污吏歪曲新法内容危害百姓，才使神宗在皇族保守派的反对下对变法产生了动摇，王安石被罢相，变法也就失败。可见不改变君主专制制度，是不可能消除政治腐败现象的。而宋代正是财产私有制和专制主义政治制度方兴未艾时期，社会上还未出现新的生产力和新的生产关系，更无在新的经济基础之上建立新的上层建筑和政治制度的条件，因此要在宋代完全消除政治腐败现象是根本不可能的,这也正是史学界常说的“时代局限性”或“历史局限性”。

我们再从历史发展的宏观角度来看，只要世上存在财产私有制度和人剥削人制度，就不可能建立真正的民主政治制度，就会促进个人私欲的膨胀,就会产生腐败现象。只有不断发展生产力和建立新的和谐的生产关系，并在此社会经济基础上建立起包括民主平等的政治制度在内的新的社会文明的上层建筑,才有可能逐步减少乃至清除政治腐败现象。然而直至今天，我们要想看到一个没有腐败现象的清纯明朗的世界，还任重而道远，需要很长的时间。

第八章

南宋晚期纸币的恶性膨胀

（1224—1279）

南宋晚期是指宋理宗即位至南宋灭亡的时期，即从嘉定十七年（1224）闰八月宁宗去世至赵昺祥兴二年（1279）之间的55年。

南宋晚期，由于奸臣擅权和政治腐败，加上蒙古军队的入侵和天灾人祸的破坏，致使生产衰退和人民生活陷于困苦，同时又使国家财政开支空前增加，入不敷出。为了克服财政危机，宋廷采取了滥发纸币的恶性通货膨胀政策。纸币的恶性膨胀，给社会带来了纸币贬值、物价高涨以及军民困苦等消极后果。宋廷为了减少纸币的流通量以稳定其币值，曾经推行纸币“称提”政策。但由于当时统治阶级的腐败，纸币“称提”终于失败。纸币的恶性膨胀不仅破坏了经济发展，而且最终导致了宋朝的灭亡。历史经验告诫我们：腐败亡国！

第一节　南宋晚期的政治、军事和经济形势

南宋晚期，由于奸臣的擅权和皇帝的昏庸，政治比前更为腐败，冗费开支浩大。同时，蒙古军的不断南侵，宋军被迫抵抗，军事开支和战争费用急剧增长。南宋统治者为了满足朝廷财政开支的需要，一味滥用行政权力加强对广大人民的剥削，加上天灾的频发和战争的破坏，从而阻碍了生产的发展。一方面是消费需求的不断增长，而另一方面却是商品生产的日益缩减，从而造成了商品供不应求的局面，而这也正是南宋晚期滥发纸币并发生纸币恶性膨胀的根本原因。

一、政治腐败

史弥远自宋宁宗嘉定元年（1208）十月当上宰相之后，直到宋理宗绍定六年（1233）十月死去，他先后专擅朝政时间长达整整25年。史弥远以右丞相兼任枢密使，独掌政权和军权，并控制台谏，使之成为他排斥异己的工具，以致朝臣们“知莫敢言，言莫敢尽”[①]。因此，史弥远得以肆无忌惮地“柄国自擅，黩货无厌”[②]，“专权纳贿，天下变为污浊”[③]。

嘉定十七年（1224）闰八月初三宁宗病死，史弥远勾结皇后杨氏，矫诏废原皇嗣赵竑，立赵贵诚为皇子，改名昀，即皇帝位，是为理宗。接着，理宗封赵竑为济王，将他撵出临安府去湖州居住，不久，史弥远又派人毒

---

① 《鹤山先生大全文集》卷十六《论士大夫风俗》。

② ［宋］牟子才：《请收回史宅之除授疏》，收入傅增湘《宋代蜀文辑存》卷八十四，台湾新文丰出版社1974年影印本。

③ ［元］吴莱：《三朝野史》，见《说郛》卷二十七，商务印书馆1927年版。

死赵竑。从此，史弥远进一步操纵了朝政，理宗只不过是一个傀儡皇帝。赵竑死后，理学名臣真德秀、魏了翁、胡梦昱等上书为他诉冤，史弥远便指使台谏官以“欺世盗名，朋邪谤国”等罪名对他们进行弹劾，并将他们贬官赶出朝廷。史弥远擅权，不仅对抗金收复失地无所作为，而且纵容忠义军首领李全叛乱反宋。同时，他还漫无节制地增加军费开支，恣意挥霍国家资财让上层统治者过着奢侈享乐的生活。为解决财政困难，他滥发楮币，加强对人民的剥削，从而造成通货膨胀、物价飞涨，给国家和社会带来了严重危害。嘉熙四年（1240），知宁国府杜范上书指出：“凡今日之内忧外患，皆权相三十年酝成之，如养护痈疽，待时而决耳。”[①]

绍定六年（1233）十月，史弥远病死，理宗开始亲政。理宗亲政之初，曾欲一新政治，采取了一些整顿吏治的措施，并将下一年改为端平元年（1234），史称“端平更化”。端平初年，国家的形势已相当殆危。据太常少卿徐侨说，当时的情况是：“国本未建，疆宇日蹙；权幸用事，将帅非材；旱蝗相仍，盗贼并起；经用无艺，帑藏空虚；民困于横敛，军怨于掊克。”[②]同时，贵妃阎氏怙宠，宦官董宋臣用事，执政大臣无能。官场上“贿赂公行，牧守监司敛百献十，民力凋耗”[③]，赃吏满天下。徐侨的话使理宗大为震惊，于是他立即下手诏罢去“边帅之尤无状者”，警告群臣要“以朋党为之戒”，命“有司裁节中外浮费”[④]，并决定实行“端平更化”。所谓“端平更化”的主要内容是：斥逐一些声名狼藉的史弥远亲信，起用曾经遭到史弥远排斥

① 《宋史》卷四百七《杜范传》，第 12284 页。
② 《宋史》卷四百二十二《徐侨传》，第 12614 页。
③ 《鹤山先生大全文集》卷十九《内引奏事第四札》。
④ 《宋史》卷四百二十二《徐侨传》，第 12614 页。

打击的著名官员和所谓理学名臣，以缓和统治集团的内部矛盾。然而理宗重用理学名臣的效果并不好。这些理学家自命清高，一味空谈性命道德，脱离社会现实，其说教无补于政治革新。如端平元年（1234）十月理宗召理学大师真德秀为翰林学士，旋升户部尚书，但他盛名之下，其实难副，对于解决社会危机提不出切实有效的真知灼见和具体办法；次年三月，他又被任命为参知政事，不久即病死。又如理宗召理学家魏了翁为礼部尚书兼直学士院，他在入朝半年之内，上奏疏20余道，但其中建议不是太迂腐，便是有损当政者利益，无法贯彻；端平二年（1235）十二月，理宗又任命他为同签书枢密院事，督视江淮、京湖军马，而军事非魏了翁所长，两个月后即被召回；嘉熙元年（1237）三月，魏了翁去世。再如，理学名臣洪咨夔也被理宗重用，官至翰林学士、知制诰；而他汲汲于别“君子、小人之分”，对如何革新政治不感兴趣，且长期患病，端平三年（1236）即去世。对于这些理学名臣理论脱离实际的表现，当时就有人指出：“自更化以来，美意虽多，实政未究。”理宗也认为：“虚论诚无补于国。”①

此外，在理宗亲政前期，也即从端平经嘉熙到淳祐的18年间，宋廷在内政方面进行了若干整改。首先，为改变以往史弥远长期独相的局面，理宗先后任用老臣郑清之、乔行简、李宗勉、史嵩之、范锺、杜范、游似、谢方叔、吴潜等人为宰相。在这些人当中，虽然个别人颇有见识，但大多数人才德平平，而且都是六七十岁以上的老人，精力不济，“事多遗忘”②，任相时间又很短，皆无政绩可言，难以拯救千疮百孔的南宋社会。其次，

① 《宋史全文》卷三十二，宋理宗端平三年六月癸巳。
② 《宋史》卷四百九《唐璘传》，第12332页。

宋廷曾欲整肃吏治，减少冗滥。理宗多次下诏严赃吏之禁，但因沉疴已深，终不能扭转赃吏猖獗的现状。为抑制官吏冗滥之弊病，宋廷曾取消堂除，减少内降恩泽和权摄官，压缩科举取士人数，并严格升迁制度，结果由于官吏因循，消极对抗，这些政策大都不能落实。其三，宋廷为克服财政困难，还曾设法遏止纸币会子的贬值，并要求会计出入，节约费用。但因长期与蒙古的战争军费有增无减，加上赏赐无度和宫廷生活的日趋奢侈糜烂，财政危机反而更加严重。

理宗年轻时就受理学的熏陶，故即帝位后便大力提倡程朱理学。宝庆三年(1227)正月，他认为朱熹的《四书集注》能“发挥圣贤蕴奥，有补治道”[①]，特下诏赠朱熹为太师，追封信国公。其实理宗所看重的并非儒家的民本思想，而只是理学所倡导的君臣父子之间的封建伦理等级观念，因此，他把朱熹常用来教诲弟子的两句话“毋不敬，思无邪”作为自己的座右铭。从此，程朱理学成为继孔孟以来的封建正统思想和钦定的官方哲学，《四书集注》逐渐成为科举考试的标准答案，不许士人自立其说，从而严重阻碍了学术思想的发展，历元、明、清3代700多年，成了束缚人民思想的桎梏。尤其是南宋末期的许多自认为理学信徒的官员，他们或是口中仁义礼智、心里男盗女娼的伪君子，或是墨守程朱理学教条、拱手空谈性命、长期脱离实际的腐儒。由于他们给朝政带来的消极影响，终“致万事不理，丧身亡国”而后已。[②]

理宗因在其亲政前期“更化”失败，便对振兴宋室丧失信心，从淳祐

① 《宋史》卷四十一《理宗纪一》，第789页。
② 《癸辛杂识》续集卷下《道学》。

末年起，他开始怠于政事，追求享乐，荒淫无度，以致“嬖宠浸盛”[①]，佞幸用事，政治更加腐败。理宗宠爱阎妃及宦官董宋臣、卢允升。淳祐十年（1250），他为阎贵妃建造功德寺，大兴土木，殿宇壮丽，超过灵隐、净慈和天竺。官吏乘机横征暴敛，闹得民间鸡犬不宁。宝祐三年（1255），董宋臣还引娼入宫，教唆理宗嫖妓，又为理宗营造佑圣观、起梅堂、芙蓉阁、香兰亭等。他还依藉皇帝宠信，豪夺民田，招权纳贿，人称其为“董阎罗”。理宗喜狎佞人，宝祐四年（1256），丁大全通过巴结阎贵妃及董宋臣等被擢为侍御史，同年即升为端明殿学士、签书枢密院事，次年出任右丞相兼枢密使，窃弄威权。其时阎贵妃怙宠，同签书枢密院事马天骥、丁大全、董宋臣用事，朝政昏暗，有人在朝门上题八字曰：“阎、马、丁、当（董），国势将亡！”[②]

理宗为克服面临的各种社会矛盾和追求长生不老，与宋真宗、徽宗一样，竭力崇奉道教，给予道士大量赏赐和封号。他还大兴土木，广建规模宏大的道教宫观，并赐予大量田地。他不关心民生，一味“依靠于衲子（和尚），听命于黄冠（道士）”[③]，因而严重败坏了朝政，损伤了国力，加速了南宋的灭亡。

理宗还重用外戚子弟，这些人荐引奔竞，贿赂公行，所至脏罪狼藉。开庆元年（1259），蒙古军围鄂州，丁大全因瞒报蒙古入侵的边情被罢相，理宗任外戚贾贵妃之同父异母弟贾似道为右丞相兼枢密使，令其率兵援鄂。贾似道消极抗战，他一方面向蒙古军乞和，另一方面掩败为功，骗得封赏，

① ［元］刘一清：《钱塘遗事》卷五《理宗政迹》，《文渊阁四库全书》第 408 册。
② ［元］佚名：《宋季三朝政要》卷二，《文渊阁四库全书》第 329 册。
③ 《历代名臣奏议》卷三百十一，牟子才奏议。

窃弄权柄。

景定五年（1264）十月，理宗终因嗜欲过度而病死，贾似道扶持太子赵禥继位，是为度宗。度宗孱弱无能，且爱好声色，一切依靠贾似道，称他为“师臣”。于是，贾似道更为骄横，独擅朝政。当时南宋王朝的国势已相当殆危。度宗咸淳二年（1266）六月，史馆检阅黄震言时弊有四：“民穷，兵弱，财匮，士大夫无耻。”[①] 但贾似道不顾国家安危，仍排斥异己，招权纳贿，生活荒淫，在西湖边葛岭建造了许多楼台馆阁供自己享受。即使在蒙古军围攻襄樊边情危急之时，他也见死不救，却和群妾一起蹲在地上斗蟋蟀。咸淳七年（1271）十一月，蒙古定国号为元，加紧攻宋。咸淳十年（1274）七月，度宗因酒色过度而死亡，贾似道又立年仅四岁的赵㬎当皇帝，即宋恭宗。这时，元军已攻下鄂州正逼近临安，贾似道被迫率兵前去迎敌，而他又派人去向元军乞降，请求称臣输岁币。元军拒绝议和，继续进兵，宋军不战而溃，贾似道狼狈逃往扬州。贾似道丧权辱国，激起了众愤，终于被罢相流放，押解官郑虎臣将他击杀于漳州木绵庵。

宋恭宗德祐二年（1276）三月，元军进入临安，将赵㬎、全太后及从官数千人俘往元朝上都。同年五月虽由年仅九岁的益王赵昰在福州建立流亡政权，改元景炎，继续抗元，但由于上层统治者之间矛盾重重，屡战失利。景炎二年（1277）四月，益王病死，年仅八岁的卫王赵昺继立，改元祥兴。此后，虽有张世杰、文天祥继续奋力抗元，终因力量孤弱而兵败。祥兴二年（1279）二月，厓山海战，宋军大败，南宋王朝最后覆灭。

---

① 《黄氏日抄》卷六十九《戊辰轮对札子》。

二、蒙古入侵

13世纪初,在中国北方兴起了强大的蒙古族。宋宁宗开禧二年(1206),铁木真建立了大蒙古国,他被尊为成吉思汗。宋理宗宝庆二年(1226),成吉思汗亲自率军进攻西夏。次年六月,夏主李睍降,西夏灭亡。理宗绍定元年(1228),蒙古军又长驱侵金。绍定三年(1230),蒙古军破金京兆。绍定五年(1232)十二月,蒙古派使者至南宋,要求联合攻金,约定金亡后将河南之地归宋,宋遣使回报。次年冬,蒙古与宋会师攻金之蔡州。理宗端平元年(1234)正月,蒙宋联军攻破蔡州,金帝死,金国亡。

金亡后,宋派大军入汴、洛收复失地,蒙古军决黄河淹灌宋军,宋军被迫撤退。宋理宗端平二年(1235)六月,蒙古背盟出兵侵宋。蒙古军分三路南侵:窝阔台汗派其子阔出率中路军攻宋襄、郢;又派他的另一个儿子阔端率西路军由秦、巩攻宋四川;另派蒙古将领口温不花部从东路攻宋江、淮地区。中路蒙古军首先南侵,当年七月即侵入唐州;十月攻下枣阳;但蒙古军在进攻郢州时,遭到宋军顽强抵抗,久攻不下,便掳掠人民、牛、马数万后退兵。次年二月,阔出继续南侵,三月宋襄阳守将出降。十月,阔出死于军中,但蒙古军继续进攻江陵,宋将孟珙率军救援,挫败了中路蒙古军的南侵锋芒,夺回被掳人民2万。东路蒙古军于端平二年(1235)十月南侵淮西,占领固始,围攻光州,并分兵西取信阳,东向安丰、合肥、滁州掳掠。这时口温不花被召回,察罕继任主将,率军进攻真州,却多次被真州军民打败,被迫退走。西路蒙古军于端平二年(1235)冬自凤州入侵宋西川,在攻占沔州后,围攻青草原,却多次被宋将赵友闻部打退。次年九月,阔端率蒙古军再攻四川,十月占领成都,并招降秦、巩等20余州。而这时,阔出的死讯传来,阔端遂率西路蒙古军北归,成都又回到宋军手中。

宋理宗嘉熙二年（1238），元襄阳别将刘义叛，降宋，宋军从而收复了襄、樊。

宋理宗嘉熙元年（1237）冬，口温不花、察罕再率蒙古军南侵，围光州，分兵攻取信阳及随、复、蕲、舒等州。蒙古军乘胜进攻黄州，被宋将孟珙打败。蒙古军转攻安丰，又被宋将杜杲打退。嘉熙二年（1238）九月，察罕号称率军80万，进围庐州，又被杜杲打败，蒙古军转攻滁州、招信军，遭到宋将余玠的顽强抵抗，损失颇重。蒙古军在两淮受挫，只得于当年底引兵北归。

宋理宗淳祐元年（1241），蒙古窝阔台汗死，其后乃马真氏称制。次年七月，蒙古军渡淮，攻宋扬、滁、和等州，十月破宋通州，屠杀城中居民。淳祐三年（1243）三月，蒙古军破宋资州。这一年，虽然四川帅臣余玠奋力抗蒙，大小36战，且多有战绩，但仍不能阻止蒙古军的杀掠。淳祐五年（1245），蒙古军掠宋淮西，至扬州而去。淳祐六年（1246）七月，蒙古立贵由为大汗，是为定宗；十二月，蒙古军入侵宋京湖、江淮之境，进至黄州。淳祐七年（1247）春，蒙古军攻宋泗州。淳祐八年（1248）三月，蒙古贵由汗死，皇后听政，诸王大臣多不服。淳祐十一年（1251）六月，蒙古诸王、大将立拖雷长子蒙哥为大汗，是为宪宗。由于南宋淮、蜀地区经蒙古军多次杀掠，城无居民，野皆榛莽，因此淳祐十二年（1252）正月蒙古始于汴州置经略司，分兵屯田，为今后进一步侵宋做准备。同年十月，蒙古军再掠成都、攻嘉定，四川大震。

蒙哥自登上汗位后，即着手改革内政。宋理宗宝祐六年（1258）二月，蒙哥在稳定内部并巩固了政权之后，决定命阿里不哥留守和林，调动3路大军进攻南宋：蒙哥汗亲率主力攻打四川；派其弟忽必烈从中原渡淮河南下进攻鄂州，再趋南宋首都临安；又派大将兀良合台自交、广攻潭州，然后到鄂州会师。

蒙哥率领4万人，号称10万，直指四川。宝祐六年（1258）四月，队伍开到六盘山，又分3道进军。蒙哥率大军一路势如破竹，攻占了四川的许多州县，又沿嘉陵江南下，于宋理宗开庆元年（1259）二月围攻四川战略防御要地合州钓鱼城，俘男女万余。宋合州知州王坚力战守城，蒙古军久攻不下。七月，蒙哥在钓鱼城下督战时，被宋军的炮火震伤而死，合州围解。九月，忽必烈正进兵黄陂，闻蒙哥死讯，他不愿无功而返，便督军急渡长江，围攻鄂州，并分兵进攻江西。这时，宋理宗才开始慌张起来，急令诸路出兵御敌，并派贾似道以右丞相兼枢密使的身份，屯兵汉阳以援鄂州。谁知贾似道胆小怕死，他竟于闰十一月擅自以奉岁币为条件向蒙古军求和。忽必烈因急于赶回蒙古去争夺汗位，乃率军北归，鄂州围解。理宗景定元年（1260）三月，贾似道隐瞒了向蒙古乞和之事，反而谎报战功，大造"诸路大捷，鄂围始解，江汉肃清，宗社危而复安"① 的舆论，从而骗得封赏，逐渐专擅朝政。

宋理宗景定元年（1260）三月，忽必烈在开平登上了蒙古大汗的宝座。为了平定内乱，稳固自己的统治，他想暂时改善与南宋的关系，曾于当年四月派国信使郝经赴宋商讨和议。贾似道为了隐瞒在鄂州擅自乞降的行为，竟将郝经拘留于真州长达16年之久。蒙古中统二年（1261），忽必烈见郝经被扣，便发布伐宋诏书，声言将对宋采取问罪之举。忽必烈在稳定了内部局势之后，开始着手组织对南宋新的大规模进攻。他首先准备集中力量进攻南宋的战略要地襄阳和樊城。宋度宗咸淳三年（1267），

---

① ［明］陈邦瞻：《宋史纪事本末》卷一百二，中华书局1977年版，第1114页。

阿术等率蒙古军略地至襄阳，俘去生口5万、牛马5000。次年九月，蒙古军始围襄、樊。咸淳五年（1269）正月，蒙古军侵扰复州、德安、京山等，掳掠万人而去。三月，蒙古军围攻樊城，宋军拒战大败。这时，贾似道不顾襄、樊危急，恣意淫乐，凡有谈边事者，即加迫害。咸淳七年（1271）六月，宋廷命范文虎率兵10万援襄阳，因范文虎腐败无能，为蒙古军所败，丧失战船400余艘。这年十一月，蒙古改国号为“元”。咸淳八年（1272）五月，宋将张贵、张顺援襄阳，入重围，后张顺战死，张贵被俘不屈被杀。咸淳九年（1273）正月，元兵破樊城，宋将范天顺、牛富力战而死。二月，宋将吕文焕以襄阳叛降于元。咸淳十年（1274），元签军10万，造战船800，命左丞相伯颜及诸将率兵南侵。宋恭宗德祐元年（1275）正月，元军顺长江东下，宋黄、蕲以下沿江诸州军多望风降元。贾似道被迫出师，集诸路兵12万人及大量金帛辎重，来到芜湖。但贾似道并无抗元决心，又向元军乞和，表示愿称臣和奉岁币，被元军拒绝。宋军被迫应战，大败于丁家洲，贾似道单舟狼狈逃往扬州，诸军尽溃散。贾似道因兵败辱国被劾流放，九月，在漳州被押解官郑虎臣所杀。十一月，元大军分3道往攻临安。十二月，元军逼近临安，以太皇太后谢道清为首的南宋高层统治者惊慌失措，遣使向元军请和，但被拒，继而又以求为小国，称侄、侄孙纳币请和，仍被拒。德祐二年（1276）正月，元军前锋至临安，宋德祐皇帝、太皇太后谢氏奉表请降，并下诏江南诸郡归附。三月，元军俘宋恭宗赵㬎及全太后等北去，五月初到上都，元封赵㬎为瀛国公。八月，谢道清也被元军俘往大都。

自宋端宗景炎元年（1276）五月至帝昺祥兴二年（1279）二月，虽有赵昰、赵昺二王建立南宋流亡政权，并有张世杰、文天祥继续坚持抗元，结果仍不免以失败告终，厓山一战，南宋王朝彻底灭亡。

三、经济衰退

南宋晚期，由于封建剥削的苛重，加上天灾的危害和战争的破坏，生产发展受到严重阻碍，从而造成了经济的衰退以及商品的供不应求，而这正是引发通货膨胀的最重要原因。

（一）剥削苛重

繁重的赋役和天灾人祸，使南宋晚期的自耕农甚至中小地主纷纷破产，至宋理宗统治期间，出现了两宋时期第三次土地兼并的高潮。淳祐六年（1246），殿中侍御史谢方叔说："豪强兼并之患，至今而极……权势之家日盛，兼并之习日滋，百姓贫困，经制日坏……今百姓膏腴皆归贵势之家，租米有及百万石者……以此弱之肉，强之食，兼并浸盛，民无以遂其生。"[①] 不仅豪强权势之家恣意兼并土地，监司、州县中的贪官暴吏常非法籍没民产，使原有田产的人无辜失业。除了世俗地主外，寺院也占有大量土地。如宋理宗绍定元年（1228）赐灵芝崇福寺"户绝田七百多亩"[②]；淳祐年间（1241—1252）赐临安显慈集庆教寺田 18200 亩有奇、山 17090 亩有奇。[③] 土地兼并的结果，使主户减少，客户增多。据漆侠统计，宋高宗绍兴四年（1134）客户占总户数的 36.15%，至南宋末年可能达到 40%。[④] 当时，方回在秀州魏塘极目而望时，但见"吴侬之野，茅屋炊烟，无穷无

---

① 《宋史》卷一百七十三《食货志上一・农田》，第 4179 页。

② ［宋］郑清之：《安晚堂集辑补》，《四明丛书》第八集，1948 年刊本。

③ ［宋］施谔:《淳祐临安志辑逸》卷二，《武林掌故丛编》第二十四集，1900 年刊本。

④ 漆侠：《宋代经济史》，第 47、49 页。

极，皆佃户也”[①]。佃农生活贫困，生产条件差，以致当时农村“气象萧索，生灵憔悴”[②]。南宋晚期佃农所承担的官私地租也比以前增加。如：理宗淳祐七年（1247），昆山县围田的官租由原来的每亩2斗提高到4斗，营田、沙田等由原来的6.5升提高到3斗。[③]淳祐十一年（1251），建康府义庄的田租每亩高达6斗（米麦各半）。[④]孝宗淳熙六年（1186）绍兴府的私租每亩1.18石[⑤]，至理宗淳祐九年（1249）台州黄岩的私租每亩达到米2石[⑥]。同时，地主还通过“铲田”“夺佃”手段来逼迫佃农提高租额，在收租时采用大斗和增加斛面来多收租谷，正租之外又收取附加的佃鸡、佃麦之类。官私地租之加重显然将严重影响佃农的生产积极性。

为了解决抗蒙战争所需的大批军粮，宋廷曾大量印发楮币，并通过“和籴”方式去向民间科买粮食，从而引起了楮币的贬值、物价的高涨，造成了对百姓的伤害。宋廷为了“富国强兵”，克服财政困难和军粮的不足，接受殿中侍御史陈尧道等人的建议，于景定四年（1263）开始实行“公田”法。其办法是：按官品规定占田限额，两浙、江东西等官户超过限额的田地，从中抽出三分之一，由官府买回，作为公田出租，然后收公田租米充军粮。买“公田”法先在浙西路实行，占田200亩以下者免买。陈尧道等认为：“得一千万亩之田，则岁有六七百万斛之入可以饷军，可以免籴，可以重楮，

① ［元］方回：《续古今考》卷十八《附论班固计井田百亩岁入岁出》，《文渊阁四库全书珍本》四集第195—200册。
② ［元］李有：《古杭杂记》，《说郛》卷四，商务印书馆1927年版。
③ ［宋］凌万顷、边实：《淳祐玉峰志》卷中《官租》，《续修四库全书》第696册。
④ 《景定建康志》卷二十八《立义庄》。
⑤ 《渭南文集》卷十八《能仁寺舍田记》。
⑥ 《黄氏日抄》卷八十六《台州黄岩太平乡义役记》。

可以平物而安富，一举而五利具矣。”宰相贾似道也上奏说：“救楮之策莫切于住造楮，住造楮莫切于免和籴，免和籴莫切于买踰限田。”[①] 按买“公田”法买田，本与农民关系不大。但因有关官吏以买田多为功，常将只能收租米六七斗的田虚报为一石，官府就据此规定重额官租，强迫农民缴纳，农民负担大大加重，阶级矛盾更加尖锐。同时，买“公田”时，有权势的官僚大地主可以拒不卖田。地方官为了完成买田数额，就强迫占田 200 亩以下的中小地主乃至自耕农卖田。同时买田价格也强行压低，如浙西有些值钱千贯的田，只付给 40 贯，而且支付的只是不值钱的会子、度牒和官告，官告的折价又极高。田主失去了土地，换来的只是一些不能兑现的度牒或空头官告。并且倘若以后公田土壤瘠薄，收租不足或佃农欠租逃亡，官府都要原田主偿付。买“公田”法推行结果，致使许多人家破产失业，南宋王朝与中小地主以及自耕农的矛盾激化。由于买“公田”害民，不少官员上书要求停止实行，然而当宋恭宗德祐元年（1275）宋廷正式宣布废除“公田”法后，元军占领临安，“还田之事，竟不及行”[②]。

南宋晚期，百姓承担的赋税比以前加重。北宋前期，两税立额，“大率中田亩收一石，输官一斗”[③]。南宋初，因经过战乱，百姓流亡，土地数额不实，田赋无法增加。后来通过实行“经界法”，查核土地，两税征收有所增加。至南宋晚期，不仅正税增加，通过所谓加耗、斛面、折纳等额外征收的附加税更为苛重。理宗端平初，据大臣吴潜奏：“臣闻五代乱世，苗米每石额外多取三斗，史犹讥之。今自江而南、二浙、江东西、湖南、

① 《宋史》卷一百七十三《食货志上一·农田》，第 4194 页。
② ［宋］周密：《齐东野语》卷十七《景定行公田》，中华书局 1983 年版，第 316 页。
③ 《乐全集》卷十四《食货论·税赋》。

福建诸郡，一石之苗，有量至二石五六者，有至二石三四者，少亦不下二石一二。折纳之价，有一石至二十千者，是曾五代不若也。”[①]至度宗咸淳年间（1265—1274），更是变本加厉，“税租急如星火，且市斛之八倍于文思（指朝廷规定之标准量器文思斗）”，“五倍取于民”[②]，“安知咸淳际”，“税租贵三倍”[③]。尤为可叹的是赋税负担极其不公。“邸第戚畹、御前寺观，田连阡陌，无虑数千万计，皆巧立名目，尽蠲两税。州县乏兴，鞭挞黎庶，鬻妻卖子。”[④]百姓因缴不起税，宁愿弃田，如“广西多荒田，民惧增赋不耕”[⑤]。此外，因各地常平仓空虚，州县就强令民户在正税之外，加纳义米。“州县一意榷剥，一切理苗而加一分之义，甚者赦恩已蠲两税，义米依旧追索。贫民下户所欠不过升合，星火追呼，费用不知几百倍。破家荡产，鬻妻子，怨嗟之声，有不忍闻。”[⑥]为清理田赋以增加财政收入，南宋朝廷曾反复推行经界法，南宋晚期又有与此相关的自实法和推排法。理宗宝祐二年（1254），宋廷曾令两浙、江东西、湖南州县施行自实法，由民户自报田亩以核查漏税，终因扰民，民甚苦之，次年理宗即下诏罢行自实法。景定五年（1264），贾似道推行公田法后，“又行推排法。江南之地，尺寸皆有税，而民力弊矣”[⑦]。尤其是“郡县行推排法，虚加寡弱户田租，害民为甚”[⑧]。

---

① 《许国公奏议》卷一《应诏上封事条陈国家大体治道要务凡九事》。
② ［宋］高斯得：《耻堂存稿》卷二《经筵讲故事》，《文渊阁四库全书》第 1182 册。
③ 《耻堂存稿》卷六《增赋》。
④ 《宋史》卷一百七十四《食货志上二・赋税》，第 4222 页。
⑤ 《宋史》卷四十四《理宗纪四》，第 862 页。
⑥ 《宋史》卷一百七十六《食货志上四・常平义仓》，第 4291 页。
⑦ 《宋史》卷四百七十四《贾似道传》，第 13783 页。
⑧ 《宋史》卷四十六《度宗纪》，第 905 页。

由于朝廷财政拮据，官府竟提前征收来年之税，即所谓“预借”。早在宋高宗末年，已是预借“自一年二年而至三年四年而未止也”[①]。到南宋晚期，预借越来越多。理宗淳祐八年（1248）竟预借了6年的两税，据监察御史陈求鲁奏：“预借一岁未已也，至于再，至于三；预借三岁未已也，至于四，至于五。窃闻今之州县，有借淳祐十四年者矣。以百亩之家计之，罄其永业，岂足支数年之借乎？操纵出于权宜，官吏得以簸弄，上下为奸，公私俱困。”[②]

南宋晚期，害民最大的要算是“和籴”。宋朝的军粮需求量一直很大，但因地主瞒田逃税，加上天灾和战争的破坏，农业经常歉收，蠲减财税较多，故田赋中的粮食收入远远不能满足军粮的需要。宋廷为了取赢补缺，便采用所谓“和籴”的办法向民间收购粮食。但实际上“和籴”多数变为向民间强行摊派的科籴。而且收籴时官府还使用比文思院颁行的标准斗大两三倍的所谓“市斛”来量粮，民户纳一斗等于二三斗，官府却只付给一斗价钱。至南宋晚期，“和籴”的数额越来越大。当时，据大臣吴潜说：“盖有淮乡人家出产之田仅二百四十亩，而县司明出给由子科以和籴百四十四石者。纳一石既当二石，而石数之外又有呈祥、罚筹、堆尖、脚剩名目，若公吏而下诛求更不预焉。是以二百四十亩之田，而欲三四百石米输官也，然则人家无颗粒入口腹矣。”[③]又有大臣杜范奏言：“其余江东、江西诸郡科数亦重，每郡不下数十万，虽小垒苗租不及一二万者亦科十余万。且行一切之令，

① 《朱文公文集》卷十一《庚子应诏封事》。

② 《宋史》卷一百七十四《食货志上二·赋税》，第4221页。

③ 《许国公奏议》卷一《应诏上封事条陈国家大体治道要务凡九事》。

不恤民户之有无，至有行下诸郡不容其纳正苗而先量和籴者。”[①] 和籴不仅价格低，官府支付的多是贬值的纸币。如淳祐十二年（1252），四川秋籴每石给川引 50 贯，而民间则四五百贯，而川引 50 贯仅值十八界会子 500 文、铜钱 100 文。“民户止得偿时价十之一，况又取赢于斛面、减克于吏乎？”“采众之论，但白输耳！”[②] 所谓“和籴”，实为强买。有时甚至不给钱，“和籴”实际上已成为一种变相的加赋。开庆元年（1259）一年全宋共籴买粮食 560 万石，超过当时南宋田赋的总额。还值得注意的是“权势多田之家，和籴不容以加之”，富室大家往往通过贿赂官吏免于和籴，而将负担转嫁给中下等民户身上。“和籴”作为一项弊政，对百姓危害甚大。

除了赋税之外，南宋晚期百姓的劳役负担也不轻。自南宋初年以来，差役法实行“差募之法并用”，一方面大幅度增收免役钱，另一方面又差户长、保长催税却不给雇钱，免役钱被封桩移作他用，实际上是恢复了差役法。而且派役不均，官户全不承担差役，上户富室勾结胥吏多方规避差役，免役钱和差役负担基本上落到了中下户即自耕农和半自耕农身上。由于差役害民，故南宋中期各地盛行“义役”。各地义役由士绅创行和主持，先由役户按资产多少分等出钱，后以役户凑集之“义田”地租充作当役者的费用。因士绅把持义役，排役不均，困贫民以资上户，以致上户安逸而下户陪费。有的主役之家倚势霸占役田，掩取田租，甚至兼并民田。理宗淳祐六年（1246）殿中侍御史兼侍讲谢方叔曾说：“小民百亩之田，频年差充保役，官吏诛求百端，不得已，则献其产于巨室，以规免役。小民田

---

① ［宋］杜范：《清献集》卷十一《论和籴榷盐札子》。

② ［宋］李曾伯：《可斋续稿》后集卷三《乞贴科四川制总司秋籴本钱奏》，《文渊阁四库全书》第 1179 册。

日减而保役不休，大官田日增而保役不及。”[①]“义役”利上户不利下户，便富民不便贫民，故时人刘克庄指出：“盖义役乃不义之役，义册乃不义之册，或六文产，或三文产，不免于差，则役首之罪，反甚于乡书手！”[②]

南宋晚期官府对百姓繁重的赋役剥削使民不聊生，严重阻碍了农业生产的发展。同时，手工业和商业也因赋敛苛刻而衰落。虽然，史籍极少记载南宋晚期各类生产品的具体数量，但是从多种迹象看来，当时经济出现了衰退的趋势是毫无疑问的。以坑冶业来说，自南宋初期开始，由于国土的缩小和矿藏的枯竭，各种金属的产量与北宋相比一落千丈。官府为增加坑冶收入，绍定五年（1232）都大坑冶司竟强制出身儒家的蕲州进士冯杰充当炉户，“诛求日增，杰妻以忧死，其女继之，弟大声因赴愬死于道路，杰知不免，毒其二子一妾，举火自经而死”[③]。端平年间(1234—1236)，诸路州县竟违背不许在观寺、祠庙、公宇、居民坟地及近坟园林开发矿藏的法规，多致扰害；同时“有坑冶停闭、苗脉不发之所，州县勒令坑户虚认岁额”[④]。尽管如此，仍无法挽救坑冶业衰落的殆势。南宋晚期，铜钱的年铸量不过15万贯，而且铸钱工本极大，“费近二十文之本方成得一文之利”[⑤]，得不偿失。再看制盐业，南宋晚期官府拖欠、克扣亭户盐本的情况更加严重。时人戴埴揭露说：“予尝询之亭丁，谓仓台给降本钱以一万缗计之，使司退三千缗为敖底盐钱，二千缗为官吏费，止有五千缗到场，移

---

① 《宋史》卷一百七十三《食货志上一・农田》，第4180页。
② 《后村先生大全集》卷一百九十二《鄱阳申差甲首事》。
③ 《宋史》卷四十一《理宗纪一》，第796页。
④ 《宋史》卷一百八十五《食货志下七・坑冶》，第4532页。
⑤ ［宋］包恢：《敝帚稿略》卷一《禁铜钱申省状》，《文渊阁四库全书》第1178册。

借侵用之余，散与亭者无几。”[①]黄震说到浙东盐场有收泥盐之陋规，亭户纳盐多收十分之二，散本钱时又扣十分之二。[②]理宗淳祐、宝祐间，浙西提举司“尽夺亭户盐本钱，充献羡之数；不足则估籍虚摊。一路骚动，亭民多流亡”[③]。黄震还说，理宗景定及度宗咸淳间，浙东亭户被“尽夺本钱，白纳盐课”，“名曰买盐之会，百陌不曾入手编民”。[④]拖欠、克扣盐本的结果，使食盐再生产遭到破坏，朝廷的盐课收入相应减少。至于商业，也因官府过分刻剥而日渐萧条。各州县到处设置关卡征收商税，甚至垄断商品，不许商人买卖。如江、淮州郡对经过的粮船妄征商税，对芦荡沙田一律收取官租，山漆、池鱼等，禁止商人买贩。南宋中后期，各地贪官污吏甚至私立税场，苛取百出，添置专栏收检，对一切细碎之物以及无货空舟、旅人行李都要收取重税，对乡村贫民之间的小额贸易，指为漏税，动辄加罪，人们称为大小法场。至理宗淳祐年间（1241—1252），沿江池州雁汊等税务仍被称为大法场。淳祐九年（1249），临安府附近商贩木板抽税 24%，其余又因建百万仓全部收买入官。当时拦头拦税，犹如猎狗捕捉猎物，动至出外三数十里。淳祐四年（1244）九月，因严州及绍兴、萧山等县征商烦苛，影响商业发展，理宗被迫下诏约束。对商业破坏尤重的是官府低价强买甚至白取行铺的商品，致使商人亏本破产。嘉熙三年（1239），据臣僚上奏：“今官司以官价买物，行铺以时直计之，什不得二三。重以迁延岁月而不偿，胥卒并缘之无艺，积日既久，类成白著，至有迁居以避

① 《鼠璞》卷下《盐法》。
② 《黄氏日抄》卷八十四《浙东提举到任榜》。
③ 《宋史》卷四百二十四《孙子秀传》，第 12664 页。
④ 《黄氏日抄》卷七十七《申乞免场官责罚状》、卷八十《浙东提举到任榜》。

其扰、改业以逃其害者。甚至蔬菜鱼肉，日用所需琐琐之物，贩夫贩妇所资锥刀以营斗升者，亦皆以官价强取之。终日营营，而钱本俱成干没。商旅不行，衣食路绝。”[①]在外贸方面，理宗宝庆年间（1225—1227）市舶抽解虽实行所谓十五抽一之制，但“至给还客旅时，止有其八，则几于五分取二”，实际上是十分抽四，故“客旅宁冒犯法禁透漏，不肯将出抽解”。[②]这无疑阻碍了海外贸易的发展。

（二）天灾战祸

在苛重的赋役剥削之外，南宋晚期频繁的自然灾害对社会经济和人民生活的危害也极大。在理宗和度宗统治时期，所发生的各种大大小小的自然灾害何止数十百次，其发生时间几乎连年不断。这许多天灾主要是水灾、旱灾、蝗灾、火灾、大风、大雨、冰雹、雷电、地震、疫病、饥荒，等等。被灾地区遍及两淮、两浙、江东西、荆湖南北、四川、福建、两广各路，几乎包括了当时南宋的全境。有许多次天灾规模很大，灾情严重，甚至反复发生。如，理宗淳祐十二年（1252）六月，“严、衢、婺、信、台、处、建、剑、邵，同日大水，冒城郭，漂室庐，人民死者以万数”[③]，水退之后，贫民无以为生，有自杀于沟渎者。开庆元年（1259）和景定元年（1260），浙西又发生大水灾，人民死者数千上万。度宗咸淳七年（1271）夏，四川“江水凡三泛滥，自嘉而渝，漂荡城壁，楼橹圮坏”[④]。咸淳十年（1274），天目山崩，山洪暴发，安吉、临安、余杭民众溺死者无数。又如，理宗嘉熙三年（1239）、四年，

① 《宋史》卷一百八十六《食货志下八・市易》，第4556页。
② ［宋］罗濬：《宝庆四明志》卷六《市舶》，《文渊阁四库全书》第487册。
③ 《宋季三朝政要》卷二。
④ 《宋史》卷四十六《度宗纪》，第908页。

江、浙、福建大旱，并发生蝗灾，原来盛产稻米的浙西地区，赤地千里，粮食绝收。于是，纸币贬值，物价飞涨，饿殍盈道，流民充斥，剽掠成风。百姓或全家饿死，或相率投江；昔日富户，也十室九空。尤其令人震惊的是："都城大荒，饥者夺食于路，盗于隐处掠卖人以徼利，市中杀人以卖，日未晡，路无行人。"[①] 开庆元年（1259）前后，又因连年旱灾，田野萧条，物价翔踊，民命如线。南宋晚期，火灾频发。理宗时，除了楚州、建昌军、台州、扬州、绍兴府、严州、福州等地先后发生火灾外，自绍定四年（1231）九月至景定五年（1264）十一月，仅京城临安即发生大火灾 7 次。绍定四年（1231）九月临安大火，太庙、三省、六部、御史台、秘书省、玉牒所全被焚毁，并延烧及民居。嘉熙元年（1237）五月，临安又发大火，"延烧居民五十三万家"[②]，"两日之间，京城煨烬者十之七矣"[③]。而且常常祸不单行，宝祐三年（1255）五月，"嘉定大雨雹，与叙南同日地震；浙西大水"[④]。度宗咸淳七年（1271）七月，"又嘉定地震者再，被灾害为甚"[⑤]。天灾这么频繁，而且反复发生，救灾与防治能力如此之差，可见当时统治者之腐败与无能。

南宋晚期苛重的赋役，加上频繁的天灾，使民不聊生，于是百姓为谋求生存而纷纷起来反抗。据何竹淇统计：自理宗宝庆元年（1225）至恭帝德祐元年（1275），南宋晚期共爆发人民的反抗斗争 41 起。[⑥] 民众造反的

---

① 《宋季三朝政要》卷二。
② 《宋季三朝政要》卷一。
③ 《清正存稿》卷一《四年丁酉六月轮对第一札》（端平四年丁酉改元为嘉熙元年）。
④ 《宋史》卷四十四《理宗纪四》，第 855 页。
⑤ 《宋史》卷四十六《度宗纪》，第 908 页。
⑥ 《两宋农民战争史料汇编》（四），第 549—629 页。

主要原因是官吏贪暴、赋税与盐课苛重、饥荒赈救不力。如绍定二年至四年（1229—1231）汀州、剑州、邵武军的晏梦彪起义就是因官府垄断食盐买卖、计口强配民户买盐，“一箩取三箩之入而亭户怨，一箩取数倍之息而民户怨”[①]，而“吏贪暴，民无所愬”[②]，故私盐贩兴起，并聚众进行武装反抗。又如，绍定二年至三年（1229—1230）衡州、郴州的峒民反宋起事，是因为贪吏侵渔、“赋讼失平”[③]所致。绍定六年（1233）至端平元年（1234）的赣州陈三枪起义就是为了反抗贪吏。端平元年（1234）的建阳县、邵武军饥民起事，是因为水灾歉收、粮食涨价、百姓饥饿流离而引起。端平三年（1236）南安林峒、傅元一、许应二起事，是因官府“科敛苛刻，致失人心”[④]所造成。嘉熙元年至四年（1237—1240）两淮饥民张世显在江南的聚众反抗，是因为“旱暵荐臻，人无粒食，楮券猥轻，物价腾踊”而引起。宝祐二年（1254）台州民变的原因是官府强征民船服役，船民“以致典卖田产，货妻鬻子，以应官司之命”，“民不堪命，日不聊生”。[⑤]度宗咸淳九年（1273）广西贺州秦孟四起事，是“出于田里之饥荒，激于官吏之贪黩，弄兵之情，出不获已”[⑥]。宋恭帝德祐元年（1275）庆元府亭户起事，是因为“沿海亭民，积年被官吏椎剥，并不曾有本钱到亭户之手，反日事鞭挞，倍数取盐，以此亭民不胜其苦，流亡太半”，加上“今岁饥荒，无

① 《后村先生大全集》卷七十九《乞免循、梅、惠州卖盐申省状》。
② 《宋史》卷四百五十三《高谈传》，第 13337 页。
③ 《许国公奏议》卷一《应诏上封事条陈国家大体治道要务凡九事》。
④ ［宋］陈元晋:《渔墅类稿》卷四《申省措置峒寇状》,《文渊阁四库全书》第 1176 册。
⑤ ［宋］梅应发、刘锡同:《开庆四明续志》卷六《省札》,《文渊阁四库全书》第 487 册。
⑥ ［宋］文天祥 :《文天祥全集》卷十二《与湖南大帅江丞相论秦寇事宜札子》，江西人民出版社 1987 年点校本，第 456 页。

所谋食，官吏酷虐如故，于是萌等死之心，所在相挺为‘盗’”。[1]百姓因穷困无靠而自发起来造反，他们并无远大的斗争目标，而且行动散漫，不知纪律，势必要杀人放火，抢掠财物。同时，官军镇压造反民众，又会滥行屠杀。其结果必然是大量劳动力死亡，致使生产遭到破坏，经济出现衰退。这诚如黄震所说：百姓“所在相挺为‘盗’，杀伤死亡者，十居二三，及官兵追捕逃窜，与官司施行不存者又十居二。今见虽一面招唤作急团结，诸场委是败坏残零，见存无几”[2]。

南宋晚期，蒙古军的入侵战争，对宋朝经济社会的破坏更是致命的。在宋蒙战争期间，蒙古军多次南侵，西起关陕，东到江淮，几千里的广阔地域都变成了战场。兵火所及，百姓惨死或逃亡，村落变为废墟，农业生产停滞，大片土地荒芜，到处都是一派残破景象。端平中，杜范曾经奏言：“自鞑虏南寇，破陷兴、沔，蹂躏均、房，泛荡枣、随，攻掠光、信，二三千里之地昼无炊烟，野多暴骨。至鞑虏暂还，而降卒继叛，襄阳重镇毁为焦土。”[3]嘉熙初（1237），两淮、荆襄之民，避地江南，流离失所。[4]端平三年（1236），蒙古军再攻四川，魏了翁奏道：“至鞑人入蜀，溃卒乘之，所伤残者凡二十余郡。延及房、均、安、黄、襄、邓之境皆为寇区。叠此数端，民之死于兵、死于灾者不知几十万也。”[5]“四川屡经兵火，百姓弃业避难。”[6]蒙古军入侵宋境，所到之处，常常恣意屠杀南宋人民或大批俘虏汉

---

① 《黄氏日抄》卷七十七《申明八·申省宽盐课状》。
② 《黄氏日抄》卷七十七《申明八·申省宽盐课状》。
③ ［宋］杜范：《清献集》卷七《乞招用边头土豪札子》。
④ 《宋史》卷四十二《理宗纪二》，第 812 页。
⑤ 《鹤山先生大全文集》卷十九《被召除礼部尚书内引奏事第二札》。
⑥ 《宋史》卷一百七十三《食货志上一·农田》，第 4179 页。

民去当奴隶。如，淳祐二年（1242）十月，蒙古军攻破宋通州，曾进行屠城。至淳祐末，淮、蜀地区经蒙古兵多次杀掠，城无居民，野皆榛莽。开庆元年（1259）二月，蒙哥汗亲率蒙古军围攻合州城时，曾俘去宋朝男女万余人。同时，蒙古军还摧残汉族文化，常俘淮、蜀士人为奴。度宗咸淳三年（1267）八月，蒙古军掠宋襄阳，俘去生口5万、牛马5000。[①]咸淳五年（1269）正月，蒙古军扰复州、德安、京山等处，又掠万人而去。蒙古军大量掠夺南宋劳动人口和牛马，势必严重削弱南宋的生产能力。

重赋、天灾、战祸严重摧残了南宋晚期的社会经济，使人民处于贫困、国家财政出现危机，而这也正是造成商品供不应求和通货恶性膨胀的根本原因。

第二节　国家财政入不敷出

财政是一个国家治理的基础和支柱。没有财政收入的支撑，国家的职能便无法施行。财政收入的主要来源是各种赋税。赵宋王朝是个君主专制型的财税国家，决定财政收入来源及各类税种的是以皇帝为首的高层统治者的意志，决定各项财政支出的也出于以皇帝为首的高层统治者的需求。因此，国家财政收支的是否合理与朝政的英明或腐败有着密切的关系。当朝政相对清明时，财政收支就会相对合理，并出现良性循环。而当朝政腐败时，财政收支就会混乱，并出现恶性循环。南宋晚期，由于政治的腐败，财政收入减少。由于蒙古军的入侵，军费的增加，统治者贪欲的滋长和管

① ［明］宋濂：《元史》卷六《世祖本纪三》，中华书局1976年点校本，第115页。

理的无能，以及生活奢侈和浪费严重，故财政开支浩大，以致入不敷出，使国家陷入穷困境地。为了摆脱财政危机，增加收入，统治者运用手中的权力，对百姓进行强征暴敛，但其效果适得其反，苛重的赋役破坏了生产，使财税收入更为减少。又由于统治集团生活的骄奢淫逸和挥金如土已是积重难返，致使财政支出不仅不能削减，反而日益增长。其最终结果只能是民不聊生和国家财匮，从而使赵宋政权难以维持，在外敌的攻击下走向崩溃。

一、财政收入减少

南宋晚期的财政收入主要来源于田赋、身丁税、禁榷收入、坑冶及工商税、官田收入、科率等。虽然官府为了增加财税收入，曾经使用暴力强征，但是终因生产衰退和百姓贫困而未能增收。有些财税项目收入的绝对数量偶有多于以前的，却是以百姓破产、流亡乃至死亡为代价取得的，而且其中不少是已经贬值的楮币，其实际效果等于饮鸩止渴。

由于重赋、天灾和战乱的破坏，百姓穷困，南宋晚期的田赋收入很不景气。如“饶州向来苗米一十八万为额”，至嘉定间，“米额止十二万”，其后“名为有十万催额，端［平］、嘉［熙］以后，每岁仅催及八万”。[①] 即使在较为富庶的江西首府隆兴府，“苗催一十五万，而所支尚欠一月之粮”[②]。淳祐中，宣州“额二十五万余石，除灾伤检放、运司寄纳、诸县截

① 《后村先生大全集》卷七十九《与都大司联衔申省乞为饶州科降米状》。
② 《鹤林集》卷十六《知隆兴府到任谢表》。

留、远年倚阁、人户拖欠之数，所入多则十余万石，少则六七万石”[①]。不仅田赋正税不能完成征收定额，而且每逢灾荒或战乱朝廷还要下诏减免田税。如，嘉熙四年（1240）四月，因绍兴府饥荒，免其当年夏税。淳祐七年（1247）五月，诏赐两淮、京、蜀曾经战争之地田税3年，并免去所有欠税。同年十月，因镇江府旱灾，免其田租7.4万多石。淳祐十年（1250）九月，因上年严州水灾，诏全免其田租。淳祐十二年（1252），福建水灾，免其九郡苗米共22万余石。宝祐二年（1254）七月，鉴于四川多战争，民困于征求，诏免其沿边诸郡田租3年。同年九月，又诏：“山阴、萧山、诸暨、会稽四县水，除其今年田租。”[②]度宗咸淳八年（1272）十月，“绍兴府言八月一日会稽、余姚、上虞、诸暨、萧山五县大水，诏减田租有差”，又“以秋雨水溢，诏减钱塘、仁和两县民田租什二，会稽湖田租什三，诸暨湖田租尽除之”；咸淳十年（1274）正月，“江东沙圩租米，以咸淳九年水灾，诏减什四”。[③]免税地区极广，且连年不断。由于两税收入不敷开支，因此各地官府便向百姓预借来年赋税，甚至在淳祐八年（1248）预借到此后六年的赋税，致使有田百亩的民户也倾家荡产。

南宋晚期，在两税之外，福建漳州、泉州、兴化军和广东、广西依旧征收身丁税。南宋时身丁税多折征钱，又称身丁钱。因物价高折钱多，故身丁税钱额倍增，百姓贫困，无力缴纳，漳州曾有移别种收入为百姓代输身丁钱的情况。广西身丁税总额失载。淳祐中，广东身丁钱岁入仅27万

① ［宋］孙梦观：《雪窗集》卷一《癸丑（宝祐元年）轮对第二札》，《文渊阁四库全书》第1181册。

② 《宋史》卷四十四《理宗纪四》，第853页。

③ 《宋史》卷四十六《度宗纪》，第910、917页。

余贯。

在各项禁榷收入中，以盐课收入最为重要，它在国家财政收入中占有较大比重。然而，南宋晚期的榷盐收入很不稳定，并有下降趋势。宋廷原曾实行盐钞法，但商人常因各种情况不愿请钞贩盐，造成国家盐课收入减少，故宋廷几度在一些地区罢盐钞行官搬官卖。而推行官搬官卖往往产生抑配现象，加上贪官污吏乘机敲诈百姓，引起百姓对官府的不满，所以官搬官卖不能久行。宋廷为垄断盐利，又收集官府收购以外的浮盐，以免被商人私贩影响朝廷盐课收入。然而要收集零散的浮盐所需费用很大，由于财计困难，官府支付亭户正盐的本钱就不足，哪有经费来收浮盐？于是收浮盐时行时废，私盐盛行。为增加盐利收入，官府就提高盐价，而提高盐价更促进了私盐贩的积极性，榷盐收入因而大量流失。官搬官卖不能久行，收集浮盐又有困难，宋廷又回过头来推行盐钞法。而行盐钞法能否得利取决于商人的转售转销。当时，朝廷盐本不继，盐商也缺乏经营资金，亭户生产困难，加上盐商常在贩卖过程中受盗贼侵害和官吏敲诈，所以南宋晚期盐货供应常不足，商人多亏本，致使官府常有盐利减少盐课不登之患。可是，据《宋史》记载："宝祐元年，都省言：'行在榷货务都茶场上本务场淳祐十二年收趁到茶盐等钱一万一千八百一十五万六千八百三十三贯有奇，比今新额四千万贯增一倍以上。'……四年五月，以行在务场比新额增九千一百七十三万五千九百一十二贯有奇。"其中大部分为盐利，似乎盐课大增。但接着又记载：宝祐四年（1256）十二月，"殿中侍御史朱熠言：近者课额顿亏，日甚一日，始以真州分司言之，见亏二千余万，皆由台阃及诸军帅兴贩规利之由"。宝祐五年（1257）朱熠又上奏："十数年来，钞法屡更，公私俱困，真、扬、通、泰四州六十五万袋之正盐，视昔犹不及额。”[①]由此可见，所谓淳祐十二年（1252）盐课大增似有夸大之嫌，即使是事实，也是强征暴敛所得，不能持久，故盐课收入很快就大幅度跌落。南宋晚期不仅日常盐课减收，对一些遭天灾或战乱危害的地区，宋廷还要减免其盐酒课。如度宗咸淳元年（1265）十月，“减四川州县盐酒课，始自景定四年正月一日，再免征三年”[②]。至于外贸中的禁榷收入，也因对舶来品的抽解比例过高，逼使番商冒法透漏，不肯抽解，从而造成外贸实际税利的缩减。

在手工业中，坑冶课利本是宋朝财政收入重要来源之一。可是到了南宋，由于国土面积缩小，矿产资源枯竭，大量矿场被废弃，加以管理制度败坏，坑冶生产一落千丈。尤其在南宋晚期，虽然各地官府为增加坑冶课利，违法开矿，甚至强迫坑户虚认岁额，但是仍然无法挽救坑冶业的衰落。铜、铅、锡等产量的不足，必然会使铜钱铸造大大减少。端平、嘉熙间，“钱监所铸之钱，比祖宗盛时仅二十之一”[③]，“永平监……一岁之铸不能二十万”[④]。尤其严重的是铸钱成本极高，据包恢《敝帚集》卷一《禁铜钱申省状》记载：“今冶司一年所铸不过一十五万贯，而费近二十文之本，方成得一文之利。”铸造铜钱得不偿失，这就促使宋廷去无本滥印纸币，从而引发了恶性通货膨胀。

关于南宋晚期商税的岁入数，史书缺载。但从当时经济衰退、天灾频繁、战争破坏、商业萧条、商人破产的情况来看，尽管各地广设税场，苛

① 《宋史》卷一百八十二《食货志下四·盐中》，第4457页。
② 《宋史》卷四十六《度宗纪》，第895页。
③ ［宋］杜范：《清献集》卷九《嘉熙四年被召入见第二札》。
④ ［宋］方大琮：《铁庵集》卷二十《贾总卿》，《文渊阁四库全书》第1178册。

征暴敛，而商税不登的趋势已不可逆转。

宋代的官田主要有屯田、营田、官庄、牧地与学田、职田等。官田收入虽在财计中不占重要地位，但朝廷对官田的经营仍较重视。屯田本以军屯得名，营田则募民耕种，但宋代屯田时调民夫，营田杂用军兵，屯田与营田区别不大。南宋晚期，除襄阳帅臣孟珙实行屯田取得一定成绩外，官田经营总的效果并不好。理宗绍定元年（1228），孟珙为加强荆襄一带防务，在襄阳城外枣阳一带屯田，“使军民分屯，是年收十五万石”①。淳祐元年（1241），孟珙又在自秭归至汉口之间进行大规模屯田，总计“收九十三万石有奇”②。孟珙的屯田曾对军饷补给起到过一定积极作用，但其他地区的屯田和营田，常以支费太大而得不偿失、强民耕种遭百姓反对以及军人不习农事等原因，徒费粮种，有害无利。至于景定四年（1263）宋廷推行“公田”法后，因规定重额官租，强迫农民缴纳，结果“六郡骚然”，“自从买公田，丰年亦凶年”③。加剧了官民矛盾，遭朝野普遍反对，最后终于被废除。同时，由于天灾人祸，整体经济衰退，宋廷还要经常减免官田租税。如，度宗咸淳六年（1270）闰十月，“安吉州水，免公田租四万四千八十石”；十一月，“嘉兴、华亭两县水，免公田租五万一千石”④。咸淳九年（1273）十二月，“沿江制置使所辖四郡夏秋旱涝，免屯田租二十五万石”⑤。咸淳十年（1274）十二月，“淮西四郡水旱，去年屯田未输之租其勿征”⑥。

---

① 《宋史》卷四百十二《孟珙传》，第 12370 页。
② 《后村先生大全集》卷一百四十三《孟少保神道碑》。
③ 《耻堂存稿》卷七《官田行》。
④ 《宋史》卷四十六《度宗纪》，第 906 页。
⑤ 《宋史》卷四十六《度宗纪》，第 917 页。
⑥ 《宋史》卷四十七《瀛国公》，第 924 页。

科率，也是宋朝财政收入的重要来源。所谓“科率”，即官府将所需物资或劳役责取于百姓，或称科配。科率的项目很多，情况复杂，常具有变相赋税的性质。南宋晚期的各种科率中，因军粮急需，科籴尤为苛重。当时的“和籴”强行摊派，甚至白取，无“和”之实，实际上也属于科籴。宝祐五年（1257）大臣程元凤说：“去岁所籴，视宝祐三年以前，多三分之一。”① 至开庆元年（1259），东南和籴（主要是科籴）增至 560 万石，连同四川岁约籴 600 余万石。开庆、景定间，福建汀州科籴“仓耗、扛量等费甚于正苗受纳”，“官司和籴一石，例支本钱一贯六百文足”，“民输和籴一石，除官本钱外，民户至白贴三贯文足有奇”。② 在四川，淳祐、宝祐间，“秋籴每米一石，支第一料川引五十贯文，以京券（东南会子）价揆之，才比十八界五百文，仅是铜钱一百文足耳”，后虽略有增加，也仅能折铜钱 160 文足，“使此钱尽到民户，止得偿时价之十一，况又取赢于斛面，减克于吏手，采之众论，但白输尔”。③ 在科籴过程中，贪官污吏营私舞弊，大发横财。如，理宗时浙西江淮发运司主管文字赵时廷竟因和籴贪污籴本 80 余万贯。④ 此外，当时地方性的临时杂征也很盛行，有些地方保甲等还创立乡税等名目向百姓榨取。⑤ 南宋晚期官府虽通过科籴刮取了大量粮食，但严重破坏了生产，增加了百姓的痛苦，从而动摇了赵宋王朝的统治根基。

---

① 《宋史全文》卷三十五。

② 《永乐大典》卷七千五百十四《均济仓》引《临汀志》。

③ 《可斋续稿》后集卷三《乞贴科四川制置总司秋籴本钱奏》。

④ ［宋］徐经孙：《徐文惠公存稿》卷一《劾李宜之赵时廷疏》，见李之鼎编《宋人集》甲编，民国宜秋馆汇刻本；又见［宋］徐经孙：《矩山存稿》卷一，《文渊阁四库全书》第 1181 册。

⑤ 《北溪大全集》卷二十七《上傅寺臣论民间利病六条》。

二、财政支出浩大

南宋晚期财政支出的主要项目有军事支费、冗官支费、皇室支费以及祭祀、岁币、兴学、农田水利、官工商业、公共工程、赈灾等支费。由于政治的腐败、统治者生活的奢侈、天灾人祸与战争的频发，南宋晚期的财政开支空前浩大。

军事支费一直占宋朝财政开支中的大头，南宋晚期也不例外。理宗端平以前，“岁中之费，兵居其六五”[①]。南宋晚期的军队人数，因财力不支可能略有减少，但因宋蒙战争形势日益恶化，宋廷不得不再行招募。如，自理宗景定元年（1260）至度宗咸淳九年（1273），“节次招军凡二十三万三千有奇，除填额，创招者九万五千。近又招五万”[②]。咸淳十年（1274），据权兵部尚书、荆湖安抚制置、知江陵府汪立信说：“算兵帐见兵可七十余万人。”[③]北宋末年军队人数约有百万，南宋版图小于北宋，而南宋晚期却有正规军70万人，其实际军队人数多于北宋。因为除正规军禁军、厢军外，还有乡兵，其总数史无确切的记载，估计当有十几万或几十万人之众。军费开支的项目有军兵廪禄、补贴、赏赐、军事装备等。军费来源主要靠截留上供、户部调拨、支用内藏财物以及盐钞钱等。发给军兵的廪禄、津贴、赏赐数额极大。南宋时，发给军兵请领俸禄的称熟券，发给军兵出戍的津贴费称生券。宝祐中，四川“屯驻兵熟券见支第一料四百贯（第一界新川引），屯戍军生券见支第一料六百贯，却有支盐在外”[④]，

---

① 《臞轩集》卷一《乙未馆职策》。
② 《宋史》卷一百九十三《兵志七》，第4822页。
③ 《宋史》卷四百十六《汪立信传》，第12475页。
④ 《可斋续稿》后集卷三《救蜀楮密奏》。

可见津贴甚至多于俸禄。至于发给军兵的犒赏及其他补贴更是连续不断。关于军费的开支，史不绝书，这里只能略举几例。如，端平二年（1235）十一月，派枢密使曾从龙督视江淮军马，同签书枢密院事魏了翁督视京湖军马，“诏两督府各给金千两、银五万两、度牒千、缗钱五百万，为随军费”。嘉熙二年（1238）三月，“发行都会子二百万，并湖广九百万，下都督参政行府犒师”。[①] 淳祐七年（1247）以赵葵为枢密使兼参知政事，督视江淮、京西、湖北军马，“出缗钱千万、银十五万两、度牒千、绢万，并户部银五千万两，付督视行府赵葵调用”。淳祐十一年（1251）十一月，宋军收复襄、樊，“以缗钱三百五十万犒师”。[②] 开庆元年（1259），“出内库缗钱三千万助边用”；同年闰十一月，又“诏出内帑缗钱五千万犒内外诸军”。[③] 景定元年（1260）二月，“诏贾似道以缗钱三千万犒师”[④]。至于调拨数十万、上百万军费的记载举不胜举，恕不赘述。用于军饷的粮食，主要靠通过“和籴”来征集，南宋晚期“和籴”的数量及费用比前增加。如开庆元年（1259）和籴总数达560万石。[⑤] 虽然和籴常具有科率性质，但既是买粮，多少总要付钱，理宗某年“因连年用兵，粮食不给，造楮币七八千万，于两浙、江东西和籴米八百余万斛，接济军饷，天下劳扰”[⑥]。军队必需备马，南宋每年买马在万匹上下，仅理宗宝庆时“两淮制府贸易

---

① 《宋史》卷四十二《理宗纪二》，第809、816页。
② 《宋史》卷四十三《理宗纪三》，第837、844页。
③ 《宋史》卷四十四《理宗纪四》，第865、868页。
④ 《宋史》卷四十五《理宗纪五》，第871页。
⑤ 《宋史》卷一百七十五《食货志上三·和籴》，第4249页。
⑥ ［元］俞希鲁：《（至顺）镇江志》卷六《赋税》，《续修四库全书》第698册。

北马五千余，而他郡亦往往市马不辍”[①]。南宋“马价踊贵”，“已过四五倍承平之时”。[②]买马及计纲起发等费用每匹约需缗钱三四百贯，每年开支在三四百万贯之多。兵器制造费用也很大。景定中，建康置局造万人军器，“物料其费二百二十一万贯，铁炭米之类不与焉”[③]。南宋末，制造回回炮等新式火器，必然要耗费更多钱财。南宋晚期，军费开支巨大，而其中不少被军官克扣贪污落入私人腰包，“当是时，财赋之出有限，廪稍之给无涯，浚民膏血，尽充边费，金帛归于二三大将之私帑，国用益竭，而宋亡矣”[④]。

南宋晚期，冗官支费在财政支出中仅次于军事支费的地位。南宋版图不及北宋三分之二，蒙古南侵后国土进一步缩小，而官吏人数却不减于北宋。理宗宝祐四年（1256），监察御史朱熠说："境土蹙而赋敛日繁，官吏增而调度日广。景德、庆历时以三百二十余郡之财赋，供一万余员之奉禄；今日以一百余郡之事力，赡二万四千余员之冗官，边郡则有科降支移，内地则欠经常解纳。欲宽民力，必汰冗员。"[⑤]除官员俸禄开支外，皇帝还赏赐大臣第宅和大量钱财。如，景定三年（1262）理宗曾“赐贾似道第宅于集芳园，给缗钱百万”[⑥]。冗官如此之多，耗费如此之大，在国家财力不足之时，宋廷必然会去加强对民众的搜刮。

南宋晚期的皇室支费包括宫廷冗费和宗室俸禄等。这笔费用也很浩大。宫廷冗费中除皇室的日常奢华生活及婚嫁、丧葬等支费外，开支最大

---

① 《宋史》卷一百九十八《兵志十二・马政》，第 4956 页。
② 《宋会要辑稿》兵二二之一五。
③ 《景定建康志》卷三十九《武卫志》。
④ 《宋史》卷一百九十四《兵志八・廪禄之制》，第 4849 页。
⑤ 《宋史》卷四十四《理宗纪四》，第 858 页。
⑥ 《宋史》卷四十五《理宗纪五》，第 880 页。

的是大兴土木修造宫殿及园林等。当时人俞文豹曾谈到皇宫的土木工程费用说："中兴初，凡宫禁营缮，皆浙漕与天府共为之。绍兴末，漕臣赵子潇奏以其事归修内司，本司岁输二十万。其后节次至六十万。及嘉熙、淳祐间，曾颖秀、赵崇贺、魏俊相继领漕事，前后效尤，倍献其数，遂至一百六十万。而修内司又逐时于左帑关拨，数尤不少。又不时行下天府，以某殿当修、某柱当换，京尹则照例进奉三十万或四十万。"[①]理宗时大臣杜范也论及此事："近有内殿修造，破漆五千斤，而费外帑十五万缗，此臣所亲见，非得于传闻。"[②]另一大臣王迈也批评"修内司营缮广，内帑宣索多"[③]。尤其是，理宗时临安经常发生大火灾，绍定四年（1231）九月那次大火烧毁了太庙、三省、六部、御史台、秘书省、玉牒所，重建费用之大不难想象。淳祐十年（1250），理宗"为阎贵妃建功德寺于九里松，名集庆寺。殿宇壮丽，甲于灵隐、天竺。台臣交章谓：兴土木之功，费国家财用，请节浮费，以备军储"[④]。为此，淳祐十二年（1252）权左司郎中高斯得上奏要求理宗立罢新寺土木。宝祐三年（1255）春，宦官董宋臣干办佑圣观，为逢迎皇帝意图，起梅堂、芙蓉阁、香兰亭，势必又要支付大量钱财。自北宋以来宫中嫔妃多耗费黄金珠宝为首饰服用，且屡禁不止，南宋时依旧难改。直到咸淳八年（1272）正月度宗还在下诏："朕惟崇俭必自宫禁始，自今宫禁敢以珠翠销金为首饰服用，必罚无贷。"[⑤]结果也成了

---

① 《吹剑录外集》。
② ［宋］杜范：《清献集》卷十一《辛丑（淳祐元年）四月直前奏札》。
③ 《宋史》卷四百二十三《王迈传》，第 12635 页。
④ 《宋季三朝政要》卷二。
⑤ 《宋史》卷四十六《度宗纪》，第 909 页。

官样文章，毫无实效。此外，宗室子孙越来越多，俸给也就一年更比一年多。如，绍定中大臣真德秀上奏讲到泉州外宗正司的情况说：“建炎置司之初，宗子仅三百四十有九人，其后日以蕃衍，至庆元中，则在院者一千三百余人，外居者……八百八十七人，比之庆元，中虽仅增五百余人。”[①] 供养宗室开支之大，甚至引起了不少士大夫的忧虑。

南宋财政支出中还有一笔给金国的岁币。“绍兴和议”约定宋给金岁贡为银 25 万两、绢 25 万匹。“隆兴和议”后改岁贡为岁币，减为银 20 万两、绢 20 万匹。“嘉定和议”后岁币增为银 30 万两、绢 30 万匹，另给金犒军银 300 万两。直至理宗端平元年（1234）金灭亡后，岁币才停输。宋恭宗德祐二年（1276），元军进逼临安京城，宋廷遣使答应向元朝“岁奉银绢二十五万，乞存境土”[②]。因不久南宋灭亡，向元输送岁币未成事实。

关于南宋晚期朝廷用于兴学、农田水利、官工商业、公共工程等方面的财政支出，史书缺乏具体记载。由于当时政治腐败、经济衰退、财税收入减少，加上宋军抗元战争形势日益恶化，财政开支已是捉襟见肘，估计宋廷已无力顾及对这些经济文化建设方面的资金投入。如官府屡屡拖欠和克扣应支付给亭户的制盐本钱，以致盐课减收并激起了民变，便是最好的证明。

人类不能完全避免自然灾害，但可防治自然灾害和减轻受灾程度。南宋晚期，因统治者腐败，剥削苛重，百姓贫困，防灾能力削弱，以致灾害频发，灾情惨重。宋廷为了防止灾民造反，也为了恢复生产和维护税源，不得不

---

① 《真文忠公文集》卷十五《申尚书省乞拨降度牒添助宗子请给》。
② 《宋史》卷四十七《瀛国公》，第 937 页。

增加财政开支来赈济贫民。关于赈灾济贫的记载史不绝书，今仅举数例以见一斑。如，理宗宝庆元年（1225）四月，出丰储仓米8万石赈临安贫民。绍定二年（1229），“台州大水，命常平使者叶棠……发丰储仓米十万石、封桩库钱五十万贯以充赈济、修城之用”[①]。绍定四年（1231）九月临安大火，出封桩库钱、丰储仓米赈恤受灾之家，又出内藏库缗钱20万赈恤贫民。嘉熙四年（1240）七月，出封桩库缗钱20万赈临安贫民。淳祐七年（1247）正月，诏淮、浙发运司给米2万石济建宁、邵武被水之民。淳祐十一年（1251）十一月，因隆冬天寒，出封桩库十八界官会20万贯赈济临安人民。淳祐十二年（1252）六月，发米3万石赈衢、信州饥。同年八月，诏以缗钱40万赈恤在京军民。宝祐元年（1253）十一月，诏出缗钱200万赈恤京城军民。度宗咸淳元年（1265）闰五月，因久雨成灾，发钱20万赡在京小民。咸淳七年（1271）三月，发屯田租谷10万石，赈和州、无为、镇巢、安庆诸州饥。咸淳十年（1274）九月，发米赈余杭、临安两县水灾，余杭灾尤重，再给米2000石。宋廷用于赈灾济贫的支出虽然远不及军费之多，但是因其支付次数之多，总额不小，仍是国家财政的一笔沉重的负担。由于财政拮据，赈灾粮食更多的是低价赈粜，并非无偿救济。

在赈灾以外，还有一笔救济遭战争伤害之贫民、士兵和掩埋死难者的开支。如，嘉熙元年（1237），两淮、荆襄的战地难民逃到江南，流离失所，宋廷下诏命沿长江州县给予赈济，计口给米。淳祐五年（1245）十一月，下诏赡恤抗蒙阵亡将士153人的家属。景定元年（1260）二月，给缗钱10万为在蒙古军破临江军时死节的守臣陈元桂治葬。度宗咸淳六年(1270）

---

① 《耻堂存稿》卷一《直前奏事》。

闰十月隆冬严寒，诏赐钱 20 万给诸军阵亡将士贫困之遗孤。理宗淳祐四年（1244）二月，出封桩库缗钱各 10 万，命两淮、荆湖、四川制置司收埋历年战争中死亡者的遗骸，立为义冢。

三、财政入不敷出

由于政治腐败，赋敛苛重，加上天灾人祸与战争破坏，致使南宋晚期经济衰退，人民贫困，国家财政入不敷出。其实，这种财政危机，早在宋宁宗开禧北伐失败后就已经开始，只是随着金朝灭亡后蒙古军的南侵，至理宗时财政状况的恶化进一步加重。

理宗端平元年（1234），南宋与蒙古联军灭亡金国，宋军入汴、洛准备收复三京（东京开封府、南京应天府、西京河南府）失地，被蒙古军击退。三京之役失败后，边储一空，南宋财政更加困难。就在该年九月，刘克庄在上书时慨叹："窃惟财用不足，今日不可药之病也！"[①] 同年，大臣李鸣复也说："今日之财用匮矣，府库已竭而调度方殷，根本已空而耗蠹不止。"[②]端平二年（1235），"国家罄一岁所入，曾不支旬月"[③]。一年的收入还应付不了十天的开支，经费缺口实在太大！处此窘境，统治者束手无策，嘉熙二年（1238）大臣吕午谈及当时财计说："问之于上，则财计穷匮，而有国非其国之忧；问之于下，则田野萧条，而有人不聊生之叹！"[④] 至淳祐末

① 《后村先生大全集》卷五十一《备对札子》。
② 《历代名臣奏议》卷二百七十三。
③ 《臞轩集》卷一《乙未馆职策》。
④ ［宋］吕午：《左史谏草·戊辰（嘉熙二年）三月二十五日奏为财赋八事……》，《文渊阁四库全书》第 427 册。

年(1252),朝廷财政已经出现赤字,“一岁之出,常多于所入”[①]。宝祐中,“岁入之数不过一万二千余万，而其所出，乃至二万五千余万，盖凿空取办者过半，而后仅给一岁之用”。大臣高斯得分析当时财政超支的原因及其恶果说:“大农经用，廪廪不继;额外创给，日以益多;大兵之券，不询之有司，一日之间而顿增三十余万;淮蜀制臣，以科降为请，则一捐亦各于数百万，其他凡所馈给，视旧悉增……国家用度日以不给，盖有如贾谊所谓‘大命将倾，莫之振救’者……财用空竭犹之血气凋耗，亦足以毙人之国。”[②]宝祐四年(1256)，文天祥在《御试策》中也写道:“召募方新，调度转急，问之大农，大农无财;问之版曹，版曹无财;问之饷司，饷司无财;自岁币银绢外，未闻有画一策为军食计者。”[③]

南宋晚期，财政支用浩繁，致使内帑空乏，朝廷一时拿不出良策，便向地方索取，乃“大征宿负于列郡，裒数多而期会迫急”[④]。由于宋朝财政一向实行中央集权政策，地方官府的收入大部分上供，本地留存不多。自南宋初年以来，各路上供任务极重。自宁宗嘉定至理宗嘉熙间，由于经济衰退，上供之数额减少。地方官已是自顾不暇，哪有余财增加上供?在朝廷逼迫下，各州县仍以大数额催税，只会害及百姓。其实，南宋晚期各路财计也同样陷于危机，并不比中央好?请看以下事实。

先看京城所在地临安府。因临安不断遭受火灾、雨雪冰灾等，赈灾开支极大，同时临安又是军队、官吏集中之处，俸禄开支更巨，国库已被用

① 《清正存稿》卷一《奏已见札子》。
② 《耻堂存稿》卷一《转对奏札》。
③ 《文天祥全集》卷三《御试策》，第79页。
④ 《宋季三朝政要》卷二。

空，甚至用于救灾应急的常平仓粮储也已枯竭。如，“景定元年，临安府平籴仓旧贮米数十万石，粜补循环，其后用而不补，所存无几”[①]。

四川原来是南宋财赋输出重地，在南宋前期转危为安过程中起过重大作用。但从宁宗开禧北伐失败和四川镇将吴曦叛变后，四川经济受到破坏。理宗宝庆、端平以后，蒙古军入侵四川，成都等重镇相继沦陷，四川版图之半已非宋所有，财力枯竭，而费用又无穷。《宋季三朝政要》卷二记载四川财匮情况说：“自丁亥（宝庆三年西夏亡）失关外，丙申（端平三年蒙古军破兴元、大安、文州、成都等）残破之余，所存仅数州。蜀中财赋[旧]入户部五司者五百余万缗，入四总领所者二千五百余万缗，金银绫锦丝绵之类不与焉。既失蜀，国用愈窘……朝廷亦视蜀为堕甑矣。”早在绍定四年（1231）九月蒙古军将入侵四川之时，太常少卿度正就说，蜀中财用已乏，他建议理宗不惜出内库金帛去应付军费。大臣吴昌裔曾具体地分析了绍定年间（1228—1233）四川财赋出入的情况：“蜀中财用之困始于[建]炎[绍]兴……自是而后，入少出多，调度转急。臣尝以绍定一岁之数计之，所收二千四百九十二万余缗，已减绍兴所入之一，所支五千一十六万三千余引，乃过绍兴增支之半。前后总饷卒坐乏兴，每以二千五百二十四万之数仰给朝廷降科，不啻如赤子之仰哺，此蜀赋本末也……今自虏骑深入，根本尽竭，又非前日比矣。”[②] 在兵端初开之时，“朝廷特许四川总领所截留上供银绢及田四厢银绢以饷大军，此外又给与官诰祠牒变卖，此外又许增印会子……近者边事再起……不许截留上供……不许截留田四厢银绢，添印会子必至

① 《宋史》卷一百七十八《食货志上六·振恤》，第 4343 页。
② 《宋代蜀文辑存》卷八十四，吴昌裔《论救蜀四事疏》。

价落，既已不许，而所以应副四川军兴之用者不过官诰祠牒与略给赐银绢而已。”①

东南各路物华民富，本是宋朝财税的主要来源地，而到理宗时也变得财源枯竭。据端平初年大臣吴潜说：“开禧、嘉定相继用兵，州郡所蓄，扫地殆尽……盖东南民力，几三百年，朘削日深，生息无几。直至近岁，殚穷见底，可为痛哭。”② 嘉熙年间（1237—1240），“所在州县仓库俱空，解发朝廷反有拖欠”③。如，饶州“名为有十万催额，端［平］、嘉［熙］以后，每岁仅催及八万”④。又如，宝祐初年（1253），知宣州孙梦观奏：淳祐中，“所入多则十万余石，少则六七万石”⑤。财用窘迫，地方官千方百计向民间搜刮，甚至预收未来多年赋税，从而引起民愤。宝祐四年（1256）文天祥在《御试策》中揭露了造成民怨的主要原因：“今之民生困矣！自琼林大盈，积于私贮，而民困；自建章通天，频于营缮，而民困；自献助迭见于豪家巨室，而民困；自和籴不间于闾阎下户，而民困；自所至贪官暴吏，视吾民如家鸡圈豕，惟所咀啖，而民困。呜呼，东南民力竭矣！”⑥

再以广东来说，其财政也是入不敷出。从淳祐中广东转运司财赋中钱币的年收支情况看，总收入为446900贯，其中不包括盐舶司、提举司等处积欠不纳的钱币数万贯，而总支出为477890贯，另有50000余贯费用

---

① ［宋］度正：《性善堂稿》卷六《重庆府到任条奏便民五事》，《文渊阁四库全书》第1170册。

② 《许国公奏议》卷一《应诏上封事条陈国家大体治道要务凡九事》。

③ 《左史谏草・戊戌三月二十五日奏为财赋八事……》。

④ 《后村先生大全集》卷七十九《与都大司联衔申省乞为饶州科降米状》。

⑤ 《雪窗集》卷一《癸丑轮对第二札》。

⑥ 《文天祥全集》卷三《御试策》，第77页。

无处开支，合计每年亏空至少在 10 万贯以上。[①]这虽不是广东路所属州、军场务等收支的总和，但已可从中得知广东路财计之困难。

尽管国家财政如此拮据，不少官员仍假公济私，不忘贪污，侵蚀国家财物，使朝廷财政收入更为减少。嘉熙四年（1240），理宗曾下诏批评贪官说："比岁以来，贪浊成风，椎剥滋甚，民穷而溪壑不餍，国匮而囊橐自丰。"[②]宋廷虽然多次申严有关禁贪的法令制度，但却屡禁不止，甚至被权奸们歪曲利用来制造混乱。如，景定二年（1261）正月，宋廷规定监司郡守以检劾赃吏数目多少来进行赏罚。[③]而当年八月，这一制度即被权奸贾似道用来行"打算法"，借口查核军费，以排斥异己、陷害抗蒙将领，制造冤案。

第三节　纸币的恶性膨胀及其消极后果

南宋晚期，由于政治腐败和蒙古军的入侵，宋朝的各种冗费和战争经费开支十分浩大；而另一方面又因苛重的赋役剥削以及天灾和战争的破坏，造成了经济的严重衰退。在这种天灾、人祸的双重作用下，国家财政出现了入不敷出的窘境。但为了维持国家机器的运转和支撑抗击蒙元战争的进行，宋廷急需大量货币。而当时铜钱依旧稀缺，铁钱为数也不多，故宋廷只好大量印行纸币来填补财政的亏空。无本滥发纸币的结果，形成了通货的恶性膨胀，从而给社会经济和人民生活带来了极大的危害。

---

① 据《鹤林集》卷二十二《奏宽民五事状》统计。

② 《宋史全文》卷三十三。

③ 《宋史》卷四十五《理宗纪五》，第 876 页。

一、铜钱和铁钱稀少

（一）铜钱稀少

“钱荒”，也即铜钱稀缺，是整个两宋时期一直存在的老问题。早在宋太宗太平兴国初年，由于铸钱铜料的缺乏，岁铸铜钱仅 7 万贯。后来随着铜矿的大规模开采，至宋真宗景德中，岁铸铜钱达到了 183 万贯。宋仁宗嘉祐以来仍岁铸铜钱 180 余万贯，但因冗军、冗官、冗费的过度消费，铜钱仍依旧不足，以致宋廷铸行虚值货币、扩大铁钱流通区和无本印发交子，造成通货膨胀。宋神宗元丰年间（1078—1085），铜钱年铸量虽高达 506 万贯，但由于推行熙丰新法和当时商品经济的发展，现钱使用量大幅度增加，以致仍有张方平等大臣惊呼“钱荒”严重。好在变法派大量发行了度牒、官告、公据等准通货，同时变法又推动了生产的发展，增加了商品供应量，所以神宗期间既不缺乏货币的使用，也未发生通货膨胀。宋徽宗崇宁四年（1105）岁铸铜钱仍有 289.04 万贯之多，然而因政治腐败、“三冗”的开支有增无减，加上经济衰退，从而使宋朝的财政陷于困境，钱不够用。为维持财计，宋廷大铸当十大钱和夹锡钱等劣币，同时扩大铁钱流通区和滥发纸币及度牒，终于酿成了恶性通货膨胀，导致了北宋王朝的灭亡。可见，造成“钱荒”和国家财政困难的根本原因不在于铜钱太少，而在于政治腐败、生产衰退和统治者的消费过度。所谓“钱荒”只是指铜钱不足，可用其他类型货币及准通货来补充。而一旦各类货币发行总量过多，同时又生产萎缩，消费过度，商品供不应求，就会发生通货膨胀。是否发生通货膨胀不决定于货币绝对供应量的多少，而在于商品的供不应求。

到南宋初期，国土面积大幅度缩小，再经过宋高宗建炎年间（1127—1130）金兵侵宋战争的破坏，坑冶衰落，“鼓铸皆废”，铜、铁、铅、锡等铸钱原料的生产也“不及于旧”，铸钱量大大减少，“岁铸才及八万缗”。[①]宋金和议后，宋廷虽想尽一切办法，力图增加铜钱铸量，但直到绍兴末年，岁铸也只达到 15 万贯左右。

经过近百年的折腾，南宋晚期的铜钱年铸量仍未能增加。淳祐初年（1241），据理宗说：“岁造［钱］十六万［贯］尔。”[②]而这 16 万贯铜钱的铸造成本极高，实为得不偿失。《群书会元截江网》一书中在谈到此事时曾说：“中兴已后，泉府之入浸减于旧。永平一监岁铸十五万尔，近稍增至十六万。而铅铜铁炭之入，官吏兵工杂费之所出，率以本钱三百余万而得十六万。比年淮之铁、蜀之铜、湖襄之若锡若铅，皆不复至。地宝既爱，胆力亦薄，三百万之本已无从出矣，则十六万之入安保其不亏哉！”[③]铸造 16 万贯铜钱，要用去 300 多万贯铜钱的本钱，尤其在铜铅锡等币材供应不足和胆铜又减产的情况下，要完成年铸额十分困难，即使完成了铸造任务，既不能增加朝廷的财政收入，反而增加了朝廷的财政支出，这对解决国家经济困难又有何益！

南宋晚期的铜钱，因铸造原材料不足，不仅年铸量少，质量也大大降低。在高宗绍兴年间（1131—1162），“每小钱一千省，用铜二斤半、铅一斤十五两、锡三两、炭五斤，盖七百七十文为一千者也”；至宁宗嘉泰年间（1201—1204），“小平钱一千足，乃用此料，则钱愈锲薄”。[④]南宋晚期，

---

① 《宋史》卷一百八十《食货志下二·钱币》，第 4394 页。

② ［宋］徐元杰：《梅野集》卷一《四月十二日进讲》，《文渊阁四库全书》第 1181 册。

③ ［宋］佚名：《群书会元截江网》卷十一《钱帛·铸钱不若昔》，《文渊阁四库全书》第 934 册。

④ 《建炎以来朝野杂记》甲集卷十六《铸钱诸监》。《宋会要辑稿》食货一一之三。

除了小平钱质量降低外，还铸虚值大钱。在虚值大钱中，金属含量就更少。如，理宗端平年间（1234—1236），曾“铸钱一当五，辇下置监，铸不及千缗、费用朝廷万缗，不一月罢”[①]。铸当五钱千贯，要费用朝廷的钱万贯，成本太高，难以为继，故不到一个月就停铸了。理宗嘉熙元年（1237）又铸“新钱当二并小平钱，并以‘嘉熙通宝’为文，当三钱以‘嘉熙重宝’为文”[②]。这时，为了增加铜钱数量以称提不断贬值的纸币，有人“欲以端平钱当五行使”，遭到户部尚书赵与懽的反对，他说：“开禧尝以二当三，何救于楮？”又说：“士大夫不清白奉法，恪意扶持，虽日易一法，无救于楮，而国非其国矣。”[③]这也就是说，只要官员们不清廉勤政，无论铜钱币制如何改变，都挽救不了纸币的贬值。理宗淳祐年间（1241—1252），又铸“淳祐元宝”当百大钱，“背文有当百字”。[④]至度宗咸淳四年（1268），朝中又有官员献策“欲以铜钱一当十行之天下”，并“令江西先行之”，遭到江西转运副使方逢辰的上疏反对，此献策才未实行。[⑤]南宋晚期铜钱的减重已达到十分惊人的程度。据今人思达在《宋钱》一文中记载：现存淳祐当百钱有重35克和14克两种，而当时的小平钱每枚约重3克至4克，当百钱的重量只有小平钱的5倍至10倍。[⑥]

---

① ［宋］张端义：《贵耳集》卷中，《文渊阁四库全书》第865册。

② 《宋史》卷一百八十《食货志下二·钱币》，第4399页。

③ 《宋史》卷四百十三《赵与懽传》，第12404页。

④ ［清］嵇璜、曹仁虎等：《续文献通考》卷七《钱币考》，《文渊阁四库全书》第626—631册。

⑤ ［宋］方逢辰：《蛟峰外集》卷三，文及翁《故侍读尚书方公（逢辰）墓志铭》，《文渊阁四库全书》第1187册。［清］陆心源：《宋史翼》卷十七《方逢辰传》，中华书局1991年版，第177页。

⑥ 《文物》1978年第5期。

南宋晚期铜钱稀少，纸币贬值，于是官府便制作铜钱牌、纸帖子、竹木牌来代替铜钱流通。“宋季铜钱牌，或长三寸有奇，阔一寸，大小各不同，皆铸‘临安府’三字，面铸钱贯，文曰‘壹伯之［文］’等之类，额有小窍，贯以致远，最便于民。”[①] 另外，嘉熙二年（1238），也因会子贬值和铜钱稀少，“州县权时施宜，或为纸帖子，或为竹木牌，或作五十文，或作一百文，虽不可以通行，而各处行之为便”[②]。

南宋晚期铜钱之所以稀少，固然与币材不足和铸钱成本过高有关，同时民间销毁铜钱改铸铜器、铜钱流向国外以及富家藏钱不用，也是重要原因。如理宗淳祐八年（1248）监察御史陈求鲁说：“议者谓楮便于转运，故钱废于蛰藏……番舶形若山岳，乘风驾浪，深入遐陬。贩于中国者皆浮靡无用之异物，而泄于外夷者乃国家富贵之操柄（钱）。所得几何，所失者不可胜计矣。京城之销金，衢、信之鍮器，醴、泉之乐具，皆出于钱。临川、隆兴、桂林之铜工，尤多于诸郡。姑以长沙一郡言之，乌山铜炉之所六十有四，麻潭鹅羊山铜户数百余家，钱之不坏于器物者无几。今京邑鍮铜器用之类，鬻卖公行于市。”[③] 至于南宋晚期铜钱流向国外的情况比以往更为严重。特别是在沿海外贸发达的地区，铜钱被搬运出国的规模巨大。“漏泄之地非特在庆元抽解之处，如沿海温、台等处境界，其数千里之间漏泄非一也”，致使本地铜钱绝迹，“台城一日之间，忽绝无一文小钱在市行用”。同时，凡市舶“抽解之司，无一不漏泄。庆元之外，若福建泉州与广东广州之市舶两处，无以异于庆元，而又或过之”。尤其是“沿海浙

① ［元］孔齐（行素）：《至正直记》卷一《铜钱牌》，《续修四库全书》第 1166 册。
② 《左史谏草·戊戌年（嘉熙二年）四月二十四日奏……》。
③ 《宋史》卷一百八十《食货志下二·钱币》，第 4397 页。

东、福建、广东之民无一家一人不泄者，此一项乃漏泄之多者也”。更有沿海水军多将所得军饷现钱流向国外，“自有水军以来，不啻当以千万亿兆矣，此又漏泄之最大者也”。① 自北宋立国以来，宋廷为了增加铜钱的流通，虽曾多次下令严禁销钱为器和铜钱外流，并限藏铜钱，但收效甚微，直到南宋晚期，情况依旧没有改变。如理宗端平元年（1234）六月，“禁毁铜钱做器并贸易下海”②。理宗淳祐四年（1244）复申严漏泄之禁。淳祐九年（1249）九月，“诏令临安府、诸路提刑司严奸民销凿见钱私铸铜器之禁，仍下殿、步司一体施行”③。淳祐十年（1250），“以会价低减，复申严下海之禁”；十二年，“申严鉟销之禁及伪造之法”；宋度宗咸淳元年（1265），“复申严鉟销、漏泄之禁”。④ 然而随着商品经济的发展和人们消费欲望的增强，上述种种违反社会经济发展趋向的禁令，势必是行不通的。这正如时人所言：“甚矣！风俗侈靡而法禁不行也……销钱以为器具而鼓铸之利蠹矣。京都列肆日价相夸，远方何禁焉。王公戚里时尚竞新，士庶何责焉。”⑤ 虽然，销钱为器和铜钱外流等是商品经济和对外贸易发展的必然结果，是势不可挡的历史前进趋向，但是，对于宋廷来说，铜钱不够用，却使它陷入了现实的财政危机。尤其是铜钱铸造成本极高，流向国外后一去不返，损失太大。正如包恢所说：“今冶司一年所铸，不过十五万贯，而费近二十文之

---

① 《敝帚稿略》卷一《禁铜钱申省状》。

② 《宋史》卷四十一《理宗纪一》，第 802 页。

③ 《宋史全文》卷三十六。

④ 《宋史》卷一百八十《食货志下二・钱币》，第 4399 页。

⑤ ［明］陶宗仪：《说郛》卷八下引何垣《西畴老人常言》，《文渊阁四库全书》第 876—882 册。

本方成得一文之利。至于漏泄，一年不知其几千百万也。”①

（二）铁钱不足

南宋晚期，不仅铜钱稀少，铁钱也不足。北宋时，铁钱只在四川、陕西、河东行使。南宋时，陕西、河东已被金兵占领，宋廷除了在四川继续行用铁钱外，为避免铜钱流入金国，决定在与金交界之沿边地区行用铁钱。孝宗乾道初年，首先将两淮变为铁钱区，随后又将京湖变为铁钱区。南宋时，以铁钱为发行楮币的本钱，长期以来，随着楮币愈印愈多和铁钱的大量铸造，楮币和铁钱一起贬值。因铁钱行用受地区限制，而铁器贸易可通行全国，故当铁钱贬值时，民间便销毁铁钱改铸为铁器就更为有利。因此，南宋时四川曾出现了铁重钱轻的现象，这给铁钱的铸造带来了不少困难。原来两淮铁钱岁岁铸行，数量还不算少。自孝宗淳熙七年（1180）至光宗绍熙二年（1191）上半年，11 年中共铸约四百万贯。②绍熙以后渐罢一些铁钱监，铁钱主要靠同安、蕲春两监供应。宁宗嘉定七年（1214）又罢同安监，此后岁铸量有所降低。到南宋晚期，铁钱更为减少，如理宗“端平间，达来犯边，两淮铁钱如山如阜，今经几年而耗于冶者殆尽，以此知銋销之为害也不浅矣”③。

二、纸币的恶性膨胀

南宋晚期，一方面是朝廷因开支巨大而致财政入不敷出，另一方面作

① 《敝帚略稿》卷一《禁铜钱申省状》。
② 《水心文集》卷二《淮西论铁钱五事状》，见《叶适集》，第 23 页。
③ ［明］程敏政：《新安文献志》卷十，陈庆勉《蒲圻回叶殿院论钱会书》，《文渊阁四库全书》第 1375—1376 册。

为传统法币的铜钱又空前稀缺，为了克服财政困难以应付各项开支，宋廷便大肆滥发纸币。这正如侍御史李鸣复所说："今日之财用匮矣，府库已竭而调度方殷，根本已空而耗蠹不止。庙堂之上不闻他策，惟添一撩纸局以为生财之地，穷日之力增印楮币以为理财之术。"[①]滥发纸币的结果必然会酿成纸币的恶性膨胀。

北宋时期的纸币品种较少。自宋真宗开始出现民间私自印行的可兑换纸币交子后，至宋仁宗天圣元年（1023）才设官办益州交子务，于次年正式由国家发行交子。宋徽宗大观元年（1107）将交子改为钱引。另外，崇宁、大观中还曾发行过小钞。至南宋初，只有四川流通钱引。宋高宗绍兴六年（1136）拟发行铜钱交子，遭到挫折。绍兴末年，官府接管私营便钱会子，从而产生了东南会子。之后，又有湖北会子和两淮交子印行。另外，四川曾行用银会。南宋晚期，东南会子为关子取代，钱引为四川会子取代。下面请看南宋晚期滥发各种纸币的具体情况。

（一）东南会子及关子

南宋初，纸币只限在川陕流通。宋高宗绍兴初年，为筹集军需，始行见钱关子。绍兴六年（1136），由榷货务发行交子。绍兴三十一年（1161），行在临安禁私营便钱会子，发行官会子，称行在会子或京会，始行于两浙，渐行于淮南、京湖，后改在铜钱区行使，称东南会子。东南会子以铜钱为本位，自宋孝宗乾道四年（1168）立界至南宋灭亡的百余年中，仅发行了18界。其发行量，乾道立界时规定每界1000贯，数年后即突破此定额。宋宁宗庆元初，又规定每界定额为3000万贯。此后，因开禧北伐和嘉定

---

① 《历代名臣奏议》卷二百七十三，李鸣复上《制国用策》。

八年（1215）后对金战争军费之需，会子发行量猛增，至理宗绍定末增印更多。据王迈在理宗端平二年（1235）所上的《乙未馆职策》中说："方开禧之开边以误国也，增造之数至于一亿四千万，比之前时凡数倍矣。绍定之养奸以耗国，增而至于二亿九千万，方之开禧抑又倍焉。"[①] 另外《宋史》也记载："绍定五年，两界会子已及二亿二千九百余万。"[②] 至端平元年（1234）九月，"日造楮十六万以给调度，楮贱如粪土而造未已"[③]。故吴潜说："官会之多三十年矣，端平以来适当其极。"[④] 理宗嘉熙二年（1238），"楮币布在天下者凡四十千万有奇（即四亿余贯）"[⑤]。嘉熙四年（1240），第十六、十七界旧会子散在民间者共有五亿贯。[⑥] 至理宗淳祐六年（1246）二月，宋廷"诏十七、十八界会子更不立限，永远行用"[⑦]，当年会子"旧者已及四十二千万，新者已及二十二千万，方来者、伪造者盖又不知其几"[⑧]，即新旧会子共 6.4 亿贯。理宗景定四年（1263），贾似道为"富国强兵"推行"公田法"，企图通过收买民田成为公田，用公田之租作为军费，因"收买逾限之田，复日增印会子十五万贯"[⑨]，以此日印量计算，一年可印 5475 万贯。

除了官方正式印发的巨额会子外，更有大量民间伪造的会子泛滥成灾。官方为了称提会价而回收减少会子，这反而刺激了民间更多印造伪会。

---

① 《臞轩集》卷一《乙未馆职策》。
② 《宋史》卷一百八十一《食货志下三·会子》，第 4408 页。
③ 《后村先生大全集》卷五十一《备对札子》。
④ 《许国公奏议》卷二《奏论计亩官会一贯有九害》。
⑤ 《蒙斋集》卷四《戊戌风变以应诏封事》。
⑥ 《蒙斋集》卷七《论会子札子》。
⑦ 《宋史全文》卷三十四。
⑧ 《雪窗集》卷一《丙午轮对第一札·通盐楮》。
⑨ 《宋史》卷一百八十一《食货志下三·会子》，第 4409 页。

淳祐三年（1243），有臣僚言："今官印之数虽损，而伪造之券愈增。且以十五、十六界会子言之，其所入之数，宜减于所出之数。今收换之际，元额既溢，来者未已，若非伪造，其何能致多如是！大抵前之二界，尽用川纸，物料既精，工制不苟，民欲为伪，或尚难之。迨十七界之更印，已杂用川、杜之纸，至十八界则全用杜纸矣。纸既可以自造，价且五倍于前，故昔之为伪者难，今之为伪者易。人心循利甚于畏法，况利可立致而刑未即加者乎！"[①] 伪会之多而难禁，连理宗皇帝也慨叹说："伪造之禁不严，则真伪莫辨，其值愈损。"[②]

景定五年（1264）十月，理宗驾崩，贾似道矫诏废第十七界会子不用，行金银现钱关子（又称金银关子、现钱关子、铜钱关子），以一准十八界会子三，每百作七十七文足。[③]"其关子之制：上黑印如'西'字，中红印三、相连如'目'字，下两旁各一小长黑印，宛然一'贾'字。"[④] 发行金银现钱关子，以一准十八界会子三，这等于发行变相的大面额纸币。为此，金银现钱关子流通后，"物价自此腾涌，民生自此憔悴矣"[⑤]。

（二）四川钱引、银会及四川会子

四川钱引原名交子，在宋仁宗天圣元年（1023）初行官交子时，规定三年为界，每界限印125.634万贯。宋徽宗大观元年（1107）改四川交子为钱引。南宋初，四川钱引相当于北宋神宗熙宁年间（1068—1077）两界

---

① 《宋史》卷一百八十一《食货志下三・会子》，第4408页。
② 《梅野集》卷一《四月十二日进讲》。
③ 《宋季三朝政要》卷三。《宋史》卷四十五《理宗纪五》，第888页。《宋史》卷四百七《吕午传附子沆传》，第12298页。
④ 《宋季三朝政要》卷三。
⑤ 《齐东野语》卷十七《景定彗星》，第321页。

沓行之水平，即251万余贯。随着川陕驻军的增加，高宗建炎二年（1128）后一再增印，至高宗绍兴三十一年（1161）已逾4147万贯[①]，为宋仁宗天圣旧额的33倍。孝宗时钱引发行量增速稍有减缓。至宁宗开禧北伐前后，因战乱频发，钱引发行量又失去控制。开禧二年（1206）钱引三界并行达近8000万贯。嘉定十一年（1218）四月，又“命四川增印钱引五百万以给军费”[②]。南宋晚期川引的发行量更是大幅度增加，至理宗端平元年(1234）川引发行量已达1.7亿贯，而仍不够用。[③]四川交子初创时曾约定共发行100界。大约在理宗嘉熙三年（1239）左右钱引已发行至第九十九界。由于据四川老儒辈说，如发行第一百界“此是世数所关”，因此“川阃建议虚百界不造，而更造所谓第一界，行之未久，而蜀遂大坏”。[④]四川钱引原规定每界三年一易，而实际上自开禧北伐以来常两界、三界并行，三年期满后又延期展用，于是理宗淳祐九年（1249）宋廷接受四川安抚制置大使余玠的建议，改川引以十年为一界。[⑤]从淳祐三年(1243)至宝祐三年(1255）13年之间共印造了两界新钱引，即新一界、二界钱引，新旧钱引3界并行，规定新钱引1当旧钱引5。新两界钱引以1当5的比价折成第九十九界旧钱引，共可折成12.60610362亿贯。[⑥]

南宋晚期，四川除使用钱引外，仍继续行用四川银会子。四川银会是在宋高宗绍兴七年（1137）开始发行的一种以银为本位的纸币，当年印一

① 《宋史》卷八十一《食货志下三·会子》，第4410页。
② 《宋史》卷四十《宁宗纪四》，第769页。
③ 《历代名臣奏议》卷九十九，李鸣复端平元年《论用兵五可忧疏》。
④ 《贵耳集》卷下。
⑤ 《宋史全文》卷三十四上。《宋史》卷一百八十一《食货志下三·会子》，第4410页。
⑥ 《可斋续稿》后集卷三《救蜀楮密奏（宝祐四年上）》。

钱银会子14万张，4张折钱引1贯；印半钱银会子1万张，每8张折钱引1贯。至宁宗嘉泰中，“每二年印给六十一万余纸（一钱银会子），共折川引十五万缗”①。至理宗宝祐二年（1254），因钱引印行太多而贬值，于是宋廷便“更印银会子以一当百，一时权于济用，将以重楮，然自此楮益轻”②。宝祐二年至四年（1254—1256）共发行银会2800.867万贯，以银会一当钱引百，可折钱引28.00867亿贯。由于发行太多，银会与钱引一起猛烈贬值。

新川引发行后，仍与四川银会同时行使。但因川引、银会皆由四川地方官府自印自用，从而造成了过多贬值的弊端。于是宝祐四年（1256）朝廷将其印造权收归中央，仿第十八界东南会子造四川会子，规定每贯“作七百七十陌，于四川州县公私行使”③。同时，又“诏出封桩库新造川会收换两料川引”④，即以新造四川会子收换第一界、第二界新川引，并将两界新川引毁除，银会姑存行使。从此，四川会子代替了川引，川引退出了历史舞台。度宗咸淳五年（1269），朝廷“复以会板发下成都运司掌之，从制司抄纸发往运司印造毕功，发回运司，用总所印行使，岁以五百万为额”⑤。此时离南宋灭亡已经不远。

（三）淮南交子

淮交，即两淮交子，行用于两淮，不得过江南。宋孝宗乾道五年（1169）后，宋廷决定在两淮禁用铜钱及东南会子，专行铁钱与淮交。光宗绍熙

① 《建炎以来朝野杂记》甲集卷十六《关外银会子》。
② 《可斋续稿》后集卷三《救蜀楮密奏》。
③ 《宋史》卷一百八十一《食货志下三・会子》，第4411页。
④ 《宋史全文》卷三十五。
⑤ 《宋史》卷一百八十一《食货志下三・会子》，第4411页。

三年（1192）始规定淮交每贯折铁钱770文足，三年一兑，第一界淮交共造300万贯。宁宗庆元四年（1198）第二界将限满时，即有展限使用诏令。宁宗开禧年以后，印数屡增。“嘉定十一年，造两淮交子二百万，增印三百万。十三年，印二百万，增印一百五十万。十四年、十五年，皆及三百万。自是其数日增，价亦日损，称提无术，但屡与展界而已。”[①]这里虽未具体说明南宋晚期淮交增印数量，但已指出嘉定年之后“其数日增”，并“屡与展界”，可见理宗时期及其后淮交数量比前不断增加。

（四）湖北会子

湖会即湖北会子，又称湖广会子，行用于湖北、京西地区。孝宗隆兴元年（1163）秋由湖广总领所创，称行直便会子。至孝宗淳熙五年（1178）前后，已印行新会300万贯。淳熙十一年（1184）始通行于京西路。光宗绍熙元年（1190），湖会开始两界并行，印数逐渐增加。宁宗开禧以后，尤其至嘉定年间（1208—1224），湖会贬值日益严重。南宋晚期继续滥发湖会，理宗嘉熙二年（1238）曾拨第七界湖会900万贯付督视参政行府犒军，宝祐二年（1254）又拨第八界湖会300万令湖广总领所兑收两界破会。[②]可见湖会发放量之大。

三、滥发纸币的危害

南宋晚期，在物质生产日益萎缩和商品供不应求的情况下，国家财政开支不断增加并滥发纸币，必然会引起纸币贬值和物价高涨，从而造成广

① 《宋史》卷一百八十一《食货志下三・会子》，第4412页。
② 《宋史》卷一百八十一《食货志下三・会子》，第4413页。

大军民生活的困苦。

（一）纸币贬值

南宋晚期，由于纸币印行过多而贬值的记载，史不绝书。

1. 会子及关子

先看东南会子贬值的情况。整个南宋时期纸币贬值的现象经常出现，但在宁宗开禧北伐前，贬值较轻，大致一贯会子可兑六百文以上的铜钱。开禧用兵时，军费开支增加，第十一、十二界会子不够用，又出第十三界并行，会子总数增至1.4亿贯。由于印行太多，会子不免贬值。十一、十二界行在会子每千为钱七百，诸路州县才得其半。[①]嘉定初，出第十四、十五界会子8000万贯，以一易二，收兑前三界会子。[②]这也就是说第十一、十二、十三界会子贬值了一半。至理宗绍定三年（1230）、四年间，第十四、十五界会子每贯只值钱“六百文足，少亦不下五百五六十文足”[③]。理宗端平元年（1234），又“日造楮十六万以给调度，楮贱如粪土而造未已”[④]，会子继续贬值。端平二年（1235）四月，“都省言：第十六、十七界会子散在民间，为数浩瀚，会价日损，物价日昂”[⑤]。当时，以第十六、十七界新会兑换第十四、十五界旧会，“自浙以西，率以旧楮一贯三百易新楮之一贯，旧楮之陌，为钱三十有三，以此展算，则新楮之陌已暗落为四百二十九矣”[⑥]，即旧会一贯折钱三百三十文，新会一贯折钱四百二十九

① 《建炎以来朝野杂记》乙集卷十六《东南收兑会子》。
② 《玉海》卷一百八十六《食货》。
③ 《真文忠公文集》卷十八《讲筵进读大学章句手记》。
④ 《历代名臣奏议》卷二百七十三，李鸣复奏。
⑤ 《宋史全文》卷三十二。
⑥ 《许国公奏议》卷一《应诏上封事条陈国家大体治道要务凡九事》。

文。理宗嘉熙四年（1240），第十六、十七界会子总数达5亿贯，“数日夥，价日低”[①]。于是，宋廷发行第十八界新会子收换第十六界会子，并“将十七界以五准十八界一券行用”[②]。而当时“十七界仅值铜钱五十文，十八界二百五十文”[③]。理宗淳祐六年（1246），第十七界、十八界会子共增积至6.4亿贯[④]，伪造者又不计其数。淳祐七年（1247）规定十七、十八界会子不立期限，永远行用。此后，会子因过多而继续不断地贬值。理宗宝祐年间（1253—1258），“十八界五百文，仅是铜钱一百文足”[⑤]。理宗景定元年（1260），十七界“七十五文旧会，展足钱不过四文”[⑥]。

景定五年（1264）十月，宰相贾似道发行金银现钱关子，“每百作七十七文足，以一准十八界会之三”[⑦]，“废十七界不用”[⑧]。度宗咸淳四年（1268）规定关子每贯作铜钱770文足，十八界会子每道作257文足，3道准关子1贯，不许公私擅自减价。然而，关子发行后，纸币进一步贬值，关子价益低，度宗咸淳五年（1269）乃“复申严关子减落之禁”。[⑨]至南宋灭亡时，会子已近于废纸，元朝曾颁令规定：“宋会五十贯准中统钞一贯。”[⑩]

会子是南宋的主流纸币，流通于整个铜钱区，它的贬值必然会引起川

---

① 《蒙斋集》卷七《论会子札子》。
② 《宋史全文》卷三十三。
③ 《左史谏草·监簿吕公家传》。
④ 《雪窗集》卷一《丙午（淳祐六年）轮对第二札·通盐楮》。
⑤ 《可斋续稿》后集卷三《乞贴科四川制总司秋籴本钱奏状》。
⑥ 《黄氏日抄》卷七十一《申乞添人户卖盐袋蒲草价钱状》。
⑦ 《宋史》卷四十五《理宗纪五》，第888页。
⑧ 《宋季三朝政要》卷三。
⑨ 《宋史》卷一百八十一《食货志下三·会子》，第4409页。
⑩ ［元］苏天爵编：《元文类》卷四十《经世大典序录》，《文渊阁四库全书》第1367册。

引、银会、淮交、湖会等地方纸币的相应贬值。

2. 四川钱引、银会及四川会子

川引、银会因由地方官府自印自用，有出无收，故愈造愈多，以致大幅度贬值。南宋初，四川铁钱 2 枚可兑换得铜钱 1 文，钱引 10 贯可兑换铁钱 8 贯以上，则钱引 1 贯可兑得铜钱 400 多文。至宁宗嘉定初，川引每贯只值铁钱 400 文以下，在商贾不行的偏远的州县，“一引之直，仅售百钱”[①]。理宗淳祐三年（1243）至宝祐三年（1255）印造第一、第二界新钱引，规定新钱引 1 当旧钱引 5，实际是发行变相大面额纸币，新钱引继续贬值。为了人为提升川引价值，理宗宝祐二年（1254）更印银会，以一当川引百。银会之虚值难以维持，宝祐四年（1256），银会 5 贯只能换得第十八界东南会子 1 贯，1 贯银会也即等于第十七界会子 1 贯。而宝祐时第十八界会子 500 文只值铜钱 100 文，理宗景定元年（1260）第十七界会子 75 文只值铜钱 4 文，以此折算，只准百分之一贯银会的 1 贯川引就一钱不值了。

3. 淮南交子

自宋光宗绍熙三年（1192）规定淮交每贯折铁钱 770 文足，以三年为界。至宁宗庆元四年（1198），当第二界淮交期限刚满，宋廷即下诏展界使用。宁宗开禧北伐后，尤其是嘉定年间（1208—1224），淮交不断加印，由于“其数日增，价亦日损”[②]。

4. 湖北会子

湖会创于孝宗隆兴初，至光宗绍熙元年（1190）即开始两界并行，

① 《宋史》卷一百八十一《食货志下三・会子》，第 4410 页。
② 《宋史》卷一百八十一《食货志下三・会子》，第 4412 页。

次年即贬值，“一贯会子，只可得五百左右见钱”①。宁宗嘉定五年（1212）冬，以第六界湖会令军民以旧会二兑换其一，旧会贬值一半。嘉定八年（1215）前后，湖会九贯可兑京会五贯②，而到嘉定十五年（1222）已需湖会十三贯以上才能兑得京会五贯。③再从米价上涨看，嘉定中湖会贬值更加厉害。如汉阳军米价原来每升只值十七八文湖会，嘉定八年（1215）增价四五倍，每斗米卖湖会八百文。④至理宗端平初年，“京、鄂之间米石为湖会六七十券”⑤，即每斗米价为湖会六七贯。

（二）物价高涨

南宋晚期纸币贬值的直接表现更是物价上涨。物价上涨的原因在于钱多物少，即商品供不应求。如果钱多，生产发达，提供的商品更多，物价不仅不会上升，甚至还会下跌。现在的问题是南宋晚期纸币膨胀与生产萎缩同时存在，从而引起了纸币因过多而贬值，并直接体现为物价上涨。这正如宋人叶适所说："若夫富强之道，在于物多，物多则贱，贱则钱贵，钱贵然后轻重可权，交易可通。今世钱至贱，钱贱由乎物少，其变通之道，非圣人不能也。"⑥南宋晚期的物价状况非常复杂，因为作为衡量商品价值尺度的货币不仅有纸币，还有铜钱、铁钱和其他准货币，而且各种货币的比价也经常变化不定，同时，各地同一种商品有官价和市价之别，又受交通环境和自然灾害的影响而价格有所不同。所以，要精确地比较各地各类

---

① 《止堂集》卷六《论湖北京西楮币疏》。
② 《勉斋集》卷三十《申京湖制置司办汉阳军籴米事》。
③ 参见《宋会要辑稿》食货四四之二〇。
④ 《勉斋集》卷三十一《申制置司为赈粜米价太高事》《申省赈粜月日及米价》。
⑤ 《许国公奏议》卷一《应诏上封事条陈国家大体治道要务凡九事》。
⑥ 《文献通考》卷九《钱币考二》，第258页。

商品价格的贵贱高低十分困难，我们只能通过人们日常生活必需的几种商品的价格，从宏观的角度，进行相对的比较，然后确认当时物价发展的大致趋向。

1. 粮价

南宋的物价有以铜钱计价和纸币计价之别。先看以铜钱计价的粮价。宁宗庆元年间（1195—1200），浙西丰年时，米斗仅及200钱。[①]淮东、两浙遭水旱之灾时，“斗米至为钱四百上下，无下三百足陌者”[②]。而在平时，浙西提举常平茶盐粜粮价为“缗钱四十万，粜米十七万有奇”[③]，即每石米2贯352文足钱。至嘉定九年（1216），江东路广德军的米价“以每石三贯为率”[④]。从上述情况可知，宋宁宗时米价大致在每石2贯至3贯间波动。到理宗时，宝庆中以中价计米价“每硕为钱三贯文”[⑤]。淳祐十一年（1251），湘潭县平济仓以钱2300贯足充米1000石籴本[⑥]，每石2贯300文足。浏阳平粜仓则以每石2贯足之米半价卖给民众。[⑦]淳祐年间（1241—1252），福建莆田以每石米2贯450文的价钱让民众折变纳税。[⑧]开庆元年（1259），广西静江的米价由淳祐九年（1249）的每升10钱上涨到38足钱，邕州甚至涨到每升50足钱。[⑨]开庆以后，官府加强对人民的剥削，和籴米1石只

---

① 《山房集》卷二《代监司乞行下浙西广籴札子》。
② 《止堂集》卷五《论淮浙旱潦乞通米商仍免总领司籴买奏》。
③ 《絜斋集》卷十四《秘阁修撰黄公（荦）行状》。
④ 《真文忠公文集》卷七《申尚书省乞再拨广德军赈济米第三状》。
⑤ 《真文忠公文集》卷十五《申尚书省乞拨降度牒助宗子请给》。
⑥ 《永乐大典》卷七千五百十四引《湘潭志》。《耻堂存稿》卷四《湘潭县平济仓记》。
⑦ 《永乐大典》卷七千五百十四引《浏阳县志》。
⑧ ［宋］赵与泌、黄岩孙：《（宝祐）仙溪志》，《续修四库全书》第660册。
⑨ 《可斋续稿》后集卷五《条具广南备御事宜奏》。

付给本钱1贯600文足，“民输和籴一石，除官本钱外，民户至白贴三贯文足有奇”[①]，可见当时米的市价已涨到每石4贯600文足。理宗前期的米价与宁宗时期比较仍在每石2贯至3贯间波动，变化不大，然而到开庆之后，每石米价上涨到了四五贯之间。必须指出的是：理宗前期以铜钱计价的米价，从表面上看与宁宗时期的比较变化不大，但实际上由于纸币的贬值，铜钱因稀少而相应升值。宁宗开禧之前1贯东南会子可兑600文以上铜钱，理宗嘉熙中，第十七界会子1贯仅值铜钱50文，第十八界会子1贯只值250文。宝祐年间（1253—1258），第十八界会子500文仅值铜钱100文。至景定元年（1260），第十七界会子75文只值钱4文。可见，理宗时期的铜钱币值远远高于宁宗时期的铜钱币值，理宗时以铜钱计米价如与宁宗时相同，实际上是米价已大大上涨。至于川引、银会、淮交、湖会贬值更厉害，其与铜钱相比，币值更低。

再看以纸币计价的粮价。南宋晚期的粮价非常复杂。灾年粮价特高，官府向民间“和籴”与赋税“折变”的粮价很低，因救灾出粜的常平粮价也较低，这些都不是正常的粮价，我们看粮价的涨落应看平常年景时的市价。宁宗嘉定八年（1215），汉阳军“米价四贯以上官会（湖会）可籴米一石”[②]，同年冬，上涨至每石七八千，但“赈粜百姓米一斗粜湖北会子四百文”[③]，相当于东南会子220余文。嘉定十六年（1223），潭州和籴米价，“每石计官会三贯七百五十文”[④]。至理宗端平元年（1234），“京鄂之间，米

① 《永乐大典》卷七千五百十四引《临汀志》。

② 《勉斋集》卷三十《申京湖制置司办汉阳军籴米事》。

③ 《勉斋集》卷二十一《申省桩米八千硕》。

④ 《真文忠公文集》卷十七《申尚书省免和籴尽数状》。

石为湖会六七十券”[①]。湖会六七十贯相当于东南会子25贯多。这是荒年米价，高于市价。嘉熙二年（1238），吴兴一带，米每斛为会子20贯，次年涨至40贯。[②]嘉熙四年（1240）大旱,临安地区“斗米十千,又复日长”[③]，这又是灾年的特高米价。淳祐元年（1241）十月，浙东四明山一带，“淘沙工每日支官会五百文，米二升半，或官会一贯五百文，不支米”[④]，即米2.5升折会子1贯，每斗米价为会子4贯。淳祐四年（1244），官府“拨钱五十二万三千贯，籴米一万九千五百硕有零”[⑤]，每石米价为会子26贯余，这是官府籴米的价格，明显低于市价。淳祐五年（1245），官员赐田地租“斛可收楮五十缗”[⑥]。淳祐十一年（1251）义庄“米每石折钱三十六贯，麦每石折钱二十五贯”[⑦]，这里所说的钱指会子，义庄折米价低于市价。淳祐十二年（1252），建康府平籴仓“拨籴到米一十万石，搬运水脚仓敖等费约计五百余万贯十七界官会”[⑧]，即每石值第十七界会子50贯。宝祐初年（1253），封桩库“支拨十七界京交五百九十万……仅能籴及一十一万余石”[⑨]，此是和籴米价，每石约为第十七界会子53贯636文。开庆元年（1259）前后，米“每石时价十七界会四十贯文”[⑩]。开庆元年（1259），象山县道士

---

① 《许国公奏议》卷一《应诏上封事条陈国家大体治道要务凡九事》。
② ［宋］谢采伯：《密斋笔记》卷五，《文渊阁四库全书》第864册。
③ ［宋］杜范：《清献集》卷十一《上已见三事》。
④ ［宋］魏岘：《四明它山水利备览》卷上，淳祐元年十月《余参政委淘沙》，《文渊阁四库全书》第567册。
⑤ 《宝庆四明志》卷六《叙赋》。
⑥ ［宋］方岳：《秋崖集》卷十八《轮对第二札贴黄》，《文渊阁四库全书》第1182册。
⑦ 《景定建康志》卷二十八《立义庄》。
⑧ 《景定建康志》卷二十三《仓》引淳祐十二年省札。
⑨ 《可斋杂稿》卷十九《奏总所科降和籴利害》。
⑩ 《永乐大典》卷七千五百十四《临汀志》。

田“租谷每石发钱二十五贯”①。总的看来，南宋晚期的米价，以会子计价每斗平时为4贯，灾荒时为10贯。

如以川引计米价，宁宗嘉定元年（1208）米每石价格为川引10余贯。至理宗淳祐二年（1242）后，在余玠出任四川安抚制置使期间，“民间米值大约每石四五百贯，而官司秋籴每米一石支第一料川引（即新第一界川引）五十贯文，以京券（即行在会子）揆之，才比十八界五百文，仅是铜钱一百文足耳。蒲择之权同以来，民间米直大约七八百贯，官司秋籴每米一石增支作第一料川引八十贯文，以京券揆之，亦只比十八界八百文，仅是铜钱一百六十文耳。使此钱尽到民户，止得偿时价十之一”②。市价每石米为第一界新川引四五百贯至七八百贯，官府籴米只付市价十分之一，可见剥削之重。

从上述情况可知，理宗后期以东南会子和湖北会子计粮价，比宁宗后期上涨了10多倍，如以川引计价则上涨了七八十倍。

2. 绢价

宋宁宗嘉定十三年（1220），民户纳税，绢“每匹则折以四贯纯会”③。理宗时，绢价大涨。景定四年（1263），内批：“以越罕蚕，夏绢一匹，折纳十八界会十二贯，永远为例。”④当时十八界会一贯准铜钱250文，12贯计铜钱为3贯足。至度宗咸淳年间（1265—1274），由于会子的继续贬值，

---

① 《开庆四明续志》卷四《广惠院》。

② 《可斋续稿》后集卷三《乞贴科四川制总司秋籴本钱奏》。

③ 《宋会要辑稿》食货六八之二四。

④ ［清］杜春生：《越中金石记》卷七《嵊县尹余公道爱碑》，詹波馆清道光十年（1830）刻本。

绢价进一步暴涨。当时，抚州岁解绢“每匹折解十八界官会二十四贯”，不久“户部行下，骤增作四十二贯一匹”。[①]

3.盐价

宋宁宗嘉定七年（1214），福建沿海各州盐价“每斤为钱二十一文足”[②]。嘉定九年（1216），福建建安盐价“每斤止鬻钱七十文足”[③]。福建汀州人原吃福建盐每斤180文足，理宗绍定五年（1232）后改吃潮州盐，“每斤卖钱九十六文足”；但“武平县运漳盐……斤为钱一百六十二文”。[④]宁宗嘉定五年（1212）前广东潮州盐每斤官卖价为钱73文。理宗淳祐中，广东梅州“钞盐斤百四十钱，私盐斤五十钱”[⑤]。从宁宗到理宗时期，盐价可说是逐渐上涨的。

4.金银价

南宋晚期的金价也比以前有所上涨。宋宁宗嘉定元年（1208），金每两值九十界川引60贯。[⑥]嘉定二年（1209），宋廷以十一、十二、十三界会子数量太多，除了发行第十四、十五界新会来收兑旧会外，还拨封桩库金来收易旧会，并规定金“两为钱四十贯”[⑦]，即金一两兑第十一、十二、十三界旧会40贯。当时“行在会子每千为钱七百，诸路州县才得其半云”[⑧]，

---

① 《黄氏日抄》卷七十五《乞照元行折绢钱抱解中书状》。
② 《宋会要辑稿》食货二八之五八。
③ 《宋会要辑稿》食货二二之三〇引《建安志》。
④ ［宋］胡太初：《临汀志·盐课》，福建人民出版社1990年版。
⑤ 《后村先生大全集》卷一百五十五《礼部王郎中（太冲）墓志铭》。
⑥ 《建炎以来朝野杂记》乙集卷十六《四川收兑九十界钱引本末》。
⑦ 《宋史》卷一百八十一《食货志下三·会子》，第4408页。
⑧ 《建炎以来朝野杂记》乙集卷十六《东南收兑会子》。

以此折算，金每两值铜钱28贯足至14贯足。至理宗端平二年（1235），魏了翁奉命开督府，朝廷拨给督府钱财中有“金二千两，约计官会十六万[贯]”①，即金每两值官会80贯。至淳祐四年（1244），“比年金银踊直”②。此后，金价猛升到“金每两四百八十贯文”③。成色八分金两价400贯，七分五厘金每两375贯文，八分五厘金每两425贯文，十分足色金每两503贯724文。④显然这些都是以会子计价的，从中也可以看出当时会子贬值幅度之大。

南宋晚期的银价同样飞速上涨。宁宗时，京西房州地处乱山之中，舟车不通，不易得银，故银价较高，百姓为纳税买银，“每两犹（铜会）四千八百，遇其亟窘或五千”⑤。又如，汀州大礼年分进奉本色银2000两，折价为钱7000缗，取之于民，则银每两价为钱3贯500文。⑥至理宗绍定元年（1228），江浙诸州军以银折输上供物帛钱数，银“两不过三贯三百文”⑦。理宗绍定、端平间，泉州“合解上供银八千三百八十两，计价钱二万九千余贯”⑧，则每两银价为3贯461文。宝祐年间（1253—1258），在广东银的市价“已增至三贯五百（足）陌而未止”⑨。大约同时，连州的银也“每两

① 《鹤山先生大全文集》卷二十八《奏乞增支督府钱物》。
② 《梅野集》卷三《淳祐甲辰上殿第二札》。
③ [宋]秦九韶：《数学九章》卷九下《市易•均货推本》，《文渊阁四库全书》第797册。
④ 《数学九章》卷六下《钱谷·三合均价》。
⑤ 《江湖长翁集》卷二十五《与杨总领书》。
⑥ 《后乐集》卷十三《应诏举真德秀章采赵崇模充廉吏状》。
⑦ 《宋史》卷一百七十九《食货志下一·会计》，第4366页。
⑧ 《真文忠公文集》卷十五《申尚书省乞拨降度牒添助宗子请给》。
⑨ 《鹤林集》卷二十二《奏宽民五事状》。

至三贯（足）陌”[①]。南宋晚期的银价也有以纸币计算的。如理宗端平二年（1235），魏了翁在奏稿中讲到当时“银十五万两，约计官会一百五万贯”[②]，则银每两计官会7贯。理宗嘉熙二年（1238），徽州地不产银，官府令州人纳银，州人为难，宋廷令以会子代输，原来银价只3贯1两，现“银价骤高，五倍于昔”[③]，则每两银价高达官会15贯，以当时官会每贯为429文计算，银一两值铜钱6贯435文足。理宗宝祐四年（1256），以川引计银价，“如银一两虽曰七千五百引，实计银交（即银会，以一当川引百）七十五贯，亦如东南银一两十七界七十五贯无大相远也”[④]。宝祐中，十七界会子1贯只值铜钱40文左右，银1两值十七界会75贯相当于铜钱3贯足。南宋晚期的银价，如以纸币计算，可见上涨幅度极大；如以铜钱计价，似乎涨幅不大，但应当看到因纸币贬值而铜钱相应升值的状况，故以铜钱计银价即使表面上不变，实际上也等于涨价。

（三）军民困苦

南宋晚期，纸币贬值和物价飞涨对国家和民众都造成了极大的危害。理宗端平二年（1235），王迈认为，官府滥发纸币，使农、商、士、工四民皆陷入了困境，他在《乙未馆职策》中说：“尝观西事之兴，泛印之数视承平已二十倍……沿流至于今日，数日以夥，用日以轻，变之欲其通而行者愈滞，令人欲其信而听者终疑。于是物价翔腾，阎闾憔悴，膏液枯涸，称贷无从而农病矣。关津苛急，取息无赢，大邑通都白昼闭肆而商病

① 《永乐大典》卷一万一千九百〇七卷引《湟川志》。
② 《鹤山先生大全文集》卷二十八《奏乞增支督府钱物》。
③ 《左史谏草·戊戌（嘉熙二年）六月二十六日奏为……徽州免纳银子……伏候敕旨》。
④ 《可斋续稿》后集卷三《救蜀楮密札》。

矣。四方游士，充赋上京，思得白镪，如拾至宝，士病于途矣。百工技巧，转移执事，困于贱直，莫赡其生，工病于庸役矣。举天下四民俱受病。”①全国人民都陷入困境，国将非国，危机已经十分严重。为此有人认为，纸币泛滥是当时国家外患内忧中最重要的问题。嘉熙四年（1240），杜范在向皇帝的上奏中说：“臣窃惟方今国家之忧，士大夫之所谓大议论者，外则鞑戎（蒙古人），内则流民与楮币是也。然臣之愚，以为鞑本不足为患，可忧者流民尔、楮币尔……若夫淮民流徙充斥内地，楮券积压折阅不行，是则今日之所当最先驱处，而不容以弱待之、以缓视之也。”②

最突出的问题是纸币贬值引起粮食涨价后，广大民众因买不起粮食而流亡乃至饿死。这种情况早在宁宗嘉定十七年（1224）时就已出现。据大臣吴潜说：“目今湖襄间米石之价为湖会五十券，百姓狼狈，死者枕藉。”③又如理宗嘉熙二年（1238），“物价翔踊，日甚一日，民将无所得食，直立而须死耳”④。粮价昂贵，再加上自然灾害的肆虐，百姓的处境就更惨了。如嘉熙四年（1240），“今岁之旱，京辅为甚……斗米十千，又复日长，京城细民，无所得食，弃抛幼孩，啼号载路”⑤，以致“殍歹堇相望，中外凛凛”⑥。不仅普通百姓挨饿，甚至一直受到优待的在学士人也因物价上涨而食不鼓腹。如淳祐二年（1242），因第十七界旧会已贬值到5贯只值十八界新会1贯，十八界新会以770文为一贯，则十七界旧会只能做154文行用。当时严州

---

① 《臞轩集》卷一《乙未馆职策》。
② ［宋］杜范：《清献集》卷九《嘉熙四年被召入见第二札》。
③ ［宋］吴潜：《履斋遗稿》卷四《上庙堂书》，《文渊阁四库全书》第1178册。
④ 《蒙斋集》卷四《戊戌风变拟应诏封事》。
⑤ ［宋］杜范：《清献集》卷十一《上己见三事》。
⑥ 《可斋杂稿》卷十七《除淮阃内引奏札》。

学校有200贯文旧会经费，如今旧会贬值5倍，而食物和燃料等价格又顿增5倍，“由此养士之费大窘支吾，公厨萧然，每食不饱”[①]。

尤其严重的是，纸币贬值和物价上涨使军饷的含金量大为缩水，从而引起了军人强烈的不满。而士气不振，这在蒙古军入侵、国运垂危的南宋晚期，可以说是一件关系到赵宋王朝生死存亡的大事。关于军人因物价高涨而贫困的记载史不绝书。早在理宗淳祐初，“自楮券折阅已来，边上诸军请给不足以供衣食之费，饥困蓝缕，常有怨声”[②]。又如理宗宝祐二年（1254），“楮不行而钱币竭，物踊贵而兵民贫”[③]。开庆元年（1259），广西粮价上涨，“十年前……时米价每升多不过十钱，今静江米升三十八足矣，邕州米升五十足矣，民食既窘，军饷愈艰”[④]。再如，宝祐四年（1256）时，四川钱引100贯只可抵银会（又称银交）1贯，而四川银会5贯只值第十八界东南会子1贯，即每贯银会值十八界东南会子200文，每贯川引只值十八界东南会子2文。当时四川“屯驻兵熟券见月支第一料四百贯（川引），屯戍军生券月支第一料六百贯（川引），却有支盐在外。然以百贯易一银交，是熟券月得四贯，生券月得六贯；得四贯者止该十八界会八百文，得六贯者止该十八界会一贯二百文。军贫而怨，良以此”[⑤]。为此，宝祐四年（1256）以四川会子取代了银会。此后，第十七、十八界会子并通行于四川，四川银会只当作十七界会子行用。银会废除后，四川戍兵的生

---

① [宋]陈公亮、刘文富：《（淳熙）严州图经》卷一《学校》，《续修四库全书》第704册。
② [宋]杜范：《清献集》卷十四《三月初四未时奏》。
③ [宋]李昴英：《文溪集》卷九《宝祐甲寅（二年）宗正卿上殿奏札》，《文渊阁四库全书》第1181册。
④ 《可斋续稿》后集卷五《条具广南备御事宜奏》。
⑤ 《可斋续稿》后集卷三《救蜀楮密奏》。

券便由川引600贯改为月支十七界会子6贯。纸币继续不断贬值，“楮币贱，物价穷”，军人饥寒交迫，生活更加贫穷。“军中数口之家，寒无衾炭，日炊不给腹枵，衣币累累可怜，目见市井鱼肉盐酱而不识味，困苦极矣。”景定五年（1264），贾似道发行关子，废十七界会子不用，并规定十八界会子3贯准关子1贯。于是四川戍兵的生券十七界会子每贯只能折成十八界会子200文。而“自更易关子以来，十八界二百不足以贸一草履而供战士一日之需”。[①] 度宗咸淳九年（1273）二月元兵攻占了襄阳后，宋朝的国防形势更是岌岌可危。为了鼓励士气，四川制司上言：“戍兵生券，人月给会子六千，蜀郡物价翔贵，请增人月给九千。”[②] 军饷的微调远远跟不上物价的飞涨，方回认为：“以此买人死命，决定百战百溃。”[③]

纸币的不断以新换旧并大幅度贬值，严重破坏了商品市场经济的正常秩序，致使“人心疑愕，市肆昼闭”[④]，并出现了“物价骤增，会价顿削，城市荒索，气象萧条”[⑤] 的衰败景象。

纸币贬值和物价上涨不仅使工商业者因经营亏本而陷于贫困，同时也使不少原来富裕的豪民纷纷破产而死。如，理宗嘉熙四年（1240）大旱，“京尹赵存耕科敷巨室籴米，始官给三十六千（会子）一石，未几，粒价增四五倍，豪民巨姓破家荡产，气绝缢死者相踵”[⑥]。

---

① ［元］方回：《桐江集》卷六《乙亥（德祐元年）前上书本末》，《续修四库全书》第1322册。

② 《宋史》卷一百九十四《兵志八》，第4849页。

③ 《桐江集》卷六《乙亥前上书本末》。

④ 《鹤林集》卷二十三《与马光祖互奏状》。

⑤ 《蒙斋集》卷七《论会子札子》。

⑥ 《吹剑录外集》。

纸币贬值和物价上涨还使其他各界民众纷纷破产。尤其是在景定五年（1264）贾似道发行金银关子后，"物价自此腾踊，民生自此憔悴矣"[①]。高斯得在《桑贵有感》一诗中，描写了一位贩桑者因纸币贬值和物价飞涨而破产的过程："客寓无田园，专仰买桑供。岂谓桑徒贵，半路哀途穷。三百变三千（会子），十倍价何穹。家赀已典尽，厥费犹未充。乃知楮法坏，流毒刀兵同。"[②]到度宗咸淳年间（1265—1274），因3贯十八界会子只值1贯关子，而关子又迅速贬值，于是破产的人越来越多，"因三（十八界会子）准一金银之关，殊觉十室九空"[③]。

第四节　纸币"称提"政策及其失败

在整个南宋时期，纸币膨胀贬值的时间多，纸币币值稳定的时间少，尤其是在南宋晚期，纸币膨胀和贬值达到了空前的程度。为此，从孝宗开始，宋廷就开始对纸币进行"称提"。所谓"称提"，即设法防止纸币膨胀，使纸币币值保持稳定，并使纸币与铸币的比价处于相对合理的平衡状态。随着纸币的日益膨胀和贬值，宋廷大力推行"称提"政策主要是在宁宗嘉定间和理宗端平、嘉熙、淳祐间。宋廷"称提"纸币的举措虽然很多，但由于种种原因，特别是受到当时南宋王朝所处历史环境的局限，这许多的"称提"政策最后都以失败而告终。

---

① 《齐东野语》卷十七《景定彗星》，第321页。

② 《耻堂存稿》卷七《桑贵有感》。

③ ［宋］许月卿：《先天集》卷九《与曹徽州》，《续修四库全书》第1320册。

一、纸币“称提”政策

南宋晚期纸币空前膨胀。孝宗乾道四年（1168）立界发行东南会子时，规定每界1000万贯，至理宗嘉熙二年（1238）竟积有会子4亿余贯，淳祐六年（1246）更达6.4亿贯。同时，川引、银会、淮交、湖会的发行量也以惊人的速度猛增。由纸币膨胀所导致的纸币贬值和物价飞涨，严重扰乱了社会经济秩序，引起了广大军民的不满，动摇了赵宋王朝的统治，这不能不使宋廷心急如焚，便推出了一系列“称提”纸币币值的政策措施，旨在减少纸币数量和提高纸币币值。这些“称提”政策，大致可概括为下列几个方面。

（一）强令规定纸币币值

理宗嘉熙四年（1240），第十六、十七界会子总数已达近5亿贯，因数量太多而贬值。于是宋廷发行“十八界会子收换十六界，将十七界以五准十八界一券行用。如民间辄行减落，或官司自有违戾，许经台省越诉，必置于罚”[①]。景定五年（1264），宰相贾似道发行金银现钱关子，废第十七界会子不用，规定关子“每百作七十七文足，以一准十八界会之三”[②]。发行关子等于发行大面额虚值纸币，很快就贬值。于是度宗咸淳四年（1268）宋廷宣布：“近颁见钱关子，贯作七百七十文足，十八界每道作二百五十七文足，三道准关子一贯，同见钱转使，公私擅减者，官以赃论，吏则配籍。”“五年，复申严关子减落之禁。”此外，为了提升纸币币值，理宗宝祐二年（1254），更印银会，规定以一当川引百。宝祐四年（1256），

---

① 《宋史全文》卷三十三。

② 《宋史》卷四十五《理宗纪五》，第888页。

又“仿十八界会子造四川会子，视淳祐之令，作七百七十陌，于四川州县公私行使”。[1]宋廷通过行政命令强行规定纸币币值，令官民遵守，其目的是为了不使纸币贬值。

（二）命百姓按“钱会中半”比例纳税

纸币常因发行过多而贬值，故百姓重铜钱而轻纸币，为了增强纸币在流通过程中的信用，宋廷曾规定百姓可按“钱会中半”的比例缴纳赋税。早在孝宗乾道四年（1168）五月五日，宋廷已敕：“诸路监司州县守处，起解官钱及人户应干输纳税赋，并诸色人僧道合纳诸色官钱，以会子、见钱对半送纳。”[2]乾道六年（1170）闰五月，又“诏诸州入纳解发并用钱会中半”[3]。长久以来，“朝廷之给赐，州县之上供，民间之入纳，并用半钱半楮”，已成为不易之法。南宋晚期继续执行“钱会中半”政策。景定五年（1264）发行关子后，咸淳元年（1265）又“黄榜指挥输纳折帛钱关中半”[4]。

（三）出内帑金银告牒钱物等收兑会子

理宗绍定六年（1233），流通于民间的会子已过两亿贯，以致会子日益贬值。为了减少会子的流通量以提升会子的币值，宋廷便“出内帑缗钱二十万，令临安府措置兑易”[5]，同时又出内帑金银、度牒、官诰及盐钞、卖乳香等以回收第十四、十五两界会子。[6]端平元年（1234）秋，又“出

---

① 《宋史》卷一百八十一《食货志下三・会子》，第 4409—4411 页。
② 《庆元条法事类》卷四十七《受纳税租》。
③ 《皇宋中兴两朝圣政》卷四十八。
④ 《（景定）建康志》卷四十《田赋》，又卷十四《年表》。
⑤ 《宋史全文》卷三十二。
⑥ 《鹤林集》卷二十一《缴薛极赠官词头》。

内帑缗钱兑易”[①]。端平二年（1235）四月，“第十六、十七界会子散在民间，为数浩瀚，会价日损，物价日昂，若非措置收减，无由增长。诏令封桩库支拨度牒五万道、四色官资付身三千道、紫衣师号二千道、封赠敕告一千道、副尉减年公据一千道，发下诸路监司州郡，广收两界会子”[②]。景定初，第十七、十八界会子已严重贬值，景定四年（1263）贾似道推行“公田法”，为收买逾限之田，每日增印会子15万贯，会子进一步贬值。为此，景定五年（1264）正月，宋廷又“出奉宸库珠、香、象、犀等珍货付务场卖易，助收弊楮”[③]。

（四）向官户僧道按田亩征收会子

为了减少流通领域中会子的数量，以期提高会子的币值，端平二年（1235）九月宋廷制定政策：“下诸路州县，令有官之家簪缨之后及寺观僧道，并按版籍每亩输十六界会子一贯，愿纳十七界者并从。各州截角类解赴封桩库交纳。其将相勋贵之家、御前寺观曾被受指挥特免科役去处，毋得寅缘规免，仍不许敷及佃户。违，许越诉。”[④]

（五）严禁伪造纸币和销毁及流失铜钱

南宋晚期纸币的急剧贬值，主要原因在于官府印行纸币过多，但也与民间大量伪造纸币有关。因此，淳祐元年（1241）七月理宗“诏敕令所修伪造新会、楷改旧会、盗卖会纸之令”[⑤]。至于铜钱的多少本与纸币的贬值

① 《宋季三朝政要》卷一。
② 《宋史全文》卷三十二。
③ 《宋史全文》卷三十六。
④ 《宋史全文》卷三十二。
⑤ 《宋史全文》卷三十三。

并无直接关系，因为南宋晚期的纸币基本上已是一种不兑现的纸币，全靠信用来维持其币值。但在纸币与铸币并行的时代，由于铜钱本身具有价值和使用价值，而纸币严重贬值后就形同废纸，铜钱的信用高于纸币，其投入流通领域数量的多少对平衡和稳定纸币币值能起重要作用。为此，“民心实未易愚，终有轻楮重钱之心”[①]，甚至官府也“入责钱银，出用纯楮”[②]，同样有轻楮重钱之心。为了增加铜钱的流通，理宗端平元年（1234），淳祐四年（1244）、九年、十年、十二年以及度宗咸淳元年（1265），曾多次下令严禁销钱为器和铜钱外流。

（六）按“称提”纸币的功过而升黜官员

宋廷为了顺利推行纸币的“称提”政策，特别注意各级官员在贯彻政策过程中的表现。尤其是南宋晚期，朝廷对官员们的奖励升黜更为频繁。如，理宗端平二年（1235）正月，“诏知衢州蔡节削二秩，以本郡会价低减故也”[③]。同年，醴陵丞朱晡藉称提之令，“市虚楮，易实铜”，与民争利，被降官；青田尉韩庲因未能警捕境内伪造楮币者，被降官；宣城尉水丘衮因能悉力擒捕伪造楮币者，升一官。端平三年（1236），宋廷下令第十六、十七界会子永远行用，并规定每贯作 770 文行使，违者官吏罢官。嘉熙四年（1240），宋廷规定以十八界会子收换十六界，将十七界以 5 准十八界 1 券行用，如有官违规，必予惩罚。同时下诏宣布：如有官员在发行第十八界新会过程中，乘机作弊贪污，必加查处。淳祐八年（1248）二月，因朝廷规定十七、十八界会子永远行用，左司赵汝暨请更造十九

---

① 《蒙斋集》卷七《论会子札子》。
② 《后村先生大全集》卷一百五十六《林经略（行知）墓志铭》。
③ 《宋史全文》卷三十二。

界，太博黄洪请不用会子、停卖盐钞，皆以“狂言惑众”罪被罢官。[①] 淳祐十一年（1251），又“以会价增减课其官吏”[②]。此外，淳祐年间（1241—1252）又有余干县典押陈闰不执行朝廷称提会子的命令，酣饮于尼寺、妓馆，并受人贿赂，被决脊杖十五，刺配二千里州军牢城。度宗咸淳四年（1268），宋廷为稳定纸币币值，宣布：“以近颁见钱关子，贯作七百七十文足，十八界每道作二百五十七文足，三道准关子一贯，同见钱转使，公私擅减者，官以赃论，吏则配籍。”[③]

二、纸币“称提”政策的失败

南宋晚期，朝廷虽然推行了一系列“称提”纸币的政策法令，但由于种种主客观的原因，这许多“称提”举措都未能达到稳定纸币币值的预期目的。宋廷对纸币“称提”的失败，使不少朝臣大感失望，纷纷哀叹朝廷的“称提”无术。现将各项“称提”政策失败的具体情况分述于下。

（一）宋廷强令规定纸币币值，其目的无非是为了防止纸币贬值，可是正是宋廷自己破坏了自己的规定，从而引起了纸币的贬值。在纸币与铜钱并行的时代，铜钱是一种实物货币，而纸币只是一种象征铜钱币值的信用货币。要使纸币与铜钱等值使用，必须使两者在流通领域中保持适当的比例。如果铜钱少、纸币多，纸币必然会贬值。南宋晚期，铜钱因被销毁和外流、储藏而愈来愈少，而为了维持财政开支的需要，纸币印行却愈来愈多。如，孝宗乾道四年（1168）规定会子每界发行 1000 万贯，至理宗

① 《宋史全文》卷三十四。
② 《宋史》卷一百八十一《食货志下三·会子》，第 4409 页。
③ 《宋史》卷一百八十一《食货志下三·会子》，第 4409 页。

淳祐六年（1246）竟积至6.4亿贯。四川钱引更是自印自用，有出无收。宁宗开禧二年（1206）钱引三界并行已达近8000万贯，而理宗淳祐二年（1242）至宝祐三年（1255）13年中印行之两界钱引竟可折成前一界钱引12.60610362亿贯。还有自宝祐二年至四年（1254—1256）共发行银会2800.867万贯，可折钱引28.00867亿贯。此外，南宋晚期的淮交、湖会也不断增印。宋廷不仅滥发纸币，而且常改变纸币界满以新换旧的规定，实行展界行用，使二界或三界并行。同时，宋廷在纸币换界时，常有意提高新旧纸币之兑换比例，如规定第十八界会子以1准十七界会子5行用、关子1贯准十八界会子3贯行用、四川银会以1当川引100，等等。新会换旧会，是以旧会贬值为代价的。当新会数量再增，新会也贬值成了旧会，于是朝廷又出新会。如此不断循环，势必会使纸币进一步泛滥和贬值。据刘克庄在端平二年（1235）的《轮对札子》中说，会子“以一易二民始疑楮，三界并行民始贱楮，通国无策以救，而亡形具于斯时也”[①]。虽然宋廷在发行新会时规定每贯作钱770陌行使，而实际上“三界会价，混杂并用，旧会一价也，新会又一价也，价既二三，则新会之价为旧会所牵，恐不可以守七百七十陌之数”[②]。尽管宋廷强定会价，甚至用严刑峻法来防止人们擅自贬损会价，而百姓依旧重钱轻会。官府推行称提政策也阻止不了纸币的贬值，只会加重百姓的痛苦。据侍御史李鸣复说：“楮日益多，价日益减。号令不足以起其信，继之以称提；称提不足以强其从，重以估籍；估籍之令行，而民不聊生矣。”[③]

① 《后村先生大全集》卷五十一《轮对札子·端平二年七月十一日》。
② 《蒙斋集》卷七《论会子札子》。
③ 《历代名臣奏议》卷二百七十三，侍御史李鸣复上制国用奏。

（二）宋廷命百姓按“钱会中半”的比例纳税，目的也是为提高会子的法偿地位和信用度，以防止其贬值，但结果却与之相反。因为官方催税，要求百姓以“钱会中半”输税，急如星火。百姓手中无钱，又怕违期得罪，便被迫用会子高价去兑换铜钱缴税，会子因而贬值。据大臣杜范说，理宗淳祐六年（1246）“再降钱会中半之命”，百姓“每遇输纳折帛之时，持券求钱，茫茫无售。贵家豪族有少藏镪，则低价（指会子贬值）以买之，但彼欲得钱以应官，不复计价直之何若。楮币折阅日甚一日，职此之由”[①]。又如，度宗咸淳元年（1265），宋廷下令“输纳折帛钱，钱关中半，民间颇以措置见镪为艰”[②]。而实际上，在纸币贬值趋势已无法阻挡的情况下，征税多收会子确实将对国家财政产生不利影响：“收纳用券，固救折阅也，而常赋所入亏损过半，既乏见镪以应军旅之支，复窘财用以供经常之费。”[③]同时，在具体执行“钱会中半”税收政策过程中，各地官员因对会子保值缺乏信心，也重钱轻楮，怕多收会子不利于官府财政，于是便寻找各种借口，瞒上欺下，“中半之法行于出而不行于入”[④]。也就是说，官员们只在支出时实行“钱会中半”，在征收时就不要会子。为此，“钱会中半”政策遭到了破坏，会子的信用也就无法建立起来。

（三）朝廷出内帑金银告牒钱物收兑会子，其意在于减少会子以保会价，但也未能达到目的。如理宗绍定六年（1233），宋廷曾出内帑钱币、金银、度牒、官诰、盐钞及卖乳香等以收第十四、十五两界会子，结果虽“耗国

① ［宋］杜范：《清献集》卷八《便民五事奏札》。
② 《（景定）建康志》卷四十《田赋》，又卷十四《年表》。
③ ［宋］许应龙：《东涧集》卷八《二十五日面对札子》，《文渊阁四库全书》第 1176 册。
④ 《群书会元截江网》卷十一《钱帛》。

之财力，轻国之名器”，却“捐金银所以救弊而弊愈滋，捐诰牒官钞所以权楮而楮愈轻，既无益于民，又多捐于国”[①]。这是因为朝廷高估金银价格兑收会子，百姓吃亏；官诰、度牒与盐钞等都是有价证券，实是变相的准纸币，对减少会子数量作用不大。不仅如此，而且朝廷用金银、官诰、度牒与第十七界新会贴换收回的第十四、十五界旧会，“积于封桩，未及焚毁，又复移用，其数遂不可计，伪进者不与焉”[②]。用内帑钱财收兑回来的旧会，未曾销毁，重又投入流通领域，致使新会加旧会，数量愈来愈多，贬值也就愈来愈厉害。

（四）朝廷决定向官户、僧道计田亩征收会子后，曾令两浙、江东西、福建、湖南等路推行，结果非但无助于减少会子和提升会价，反而引起了民愤。当端平二年（1235）九月计亩征会的命令刚一发出，便立刻遭到许多官员的反对。大臣吴潜认为向官户、僧道计亩征会有九害：一、将使贫儒出身初入仕途的官户，为出会用钱而出卖家产，从而失去民心。二、无人入仕的官户仅有薄田，也被勒令出会，他们既要出会，又要贿赂胥吏。三、有人用会买官，“又因得官而再出会”，于是人们就不愿买官，从而使朝廷失去卖官鬻爵之利。四、地方小吏向官户计亩征会，官户便将此负担分摊给佃户。五、各地僧寺道观今不如旧，“欲于田外责以一钱，实无从出”，“非起债则逃窜”，因此“为僧者必少，祠牒愈不可鬻”。六、朝廷为收会已竭尽帑藏，而无成效，今州郡又要“竭闾阎出数百千万以收此楮”，如此无益之举，可谓拙陋。七、朝廷虽立法严惩官民擅自减落会价，

① 《鹤林集》卷二十一《缴薛极赠官词头》。
② 《鼠璞·楮币源流》。

而终无实效，会子依然贬值，于是朝廷为减少会子，便回收旧会截角不用，这是教民不信会、不用会，会子将皆无用。八、全国各地土地占有关系混乱，簿书不整，计亩征会的结果是上户逃免，下户受害；各地多有瘠田，出会困难，人户被迫逃亡；人户不愿输会，官吏必将严刑催逼，于是人户有性命之忧，官府有催科之苦；人户出会必去官府缴纳，官吏会营私舞弊，乘机贪贿。九、今朝廷计亩征会，说是为国之利，若他日国家经费困难，则又将向官户责办，“作法于贪，弊将若何”？因此，吴潜说，计亩收会，“萧墙之内，将有不测”，朝廷不当出此下策。[①] 以上吴潜提出的九害，虽多是为官户辩护之辞，但也的确是推行计亩收会政策过程中存在的实际问题。其实，朝廷向官户僧道计亩征会的最大危害在于损害了中下户的利益，从而引起了民愤。大臣袁甫曾向理宗奏道：履亩使输券，“避贵虐贱，有力者顽未应令，而追呼迫促，破家荡产悲痛无聊者，大概皆中下之户”。为此，袁甫认为“惟履亩事，人心最不悦”[②]，并说“履亩输券，可谓下下之策”[③]。此外，湖南运判兼权帅事赵彦侯也呼吁：“计亩敷楮，民怨已甚，根本所系焉，可不思急迫之政岂宜再举！”[④] 计亩征会推行后，会子依然贬值，可见此称提之策并无实效。嘉熙元年（1237），右司郎中赵必愿应诏上封事，他说：“履亩之令下而加以抑配，称提之法严而重以告讦”，致使“民无盖藏，每有转壑之忧，士不宿饱，常有思乱之心”。[⑤] 由于众多臣僚的反对，计亩

① 《许国公奏议》卷二《奏论计亩官会一贯有九害》。
② 《宋史》卷四百五《袁甫传》，第 12240 页。
③ 《蒙斋集》卷六《是日上不视事缴进前奏札子》。
④ 《后村先生大全集》卷一百六十九《秘阁东岩赵公（彦侯）行状》。
⑤ 《宋史》卷四百十三《赵必愿传》，第 12409 页。

征会之令终于被撤销。

（五）宋廷为了严禁伪造纸币和销毁及流失铜钱，虽屡申禁令，却毫无实效。它既不能减少纸币，也不能增加铜钱，因而也就不能阻止纸币的贬值。关于这方面的记载，史不绝书。如理宗嘉熙三年（1239）秋，程公许曾在《试上舍生试策题》中发出慨叹："铜镪日耗，销毁莫戢。"[①]次年，又有人说："楮之多日以轻，钱之少日以耗，严铜禁而禁私藏，戢轻销而防渗漏，岂无明文，竟成虚语。"[②]直到淳祐十年（1250），都省还在上言："铜钱泄漏，伪会充斥，奸民无所忌惮。"[③]为此，理宗淳祐年间（1241—1252）和度宗咸淳年间（1265—1274），宋廷虽连续不断地重申严禁伪造纸币和销毁及流失铜钱的禁令，但依然徒劳无功。南宋晚期民间伪造纸币之所以如此猖獗，这完全是由宋廷自己造成的。因为宋廷在每次发行新会时，总要高估会价，以新会一折兑旧会二、三乃至五，新印银会甚至以一当川引百，这等于发行大额虚值纸币。在如此巨大利益的诱惑下，加上印造纸币成本又很低，故民间就会有人冒着杀头的危险去私造纸币。至于铜钱被销毁改铸成器皿或流向国外，这是宋代国内商品经济和国际贸易发展的必然结果，这种历史前进的潮流是谁也挡不住的。早在宋神宗时期，改革家王安石早就主张解除铜禁和放开铜钱出口，提倡以铜铸器不铸钱，可说是明智之举。其实，纸币贬值的根本原因并不在于铜钱稀少和纸币数量之多，而在于生产萎缩和消费过度所引起的商品供不应求。用纸币代替铸币是历史向前发

① ［宋］程公许：《沧州尘缶编》卷十四《试上舍生试策题（己亥秋）》，《文渊阁四库全书》第1176册。

② 《群书会元截江网》卷十一《钱币》。

③ 《宋史全文》卷三十四。

展的必然趋势，是一种进步现象，其本身无可非议，问题在于纸币不能滥发，其数量不能超过全社会商品交易总价格的实际需要，否则就会发生纸币膨胀和贬值，给社会带来无穷的祸害。

（六）按“称提”纸币的功过来升黜官员，在南宋晚期官僚政治已极端腐败的环境中，对官员并无多少激励或儆戒作用。如，理宗端平三年（1236），宋廷宣布第十六、十七界会子永远行用，并规定每贯作770文行使，“违者官吏百姓镌罢黜籍”。虽然浙东路提举曾天麟执行称提之法甚严，台州知州邢近也奉承甚谨，“而州县暴吏乘势作威，一郡骚然，市肆昼闭。初无益于称提，而徒以饱官吏之贪，天麟、近相继罢去”[①]。又如嘉熙元年（1237），贪官污吏在向官户、僧道计亩征会时有意歪曲政策，宽待大家而欺压中户，“中户尽数已纳，而大家往往幸免”。同时，州县官还乘机营私舞弊，挪用公款，“州县长吏不惟不能体朝廷之意，而反以旁缘为私，故有促办催入而久不解者，又有那移他使而规自利者”。[②]嘉熙四年（1240），宋廷发行第十八界新会收换第十六界，并将十七界以五准十八界一行用，理宗担心各地官吏“称提”不力甚至从中作梗，便下诏曰：“比岁以来，贪浊成风，椎剥滋甚，民穷而溪壑不厌，国匮而囊橐自丰。今兹新楮之行，未必不为罔利之地，其令内而台谏、外而监司常切觉察。其有赃状著者，必加鞫勘。”[③]但法令并不能约束贪官污吏，在推行“称提”之策时，“朝廷未尝不严出纳之禁矣，而巧为名色邀阻者自若也，未尝不严殿最之课矣，而虚数伪冒罔上者亦自若也。门关之外便同隔江，上下皆知置而不

① ［宋］杜范：《清献集》卷八《殿院奏事第二札》。
② 《宋代蜀文辑存》卷八十四，吴昌裔《论今日病势六事状》。
③ 《宋史全文》卷三十三。

问”[1]。在整个南宋晚期，纸币贬值，国家财政困难，时人阳枋认为官场腐败是造成这种局面的重要原因之一，他说："楮币日轻，泉货日竭，中外岌岌，未如之何。而推原其故，则制度纪纲积习废弛而不饬之故也。吏无善治，终无以裕财。"[2]

三、纸币"称提"政策失败的根本原因

南宋晚期宋廷的纸币"称提"政策，其目的无非是为了压缩纸币的流通量，增加铜钱的流通量，并保持纸币与铜钱之间的适当比价，以稳定纸币的币值。因此，从表面上看，不能压缩纸币流通量和增加铜钱流通量，似乎是"称提"政策失败的原因。其实，纸币是否贬值与纸币和铜钱的绝对数量的多少并无必然联系。纸币贬值的真正原因在于纸币的发行量超过了全社会商品交易的实际需要，也就是人们的消费需求超过了商品的生产量和供应量，即商品的供不应求。如果商品的供应量与消费的需求量能同步增长乃至供过于求，不管纸币发行量有多大都不会贬值，甚至还会升值。在南宋晚期，商品之所以供不应求，是由于宋廷的军费、官俸和宫廷冗费开支过大，是由于赋役剥削苛重和天灾人祸的危害使物质生产日益萎缩，而这一切的根本原因不能不归罪于当时封建统治的腐败。

马克思主义的货币流通规律理论认为：一定时期内商品流通所需货币量，等于全部商品的价格总额除以单位货币的平均周转次数，可用公式表示为：商品流通所需的货币量＝全部商品价格总额／单位货币的平均周转

---

① 《群书会元截江网》卷十一《钱帛》。
② ［宋］阳枋：《字溪集》卷一《上洪中书论时政书》，《文渊阁四库全书》第1183册。

次数。货币流通是由商品流通引起的，流通中的商品数量愈多，或商品价格愈高，则流通中需要的货币量愈大，但一定时期内货币流通速度愈快，流通中所需的货币就愈少，反之则愈多。又纸币流通规律理论认为：纸币的流通量取决于它所代替的流通中所需的金属货币量。纸币本身没有价值，在流通中的纸币量相当于所需的金属货币量时，纸币的购买力就同金属货币的购买力一致；在纸币超过了所需的金属货币量时，单位纸币所代表的金属货币量减少，纸币就相应贬值，发生通货膨胀。根据货币流通规律，大致在下列几种情况下会发生通货膨胀和货币贬值：一、在商品价格总额和单位货币周转次数不变时，货币发行量增加；二、在货币发行量和单位货币周转次数不变时，商品价格总额减少（即生产衰退商品供应量减少）；三、在货币发行量和商品价格总额不变时，单位货币周转次数增加；四、在商品价格总额减少、货币发行量增大、单位货币周转次数都增加时。南宋晚期的纸币膨胀和贬值便是在第四种情况下发生的。

通过上面的理论分析，我们已经知道纸币膨胀和贬值的真正原因在于商品的供不应求，因此，要克服纸币膨胀和贬值的弊病，必须对症下药，即发展生产和紧缩纸币。然而，南宋晚期的统治者们却做不到这两点，所以他们的纸币“称提”政策也就不能不归于失败。南宋晚期的统治者为什么不能去推动生产发展？因为当时生产的衰退主要是由苛重的赋役和天灾人祸造成的，而残酷的剥削、对天灾不能有效防治以及对蒙古战争的失败等等，这一切都是宋朝政治腐败的结果。人民群众在沉重的赋役和天灾人祸的双重摧残下，生活十分贫苦。理宗端平三年（1236）间，曾有人指出，当时“土地不加多，而赋入几倍于承平”①。还在绍定六年（1233）四月，监察御史李日迈曾向理宗上奏：“比岁年谷不登，民生日蹙。”②百姓穷困，无力去发展生产，国家岂能富强！这正如时人阳枋所说的：“民亡盖藏，终无以丰财。”③南宋晚期统治者为什么不能紧缩货币呢？宋廷一方面竭力推行纸币“称提”政策，企图减少纸币的流通量，同时另一方面又不断增印各种纸币，增印数量大得惊人。宋廷这种矛盾的做法，自有其无法克服的困难。这困难就是国家财政开支太大而且无法压缩。早在端平元年（1234），“京楮之出至二十千万有零矣，而印造未已；蜀楮之出至十七千万矣，而用度未足”④。国家用度不足到什么程度？端平二年（1235），王迈对理宗说：“今国家罄一岁所入，曾不支旬月，而又日不辍造十数万楮币乃得济。”⑤为此，“称提”无法成功。“楮券天下已厌其多，而朝廷常患其少，漫曰称提，率皆尝试，苛令四出，寻即寝罢，上下相视，束手无策。”⑥既然“称提”无效，会子印造之数未能减少，袁甫曾向理宗提出“节用”之说：“朝廷若要作规模，只是减印造之数，但目今百需皆要会子，如何省得？臣又反覆思虑，只有节用一说，虽是老生常谈，却切实用。”⑦后来，杜范也有同样建议，他认为：“欲增重会价，必使省印造，然后可以免于折阅……欲楮券之省印造不为民病，则莫若先于节用……用既节，则印造

---

① 《铁庵集》卷二十二《黄叔惠》。
② 《宋史全文》卷三十二。
③ 《字溪集》卷一《上洪中书论时政书》。
④ 《历代名臣奏议》卷九十九，李鸣复端平元年《论用兵五可忧疏》。
⑤ 《臞轩集》卷一《乙未馆职策》。
⑥ ［宋］杜范：《清献集》卷五《军器监丞轮对第一札》。
⑦ 《蒙斋集》卷四《秘书少监上殿第二札》附文。

省；印造省，则人之求楮必多……如是则楮价可增矣。此重楮券之策。”①其他臣僚也纷纷要求朝廷节省开支，并认为欲节用应从省兵始，因为军费是当时财政开支的大头。但是，节约开支和少印纸币能做到吗？不能！黄震曾指出：“楮以太多而轻，则住造固宜也，然事变方殷、供亿尚繁，亦住之得乎？”②国家处于多事之秋，特别是在元军南侵之时，国防经费开支有增无减，宋廷根本无法节用。为此，开庆元年（1259）八月，宰相丁大全上奏道："边面既阔，备御亦广，科降之数十倍常时，所仰者楮耳！”③“府库已竭而调度方殷，根本已空而耗蠹不止”，宋廷只得“穷日之力增印楮币以为理财之术”。④宋廷这种以不断加印纸币来应付日益增长的财政开支的做法，无疑是自杀行为。有些官员也已经意识到，以多印纸币来弥补财政的亏空，等于饮鸩止渴，但是他们别无良策。

南宋晚期的统治者，他们之所以不能去推动生产发展和节省财政开支，是因为到了理宗时期，长期存在于经济和政治领域中的种种弊病，已是积重难返。而酿成这许多弊病的，正是统治阶级自身的腐败。统治阶级的腐败，不仅破坏了经济发展，而且最终导致了赵宋王朝的崩溃。结论只有四个字：腐败亡国！

---

① ［宋］杜范：《清献集》卷九《嘉熙四年被召入见第二札》。
② 《黄氏日抄》卷八十三《吴县拟试问策三道》。
③ 《宋史全文》卷三十六。
④ 《历代名臣奏议》卷二百七十三，侍御史李鸣复上制国用奏。

结　论

通过对两宋各个时期通货膨胀的研究，我们可以得出以下结论：造成通货膨胀的直接原因在于生产的衰退和统治集团的过度消费，也即商品的供不应求，从而引起了货币的贬值和物价的高涨，给国家和广大人民群众带来巨大祸害。要遏止通货膨胀必须对症下药，首先必须大力发展生产以增加商品的有效供给，同时还应当减少消费以节约开支，也即要在经济上开源节流，使商品供求关系达到平衡。当通货膨胀的恶果产生之后，两宋统治者也曾想方设法进行抑制，但终因他们无法发展生产以增加商品供给，无法削减“三冗”消费以节省开支，所以也就不能克服通货膨胀的危害。两宋时期通货膨胀之所以发生和难以克服，其根本原因在于政治腐败。政治腐败表现为统治者残酷剥削人民致使生产遭到破坏，表现为统治者“三冗”开支浩大和生活奢侈以致财政入不敷出。而统治者为维持其“三冗”消费，既不愿放弃或减轻对劳动者的剥夺，又无发展生产的良好办法，于是只得采取铸行虚值大钱和无本滥发纸币之类的通货膨胀政策，其实这只是一种饮鸩止渴的下策。但宋代朝政频频出现腐败，并非仅仅由某个皇帝和几个权臣所造成，而是积重难返，有着其深刻的历史渊源。

宋朝政治、经济等各方面危机的逐渐加重，实乃北宋建国以来一些基本国策发展的必然结果。宋初制定的基本国策有其积极的一面，曾对北宋前期社会的发展起过推动作用。但它同时具有消极的一面，至北宋中期以后，便逐渐酿成了政治的腐败。宋太祖赵匡胤本是后周的禁军统帅殿前都点检，他是通过陈桥兵变，篡夺后周政权，当上宋朝皇帝的。宋初，他鉴于五代十国时期君弱臣强以及军阀割据的历史教训，决心加强君主专制主义的中央集权，把军权、政权、财权从方镇手中收归中央。首先，为了集中军权到皇帝手中，他解除了元老重臣的军权，由皇帝直接总领全国禁军。此后如遇战事，由皇帝临时委派将领，并经常调动，以防将领与士兵结成亲党关系发动兵变。为了防止民众造反，宋廷常招收饥民为兵，并采取"守内虚外"的治国方针。为了使那些失去兵权的大臣去当大地主安居享福，宋朝又采取了"不立田制""不抑兼并"的土地政策。集中军权，虽然避免了军阀擅权分裂割据局面的再现，宋朝统治集团内部也未曾发生过争夺政权的战乱，但因将不专兵、兵不识将，削弱了军队内部的凝聚力和战斗力；大量招收老弱饥民为兵形成了兵多而弱的"冗兵"弊端，以致在对外作战时屡打败仗。"不立田制""不抑兼并"虽然结束了隋唐以来的土地国有制，促进了土地的买卖和私有化，使土地制度向前发展了一步，但它推动了土地兼并的高潮，造成了贫富悬殊，激化了阶级矛盾。其次，为了集中政权到皇帝手中，宋朝相对削弱了宰相的权力，增设了许多直接对皇帝负责的行政机构。同时又实行"官、职、差遣"分离政策。官名，并不与担任实际职务的名称相符，官名只用来表示官位和俸禄的高低，称为正官、寄禄官。职，只是部分文官的荣誉头衔，如学士、直阁之类，通常不担任相应的馆阁之职。差遣，才是官员承担的实际职务。这种宋代特有的官制，也即所谓“其官人受授之别，则有官、有职、有差遣。官以寓禄序、叙位著，职以待文学之选，而别为差遣以治内外之事”[①]。同时，为了防止军人篡权和笼络知识分子为皇帝服务，宋朝实行“重文抑武”政策，扩大科举取士名额，并给予高官厚禄，使文士们沉湎于“学而优则仕”的梦想中而不能自拔。官、职、差遣的分离和皇帝直属机构的增设，虽能使官员们相互牵制，有利于君主专制主义中央集权制度的加强，但也造成了“冗官”众多和办事扯皮的弊端。重文轻武和优待士大夫虽然促进了文化的高度发达，但却造成了文武官员之间的矛盾和不利于军事力量的振兴。第三，为了集中财权到皇帝手中，宋廷下令，每年各地所收赋税，除部分留州给用外，极大部分必须输送至京师。送到京师的税物，归于三司掌管的左藏库。另外又在内廷设置内藏库，除贮藏三司每年的财政节余外，还有大量各地上供的金银钱帛和珍宝，由皇帝直接掌握。集中财权虽便于经费的中央统一调度，又可避免因地方财力雄厚而造成尾大不掉之势，但随着官僚政治的逐渐腐败，它又为权臣私贪浪用和宫廷冗费的不断增加创造了条件。而由冗费的浩大所造成的财政亏空以及地方官府经费的拮据，又促使各级官吏通过苛捐杂税去残酷剥削广大百姓。宋初制定的这许多军事、政治、经济方面的政策，也就是宋朝历代皇帝必须严格遵守的“祖宗之法”。宋朝“祖宗之法”的核心内容便是君主专制。皇权高于一切，皇帝的英明或昏庸影响着历史的进程。尽管个人在历史上的作用是有限的，但在特定的环境和条件下，皇权往往能起决定作用。蔡京等奸臣的狡诈之处，就在于他们看

---

① ［宋］朱熹：《四书章句集注》，《孟子》卷七《尽心下》第十四章，《文渊阁四库全书》第197册。

到了徽宗的昏庸和贪图享乐，故能投其所好，以骗取其宠信，然后假用“御笔手诏”指挥天下，并借此去谋取私利，从而败坏了政治。北宋中期以来出现的严重“三冗”问题和政治、军事的腐败以及由此而激化的阶级矛盾和生产衰退，正是宋朝“祖宗之法”消极面恶性发展的结果。

由宋朝“祖宗之法”消极面产生的各种社会弊病，日积月累，发展到宋徽宗时期，真可说已是“积重难返”了。其实，“积重”并非难返，出路在于改革创新，突破“祖宗之法”的旧窠臼，建立利国利民的新制度。宋仁宗曾经实行过“庆历新政”，宋神宗曾经进行过“熙丰变法”，然而结果都由于守旧派的激烈反对、变法派内部的矛盾以及皇帝的动摇而告失败。至于哲宗、徽宗的“绍述新政”，已经抽去了变法创新的实质，不能算是真正的改革。还有宁宗的“嘉定更化”、理宗的“端平更化”更不是什么政治革新。尤其是徽宗时期，“绍述新政”完全变成了统治集团祸国殃民的一种借口。综观宋代历次变法的失败，其根本原因在于受到了封建生产关系和君主专制制度的制约。熙丰变法最大的缺点是没有触动地主阶级土地所有制，所谓“方田均税”并不能改变封建生产关系。熙丰变法也无认真整肃吏治的政策措施，致使贪官污吏能歪曲变法宗旨将新法作为聚敛的工具。王安石虽实施“仓法”企图以增给吏禄来禁止胥吏的贪贿，但高薪并不能养廉，无数历史事实证明，多数贪官污吏并非贫困之人，而是愈有钱愈贪污，人的私欲是无限的。禁贪，除了向人们进行道德教化之外，更重要的必须通过法律严惩贪官。可是，话又得说回来，宋代正处于封建社会发展鼎盛时期，地主阶级土地私有制方兴未艾，当时尚未出现比封建生产关系和君主专制制度更先进的生产关系和社会制度，王安石等变法派人士本身都是皇帝陛下的臣子，我们不能以今天的观点去要求他们反封建、反皇帝，这就是历史的局限性。由此可见，北宋历次改革未能获得完全成功，有其历史的必然性。

既然改革会受到历史条件的制约而未能完全成功，是否改革就毫无意义和不必进行了呢？不能这样说。任何改革都是在一定的历史环境中进行的，只要遵循历史发展的客观规律，不超越历史条件许可的范围，对改革的成就不抱奢望，而是制订切实的规划，加以认真地履行，改革还是能取得一定成功的。当然，改革必然会有阻力，必然会遭到保守势力即旧制度下既得利益者的反对，故改革必须由正直明智且具政治魄力的人去进行，事在人为，成败在人。实际上，旨在“富国强兵”的熙丰变法也并非完全失败和一无是处，而是获得了明显的经济效益的，这是与王安石个人具有正直无私的人格魅力分不开的。在宋代，封建制度未能突破，但至少可以站在儒家民本主义的立场来进行改革。儒家思想本是封建社会的主流思想，儒家民本主义则是当时的先进理论，宋代理学家大多是儒家民本主义者。儒家民本思想的基本特点是：一方面强调“君君臣臣”的伦理纲常，一方面又主张“民惟邦本，本固邦宁”①，“民为贵，社稷次之，君为轻”②“仁者无敌”③。也就是说，儒家民本主义者主张在尊君的前提下来施行恤民减赋的仁政。历史上不少明君和清官就是因为采取了儒家民本主义作为施政方针而得到民众歌颂的。我们不能幻想在宋代推翻封建制度，明君和清官本身都是封建统治者，但明君总比昏君强，清官总比贪官好。

---

① ［汉］孔安国传：《尚书》卷六《夏书·五子之歌》，《文渊阁四库全书》第54册。
② ［宋］朱熹：《四书章句集注》，《孟子》卷七《尽心下》第十四章，《文渊阁四库全书》第197册。
③ 《四书章句集注》，《孟子》卷一《梁惠王上》第五章。

正是因为封建社会的改革大多失败或未能取得完全成功，所以封建压迫和剥削仍能肆行无忌，于是便有反抗官府和地主的农民起义不断爆发。但是，作为小生产者的农民不能创造新的生产力和新的社会制度，所以这许多农民起义都只是自发的反抗，其结局不是被封建统治者所镇压，便是成为封建统治者改朝换代的工具。新王朝的统治者为了巩固政权，常会采取轻徭薄赋政策，使社会获得安定和发展。由于封建剥削阶级的本质并未改变，后几代的统治者又会逐渐走向腐败，于是农民又起义，朝代再更换……如此不断反复，从表面上看似乎历史呈现出一治一乱的循环现象。其实，这种历史循环，虽体现了中国封建社会的长期延续性，但并非原地踏步和停滞不前，而是螺旋式的上升。因为无论是农民起义或封建统治者的历次改革，都或多或少地除掉了旧制度中的一些消极因素，局部调整了生产关系，推动了社会的进步，只是这种进步显得十分缓慢而已。

在中国古代，只有在新的资本主义生产关系成长到一定程度，才有可能通过革命推翻和代替封建制度。1911 年的辛亥革命便是一场这样的资产阶级民主革命。但是，辛亥革命虽然结束了中国历史上两千多年来的帝制并建立了中华民国，却未能彻底根除封建生产关系和封建思想，因此不久又出现了袁世凯称帝和清朝辫帅张勋的复辟活动。继之而来的北洋军阀和国民党反动派的统治，论其实质也只不过是半殖民地半封建社会的政权。直到 1949 年由中国共产党领导的中华人民共和国的成立，中国才正式成为新民主主义社会，不久又进入了社会主义社会，这时，封建的生产关系和政治制度已被彻底消灭。然而直到 20 世纪后半期，在意识形态领域里，封建残余的阴魂依然未散，官本位、家长制、等级观念和贪污腐败现象时隐时现。要彻底消灭这种封建残余，任重而道远，只有中国共产党领导全国人民进行不断的改革，才能得以实现。

纵览社会，我们不难发现，利益是决定一切人际关系的杠杆。只有使各阶层人群的利益达到相对平衡，才能实现社会的和谐与稳定。否则将会出现贫富悬殊、阶层对立、社会分裂，其祸至大也。由此可见，实现社会公正和人类平等、幸福，应是我们改革的终极目标。

附：

本书引用文献目录

（依引用先后次序排列）

（德）马克思：《资本论》，人民出版社 1975 年版。

（美）米尔顿·费里曼德著、安佳译：《货币的祸害——货币史片断》，商务印书馆 2008 年版。

[元] 脱脱：《宋史》，中华书局 1985 年点校本。

[宋] 马端临：《文献通考》，中华书局 2011 年点校本。

[宋] 李焘：《续资治通鉴长编》，上海古籍出版社 1986 年影印本。

[清] 徐松：《宋会要辑稿》，中华书局 1957 年缩印本。

[宋] 章如愚：《群书考索》后集，《文渊阁四库全书》第 937 册，上海古籍出版社 1986 年至 1990 年影印本。

俞兆鹏：《史林杂俎——俞兆鹏史学文选之二》，江西教育出版社

2009 年版。

［宋］吕祖谦 :《历代制度详说》,《文渊阁四库全书》第 923 册。

［宋］佚名 :《宋朝大诏令集》,《续修四库全书》第 465 册，上海古籍出版社 1996 年至 2003 年版。

［宋］释文莹 :《玉壶野史》,《文渊阁四库全书》第 1037 册。

［宋］陈均 :《九朝编年备要》,《文渊阁四库全书》第 328 册。

［宋］王栐 :《燕翼诒谋录》，中华书局 1981 年版。

［明］曹学佺 :《蜀中广记》,《文渊阁四库全书》第 592 册。

［宋］李攸 :《宋朝事实》,《文渊阁四库全书》第 608 册。

［宋］薛居正 :《旧五代史》，中华书局 1976 年点校本。

［宋］王应麟 :《玉海》,《文渊阁四库全书》第 948 册。

［宋］江绍虞 :《宋朝事实类苑》，上海古籍出版社 1981 年版。

［宋］王禹偁 :《小畜集》,《文渊阁四库全书》第 1086 册。

［宋］欧阳修 :《归田录》，中华书局 1981 年点校本。

［宋］庄绰 :《鸡肋编》，中华书局 1983 年点校本。

［宋］叶大庆 :《考古质疑》,《文渊阁四库全书》第 853 册。

孙仲汇等编著 :《简明钱币辞典》，上海古籍出版社 1991 年版。

［宋］洪迈 :《容斋随笔》(含续笔、三笔、四笔、五笔)，吉林文史出版社 1994 年版。

［宋］曾敏行 :《独醒杂志》，上海古籍出版社 1986 年点校本。

［宋］钱若水等撰 :《太宗皇帝实录》,《续修四库全书》第 348 册，上海古籍出版社 1996 年至 2003 年影印本。

［宋］苏辙 :《龙川略志》，中华书局 1982 年点校本。

［宋］释文莹：《湘山野录》，《文渊阁四库全书》第 1037 册。

漆侠：《宋代经济史》，上海人民出版社 1988 年版。

［宋］陶穀：《清异录》，《文渊阁四库全书》第 1047 册。

［宋］张咏：《乖崖集》，《文渊阁四库全书》第 1085 册。

［宋］李心传：《建炎以来朝野杂记》甲编、乙编，《文渊阁四库全书》第 608 册。

［宋］韩琦：《韩魏公集》，《丛书集成初编》本，中华书局 1985 年版。

［宋］王辟之：《渑水燕谈录》，中华书局 1981 年版。

［宋］张方平：《乐全集》，《文渊阁四库全书》，第 1104 册。

汪圣铎：《两宋货币史》，社会科学文献出版社 2003 年版。

［宋］范镇：《东斋纪事》，中华书局 1980 年点校本。

［宋］欧阳修：《新五代史》，中华书局 1974 年点校本。

［宋］毕仲游：《西台集》，《文渊阁四库全书》第 1122 册。

［宋］蔡襄：《端明集》，《文渊阁四库全书》第 1090 册。

［宋］陈舜俞：《都官集》，《文渊阁四库全书》第 1096 册。

［明］杨士奇、黄淮：《历代名臣奏议》，《文渊阁四库全书》第 433—442 册。

［宋］司马光：《涑水记闻》，《文渊阁四库全书》第 1036 册。

［宋］尹洙：《河南集》，《文渊阁四库全书》第 1090 册。

杨国宜：《包拯集校注》，黄山书社 1999 年版。

［宋］沈括：《梦溪笔谈》，《文渊阁四库全书》第 862 册。

［宋］晁说之：《景迂生集》，《文渊阁四库全书》第 1118 册。

［宋］欧阳修：《文忠集》，《文渊阁四库全书》第 1103 册。

[宋] 吴儆 :《竹洲集》,《文渊阁四库全书》第 1142 册。

[宋] 陈傅良 :《止斋集》,《文渊阁四库全书》第 1150 册。

[宋] 曾巩 :《元丰类稿》,《文渊阁四库全书》第 1098 册。

[宋] 范仲淹 :《范文正奏议》,《文渊阁四库全书》第 427 册。

[宋] 宋祁 :《景文集》,《文渊阁四库全书》第 1088 册。

[宋] 方勺 :《泊宅编》, 中华书局 1983 年点校本。

[宋] 赵德麟 :《侯鲭录》,《文渊阁四库全书》第 1037 册。

[宋] 苏颂 :《苏魏公文集》,《文渊阁四库全书》第 1092 册。

[宋] 吕中 :《类编皇朝大事记讲义》, 上海人民出版社 2014 年版。

[宋] 苏辙 :《栾城应诏集》,《文渊阁四库全书》第 1112 册。

[宋] 江休复 :《嘉祐杂志》,《文渊阁四库全书》第 1036 册。

[宋] 司马光 :《传家集》,《文渊阁四库全书》第 1094 册。

[宋] 王珪 :《华阳集》,《文渊阁四库全书》, 第 1093 册。

[宋] 王安石 :《临川文集》,《文渊阁四库全书》第 1105 册。

[宋] 郑獬 :《郧溪集》,《文渊阁四库全书》第 1097 页。

[宋] 赵抃 :《清献集》,《文渊阁四库全书》第 1094 册。

[宋] 陶弼 :《邕州小集》,《文渊阁四库全书》第 1096 册。

何竹淇编 :《两宋农民战争史料汇编》, 中华书局 1976 年版。

[宋] 曾巩 :《隆平集》,《文渊阁四库全书》第 371 册。

[清] 谢启昆修 : 嘉庆《广西通志》,《续修四库全书》第 680 册。

[宋] 赵与时 :《宾退录》, 上海古籍出版社 1983 年校点本。

汪圣铎 :《两宋财政史》, 中华书局 1995 年版。

[宋] 刘弇 :《龙云集》,《文渊阁四库全书》第 1119 册。

［宋］赵汝愚编：《宋名臣奏议》，《文渊阁四库全书》第 431—432 册。

［宋］李觏：《盱江集》，《文渊阁四库全书》第 1095 册。

［宋］吴曾：《能改斋漫录》，《文渊阁四库全书》第 850 册。

［宋］夏竦：《文庄集》，《文渊阁四库全书》第 1087 册。

［宋］文彦博：《潞公文集》，《文渊阁四库全书》第 1100 册。

［宋］刘攽：《彭城集》，《文渊阁四库全书》第 1096 册。

［宋］苏辙：《栾城集》，《文渊阁四库全书》第 1112 册。

［宋］司马光：《稽古录》，《文渊阁四库全书》第 312 册。

［宋］杨仲良编：《续资治通鉴长编纪事本末》，清光绪浙江书局刻本。

［宋］刘敞：《公是集》，《文渊阁四库全书》第 1095 册。

［宋］陈襄：《古灵集》，《文渊阁四库全书》第 1093 册。

［宋］龚鼎臣：《东原录》，《文渊阁四库全书》第 862 册。

［宋］李焘著，［清］黄以周等辑补：《续资治通鉴长编拾补》，上海古籍出版社 1986 年版。

吴以宁：《〈梦溪笔谈〉辩疑》，上海科学技术文献出版社 1995 年版。

［清］毕沅：《续资治通鉴》，中华书局 1957 年版。

俞兆鹏：《求真集——俞兆鹏史学文选》，江西教育出版社 2004 年版。

［宋］刘安世：《尽言集》，《文渊阁四库全书》第 427 册。

［清］王昶：《金石萃编》，《续修四库全书》第 886—891 册。

［宋］李壁：《王荆公诗注》，《文渊阁四库全书》第 1106 册。

［宋］韦骧：《钱塘集》，《文渊阁四库全书》第 1097 册。

［宋］孔平仲：《朝散集》，见《豫章丛书》本《清江三孔集》，江西教育出版社 2004 年版。

［宋］吕陶 :《净德集》,《文渊阁四库全书》第 1098 册。

［宋］高承 :《事物纪原》,《文渊阁四库全书》第 920 册。

［明］解缙等 :《永乐大典》，中华书局 1986 年版。

［宋］苏轼 :《经进东坡文集事略》,《续修四库全书》第 1315 册。

［宋］杜大珪编 :《名臣碑传琬琰之集》,《文渊阁四库全书》第 450 册。

［宋］徐自明 :《宋宰辅编年录》,《文渊阁四库全书》第 596 册。

［宋］陆佃 :《陶山集》,《文渊阁四库全书》第 1117 册。

［宋］郑侠 :《西塘集》,《文渊阁四库全书》第 1117 册。

［宋］苏轼 :《东坡全集》,《文渊阁四库全书》第 1107—1108 册。

［宋］孔平仲 :《珩璜新论》,《文渊阁四库全书》第 863 册。

［宋］韩元吉 :《南涧甲乙稿》,《文渊阁四库全书》第 1165 册。

［宋］朱熹 :《宋朝名臣言行录》,《文渊阁四库全书》第 449 册。

［明］王夫之 :《宋论》,《续修四库全书》第 450 册。

［宋］单谔 :《吴中水利书》,《文渊阁四库全书》第 576 册。

［明］归有光 :《三吴水利录》,《文渊阁四库全书》第 576 册。

［宋］孔文仲 :《舍人集》，见《豫章丛书》本《清江三孔集》，江西教育出版社 2004 年版。

［宋］孔平仲 :《谈苑》,《文渊阁四库全书》第 1037 册。

［宋］王之望 :《汉滨集》,《文渊阁四库全书》第 1139 册。

［宋］朱熹 :《朱文公文集》,《四部丛刊初编》本，上海商务印书馆 1936 年版。

［宋］刘挚 :《忠肃集》,《文渊阁四库全书》第 1099 册。

［宋］彭百川 :《太平治迹统类》,《文渊阁四库全书》第 408 册。

[宋]邹浩：《道乡集》，《文渊阁四库全书》第1121册。

[元]危素：《危学士全集》，《四库全书存目丛书》集部第24册，齐鲁书社1994年至1997年影印本。

[宋]王象之：《舆地纪胜》，《续修四库全书》第584册。

[宋]留正：《皇宋中兴两朝圣政》，《续修四库全书》第348册。

[宋]李心传：《建炎以来系年要录》，《文渊阁四库全书》第325册。

[宋]杨时：《龟山集》，《文渊阁四库全书》第1125册。

[宋]王得臣：《麈史》，《文渊阁四库全书》第862册。

[宋]蔡絛：《铁围山丛谈》，中华书局1983年校点本。

[宋]曾布：《曾公遗录》，《宋史资料萃编》本，文海出版社1980年版。

[宋]王明清：《挥麈余话》，《文渊阁四库全书》第1038册。

[宋]李新：《跨鳌集》，《文渊阁四库全书》第1124册。

[宋]廖刚：《高峰文集》，《文渊阁四库全书》第1142册。

[宋]王称：《东都事略》，《文渊阁四库全书》第382册。

[宋]朱弁：《曲洧旧闻》，《文渊阁四库全书》第863册。

[宋]佚名：《靖康要录》，《文渊阁四库全书》第329册。

[宋]徐梦莘：《三朝北盟会编》，《文渊阁四库全书》第350—352册。

[宋]周煇：《清波别志》，《文渊阁四库全书》第1039册。

[宋]费衮：《梁溪漫志》，《文渊阁四库全书》第864册。

[清]赵翼：《廿二史札记》，中华书局1984年版王树民校正本。

[宋]陆游：《老学庵笔记》，《文渊阁四库全书》第865册。

[宋]邵伯温：《邵氏闻见录》，中华书局1983年版。

[宋]汪藻：《浮溪集》，《文渊阁四库全书》第1128册。

［宋］赵彦卫：《云麓漫抄》，《文渊阁四库全书》第 864 册。

［元］佚名：《宋史全文》，《文渊阁四库全书》第 330 册。

［宋］葛胜仲：《丹阳集》，《文渊阁四库全书》第 1127 册。

［宋］范成大：《吴郡志》，《文渊阁四库全书》第 485 册。

［宋］杨尧弼：《伪齐录》，《四库全书存自丛书》史部第 128 册。

［宋］王明清：《玉照新志》，《文渊阁四库全书》第 1038 册。

［宋］胡舜陟：《胡少师总集》，《续修四库全书》第 1317 册。

［宋］张表臣：《珊瑚钩诗话》，《文渊阁四库全书》第 1478 册。

［宋］洪咨夔：《平斋文集》，《文渊阁四库全书》第 1175 册。

［宋］佚名：《宣和遗事》，《丛书集成初稿》第 3889 册，中华书局 1985 年版。

［宋］朱彧：《萍洲可谈》，《文渊阁四库全书》第 1038 册。

［宋］李纲：《梁溪集》，《文渊阁四库全书》第 1125 册。

［宋］陆游：《家世旧闻》，中华书局 1993 年版。

［宋］李𡌴：《皇宋十朝纲要》，《续修四库全书》第 347 册。

［宋］王迈：《臞轩集》，《文渊阁四库全书》第 1178 册。

［宋］宋翌：《猗觉寮杂志》，《文渊阁四库全书》第 850 册。

［宋］周行己：《浮沚集》，《文渊阁四库全书》第 1123 册。

［宋］李之仪：《姑溪居士后集》，《文渊阁四库全书》第 1120 册。

［宋］林駉：《今古源流至论》，《文渊阁四库全书》第 942 册。

［宋］陈东：《少阳集》，《文渊阁四库全书》第 1136 册。

［宋］陈东：《靖炎两朝闻见录》，《续修四库全书》第 423 册。

［宋］辛弃疾：《南渡录》，《四库全书存目丛书》史部第 44 册。

[宋] 丁特起：《靖康纪闻》，《续修四库全书》第 423 册。

[宋] 胡寅：《斐然集》，《文渊阁四库全书》第 1137 册。

[清] 刘世宁：乾隆《淳安县志》，清乾隆二十一年刻本。

[宋] 孙觌：《鸿庆居士集》，《文渊阁四库全书》第 1135 册。

[宋] 邓肃：《栟榈集》，《文渊阁四库全书》第 1133 册。

[宋] 杨彦龄：《杨公笔录》，《文渊阁四库全书》第 863 册。

[宋] 熊克：《中兴小纪》，福建人民出版社 1984 年版。

[金] 佚名：《大金吊伐录》，《文渊阁四库全书》第 408 册。

[宋] 宇文懋昭：《钦定重订大金国志》，《文渊阁四库全书》第 383 册。

[宋] 张守：《毗陵集》，《文渊阁四库全书》第 1127 册。

[宋] 岳珂：《金陀续编》，《文渊阁四库全书》第 446 册。

[宋] 陆游：《渭南文集》，《文渊阁四库全书》第 1163 册。

[宋] 叶梦得：《石林奏议》，《续修四库全书》第 474 册。

[宋] 赵善括：《应斋杂著》，《文渊阁四库全书》第 1159 册。

[宋] 罗大经：《鹤林玉露》，《文渊阁四库全书》第 865 册。

[宋] 陈渊：《默堂集》，《文渊阁四库全书》第 1139 册。

[宋] 王炎：《双溪类稿》，《文渊阁四库全书》第 1155 册。

[宋] 洪适：《盘洲文集》，《文渊阁四库全书》第 1158 册。

[宋] 王之道：《相山集》，《文渊阁四库全书》第 1332 册。

[宋] 薛季宣：《浪语集》，《文渊阁四库全书》第 1159 册。

[宋] 卫泾：《后乐集》，《文渊阁四库全书》第 1169 册。

[宋] 周应合：《景定建康志》，《文渊阁四库全书》第 488—489 册。

[宋] 洪迈：《洪文敏公文集》，北京大学藏清抄本。

[宋] 汪应辰 :《文定集》,《文渊阁四库全书》第 1138 册。

[宋] 叶适:《水心别集》, 见刘公纯、王孝渔、李哲夫点校:《叶适集》, 中华书局 1961 年版。

俞兆鹏 :《探索集——俞兆鹏史学文选之三》, 江西人民出版社 2015 年版。

王曾瑜 :《宋朝兵制初探》, 中华书局 1983 年版。

[宋] 周必大 :《文忠集》,《文渊阁四库全书》第 1147—1149 册。

[宋] 佚名 :《锦绣万花谷》,《文渊阁四库全书》第 924 册。

[宋] 李弥逊 :《筠溪集》,《文渊阁四库全书》第 1130 册。

[宋]谢深甫等:《庆元条法事类》,中国书店《海王村古籍丛刊》影印本。

[宋] 王明清 :《挥麈后录》,《文渊阁四库全书》第 1038 册。

[宋] 董煟 :《救荒活民书》,《文渊阁四库全书》第 662 册。

[宋] 张嵲 :《紫微集》,《文渊阁四库全书》第 1131 册。

[宋] 吕颐浩 :《忠穆集》,《文渊阁四库全书》第 1131 册。

[宋] 叶绍翁 :《四朝闻见录》,《文渊阁四库全书》第 1039 册。

葛金芳 :《南宋手工业史》, 上海古籍出版社 2008 年版。

[宋] 周煇 :《清波杂志》,《文渊阁四库全书》第 1039 册。

[宋] 程俱 :《北山集》,《文渊阁四库全书》第 1130 册。

[宋] 陈世崇 :《随隐漫录》,《文渊阁四库全书》第 1040 册。

[宋] 王十朋 :《梅溪集》, 清乾隆《四库全书萃要》摛藻堂藏本, 吉林出版集团有限责任公司 2005 年影印版。

[宋] 周去非 :《岭外代答》,《文渊阁四库全书》第 589 册。

上海市文物管理委员会、上海博物馆编 :《宋人佚简》, 上海古籍出版社 1990 年线装本。

[宋] 罗愿：《新安志》，《文渊阁四库全书》第 485 册。

[宋] 袁甫：《蒙斋集》，《文渊阁四库全书》第 1175 册。

[宋] 洪迈：《夷坚志》，中华书局 1981 年版。

[元] 脱脱等：《金史》，中华书局 1975 年点校本。

[宋] 杨万里：《诚斋集》，《四部丛刊初编》本，上海商务印书馆 1936 年版。

[明] 田汝成辑撰：《西湖游览志余》，上海古籍出版社 1980 年版。

[宋] 沧州樵叟：《庆元党禁》，《文渊阁四库全书》第 451 册。

[宋] 佚名：《续编两朝纲目备要》，中华书局 1995 年版。

[宋] 黎靖德编：《朱子语类》，《文渊阁四库全书》第 700—702 册。

[宋] 楼钥：《攻媿集》，《四部丛刊初编》缩印武英殿聚珍版本。

[宋] 真德秀：《真文忠公文集》，《四部丛刊初编》缩印明正德刊本。

[宋] 梁克家：《淳熙三山志》，《文渊阁四库全书》第 484 册。

[宋] 陈亮：《龙川集》，《文渊阁四库全书》第 1171 册。

[宋] 吕祖谦：《东莱集》，《文渊阁四库全书》第 1150 册。

[宋] 吴泳：《鹤林集》，《文渊阁四库全书》第 1176 册。

[宋] 范成大：《吴船录》，《文渊阁四库全书》第 460 册。

[宋] 潜说友：《咸淳临安志》，《文渊阁四库全书》第 499 册。

[宋] 周南：《山房集》，《文渊阁四库全书》第 1169 册。

[宋] 魏了翁：《鹤山先生大全文集》，《四部丛刊初编》缩印宋刊本。

[宋] 黄震：《黄氏日抄》，《文渊阁四库全书》第 707—708 册。

[宋] 陆九渊：《象山先生全集》，《四部丛刊初编》缩印明刊本。

［宋］俞文豹：《吹剑录外集》,《文渊阁四库全书》第 865 册。

［宋］王质：《雪山集》,《文渊阁四库全书》第 1149 册。

［宋］黄榦：《勉斋集》,《文渊阁四库全书》第 1168 册。

［宋］项安世：《平庵悔稿》,《续修四库全书》第 1318—1319 册。

［宋］曹彦约：《昌谷集》,《文渊阁四库全书》第 1167 册。

［宋］叶适:《水心文集》, 见刘公纯、王孝渔、李哲夫点校:《叶适集》, 中华书局 1961 年版。

［宋］彭龟年：《止堂集》,《文渊阁四库全书》第 1155 册。

［宋］李流谦：《澹斋集》,《文渊阁四库全书》第 1133 册。

［宋］崔敦礼：《宫教集》,《文渊阁四库全书》第 1151 册。

［宋］陆游：《入蜀记》,《文渊阁四库全书》第 460 册。

［宋］蔡戡：《定斋集》,《文渊阁四库全书》第 1157 册。

［宋］董棻编：《严陵集》,《文渊阁四库全书》第 1348 册。

［宋］刘时举：《续宋编年资治通鉴》,《文渊阁四库全书》第 328 册。

［清］黄宗羲：《宋元学案》,《续修四库全书》第 519 册。

［宋］吕中:《类编皇朝中兴大事记讲义》, 上海人民出版社 2014 年版。

［宋］岳珂：《桯史》, 中华书局 1981 年点校本。

［宋］杜范：《清献集》,《文渊阁四库全书》第 1175 册。

［宋］刘克庄：《后村先生大全集》,《四部丛刊初编》本, 上海商务印书馆 1936 年版。

［元］卢镇：《至元琴川志》,《续修四库全书》第 698 册。

［宋］陈耆卿：《篔窗集》,《文渊阁四库全书》第 1178 册。

［宋］吴潜：《许国公奏议》,《续修四库全书》第 475 册。

［宋］李曾伯：《可斋杂稿》，《文渊阁四库全书》第 1179 册。

［宋］徐鹿卿：《清正存稿》，《文渊阁四库全书》第 1178 册。

［宋］袁燮：《絜斋集》，《文渊阁四库全书》第 1157 册。

［宋］戴埴：《鼠璞》，《文渊阁四库全书》第 854 册。

［宋］刘宰：《漫塘集》，《文渊阁四库全书》第 1170 册。

［宋］陈造：《江湖长翁集》，《文渊阁四库全书》第 1166 册。

［宋］陈珌：《洺水集》，《文渊阁四库全书》第 1171 册。

［宋］卢宪：《（嘉定）镇江志》，《续修四库全书》第 698 册。

［宋］周密：《癸辛杂识》，中华书局 1988 年版。

［宋］滕强恕：《平政桥记》，《全宋文》第 297 册，上海辞书出版社、安徽教育出版社 2006 年版。

［宋］袁说友：《东塘集》，《文渊阁四库全书》第 1154 册。

［宋］度正：《巴川社仓记》，《全宋文》第 301 册。

［清］马元、释真樸：《曹溪通志》，《四库禁毁书丛刊补编》第 27 册，北京出版社 2005 年影印本。

［宋］蔡幼学：《育德堂奏议》，《古逸三编》影印本，中华书局 2004 年版。

［宋］陈淳：《北溪大全集》，《文渊阁四库全书》第 1168 册。

［宋］陈宓：《复斋先生龙图陈公文集》，《续修四库全书》第 1319 册。

［宋］杨简：《慈湖遗书》，《文渊阁四库全书》第 1156 册。

傅增湘：《宋代蜀文辑存》，台湾新文丰出版社 1974 年影印本。

［元］吴莱：《三朝野史》，《说郛》本，商务印书馆 1927 年版。

［元］刘一清：《钱塘遗事》，《文渊阁四库全书》第 408 册。

［元］佚名：《宋季三朝政要》，《文渊阁四库全书》第 329 册。

［明］陈邦瞻：《宋史纪事本末》，中华书局 1977 年版。

［宋］郑清之：《安晚堂集辑补》，《四明丛书》第八集，1948 年刊本。

［宋］施谔：《淳祐临安志辑逸》，《武林掌故丛编》第二十四集，清光绪二十六年（1900）刊本。

［元］方回：《续古今考》，《文渊阁四库全书珍本》四集第 195—200 册。

［元］李有：《古杭杂记》，《说郛》本，商务印书馆 1927 年版。

［宋］凌万顷、边实：《淳祐玉峰志》，《续修四库全书》第 696 册。

［宋］周密：《齐东野语》，中华书局 1983 年版。

［宋］高斯得：《耻堂存稿》，《文渊阁四库全书》第 1182 册。

［宋］李曾伯：《可斋续稿》，《文渊阁四库全书》第 1179 册。

［宋］包恢：《敝帚稿略》，《文渊阁四库全书》第 1178 册。

［宋］罗濬：《宝庆四明志》，《文渊阁四库全书》第 487 册。

［宋］陈元晋：《渔墅类稿》，《文渊阁四库全书》第 1176 册。

［宋］梅应发、刘锡同：《开庆四明续志》，《文渊阁四库全书》第 487 册。

［宋］文天祥：《文天祥全集》，江西人民出版社 1987 年点校本。

［明］宋濂：《元史》，中华书局 1976 年点校本。

［宋］孙梦观：《雪窗集》，《文渊阁四库全书》第 1181 册。

［宋］方大琮：《铁庵集》，《文渊阁四库全书》第 1178 册。

［宋］徐经孙：《徐文惠公存稿》，见李之鼎编《宋人集》甲编，民国宜秋馆汇刻本。

［宋］徐经孙：《矩山存稿》，《文渊阁四库全书》第 1181 册。

［元］俞希鲁：《（至顺）镇江志》，《续修四库全书》第 698 册。

［宋］吕午：《左史谏草》，《文渊阁四库全书》第 427 册。

［宋］度正：《性善堂稿》，《文渊阁四库全书》第 1170 册。

［宋］徐元杰：《梅野集》，《文渊阁四库全书》第 1181 册。

［宋］佚名：《群书会元截江网》，《文渊阁四库全书》第 934 册。

［宋］张端义：《贵耳集》，《文渊阁四库全书》第 865 册。

［清］嵇璜、曹仁虎等：《续文献通考》，《文渊阁四库全书》第 626—631 册。

［宋］方逢辰：《蛟峰外集》，《文渊阁四库全书》第 1187 册。

［清］陆心源：《宋史翼》，中华书局 1991 年版。

思达：《宋钱》，载《文物》1978 年第 5 期。

［元］孔齐（行素）：《至正直记》，《续修四库全书》第 1166 册。

［明］陶宗仪编：《说郛》，《文渊阁四库全书》第 876—882 册。

［明］程敏政：《新安文献志》，《文渊阁四库全书》第 1375—1376 册。

［元］苏天爵编：《元文类》，《文渊阁四库全书》第 1367 册。

［宋］赵与泌、黄岩孙：《（宝祐）仙溪志》，《续修四库全书》第 660 册。

［宋］谢采伯：《密斋笔记》，《文渊阁四库全书》第 864 册。

［宋］魏岘：《四明它山水利备览》，《文渊阁四库全书》第 567 册。

［宋］方岳：《秋崖集》，《文渊阁四库全书》第 1182 册。

［清］杜春生：《越中金石记》，詹波馆清道光十年（1830）刻本。

［宋］胡太初：《临汀志》，福建人民出版社 1990 年版。

［宋］秦九韶：《数学九章》，《文渊阁四库全书》第 797 册。

［宋］吴潜：《履斋遗稿》，《文渊阁四库全书》第 1178 册。

［宋］陈公亮、刘文富：《（淳熙）严州图经》，《续修四库全书》第 704 册。

［宋］李昴英：《文溪集》，《文渊阁四库全书》第 1181 册。

［元］方回：《桐江集》，《续修四库全书》第 1322 册。

［宋］许月卿：《先天集》，《续修四库全书》第 1320 册。

［宋］许应龙：《东涧集》，《文渊阁四库全书》第 1176 册。

［宋］程公许：《沧州尘缶编》，《文渊阁四库全书》第 1176 册。

［宋］阳枋：《字溪集》，《文渊阁四库全书》第 1183 册。

［汉］孔安国传：《尚书》，《文渊阁四库全书》第 54 册。

［宋］朱熹：《四书章句集注》，《文渊阁四库全书》第 197 册。